刑事司法研究系列·第一卷

刑事检察理论与实务研究（上）

XINGSHIJIANCHALILUN
YU SHIWUYANJIU (SHANG)

本书获浙江工业大学研究生教材建设项目资助（项目编号 20200106）

张兆松　著

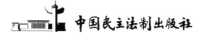

中国民主法制出版社

图书在版编目(CIP)数据

刑事检察理论与实务研究/张兆松著 . —北京：
中国民主法制出版社,2023.6
(刑事司法研究系列)
ISBN 978-7-5162-3079-4

Ⅰ.①刑…　Ⅱ.①张…　Ⅲ.①刑事诉讼 – 中国 – 文集
Ⅳ.①D925.204-53

中国国家版本馆 CIP 数据核字(2023)第013950号

图书出品人:刘海涛
责 任 编 辑:逯卫光　孔祥时

书名/刑事检察理论与实务研究
作者/张兆松　著

出版·发行/中国民主法制出版社
地址/北京市丰台区右安门外玉林里 7 号(100069)
电话/(010)63055259(总编室)　63058068　63057714(营销中心)
传真/(010)63055259
http:// www. npcpub. com
E-mail:mzfz@ npcpub. com
经销/新华书店
开本/16 开　787 毫米 ×960 毫米
印张/48.25　**字数/**678 千字
版本/2024 年 1 月第 1 版　2024 年 1 月第 1 次印刷
印刷/三河市宏图印务有限公司

书号/ISBN 978-7-5162-3079-4
定价/206.00 元(上下册)

作者简介

张兆松，男，浙江金华人，1985年毕业于华东政法学院。曾在检察机关工作十六年，先后任助理检察员、检察员、检察委员会委员、审查批捕处处长、监所检察处处长。现为浙江工业大学法学院教授，浙江靖霖律师事务所律师。兼任中国检察学会理事、中国廉政法制研究会理事、教育部人文社会科学项目评审专家，等等。曾获得浙江省衢州市首届"十佳检察官""衢州市劳动模范""浙江省优秀中青年法学专家"等称号。

主要研究兴趣是刑法学、刑事诉讼法学、犯罪学、司法制度。曾在《法律科学》《法商研究》《中国刑事法杂志》《法治研究》《人民检察》等刊物上发表论文160余篇。

代表作有：

《刑事检察理论研究新视野》，中国检察出版社2005年版；

《渎职犯罪的理论与实践》，中国检察出版社2007年版；

《刑事司法公正的制度选择》，法律出版社2008年版；

《检察学教程》（主编），浙江大学出版社2009年版；

《职务犯罪侦查权研究》，浙江大学出版社2011年版；

《中国检察权监督制约机制研究》，清华大学出版社2014年版；

《逮捕权研究》，浙江大学出版社2017年版。

《刑事诉讼法专题研究》（主编），浙江大学出版社2019年版。

自 序

1981 年 9 月，我从浙江省汤溪中学考入华东政法学院，成为汤溪区（当时县、公社之间有区的建制）和汤溪中学第一个攻读法律专业的大学生。大二选择具体专业分配，我又选了刑法方向。1985 年 7 月，大学毕业后，分配到浙江省衢州市人民检察院，从事刑事检察工作十六年（在反贪污贿赂和批捕部门各八年）。2001 年 9 月调入宁波大学法学院，从事刑事法学的教学和科研工作，2012 年 6 月又调入浙江工业大学法学院至今。在大学任教期间，除教学科研外，又兼职从事刑事辩护业务。光阴荏苒，转眼已四十年过去，我的人生已到耳顺之年。

四十年来在专业方面仅与刑事法打交道，既有欣慰，也有遗憾。说欣慰，是因为四十年来一直耕耘在这个领域，总算有所感悟和收获；说遗憾，是因为法学博大精深，而自己研究的对象涉及面狭窄，不仅影响自身的视野，也失却了感受多彩人生的可能性。

四十年来，在从事刑事司法和刑事辩护之余，我专注于刑事司法研究，提出了一些自己的看法。回顾四十年来的研究历程，我有以下若干体会。

一、坚持理论联系实际

法学是实践学科，刑事法学实践性更强。实践理性是刑事法学的重要品格。刑事法学的生命就在于面对实践，解决实务问题。有的学者认为，法律人分为法学家和法律家两种类型。法学家是指法学理论研究者，法律家是指法律实务工作者，包括法官、检察官和律师等。学者是用批判的眼光，用一种学术的理想来支撑着法律不断进步，是法律的挑战者，而法律家是把法学家设计出来的制度变成现实。但我认为，迈向法治国家亟须打通法学家和法律家之间的鸿沟，两者之间也没有不可逾越的障碍。目前，法学专家担任法官、检察官已是常态，反之亦然。两者的桥梁就是法律实践。德沃金指出，"法律是一种不断完善的实践"。富勒认为，法律制度是一项"实践的艺术"。霍姆斯大法官说，"法律的生命不在于逻辑，而在于经验"。这些名家都强调法学的实践性。黄宗羲指出"道无定体，学贵实用"。法治的土壤在于社会，只有服务于社会和民众，我们的研究才具有实际意义。

纯粹的理论研究固然重要，但在法学领域，如果为做学问而做学问，终日闭门造车，满足于空谈和玄虚理论体系的构建是没有意义的。法律规范的生命力存在于法律适用之中，只有将"纸面上的法"变成"行动中的法"，法治才能真正实现。公正是司法的灵魂和生命，公正一定是看得见、摸得着的公平正义，它必须体现在具体法条和案件中才有意义。长期从事司法实务使我养成一种关注实际问题的自觉，注重研究的实用性，站在刑事司法的前沿，着力解决实际难题。

在检察机关任职期间，我研究的问题都与检察实务有关。如 1990 年代初，司法实务中对盗窃共同犯罪中定罪量刑数额的认定，以及国家工作人员利用职务之便与普通人员（包括非国家工作人员及虽有国家工作人员身份，但未利用职务之便的）共同故意实施犯罪如何正确定性，存在着较大争议，针对这一问题我分别撰写了《析一般盗窃共犯刑事责任的承担》（《政法学报》1992 年第 3 期）和《职务犯罪中的共犯问题之我见——兼与周红梅同志商榷》（《法律科学（西北政法学院学报）》1992 年第 2 期），提出一般盗窃共犯应按参与盗窃数额承担刑事责任，国家工作人员利用职务之便与普通人员共同实行犯罪，应以国家工作人员所定之罪定罪（即"职务犯罪说"）。现这两种观点已成为通说。

调离检察机关后，我始终与司法机关保持密切联系，经常与他们合作交流，同时又通过办理刑事辩护案件了解刑事司法的现状。多年来，我几乎每天阅览《法制日报》（现为《法治日报》）、《检察日报》和《人民法院报》，及时了解司法动态，掌握刑事司法的前沿及热点、难点问题，从中寻找研究的主题。如中共十六大作出了推进司法体制改革的重大战略决策，其中加强对司法权的监督制约成为改革的重要内容，尤其是作为法律监督机关的检察机关，"监督者如何受监督"成为检察改革的重点。我适时将检察权监督制约机制纳入研究视野，在此期间不仅完成了国家社科项目《中国检察权制约机制研究》，而且发表了 20 多篇涉及职务犯罪侦查权、公诉权、逮捕权监督制约机制的论文。如针对审查批捕程序的行政化问题，我提出了批捕程序诉讼化改造方案（《审查批捕方式的反思与重构》，《河南省政法管理干部学院学报》2010年第1期）。目前，审查批捕听证制度已得到最高人民检察院的肯定。

二、提高问题意识

认识论认为，问题是认识主体在与自然界以及在与他人的相互作用过程中，也包括自我认识过程中产生的一种矛盾认识状态、一种矛盾冲突现象。问题意识是学术发展的内在驱动力，是任何理论研究者都应当具备的素养。只有敏锐的问题意识才能引领研究者走在学科的最前沿。爱因斯坦指出："提出一个问题往往比解决一个问题更重要。因为解决问题也许仅仅是一个教学上或实验上的技能而已。而提出新的问题新的可能性，从新的角度去看旧的问题，都需要有创造性的想像力，标志着科学的真正进步。"

研究一些小问题是笔者研究的特点之一。全局和顶层设计问题固然更加重要，但笔者力所不及。不擅长宏大叙事文章的写作，这固然是缘于自身理论素养，特别是政治学、社会学等关联学科知识储备不足。但也与自身认识有关，因为我认为"法治中国"，当前最缺的不是宏大叙事，而是法治的细节和"具体法治"的精雕细琢。

理论是灰色的，实践之树常青！实践中的问题更是层出不穷。问题意识是法学研究与法治实践之间的主要媒介。如1996年和1997年我国刑事诉讼法和刑法修改后，最高人民法院和最高人民检察院出台了不少司法解释，但也出现规定不一致的问题。如"主要证据的复印件""国家工作人员范围""挪用公款归个人使用"等。我及时对司法解释的冲突问题进行了研究，发表了《司法解释的冲突及解决途径》（《人民检察》1996年第8期）、《检察解释与审判解释冲突的解决》（《法学》1997年第5期，中国人民大学复印资料《诉讼法学·司法制度》1997年第9期全文转载），为司法解释的统一和适用提出应对之策。

典型疑难案例是司法"问题"之源，是理论研究的重要载体。最高人民法院于1999年3月开始编辑出版《刑事审判参考》，至今已发布1447个典型案例。2010年12月和2011年12月，最高检和最高法先后出台第一批指导性案例，至今已逾十年。截至2020年12月31日，最高法共发布指导性案例26批147例，最高检共发布指导性案例24批93例。"一个案例胜过一打文件"。指导性案例各级司法机关"应当参照"执行，具有"准司法解释"的地位，刑事案例对于法治建设的价值和意义日益显现。司法案例犹如取之不尽、用之不竭的法治富矿，期待专家学者们开发利用。我们要从典型案例中发现问题、总结经验、提升理论、寻找规律，据此提出解决问题的创新观点和建议。如我曾接受委托担任被告人王某的辩护人。王某原系某村农民，因其有一定的建筑专业技术，受某街道办事处的委托，成为一名"村官"，从事工程质量管理工作，期间他利用职务之便，非法收受工程承包人的贿赂款 13 万余元，某市人民检察院指控王某犯有受贿罪，而我则根据罪刑法定原则，以受委托从事公务人员不能构成受贿罪为由作无罪辩护。最后某市人民法院以非国家工作人员受贿罪判处王某有期徒刑并适用缓刑。该案的处理结果给了我诸多的启发。"村官"受贿犯罪的认定，控、辩、审之所以存在严重分歧，主要缘于现行刑法立法、司法解释及立法与司法解释之间的矛盾冲突。我据此撰写了《"村官"受贿犯罪认定的困境及立法对策》（《国家检察官学院学报》2011 年第 4 期，《高等学校文科学术文摘》2011 年第 5 期"学术卡片"摘编），建议取消刑法第 163 条、第 271 条、第 272 条规定，将非国家机关工作人员的职务腐败行为统一纳入贪污贿赂罪专章中。之后，我又分别写了《贪污贿赂犯罪的罪名：从分立走向统一》《非公有制财产刑事法律保护的缺陷及其完善——以职务犯罪为视角》《完善非公企业产权刑事保护的思考——以职务侵占罪为视角的分析》《〈刑法修正案（九）（草案）〉对贪贿犯罪的修改述评》《我国贪污贿赂犯罪立法：历程、反思与前瞻》等文，呼吁贪污贿赂罪名由目前的二元制走向一元制。虽然立法机关至今没有采纳这一建议，但 2020 年 12 月 26 日通过的《中华人民共和国刑法修正案（十一）》对非国家工作人员受贿罪、职务侵占罪、挪用资金罪的定罪量刑标准作出了重大修改，提高了刑罚惩罚力度，在一定程度上克服了原来立法存在的尖锐矛盾。近年发表的一些论文，我基本上都是从收集到的典型案例入手。通过对重大、典型案例的深入剖析，旨在实现法学理论、司法实践以及立法完善三者之间的良性互动。

三、坚持怀疑和批判精神

治学要有怀疑精神。罗曼·罗兰在《约翰·克利斯朵夫》中说：怀疑能把昨天的信仰摧毁，替明日的信仰开路。学术研究是在前人研究、别人研究的基础上再向前推进一步。对前人研究的结论既要尊重，也不能盲从，要善于从中提出新的问题。问题总是在质疑中产生的，批判精神是学术研究的应有之义；没有怀疑和批判精神，就没有学术研究和学术进步。人类文明的每一次进步都是从怀疑开始的。怀疑是人类理性思维的表现，是发现缺陷、谬误，寻找真相的必经之路，也是人类共同认可的探索、修正、纠正错误的一条必经之路。一切批判性思维、创造性思维，首先都出于怀疑。法律和司法进步也是如此。

重视司法实践，并不意味着研究者必须囿于既成的法律规定或司法裁判，作为一名学者更应该具有独立思考的精神。特别是作为法律人，如果按先前的理解，得出的是大家都认为不公正的结论，这时候就应该反思，是否这种先前的理解存在问题？是否有必要对相应法条重新解释？如果难以通过合理解释法条而得出公正的结论，就说明可能是立法出了问题，应当考虑去推动立法的修改。如 2010 年，我在《检察日报》上看到一则案例：原北京一所高校的食堂经理郭某，通过伪造财务报表等手段，私吞食堂收入 5.8 万余元，被北京市海淀区人民法院以贪污罪判处有期徒刑 7 年，一审判决后被告人没有上诉，检察机关没有抗诉。但我看了这个报道后，第一反应是该案量刑畸重。随后，从这一案例出发，我探寻量刑畸重的原因，在于贪污受贿罪规定了交叉刑，而对交叉刑，学界普遍持肯定态度。我通过研究明确提出废除交叉刑的建议。又如近四十年来，我国贪污贿赂犯罪的数额标准不断提高，对此我一直持反对态度，因为它背离了平等的宪法原则和刑法基本原则，也背离中央严惩腐败的基本立场和刑事政策，导致贪贿犯罪的"非犯罪化"和"轻刑化"现象。多年来我不断撰文呼吁，希望得到立法机关或司法机关的肯定。

当然，批评或批判不是简单地否定，作为批评者要秉持中立性、独立性，以一种反省的、审视的眼光去观察法律世界，对司法问题作出符合常识的专业和法理上的探究，同时又保持一种开放的心态和立场，坦然接受别人的批评。

四、坚持"刑事一体化"思想

1980 年代末，北京大学法学院储槐植教授提出了著名的"刑事一体化"学说。刑事一体化的内涵，是指刑法和刑法运行内外协调。具体而言，"刑事"是指治理犯罪的相关事项，外延涵盖犯罪、刑法（包含实体和程序）、刑罚制度与执行等。刑事一体化的要义，是融通学科联系，或者"淡化学科界限，关注现实问题"，即运用哲学、政治学、社会学、经济学、犯罪学等学科的知识理念，解决犯罪问题。刑事一体化是把整个刑事法学学科群，包括刑法学、刑事诉讼法学、犯罪学、刑事政策学、刑事执行法学，等等，有机联系起来进行研究的理念和方法。我深受该学说的影响，多年来研究的领域涉及刑法学、刑事诉讼法学、犯罪学、刑事执行法学等。

在刑事案件的办理过程当中，都是实体和程序交织在一起的，刑事法学研究必须打破实体法与程序法的藩篱。从我国刑事学科的发展而言，实体法（刑法）明显成熟于程序法（刑事诉讼法），但在刑事司法中，如果仅关注实体法，而不注意与程序法的衔接，往往难以解决疑难问题。如2003年1月17日《最高人民法院关于行为人不明知是不满十四周岁的幼女，双方自愿发生性关系是否构成强奸罪问题的批复》中规定："行为人明知是不满十四周岁的幼女而与其发生性关系，不论幼女是否自愿，均应依照刑法第二百三十六条第二款的规定，以强奸罪定罪处罚；行为人确实不知对方是不满十四周岁的幼女，双方自愿发生性关系，未造成严重后果，情节显著轻微的，不认为是犯罪。"该司法解释颁布后，引起理论界和司法实务部门的争议。从刑法理论看，这一解释并无不当。但它显然没有注意到奸淫幼女案件"明知"的举证难问题，导致大量奸淫幼女案件无法起诉。看了这个司法解释及相关争议后，我即撰写了《奸淫幼女罪认定明知应适用推定》一文。果然，最高法于2003年8月又以内部文件《关于暂缓执行〈关于行为人不明知是不满十四周岁的幼女，双方自愿发生性关系是否构成强奸罪问题的批复〉的通知》，要求各级人民法院暂停该司法解释的适用。2013年2月26日，最高法又以该《批复》"与刑法的规定相冲突"而予以废除。2013年10月23日，最高法、最高检、公安部、司法部联合印发的《关于依法惩治性侵害未成年人犯罪的意见》第19条规定："知道或者应当知道对方是不满十四周岁的幼女，而实施奸淫等性侵害行为的，应当认定行为人'明知'对方是幼女。对于不满十二周岁的被害人实施奸淫等性侵害行为的，应当认定行为人'明知'对方是幼女。对于已满十二周岁不满十四周岁的被害人，从其身体发育状况、言谈举止、衣着特征、生活作息规律等观察可能是幼女，而实施奸淫等性侵害行为的，应当认定行为人'明知'对方是幼女。"该《意见》当时承认了推定的适用。可见，兼顾刑法与刑事诉讼法的适用是何等重要。2010年后，我研究的重点转向腐败犯罪，涉及内容既有刑法学、犯罪学，又有刑事诉讼法学和刑事执行学。唯有打通学科界限，腐败犯罪的治理理论才有现实意义。

作为一名普通的知识分子，北宋著名哲学家张载所说的"为天地立心，为生民立命，为往圣继绝学，为万世开太平"的境界，显然是我辈难以企及的。傅雷先生曾经说过：一个人对人民的服务不一定要站在大会上讲演或是做什么惊天动地的大事业，随时随地、点点滴滴地把自己知道的、想到的告诉人家，无形中就是替国家播种、垦植。窃以为，大事做不了，但可以做一些小事，写好一篇文章，办好一个案件，都是在为国家法治的进步作贡献。

四十年前，我离开贫瘠落后的家乡，带着家人和乡亲们的期盼，也怀着对未来生活的憧憬，第一次来到金华县城，转道赴沪求学。四十年后，我回到已变得山清水秀的故乡。站在村口的古树下，伫立良久，目视远方，思绪万千！孩提时的情景历历在目。令我倍感欣慰的是：四十年前那个稚气未脱、不谙世事的我，如今虽已双鬓白发，但仍不忘初心、牢记使命。我还是四十年前的我。

许子东先生说："人还是应该说真话。在这个世界上，说真话常常要付出代价。但一个惩罚说真话的社会，则需要付更大的代价。"陈徒手先生认为，"知识分子有个天职，就是说话，不论用嘴还是用笔。若一声不吭，是失职；若作假，是渎职。"笔者深以为是。四十年来，我坚守人生原则，保持善良，守护良知和底线，追求正义，坚持说真话、说实话，努力行走在谦卑、修行、觉醒和思考的路上。清清白白做人，坦坦荡荡做事。四十年来，虽然走过一些弯路，也留下不少遗憾，但总体上走得顺当，没有愧对自己和他人。

古人云："业精于勤荒于嬉，行成于思毁于随"。随着年岁的增长，日益感到自己的无知。闻道不分朝夕，求知不分幼长。学无止境，虽然退休了，但反思不能停，笔耕不能停。

为了如实反映自己的研究历程，"刑事司法研究系列"中收录的文章，基本保留了发表或写作时的原貌，为了减少不必要的重复，编辑对少数文章作了删节。原文中引用的法律条文，是以写作时的法律为依据的，由此带来的不便，敬请读者谅解。

由于作者学识有限，研究水平不高，文章中肯定有不少谬误和不当之处，恳请读者批评指正。

张兆松

2023 年 2 月 5 日于杭州良渚蓝郡华庭

总目录

上

本书目录

第一章 论我国推进"法治反腐"的路径选择①

前 言

党的十八大以来，以习近平同志为核心的党中央，正视严峻复杂的腐败形势，以强烈的历史责任感、深沉的使命忧患感，坚定不移推进全面从严治党，把党风廉政建设和反腐败斗争一步步引向深入，凝聚了党心民心，增强了人民群众对党的信心和信任。认真回顾总结三年来我国反腐败的经验教训，着力推进我国法治反腐的进程，对于构建"不敢腐""不能腐""不想腐"的腐败预防机制，实现"廉政中国"，具有重要的现实意义和理论意义。

一、党的十八大后反腐新常态的表现

（一）惩治腐败犯罪取得重大进展，"不敢腐"态势初步形成

1. 腐败犯罪案件查处总量创新高。2007年11月至2012年6月的近5年间，全国纪检监察机关共立案643759件，结案639068件，给予党纪政纪处分668429人，涉嫌犯罪被移送司法机关处理24584人。而2013年至2015年3年间，全国纪检监察机关已立案72.8万件，结案70.8万件，给予党纪政纪处分75万人，移送司法机关处理3.56万人（参见2013—2015

① 本文原载钱小平主编：《法治反腐的路径、模式与机制研究》，东南大学出版社2017年版，第3—23页。

年纪检监察机关查处腐败案件情况表)。

2008 年至 2012 年的 5 年间,全国检察机关共立案侦查各类职务犯罪案件 165787 件 218639 人,而 2013 年至 2015 年的 3 年间,全国检察机关已立案侦查各类职务犯罪案件 119872 件 160656 人,其中百万元以上特大案件 10735 件(参见 2013—2015 年检察机关立案查处腐败案件情况表)。

2013—2015 年纪检监察机关查处腐败案件情况表

年份	查处情况			
	立案/件	结案/件	党纪政纪处分/人	移送司法机关处理/人
2013	17.2 万	17.3 万	18.2 万	0.96 万
2014	22.6 万	21.8 万	23.2 万	1.2 万
2015	33 万	31.7 万	33.6 万	1.4 万
合计	72.8 万	70.8 万	75 万	3.56 万

2013—2015 年检察机关立案查处腐败案件情况表

年份	立案数	其中 100 万元以上案件
2013	37551 件 51306 人	2581 件
2014	41487 件 55101 人	3664 件
2015	40834 件 54249 人	4490 件
合计	119872 件 160656 人	10735 件

2. 查处要案获得重大突破。有学者曾对从 1987 年至 2012 年这 25 年间查处的高官进行过粗略统计:1987 年 1 月至 2012 年 12 月,查处的部级以上官员共计 145 名,其中包括 3 名政治局委员、1 名副委员长。25 年间,平均每年落马 5.8 个,而 2013 年 31 人相当于过去 25 年平均数的 5.25 倍。[①] 而 2013 年至 2015 年,纪检监察机关已查处省部级要案 189 人(参见 2013—2015 年纪检监察机关、检察机关查处要案情况表),平均每年达 63 人。另外,2015 年 1 月 15 日,军队权威部门对外公布了 2014 年军队查处 16 起军级以上干部重大贪腐案件情况,其中 15 人为少将及以上军衔,包括中央军委原副主席徐才厚。2015 年,军队反腐无禁区,曾任中央政治局委员、中央军事委员会副主席的郭伯雄等 32 名副军级以上"军老虎"

[①] 王红茹、董显苹等:《2014 年反腐,老虎继续打,打虎者也要被监督》,《中国经济周刊》2014 年第 9 期。

落马。与此同时，各级地方纪检监察机关积极查处要案工作取得明显进展。如广东省 2013 年查处厅级干部 38 人，2014 年查处厅级干部 95 人，2015 年立案厅级干部 170 人。① 山西省 2014 年 9 月至 2016 年 1 月，17 个月里全省各级纪检监察机关立案 28668 起，处分 31164 人。这其中，结案处理和正在立案查处的厅局级干部 129 人，移送司法机关 34 人；结案处理和正在立案查处的县处级干部 1565 人，移送司法机关 157 人。②

2008 年至 2012 年，全国检察机关查处的职务犯罪案件中，县处级以上国家工作人员 13173 人（含厅局级以上 950 人、省部级 30 人），而 2013 年至 2015 年，检察机关已立案查处县处级以上国家工作人员 11479 人，其中厅级以上干部 1611 人，省部级高官 77 人。

2013—2015 年纪检监察机关、检察机关查处要案情况表

年份	纪检监察机关			检察机关			
	省部级要案			县处级以上		厅级以上	
	立案数	同比增长	移送司法机关处理	立案数	同比增长	厅级以上	其中省部级
2013	31 人	82.5%	8 人	2871 人	13.5%	253 人	8 人
2014	68 人	119%	30 人	4040 人	40.7%	589 人	28 人
2015	90 人	32.5%	42 人	4568 人	13.1%	769 人	41 人
合计	189 人		80 人	11479 人		1611 人	77 人

3. 反腐败国际追逃追赃取得重大进展。党的十八届四中全会通过的《中共中央关于全面推进依法治国若干重大问题的决定》明确提出了"加强反腐败国际合作，加大海外追赃追逃、遣返引渡力度"。2015 年 4 月，中央反腐败协调小组组织部署开展针对外逃腐败分子的"天网"行动，集中公布 100 名国际红色通缉人员名单，整合公安机关开展"猎狐"行动和检察机关职务犯罪国际追逃追赃专项行动。2015 年 12 月 28 日，公安部官方发布"猎狐 2015"专项行动成果，从 2015 年 4 月至 12 月底共从 66 个国家和地区成功抓获各类外逃人员 857 名。在抓获的 857 人中，缉捕归案的共 477 名，投案自首 366 名，另有 14 人异地追诉。从抓获逃犯的涉案金额来看，千万元以上的共 212 名，其中，超过亿元的有 58 名。从潜逃境外时间来看，"猎狐

① 黄怡：《广东去年查处 170 厅官》，《南方都市报》2016 年 1 月 27 日，第 SA01 版。
② 邹春霞：《王儒林答反腐先给记者讲故事》，《北京青年报》2016 年 3 月 7 日，第 A09 版。

2015"共抓获潜逃 5 年以上的逃犯 667 名,其中 10 年以上的 39 名,逃跑时间最长的为 21 年。① 自 2014 年 9 月,最高人民检察院部署开展职务犯罪国际追逃追赃专项行动,至 2015 年 12 月,全国检察机关已从 29 个国家和地区劝返遣返、缉捕潜逃境外的戴学民、孙新等职务犯罪嫌疑人 108 名,涉案金额 12 亿元。② 2015 年我国反腐败国际追逃追赃取得重大成绩,遣返的外逃贪官归案人数是近十年来的总和,追赃数额也创历史新高。③

(二) 反腐败体制、 机制改革有效推进

1. 纪检体制改革稳步推进,改革成效显著。党的十八届三中全会通过的《中共中央关于全面深化改革若干重大问题的决定》 (以下简称《决定》),对纪律检查体制改革作出专门部署,提出一系列明确的改革举措和要求。2014 年 6 月 30 日,中共中央政治局召开会议,审议通过了《党的纪律检查体制改革实施方案》,明确了深化党的纪律检查体制改革的指导思想和目标要求,提出了 29 项重要改革举措。 (1) 调整纪检领导体制。党的十八届三中全会《决定》提出:推动党的纪律检查工作双重领导体制具体化、程序化、制度化,强化上级纪委对下级纪委领导,各级纪委书记、副书记的提名和考察以上级纪委会同组织部门为主。2015 年 3 月 26 日,中共中央办公厅印发了《省(自治区、直辖市)纪委书记、副书记提名考察办法(试行)》《中央纪委派驻纪检组组长、副组长提名考察办法(试行)》《中管企业纪委书记、副书记提名考察办法(试行)》。(2) 改革纪检内设机构,整合反腐力量。明确纪委职责定位,清理有关议事协调机构,调整纪委机关内设机构,把更多资源力量投放到反贪惩腐的主业上。2014 年 3 月 17 日,中央纪委官网宣布,再增两个纪检监察室,总数达到 12 个,新增一个纪检监察干部监督室,并对办公厅、预防腐败局等 6 个部门进行整合。12 个纪检监察室占中央纪委 27 个内设机构的将近一半,每个室配备人员 30 名,设立 4 个处。改革后,直接从事纪检监察业务工作的人员增加了 100 多名。2013 年中央纪委先"做减法",将中央纪委监察部参与的议事协调机构从 125 个清理到 14 个。省区市一级纪检监察机关在清

---

① 王梦遥:《"猎狐 2015"抓获 857 名外逃人员》,《新京报》2016 年 1 月 28 日, 第 A17 版。
② 戴佳:《打"老虎"拍"苍蝇":反腐成效百姓看得见》,《检察日报》2016 年 1 月 20 日,第 2 版。
③ 陈雷:《反腐:归案人数追赃数额创历史新高》,《法制日报》2015 年 12 月 29 日,第 10 版。

理前共参与 4619 个议事协调机构，平均每个纪委参与 144 个；清理后，省级纪委参与的议事协调机构减至 460 个，平均每个纪委参与 14 个，精简比例达 90% 以上，把更多力量投入到党风廉政建设"主战场"。（3）派驻纪检机构实现全覆盖。党的十八大前，中央纪委、监察部共在 52 家中央和国家机关设置了派驻机构。相对于全部中央一级党和国家机关，覆盖面仅三分之一多。同时，党的工作部门和全国人大机关、全国政协机关也没有派驻。党的十八届三中全会《决定》要求："全面落实中央纪委向中央一级党和国家机关派驻纪检机构，实行统一名称、统一管理。派驻机构对派出机关负责，履行监督职责。"2014 年 12 月，中央制定出台《关于加强中央纪委派驻机构建设的意见》，为派驻全覆盖确定了时间表和路线图。2015 年 1 月，经中央审批同意，中央纪委在中央办公厅、中央组织部、中央宣传部、中央统战部、全国人大机关、国务院办公厅、全国政协机关等对党和国家政治生活有重要影响的中央和国家机关新设 7 家派驻机构，其中 5 家实行综合派驻，为实现派驻全覆盖创新了方法、探索了路径。2016 年 1 月，经党中央同意，中共中央办公厅印发了《关于全面落实中央纪委向中央一级党和国家机关派驻纪检机构的方案》的通知。中央决定，中央纪委共设置 47 家派驻机构，其中，综合派驻 27 家、单独派驻 20 家，实现对 139 家中央一级党和国家机关派驻纪检机构全覆盖。在中央统一部署下，各地全面落实省、市、县三级派驻纪检机构全覆盖工作。如浙江省，在省一级共设置派驻机构 35 家，其中单独派驻机构 13 家，综合派驻机构 22 家。11 个市共有单独派驻和归口派驻纪检组 397 家，归口监督 957 个单位。90 个县（市、区）共设置 1325 家派驻机构，实现对 5249 家县一级党和国家机关派驻监督全覆盖。①

2. 检察机关侦查体制改革启动。1995 年 11 月 10 日，最高人民检察院反贪总局正式成立。1996 年刑事诉讼法修改后，根据最高人民检察院的规定，检察机关的职务犯罪侦查权分别由反贪污贿赂部门、渎职侵权侦查部门承担。2004 年 9 月 23 日，最高人民检察院《关于调整人民检察院直接受理案件侦查分工的通知》规定：原由反贪部门和渎检部门负责的监管场所发生的职务犯罪案件，划归监所部门负责侦查。民行部门对在办理民事

---

① 颜新文、吴有亮：《浙江实现省市县三级派驻监督全覆盖》，《中国纪检监察报》2016 年 2 月 27 日，第 1 版。

行政抗诉案件过程中发现的审判人员职务犯罪案件可以直接立案侦查。这次对职务犯罪侦查权的重新划分，对多年来职务犯罪侦查权统一归自侦部门行使的传统带来了很大的冲击和影响。此外，在检察机关内设机构中还有职务犯罪预防部门等。"侦出多门"的内设机构设置，不具有科学性和合理性。① "经过近 20 年的发展，一些影响办案成效的问题也逐渐暴露出来，特别是机构设置不合理、力量分散、案多人少、统筹乏力、装备落后等问题日益凸显，已经不能完全适应反腐败斗争新形势的需要，亟待改革。"② 2014 年 11 月 14 日，中共中央正式批准最高人民检察院党组提出的改革方案，整合现设的反贪污贿赂总局、渎职侵权检察厅、职务犯罪预防厅，成立新的反贪总局，新的反贪总局全方位升级提格，局长由副部级检察委员会专职委员兼任。2015 年新的反贪总局成立后，下设 4 个局。新总局内设各局负责人陆续就任，卢希也于近日正式以新反贪总局局长身份亮相，意味着最高人民检察院新反贪总局基本组建完毕。③

（三）反腐模式初步转型，"制度反腐"有效推进

1. 党内反腐败制度建设取得重大进展。（1）开展党内法规和规范性文件清理工作。按照中央部署和要求，中央纪委党内法规和规范性文件清理工作分为两个阶段进行。第一阶段自 2012 年 10 月开始，于 2013 年 5 月完成，主要清理 1978 年至 2012 年 6 月由中央纪委起草或者牵头起草、以中共中央文件或者中共中央办公厅文件形式发布的党内法规和规范性文件；中央纪委制定或者牵头制定的党内法规和规范性文件。第二阶段自 2013 年 10 月开始，于 2014 年 7 月完成，主要清理新中国成立后至 1978 年前由中央纪委（中央监委）代中央起草、以中央名义发布的党内法规和规范性文件；中央纪委（中央监委）制定发布的党内法规和规范性文件。经过两个阶段的工作，中央纪委共对 626 件党内法规和规范性文件进行了清理。其中，建议废止或废止 108 件，失效或宣布失效 120 件，修改 31 件，继续有效 367 件。④（2）修订出台了一批党内重要法规。2013 年 12 月 25 日，中

---

① 张兆松：《职务犯罪侦查权研究》，浙江大学出版社 2011 年版，第 90 页。
② 蒋皓：《中央批准最高检成立新反贪总局》，《法制日报》2014 年 11 月 4 日，第 5 版。
③ 王梦遥：《卢希出任最高检新反贪总局局长》，《新京报》2016 年 1 月 9 日，第 A01 版。
④ 姜洁：《中央纪委清理党内法规和规范性文件 626 件》，《人民日报》2014 年 11 月 25 日，第 4 版。

共中央印发《建立健全惩治和预防腐败体系2013—2017年工作规划》，对今后五年的党风廉政建设和反腐败斗争提出了具体要求。2015年8月3日，中共中央印发《中国共产党巡视工作条例》。10月，中共中央印发《中国共产党廉洁自律准则》和《中国共产党纪律处分条例》。三项法规的出台是党内法规制度建设的重要成果。党规党纪属于党内法规体系，其本身就是制度反腐的重要组成部分。

2. 反腐败刑事立法取得一定成果。随着贪贿犯罪特点的新变化及我国反腐败力度的加大，现行贪贿犯罪的立法规定越来越不适应反腐败的客观需要。2014年10月，第十二届全国人大常委会第十一次会议初次审议了《中华人民共和国刑法修正案（九）（草案）》。2015年6月，第十二届全国人大常委会第十五次会议对草案二次审议稿进行了审议。两次审议之后，立法机关将《中华人民共和国刑法修正案（九）（草案）》在中国人大网公布征求意见。2015年8月29日，第十二届全国人大常委会第十六次会议表决通过了《中华人民共和国刑法修正案（九）》。《中华人民共和国刑法修正案（九）》对贪污贿赂犯罪作出了重大修改和完善，主要表现在：贪贿犯罪由单纯的"数额"标准修改为"数额或者情节"标准；修改贪贿犯罪量刑幅度；废除贪贿犯罪的交叉刑；废除贪贿犯罪中绝对确定的法定刑；进一步扩大贪贿犯罪坦白从宽的适用范围；修改行贿罪处罚标准，加大对行贿犯罪的惩治力度；增设对有影响力的人行贿罪，严密行贿犯罪法网；增设财产刑，加大对贪贿犯罪的财产刑处罚力度；对贪贿犯罪增设死缓期满后适用终身监禁；删除贪贿犯罪中行政处分内容。[1]

3. 党内巡视进一步强化。党内巡视制度从1996年启动，2003年开始运作。2013年8月27日，中央政治局会议审议通过了《建立健全惩治和预防腐败体系2013—2017年工作规划》，提出"要改革党的纪检体制，改进中央和省区市巡视制度"。中央巡视组三年来的八轮巡视，已经实现了对地方、中管央企和金融单位的全覆盖。2015年，中央巡视组累计谈话1.5万余人次，受理各类信访12万余件次，发现了反映领导干部问题线索300余件、"四风"突出问题400余件，督促查处450余名非中管干部违纪违法问题。2015年，省区市完成巡视任务2512个，发现"四个着力"方面问题 33648 件，发现厅级干部问题线索 3991 件，分别是 2014 年的 2.3 倍、2013 年的 19.5 倍；处级干部问题线索 14760 件，分别是 2014 年的 2.3 倍、2013 年的 19.2 倍。立案查处厅级干部 265 名、处级干部 1386 名。[①] 目前，十八届中央第 9 轮巡视进驻 32 家单位开展专项巡视，并对辽宁、安徽、山东、湖南等 4 个省进行"回头看"。

4. 加大反腐败机构内部腐败案件的查处。纪委监察机关在"打虎""拍蝇"的同时，严查自己人的腐败。2014 年处分违纪违法纪检监察干部 1575 人；2015 年，中央纪委机关查处违纪纪检监察干部 7 人，各级纪检监察机关处分 2479 人。如 2014 年山西共处分违纪违法纪检监察干部 189 人，有 66 人被清理出纪检监察干部队伍。其中，包括山西省纪委原常务副书记杨森林、山西省监察厅原副厅长谢克敏等。2015 年，山西省共处理纪检监察干部 596 人，其中，立案审查违纪案件 204 件；处分党员干部 212 人，处级以上干部 42 人，给予撤职以上重处分 19 人，涉嫌违法移送司法机关处理 10 人；谈话函询 268 件；组织处理 73 人，将自身不硬的 61 名纪检监察干部调离工作岗位。[②] 广东省纪委自 2014 年至 2015 年 8 月，共立案查处纪检监察干部 112 名。广东省纪委原副书记、省监察厅原厅长、省预防腐败局原局长钟世坚，汕头市纪委原书记邢太安，化州市纪委原书记陈重光及梅州市纪委原正科级纪检员吴汉林，利用查办案件非法敛财高达 1000 多万元等。[③] 2015 年，检察机关开展规范司法行为专项整治，最高人民检察院分阶段连续三次组织对各省区市检察院全覆盖督导检查，对 148 起司法不规范案件挂牌督办，对 32 起典型案例向社会公开通报。2015 年 8 月 4 日，最高人民检察院颁布《职务犯罪侦查工作八项禁令》。2015 年，检察机关严肃查处违纪违法检察人员 465 人，同比上升 15.1%，其中最高人民检察院 4 人。

（四）"惩治与预防"并重，腐败犯罪预防日益重视

1. 开始注重抓早抓小、防患于未然。2012 年 12 月 4 日中央出台"八

---

① 姜洁、赵兵：《全覆盖让党内监督不留空白》，《人民日报》2016 年 1 月 10 日，第 4 版；张伟：《中央纪委反腐如何形成压倒性态势？》，《北京青年报》2016 年 1 月 18 日，第 A03 版。

② 任丽娜：《山西反腐重治"灯下黑" 2015 年处理纪检干部 596 人》，http://www.chinanews.com/gn/2016/01-12/7713262.shtml。

③ 王丽丽：《中央纪委出大招：管住"自己人"》，《检察日报》2015 年 10 月 13 日，第 5 版。

项规定"，至 2015 年 12 月 31 日，全国已累计查处违反中央八项规定精神问题 114552 起，处理人数 151711 人，其中 65275 人受到党纪政纪处分。2015 年有 10 名省部级高官因违反"八项规定"而被处理。其中违反"八项规定"被处理的处级干部人数增长趋势明显，中央纪委提供的数据显示，2015 年前 11 月，受处理的县处级及以上级别干部人数比上年增长 51%，其中地厅级增长 123%，县处级增长 45%，全国查处的县处级及以上干部占处理总人数的 9.9%，比上一年增加 6 个百分点；但给予党纪政纪处分比例达到 65.9%，比 2014 年翻了一番。① 这充分体现了中央提出的腐败案件要"抓早抓小"，防止把小问题变成大问题，把小案养成大案的预防腐败思想。

2. 财产申报制度执行力度有所加强。2013 年 12 月 29 日，中央组织部印发《关于进一步做好领导干部报告个人有关事项工作的通知》（以下简称《通知》）。根据《通知》精神，今后领导干部个人有关事项不再是一报了之，而是要不定期进行抽查，并逐年提高抽查比例，坚持凡提必查。从 2015 年 1 月开始，中央组织部加大随机抽查力度，将抽查比例由 3%—5% 扩大到 10%。2015 年，全国被抽查的领导干部中因不如实报告个人有关事项等问题，被取消提拔资格 3902 人，调离岗位 35 人，改任非领导职务 17 人，免职 58 人，降职 14 人；发现问题线索移交纪检监察机关给予党纪政纪处分 160 人；受到批评教育 4.16 万人，责令作出检查 1.43 万人，通报批评 856 人，诫勉 5891 人，取消后备干部资格 698 人。② 江西省原副省长姚木根报告时，只填写两套房产，却被核实出 12 套，被立案查处。

3. "两个责任"得到体现。党的十八届三中全会《决定》指出：落实党风廉政建设责任制，党委负主体责任，纪委负监督责任。各地区、各部门对落实"两个责任"不力的领导干部真问责、真处理，改变了过去不敢动真碰硬的局面。2015 年上半年，全国共问责 370 多个单位的领导班子和 4700 多名党员领导干部。中央纪委对部分地区和部门查处的责任追究案

① 张伟：《消除党内重大政治隐患，超 15 万人因违反"八项规定"被处理》，《北京青年报》2016 年 1 月 18 日，第 A03 版。
② 盛若蔚：《3900 多名干部因瞒报等问题被取消提拔资格》，《人民日报》2016 年 1 月 26 日，第 1 版。

例，先后 5 次公开通报。① 一批党委书记、纪委书记因"两个责任"落实不到位，受到严肃处理并被通报曝光。河南新乡市委书记李庆贵任职将近 4 年，在他任内的 2014 年 4 月至 2015 年 1 月，新乡 3 名厅级领导干部被省纪委立案查处，其中两人是市委原常委。河南省委研究决定，给予李庆贵"党内严重警告处分，免去其领导职务"。李庆贵成为目前为止因落实党风廉政主体责任不力被处分的最高级别官员，同时也是首位因任期内领导班子成员连续腐败而被追责，并公开通报的市委书记。2015 年，山西对 1520 名落实"两个责任"不力的党员领导干部予以责任追究，同比增长 190.5%，其中 836 人受到党纪政纪处分，占追究总人数的比例由上年的 36.2% 上升到 55%。② 此外，湖南衡阳贿选案、四川南充贿选案发生后，③ 最终作为时任严肃换届纪律第一责任人的市委书记童名谦、刘宏建均以玩忽职守罪被判处刑罚，开启刑事追责的先河。

4. "断崖式降级"问责被激活。以往对腐败官员问责处理，要么出了问题淡化处理，最多免职了事；要么"双开"、移交司法机关追究刑事责任。降级作为《中华人民共和国公务员法》等党纪法规所规定的处分类型之一，在实践中并不常用，即使有个案降级幅度也比较小。降职降级则是介于两者之间的一种处理方式，党的十八大之后被激活，制度的针对性和震慑力得到体现。如江西省委原常委、秘书长赵智勇因严重违纪，被予以开除党籍处分，取消其副省级待遇，降为科员，连降 7 级，创造了官员降职之最。云南省委原常委、昆明市委原书记张田欣，因失职渎职造成国有资产损失，利用职务上的便利谋取私利，江西省政协原副主席许爱民，利

---

① 姜洁、孟祥夫：《"打虎""拍蝇"，踩着不变的步伐》，《人民日报》2016 年 1 月 11 日，第 4 版。

② 任丽娜：《山西 1520 名官员因落实"两个责任"不力被追责》，http://www.chinanews.com/gn/2016/02–16/7759754.shtml。

③ 2012 年 12 月 28 日至 2013 年 1 月 3 日，衡阳市召开第十四届人民代表大会第一次会议，共有 527 名市人大代表出席会议。在差额选举湖南省人大代表的过程中，发生了严重的以贿赂手段破坏选举的违纪违法案件。共有 56 名当选的省人大代表存在送钱拉票行为，涉案金额人民币 1.1 亿余元，有 518 名衡阳市人大代表和 68 名大会工作人员收受钱物。最终湖南省纪委对涉案的 431 名党员和国家工作人员进行党纪政纪处分，有 69 名被告人被法院依法判处有期徒刑、拘役或剥夺政治权利等刑罚。而南充市贿选案共涉及人员 477 人，其中组织送钱拉票的 16 人，帮助送钱拉票的 227 人，接受拉票钱款的 230 人，失职渎职的 4 人；涉案金额 1671.9 万元。最终给予开除党籍、开除公职处分并移送司法机关处理的 33 人，给予撤销党内外职务以上处分的 77 人，给予严重警告并免职、严重警告、警告或行政记大过、记过处分以及免职处理 267 人，诫勉谈话、批评教育的 100 人，移送司法机关处理人员均被判处相应刑罚。

用职务上的便利或影响，为女儿、女婿在公务员录用和职务晋升方面谋取利益；滥用职权，造成国有资产重大损失等，两人均被开除党籍，取消其副省级待遇，降为副处级非领导职务，降了4级。十八届中央纪委六次全会新闻发布会就省部级官员的"断崖式降级"问题，中央纪委案件审理室主任罗东川表示，给予这样的处理，是"按照党的法规规定、纪律处分条例、案件检查规则、审理工作条例的规定，针对违纪的不同情况，按照违纪的事实，按照纪律处分相关规定，区别不同的情况"，体现"惩前毖后，治病救人"的方针。①

总之，党的十八大之后，反腐败取得了举世瞩目的成就。"现在的反腐力度，读遍二十四史都找不到。"② 2015年，国家统计局开展的民意调查显示："91.5%的群众对党风廉政建设和反腐败工作成效表示满意，比2012年提高16.5个百分点；90.7%的群众对遏制腐败现象表示有信心，比2012年提高11.4个百分点；90.6%的群众认为当前违纪违法案件高发势头得到遏制，比2012年提高5.2个百分点，均创新高。"③

二、 现行腐败犯罪惩治和预防存在的不足和缺陷

在充分肯定党的十八大后反腐取得重大进展的同时，我们必须清醒地看到：现行腐败犯罪惩治和预防存在的问题和不足。中央纪委领导坦言，"从十八大以后查处的案件和巡视发现的问题看，不收敛不收手现象时有发生，连'不敢腐'都没有取得压倒性胜利，'不能腐'和'不想腐'更是远远没有做到"。④

（一） 腐败犯罪仍处 "治标" 阶段， "治本" 力度不足

1. 权力结构改革缓慢，权力配置不合理。我国政治体制深受苏联模式的影响。苏联模式的两个最根本因素：一是集决策权、执行权、监督权于

① 张墨宁：《官员"断崖式降级"问责或将常态化》，《南风窗》2016年第3期。
② 二月河：《现在的反腐力度，读遍二十四史都找不到》，http://news.xinhuanet.com/politics/2014-07/22/c_1111727158.htm。
③ 朱宁宁：《十八大以来查处高级干部150余人》，《法制日报》2016年1月16日，第2版。
④ 参见《认真落实三个提名考察办法，打造忠诚干净担当的纪检干部队伍——专访纪律检查体制改革专项小组负责人》，《光明日报》2015年4月28日，第4版。

一体的权力结构（"议行监合一"的权力结构）；二是层层任命制而非选举制的选人用人体制（等级授职制的用人体制）。这是苏共亡党、苏联解体、东欧剧变的两个根本性原因，也是苏联模式不支持长期执政的两个最根本因素。①"议行监合一"的权力结构导致权力过分集中，特别是"一把手"拥有无限的权力。邓小平同志指出："权力过分集中的现象，就是在加强党的一元化领导的口号下，不适当地、不加分析地把一切权力集中于党委，党委的权力集中于第一书记，党的一元化领导往往因此变成了个人领导。"②党的十八大以来，中央纪委在31个省、自治区、直辖市打落66只"虎"，当过"一把手"的超过四分之三。③2015年，中央纪委监察部网站先后发布了37条中管干部接受组织调查信息。这37位中管领导干部中，担任正职"一把手"的至少有13名，超过落马总数的1/3。有些被查时虽没有担任"一把手"，但绝大部分此前都曾在关键岗位任职，担任过各级"一把手"。④山西省共辖11个地级市，党的十八大以来的两年间已有5个地级市市委书记落马。⑤这表明"一把手"权力过大的问题亟待解决。

2. 监督机制不科学，权力监督不到位。纪检派驻机构改革，原来实行的都是单独派驻模式（"点对点"派驻、同级监督），纪检组组长一般都在驻在部门兼任党组成员，"这意味着要接受驻在部门党组的领导，纪检组长往往还要负责大量非纪检监察范围内的业务，使得派驻监督的效果打了折扣，一些纪检组成员不敢监督党组成员"。⑥党的十八大以后，纪检监督体制进行了一系列改革，但主要还是强化同体监督，这种改革效果如何尚需实践证明。"上级监督太远，同级监督太软，下级监督太难"的问题依然存在。

3. 干部任用机制缺失，买官卖官现象屡禁不止。现行的党政领导干部任用机制不合理，"从古至今的吏治变革，始终没有超越'以官选官'的基本模式，这种模式缺乏良好的制度构建，甚至还存在演变成少数人甚至

---

① 李永忠：《中央强力反腐的可能走向》，《人民论坛》2014年第7期。

② 邓小平：《邓小平文选》（第二卷），人民出版社1994年版，第324页。

③ 马金凤：《盘点2015中纪委反腐六大亮点》，《京华时报》2016年1月4日，第6版。

④ 韩亚栋、田思思：《从被查中管干部看反腐无禁区》，http：//fanfu. people. com. cn/n1/2016/0102/c64371 – 28004523. html。

⑤ 陈磊、张莉雪：《山西两年来近半数地级市"一把手"落马》，《法制日报》2015年9月9日，第4版。

⑥ 王姝：《中纪委对中央机关派驻纪检组》，《新京报》2016年1月6日，第A06版。

一个人选官的倾向。这种情况的存在，一定意义上也是买官卖官现象屡禁不止的制度性根源"。① 一项调查表明：53.5% 的人认为在官场普遍存在着"清廉的不如腐败的，干事的不如会说的，实干的不如作秀的，亲民的不如'能摆平事'的，'不站队的'不如'站对队的'，'眼睛向下的'不如'眼睛向上的'"逆淘汰现象。② 如何加大干部任用制度改革，是党和国家面临的重大难题。

（二）"制度反腐"步伐缓慢，立法滞后现象严重

截至 2012 年 8 月，中央和国家机关制定倡廉相关法律法规制度共计775 件，各省（区、市）和新疆生产建设兵团制定反腐倡廉相关地方性法规和文件规定 1538 件。③ 中央纪委监察部廉政理论研究中心曾出具的一份调研报告表明，仅从 1979 年至 2011 年，就有 58 次中央纪委全会、110 余项法律法规及政策涉及防止干部亲属官商利益关联内容，其中 1985 年颁发的《关于禁止领导干部的子女、配偶经商的决定》、2001 年颁发的《中共中央纪委关于省、地两级党委、政府主要领导干部配偶、子女个人经商办企业的具体规定（试行）》、2010 年颁布的《中国共产党党员领导干部廉洁从政若干准则》等文件，专门对干部亲属经商办企业问题进行了规范。在党的十八大后的反腐风暴中，"父子档"贪腐案例屡见不鲜。有媒体梳理了近年来 28 起家属参与贪腐的案件，发现六成系父子联手。④ 利益冲突问题之所以治理效果不明显，大致与相关规定较为原则等不无关系。近三年，除《中华人民共和国刑法修正案（九）》对贪污贿赂犯罪作出了重大修改和完善外，其他反腐败立法没有取得实质性进展。2016 年全国人大常委会工作报告显示，专门的反腐败法并未列入立法规划中。全国人大常委会法工委行政法室副主任童卫东表示，反腐败立法是一个制度体系，从党纪到国法，刑法到行政法，是否可以囊括在一部法律中，对此，各界还没有形成共识。全国人大常委会法工委研究室主任梁鹰也表示，暂未考虑制定专门的、系统性的反腐败法，"我们的做法是通过各个单行的立法，制

---

① 桑玉成：《以制度变革破解吏治困局》，《探索与争鸣》2015 年第 10 期。
② 人民论坛问卷调查中心：《"逆淘汰"程度与根源——对官场逆淘汰的调查分析》，《人民论坛》2014 年第 27 期。
③ 陈泽伟：《制度反腐：中国反腐倡廉主线》，《决策与信息》2013 年第 11 期。
④ 牛旭东：《"亲缘经济"：腐败的又一变种》，《检察日报》2015 年 9 月 15 日，第 5 版。

定和修改完善反腐立法的制度体系，但具体反腐败法这部法律还不会有考虑"。① 这表明，目前，立法机关对反腐败立法考虑是仅在相关法律中增加反腐败的内容，反腐败法及公务员财产申报法等专门性的反腐败法律尚没有纳入立法机关的视野。我国著名的反腐败专家林喆教授曾指出："说了近三十年，反腐败法依然没有进入我国立法规划，这本身就说明了反腐败问题的复杂性。"②

（三） 纪检监察、 检察职能定位不清， 反腐败机构力量分散

在目前的反腐实践中，检察机关的基本办案模式大致可以分为两种：一种是协作模式。反贪局通过与纪委的协作配合共同查办贪腐案件。一般是先由纪委按照纪律检查的办案程序和方式查办案件，反贪局提供人员、技术等方面的配合与支持，一旦案件基本事实查清再移送检察院立案侦查。另一种是自主模式，由反贪局完全依靠自身力量查办案件。党的十八大以来，反腐败工作取得了举世瞩目的成绩，受到民众广泛的赞誉。协作模式运用得越来越多，尤其是处级以上的要案，基本都是由纪委先查或纪委、检察机关联手查处。在法理上，"双规"虽不具有司法效力，只是一种党内纪律的约束措施，但实际上这种手段具有司法功能，即纪检机关可以利用"双规"手段对违法乱纪者进行一定的人身限制和权利限制，并要求当事人就有关问题作出说明。③ 纪检监察、检察职能定位不清，互相借用办案手段渐成常态。一旦发生被调查对象非正常死亡案件，④ 社会影响恶劣，极大地消解了反腐败的社会效果。

从国际比较视野来看，中国投入反腐败的机构、人数并不少。据统计，我国仅党政机关就有 5 万多个反腐败机构，"目前中国共有专职纪检监察干部 50 多万人，即使不考虑检察机关反贪部门，单位人口的反腐败人

---

① 王姝：《反腐专门法未进立法计划，人大常委会法工委官员解释》，《新京报》2016 年 3 月 10 日，第 A06 版。

② 庄庆鸿：《〈反腐败法〉未入立法规划说明反腐败的复杂性》，《中国青年报》2011 年 1 月 27 日，第 3 版。

③ 庄德水：《纪检体制改革的职能分析及其实践要求》，《理论与改革》2015 年第 1 期。

④ 如 2013 年 4 月 9 日被"双规"的温州市工业投资集团有限公司党委委员、总工程师於其一在被当地纪委带走 38 天后死亡；2013 年 4 月 23 日河南省三门峡市中级人民法院副院长兼执行局局长贾九翔在纪律"双规"10 天后死亡；湖北黄梅地震局局长钱国良被"双规"两个月后于 2013 年 6 月 19 日送医不治身亡。

数也达到 0.37‰，单位公务员反腐败人数约 6.9%。与此对应，我国香港地区约有 718.4 万人口，廉政公署工作人员 1300 多人，单位人口和单位公务员的反腐败人数分别是 0.18‰和 0.76%；新加坡大约有 543 万人口，贪污调查局有 90 多人，单位人口和单位公务员的反腐败人数分别是 0.02‰和 0.11%"。[1] 从检察机关来看，办案力量也过于分散，难以形成打击合力。如上海反贪、反渎、预防共 660 人，分散在 22 个检察院，即使 3 个机构整合了，每个检察院平均不过 30 人，也形不成工作合力；反观香港，仅 700 万人口，廉政公署编制 1399 个，在职 1282 人，它的执行处（即查案部门）就有 945 人。[2]

（四）腐败犯罪轻刑化现象严重，影响"不敢腐"的效果

近年来，在腐败犯罪量刑中出现严重的轻缓化趋势。据统计，2004 年至 2013 年的十年间，贪贿犯罪缓刑及免刑率始终保持在 60% 左右，而同期其他刑事案件缓刑及免刑率始终保持在 30% 左右。[3] 近两年腐败犯罪轻刑化现象不仅没有得到缓解，而且还有加剧之势。党的十八大之后落马的省部级高官中，已有 25 人所涉案件进入了审判程序，其中 20 人已经作出终审判决。从指控的贪腐数额看，这 24 位省部级高官平均每人的贪腐数额高达 3208 万元。[4] 其中，周永康及广州市委原书记万庆良、西宁市委原书记毛小兵三人被指控的贪腐数额超过亿元。但从量刑上看，除被判处无期徒刑的周永康、刘铁男、王素毅三人外，其余官员因受贿罪而被判处的刑罚都在有期徒刑 11 年至有期徒刑 15 年之间。如四川省政协原主席李崇禧受贿 1109 余万元，云南省原副省长沈培平受贿 1615 万元，均被判处有期徒刑 12 年，湖南省政协原党组副书记、副主席阳宝华涉嫌受贿 1356 万余元，被判处有期徒刑 11 年。而国务院国有资产监督管理委员会原主任蒋洁敏犯有受贿罪（1403 余万元）、巨额财产来源不明罪（1476 余万元）、国有公司人员滥用职权罪（违规为他人开展经营活动提供帮助，致使国家利益遭受特别重大损失），三罪并罚仅判处有期徒刑 16 年。四川省委原副书

---

① 过勇、宋伟：《纪检监察机构改革突破口在县级》，《财经》2015 年第 35 期。
② 栾吟之：《陈旭代表直言"重拳反腐"，引来总书记回应》，《解放日报》2015 年 3 月 6 日。
③ 袁春湘：《近十年全国贪污贿赂犯罪案件量刑情况分析》，《中国审判》2015 年第 6 期。
④ 郭芳：《十八大后落马高官平均贪 3208 万，揭发他人成立功途径》，《中国经济周刊》2016 年第 2 期。

记李春城受贿（3979万元），滥用职权（违规为特定关系人在经营活动中提供帮助，造成公共财产损失57282余万元；违规使用财政资金造成公共财产损失300万元），两罪并罚仅被判处有期徒刑13年。而也正由于这些腐败高官量刑偏轻，"2015年起诉、目前已宣判的原省部级以上干部案件中，14名被告人均当庭表示服从法院判决，不上诉"，[①] 贪贿犯罪高官上诉率低，成为刑事审判中的特有现象。

（五）腐败行为发现机制不畅，犯罪黑数高

2003年中科院和清华大学国情研究中心提交了一份关于我国高层官员腐败特点和趋势的研究报告，报告指出，我国从1978年至2002年，腐败"潜伏期"明显变长：1980—1988年期间被发现的7起案件和1989—1992年期间被发现的9起案件，平均潜伏期分别只有1.43年和1.44年，基本上是立刻受到了查处；但是在1992年之后被发现的案件，腐败潜伏期不断增加，其中1993—1997年期间被发现的22起案件平均潜伏期为3.32年，1998—2002年期间被发现的16起案件平均潜伏期竟然达到了6.31年，最长的达到14年。[②] 深圳大学当代中国政治研究所硕士研究生涂谦以党的十六大以来（2003年至2011年）落马的72名省部级官员为样本，在55个有明确的腐败时间跨度的样本中，时间跨度为10年以上者21人，占38%；5年至9年者25人，占45%；5年以下者9人，占12%；平均时间跨度为8.5年。[③] 而笔者随机收集了近5年查处的20个"边腐边升"案例，平均贪腐时间是14.3年，其中9人贪腐时间在15年以上，原铁道部部长刘志军贪腐长达25年。同时，尽管我国不断加大对贪腐犯罪的惩处力度，但由于腐败犯罪本身的特点，犯罪黑数大。有学者曾根据中央组织部的数据计算，1993—1998年全国受党纪政纪处分的干部累计达2.89万人，平均每100名受党纪政纪处分的干部只有42.7人被检察机关立案侦查，只有6.6人被判刑。相比之下香港腐败案件的判罪率是78.4%，存在明显差距。[④] 党的十八大后，虽然反腐力度前所未有，但腐败犯罪黑数高的问题

---

① 戴佳：《20名原省部级以上干部提起公诉——2015年，那些被起诉的"老虎"》，《检察日报》2016年1月19日，第3版。
② 过勇：《中国高官腐败呈现十大趋势》，《廉政瞭望》2003年第8期。
③ 陈简文：《官员腐败一般9年后东窗事发》，《深圳晚报》2012年10月16日，第A05版。
④ 过勇、宋伟：《腐败测量》，清华大学出版社2015年版，第41—42页。

仍没有得到有效解决。如果仔细考察腐败官员落马的过程，则可以发现，偶然性因素远远大于制度性因素。如在举报职务犯罪的大军中，情妇举报占据了较大的比例，曾有媒体调查，1987年至2010年120名落马的省部级高官中，有25%是因为被情妇举报。[1]

上述问题的存在表明：尽管从形式上看，中国腐败治理已经进入了"制度性反腐"阶段，但由于腐败治理的价值选择仍停留于消极治理主义阶段，核心预防制度并未真正构建，制度预防能力也未被实际激活。[2]

三、 构建和实现 "法治反腐" 的路径选择

犯罪学原理告诉我们："犯罪率同犯罪的机会成本的高低、刑罚的严厉程度和犯罪受到惩罚的可能性的大小成反比关系，同犯罪所得的利益、'好处'成正比关系。"[3] 如何构建和实现具有中国特色的腐败犯罪预防政策的有效性，如何选择正确的腐败治理策略，经过三年高压反腐，人们已形成了共识，即反腐败的理想境界是实现"不敢腐、不能腐、不想腐"。而"不敢腐、不能腐、不想腐"，不是简单的三个前后阶段，而是要三管齐下，综合治理。

（一） 坚持 "标本兼治" "以本为主"， 更加注重从源头上治理腐败

2013年1月23日，中央纪委书记王岐山提出，当前反腐"要以治标为主，为治本赢得时间"。三年过去，在"治标"已取得重大进展的条件下，应当更加重视"治本"问题。在现代社会，腐败是指公职人员出于私人目的而滥用公共权力的行为。腐败的本质是国家权力的异化，"治本"就是要从源头上治理腐败，切实解决权力配置和制约监督问题。反腐败"治本"就是"管住权力"。2015年2月2日，习近平在省部级主要领导干部学习贯彻党的十八届四中全会精神全面推进依法治国专题研讨班开班式上指出："权力是一把双刃剑，在法治轨道上行使可以造福人民，在法律

① 许辉：《让职务犯罪举报人没有后顾之忧》，《中国青年报》2016年1月13日，第2版。
② 魏昌东：《现代化：腐败治理模式与中国选择》，载《"反腐败的刑事法治保障"研讨会（文集）》（中国社会科学院法学研究所主办，2015年9月·北京），第65页。
③ 宋浩波：《犯罪经济学》，中国人民公安大学出版社2002年版，第28页。

之外行使则必然祸害国家和人民。把权力关进制度的笼子里，就是要依法设定权力、规范权力、制约权力、监督权力。"坚持"标本兼治""以本为主"，就是通过政治体制改革，切实解决权力的配置、规范和监督制约问题。

1. 加快推进权力结构改革，构建科学、合理的权力配置体系。"中国特色社会主义的成功，取决于对苏联模式缺陷和危害的认识程度，取决于对斯大林权力结构模式和用人体制的抛弃力度，取决于对以权力结构为核心的党和国家领导制度的改革强度。"① 党的十七大报告指出："要坚持用制度管权、管事、管人，建立健全决策权、执行权、监督权既相互制约又相互协调的权力结构和运行机制。"党的十八大报告强调："要确保决策权、执行权、监督权既相互制约又相互协调，确保国家机关按照法定权限和程序行使权力。"如何加快构建科学合理的权力配置体系，是我国政治体制改革的重中之重，也是防止"一把手"腐败的治本之策。

2. 改革权力监督体系，加强异体监督力度。"再锋利的刀刃，也砍不了自己的刀把！古今中外历史反复证明，同体监督是一种无效、低效、成本很高的监督。"② 同体监督属于在一个体系内部的自律性监督，异体监督是在无隶属关系或利害关系的来自权力外部的他律性监督。党的十八大后纪检派驻机构改革，由原来的单独派驻（"点对点"派驻、同级监督）改为综合派驻与单独派驻相结合。综合派驻则是让纪检组"吃一家饭、管多家事"，实质上是上级纪委对下级党组织和党员领导干部的监督，是一种异体监督。实践证明单独派驻监督效果不好，建议取消这种派驻形式。此外，在中央大力反腐的同时，各地方的反腐力度出现分化，如何创新基层权力监督体系，尚待破题。

3. 大力推进干部任用制度改革，由选拔制走向选举制。我国是社会主义国家，从理论上说，各级官员是人民公仆，应向人民群众负责，人民群众对他们的任用有选择权。但目前"他们的真正责任机制，是千方百计地向直接拥有决定他们职务高低、去留的上级机关负责。这种理论与实际的严重脱节以及领导者责任机制的严重扭曲，不仅助长了少数腐败分子滥用权力的嚣张气焰，而且也是近年来'买官卖官'等丑恶现象屡禁不止的重

---

① 李永忠、董瑛：《苏共亡党之谜》，商务印书馆 2012 年版，第 21 页。
② 李永忠：《中央强力反腐的可能走向》，《人民论坛》2014 年第 7 期。

要根源"。① 这种官员选拔制度，"违背了一条政治学公理：谁产生权力，权力就对谁负责。如果这个官职是老百姓给的，那这个官员就必定听老百姓的话。如果这个官职是上级领导给的，那他当然就只对上言听计从了"。② 所以，必须用"以民选官"来取代现行的"以官选官"模式，才符合科学执政对干部选拔制度提出的要求。笔者认为，各级官员必须首先从具体单位的人民群众中选举出来，接受本单位人民群众的监督，获得本单位群众的认可，然后才具有合法性和正当性。所以，改革官员任用机制的首要途径是由现行的上级委任制改为竞争性选举制。

4. 强化问责。党的十八大后问责力度有所加强，但问责制度还处于初创阶段，存在着问责对象界定难、问责方式较单一、问责情形存在局限性等问题。③ 在十八届中央纪委第六次全体会议上，习近平总书记强调指出："要整合问责制度，健全问责机制，坚持有责必问、问责必严。"如何强化和发挥问责制在遏制腐败中的作用尚待破题和深入研究。

（二）加大反腐败立法，着力推进"制度反腐"

党的十八大强调要"更加注重发挥法治在国家治理和社会管理中的重要作用"，"健全反腐败法律制度，更加科学有效地防治腐败"。2013 年 1 月 22 日，习近平在第十八届中央纪委第二次全体会议上指出："加强反腐败国家立法，加强反腐倡廉党内法规制度建设。"2014 年 10 月 28 日，习近平在党的十八届四中全会所作的《关于〈中共中央关于全面推进依法治国若干重大问题的决定〉的说明》中强调："全面推进依法治国，必须努力形成国家法律法规和党内法规制度相辅相成、相互促进、相互保障的格局。"该《决定》规定："加快推进反腐败国家立法，完善惩治和预防腐败体系，形成不敢腐、不能腐、不想腐的有效机制，坚决遏制和预防腐败现象。"2016 年 1 月，国新办就十八届中央纪委六次全会精神举行发布会，中央纪委监察部副部长肖培在发布会上表示，2016 年将修订《中国共产党党内监督条例》，制定《中国共产党问责条例》，研究修订行政监察法。

① 汪玉凯：《巨贪产生的制度反思》，《炎黄春秋》2015 年第 6 期。
② 俞可平：《党内法规那么严，为什么还有贪官？》，http://www.21ccom.net/articles/china/ggzl/20151206131165_2.html。
③ 中共浙江省委组织部、中共宁波市委组织部联合调查组：《加强市县委书记管理和权力监督问题研究》，《新华文摘》2016 年第 2 期。

笔者认为，要推进反腐的"法治化"，必须在党内法规构建反腐败顶层设计的基础上，加快推进国家层面反腐败法律制度的构建，形成完善的国家反腐败体系。只有把党内反腐有效的制度、措施上升为国家法律，才能提升制度反腐的有效性和权威性。对此，国家行政学院许耀桐教授认为，我国应"尽快制定反腐败法，构建不敢腐、不能腐、不想腐的法律体系，确立法律至高无上的地位和权威"①。苏州大学李晓明教授几年前就组织专家拟定了《中华人民共和国反腐败法（草案）》专家建议稿。② 可见，在学术界对尽快出台反腐败法及公务员财产申报法已没有太多争议，至于立法的具体内容，可以在起草、审议过程中本着公开、透明原则广泛讨论形成共识。

（三） 继续保持反腐高压态势， 实现 "不敢腐" 常态化

目前，在权力结构调整，"制度反腐"难以在短期内取得重大突破的条件下，惩治力度的大小仍直接影响腐败治理的成效。"作为理性经济人的官员是通过比较私人成本与收益而进行腐败决策的。反腐败力度的加大，可以提高腐败官员被惩处的概率和强度，有效增加官员腐败的成本，使其不敢腐败，从而提高地方政府的清廉程度。"③ 党的十八届四中全会第二次全体会议指出："深入推进反腐败斗争，持续保持高压态势，做到零容忍的态度不变、猛药去疴的决心不减、刮骨疗毒的勇气不泄、严厉惩处的尺度不松，发现一起查处一起，发现多少查处多少，不定指标、上不封顶，凡腐必反，除恶务尽。"习近平在十八届中央纪委六次全会上强调：做好今年工作，重点之一是"实现不敢腐，坚决遏制腐败现象滋生蔓延势头。惩治腐败这一手必须紧抓不放、利剑高悬，坚持无禁区、全覆盖、零容忍"。2016 年 3 月 3 日，中央纪委副书记、监察部部长黄树贤在经过人民大会堂"部长通道"时说，反腐败斗争形势依然严峻，2016 年将更加重视解决群众反映强烈的腐败问题，将加大督促力度，不断推出新的措施，

---

① 张君荣：《法治反腐必须"落地"——访国家行政学院教授许耀桐》，《中国社会科学报》2014 年 10 月 31 日，第 A06 版。
② 李晓明等：《控制腐败犯罪法律机制研究》，法律出版社 2010 年版，第 567—571 页。
③ 倪星：《试论中国反腐败方略的系统设计》，《政治学研究》2003 年第 4 期。

对重点地区加强督促。①

《中华人民共和国刑法修正案（九）》第 44 条第 4 款对贪贿犯罪规定了"终身监禁"。这就意味着因贪贿犯罪被判处死刑缓期执行的人员，有可能不再有减刑、假释的机会，而面临"牢底坐穿"的严厉惩罚，这是我国刑法史上的一重大突破，但也引发较多的争议。有的认为："'终身监禁'的处分措施，与我国刑罚的目的有根本冲突。"② "终身监禁让罪犯看不到希望，有违教育改造的刑罚目的；会导致监狱负担过重，执行上有困难。"③ 笔者认为，"终身监禁"的设置，至少具有两项重大的立法和司法意义。首先，为贪贿犯罪最终废除死刑提供了过渡性措施。"尽管我国在现阶段保留对贪污、受贿罪的死刑有其必要性和合理性，但从长远来看，最终还是应当废止贪污罪、受贿罪的死刑。"④ 这是我国学术界对贪贿犯罪死刑适用的基本看法。《中华人民共和国刑法修正案（九）（草案）》审议期间，相关的民意调查表明，70% 以上的民众反对取消"贪腐死刑"。⑤ 从保留死刑到彻底废除死刑需要一个过渡阶段和过渡措施，以便广大民众转变死刑观念，为立法机关最终废除死刑创造条件。其次，为杜绝"前门进，后门出"提供了立法依据。"终身监禁"有利于"防止在司法实践中出现这类罪犯通过减刑等途径服刑期过短的情形，符合宽严相济的刑事政策"。⑥ 根据最高人民法院司法解释的规定，即便是 2015 年 10 月 31 日以前实施贪污、受贿行为，罪行极其严重的，也可以适用终身监禁。⑦ 笔者

---

① 监察部部长黄树贤：《反腐败斗争形势依然严峻》，http：//news. xinhuanet. com/photo/2016 - 03/03/c_ 128771703. htm。

② 乔娜、倪泽中等：《〈刑法修正案（九）司法适用热点问题〉座谈会会议纪要》，http：//cycx - 114254. fyfz. cn/ b/867757。

③ 王姝：《重特大贪污受贿犯罪可处终身监禁》，《新京报》2015 年 8 月 30 日，第 A04 版。

④ 赵秉志、彭新林：《我国当前惩治高官腐败犯罪的法理思考》，《东方法学》2012 年第 2 期。

⑤ 余宗明：《近七成受访者：反对取消"贪腐死刑"》，《新京报》2014 年 11 月 1 日，第 A03 版；
向楠：《民调：73.2% 受访者主张对贪污贿赂罪保留死刑》，《中国青年报》2014 年 11 月 4 日，第 7 版。

⑥ 2015 年 8 月 24 日《全国人民代表大会法律委员会关于〈中华人民共和国刑法修正案（九）（草案）〉审议结果的报告》。

⑦ 最高人民法院 2015 年 10 月 29 日颁布的《〈中华人民共和国刑法修正案（九）〉时间效力问题的解释》第 8 条规定："对于 2015 年 10 月 31 日以前实施贪污、受贿行为，罪行极其严重，根据修正前刑法判处死刑缓期执行不能体现罪刑相适应原则，而根据修正后刑法判处死刑缓期执行同时决定在其死刑缓期执行二年期满依法减为无期徒刑后，终身监禁，不得减刑、假释可以罚当其罪的，适用修正后刑法第三百八十三条第四款的规定。根据修正前刑法判处死刑缓期执行足以罚当其罪的，不适用修正后刑法第三百八十三条第四款的规定。"

期待"终身监禁"司法化，而不是把"终身监禁"仅仅成为纸上的法律或者仅仅成为批评的对象。

（四）整合反腐败机构，组建统一、权威、高效的反腐败机构

习近平总书记在《关于〈中共中央关于全面深化改革若干重大问题的决定〉的说明》中指出："反腐败问题一直是党内外议论较多的问题。目前的问题主要是，反腐败机构职能分散、形不成合力，有些案件难以坚决查办，腐败案件频发却责任追究不够。"习近平总书记在十八届中央纪委第六次全体会议上指出："要健全国家监察组织架构，形成全面覆盖国家机关及其公务员的国家监察体系。"

20世纪90年代以来，关于腐败犯罪侦查及反腐败机构的设立问题一直存在以下分歧意见：第一种观点认为，腐败犯罪的侦查职能应当归属于检察机关。[①] 根据我国的政治体制与司法体制，以及我国的法律传统和司法实践，由检察机关承担对腐败犯罪的侦查任务，具有法理的正当性、体制的合理性、历史的必然性和现实的必要性。[②] 第二种观点认为，腐败犯罪侦查权属于行政权范畴，应当将其配置给行政机关行使，主张将腐败犯罪案件统一交给公安机关侦查。[③] 第三种观点认为，腐败犯罪侦查权应由检察机关、公安机关和行政监察机关共同行使。[④] 第四种意见认为，腐败犯罪有其特殊性，应当由专门机关承担腐败犯罪的侦查职能。这种意见主张成立专门的、独立的反贪机构行使腐败犯罪侦查权。有的主张在中央设立"最高人民廉政院"，在省、直辖市、自治区设"高级人民廉政院"，在市、自治州、地区一级设"中级人民廉政院"，县、区一级设"基层人民廉政院"。[⑤] 有的主张，基于我国现行政治体制和政党制度，建议将检察机关的反贪部门独立出来，并且与国家纪检机构和行政监察机构合并组建国家廉政机关或"廉政公署"，归属中央纪律检查委员会和国务院双重领导，专门负责贪污腐败和渎职等国家机关工作人员违法犯罪案件的查处工作。[⑥]

---

① 孙谦、刘立宪主编：《检察理论研究综述》（1989~1999），中国检察出版社2000年版，第115—116页。

② 卞建林主编：《腐败犯罪诉讼程序专题研究》，中国人民公安大学出版社2014年版，第7页。

③ 周国均：《试论检察机关侦查的几个问题（上）》，《政法论坛》1990年第4期。

④ 邱景辉：《职务犯罪侦查权之重构》，《国家检察官学院学报》2003年第3期。

⑤ 吴高庆：《建立我国反腐败专职机构的构想》，《甘肃社会科学》2005年第3期。

⑥ 谭世贵：《中国司法改革研究》，法律出版社2000年版，第114—118页。

笔者赞同第四种意见。"反腐败机构及其体制应当具有四大特征，即：独立、权威、廉洁、专业。独立意味着机构独立、人事独立、预算独立。权威意味着充分的授权，特别是反腐败的一些重要权力，如立案权、秘密调查权。廉洁意味着要为反腐败机构设计出一套内部的和外部的严密监督机制。专业意味着反腐败队伍必须走职业化和专业化的路子。"① 在党的十八大以后的反腐大潮，纪委声誉日隆，纪检机关已经在根本上奠定了在中国反腐败中的核心地位，而检察机关的地位、威信在下降，这不利于提升"法治反腐"的水平。有鉴于此，我国应当将分散在纪检、监察、检察、公安、审计等部门的反腐败力量加以整合，建立一个独立、高效、权威的反腐败机构，由其统一行使腐败行为的调查、侦查权，赋予其明确、充分、广泛的调查权力，以提高腐败犯罪发现和追究能力。同时由检察机关行使对腐败案件的逮捕、公诉职能及对反腐败机构的监督职责。这样有利于使专门的反腐败机构与检察机关之间形成合理的分工负责、互相配合、互相制约机制，保证反腐败行为在法治轨道上运行。

（五）调整反腐模式，加大"权利反腐"力度

党的十八大以后，我国强力推进自上而下的"权力反腐"力度，取得了丰硕成果。但这种以政党和国家为中心的反腐败战略，一定程度上忽视了广大民众的力量。只有权力反腐与权利反腐并重，才能构建起有效、长效的反腐机制。有序、合法、制度化的公众参与，有助于大大提高腐败行为被发现和惩处的可能性。党的十八大报告强调："保障人民知情权、参与权、表达权、监督权，是权力正确运行的重要保证。"2016 年人民网两会调查上线，就公众关注的 18 个热点问题展开网上调查，对于 2016 年的反腐败工作，网友最大的期待是"力度不减、节奏不变、尺度不松"，其次就是"加大公众参与力度"。② "多元治理的根本在于打破单一力量在廉政治理中的垄断，形成政党与国家，国家与社会多元主体平等协商、协同互动的廉政治理格局。多元治理的核心任务是增强国家和社会的反腐力

① 任建明：《向"全覆盖"目标挺进的关键一年　2015 年反腐败工作回顾及总结》，《人民论坛》2016 年第 1 期。
② 陈孟：《两会调查：网友认可"打虎拍蝇"成效期待反腐力度不减》，http：//npc.people.com.cn/n1/2016/0225/c14576 - 28151000 - 2.html。

量，进而形成以党为领导中心的多元主体合作共治的廉政治理主体机构。"① 民众是治理腐败的重要力量，任何一个国家反腐败要取得成效都离不开广大民众的支持和参与。"民众参与反腐败并非完全自发的行为，而是需要一定条件来保障和激励的。"② 要充分调动广大民众参与反腐的主动性、积极性，必须重点做好以下几个方面的工作：

1. 大力推进政务公开。公开透明是法治政府的基本特征。全面推进政务公开，让权力在阳光下运行，对于发展社会主义民主政治，提升国家治理能力，增强政府公信力、执行力，保障人民群众知情权、参与权、表达权、监督权具有重要意义。2016 年 2 月，中共中央办公厅、国务院办公厅印发《关于全面推进政务公开工作的意见》，各地区各部门应当结合实际认真贯彻执行，把我国的政务公开推向一个新阶段。

2. 拓宽监督途径，推进网络反腐。随着互联网的发展，网络反腐成为民众参与反腐的一种典型方式。据北京航空航天大学廉政研究所收集的 2004 年 1 月至 2014 年 12 月发生在中国内地的 333 个网络反腐事件分析发现，11 年来网络反腐事件数量逐年快速上升，特别是党的十八大之后，网络反腐事件呈井喷之势，仅 2013 年和 2014 年两年就有 160 件，占近一半。③ 网络反腐具有广泛性、参与性、社会性和公开性等特征，但也伴随一些非理性，甚至侵犯被监督者的合法权益的现象。因此，应当加快对公民网络反腐行为的保障和规范工作，实现网络反腐的制度化。

3. 强化对公民举报权利的保护。举报是公民的基本权利。最高人民检察院材料显示，在那些向检察机关举报涉嫌犯罪的举报人中，约有 70% 的举报人遭受到不同程度的打击报复或变相打击报复。④ 中国青年报社组织的调查显示，公众给出的阻碍举报的因素排序依次为：担心举报"石沉大海"，得不到反馈（36.4%）；担心举报后遭到打击报复（34.9%）；担心没有"铁证"，举报没有结果（15.5%）；不知道有效的举报渠道（7.1%）。改革开放 30 年来评出的 10 个反腐名人中的 9 人都遭到过打击报

① 陈永杰、黄恬恬：《基于治理理论的国家廉政治理现代化研究》，《湖北社会科学》2015 年第 10 期。

② 杜治洲：《反腐民本主义：内涵与模型》，《廉政文化研究》2016 年第 1 期。

③ 李艳菲、杜治洲：《反腐新常态催生网络反腐新气象》，《检察日报》2015 年 11 月 17 日，第 1 版。

④ 杜萌：《70% 举报者遭遇打击报复手段日趋隐蔽难于界定》，《法制日报》2010 年 6 月 18 日，第 4 版。

复。① 可见，建立完善的举报人保护制度是当务之急。2014 年 9 月 30 日，最高人民检察院印发修订后的《人民检察院举报工作规定》强调："各级人民检察院应当依法保护举报人及其近亲属的安全和合法权益。"并明确规定了在实名举报人的人身、财产安全受到威胁时，以及举报人确有必要在诉讼中作证时，检察机关应当采取的保护措施。2016 年 1 月 11 日，习近平总书记主持召开中央全面深化改革领导小组第二十次会议审议通过了《关于保护、奖励职务犯罪举报人的若干规定》。为了强化对公民举报权利的保护，笔者期待举报法或举报人保护法早日出台。

结　语

治理腐败是一个困扰全球的难题，世界大部分国家和地区都面临腐败的挑战。党的十八大以来，以习近平同志为核心的党中央采取一系列新的理念、思路、举措"打虎""拍蝇"，使腐败蔓延势头得到遏制，惩防腐败的力度、成效得到广大民众的认同。反腐败"只有进行时，没有完成时，反腐败永远在路上"。党和国家要在继续保持高压反腐态势的同时，着力推动权力结构和监督制约机制的改革，特别注意用法治思维和法治方式解决腐败问题，努力实现从"权力反腐"到"制度反腐"、从"治标"到"治本"、从"不敢腐"到"不能腐"的转型，从而构建起具有中国特色、又具有世界借鉴意义的"法治反腐"新模式。

---

① 李涛、李颖：《专家呼吁尽快制定举报法，民调认同此乃当务之急》，《中国青年报》2009 年 3 月 17 日，第 2 版。

第二章 党的十八大以来我国惩治腐败犯罪检视[①]

引 言

党的十八大以来，以习近平同志为核心的新一代中央领导集体，审时度势，以强烈的责任感和忧患意识，以顽强的毅力和决心铁腕惩腐，掀起了中国历史上罕见的反腐风暴，惩腐治贪取得重大进展和突破，凝聚了党心和民心，重塑了党的形象，党风、民风焕然一新，反腐败斗争压倒性态势已形成并得到了巩固发展。通过五年强力反腐，"99.3%的普通干部、99.6%的专业人员、95.1%的企业管理人员认为'腐败总体上得到有效遏制'或'腐败在一定范围内或一定程度上得到遏制'，比2012年分别提高11.3、29.4、34.1个百分点"。"96.7%的领导干部、96.5%的普通干部、93.4%的专业人员、90.9%的企业管理人员、89.2%的城乡居民对党风廉政建设和反腐败斗争'有信心'或'比较有信心'。"[②] 认真研究总结党的十八大以来我国反腐败犯罪的成就及其问题，寻找更好更有力的治腐之本之策，对于当前及今后我国腐败犯罪治理具有重大的理论和实践价值。

---

① 本文原载钱小平主编：《法治反腐的路径、模式与机制研究》，东南大学出版社 2017 年版，第 3—23 页。

② 本文原载《廉政学研究》2019 年第 2 辑。王昊魁：《89.2%的城乡居民对反腐败有信心》，《光明日报》2018 年 2 月 23 日，第 5 版。

一、 党的十八大以来我国腐败犯罪惩治取得的成就

（一） 一大批腐败犯罪分子， 特别是省部级高官的查处创历史新高

"党的十八大以来，经党中央批准立案审查的省军级以上党员干部及其他中管干部440人。其中，十八届中央委员、候补委员43人，中央纪委委员9人。全国纪检监察机关共接受信访举报1218.6万件（次），处置问题线索267.4万件，立案154.5万件，处分153.7万人，其中厅局级干部8900余人，县处级干部6.3万人。"① 2018年"中央纪委国家监委立案审查调查中管干部68人，涉嫌犯罪移送司法机关15人；全国纪检监察机关共对52.6万名党员作出党纪处分，对13.5万名公职人员作出政务处分"。②

根据公开的资料统计，1988年之前，被检察机关查办和法院判刑的省部级以上贪腐高官只有2人。③ 从1987年至2012年这25年间，我国查处贪腐高官共计145名，平均每年落马只有5.8个。④ 而2013年至2017年，全国检察机关"立案侦查职务犯罪254419人，较前5年上升16.4%，为国家挽回经济损失553亿余元。其中，涉嫌职务犯罪的县处级国家工作人员15234人、厅局级2405人。检察机关对周永康、郭伯雄、徐才厚、孙政才、令计划、苏荣等122名原省部级以上干部立案侦查，对周永康、薄熙来、郭伯雄、孙政才、令计划、苏荣等107名原省部级以上干部提起公诉"⑤。被查处的腐败犯罪数量，特别是腐败高官数量大大高于2012年之前的任何一个5年（见表1）。与此同时，各级人民法院"审结贪污贿赂等案件19.5万件26.3万人，其中，被告人原为省部级以上干部101人，厅

---

① 《十八届中央纪律检查委员会向中国共产党第十九次全国代表大会的工作报告》，《人民日报》2017年10月30日，第1版。

② 赵乐际：《在中国共产党第十九届中央纪律检查委员会第三次全体会议上的工作报告》，《人民日报》2019年2月21日，第4版。

③ 安徽省委原常委、秘书长洪清源受贿案和江西省原省长倪献策徇私舞弊案。洪清源于1987年2月11日被合肥市中级人民法院判处有期徒刑10年；倪献策于1987年5月30日被江西省高级人民法院判处有期徒刑2年。

④ 王红茹、董显苹：《2014年反腐，老虎继续打，打虎者也要被监督》，《中国经济周刊》2014年第9期。

⑤ 《最高人民检察院工作报告》，《人民日报》2018年3月10日，第2版。

局级干部 810 人"。

表1　1988 年至 2017 年检察机关立案查办的省部级以上高官案件数

年份	检察机关立案数/人
1988—1992	4
1993—1997	15
1998—2002	19
2003—2007	35
2008—2012	30
2013—2017	122

（二）国家监察委员会：一个统一、高效、权威的反腐败机构已组建完成

在监察体制改革之前，反腐败力量分散在党的纪检机关、行政监察机关、检察院反贪机构及公安机关经侦机构等多个部门，多头管理、政出多门，造成各机构之间职能重叠、机构臃肿、人浮于事、效率低下。2016 年我国启动反腐败体制改革。2016 年 11 月 7 日，中共中央办公厅印发《关于在北京市、山西省、浙江省开展国家监察体制改革试点方案》，确定了监察体制改革思路。党的十九大报告指出："深化国家监察体制改革，将试点工作在全国推开，组建国家、省、市、县监察委员会，同党的纪律检查机关合署办公，实现对所有行使公权力的公职人员监察全覆盖。制定国家监察法，依法赋予监察委员会职责权限和调查手段，用留置取代'两规'措施。""国家监察委员会是中国特色的反腐败工作机构，把原来的行政监察部门、预防腐败机构和检察机关查处贪污贿赂、失职渎职以及预防职务犯罪等部门的工作力量整合起来，切实解决过去反腐败力量分散、职能交叉重叠的问题，把反腐败资源集中起来，增强反腐败合力、效力。"②

2018 年 3 月 11 日，第十三届全国人民代表大会第一次会议正式通过的《中华人民共和国宪法修正案》，确立了监察委员会作为国家机构的法律地位。2018 年 3 月 20 日通过的《中华人民共和国监察法》共计 69 条，

---

① 《最高人民法院工作报告》，《人民日报》2018 年 3 月 26 日。

② 韩亚栋：《加强党对反腐败工作的集中统一领导》，《中国纪检监察报》2019 年 3 月 3 日，第 1 版。

包括总则、监察机关及其职责、监察范围和管辖、监察权限、监察程序、反腐败国际合作、对监察机关和监察人员的监督、法律责任和附则等七个方面的内容，明确监委履行的监督、调查、处置3项监察职责，可以采取的谈话、讯问、询问、查询、冻结、调取、查封、扣押、搜查、勘验检查、鉴定、留置等12项措施。一年多来，"党统一领导下的国家反腐败机构全部组建完成，全国31个省级、340个市级、2849个县级监察委员会共划转编制6.1万个，实际转隶干部4.5万人"①。全国人民期盼的一个统一、独立、权威、高效的反腐败机构有望在我国落地生根。

（三）腐败犯罪立法获得重大进展

随着贪贿犯罪特点的新变化及我国反腐败力度的加大，现行贪贿犯罪的立法规定越来越不适应反腐败的客观需要，贪贿犯罪的修订势在必行。2015年8月29日，第十二届全国人大常委会表决通过了《中华人民共和国刑法修正案（九）》（以下简称《刑九》）。《刑九》是1997年刑法实施以来立法机关对贪贿犯罪修改条文最多、修改幅度最大的一次。修改的主要内容有：贪贿犯罪由单纯的"数额"标准修改为"数额或者情节"标准；修改贪贿犯罪量刑幅度；基本废除了贪贿犯罪的交叉刑和绝对确定的法定刑；进一步扩大贪贿犯罪坦白从宽的适用范围；增设对有影响力的人行贿罪，严密行贿犯罪法网；增设财产刑，加大对贪贿犯罪的处罚力度；对贪贿犯罪增设死缓期满后适用终身监禁；等等。②为了保证《刑九》得到严格执行，最高人民法院、最高人民检察院于2016年4月18日颁布《关于办理贪污贿赂刑事案件适用法律若干问题的解释》（以下简称《解释》）对贪贿犯罪的定罪处罚作出了更为具体的规定。

2018年10月26日，十三届全国人民代表大会常务委员会第六次会议表决通过关于修改刑事诉讼法的决定。新刑事诉讼法明确侦查权的内涵，以法律规定明确刑事侦查权与监察调查权的界限；新增刑事缺席审判制度，为反腐败国际追逃追赃提供有力手段；新增认罪认罚从宽制度，体现宽严相济的刑事政策。监委成立前，纪检监察机关的调查材料不能作为证

---

① 韩亚栋：《加强党对反腐败工作的集中统一领导》，《中国纪检监察报》2019年3月3日，第1版。

② 张兆松：《论〈刑法修正案（九）〉对贪污贿赂犯罪的十大重大修改和完善》，《法治研究》2016年第2期。

据直接用于刑事诉讼，腐败案件移交后，检察机关必须重新立案侦查、重新取证、重新制作笔录。监察法赋予监委职务违法和职务犯罪案件调查权，并与纪委合署办公，执纪审查和调查可以同时启动、同步进行。监察法第 33 条第 1 款明确规定监察机关收集的证据可以在刑事诉讼中使用。这意味着监察机关依法收集的证据材料，可以在刑事诉讼中作为证据使用，从而实现纪法贯通、推进法法衔接。

（四） 反腐败国际追逃取得重大突破

20 世纪 90 年代中后期以来，一些腐败犯罪分子为了逃避法律制裁，开始利用国家之间的制度差异和国际反腐败合作机制的不足和漏洞，向海外转移资产，并寻机出逃海外，腐败分子携款外逃成为社会各界关注的热点，并给国家反腐败斗争提出了新的挑战。一项发自央行的课题报告称，从 20 世纪 90 年代中期以来，党政干部、国企高管及驻外中资机构外逃、失踪人员高达 1 万多人，携带款项达 8000 亿元人民币。[①] 早在 2008 年，中国人民银行反洗钱监测分析中心出具的《我国腐败分子向境外转移资产的途径及监测方法研究》中就指出，贪腐资金跨境转移已对中国金融稳定造成了影响。[②] 目前，"从 59 名已归案的'百名红通人员'外逃时间来看，24 人外逃不足 5 年（含 5 年），16 人外逃 5—10 年（含 10 年），10 人外逃 10—15 年（含 15 年），9 人外逃 15 年以上"。[③] 党的十八届四中全会通过的《中共中央关于全面推进依法治国若干重大问题的决定》明确提出了"加强反腐败国际合作，加大海外追赃追逃、遣返引渡力度"。2014 年 6 月，中央反腐败协调小组国际追逃追赃工作办公室成立。2015 年 4 月，中央反腐败协调小组组织部署开展针对外逃腐败分子的"天网"行动，集中公布 100 名国际红色通缉人员名单，整合公安机关开展"猎狐"行动和检察机关职务犯罪国际追逃追赃专项行动。截至 2018 年 4 月底，通过"天网"行动先后从 90 多个国家和地区追回外逃人员 4141 人，其中国家工作

---

① 陈锋：《报告称我国外逃官员 1 万多人，携带款项达 8000 亿》，《华夏时报》2014 年 11 月 8 日。

② 仇飞：《我国开始规制官员海外金融资产，抑制税款收入流失》，《法治周末》2014 年 1 月 1 日。

③ 袁静文：《审理追逃案件应注意的四个问题》，《中国纪检监察报》2019 年 7 月 24 日，第 8 版。

人员 825 人，"百名红通人员" 52 人，追回赃款近百亿元人民币。① 而 "天网 2018" 行动全国又追回外逃人员 1335 人（引渡 17 人，遣返 66 人，异地追诉 1 人，缉捕 275 人，劝返 500 人，边境触网 202 人，境内抓获 198 人，主动自首等 76 人），其中党员和国家工作人员 307 人，包括 "百名红通人员" 5 人，追赃金额 35.41 亿元人民币。② 2019 年 1 月 28 日，中央反腐败协调小组国际追逃追赃工作办公室召开会议，研究部署 2019 年反腐败国际追逃追赃工作，启动 "天网 2019" 行动。③ 由于追逃汇聚了强大合力，"天网" 越织越密，我国新增外逃人员逐年大幅下降，越来越多的外逃人员主动回国投案自首。

二、 党的十八大以来我国惩治腐败犯罪存在的问题

（一） 治本力度不够， 权力过于集中， 制约监督机制缺失

1. 权力过分集中。我国实行的是 "议行合一" 的政治体制。在这种体制下，几乎一个县、一个市、一个省的所有权力都交给了 "一把手"。这类 "一把手" 反映了我们党和国家体制的最大特点，他们掌控着近乎绝对的权力，是最难以受到监督的一群人。④ 早在 1980 年 8 月，邓小平在中央政治局扩大会议上就强调指出："权力过分集中的现象，就是在加强党的一元化领导的口号下，不适当地、不加分析地把一切权力集中于党委，党委的权力又集中于几个书记，特别是集中于第一书记，什么事都要第一书记挂帅、拍板。党的一元化领导，往往因此而变成了个人领导。"⑤ "在位时，我做的决定，99.99% 都不会有人反对，我反对的，其他人也不敢赞成。" 因受贿被判刑的河南省某县原县委书记，就如此反省过他做县委书记时的权力。⑥ 据财新记者不完全统计，党的十八大后，多个城市主政者 "前腐后继" 的纪录被刷新。在河南省焦作近五任市委书记中已有三人被

① 何强：《50 人外逃名单公布超四成外逃超 10 年》，《新京报》2018 年 6 月 7 日，第 A01 版。
② 姜洁：《密织 "天网"，让贪腐分子无路可逃——2018 年反腐败国际追逃追赃工作综述》，《人民日报》2019 年 1 月 29 日，第 4 版。
③ 《"天网 2019" 行动正式启动》，《中国纪检监察报》2019 年 1 月 29 日，第 1 版。
④ 任建明：《怎样合理制衡 "一把手" 的绝对权力》，《国家治理》2014 年第 12 期。
⑤ 《邓小平文选》（第二卷），人民出版社 1994 年版，第 260 页。
⑥ 王巧捧：《县委书记：光鲜背后——县委书记的 "性价比"》，《廉政瞭望》2014 年第 20 期。

查，三任三门峡市委书记被查，云南昆明三任市委书记被查，湖南衡阳三任市委书记被查，广东茂名三任市委书记被查，安徽淮南四任市委书记被查，江西德兴四任市委书记被查。① 2016 年，至少又有 17 名地级市市委书记或市长被查，其中有 6 人已被开除党籍和公职。② 河南省交通厅 16 年 4 名厅长落马，两人被判无期徒刑。党的十六大曾提出要建立"结构合理、配置科学、程序严密、制约有效"的权力运行机制，创新"副职分管、正职监管、集体领导、科学决策"的权力科学配置体系。但在实践中这一设想始终停留在口号的层面，没有得到真正实施。

2. 制约监督机制缺失。目前，我国权力运行制约和监督体系存在的问题：一是权力配置和结构不尽科学，决策权、执行权和监督权之间没有形成相互制约。二是权力往往过分集中于主要领导干部手中。三是权力边界不清晰。四是权力缺乏法制约束。有的权力不是依法设立，或者不是依法行使，有的领导干部常常因为程序违法而使工作陷于被动。五是权力运行过程不够公开透明，暗箱操作和"潜规则"问题突出。六是对权力的监督不够有力，各种监督的合力不强。七是制度不够健全，障碍和漏洞较多，存在"牛栏关猫"现象，对领导干部的监督管理难以发挥应有的作用。③ 本来同级监督是最有效的，如县一级的常委、人大、纪委、司法等部门是离县委书记最近的监督者，日常监督是最重要的监督。但在目前的机制下，同级监督很难管得了县委书记。县委书记常兼任人大常委会主任，而纪委书记又是自己的下属，如何监督？"谁关心我，我就让组织部部长关心他；谁不关心我，我就让纪委书记关心他。"民间传言从某种程度上说明了县委书记对纪委的支配力。更重要的是，领导班子成员往往与"一把手"之间形成利益共同体，实现利益均沾。"同级监督"极易陷入不敢监督、不能监督、不易监督，导致不愿监督的困境。所以，近年查处的一大批腐败案件没有一件是同级纪委监督发现的，甚至还出现多起同级纪委书记向同级"一把手"行贿的案例。南方周末报社记者曾选取党的十八大后被广泛报道的 83 名厅级（含副厅）以上官员作为样本进行分析发现，三成是因窝案引发，

---

① 崔先康：《"前腐后继"，河南焦作五任书记三人落马》，http：//china. caixin. com/2016 – 11 – 23/101013655. html？ ulu – rcmd ＝ 100935336。

② 贾玥：《2016 年"倒下"17 名地市一把手，再现"双落马"》，http：//politics. people. com. cn/ n1/2017/0112/c1001 – 29016859. html。

③ 赵洪祝：《进一步强化权力运行制约和监督体系》，《人民日报》2013 年 11 月 27 日，第 6 版。

没有一例是因同级纪委查处而落马。① "上级监督太远，同级监督太软，下级监督太难"，是对监督"一把手"现实难题的形象描述。②

（二）刑事追究比率低，刑事处罚力度大幅度下降

1. 刑事追究比例低。有学者曾根据中央组织部的数据计算，1993—1998 年全国受党纪政纪处分的干部累计达 2.89 万人，平均每 100 名受党纪政纪处分的干部只有 42.7 人被检察机关立案侦查，只有 6.6 人被判刑。③ 党的十八大以来，纪检监察机关查办的违法违纪人数大幅度提高，但移送追究刑事责任的人数比率明显偏低（见表 2）。④ 从上述数字可以看到，受党纪政纪处分的人员与移送司法机关追究刑事责任的人员之比悬殊，大量贪贿分子没有被追究刑事责任。根据何家弘教授的估算，在已经实施的腐败犯罪中大约有一半未被发现；在已经检举揭发或因偶然事件而被发现的腐败犯罪中大约有一半未能查证；在已经获得相关证据的腐败犯罪中大约有一半未能处罚。那么三个 50% 相乘的结果就是：受到处罚的贪官大概只占实在贪官的 12.5%。换言之，腐败犯罪的黑数可能高达 87.5%。⑤ 据此，我国贪贿犯罪的黑数高达 200 多万件。1999 年至 2017 年，全国公安机关立案侦查普通刑事案件总数量不断上升，从 1999 年的 224 万余件，上升到 2017 年的 548 万余件，2015 年达到 717 万余件，而检察机关立案查办的贪贿犯罪案件数量则不断下降，从 1999 年的 3.8 万余件（2001 年曾达到 4.5 万余件），下降到 2017 年的 2.6 万余件（见表 3）。从刑事审判看，贪贿犯罪在整个刑事犯罪中的比例也在不断下降（见表 4）。

特别是监察体制改革后的 2018 年，全国检察机关仅受理各级监委移送职务犯罪 16092 人（已起诉 9802 人，不起诉 250 人）。如浙江省检察机关 2016 年立案查处职务犯罪嫌疑人 1217 人，而完全转隶后的 2018 年办理监委移送的职务犯罪仅 683 人（提起公诉 569 人），职务犯罪查办人数大幅度下降。"2019 年上半年，全国纪检监察机关运用监督执纪'四种形态'

---

① 刘俊、刘悠翔、徐颢哲：《一把手腐败是最大难题：十八大以来 83 名厅级以上官员的腐败样本调查》，《南方周末》2013 年 11 月 14 日。
② 李松：《"一把手"监督难局》，《瞭望》2017 年第 23 期，第 16—17 页。
③ 过勇、宋伟：《腐败测量》，清华大学出版社 2015 年版，第 41—42 页。
④ 《十八届中央纪律检查委员会向中国共产党第十九次全国代表大会的工作报告》，《人民日报》2017 年 10 月 30 日，第 1 版。
⑤ 何家弘：《中国腐败犯罪的原因分析》，《法学评论》2015 年第 1 期。

处理 81.2 万人次。其中，第一种形态 55.2 万人次，占'四种形态'处理总人次的 68%；第二种形态 19.6 万人次，占 24.2%；第三种形态 3.2 万人次，占 4%；第四种形态 3.1 万人次，占 3.8%。"[1] 其中涉及犯罪的比例就更低了。

表 2　2013—2018 年纪检监察机关查处腐败案件情况

年份	立案/件	党纪政纪处分/人	移送司法机关处理/人
2013	17.2 万	18.2 万	0.96 万
2014	22.6 万	23.2 万	1.2 万
2015	33 万	33.6 万	1.4 万
2016	41.3 万	41.5 万	1.1 万
2017	52.7 万	52.7 万	1.14 万
2018	63.8 万	62.1 万	1.7 万
合计	230.6 万	231.3 万	7.5 万

表 3　1999—2017 年全国公安机关刑事立案数与全国检察机关贪贿案件立案数[2]

年份	全国公安机关刑事立案总数（件）	全国检察机关立案贪贿犯罪总数（件）
1999	2249319	38382
2000	3637307	45113
2001	4457579	45266
2002	4336712	34716
2003	4393893	31953
2004	4718122	30548
2005	4648401	28322
2006	4653265	27119
2007	4807517	26780
2008	4884960	26306
2009	5579915	25408
2010	5969892	25560
2011	6005037	25212
2012	6551440	26247

①　姜洁：《今年上半年全国纪检监察机关处分 25.4 万人：包括省部级干部 20 人》，《人民日报》2019 年 7 月 24 日，第 4 版。

②　本数据来源于 2000 年至 2008 年《中国法律年鉴》。这里的贪贿案件数包括了刑法第 8 章"贪污贿赂罪"中的所有罪名。

年份	全国公安机关刑事立案总数（件）	全国检察机关立案贪贿犯罪总数（件）
2013[①]	6598247	28304
2014	6539692	31812
2015	7174037	31982
2016	6427533	27337
2017	5482570	26738

表4　1999—2017年全国法院审理贪贿犯罪刑事一审案件结案数[①]

年份	全国法院审理的刑事一审案件结案数（件）	全国法院审理的贪贿犯罪一审案件结案数（件）	贪贿案件占当年一审结数的比例
1999	539335	18889	3.50%
2000	560111	21249	3.79%
2001	623792	21681	3.48%
2002	628549	19019	3.03%
2003	634953	20933	3.30%
2004	644248	21588	3.35%
2005	683997	21645	3.16%
2006	701379	20822	2.97%
2007	720666	20213	2.80%
2008	768130	22111	2.88%
2009	766746	21942	2.86%
2010	779641	23441	3.01%
2011	839973	22868	2.72%
2012	986392	25886	2.62%
2013	953976	23941	2.51%
2014	1023017	25583	2.50%
2015	1099205	19493	1.77%
2016	1115873	32063	2.87%
2017	1296650	25757	1.99%

---

① 2013年以后，最高人民检察院将贪贿犯罪与渎职犯罪合并为职务犯罪案件加以统计，2013年以后的贪贿案件数系笔者根据法律年鉴所列的主要贪贿案件数（贪污案、贿赂案、挪用公款案、集体私分案和巨额财产来源不明案）相加得出，可能与贪贿案件总数有少量的误差。

2. 贪贿犯罪轻刑化现象更加严重。我国不仅腐败犯罪刑事追究比率低，而且已被立案追究的腐败犯罪存在着严重的轻刑化问题。2009 年 5 月至 2010 年 1 月，最高人民检察院组织开展了全国检察机关刑事审判法律监督专项检查活动，检查中发现，2005 年至 2009 年 6 月，全国被判决有罪的贪腐犯罪被告人中，判处免刑和缓刑的共占 69.7%。[①] 为了遏制职务犯罪轻刑化现象，最高人民法院、最高人民检察院分别于 2009 年 3 月 12 日和 2012 年 8 月 8 日颁布《关于办理职务犯罪案件认定自首、立功等量刑情节若干问题的意见》《关于办理职务犯罪案件严格适用缓刑、免予刑事处罚若干问题的意见》等司法解释。2007 年以来的 6 年间，人民法院对贪污贿赂判处 5 年有期徒刑以上刑罚的重刑率不断提高，分别为 17.58%、17.90%、20.82%、21.20%、21.78% 和 22.91%，呈逐年上升趋势，重刑率远远超过普通刑事案件。[②] 职务犯罪"轻刑化"现象得到了一定的遏制和纠正。但 2013 年以后，贪贿犯罪轻刑化现象更加严重。第一，司法解释大幅度提高贪贿犯罪定罪量刑数额标准。《解释》将贪贿犯罪定罪数量标准由 5000 元、5 万元和 10 万元提高至 3 万元、20 万元、300 万元。第二，被判处死刑立即执行的贪贿案件渐趋消失。第三，判处死缓、无期徒刑以上的贪贿罪犯人数大大减少。[③] 第四，普通贪贿罪犯的刑罚处罚力度大幅度下降。笔者通过"对比《刑九》出台前后贪贿犯罪量刑情况可知，在涉案金额、量刑情节相同或者相似的情况下，《刑九》出台后贪贿犯罪量刑轻刑化更加严重"。[④] 笔者专门收集了 2013 年至 2017 年各级法院已作出终审判决的 100 例省部级以上高官刑事判决的量刑问题进行分析发现：从《刑九》《解释》实施之后的两年多情况看，在贪贿犯罪定罪量刑数额标准大幅度上升的情况下，贪贿高官刑罚适用的力度则大幅度下降，至今

---

① 赵阳：《法律监督"软"变"硬"排除案外干扰》，《法制日报》2010 年 11 月 22 日，第 5 版。
② 袁春湘：《近十年全国贪污贿赂犯罪案件量刑情况分析》，《中国审判》2015 年第 6 期。
③ 张兆松：《贪贿高官量刑规范化研究——基于 2013—2017 年省部级以上高官刑事判决的分析》，《法治研究》2019 年第 2 期。
④ 张兆松、余水星：《贪贿犯罪量刑公正难题之破解——基于 100 例贪污受贿案件刑事判决文书的实证分析》，《浙江工业大学学报（社会科学版）》2018 年第 3 期；张兆松：《贪贿高官量刑规范化研究——基于 2013—2017 年省部级以上高官刑事判决的分析》，《法治研究》2019 年第 2 期。

已无一例高官因贪贿犯罪判处死刑立即执行,[①] 判处无期徒刑以上刑罚的比例已降至26%（见表5）。[②]

表5　2013—2017 年法院宣判的贪贿高官主刑适用情况　　　　单位：人

刑罚 年份	死刑缓期 2 年执行	无期 徒刑	15 年以上	10 年以上 不满 15 年	5 年以上 不满 10 年	不满 5 年	合计人数
2013	1	3					4
2014	1	2	1		1		5
2015		1	8	8		1	17
2016	2	6	5	18	2	1	35
2017	1	9	9	17	2	1	39
合计	5	21	23	43	5	3	100

（三）　如何加强对国家监委的监督成为新的难题

在转隶以前，主要由检察机关承担腐败犯罪查办职能。当时，学界对检察机关同时享有腐败犯罪立案权、刑事拘留权、逮捕权和公诉权（包括不诉权）提出了很多批评。其主要弊端是："在程序上集公诉、监督、侦查于一身的检察机关，极易产生既当'运动员'又当'裁判员'的诟病，有违侦、诉、审相互制约，各负其责的基本法治原则。"[③] 为了回应公众的质疑，自20世纪90年代以来，检察机关不断完善自侦案件内部监督机制的构建，包括侦、捕、诉分开，逮捕上提一级，人民监督员制度改革等。但基本上仍限于检察内部监督制约，效果并不明显。

监察体制改革打破了腐败犯罪查办检察机关一权独大的局面，形成了

---

① 在这100例贪贿案中，有一例死刑立即执行案，即内蒙古自治区原政协副主席赵黎平受贿、故意杀人、非法持有枪支、弹药、非法储存爆炸物案。最终赵黎平因犯故意杀人罪，犯罪性质、情节特别恶劣，犯罪手段特别残忍，社会危害大、影响极其恶劣，罪行极其严重，且拒不认罪，而被判处死刑立即执行。

② 胡冬阳博士根据北大法宝上适用《解释》的50个案件分析：刑法修正后，受贿罪的量刑刑期整体呈下降趋势，对于受贿数额3万元至20万元的"苍蝇"减轻的幅度非常大，对受贿数额300万元以上的"大老虎"们的刑期也较修正前有较大降幅（参见胡冬阳：《贿赂犯罪"数额＋情节"模式运行实证研究——以J省2016—2017 年的判决书为研究样本》，载《湖北社会科学》2017 年第10 期）。

③ 吴建雄：《国家监察体制改革背景下司法反腐的职能变迁与机制再造》，《中南大学学报（社会科学版）》2018 年第2 期。

监察机关、检察机关、审判机关分工负责，互相配合，互相制约的新型制约机制。但改革以后的监察机关与纪委合署办公，代表党和国家行使"监督权"。这种监督包含了党纪监察、政府监察和刑事监察的内容。监察委员会同时行使监督、调查和处置三项职能，可以采取"谈话、讯问、询问、查询、冻结、调取、查封、扣押、搜查、勘验检查、鉴定、留置"等措施，特别是"留置取代'两规'，固然使得监察委员会的调查活动受到了更为严密的法律控制，但是，这种留置仍然属于在刑事强制措施体系之外所设置的剥夺人身自由的措施，动辄长达数个月，也不经过司法机关的审查批准，更没有给予辩护人参与辩护的机会，况且羁押场所被随意设置，经常规避了看守所的监控和管理，极易出现违法取证、虐待在押人员的情况"①。在刑事诉讼中，辩护律师行业本来就有"九难"：会见难、调查取证难、阅卷难、质证难、发问难、辩护辩论难、申请难、申诉难。②而在腐败犯罪调查中，辩护律师连会见权都没有。"权力是一把双刃剑"，权力越大，被滥用的可能性就越大。监督者如何受监督成为监察体制改革中面临的重大理论和实践问题。

（四）腐败犯罪立法不完善

我国贪贿犯罪构成过于严格，导致不少贪腐行为难以纳入刑法调整的范围。"详细观察我国法律应对职务犯罪的实际情况就不难发现，自中华人民共和国成立以后，特别是自改革开放以来，虽然我们在政治上一直高喊严惩腐败的口号，但在实际刑事处理方面，对于职务犯罪却基本上抱着宽容态度，因而将我国职务犯罪的刑事政策归纳为'名严实宽'是比较贴切的。"③ 近年来，尽管立法机关和司法机关不断修改贪贿犯罪规定，增加了一些罪名，但法网不严、犯罪构成过于严格的特点没有得到实质性的改变。但从修改内容看，"总体上并没有破除贪污受贿立法本来存在的结构性积弊，重新编织的贪污受贿刑事法网以及调整的惩治力度，不但没有提升刑法对贪污贿赂犯罪的规制能力，反而是'名严实宽'，难以满足反腐

---

① 陈瑞华：《论国家监察权的性质》，《比较法研究》2019 年第 1 期。

② 张昊、刘欣、王卫：《会见难仍是现实难点　惩戒存明显地域差异》，《法制日报》2019 年 1 月 14 日，第 7 版。

③ 张绍谦、杨力主编：《腐败的风险与刑法综合治理》，上海三联书店 2018 年版，第 11 页。

败刑法供给的需要"。① "从宽处罚的规定多于从严，从宽倾向较为明显，在建设法治国家、严惩贪污腐败的形势下，没有突出体现从严的一面，可谓'严有限、宽失度'。"② 如常见的受贿罪，入罪条件过于苛求，立法要求受贿罪的构成要素是：国家工作人员（犯罪主体）、他人财物（贿赂）、利用职务上的便利（职务要素）、为他人谋取利益（交易对价）、数额（较大）或情节（较重）。行贿罪、（斡旋）受贿罪、利用影响力受贿罪还要求"谋取不正当利益"作为犯罪构成条件。如此严格的定罪处罚标准，使严厉的刑法适用变得困难，直接影响对贿赂行为的惩治和查处。如，《解释》虽然将部分"感情投资"行为入罪，③但仍然"没有解除贿赂犯罪中财物与职权行使之间的对价关系"。④ 2019 年 8 月 6 日，湖南省纪委监委通报了 4 起省管干部违规收受红包礼金案例，其中省直机关工委原委员、省委离退休工委原副书记周松柏，多次违规收受他人所送礼金，数额特别巨大，其中党的十八大后收受 534 万余元。但该行为只算"违反廉洁纪律"，不构成犯罪。⑤ 又如，在惩处贿赂犯罪中，我国长期存在着"重受贿轻行贿"对行贿行为打击不力的问题，而之所以难以追究行贿者的刑事责任，主要还是存在立法上的障碍。尽管最高人民法院、最高人民检察院司法解释已对不正当利益作出扩张解释，司法机关日益重视对行贿行为的打击。如"行贿犯罪案件数量 2016 年较 2013 年总计增长 45.34%，在贪腐案件中的占比持续增长，由 2013 年的 11.53% 上升至 2016 年的 17.74%，行贿案件与受贿案件的比例关系也由 2013 年的 28.39% 升至 2016 年的 46.50%"。⑥ 但行贿案件仍然不足受贿案件半数，定罪处罚比例仍然偏低。

---

① 孙国祥：《贪污贿赂犯罪刑法修正的得与失》，《东南大学学报（哲学社会科学版）》2016 年第 3 期。

② 张开骏：《刑法修正得失与修正模式完善——基于〈刑法修正案（九）〉的梳理》，《东方法学》2016 年第 5 期。

③ 《解释》第 13 条第 2 款规定："国家工作人员索取、收受具有上下级关系的下属或者具有行政管理关系的被管理人员的财物价值三万元以上，可能影响职权行使的，视为承诺为他人谋取利益。"

④ 车浩：《贿赂犯罪中"感情投资"与"人情往来"的教义学形塑》，《法学评论》2019 年第 4 期。

⑤ 钟煜豪：《湖南省管干部周松柏被通报：十八大后收受礼金 534 万余元》，https：//www.thepaper.cn/newsDetail_forward_4092037。

⑥ 王晓东：《新时代背景下惩治贪腐犯罪若干问题的思考——基于审判贪腐案件的实践展开》，《法治研究》2018 年第 6 期。

三、 关于我国惩治腐败犯罪的若干建议

（一） 加大治本力度， 从源头上治理腐败犯罪

党的十八大报告指出："要坚持中国特色反腐倡廉道路，坚持标本兼治、综合治理、惩防并举、注重预防方针。"2013 年 1 月 23 日，中央纪委书记的王岐山提出，当前反腐"要以治标为主，为治本赢得时间"。五年过去，在"治标"已取得重大进展的条件下，应当更加重视"治本"问题。"反腐倡廉的核心是制约和监督权力。"① 在现代社会，腐败是指公职人员出于私人目的而滥用公共权力的行为。腐败的本质是国家权力的异化，"治本"就是要从源头上治理腐败，切实解决权力配置和制约监督问题。反腐败"治本"就是"管住权力"。在十八届中央纪委二次全会上习近平总书记又强调指出："要加强对权力运行的制约和监督，把权力关进制度的笼子里，形成不敢腐的惩戒机制、不能腐的防范机制、不易腐的保障机制。"② 因此，当务之急是要通过改革试点，积极稳妥地推进政治体制改革，加快构建使国家公职人员"不能腐败"的制度体系，使一切权力都在民主监督下阳光运行。

1. 分解权力，解决权力过于集中的问题。反腐败的治本之策在于制约（公）权力；权力制约必须从权力结构入手；只有分权（制衡）才能实现权力制约。③ "限制权力比监督权力更根本。"④ 比如，党政"一把手"不进行具体事项的审批，不直接干预政府部门范围内的工作，避免直接决定干部选拔任用中的具体人选。⑤

2. 加强对权力监督制约。党的十八届三中全会通过的《中共中央关于全面深化改革若干重大问题的决定》（以下简称《决定》）提出，要"构建决策科学、执行坚决、监督有力的权力运行体系"。各个权力主体都有

---

① 李雪勤：《扎实构建不敢腐不能腐不想腐的有效机制》，《求是》2017 年第 5 期。

② 《人民日报》2013 年 1 月 23 日，第 1 版。

③ 毛益民、曹伟：《"集权体制下的权力制约：理论与实践"会议综述》，《中共杭州市委党校学报》2017 年第 2 期。

④ 林平：《管住"一把手"，限权比监督成本更低》，《检察日报》2014 年 8 月 5 日，第 5 版。

⑤ 李景治：《党政一把手权力运行机制的完善》，《学术界》2014 年 4 期。

自己的权力认知能力和水平，都有自己相对独立的利益。无论是政治学中的"政治人"，还是经济学中的"经济人"，都是建立在一定的利益之上的，担任国家公职的人同样是理性自利的人。人的本性，决定着人的行为的原始根据。因此，掌权者同普通人一样，不会因为担任公职就自然变得神圣起来。① 正是基于人难以避免的认识和道德发展的局限性，要保证权力的统一性，就必须对权力的行使进行监督和控制。《决定》还强调："坚持用制度管权管事管人，让人民监督权力，让权力在阳光下运行，是把权力关进制度笼子的根本之策。"

在制度建设中官员财产公示是预防腐败的指标性制度。② 从公务人员财产申报和公示的实践历史来看，财产申报制犹如一把利刃，直中腐败分子的要害。财产申报（公示）法被誉为"阳光法案"，1766 年起源于瑞典，目前已有约 140 多个国家推行了这项法律制度，是国际社会公认的一把反腐利器。制定财产申报法一直是我国社会各界的企盼。1988 年监察部会同法制局起草了《国家行政工作人员报告财产和收入的规定草案》。1994 年第八届全国人大常委会将财产申报法正式列入立法规划。虽然 1995 年 4 月 20 日，中共中央办公厅、国务院办公厅联合发布了《关于党政机关县（处）级以上领导干部收入申报的规定》。但 30 多年过去，财产申报法的制定还是遥遥无期。③ 官员的财产公示在世界各国都被视为反腐制度的基石，也被认为是真假反腐的试金石。各国的反腐经验表明，官员的财产如不向公众公开，社会监督和官员的廉政都是一句空话，笔者建议抓紧出台财产申报法，并建立相应配套措施，使财产申报制度成为反腐败的"撒手锏"。

（二） 持续反腐高压态势， 查办腐败犯罪不松懈

《法制日报》记者曾逐条梳理中央纪委监察部网站审查调查栏目信息统计，该栏目在 2017 年总计通报党纪处分 248 名省管干部，其中 169 名省管干部被通报"党的十八大后仍不收敛、不收手"，占比近 7 成。④ 这表明，目前的反腐高压态势并不足以威慑腐败分子。目前，在权力结构调整、权力监督制约机制构建难以取得重大突破的条件下，惩治力度的大小

---

① 王寿林：《权力制约和监督研究》，中共中央党校出版社 2007 年版，第 69—70 页。
② 何家弘：《反腐败的战略重心与官员财产公示》，《法学》2014 年第 10 期。
③ 参见《财产申报公示制度难产 26 年》，《都市快报》2014 年 8 月 19 日，第 A02 版。
④ 陈磊：《个别领导干部仍认不清反腐败形势》，《法制日报》2018 年 1 月 13 日，第 5 版。

仍直接影响腐败治理的成效。"作为理性经济人的官员是通过比较私人成本与收益而进行腐败决策的。反腐败力度的加大，可以提高腐败官员被惩处的概率和强度，有效增加官员腐败的成本，使其不敢腐败，从而提高地方政府的清廉程度。"① 中央政治局 2018 年 12 月 13 日召开会议，听取中央纪委工作汇报，研究部署 2019 年党风廉政建设和反腐败工作。会议强调："反腐败斗争形势依然严峻复杂，全面从严治党依然任重道远，必须将'严'字长期坚持下去。"② 中央的判断是符合客观实际的。

列宁曾引用意大利刑法学家贝卡里亚的名言指出："惩罚的警戒作用决不是惩罚的严厉与否，而是看有没有漏网。重要的不是严惩罪行，而是使所有罪案都真相大白。"③ 我国香港特区几十年的反腐败经验表明："贪腐官员最怕的不是判死刑，而是被抓的风险和概率是不是足够大。"治理腐败"关键不在于刑罚轻重，而在于贪腐被处罚的风险有多大"。④ 因此，要形成"天网恢恢、疏而不漏"，"手莫伸，伸手必被捉"的社会氛围，必须大力加强贪腐犯罪的侦破工作，提高破案率，减少"犯罪黑数"，提高犯罪成本，以遏制犯罪分子的冒险性和侥幸心理。近年，随着反腐败高压震慑，腐败犯罪受到遏制，转隶后，监察队伍需要一个衔接磨合过程，腐败分子查办数量下降也属正常，但如果持续大幅度下降，则必须引起足够的重视。所以，如何加大对腐败犯罪的查办力度，提高腐败犯罪定罪处罚比例，是当前亟待研究的问题。

（三）加强对国家纪检、监委的监督制约，解决"监督者如何受监督"的难题

目前，对国家监察机关的监督主要依靠监察机关自身的监督。"再锋利的刀刃，也砍不了自己的刀把！古今中外历史反复证明，同体监督是一种无效、低效，成本很高的监督。"⑤ 规范监察权力的运行，仅靠自我监督是不够的。同体监督属于在一个体系内部的自律性监督，异体监督是在无隶属关系或利害关系的来自权力外部的他律性监督。

---

① 倪星：《试论中国反腐败方略的系统设计》，《政治学研究》2003 年第 4 期。
② 《人民日报》2018 年 12 月 14 日，第 1 版。
③ 《列宁全集》第 9 卷，人民出版社 2014 年版，第 356 页。
④ 周东旭：《香港廉署专家：贪腐官员最怕的不是死刑而是被抓几率》，http：//opinion. caixin. com/2017 - 05 - 11/101088992. html，2018 年 10 月 15 日访问。
⑤ 李永忠：《中央强力反腐的可能走向》，《人民论坛》2014 年第 7 期。

1. 加强检察机关对监察机关的监督和制约。检察监督和监察监督共同构成国家监督体系。关于检察机关是否有权监督监察机关，当前存在争议。一种观点认为，检察机关有权监督监察机关。如有的认为："检察机关的监督对象应由过去的监督公安、法院、监狱等延伸至监察机关……如果检察院发现监察委员会在行使监察权的过程中有对被监察对象逼供、诱供的，或以体罚、威胁、诱骗等非法手段收集证据的，或徇私舞弊，利用职务之便谋取非法利益等等违法行为，应有权依法加以纠正。"① "监察机关在监察过程中实施涉及公民人身权和公民、法人、其他组织财产权的刑事侦查行为或刑事强制措施行为，如查封、扣押、冻结、搜查、留置等，必须接受检察机关的监督。监察机关在监察过程中实施的这些刑事侦查行为或刑事强制措施行为，过去和现在由公安机关实施时，必须根据刑事诉讼法和人民检察院组织法接受检察机关的监督。今后国家监察机关实施这些行为，当然同样应当接受检察监督。"② 有的认为："为了保证国家公诉权行使的合法性、统一性和严肃性，检察机关应对监察机关移送案件的事实、证据、法律等进行全面审查，严格把关，以确保公诉质量，同时还应对监察机关的调查活动是否合法进行监督，以实现监察程序与刑事诉讼程序'依法衔接'。"③ 另一种观点认为，检察机关无权监督监察机关。如有的认为："由于监察（调查）案件尚未进入诉讼程序，检察（侦查）监督不能对监察案件适用，因而监察活动中监察人员的违法犯罪问题只能依照监察法规定，由监察机关查处，这是利弊权衡后比例原则的内在逻辑。"④ "检察机关在监察机关职务违法和职务犯罪的立案调查阶段，只能予以协助，并不能进行监督与制约。"⑤ 笔者认为，监察机关接受检察机关的监督制约具有扎实的法理基础：国家监察权的来源、性质、特点、行使要求检察监督制约；检察权对监察权的监督制约旨在确立"以权力制约权力"模式；纪检监察人员腐败现象的存在要求强化检察监督；纪检监察同体监督效果

① 马岭：《监察委员会与其他国家机关的关系》，《法律科学（西北政法大学学报）》2017 年第 6 期。
② 姜明安：《检察监督与监察监督相互关系辨析》，《法制日报》2017 年 3 月 29 日，第 10 版。
③ 卞建林：《配合与制约：监察调查与刑事诉讼的衔接》，《法商研究》2019 年第 1 期。
④ 吴建雄、王友武：《监察与司法衔接的价值基础、核心要素与规则构建》，《国家行政学院学报》2018 年第 4 期。
⑤ 朱福惠：《论检察机关对监察机关职务犯罪调查的制约》，《法学评论》2018 年第 3 期。

的有限性要求强化检察监督；公检法监督制约的实践教训要求强化检察监督。①

2. 明确规定监察职务犯罪调查案件的律师辩护权。关于辩护律师能否介入职务犯罪调查是监察法草案制定时，讨论最为热烈的话题之一。一种观点认为，辩护律师不能介入。"草案没有规定律师可以介入，就意味着将律师介入放到了司法机关接手案件之后（批捕以后或审查起诉阶段）。这样的规定是有考虑找个平衡点的。如果说律师介入既能保护被调查人权利，又不妨碍调查，那可以考虑介入。但实际上，律师介入对调查很有可能会产生一定的影响。为了确保对违法犯罪的调查行为顺利进行，没有规定在监察机关办案阶段律师可以介入。"② 另一种观点认为，辩护律师应当介入。如著名的刑事诉讼法学者陈光中教授认为，允许被调查人在被留置后聘请律师，以确保他具备必要的防御能力。这是程序公正和人权保障的基本要求。律师介入总体而言"利大于弊"，可以保障被调查人的人权，防止调查过程中出现事实认定偏差乃至错误。③ 肯定说得到了大多数人的赞同。最终立法机关采纳了否定说。2018 年 3 月 14 日，第十三届全国人大会议期间，浙江省监察委员会主任刘建超接受《南方周末》记者采访时所阐述的观点充分体现了当时立法机关考量律师能否介入的因素：首先，律师介入根据的是刑事诉讼法的规定，是刑事诉讼法对司法机关的约束。监察机关不是司法机关，不受刑事诉讼法的制约，它行使职责的依据是监察法。其次，涉嫌职务违法和职务犯罪的案件与一般刑事案件不同。一般刑事案件强调物证、人证，职务犯罪案件主要涉及行贿、受贿，多数依靠言词证据，这类案件的突破最怕串供，最怕隐匿证据甚至销毁证据。律师介入会使我们的调查工作变得非常复杂，会影响调查进程，我们要排除这方面的干扰。最后，监委调查的所有结果，最后是要在法庭上得到印证的。进入起诉、审判阶段，律师都是介入的，那时律师对留置、调查过程

---

① 张兆松：《论构建国家监察权检察监督制约机制的法理基础》，载钱小平主编：《创新与发展：监察委员会制度改革研究》，东南大学出版社 2018 年版，第 215—223 页。

② 谭畅 、郑可书、阚纯裕：《宪法、行政法、刑诉法三角度解读监察法草案》，《南方周末》2017 年 11 月 23 日，第 5 版。

③ 陈光中：《制定〈监察法〉应贯彻人权保障原则》，http：//china. caixin. com/2017 – 08 – 17/101131939. html。

是有权过问的。① 从法治角度看，第二种观点显然是不能成立的。刑事诉讼中律师介入权的发展是我国人权保障的缩影。我国1979年刑事诉讼法没有规定侦查阶段的律师介入权。1996年刑事诉讼法首次规定了侦查阶段的律师介入权，2012年刑事诉讼法修改进一步明确规定，除"三类案件"外，辩护律师凭"三证"有权会见犯罪嫌疑人。由于监察法事实上否定了职务犯罪调查案件的律师介入权，2018年刑事诉讼法再次修改后，第39条第3款规定："危害国家安全犯罪、恐怖活动犯罪案件，在侦查期间辩护律师会见在押的犯罪嫌疑人，应当经侦查机关许可。……"即此次修改取消了原第37条第3款"特别重大贿赂犯罪案件"的会见内容。在监察体制改革后，检察机关原先的职务犯罪侦查权移交给监察机关，由监察机关进行调查。而监察机关的调查权、留置权等权力并不属于刑事诉讼，导致辩护律师目前无法介入监察机关调查的职务犯罪案件。笔者认为，为了加强监察权的监督和人权的保障，应当允许辩护律师及时会见职务犯罪被调查人。

3. 引入人民监督员制度。人民监督员制度原是指为了加强对人民检察院查办职务犯罪案件工作的监督，提高执法水平和办案质量，由职权机关组织推举选任的人民监督员，按照一定规范与程序，对检察机关管辖的职务犯罪案件行使自由裁量权进行监督，确保检察机关依法公正履行检察职责，维护社会公平正义的一种新型社会监督制度。2003年9月2日，最高人民检察院通过《关于实行人民监督员制度的规定（试行）》，开展了人民监督员制度试点。实行人民监督员制度，是在司法体制改革中推进检察改革的一项重要探索。2015年2月27日，中央全面深化改革领导小组第十次会议通过了《深化人民监督员制度改革方案》。最高人民检察院、司法部2015年3月7日发布《深化人民监督员制度改革方案》。

随着国家监察体制改革的推进，宪法修正案和监察法的通过，检察机关查处贪污贿赂、渎职侵权以及预防职务犯罪等相关职能整合至监察委员会，人民监督员制度的存废及出路成为学界关注的问题。对此，有以下几种观点。一种观点认为："由于检察机关职能调整以及监察委员会自身监督的需要，人民监督员制度具有进一步改革和完善的必要，担负起对监察

---

① 谭畅、郑可书：《专访浙江省监察委员会主任刘建超》，《南方周末》2018年3月15日，第5版。

委员会的社会监督责任。这种转型是可行的，也符合经济效率原则。"① 即将人民监督员由对检察机关的监督改为对监察委的监督。第二种观点认为，"人民监督员制度的设置初衷是监督检察机关自己侦查的职务犯罪案件，但其职务犯罪侦查权转隶国家监察委员会，监督的对象已经不存在"。所以，"人民监督员制度应当回归其应有功能，只对检察机关公诉权进行监督，防止不当不起诉和不当起诉"②。即保留人民监督员对检察机关的监督，但监督的对象由原来的职务犯罪侦查权转变为公诉权。第三种观点认为，"人民监督员制度作为颇具中国特色的外部监督形式和人民民主方式，应当予以保留，应顺应改革的大趋势作出调整完善，进一步实现法治化发展"。改良后，"人民监督员的监督范围将以监察委员会的监察行为为主，并要顾及检察机关的部分行为"。③ 笔者赞同第三种意见，对监察机关的监督，既要有严格的权力监督，也要有更广泛的权利监督。党的十八大以后，我国强力推进自上而下的"权力反腐"力度，取得了丰硕成果。但这种以政党和国家为中心的反腐败战略，一定程度上忽视了广大民众的力量。只有权力反腐与权利反腐并重，才能构建起有效、长效的反腐机制。有序、合法、制度化的公众参与，有助于大大提高腐败行为被发现和惩处的可能性。人民监督员制度不失为一种可供选择的权利监督方式。

（四）进一步完善腐败犯罪立法，降低腐败犯罪构成条件

党的十八届四中全会通过的《中共中央关于全面推进依法治国若干重大问题的决定》中指出："加快推进反腐败国家立法，完善惩治和预防腐败体系，形成不敢腐、不能腐、不想腐的有效机制，坚决遏制和预防腐败现象。"2017 年 2 月 22 日，我国香港前特首曾荫权因一项公职人员行为失当罪被判监禁 20 个月，即时收监。而他之所以被定罪，仅仅是由于"曾荫权于 2010 年 11 月 2 日至 2012 年 1 月 20 日期间，担任行政长官及行政会议主席的公职，但在行政会议举行会议商讨及批准雄涛广播有限公司提交的多项申请期间，没有向行政会议申报或披露他曾与雄涛的主要股东黄

---

① 尹维达：《监察体制改革背景下的人民监督员制度转型》，《南海法学》2017 年第 5 期。
② 高一飞：《国家监察体制改革背景下人民监督员制度的出路》，《中州学刊》2018 年第 2 期。
③ 秦前红、叶海波等：《国家监察制度改革研究》，法律出版社 2018 年版，第 281 页。

楚标商议租赁一个位于深圳东海花园的三层复式住宅物业的往来"①。此案之所以引起社会各界的热议，除其特首身份外，还因为这种行为在我国内地连一般的违纪违法都算不上，更谈不上犯罪了。尽管曾荫权最终被判无罪，但公职人员行为失当罪的设置及对曾荫权的诉讼，对我们不无启发。在美国，"联邦刑法对公务人员受贿的介入程度之高，起刑点之低，不限于'权钱交换'，任何沾染了公务人员职务色彩的收受好处行为都有可能成为起诉、处罚的对象"②。

我国腐败犯罪构成过于严格，导致不少贪腐行为难以纳入刑法调整的对象。《刑九》虽然对贪贿犯罪作了重大修改，但"此次立法修正并未对中国公职刑法立法进行实质性调整，一些根本性的问题仍然没有改变"③。如何进一步完善腐败犯罪法网，降低腐败犯罪构成条件，仍是今后腐败犯罪立法的重点。

1. 大幅度降低贪贿犯罪入罪的数额标准。《解释》大幅度提高了贪贿犯罪入罪门槛，"《解释》实施后，新疆有三分之一左右的人因贪污受贿数额不到 3 万元而未被追究刑事责任"。④ 这一解释是完全错误的，是特权表现之一。理由是：背离中央惩治腐败的基本立场和刑事政策；背离法律面前人人平等的宪法原则和刑法原则；提高数额标准的依据不科学，背离国情民意；违背优秀的中华历史法制传统；违背世界普适的腐败犯罪治理路径的选择；贪贿犯罪"非犯罪化""轻刑化"现象将更为严重。⑤ 党的十九大报告强调："坚决反对特权思想和特权现象。"党的十九大闭幕以来，习近平总书记在党的十九届一中全会、中央政治局民主生活会、中央政治局会议上，多次讲到"反对特权"的问题。特权现象败坏党风政风，严重损害社会公平正义。笔者建议，贪贿犯罪的入罪标准由 3 万元调整到5000 元。

2. 扩大贿赂的范围。从腐败的现实情况看，目前，腐败已由最基础的

① 杨砚文、姜博文：《曾荫权被判囚 20 个月，家人称将上诉》，http：//china. caixin. com/2017 - 02 - 22/101057864. html。
② 于佳佳：《美国联邦法律对公务人员受贿犯罪的"多点打击"及启示》，《苏州大学学报（法学版）》2018 年第 1 期。
③ 刘艳红等：《中国反腐败立法研究》，中国法制出版社 2017 年版，第 147 页。
④ 李勇等：《规范职务犯罪量刑，强化不敢腐的震慑——新疆高院关于贪污受贿案件量刑情况的调研报告》，《人民法院报》2018 年 3 月 1 日，第 8 版。
⑤ 张兆松：《贪贿犯罪定罪量刑数额标准质疑》，《理论月刊》2017 年第 7 期。

权钱交易，发展为权色交易（这里的"色"泛指一切非物质化的东西）、权权交易。这种权色交易、权权交易，一般很难查，而且法律条文上没有对照的惩罚条款。[①] 与物质贿赂相比，非物质化贿赂的特点在于隐蔽性、温和性、多次性，其危害是"隐蔽性越来越深，潜伏期越来越长，投机性越来越强，对政策法律的规避和肢解越来越大，社会危害性越来越烈"[②]。中国青年报社社会调查中心的调查显示，87.0%的受访者认为亚腐败对社会危害较大。[③] 行为具有严重的社会危害性是犯罪的本质特征。当某一种行为具有严重的社会危害性时，刑事立法理当作出回应。从国外反腐败的立法潮流和国际公约看，随着腐败犯罪行为危害的不断加剧，世界各国普遍加大反腐败的力度。其中表现之一就是将其他非财产性利益纳入贿赂的范围。《联合国反腐败公约》第 15 条、第 16 条将贿赂界定为"不正当好处"。"不正当好处"="财物"+"财产性利益"+"非财产性利益"。我国作为已签署《联合国反腐败公约》的国家，有义务"采取必要的立法和其他措施"，使国内法达到《联合国反腐败公约》的基本要求。否则，"将从根本上阻碍我国反腐败司法的推进，将损害中国作为一个负责任的大国的国际形象，也无法彰显我国政府一贯宣称的坚决与腐败作斗争的理念"[④]。

3. 取消受贿罪中的"为他人谋取利益"要件。第一，受贿罪的本质在于侵犯了职务行为的廉洁性。只要公职人员利用了职务上的便利收受贿赂，就构成收买职务行为的事实，至于"为他人谋取利益"意图有无以及行为实施与否，均不影响其实质。第二，受贿罪的客体决定了其构成要件中不宜包括"为他人谋取利益"的要件。而且现行刑法典中，对"为他人谋取利益"在犯罪构成中的地位也不明确。如果属于客观要件，则行为人收受了贿赂，但尚未为他人谋取利益，或正在为他人谋取利益，但尚未成功，就难以追究其刑事责任；如果将其作为主观要件，则行为人却根本不打算为他人谋取利益的行为，又被排除在刑法否定评价之外。1997 年刑法第 385 条完全沿用《关于惩治贪污罪贿赂罪的补充规定》的内容。将"为

---

① 新京报：《李永忠与杨维骏共话反腐》，《新京报》11 周年纪念特刊，2014 年 11 月 13 日。

② 李永忠、董瑛：《警惕腐败新变》，《南风窗》2011 年第 8 期。

③ 王聪聪：《87.0%受访者直言亚腐败对社会危害大》，《中国青年报》2014 年 11 月 18 日，第 7 版。

④ 陈泽宪：《〈联合国反腐败公约〉与中国刑事法制的完善》，中国检察出版社 2010 年版，第 45 页。

他人谋取利益"作为收受型受贿罪构成要件，给惩治受贿犯罪带来极大的影响。有记者曾在中国裁判文书网上检索 2014 年 5 月以来的裁判文书，发现共有相关裁判文书 563 份。其中有 71 起案件，辩护人对部分或者全部指控以"没有为他人谋利"作为辩护理由。反贪侦查局的检察官坦言，实践中不乏行受贿双方不提具体请托、承诺事项，仅是"心知肚明"的情况。在没有收集到签字、打招呼等方面证据的情况下，基本上无法认定其"为他人谋取利益"。[1] 取消受贿罪中的"为他人谋取利益"要件，检察机关只要证明行为人非法收受他人财物，而不需要拿出足够的证据证明受贿人为请托人谋取利益的事实，这样就减轻了检察机关的证明责任，大大节约司法资源，降低反腐败成本，提高办案效率。第三，《联合国反腐败公约》第 15 条所规定的"公职人员受贿罪"的客观方面表现为："公职人员为其本人或其他人员或实体直接或间接索取或接受不正当好处，以作为其执行公务时作为或不作为的条件"的行为，没有将"为他人谋取利益"作为受贿罪的基本构成要件，世界上绝大多数国家刑法的受贿罪也都没有规定"为他人谋取利益"这一构成要件。同时取消（斡旋）受贿罪、利用影响力受贿罪中的"为他人谋取不正当利益"要件。根据我国刑法第 388 条及第 388 条之一的规定，（斡旋）受贿罪及利用影响力受贿罪都必须具备"为请托人谋取不正当利益"要件。这极大地限制了对受贿犯罪的处罚范围，为腐败活动逃脱刑事处罚提供了方便，应予废除。

4. 取消行贿犯罪中的"为谋取不正当利益"的要件。在惩处贿赂犯罪中，我国长期存在着重受贿轻行贿对行贿、行为打击不力的问题，而之所以难以追究行贿者的刑事责任，主要还是存在立法上的障碍。尽管最高人民法院、最高人民检察院司法解释已对不正当利益作出扩张解释，[2] 司法

---

[1] 徐霄桐、杜江茜：《专家争议：反贪法律武器要不要更严》，《中国青年报》2014 年 8 月 1 日，第 3 版。

[2] 1999 年 3 月 4 日，最高人民法院、最高人民检察院《关于在办理受贿犯罪大要案的同时要严肃查处严重行贿犯罪分子的通知》规定，"谋取不正当利益"是指谋取违反法律、法规、国家政策和国务院各部门规章规定的利益，以及要求国家工作人员或者有关单位提供违反法律、法规、国家政策和国务院各部门规章规定的帮助或者方便条件。2012 年 12 月 26 日，最高人民法院、最高人民检察院《关于办理行贿刑事案件具体应用法律若干问题的解释》第 12 条规定："行贿犯罪中的'谋取不正当利益'，是指行贿人谋取的利益违反法律、法规、规章、政策规定，或者要求国家工作人员违反法律、法规、规章、政策、行业规范的规定，为自己提供帮助或者方便条件。违背公平、公正原则，在经济、组织人事管理等活动中，谋取竞争优势的，应当认定为'谋取不正当利益'。"

机关也日益重视对行贿行为的打击。如"行贿犯罪案件数量 2016 年较 2013 年总计增长 45.34%，在贪腐案件中的占比持续增长，由 2013 年的 11.53% 上升至 2016 年的 17.74%，行贿案件与受贿案件的比例关系也由 2013 年的 28.39% 升至 2016 年的 46.50%"。[①] 但行贿案件仍然不足受贿案件半数，定罪处罚比例仍然偏低。行贿罪的社会危害性并不在于谋取的利益是否正当，而在于其收买行为侵害国家工作人员职务行为的廉洁性。行贿与受贿是一对共生体，行贿不除，受贿难消。党的十九大报告指出："要坚持无禁区、全覆盖、零容忍，坚持重遏制、强高压、长震慑，坚持行受贿一起查。"这体现了中央对惩治行贿犯罪的明确态度和导向。只有取消行贿犯罪中的"为谋取不正当利益"的要件，才能保证行贿案件得以严格依法查处。

5. 增设新罪名，扩大贪贿犯罪圈。"从目前我国腐败犯罪的特点看，越来越多的腐败发生在利益冲突领域。"[②] 党的十八大以来查处的腐败案件昭示："家族腐败""亲缘腐败"现象十分严重。"从 2015 年 2 月 13 日至 12 月 31 日，该网站共发布 34 份省部级及以上领导干部纪律处分通报，其中 21 人违纪涉及亲属、家属，比例高达 62%。"[③] 一些公职人员的亲属，利用官员的职权便利，建立"官商勾结""钱权交易"和不当利益输送网络。但现行立法都没有把这种利益冲突行为纳入刑事惩罚的对象。"利益冲突罪作为美国贿赂犯罪体系中别具一格的罪名系统，不同于传统贿赂犯罪在反腐体系中的地位，利益冲突罪有其独特的作用和价值，不仅促进了刑法功能的转变，而且将积极治理主义理念引入反腐立法体系之中，降低了腐败作为美国'政治之癌'的癌变几率。"[④] 我国应当尽快将利益冲突行为纳入刑法规制的范围，以加大对腐败行为的打击力度。

---

① 王晓东：《新时代背景下惩治贪腐犯罪若干问题的思考——基于审判贪腐案件的实践展开》，《法治研究》2018 年第 6 期。
② 过勇、宋伟：《腐败测量》，清华大学出版社 2015 年版，第 209 页。
③ 陈磊：《贪官的家族腐败黑洞》，《法制日报》2016 年 4 月 1 日，第 8 版。
④ 尤广宇、魏昌东：《从交易禁止到利益冲突：美国贿赂犯罪立法体系的建设路径》，《国家检察官学院学报》2019 年第 1 期。

结　语

治理腐败是一个困扰全球的难题，世界大部分国家和地区都面临腐败的挑战。党的十八大以来，以习近平同志为核心的党中央采取一系列新的理念、思路、举措"打虎""拍蝇"，使腐败蔓延势头得到遏制，惩防腐败的力度、成效得到广大民众的认同。反腐败"只有进行时，没有完成时，反腐败永远在路上"。党和国家要在继续保持高压反腐态势的同时，着力推动权力结构和监督制约机制的改革，特别是注意用法治思维和法治方式解决腐败问题，努力实现从"权力反腐"到"制度反腐"、从"治标"到"治本"、从"不敢腐"到"不能腐"的转型，从而构建起具有中国特色、又具有世界借鉴意义的"法治反腐"新模式。

第三章　当代中国腐败犯罪预防策略省思①

引　言

2017 年 2 月 22 日，我国香港前特首曾荫权因一项公职人员行为失当罪被判监禁 20 个月，即时收监。而之所以被定罪，仅仅是由于"曾荫权于 2010 年 11 月 2 日至 2012 年 1 月 20 日期间，担任行政长官及行政会议主席的公职，但在行政会议举行会议商讨及批准雄涛广播有限公司提交的多项申请期间，没有向行政会议申报或披露他曾与雄涛的主要股东黄楚标商议租赁一个位于深圳东海花园的三层复式住宅物业的往来"②。此案之所以引起社会各界的热议，除其特首身份外，还因为这种行为在我国内地连一般的违纪违法都算不上，更谈不上犯罪了。党的十八大以来，以习近平同志为核心的党中央，坚持反腐败无禁区、全覆盖、零容忍，"打虎""拍蝇""猎狐"一起抓，反腐斗争取得重大进展。习近平同志在十八届中央纪委七次全会上发表重要讲话时强调指出："党的十八大以来，全面从严治党取得显著成效，但仍然任重道远。落实中央八项规定精神是一场攻坚战、持久战，要坚定不移做好工作。要做到惩治腐败力度决不减弱、零容忍态度决不改变，坚决打赢反腐败这场正义之战。"国家统计局于 2016 年 10 月底至 11 月底开展了全国党风廉政建设民意调查，调查报告显示，92.9% 的群众对党风廉政建设和反腐败工作成效表示满意，比 2012 年提高 17.9 个百分点。③ 在这样的反腐败态势下，进一步研究检讨现行腐败犯罪

---

① 本文原载《刑法论丛》2017 年第 3 卷。
② 杨砚文、姜博文：《曾荫权被判囚 20 个月，家人称将上诉》，http://china. caixin. com/2017 - 02 - 22/101057864. html。
③ 新华社：《民意调查显示逾九成群众对反腐败工作成效满意》，《人民日报》2017 年 1 月 8 日，第 1 版。

预防策略具有更重要的理论意义和现实意义。

一、"严而不厉"：世界清廉国家腐败犯罪预防策略的共同选择

纵观世界各清廉国家或地区腐败犯罪预防策略的基本特点是"严而不厉"，即刑罚轻缓，但法网严密。刑罚轻缓是指适用轻刑，摒弃重刑。从以下附表中（见表一）可以看到，这些国家和地区都是世界公认的清廉国家。但这些国家在贪腐犯罪中，既没有死刑、无期徒刑，也没有终身监禁，一般刑罚都是10年以下有期徒刑。新加坡是亚洲最清廉的国家，对贿赂犯罪一般刑罚是5年以下监禁，最高刑是7年监禁。

表一　国外、境外贿赂犯罪刑罚设置情况

刑罚设置 国家或地区	刑　　罚		
	一般刑罚	加重刑罚	财产刑
丹麦	3 年以下监禁	6 年以下监禁	可以单处罚金
芬兰	2 年以下有期徒刑	4 年以下有期徒刑	可以单处罚金
新西兰	7 年以下有期徒刑	14 年以下有期徒刑	可以单处罚金
新加坡	5 年以下监禁	7 年以下监禁	单处或并处罚金
英国	10 年以下监禁		单处或并处罚金
加拿大	5 年以下有期徒刑	14 年以下有期徒刑	
德国	3 年以下自由刑	10 年以下自由刑	可以单处罚金
澳大利亚	5 年监禁	10 年监禁	
中国香港特区	7 年以下监禁	10 年以下监禁	并处罚金
中国澳门特区	3 年以下徒刑	1—8 年徒刑	可以单处罚金

这些清廉国家或地区在适用轻刑的同时，又编织了严密的刑事法网，使腐败分子难逃法网，其立法特点表现在：

1. 贿赂范围宽泛。新西兰1961年《犯罪法》第 99 条规定："贿赂是指任何金钱、有值对价、职务、工作或者任何利益，无论是直接或间接的。"《芬兰刑法典》将贿赂规定为"礼物或其他利益"。新加坡《预防腐败法》第 2 条规定："'贿赂'包括：（a）金钱或任何赠品、贷款、费用、酬金、佣金、有价证券或其他财产或任何形式的财产性利益，不论是动产或不动产；（b）任何职务、职业或协议；（c）任何贷款、义务或者其他债

务的支付、让与、清偿或者免除，无论是部分的还是全部的；（d）任何其他服务、便利或任何形式的好处，包括免于刑罚或者资格丧失，或者免于纪律或者有刑罚性质的措施或者程序，无论这些措施或者程序是否启动，还包括任何权利、法定权力或职责的行使或不行使；（e）上述（a）（b）（c）（d）各项中的任何提供、许诺或者约定报酬的行为。"我国香港特区《防止贿赂条例》规定，贿赂的对象是"任何利益"，而根据该《条例》第2条规定，"利益"（advantage）是指：（a）任何馈赠、贷款、费用、报酬或佣金，其形式为金钱、任何有价证券或任何种类的其他财产或财产权益；（b）任何职位、受雇工作或合约；（c）将任何贷款、义务或其他法律责任全部或部分予以支付、免却、解除或了结；（d）任何其他服务或优待（款待除外），包括维护使免受已招致或料将招致的惩罚或资格丧失，或维护使免遭采取纪律、民事或刑事上的行动或程序，不论该行动或程序是否已经提出；（e）行使或不行使任何权利、权力或职责；及（f）有条件或无条件提供、承诺给予或答应给予上文（a）（b）（c）（d）及（e）段所指的任何利益，但不包括《选举（舞弊及非法行为）条例》（第554章）所指的选举捐赠，而该项捐赠的详情是已按照该条例的规定载于选举申报书内的。

2. 贿赂行为宽泛。新西兰1961年《犯罪法》第105条"公务员的腐败和贿赂"中规定："（1）无论是在新西兰境内还是其他地方，任何公务员为本人或其他任何人，非法地接受、获取、同意接受、索取或试图获取任何贿赂，以作为其公务职责内实施行为或不实施行为，或将实施行为或将不实施行为的报酬的，处7年以下有期徒刑。"《芬兰刑法典》在第40章"公职犯罪"第1条"受贿"规定为："（1）如果公职人员，由于其在服务中的行为，为自己或他人，（i）索取礼物或其他不正当利益，或者为了接受这种利益采取主动行动，（ii）接受影响、试图影响或者将会影响其上述行为的礼物或其他利益，或者（iii）同意第（ii）项所指的礼物或其他利益，或者同意这种礼物或者利益的许诺或者建议……（2）公职人员，由于其在服务中的行为，同意将第（1）款第（ii）项所指的礼物给予他人，或者许诺或者建议这种礼物或者利益的，同样应当按照受贿处罚。"香港特区《防止贿赂条例》第4条第2项规定："任何公职人员（不论在香港或其他地方）无合法权限或合理辩解，索取或接受任何利益，作为他作出以下行为的诱因或报酬，或由于他作出以下行为而索取或接受任何利益，即属犯罪。"

3. 行贿受贿同等处罚。新西兰1961年《犯罪法》第105条"公务员的腐败和贿赂"中规定："（2）任何意图影响公务员在其公务职责内实施行为或不实施行为的个人，非法地向他人给予、提供或同意给予任何贿赂的，处7年以下有期徒刑。"《芬兰刑法典》在第16章"妨碍公共职权的犯罪"第13条"行贿"规定为："（1）任何人许诺给予、提议给予或者实际给予公职人员礼物或其他利益作为交换，影响、意图影响或者有助于影响该公职人员在履行职务中的行为，将被认定为行贿并判处罚金或者最高2年的有期徒刑。（2）任何人以公职人员履行职责中的行为为交换，许诺给予、提议给予或者实际给予第（1）款中所指的礼物或其他利益，应当以行贿处罚。"新加坡《预防腐败法》在第三章"犯罪与刑罚"第5条"腐败犯罪的刑罚"中规定："任何人单独或者与他人共同实施下列行为的，构成犯罪，并应当处以10万新元以下的罚金，或者处以5年以下监禁，或者二者并处：（a）为本人或他人利益非法索取、收受或同意收受任何贿赂；或者（b）为他人或第三人的利益向该人非法给予、允诺或者提供贿赂，以此作为下列事实的诱因或者报酬：（i）任何人，实际上或者打算对任何事务或者交易作为或者不作为；或者（ii）要求任何公共团体的成员、官员或服务人员，在该公共团体的职权范围内，实际上或者打算针对任何事务或者交易作为或者不作为。"该法不仅规定受贿行贿同等处罚，而且还专门规定对行贿不举报的行为构成犯罪。该法第32条"可逮捕的犯罪"中规定："公务员应当将向其非法地给予、提供贿赂的人逮捕，并移交到最近的警察局；如果他没有正当理由而未能这样做，则构成犯罪，并应处以5000新元以下罚金，或者6个月以下监禁，或者二者并处。"我国香港特区《防止贿赂条例》第4条第1项规定："任何人（不论在香港或其他地方）无合法权限或合理辩解，向任何公职人员提供任何利益，作为该公职人员作出以下行为的诱因或报酬，或由于该公职人员作出以下行为而向他提供任何利益，即属犯罪。"

由于贪腐犯罪法网严密，定罪标准低，公职人员动辄得罪。在新加坡曾有公务员因收受1元钱贿赂而被判刑8个月，有一个停车场的收费员收受货车司机贿赂500新元，以使这位司机停车不用交费。事情被举报后，法庭判受贿者5年监禁。[①] 2000年至2004年的5年中，贪污调查局所负责

① 樊克宁、蒋铮：《狮城：有人因受贿一元坐牢八月》，《羊城晚报》2008年7月7日，第A04版。

案件的定罪率分别高达 96.7%、94.8%、99.1%、98.7% 和 97.1%。① 在香港特区，1974 年廉署成立，"截至 1988 年，廉署共接受涉嫌贪污举报案件达 34432 宗，其中涉及政府部门和公共机构的公职人员贪污受贿案件达 23919 宗，占总数的 70%。被廉署检控人数达 4939 人，已定罪人数达 3390 人，约占被检控人数的 70%"。② 2013 年 8 月 2 日，香港特区廉政公署起诉一名香港公共屋邨互助委员会前主席黄某，他涉嫌于 2010 年 7 月接受了负责在秀义楼附近巡逻的保安人员林某提供的十包香烟，作为运用其影响力留住林某在原来工作岗位的报酬。而保安员林某早前已经被香港廉政公署拘控，他承认一项向代理人提供利益的罪名。③ 2017 年 1 月，香港廉政公署公布："2016 年共有 197 人在 109 宗案件（不包括与选举有关案件）因涉嫌触犯贪污及相关罪行而被检控。定罪总人数为 141 人，涉及 90 宗案件，以人数及案件宗数计算的定罪率分别为 74% 及 81%。"④ 2017 年 2 月 17 日，香港前特首曾荫权涉贪案被由 9 人组成的陪审团裁定三项罪名中的第二项控罪公职人员行为失当罪罪名成立。被裁定罪名成立的第二项控罪指，曾荫权于 2010 年 11 月 2 日至 2012 年 1 月 20 日期间，担任行政长官及行政会议主席的公职，但在行政会议举行会议商讨及批准雄涛广播有限公司提交的多项申请期间，没有向行政会议申报或披露他曾与雄涛的主要股东黄楚标商议租赁一个位于深圳东海花园的三层复式住宅物业的往来。陪审团最后以 8 比 1，裁定罪名成立。2 月 22 日，香港前特首曾荫权被判监禁 20 个月，即时收监。法官当庭表示，没有理由给出任何缓刑。这是继 2014 年香港前政务司司长许仕仁贪污案之后，香港历史上遭刑事起诉的最高级别政府官员，也是香港历史上首位遭廉政公署起诉的前行政长官。宽泛的定罪标准，大大降低了指控难度，提高了贪腐行为的定罪率，惩腐力度显见。

---

① 中央党校第 23 期一年制中青班赴新加坡考察团：《新加坡的反贪机制》，《学习时报》2008 年 1 月 28 日，第 2 版。

② 肖扬：《反贪报告——共和国第一个反贪污贿赂工作局诞生的前前后后》，法律出版社 2009 年版，第 241 页。

③ 郭晓桐：《香港一委员会前主席涉嫌受贿十包烟被起诉》，http：//hm. people. com. cn/n/2013/0802/ - c42272 - 22429131. html。

④ 佚名：《香港廉政公署去年共接获 2891 宗贪污投诉》，《中国纪检监察报》2017 年 1 月 22 日，第 4 版。

二、"又严又厉"：中华人民共和国成立初期的腐败犯罪预防策略

1949 年初，毛泽东及党的第一代领导集体，以"我们共产党人决不当李自成"的雄心壮志，离开西柏坡进京"赶考"。新中国刚刚建立，腐败现象就伴随着新生政权的成立和建设悄然滋长，并逐渐呈现出了蔓延之势。"'三反'运动开始前，毛泽东从各地各部门一些关于增产节约运动、整党整风工作方面的报告中，获得了党和政府出现严重腐化的信息，发现新中国成立初期的干部队伍出现了令人触目惊心的腐败行为。"① 1951 年12 月 1 日，中共中央作出的《关于实行精兵简政、增产节约、反对贪污、反对浪费和反对官僚主义的决定》明确指出："自从我们占领城市两年至三年以来，严重的贪污案件不断发生，……现在必须向全党提出警告：一切从事国家工作、党务工作和人民团体工作的党员，利用职权实行贪污和实行浪费，都是严重的犯罪行为。""一切贪污行为必须揭发，按其情节轻重，给以程度不等的处理，从警告、调职、撤职、开除党籍、判处各种徒刑直至枪决。典型的贪污犯，必须动员群众进行公审，依法治罪。"1952年 3 月 28 日，政务院举行第 130 次政务会议通过《中华人民共和国惩治贪污条例》（4 月 18 日公布施行，以下简称《条例》）。《条例》体现了"又严又厉"的腐败犯罪预防策略，其表现在：

1. 法网严密。首先，腐败犯罪主体宽泛。根据《条例》第 1 条、第15 条、第 16 条规定，一切国家机关、企业、学校及其附属机构的工作人员、社会团体的工作人员和现役革命军人都是贪污罪主体。第 12 条规定，非国家工作人员勾结国家工作人员伙同贪污者，应参照贪污罪的规定予以惩治，第 8 条甚至还规定"非国家工作人员侵吞、盗窃、骗取或套取国家财物者"也参照贪污罪处罚。其次，腐败犯罪客观要件宽泛。《条例》规定，凡侵吞、盗窃、骗取、套取国家财物，强索他人财物，收受贿赂以及其他假公济私违法取利之行为，均为贪污罪。第 7 条规定："在本条例公布前，曾因袭旧社会恶习在公平交易中给国家工作人员以小额回扣者，不

---

① 王传利：《新中国成立初期的腐败高发期及其治理方略研究》，清华大学出版社 2016 年版，第29 页。

以行贿论。但在本条例公布后，如在与国家工作人员交易中仍有送收小额回扣情事，不论送者收者，均分别以行贿、受贿治罪。"

2. 处罚严厉。首先，刑罚严厉。《条例》规定了死刑、无期徒刑等重刑。根据《条例》第 3 条规定，个人贪污的数额，在人民币 1 亿元以上者，判处 10 年以上有期徒刑或无期徒刑，其情节特别严重者判处死刑。[①]第 11 条规定："犯本条例之罪者，依其犯罪情节，得剥夺其政治权利之一部或全部。"其次，规定了从重或加重处刑情节。《条例》第 4 条规定："犯贪污罪而有下列情形之一者，得从重或加重处刑：一、对国家和社会事业及人民安全有严重危害者；二、出卖或坐探国家经济情报者；三、贪脏枉法者；四、敲诈勒索者；五、集体贪污的组织者；六、屡犯不改者；七、拒不坦白或阻止他人坦白者；八、为消灭罪迹而损坏公共财物者；九、为掩饰贪污罪行嫁祸于人者；十、坦白不彻底，判处后又被人检举出严重情节者；十一、犯罪行为有其他特殊恶劣情节者。"第 6 条第 3 款规定："凡胁迫或诱惑他人收受贿赂者，应从重或加重处刑。"最后，受贿与行贿、介绍贿赂同等处罚。《条例》第 6 条第 1 款中规定："一切向国家工作人员行使贿赂、介绍贿赂者，应按其情节轻重参酌本条例第三条的规定处刑；其情节特别严重者，并得没收其财产之一部或全部；……"。

根据 1952 年 10 月 25 日中共中央批准的中央政策研究室《关于结束"三反"运动和处理遗留问题的报告》，"三反"运动处理工作的情况是："全国县以上党政机关（军队除外）参加'三反'运动总人数 383.6 万多人，共查出贪污分子和犯贪污错误的 123.3 万人，占参加'三反'运动总人数的 31.4％；其中共产党员 19.6 万余人，占贪污总人数的 16.3％。贪污 1000 万元以上的 10.5916 万人，占贪污总人数的 8.8％。""对少数贪污数额巨大，手段恶劣，态度顽固，给国家造成严重损失者，则给予严厉制裁。判处刑事处分的 38402 人，占已处理部分的 3.6％。其中机关管制的 17175 人，占判处刑事处分的 44.7％；劳动改造的 11165 人，占 29.1％；判处有期徒刑的 9942 人，占 25.9％；判处无期徒刑的 67 人，占 0.17％；经中央和大行政区批准判处死刑的 42 人（内有杀人犯 5 人），死刑缓刑 9 人，共计 51 人，占 0.14％。"[②] 特别是河北省天津地委前任书记刘青山、

① 这里的金额是旧币，按 1955 年发行的人民币新币折算，新币 1 元等于旧币 1 万元。

② 吴珏：《"三反""五反"运动纪实》，东方出版社 2014 年版，第 335—336 页。

现任书记兼专员张子善贪污案发后，毛泽东"挥泪斩马谡"，指出"只有处决他们，才可能挽救 20 个、200 个、2000 个、20000 个犯有各种不同程度错误的干部"①。开国肃贪"第一刀"，在国内外激起了极为强烈的反响，在中国共产党内极大地震慑了腐败分子，教育和挽救了一大批党员干部。

"从'三反'运动的规模、斗争的激烈程度、群众热情的高涨、参加运动的人数、惩治贪污腐化分子的力度以及引起的社会震动来看，都是中国共产党成立 30 多年来反腐败最为空前的一次。"②"'三反'运动这场廉政风暴不仅有力地遏制了新中国成立之初中国共产党成为执政党后出现腐败现象，惩处了一大批腐败分子，纯洁了执政党的队伍，挽救了一大批干部，消除了影响共和国长治久安的巨大隐患，极大地提高了共产党在广大人民群众中的威信。"③"为了巩固新中国成立初期反腐败的成果，在以后的年代里，毛泽东、党中央不间断地发动了一系列反腐败的斗争，努力将腐败频度控制在较低水平，使得共和国出现了至今让人称奇的罕见的清明政治局面。"④

三、 "厉而不严"：改革开放以来腐败犯罪预防策略

（一） 改革开放以来腐败犯罪立法概览

1. 1979 年至 1988 年腐败犯罪立法

1979 年 7 月 1 日，我国通过了第一部刑法典（以下简称"79 刑法"）。该法典只规定了贪污罪和贿赂罪两个条文，设置了贪污罪、受贿罪、行贿罪和介绍贿赂罪四个罪名。"79 刑法"与《条例》的规定相比，贪污贿赂犯罪的范围有所控制，刑罚有所减轻，如受贿罪的法定最高刑是有期徒刑 15 年。

20 世纪 80 年代初，随着改革开放的推进，贪污贿赂犯罪呈逐步上升

---

① 薄一波：《若干重大决策与事件的回顾》（上），中共中央党校出版社 1991 年版，第 152 页。
② 王少军、张福兴：《反腐风暴——开国肃贪第一战》，中共党史出版社 2009 年版，第 204 页。
③ 孙金全：《赶考》，中国方正出版社 2006 年版，第 48 页。
④ 王传利：《新中国成立初期的腐败高发期及其治理方略研究》，清华大学出版社 2016 年版，第 70 页。

的趋势，特别是索贿、受贿的犯罪行为增多，而"79刑法"规定的法定刑偏轻，不足以惩治犯罪，同时也与贪污罪的法定刑（最高刑是死刑）不相协调。为此，1982年3月8日，第五届全国人大常委会第二十二次会议通过的《关于严惩严重破坏经济的罪犯的决定》对受贿罪作了修改规定："国家工作人员索取、收受贿赂的，比照刑法第一百五十五条贪污罪论处；情节特别严重的，处无期徒刑或者死刑。"1982年4月13日，中共中央、国务院又作出《关于打击经济领域中严重犯罪活动的决定》。"这一年，各级人民检察院立案侦查的贪污案、行贿受贿案、盗伐滥伐森林案和走私贩私、投机诈骗案等经济案件共33000余件，已办结31000余件，法院已审结并作有罪判决的11000余件，占审结数的99%。"[1] 这一年，广东检察机关受理和立案侦查的案件比前两年总和上升了22.2个百分点，其中重特大贪污贿赂案件比前两年总和上升了近40年百分点。[2] 1983年1月17日，广东省海丰县原县委书记王仲成为改革开放以来第一个被枪毙的县级"一把手"。

鉴于改革开放以来贪污贿赂犯罪的严重形势，根据社会各界的意见，第六届全国人大常委会第二十四次会议于1988年1月21日通过了《关于惩治贪污罪贿赂罪的补充规定》（以下简称《补充规定》）。虽然它是对"79刑法"的补充，但是从内容上看，它实际上是对相关贪贿犯罪的全面修改和重新规定。它和"79刑法"相比，立法上的变化主要有：（1）规定了贪污、受贿罪的概念。（2）扩大了贪污受贿罪的主体，将"集体经济组织工作人员和其他经手、管理公共财物的人员"纳入贪污罪主体，将"集体经济组织工作人员和其他从事公务的人员"纳入受贿罪主体。（3）增设挪用公款罪、单位受贿罪、单位行贿罪、巨额财产来源不明罪、隐瞒境外存款罪。（4）在法定刑的设计上，首次采取以贪污数额和贪污情节相结合、以数额为主线以情节为补充对量刑档次进行交叉规定的立法模式。这次修改使我国贪贿犯罪的立法更为完备，为改革开放过程中严厉打击贪贿犯罪提供了有力的法律武器。

2.1988年至1997年腐败犯罪立法

20世纪90年代后，随着我国实行社会主义市场经济，公司内的腐败

---

① 闵钐、薛伟宏编著：《共和国检察历史片断》，中国检察出版社2009年版，第245页。

② 肖扬：《反贪报告——共和国第一个反贪污贿赂工作局诞生的前前后后》，法律出版社2009年版，第91页。

犯罪日益严重，而《补充规定》则没有提供相应的刑法依据。为此，第八届全国人大常委会第十二次会议于 1995 年 2 月 28 日通过的《关于惩治违反公司法的犯罪的决定》增设了商业侵占罪、商业受贿罪和挪用资金罪。同时规定，国家工作人员犯上述罪的按《补充规定》的规定处罚。

经过多年的讨论、争论，1997 年 3 月 14 日，第八届全国人民代表大会第五次会议通过了修订后的《中华人民共和国刑法》（以下简称"97 刑法"）。"97 刑法"专设"贪污贿赂罪"专章。该章是在充分吸收《补充规定》的基础上，广泛征求各方面的意见，在司法机关和专家、学者的共同参与下制定的。它是我国《补充规定》颁布之后，反贪污贿赂罪立法的又一重大突破。[①] "97 刑法"在贪贿犯罪立法上的进展主要表现在：（1）缩小贪污受贿罪主体范围。根据"97 刑法"第 93 条规定，国家工作人员包括：国家机关中从事公务的人员；国有公司、企业、事业单位、人民团体中从事公务的人员；国家机关、国有公司、企业、事业单位委派到非国有公司、企业、事业单位、社会团体从事公务的人员，以及其他依照法律从事公务的人员，以国家工作人员论。贪污受贿罪主体范围的缩小，有利于司法机关集中力量查办国家公职人员的腐败犯罪。（2）扩大贪污罪的对象，规定"准贪污行为"。"97 刑法"第 394 条规定："国家工作人员在国内公务活动或者对外交往中接受礼物，依照国家规定应当交公而不交公，数额较大的，依照本法第三百八十二条、第三百八十三条的规定定罪处罚。"（3）增设斡旋受贿犯罪。国家工作人员利用本人职权或者地位形成的便利条件，通过其他国家工作人员职务上的行为，为请托人谋取不正当利益，索取请托人财物或者收受请托人财物的，以受贿论处。（4）增设单位行贿罪和向单位行贿罪。（5）删去"挪用公款数额较大，不退还的，以贪污论处"的规定。（6）增设私分国有资产罪和私分罚没财物罪。"97 刑法"在专设"贪污贿赂罪"一章的同时，又在其他章节规定了职务侵占罪、挪用资金罪和公司企业人员受贿罪等。

---

① 1990 年 4 月，最高人民检察院成立反贪污贿赂法研究起草小组。1995 年 3 月，《反贪污贿赂法》已起草到第 17 稿（见罗辑主编：《中国反贪污贿赂检察业务全书》，中国检察出版社 1996 年版，第 966—1140 页）。但后来，立法机关考虑到，为了保证刑法典的完整性，"这次修订刑法，将 1988 年全国人大常委会制定的《关于惩治贪污罪贿赂罪的补充规定》和最高人民检察院正在起草的反贪污贿赂法合并编为刑法的一章"（1997 年 3 月 6 日王汉斌在第八届全国人大第五次会议上所作的《关于〈中华人民共和国刑法〉（修订草案）的说明》）。这种立法模式的调整，虽然保证了刑法典的完整性，但错过了制定单一反贪污贿赂特别法的机会。

3. 1998 年至 2015 年腐败犯罪立法

自"97 刑法"颁布以来，立法机关对贪贿犯罪又作了以下修改：（1）《中华人民共和国刑法修正案（六）》修改了刑法第 163 条、第 164 条规定，将非国家工作人员受贿罪的主体和对非国家工作人员行贿罪的对象从"公司、企业的工作人员"扩大到"其他单位的工作人员"。（2）《中华人民共和国刑法修正案（七）》增设利用影响力受贿罪。（3）《中华人民共和国刑法修正案（七）》提高巨额财产来源不明罪的法定刑。（4）《中华人民共和国刑法修正案（八）》增设对外国公职人员、国际公共组织官员行贿罪。随着贪贿犯罪特点的新变化及党的十八大后我国反腐败力度的加大，贪贿犯罪的立法规定越来越不适应反腐败的客观需要，贪贿犯罪的进一步修订势在必行。2015 年 8 月 29 日，第十二届全国人大常委会第十六次会议表决通过了《中华人民共和国刑法修正案（九）》（以下简称《修正案（九）》）。《修正案（九）》对贪贿犯罪作出了一系列重大修改，加大了惩处腐败犯罪的力度，进一步完善反腐败的立法规定。它是 1997 年刑法典实施以来立法机关对贪贿犯罪修改条文最多、修改幅度最大、修改内容最为丰富的一次。

（二）改革开放以来，我国腐败犯罪预防策略的基本特点

1. 刑罚的严厉性

改革开放以来，我国始终坚持用"重刑"来治理腐败犯罪问题。邓小平同志 1986 年 1 月 17 日在中央政治局常委会指出："对严重的经济罪犯、刑事罪犯，总要依法杀一些。现在总的表现是手软。判死刑也是一种必不可少的教育手段……经济犯罪特别严重的，使国家损失几百万、上千万的国家工作人员，为什么不可以按刑法规定判死刑？一九五二年杀了两个人，一个刘青山，一个张子善，起了很大的作用。现在只杀两个起不了那么大作用了，要多杀几个，这才能真正表现我们的决心。"① 腐败犯罪刑罚的严厉性表现在：

（1）贪污罪、受贿罪规定了无期徒刑和死刑。不论是"79 刑法"、《补充规定》，还是"97 刑法"、《修正案（九）》，贪污罪和受贿罪都规定了无期徒刑和死刑。对犯罪数额特别巨大、情节特别严重的贪贿罪犯适用

---

① 《邓小平文选》（第三卷），人民出版社 1993 年版，第 153 页。

死刑成为我国严厉惩治腐败的主要标志。

（2）规定了终身监禁。《修正案（九）》第 44 条第 4 款规定，原刑法第 383 条中增加一款规定，对犯贪污、受贿罪，被判处死刑缓期执行的，法院根据犯罪情节等情况可以同时决定在其死刑缓期执行二年期满依法减为无期徒刑后，终身监禁，不得减刑、假释。2016 年 10 月 9 日，全国人大环境与资源保护委员会原副主任委员白恩培因受贿罪成为我国终身监禁第一人。随后，国家能源局煤炭司原副司长魏鹏远、黑龙江龙煤矿业集团股份有限公司物资供应分公司原副总经理于铁义相继被判处死缓并终身监禁。

（3）规定了绝对确定的法定刑。根据刑法理论和立法规定，以法定刑的刑种、刑度是否确定以及确定的程度为标准，可以将法定刑分为绝对确定的法定刑、相对确定的法定刑和浮动法定刑。在"97 刑法"中有 7 个罪名 9 种情形规定了绝对确定的法定刑。根据刑法第 383 条、第 386 条规定，个人贪贿数额在 5 万元以上不满 10 万元，情节特别严重的，处无期徒刑，并处没收财产；个人贪贿数额在 10 万元以上，情节特别严重的，处死刑，并处没收财产。上述条文属于绝对确定的法定刑范畴。

（4）规定了交叉刑。在《补充规定》和"97 刑法"中，贪污罪和受贿罪是专门规定交叉刑的罪名。如"97 刑法"第 383 条第 1 项至第 4 项所规定的法定刑，均存在刑罚交叉现象：第一档次的法定刑和第二档次的法定刑在 10 年以上有期徒刑、无期徒刑部分交叉重合；第二档次中的 5 年以上 10 年以下有期徒刑部分交叉重合；第四档次法定刑中的 1、2 年有期徒刑部分与第三档次交叉重合。同时，第一档次法定最低刑是 10 年，第三档次的法定最高刑是 10 年，两者均包含了第二档次所规定的 5 年以上 10 年以下部分。

由于立法对贪贿犯罪规定了严厉的刑罚措施，重刑案件特别是死刑、无期徒刑以上的案件占一定比例。以 1990—2008 年为例，全国法院所判处的省部级干部罪犯中，受贿、贪污罪犯占 90.5%，15 名省部级以上干部被判处死刑立即执行或死刑缓期执行。[①] 改革开放至党的十八大之前的 35 年中，共有超过 150 名省部级以上官员因腐败行为受到查办，而对判处刑罚的 103 个省部级官员统计，有死刑 6 例，死缓 27 例，无期徒刑 17 例，无

---

① 肖扬：《反贪报告——共和国第一个反贪污贿赂工作局诞生的前前后后》，法律出版社 2009 年版，第 343 页。

期徒刑以上刑罚约占已判案例的53%。① 1993年海口市人民检察院起诉的新中国成立以来最大贪污案——薛根和等人内外勾结,共同贪污公款总计3344万元,其中5人被判处死刑立即执行。2000年9月14日,九届全国人大常委会原副委员长成克杰因收受他人贿赂4109余万元,被执行死刑。党的十八大后我国强力反腐,仅2016年就有35名省部级及以上官员获刑,其中判处无期徒刑7人,死刑缓期二年执行的2人(其中死缓、终身监禁1人),死刑立即执行1人(内蒙古自治区政协原副主席赵黎平犯有故意杀人、受贿、非法持有枪支、弹药、非法储存爆炸物罪,对赵黎平以故意杀人罪判处死刑立即执行,剥夺政治权利终身)。根据美国学者魏德安对2448个腐败案例进行的分析,腐败行为在中国面临严厉的法律制裁,其中有26.35%被判处死刑,有30.56%被判处10年以上有期徒刑或无期徒刑(见表二),而在美国没有腐败官员会被判处死刑或死缓。我国对贪贿犯罪适用刑罚的严厉性可见一斑。

表二 腐败案件判决统计分析②

判决结果	数量/个	所占比重/%
死刑	409	16.71
死刑缓行2年	236	9.64
死刑小计	645	26.35
无期徒刑	262	10.70
16年以上有期徒刑	138	5.64
10~15年有期徒刑	348	14.22
5~10年有期徒刑	280	11.44
1~2年有期徒刑	267	10.91
有期徒刑小计	1295	52.91
行政或纪律处罚	445	18.17
其他刑罚	63	2.57
案件总数	2448	100

2. 法网的宽疏性

(1)腐败犯罪定罪标准高。我国"79刑法"没有明确规定贪贿犯罪

---

① 陈良飞:《35年"打虎"记》,《新民周刊》2013年第38期。
② [美]魏德安:《双重悖论:腐败如何影响中国的经济增长》,蒋宗强译,中信出版社2014年版,第198页。

起刑点的数额标准。1985 年 7 月 18 日，最高人民法院、最高人民检察院《关于当前办理经济犯罪案件中具体应用法律的若干问题的解答（试行）》将贪污罪、受贿罪的定罪数额标准规定为一般是 2000 元。1986 年最高人民检察院制定的《人民检察院直接受理的经济检察案件立案标准的规定（试行）》中，将贪贿犯罪的起刑点数额规定为 1000 元。1988 年的《补充规定》沿用 2000 元的数额标准，同时规定"个人贪污数额不满 2 千元，情节较重的"也要定罪处罚。"97 刑法"将贪污罪、受贿罪的定罪数额标准提高到 5000 元，"个人贪污数额不满 5 千元，情节较重的，处 2 年以下有期徒刑或者拘役"。《修正案（九）》颁布后，最高人民法院、最高人民检察院 2016 年 4 月 18 日联合发布的《关于办理贪污贿赂刑事案件适用法律若干问题的解释》（以下简称《解释》）将贪污罪、受贿罪的一般定罪数额标准提高到 3 万元。贪贿定罪数额标准高出盗窃、诈骗罪的数额标准几倍甚至几十倍。①

（2）犯罪构成过于严格。主要表现在：第一，贿赂对象过于狭窄。关于贿赂的范围，我国自"79 刑法"、1988 年的《补充规定》，一直到"97刑法"和《修正案（九）》，都把它限定为财物。从贿赂犯罪的实际情况看，随着我国对财物贿赂犯罪的打击，犯罪分子越来越狡猾，贿赂犯罪的手段、方式更加隐蔽，以各种财产性利益以及不便计算的非财产性利益实施贿赂已成为当前腐蚀国家工作人员的一种重要手段，危害严重。第二，我国"79 刑法"未将"为他人谋取利益"作为受贿罪构成要件，而 1985年最高人民法院、最高人民检察院《关于当前办理经济犯罪案件中具体应用法律的若干问题的解答（试行）》首次将"为他人谋取利益"纳入受贿罪构成要件，《补充规定》对"为他人谋取利益"作了限制性解释，规定索贿的不须以"为他人谋取利益"作为构成要件，而收受型受贿罪则要求必须同时具备"为他人谋取利益"要件。② "97 刑法"第 385 条完全沿用

---

① 如盗窃罪的定罪数额标准：1984 年是"个人盗窃公私财物，一般可以 200 元至 300 元为'数额较大'的起点；少数经济发展较快的地区，可以提到 400 元为起点"。1992 年是"个人盗窃公私财物，一般可以 300—500 元为'数额较大'的起点；少数经济发展较快的地区，可以提到 600 元为起点"。1998 年是"个人盗窃公私财物价值人民币 5 百元至 2 千元以上的，为'数额较大'"。2013 年是"盗窃公私财物价值 1 千元至 3 千元以上"。

② 1989 年 11 月 6 日，最高人民法院、最高人民检察院《关于执行〈关于惩治贪污罪贿赂罪的补充规定〉若干问题的解答》第 3 条中强调规定："非法收受他人财物，同时具备'为他人谋取利益'的，才能构成受贿罪。"

《补充规定》的内容。将"为他人谋取利益"作为收受型受贿罪构成要件，给惩治受贿犯罪带来极大的影响。有记者曾在中国裁判文书网上检索 2014 年 5 月以来的裁判文书，发现共有相关裁判文书 563 份。其中有 71 起案件，辩护人对部分或者全部指控以"没有为他人谋利"作为辩护理由。反贪侦查局的检察官坦言，实践中不乏行受贿双方不提具体请托、承诺事项，仅是"心知肚明"的情况。在没有收集到签字、打招呼等方面证据的情况下，基本上无法认定其"为他人谋取利益"。①第三，现行的行贿罪、对有影响力的人行贿罪、对单位行贿罪、单位行贿罪及斡旋受贿犯罪、利用影响力受贿罪等的构成要件中均要求具备"为他人谋取不正当利益"的要件。在惩处贿赂犯罪中，我国长期存在着重受贿轻行贿的问题。最高人民法院、最高人民检察院 1999 年 3 月 4 日曾联合颁布《关于在办理受贿犯罪大要案的同时要严肃查处严重行贿犯罪分子的通知》。嗣后，最高人民检察院又多次发文或召开电话会议，要求各级人民检察院加大对行贿犯罪的惩治力度，② 但查处行贿犯罪始终"雷声大、雨点小"。2013 年 10 月 22 日，时任曹建明检察长在第十二届全国人民代表大会常务委员会第五次会议上指出："2008 至 2012 年查处的受贿、行贿犯罪人数比前五年分别上升 19.5% 和 60.4%。"③ 但行贿犯罪总量仍然偏低。如 2011 年至 2014 年 6 月，广东省韶关法院受理各类一审贿赂犯罪案件 193 件 214 人，其中，介绍贿赂犯罪案件 1 件 1 人，受贿犯罪案件 160 件 175 人，行贿犯罪案件 32 件 38 人。行贿犯罪案件数量仅占全部贿赂犯罪案件数量的 16.58%，仅为

---

① 徐霄桐、杜江茜：《专家争议：反贪法律武器要不要更严》，《中国青年报》2014 年 8 月 1 日，第 3 版。

② 2000 年 12 月 21 日，最高人民检察院颁布《关于进一步加大对严重行贿犯罪打击力度的通知》。2010 年 5 月 7 日，最高人民检察院又颁布《关于进一步加大查办严重行贿犯罪力度的通知》。2013 年 4 月 12 日，最高人民检察院专门召开电话会议强调："对行贿与受贿犯罪统筹查处，加大对行贿犯罪的查处力度。要转变办案观念，调整办案思路，注重办案策略和方法，克服和纠正重查处受贿犯罪、对行贿犯罪执法不严、打击不力的做法和倾向，坚持把查处行贿犯罪与查处受贿犯罪统一起来，做到同等重视、同步查处、严格执法，形成惩治贿赂犯罪高压态势，有效遏制贿赂犯罪的滋生蔓延。"2014 年 4 月 25 日，全国检察机关反贪部门重点查办行贿犯罪电视电话会议召开，最高人民检察院要求："各级检察机关进一步加大惩治行贿犯罪力度，严肃查办行贿次数多、行贿人数多的案件，保持惩治行贿受贿犯罪高压态势，坚决遏制腐败现象滋生蔓延势头。"

③ 曹建明：《最高人民检察院关于检察机关反贪污贿赂工作情况的报告》，《检察日报》2013 年 10 月 25 日，第 2 版。

受贿犯罪案件数量的 1/5。① 而行贿罪之所以查处比率低，与立法对行贿罪规定过高的构成要件是分不开的。2009 年《中华人民共和国刑法修正案（七）》设立了利用影响力受贿罪，立法本意是为了加大对这类受贿行为的打击力度，但由于构成要件严格，司法实践中查办的案件极少。第四，挪用型犯罪，仅限于特定款物、公款或资金。挪用公款罪的犯罪对象限定为公款，而且必须是"挪用公款归个人使用，进行非法活动的，或者挪用公款数额较大、进行营利活动的，或者挪用公款数额较大、超过三个月未还的"，才构成犯罪。

（3）腐败犯罪酌定情节法定化，使不少腐败分子免予刑罚处罚。量刑情节可以分为法定情节与酌定情节。我国刑法总则中所规定的免除、减轻、从轻处罚等法定量刑情节，是适用于所有犯罪的，在所有法定从宽情节中并没有"有悔改表现，积极退赃"规定。司法实践中，"悔改表现，积极退赃"只是犯罪后的态度，属于酌定量刑情节，酌定量刑情节只能从轻处罚。而"97 刑法"第 383 条中则规定，个人贪污数额在 5000 元以上不满 1 万元，犯罪后有悔改表现、积极退赃的，可以减轻处罚或者免予刑事处罚。"97 刑法"第 390 条第 2 款规定："行贿人在被追诉前主动交待行贿行为的，可以减轻处罚或者免除处罚。"这一量刑规定是对贪贿犯罪的特别规定，只有贪贿犯罪的被告人能享受这一"特权"。在其他犯罪中视为酌定从轻处罚情节的，在贪贿犯罪中却成为法定从轻处罚情节，这表明现行立法对贪贿犯罪网开一面。据统计，2004 年至 2013 年的十年间，贪贿犯罪缓刑及免刑率始终保持在 60% 左右，而同期其他刑事案件缓刑及免刑率始终保持在 30% 左右。② 《修正案（九）》第 44 条第 3 款规定："犯第一款罪，在提起公诉前如实供述自己罪行、真诚悔罪、积极退赃，避免、减少损害结果的发生，有第一项规定情形的，可以从轻、减轻或者免除处罚；有第二项、第三项规定情形的，可以从轻处罚。"上述修改与原来规定相比进一步扩大了坦白从宽的适用范围。原来只规定"个人贪污数额在五千元以上不满一万元，犯罪后有悔改表现、积极退赃的，可以减轻处罚或者免予刑事处罚"，现在则扩大到第 383 条第 1 款第 1 项"贪污数额较

① 黄秋雄、陈东阳等：《严厉打击行贿犯罪、遏制腐败现象蔓延——广东省韶关市中级人民法院关于行贿犯罪的调研报告》，《人民法院报》2014 年 8 月 28 日，第 8 版。
② 袁春湘：《近十年全国贪污贿赂犯罪案件量刑情况分析》，《中国审判》2015 年第 6 期。

大或者有其他较重情节的"所有情形，明显扩大了"可以减轻处罚或者免予刑事处罚"的适用范围。这就意味着贪污受贿 3 万元—20 万元均可适用免予刑事处罚。

"厉而不严"带来的不良后果是：抓得少，判得重；多数腐败分子逍遥法外，少数巨贪被抓住的，只能自认"倒霉"。我国公务员腐败发现的概率比较低，在 10% ~20% 之间；公务员腐败发现之后受法律惩治的概率更低，在 6% ~10% 之间。[1] 有的认为，我国腐败黑数达到了 95% 的惊人比例。[2] 有学者曾根据中央组织部的数据计算，1993—1998 年全国受党纪政纪处分的干部累计达 2.89 万人，平均每 100 名受党纪政纪处分的干部只有 42.7 人被检察机关立案侦查，只有 6.6 人被判刑。[3] 党的十八大以来反腐败力度空前，但 2013 年至 2016 年受党纪政纪处分的人员与移送司法机关追究刑事责任人员之比悬殊，大量贪贿分子没有被追究刑事责任（见表三）。即便被检察机关立案侦查的腐败案件，2008 年至 2015 年间，最终也只有七成的案件能移送法院追究刑事责任，近二成的案件作了撤案或不起诉处理。此外，我国目前共有 3600 多个检察院，即使是在中央反腐高压态势之下的 2014 年、2015 年，平均每个检察院查办的腐败犯罪数量只有 11.5 件、15.3 人和 11.3 件、15.1 人，而在 2008—2012 年的五年间，每个检察院每年查办的腐败犯罪数量仅为 9.2 件、12 人。这种"厉而不严"的反腐败模式，既达不到威慑效果，也损害法律的公正性和权威性。如果发现和惩处贪官的概率是 50%，那么判刑 2 年的威慑效果也远远高于被抓概率为 1% 却判刑 10 年的威慑效果。

表三　2013—2016 年纪检监察机关查处腐败案件情况

年份	查处情况				
	立案/件	结案/件	党纪政纪处分/人	移送司法机关处理/人	移送刑事追究比率
2013	17.2 万	17.3 万	18.2 万	0.96 万	5.4%
2014	22.6 万	21.8 万	23.2 万	1.2 万	5.2%

[1]　胡鞍钢、过勇：《公务员腐败成本——收益的经济学分析》，《经济社会体制比较》2002 年第 4 期。

[2]　李成言主编：《廉政工程：制度、政策和技术》，北京大学出版社 2006 年版，第 41 页。

　[3]　过勇、宋伟：《腐败测量》，清华大学出版社 2015 年版，第 41—42 页。

年份	查处情况				
	立案/件	结案/件	党纪政纪处分/人	移送司法机关处理/人	移送刑事追究比率
2015	33 万	31.7 万	33.6 万	1.4 万	4.2%
2016	41.3 万	/	41.5 万	1.1 万	2.7%
合计	114.1 万	/	116.5 万	4.66 万	17.5%

四、 "严而不厉"：我国腐败犯罪预防策略的应然选择

1982 年，美国哈佛大学教授威尔逊首次提出"破窗理论"（Broken Windows Theory）：如果一个公共建筑物的一扇窗户损坏了并且没有及时得到修理，很快该建筑物的其他窗户也会被损坏。该理论阐明：如果不及时制止违反道德的行为，就会给社会传递一个错误信息，即社会还可以接受这种行为，这些行为就会发展成为违反法律的行为；如果社会对轻微违法行为置之不理，则再次显示了社会的容忍，这种行为就会发展成为犯罪行为；如果对犯罪再惩治不力，就会使民众对政府、对司法失去信心，犯罪就会广泛蔓延，难以遏制。该理论引入犯罪学就告诉我们：预防犯罪一定要从小抓起。许多"老虎"贪官，都是从小小的"苍蝇"开始的，聚沙成塔，贪腐分子也经历量变到质变的过程。

（一） "严而不厉" 是近年我国腐败犯罪预防策略调整的基本走向

尽管我国现行腐败犯罪立法的基本特点是"厉而不严"，但应该看到，立法机关和最高人民法院、最高人民检察院也在不断调整腐败犯罪立法和司法的方向，开始缓慢地走向"严而不厉"。主要表现在：

1. 贪贿犯罪的法网的不断严密。（1）增设新罪名。从《中华人民共和国刑法修正案（六）》至《修正案（九）》，我国先后增设了非国家工作人员受贿罪，对非国家工作人员行贿罪，对外国公职人员、国际公共组织官员行贿罪，利用影响力受贿罪，对有影响力的人行贿罪等罪名，进一步扩大了贪贿罪名。（2）贪贿犯罪由单纯的"数额"标准修改为"数额或者

情节"标准。《修正案（九）》将贪贿犯罪原先单一依据具体数额进行定罪量刑的模式，修改为"概括数额＋情节"的定罪量刑模式，即原则上规定"数额较大或者情节较重""数额巨大或者情节严重""数额特别巨大或者情节特别严重"三种由轻到重的犯罪情况，相应规定了三档法定刑。（3）扩大贿赂的范围。《解释》第 12 条规定："贿赂犯罪中的'财物'，包括货币、物品和财产性利益。财产性利益包括可以折算为货币的物质利益如房屋装修、债务免除等，以及需要支付货币的其他利益如会员服务、旅游等。后者的犯罪数额，以实际支付或者应当支付的数额计算。"这样就将贿赂犯罪的财物，由货币、物品扩大为以货币结算的财产性利益。（4）对刑法"为他人谋取利益"的认定作了扩张解释。《解释》第 13 条第 2 款规定："国家工作人员索取、收受具有上下级关系的下属或者具有行政管理关系的被管理人员的财物价值三万元以上，可能影响职权行使的，视为承诺为他人谋取利益。"即国家工作人员收受财物，事先虽未接受请托，但可能影响职权行使的，视为承诺为他人谋取利益。（5）修改行贿罪处罚标准，加大对行贿犯罪的惩治力度。如何加大惩处行贿犯罪以回应公众质疑，同时又在打击犯罪和保障侦查工作顺利进行之间保持适当的平衡，给立法机关带来选择上的难题。经权衡利弊得失，《修正案（九）》第 45 条将刑法第 390 条第 2 款修改为："行贿人在被追诉前主动交待行贿行为的，可以从轻或者减轻处罚。其中，犯罪较轻的，对侦破重大案件起关键作用的，或者有重大立功表现的，可以减轻或者免除处罚。"上述规定严格了行贿犯罪从宽处罚的条件。（6）加大对贪贿犯罪的财产刑处罚力度。"97 刑法"第 8 章对贪贿犯罪只规定了 3 处可以适用罚金（单位受贿罪 1 处和单位行贿罪 2 处），而且只能对单位适用，不能适用于单位犯罪中的主管人员和其他直接责任人员。对贪污罪和受贿罪处 1 年至 7 年、7年至 10 年、2 年以下有期徒刑，以及对处 10 年以下有期徒刑的行贿罪，都没有规定财产刑，导致司法实践中腐败犯罪适用财产刑的比例偏低。贪贿犯罪属于贪利性犯罪，对其更多地适用财产刑有利于实现刑罚目的，提高刑罚效益。为了加大对贪贿犯罪的财产刑处罚力度，《修正案（九）》增设了 13 处罚金刑，从而使财产刑在贪贿犯罪中得到普遍的适用。《解释》进一步扩大了对腐败犯罪的经济处罚力度，对贪污贿赂犯罪规定了远重于其他犯罪的罚金刑判罚标准。（7）增设职业禁止规定。《修正案（九）》

第 1 条规定："在刑法第三十七条后增加一条，作为第三十七条之一：'因利用职业便利实施犯罪，或者实施违背职业要求的特定义务的犯罪被判处刑罚的，人民法院可以根据犯罪情况和预防再犯罪的需要，禁止其自刑罚执行完毕之日或者假释之日起从事相关职业，期限为三年至五年。被禁止从事相关职业的人违反人民法院依照前款规定作出的决定的，由公安机关依法给予处罚；情节严重的，依照本法第三百一十三条的规定定罪处罚。其他法律、行政法规对其从事相关职业另有禁止或者限制性规定的，从其规定。'" 贪贿犯罪是利用职务上的便利或者在从事职务活动过程中实施的。近年来，不断出现贪贿犯罪行为人被判刑后又重新犯罪的案例。[1] 因此，对贪贿犯罪被告人在判处其自由刑、财产刑的同时，在一定期限内判处剥夺其担任特定职务的权利以示警戒，是非常必要的。

2. 贪贿犯罪刑罚走向宽缓。（1）《修正案（九）》废除了贪贿犯罪中绝对确定的法定刑，对死刑规定了更高的适用标准。《修正案（九）》规定：贪贿犯罪数额特别巨大且使国家和人民利益遭受特别重大损失的，处无期徒刑或者死刑。《解释》第 4 条第 1 款进一步明确规定："贪污、受贿数额特别巨大、犯罪情节特别严重、社会影响特别恶劣、给国家和人民利益造成特别重大损失的，可以判处死刑。"（2）《修正案（九）》虽然仍保留死刑，但通过终身监禁的设立，使死刑立即执行实质上得到废除。（3）《修正案（九）》废除贪贿犯罪的交叉刑。（4）大幅度提高贪贿犯罪定罪量刑数额标准。《解释》将贪贿犯罪定罪数量标准由 5000 元、5 万元和 10 万元提高至 3 万元、20 万元、300 万元。

（二） 进一步完善 "严而不厉" 腐败犯罪预防策略之路径

1. 放宽犯罪构成，降低入罪门槛，严密刑事法网

近年来，尽管立法机关和司法机关不断严密贪贿犯罪法网，但法网宽泛的特点没有得到实质性的改变，尤其是《修正案（九）》虽然对贪贿犯罪作了比较系统的修改，但从修改内容看，"总体上并没有破除贪污受贿立法本来存在的结构性积弊，重新编织的贪污受贿刑事法网以及调整的惩治力度，不但没有提升刑法对贪污贿赂犯罪的规制能力，反而是'名严实

---

① 范跃红、仇健：《谁给了他"重操旧业"的机会》，《检察日报》2013 年 5 月 29 日，第 8 版。

宽'，难以满足反腐败刑法供给的需要"。① "从宽处罚的规定多于从严，从宽倾向较为明显，在建设法治国家、严惩贪污腐败的形势下，没有突出体现从严的一面，可谓'严有限、宽失度'。"② 所以，如何编织严密的贪贿犯罪法网，仍是今后贪贿犯罪刑事立法的重点和方向。

2. 降低刑罚的严厉性，实现刑罚宽缓化

在严密贪贿犯罪刑事法网的同时，要降低贪贿犯罪刑罚的严厉性，实现刑罚宽缓化。严刑峻法既不是控制犯罪的理想手段，也与人道主义和人权观念背道而驰。正如贝卡里亚所言，"对于犯罪最强有力的约束力量不是刑罚的严酷性，而是刑罚的必定性"。③ 2011 年通过的《中华人民共和国刑法修正案（八）》一次性集中废止了 13 种经济性、非暴力犯罪的死刑，《修正案（九）》又废除了 9 种犯罪的死刑。几年前，不少学者反对贪贿犯罪的死刑，甚至有学者断言，30 年内贪贿犯罪不会取消死刑。④ 在死刑不断废止的背景下，法学界多数赞同贪腐官员"免死"，因为贪污受贿犯罪属于非暴力的经济犯罪，与死刑所剥夺的生命权不具有对等性，应取消死刑。⑤ "贪污罪、受贿罪等职务犯罪的死刑亦应废止。主要理由在于：第一，职务犯罪的产生和存在有其必然性，只要存在国家权力，就会滋生腐败，一味地强调有严刑峻法来遏制腐败犯罪是不妥的。第二，职务犯罪是一种'社会综合征'，仅靠对犯罪人实施严刑峻法无法达到根治的目的，国家也应承担制度不完备之责任。第三，对于职务犯罪配置死刑，'杀鸡儆猴'的功能收效甚微，刑罚的一般预防功能也无从体现。第四，对职务犯罪适用死刑，与国际通行的'死刑不引渡'原则也存在冲突，容易造成对部分犯罪人打击不力。"⑥ 有鉴于此，笔者认为，降低贪贿犯罪刑罚的严厉性，主要是从废除死刑入手。这又可以分三步：

第一步：立法上保留死刑，司法上使死刑虚置。"在当下中国尚不能立即废止贪污受贿犯罪死刑的现实情况下，基于严格限制死刑适用之考

---

① 孙国祥：《贪污贿赂犯罪刑法修正的得与失》，《东南大学学报（哲学社会科学版）》2016 年第 3 期。

② 张开骏：《刑法修正得失与修正模式完善——基于〈刑法修正案（九）〉的梳理》，《东方法学》2016 年第 5 期。

③ ［意］贝卡里亚：《论犯罪与刑罚》，黄风译，北京大学出版社 2008 年版，第 62 页。

④ 杜萌：《中国三十年内不会取消贪污贿赂罪死刑》，《法制日报》2010 年 9 月 3 日，第 4 版。

⑤ 单玉晓、沈凡：《经济犯罪死刑之辩》，《财新周刊》2016 年第 49 期。

⑥ 赵秉志：《死刑改革之路》，中国人民大学出版社 2014 年版，第 917 页。

量，对于应当适用死刑的贪污受贿犯罪优先选择适用死缓，以最大限度地减少死刑实际执行的数量，具有现实可行性和合理性。"① 基于政治、民意等考量，当前我国还难以直接从立法上废除死刑，但可以通过终身监禁这种死刑替代性措施，在司法上保证死刑得以废除。《中华人民共和国刑法修正案（九）（草案）》审议期间，相关的民意调查表明，70% 以上的民众反对取消"贪腐死刑"。② 从保留死刑到彻底废除死刑确实需要一个过渡阶段和过渡措施，以便广大民众转变死刑观念，为立法机关最终废除死刑创造条件。全国人大法律委员会指出："有的常委委员和有关部门建议，对重特大贪污受贿犯罪规定终身监禁。法律委员会经同中央政法委等有关部门研究认为，对贪污受贿特别巨大、情节特别严重的犯罪分子，特别是其中应当判处死刑的，根据慎用死刑的刑事政策，结合案件的具体情况，对其判处死刑缓期 2 年执行依法减为无期徒刑后，采取终身监禁的措施，有利于体现罪刑相适应的刑法原则，维护司法公正。"③ 所以，终身监禁"从这个意义上说，也可以说是对死刑的一种替代性措施"。④ 刑法学界普遍认为，终身监禁是一种轻于死刑立即执行、重于死缓的刑罚执行方式，是废除死刑的过渡性替代。这就意味着，今后对贪贿犯罪判处死刑立即执行的将越来越少或几乎没有，而由"终身监禁"替代。2007 年至今，我国对贪贿犯罪已没有出现死刑立即执行的案例，最重的也是死刑缓期执行。2016年已有 3 名贪贿犯罪被告人被判处死刑缓刑二年执行；在其死刑缓期执行二年期满依法减为无期徒刑后，终身监禁，不得减刑、假释。⑤ 通过这种终身监禁的方法使死刑在事实上得到废除。

第二步，立法上取消死刑，将无期徒刑作为贪贿犯罪的最重刑罚。《修正案（九）》增设终身监禁后，理论和实务界对终身监禁问题进行了广泛讨论。肯定说认为，死缓犯终身监禁制度有助于严肃惩治严重腐败犯

① 赵秉志：《论中国贪污受贿犯罪死刑的立法控制及其废止——以〈刑法修正案（九）〉为视角》，《现代法学》2016 年第 1 期。

② 佘宗明：《近七成受访者：反对取消"贪腐死刑"》，《新京报》2014 年 11 月 1 日，第 A03 版。

③ 2015 年 8 月 24 日全国人民代表大会法律委员会关于《中华人民共和国刑法修正案（九）（草案）》审议结果的报告。

④ 全国人大常委会法制工作委员会刑法室编著：《〈中华人民共和国刑法修正案（九）释解与适用〉》，人民法院出版社 2015 年版，第 221 页。

⑤ 全国人大环境与资源保护委员会原副主任委员白恩培、国家能源局煤炭司原副司长魏鹏远和黑龙江龙煤矿业集团股份有限公司物资供应分公司原副总经理于铁义。

罪；死缓犯终身监禁制度有助于切实减少死刑的实际适用。① 终身监禁是完善腐败治理机制的需要；终身监禁有效缓解了反腐机制完善的困局；终身监禁具有现实的、多元化的腐败治理功能。② 否定说认为，把贪贿犯罪设置终身监禁的立法方式存在疑问：把一个本来已经被法律明确规定的、为所有犯罪人普遍享有的关于减刑假释的优惠申请权，从一部分罪犯身上扣除和取消，有违反宪法规定的平等原则之嫌；即使允许采取局部试点的方式，也本应从罪行最严重的、人身危险性最高的暴力犯罪开始，贪贿显然不属于这一层级；立法者在规定终身监禁的同时，仍然保留贪贿犯罪的死刑立即执行。这种立法，没有看出减少死刑、延长生刑的同步性，反而在"死刑过重"的基础上又增加了"生刑过重"。相当于由原来的一种酷刑，变成两种酷刑并存，而这个并存期间会有多长，尚无日程表。③ 有的认为，终身监禁规定并未脱离死刑桎梏；终身监禁适用标准尚未明晰；终身监禁与追诉时效宗旨相互冲突；终身监禁将会增加监狱系统压力。④ 笔者认为，立法机关已确立了终身监禁的法律地位，目前，司法机关应当严格执法，保障终身监禁执法到位。但从贪贿犯罪的治理策略上看，终身监禁不是最理想的治理模式，适用终身监禁难以体现特殊预防的刑罚目的。所以，经过一段时间的过渡后，贪贿犯罪的最高刑罚还是应当回归到无期徒刑。

第三步，从立法上取消无期徒刑，与世界绝大多数国家贪贿犯罪的刑罚相适应。"过去从国家看世界，现在从世界看国家。"⑤ 中国走向世界必然要符合世界潮流。对贪贿犯罪没有哪个主流国家会适用死刑和无期徒刑。所以，从未来趋势看，我国不仅要废除死刑，而且也要废除无期徒刑。

当然，贪贿犯罪刑罚的轻缓化是一个漫长的过程。"刑法结构的构建不仅与罪刑关系、刑法观、立法技术等因素相互关联，更与刑法系统所处的社会环境密不可分。以现阶段我国所处的社会发展阶段和法治现状加以

---

① 赵秉志：《终身监禁新规之解读》，《法制日报》2016 年 10 月 12 日，第 9 版。

② 刘艳红：《终身监禁的价值、功能与适用——从"白恩培案"谈起》，《人民法院报》2016 年 10 月 12 日，第 2 版。

③ 车浩：《刑事立法的法教义学反思——基于〈刑法修正案（九）〉的分析》，《法学》2015 年第 10 期。

④ 刘仁文主编：《反腐败的刑事法治保障》，社会科学文献出版社 2016 年版，第 182—185 页。

⑤ 周有光：《朝闻道集》，世界图书出版公司 2010 年版，第 28 页。

观之，单纯地强调刑罚的轻缓，将无助于对频发的新型犯罪和恶性犯罪进行及时、有效的惩治。"[1] 就腐败犯罪而言，不仅要与其他经济性刑事犯罪刑罚的设置相适应，而且更要与"标本兼治、重在治本"的腐败犯罪治理方略的实现相吻合。如果腐败的源头——权力的监督制约不能有效实现，腐败犯罪得不到有效遏制，重刑化仍然只能是当政者在治理腐败犯罪问题上的唯一选择。但无论如何，"从重刑化向刑罚轻缓化变革，既是社会发展的客观要求和必由之路，也是中国刑事政策的理性选择和明智之举"[2]。而腐败犯罪构成的严密化和刑罚的轻缓化，犹如鸟之两翼、车之两轮，互相依存、互相联系，缺一不可。

结　语

我国刑法学界认为，犯罪控制的刑罚模式有以下几种："又严又厉""厉而不严""严而不厉"。所谓"严"，是指刑事法网严密、刑事责任严格；所谓"厉"，是指刑罚苛厉、刑罚过重。我国传统的刑罚模式为"厉而不严"模式，是应当放弃的模式。"严而不厉"模式是既能够体现促进刑罚目的的实现，又符合社会发展趋势的模式，是犯罪控制的理想模式，也是当今中国应当采纳的犯罪控制模式。笔者深以为然。[3] 当然，贪贿犯罪刑罚的轻缓化是一个漫长的过程。"刑法结构的构建不仅与罪刑关系、刑法观、立法技术等因素相互关联，更与刑法系统所处的社会环境密不可分。"[4] 就腐败犯罪而言，不仅要与其他经济性刑事犯罪刑罚的设置相适应，而且更要与"标本兼治、重在治本"的腐败犯罪治理方略的实现相吻合。如果腐败的源头——权力的监督制约不能有效实现，腐败犯罪得不到有效遏制，重刑化只能是当政者在治理腐败犯罪问题上的唯一选择。

---

① 王志祥、韩雪：《刑法结构优化论——与"严而不厉"和"中罪中刑"两种刑法结构论商榷》，《人民检察》2016 年第 23 期。

② 黄华生：《论刑罚轻缓化》，中国经济出版社 2006 年版，第 182 页。

③ 储槐植：《刑事一体化与关系刑法论》，北京大学出版社 1997 年版，第 319 页。

④ 王志祥、韩雪：《刑法结构优化论——与"严而不厉"和"中罪中刑"两种刑法结构论商榷》，《人民检察》2016 年第 23 期。

第四章　职务犯罪刑事政策司法化的障碍及其克服①

一、　从严惩处职务犯罪是我国的基本刑事政策

（一）　"从严治吏" 是党和国家领导人的一贯思想

新中国成立前夕，在党的七届二中全会上，毛泽东同志指出："必须严重注意干部被资产阶级腐蚀发生严重贪污行为这一事实，注意发现揭露和惩处，并需当作一场大斗争来处理。"② 1951 年 10 月，中共中央决定，在全国各条战线开展精兵简政、增产节约运动。随着增产节约运动的深入发展，各地暴露和发现了大量的惊人的浪费、贪污现象和官僚主义问题。11 月，有人揭发出了天津地委书记、石家庄市委副书记刘青山，原天津专区专员、天津地委书记张子善的巨大贪污案。经查：两人于 1950 年春至 1951 年 11 月，利用职权，先后盗窃国家救灾粮、治河专款、干部家属救济粮、地方粮，克扣民工粮、机场建筑款，骗取国家银行贷款等，总计达 170 余亿元（旧币）。在公审大会召开之前，曾有高级干部考虑到刘、张两人在战争年代有过功劳，向毛泽东说情。"毛泽东说，正因为他们两人的地位高，功劳大，影响大，所以才下决心处决他们；只有处决他们，才能挽救 20 个、200 个、2000 个、20000 个犯有各种不同程度错误的干部。我建议你们重读一下《资治通鉴》。治国就是治吏！'礼义廉耻，国之四维。四维不张，国之不国。'"③ 刘青山、张子善被处以死刑。两个月以后，中

---

① 本文原载《内蒙古社会科学》2012 年第 3 期。
② 《毛泽东选集》（第四卷），人民出版社 1991 年版，第 54 页。
③ 薄一波：《若干重大决策与文件的回顾》（上），中共中央党校出版社 2008 年版，第 152 页。

央政府就颁发了《中华人民共和国惩治贪污条例》。之后便开展了反腐败为基本内容的"三反""五反"运动。对这个运动的意义，毛泽东同志指出：这次运动是"第七届二中会防止腐败的方针"的一件大事，"应当把反贪污、反浪费、反官僚主义的斗争看作同镇压反革命的斗争一样重要"。① 东北、华北、华东、西南、西北五大地区的统计数字为 122 万。之后，从 1956 年至 1964 年之间，中央政府前后三次集中力量开始反腐倡廉运动。平均每隔两年就开展一次反腐败运动，而且每次运动都长达一年。

改革开放后，党和国家领导人对腐败问题有着清醒的认识，作出了明确的判断。1982 年 4 月，邓小平同志指出："（对经济犯罪活动）有一部分同志遇事手软，下不了手。为什么下不了手？思想上没有认识这个问题的严重性，只当作一般性质的问题来对待。……盗窃国家财产，贪污受贿，这是现钱买卖，清清楚楚，不容易搞错。所以，现在刹这个风，一定要从快从严从重。……对有一些情节特别严重的犯罪分子，必须给以最严厉的法律制裁。刹这股风，没有一点气势不行啊。"② 1985 年 9 月，邓小平在中国共产党全国代表大会上指出："对一些严重危害社会风气的腐败现象，要坚决制止和取缔。"③

以江泽民同志为核心的第三代中央领导集体，对社会主义市场经济条件下的党风廉政建设和反腐败问题进行深入思考，提出要坚持党要管党、从严治党，对任何腐败分子都必须彻底查处、严惩不贷。1993 年 8 月 21 日，江泽民同志在十四届中央纪委二次全会上指出："腐败现象是侵入党和国家机关健康肌体的病毒。如果我们掉以轻心，任其泛滥，就会葬送我们的党，葬送我们的人民政权，葬送我们的社会主义现代化。"④ 并要求在反腐败斗争中，"严格依法办案。对违法违纪案件，要一查到底，以事实为根据，以法纪为准绳，该撤职的要撤职，该判刑的要判刑，该重判的要重判"。⑤ 2000 年 12 月 26 日，在十五届中央纪委五次全会上，江泽民又指出："治标和治本是反腐败斗争相辅相成、互相促进的两个方面。治标，严惩各种腐败行为，把腐败分子的猖獗活动抑制下去，才能为反腐败治本

---

① 《毛泽东选集》（第五卷），人民出版社 1991 年版，第 54 页。
② 《邓小平文选》（第二卷），人民出版社 2002 年版，第 403 页。
③ 《邓小平文选》（第三卷），人民出版社 2002 年版，第 145 页。
④ 江泽民：《论党的建设》，中央文献出版社 2001 年版，第 97 页。
⑤ 江泽民：《论党的建设》，中央文献出版社 2001 年版，第 104 页。

创造前提条件。治本，从源头上预防和治理腐败现象，才能巩固和发展反腐败已经取得的成果，从根本上解决腐败问题。"① 2001 年 7 月 1 日，在庆祝中国共产党成立八十周年大会上江泽民又强调："全党同志一定要从党和国家生死存亡的高度，充分认识反腐倡廉工作的重大意义，把党风廉政建设和反腐败斗争进行到底。……对任何腐败行为和腐败分子，都必须一查到底，决不姑息，决不手软。党内不允许有腐败分子的藏身之地。"②

2002 年 11 月，党的十六大召开，形成了以胡锦涛同志为核心的新一代中央领导集体，确立了"标本兼治、综合治理、惩防并举、注重预防"的反腐倡廉工作方针。在党的十七大上，他强调："坚决惩治和有效预防腐败，关系人心向背和党的生死存亡，是党必须始终抓好的重大政治任务。全党同志一定要充分认识反腐败斗争的长期性、复杂性、艰巨性，把反腐倡廉建设放在更加突出的位置，旗帜鲜明地反对腐败。"2006 年 10 月22 日，胡锦涛同志在国际反贪局联合会第一次年会暨会员代表大会上代表中国政府向全世界宣布："坚决惩治和积极预防腐败，是中国政府的一贯立场。我们认为，反对腐败是关系国家发展全局、关系最广大人民根本利益、关系社会公平正义和社会和谐稳定的重大问题和紧迫任务。"2009 年1 月 13 日，胡锦涛在十七届中央纪委第三次全体会议上强调："加大查办案件工作力度，着力解决重点领域的腐败问题。要严肃查处领导机关和领导干部中滥用职权、贪污贿赂、腐化堕落、失职渎职的案件，决不让腐败分子逃脱党纪国法的惩处。"2011 年 1 月 10 日，在十七届中央纪委第六次全体会议上胡锦涛总书记强调："必须清醒地看到，党风廉政建设和反腐败斗争仍然面临一些突出问题，反腐败斗争形势依然严峻、任务依然艰巨。我们既要看到反腐倡廉建设取得的明显成效，又要看到反腐败斗争的长期性、复杂性、艰巨性，以更加坚定的决心和更加有力的举措坚决惩治腐败、有效预防腐败，进一步提高反腐倡廉建设科学化水平。"

（二） 从严惩处职务犯罪是我国刑事立法的基本原则

新中国成立六十年来，我国一直重视职务犯罪立法，始终强调从严惩处职务犯罪。职务犯罪立法的历史沿革，大体可以分为以下几个阶段：

---

① 江泽民：《论党的建设》，中央文献出版社 2001 年版，第 475—476 页。

② 江泽民：《论党的建设》，中央文献出版社 2001 年版，第 519—520 页。

1. 第一阶段（新中国成立以后至 1979 年）。1952 年 4 月 18 日，中央人民政府委员会制定《中华人民共和国惩治贪污条例》（以下简称《条例》），这是我国第一部反贪立法。该《条例》是根据《中国人民政治协商会议共同纲领》第 18 条严惩贪污的规定和"三反""五反"运动中所揭露的事实和积蓄的经验而制定的，内容涉及贪污、侵吞国家公有财产、骗取套取国家财物、索贿、受贿、违法取利、行贿、介绍贿赂、出卖盗取经济情报、抗拒坦白、打击报复等 18 个方面的行为，体现了严而又厉惩治职务犯罪的指导思想。《条例》的颁布为全国性的惩治贪污运动，提供了有力的政策、法律武器。

2. 第二阶段（1980 年至 1987 年）。1979 年 7 月 1 日，我国通过了第一部刑法典（以下简称"79 刑法"）。该法典只规定了贪污罪和贿赂罪两个条文，设置了贪污罪、受贿罪、行贿罪和介绍贿赂罪四个罪名。"79 刑法"的规定与《条例》，贪污贿赂犯罪的范围有所减少，法定刑有所减轻（受贿罪的法定最高刑是有期徒刑 15 年）。80 年代初，随着我国的改革开放，贪污贿赂犯罪呈逐步上升的趋势，特别是索贿、受贿的犯罪行为增多，而"79 刑法"规定的法定刑偏轻，不足以惩治犯罪，同时也与贪污罪的法定刑（最高刑是死刑）不相协调。为此，1982 年 3 月 8 日，第五届全国人大常委会第二十二次会议通过了《关于严惩严重破坏经济的罪犯的决定》，将受贿罪的最高法定刑由原来的 15 年有期徒刑，一下子提高到死刑。

3. 第三阶段（1988 年至 1997 年）。鉴于改革开放以来，贪污贿赂犯罪的严重态势，第六届全国人大常委会第二十四次会议于 1988 年 1 月 21 日通过了《关于惩治贪污罪贿赂罪的补充规定》（以下简称《补充规定》）。《补充规定》对贪污贿赂犯罪进行了全面的修改，它和"79 刑法"相比，立法上的变化主要有：（1）规定了贪污受贿罪的概念。（2）扩大了贪污受贿罪的主体，将"集体经济组织工作人员和其他经手、管理公共财物的人员"纳入贪污罪主体，将"集体经济组织工作人员和其他从事公务的人员"纳入受贿罪主体。（3）增设挪用公款罪、单位受贿罪、单位行贿罪、巨额财产来源不明罪、隐瞒境外存款罪。（4）在法定刑的设计上，首次采取以贪污数额和贪污情节相结合、以数额为主线以情节为补充对量刑档次进行交叉规定的立法模式。《补充规定》的颁布为改革开放过程中严厉打击贪污贿赂犯罪提供了有力的法律武器。20 世纪 90 年代后，随着我国实行市场经济，公司内的职务犯罪日益严重。鉴此，第八届全国人大常委会第十二次会议于 1995 年 2 月 28 日通过了《关于惩治违反公司法的犯罪的决定》。该决定增设了商业侵占罪、商业受贿罪和挪用资金罪，同时规定，国家工作人员犯上述罪的按《补充规定》的规定处罚。这样贪污受贿罪的主体又恢复限制在"国家工作人员"的范围。《关于惩治违反公司法的犯罪的决定》的颁布实施，加剧了理论界和实务界对"国家工作人员"范围的争议，也影响了对一些案件的查处。

4. 第四阶段（1997 年至今）。1997 年 3 月 14 日，第八届全国人民代表大会第五次会议通过了修订后的《中华人民共和国刑法》（以下简称"97 刑法"）。"97 刑法"设"贪污贿赂罪"和"渎职罪"专章。"97 刑法"在贪污贿赂犯罪立法上的进展主要表现在：（1）缩小贪污受贿罪主体范围，突出反贪锋芒。"97 刑法"将贪污受贿罪主体主要限定为国家工作人员。同时在侵犯财产罪和破坏社会主义市场经济秩序罪保留了职务侵占罪、挪用资金罪和非国家工作人员受贿罪。（2）规定"准贪污行为"，扩大贪污罪的对象，明确规定："国家工作人员在国内公务活动或者对外交往中接受礼物，依照国家规定应当交公而不交公，数额较大的，依照本法第 382 条、第 383 条的规定定罪处罚。"（3）增设斡旋受贿罪。对国家工作人员利用他人职务之便，为请托人谋取利益，从中索取或收受他人财物的，规定为犯罪行为。（4）增设单位行贿罪、向单位行贿罪和集体私分国有资产罪、集体私分罚没财物罪。2006 年 6 月 29 日，第十届全国人民代表大会常务委员会第二十二次会议通过的《中华人民共和国刑法修正案（六）》第 7 条、第 8 条对刑法第 163 条、第 164 条进行了修改，将犯罪主体从"公司、企业的工作人员"扩大到"其他单位的工作人员"。2009 年 2 月 28 日，第十一届全国人大常委会第七次会议通过的《中华人民共和国刑法修正案（七）》将巨额财产来源不明罪的最高刑由 5 年提高到 10 年，并将受贿罪的主体扩大到国家工作人员的近亲属和已经离职的国家工作人员。这一阶段，在立法完善的同时，司法解释也不断趋严。2007 年 7 月 8 日，最高人民法院、最高人民检察院颁布《关于办理受贿刑事案件适用法律若干问题的意见》，在该意见中，包括收受请托人提供的干股、向请托人"低买高卖"房屋汽车、不出资而与请托人"合作"开办公司、通过赌博方式收受请托人财物等 10 种新类型或者过去难以定罪的行为被明确规定要以受贿论处，从而明确了相关行为罪与非罪的界限，显著增强了惩治腐败犯罪的力度。2008 年 11 月 20 日，最高人民法院、最高人民检察院又颁布《关于办理商业贿赂刑事案件适用法律若干问题的意见》。意见在总结司法经验的基础上，综合考虑我国国情和司法操作的实效性，对贿赂的范围及数额认定、"谋取不正当利益"，以及贿赂与馈赠的区分界限、商业贿赂犯罪的共同犯罪等问题作了规定。该意见首次将贿赂的范围由财物扩大至财产性利益。2009 年 3 月 19 日，最高人民法院、最高人民检察院发布《关于办理职务犯罪案件认定自首、立功等量刑情节若干问题的意见》，进一步严格了职务犯罪案件中自首、立功、如实交代犯罪事实、赃款赃物追缴等量刑情节的认定和处理。

（三）从严惩处职务犯罪是我国基本的刑事政策

近年，许多学者在否定我国长期以来实行的"厉而不严"的刑事政策模式后，开始借鉴境外惩治犯罪的实践经验，大力主张采用"严而不厉"的刑事政策模式，理由是：（1）"严而不厉"是刑事政策模式的最优选择。（2）"严而不厉"刑事政策模式有良好的实践效果。（3）"严而不厉"刑事政策模式契合了刑罚轻缓化的发展趋势。[①] 有的同志认为，当前对职务犯罪实行的"依法从重从严"的刑事政策，应调整为"严而不厉"的刑事政策，具体又可分解为"严密法网""舒缓刑罚"。[②] 有的同志认为："我国加入《联合国反腐败公约》后，在宏观层面，国家立法应吸收其立法理念，修正我国关于职务犯罪的刑事政策，将现行的职务犯罪的刑事政策调整为'宽严相济'的刑事政策。"[③] 笔者不同意上述观点。笔者认为，"严而又厉"应当是也仍然是我国现阶段职务犯罪的基本刑事政策。理由是：

第一，这是由我国的职务犯罪的现状决定的。职务犯罪刑事政策是我们党和国家为了有效地打击和预防职务犯罪，依据我国一定时期的犯罪态势及其成因而制定的一系列行动准则。据统计，仅 2003 年 7 月至 2008 年 12 月，纪检监察机关共审结违犯党纪政纪案件 85.2 万件，处分 88.1 万

---

① 孙国祥：《我国惩治贪污贿赂犯罪刑事政策模式的应然选择》，《法商研究》2010 年第 5 期。

② 庄建南等：《贪污贿赂犯罪刑事政策研究》，载张智辉、谢鹏程主编：《中国检察》（第 2 卷），中国检察出版社 2003 年版，第 84 页。

③ 阮传胜：《论宽严相济刑事政策视野下我国职务犯罪的立法修正——以〈联合国反腐败公约〉为参照》，载赵秉志主编：《和谐社会的刑事法治——上卷：刑事政策与刑罚改革研究》，中国人民公安大学出版社 2006 年版，第 450 页。

人。而检察机关在 2003 年至 2007 年的五年间，共立案侦查贪污贿赂、渎职侵权犯罪案件 179696 件 209487 人。其中涉嫌犯罪的县处级以上国家工作人员 13929 人（包括厅局级 930 人、省部级以上 35 人）。2009 年，全国检察机关共立案侦查贪污贿赂、渎职侵权犯罪案件 33546 件 41179 人，其中，立案侦查贪污贿赂大案 17594 件，比上年增加 4.6%，重特大渎职侵权案件 3211 件，比上年增加 14.1%；县处级以上要案 2687 人，其中厅局级 181 人，省部级 4 人。2010 年全国检察机关共立案侦查各类职务犯罪案件 32909 件 44085 人，同比分别增加 1.4% 和 6.1%。其中，立案侦查贪污贿赂大案 18224 件，同比增加 0.2%；查办涉嫌犯罪的县处级以上国家工作人员 2723 人（含厅局级 188 人、省部级 6 人），同比增加 2%。当前职务犯罪的特点是：（1）职务犯罪现象严重，犯罪总量增加。（2）职务犯罪领域扩大化。（3）权钱交易公开化。（4）职务犯罪手段日趋智能化。（5）窝案、串案的数量增多。（6）潜逃境外现象明显增多。我国正面临职务犯罪严重化的严峻挑战。

第二，这是由我国惩治职务犯罪的现状决定的。尽管我国不断加大打击职务犯罪的力度，但由于职务犯罪本身的特点，犯罪黑数大。犯罪黑数是指确已发生却未被发现的案件数。从案发规律来分析，职务犯罪黑数要比其他犯罪黑数大得多。"1993 年至 1998 年，每 100 名受党纪政纪处分的干部只有 42.7 人被立案侦查，最后被判刑的只有 6.6 人，即因腐败而被判刑的官员仅 6.6%。"[1] 我国反腐败学者胡永鸣用以下数学的方法列出"贪官查处概率"：假设有 50% 的贪官被人发现；假设被发现的贪官有 50% 被举报；假设被举报的贪官有 50% 被审查；假设被审查的贪官有 50% 被处理；那么，最后的查处率是：$0.5 \times 0.5 \times 0.5 \times 0.5 = 0.0625$，也就是说，100 个贪官只有不到 7 个被清除。"腐败暗数"是 10：1。"研究表明，世界平均的贿赂额占 GDP 的 3%，就算中国是世界的平均腐败程度，那么中国应查出腐败金额为 7000 亿元 ~ 8000 亿元，而最高人民检察院公布的 2005 年查出的腐败金额仅为 74 亿元，约占应查出的 1%，所以说中国的腐败黑数为 99%。还有另外一个算法，2006 年中国查出的商业贿赂为 37 亿元，2005 年查出的官员腐败 74 亿元，两者有重合之处，因为在中国商业贿赂往往与官员腐败、官商勾结有关，就算两者不重合，总共 111 亿元，

---

① 邓科：《胡鞍钢：腐败损失有多大 每年 1 万亿》，《南方周末》2001 年 3 月 22 日，第 2 版。

而学者计算，中国 2004 年的实际权力寻租额为 13800 亿元，查出的仍然不到 1%。"① 2003 年中科院和清华大学国情研究中心提交了一份关于我国高层官员腐败特点和趋势的研究报告。报告指出，我国从 1978 年至 2002 年，腐败"潜伏期"明显变长：在被调查的省部级领导干部犯罪案件中，1980 年至 1988 年的 7 起案件平均是 1.43 年，而 1998 年至 2002 年的 16 起案件平均是 6.31 年，最长的达到 14 年。② 广东韶关原市委常委、公安局局长叶树养从 1988 年接受第一笔贿赂开始，到 2008 年因贪腐落马为止，涉嫌受贿 1800 多万元，另有 1600 多万元巨额财产来源不明，贪腐时间长达 20 年。河南省封丘县原县委书记李荫奎在 2002 年中秋至 2009 年春节，利用担任县长、县委书记的职务便利，为他人谋取利益，先后 1575 次非法收受 142 人的贿赂，共计人民币 1276 万元。这表明我们惩治职务犯罪的机制没有发挥应有的作用。

第三，这是由广大人民群众的意志决定的。贪污贿赂、渎职侵权是老百姓最为痛恨的不齿行为。2006 年至 2009 年，《人民日报》和人民网连续四年在两会召开期间进行"两会您最关心的热点问题是什么"的调查中，"反腐败"除了 2007 年排名第二外，其他三年均排名第一。这一调查结果既反映了民众对反腐败工作的关注和支持，又表明了民众对反腐败斗争的不满，腐败问题之严重"挑战民众心理承受底线"。"党和国家与贪污贿赂犯罪作斗争是长期的、复杂的、艰巨的，关系着我党能否继续获得民众的坚定支持，继续保持执政地位，关系到我党领导的人民政权的巩固，继续保证国家长治久安。"③ 如果不坚决防范和惩治职务犯罪，任凭职务犯罪滋生蔓延，最终将导致经济衰退、政治动荡、文化颓废、社会混乱的状况，导致党严重脱离人民群众，失去人民群众的支持，到那时党心民心就无法凝聚，全面建设小康社会的奋斗目标就无法实现，中国特色社会主义也就无从发展。无数的事实证明，在我国对职务犯罪实行"宽严相济"，最后的结果是：只有宽而没有严。在官员清廉指数与"一个负责任的法治国家"相称之前，在预防腐败的制度体系建成并有效运转之前，在民众对官

① 胡星斗：《中国反腐败刍议》，参见 http：//www. acriticism. com/article. asp? Newsid = 10209 &type =1008。
② 任建明、杜治洲：《腐败与反腐败：理论、模型和方法》，清华大学出版社 2009 年版，第153 页。
③ 肖扬：《反贪报告——共和国第一个反贪污贿赂工作局诞生的前前后后》，法律出版社 2009 年版，第338 页。

员的廉洁度及操守有着较高的认同度之前，提倡对职务犯罪"严而不厉"，那只能是一种激起公愤的行为。

第四，这是宽严相济刑事政策在职务犯罪领域的具体体现。宽严相济刑事政策是现阶段我国确定的基本刑事政策。宽严相济的核心是区别对待。实践中，应当从犯罪性质、情节、形态、组织形式、后果及其社会影响，犯罪人的主观恶性、在犯罪中的地位及作用，犯罪后的态度、表现，有无前科等方面综合权衡，宽严有别。根据这一精神，在一些领域、行业或在某一特定时期，实行更为严格的刑事政策是必要的。从最高司法机关的解释性文件看，也体现了对职务犯罪从严惩处的精神。2006 年 12 月 28 日，最高人民检察院通过的《关于在检察工作中贯彻宽严相济刑事司法政策的若干意见》第 6 条规定："依法严肃查处贪污贿赂、渎职侵权等国家工作人员职务犯罪。加大对职务犯罪的查处力度，提高侦破率，降低漏网率，有效遏制、震慑职务犯罪。严肃查办党政领导干部的职务犯罪，国家工作人员利用人事权、司法权、行政审批权、行政执法权进行权钱交易的职务犯罪，充当黑恶势力'保护伞'的职务犯罪，重大安全责任事故所涉及的职务犯罪，放纵制售伪劣商品的职务犯罪，企业改制、征地拆迁、资源审批和社会保障等工作中侵害国家利益和人民群众切身利益的职务犯罪，发生在基层或者社会关注的行业以及人民群众反映强烈的职务犯罪。对罪行严重、拒不认罪、拒不退赃或者负案潜逃以及进行串供、毁证等妨害诉讼活动的，要果断采取必要的侦查、控制手段或者拘留、逮捕等措施。对于罪行较轻、真诚悔罪、证据稳定的，特别是其中的过失犯罪，可以依法不予逮捕或者及时变更强制措施。"2010 年 2 月 8 日，最高人民法院通过的《关于贯彻宽严相济刑事政策的若干意见》第 8 条规定："对于国家工作人员贪污贿赂、滥用职权、失职渎职的严重犯罪，黑恶势力犯罪、重大安全责任事故、制售伪劣食品药品所涉及的国家工作人员职务犯罪，发生在社会保障、征地拆迁、灾后重建、企业改制、医疗、教育、就业等领域严重损害群众利益、社会影响恶劣、群众反映强烈的国家工作人员职务犯罪，发生在经济社会建设重点领域、重点行业的严重商业贿赂犯罪等，要依法从严惩处。对于国家工作人员职务犯罪和商业贿赂犯罪中性质恶劣、情节严重、涉案范围广、影响面大的，或者案发后隐瞒犯罪事实、毁灭证据、订立攻守同盟、负案潜逃等拒不认罪悔罪的，要坚决依法从严惩处。对于被告人犯罪所得数额不大，但对国家财产和人民群众利益造成重大损失、社会影响极其恶劣的职务犯罪和商业贿赂犯罪案件，也应依法从严惩处。要严格掌握职务犯罪法定减轻处罚情节的认定标准与减轻处罚的幅度，严格控制依法减轻处罚后判处三年以下有期徒刑适用缓刑的范围，切实规范职务犯罪缓刑、免予刑事处罚的适用。"

二、 职务犯罪刑事政策司法化的障碍

虽然从严惩处职务犯罪是我国的基本刑事政策，但在刑事立法和司法实践中，存在着严重背离刑事政策的情况。法律规定不完善，构成犯罪的标准不清晰，对犯罪主体的界定、危害后果的认定、徇私界限的把握，在实践中很难形成共识，影响职务犯罪的认定。一些地方的司法机关受到腐败分子"关系网""保护圈"的干扰，违心违规办案，对职务犯罪"心慈手软"。

（一） 职务犯罪立法对刑事政策的背离

1. 职务犯罪主体混乱，顾此失彼现象严重。这突出表现在：（1）国家工作人员范围不明确。如何科学界定国家工作人员范围一直是刑法理论研究的热点，也是职务犯罪立法的重点。刑法第 8 章贪污贿赂罪中，将贪污罪、受贿罪、挪用公款罪、巨额财产来源不明罪、隐瞒境外存款罪的犯罪主体是国家工作人员。同时又在 1997 年刑法第 93 条规定，"本法所称国家工作人员，是指国家机关中从事公务的人员。国有公司、企业、事业单位、人民团体中从事公务的人员和国家机关、国有公司、企业、事业单位委派到非国有公司、企业、事业单位、社会团体从事公务的人员，以及其他依照法律从事公务的人员，以国家工作人员论"。这一规定远远不能满足司法实践的需要，导致理论上争论不休、实践中各行其是。2000 年 4 月 29 日，第九届全国人大常委会第十五次会议通过了《关于〈中华人民共和国刑法〉第九十三条第二款的解释》，但该解释只解决了村民委员会等村基层组织人员协助人民政府从事行政管理工作时是否属于"其他依照法律从事公务的人员"的问题，关于国家工作人员范围的问题依然没有解决。（2）罪名与罪名之间犯罪主体不协调。根据 1997 年刑法第 382 条第 1 款的规定，贪污罪主体是国家工作人员，同时又在第 382 条第 2 款规定，"受国家机关、国有公司、企业、事业单位、人民团体委托管理、经营国有财产

的人员，利用职务上的便利，侵吞、窃取、骗取或者以其他手段非法占有国有财物的，以贪污论"。但在受贿罪和挪用公款罪则没有类似规定。那么，受国家机关、国有公司、企业、事业单位、人民团体委托管理、经营国有财产的人员能否成为受贿罪和挪用公款罪的主体呢？有的学者认为，第 382 条第 2 款只是注意规定。注意规定是在刑法已作基本规定的前提下，提示司法工作人员注意以免司法工作人员忽略的规定。"所以对于相同主体实施的其他犯罪，即使对此没有设立注意规定，也应认定为国家工作人员犯罪。"① 但绝大多数学者认为，不应认定为国家工作人员犯罪，而只能定非国家工作人员受贿罪、挪用资金罪。最高人民法院 2000 年 2 月 13 日《关于对受委托管理、经营国有财产人员挪用国有资金行为如何定罪问题的批复》也肯定了这一观点。这就导致完全相同的主体，由于欠缺法律规定而只能作完全不同的处理。

2. 贪污罪的犯罪对象限制不合理。我国传统观点一直认为，贪污罪的犯罪对象是"公共财产"。经修订后的《刑法》第 382 条第 1 款规定，贪污罪的犯罪对象是"公共财物"，第 382 条第 2 款规定，贪污罪的犯罪对象是"国有财物"。同时又在第 394 条、第 183 条、第 271 条规定"应交公的礼物""保险金""单位财物"也可以成为贪污罪的犯罪对象。不少学者认为，我国贪污罪的犯罪对象已不限于"公共财物"。② 这一观点是可取的。但问题是：尽管贪污罪的犯罪对象已不完全限于"公共财物"。但在一般情况下还是限制在"公共财物"上，而且对受国家机关、国有公司、企业、事业单位、人民团体委托从事公务的人员，贪污罪的对象还限定在"国有财物"上。1997 年刑法第 91 条规定："本法所称公共财产，是指下列财产：（一）国有财产；（二）劳动群众集体所有的财产；（三）用于扶贫和其他公益事业的社会捐助或者专项基金的财产。在国家机关、国有公司、企业、集体企业和人民团体管理、使用或者运输中的私人财产，以公共财产论。"由于对公共财产的范围有限定，那么对混合所有制财产是否属于"公共财产"，理论界和实务界就存在争议。最高人民法院 2001 年 5 月 22 日《关于在国有资本控股、参股的股份有限公司中从事管理工作

---

① 张明楷：《刑法分则的解释原理》，中国人民大学出版社 2004 年版，第 276 页。
② 唐世月：《贪污罪研究》，人民法院出版社 2002 年版，第 37 页；何承斌：《贪污犯罪比较研究》，法律出版社 2004 年版，第 120—123 页。

的人员利用职务便利非法占有本公司财物如何定罪问题的批复》规定："在国有资本控股、参股的股份有限公司中从事管理工作的人员，除受国家机关、国有公司、企业、事业单位委派从事公务的以外，不属于国家工作人员。对其利用职务上的便利，将本单位财物非法占为己有，数额较大的，应当依照刑法第二百七十一条第一款的规定，以职务侵占罪定罪处罚。"根据这一解释精神，国有资本控股、参股的公司、企业财产不能视为"公共财产"。这样就大大缩小了贪污罪的适用范围。

3. 贿赂犯罪构成要件过于严格，直接影响对贿赂犯罪的打击。主要表现在：

（1）贿赂的对象过于狭窄。修订刑法将贿赂的对象仍然限制在财物范围内。随着人们生活水平的提高和价值多元化的客观存在，人们的需要和欲望日益多样化，贿赂对象已远非各种各样的"财产性利益"和"非财产性利益"。在司法实践中，"作案手段隐蔽化的特点更突出，如有的收受大量烟票，有的收受'购房订金单'后以亲属名义购房；有的采取合伙开办公司、收受车辆房产不办理过户手续等新手法收受贿赂；还有的国家工作人员利用亲属经商办企业，或投资房产、购买股票、理财产品等，让一些有所求的企业主采取让价优惠、提供股本金、投资款、利润分红等方式实施贿赂，具有很强的隐蔽性和迷惑性"①。近年类似性贿赂等腐败现象的蔓延，在一定程度上与刑法没有将其视为犯罪对象不无联系。非物质贿赂未纳入刑法调整范围，不仅阻碍了司法机关对贿赂罪的惩治与防范，不利于惩治遏制贿赂犯罪和反腐败，而且极大地延缓了我国反腐败国际化进程。

（2）"为他人谋取利益"要件的设定不合理。"79刑法"没有规定"为他人谋取利益"是受贿罪的要件。《补充规定》规定"为他人谋取利益"是收受型受贿罪的构成要件之一。在刑法修订过程中，不少学者建议，应删去这一规定。② 但这一合理建议没有被采纳。把"为他人谋取利益"作为收受型受贿罪的构成要件后，理论界对这一要件的认识颇不一

---

① 吕国成、史隽：《浙江11个月查办职务犯罪1500余人，新型贿赂犯罪作案手段隐蔽》，《检察日报》2010年12月7日，第1版。

② 高铭暄、赵秉志等：《1996年刑法学研究的回顾与展望》，《法学家》1997年第1期。

致。有的认为，这是主观要件；① 有的认为，这是客观要件。在客观要件说中又有旧客观要件说（必须在客观上已经为他人谋取了利益）和新客观要件说。② 新客观要件说又有"许诺说"（如张明楷教授认为，为他人谋取利益是受贿罪客观要件要素，其内容是许诺为他人谋取利益③）和"准备说"（如刘明祥教授认为，为他人谋取利益的行为，包含准备为他人谋取利益的行为④）。笔者认为，不论是"许诺说"还是"准备说"，虽说有利于打击受贿犯罪，但并不符合立法原意，而且也与犯罪既遂理论不相符合。把"为他人谋取利益"作为收受型受贿罪的构成要件，徒增理论上的纷争和实践上认定的困难，不利于惩治腐败犯罪。如河南省西华县原县委书记栾蔚东自 1999 年 9 月调任西华县任县长之后，即开始大肆收受下属奉送的"过节礼"。至 2004 年底查处之前，11 个节日（主要是中秋节和春节）共收受各乡镇、局委送的过节礼 82.3 万元，平均每个节日收"过节礼"至少 7.5 万元。在诉讼中栾蔚东及其辩护人认为，这些礼金的性质是人情往来，不符合受贿罪的构成要件。⑤

（3）把"为谋取不正当利益"作为行贿罪的主观要件，不利于惩治行贿犯罪。行贿与受贿本是对合犯，"79 刑法"也没有对行贿罪的主观要件加以特别限制，但《补充规定》在行贿罪增加了"为谋取不正当利益"的规定，从而改变了这两种犯罪的对合关系。新刑法沿袭《补充规定》的内容。正因为行贿罪须以"为谋取不正当利益"为条件，加之理论和实践中对"不正当利益"的理解争议较大。所以，司法实践中被认定为行贿罪的寥寥无几。广东省广州市两级法院审理案件统计显示，2003 年 1 月至 10 月，共受理贿赂案件 136 件，其中行贿案件仅 28 件，不到案件总数的零头。2006 年上海市检察机关立案查处贪污贿赂案件 446 件，行贿案件仅 47 件。2000 年，全国检察机关共查办贿赂案件 9872 件，其中行贿案件仅为

① 陈兴良：《受贿罪研究》，陈兴良主编：《刑事法判解》（第 3 卷），法律出版社 2001 年版，第 40—41 页；熊选国：《刑法刑事诉讼法实施中的疑难问题》，中国人民公安大学出版社 2005 年版，第 287 页。

② 张明楷：《论受贿罪中的"为他人谋取利益"》，《政法论坛》2004 年第 5 期。

③ 张明楷：《刑法学》，法律出版社 2003 年版，第 925 页。

④ 刘明祥：《也谈受贿罪中的"为他人谋取利益"》，《华中科技大学学报》（社会科学版），2004 年第 1 期。

⑤ 李钧德：《5 年七品官"节礼"近百万，是否算受贿法律界存争议》，http：//www.legaldaily.com.cn/misc/2006 - 12/25/content_ 496259. htm。

1367 件，占贿赂案件总数的 13.8%。[1] 2010 年 5 月，最高人民检察院发出《关于进一步加大查办严重行贿犯罪力度的通知》，要求各级检察机关在坚决查办受贿犯罪的同时，采取更加有力的措施，进一步加大查办严重行贿犯罪的力度。但由于立法上的障碍，查处行贿犯罪始终"雷声大、雨点小"。2010 年 1 月至 6 月，全国检察机关共立案侦查行贿犯罪案件 2067 件 2369 人，同比分别上升 18.4% 和 20.5%。[2] 但行贿案也只占贿赂案件总人数的 25.1%。反腐败实践证明，在惩治受贿犯罪的同时，如果不对行贿犯罪严厉打击，那么遏制贿赂犯罪只能事倍功半。

4. 职务犯罪刑罚配置不合理

（1）对受贿罪依照贪污罪处罚显失合理。"79 刑法"对受贿罪规定了独立的法定刑，1982 年《决定》对"79 刑法"作了修改，规定受贿罪按贪污罪处罚。《补充规定》第 5 条第 1 款规定：对犯受贿罪的，根据受贿所得数额及情节，依照本规定第二条的规定处罚；受贿数额不满 1 万元，使国家利益或者集体利益遭受重大损失的，处 10 年以上有期徒刑；受贿数额在 1 万元以上，使国家利益或者集体利益遭受重大损失的，处无期徒刑或者死刑，并处没收财产。索贿的从重处罚。新刑法则直接规定：对犯受贿罪的，根据受贿所得数额及情节，依照贪污罪的规定处罚，索贿的从重处罚。贪污罪具有渎职和侵犯公共财产所有权的双重属性，而受贿犯罪则是纯粹的渎职犯罪。贪污罪的社会危害性主要体现在数额上，而受贿犯罪的社会危害性集中表现在对国家工作人员职务行为的正当性、公正性和廉洁性的破坏上，决定受贿行为轻重的情节有很多，数额只是其中的重要情节之一，所以不宜以数额作为量刑的唯一情节。另外，《补充规定》第 5 条第 2 款还规定："因受贿而进行违法活动构成其他罪的，依照数罪并罚的规定处罚"，新刑法则删去了这一规定。参照刑法第 399 条第 4 款规定精神，因受贿而进行违法活动构成其他罪的，一般不应数罪并罚。这样，新刑法对受贿罪唯数额处罚的规定就显得更不合理。

（2）贪污受贿罪交叉刑的规定弊多利少。1997 年刑法第 383 条中第 1 项至第 4 项共规定了四个档次的法定刑，各档次之间轻重衔接缺乏严格的

---

① 李亮：《"行贿状元"案久拖不决：行贿非罪化、量刑畸轻化倾向严重》，《法制日报》2008 年 1 月 27 日，第 7 版。

② 肖玮：《检察机关查办严重行贿犯罪取得明显成效》，《检察日报》2010 年 8 月 6 日，第 1 版。

梯度，交叉现象比较严重。其弊端是：第一，违背罪责刑相一致的刑法原则，导致罪责刑失衡。现行贪污罪中交叉刑的设置使这种合理性完全偏离了罪责刑相一致原则。如贪污5000元，如果"情节严重"的，法定最低刑是有期徒刑7年，明显量刑过重。个人贪污数额在5000元以上不满5万元的，处1年以上7年以下有期徒刑。如果"情节严重"的，则将基本刑的最高刑由7年提高到10年，提高幅度仅为3年，那么，有什么理由将最低刑由1年提高到7年？假如一个贪污数额为4.5万元且"情节严重"的罪犯依法可以判处8年（从理论上说，当然也可以判处10年，但实践中顶格判的十分少见），而一个贪污数额为5000元且"情节严重"的罪犯依法可以判处7年（从理论上说，当然也可以判处8年），数额高出4万元，而刑罚只高出1年（甚至刑罚完全相同）。这样的处罚结果向人们昭示的是：贪污5000元情节严重与贪污4.5万元情节严重的刑罚后果没有什么差别。第二，违背刑法平等原则，损害刑法的权威性和公正性。第三，破坏贪污受贿罪刑罚结构的梯度性，影响刑罚的威慑力。在我国目前对贪污贿赂犯罪惩罚的确定性和及时性得不到有效提高之前，保持惩罚的严厉性更加重要。但贪污受贿罪中交叉刑的规定使得犯罪所得多的人在处罚上远远轻于犯罪所得少的人，数额越大，打击的力度越弱。如贪污5万元以上，可以判处5年以上甚至无期徒刑，而贪污500万元以上甚至上千万元，也可能判处无期徒刑，5万元和500万元，贪污数额差距为100倍，但刑期却可以相同，即使被判处无期徒刑，服刑期限一般也是15年左右。[①] 贪污受贿数额越大，惩罚成本越小的执法后果，背离了刑罚的目的，严重削弱了刑罚的威慑作用，助长了贪污受贿等腐败案件的高发。

（二） 职务犯罪司法对刑事政策的背离

1. 职务犯罪刑事审判对刑事政策的背离

近年来，存在着对腐败官员从轻处罚，或者说渎职犯罪轻刑化现象。

[①] 1997年最高人民法院《关于办理减刑、假释案件具体应用法律若干问题的规定》第6条规定："无期徒刑罪犯在执行期间，如果确有悔改表现，或者有立功表现的，服刑二年以后，可以减刑。减刑幅度为：对确有悔改表现，或者有立功表现的，一般可以减为十八年以上二十年以下有期徒刑；对有重大立功表现的，可以减为十三年以上十八年以下有期徒刑。"可见，无期徒刑的上限是22年，下限是15年。在我国司法实践中，无期徒刑一般服刑15年左右就可以重获自由。

因渎职犯罪触犯刑法的官员，被判处有罪但免予刑事处罚，或虽被判处有期徒刑但适用缓刑的比率，由 2001 年的 51.38% 增至 2005 年的 66.48%。渎职侵权案件这方面的比率则增长得更快，已由 2001 年的 52.6% 增至 2005 年的 82.83%。2003 年至 2005 年，全国共有 33519 名渎职犯罪被告人被宣告缓刑，渎职犯罪案件的年均缓刑率为 51.5%，明显高于公安机关侦查案件 19.74% 的年均缓刑率。① 2005 年至 2009 年 6 月，被判决有罪的 17671 名渎职侵权被告人中，宣告免予刑事处罚的 9707 名，宣告缓刑的 5390 名，合计占到 85.4%。在矿难渎职犯罪中，免刑和缓刑比例高达 90% 以上。2009 年 5 月至 2010 年 1 月，最高人民检察院组织开展了全国检察机关刑事审判法律监督专项检查活动，检查中发现，2005 年至 2009 年 6 月，全国被判决有罪的职务犯罪被告人中，判处免刑和缓刑的共占 69.7%。② 如河南省伊川县检察院 1999 年至 2008 年的 10 年间，共立案查办贪污贿赂犯罪 99 件 116 人（其中，大案 25 件 29 人，要案 19 件 20 人，大要案的件数、人数分别占立案总数的 44.44%、42.24%）。其中，判决 69 件 82 人，判处缓刑 50 件 60 人，免予刑事处罚 7 件 8 人，两项件数、人数分别占判决数 83.67%、83.83%，但判处实刑的仅 11 件 13 人。③ 2006 年底，法院对山西省左云县发生的特大透水事故案的 12 名责任人进行宣判，9 人被判缓刑，3 人被判免予刑事处罚，失职渎职的 12 名官员竟无一人领到实刑。④

按照刑法规定，个人贪污受贿 10 万元以上的处 10 年以上有期徒刑或者无期徒刑，情节特别严重的，处死刑。那么究竟贪污受贿多少可以判处 15 年有期徒刑？多少应当判处无期徒刑？情节严重到什么程度应当适用死缓或死刑？目前均没有明确的司法解释，只能靠各地审判机关的"自由裁量"。近年来，随着死刑的限制适用，贪污贿赂犯罪判处死刑的标准日益

① 王治国：《渎职犯罪轻刑化倾向必须引起重视》，《检察日报》2006 年 7 月 25 日，第 5 版。
② 赵阳：《法律监督"软"变"硬" 排除案外干扰》，《法制日报》2010 年 11 月 22 日，第 5 版。
③ 张建刚：《一个基层检察院十年反贪调查》，《检察日报》2009 年 5 月 6 日，第 8 版。
④ 案件宣判后，引起众多媒体和网络的转载，社会舆论普遍认为量刑过低，且非实刑，没有起到打击腐败犯罪的目的。舆论热议左云矿难判决结果，引起了国家安监总局、山西省委省政府高度重视。山西省高级人民法院要求有关法院认真依法妥善处理左云"5·18"矿难案件，并委派一名副院长奔赴大同指导审判工作；大同市中级人民法院与阳高县人民法院、灵丘县人民法院等 4 个基层人民法院相关领导、办案人员审查一审判决后认为，部分判决不当，除要求阳高县法院对已发还的常瑞等 1 案 3 人进行重审外，还要求其余 3 个法院按审判监督程序依法再审。重审或再审后，多数涉嫌渎职者的刑期比原先一审判决有所加重，并且没有缓刑。参见《法制日报》2007 年 3 月 4 日。

提高，贪污受贿上千万元甚至上亿元也大都是无期徒刑、死缓甚至 15 年有期徒刑。① 这种量刑幅度导致法官自由裁量权过大，一定程度上使刑法的量刑标准失去了意义。某些法官将自由裁量权作为权力寻租的中介，充当了司法腐败的交换物，必然导致贪污贿赂犯罪轻罪重判、重罪轻判、畸轻畸重等量刑不公正的现象，严重影响了广大人民群众对于反腐败的期待和司法公正的信赖。如山西省高级人民法院刑二庭法官郭文明在担任被告人周腊成二审审判长期间，徇私枉法致使被告人周腊成重罪轻判。现经法院审理查明：2003 年，晋城市中级人民法院一审以职务侵占罪判处周腊成有期徒刑 13 年，与寻衅滋事、非法拘禁、行贿、偷税等其他 6 项罪名数罪并罚，决定执行有期徒刑 20 年。周腊成上诉至山西省高级人民法院后，郭文明在担任该案审判长并主审期间，多次接受周腊成朋友的宴请。合议时，郭文明未如实汇报出庭检察员对相关重要证据的质疑意见，致使合议庭采信了不真实、不客观的证据，错误地对周腊成重罪轻判（由一审的 20 年改为 3 年）。法院还审理查明，郭文明在 2000 年审理黄伟等人贷款诈骗案时，接受黄伟之妻宴请，并多次与之发生性关系，致使合议庭作出了将该案发还重审的错误决定。这样一个情节严重的徇私枉法案件，2007 年 7 月 20 日法院一审仅判处郭文明有期徒刑 1 年 5 个月。② 又如 2009 年，西安公路研究院（陕西省交通厅下属国企）副院长李彦因被控为其单位谋取不正当利益，先后向国家工作人员行贿 85 万元，被河南省安阳市殷都区法院一审判处有期徒刑两年，缓刑两年。然而，2010 年 3 月，正在服刑的李彦再次出现在公众视线中，并仍以西安公路研究院副院长的身份外出参观考察。于是，"服刑国企高管继续当官"的现象随即引发连串质疑和多次举报。随后，一审法院安阳市殷都区法院启动再审程序，改判李彦免予刑罚。殷都区检察院认为再审并未提交新证据，犯罪事实情节未变，改判不

---

① 如原河南许昌市委常委、组织部部长王国华，在任河南省临颍县、许昌市领导职务期间，共收受贿赂 1259.4 万元人民币和 2000 美元，被判处有期徒刑 15 年，并处没收个人全部财产；原海南华银国际信托投资公司负责人、辽宁大连证券公司董事长石某，利用职务之便，贪污公款 2.6 亿元，挪用公款近 1.2 亿元，终审被判处死缓；中国石油化工集团公司原总经理、中国石油化工股份有限公司原董事长陈同海，收受他人钱款共计折合人民币 1.9573 亿余元，被北京市第二中级人民法院判处死刑，缓期二年执行，剥夺政治权利终身，并处没收个人全部财产。

② 《检察日报》2007 年 7 月 29 日。

妥，遂提出抗诉，但被安阳市中级人民法院驳回。①

2008 年，最高人民法院确定 12 个中、基层法院开展量刑规范化试点工作，中央将"规范裁量权，将量刑纳入法庭审理程序"确定为司法改革项目。经中央批准，最高人民法院决定从 2009 年 6 月 1 日起在全国法院开展量刑规范化试点工作。2010 年 7 月，中央政法委员会听取了最高人民法院关于量刑规范化改革进展情况汇报，讨论并原则通过了《人民法院量刑指导意见（试行）》以及《关于规范量刑程序若干问题的意见（试行）》，并同意从 10 月 1 日起在全国法院全面试行。早在 2006 年召开的第五次全国刑事审判工作会议上，最高人民法院就提出要抓紧制定贪污、贿赂、挪用公款犯罪量刑指导意见。② 但数年过去了，始终未见最高人民法院在贪污贿赂犯罪量刑规范化问题上取得实质性进展。

2. 职务犯罪刑事检察对刑事政策的背离

根据刑法规定，贪污受贿罪的立案标准一般是 5000 元。但不少地方的检察机关在现行全国统一的法定数额标准之外，另行确定了"仅供内部掌握"的职务犯罪立案标准，并将这种标准作为考核各级职务犯罪侦查部门的主要指标。近年，检察机关查办的贪污贿赂大案之所以大幅度上升，③莫不与大幅度提高立案标准有关。2010 年，全国检察机关共立案侦查各类职务犯罪案件 32909 件 44085 人，其中，立案侦查贪污贿赂大案 18224 件，重特大渎职侵权案件 3508 件，两项合计已占 65.9%。2010 年上海检察机关共侦破贪污贿赂等案件 336 件 393 人，涉及人数同比上升 2.6%。其中贪污受贿 5 万元、挪用公款 10 万元以上的大案 307 件，占 91.4%。④ 江苏省张家港市检察院 2008 年至 2010 年，共查办贪污贿赂等职务犯罪案件 64件 71 人，同比上升 73.2%，大案率是 100%。⑤ 这就意味着，5 万元以下的贪贿案件在不少地方（特别是东部发达省份）已基本不立案和不予刑事追究。由于职务犯罪立案标准擅自提高，有案不查、小案不立现象相当普遍。这不仅严重违反了罪刑法定规定，而且也使国家"从严治吏"的刑事政策及民众长期以来要求从严治官的诉求大打折扣，背离了社会公众对法

---

① 褚朝新：《安阳两级法院改判行贿高管免刑》，《新京报》2010 年 12 月 1 日，第 A25 版。
② 鲁生：《同罪同罚：公平正义的必然要求》，《法制日报》2006 年 11 月 14 日，第 5 版。
③ 根据最高人民检察院的规定，贪污贿赂案件数额在 5 万元以上是大案。
④ 林中明：《上海通报去年贪污贿赂案件查办情况》，《检察日报》2011 年 1 月 14 日，第 1 版。
⑤ 卢志坚、张剑轩：《张家港反贪这样"上台阶"》，《检察日报》2011 年 4 月 20 日，第 8 版。

093

第四章 职务犯罪刑事政策司法化的障碍及其克服

律监督机关依法履职的期待。不仅如此，有的地方还擅自出台内部规定，对窝案、串案中的职务犯罪网开一面。如黑龙江省绥化市原市委书记马德卖官案，当地265名官员牵涉其中，当地采取了"抓大放小"的策略：受贿、行贿5万元以下的干部不予追究。

2003年以来，全国检察机关立案侦查的职务犯罪数以平均每年5%左右的速度下降。① 在检察环节，职务犯罪案件起诉率明显低于普通刑事案件。2005年，最高人民检察院公诉厅制定的《检察机关办理公诉案件考评办法（试行）》规定，普通刑事犯罪案件不起诉率不得超过2%，而自侦案件可到12%。如陕西省宝鸡市检察机关2003年至2006年共立案侦查渎职侵权案件67件74人，其中移送起诉61案66人，移送起诉率达89%，但移送起诉后提起公诉却只有18案20人，提起公诉率只有27%，有73%的渎检案件过不了起诉关，起诉率远远低于其他刑事案件。② 2005年至2008年四年间，宝鸡市反贪案件的缓刑率最低是44%，最高达到63%，其中有3年超过了50%。而在同一时间段中，公安机关侦查的一般刑事案件缓刑率最高只有33%，最低只有26%，贪贿案件缓刑率平均高出普遍刑事案件27个百分点。再加上免予刑事处分的，职务犯罪后真正能投入监狱服刑的一直数量偏少。多起判处缓刑的案件检察机关虽有异议，但没有一起因"缓刑不当"提出抗诉。③ 北京市人民检察院公诉处对2005年全市各院报备的不起诉案件进行了复查，发现普通刑事案件的相对不起诉率仅为0.9%，而自侦案件的相对不起诉率达8.79%。④

---

① 案件数下降现象，在全国纪检监察机关也有体现：中央纪委向党的十五大、十六大提交的工作报告中，有这样一组数据：1992年至2002年的两个五年间，全国处分党员数分别为669300人和846150人，后者比前者增加26.4%；开除党籍数分别为121500人和137711人，增加13.3%；处分县级领导干部数分别为20295人和28996人，增加42.9%；处分厅局级领导干部数分别为1673人和2422人，增加44.8%；处分省部级领导干部数分别为78人和98人，增加25.6%。而2002年12月至2007年6月，与1997年10月至2002年9月相比，立案数、结案数和给予党纪政纪处分人数，分别减少了183993件、162914件和327666人。

② 姚宏科：《渎职侵权案件，为何跨不过起诉关》，《检察日报》2007年8月5日。

③ 黄超：《职务犯罪缓刑适用的宝鸡调查》，《检察日报》2009年3月18日，第8版。

④ 苗生明主编：《宽严相济刑事政策司法化与公诉裁量权的适用》，法律出版社2008年版，第216页。

三、 职务犯罪刑事政策司法化障碍的克服

对职务犯罪给予法内或法外施恩，适用缓刑、不诉比例过高，量刑偏轻，惩治偏弱，严重背离我国职务犯罪基本的刑事政策，导致一些腐败分子有恃无恐，造成了不良的社会影响，给维护司法公正、构建和谐社会带来了不容忽视的危害。

（一） 加快职务犯罪刑事政策的立法化

刑法的刑事政策化和刑事政策的刑法化已成为刑法学研究的一个发展趋势。"刑法的刑事政策化和刑事政策的刑法化实质上指的是同一过程，只是研究的角度不同。前者是从刑法完善的角度，后者则是从刑事政策发展的角度，其核心都在于在刑法中更多地引入刑事政策的思想，使刑法更多地追求对犯罪惩治的有效性。"[1] 有鉴于此，笔者试就职务犯罪刑事政策的立法化提出以下建议：

1. 重构贪污受贿罪的主体。我国现行的贪污贿赂犯罪罪名是由刑法第8章所规定的12个罪名和分散在第3章、第5章中的非国家工作人员受贿罪、职务侵占罪和挪用资金罪3个罪名组成。这样分散规定的优点是突出了对国家工作人员贪污贿赂犯罪的打击。但由于对国家工作人员范围的界定不明确，实践中如何正确把握贪污贿赂罪与非国家工作人员受贿罪、职务侵占罪和挪用资金罪的区别，始终没有很好解决。笔者建议，将贪污罪、受贿罪、挪用公款罪和巨额财产来源不明罪的犯罪主体规定为：国家公职人员和受委托从事公务人员的人员。理由是：长期以来，贪污受贿罪与非国家工作人员受贿罪、职务侵占罪和挪用资金罪之间之所以界限不清，关键在于刑法把国有公司、企业、事业单位的人员纳入国家工作人员范围。在市场经济条件下，随着我国社会主义市场经济体制的建立，政企职责分开，将企业人员纳入贪污罪主体是不科学的。（1）在高度集中的计划经济体制下，国家既是国有资产的所有者，又是国有资产的经营管理者。国有企业隶属于政府并作为国家的代表，直接组织生产经营。企业活动是行政活动，是代表国家的公务活动。所以，刑法把国有企业工作人员

---

① 蒋熙辉、郭理蓉等：《刑事政策之反思与改进》，中国社会科学出版社2008年版，第174页。

列入国家工作人员有其历史必然性和现实合理性。但在市场经济条件下，随着国有企业转换经营机制和股份制改造的推进，国有企业将建立起产权清晰、权责分明、政企分开、管理科学的现代企业制度，国家与企业之间的关系将发生根本性变化：在政企关系上，由政企合一、政企不分改为政企职责分开；在产权关系上，由国家对企业直接行使所有权和经营权变为确立独立的企业法人财产权；在经营管理方式上，由国家下达计划指标、物资统一调配、劳动力统一安排、产品统购包销、价格统一制定等直接管理方式改为企业自行安排、自主经营等。在市场经济条件下国有企业作为市场主体已不直接体现国家管理职能，所以，企业工作人员不再是从事国家管理工作人员。（2）按照所有制性质不同，将企业人员分别纳入不同犯罪不符合法制原则。法律面前人人平等是社会主义法制的基本原则。根据这一原则，对同类主体应同罪同罚。市场经济条件下，市场主体虽还有国有企业、集体企业、三资企业、私营企业之分，但作为企业工作人员中处于相同职务时，享有相同的权利，承担相同的义务，他们实施同类犯罪，其社会危害性是相同的，理应受到同等的刑事处罚。如果把不同所有制企业人员的职务侵财犯罪，有的划入贪污罪，有的划入侵占罪，并规定悬殊的刑罚，必然有悖法律面前人人平等和罪刑相一致原则，如贪污罪、受贿罪法定最高刑是死刑，而职务侵占罪、非国家工作人员受贿罪最高刑是有期徒刑15年，挪用公款罪最高刑是无期徒刑，而挪用资金罪的最高刑是有期徒刑10年。两者定罪量刑标准过于悬殊，有违罪责刑相适应原则。① 同时也不利于非国有企业权益的刑法保护，有悖宪法精神。1999年宪法修正案已规定：非公有制经济是社会主义经济的重要组成部分。2004年又将"平等保护公私财产"入宪。当前公有、非公有经济交叉，混合所有制存在并快速发展，以及名为"国有""集体所有"，实为个体的经济组织占有相当比例的情况下，也导致司法机关对大量相应案件定性困难，庭审认定事实争议极大，并因此引起大量的上诉和申诉案件，影响社会稳定。改革开放以来，特别是步入20世纪90年代以后，我国政治体制中的干部人事管理制度改革取

---

① 深圳市宝安区沙井农村信用社邓宝驹、麦伟平、陈锡球三人自1997年1月至1998年7月，利用职务之便侵占农村信用社资金2.3795亿元。1998年11月，邓宝驹与麦伟平、陈锡球怕侵吞巨额资金败露，密谋出逃国外。公安部向全世界发出红色通缉令，2000年1月12日，邓宝驹等人被蒙古国警方抓获，后被引渡回国。由于该信用社是集体企业，所以检察机关只能以职务侵占罪向人民法院提起公诉。后邓宝驹被判有期徒刑15年。

得重大进展。事业单位除少数依法授权或受委托拥有部分行政处罚权外，不再拥有行政管理职权。所以，将国有事业单位工作人员再纳入国家工作人员范围不妥。（3）将贪污受贿罪的主体规定为国家公职人员，同时把受委托从事公务的人员纳入国家公职人员范围，不仅语义明确，而且这一标准是根据行为人的"职责"（国家公务）而不是"身份"来确定其犯罪主体的，不仅从理论上看具有合理性，而且从司法实践中容易辨别和操作。

2. 扩大贪污贿赂罪的犯罪对象。（1）扩大贪污罪、挪用公款罪的犯罪对象。《联合国反腐败公约》第17条规定：公职人员贪污罪、挪用公款罪的犯罪对象是"因职务而受委托的任何财产、公共资金、私人资金、公共证券、私人证券或者其他任何贵重物品"。《联合国反腐败公约》第2条中还规定：所谓"财产"是指"各种资产，不论其为物质的或非物质的、动产或不动产、有形或无形的，以及证明这些资产的产权或者权益的法律文书或者文书"。从各国对贪污罪的犯罪对象的规定看，尽管贪污罪的罪名和称谓不一，但贪污罪、挪用公款罪的对象范围基本一致，即都包括了"公共财产"和"其他财产"。即使少数原来将贪污罪、挪用公款罪的对象规定为"公共财产"的国家，也陆续将其扩大到公私财产的范围。[①]（2）扩大贿赂罪的犯罪对象。关于贿赂的范围，自我国刑法颁布以来，刑法学界就开展了深入的探讨，并形成以下三种观点：财物说、物质利益说、利益说。笔者同意第三种观点。理由是：第一，贿赂犯罪的本质是"权""利"交易，其社会危害性的本质是对国家工作人员职务廉洁性的破坏。国家工作人员以权谋私，无论所谋取的是财物还是其他不正当利益，都构成对国家工作人员职务廉洁性的侵犯。第二，从腐败的现实情况看，随着我国不断加大对财物贿赂犯罪的打击，犯罪分子越来越狡猾，贿赂犯罪的手段、方式更加隐蔽，"即从过去赤裸裸的权钱交易，逐渐转为隐蔽性较强的性贿赂、信息贿赂、业绩贿赂、感情贿赂等非物质化贿赂"[②]。以各种财产性利益以及不便计算的非财产性利益实施贿赂，已成为当前腐蚀国家工作人员的一种重要手段，危害相当严重。行为具有严重的社会危害性是犯罪的本质特征。当某一种行为具有严重的社会危害性时，刑事立法应当对此作

[①]　如1960年苏俄刑法典第92条规定的职务犯罪的对象是国家财产或公共财产，但现行俄罗斯刑法第160条的规定，已取消了这一限制。参见赵微：《俄罗斯联邦刑法》，法律出版社2003年版，第339页。

[②]　李永忠：《腐败新动向：非物质化贿赂透析》，《人民论坛》2010年第24期。

出回应。第三，从我国刑事立法看，贿赂的范围也不是一成不变的。反不正当竞争法已将财物以外的"其他手段"作为商业贿赂的一种形式。随着社会的发展变化，我们完全可以对此作出新的符合时代要求的规定。第四，从国外反腐败的立法潮流看，随着腐败的社会危害的不断加剧，世界各国普遍加大反腐败的力度。其中表现之一，就是将其他非物质性利益纳入贿赂的范围。如意大利刑法典、德国刑法典、瑞士刑法典、泰国刑法典、加拿大刑法典、日本刑法典等。①《联合国反腐败公约》第 15 条、第 16 条，将贿赂界定为"不正当好处"。《联合国打击跨国有组织犯罪公约》第 8 条"腐败行为的刑事定罪"中将贿赂界定为公职人员"在执行公务时作为或不作为的条件"的"不应有的好处"。我国作为已签署《联合国反腐败公约》的国家，有义务"采取必要的立法和其他措施"使国内法达到《联合国反腐败公约》的基本要求。不少同志认为，把其他非物质性利益纳入贿赂的范围将使司法机关难以掌握定罪量刑的标准从而混淆罪与非罪的界限。笔者认为，这种担心是不必要的。我国刑法中类似抽象、模糊性规定并不少，这个问题完全可以通过司法解释细化定罪量刑的标准以及积累司法实践经验来解决。

3. 修改贿赂犯罪的构成要件。（1）取消受贿罪中"为他人谋取利益"的限制性规定。有的同志认为，保留"为他人谋取利益"要件，有利于突出受贿罪的权钱交易特征，更好地区分现阶段受贿犯罪与违反纪律收受礼金等行为的界限。② 笔者不同意这一观点。理由是：受贿罪的本质在于侵犯了职务行为的廉洁性。只要公职人员利用了职务上的便利收受贿赂，就构成收买职务行为的事实，至于"为他人谋取利益"意图有无以及行为实施与否，均不影响其实质。受贿罪的客体决定了其构成要件中不宜包括"为他人谋取利益"这样的要件。现行刑法条文中，对"为他人谋取利益"在犯罪构成中的地位不明确。如果属于客观要件，则行为人收受了贿赂，但尚未为他人谋取利益，或正在为他人谋取利益，但尚未成功，就难以追究其刑事责任；如果将其作为主观要件，则行为人却根本不打算为他人谋取利益的行为，又被排除在刑法否定评价之外。规定以"为他人谋取利

---

① 何承斌：《贪污犯罪比较研究》，法律出版社 2005 年版，第 125—127 页。
② 刘为波、周斌：《修改刑法打击贿赂犯罪的五项建议——访最高人民法院副院长熊选国》，《法制日报》2007 年 10 月 14 日，第 5 版。

益"为要件，严重影响对一些以权谋私者的刑事责任，不利于反腐败斗争的开展。《联合国反腐败公约》第 15 条、第 16 条的规定，"公职人员受贿罪"的客观方面表现为："公职人员为其本人或其他人员或实体直接或间接索取或接受不正当好处，以作为其执行公务时作为或不作为的条件"的行为，它并没有将"为他人谋取利益"作为受贿罪的基本构成要件。世界上绝大多数国家刑法的受贿罪也都没有规定"为他人谋取利益"这一构成要件。（2）取消行贿罪和斡旋受贿罪中"为他人谋取不正当利益"的要件。刑法将"为他人谋取不正当利益"作为行贿罪的主观要件，从而将那些为谋取"正当利益"而行贿的排除在犯罪之外。行贿罪的社会危害性并不在于行贿谋取的利益是否正当，谋取的利益是否得到，而在于收买了国家工作人员，腐蚀了国家工作人员，侵害了国家工作人员职务行为的廉洁性。从刑事政策方面考虑，行贿与受贿是一对共生体，行贿不除，受贿难消。为杜绝所谓"合法行贿"之门，理应严密法网，取消行贿罪的"为谋取不正当利益"的要件。[①]（3）删去刑法第 389 条第 3 款的规定。刑法第 389 条第 3 款规定："因被勒索给予国家工作人员以财物，没有获得不正当利益的，不是行贿。"这一规定有废除之必要。理由是：第一，《联合国打击跨国有组织犯罪公约》未将此种情形排除在其行贿罪的构成之外，我国刑法对此"不是行贿"的认定，显然与《联合国打击跨国有组织犯罪公约》的规定相悖。第二，将是否"获得不正当利益"作为行贿罪罪与非罪的界限，与该罪的客体及设立该罪的目的不相协调，且会带来认定上的困难。第三，如果行为人的财物是作为国家工作人员职务行为的对价而给予的，尤其是当行为人希望国家工作人员作出某种不当职务行为时，很难说这种事态的发展完全背离行为人的意图，是"顺水推舟"还是"被敲诈"极难认定。第四，如果行为人的财物不是作为国家工作人员职务行为的对价而给予的，其交付行为仅仅是基于国家工作人员与公务无关的要挟，此时，宜将之作为敲诈勒索犯罪中的受害人看待。[②]（4）增设外国公职人员或者国际公共组织官员受贿罪和贿赂外国公职人员或者国际公共组织官员罪。20 世纪 90 年代以来，随着经济全球化的加快，在国际商业交易活动

---

① 庄建南、黄生林、黄曙等：《贪污贿赂犯罪刑事政策研究》，载张智辉、谢鹏程主编《中国检察》（第二卷），中国检察出版社 2003 年版，第 44 页。

② 莫洪宪主编：《加入〈联合国打击跨国有组织犯罪公约〉对我国的影响》，中国人民公安大学出版社 2005 年版，第 134—135 页。

中贿赂外国公职人员的行为和外国公职人员受贿的行为，受到越来越多的国家和地区的关注。1997年12月17日签署、1999年2月15日生效的《禁止在国际商业交易中贿赂外国公职人员公约》是较早规定贿赂外国公职人员犯罪的国际规范性文件。但它只规定了贿赂外国公职人员罪。《联合国反腐败公约》不仅在第16条第1款规定了贿赂外国公职人员或者国际公共组织官员罪，而且在第16条第2款规定了外国公职人员或者国际公共组织官员受贿罪。这样就使各国打击并在国内法规定这种犯罪提供了国际法律依据。为履行公约义务，我国应尽快在刑法中增设上述罪名。（5）修改利用影响力受贿罪的主体。《中华人民共和国刑法修正案（七）》第13条增设了利用影响力受贿罪。新罪名尽管在社会上反响较好，但颁布10个月以来，极少有司法机关利用这一罪名查处腐败犯罪的案例，其原因之一是对犯罪主体的规定比较模糊，范围过于狭窄。利用影响力受贿罪之行为的本质并不在于犯罪主体的特殊性，而在于行为人所具有的影响力及其利用该影响力受贿。公约对影响力交易行为之主体规定为"公职人员或者其他任何人员"，并没有规定为特殊主体。

4. 修改贪污贿赂罪定罪数额的立法方式。现行贪污罪的定罪数额，采取的是固定的数额标准。这种立法方式，虽然有助于实现罪刑规范的明确化，但难以兼顾刑法的稳定性与灵活性，在国外也没有成功的案例，更不适合我国的特殊国情，建议取消这种不科学的立法技术。笔者建议改变以数额为贪污贿赂罪的唯一量刑标准的做法，将犯罪情节作为最根本的量刑标准，设定"情节较重""情节严重""情节特别严重"等不同等级的标准。这样，不仅可以解决实践中一些贪污受贿行为人涉案数额不大，但却给国家和人民利益造成重大损失，社会影响极其恶劣，而没有受到应有的惩罚的问题。而且可以根据贪污受贿行为的具体情况，设置一系列量刑的参考标准，如取消当前具体犯罪数额的规定，采取"数额较大""数额巨大""数额特别巨大"的概括性规定，由最高人民法院、最高人民检察院根据实际情况以司法解释的形式确定具体数额标准，并将其纳入犯罪情节之中，提供量刑参考。

5. 完善职务犯罪刑罚制度。有的学者认为，我国的刑罚结构的缺陷是"死刑过重""生刑过轻"。"死刑过重"是指我国死刑罪名过多（68个），死刑执行过多；"生刑过轻"是指经过减刑后，我国的死缓上限仅为24年，无期徒刑上限为22年，有期徒刑上限为15年（数罪并罚最高为20

年）。从实际看，被判处死缓的，一般服刑 18 年左右就可以重获自由，被判处无期徒刑的一般服刑 15 年左右可以重获自由，被判处有期徒刑 15 年的，一般服刑 12 年左右可重获自由。这种结构性缺陷带来的不合理性是显而易见的：如果将我国刑罚的威慑力用 100 分来衡量，在现在的刑罚体系中，80 分是依靠大量适用死刑获得的，生刑只获 20 分，应当使死刑获得的刑罚威慑力从现在的 80 分下降为 20 分，相应地，使生刑获得的刑罚威慑力从现在的 20 分上升为 80 分。[①] 笔者认为，这种观点有一定道理，但从职务犯罪司法实践看，"死刑过重"的情况并不存在，因为贪污受贿特别巨大而判处死刑或者死刑立即执行的案件已非常罕见。而"生刑过轻"的情况则比较严重。为了改变这种现状，笔者建议：（1）废除贪污受贿罪交叉刑的规定。贪污受贿罪所规定的交叉刑是一种立法上的失误，实践中弊多利少，建议修改废除。（2）取消贪污罪中的绝对确定的法定刑。刑法规定，贪污 5 万元以上不满 10 万元，情节特别严重的，必须判处无期徒刑；同时还规定，贪污 10 万元以上，情节特别严重的，必须适用死刑。这种绝对确定的法定刑的设置，违背罪刑法定原则，应予修改。（3）删去刑法第 386 条"对犯受贿罪的，根据受贿所得数额及情节，依照本法第三百八十三条的规定处罚。索贿的从重处罚"的规定。受贿罪是以权谋私、权钱交易型犯罪类型，侵犯的客体不同于贪污罪，犯罪分子在利用职权收受贿赂的同时，往往使公共财产、国家和人民利益遭受重大损失。1979 年刑法第 185 条对受贿罪单独规定了法定刑，《补充规定》在规定受贿罪依照贪污罪处刑的同时，还另行规定了不同于贪污罪的法定刑。但 1997 年修订刑法时，则将受贿罪完全按照贪污罪处刑，这是不科学的。建议对受贿罪单独规定法定刑。（4）提高渎职罪的法定刑。我国刑法第 131 条至第 139 条所规定的重大责任事故罪，法定最高刑都是有期徒刑 7 年。2006 年 6 月 29 日，十届全国人大常委会第二十二次通过的《中华人民共和国刑法修正案（六）》还把强令违章冒险作业罪提高到 15 年。而在渎职罪中，违法发放林木采伐许可证罪，环境监管失职罪，传染病防治失职罪，招收公务员、学生徇私舞弊罪，失职造成珍贵文物损毁、流失罪等犯罪，法定刑只有 3 年以下有期徒刑，明显偏轻。（5）保留、限制死刑，提高有期徒刑和数罪并罚的上限，限制减刑和假释的适用。不少学者建议，我国应当废除

① 陈兴良主编：《宽严相济刑事政策研究》，中国人民大学出版社 2007 年版，第 14 页。

贪污贿赂罪的死刑。"一是从人道的角度看，贪污受贿罪属于经济犯罪，其侵害的客体与死刑所剥夺的生命权难以相提并论，对其适用死刑不符合刑罚人道的要求；二是无数事实和历史证明，严刑峻法从来都不是防止犯罪（包括腐败犯罪）最有效的手段，死刑也不是；三是全球法律文化的发展具有一定的共性，在全球普遍废除腐败犯罪死刑的趋势下，中国保留贪污受贿罪的死刑与世界法律文化的发展趋势不符，也难以获得国际社会的支持。"① 笔者认为，一个国家的法治是建立在社会客观现实基础上的，不符合社会实际的法律，不可能有效地调整社会关系、维护社会稳定。死刑的废除，不能不考虑我们的主流民意和国情。2011 年 2 月 25 日，第十一届全国人大常委会第十九次会议通过的《中华人民共和国刑法修正案（八）》取消了 13 种经济性、非暴力性的罪名的死刑，其中包括盗窃罪，但仍保留贪污受贿罪的死刑。这是一种明智的立法选择。虽然从长远来看，贪污受贿罪的死刑也应该取消，但这两种犯罪及其处罚，关系到国家反腐败的大局，要特别慎重，应当放在非暴力犯罪废止死刑的最后阶段来考虑。在目前贪污贿赂罪不能废止死刑，但应当严格限制死刑的适用。同时，对现有的其他刑种及执行程序进行改造。在我国，被判处死缓的，一般服刑 18 年左右就可以重获自由；被判处无期徒刑的，一般服刑 15 年左右可以重获自由。这种结构性缺陷带来的不合理性是"死刑过重，生刑过轻"。西方的许多国家，有期徒刑最长的都在 30 年以上，一些国家甚至是上不封顶可判几百年，无期徒刑也完全有可能终生不能释放。因此，比较少适用甚至不适用死刑的一些国家，其比较长的有期徒刑和可能终生不能释放的无期徒刑能保持足够的威慑力。根据《中华人民共和国刑法修正案（八）》的规定，死缓考验期结束之后，即便有重大立功，也只能减为 25 年（修改前可减为 15 年以上 20 年以下）有期徒刑；在数罪并罚的场合，如果各罪的刑期总和超过 35 年，有期徒刑的最高限提升至 25 年（修改前为 20 年）。这缩小了贪污受贿犯罪死刑与"生刑"之间的差距。但"生刑"加重的核心内容，除了死缓考验期满后的法律后果以及数罪并罚上限的规定之外，就是限制减刑和不得假释的规定。通过各种关系影响减刑、假释，正是腐败犯罪分子规避"生刑"最常见的手段。但根据《中华人民

---

① 袁彬、唐仲江：《关注〈刑法修正案（八）〉热点争议问题》，《法制日报》2011 年 3 月 9 日，第 10 版。

共和国刑法修正案（八）》的规定，限制减刑和不得假释的规定只适用于对被判处死刑缓期执行的累犯，以及因故意杀人、强奸、抢劫、绑架、放火、爆炸、投放危险物质或者有组织的暴力性犯罪被判处死刑缓期执行的犯罪分子，并不包括贪污、受贿罪犯。这不利于惩治严重腐败犯罪。笔者认为，限制减刑和不得假释的规定应当适用于腐败犯罪。(6) 对贪污贿赂罪增设罚金刑和资格刑。现行刑法在对盗窃、抢劫等财产型犯罪普遍规定了并处或单处罚金刑，而对贪污贿赂等腐败犯罪个人没有规定可以适用罚金刑。笔者认为，对贪污贿赂等腐败犯罪的个人适用罚金刑比对盗窃、抢劫等财产型犯罪适用罚金刑，更能体现刑罚的相当性、有效性和严肃性。同理，腐败犯罪是国家工作人员利用职务上的便利或者在从事职务活动的过程中实施的。因此，对其判处剥夺担任特定职务的权利，以示警戒是非常必要的。

（二） 推进职务犯罪刑事政策的司法化

法律的生命在于执行，再好的法律制度不严格执行，就如同一纸空文。就执法需要而言，目前虽然也有立法不完善的问题，但对职务犯罪惩治不力，主要还是有法不依、执法不严、违法不究的问题。推进职务犯罪刑事政策司法化的关键是提高反腐倡廉制度的执行力。

1. 建立一个统一、权威、高效的职务犯罪侦查机构

一支廉洁、高效、独立的队伍是反腐工作取得成功的重要保证。20 世纪 90 年代以来，关于如何建立职务犯罪侦查机构一直存在分歧意见：第一种观点认为，应由检察机关承担职务犯罪侦查权。[1] 第二种观点认为，应将职务犯罪案件统一交公安机关侦查。[2] 理由是：第一，检察机关过多地直接立案侦查，会影响它基本职能（公诉和司法监督）的行使；第二，检察机关自行立案侦查的案件缺少监督制约，不符合我国刑事诉讼中的分工负责、互相制约的原则；第三，将公职人员犯罪与普通公民犯罪区别开来没有必要，也不符合平等对待原则；第四，公安机关有比检察机关更先进的装备和侦查技术，能更好地同各种犯罪行为包括同国家机关公职人员犯罪行为作斗争。[3] 第三种观点认为，职务犯罪有其特殊性，应当由专门机

---

① 朱孝清等：《我国职务犯罪侦查体制改革研究》，中国人民公安大学出版社 2008 年版，第141—154 页。

② 周国均：《试论检察机关侦查的几个问题》，《政法论坛》1990 年第 4 期。

③ 蔡定剑：《司法改革中检察职能的转变》，《政治与法律》1999 年第 1 期。

关承担职务犯罪的侦查职能。这种意见主张成立专门的、独立的反贪机构行使职务犯罪侦查权。有的主张在中央设立"最高人民廉政院"，在省、直辖市、自治区设"高级人民廉政院"，在市、自治州、地区一级设"中级人民廉政院"，县、区一级设"基层人民廉政院"。① 有的主张，组建国家廉政机构，可定名为廉政署。廉政署专门负责所有贪污腐败和渎职侵权案件的查处工作，并实行垂直领导，分设两级，即国家廉政署和省、自治区、直辖市廉政署，市县实行派驻制。② 有的认为，我国内地应建立类似香港特区"廉政公署"的专门的职务犯罪侦查机构，由党的纪检组织、政府的监察部门、国家预防腐败局和审计机关的部分部门，以及检察机关的反贪部门组成新的专门的职务犯罪侦查机构，负责侦查职务犯罪案件。新设立的侦查机构应对各级人民代表大会负责，上级侦查机构直接领导下级侦查机构的工作，并可以根据本地区的实际情况制定本地区的相关地方性规章。③

笔者赞同第三种观点。目前，我国反腐败机构已有四家：党内的纪检部门，行政机关的监察部门、预防腐败部门，检察机关的反贪局、反渎局、预防局，公安机关的经侦部门（承担非国家工作受贿罪、职务侵占罪、挪用资金罪及国有公司、企业、事业单位工作人员滥用职权罪、玩忽职守罪等的侦查工作）。反腐机构这么多，腐败现象却愈演愈烈。可见简单地增设机构并不是解决腐败问题的关键，反而造成各反腐机构之间职能重叠、机构臃肿、人浮于事、效率低下的局面。香港廉政公署（ICAC）完全独立于政府其他部门，直接隶属于香港最高行政长官。新加坡的贪污调查局（CPIB）是新加坡独立行使肃贪职能的专门机构，隶属于总理公署，由总统任命，向总理负责。新加坡、中国香港特区连续多年被"透明国际"④ 评为全球最廉洁的国家（地区）之一，与其反腐败机构的独立性是分不开的。这一经验值得借鉴，有的地方还作了初步的尝试。据《新京报》2010 年 7 月 13 日报道，广东省佛山市纪委的官网"佛山廉政网"近

---

① 吴高庆：《建立我国反腐败专职机构的构想》，《甘肃社会科学》2005 年第 3 期。

② 谭世贵：《论侦查权的配置与制约》，载卞建林、张国轩主编：《刑事诉讼制度的科学构建》，中国人民公安大学出版社 2009 年版，第 163 页。

③ 刘计划、高通：《组建职务犯罪专门侦查机构的设想》，《法学论坛》2008 年第 4 期。

④ "透明国际"是世界公认最权威、最客观的廉政评价非政府组织。该组织成立于 1995 年，总部设在柏林，目前在全球 90 多个国家和地区拥有分支机构，每年对世界所有国家的廉政情况作出评价，排名公布。评价用清廉指数表示，采取 10 分制，10 分为最廉洁，0 分为最腐败。

日发表一篇理论文章，题为《对佛山市纪委监察局与反贪局合署、纪检监察机关内部机构整合的设想》。该文章是由佛山市纪委 30 名干部在借鉴国外经验的基础上，集体研究发表的。文章认为，佛山市目前反腐机构设置与反腐败形势不相适应，市纪委监察局和市检察院反贪局受各自办案手段的限制，单靠一家的力量很多案件查不实、查不成。当前反腐败协调小组在协调查办案件方面发挥了一定作用，但由于同级成员单位领导之间存在协调不顺畅的问题，难以形成查办案件的合力。合理配置市纪委监察局行使的调查权，和市检察院反贪局行使的侦查权，将直接影响查办腐败案件工作的成效。因此，以市监察局的名义与市检察院反贪局合署办公，形成纪委、监察局、反贪局三位一体的工作格局，综合利用调查权与侦查权，形成反腐合力，增强反腐能力。文章称，佛山市目前反腐机构与反腐形势不相适应，提出将纪委监察局与反贪局合署办公，"使职务犯罪侦查权归属更加合理"。公开发表文章的目的是希望引起高层重视，重组反腐机构提高反腐效率，并争取在佛山试点。对此，佛山市纪委称目前该理论正在探讨阶段，并未开始实质性酝酿。10 月 8 日，《南方日报》在第二版头条位置推出了署名为"佛山市纪检监察干部业务研修班学员"的文章《对深化佛山市纪检监察机构改革的几点思索》，这一文章的刊出，证明了 4 个月前的网络传言并非空穴来风，也标志着这项重大体制改革已从坊间设想进入了决策层面。

2. 严格职务犯罪定罪标准

自 1979 年以来，贪污受贿罪的起刑点一次次地提高：1979 年刑法没有具体规定数额，司法解释规定 1000 元为立案标准；1988 年规定构成贪污罪、贿赂罪的数额一般为 2000 元。1997 年通过的刑法规定，贪污贿赂犯罪的起刑点是 5000 元。不满 5000 元，但情节较重的，应定罪处罚；不满 5000 元，但情节较轻的，则不构成犯罪。但在近些年来查处的贪污贿赂案件中，涉案金额远超起刑点。主管全国刑事审判的时任最高人民法院副院长张军在 2009 年 11 月建议调整贪污贿赂犯罪起刑点，他认为当前贪污贿赂犯罪仍沿用 1997 年的 5000 元起刑点已不合时宜。[①] 2010 年"两会"期间，全国人大代表、河南省人民检察院检察长蔡宁建议全国人大常委会以修正案的方式取消刑法中贪污罪、受贿罪的定罪量刑标准，只规定"数额较大"、"数额巨大"和"数额特别巨大" 3 个档次，并建议个人贪污受

① 戎明昌：《贪多少钱算贪污罪 5000 元标准应提高》，《南方日报》2009 年 11 月 20 日，第 9 版。

贿数额在 2 万元至 5 万元的，为"数额较大"的起点数额标准。① 有的学者也建议，"从 1997 年至今，也已经过去了十多年，因此，在 1997 年刑法暂未修订之前，可以通过出台司法解释的方式规定贪污受贿不满 1 万元的一般可不予立案"。② 笔者反对提高职务犯罪定罪数额标准的观点。在许多国家，贪污贿赂犯罪并没有规定犯罪数额，即便是贪污、受贿一元钱，那也是犯罪。在新加坡，有一位监狱管理人员一直奉公守法，但有一次接受一名罪犯的 15 新元，为其买了一包香烟，就被指控犯有贪污罪，被判处 1 年监禁并罚款 15 新元，开除公职。2010 年 2 月 5 日，新西兰资深内阁高官、下届总理热门竞选人之一的房屋部部长希特利，约好几个同事朋友到自己家共进晚餐。下班后，他路过一家超市，想到家里的酒没了，便进去买酒，却发现没有带钱包，于是用一张政府专用的信用卡付了 1000 新西兰元（折合人民币 5300 元）的酒账，随后报销的时候谎称用于公务接待。但一周后被政府审计员发现并上报，审计长立即成立了以自己为组长的专案调查组，接着媒体将此事报道了出来。被推到风口浪尖的希特利被迫退还酒钱、公开道歉、辞去公职，并将承担可能被判三年以下有期徒刑的法律责任。在新西兰——这个在透明国际"清廉指数"排行榜上蝉联 2009 年度、2010 年度"世界最清廉国家"的地方，两瓶酒的腐败即被视为天大的腐败。根据 2010 年 5 月 7 日最高人民检察院、公安部制定的《关于公安机关管辖的刑事案件立案追诉标准的规定（二）》规定，非国家工作人员受贿数额在 5000 元以上的，将被立案追诉。既然非国家工作人员受贿 5000 元要被追诉，那么国家工作人员受贿 5000 元理当更应受到刑事制裁。

3. 及时查办职务犯罪，减少"犯罪黑数"

列宁曾一针见血地指出："惩罚的警戒作用绝不是惩罚得严厉与否，而是看有没有漏网。重要的不是严惩罪行，而是使所有罪案都真相大白。"③ 职务犯罪案件的查办难度很大。一方面，这类犯罪的主体都是国家机关工作人员，而且往往都有复杂的关系网，因此办案的阻力大、干扰大。另一方面，这类犯罪行为具有隐蔽性，多是案件中间的案件、事故背后的"故事"，而且犯罪嫌疑人往往具有较强的反侦查能力。因此，必须

① 陈丽平：《贪污受贿罪起刑点明显不符现实，蔡宁代表建议修改刑法只设 3 个档次》，《法制日报》2010 年 3 月 5 日，第 5 版。

② 孙国祥：《我国惩治贪污贿赂犯罪刑事政策模式的应然选择》，《法商研究》2010 年第 5 期。

③ 《列宁全集》第 9 卷，人民出版社 1985 年版，第 356 页。

大力加强渎职犯罪的侦破工作，提高破案率，减少"犯罪黑数"，提高犯罪成本，以遏制犯罪分子的冒险性和侥幸心理。

4. 尽快出台贪污贿赂罪量刑指南

在现代法治社会中，法官在审判过程中客观上存在裁量之余地，但没有不受约束的自由裁量。法官在理解法律的时候，决不能随心所欲地按照自己的偏好甚至私利去解释法律。为了给法官行使刑事自由裁量权设定合理的边界，将各种影响量刑的情节及幅度予以明确化，是我国刑事司法中极为迫切的任务。英美法系国家早在 20 世纪 70 年代中叶就开始了量刑改革运动，在量刑理论上提倡均衡量刑论，在量刑方法上主张实施量刑统一标准，以限制法官的自由裁量权。英国《2003 年刑事审判法》第 172 条规定："任何法院在对某一罪犯量刑时，必须注意与此罪名有关的量刑指南。"量刑指南对法官适用量刑有约束力。对此，我国应充分加以借鉴。在立法修改之前，最高人民法院应尽快出台贪污受贿罪量刑规范，进一步细化、明确贪污受贿犯罪数额、犯罪情节及相应的量刑格，统一量刑情节的认定，使有期徒刑、无期徒刑或死刑的适用标准进一步明确，这样，可以有效地克服现行交叉刑粗疏、弹性过大的弊端，从司法解释层面上合理、有效地限制贪污受贿罪量刑裁量权的任意使用，实现量刑的精密化，从而提升刑事司法的公正性、公信力和权威性。

5. 多管齐下，形成处罚合力

目前，我国惩治腐败的法律法规名目繁多，各种法律、规章制度多达1200 余件。但是，很多规章制度缺乏科学性、系统性。如 2007 年 6 月 1 日施行的《行政机关公务员处分条例》第 17 条第 2 款规定："行政机关公务员依法被判处刑罚的，给予开除处分。"这就意味着，不论行政机关的公务员实施的是故意犯罪，还是过失犯罪，只要被依法判处刑罚——不论是被判处管制、拘役、有期徒刑、无期徒刑、死刑等主刑，还是被单独判处罚金、剥夺政治权利、没收财产等附加刑，或者被判处有期徒刑宣告缓刑，一律给予开除处分。[①] 这有利于严惩公务人员渎职犯罪。但笔者认为，这一处罚尚不够严厉。据报道，2009 年 4 月开始，韩国首尔市对公务员实施包括

---

① 2007 年 6 月 28 日，人事部新闻发言人就 6 月 1 日施行的《行政机关公务员处分条例》答问时表示，《条例》改变了以往对判处刑罚宣告缓刑的公务员有的仍保留公职的做法，明确规定行政机关公务员依法被判处刑罚的，一律给予开除处分。参见《检察日报》2007 年 7 月 3 日。

"一次受贿出局制"在内的"提高市政清廉度综合对策",相关公务员只要有一次涉嫌贿赂,就将永远被赶出公务员队伍。根据规定,无论金额多少或地位高低,只要是发现一次贪污公款、索要钱物、接受款待,受贿、行贿,进行违法和不正当的业务处理,首尔市就将对其予以解职或罢免。因为腐败行为而被驱逐的公务员将永远都不能在首尔市和其他市政府相关机构就业,10 年内也不能在首尔市具有一定规模的民间公司就业,为此首尔市还修改了相关反腐败法令。① 笔者认为,国家公职人员之所以能够实施滥用职权、玩忽职守及贪污受贿等腐败犯罪行为,就是因为他们手中掌握着某种公共权力,将被判有罪的公务员一律开除,这是治理腐败的釜底抽薪之举,也是反腐治本之策。严禁对渎职犯罪分子降格处理,更不能以"法不责众"为由"赦免"一大批渎职犯罪分子。要充分运用开除党籍、开除公职等党纪、政纪处分,使刑事处分、行政处分、党纪处分三位一体,形成惩罚合力。

6. 加强执法监督

检察机关应当加强对法院量刑活动的监督,充分发挥刑事抗诉作用。2010 年 11 月 18 日,最高人民检察院印发《关于加强对职务犯罪案件第一审判决法律监督的若干规定(试行)》(以下简称《规定》),要求检察机关对职务犯罪案件第一审判决实行上下两级检察院同步审查的工作机制。《规定》自 2011 年 1 月 1 日起试行。《规定》指出,作出一审判决法院的同级检察院是同步审查的主要责任主体,上一级检察院负督促和制约的责任。职务犯罪案件一审庭审后,提起公诉的检察院应当将公诉案件审查报告、起诉书、出庭意见书报送上一级检察院;有量刑建议书的,应当一并报送。地方各级检察院收到同级法院作出的职务犯罪案件第一审判决书后,应当立即进行审查。上一级检察院公诉部门收到下级检察院报送的公诉案件审查报告、起诉书、出庭意见书和量刑建议书后,应当指定专人及时审查。收到下级检察院报送的职务犯罪案件第一审判决书后,应当立即审查。《规定》确定了上下两级检察院同步审查时应当重点审查的八个方面内容,如认定事实、采信证据是否正确,是否存在错误改变检察机关指控犯罪事实的情形;案件定性是否准确,是否存在错误改变检察机关指控罪名,或者有罪判无罪、无罪判有罪、重罪判轻罪、轻罪判重罪的情形;是否存在司法工作人员贪污受贿、徇私舞弊、枉法裁判等影响公正判决的违法犯罪行为等。

---

① 王刚:《首尔公务员:一次受贿即出局》,《法制日报》2010 年 12 月 7 日,第 9 版。

第五章　"前腐后继"现象的犯罪学思考[①]

引　言

一个地方或一个部门的几任主要领导连续因贪腐落马，受到刑事追究，这就是被人们称之为"前腐后继"的犯罪现象。

案例之一：广东茂名市三任书记"前腐后继"案

2012 年曾任茂名市委书记，后担任广东省委常委、统战部部长的周镇宏于 2012 年 1 月接受中央纪委调查。2014 年 2 月，河南省信阳市中级人民法院认定：2002 年 7 月至 2011 年春节，被告人周镇宏在担任中共茂名市委书记、市人大常委会主任，中共广东省委常委、统战部部长期间，利用职务上的便利，为他人在职务晋升、企业经营、当选政协常委和政协委员等事项上谋取利益，先后多次收受何俊海等 33 人给予的钱款共计折合人民币 2464 万余元。此外，周镇宏对折合人民币 3700 万余元的财产不能说明来源。周镇宏犯受贿罪，判处死刑，缓期二年执行，剥夺政治权利终身，并处没收个人全部财产；犯巨额财产来源不明罪，判处有期徒刑 10 年。两罪并罚，决定执行死刑，缓期二年执行，剥夺政治权利终身，并处没收个人全部财产。

2011 年 2 月，周镇宏的继任者罗荫国被广东省检察院反贪局查处。2013 年 7 月初，广东省中山市中级人民法院经审理作出一审判决：罗荫国价值 5000 余万元人民币的巨额财产来源不明，被判处有期徒刑 9 年；受贿 2000 余万元人民币，被判处死刑，缓期二年执行，两罪并罚，罗荫国依法被判处死刑，缓期二年执行，剥夺政治权利终身，并处没收个人财产。

罗荫国落马后，顺德区原区委书记梁毅民，作为"救火队长"空降茂

① 本文原载《山东警察学院学报》2016 年第 2 期。

名，出任市长，2013 年梁毅民出任市委书记。2014 年 10 月 14 日，茂名市又召开干部大会传达了广东省委决定称：茂名市委书记梁毅民涉嫌严重违纪，正在接受组织调查。

案例之二：江西德兴 5 任书记 4 人落马案

程爱平（1997 年 10 月—2000 年 12 月）由上饶地区行署秘书长、行署办公室主任调任德兴市委书记，直至 2000 年 12 月卸任。2009 年底，程爱平因受贿 83 万元被判处有期徒刑 13 年。

吴祖国（2000 年 12 月—2003 年）任德兴市委书记。2004 年 4 月，吴祖国因受贿 28 万元被判处有期徒刑 11 年。

徐跃进（2003 年 6 月—2009 年）任德兴市委书记。2011 年 7 月，徐跃进因受贿 720 余万元和挪用公款 100 余万元被判处无期徒刑。

何金铭（2011 年 5 月— 2014 年 9 月）任德兴市委书记。2014 年 9 月 15 日何金铭利用职务上的便利为他人谋取利益，收受巨额贿赂；与他人通奸等罪名被查。

案例之三：河南省交通厅 16 年 4 名厅长落马案

1997 年 10 月，河南省漯河市中级人民法院以受贿罪判处交通厅原厅长曾锦城有期徒刑 15 年。法院认定，1989 年 9 月至 1996 年 2 月期间，曾锦城利用其担任河南省交通厅厅长和周口行署专员职务之便，收受他人贿赂，并为他人谋取利益，共计 37 次。收受人民币 14.5 万元，美金 0.95 万元，以及录像机、空调、电视机、照相机等贵重物品，价值人民币 8.7 万余元。

2001 年 3 月，曾锦城的继任者、河南省交通厅原厅长张昆桐因受贿罪、挪用公款罪被河南省新乡市中级人民法院判处无期徒刑。法院认定，张昆桐在担任河南省建设厅副厅长、交通厅厅长期间，先后受贿 21 次，共计 100 余万元，还挪用公款 10 万元。

2001 年 12 月中旬，时任河南省交通厅厅长的石发亮，同样涉嫌违纪违法，被省纪委"双规"。2006 年 8 月，湖北省荆州市中级人民法院以受贿罪判处其无期徒刑。法院审理查明，石发亮在任河南省交通厅副厅长、厅长期间，单独或伙同他人为 12 个请托单位或个人谋取利益，先后 23 次收受贿赂款、物资合计人民币 1497 万多元、美元 48 万元、港币 36 万元。案发后，上述款物全部追缴。

2012 年 11 月 29 日，河南省交通运输厅原厅长董永安因受贿罪被河南许昌市中级人民法院一审判处无期徒刑，剥夺政治权利终身，并处没收个人全部财产。法院审理查明，被告人董永安在担任中国一拖集团有限责任公司副总经理、董事长，安阳市市长、省交通运输厅厅长的职务期间，利用职务之便，为他人谋取利益，单独或者伙同其他人员多次非法收受他人财物共计人民币2583.031万元、欧元4万元、港币10万元、美元1万元，其中1330万元未遂。

"前腐后继"现象的存在，不仅消解我国反腐败的效果，加剧治理腐败的难度，而且严重影响广大民众反腐败的信心和决心，阻碍党和国家反腐败斗争向纵深推进。研究"前腐后继"现象的原因，探寻治理"前腐后继"现象的正确路径，对于当前遏制腐败现象蔓延，提升治理腐败的信心具有重要意义。

一、 "前腐后继" 犯罪现象的特点及原因

"前腐后继"犯罪现象呈现以下特点：第一，"一把手"犯罪突出。在"前腐后继"现象中几乎都是"一把手"涉嫌犯罪。如1999年7月到2009年5月的10年间，江苏赣榆县连续3任县委书记被省纪委"两规"，广西武宣县也是连续3任县委书记落马，河南漯河市连续3任市委书记"前腐后继"，山西太原市的3任市委书记和公安局局长被查，而县委书记这一层级的"最长接力纪录"发生在1997年至2012年的湖北监利县，4任"一把手"都相继落马。第二，后继者往往比前任更加贪腐。如河南省交通厅4任厅长，曾锦城收受贿赂不足40万元，继任者张昆桐受贿100余万元，第三任石发亮受贿近2000万元，而第四任董永安则受贿达2500万元。第三，涉案者大都是"权高位重"的要害部门。"前腐后继"现象大都发生在党政领导机关以及组织人事、行政执法、司法和工程建设等重点部门和领域。一些在关键和重要岗位上的国家工作人员利用人事权、行政审批权、行政执法权、司法权等进行权钱交易活动。第四，社会影响恶劣。"前腐后继"现象的存在严重恶化政治生态，影响当地经济社会发展。

犯罪原因是影响犯罪现象的各种因素。犯罪原因包括犯罪的本质原因、犯罪的根源、犯罪的条件、犯罪的相关因素，它们共同构成了一个犯罪因果系统。"犯罪形成与变化，源于诸多致罪因素的综合作用。犯罪原

因是一个多质、多层次、彼此密切关联的致罪因素系统。"① 根据笔者长期观察，"前腐后继"现象日益严重的主要原因有以下几个方面。

（一）权力过于集中，制约监督机制形同虚设，用人不当

1. 权力过分集中。我国实行的是"议行合一"的政治体制。在这种体制下，一个县、一个市、一个省的几乎所有权力都交给了"一把手"。这类"一把手"反映了我们党和国家体制的最大特点，他们掌控着近乎绝对的权力，是最难以受到监督的一群人。② 早在1980年8月，邓小平在中央政治局扩大会议上就强调指出："权力过分集中的现象，就是在加强党的一元化领导的口号下，不适当地、不加分析地把一切权力集中于党委，党委的权力又集中于几个书记，特别是集中于第一书记，什么事都要第一书记挂帅、拍板。党的一元化领导，往往因此而变成了个人领导。"③ "议行监合一"为主要特征的"树型权力结构"，是权力变异和腐败的"总病根"。④ "在位时，我做的决定，99.99%都不会有人反对，我反对的，其他人也不敢赞成。"因受贿被判刑的河南省某县原县委书记，就如此反省过他做县委书记时的权力。⑤ 据报道，安徽省阜阳市短短三四年，被查处的县（市、区）委书记就多达18名；河南省自2006年到2009年底，共查处贪污受贿犯罪的县委书记22名。⑥ 党的十六大曾提出要建立"结构合理、配置科学、程序严密、制约有效"的权力运行机制，创新"副职分管、正职监管、集体领导、科学决策"的权力科学配置体系。但实践中这一设想始终停留在口号的层面，没有得到真正实施。

2. 制约监督机制缺失。目前，我国权力运行制约和监督体系存在的问题：一是权力配置和结构不尽科学，决策权、执行权和监督权之间没有形成相互制约。二是权力往往过分集中于主要领导干部手中。三是权力边界不清晰。四是权力缺乏法制约束。有的权力不是依法设立，或者不是依法行使，有的领导干部常常因为程序违法而使工作陷于被动。五是权力运行

---

① 张小虎：《当代中国社会结构与犯罪》，群众出版社2009年版，第426页。
② 任建明：《怎样合理制衡"一把手"的绝对权力》，《国家治理》2014年第12期。
③ 《邓小平文选》（第二卷），人民出版社1994年版，第260页。
④ 李永忠：《走出反腐困境亟需党内权力约束制衡》，《南风窗》2011年第14期。
⑤ 王巧捧：《县委书记：光鲜背后——县委书记的"性价比"》，《廉政瞭望》2014年第20期。
⑥ 亢振洲：《强势县委书记是怎样炼成的》，《检察日报》2010年11月30日，第7版。

过程不够公开透明，暗箱操作和"潜规则"问题突出。六是对权力的监督不够有力，各种监督的合力不强。七是制度不够健全，障碍和漏洞较多，存在"牛栏关猫"现象，对领导干部的监督管理难以发挥应有的作用。①

3. 干部任用不当。在公开竞争性选拔领导干部缺失的情况下，有些党员干部的提拔重用往往靠"不足为外人道"的人脉关系运作实现。根据中共中央党校出版社社长兼总编辑的田国良教授对20世纪80年代以来移交司法机关处理的103名省部级官员落马案例研究，约有63%的案主，在作案之后仍然获得提拔，约有48%的案主，在担任副省部级职务之前就开始了犯罪。②据深圳大学当代中国政治研究所2012年作出的一份《当代中国政治研究报告》披露，在2002年11月至2011年6月里，72名"落马"的省部级官员中，有近八成曾得到职务上的晋升。③"边腐边升"成为令人注目的腐败的新特点。

（二）惩治不力，贪腐犯罪成本低、收益高

犯罪人在选择之前，理性犯罪者会评估犯罪风险的高低。如果犯罪人评估结果是犯罪收益大于其风险程度，便会积极实施犯罪；反之，则会中止或放弃犯罪。这是贪腐犯罪中犯罪者的基本理性。我国贪腐犯罪日益严重，"前腐后继"现象不断重演，并不是我国刑罚处罚不重，而是因为犯罪风险过小、成本过低，从而给犯罪者的侥幸心理留下了巨大的滋生空间。

1. 贪腐犯罪黑数高。尽管我国不断加大打击贪腐犯罪的力度，但由于贪腐犯罪本身的特点，犯罪黑数大。犯罪黑数是指确已发生却未被发现的案件数。从案发规律来分析，贪腐犯罪黑数要比其他犯罪黑数大得多，每年及时查处的贪腐案件只是众多贪腐行为中极小的一部分。"1993年至1998年，每100名受党纪政纪处分的干部只有42.7人被立案侦查，最后被判刑的只有6.6人，即因腐败而被判刑的官员仅6.6%。"④ 我国反腐败

① 赵洪祝：《进一步强化权力运行制约和监督体系》，《人民日报》2013年11月27日，第6版。
② 戴菁：《高官腐败案例的启示：访中央党校田国良教授》，《学习时报》2013年5月27日，第15版。
③ 王梦婕、王诗堃：《"带病提拔"贪官为何能一路畅通？》，《中国青年报》2013年6月18日，第8版。
④ 邓科：《胡鞍钢：腐败损失有多大 每年1万亿》，《南方周末》2001年3月22日，第2版。

学者胡永鸣用以下数学的方法列出"贪官查处概率"：假设有 50% 的贪官被人发现；假设被发现的贪官有 50% 被举报；假设被举报的贪官有 50% 被审查；假设被审查的贪官有 50% 被处理；那么，最后的查处率是：$0.5 \times 0.5 \times 0.5 \times 0.5 = 0.0625$，也就是说，100 个贪官只有不到 7 个被清除。"腐败暗数"是 10:1。"研究表明，世界平均的贿赂额占 GDP 的 3%，就算中国是世界的平均腐败程度，那么中国应查出腐败金额为 7000 亿 ~ 8000 亿元，而最高人民检察院公布的 2005 年查出的腐败金额仅为 74 亿元，约占应查出的 1%，所以说中国的腐败黑数为 99%。"① 此外，还有另外一个算法，在已经实施的腐败犯罪中大约有一半未被发现；在已经检举揭发或偶然事件而被发现的腐败犯罪中大约有一半未能查证；在已经获得相关证据的腐败犯罪中大约有一半未能处罚。那么三个 50% 相乘的结果就是：受到处罚的贪官大概只占实在贪官的 12.5%。换言之，腐败犯罪的黑数可能高达 87.5%。②

2. 贪腐犯罪发现难、查处难。贪腐行为的隐蔽性、共生性导致贪腐行为不易被发现。2003 年中科院和清华大学国情研究中心提交了一份关于我国高层官员腐败特点和趋势的研究报告。报告指出，我国从 1978 年至 2002 年，腐败"潜伏期"明显变长：在被调查的省部级领导干部犯罪案件中，1980 年至 1988 年的 7 起案件平均是 1.43 年，而 1998 年至 2002 年的 16 起案件平均是 6.31 年，最长的达到 14 年。③ 原广东韶关市委常委、公安局局长叶树养从 1988 年接受第一笔贿赂开始，到 2008 年因贪腐落马为止，涉嫌受贿 1800 多万元，另有 1600 多万元巨额财产来源不明，贪腐时间长达 20 年。河南省封丘县原县委书记李荫奎在 2002 年中秋至 2009 年春节，利用担任县长、县委书记的职务便利，为他人谋取利益，先后 1575 次非法收受 142 人的贿赂，共计人民币 1276 万元。这些案件都是因其他案件被查而偶然被发现的。这表明传统的发现贪腐的机制没有发挥应有的作用。行贿与受贿是利益共同体，往往属于"天知，地知，你知，我知"的"四知"案件，行贿人一般因获利而不会举报。如果行贿者不交代行贿行

---

① 胡星斗：《中国反腐败学刍议》，参见 http://www.acriticism.com/article.asp? Newsid = 10209 &type = 1008。

② 何家弘：《中国腐败犯罪的原因分析》，《法学评论》2015 年第 1 期。

③ 任建明、杜治洲：《腐败与反腐败：理论、模型和方法》，清华大学出版社 2009 年版，第 153 页。

为，不提供证据，拒绝配合司法机关的侦查、起诉和审判活动，受贿行为也往往难以证实。

3. 贪腐犯罪构成严格，漏网者众多。对贪腐犯罪我国实行的是"厉而不严"的刑事政策。虽然贪腐犯罪刑罚重，但犯罪构成严格，入罪标准高，致使一些群众反映强烈、社会危害严重的贪腐行为得不到惩处。如我国修订刑法将贿赂的对象仍然限制在财物范围内。随着人们生活水平的提高和价值多元化的客观存在，人们的需要和欲望日益多样化，贿赂对象已远非各种各样的"财产性利益"和"非财产性利益"。在司法实践中，"作案手段隐蔽化的特点更突出，如有的收受大量烟票，有的收受'购房订金单'后以亲属名义购房；有的采取合伙开办公司、收受车辆房产不办理过户手续等新手法收受贿赂；还有的国家工作人员利用亲属经商办企业，或投资房产、购买股票、理财产品等，让一些有所求的企业主采取让价优惠、提供股本金、投资款、利润分红等方式实施贿赂，具有很强的隐蔽性和迷惑性"。① 受贿罪要求具备"为他人谋取利益"要件，徒增理论上的纷争和实践上认定的困难。在中央"八项规定"出台后的 2013 年、2014 年春节、中秋节期间，在广东乐昌市原市委书记李维员直接带动影响下，乐昌一些乡镇、街道和市直单位领导干部逢年过节竞相收送红包礼金，涉案干部多达 72 人（乐昌市班子成员 27 人、乡科级干部 45 人），已查明涉案干部收受红包礼金达 450 多万元。这是 2011 年底广东开展治理收送红包问题以来，省纪委通报涉及人数最多的一次收送红包窝案。但除李维员等四人因还涉及买官卖官、套骗公款等涉嫌犯罪问题而被移送司法机关依法处理外，其他涉案人员均未依法追究刑事责任。②

4. "抓大放小"政策，使一批贪腐分子逃脱法网。根据刑法规定，贪污受贿罪的立案标准一般是 5000 元，大案的标准是 5 万元，而不少地方自行确定了内部立案标准，将大案标准规定为立案标准。如江苏省张家港市检察院 2008 年至 2010 年共查办贪污贿赂等腐败犯罪案件 64 件 71 人，大案率是 100%。③ 杭州市检察机关 2012 年共立案查处贪污贿赂案件 215 人，

---

① 吕国成、史隽：《浙江 11 个月查办职务犯罪 1500 余人，新型贿赂犯罪作案手段隐蔽》，《检察日报》2010 年 12 月 7 日，第 1 版。
② 黄怡：《省纪委通报 72 名干部收送红包窝案》，《南方都市报》2014 年 12 月 18 日，第 A07 版。
③ 卢志坚、张剑轩：《张家港反贪这样"上台阶"》，《检察日报》2011 年 4 月 20 日，第 8 版。

大案率达到 100%。① 2012 年至 2013 年，南京市检察机关反贪立案数已连续两年位居江苏省第一，2013 年立案数更是创十年来新高：全年立案 150 件 192 人，为国家和集体挽回经济损失 6332.63 万元，大案率 100%，查处县处级以上要案嫌疑人 32 人。② 罗荫国系列腐败案，涉案 303 名干部，其中涉及省管干部 24 人、县处级干部 218 人，整个官场几乎瘫痪，但立案查处的仅 61 人，移送司法机关仅 20 人。③ 为了避免官场彻底"瘫痪"，当初画了一条线，受贿金额在这条线以下的，还能在原岗位继续工作。起码有 160 多名茂名官员，得益于这项政策保住了官帽。④ 这种"高举轻放"的选择性反腐引起社会各界普遍质疑，人们期待茂名官场窝案重启调查。⑤ 2014 年 8 月，广东省委向中央第八巡视组反馈意见整改情况的通报中，公布了对茂名领导干部系列违纪违法案件中涉嫌行贿买官人员 159 人的组织处理结果：降职 8 人，免职 63 人，调整岗位 71 人，提前退休 1 人，诫勉谈话 16 人。⑥ 这就意味着 159 个行贿买官者无一被追究刑事责任。由于违规提高贪腐犯罪立案标准，有案不查、小案不立现象相当普遍。这不仅严重违反了罪刑法定原则，而且有悖中央所倡导的对腐败"零容忍""有腐必反""有贪必肃"思想。

5. 贪腐犯罪轻刑化现象严重。近年来，存在着对腐败官员从轻处罚，或者说贪腐犯罪轻刑化现象。2009 年 5 月至 2010 年 1 月，高检院组织开展了全国检察机关刑事审判法律监督专项检查活动。检查中发现，2005 年至 2009 年 6 月，全国被判决有罪的贪腐犯罪被告人中，判处免刑和缓刑的共占 69.7%。⑦ 如湖北省 2005 年至 2009 年间，职务犯罪有罪判决共计 6053 人，其中判处缓刑的 3023 人，判处免刑的 1305 人，两项合计免缓刑比例高达 71.5%，远远高于普通刑事犯罪 17% 的免缓刑比例。在全省 16 个地、市中，有 7 个地、市免缓比例在 70%—71%，有 3 个地、市免缓比

---

① 刘波：《杭州："品质检察"造就"五连冠"》，《检察日报》2013 年 4 月 25 日，第 1 版。
② 崔洁、肖水金、徐晓红：《反贪立案数连创新高的秘密》，《检察日报》2014 年 5 月 5 日，第 2 版。
③ 赵杨：《省纪委通报近两年查处的一批典型案件，罗荫国系列腐败案涉案 303 名干部》，《南方日报》2012 年 4 月 14 日，第 A02 版。
④ 舒炜：《前腐后继透视》，《廉政瞭望》2014 年第 12 期。
⑤ 周清树：《茂名官场窝案重启调查》，《新京报》2014 年 4 月 21 日，第 A18 版。
⑥ 刘江、蔡国兆、毛一竹：《鬻官之祸危于疽患——广东茂名腐败窝案警示录》，http://news.xinhuanet. com – / politics/2014 – 08/16/c_ 1112102654. htm。
⑦ 赵阳：《法律监督"软"变"硬"排除案外干扰》，《法制日报》2010 年 11 月 22 日，第 5 版。

例在 80% —89%。①

6. 刑罚执行打折扣。通过各种关系影响减刑、假释，正是腐败犯罪分子规避"生刑"最常见的手段。最高人民检察院监所检察厅厅长袁其国称，当前检察机关发现减刑、假释、暂予监外执行存在一些突出问题及薄弱环节，突出表现在贪腐犯罪、金融犯罪、涉黑犯罪等"三类罪犯"上，他们较之普通罪犯减刑间隔时间短、减刑幅度大，假释和暂予监外执行比例高，有的罪犯采取假计分、假立功、假鉴定等手段违法获取减刑、假释、暂予监外执行。② 河南省禹州市公安局原局长王建生服刑 4 年，先后 5 次被保外就医，还被认为有"立功行为"，有关部门建议对其减刑 9 个月；广东省江门市原副市长林崇中因受贿罪，被判 10 年刑，但就在法庭宣判当日从法院直接回家。这源于他花了近 10 万元，通过买通看守所所长、医生等人违规获准"保外就医"。原判死缓的泰安市原市委书记胡建学在狱中曾 5 次获减刑，2006 年因病保外就医 1 年，后连续 7 年续保。2007 年，佛山市中级人民法院判决广东健力宝集团原董事长张海构成职务侵占罪和挪用资金罪，执行有期徒刑 15 年。嗣后，张海通过贿赂监狱管理人员、伪造立功材料等手段，先后获得一次改判、两次减刑，缩短刑期 9 年 1 个月 28 天，2011 年 1 月出狱，随即逃往海外。事后，检察机关对与张海违法减刑系列案有关的共 24 人进行了立案调查。③ 据广东省高级人民法院统计，中央政法委《关于严格规范减刑、假释、暂予监外执行切实防止司法腐败的意见》下发后，各中级人民法院暂缓审理的三类罪犯减刑、假释案件有 135 件。④ 多位法律界人士指出，一些贪腐犯罪官员利用在位时的关系网和人脉，让监外执行制度成为"重获自由"的特殊通道，让这项制度本身备受指责。⑤

（三） 对行贿行为网开一面

从刑法理论来看，行贿和受贿是典型的"对合"犯罪，行贿行为和受

---

① 湖北省人民检察院课题组：《公诉与刑事审判监督前沿问题实证研究》，知识产权出版社 2013 年版，第 118—120 页。

② 邢世伟、赵欢：《六类减刑假释一律核实》，《新京报》2014 年 8 月 27 日，第 A06 版。

③ 彭波：《严惩以权花钱"赎身"》，《人民日报》2014 年 2 月 25 日，第 2 版。

④ 徐霄桐、高培蕾：《法院减刑假释新规半年："一律开庭"难在哪儿?》，《中国青年报》2014 年 10 月 20 日，第 3 版。

⑤ 汪文涛、郭玉芳、曹坤：《监外执行全国"体检"》，《检察日报》2014 年 8 月 20 日，第 5 版。

贿行为具有互动作用。因此，依法打击行贿犯罪，应当成为贿赂犯罪惩治中的重要环节；但是在我国司法实践中，对贿赂犯罪的惩治却表现为严重的"非对称性"——"重受贿轻行贿"。广东省广州市两级法院审理案件统计显示，2003年1月至10月，共受理贿赂案件136件，其中行贿案件仅28件，不到案件总数的零头。2006年，上海市检察机关立案查处贪污贿赂案件446件，行贿案件仅47件。2000年，全国检察机关共查办贿赂案件9872件，其中行贿案件仅1367件，占贿赂案件总数的13.8%。①2010年5月，最高人民检察院发出《关于进一步加大查办严重行贿犯罪力度的通知》，要求各级检察机关在坚决查办受贿犯罪的同时，采取更加有力的措施，进一步加大查办严重行贿犯罪的力度。但查处行贿犯罪始终"雷声大、雨点小"。2008年至2012年，全国检察机关立案侦查利用职权索贿受贿的国家工作人员65629人，故意拉拢腐蚀国家工作人员的行贿犯罪嫌疑人23246人，查处的受贿、行贿犯罪人数比前五年分别上升19.5%和60.4%。②2011年至2014年6月，广东韶关法院受理各类一审贿赂犯罪案件193件214人，其中，介绍贿赂犯罪案件1件1人，受贿犯罪案件160件175人，行贿犯罪案件32件38人。行贿犯罪案件数量仅占全部贿赂犯罪案件数量的16.58%，仅为受贿犯罪案件数量的1/5。③反腐败实践证明，在惩治受贿犯罪的同时，如果不对行贿犯罪严厉打击，那么遏制贿赂犯罪只能事倍功半。

目前打击行贿不力的原因从立法角度而言主要有：一是把"为谋取不正当利益"作为行贿罪的主观要件，不利于惩治行贿犯罪。行贿与受贿本是对合犯，1979年刑法也没有对行贿罪的主观要件加以特别限制，但《关于惩治贪污罪贿赂罪的补充规定》在行贿罪增加了"为谋取不正当利益"的规定，从而改变了这两种犯罪的对合关系。1997年刑法沿袭《关于惩治贪污罪贿赂罪的补充规定》的内容。正因为行贿罪须以"为谋取不正当利益"为条件，加之理论和实践中对"不正当利益"的理解争议较大。所

---

① 李亮：《"行贿状元"案久拖不决：行贿非罪化、量刑畸轻化倾向严重》，《法制日报》2008年1月27日，第7版。

② 曹建明：《最高人民检察院关于检察机关反贪污贿赂工作情况的报告》，《检察日报》2013年10月25日，第2版。

③ 黄秋雄、陈东阳等：《严厉打击行贿犯罪 遏制腐败现象蔓延——广东省韶关市中级人民法院关于行贿犯罪的调研报告》，《人民法院报》2014年8月28日，第8版。

以，司法实践中被认定为行贿罪的寥寥无几。财政部、国土资源部矿山环境治理项目评审专家周某，收了 210 万余元的咨询费后，帮助企业向原财政部经济建设司环境资源处处长姚劲松打听相关项目资金的审批情况，并给姚劲松 50 万元感谢费。记者获悉，姚劲松构成受贿罪已被判刑 10 年半，周某虽然行贿，但被西城法院认定未谋取不正当利益，被判无罪。① 二是对行贿人财产处罚力度太弱，即我国行贿罪的法定刑中没有罚金刑，不少行贿人在被查处之后，经济利益没有受到损失。如 2013 年 9 月 24 日，原铁道部系列职务犯罪案的关键人物、山西女商人丁书苗因行贿罪、非法经营罪在北京二中院出庭受审。检方指控其以有偿运作铁路项目中标等非法经营达 1858 亿余元，非法获利 20 余亿元，为原铁道部部长刘志军"买官""捞人"行贿 4900 万余元，为树立正面形象、逃避有关部门调查，先后 38 次向国务院扶贫办外资项目管理中心原主任范增玉行贿财物折合 4000 余万元，一审被判处有期徒刑 20 年，并处罚金 25 亿元，没收个人财产 2000 万元。尽管 25 亿元应该是新中国成立后法院对个人开出的最高罚金，但它不是基于丁书苗的行贿行为，而是非法经营行为。② 三是对行贿人没有规定资格刑，为行贿犯罪人再犯提供了条件。

二、"前腐后继" 犯罪现象的治理路径

党的十八大报告指出，"要坚持中国特色反腐倡廉道路，坚持标本兼治、综合治理、惩防并举、注重预防方针"。新制度经济学认为，每个人的行为选择，即选择廉洁还是腐败，都是在给定条件下根据个人理性所作出的选择，即实际收益最大化。反腐败就要改变目前"机会多代价小""收益大风险小"的现状，增大腐败风险。2004 年 8 月 2 日，时任浙江省委书记的习近平在《努力把"不能为、不敢为、不想为"的工作抓实做细》指出："我们要不断强化'不能为'的制度建设、'不敢为'的惩戒警示和'不想为'的素质教育，努力把反腐倡廉的工作抓实做细。"③ 在十八届中央纪委二次全会上习近平总书记又指出："要加强对权力运行的制

---

① 裴晓兰：《帮企业打听项目获批情况未谋取不正当利益被判无罪》，《京华时报》2014 年 12 月 4 日，第 12 版。
② 李宁：《"高铁一姐"判 20 年罚 25 亿》，《新京报》2014 年 12 月 17 日，第 A15 版。
③ 习近平：《之江新语》，浙江人民出版社 2007 年版，第 70 页。

约和监督，把权力关进制度的笼子里，形成不敢腐的惩戒机制、不能腐的防范机制、不易腐的保障机制。"①《建立健全惩治和预防腐败体系 2013—2017 年工作规划》指出："推进预防腐败工作，加强理想信念教育，增强宗旨意识，使领导干部不想腐；加强体制机制创新和制度建设，强化监督管理，严肃纪律，使领导干部不能腐；坚持有腐必惩、有贪必肃，使领导干部不敢腐。"反腐败的基本策略是实现"不想腐、不能腐、不敢腐"的有机统一，其中"不想腐"是"上策"，"不能腐"是"中策"，"不敢腐"是"下策"。就反腐功能而言，"不想腐""不能腐"的要义是预防，是治本之策；"不敢腐"旨在惩治，是治标之策。

（一）推进政治体制改革，着力解决权力制约监督难题

"普遍出现的问题，要从制度上找原因；反复出现的问题，要从规律上找原因。"据不完全统计，最近 20 年以来，被查处的交通厅厅长（正职）达 15 名。除河南交通系统典型的"前腐后继"案件外，还有四川省交通厅厅长刘中山、贵州省交通厅厅长卢万里、广东省交通厅厅长牛和恩、浙江省交通厅厅长赵詹奇、安徽省交通厅厅长王兴尧、云南省交通厅厅长杨光成、贵州省交通厅厅长程孟仁、山西省交通厅厅长王晓林等。如果加上交通厅副厅长，"交通厅长"因腐败落马的数量更为惊人。②邓小平同志曾强调，"制度好可以使坏人无法任意横行，制度不好可以使好人无法充分做好事，甚至会走向反面"。因此，当务之急是要通过试验、试点、试探的办法，积极稳妥地推进政治体制改革，加快构建使国家公职人员"不能腐败"的制度体系，使一切权力都在民主监督下阳光运行。

1. 分解权力，解决权力过于集中的问题。"制度建设是廉政治理的关键，而分权制约则是制度设计的一项核心原则……改变权力过分集中，必须走向权力合理分置。如果没有权力的合理分置，就不可能真正防止腐败。"③如河南省交通厅曾掌管全省每年 40 多亿元的行政收费，统贷转贷资金近 100 亿元，每年建设投资 150 亿元以上。这些巨资就掌握在一家手中，甚至可以说就掌握在厅长一人之手。彻底根治"三权交易"（权钱交

---

① 《人民日报》2013 年 1 月 23 日，第 1 版。

② 参见《"钱""色"绊倒交通厅长，两周三人落马》，《新京报》2014 年 5 月 2 日，第 A11 版。

③ 曹伟：《运用法治思维与治理现代化理念构建国家廉政体系——"反腐败法治化理论研讨会"综述》，《中国行政管理》2015 年第 2 期。

易、权色交易和权权交易）等腐败现象，根本出路在制度改革，科学分解、合理配置党内的决策权、执行权、监督权，推行"权力结构的类型转换"，不断完善适合中国特色社会主义的权力结构。① 2013 年 6 月，云南省出台权力公开透明运行规定，明确主要领导不直接管人事、财务、物资采购和工程招标等，在重大项目决策、重要干部任免、重要项目安排和大额度资金使用等事项上，研究时须末位表态。2014 年 2 月，山西省出台《关于党政主要领导不直接分管部分工作的若干规定（试行）》，规定党政主要领导不直接分管下列工作：干部人事工作；财务工作；工程建设项目；行政审批；物资采购。近年来，国内交通投资每年都高达上万亿元，要有效防止交通贪腐现象发生，就必须尽快完善监督管理措施，实施以项目、资金、市场互相分离、彼此制衡的交通投资体制改革，不断健全完善法律法规，才能构筑防范交通领域贪腐的坚固堤坝。②

2. 加强对权力的监督制约。《中共中央关于全面深化改革若干重大问题的决定》指出："坚持用制度管权管事管人，让人民监督权力，让权力在阳光下运行，是把权力关进制度笼子的根本之策。"各个权力主体都有自己的权力认知能力和水平，都有自己相对独立的利益。无论是政治学中的"政治人"，还是经济学中的"经济人"，都是建立在一定的利益之上的，担任国家公职的人同样是理性自利的人。人的本性，决定着人的行为的原始根据。一个担任公职的官员同时是一个自然人，因此，掌权者同普通人一样，不会因为担任公职就自然变得神圣起来。③ 正是基于人难以避免的认识和道德发展的局限性，要保证权力的统一性，就必须对权力的行使进行监督和控制。

在制度建设中官员财产公示是预防腐败的指标性制度。④ 从官员财产申报和公示的实践历史来看，财产申报制犹如一把利刃，直刺腐败者的要害。财产申报（公示）法被誉为"阳光法案"，1766 年起源于瑞典，目前已有约 140 多个国家推行了这项法律制度，是国际社会公认的一把反腐利器。制定财产申报法一直是我国社会各界的企盼。1988 年，国务院监察部会同法制局起草了《国家行政工作人员报告财产和收入的规定草案》。1994 年，

① 李永忠：《改革权力结构，防止"三权交易"》，《南风窗》2011 年第 9 期。
② 吴学安：《行业垄断让交通厅长成高危人群》，《法制日报》2012 年 12 月 1 日，第 7 版。
③ 王寿林：《权力制约和监督研究》，中共中央党校出版社 2007 年版，第 69—70 页。
④ 何家弘：《反腐败的战略重心与官员财产公示》，《法学》2014 年第 10 期。

第八届全国人大常委会将财产申报法正式列入立法规划。1995 年 4 月 20 日，中共中央办公厅、国务院办公厅联合发布了《关于党政机关县（处）级以上领导干部收入申报的规定》。但 20 多年过去了，这项制度的出台并得以严格遵照和执行还离我们遥遥无期。① 针对部分全国人大代表提出的关于制定财产申报法的议案，全国人大内务司法委员会回应称，"目前制定这一法律的时机尚不成熟"。② 笔者认为，问题的关键不在时机，而是不愿、不敢的问题。从 2009 年新疆阿勒泰地区首开先河试点财产公开，试点官员财产公开的地区至今已接近 40 个，而昙花一现的试点地区占比超 50%。坚持试点的 14 个地区中，多是内部公示。财产申报很大的阻力来源于官员群体本身。官员的财产公示在世界各国都被视为反腐制度的基石，也被认为是真假反腐的试金石。要真正反腐，就必须出台财产申报法。

为了加强党内监督，党的十八届三中全会明确提出，查办腐败案件以上级纪委领导为主，线索处置和案件查办在向同级党委报告的同时必须向上级纪委报告。2014 年 6 月 30 日，中共中央政治局审议通过的《党的纪律检查体制改革实施方案》提出，要推动党的纪检工作双重领导体制具体化、程序化、制度化，落实查办腐败案件以上级纪委领导为主，各级纪委书记、副书记提名和考察以上级纪委会同组织部门为主，强化上级纪委对下级纪委的领导。2014 年，中央纪委监察部对涉嫌违纪违法的中管干部已结案处理和正在立案审查 68 人，其中 30 人涉嫌犯罪已被移送司法机关依法处理；查处违反中央八项规定精神问题 53085 起，处理 71748 人，其中给予党纪政纪处分 23646 人；查处违纪违法纪检监察干部 1575 人，其中厅局级 34 人、县处级 229 人。③ 纪检监察机关查办的领导干部级别之高、领域之宽、人数之多，前所未有。笔者认为，为了加强对同级党委的监督，除改革纪检体制外，还必须推进检察改革，建立检察机关垂直领导体制。④ 同时，废除检察机关查办要案向党委请示报告制度。⑤

3. 改革官员任用机制。2004 年 4 月，中央颁布了《公开选拔党政领

---

① 参见《财产申报公示制度难产 26 年》，《都市快报》2014 年 8 月 19 日，第 A02 版。

② 陈丽平：《全国人大内司委称财产申报立法时机未成熟》，《法制日报》2008 年 1 月 31 日，第 8 版。

③ 姜洁：《中纪委晒出一年成绩单》，《人民日报》2015 年 1 月 8 日，第 11 版。

④ 张兆松：《再论检察机关领导体制的改革》，《人民检察》2014 年第 13 期。

⑤ 张兆松：《论当代中国检察改革的"去苏化"》，《领导者》2015 年第 2 期。

导干部工作暂行规定》、《党政机关竞争上岗工作暂行规定》、《党的地方委员会全体会议对下一级党委、政府领导班子正职拟任人选和推荐人选表决办法》、《党政领导干部辞职暂行规定》和《关于党政领导干部辞职从事经营活动有关问题的意见》等 5 个干部人事制度改革文件。这标志着我国干部以"公开选拔"和"竞争上岗"为主体内容的竞争性制度决定规则及其原则基本得以确立。但是在制度原则、制度内容和制度执行方面还存在一定甚至是比较严重的问题，亟待修改和完善。① 党的十八大后，我国的干部选拔体制机制改革进入了一个新的阶段。2014 年 1 月 14 日，中共中央印发了新修订的《党政领导干部选拔任用工作条例》，1 月 21 日中共中央组织部印发《关于加强干部选拔任用工作监督的意见》。该意见强调：要认真贯彻条例，严格按制度规定选人用人；严格把好人选廉政关，坚决防止"带病提拔"；严厉查处违规用人行为，坚决整治用人上的不正之风；建立倒查机制，强化干部选拔任用责任追究；加大监督检查力度，及时发现和纠正存在的问题；组工干部要坚持公道正派，严格执行组织人事纪律等。如何确保条例和意见真正运行和落实到位，尚需实践检验。我们的权力是人民给的，各级领导干部是人民的公仆。笔者认为，各级官员必须首先从具体单位的人民群众中选举出来，接受本单位人民群众的监督，获得本单位群众的认可，然后才具有合法性和正当性。所以，改革官员任用机制的首要途径是由现行的上级委任制改为竞争性选举制。

（二）完善贪腐犯罪立法

1. 修改贪腐犯罪构成要件，扩大贪腐犯罪范围

（1）扩大贿赂犯罪对象。关于贿赂的范围，我国自 1979 年刑法到 1988 年的《关于惩治贪污罪贿赂罪的补充规定》，一直到 1997 年刑法，都把它限定为财物。从贿赂犯罪的实际情况看，随着我国对财物贿赂犯罪的打击，犯罪分子越来越狡猾，贿赂犯罪的手段、方式更加隐蔽，以各种财产性利益以及不便计算的非财产性利益实施贿赂，已成为当前腐蚀国家工作人员的一种重要手段，危害严重。为了加大反腐败的力度，两高在总结司法实践经验的基础上，综合考虑我国的腐败现状和司法实务的可操作性，

---

① 杜晓、郑小琼：《用人不正之风"土壤"尚未根本铲除》，《法制日报》2010 年 11 月 5 日，第 4 版。

已将贿赂的对象扩大到财产性利益。2007 年 7 月 8 日，最高人民法院、最高人民检察院《关于办理受贿刑事案件适用法律若干问题的意见》对收受请托人提供的干股、向请托人"低买高卖"房屋汽车、不出资而与请托人"合作"开办公司、通过赌博方式收受请托人财物等 10 种新类型或者过去难以认定为受贿犯罪的行为被明确规定要以受贿论处。2008 年 11 月 20 日，最高人民法院、最高人民检察院《关于办理商业贿赂刑事案件适用法律若干问题的意见》第 7 条明确规定："商业贿赂中的财物，既包括金钱和实物，也包括可以用金钱计算数额的财产性利益，如提供房屋装修、含有金额的会员卡、代币卡（券）、旅游费用等。具体数额以实际支付的资费为准。"

自我国刑法颁布以来，对贿赂的范围，刑法学界就开展了深入的探讨，并形成以下三种观点：（1）财物说。（2）财产性利益说。（3）非财产性利益说。[1] 笔者认为，当前腐败犯罪的现实，要求立法机关必须对贿赂的范围，由现行司法解释所规定的财产性利益扩大到各种利益。

（2）删去关于受贿罪中的"为他人谋取利益"要件。我国 1979 年刑法未将"为他人谋取利益"作为受贿罪构成要件，1985 年，最高人民法院、最高人民检察院《关于当前办理经济犯罪案件中具体应用法律的若干问题的解答（试行）》首次将"为他人谋取利益"纳入受贿罪构成要件，《关于惩治贪污罪贿赂罪的补充规定》对"为他人谋取利益"作了限制性解释，规定索贿的不须以"为他人谋取利益"作为构成要件，而收受型受贿罪则要求必须同时具备"为他人谋取利益"要件。[2] 1997 年刑法典第385 条完全沿用《关于惩治贪污罪贿赂罪的补充规定》的内容，将"为他人谋取利益"作为收受型受贿罪构成要件，给惩治受贿犯罪带来极大的影响。有记者曾在中国裁判文书网上检索 2014 年 5 月以来的裁判文书，发现共有相关裁判文书 563 份。其中有 71 起案件，辩护人对部分或者全部指控以"没有为他人谋利"作为辩护理由。反贪侦查局的检察官坦言，实践中不乏行受贿双方不提具体请托、承诺事项，仅是"心知肚明"的情况。在没有收集到签字、打招呼等方面证据的情况下，基本上无法认定其"为他

---

[1] 赵秉志主编：《刑法争议问题研究》，河南人民出版社 1996 年版，第 611—612 页。

[2] 1989 年 11 月 6 日，最高人民法院、最高人民检察院《关于执行〈关于惩治贪污罪贿赂罪的补充规定〉若干问题的解答》第 3 条规定："非法收受他人财物，同时具备'为他人谋取利益'的，才能构成受贿罪。"

人谋取利益"。[①]

所以,应当尽快废除受贿罪中的"为他人谋取利益"要件。

2. 保留贪腐犯罪的死刑适用,确立贪腐犯罪限制减刑和不得假释制度

不少学者建议,我国应当废除贪污贿赂罪的死刑。"一是从人道的角度看,贪污受贿罪属于经济犯罪,其侵害的客体与死刑所剥夺的生命权难以相提并论,对其适用死刑不符合刑罚人道的要求;二是无数事实和历史证明,严刑峻法从来都不是防止犯罪(包括腐败犯罪)最有效的手段,死刑也不是;三是全球法律文化的发展具有一定的共性,在全球普遍废除腐败犯罪死刑的趋势下,中国保留贪污受贿罪的死刑与世界法律文化的发展趋势不符,也难以获得国际社会的支持。"[②] 笔者认为,一个国家的法治是建立在社会客观现实基础上的,不符合社会实际的法律,不可能有效地调整社会关系、维护社会稳定。死刑的废除,不能不考虑我们的主流民意和国情。2011年2月25日,《中华人民共和国刑法修正案(八)》取消了13种经济性、非暴力性的罪名的死刑。2015年8月29日,《中华人民共和国刑法修正案(九)》又取消走私武器、弹药罪,走私核材料罪,走私假币罪,伪造货币罪,集资诈骗罪,组织卖淫罪,强迫卖淫罪,阻碍执行军事职务罪,战时造谣惑众罪等9个死刑罪名。但仍保留贪污受贿罪的死刑。这是一种明智的立法选择。虽然从长远来看,贪污受贿罪的死刑也应该取消,但这两种犯罪及其处罚,关系到国家反腐败的大局,要特别慎重,应当放在非暴力犯罪废止死刑的最后阶段来考虑。在目前贪污贿赂罪不能废止死刑,但应当严格限制死刑的适用。同时,对现有的其他刑种及执行程序进行改造。

3. 对贪腐犯罪增设资格刑

《中华人民共和国刑法修正案(九)》第1条规定:"在刑法第三十七条后增加一条,作为第三十七条之一:'因利用职业便利实施犯罪,或者实施违背职业要求的特定义务的犯罪被判处刑罚的,人民法院可以根据犯罪情况和预防再犯罪的需要,禁止其刑罚执行完毕之日或者假释之日起从事相关职业,期限为三年至五年。被禁止从事相关职业的人违反人民法院依照前款规定作出的决定的,由公安机关依法给予处罚;情节严重的,

---

① 徐霄桐、杜江茜:《专家争议:反贪法律武器要不要更严》,《中国青年报》2014年8月1日,第3版。

② 袁彬、唐仲江:《关注〈刑法修正案(八)〉热点争议问题》,《法制日报》2011年3月9日,第10版。

依照本法第三百一十三条的规定定罪处罚。其他法律、行政法规对其从事相关职业另有禁止或者限制性规定的，从其规定。'"贪贿犯罪是利用职务上的便利或者在从事职务活动的过程中实施的。近年来，不断出现贪贿犯罪行为人被判刑后又重新犯罪的案例。[1] 因此，对贪贿罪犯在判处其自由刑、财产刑的同时，判处剥夺其担任特定职务的权利以示警戒，是非常必要的。

4. 取消贪腐犯罪酌定情节法定化和特别自首的规定

《中华人民共和国刑法修正案（九）》第 44 条第 3 款规定："犯第一款罪，在提起公诉前如实供述自己罪行、真诚悔罪、积极退赃，避免、减少损害结果的发生，有第一项规定情形的，可以从轻、减轻或者免除处罚；有第二项、第三项规定情形的，可以从轻处罚。"参与立法的同志认为，这一规定"对贪污受贿罪从宽处罚的条件作了更为严格的限制"。[2] 如果仅从适用条件看，确实是比原来规定更严格了。但笔者认为，它与原来规定相比则进一步扩大了坦白从宽的适用范围。（1）扩大了"从轻、减轻或者免除处罚"适用范围。原来只规定"个人贪污数额在 5 千元以上不满 1 万元，犯罪后有悔改表现、积极退赃的，可以减轻处罚或者免予刑事处罚"，现在则扩大到第 383 条第 1 款第 1 项"贪污数额较大或者有其他较重情节的"所有情形，明显扩大了"可以减轻处罚或者免予刑事处罚"的适用范围。（2）增设了普遍适用"从轻处罚"的规定。即贪贿数额较大或者有其他较重情节的，贪贿数额巨大或者有其他严重情节的，贪贿数额特别巨大或者有其他特别严重情节的及贪贿数额特别巨大，并使国家和人民利益遭受特别重大损失的，只要"在提起公诉前如实供述自己罪行、真诚悔罪、积极退赃，避免、减少损害结果的发生"都可以得到从轻处罚。笔者认为上述规定仍没有完全摆脱"特权"立法的影子。贪贿犯罪中的"特权"立法，背离刑法平等原则，也与严惩腐败精神相悖。笔者建议废除在贪贿犯罪中对如实供述自己罪行、真诚悔罪、积极退赃，避免、减少损害结果发生的，可以从轻、减轻或者免除处罚的规定，使其回归刑法总则中的一般性从轻量刑情节的规定。

---

① 范跃红、仇健：《谁给了他"重操旧业"的机会》，《检察日报》2013 年 5 月 29 日，第 8 版。

② 雷建斌主编，全国人大常委会法制工作委员会刑法室编著：《〈中华人民共和国刑法修正案（九）释解与适用〉》，人民法院出版社 2015 年版，第 217 页。

5. 完善贪腐犯罪刑罚执行制度

刑罚的执行是刑事司法活动的最终结果，严格执行刑罚使犯罪者受到惩戒是刑罚公平性和公正性的体现。缓刑、假释、暂予监外执行等都是附条件的，违反法律法规的规定就要被撤销。如果缓刑、假释、暂予监外执行等制度执行不严格，不仅不能实现刑罚目的，还会严重损害刑罚执行的公信力。2014年是刑罚执行规范化成绩最显著的一年。2014年1月21日，中央政法委下发《关于严格规范减刑、假释、暂予监外执行切实防止司法腐败的意见》；4月29日，最高人民法院出台《关于减刑、假释案件审理程序的规定》；2014年8月26日，最高人民检察院发布《人民检察院办理减刑、假释案件规定》；10月10日，司法部修订通过《监狱提请减刑假释工作程序规定》；10月24日，最高人民法院、最高人民检察院、公安部、司法部、国家卫生计生委联合发布《暂予监外执行规定》。上述规定对严格贪腐犯罪刑罚执行发挥了积极作用。截至2014年9月底，全国检察机关减刑、假释、暂予监外执行专项检察活动共发现违法减刑、假释、暂予监外执行案件线索508件，立案查处相关职务犯罪案件116件129人；建议有关部门收监执行800名罪犯，其中原副厅级以上职务犯罪罪犯82人。①2014年全国法院共办理减刑、假释案件612272件，同比下降6.65%，其中减刑案件575018件，同比下降5.26%；假释案件37254件，同比下降23.81%。特别是各级法院从严控制职务犯罪、黑社会性质组织犯罪和金融犯罪等"三类罪犯"的减刑、假释，2014年全国法院受理"三类罪犯"减刑案件15436件，其中，改变执行机关报请减刑幅度案件5203件，占受理案件数的34%，同比上升了15个百分点；裁定不予减刑案件741件，占受理案件数的4.8%，同比上升3个百分点；受理"三类罪犯"假释案件1845件，裁定不予假释198件，占受理案件数的10.73%，同比上升5个百分点。②笔者建议，应当及时将上述成熟的规定立法化，以提升刑罚执行的法治化水平。

---

① 徐盈雁、郑赫南：《张海违法减刑案：揪出"假立功"背后的保护伞》，《检察日报》2015年2月12日，第2版。

② 罗书臻：《最高人民法院通报"减假暂"工作情况》，《人民法院报》2015年2月14日，第1版。

（三） 及时查办贪腐犯罪， 减少"犯罪黑数"

根据我国刑法的规定，贪污受贿 10 万元以上的，要判处 10 年以上有期徒刑或无期徒刑，情节特别严重的，还可以判处死刑。根据田国良教授对 103 个副省部级案件的量刑进行分析，发现有死刑 6 例，死缓 27 例，无期徒刑 17 例，有期徒刑 44 例，判处无期徒刑以上刑罚约占已判案例的53%。[①] 腐败犯罪的刑罚不可谓不重，但"前腐后继"者仍然众多。可见"重刑治腐"效果并不理想。贪腐犯罪案件的查办难度很大。一方面，这类犯罪的主体都是国家机关工作人员，而且往往都有复杂的关系网，因此办案的阻力大、干扰大。另一方面，这类犯罪行为具有隐蔽性，多是案件中间的案件、事故背后的"故事"，而且犯罪嫌疑人往往具有较强的反侦查能力。心存侥幸是所有贪腐分子的共有特征。贪腐案件不能及时查处，进一步加剧了腐败分子的侥幸心理。重刑与罪行及时揭露相比，后者更为重要。列宁曾引用意大利刑法学家贝卡里亚的名言指出："惩罚的警戒作用决不是惩罚得严厉与否，而是看有没有漏网。重要的不是严惩罪行，而是使所有罪案都真相大白。"[②] 因此，要形成"天网恢恢、疏而不漏""手莫伸，伸手必被捉"的社会氛围，必须大力加强贪腐犯罪的侦破工作，提高破案率，减少"犯罪黑数"，提高犯罪成本，以遏制犯罪分子的冒险性和侥幸心理。

（四） 加大惩治行贿的力度

在惩处贿赂犯罪中，我国长期存在着重受贿轻行贿、对行贿行为打击不力的问题。1999 年 3 月 4 日，最高人民法院、最高人民检察院曾联合颁布《关于在办理受贿犯罪大要案的同时要严肃查处严重行贿犯罪分子的通知》。嗣后，最高人民检察院又多次发文或召开电话会议，要求各级人民

---

① 戴菁：《高官腐败案例的启示：访中央党校田国良教授》，《学习时报》2013 年 5 月 27 日，第 15 版。

② 《列宁全集》（第 9 卷），人民出版社 1985 年版，第 356 页。

检察院加大对行贿犯罪的惩治力度，[①] 但查处行贿犯罪始终"雷声大、雨点小"。2013 年，中共中央印发的《建立健全惩治和预防腐败体系 2013—2017 年工作规划》中提出要"加大对行贿行为的惩处力度"。有鉴于此，笔者建议如下。

1. 重构贪腐犯罪观念，由"重受贿轻行贿"向"受贿行贿并重"转变

行贿犯罪是诱发受贿犯罪的极为重要的社会因素之一。行贿人在行贿之前都是经过非常精密的经济成本收益计算的，贿赂实质上是他们进行的一项"投资"，意图以此获取高额的回报。马克思曾引用过这样一句话："资本害怕没有利润或利润太少，就像自然界害怕真空一样，一旦有适当的利润，资本就胆大起来。如果有 10% 的利润，它就保证到处被使用；有 20% 的利润，它就活跃起来；有 50% 的利润，它就铤而走险；为了 100% 的利润它就敢践踏一切人间法律；有 300% 的利润它就敢犯任何罪行，甚至冒绞首的危险。"这话对行贿行为同样适用。买官的腐败分子把获取官位当成一种"投资"手段，其买官卖官获取的"利润"已不仅仅是 300%。如马德在向韩桂芝支付了 80 万元买官"投资"后，逐年收受了 600 多万元贿赂，他攫取的"回报率"超过 600%。

北京航空航天大学公共管理学院教授、廉洁研究与教育中心主任任建明用长期调查得出的数据证明：行贿者普遍会获得 10 倍于投入的回报。也就是说，行贿的回报是投入的 1000%。行贿成本对应的巨大收益，会较大程度地刺激、鼓励行贿者铤而走险，发动贿赂行为。[②] 2013 年全国高速公路平均造价已高达每公里 9082 万元。然而，"高成本"并没有保证"高质量"。2014 年 10 月，媒体报道投资 110 亿元的山西岢临高速，还未通车就

---

① 2000 年 12 月 21 日，最高人民检察院颁布《关于进一步加大对严重行贿犯罪打击力度的通知》。2010 年 5 月 7 日，最高人民检察院又颁布《关于进一步加大查办严重行贿犯罪力度的通知》。2013 年 4 月 12 日，最高人民检察院专门召开电话会议强调："对行贿与受贿犯罪统筹查处，加大对行贿犯罪的查处力度。要转变办案观念，调整办案思路，注重办案策略和方法，克服和纠正重视查处受贿犯罪、对行贿犯罪执法不严、打击不力的做法和倾向，坚持把查处行贿犯罪与查处受贿犯罪统一起来，做到同等重视、同步查处、严格执法，形成惩治贿赂犯罪高压态势，有效遏制贿赂犯罪的滋生蔓延。"2014 年 4 月 25 日，全国检察机关反贪部门重点查办行贿犯罪电视电话会议召开，最高人民检察院要求："各级检察机关进一步加大惩治行贿犯罪力度，严肃查办行贿次数多、行贿人数多的案件，保持惩治行贿受贿犯罪高压态势，坚决遏制腐败现象滋生蔓延势头。"

② 戴佳：《常态追诉：让行贿人不再为利铤而走险》，《检察日报》2014 年 6 月 17 日，第 7 版。

已出现桥梁隧道裂缝，路面沉降塌陷。河南内邓高速近日被曝建成两年不能通行，道路上出现一米多深的裂缝，成了半拉子豆腐渣工程。广东等地一些已查处的高速公路腐败窝案中，平均每公里就有一名官员因贪腐倒下。① 中国企业改革与发展研究会副会长周放生在接受新华社记者采访时坦言，国企高管腐败100万元，平均要输送1亿元的交易额，背后存在的安全、环保、质量问题，给社会、国家带来难以估量的损失。② 根据公开资料显示，过去三年湖南高速公路每年投资额度都在600亿元以上。湖南省一高官私下向记者透露，如果严格按照招投标规则进行，湖南在高速公路建设上每年可以节约100亿元。③ 行贿与受贿是一对共生体，行贿不除，受贿难消。

2. 取消行贿罪中的"为谋取不正当利益"的要件

在查办贪腐过程中，之所以难以追究行贿者的刑事责任，主要还是存在立法上的障碍。尽管两高司法解释已对不正当利益作出扩张解释。④ 但无论如何都不能将所有利益扩张解释为不正当利益。从行贿罪构成要件来看，对买官者而言难以认定其是"为谋取不正当利益"。行贿罪的社会危害性并不在于谋取的利益是否正当，而在于其收买行为侵害国家工作人员职务行为的廉洁性。只有取消行贿罪的"为谋取不正当利益"的要件，才能保证行贿案件得以严格依法查处。

3. 取消行贿罪中的"特别减轻或免除处罚条款"

根据刑法第67条规定，对于自首的犯罪分子，可以从轻或者减轻处罚。其中，犯罪较轻的，可以免除处罚。但1997年刑法第390条第2款却

① 甘泉、闫起磊：《高速公路腐败成本由谁买单?》，《广州日报》2014年12月27日，第2版。
② 杨烨：《国家正酝酿出台防止国有资产流失政策，国企改革将设政策"红线"》，《经济参考报》2014年11月13日，第1—2版。
③ 参见《湖南高官透露该省高速公路每年腐败高达100亿》，http://news.jcrb.com/jxsw/201109-/t20110903_710873.html。
④ 1999年3月4日，最高人民法院、最高人民检察院《关于在办理受贿犯罪大要案的同时要严肃查处严重行贿犯罪分子的通知》规定，"谋取不正当利益"是指谋取违反法律、法规、国家政策和国务院各部门规章规定的利益，以及要求国家工作人员或者有关单位提供违反法律、法规、国家政策和国务院各部门规章规定的帮助或者方便条件。2012年12月26日，最高人民法院、最高人民检察院《关于办理行贿刑事案件具体应用法律若干问题的解释》第12条规定："行贿犯罪中的'谋取不正当利益'，是指行贿人谋取的利益违反法律、法规、规章、政策规定，或者要求国家工作人员违反法律、法规、规章、政策、行业规范的规定，为自己提供帮助或者方便条件。违背公平、公正原则，在经济、组织人事管理等活动中，谋取竞争优势的，应当认定为'谋取不正当利益'。"

规定："行贿人在被追诉前主动交待行贿行为的，可以减轻处罚或者免除处罚。"根据上述规定，一般自首只能从轻或者减轻处罚，犯罪较轻的，才可以免除处罚。而对于行贿人自首的，不管情节轻重，都可以减轻处罚或者免除处罚。司法实践中行贿之所以很少被追究刑事责任，与上述特殊规定不无关系。针对上述立法的缺陷，《中华人民共和国刑法修正案（九）》第45条将刑法第390条第2款修改为："行贿人在被追诉前主动交待行贿行为的，可以从轻或者减轻处罚。其中，犯罪较轻的，对侦破重大案件起关键作用的，或者有重大立功表现的，可以减轻或者免除处罚。"上述规定严格了行贿犯罪从宽处罚的条件，但还是赋予了检察机关相当大的自由裁量权。对何谓"犯罪较轻的""对侦破重大案件起关键作用的"仍有灵活解释的空间，所以，仍有对行贿者网开一面之嫌，建议彻底废除行贿犯罪中的特别减轻或者免除处罚制度，对其适用刑法总则中的一般性自首、立功规定。

4. 完善财产刑，加大对行贿犯罪的财产处罚力度

为了加大对贪贿犯罪的财产刑处罚力度，《中华人民共和国刑法修正案（九）》增设了13处罚金刑：（1）增设1处对非国家工作人员行贿罪的罚金刑。（2）增设6处贪污罪、受贿罪的罚金刑。（3）增设3处行贿罪的罚金刑。（4）增设1处对单位行贿罪的罚金刑。（5）增设1处介绍贿赂罪的罚金刑。（6）增设1处单位行贿罪的罚金刑。作了上述修改后，对所有贪贿犯罪都可以适用罚金或没收财产，从而使财产刑在贪贿犯罪中得到普遍的适用。为了严惩行贿者，还需要提高对行贿者的经济制裁力度，对行贿者的罚金数额应是行贿行为所能获得的利益，而不应是行贿数额。

（五）加强理想信念教育

大量事实表明，一个党员干部腐化变质，往往始于理想信念上的动摇。邓小平同志多次强调理想信念问题："过去我们党无论怎样弱小，无论遇到什么困难，一直有强大的战斗力，因为我们有马克思主义和共产主义的信念。有了共同的理想，也就有了铁的纪律。无论过去、现在和将来，这都是我们的真正优势。"[①]习近平总书记指出："有些领导干部所以走向违纪违法、腐化堕落的深渊，从根本上讲是世界观、人生观这个'总

① 《邓小平文选》（第三卷），人民出版社1993年版，第144页。

开关'出了问题，丧失了拒腐防变的能力。"① 在十八届中共中央政治局第一次集体学习时习近平指出："理想信念就是共产党人精神上的'钙'，没有理想信念，理想信念不坚定，精神上就会'缺钙'，就会得'软骨病'。"人的体质之"钙"与精神之"钙"都不可或缺，没有体质之"钙"会患"软骨病"，而没有精神之"钙"也会染"枯萎病"。2013 年 1 月 5 日，习近平在新进中央委员会的委员、候补委员学习贯彻党的十八大精神研讨班上指出："有了坚定的理想信念，站位就高了，眼界就宽了，心胸就开阔了，就能坚持正确政治方向，在胜利和顺境时不骄傲不急躁，在困难和逆境时不消沉不动摇，经受住各种风险和困难考验，自觉抵御各种腐朽思想的侵蚀，永葆共产党人政治本色。"

"道德教化是预防官吏职务犯罪的治本之策。我国治国思想在道德观和价值取向上坚持德政、用贤、民本、治吏、修身等，形成清廉文化，德是统治者考察官吏的核心要素。"② 2013 年 2 月 23 日，习近平在中共中央政治局第四次集体学习时强调："要坚持依法治国和以德治国相结合，把法治建设和道德建设紧密结合起来，把他律和自律紧密结合起来，做到法治和德治相辅相成、相互促进。"我国从孔孟儒学一直到阳明心学，五千年的中华文明历来十分重视道德自主、道德自律的精神传统。习近平总书记强调："中国传统文化博大精深，学习和掌握其中的各种思想精华，对树立正确的世界观、人生观、价值观很有益处。"③ 在中共中央政治局第五次集体学习时习近平总书记指出："从思想道德抓起具有基础性作用，思想纯洁是马克思主义政党保持纯洁性的根本，道德高尚是领导干部做到清正廉洁的基础。我们要教育引导广大党员、干部坚定理想信念、坚守共产党人精神家园，不断夯实党员干部廉洁从政的思想道德基础，筑牢拒腐防变的思想道德防线。"④

国无德不兴，人无德不立。治理腐败的最高境界，是从源头上治理腐败，是使官员"不想腐败"。要实现官员从"不敢腐败""不能腐败"到"不想腐败"，就要靠强有力的思想道德教育。通过廉洁奉公、遵纪守法的

---

① 习近平：《扎实做好保持党的纯洁性各项工作》，《求是》2012 年第 6 期。
② 包家新：《防控官吏贪腐职务犯罪历史考察》，《人民论坛》2014 年第 9 期。
③ 习近平：《在中央党校建校 80 周年庆祝大会暨 2013 年春季学期开学典礼上的讲话》，《人民日报》2013 年 3 月 1 日，第 2 版。
④ 《人民日报》2013 年 1 月 15 日，第 1 版。

教育，使广大党员干部破除拜金主义、享乐主义，牢固树立正确的权力观、地位观、利益观，自觉加强党性修养，坚定理想信念，锤炼意志品质，提升精神境界，增强自律意识，不断提高自身的思想政治素质和拒腐防变能力，面对各种权力、利益的诱惑而始终保持清醒的头脑。习近平总书记语重心长地说："作为党的领导干部，一定要以正确的世界观立身、以正确的权力观用权、以正确的事业观做事，带头遵守廉洁自律各项规定，以淡泊之心对待个人名利和权位，以敬畏之心对待肩负的职责和人民的事业，任何情况下都要稳住心神、管住行为、守住清白，做到一尘不染、一身正气，始终保持共产党人的高尚品格和清廉形象。"① 总之，要通过运用廉政模范进行示范教育，运用腐败案例进行警示教育，运用廉政法规进行法纪教育，使广大党员干部树立起"以廉正心、以廉修身、以廉塑形"的新理念。

2015 年 1 月 13 日，习近平总书记在中国共产党第十八届中央纪律检查委员会第五次全体会议上指出："反腐败斗争形势依然严峻复杂，主要是在实现不敢腐、不能腐、不想腐上还没有取得压倒性胜利，腐败活动减少了但并没有绝迹，反腐败体制机制建立了但还不够完善，思想教育加强了但思想防线还没有筑牢，减少腐败存量、遏制腐败增量、重构政治生态的工作艰巨繁重。因此，党风廉政建设和反腐败斗争永远在路上。"2 月 12 日，中共中央政治局召开会议强调："用最坚决的态度减少腐败存量，用最果断的措施遏制腐败增量。"反腐败是一场必须赢的较量，是一场输不起的斗争。任凭腐败蔓延就会亡党亡国，真反腐败才能兴党兴国。贪腐的治理是一项系统工程，"腐败存量"揭示"腐败增量"产生的土壤和成因，"腐败存量"的教训也应成为"腐败增量"的防火墙。以"腐败存量"的教训构建起"腐败增量"的防火墙，"前腐后继"的犯罪链条才有可能被切断。

第六章 "边腐边升"现象的犯罪学思考①

引 言

"边腐边升",亦称"带病提拔"或者"带病上岗",一般是指由于贪腐犯罪分子作案隐蔽、手段狡猾及对干部的考察考核不实不细,致使其边作案边被提拔的现象,也包括干部在走上新的岗位或提拔到更高职务前就有贪腐问题,且"病灶"未"治愈"而继续得到使用或提拔的现象。2015年5月10日,中央纪委网站刊文认为:"从现实情况来看,中央纪委查处的中管干部违纪违法问题,很多都是发生在担任下级一把手期间;有的省已查处的领导干部中,半数以上属于带病提拔,有的一把手甚至带病在岗10年、20年,屡被提拔。"②

案例之一:贵阳市人民政府原党组成员、市长助理樊中黔受贿罪、巨额财产来源不明罪案。1988年至2008年,被告人樊中黔利用其先后担任贵阳市云岩区环城北路办事处主任、贵阳市云岩区城市管理委员会主任、贵阳市市容环境卫生管理局局长、贵阳市国土局局长、贵阳市建设委员会主任、贵阳市建设局局长、贵阳市金阳新区管理委员会主任、贵阳市人民政府党组成员、市长助理等职务便利,为50家公司或个人谋取利益,大肆收受贿赂共计人民币1005万元、美元4万元、欧元8000元、港币24.8万元,以及价值18万多元的金条50根。另外,樊中黔尚有人民币246万多元、美元25万多元、欧元12万多元和港币36万多元不能说明合法来源,经查证也无合法来源的根据。樊中黔贪腐时间长达25年。2009年9月,

---

① 本文原载《山东警察学院学报》2017年第1期。

② 中央纪委:《加强和改进巡视工作之五:上下联动,全国一盘棋》,《中国纪检监察报》2015年5月11日,第1版。

贵州省高级人民法院终审以受贿罪，判处被告人樊中黔死刑，缓期二年执行，剥夺政治权利终身，并处没收个人全部财产；以巨额财产来源不明罪，判处有期徒刑四年；决定执行死刑，缓期二年执行，剥夺政治权利终身，并处没收个人全部财产。

案例之二：原铁道部部长、铁道部党组书记刘志军受贿和滥用职权案。1986 年至 2011 年期间，被告人利用担任郑州铁路局武汉铁路分局党委书记、分局长，郑州铁路局副局长，沈阳铁路局局长，原铁道部运输总调度长、副部长、部长的职务便利，为邵力平、丁羽心等 11 人在职务晋升、承揽工程、获取铁路货物运输计划等方面提供帮助，先后非法收受上述人员给予的财物共计折合人民币 6460 余万元。2013 年 7 月，北京市第二中级人民法院以受贿罪判处刘志军死刑，缓期二年执行，剥夺政治权利终身，并处没收个人全部财产；以滥用职权罪判处其有期徒刑十年，两罪并罚，决定执行死刑，缓期二年执行，剥夺政治权利终身，并处没收个人全部财产。

深入研究"边腐边升"现象，对于防范和治理腐败犯罪，推进我国干部任用选拔制度的科学化，具有重要的理论和现实意义。

一、"边腐边升" 犯罪现象的特点及原因

笔者随机收集了 20 个党的十八大以后，因涉及腐败犯罪被判处刑罚的省部级以上干部"边腐边升"案例。从这些典型案例可以看到，"边腐边升"犯罪现象呈现以下特点。

第一，贪腐"潜伏期"不断延长。2003 年，中科院和清华大学国情研究中心提交了一份关于我国高层官员腐败特点和趋势的研究报告，报告指出，我国从 1978 年至 2002 年，腐败"潜伏期"明显变长：1980—1988 年期间被发现的 7 起案件和 1989—1992 年期间被发现的 9 起案件，平均潜伏期分别只有 1.43 和 1.44 年，基本上是立刻受到了查处；但是在 1992 年之后被发现的案件，腐败潜伏期不断增加，其中 1993—1997 年被发现的 22 起案件平均潜伏期为 3.32 年，1998—2002 年期间被发现 16 起案件平均潜伏期竟然达到了 6.31 年，最长的达到 14 年。[1]

---

① 过勇：《中国高官腐败呈现十大趋势》，《廉政瞭望》2003 年第 8 期。

第二，犯罪数额特别巨大。由于腐败时间长，涉及"边腐边升"的腐败分子，犯罪数额都特别巨大。笔者统计的 20 名省部级高官中，腐败数额在 5000 万元以上的 7 人，其中亿元以上的 4 人，而不足 1000 万元的只有 1 人。

第三，"一把手"犯罪突出。在"边腐边升"现象中，涉嫌犯罪的都是当地的"一把手"或者曾经长时间地担任过"一把手"。如白恩培虽案发在全国人大环境与资源保护委员会副主任委员位上，但他的主要犯罪行为发生在担任青海省委书记和云南省委书记期间。

第四，犯罪危害严重、社会影响恶劣。这些腐败分子在大肆贪贿过程中，不仅得不到任何惩处，反而"越腐越升"，职务更高，把持的权力更大，其暴露的可能性越小。如此恶性循环，直接破坏当地的政治生态，损害党的执政根基。

犯罪原因是影响犯罪现象的各种因素。犯罪原因包括犯罪的本质原因、犯罪的根源、犯罪的条件、犯罪的相关因素，它们共同构成了一个犯罪因果系统。"犯罪形成与变化，源于诸多致罪因素的综合作用。犯罪原因是一个多质、多层次、彼此密切关联的致罪因素系统。"① 根据笔者长期观察，"边腐边升"现象日益严重的主要原因有以下几个方面。

（一）贪腐犯罪发现难、立案难和从严惩处难，犯罪黑数高

1. 贪腐犯罪隐蔽性强，发现难

（1）贪腐犯罪侵害客体的特殊性。普通刑事案件，一般有具体的被害人，一般会留下较明显的能被人的感官感知的犯罪现场、犯罪痕迹或犯罪结果，犯罪一般会因被害人报案、控告或被人发现而暴露。而贪腐案件由于侵害的是国家利益，一般不直接涉及个人的切身利益，犯罪行为与犯罪结果一般不会自行暴露。特别是行贿与受贿是利益共同体，往往属于"天知，地知，你知，我知"的"四知"案件，行贿人一般因获利而不会举报。如果行贿者不交代行贿行为，不提供证据，拒绝配合司法机关的侦查、起诉和审判活动，受贿行为也往往难以证实。这在"买官卖官"案件中表现得更加突出。许多案件都是因其他案件被查而偶然被发现的，不少贪腐案件执纪执法机关甚至从来没有收到过相关举报。2011 年，《财经》

---

　① 张小虎：《当代中国社会结构与犯罪》，群众出版社 2009 年版，第 426 页。

杂志曾经对1987年以来落马的120名省部级官员贪腐行为进行了系统总结。对120人有据可查的案发方式的分析中，比例最高的案发方式为"由他案引出"，占到了六成以上。①

（2）贪腐分子两面人格、善于伪装。"边腐边升"型案件的行为人，共有特征是"节俭装穷""谈廉作秀""台上一套，台下一套"。如贵州省凯里市原市长洪金洲连续16年收受贿赂380余次，共计受贿3900余万元，还有3100余万元不能说明合法来源。他怕事情败露，从2006年开始，在很多次收钱后会将纪委、财政、办公室等部门人员叫来，当面把钱以"廉政金"名义上交给财政，还开了相关收据，直至2013年案发，洪金洲上交款物累计达到5550多万元。② 2010年9月，被判处死刑，缓期二年执行的贵阳市人民政府原市长助理樊中黔，平时不抽烟，不打麻将，不滥酒，还喜欢提着菜篮子上街买菜，亲自下厨做饭炒菜，穿的一双皮鞋，底子换了三次，他还要修补后再穿。但就是这个樊中黔，多年来受贿的赃款塞满整整5个保险柜，包括人民币1005万余元、美元4万元、金条50根等。③ 某市委书记因严重违纪违法被查处，而此前不久省委巡视组对他作出的评价竟然是："时刻以一名党的高级干部标准要求自己，严于律己。"④ 腐败长达22年的济南市委原书记王敏，在公开场合张口"廉洁"、闭口"清正"，既要"坚决整治跑官要官、买官卖官、拉票贿选和突击提拔干部等问题"，又要"对腐败分子，不论涉及谁，都要一查到底、坚决惩处"。在2014年12月18日落马的当天上午，他还在济南市领导干部大会上作廉政警示教育报告，强调广大党员干部一定要从典型案例中吸取教训，做到敬法畏纪、遵规守矩。难怪他的"落马"让很多人都觉得"不可思议"。

（3）传统的发现贪腐的机制没有发挥应有的作用。改革开放以来，我国开始构建组织考察、离任审计、财产申报等发现贪腐的机制，但不少制度形同虚设。如财产申报（公示）法被誉为"阳光法案"，1766年起源于瑞典，是国际社会公认的一把反腐利器。2012年世界银行对全球176个国

---

① 陈良飞：《35年"打虎"记》，《新民周刊》2013年第103期。
② 闫起磊：《贵州凯里原市长洪金洲受贿案追踪：一边受贿一边上交"廉政金"》，http://news.xinhuanet.com/politics/2015-04/19/c_1115016442.htm。
③ 惠铭生：《落马官员"出庭照"是对腐败的警示》，《中国青年报》2015年4月14日，第2版。
④ 刘天亮：《拧紧上下联动的反腐链条》，《人民日报》2015年5月26日，第5版。

家的调查显示，137 个国家已建立起官员财产申报系统。^① 我国全国人大 1988 年就起草了《国家行政工作人员报告财产和收入的规定草案》，但 26 年过去，财产申报法至今难产，现行的财产申报制度未能发挥应有的发现贪腐的功能。从 2003 年至 2012 年的十年间，共有 80 余名省部级以上官员落马，而党的十八大后的两年多时间，共抓出 100 多名省部级以上的"大老虎"，其中包括周永康、徐才厚、令计划、苏荣这样国家级的"大老虎"。但这些落马官员没有一例是因财产申报不实而被查处的。

（4）举报途径不畅。近年来，我国检察机关受理的举报线索呈总体下降趋势。全国检察机关 2001 年至 2003 年受理的举报线索分别为 194450 件、149497 件和 143394 件，呈明显下降趋势。^② 2008 年 1 月至 2013 年 8 月，全国检察机关"立案侦查的案件中，群众举报 48671 件，占 32.1%；检察机关自行发现 53532 件，占 35.4%；纪检监察机关移送 14354 件，占 9.5%；犯罪嫌疑人自首、其他执法司法机关移送和其他来源 34793 件，占 23%"^③。可见，群众举报的比例不高，其重要原因之一就是我国举报人保护制度不健全，导致群众举报积极性受挫。^④ 据最高人民检察院材料显示，在那些向检察机关举报涉嫌犯罪的举报人中，约有 70% 的举报人遭受到不同程度地打击报复或变相打击报复。^⑤ 改革开放 30 年来，评出的 10 个反腐名人，其中 9 人都遭到打击报复，^⑥ 有的甚至被判处刑罚。^⑦ 如 2014 年 12 月因受贿罪判处有期徒刑 10 年的深圳市原副市长梁道行，早在其任职宝安区区委书记时，宝安区人大常委会正（副）主任、五名党组成员就集体实名举报他，后梁道行到南山区任一把手，南山区委原常委、宣传部部长文玄找到时任省纪委书记的王华元，当面向其反映有关梁道行的六个方

---

① 张慧：《全球近半国家公布官员财产》，《青年参考》2013 年 5 月 29 日，第 7 版。

② 崔静：《我国检察机关受理的举报线索近年呈总体下降趋势》，载新华网，http：//news. xin-huanet. com/ legal/2007 - 06/13/content_ 6238569. htm。

③ 曹建明：《最高人民检察院关于反贪污贿赂工作情况的报告》，《检察日报》2013 年 10 月 25 日，第 2 版。

④ 张立：《检察官建议：举报人要做到"五要五不要"》，《检察日报》2007 年 6 月 14 日，第 1 版。

⑤ 杜萌：《70%举报者遭遇打击报复手段日趋隐蔽难于界定》，《法制日报》2010 年 6 月 18 日，第 4 版。

⑥ 李颖、李涛：《专家呼吁尽快制定举报法，民调认同此乃当务之急》，《中国青年报》2009 年 3 月 17 日，第 3 版。

⑦ 张国栋：《举报领导贪腐反获刑，唐山银行职员终无罪》，《南方都市报》2014 年 2 月 26 日，第 A23 版。

面问题，并送交了有关材料。① 又如，2004 年 5 月起中国农业银行唐山市丰润区新城支行职员陈春薷开始向唐山市丰润区检察院、唐山市检察院等部门举报新城支行行长崔某、副行长侯某等涉嫌腐败问题，检察院调查认定：没有证据证明崔某、侯某有犯罪事实，但有违纪行为。2008 年 12 月，法院却以犯诽谤罪判处陈春薷有期徒刑 1 年零 6 个月。刑期结束后，陈春薷走上了漫长的申诉之路。8 年下来，案件历经三次发回重审，两次再审。其间，她获得过一份"留了个尾巴"的"无罪判决"，但她继续申诉。2016 年 10 月 28 日，陈春薷最终才接到河北省高级人民法院宣告其"彻底无罪"的再审判决。② 民众举报之难可见一斑。

2. 贪腐分子反侦查能力强，"选择性反腐"严重，立案难

（1）贪腐分子作案手段狡诈，反侦查能力强。贪腐犯罪主体文化程度一般较高，有一定的社会地位，阅历和经验较为丰富，有些甚至熟悉法律，因此，反侦查能力较强。主要表现在：作案前精心谋划、充分准备；作案时手段狡诈隐蔽，不留破绽；作案后采取种种伎俩对抗侦查，如转移赃物，伪造毁灭证据，采用"洗钱"手段将赃款"合法化"，与同案人订立攻守同盟，利用职权威胁阻挠知情人检举揭发，贿赂讨好有关领导或司法人员以编织关系网、加厚保护层，等等。

（2）保护伞严密，选择性执法严重。如山西"小偷反腐"案。2011 年 11 月，"山西第一国企高管"山西焦煤集团董事长、党委书记白培中家中被盗，白妻报案称失窃 300 万元，但媒体曝出被盗金额达 5000 万元，法院一审判决认定抢劫财物金额为 1078 万余元，被告人罗从军、李端亮分别被判处死刑缓期二年执行和无期徒刑，而白培中仅受到了"留党察看一年，同时按规定撤销其党外职务"的处理。判决一出，舆论哗然。2014 年 2 月 27 日，中央纪委宣布山西省人大常委会原副主任金道铭（曾任山西省纪委书记、政法委书记、省委副书记）涉嫌严重违纪违法，接受组织调查。随后，舆论重新关注白培中家中被劫案。白培中也在之后不久被调查。有报道称，金道铭在位时压下白培中涉嫌违纪案，大事化小，并因此

① 郭启明：《梁道行受贿三百余万获刑十年》，《南方都市报》2014 年 12 月 24 日，第 A08 版。
② 张国栋：《举报领导贪腐反获刑，唐山银行职员终无罪》，《南方都市报》2014 年 2 月 26 日，第 A23 版；陈有谋：《为从"无罪"改为"彻底无罪" 她申诉了四年》，《华商报》2016 年 11 月 1 日，第 C2 版。

遭老干部合力举报。① 云南"双百"院长、省第一人民医院原院长王天朝收受他人贿赂共计 3500 万元,以及价值 8000 余万元的房产 100 套、停车位 100 个。5 年前,在云南省第二人民医院原院长和第三人民医院原院长因受贿相继被查,行贿者同时供出了王天朝,结果前面两名院长都被查处,王天朝却安然无恙。据知情者分析,当年王天朝是时任云南省委书记白恩培的心腹,专门组建医疗队为白服务,被视为白的"大管家",王天朝能够被保下来,十有八九是白恩培这把"保护伞"在背后起的作用。"选择性反腐"使一部分腐败分子堂而皇之地逍遥法外。

3. 贪腐案件的查处干扰大,从严惩治难

贪腐犯罪是特殊主体,有地位、有职权,社会关系盘根错节,有些甚至与一些人结成荣辱与共的政治、经济利益集团,查处一人就会遇到一批人的阻挠和抵抗。如山西省 2014 年有 7 名省级领导干部被立案调查,太原市三任市委书记、连续三任公安局局长被查,吕梁市前后两任市委书记、市长被查,省交通厅连续两任厅长被查,高平市连续两任市委书记、四任市长、一名纪委书记被查,形成"系统性、塌方式"腐败震惊全国。而之所以会形成这个局面原因之一是:"长期以来,山西反腐败不敢碰硬,此前 14 年没有查过一个市委书记的腐败案件,多年没有查处过省直厅局一把手的腐败案件。"② 近年来,在司法实践中,存在着对贪腐官员犯罪轻刑化处理的现象。2009 年 5 月至 2010 年 1 月,最高人民检察院组织开展了全国检察机关刑事审判法律监督专项检查活动。检查中发现,2005 年至 2009 年 6 月,全国被判决有罪的职务犯罪被告人中,判处免刑和缓刑的共占 69.7%。③ 如河南省伊川县检察院 1999 年至 2008 年的 10 年间,共立案查办贪污贿赂犯罪 99 件 116 人(其中大案 25 件 29 人,要案 19 件 20 人,大要案的件数、人数分别占立案总数的 44.44%、42.24%),判决 69 件 82人,其中判处缓刑 50 件 60 人,免予刑事处罚 7 件 8 人,两项件数、人数分别占判决数 83.67%、83.83%,但判处实刑的仅 11 件 13 人。④ 湖北省

---

① 田国磊、刘星:《白培中家被劫引出山西贪腐大案,涉案金额大缩水》,《中国青年报》2014年 9 月 17 日,第 3 版。

② 王新民、杨海龙:《高压反腐震三晋——来自山西的报道》,《中国纪检监察报》2015 年 5 月12 日,第 1 版。

③ 赵阳:《法律监督"软"变"硬" 排除案外干扰》,《法制日报》2010 年 11 月 22 日,第 5 版。

④ 张建刚:《一个基层检察院十年反贪调查》,《检察日报》2009 年 5 月 7 日,第 3 版。

2005 年至 2009 年间，职务犯罪有罪判决共计 6053 人，其中判处缓刑的 3023 人，判处免刑的 1305 人，两项合计免缓刑比例高达 71.5%，远远高于普通刑事犯罪 17% 的免缓刑比例。在全省 16 个地、市中，有 7 个地、市免缓比例在 70%—71%，有 3 个地、市免缓比例在 80%—89%。① 即便部分案件判处实刑后，贪腐分子也可以通过各种关系"提钱出狱"。中央政法委 2014 年 1 月 21 日颁发《关于严格规范减刑、假释、暂予监外执行切实防止司法腐败的意见》。随后，最高人民检察院布置开展"减、假、暂专项检察活动"。至 9 月底已建议收监执行 800 名罪犯，含原厅局级以上职务犯罪罪犯 82 人，立案查处背后弄虚作假、索贿受贿、徇私枉法的国家工作人员 129 人。② 广东 138 名罪犯被重新收监，其中职务犯罪罪犯 126 人，包括厅局级官员 12 人。深圳市原副市长王炬因受贿、滥用职权罪被判刑 20 年，但仅服刑两年就被保外就医，2014 年已连续保外就医 8 年的王炬被重新收监。③

（二）官员提拔任用标准异化，选人、用人机制不科学，责任追究不到位

进入 21 世纪后，我国买官卖官现象日益严重。"不跑不送，降低使用；光跑不送，原地不动；又跑又送，提拔重用"成为最经典的潜规则。2005 年爆出的新中国成立以来最大的买官卖官案——马德案中，涉案官员达 265 名，仅绥化市各部门一把手就有 50 多人。马德把其执掌的市委大院变成了一个乌纱帽批发部，小到乡镇党委书记、乡镇长，大到县委书记、县长，以及各市、县、区内局委办各部门的一二把手，每个位置都有"价格"。他们买官卖官手段花样百出，达到了登峰造极的地步。

1. 官员提拔任用标准异化

我党一直坚持德才兼备的用人标准，但在经济建设成为党的中心任务的背景下，中国官员的政绩考核打上了 GDP 的烙印。"有些地方的干部对'发展'的认识产生了误区，把'发展是硬道理'片面地理解为'GDP 是

---

① 湖北省人民检察院课题组：《公诉与刑事审判监督前沿问题实证研究》，知识产权出版社 2013 年版，第 118—120 页。

② 曹建明：《关于人民检察院规范司法行为工作情况的报告（摘要）》，《检察日报》2014 年 10 月 31 日，第 2 版。

③ 霍瑶：《深圳原副市长王炬保外就医 8 年又被收监》，《南方都市报》2015 年 1 月 9 日，第 A12 版。

硬道理'，把'以经济建设为中心'简单化为'以 GDP 为中心'。"① 用人标准的考核基本上围绕经济指标，"德"的要求被严重忽视。2015 年 3 月，昆明市委原书记仇和落马引发各界高度关注。党的十八大以来，还有一些像仇和一样的所谓"能吏"纷纷落马。他们往往手握重权，个性鲜明，干事高调，敢于推行改革，当地的经济发展迅速。所以出现了引人注目的"两搞"现象：一些"能人""能吏"既搞经济，又搞腐败；搞经济有一手，搞腐败也有一手。如现年 44 岁的江苏灌南县原县委常委、政法委书记汪建新，2015 年 1 月 16 日因非法占有公共财物共计人民币 371.1716 万元，收受贿赂 70 万元，滥用职权致使国家资金流失 1436 万元，被江苏省高级人民法院终审以贪污罪、受贿罪、滥用职权罪判处有期徒刑 15 年。汪建新曾是组织部门重点培养的干部，29 岁就担任江苏灌南县劳动局副局长，31 岁任乡长，33 岁成为当时全县最年轻的镇党委书记，35 岁被任命为县委常委，38 岁兼任县委常委、县经济开发区党工委书记、管委会主任，39 岁兼任县委常委、政法委书记。汪建新先后在多个单位任职，工作能力强，而且每于离任之际，都要上缴款项以示廉洁，他先后交到三口镇财政所 18 万元、新安镇财政所 15 万元，上缴灌南县纪委 57 万元，上缴"510"廉政账户 9.5 万元。正是汪建新的工作能力和伪装致使其数年间不断被"带病提拔"。②

2. 选人、用人机制不科学

目前，地方各级党委将党内决策权、执行权、监督权集中于一体，而在这一体之中，又往往集中于"一把手"。早在 1980 年 8 月，邓小平在中央政治局扩大会议上就指出："权力过分集中的现象，就是在加强党的一元化领导的口号下，不适当地、不加分析地把一切权力集中于党委，党委的权力又集中于几个书记，特别是集中于第一书记，什么事都要第一书记挂帅、拍板。党的一元化领导，往往因此而变成了个人领导。"③ 调查表明：53.5% 的人认为在官场普遍存在着"清廉的不如腐败的，干事的不如会说的，实干的不如作秀的，亲民的不如'能摆平事'的，'不站队的'

---

① 李烈满：《"不简单以 GDP 论英雄"——选人用人的鲜明导向》，《中国党政干部论坛》2014 年第 1 期。

② 陶维洲：《贪官众生相》，《现代快报》2015 年 5 月 22 日，第 4 版。

③ 《邓小平文选》（第二卷），人民出版社 1994 年版，第 260 页。

不如'站对队的'，'眼睛向下的'不如'眼睛向上的'"逆淘汰现象。①广州市原副市长曹鉴燎，为官近 30 年，历任镇党委书记、三个区"一把手"，最后官至广州副市长，贪腐长达 20 多年，涉案金额高达近 3 亿元，而他的情妇在 7 年内也由科级升副厅，直至 2013 年 12 月曹鉴燎案发，2014 年 8 月，其情人被免职，因卷入曹鉴燎案，又从副厅级降职到科级。②"在位时，我做的决定，99.99% 都不会有人反对，我反对的，其他人也不敢赞成。"因受贿被判刑的河南省某县原县委书记，就如此反省过他做县委书记时的权力。③ 如山东省菏泽市委原常委、统战部原部长刘贞坚受贿案。法院查明：2007 年初至 2012 年春节期间，刘贞坚利用担任巨野县委书记、菏泽市副市长等职务上的便利，先后 44 次非法收受他人财物共计人民币 858 万余元，其中 41 笔犯罪事实共计 739 万余元，均系其收受下属贿赂，为下属谋取职务调整方面的利益，占刘贞坚受贿总数的 86%，此案涉及巨野县县级干部 7 人、县直部门主要负责人 10 人，全县 18 个乡镇只有一名乡镇党委书记未向刘贞坚行贿。

2004 年 4 月，中央颁布了《公开选拔党政领导干部工作暂行规定》、《党政机关竞争上岗工作暂行规定》、《党的地方委员会全体会议对下一级党委、政府领导班子正职拟任人选和推荐人选表决办法》、《党政领导干部辞职暂行规定》和《关于党政领导干部辞职从事经营活动有关问题的意见》等 5 个干部人事制度改革文件。这标志着我国干部以"公开选拔"和"竞争上岗"为主体内容的竞争性制度决定规则及其原则基本得以确立。但是在制度原则、制度内容和制度执行方面还存在一定的问题，亟待修改和完善。④

3. "用人失察"责任难以追究

早在 1995 年 2 月 9 日中共中央就颁布了《党政领导干部选拔任用工作暂行条例》。2002 年 7 月 9 日，在暂行条例的基础上又出台了新的《党政

---

① 人民论坛问卷调查中心：《"逆淘汰"程度与根源——对官场逆淘汰的调查分析》，《人民论坛》2014 年 9 月（下）。

② 新华社：《揭秘曹鉴燎的"腐败经济学"》，《南方都市报》2014 年 11 月 5 日，第 A01 版；李亚坤：《广州原副市长曹鉴燎案：情妇 7 年由科级升副厅》，《南方都市报》2015 年 6 月 10 日，第 A07 版。

③ 王巧捧：《县委书记：光鲜背后——县委书记的"性价比"》，《廉政瞭望》2014 年第 20 期。

④ 杜晓、郑小琼：《用人不正之风"土壤"尚未根本铲除》，《法制日报》2010 年 11 月 5 日，第 4 版。

领导干部选拔任用工作条例》，其中第 63 条规定，实行党政领导干部选拔任用工作责任追究制度。凡用人失察失误造成严重后果的，应当根据具体情况，追究主要责任人以及其他直接责任人的责任。2003 年颁布的《中国共产党纪律处分条例》第 64 条也对干部选拔任用中责任追究问题作了规定。2010 年 3 月 7 日，中共中央办公厅出台《党政领导干部选拔任用工作责任追究办法（试行）》。同时，中央组织部制定了《党政领导干部选拔任用工作有关事项报告办法（试行）》《地方党委常委会向全委会报告干部选拔任用工作并接受民主评议办法（试行）》《市县党委书记履行干部选拔任用工作职责离任检查办法（试行）》。这 3 个试行办法与《党政领导干部选拔任用工作责任追究办法（试行）》配套衔接，共同构成事前要报告、事后要评议、离任要检查、违规失责要追究的干部选拔任用监督体系。但在实践中上述规定并没有发挥应有的作用，责任追究制度没有完全得到贯彻落实。买官卖官案件发生后，有的用人失察者没有得到任何处理。如安徽宿州市委原副秘书长、泗县原县委书记晏金星，自 2002 年 2 月至 2012 年 9 月，历任县委组织部部长、副县长、县委副书记、县长、县委书记、县人大常委会主任的十年间，利用手中的权力大肆收受钱物批发"官帽"，受贿 600 余次，受贿金额 500 余万元，其中接受下属请托"卖官"近百次，所得 300 余万元，向晏金星行贿的 47 人，不仅包括"副县长"、"县委常委"、县委县政府"两办"主任等要职，还包括全县 20 余个科局和 10 多个乡镇，大部分是乡镇和县直单位一把手。晏金星最终因受贿罪被判处有期徒刑 14 年。[①] 晏金星卖官 10 年，也是"边腐边升"的 10 年，晏金星落马了，而 10 年间不断提拔晏金星的组织和领导却没有受到任何处理。"用人失察"之所以难以追究，是因为在干部任用上实行的是民主集中制和集体讨论制。从形式上看，是集体讨论，是按照少数服从多数原则作出的。"但是实际上，集体对集体决策失误负责任的行为在党的政治实践，乃至我国的政治实践中都十分罕见。目前的集体负责制中没有对集体进行问责的情况。"[②] 一些贪腐的"一把手"正是利用这种制度的缺陷逃避自己应负的责任。

---

① 杨玉华：《安徽泗县原县委书记晏金星案追踪》，《中国青年报》2014 年 9 月 17 日，第 7 版。

② 张振雪、任中平：《集体负责制运行中的问题、原因与对策思考》，《中共四川省委省级机关党校学报》2012 年第 2 期。

二、 科学治理和杜绝 "边腐边升" 现象的基本路径

官员 "带病提拔" "边腐边升" ,严重影响公职人员的事业心和责任感,损害党的形象,动摇民众对党和国家信任的根基。治国必先治吏,治吏务必从严。2015 年 1 月 14 日,中央纪委第五次全体会议公报指出:"惩治腐败,重点查处党的十八大后不收敛、不收手,问题线索反映集中、群众反映强烈,现在重要岗位且可能还要提拔使用的领导干部。" 2016 年 8 月,中共中央办公厅印发的《关于防止干部"带病提拔"的意见》,剑指 "带病提拔" 。这表明 "带病提拔" "边腐边升" 的治理问题已引起了中央的高度关注。

(一) 着力解决发现难、 查处难的问题, 提高腐败犯罪的成本

1. 加强个人有关事项报告的执行力度,尽快出台"公职人员财产申报法"

2013 年 12 月 29 日,中央组织部印发的《关于进一步做好领导干部报告个人有关事项工作的通知》规定,今后领导干部个人有关事项不再是一报了之,而是要不定期进行抽查,并逐年提高抽查比例,并坚持凡提必查。从 2015 年 1 月开始,中央组织部加大随机抽查力度,将抽查比例由 3%—5% 扩大到 10% 。2015 年,全国被抽查的领导干部中因不如实报告个人有关事项等问题,被取消提拔资格 3902 人,调离岗位 35 人,改任非领导职务 17 人,免职 58 人,降职 14 人;发现问题线索移交纪检监察机关给予党纪政纪处分 160 人;受到批评教育 4.16 万人,责令作出检查 1.43 万人,通报批评 856 人,诫勉 5891 人,取消后备干部资格 698 人。[1] 江西省原副省长姚木根报告时,只填写两套房产,却被核实出 12 套,被立案查处。《关于防止干部"带病提拔"的意见》则进一步提出了"四凡四必"制度,即干部档案"凡提必审",个人有关事项报告"凡提必核",纪检监察机关意见"凡提必听",反映违规违纪问题线索具体、有可查性的信访举报"凡提必查"。

---

[1] 盛若蔚:《3900 多名干部因瞒报等问题被取消提拔资格》,《人民日报》2016 年 1 月 26 日,第 1 版。

在反腐败制度建设中，官员财产公示是预防腐败的指标性制度。[1]财产申报制犹如一把利刃，直刺腐败分子的要害。所以，世界各国都把官员的财产公示视为反腐制度的基石。各国的反腐实践经验表明，官员的财产不向社会公开，社会监督和政府官员的廉政就是一句空话。新加坡前总理李光耀在推行铁腕反腐制度时说过："一个国家如果没有建立公务员财产公示制度，这个国家的反腐败就只能是镜中花、水中月。"这话后来被当地人称为是新加坡当年从腐败到廉洁的一个转折。[2]制定财产申报法一直是我国广大民众的企盼。要真正反腐，让官员"无腐可藏"，就必须尽快出台财产申报法，而且财产申报必须从中央高层做起，从而使官员财产公开真正成为"带病提拔"的短路机制。

2. 推进网络反腐的制度化，加强对举报人的权利保护

网络反腐，作为互联网时代的一种群众监督新形式，利用其平台大、传播快、公开广、成本低、受众多的优势，有效地弥补了传统举报制度的不足。从南京的"天价烟"局长，到陕西的"杨表叔"，再到广州的"房叔""房婶"，以及南昌高新区检察院干部徐某拥有房产149套（间）等，网络反腐可谓"战功赫赫"。但网络反腐存在着不容忽视的问题。上海交大新媒体与社会研究中心、舆情网联合发布的《2012年中国微博年度报告》显示，在2012年度24起影响较大的网络反腐案例中，系谣言误传的有9个案例。所以，当务之急是要将网络反腐纳入我国反腐倡廉整体制度设计中，加快建设网络反腐平台，在网络上建立举报资料收集、舆论应对、案件查证、结论反馈的机制，使网络反腐迈入规范化、制度化、理性化的轨道。

出台举报法，强化对举报人的权利保护。民众举报对推动反贪污贿赂斗争的深入发展，震慑、打击、预防和减少腐败犯罪发挥着极其重要的作用。我国香港廉署成立后，"经过40年的努力，香港市民对贪污的态度基本上是零容忍，而廉洁更已成为香港的核心价值观，因此具名投诉占总投诉的比例已升至七成。2013年具名投诉的比例是71%"[3]。"我国检察机关受理的职务犯罪举报线索匿名率普遍偏高。以浙江省检察机关受理的举报

---

① 何家弘：《反腐败的战略重心与官员财产公示》，《法学》2014年第10期。

② 温宪等：《国外官员财产公示制度调查（上）》，《环球时报》2013年1月31日，第3版。

③ 王丽丽：《专访香港廉政公署廉政专员白韫六副廉政专员黄世照》，《检察日报》2014年7月15日，第5版。

线索为例，匿名率达70％以上，署名举报仅占30％左右，但真正实名的不到10％。"① 从国外来看，既鼓励实名举报，又严密保护举报人。世界上多个国家都相继出台了保护举报人合法权益的法律规定，英国、美国、澳大利亚、加拿大、日本等国更是制定了专门的举报人保护法。这表明加强对举报人的权利保护，出台举报法刻不容缓。

3. 加快反腐败体制改革

我国现行的纪检监督体制，仍是一种同体监督体制。反腐实践证明：高官腐败案件都不是同级纪检机关发现和查办的。如广东茂名市的官场腐败之风，始于周镇宏主政时期。在周镇宏治下，茂名的官位往往待价而沽，花钱买官成为官场的潜规则。但他不仅没有得到查处，反而高升为省委常委，在茂名官场留下一个极坏的"榜样"。罗荫国接任市委书记后，买官卖官更发展到疯狂的地步，甚至由潜规则转为明规则。② 对此，同级纪检部门却没有任何反应。"再锋利的刀刃，也砍不了自己的刀把。"党的十八届三中全会明确提出，查办腐败案件以上级纪委领导为主，线索处置和案件查办在向同级党委报告的同时必须向上级纪委报告。2014年6月30日，中共中央政治局审议通过的《党的纪律检查体制改革实施方案》提出，要推动党的纪检工作双重领导体制具体化、程序化、制度化，落实查办腐败案件以上级纪委领导为主，各级纪委书记、副书记提名和考察以上级纪委会同组织部门为主，强化上级纪委对下级纪委的领导。为了加强对同级党委的监督，除改革纪检体制外，必须推进检察体制改革，建立检察机关垂直领导体制。③ 同时，废除检察机关查办要案向同级党委请示报告制度，从而保证同级纪检、检察机关能对同级党委、政府真正发挥监督制约作用。

2016年10月召开的党的十八届六中全会公报提出要成立"国家监察委员会"。随后，中共中央办公厅印发《关于在北京市、山西省、浙江省开展国家监察体制改革试点方案》（以下简称《方案》），部署在3省市设立各级监察委员会，从体制机制、制度建设上先行先试、探索实践，为在

---

① 赵阳：《浙江检察单线联系试破实名举报困境》，《法制日报》2011年6月23日，第5版。
② 舒炜：《前腐后继透视》，《廉政瞭望》2014年第23期。
③ 张兆松：《再论检察机关领导体制的改革》，《人民检察》2014年第13期。

全国推开积累经验。①《方案》提出，国家监察体制改革是事关全局的"重大政治改革"，是建立在党统一领导下的"国家反腐败工作机构"，要实施组织和制度创新，整合反腐败资源力量，扩大监察范围，丰富监察手段，实现对行使公权力的公职人员监察全面覆盖，建立集中统一、权威高效的监察体系。根据《方案》，试点地区的监察委员会将与纪委合署办公。② 党的十八届六中全会公报将国家监察委员会与"权力与立法机关"（人大）、"行政机关"（政府）、"司法机关"（法院、检察院）并提，暗示了国家监察权与国家行政权的分离。"按照改革设计，监察委员会将拥有包括预防腐败、党纪监督、违法监察、财务监督、刑事侦查等诸多职责，明确、规范如此广泛的权力是否需要修订法律，都是现实而紧要的问题。"③ 纪检监察体制改革终于进入深水区，广大民众期盼的一个类似于香港廉政公署的统一、独立、权威、高效的反腐败机构有望在我国落地生根。

4. 及时查办腐败犯罪，减少"犯罪黑数"

有学者曾根据中央组织部的数据计算，1993—1998 年全国受党纪政纪处分的干部累计达 2.89 万人，平均每 100 名受党纪政纪处分的干部只有 42.7 人被检察机关立案侦查，只有 6.6 人被判刑。相比之下，香港腐败案件的判罪率是 78.4%，存在明显差距。④ 根据田国良教授对 103 个副省部级案件的量刑进行分析，发现有死刑 6 例，死缓 27 例，无期徒刑 17 例，有期徒刑 44 例，判处无期徒刑以上刑罚约占已判案例的 53%。⑤ 可见，"重刑治腐"效果并不理想。《中华人民共和国刑法修正案（九）》及最高人民法院、最高人民检察院《关于办理贪污贿赂刑事案件适用法律若干问题的解释》（2016 年 4 月 18 日起施行）颁布之后，贪贿犯罪刑罚的严厉性已有大幅度的下降。"对于犯罪最强有力的约束力量不是刑罚的严酷性，而是刑罚的必定性。"⑥ 提高腐败犯罪成本，就要增加惩罚概率。形成"天

---

① 姜洁：《中办印发〈关于在北京市、山西省、浙江省开展国家监察体制改革试点方案〉》，《人民日报》2016 年 11 月 8 日，第 3 版。

② 滑璇：《"法定职责必须为，法无授权不可为"——马怀德解读国家监察委员会》，《南方周末》2016 年 11 月 17 日，第 A04 版。

③ 南都社论：《走出同体监督，监察体制改革意义深远》，《南方都市报》2016 年 11 月 12 日，第 A02 版。

④ 过勇、宋伟：《腐败测量》，清华大学出版社 2015 年版，第 41—42 页。

⑤ 戴菁：《高官腐败案例的启示：访中央党校田国良教授》，《学习时报》2013 年 5 月 27 日，第 15 版。

⑥ ［意］贝卡里亚：《论犯罪与刑罚》，中国大百科全书出版社 1993 年版，第 59 页。

网恢恢、疏而不漏""手莫伸，伸手必被捉"的社会氛围，就必须大力加强腐败犯罪的查处工作，提高破案率，减少"犯罪黑数"。

（二）严格干部提拔任用标准，改革选人、用人机制，明确责任追究

1. 严格干部选拔任用标准

2013 年 6 月召开的全国组织工作会议提出"着力培养选拔党和人民需要的好干部"，并明确了好干部的标准："信念坚定、为民服务、勤政务实、敢于担当、清正廉洁。"2013 年 12 月 10 日，中央制定的《关于改进地方党政领导班子和领导干部政绩考核工作的通知》，提出政绩考核要突出科学发展导向，完善了政绩考核评价指标，不再 GDP 至上。2014 年 1 月 14 日，中共中央印发了新修订的《党政领导干部选拔任用工作条例》，这部"可称为史上最严标准、最多关口的选人用人规定"，从选拔任用原则、条件、动议、民主推荐、考察、讨论决定等多个环节，对选人用人进行了完整的制度设计和安排。[①] 2016 年 10 月 27 日，中国共产党第十八届中央委员会第六次全体会议公报强调："选拔任用干部必须坚持德才兼备、以德为先，坚持五湖四海、任人唯贤，坚持信念坚定、为民服务、勤政务实、敢于担当、清正廉洁的好干部标准。"只有坚持严格的干部选拔任用标准，才能从源头上防止和杜绝"边腐边升"现象。

2. 大力推进干部选拔任用制度改革

在我国，从理论上说，各级官员都是人民公仆，应向人民群众负责，人民群众对他们的任用有选择权。所以，必须用"以民选官"来取代现行的"以官选官"模式，才符合科学执政对干部选拔制度提出的要求。各级官员必须首先从具体单位的人民群众中选举出来，接受本单位人民群众的监督，获得本单位群众的认可，然后才具有合法性和正当性。选举的目的，就是为了约束官员的权力。改革官员选拔任用机制的重要途径是积极、稳妥、有序地推进竞争性选举制，防止干部选拔完全是"一把手"说了算。

3. 落实用人责任追究制度

2014 年 1 月 21 日，中央组织部印发的《关于加强干部选拔任用工作

---

① 刘霞：《多管齐下把住选人用人关》，《人民论坛》2014 年第 78 期。

监督的意见》第 4 条规定："建立倒查机制，强化干部选拔任用责任追究。"要按照"谁提名谁负责，谁推荐谁负责，谁考察谁负责"的原则进行追责倒查，根据失职原因、责任大小等因素，查处追究各环节的责任人。2016 年 6 月 28 日，中共中央政治局会议审议通过《中国共产党问责条例》。该问责条例的制定就是要让失责必问、问责必严成为常态。"动员千遍不如问责一次。"①《关于防止干部"带病提拔"的意见》强调："由于领导不力、把关不严、考察不准、核查不认真，甚至故意隐瞒、执意提拔，造成干部'带病提拔'的，要按照有关规定，区别不同情况，严肃追究党委（党组）、组织人事部门、纪检监察机关、干部考察组主要负责人和有关领导干部及相关责任人的责任。"倒查干部"带病提拔"过程，问责到人，谁提名推荐、谁签名负责，有利于切实解决"用人一句话"、表面走程序、集体负责、人人无责的顽疾。

---

　　① 王岐山：《用担当的行动诠释对党和人民的忠诚》，《人民日报》2016 年 7 月 19 日，第 2 版。

第七章　论我国贪污贿赂犯罪预防
政策的转型
——从刑罚的严厉性走向刑罚的确定性①

问题的提出

　　党的十八大以来，以习近平同志为核心的党中央，以强烈的历史责任感、深沉的使命忧患感、顽强的意志品质，铁腕惩治腐败，着力构建不敢腐、不能腐、不想腐的机制体制，形成了反腐败斗争压倒性态势。中央强力反腐，凝聚了党心，赢得了民心，让人民群众有了实实在在的获得感，得到了人民群众的衷心拥护。中国社会科学院中国廉政研究中心课题组的最新成果之一《反腐倡廉蓝皮书：中国反腐倡廉建设报告 No. 7》发布的数据显示，"99.3％的普通干部、99.6％的专业人员、95.1％的企业管理人员认为'腐败总体上得到有效遏制'或'腐败在一定范围内或一定程度上得到遏制'，比 2012 年分别提高 11.3、29.4、34.1 个百分点"。②但我们同时也注意到：在中央强力反腐的形势下，贪贿犯罪分子受到的刑罚处罚力度大幅度下降，特别是最高人民法院、最高人民检察院 2016 年 4 月18 日《关于办理贪污贿赂刑事案件适用法律若干问题的解释》（以下简称《解释》）颁布后，贪贿犯罪的量刑刑期整体上成倍下降。因此，正确认识、评估、检讨现行贪贿犯罪刑罚适用的特点，并适时调整我国贪贿犯罪预防策略，具有重要的理论意义和现实意义。

---

① 本文原载严励、岳平主编：《犯罪学论坛》（第五卷），中国法制出版社 2018 年版，第 75—95 页。

② 王昊魁：《89.2％的城乡居民对反腐败有信心》，《光明日报》2018 年 2 月 23 日，第 5 版。

一、 刑罚的严厉性不是治理贪贿犯罪的理想之路

1949 年初，毛泽东及第一代领导集体，以"我们共产党人决不当李自成"的雄心壮志，离开西柏坡进京"赶考"。新中国刚刚建立，腐败现象就伴随着新生政权的成立和建设悄然滋长，并逐渐呈现出了蔓延之势。1952 年 3 月 28 日，政务院举行第 130 次政务会议通过《中华人民共和国惩治贪污条例》规定，个人贪污的数额，在人民币 1 亿元以上者，判处 10 年以上有期徒刑或无期徒刑，其情节特别严重者判处死刑。① 1952 年 10 月 25 日，中共中央批准的中央政策研究室《关于结束"三反"运动和处理遗留问题的报告》指出："对少数贪污数额巨大，手段恶劣，态度顽固，给国家造成严重损失者，则给予严厉制裁。判处刑事处分的 38402 人，占已处理部分的 3.6%。其中机关管制的 17175 人，占判处刑事处分的 44.7%；劳动改造的 11165 人，占 29.1%；判处有期徒刑的 9942 人，占 25.9%；判处无期徒刑的 67 人，占 0.17%；经中央和大行政区批准判处死刑的 42 人（内有杀人犯 5 人），死刑缓刑 9 人，共计 51 人，占 0.14%。"② 特别是河北省天津地委前任书记刘青山、继任书记兼专员张子善贪污案发后，毛泽东"挥泪斩马谡"，指出"只有处决他们，才可能挽救 20 个、200 个、2000 个、20000 个犯有各种不同程度错误的干部"。③ 开国肃贪"第一刀"，在国内外激起了极为强烈的反响，在中国共产党内极大地震慑了腐败分子，教育和挽救了一大批党员干部。

1979 年 7 月 1 日，我国通过的第一部刑法典只规定了贪污罪和贿赂罪两个条文，设置了贪污罪、受贿罪、行贿罪和介绍贿赂罪四个罪名。1979 年刑法与《中华人民共和国惩治贪污条例》的规定相比，贪污贿赂犯罪的范围有所控制，刑罚有所减轻，如受贿罪的法定最高刑是有期徒刑 15 年。随着改革开放的推进，贪污贿赂犯罪呈逐步上升的趋势，特别是索贿、受贿的犯罪行为增多，而 1979 年刑法规定的法定刑偏轻，不足以惩治犯罪，同时也与贪污罪的法定刑（最高刑是死刑）不相协调。为此，1982 年 3 月

---

① 这里的金额是旧币，按 1955 年发行的人民币新币折算，新币 1 元等于旧币 1 万元。
② 吴珏：《"三反"、"五反"运动纪实》，东方出版社 2014 年版，第 335—336 页。
③ 薄一波：《若干重大决策与事件的回顾》（上），中共中央党校出版社 1991 年版，第 152 页。

8 日，第五届全国人大常委会第二十二次会议通过的《关于严惩严重破坏经济的罪犯的决定》对受贿罪作了修改规定："国家工作人员索取、收受贿赂的，比照刑法第一百五十五条贪污罪论处；情节特别严重的，处无期徒刑或者死刑。"1983 年 1 月 17 日，广东省海丰县原县委书记王仲成为改革开放以来第一个因贪腐被枪毙的县级"一把手"。

改革开放以来，我国始终用"重刑"来治理贪贿犯罪问题。不论是 1988 年 1 月 21 日通过的《关于惩治贪污罪贿赂罪的补充规定》，还是 1997 年刑法，贪污罪和受贿罪都规定了无期徒刑和死刑。根据 1997 年刑法第 383 条、第 386 条规定，个人贪贿数额在 5 万元以上不满 10 万元，情节特别严重的，处无期徒刑，并处没收财产；个人贪贿数额在 10 万元以上，情节特别严重的，处死刑，并处没收财产。上述条文属于绝对确定的法定刑范畴。由于立法对贪贿犯罪规定了严厉的刑罚措施，重刑案件特别是死刑、无期徒刑以上的案件占一定比例。

在如此严厉刑罚的制裁下，贪贿犯罪并没有得到有效遏制。2013 年至 2017 年，全国各级检察机关共立案侦查职务犯罪 254419 人，较前五年上升 16.4%，为国家挽回经济损失 553 亿余元。其中，涉嫌职务犯罪的县处级国家工作人员 15234 人、厅局级 2405 人。在党中央统一领导下，党的十八大以来，检察机关对周永康、孙政才、令计划、苏荣等 120 名原省部级以上干部立案侦查，对 105 名原省部级以上干部提起公诉。[1] 被查处的贪贿违法犯罪数量大大高于 2012 年之前的任何一个五年。以省部级及以上高官为例，近五年人民法院宣判的贪腐高官人数由前五年的 26 人，提高到近五年的 100 人（见表 1）。[2] 人均贪腐金额由前五年的不满 2000 万元，提高到了 4000 多万元（见表 2）。这足以证明：严厉的刑罚惩罚不是治理贪贿犯罪的理想之路。

表 1　2008—2017 年人民法院宣判的贪腐高官人数

年份	判决数/人	年份	判决数/人
2008	2	2013	4
2009	3	2014	5

① 《最高人民检察院工作报告》，《人民日报》2018 年 3 月 10 日，第 2 版。
② 这一统计数字尚不包括军队中的贪腐案件。

续表

年份	判决数/人	年份	判决数/人
2010	12	2015	17
2011	5	2016	35
2012	4	2017	39

表 2 2008—2017 年贪腐高官人均贪腐金额

年份	人均贪腐金额（万元）	年份	人均贪腐金额（万元）
2008	143.5	2013	3021
2009	6771	2014	2972
2010	1052	2015	3017
2011	1317	2016	5083
2012	625.5	2017	7525

二、 刑罚的宽缓化是我国治理贪贿犯罪的基本选择

严刑峻法既不是控制犯罪的理想手段，也与人道主义和人权观念背道而驰。现代社会刑法中的刑罚应该是一种宽缓的刑罚，这在刑法理论界已经基本达成共识，并成为刑法现代化的重要标志之一。实现宽缓的刑罚正是当下打击贪贿犯罪的必经之路。如贝卡里亚所言："对于犯罪最强有力的约束力量不是刑罚的严酷性，而是刑罚的必定性。"[①] 刑法宽缓化是贝卡里亚贯穿其刑法理论的核心之一。在贝卡里亚看来，在刑罚的问题上，实行人道主义，把罪犯当人对待，尽量使用轻刑，使刑罚宽缓化，要比使用重刑更符合人性，更有利于培养全社会人的善良与正义观念，更有利于实现刑罚的一般预防和特殊预防的目的。从近年贪贿犯罪刑罚适用的情况看，我国正走向刑罚的宽缓化。

（一） 从学理层面看

近年，学界已在如何限制、减少乃至废除死刑问题上达成了以下共

---

① ［意］贝卡里亚：《论犯罪与刑罚》，黄风译，北京大学出版社 2008 年版，第 62 页。

识：我国死刑制度必须改革；我国死刑制度应当采取渐进式的改革模式；我国死刑改革应当坚持立法和司法并进的路径；我国死刑改革要注重制度改革与观念变革的相互促进。[①] 在死刑不断废止的背景下，法学界多数赞同贪腐官员"免死"，因为贪污受贿犯罪属于非暴力的经济犯罪，与死刑所剥夺的生命权不具有对等性，应取消死刑。[②]"贪污罪、受贿罪等职务犯罪的死刑亦应废止。主要理由在于：第一，职务犯罪的产生和存在有其必然性，只要存在国家权力，就会滋生腐败，一味地强调用严刑峻法来遏制腐败犯罪是不妥的。第二，职务犯罪是一种'社会综合征'，仅靠对犯罪人实施严刑峻法无法达到根治的目的，国家也应承担制度不完备之责任。第三，对于职务犯罪配置死刑，'杀鸡儆猴'的功能收效甚微，刑罚的一般预防功能也无从体现。第四，对职务犯罪适用死刑，与国际通行的'死刑不引渡'原则也存在冲突，容易造成对部分犯罪人打击不力。"[③] 所以，在学界，对贪贿犯罪也应当早日废除死刑已没有太多争议。[④]

（二）从立法层面看

第一，《中华人民共和国刑法修正案（九）》（以下简称《刑法修正案（九）》）对贪污受贿罪量刑作出了修改，废除了贪贿犯罪中绝对确定的法定刑，对死刑规定了更高的适用标准。《刑法修正案（九）》规定：贪贿犯罪数额特别巨大且使国家和人民利益遭受特别重大损失的，处无期徒刑或者死刑。《解释》第4条第1款进一步明确规定："贪污、受贿数额特别巨大，犯罪情节特别严重、社会影响特别恶劣、给国家和人民利益造成特别重大损失的，可以判处死刑。"我国的死刑政策是"少杀、慎杀"。1979年刑法规定了28个死刑罪名，嗣后，为了应对日益严峻的犯罪形势，立法机关不断增设死刑罪名，到1997年刑法修订之前，死刑罪名已多达71个，1997年刑法修订时立法机关"考虑至目前社会治安的形势严峻，经济犯罪的情况严重，还不具备减少死刑的条件。这次修订，对现行法律规定的死

---

① 赵秉志：《死刑改革新思考》，《环球法律评论》2014年第1期。
② 单玉晓、沈凡：《经济犯罪死刑之辩》，《财新周刊》2016年第49期。
③ 赵秉志：《死刑改革之路》，中国人民大学出版社2014年版，第917页。
④ 李慧织：《贪污贿赂犯罪死刑限制与废止研究》，中国人民公安大学出版社2014年版，第92—142页。

刑，原则上不减少也不增加"①。修订后仍保留有 68 个死刑罪名。1966 年 12 月，联合国大会审议通过的《公民权利和政治权利国际公约》第 6 条第 2 款规定："在未废除死刑的国家，判处死刑只能是作为对最严重的罪行的惩罚……" 截至 2012 年，在联合国 193 个会员国中，已经有约 150 个国家在法律上或事实上废除了死刑或者暂停执行死刑。② 我国政府 1998 年已签署该公约。虽然时至今日立法机关并未批准该公约，但"正在继续稳妥推进行政和司法改革，为批准该公约做准备"。我国死刑改革的目标是限制、减少直至废除死刑。党的十八届三中全会通过的《中共中央关于全面深化改革若干重大问题的决定》提出要"逐步减少适用死刑罪名"。但从民意角度看，取消贪腐犯罪的死刑适用方面临争议。2010 年 8 月，十一届全国人大常委会审议《中华人民共和国刑法修正案（八）（草案）》时，拟取消近年来较少适用或基本未适用的 13 个经济性非暴力犯罪的死刑，其中关于是否取消贪贿犯罪死刑曾引起社会高度关注。最后，全国人大内务司法委员会作出说明："从《中华人民共和国刑法修正案（八）（草案）》草拟开始，全国人大从未考虑过取消贪污贿赂犯罪的死刑适用。"③《中华人民共和国刑法修正案（九）（草案）》审议之时，贪贿犯罪死刑问题又再次成为争议的焦点问题。"京报调查"结果显示的"近七成人反对'取消贪腐死刑'的说法。"④ 中国青年报社社会调查中心通过的一项网络调查显示，59.3% 的受访者直言目前《刑法》对腐败犯罪打击力度不够，73.2% 的受访者表示应对贪污贿赂犯罪保留死刑。⑤ 最终《刑法修正案（九）》进一步取消 9 个死刑罪名（死刑罪名减至 46 个），但不包括贪贿犯罪。

第二，《刑法修正案（九）》虽然仍保留死刑，但通过终身监禁的设立，使死刑立即执行事实上得以废除。终身监禁是一种死刑替代措施。立法增设

① 参见王汉斌副委员长 1997 年 3 月 6 日在第八届全国人大第五次会议上所作的《关于〈中华人民共和国刑法〉（修订草案）的说明》。
② ［西班牙］何塞·路易斯·德·拉·奎斯塔：《死刑：全球废除的趋势》，载赵秉志主编：《当代刑事法学新思维》（上卷），北京大学出版社 2013 年版，第 447 页。
③ 毛磊：《取消贪污贿赂犯罪死刑？修改刑法从未如此考虑》，http：//npc. people. com. cn/GB/14957/53050/ 12848310. html。
④ 佘宗明：《近七成受访者：反对取消"贪腐死刑"》，《新京报》2014 年 11 月 1 日，第 A03 版。
⑤ 向楠：《民调：73.2% 受访者主张对贪污贿赂罪保留死刑》，《中国青年报》2014 年 11 月 4 日，第 7 版。

终身监禁，是因为"对贪污受贿数额特别巨大、情节特别严重的犯罪分子，特别是其中本应当判处死刑的，根据慎用死刑的刑事政策，结合案件的具体情况，对其判处死刑缓期二年执行依法减为无期徒刑后，采取终身监禁的措施，有利于体现罪刑相适应的刑法原则，维护司法公正，防止在司法实践中出现这类罪犯通过减刑等途径服刑期过短的情形，符合宽严相济的刑事政策"①。"全国人大法律委员会 2015 年 8 月 16 日在《关于〈中华人民共和国刑法修正案（九）〉（草案二次审议稿）主要问题的修改情况的汇报》中明确将终身监禁视为贪污受贿罪死刑立即执行的替代措施。"② 曾参与《刑法修正案（九）》起草和修改的全国人大常委会法工委的同志指出："特别需要明确的是，这里规定的'终身监禁'不是独立的刑种，它是对罪当判处死刑的贪污受贿犯罪分子的一种不执行死刑的刑罚执行措施。从这个意义上讲，也可以说是对死刑的一种替代性措施。"③ 最高人民法院 2015 年 10 月 29 日颁布的《关于〈中华人民共和国刑法修正案（九）〉时间效力问题的解释》第 8 条规定："对于 2015 年 10 月 31 日以前实施贪污、受贿行为，罪行极其严重，根据修正前刑法判处死刑缓期执行不能体现罪刑相适应原则，而根据修正后刑法判处死刑缓期执行同时决定在其死刑缓期执行二年期满依法减为无期徒刑后，终身监禁，不得减刑、假释可以罚当其罪的，适用修正后刑法第三百八十三条第四款的规定。……"可见，最高人民法院也是将终身监禁视为贪污、受贿犯罪死刑立即执行的替代措施的。由此可见，将终身监禁视为贪污、受贿罪死刑立即执行的替代措施是能够成立的。笔者认为，既然终身监禁是死刑的替代措施，今后应当排除适用死刑立即执行，可以预计在贪污、受贿罪中我国将不会出现死刑立即执行的案例。

第三，《刑法修正案（九）》基本上废除贪贿犯罪的交叉刑规定。为了体现对贪贿犯罪从重处罚的立法精神，1997 年刑法第 383 条中第 1 项至第 4 项共规定了四个档次的法定刑，各档次之间轻重衔接出现交叉现象，第一档次的法定刑和第二档次的法定刑在 10 年以上有期徒刑、无期徒刑部分是交叉重合的；第三档次的法定刑与第二档次中的 5 年以上 10 年以下有期

---

① 参见 2015 年 8 月 24 日全国人民代表大会法律委员会《关于〈中华人民共和国刑法修正案（九）（草案）〉审议结果的报告》。
② 赵秉志、袁彬：《刑法最新立法争议问题研究》，江苏人民出版社 2016 年版，第 194 页。
③ 郎胜主编：《中华人民共和国刑法释义》（第 6 版），法律出版社 2015 年版，第 657 页。

徒刑部分是交叉重合的；第四档次的法定刑为 2 年以下有期徒刑或者拘役，其对应的数额标准是不满 5000 元。其中 1—2 年有期徒刑部分又与第三档次是交叉重合的。同时，第一档次的法定最低刑为 10 年，第三档次的法定最高刑为 10 年，两者之间完全包容了第二档次所规定的 5 年以上 10 年以下部分。另外，每个档次的法定最高刑又都超过了上一个档次法定最低刑。《刑法修正案（九）》除在刑法第 383 条第 3 项规定的无期徒刑中有交叉以外，其他交叉刑已全部废除。

（三）从司法实践层面看

第一，大幅度提高贪贿犯罪定罪量刑数额标准。《解释》将贪贿犯罪定罪数量标准由 5000 元、5 万元和 10 万元提高至 3 万元、20 万元、300 万元。

第二，被判处死刑立即执行的贪贿案件渐趋消失。2007 年 6 月 22 日，北京市高级人民法院作出终审判决，以受贿罪、玩忽职守罪，判处国家食品药品监督管理局原局长郑筱萸死刑，剥夺政治权利终身，并依法报请最高人民法院核准。经最高人民法院核准，郑筱萸 7 月 10 日被执行死刑。此后至今已逾 10 年，已没有被判处死刑立即执行的贪腐高官。2007 年以后，还有地方官员因贪贿被执行死刑的，如首都机场集团公司原董事长李培英、杭州市原副市长许迈永、郴州市原纪委书记曾锦春、苏州市原副市长姜人杰等。党的十八大后我国强力反腐，但已没有任何贪贿罪犯被判处死刑立即执行。内蒙古自治区政协原副主席赵黎平犯有故意杀人、受贿、非法持有枪支、弹药、非法储存爆炸物罪，其受贿数额高达 2368 万元，但最终他是因为犯有故意杀人罪被判处死刑立即执行，剥夺政治权利终身。

第三，判处死缓、无期徒刑以上的贪贿罪犯人数大大减少。如 2008—2012 年，被判处无期徒刑以上刑罚的贪腐高官有 20 人，占同期已判贪腐高官的 76.9%（表 3），而 2013—2017 年，被判处无期徒刑以上刑罚的有 26 人，只占同期已判贪腐高官的 26%（表 4）。2012 年之前，一般贪贿数额在 1000 万元以上应判处无期徒刑以上刑罚，现在则要贪贿数额在 5000 万元以上才能判处无期徒刑以上刑罚，1 亿元以上才能判处死缓（表 5）。

第四，普通贪贿罪犯的刑罚处罚力度大幅度下降。胡冬阳博士实证调研报告指出：刑法修正后，受贿罪的量刑刑期整体呈下降趋势，分别降低244.8%（数额较大）和225.1%（较重情节）。[1] 新疆高级人民法院贪贿犯罪量刑调研报告显示：《解释》实施前判处的443名贪贿被告人中，判处3年以下有期徒刑、拘役的有281人，占63.4%；《解释》实施后判处的216名贪贿被告人中，判处3年以下有期徒刑、拘役的有172人，占79.6%。[2] 如中国移动北京公司原董事、副总经理李大川受贿案，李大川因泄露招标内容受贿150万元，根据《刑法修正案（九）》之前的规定，李大川至少要判10年以上有期徒刑，而《解释》颁布后，"鉴于李大川有自首情节，在提起公诉前能如实供述自己罪行，认罪、悔罪态度较好，且积极退赃，故依法从轻处罚"。最终，朝阳法院以受贿罪判处李大川有期徒刑3年，缓刑3年，并罚款20万元。[3]

表3　2008—2012年宣判的贪腐高官刑罚适用情况

年份 刑罚	2008	2009	2010	2011	2012	合计
死缓	/	1	8	3	1	13
无期徒刑	/	/	4	2	1	7
有期徒刑	2	2	/	/	2	6
合计	2	3	12	5	4	26

表4　2013—2017年宣判的贪腐高官刑罚适用情况

年份 刑罚	2013	2014	2015	2016	2017	合计
死缓	2	1	/	2	1	6
无期徒刑	2	2	1	6	9	20
有期徒刑	/	2	16	27	29	74
合计	4	5	17	35	39	100

① 胡冬阳：《贿赂犯罪"数额＋情节"模式运行实证研究》，《湖北社会科学》2017年第10期。
② 李勇、刘彦平等：《规范职务犯罪量刑，强化不敢腐的震慑——新疆高院关于贪污受贿案件量刑情况的调研报告》，《人民法院报》2018年3月1日，第8版。
③ 张淑玲：《泄露招标内容受贿150万　主动交代和退赃被判缓刑》，《京华时报》2016年12月29日，第11版。

表5　2016—2017年宣判的贪腐高官贪贿犯罪刑罚适用与犯罪数额对照

刑罚＼数额	有期徒刑不满5年	有期徒刑不满10年	有期徒刑10年	有期徒刑11年	有期徒刑12年	有期徒刑13年	有期徒刑14年	有期徒刑15年	无期徒刑	死刑缓期2年执行	合计
不满3百万元	2	1									3
3百万元以上不满1千万元	1	5	1	1							8
1千万元以上不满2千万元		1		3	12	4					20
2千万元以上不满3千万元					2	3	4	2			11
3千万元以上不满4千万元							1	3			4
4千万元以上不满5千万元					2			3			5
5千万元以上不满1亿元									5	6	11
1亿元以上									9	3	12
合计	3	7	1	4	16	7	5	13	15	3	74

三、　贪贿犯罪预防的有效性在于刑罚的确定性

所谓刑罚的确定性，其意义就是说，有罪必罚。任何人，只要有了犯罪的行为，就必然受到犯罪的处罚，没有谁可以超脱法律之外，逃避所应受到的痛苦。刑法学、犯罪学之父贝卡里亚指出："对于犯罪最强有力的约束力量不是刑罚的严酷性，而是刑罚的必然性，这种必然性要求司法官员谨守职责，法官铁面无私、严肃认真，而这一切只有在宽和的条件下才能成为有益的美德""严峻的刑罚造成这样一种局面：罪犯所面临的恶果越大，也就越敢于规避刑罚。为了摆脱一次的罪行的刑罚，人们会犯下更多的罪行。"① 刑罚的严厉性是刑罚威慑力的一个方面，首先，表现在众多

---

　① ［意］贝卡里亚：《论犯罪与刑罚》，黄风译，北京大学出版社2008年版，第62页。

的处罚手段——违宪制裁、民事制裁、行政制裁、刑事制裁之中，刑罚作为刑事制裁，是比前三种制裁都更为严厉的处罚。其次，体现在刑罚的手段的严厉性上，其包括：财产刑、自由刑和生命刑，可以剥夺犯罪人的财产、自由以及生命。刑罚所具有的严厉的惩罚手段，可以说是刑罚威慑力最直观的体现。但这种严厉性是以刑罚的确定性为基础的。

（一） 刑罚的威慑力根本上源于刑罚的确定性

刑罚带给人的痛苦有抽象性和现实性之分。刑罚的严厉究竟能够给人带来多大的痛苦和恐惧？死刑，是当今公认最为严厉的处罚措施。每个人都对死亡存在着恐惧。因为生命出现之前与生命消失之后，目前都是人类无法探测的领域。所以，死刑给人带来的恐惧只是抽象意义上的恐惧。[1]通常来说，现实的恐惧是可以通过现身说法传播感知的，服刑犯人可以在很大程度上体会自由刑的痛苦，而财产刑的痛苦也是贯穿生活之中，唯独对死刑的痛苦感，并无人可以言传身教。一些调查数据发现，有些被判处终身监禁的人宁愿自杀也不愿意忍受这一生的束缚，从某方面来说，死亡对他们或许是一种解脱，正如成语"生不如死"一般。因此，我们通过一些方式真切感受和想象除死刑外的刑罚，将抽象的恐惧感具像化，并通过刑罚的确定性来强化刑罚带来的痛苦之感。

贝卡里亚认为："即使刑罚是有节制的，他的确定性也比联系着一线不受处罚希望的可怕刑罚所造成的恐惧更令人印象深刻。"[2] 这句话说得十分精辟，其实我们可以从反方面，即从犯罪人的心理来考究犯罪的动力。任何一个人，他实行犯罪行为，从功利主义的角度来看，都是经过计算的，他要计算犯罪带来的收益和受到的惩罚的对比，但是，一个微小的侥幸，即哪怕是存在一丝可以逃避惩罚的希望，都可以将计算中的惩罚消解于无形之中，将犯罪的收益扩展到最大，也使得犯罪冲动产生出巨大的诱惑力，从而很容易使人冲破道德的束缚。我们可以从近年来对醉酒驾驶的治理效果上看出端倪，未大幅增加严厉性而是保证确定的处罚就大幅降低了原来屡禁不止的问题。由此可以看出，刑罚的不确定性可以在一定程度

---

① 田旭、胡筱琳：《刑罚的威慑力与宽和力——从刑罚的目的看刑罚的确定性、及时性和严厉性的关系》，《长江师范学院学报》2010 年第 6 期。

② ［意］贝卡里亚：《论犯罪与刑罚》，黄风译，北京大学出版社 2008 年版，第 29 页。

上降低甚至完全瓦解刑罚严厉性带给人的心理上的震慑作用。刑罚的确定性优于刑罚的严厉性。

第一，刑罚的严厉性不足以减少犯罪，反而会不断降低人们对刑罚严厉性的敏感程度。刑罚的严厉性是可以"过期"的，即在一段时间中看，刑罚仅是在一段时间内的维持同一标准。这是因为，刑罚的严厉性其本质是由人来评判的，存在于人的主观印象中，而人们对事物的主观反应有一个从新鲜到熟悉的过程。一开始充满恐惧，慢慢地可能变成麻木和无畏的状态。贝卡里亚认为："人的心灵就像液体一样，总是顺应着它周围的失误，随着刑场变得日益残酷，这些心灵也变得麻木不仁了，生机勃勃的欲望力量……经历了百年残酷之后，其威慑力量只相当于从前的监禁。"①

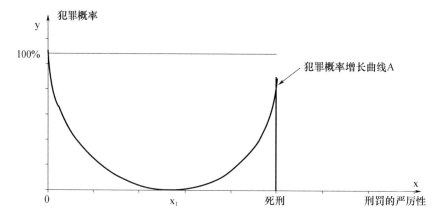

第二，刑罚的严厉性会随着刑罚残酷程度的增加，降低刑罚的威慑效果。在法律经济学理论看来，刑罚的档次越多，档次之间的幅度越小，确定性越强，刑罚的威慑效用越能够充分发挥。② 同时，刑罚的严厉性与犯罪概率之间呈线性关系，如上图所示。从图中犯罪概率增长曲线可以看出，刑罚的严厉性在 X_1 点之前与犯罪概率之间呈现负相关关系。③ 即随着刑罚的严厉程度提高，犯罪概率有所下降。但是当刑罚的严厉性达到 X_1 时，犯罪概率为 A 接近于零，此时刑罚的效果最佳。当继续增大刑罚严厉性时，犯罪概率反而呈现出迅速上升的趋势，当刑罚强度为死刑时，犯罪

① ［意］贝卡里亚：《论犯罪与刑罚》，黄风译，北京大学出版社 2008 年版，第 62—71 页。

② ［美］凯斯·R. 桑斯坦：《行为法律经济学》，涂永前等译，北京大学出版社 2006 年版，第 272 页。

③ ［美］斯蒂文·萨维尔：《法律经济分析的基础理论》，赵海怡等译，中国人民大学出版社 2013 年版，第 455 页。

概率反而是比较高的，这也是学者认为死刑应当废除的一个基本原因。当一味追求刑罚的严厉性，刑罚的威慑力是难以实现的。刑罚的威慑力，在于犯罪人和潜在犯罪人对刑罚给其所造成痛苦。但是，痛苦不是无穷无尽的，同样，正如人类对痛苦的感觉存在极限一样，人们对刑罚痛苦的恐惧同样存在一个极限，如果刑罚的严厉性达到了或者超越了这个限度，刑罚的威慑效果将无法得到保证。美国的刑法统计学认为，刑罚种类越多、量级越多，其确定性越强，也越能够发挥刑罚的威慑效力。[①]

（二） 贪贿犯罪的成本与收益影响犯罪的发生率

罗伯特·克利特加德（R. Klitgaard）提出了一个有关腐败问题的著名公式：腐败决策 = 贿赂（贪污）- 道德损失（社会评价）-（被发现和被制裁的机会×处罚）> 薪金 + 廉洁的道德满足感。[②] 由此公式我们可以得知，贪贿犯罪的收益与成本之间的关系影响着行为人实行贪贿犯罪的决策。其中收益是指通过动用权力关系带来的非法收入，包括物质性和非物质性的收益。腐败收益的公式：$G = (H + W) \times (1 - \int)$。其中 H 表示工资、奖金收入等，W 表示腐败所得的好处，$1 - \int$ 表示"犯罪黑数"率，即不被查处的概率（当然，$\int$ 介于 0 和 1 之间）。而成本是指行为人因权力的不正当使用或实施的腐败行为所要承担的不利后果，涉及政治、经济社会评价等方面，包括被发现的概率、法律的制裁、党内的处罚、社会评价的降低，以及精神、心理的压力等。用公式表示为：$K = (H + P) \times \int$，其中 P 表示可能受到的经济惩罚，因成本中关于精神和心理等部分难以计算，公式中的 K 仅代表成本中的经济部分。[③]

收益和成本是矛盾的两个方面，其中的主要方面决定了行为人的最终选择，即只有成本最低和收益最大化时，也就是说当 G > K 时，腐败者才有可能实行贪贿行为。我们可以分析得出成本收益之间的关系随着 $\int$ 的变化而变化：

1. 当 $\int$ = 0 时，也就是当贪贿行为完全没有被发现时，被处罚的可能性

---

① ［美］斯蒂文·萨维尔：《法律的经济分析》，柯庆华译，中国政法大学出版社 2009 年版，第 148 页。

② ［南非］罗伯特·克利特加德：《控制贪污腐败》，杨光斌等译，中央编译出版社 1998 年版，第 50—100 页。

③ 李晓明：《控制腐败法律机制研究》，法律出版社 2010 年版，第 168—169 页。

为 0，此时的腐败"犯罪黑数"达到了 100%，那么对于行为人而言，他的犯罪行为没有任何的成本可言，得到的是净收益，这种结果是每一个贪贿人所希望的。

2. 当 $0 < \smallint < 1$ 时，成本随着 $\smallint$ 的增大而增加，收益随着 $\smallint$ 的增大而减少，这是现实生活中最常规的现象。此时的成本与收益的大小就要受到行为人内心的抉择，对贪贿行为的选择以及社会制约因素的影响，他们尽量避免规章和制度的约束，选择风险较小的方案以达到最大收益的目的。

3. 当 $\smallint = 1$ 时，此时行为人的收益为 0 甚至是负值。即贪贿行为被发现而且受到了处罚，所受到的处罚远远大于其所获得的收益，这是贪贿人最不愿意看到的结果。

基于上面三组分析，我们发现 $\smallint$ 越小，贪贿人所受到的风险就越小，对成本的估计就越小，安全系数上升，实行贪贿的可能就大，反而言之。

收益和成本原本是经济学上的范畴，是与市场经济相对应的产物。每一个理性的社会人，都希望收益大于成本，这也就是人们各种行为的出发点。美国著名的经济学家贝克尔曾经说过，"从更一般的经济意义说，犯罪可以看作是一种重要活动或者产业"。从经济学的角度来说，腐败是政治权力与经济财富之间的交换，实质是一种不合法的钱权交易活动。这种活动发生的频率取决于腐败的成本与收益之间的对比。也就是说，关于贪贿犯罪的预防问题，我们不应该仅注重提高刑罚的严厉性，而忽视其他社会层面的影响因素。上文提及的 $\smallint$ 这个值与国家的制度建设、反腐败的工作效率、监督体制完善程度等社会因素密切相关。

（三）贪贿犯罪的主要诱因是刑罚确定性难以实现

当下，贪贿犯罪刑罚确定性面临的困境主要是犯罪发现难、查处难，定罪难。尽管我国不断加大打击腐败犯罪的力度，但由于贪贿犯罪本身的特点和立法上的障碍，查处贪贿犯罪始终"雷声大、雨点小"，"犯罪黑数"大。"犯罪黑数"（即上文的 "$1 - \smallint$" 值）是指确已发生却未被发现的案件数。从案发规律来分析，腐败"犯罪黑数"要比其他"犯罪黑数"大得多。一些地方的司法机关受到腐败分子"关系网""保护圈"的干扰，有案不查，纵容包庇，对腐败犯罪"心慈手软"。

普通刑事案件，一般有具体的被害人，一般会留下较明显的能被人的感官感知的犯罪现场、犯罪痕迹或犯罪结果，犯罪一般会因被害人报案、控告或被人发现而暴露。而贪腐案件由于侵害的是国家利益，一般不直接涉及个人的切身利益，犯罪行为与犯罪结果一般不会自行暴露。特别是行贿与受贿是利益共同体，往往属于"天知，地知，你知，我知"的"四知"案件，行贿人一般因获利而不会举报。如果行贿者不交代行贿行为，不提供证据，拒绝配合司法机关的侦查、起诉和审判活动，受贿行为也往往难以证实。这在"买官卖官"案件中表现得更加突出。许多案件都是因其他案件被查而偶然被发现的，不少贪腐案件执纪执法机关甚至从来没有收到过相关举报。2011年，《财经》杂志曾经对1987年以来落马的120名省部级官员贪腐行为进行了系统总结。对120人有据可查的案发方式的分析中，比例最高的案发方式为"由他案引出"，占到了六成以上。①

我国公务员腐败发现的概率比较低，在10%～20%之间；公务员腐败发现之后受法律惩治的概率更低，6%～10%之间。② 有的认为，我国腐败"黑数"达到了95%的惊人比例。③ 有学者曾根据中央组织部的数据计算，1993—1998年全国受党纪政纪处分的干部累计达2.89万人，平均每100名受党纪政纪处分的干部只有42.7人被检察机关立案侦查，只有6.6人被判刑。④ 党的十八大以来，经党中央批准立案审查的省军级以上党员干部及其他中管干部440人。其中，十八届中央委员、候补委员43人，中央纪委委员9人。全国纪检监察机关共接受信访举报1218.6万件（次），处置问题线索267.4万件，立案154.5万件，处分153.7万人，其中厅局级干部8900余人，县处级干部6.3万人，涉嫌犯罪被移送司法机关处理5.8万人。⑤ 从上述数字可以看到，受党纪、政纪处分的人员与移送司法机关追究刑事责任人员之比悬殊，大量贪贿分子没有被追究刑事责任。即便被检察机关立案侦查的腐败案件，2008年至2015年间，平均也只有八成多的案件能移送法院追究刑事责任，近二成的案件作了撤案或不起诉处理。我国目前共有3600多个检察院，即使是在中央反腐高压态势之下的2014年、2015年，平均每个检察院查办的腐败犯罪数量也只有11.5件、15.3人和

① 陈良飞：《35年"打虎"记》，《新民周刊》2013年第38期。
② 胡鞍钢、过勇：《公务员腐败成本——收益的经济学分析》，《经济社会体制比较》2002年第4期。
③ 李成言主编：《廉政工程：制度、政策和技术》，北京大学出版社2006年版，第41页。
④ 过勇、宋伟：《腐败测量》，清华大学出版社2015年版，第41—42页。
⑤ 《十八届中央纪律检查委员会向中国共产党第十九次全国代表大会的工作报告》，《人民日报》2017年10月30日，第1版。

11.3 件、15.1 人，而在 2008—2012 年的五年间，每个检察院每年查办的腐败犯罪数量仅为 9.2 件、12 人。

现行的反腐败模式，案件的查处带有很大的偶然性（有的称之为"隔墙扔砖"）。这种反腐模式既达不到威慑效果，也损害法律的公正性和权威性。假设发现和惩处贪贿的概率是 50%，那么判刑 2 年的威慑效果也远远高于被抓概率为 1%、却判刑 10 年的威慑效果，党纪政纪处分对于一些贪贿分子是没有效果的。

四、 实现贪贿犯罪刑罚确定性的路径选择

（一） 统一反腐败机构

2016 年 11 月 7 日，中共中央办公厅印发《关于在北京市、山西省、浙江省开展国家监察体制改革试点方案》，确定了监察体制改革思路。党的十九大报告指出："深化国家监察体制改革，将试点工作在全国推开，组建国家、省、市、县监察委员会，同党的纪律检查机关合署办公，实现对所有行使公权力的公职人员监察全覆盖。制定国家监察法，依法赋予监察委员会职责权限和调查手段，用留置取代'两规'措施。"党的十八大以来，党内监督得到有效加强。实现监督全覆盖，要求适应形势发展构建国家监察体系，对党内监督覆盖不到或者不适用于执行党的纪律的行使公权力的公职人员依法实施监察，使监察对象由"狭义政府"转变为"广义政府"，补齐行政监察范围过窄的"空白"，解决反腐败力量分散的问题，真正把权力都关进制度笼子，确保党和人民赋予的权力切实用来为人民谋利益。推进国家监察体制改革，有利于健全党和国家监督体系，确保党和国家长治久安。"深化国家监察体制改革是事关全局的重大政治体制改革，是对我国政治体制、政治权力、政治关系的重大调整，是从国情出发强化对权力监督制约的重大制度创新。国家监察是对行使公权力的公职人员最直接最有效的监督，本质上属于党和国家的自我监督。我国 80% 的公务员、95% 以上的领导干部是共产党员，党内监督和国家监察既具有高度内在一致性，又具有高度互补性。在党内监督已经实现全覆盖的基础上，通过深化国家监察体制改革，整合行政监察、预防腐败和检察机关查处贪污贿赂、失职渎职及预防职务犯罪等工作力量，设立国家、省、市、县监察

委员会，将进一步完善具有中国特色的监督体系。"①

2018 年 3 月 11 日，第十三届全国人民代表大会第一次会议正式通过了《中华人民共和国宪法修正案》，在修正案中，在国家机构一章中专门增写了监察委员会一节，确立监察委员会作为国家机构的法律地位，这是对我国政治体制、政治权力、政治关系的重大调整，是对国家监督制度的顶层设计，必将为加强党对反腐败工作的统一领导，建立集中统一、权威高效的国家监察体系，实现对所有行使公权力的公职人员监察全覆盖，奠定坚实宪法基础、产生重大深远影响。广大民众期盼的一个类似于香港廉政公署的统一、独立、权威、高效的反腐败机构有望在我国落地生根。

2018 年 3 月 20 日，十三届全国人大一次会议表决通过了《中华人民共和国监察法》。共计 69 条，包括总则、监察机关及其职责、监察范围和管辖、监察权限、监察程序、反腐败国际合作、对监察机关和监察人员的监督、法律责任和附则等七个方面的内容，明确监委履行的监督、调查、处置 3 项监察职责，可以采取的谈话、讯问、询问、查询、冻结、调取、查封、扣押、搜查、勘验检查、鉴定、留置等 12 项措施。《中华人民共和国监察法》的出台，"将反腐的经验以法律固着下来，将党内监督同国家机关监督、民主监督、司法监督、群众监督、舆论监督融为一体，不仅强化了党和国家的监督效能，也让党风廉政建设和反腐败斗争更为可期"②。

（二）贪贿犯罪构成宽泛化

近年来，尽管立法机关和司法机关不断严密贪贿犯罪法网，但法网过于严格的特点没有得到实质性的改变，尤其是《刑法修正案（九）》虽然对贪贿犯罪作了比较系统的修改，但从修改内容看，"总体上并没有破除贪污受贿立法本来存在的结构性积弊，重新编织的贪污受贿刑事法网以及调整的惩治力度，不但没有提升刑法对贪污贿赂犯罪的规制能力，反而是

---

① 肖培：《推进党的纪律检查体制和国家监察体制改革》，《人民日报》2018 年 3 月 18 日，第 10 版。
② 《新京报》社论：《监察法让反腐更高效，让监督更全面》，《新京报》2018 年 3 月 16 日，第 A02 版。

'名严实宽'，难以满足反腐败刑法供给的需要"①。"从宽处罚的规定多于从严，从宽倾向较为明显，在建设法治国家、严惩贪污腐败的形势下，没有突出体现从严的一面，可谓'严有限、宽失度'"。② 所以，如何编织严密的贪贿犯罪法网，仍是今后贪贿犯罪刑事立法的重点和方向。

1. 大幅度降低贪贿犯罪入罪的数额标准。《解释》大幅度提高贪贿犯罪入罪门槛，是完全错误的。理由是：背离中央惩治腐败的基本立场和刑事政策；背离法律面前人人平等的宪法原则和刑法原则；提高数额标准的依据不科学，背离国情民意；违背优秀的中华历史法制传统；违背世界普适的腐败犯罪治理路径的选择；贪贿犯罪"非犯罪化""轻刑化"现象将更为严重。③ 笔者建议，贪贿犯罪的入罪标准由 3 万元调整到5000 元。

2. 扩大贿赂的范围。从腐败的现实情况看。目前，腐败已由最基础的权钱交易，发展为权色交易（这里的"色"泛指一切非物质化的东西）、权权交易。这种权色交易、权权交易，一般很难查，而且法律条文上没有对照的惩罚条款。④ 与物质贿赂相比，非物质化贿赂的特点在于隐蔽性、温和性、多次性，其危害是"隐蔽性越来越深，潜伏期越来越长，投机性越来越强，对政策法律的规避和肢解越来越大，社会危害性越来越烈"⑤。中国青年报社会调查中心的调查显示，87.0% 的受访者认为亚腐败对社会危害较大。⑥ 行为具有严重的社会危害性是犯罪的本质特征。当某一种行为具有严重的社会危害性时，刑事立法理当作出回应。从国外反腐败的立法潮流和国际公约看，随着腐败犯罪行为危害的不断加剧，世界各国普遍加大反腐败的力度。其中表现之一就是将其他非财产性利益纳入贿赂的范围。《联合国反腐败公约》第 15 条、第 16 条将贿赂界定为"不正当好处"。"不正当好处" = "财物" + "财产性利益" + "非财产性利益"。我国作为已签署《联合国反腐败公约》的国家，有义务"采取必要的立法

---

① 孙国祥：《贪污贿赂犯罪刑法修正的得与失》，《东南大学学报（哲学社会科学版）》2016 年第3 期。

② 张开骏：《刑法修正得失与修正模式完善——基于〈刑法修正案（九）〉的梳理》，《东方法学》2016 年第 5 期。

③ 张兆松：《贪贿犯罪定罪量刑数额标准质疑》，《理论月刊》2017 年第 7 期。

④ 《新京报》：《李永忠与杨维骏共话反腐》，《新京报 11 周年特刊》2014 年 11 月 13 日。

⑤ 李永忠、董瑛：《警惕腐败新变》，《南风窗》2011 年第 8 期。

⑥ 王聪聪：《87.0% 受访者直言亚腐败对社会危害大》，《中国青年报》2014 年第 7 版。

和其他措施"，使国内法达到《联合国反腐败公约》的基本要求。否则，"将从根本上阻碍我国反腐败司法的推进，将损害中国作为一个负责任的大国的国际形象，也无法彰显我国政府一贯宣称的坚决与腐败作斗争的理念"。①

3. 取消受贿罪中的"为他人谋取利益"要件。第一，受贿罪的本质在于侵犯了职务行为的廉洁性。只要公职人员利用了职务上的便利收受贿赂，就构成收买职务行为的事实，至于"为他人谋取利益"意图有无以及行为实施与否，均不影响其实质。第二，受贿罪的客体决定了其构成要件中不宜包括"为他人谋取利益"的要件。而且现行刑法典中，对"为他人谋取利益"在犯罪构成中的地位也不明确。如果属于客观要件，则行为人收受了贿赂，但尚未为他人谋取利益，或正在为他人谋取利益，但尚未成功，就难以追究其刑事责任；如果将其作为主观要件，则行为人却根本不打算为他人谋取利益的行为，又被排除在刑法否定评价之外。取消受贿罪中的"为他人谋取利益"要件，检察机关只要证明行为人非法收受他人财物，而不需要拿出足够的证据证明受贿人为请托人谋取利益的事实，这样就减轻了检察机关的证明责任，大大节约司法资源，降低反腐败成本，提高办案效率。第三，《联合国反腐败公约》第15条所规定的"公职人员受贿罪"的客观方面表现为："公职人员为其本人或其他人员或实体直接或间接索取或接受不正当好处，以作为其执行公务时作为或不作为的条件"的行为。它没有将"为他人谋取利益"作为受贿罪的基本构成要件。世界上绝大多数国家刑法的受贿罪也都没有规定"为他人谋取利益"这一构成要件。

4. 增设新罪名，扩大贪贿犯罪圈。党的十八大以来查处的腐败案件昭示："家族腐败""亲缘腐败"现象十分严重。"从2015年2月13日至12月31日，该网站共发布34份省部级及以上领导干部纪律处分通报，其中21人违纪涉及亲属、家属，比例高达62%。"② 一些公职人员的亲属，利用官员的职权便利，建立"官商勾结""钱权交易"和不当利益输送网络。但现行立法都没有把这种利益冲突行为纳入刑事惩罚的对象。美国《利益

---

① 陈泽宪：《〈联合国反腐败公约〉与中国刑事法制的完善》，中国检察出版社2010年版，第45页。

② 陈磊：《贪官的家族腐败黑洞》，《法制日报》2016年4月1日，第8版。

冲突法》规定，任何政府官员或雇员都不得故意亲自或实质上参与同自己有着财产利益的特别事项，违者应处1万美元以下罚金，或者单处两年以下有期徒刑。该法不仅适用于政府官员，而且适用于政府官员的配偶、子女和经济合伙人。[1] 我国应当尽快将利益冲突行为纳入刑法规制的范围，以加大对腐败行为的打击力度。

（三）完善贪贿犯罪揭露机制

加强反腐败宣传，鼓励人民群众控告举报。在犯罪的发生机理上，除了犯罪人因素外，还包含着对犯罪行为的社会反应系统，即正式社会反应和非正式社会反应。前者是执法机关对触犯刑律的行为进行追诉和处罚的过程，后者是社会群体及新闻媒体对犯罪行为所持的态度。[2] 针对我国现实社会中存在的对贿赂犯罪过度容忍的现象，要通过加强有针对性的反腐败宣传，普及举报知识，鼓励实名举报，规范举报行为，尤其是完善举报保护机制，以此营造人人抵制腐败、揭露腐败的文化环境。同时，完善刑事立法，严厉惩治报复陷害行为。实践中，因打击报复举报人而受到刑事责任追究的人员并不多见。对打击报复行为制裁不力，与现行刑事立法的不足有密切联系。为了加大对报复陷害行为的打击力度，保护公民的民主权利，鼓励检举控告，应将报复陷害罪的犯罪主体扩展至国家工作人员（现行法律规定报复陷害罪的犯罪主体仅限于国家机关工作人员，意味着非国家机关工作人员实施报复陷害行为，难以得到应有的惩罚），明确"滥用职权、假公济私"的具体情形，降低报复陷害罪的追诉标准。对于实施打击报复行为情节轻微不构成犯罪的，也要严肃追究其党纪政纪责任。并且，完善举报奖励制度，加大举报奖励力度。举报人向国家机关提供案件线索，贡献自己的人力物力，承担了被打击报复的危险，减轻了国家机关查办案件的经济负担，增加了国家罚没款物的收入，理应根据社会经济状况的发展，适时提高奖励的数额标准。应修改现行奖励数额与追回赃款挂钩的规定，根据案件是否属于大案要案来决定奖励数额，充分激发

---

① 唐晓清、杨绍华：《防止利益冲突制度：国际社会廉政建设的经验及启示》，《当代世界与社会主义》2011年第2期。

② 张远煌：《犯罪学》，中国人民大学出版社2011年版，第236页。

群众的举报积极性。[①]

（四） 构建针对贪贿犯罪的特殊刑事诉讼制度

构建特殊的诉讼制度是针对腐败犯罪证明难而构建的一种制度，采用有利于查明案情的刑事推定来解决问题。"推定"作为一种法律术语，虽然在不同语言系统中使用不同的词汇表达，但各主要的法律体系都承认推定是一种有效的事实认定机制，具有相同或类似的适用方法。推定一般被解释为根据已知事实得出推定事实的法律机制与规则。首先在主观要素中，目的、明知等超出一般故意的特殊故意存在证明上的困难。在贪腐犯罪中特定故意证明困难主要表现在两个方面：第一，犯罪的目的、明知等主观方面是犯罪人自身内部心理因素，旁人很难知悉，只有通过其客观行为去解读。解读过程中存在法官的主观去认定犯罪人主观的理解过程，这就难免造成偏差。第二，贪腐人员自身出于逃避法律处罚的本能，必然提出种种狡辩，否认自己的目的、明知等主观因素。因此，对于既成事实的客观行为与客观结果，被告人辩护效果难以实现。[②] 主观推定的普遍共识要求推定的结论应当符合刑事案件的证明标准，在英美国家证据标准要达到合理怀疑的程度，在我国法律上要求达到"事实清楚、证据确实充分"。值得注意的是，主观推定一般为事实推定。法官由基础事实，利用经验法则或者逻辑法则，认定结果事实。但是，随着司法实践中某些难点和共性问题的突出，为了加强主观推定便以法律推定的形式出现。例如，最高人民法院以纪要形式明确举例非法取得资金后逃跑等七种情况，可以认定被告人具有非法占有的目的。[③]

客观推定一般涉及证明责任转移，应有法律进行规定。犯罪的客观方面是犯罪活动的客观外在表现，一般应由控方用证据加以证明，如果控方不能举证或举证达不到法定要求，被告人将被判决无罪。现就贿赂行为的推定进行讨论。贿赂行为的推定是指在贪贿犯罪案件诉讼中，如果控方能够证明被告人具有收取、接受或者支付、给予了特定关系人财

① 张远煌、彭德才：《论我国贿赂犯罪揭露机制的完善》，载赵秉志主编：《刑法论丛》（第42卷），法律出版社2015年版，第504页。

② 任学强：《腐败犯罪特殊诉讼程序研究》，中国政法大学出版社2015年版，第105页。

③ 参见2001年最高人民法院《全国法院审理金融犯罪案件工作座谈会纪要》第3条第1项规定。

物的行为，就推定该收受、给予的行为为贿赂行为，除非被告人提供反证。贿赂行为推定实际上是针对贿赂犯罪的特点提出的一种打击犯罪的方法。在贿赂案件中，已证明或证实收受特定关系人报酬或给予特定关系人报酬的行为事实存在，是贿赂推定的前提条件。只要这一基础事实存在，适用贿赂推定法则，可以得出公务人员受贿或者向公务人员行贿的结论。贿赂行为推定所要解决的只是犯罪嫌疑人收受与其有公务联系的人的财物或者其他报酬；抑或是与公务人员有公务联系的人给予公务人员财物或者其他报酬，通过适用推定，即可直接认定被告人行为的法律属性，而无须提供其他证据证明。推定的结论不具有绝对必然性，因此，在法律上对于推动一般应当允许对方当事人作出反驳。贿赂推定在证据法上最重要的意义在于证明责任的转移，在减轻控诉机关举证责任的同时，无疑加重了被告人的举证责任。所以，从保护被告人的权益出发，应赋予被告人对推定的结论予以反驳的权利。只有当其没有提出反驳或者反驳不成立时，推定才可以作为支持控诉机关的证据。贿赂行为推定仅仅是贿赂犯罪客观构成要件的个别要素，而非全部构成要件，其他的构成要件的要素，仍需要证据证明。

结　语

2012 年 11 月 17 日，在十八届中共中央政治局第一次集体学习时，习近平指出："大量事实告诉我们，腐败问题越演越烈，最终必然会亡党亡国！我们要警醒啊！近年来我们党内发生的严重违纪违法案件，性质非常恶劣，政治影响极坏，令人触目惊心。"在中共中央政治局第五次集体学习时习近平又强调："我们党把党风廉政建设和反腐败斗争提到关系党和国家生死存亡的高度来认识，是深刻总结了古今中外的历史教训的。"贪腐的惩治和防范事关国运，是党和国家面临的重大难题之一。在反腐败战略目标上，习近平总书记提出"不敢腐、不能腐、不想腐"。惩治是预防的前提，要以"惩治"破局，"坚持无禁区、全覆盖、零容忍，严肃查处腐败分子"，持续保持高压态势，力求首先营造出"不敢腐"的政治氛围。2017 年 10 月 24 日，中国共产党第十九次全国代表大会通过的中央纪委报告强调指出："在充分肯定成绩的同时，也要清醒看到，党风廉政建设和反腐败斗争形势依然严峻复杂，滋生腐败的土壤依然存在，消除存量、遏制增量任务依然艰巨繁重，全面从严治党依然任重道远。"① 这表明中央对当前贪腐形势是有足够清醒认识的。在贪贿犯罪刑罚日渐宽缓化的形势下，如何实现刑罚的确定性就更为重要。党的十九大结束后的 60 天内，又有 7 名中管干部落马。这既体现了中央反腐败的态度和决心，也体现了当前反腐败"遏制腐败增量、巩固反腐败压倒性态势"的新趋势。②

① 《十八届中央纪律检查委员会向中国共产党第十九次全国代表大会的工作报告》，《人民日报》2017 年 10 月 30 日，第 1 版。
② 陈磊：《反腐败斗争如何应对严峻复杂形势》，《法制日报》2018 年 1 月 25 日，第 5 版。

第八章　司法腐败及其治理对策研究①

前　言

　　腐败是为谋求个人私利而滥用公共权力的行为。亨廷顿认为："腐败是指国家官员为了谋取个人私利而违反公认准则的行为。"腐败的基本形式是"政治权力与财富的交换"。腐败以权力商品化为主要特征。从一般意义上看，腐败是与公共权力联系在一起的。司法腐败是指非法使用司法权力谋取私利的行为。② 司法是维护社会公平正义的最后一道防线，司法腐败对于国家和社会来说是最大的腐败，司法腐败严重损害了司法公信力。遏制和预防司法腐败，既是各级司法机关的一项长期而艰巨的任务，也是当前深入开展党风廉政建设和反腐败斗争面临的重大课题。如何客观认识评价当前司法腐败的现状、危害，分析其存在的原因，探寻防范对策，是政法机关开展警示教育，推进执法规范化建设的重要内容。

一、 司法腐败的现状、 特点

　　近十年（2003—2012 年），随着司法改革的推进，我国的司法腐败有所下降（见附表），但总体而言仍然十分严重。

　　1997 年 9 月，党的十五大报告要求："推进司法改革，从制度上保证司法机关依法独立公正地行使审判权和检察权，建立冤案、错案责任追究制度。加强执法和司法队伍建设。"随之，我国拉开了司法改革大幕。如

---

① 本文初稿原系 2013 年 9 月 24 日在衢州市柯城区政法系统警示教育报告会的讲稿，课后又作了部分文字上的修改。

② 本文的司法腐败主要指法官、检察官腐败。

何防范司法腐败也成为司法改革的重点之一。通过第一轮司法改革，司法腐败有所下降。全国法院系统，"1998—2002年五年间，全国法院违法违纪人数逐年减少，已从1998年的6.7‰下降到2002年的2‰"。① 全国检察机关，"经过努力，干警违法违纪逐年减少，从1998年的7‰下降到2002年的1.4‰，违法办案、以案谋私、作风粗暴等问题得到初步遏制"②。

2002年11月，党的十六大报告要求："推进司法体制改革。……加强对司法工作的监督，惩治司法领域中的腐败。建设一支政治坚定、业务精通、作风优良、执法公正的司法队伍。"通过第二轮司法改革，全国法院系统，"五年来，全国法院违纪违法的法官被查处的人数逐年下降，其中，利用审判权和执行权贪赃枉法、徇私舞弊的，从2003年的468人下降到2007年的218人，下降53.42%"。③ 全国检察机关，"对检察人员的控告、举报从2003年的5651人次下降到2007年的3524人次，下降37.6%。因违纪违法被查处的检察人员从2003年的424人下降到2007年的207人，下降51.2%。其中检察官利用检察权贪赃枉法、徇私舞弊的，从2003年的277人下降到2007年的92人，下降66.8%"。

附表：2003—2012年法院、检察干警违法违纪人数统计（单位：人）

年份	受党纪、政纪处分人数	
	法院	检察院
2003	794	424
2004	461	345
2005	378	292
2006	292	273
2007	218	207
以上合计	2143	1541
2008	712	258
2009	658	247

---

① 最高人民法院时任院长肖扬2003年3月11日在第十届全国人民代表大会第一次会议上所作的《最高人民法院工作报告》。

② 最高人民检察院时任检察长韩杼滨2003年3月11日在第十届全国人民代表大会第一次会议上所作的《最高人民检察院工作报告》。

③ 最高人民法院时任院长肖扬2008年3月10日在第十一届全国人民代表大会第一次会议上所作的《最高人民法院工作报告》。

年份	受党纪、政纪处分人数	
	法院	检察院
2010	670	267
2011	442	176
2012	/	/
以上合计	2482	948

2007 年 10 月，党的十七大报告要求："深化司法体制改革，优化司法职权配置，规范司法行为，建设公正高效权威的社会主义司法制度，保证审判机关、检察机关依法独立公正地行使审判权、检察权。"通过第三轮司法改革，司法腐败受到一定程度的遏制。以人民法院工作人员违纪违法举报中心受理的举报信息数量为例，2009 年至 2012 年的数据分别为 27958 件、25872 件、16142 件、15650 件，举报数量呈明显下降趋势。而在检察机关"2012 年，人民群众对检察人员的举报比 2008 年减少 32.7%"。但应该看到这五年虽然举报司法腐败的数量有所下降，但从附表中可以看到司法腐败有所抬头。最高人民法院时任院长王胜俊 2013 年 3 月 10 日在第十二届全国人民代表大会第一次会议上所作的关于五年来的最高人民法院工作报告中指出："拓宽举报受理渠道，加大对违纪违法案件查处力度，共查处利用审判执行权违纪违法干警 1548 人。"① 最高人民检察院时任检察长曹建明 2013 年 3 月 10 日在第十二届全国人民代表大会第一次会议上所作的关于五年来的最高人民检察院工作报告中指出："开展'反特权思想、反霸道作风'专项活动，严肃查处违法违纪检察人员 1122 人，依法追究刑事责任 124 人。"②

当前司法腐败的主要特点表现在：

（一）司法领导干部、"一把手"犯罪严重

从 20 世纪 90 年代开始，司法领导干部涉及司法腐败犯罪越来越多。从查处的司法腐败案件看，属于"一把手"犯罪的，占有相当比例。

在法院系统，省高级人民法院、市中级人民法院院长、副院长腐败犯

---

① 这一数字的统计口径显然和前 4 年的不一致。

② 这一统计口径和前 4 年的大体一致。

罪令人关注。据 1995—2013 年被追究刑事责任的法官 200 人的样本分析，各级法院原院长、副院长分别是 41 人、43 人，共占样本总数的 42%，其中，地方高级人民法院和最高人民法院的原院长、副院长 14 人。① 如河北、云南、广东、辽宁、黑龙江、湖南、湖北、广西、海南、重庆等省高级人民法院院长、副院长都曾因犯有受贿罪等罪行而被查处。蒋超的统计显示，从 2001—2009 年被查处的中级人民法院院长就有 13 位之多（由于我国信息不公开等原因，真实的数据应该高于这个统计出来的"部分"数据）。2002 年至 2003 年 6 月，湖北检察机关共立案查办涉嫌职务犯罪的法官 91 人，其中高级人民法院副院长 1 人，中级人民法院院长 2 人，副院长 4 人，基层人民法院院长 2 人，副院长 1 人；涉嫌贪污贿赂犯罪 51 人，涉嫌徇私舞弊、枉法裁判等渎职犯罪 40 人。2010 年 1 月 14 日，河北廊坊中级人民法院开庭审理了最高人民法院原大法官、副院长黄松有受贿、贪污案。1 月 19 日，廊坊中级人民法院对被告人黄松有作出一审判决，认定黄松有犯受贿罪，判处无期徒刑，剥夺政治权利终身，没收个人全部财产；犯贪污罪，判处有期徒刑十五年，没收个人财产人民币 50 万元，两罪并罚，决定执行无期徒刑，剥夺政治权利终身，没收个人全部财产。2010 年3 月 17 日，河北省高级人民法院驳回了黄松有的全部上诉意见，维持原判。2011 年 1 月 26 日，贵州省遵义市中级人民法院一审宣判张弢受贿、纵容黑社会性质组织一案，认定原重庆市第一中级人民法院副院长、重庆市高级人民法院副院长张弢犯受贿罪，判处死刑，缓期二年执行，剥夺政治权利终身，并处没收个人全部财产。

（二）犯罪形式趋于群体化，窝案、串案、案中案增多

据统计 2000—2009 年被查处的法院窝案就有 11 起之多。比较典型的有 2004 年案发的湖南法院系统窝案，包括湖南省高级人民法院院长吴振汉在内的百余名法官被立案查处；2006 年案发的宁夏法院系统窝案，宁夏高级人民法院民二庭副庭长徐福荣、宁夏石嘴山中级人民法院院长魏兰芬等25 人涉案。2002 年，武汉中级人民法院因爆发"腐败窝案"而震惊中国司法界，涉案人员中，不仅包括当时的武汉中级人民法院常务副院长柯昌信和副院长胡昌尤，还包括副庭长 3 名、审判员 7 名、书记员 1 名和 44 名

---

① 郑小楼：《法官腐败报告》，《财经》2013 年第 15 期。

律师。临危受命任中级人民法院院长的周文轩"高调反腐",推出所谓的"刮骨疗毒",对需评估、审计、鉴定、拍卖的案件,一律采取随机摇号的方式选定中介机构,2007 年 9 月,周文轩又因犯受贿罪被判刑 10 年。[①] 2010 年 6 月,武汉市中级人民法院 6 名执行局法官再次集体落马,涉案金额高达 4 亿元。

(三) 犯罪部位日趋集中: 权重位高部门腐败多

法官腐败主要发生在审判和执行环节。"统计样本表明,案情中涉及利用审判权办人情案、关系案、金钱案或者枉法裁判者约占样本的 37%。主要发生在立案环节,民商事案件和刑事案件的一审、二审甚至再审中。"[②] 2005 年 1 月至 2007 年 4 月,全国检察机关查处审判人员、执行人员违法犯罪案件 902 件,合计 986 人,其中执行人员违法犯罪就占到近 80%。根据法院审理查明,1996 年至 2008 年春天,杨贤才利用担任广东省高级人民法院执行庭庭长、广东省高级人民法院执行局局长的职务便利,接受他人请托,为有关单位和个人谋取利益,非法收受所得折合人民币 11830438.2 元,另外,有价值人民币 16946352.39 元的家庭财产不能说明来源。2010 年 5 月 31 日,杨贤才在河北保定市中级人民法院受审,后因杨贤才犯受贿罪、巨额财产来源不明罪被判处无期徒刑,剥夺政治权利终身,没收个人全部财产。

(四) 犯罪手段趋于多样化, 隐蔽性强

司法腐败犯罪方式多样化,尤其是贪污贿赂犯罪呈现利用现代技术作案;利用"合法"形式掩盖受贿实质;规避法律,混淆是非;隐蔽作案等,给反腐工作增加了难度。司法实践中,案件事实和法律适用问题具有专业性、复杂性,利益受损的当事人往往难以发现,如当事人对案件进行监督质疑,滥权者解释称对案件事实的认识、对法律的理解不同。"200 人样本的贪腐主体是各级法院的法官。他们当中虽有'三盲院长'姚晓红,但多数人精通法律,这是他们与其他腐败群体的一大不同。"如北京市检

---

① 叶铁桥、吴湘韩、丛玉华:《一个地方中院院长的"前腐后继"》,《中国青年报》2006 年 10 月 13 日,第 3 版。

② 郑小楼:《法官腐败报告》,《财经》2013 年第 15 期。

察院第二分院曾侦办湖南省高级人民法院原院长吴振汉贪腐案。该院检察官接受媒体采访时曾分析，司法腐败案件犯罪存在"超隐蔽性"。以受吴振汉干扰的案件为例，他多采取在当事人提交的书面材料上批示"依法处理"。参与审理的法官，看他在哪方的书面材料上批示便心领神会。当法院内部对案件有不同意见时，吴振汉会"指点"请托的当事人去找人大代表，以人大代表行使质询权、询问权的方式为其意见争得支持。①

（五）一案多罪、一人多罪现象突出

一案多罪现象主要表现在受贿犯罪大多与徇私枉法等罪名联系在一起。2001年5月，广西荔浦县公安局双江派出所破获一起轮奸案，黄俊等3名犯罪嫌疑人被抓获。黄志华得知侄儿黄俊被抓后，与朋友梁长生、黎闯及辩护律师蒋仕玲等共谋"解救"之策。蒋仕玲认为："黄俊交代自己帮压了手（他没有施暴，而是压受害人的手协助强奸），能改为没有压就好了。"蒋仕玲、梁长生、黎闯宴请荔浦县人民检察院公诉科科长冯家斌，蒋仕玲提出让冯家斌办理黄俊一案，帮助其取保候审，冯家斌则"指点"他们想办法让受害人改口供。于是，黎闯、梁长生找到受害人，以帮她买手机和帮助其父打官司作为"诱饵"，诱惑她同意改变原来的口供。黄俊一案移送到荔浦县人民检察院审查起诉后，冯家斌受理了此案。梁长生把受害人愿改口供的情况告诉了冯家斌，并交给他1万元现金。梁长生又找到受害人，前后给了她5000元。于是，受害人在冯家斌问话时否认黄俊"帮压了手"。冯家斌在讯问黄俊时，黄俊也作了同样翻供。冯家斌以证据发生变化为由，将黄俊一案退回公安机关补充侦查。蒋仕玲与梁长生到双江派出所找到副所长何承礼、合同工潘德明等人要求办理取保候审，何承礼、潘德明说要有检察院的检察建议书才能办。之后，冯家斌擅自制作了检察建议书，建议公安机关对黄俊变更强制措施。然后，何承礼、潘德明以证据发生变化及检察建议书为由，向县公安局呈报对黄俊的取保候审。案发后，平乐县人民法院一审以徇私枉法罪分别判决冯家斌、何承礼、潘德明有期徒刑4年6个月、2年6个月、2年；蒋仕玲犯辩护人妨害作证罪，判处有期徒刑2年6个月；梁长生、黄志华犯妨害作证罪，判处有期徒刑2年，缓刑3年；黎闯犯妨害作证罪，判处有期徒刑1年，缓刑1年。

---

① 郑小楼：《法官腐败报告》，《财经》2013年第15期。

有关被告不服判决，提出上诉，桂林市中级人民法院作出判决，维持原判。[①]

一人多罪现象则突出了司法腐败的严重性。例如，2005 年郑州市中原区人民检察院原检察长胡志忠、政治处原主任马霖、办公室原主任陈彤，郑煤集团纪委纪检员高永亮等人贪污、受贿、挪用公款、行贿、串供等重大违纪问题被郑州市纪委查处。2006 年 1 月 14 日，郑州市中级人民法院一审宣判，以受贿罪判处被告人胡志忠死刑，缓期二年执行，剥夺政治权利终身，并处没收个人全部财产；与其所犯贪污罪，挪用公款罪，故意销毁会计凭证、会计账簿罪和巨额财产来源不明罪并罚，决定执行死刑，缓期二年执行，剥夺政治权利终身，并处没收个人全部财产。该案经省高级人民法院复核裁定，维持一审原判。[②] 又如广东省茂名市茂港区人民法院原院长严得因贪污、受贿、挪用公款、包庇、纵容黑社会性质组织、民事枉法裁判一案于 2012 年 6 月 21 日在江门市中级人民法院作出一审宣判，严得五罪并罚，最终被判处死刑，缓期二年执行，剥夺政治权利终身，并处没收个人全部财产，成为法官中被控罪名最多的案例之一。[③]

二、 司法腐败的治理对策

2013 年 8 月 15 日上午，全国法院加强纪律作风建设电视电话会议在京召开。时任最高人民法院党组书记、院长周强出席会议并讲话，指出法官违纪违法是人民法院的耻辱，是司法公信的灾难，危害甚大，教训惨痛；各级人民法院要以深入开展党的群众路线教育实践活动为契机，汲取教训，整顿作风，严肃法纪，以清正廉洁保障公正司法，努力打造一支让党放心、让人民满意的过硬法院队伍。8 月 21 日下午，最高人民法院党的群众路线教育实践活动领导小组召开第二次会议，在会上周强坦言："人民群众对法院工作最期盼的就是公正司法，最不满的就是裁判不公正、法官不廉洁。对于利用司法职权谋取私利，对当事人吃拿卡要的行为；同当

---

① 黄星航：《诱改口供，打通关节，逃避制裁，广西数名被告人受惩》，《人民法院报》2003 年 8 月 31 日。

② 郭久辉：《"五毒俱全"的检察长胡志忠》，http://www.mos.gov.cn/Template/article/csr_display.jsp？—mi d=20050801015135。

③ 陈杰：《茂名茂港区法院原院长犯 5 宗罪判死缓》，《广州日报》2012 年 6 月 22 日，第 A6 版。

事人、代理人进行不正当交往，办'人情案、关系案、金钱案'的行为；损害群众利益、危害司法公信的其他不公不廉、违纪违法行为，都要坚决整治、坚决杜绝。"

中外廉政实践证明：一切权力必须受到有效的监督和制约，绝对的权力必然导致绝对的腐败。中共中央总书记、中共中央军委主席习近平2013年1月22日在中国共产党第十八届中央纪律检查委员会第二次全体会议上发表重要讲话，他强调："要加强对权力运行的制约和监督，把权力关进制度的笼子里，形成不敢腐的惩戒机制、不能腐的防范机制、不易腐的保障机制。"

（一）强化司法职业道德伦理教育，构建司法腐败"不愿为"的自律机制

全国组织工作会议2013年6月28日至29日在北京召开。中共中央总书记、国家主席、中央军委主席习近平出席会议并发表重要讲话。他强调："好干部要做到信念坚定、为民服务、勤政务实、敢于担当、清正廉洁。党的干部必须坚定共产主义远大理想、真诚信仰马克思主义、矢志不渝为中国特色社会主义而奋斗，全心全意为人民服务，求真务实、真抓实干，坚持原则、认真负责，敬畏权力、慎用权力，保持拒腐蚀、永不沾的政治本色，创造出经得起实践、人民、历史检验的实绩。"最高人民法院时任院长周强8月22日强调：各级法院要进一步强化反腐倡廉教育，使广大干警始终绷紧拒腐防变这根弦，切实把好欲望关、交友关、情趣关，保持淡泊名利的健康心态和简单朴实的生活作风，不被各种诱惑所动，不为各种干扰所惑，公公正正办案、干干净净做事、堂堂正正做人。制度反腐固然重要，但不能唯制度论。再好的制度也要靠人制定和执行。思想教育是一种主动、自觉的防范，是一项基础性的工程。通过政治思想教育，可以提高反腐败的认识，指导人们树立正确的人生观、世界观、价值观，正确对待权力、地位、金钱，从而提高广大干部群众拒腐防变的能力。

（二）司法权监督制约严密化，构建司法人员"不能腐败"的事先防范机制

1. 推进司法体制改革，确保检察机关、审判机关独立行使检察权、审判权。（1）加快推进司法队伍的正规化、专业化、职业化建设。再次修改

法官法、检察官法，规定法院院长和检察院检察长只能从法官、检察官中产生，如此方能有力地推动依法治国方略的实施。"法律的生命不在于逻辑，而在于经验。"要修改法官的退休年龄和准入机制，尽快建立一种尊重法律规律的法官任命体系，法官任职的最低年龄至少要提高到 30 岁。（2）进一步完善司法权的配置。任何权力都不是无限的，分权的实质在于限制权力。以权力约束权力，使权力在运行中保持平衡，防止权力倾斜。要对权力进行分解，防止权力过于集中。就是对各单位、部门、警种、岗位集权过重，又缺乏制约的权力进行适度分解，改变一个人说了算的权力结构，保证"一把手"在行使权力过程中受到别人的检查和制约。权力分解，一是可采取将一个部门内集中于一个人的权力分解为几个人共同行使，使之相互约束。二是可将一个部门对某项业务的决定权分解到几个部门，使部门之间相互制约。（3）保障检察官、法官独立行使检察权、审判权。司法权本质上是判断权。公正裁判的基本要求是裁判者必须立场中立、精神独立，确保不偏不倚。具体案件的诉讼参与人以外的任何人对案件审判过程和裁判结果的关注和发言，都不得逾越尊重法官独立裁判的底线，更不得利用权势、金钱、人情或知识向法官施加精神压力和物质诱惑，为一方当事人谋取有利裁判。因此，尊重审判独立，不是给法官多大的官职，更不是给法官多大的权力，只要给法官一个能够独立进行审判的司法环境就足够了。

2. 加强当事人的监督，严格回避制度。公民权利是构成公共权力的基础。公民通过行使各种民主权利制约国家权力。行使权力主体不当侵犯公民的权利，应承担相应的救济和责罚后果，当事人的监督是最有力的监督。2011 年，最高人民法院出台《关于对配偶子女从事律师职业的法院领导干部和审判执行岗位法官实行任职回避的规定（试行）》，要求法院领导干部和审判、执行岗位法官，其配偶、子女在其任职法院辖区内从事律师职业的，应实行任职回避。这是一项减少腐败的有效制度，应当严格执行。

3. 大力推进司法公开。古希腊有一句格言说得特别好，说"看不见的正义不是正义"。意思是要实现正义，必须要以人们看得见的方式实现，不以人们看得见的方式进行，就不能得到人的信服。目前，要加快"中国裁判文书网"建设，《最高人民法院裁判文书上网公布暂行办法》已经正式开始实施，最高人民法院的裁判文书年内要实现上网公开，地方各级法院也要进一步扩大裁判文书公开范围。

（三）责任追究严格确定及时化，构建司法人员"不敢腐败"的事后惩戒机制

腐败犯罪是一种故意犯罪，且具有明显的谋利性，犯罪者在决定是否实施腐败行为时，一般都要进行犯罪成本与效益计算。犯罪的成本与收益理论是犯罪经济学在分析犯罪发生的原因及寻求预防、减少犯罪策略的重要理论之一。它的主要内容是，当犯罪的收益大于犯罪的成本时，犯罪人就会积极追求犯罪的结果，反之则会放弃犯罪。犯罪的成本与收益理论重在分析影响犯罪成本和犯罪收益的各种因素，通过改变各种因素，增加犯罪的成本，降低犯罪的收益，从而达到预防犯罪的目的。长期以来，我国刑事司法实践中存在的突出问题是腐败犯罪系数高，定罪概率低。

1. 建立司法责任制，完善责权利统一机制。即在授予国家公职人员权力的同时，明确其职责，以增强权力主体的责任感，防止权力私有化。要提高全体司法人员特别是领导干部的权力责任意识。要实行责权利紧密挂钩的机制、领导责任追究制和执法责任制，切实为人民掌好权、用好权。中央政法委 2013 年 8 月《关于切实防止冤假错案的规定》明确提出，建立健全合议庭、独任法官、检察官、人民警察权责一致的办案责任制，法官、检察官、人民警察在职责范围内对办案质量终身负责。同时还要求明确冤假错案标准、纠错启动主体和程序。实行办案责任制后，案件不用层层审批，一方面解决了办案司法官没有决定权的尴尬，另一方面也必然会出现司法官权力过大，其权力如何监督制约的问题。其中对主审法官、主办检察官所办案件的质量终身负责和错案责任倒查问责制是一项切实可行的做法，具有震慑力。

2. 对司法腐败实行"零容忍"。所谓"零容忍"，简单讲就是指容忍度为零，即对任何不法行为都要采取严厉打击，哪怕是轻微的违法行为，也要毫不犹豫、决不妥协地彻底斗争。其主要理论依据是所谓的"破窗理论"。1982 年 3 月，美国哈佛大学教授威尔逊首次提出"破窗理论"（Broken Windows Theory）：如果一个公共建筑物的一扇窗户损坏了并且没有及时得到修理，很快该建筑物的其他窗户也会被损坏。原因在于，坏窗户表明没有人关心它，那么毁坏其他更多的窗户也不会有什么不良后果。破窗理论的核心思想就是：环境可以对一个人产生强烈的暗示性和诱导性，某

些犯罪与具有诱发性的外部环境有相关性。该理论认为，轻微违法犯罪与重大犯罪一样，都会给社会大众带来恐惧感，重大犯罪固然不容忽视，但社会大众平时最为关心和感受最深的还是轻微的违法犯罪。一旦对该类行为予以容忍，就会形成社会治安失控混乱之氛围，如不及时干预，社区居民会对警察与政府失去信心，进而失去正义感和社会责任感；相反，潜在犯罪人则受到鼓舞，各种反社会行为也会被传染并蔓延，犯罪数量和恶性程度日趋升高，导致社区生活质量趋于恶化，居民的犯罪恐惧感加深。因此，维护社会治安最根本的措施是从整治各种反社会行为和轻微犯罪着手，使其没有机会转变为重大犯罪。

3. 及时查办司法腐败，减少"犯罪黑数"。贪污贿赂"犯罪黑数"的大量存在使腐败分子有恃无恐，心存侥幸。列宁曾一针见血地指出："惩罚的警戒作用绝不是惩罚得严厉与否，而是看有没有漏网。重要的不是严惩罪行，而是使所有罪案都真相大白。"意大利著名刑法学家贝卡里亚指出："对于犯罪最强有力的约束力量不是刑罚的严酷性，而是刑罚的必定性。"刑罚的威慑力主要在于使刑罚成为犯罪分子实施犯罪行为的必然结果。因此，必须大力加强贪污贿赂犯罪的侦破工作，提高破案率，减少"犯罪黑数"，提高犯罪成本，以遏制犯罪分子的冒险性和侥幸心理。

4. 依法从严惩治，增强处罚力度。惩治腐败必须坚持适用法律一律平等的原则。"查办大案要案不能有禁区。"查处贪贿案件不管涉及谁，都要一查到底，决不手软。不论是谁，不论其职务多高，只要触犯党纪国法，都要受到严肃追究和严厉惩处。慎用免刑、不诉、缓刑，加强对腐败分子财产刑和资格刑的适用。充分运用开除党籍、开除公职等党纪、政纪处分。凡构成犯罪的，一律开除党籍、开除公职，使刑事处分、行政处分、党纪处分三位一体，形成惩罚合力。

（四）提高司法人员廉洁奉公收益，构建司法人员"不需腐败"的职业激励机制

实践已经证明，即使在现有薪酬水准下，绝大多数法官都能够经受考验、固守清贫、尽职履责、守护公正。但是，建设公正高效权威的社会主义司法制度，需要一支优质、自律、廉洁、稳定的法官队伍。只有摒弃职业偏见，尊重司法规律，通过严格选拔、加强监督，切实提高法官的政治、经济待遇，才能重塑广大法官的职业尊荣感。

结　语

党的十八大报告提出，进一步深化司法体制改革，确保审判机关、检察机关依法独立公正行使审判权、检察权。目前，深入推进司法体制改革已成共识。我国新一轮司法改革的主要任务之一是："建立主审法官、合议庭办案责任制，探索建立突出检察官主体地位的办案责任制，让审理者裁判、由裁判者负责，做到有权必有责、用权受监督、失职要问责、违法要追究。"① 党的十八届三中全会通过的《中共中央关于全面深化改革若干重大问题的决定》将司法改革确定为全面深化改革的重点领域之一，不仅进一步确立了司法体制改革的目标，明确了深化司法体制改革的具体要求，而且设计了实现这些目标的十五项途径，如建立符合职业特点的司法人员管理制度；健全司法权力分工负责、互相配合、互相制约的机制；推进审判公开、检务公开；广泛实行人民陪审员、人民监督员制度，拓宽人民群众有序参与司法渠道等。这些司法改革措施的贯彻落实，必将有助于遏制和防范司法腐败。当然，我们要清醒地认识到：治理司法腐败的艰巨性和长期性，需要惩防并举、综合治理，不能毕其功于一役。我们相信，随着法治中国建设的全面深入推进，司法体制改革不断取得进展，以及惩治和预防腐败体系的全面建立健全，司法腐败终将不断减少，司法权威和司法公正终会实现。

---

① 孟建柱：《深化司法体制改革》，《人民日报》2013 年 11 月 25 日，第 6 版。

第九章 广大民众参与腐败犯罪防控之思考①

党的十八大以来，以习近平同志为核心的党中央，正视严峻复杂的腐败形势，以强烈的历史责任感、深沉的使命忧患感，坚定不移推进全面从严治党，把党风廉政建设和反腐败斗争一步步引向深入，凝聚了党心民心，增强了人民群众对党的信心和信任。2013 年至 2016 年 9 月，全国纪检监察机关共立案 101.8 万件，给予党纪政纪处分 101 万人，其中包括周永康、徐才厚、郭伯雄、令计划、苏荣等"大老虎"，反腐败取得了举世瞩目的成就。据国家统计局开展的全国党风廉政建设民意调查数据显示，党的十八大召开前，人民群众对党风廉政建设和反腐败工作的满意度是 75%，2013 年是 81%，2014 年是 88.4%，2015 年是 91.5%，2016 年是 92.9%。②

但我们必须清醒地看到，目前实行的是以政党和国家为中心的反腐败战略，强力推进的仍是自上而下的"权力反腐"模式，一定程度上忽视了广大民众的力量。"由于 30 多年来群众一直是反腐败的旁观者，想参与没平台，想支持无渠道，致使腐败滋生蔓延，易发多发，查处腐败分子的级别、金额都在不断增加，致使腐败没有得到有效遏制，形势依然严峻，任务依然艰巨。"③ 人民网"2017 全国两会调查"，就公众关注的 18 个热点问题展开线上调查，截至 2 月 27 日 20 时 30 分，参与调查人次已经达到了786674 人，"反腐倡廉"选项以逾 11 万票居关注度榜首。其中对于如何更加有效地预防腐败，20.17% 的网友将票投给了"为媒体和公众监督创造

---

① 本文原载严励主编：《刑事政策论坛》第六辑，中国法制出版社 2018 年版，第 19—28 页。
② 姜洁：《反腐败斗争压倒性态势已经形成》，《人民日报》2017 年 1 月 10 日，第 4 版。
③ 李永忠：《论制度反腐》，中央编译出版社 2016 年版，第 36 页。

更好条件"。① 深入研究现行广大民众参与腐败犯罪防控的障碍，探寻解决之道，对于深入推进反腐败斗争，切实解决我国面临的腐败难题具有重要的理论和现实意义。

一、 社会公众如何参与反腐败： 我国香港特区的启示

我国香港特区是全球最廉洁的城市之一。2013 年透明国际的清廉指数显示，香港在 177 个国家和地区中排名第 15 名。2005 年至今，我国香港特区的排名均在第 12 名至第 15 名之间，成为不少国家反贪机构的借鉴对象。我国香港特区能迈向清廉，全赖有完善的法治制度、稳固的法律基础、专业的反贪团队和民众的支持。② 1974 年 2 月 15 日，我国香港特区独立执法的专职反贪机构廉政公署（ICAC）成立。在廉政公署成立之初，实名举报的市民投诉不超过 30%。如今，这一比例已超过 70%。反贪专家、香港廉政公署前副专员郭文纬认为："反腐败最重要的合作伙伴是公众。"③我国香港的做法主要有：

（一） 积极开展廉政宣传

我国香港特区廉政公署分为执行处、防止贪污处和社会关系处，共有 1300 多名工作人员，其中的 1000 人在执行处工作。执行处负责接受市民举报，研究、调查贪污腐败者的罪行；防止贪污处共有 100 多人，负责研究如何减少各政府部门及公共机构出现贪污腐败；社会关系处也有约 100 名工作人员，他们负责教导香港市民认识贪污腐败的危害，并鼓励市民积极支持反贪工作。廉政公署认识到肃贪工作只有得到市民的支持才能取得成功，因此实行调查、预防、教育"三管齐下"的方法，其下属的社区关系处的主要任务就是向市民宣传肃贪倡廉，提高公民意识，培养市民的社

① 叶晓楠、高博扬、周璇：《今年"两会"，我们关注什么?》，《人民日报（海外版）》2017 年 3 月 1 日，第 5 版。

② 王丽丽：《"香港胜在有你同 ICAC"——专访香港廉政公署廉政专员白韫六副廉政专员黄世照》，《检察日报》2014 年 7 月 15 日，第 5 版。

③ 周东旭：《香港廉署专家：贪腐官员最怕的不是死刑而是被抓几率》，http：//opinion. caixin. com/2017 - 05 - 11/101088992. html。

会责任感和良好道德，积极争取市民的支持和参与。

（二） 充分保护举报人权益

市民所作的投诉，无论是通过廉政公署的热线电话、邮递或亲临位于香港中环的执行总部或分布于香港、九龙、新界的 8 个廉政公署分区办事处，都会由执行处举报中心迅速统筹办理，市民既可亲身举报，也可电话、信函、邮件举报，署名与否尊重个人意愿。廉政公署对举报的处理快速高效，每天早上 7 点，举报中心将过去 24 小时接获的所有举报纳入"早晨报告"，由执行处首长及处长级人员进行审议，决定是否展开调查，处理结果将在受理举报 48 小时内回复举报人。香港财政司预算案显示，截至 2011 年，廉政公署对所有投诉案件均在 48 小时内约见了举报人。①

举报人身份方面，廉政公署制定了严谨程序及措施，将举报人的身份及举报内容保密。所有的举报资料只会存放在机密档案内，只有获授权人士，例如，负责调查该宗案件的调查员或其他指定的廉政公署人员在"有需要知情"下才可翻阅这些资料，所以举报人无须担心个人资料或投诉资料外泄。举报受法律保护，举报材料无法定特别情形不得在诉讼中作为证据使用；任何人如泄露举报人信息，一经定罪可处罚款及监禁。廉政公署保密严格，如举报中心严禁一切非中心人员进出；处理举报时，只有负责该案件的调查员才能获知调查内容及进展，最大限度控制信息知情面。

（三） 建立证人保护制度

廉政公署还建立了证人保护制度，除保护证人的人身安全外，重点对证人的工作、生活和福利予以保障，消除后顾之忧。根据《证人保护条例》，廉政公署设立有效机制与程序进行保护证人的工作，执行处亦设立证人保护及枪械组，执行有关证人保护的行动。

（四） 加强民众对廉政公署的监督

为了保证廉政公署自身的清正廉洁和高效的工作，香港政府将廉政公署置于接受公众全面监督之下。廉政公署外部设立了 4 个独立的咨询委员会（贪污问题咨询委员会、审查贪污举报咨询委员会、防止贪污咨询委员

---

① 李炜娜：《"二郭案"拷问"廉洁之都"》，《人民日报（海外版）》2012 年 4 月 2 日，第 3 版。

会和社区关系咨询委员会）和 1 个独立的"廉政公署事宜投诉委员会"，这 5 个委员会由行政长官委任，成员多为社会知名人士，且由非官方人士出任主席。如负责监察廉政公署调查工作的审查贪污举报咨询委员会，香港有关法例规定，该委员会的 17 名委员由社会各界具有广泛代表性的知名人士组成，行政长官任命；其中 13 名是非官守委员（社会贤达、民间人士），4 名官守当然委员。该委员会的职权首先是听取廉政专员报告以下事项：接获的所有贪污举报及廉政公署如何处理这些举报；疑犯获廉政公署保释超过 6 个月的所有个案；廉政公署已完成调查的个案；就律政司决定不予检控或警戒的案件，建议应采取的行动；在廉政公署管辖范围内所作检控的结果及其后的上诉结果；所有历时超过 1 年或需要动用大量资源的个案调查之进展。此外，该委员会还有如下职权：廉政专员须尽早向委员会报告由其授权进行搜查的次数及理由，并解释急需进行搜查的原因；就廉政公署管辖范围内进行调查所得到的资料，向廉政专员建议哪些资料应送交有关部门、公共机构、其他机构或个别人士；就廉政专员向委员会提出的其他事项，或主动就任何事项提供意见；向行政长官反映任何值得关注的执行处运作或该委员会所面对的任何问题；向行政长官提交年报，内容须向公众发表。①

二、 我国社会民众参与腐败犯罪防控存在的不足

（一） 民众的知情权受到限制， 腐败犯罪发现难

2003 年中国科学院和清华大学国情研究中心提交了一份关于我国高层官员腐败特点和趋势的研究报告，报告指出，我国从 1978 年至 2002 年，腐败"潜伏期"明显变长：1980—1988 年期间被发现的 7 起案件和 1989—1992 年期间被发现的 9 起案件，平均潜伏期分别只有 1.43 年和 1.44 年，基本上是立刻受到了查处；但是在 1992 年之后被发现的多起案件，腐败潜伏期不断增加，其中 1993—1997 年被发现的 22 起案件平均潜伏期为 3.32 年，1998—2002 年期间被发现 16 起案件平均潜伏期竟然达到了 6.31 年，

① 童之伟：《对监察委员会自身的监督制约何以强化》，《法学评论》2017 年第 1 期。

最长的达到 14 年。① 深圳大学当代中国政治研究所硕士研究生涂谦以党的十六大以来（2003 年至 2011 年）落马的 72 名省部级官员为样本，在 55 个有明确的腐败时间跨度的样本中，时间跨度为 10 年以上者 21 人，占38%；5 年至 9 年者 25 人，占 45%；5 年以下者 9 人，占 12%；平均时间跨度为 8.5 年。② 而笔者随机收集了近 5 年查处的 20 个"边腐边升"案例平均贪腐时间是 14.3 年，其中 9 人贪腐时间在 15 年以上。同时，尽管我国不断加大对贪腐犯罪的惩处力度，但由于腐败犯罪本身的特点，犯罪黑数大。有学者曾根据中央组织部的数据计算，1993—1998 年全国受党纪政纪处分的干部累计达 2.89 万人，平均每 100 名受党纪政纪处分的干部只有42.7 人被检察机关立案侦查，只有 6.6 人被判刑。相比之后，香港腐败案件的判罪率是 78.4%，存在明显差距。③ 党的十八大后，虽然反腐力度前所未有，但腐败犯罪黑数高的问题始终没有得到有效解决。

贪腐犯罪侵害客体的特殊性。普通刑事案件，一般有具体的被害人，一般会留下较明显的能被人的感官感知的犯罪现场、犯罪痕迹或犯罪结果，犯罪一般会因被害人报案、控告或被人发现而暴露。而贪腐案件由于侵害的是国家利益，一般不直接涉及个人的切身利益，犯罪行为与犯罪结果一般不会自行暴露。特别是行贿与受贿是利益共同体，往往属于"天知，地知，你知，我知"的"四知"案件，行贿人一般因获利而不会举报。如果行贿者不交代行贿行为，不提供证据，拒绝配合司法机关的侦查、起诉和审判活动，受贿行为也往往难以证实。这在"买官卖官"案件中表现得更加突出。许多案件都是因其他案件被查而偶然被发现的，不少贪腐案件执纪执法机关甚至从来没有收到过相关举报。如果仔细考察腐败官员落马的过程，则可以发现，偶然性因素远远大于制度性因素。如在举报职务犯罪的大军中，情妇举报占据了较大的比例，曾有媒体调查，1987年至 2010 年 120 名落马的省部级高官中，有 25% 是因为被情妇举报。④ 对120 人有据可查的案发方式的分析中，比例最高的案发方式为"由他案引出"，占到了六成以上。⑤

---

① 过勇：《中国高官腐败呈现十大趋势》，《廉政瞭望》2003 年第 8 期。

② 陈简文、刘钢：《官员腐败一般 9 年后东窗事发》，《深圳晚报》2012 年 10 月 16 日，第 A05 版。

③ 过勇、宋伟：《腐败测量》，清华大学出版社 2015 年版，第 41—42 页。

④ 许辉：《让职务犯罪举报人没有后顾之忧》，《中国青年报》2016 年 1 月 13 日，第 2 版。

⑤ 陈良飞：《35 年"打虎"记》，《新民周刊》2013 年第 103 期。

（二）　民众的举报权得不到切实保护

近年来，我国检察机关受理的举报线索呈总体下降趋势。全国检察机关 2001 年至 2003 年受理的举报线索分别为 194450 件、149497 件和 143394 件，呈明显下降趋势。[①] 2008 年 1 月至 2013 年 8 月全国检察机关"立案侦查的案件中，群众举报 48671 件，占 32.1%；检察机关自行发现 53532 件，占 35.4%；纪检监察机关移送 14354 件，占 9.5%；犯罪嫌疑人自首、其他执法司法机关移送和其他来源 34793 件，占 23%"。[②] 此外，"统计数据显示，党的十八大以来，中央纪委执纪审查的中管干部中，50% 以上的线索来自巡视，特别是挖出了苏荣、王珉、黄兴国等一批'老虎'，揭露了山西塌方式腐败案和湖南衡阳破坏选举案、四川南充拉票贿选案、辽宁拉票贿选案等；同时，十八届中央前十一轮巡视工作，仅巡视中央和国家机关就累计受理信访 16 万多件次，与干部群众谈话 1.8 万多人次"。[③] 这一数据虽然表明了巡视的重要性，但也表明非巡视时期民众的举报热情不高。我国民众举报比例不高，其重要原因之一就是我国举报人保护制度不健全，导致群众举报积极性受挫。[④]

2012 年《中华人民共和国刑事诉讼法》第 61 条、第 62 条对证人、鉴定人、被害人及其近亲属在刑事诉讼中的人身安全保护问题作出了专门规定，却未提及举报人的人身安全保护问题。最高人民检察院从 1988 年起，先后出台了《人民检察院举报工作若干规定（试行）》、《关于保护公民举报权利的规定》和《奖励举报有功人员暂行办法》。此后，又于 1996 年制定了《人民检察院举报工作规定》，并于 2009 年、2014 年作了两次修订。但在实践中，腐败犯罪举报人保护、奖励制度存在一些亟待完善的问题：一是保护工作的分工不够明确；二是缺乏具体、有效的保护措施；三是侧重事后救济，举报人遭受威胁时往往求助无门；四是隐性报复难以查处；

---

①　崔静：《我国检察机关受理的举报线索近年呈总体下降趋势》，载新华网，http://news.xinhuanet.com/legal/2007-06/13/content_6238569.htm。

②　曹建明：《最高人民检察院关于检察机关反贪污贿赂工作情况的报告》，《检察日报》2013 年 10 月 25 日，第 2 版。

③　姜洁：《十八届中央巡视实现全覆盖》，《人民日报》2017 年 6 月 23 日，第 6 版。

④　张立：《检察官建议：举报人要做到"五要五不要"》，《检察日报》2007 年 6 月 14 日，第 1 版。

五是奖励金额偏低，奖励资金经费保障水平不一。[①]

（三）广大民众难以对反腐败机构进行有力的监督

2003 年 9 月 2 日，最高人民检察院通过《关于实行人民监督员制度的规定（试行)》，开展了人民监督员制度试点。最高人民检察院、司法部 2015 年 3 月 7 日出台《深化人民监督员制度改革方案》，2015 年 12 月 21 日，最高人民检察院通过新的《关于人民监督员监督工作的规定》，2016 年 7 月 5 日，最高人民检察院、司法部联合印发《人民监督员选任管理办法》，人民监督员制度进入新的发展阶段。但人民监督员仍存在不少问题，主要是：

1. 人民监督员的选任条件不尽合理。理论界及实务界针对人民监督员任职条件出现以下不同的观点：第一种观点认为，人民监督员任职条件大众化。这种观点认为，人民监督员的任职条件应坚持大众化标准，注重人民监督员的群众性。[②] 第二种观点认为，人民监督员任职条件精英化。这种观点认为，人民监督员应具有法学本科以上学历，以此提高人民监督员选任门槛。[③] 有的甚至提出人民监督员的资格条件可以参照人民代表资格条件和检察官资格条件提出。[④] 第三种观点是"折中说"，该观点认为，"人民监督员的遴选应当在突出专业性的前提下，适当考虑一定的代表性"。[⑤]《人民监督员选任管理办法》第 8 条第 1 款规定："拥护中华人民共和国宪法、品行良好、公道正派、身体健康的年满 23 周岁的中国公民，可以担任人民监督员。人民监督员应当具有高中以上文化学历。"并在第 11 条第 2 款强调："人民监督员人选中具有公务员或者事业单位在编工作人员身份的人员，一般不超过选任名额的 50%。"《深化人民监督员制度改革方案》已肯定人民监督员"接受公民自荐报名"。所以，"下一步如何完善

---

① 徐日丹：《保障举报人合法权益调动群众举报积极性——〈关于保护、奖励职务犯罪举报人的若干规定〉解读》，《检察日报》2016 年 4 月 9 日，第 2 版。

② 姚晓东、李晓龙：《人民监督员任职条件之辩——兼论建立人民监督员数据库的可行性》，《方圆法治》2009 年第 5 期。

③ 彭辅顺、陈忠：《人民监督员制度之检讨与改进》，《河北法学》2010 年第 2 期。

④ 浙江省温州市人民检察院课题组：《人民监督员制度研究》，载孙谦主编：《检察论丛》（第 11 卷），法律出版社 2006 年版，第 402 页。

⑤ 韩大元主编：《中国检察制度宪法基础研究》，中国检察出版社 2007 年版，第 427 页。

群众自荐的选任方式，将成为检察机关以及学术界共同研究努力的问题"。①《人民监督员选任管理办法》第11条第1款规定："司法行政机关应当采取到所在单位、社区实地走访了解、听取群众代表和基层组织意见、组织进行面谈等多种形式，考察确定人民监督员人选，并进行公示。"自荐报名被删除。《人民监督员选任管理办法》也没有对人大代表、政协委员等能否担任人民监督员作出明文规定。

2. 人民监督员的选任和管理。在人民监督员制度试点阶段和扩大试点工作阶段，人民监督员是由检察机关主导产生的，这就难以从根本上解决检察机关"自己选人监督自己"的问题。目前对人民监督员的选任方式，有以下几种观点：一是由本级人大常委会或内务司法委员会负责；二是由司法行政机关负责；三是由政协机关负责；四是由本级人大常委会或司法行政机关或政协机关为主，上一级检察院参与管理；五是由上一级人民检察院负责管理。根据《深化人民监督员制度改革方案》要求，人民监督员的选任和管理则由司法行政机关负责。但这种模式仍难以避免"公办"性质。

3. 监督意见的效力有限。《关于人民监督员监督工作的规定》第19条规定："人民检察院应当认真研究人民监督员的评议和表决意见，根据案件事实和法律规定，依法作出决定。"第26条规定："人民检察院作出的复议决定为最终决定。复议决定与人民监督员的表决意见仍不一致的，负责复议的人民检察院应当向提出复议的人民监督员说明理由。"这表明：人民监督员所拥有的监督效力是有限的，作为监督者的人民监督员的表决结果，需要由作为被监督者的检察长、检察委员会进行审查。人民监督员的监督意见是否被采纳最终是由检察院决定的，被监督者并未受到强制性约束。监督效力的非刚性使这种监督的作用再打折扣，监督权就仅仅成为一种批评权或建议权，于是就出现"被监督者审查监督者"的现象。如果人民监督员表决意见最终决定权仍然在检察机关，则监督实效难以保证，并会直接影响人民监督员的监督积极性。

---

① 卞建林、褚宁：《人民监督员制度的运行与完善》，《国家检察官学院学报》2014年第1期。

三、 完善社会民众参与腐败犯罪防控的思考

党的十八大报告强调:"保障人民知情权、参与权、表达权、监督权,是权力正确运行的重要保证。"2016 年人民网两会调查上线,就公众关注的 18 个热点问题展开网上调查,对于 2016 年的反腐败工作,网友最大的期待是"力度不减、节奏不变、尺度不松",其次就是"加大公众参与力度"。① "多元治理的根本在于打破单一力量在廉政治理中的垄断,形成政党与国家,国家与社会多元主体平等协商、协同互动的廉政治理格局。多元治理的核心任务是增强国家和社会的反腐力量,进而形成以党为领导中心的多元主体合作共治的廉政治理主体机构。"②

民众是治理腐败的重要力量,任何一个国家反腐败要取得成效都离不开广大民众的支持和参与。有序、合法、制度化的公众参与,有助于大大提高腐败行为被发现和惩处的可能性。"民众参与反腐败并非完全自发的行为,而是需要一定条件来保障和激励的。"③ 要充分调动广大民众参与反腐的主动性、积极性,应从以下几个方面入手。

(一) 拓宽监督途径, 确保民众知情权

1. 大力推进政务公开。公开透明是法治政府的基本特征。全面推进政务公开,让权力在阳光下运行,对于发展社会主义民主政治,提升国家治理能力,增强政府公信力执行力,保障人民群众知情权、参与权、表达权、监督权具有重要意义。2004 年 3 月 22 日,国务院发布《全面推进依法行政实施纲要》,提出"开展政府信息公开"的重点任务,2007 年国务院出台《中华人民共和国政府信息公开条例》。随着时代进步和社会发展,政府信息公开面临许多新情况、新问题。《中华人民共和国政府信息公开条例》的修改作为"全面深化改革需要的项目"已列入国务院 2016 年立法计划,相关职能部门正在抓紧工作。2016 年 2 月,中共中央办公厅、国务院办公厅印发了《关于全面推进政务公开工作的意见》,11 月,国务院

---

① 陈孟:《两会调查:网友认可"打虎拍蝇"成效期待反腐力度不减》,http://npc. people. com. cn/n1/2016/0225/c14576 - 28151000 - 2. html。
② 陈永杰:《基于治理理论的国家廉政治理体系现代化》,《湖北社会科学》2015 年第 10 期。
③ 杜治洲:《反腐民本主义:内涵与模型》,《廉政文化研究》2016 年第 1 期。

办公厅印发《〈关于全面推进政务公开工作的意见〉实施细则》，对全面推进政务公开工作作出具体部署。该实施细则要求着力推进决策、执行、管理、服务、结果公开，将"五公开"要求落实到公文办理程序和会议办理程序，对公开内容进行动态扩展和定期审查。国务院各部门要就本部门本系统主动公开的内容、主体、时限、方式等编制目录并动态更新。在全国选取 100 个县（市、区），围绕土地利用规划、拆迁安置、环境治理、扶贫救灾、就业社保等开展政务公开标准化规范化试点。

2. 拓宽监督途径，推进网络反腐。随着互联网的发展，网络反腐成为民众参与反腐的一种典型方式。据北京航空航天大学廉政研究所收集的 2004 年 1 月至 2014 年 12 月发生在中国内地的 333 个网络反腐事件分析发现，11 年来网络反腐事件数量逐年快速上升，特别是党的十八大之后，网络反腐事件呈井喷之势，仅 2013 年和 2014 年两年就有 160 件，占近一半。[①] 网络反腐具有广泛性、参与性、社会性和公开性等特征，但也伴随一些非理性，甚至侵犯被监督者的合法权益的现象。因此，应当加快对公民网络反腐行为的保障和规范工作，实现网络反腐的制度化。

3. 尽快出台财产申报法。在制度建设中官员财产公示是预防腐败的指标性制度。[②] 从官员财产申报和公示的实践历史来看，财产申报制犹如一把利刃，直刺腐败者的要害。财产申报（公示）法被誉为"阳光法案"，1766 年起源于瑞典，目前已有 140 多个国家推行了这项法律制度，是国际社会公认的一把反腐利器。如"新加坡的财产申报制度一方面为社会公众参与反腐败提供了方便，同时也使政府部门及时了解其工作人员的财产拥有状况，对不明收入起到了有力的监控作用，为反贪污机关查处案件并及时准确地惩处腐败分子奠定了基础"。[③] 制定财产申报法一直是我国社会各界的企盼。1988 年，国务院监察部会同法制局起草了《国家行政工作人员报告财产和收入的规定草案》。1994 年，第八届全国人大常委会将财产申报法正式列入立法规划。1995 年 4 月 20 日，中共中央办公厅、国务院办公厅联合发布了《关于党政机关县（处）级以上领导干部收入申报的规

---

① 李艳菲、杜治洲：《反腐新常态催生网络反腐新气象》，《检察日报》2015 年 11 月 17 日，第 7 版。

② 何家弘：《反腐败的战略重心与官员财产公示》，《法学》2014 年第 10 期。

③ 刘守芬、李淳主编：《新加坡廉政法律制度研究》，北京大学出版社 2003 年版，第 202 页。

定》。但 20 多年过去，这项制度的出台还未得到严格遵照和执行。①

（二）强化对公民举报权利的保护

举报是宪法赋予公民的一项基本权利，是公民参与民主监督，管理国家事务的一种重要方式。举报对推动反腐败斗争的深入发展，震慑、打击、预防和减少职务犯罪发挥着极其重要的作用。举报制度的核心价值，就在于它创造了依靠群众反腐败，并使国家机关的专门法律监督与群众民主监督相结合。任何个人或者单位依法向人民检察院举报腐败犯罪行为，其合法权益应当受到法律的保护，保护公民举报权是国家的责任。中国青年报社组织的调查显示：公众给出的阻碍举报的因素排序依次为：担心举报"石沉大海"，得不到反馈（36.4%）；担心举报后遭到打击报复（34.9%）；担心没有"铁证"，举报没有结果（15.5%）；不知道有效的举报渠道（7.1%）。② 可见，建立完善的举报人保护制度是当务之急。2014 年 9 月 30 日，最高人民检察院印发修订后的《人民检察院举报工作规定》强调："各级人民检察院应当依法保护举报人及其近亲属的安全和合法权益。"并明确规定了在实名举报人的人身、财产安全受到威胁时，以及举报人确有必要在诉讼中作证时，检察机关应当采取的保护措施。2016 年 3 月 30 日，最高人民检察院、公安部、财政部联合印发了经中央全面深化改革领导小组第二十次会议审议通过的《关于保护、奖励职务犯罪举报人的若干规定》。该规定第 8 条规定："举报人向人民检察院实名举报后，其本人及其近亲属遭受或者可能遭受打击报复，向人民检察院请求保护的，人民检察院应当迅速进行核实，分别不同情况采取下列措施：（一）举报人及其近亲属人身、财产安全受到威胁的，应当依照本规定第九条的规定采取必要的保护措施；（二）举报人及其近亲属因遭受打击报复受到错误处理的，应当建议有关部门予以纠正；（三）举报人及其近亲属因遭受打击报复受到严重人身伤害或者重大财产损失的，应当协调有关部门依照规定予以救助。……"为了强化对公民举报权利的保护，笔者期待举报法或举报人保护法早日出台。

---

① 参见《财产申报公示制度难产 26 年》，《都市快报》2014 年 8 月 19 日，第 A02 版。
② 李涛、李颖：《专家呼吁尽快制定举报法，民调认同此乃当务之急》，《中国青年报》2009 年 3 月 17 日，第 2 版。

（三）加强广大民众对反腐败机构的监督力度

人民监督员制度在一定程度上体现了宪法的权威，扩大了公民行使监督权的范围，丰富了公民参与政治的途径，具有权利监督和人权保障的价值。"民众参与刑事司法是直接民主的代表性形式。正是这种直接性，使得民众参与对于司法民主的象征性意义是不可替代的，同时，民众参与从实质上提升了司法的民主性和正当性。"[1] 新一轮人民监督员制度改革虽然在选任管理方式、扩大监督范围、完善人民监督员监督程序等方面出台了一系列新的规定，但为了保证人民监督员充分发挥监督作用，人民监督员制度仍有进一步完善之必要。

1. 完善人民监督员的选任条件。笔者认为，应让更多的普通民众担任人民监督员。人民监督员不是专家监督，更不是法律专家监督。人民监督员的选任应在精英化和平民化之间走"中间路线"，应以广泛的代表性作为选任人民监督员的重点，让各方面的代表都能参加到人民监督员的队伍中来，更好地体现出监督的社会性和"平民化"。设立人民监督员制度的目的是为了克服职业司法官职业思维习惯的缺点，将非职业司法官的社会普通民众对犯罪及刑罚的认识带入司法活动中。在参与监督过程中，人民监督员虽然也可以对某一法律规定作出自己的解释，但更重要的是利用他们对案件事实的不同理解，从经验的层面提出对案件的看法。实行人民监督员制度的本质在"人民监督"而非法律专家咨询。启动人民监督员监督程序，不是举办一次法律咨询会，其根本意义在检察机关主动接受社会监督和听取意见，在检察机关就办案中的有关问题向人民作出说明和解释。司法民主是为解决对司法权的监督制约而提出的。目前，我国司法改革路径之一，就是要破除司法的过度神秘化、扩大司法的民主参与、强调司法对民意的尊重，以及强化司法人员的亲民意识，以此缩短司法与民众之间的距离。"通过人民群众参与司法，建立司法人员与社会公众的互动，将公民朴素的社会正义感和公平感与司法人员的职业判断相结合，可以体现司法权对社会生活经验的尊重，消除公众对于司法活动的距离感，使裁判更易于得到当事人和社会公众的认同。"[2]

---

① 胡铭：《刑事司法民主论》，中国人民大学出版社 2007 年版，第 153 页。
② 姜伟：《保障人民群众参与司法》，《光明日报》2014 年 11 月 27 日，第 1 版。

2. 完善人民监督员的选任和管理。人民监督员制度是作为完善检察机关外部监督的一项创新举措而设置的，这就要求实现人民监督员选任机制的外部化。人民监督员的选任必须最大限度地独立于检察机关，才能确保该项制度的监督效果和社会公信力，切实发挥对检察机关依法行使权力的外部监督效能。陈卫东教授认为，人民监督员制度改革的方向是成立专门的独立选任委员会，在建制方面不能对检察机关产生任何依附，无论是人事上还是财事上，委员会的工作范畴也不应只局限于选任环节，而必须实现对人民监督员工作的全覆盖。只有这样才能排除检察机关以及其他公权力的干扰，保证公民能够实质参与到检察工作中来，而不是走过场，才能使人民监督员制度获得群众的信任。① 笔者赞同这一观点。

日本检察审查会审查员的选任是由当地的选举管理委员会和检察审查员事务局通过抽签决定的，一般是由检察审查员事务局根据《检察审查会法》规定的程序确定从具有众议院议员选举权的国民中选定11人组成日本检察审查会。这一做法值得借鉴。目前，我国的人民监督员已由司法行政机关负责选任管理，这为人民监督员选任和管理机制的外部化迈出了可喜的一步。当然，我们要看到："司法行政机关进行选任是一种纵向的进步，但只是权宜之计，未来人民监督员选任主体的选择仍然应当由独立的市民社会视野下的选任委员会实施，这样一是避免了依宪执政序位上不统一造成的监督尴尬，二来也真正顺应了外部监督的非公权力性质。"②

3. 提高监督意见的效力。有的同志认为："如果人民监督员的监督结果对检察机关具有刚性的约束力，这将导致人民监督员会干预检察权的独立行使，而且其自身也因分享了检察权而具有权力的性质，成为需要被监督的对象。"笔者认为，我国目前是将人民监督员制度定位于"外部监督"和"权利监督"，所以监督意见只具有参考性而非强制性，是符合制度定位的。但是，从未来发展看，人民监督员制度宜从"权利监督"走向"权力监督"。这符合司法民主化的发展趋势。2004年，日本对《检察审查会法》进行了重大修改，修改后的法律规定，在检察审查会作出了适于起诉的决议后，如果检察官对于该决议所涉及的案件再次作出不起诉处分时，

---

① 陈卫东：《人民监督员制度的困境与出路》，《政法论坛》2012 年第 4 期。
② 裴娜、俞启泳：《人民监督员选任制度反思与完善》，《中国刑事法杂志》2015 年第 2 期。

或者自适于起诉决议的决议书副本送达之日起 3 个月内，未收到检察官作出的关于案件处分的通知时，即开启第二阶段的审查。当检察审查会对检察官的不起诉处分进行二次审查后，仍然认为适于起诉时，应当作出起诉决议，即起诉决议具有法律拘束力。这种做法值得我们借鉴。未来在人民监督员监督意见的效力问题上可作如下设计：在多数人民监督员不同意检察机关的起诉、不起诉、撤案决定时，直接启动上级检察机关的复核程序。在上级检察机关维持下级检察机关的决定时，人民监督员再行启动第二次审查，当三分之二以上的多数人民监督员仍不同意检察机关的意见时，该监督意见对检察机关应有直接约束力，检察机关必须执行监督意见。

第十章　新中国贪污贿赂犯罪立法70年①

一、 贪贿犯罪立法70年的基本回顾

新中国成立70年来，我国一直重视贪贿犯罪立法，始终强调从严惩处贪贿犯罪。贪贿犯罪立法的历史沿革，大体可以分为以下几个阶段。

（一） 前30年的贪贿犯罪立法 （新中国成立至1979年）

1949年，毛泽东及第一代领导集体，以"我们共产党人决不当李自成"的雄心壮志，离开西柏坡进京"赶考"。新中国刚刚成立，贪贿等腐败现象就伴随着新生政权的成立和建设悄然滋长，并逐渐呈现出蔓延之势。为了防止腐败，走出历史周期率，中央人民政府于1952年4月18日公布施行《中华人民共和国惩治贪污条例》（以下简称《条例》），这是新中国第一部惩治贪贿犯罪立法。该《条例》是根据"三反""五反"运动中所揭露的贪腐事实和积累的经验而制定的，内容涉及贪污、侵吞国家公有财产、骗取套取国家财物、索贿、受贿、违法取利、行贿、介绍贿赂、出卖盗取经济情报、抗拒坦白、打击报复等18个方面的行为，体现了严而又厉惩治贪贿犯罪的指导思想。

《条例》的颁布为全国性的惩治贪贿犯罪提供了有力的法律武器。该《条例》的特点是：

1. 法网严密。首先，贪污犯罪主体宽泛。根据《条例》第2条、第15条、第16条规定，"一切国家机关、企业、学校及其附属机构的工作人员""社会团体的工作人员""现役革命军人"都是贪污罪主体。第12条规定，"非国家工作人员勾结国家工作人员伙同贪污者，应参照本条例第

---

　①　本文原载《法治研究》2020年第2期。

三、四、五、十、十一各条的规定予以惩治"。第 8 条甚至还规定，"非国家工作人员侵吞、盗窃、骗取或套取国家财物者"也参照贪污罪的规定惩处。其次，贪污罪客观要件宽泛。《条例》第 2 条规定："……凡侵吞、盗窃、骗取、套取国家财物，强索他人财物，收受贿赂以及其他假公济私违法取利之行为，均为贪污罪。"

2. 处罚严厉。首先，刑罚严厉。《条例》规定了死刑、无期徒刑等重刑。根据《条例》第 3 条规定，个人贪污的数额，在人民币 1 亿元以上者，判处 10 年以上有期徒刑或无期徒刑，其情节特别严重者判处死刑。[①]第 11 条规定："犯本条例之罪者，依其犯罪情节，得剥夺其政治权利之一部或全部。"其次，规定了多种从重或加重处刑情节。《条例》第 4 条列举规定了十一种"得从重或加重处刑"的情节。第 6 条第 3 款还规定："凡胁迫或诱惑他人收受贿赂者，应从重或加重处刑。"最后，受贿与行贿、介绍贿赂同等处罚。根据《条例》第 6 条规定，一切向国家工作人员行使贿赂、介绍贿赂者，应按其情节轻重参酌本条例第 3 条的规定处刑。

根据 1952 年 10 月 25 日中共中央批准的中央政策研究室《关于结束"三反"运动和处理遗留问题的报告》，在"三反"运动中，"判处刑事处分的 38402 人，占已处理部分的 3.6%。其中机关管制的 17175 人，占判处刑事处分的 44.7%；劳动改造的 11165 人，占 29.1%；判处有期徒刑的 9942 人，占 25.9%；判处无期徒刑的 67 人，占 0.17%；经中央和大行政区批准判处死刑的 42 人（内有杀人犯 5 人），死刑缓刑 9 人，共计 51 人，占 0.14%"[②]。

（二）后 40 年的贪贿犯罪立法

1. 第一阶段（1979 年至 1987 年）。1978 年党的十一届三中全会召开，长达 10 年的"文化大革命"结束，全会提出了我国法制建设的"十六字方针"。1979 年 7 月 1 日，五届全国人大二次会议一次通过 7 部法律。其中包括我国第一部刑法典（以下简称"79 刑法"）。该法典在第 155 条、第 185 条和第 126 条分别规定了贪污罪、贿赂罪和挪用特定款物罪，共设立了贪污罪、受贿罪、行贿罪、介绍贿赂罪和挪用特定款物罪 5 个罪名。

---

① 这里的金额是旧币，按 1955 年发行的人民币新币折算，新币 1 元等于旧币 1 万元。
② 吴珏：《"三反"、"五反"运动纪实》，东方出版社 2014 年版，第 335—336 页。

"79 刑法"与 1952 年《条例》相比，作了一系列重大修改。如贿赂犯罪从贪污罪中分离出来，单设独立罪名；贪污罪、受贿罪主体限定为国家工作人员（贪污罪主体还包括受国家机关、企业、事业单位、人民团体委托从事公务的人员），刑罚趋于轻缓（如受贿罪的法定最高刑是有期徒刑 15 年，行贿罪和介绍贿赂罪法定刑是 3 年以下有期徒刑或者拘役，对贿赂犯罪没有规定财产刑），原《条例》所规定的加重处罚情节被废除。进入 20 世纪 80 年代，随着我国实行对外开放和对内搞活政策，贪贿犯罪日趋严重，引起广大民众的强烈不满，特别是司法实践中显见受贿罪刑罚力度不足。为了加大对受贿犯罪的惩治，1982 年 3 月 8 日第五届全国人大常委会第二十二次会议通过的《关于严惩严重破坏经济的罪犯的决定》（以下简称《决定》）对刑法第 185 条第 1 款、第 2 款之受贿罪作出如下重大修改："国家工作人员索取、收受贿赂的，比照刑法第一百五十五条贪污罪论处；情节特别严重的，处无期徒刑或者死刑。"

2. 第二阶段（1988 年至 1996 年）。《决定》的修改"对打击经济犯罪起了很大的作用；同时，许多地方和有关部门也反映一些政策界限和量刑标准不够明确，不好掌握，处理容易畸轻畸重"。[①] 为明确贪贿犯罪定罪量刑标准，全国人大常委会法制委员会 1982 年 8 月 13 日制定《关于惩治贪污、受贿罪的补充规定（草案）》（以下简称《补充规定（草案）》），"作为内部规定参照试行"。《补充规定（草案）》试行 5 年多后，第六届全国人大常委会在修改《补充规定（草案）》的基础上，于 1988 年 1 月 21 日通过《关于惩治贪污罪贿赂罪的补充规定》（以下简称《补充规定》），修改的主要内容有：（1）明确规定贪污罪、受贿罪的概念。（2）扩大贪污、受贿罪的主体，除国家工作人员外，将"集体经济组织工作人员和其他经手、管理公共财物的人员"纳入贪污罪主体，将"集体经济组织工作人员和其他从事公务的人员"纳入受贿罪主体。（3）扩大贪污罪的犯罪对象，明确规定："国家工作人员在对外交往中接受礼物，依照国家规定应当交公而不交公，数额较大的，以贪污罪论处。"（4）新增挪用公款罪、单位受贿罪、单位行贿罪、巨额财产来源不明罪、隐瞒境外存款罪。（5）立法中首次规定交叉刑。（6）明确规定贪污、受贿罪的数额标准。进入 20 世纪 90 年代，随着

---

① 参见 1982 年 8 月 27 日中办发〔1982〕28 号《中共中央办公厅转发关于惩治贪污、受贿罪和惩治走私罪两个〈补充规定〉（草案）的通知》。

我国实行社会主义市场经济，公司、企业内的贪贿犯罪日益严重。有鉴于此，1995 年 2 月 28 日第八届全国人大常委会第十二次会议通过的《关于惩治违反公司法的犯罪的决定》新增侵占罪，公司、企业人员受贿罪和挪用资金罪，首次将非国家工作人员的贪贿犯罪单列罪名，使我国贪贿犯罪的罪名由原来的"一元制"走向"二元制"。

3. 第三阶段（1997 年至 2015 年）。1997 年 3 月 14 日第八届全国人民代表大会第五次会议通过修订后的《中华人民共和国刑法》（以下简称"97 刑法"）。"97 刑法"专门设立"贪污贿赂罪"一章。"97 刑法"在贪贿犯罪立法上的进展主要表现在：（1）缩小贪污受贿罪主体范围。"97 刑法"保留 1995 年《关于惩治违反公司法的犯罪的决定》的内容，将贪污、受贿罪主体限定为国家工作人员。同时在侵犯财产罪和破坏社会主义市场经济秩序罪中保留职务侵占罪、挪用资金罪和公司、企业人员受贿罪。（2）增设新型的受贿犯罪行为。对国家工作人员"利用本人职权或者地位形成的便利条件，通过其他国家工作人员职务上的行为，为请托人谋取不正当利益，索取请托人财物或者收受请托人财物的"，规定为犯罪行为。（3）增设对公司、企业人员行贿罪，对单位行贿罪和集体私分国有资产罪、集体私分罚没财物罪。由于"97 刑法"未将非公司、企业人员贿赂犯罪纳入刑法调整范围，为了弥补立法漏洞，2006 年 6 月 29 日第十届全国人大常委会第二十二次会议通过的《中华人民共和国刑法修正案（六）》第 7 条、第 8 条对"97 刑法"第 163 条、第 164 条进行了修改，将公司、企业人员受贿罪的主体从"公司、企业的工作人员"扩大到"其他单位的工作人员"（罪名随之改为非国家工作人员受贿罪），对公司、企业人员行贿罪的对象扩大到"其他单位的工作人员"（罪名随之改为对非国家工作人员行贿罪）。同时扩大洗钱罪上游犯罪的范围，将贪贿犯罪扩展为洗钱罪的上游犯罪。鉴于原巨额财产来源不明罪法定刑过轻，2009 年 2 月 28 日第十一届全国人大常委会第七次会议通过的《中华人民共和国刑法修正案（七）》将该罪的法定最高刑由 5 年提高到 10 年，并增设利用影响力受贿罪，即将受贿罪的主体扩大到"国家工作人员的近亲属或者其他与该国家工作人员关系密切的人"和"离职的国家工作人员或者其近亲属以及其他与其关系密切的人"。2011 年 2 月 25 日第十一届全国人大常委会第十九次会议通过《中华人民共和国刑法修正案（八）》，增设对外国公职人员、国际公共组织官员行贿罪。该修正案同时取消 13 种死刑罪名，对法定减轻处罚及自首立功制度作出修改，并将"坦白从宽"纳入刑法。这些内容的修改都对贪贿犯罪的处罚产生重大影响。

4. 第四阶段（2015 年至今）。党的十八大后，以习近平同志为核心的党中央大力反腐，贪贿犯罪呈现新特点、新态势。原有的一些立法规定已难以适应惩治贪贿犯罪的需要。2015 年 8 月 29 日第十二届全国人大常委会第十二次会议通过《中华人民共和国刑法修正案（九）》（以下简称《刑九》）。《刑九》对贪贿犯罪作出了全面的修改和完善，修改的主要内容有："贪贿犯罪由单纯的'数额'标准修改为'数额或者情节'标准；修改贪贿犯罪量刑幅度；废除贪贿犯罪的交叉刑；废除贪贿犯罪中绝对确定的法定刑；进一步扩大坦白从宽的适用范围；加大对行贿犯罪的惩治力度；增设对有影响力的人行贿罪；扩大对财产刑的适用；对贪贿犯罪增设死缓期满后适用终身监禁"等。[①]

二、 70 年来， 我国贪贿犯罪立法之反思

（一） 我国贪贿犯罪立法取得的成就

1. 贪贿犯罪罪名不断增多，法网日趋严密。从贪贿犯罪罪名设置看，新中国成立初期只有一个贪污罪名，"79 刑法"增加到 5 个罪名，1988 年《补充规定》增加到 10 个罪名。"97 刑法"已增加到 17 个罪名。《刑九》之后已形成了贪污贿赂两大类共计 21 个罪名。其中贪污类罪名有 9 个：贪污罪、挪用公款罪、私分国有资产罪、私分罚没财物罪、巨额财产来源不明罪、隐瞒境外存款罪、职务侵占罪、挪用资金罪、挪用特定款物罪。贿赂类罪名有 12 个：受贿罪，单位受贿罪，利用影响力受贿罪，行贿罪，对有影响力的人行贿罪，对单位行贿罪，单位行贿罪，介绍贿赂罪，非国家工作人员受贿罪，对非国家工作人员行贿罪，对外国公职人员、国际公共组织官员行贿罪等。从罪名来看，恐怕世界上没有哪个国家有我国这么多的贪贿罪名。"刑事法网逐步织密解决了司法实践中的一些重点难点问题。尤其是准确认定了一些新型受贿行为，有效应对了职务犯罪手段逐渐隐蔽

---

① 张兆松：《论〈刑法修正案（九）〉对贪污贿赂犯罪的十大重大修改和完善》，《法治研究》2016 年第 2 期。

化、智能化、期权化的变化。"①

2. 贪贿犯罪立法日益科学，犯罪"情节"得到应有的重视。如"79刑法"对贪污罪、受贿罪没有规定数额标准，给案件的查办带来影响，实践中只能根据全国人大法制委员会制定的《关于惩治贪污、受贿罪的补充规定（草案）》，以及中央政法委规定的"贪污、受贿二千元以下的，根据情节可以判刑，也可以不判刑，不宜都不判刑"执行。② 1988年《补充规定》开始明确贪贿犯罪数额标准，1997年修订刑法时完全照搬这种立法模式，并不断强化数额对法定刑的影响，"以致在司法实践中受贿的数额逐渐成为对犯受贿罪的人裁量决定刑罚的主要依据甚至唯一依据"③。贪污罪数额的大小大体上能体现犯罪客体所受侵害的程度，而受贿罪的客体是职务行为的廉洁性，其社会危害性的大小主要通过国家工作人员对其职务行为和职责的违背程度予以体现，贿赂犯罪数额不能表明贿赂行为的本质特征，以数额划分贿赂犯罪罪刑等次，不能从本质上体现贿赂犯罪的社会危害性程度。《刑九》提升和肯定了数额以外的其他情节在贪贿犯罪定罪量刑标准中的地位。此外，贪贿犯罪数额标准，不再统一由立法机关规定，而是授权最高司法机关根据社会经济发展和司法实践的客观需要作出解释或调整。另外，《刑九》基本废除了贪贿犯罪中交叉刑和绝对确定的法定刑，使贪贿犯罪立法更具科学、合理。

3. 重刑化倾向得到了遏制。《刑九》在遏制贪贿犯罪重刑化方面迈出了重要一步，表现在：（1）贪污罪、受贿罪的死刑立法由绝对确定的死刑标准改为相对确定的死刑标准，增加司法人员对适用死刑的自由裁量权。（2）降低贪污罪、受贿罪的处罚力度。不仅将原来绝对确定的数额标准修改为概括的数额标准，而且规定对犯贪污罪、受贿罪，只要"如实供述自己罪行、真诚悔罪、积极退赃，避免、减少损害结果发生的"，都可以从轻处罚。（3）终身监禁成为死刑替代措施。根据立法旨意，对贪污受贿"数额特别巨大，并使国家和人民利益遭受特别重大损失"，应当判处死刑的，根据慎用死刑的刑事政策，可以对其采取终身监禁的措施。"从这个

---

① 裴显鼎：《严惩腐败犯罪，护航改革开放——改革开放以来职务犯罪审判工作回顾》，《刑事审判参考》2019年总第118集。

② 参见1983年8月20日《最高人民法院、最高人民检察院转发中央政法委员会办公室政法函（83）6号文件通知》。

③ 张智辉：《论贿赂犯罪的刑罚适用》，《中国刑事法杂志》2018年第4期。

意义上说，也可以说是对死刑的一种替代性措施。"①

4. 财产刑得到应有的重视。《刑九》颁布之前，刑法第 8 章对贪贿犯罪只规定了 3 处单位贿赂犯罪可以适用罚金。为了加大对贪贿犯罪的财产刑处罚力度，尤其是罚金刑的适用，《刑九》增设了 13 处罚金刑。2016 年以后，罚金刑的适用比例大幅度上升。如"2013 年至 2015 年，在 26 名被判刑的高官中有 25 人适用了没收财产，而 2016 年至 2017 年，在 74 名被判刑的高官中，有 37 人适用了罚金，39 人适用了没收财产，5 年间被判处无期徒刑以上刑罚的 26 名贪贿高官均适用没收个人全部财产"。②

5. 与国际反腐败犯罪立法日益接轨。腐败是"世界性犯罪"，世界各国都面临反腐败的难题。2003 年 10 月 31 日第 58 届联合国大会审议通过《联合国反腐败公约》（以下称《公约》）。我国第十届全国人大常委会于2005 年 10 月 27 日审议并批准该《公约》。2005 年 12 月 14 日《公约》正式生效，我国成为该《公约》的缔约国。为了履行《公约》义务，《中华人民共和国刑法修正案（七）》增设利用影响力受贿罪、《刑九》增设对有影响力的人行贿罪，《中华人民共和国刑法修正案（八）》设立"对外国公职人员、国际公共组织官员行贿罪"，分别将《公约》第 18 条和第 16 条第 1 项规定转化为国内法。2012 年修改的《中华人民共和国刑事诉讼法》增设违法所得没收程序。2018 年《中华人民共和国宪法》的修改和《中华人民共和国监察法》的颁布，《公约》第 36 条所要求的反腐败专职机关，一个集中统一、权威高效的反腐败机构——国家监察委员会正式成立。2018 年修改的《中华人民共和国刑事诉讼法》又增设缺席审判程序，而同时颁布的《中华人民共和国国际刑事司法协助法》，使多年来反腐败国际合作的法律空白得到填补，为我国追逃追赃提供了有力的法律武器。

（二） 我国贪贿犯罪立法存在的问题

1. 犯罪构成要件过于苛刻，贪贿犯罪法网不严密。这主要表现在：第一，犯罪对象狭窄。如关于贿赂的范围，我国一直把它限定为财物。从贿赂犯罪的实际情况看，以各种财产性利益以及难以量化的非财产性利益实

① 全国人大常委会法制工作委员会刑法室编著：《〈中华人民共和国刑法修正案（九）释解与适用〉》，人民法院出版社 2015 年版，第 221 页。
② 张兆松：《贪贿高官量刑规范化研究——基于 2013—2017 年省部级以上高官刑事判决的分析》，《法治研究》2019 年第 2 期。

施贿赂，已成为当前腐蚀国家工作人员的常见手段。又如，《公约》规定的贪污、挪用的对象是"因职务而受托的任何财产、公共资金、私人资金、公共证券、私人证券或者其他任何贵重物品"，而我国挪用公款罪仅限于"公款"，挪用资金罪仅限于"资金"。第二，现行刑法规定，收受型受贿罪要求主观方面具备"为他人谋取利益"，斡旋受贿和利用影响力受贿还要求主观上"为他人谋取不正当利益"。多年来对领导干部收受礼金的行为始终无法定罪处罚，并成为难治理的腐败顽疾，就是因为收受礼金行为往往难以证明行为人具有"为他人谋取利益"的故意。第三，受贿行贿犯罪构成要件不对应。行贿受贿本应是对合犯，而在我国刑法中行贿和受贿犯罪没有做到真正的对应性。现行的行贿罪、对有影响力的人行贿罪、对单位行贿罪、单位行贿罪及斡旋受贿罪、利用影响力受贿罪等的构成要件中均要求"为谋取不正当利益"的要件。在惩处贿赂犯罪中，我国长期存在着重受贿轻行贿的问题。近年来查办行贿犯罪人数虽有所上升，但"重受贿轻行贿"的状况并未发生根本性改变。从刑事审判实践看，"行贿犯罪案件数量 2016 年较 2013 年总计增长 45.34%，在贪腐案件中的占比持续增长，由 2013 年的 11.53% 上升至 2016 年的 17.74%，行贿案件与受贿案件的比例关系也由 2013 年的 28.39% 升至 2016 年的 46.50%"[1]。行贿案件仍然不足受贿案件半数，定罪处罚比例仍然过低。

2. 贪贿犯罪"二元化"罪名模式不合理。目前，我国贪贿犯罪实行的是二元制罪名体系，即国家工作人员构成贪污罪、受贿罪和挪用公款罪，而非国家工作人员对应的罪名是职务侵占罪、非国家工作人员受贿罪和挪用资金罪。从司法实践看，这种二元制罪名体系立法给反腐败带来严重影响，其设置的科学性需要重新检讨。二元制罪名体系立法的缺陷表现在："贪贿犯罪主体认定标准混乱，执法不统一；非国家工作人员贪贿犯罪定罪数额畸高、刑罚偏轻；基层组织人员贪贿犯罪认定难；二元制罪名带来管辖难题，影响案件的查处。"[2]

3. 对公职人员贪贿犯罪惩治不力。（1）大幅度提高贪贿犯罪的入罪门

① 王晓东：《新时代背景下惩治贪腐犯罪若干问题的思考——基于审判贪腐案件的实践展开》，《法治研究》2018 年第 6 期。
② 张兆松：《贪污贿赂犯罪的罪名：从分立走向统一》，载李少平、朱孝清、卢建平主编：《法治中国与刑法发展》（2015 年全国刑法学术年会文集），中国人民公安大学出版社 2015 年版，第 626—634 页。

槛。改革开放以来，我国贪贿犯罪的定罪量刑数额标准一直比普通的盗窃、诈骗等财产犯罪要高出许多，1982 年内部规定一般为 2000 元，这一标准被 1988 年《补充规定》所肯定。这一定罪数额标准已大大高出盗窃罪（根据最高人民法院、最高人民检察院 1984 年司法解释的规定，盗窃罪的数额起点标准是 200—400 元，1992 年最高人民法院、最高人民检察院将其调整为 300—600 元）。"97 刑法"又将贪贿犯罪定罪数额标准提高到 5000 元。《刑九》实施后，最高人民法院、最高人民检察院 2016 年 4 月 18 日联合颁布的《关于办理贪污贿赂刑事案件适用法律若干问题的解释》（以下简称《解释》）又将贪污、受贿罪定罪起点提高到了 3 万元，数额巨大、数额特别巨大的数额提高到 20 万元、300 万元。《解释》在提高国家工作人员贪贿犯罪数额标准的同时，还将职务侵占罪、非国家工作人员受贿罪的数额较大、数额巨大的标准提高到 6 万元和 100 万元。上述数额标准的大幅度提高，使普遍盗窃罪、诈骗罪与贪污罪、职务侵占罪等的数额标准出现悬殊，非公财产保护不力的现象更加严重。（2）设置特别从宽处罚情节。在司法实践中，"犯罪后有悔改表现、积极退赃的"，是犯罪后行为人的认罪态度表现，是事后坦白情节，原本属酌定量刑情节，但"97 刑法"却将其规定为法定从宽情节。"2004 年至 2013 年的十年间，贪贿犯罪缓刑及免刑率始终保持在百分之六十左右，而同期其他刑事案件缓刑及免刑率始终保持在百分之三十左右。"[①] 其重要原因之一就是特别从宽处罚情节的存在。《中华人民共和国刑法修正案（八）》将"坦白从宽"法定化后，已明确坦白的从宽幅度。[②] 但《刑九》仍然规定：对贪贿犯罪"在提起公诉前如实供述自己罪行、真诚悔罪、积极退赃，避免、减少损害结果的发生"，可以从轻、减轻或者免除处罚。这一修改进一步扩大了"可以减轻处罚或者免予刑事处罚"的适用范围。

4. 终身监禁性质不明，贪贿犯罪重刑化现象仍然存在。《刑九》在保留贪贿犯罪死刑的同时，又增设终身监禁措施。"终身监禁新规的设立及其付诸司法实践，因立法仓促、理论准备不足、缺乏具体明确的适用标准

[①] 袁春湘：《近十年全国贪污贿赂犯罪案件量刑情况分析》，《中国审判》2015 年第 6 期。

[②] 《刑法》第 67 条第 3 款规定："犯罪嫌疑人虽不具有前两款规定的自首情节，但是如实供述自己罪行的，可以从轻处罚；因其如实供述自己罪行，避免特别严重后果发生的，可以减轻处罚。"

等因素，带来了诸多法律适用难题。"① 按照立法精神，终身监禁本应是死刑的替代措施。《刑九》生效后，截至 2019 年底，我国已有 8 件 9 名贪贿犯罪被告人被判处终身监禁。

5. 立法的严密性、系统性、科学性不足，存在"顾此失彼"现象。根据《公约》第 16 条第 1 项规定，《中华人民共和国刑法修正案（八）》增设对外国公职人员、国际公共组织官员行贿罪，而对《公约》第 16 条第 2 项所规定的外国公职人员、国际公共组织官员受贿罪则视而不见。为了加大对行贿罪的打击力度，《刑九》对行贿罪的从宽幅度作了较为严格的限制，但却未同步将对非国家工作人员行贿罪，对外国公职人员、国际公共组织官员行贿罪及介绍贿赂罪的从宽幅度作出严格的限制。《刑九》增设贪污罪、受贿罪、行贿罪、对非国家工作人员行贿罪、对单位行贿罪、介绍贿赂罪和单位行贿罪的罚金刑，但却未对非国家工作人员受贿罪、挪用公款罪、巨额财产来源不明罪和隐瞒境外存款罪增设罚金刑。《刑九》已将贪污罪、受贿罪的法定刑作出重大修改，但却未对行贿罪的法定刑作出同步修改。同样是行贿，单位对国家工作人员行贿的社会危害性肯定大于对非国家工作人员行贿，但相关责任人员的法定最高刑前者是 5 年，后者却是 10 年，显见不公平，等等。

三、 新时代我国贪贿犯罪立法瞻望

步入 21 世纪以来，随着社会的急剧转型和风险社会的到来，以及劳教废除后所带来的轻罪空白难题，刑事立法呈现"四化特征"：即"刑法介入的早期化"、"入罪标准的模糊化"、"保护范围的扩大化"和"刑法作用的工具化"。② 1999 年至今 20 年间颁布的 10 个刑法修正案，共增加了 55 个新罪名，同时大量修改原有犯罪构成，不断扩大入罪范围。党的十九大报告强调："当前，反腐败斗争形势依然严峻复杂，巩固压倒性态势、夺取压倒性胜利的决心必须坚如磐石。要坚持无禁区、全覆盖、零容忍，坚持重遏制、强高压、长震慑，坚持受贿行贿一起查，坚决防止党内形成利益集

---

① 石经海、刘桂源：《"终身监禁"的困境释读与司法改善——以刑事政策和刑法的体系化适用为视角》，《中国应用法学》2019 年第 3 期。

② 姜涛：《社会风险的刑法调控及其模式改造》，《中国社会科学》2019 年第 7 期。

团。"鉴于此，笔者提出以下建言，以进一步完善我国贪贿犯罪立法。

（一）放宽贪贿犯罪构成，严密刑事法网

1. 扩大贪贿犯罪对象。（1）扩大贿赂的范围。关于贿赂对象学界历来有争议，主要有三个观点："一是将其限制为财物。二是包括财物以及其他可计量、估算的物质性利益。三是包括财物、物质性利益以及非财产性的不正当利益。"① 从当代国外、境外刑法规范关于贿赂外延的大小及其表现形式看，几乎没有将贿赂仅限于财物的，《公约》规定的贿赂对象是"不正当好处"。刑事审判实践表明，"新类型贿赂犯罪，因其形式新颖、方式多样，诸多能满足受贿人物质需要和精神欲望的其他不正当利益不可量化或难以量化，若仍严苛依照现行刑法之规定，以数额标准定罪量刑，势必使新类型贿赂犯罪的定罪量刑陷入困境"②。只有将贿赂的范围由现行所规定的财物扩大到各种利益和"不正当好处"，才能解决司法适用中的难题。（2）根据《公约》规定，将"受托的任何财产、公共资金、私人资金、公共证券、私人证券或者其他任何贵重物品"纳入挪用型犯罪的范围。

2. 取消受贿罪"为他人谋取利益"要件。该受贿要件的取消，不仅有助于减轻监察机关、检察机关的证明责任，有利于节约司法资源，降低反腐败成本，也符合《公约》第 15 条所规定的"公职人员受贿罪"客观方面的构成要件。《刑九》虽然将收受礼金行为有条件地纳入受贿犯罪，③ 但在立法没有修改的条件下，其入罪理由值得商榷。④ 直接取消"谋取利益要件"有助于破解长期以来国家工作人员收受礼金难以定罪处罚的问题。此外，还要取消（斡旋）受贿罪、利用影响力受贿罪中的"为他人谋取不正当利益"要件。

---

① 周光权：《刑法各论》（第 3 版），中国人民大学出版社 2016 年版，第 177 页。
② 邹碧华等：《探索法律对策，打击贪污腐败——上海高院关于惩治新类型贿赂犯罪的调研报告》，《人民法院报》2015 年 8 月 20 日，第 8 版。
③ 《解释》第 13 条第 2 款规定："国家工作人员索取、收受具有上下级关系的下属或者具有行政管理关系的被管理人员的财物价值 3 万元以上，可能影响职权行使的，视为承诺为他人谋取利益。"
④ 叶良芳：《"为他人谋取利益"的一种实用主义诠释——〈关于办理贪污贿赂刑事案件适用法律若干问题的解释〉第 13 条评析》，《浙江社会科学》2016 年第 8 期；孙国祥：《"礼金"入罪的理据和认定》，《法学评论》2016 年第 5 期等。

3. 扩大利用影响力受贿罪的犯罪主体。刑法第388条之一所规定的利用影响力受贿罪的主体是特殊主体，特别是其中的"关系密切的人"具有弹性和模糊性，实践中常常引起争议。从贿赂犯罪的本质而言，对利用影响力受贿罪的犯罪主体根本没有必要作出特定限制。只要行为人通过自己或他人职务的实际影响力，收受或索取"任何不正当好处"，就具有严重的社会危害性，就应构成利用影响力受贿罪。《公约》第18条规定的影响力交易罪的主体并无特殊限制，"公职人员或者其他任何人员"都可以构成。

4. 增设外国公职人员、国际公共组织官员受贿罪。《中华人民共和国刑法修正案（八）》增设了对外国公职人员、国际公共组织官员行贿罪，却未同时规定外国公职人员、国际公共组织官员受贿罪。不仅有违《公约》第16条第2款的要求，也不利于维护我国法律的权威性和信守《公约》的承诺，故应尽快增设此罪名。

（二）进一步提升"情节"在贪贿犯罪中的法律地位

《刑九》将贪贿犯罪定罪量刑标准由原来单一的"数额"模式修改为"数额或者情节"模式，提升了"情节"在定罪处罚中的地位，但"数额"仍然比"情节"重要，特别是《解释》对具备一些特殊情节的贪贿犯罪仍然有数额要求。这一解释已将立法所规定的"数额或者情节"模式修改为"情节＋数额"模式。笔者"通过对这百名贪贿高官的量刑情况分析，数额仍然是决定贪贿高官量刑轻重的决定性因素"[1]。这表明这一立法模式仍有值得进一步完善之处。"数额大小与公职行为廉洁性是否受到侵害无关，数额的存在是导致司法产生'选择性打击'的重要原因。"[2] 特别是贿赂犯罪"以赃论罪"的立法模式严重阻碍了对那些以非财产性利益进行贿赂行为的社会危害性的科学评价。建议将"情节"确立为贿赂犯罪定罪量刑的核心标准，把"数额"作为诸多"情节"中的一种，使"数额"具有依附性，从而提升非数额情节在定罪处罚中的地位和作用。

---

[1]　张兆松：《贪贿高官量刑规范化研究——基于2013—2017年省级以上高官刑事判决的分析》，《法治研究》2019年第2期。

[2]　刘艳红等：《中国反腐败立法研究》，中国法制出版社2017年版，第149页。

（三）完善行贿犯罪立法

近年来，随着依法治国的推进，权力市场的"供需"关系发生了重大变化，行贿犯罪"呈现出以下新的特点：一是从目的上看，行贿人由以往单纯追求经济利益向追求经济利益及政治利益等利益多元化趋势演变；二是从行贿的形态看，行贿人由以往被动请托向积极主动寻找时机或者创造时机，有计划地对国家工作人员特别是手握实权的领导干部实施'全面进攻'等趋势演化，形成'围猎'之势"①。党的十八大以后，中央提出了"惩办行贿与惩办受贿并重"的刑事政策。在十九届中央纪委第四次全体会议上，习近平总书记指出："我们要清醒认识腐蚀和反腐蚀斗争的严峻性、复杂性，认识反腐败斗争的长期性、艰巨性，切实增强防范风险意识，提高治理腐败效能。"② 从域外国家和地区的立法来看，对行贿与受贿实施并重处罚是通行做法。如美国的《联邦贿赂法》第201条规定，重型贿赂罪分为重型行贿罪与重型受贿罪，二者的法定刑一样。《新西兰刑法典》第105条"官员的受贿罪"和"向官员行贿罪"规定的刑罚完全相同。其他如新加坡、芬兰、瑞士等清廉度高的国家无不对行贿、受贿实施同等处罚。我国台湾地区刑法学者甘添贵教授检讨台湾地区为鼓励行贿人检举受贿人而采取不同罚的刑事政策时指出："冀望行贿者之举发贪污，实无异于缘木求鱼。此项刑事政策，既已证明成效不彰，如能改弦易辙，而使行贿者与受贿者接受同等之处罚，始较符合社会之公平正义。"③ 人民论坛问卷调查中心曾专门对"行贿者和受贿者哪一方更该受到重罚"的话题进行了问卷调查，其中"61%的受访者认为同犯等罚最能体现法律公平"。④ 当前的重点是如何将这一刑事政策在立法中得到实现。有鉴于此，笔者提出以下建议。

1. 整合行贿罪名，实现罪名的简约化，配刑的合理化。现行刑法仅行贿罪名就多达6个，⑤ 刑罚设置也不同（如对单位行贿罪、单位行贿罪的

---

① 詹复亮等：《立法与司法并重　加大打击行贿犯罪力度》，《人民检察》2015年第13期。

② 《人民日报》2020年1月14日，第1版。

③ 甘添贵：《刑法各论》（下），三民书局2011年版，第390页。

④ 栾大鹏：《行贿者与受贿者，该重罚谁？——基于法经济学视角的调查分析》，《人民论坛》2013年第28期。

⑤ 分别是：行贿罪，对有影响力的人行贿罪，对单位行贿罪，单位行贿罪，对非国家工作人员行贿罪，对外国公职人员、国际公共组织官员行贿罪。

法定刑远低于行贿罪），导致行贿罪名的适用过于烦琐，徒增司法难题。建议减少行贿罪名的设置，各种类型的行贿犯罪统一按"行贿罪"定罪处罚。这既不影响对行贿犯罪的打击，也有利于办案机关统一执法。同时对各种不同行贿行为的社会危害性进行科学评估，以配置合理的法定刑。如单位对国家工作人员行贿，相关责任人员的法定最高刑应当重于对非国家工作人员行贿，单位行贿罪与非单位行贿罪法定刑不能过于悬殊等。

2. 取消行贿犯罪中的"为谋取不正当利益""为谋取不正当商业利益"的要件。为了有力地打击行贿犯罪，最高人民法院、最高人民检察院司法解释不得已对"不正当利益"作出扩张解释，但仍然难以适应司法实践的需要。行贿罪的社会危害性并不在于谋取的利益是否正当，而在于其"收买行为""围猎行为""腐蚀行为"侵害了职务行为的廉洁性。行为人只要是"为谋取利益"而行贿，无论是合法利益还是非法利益，正当利益还是不正当利益，都构成犯罪，而对谋取"不正当利益"要从重处罚。

3. 行贿、受贿同等处罚。1952 年《条例》曾规定行贿犯罪参酌贪污受贿犯罪处罚。"79 刑法"将行贿罪的法定最高刑仅规定为 3 年有期徒刑，《补充规定》及"97 刑法"虽然提高了行贿罪的法定刑，但规定特别从宽处罚情节，导致行贿受贿处罚幅度严重失衡，行贿罪重刑率极低。《刑九》修改了贪污受贿罪的刑罚幅度，但对行贿罪的主刑没有作出修改。建议将行贿罪的第一档法定刑修改为 3 年以下有期徒刑或者拘役，并处罚金，同时对第二档和第三档法定刑作出调整。此外，利用影响力受贿罪的法定最高刑是有期徒刑 15 年，而对有影响力的人行贿罪法定最高刑是 10 年，也应作出修改。

4. 强化因行贿犯罪而谋取不正当利益的追缴制度。在惩治行贿犯罪中，由于不正当利益追缴机制缺失，追缴不到位现象普遍存在，进而刺激行贿人的犯罪动机。研究表明："行贿者普遍会获得 10 倍于投入的回报。"[1] 司法实务中追缴行贿人不当利益面临"三难"：数额认定缺乏精准性，导致不能追；机制细化缺乏操作性，导致不好追；追缴工作缺乏主动性，导致不愿追。[2] 为了遏制贿赂犯罪，必须将追缴不正当利益作为查办行贿案件的重要环节，并将该项工作纳入纪检监察和司法机关考核及评价

---

① 戴佳：《常态追诉：让行贿人不再为利铤而走险》，《检察日报》2014 年 6 月 17 日，第 7 版。
② 邵挺：《追缴行贿人不当利益有三难》，《检察日报》2016 年 1 月 19 日，第 6 版。

体系，同时完善追缴机制、细化追缴规则、优化追缴方式，保证大部分案件都能追缴到位，使行贿者"无利可图"。

（四） 贪贿犯罪罪名体系由 "二元制" 回归到 "一元制"

1995 年之前，我国一直实行"一元制"贪贿罪名，罪名简约，管辖统一。1995 年之后，确立了"二元制"罪名体系。实践表明：这种烦琐的犯罪分类，弊多利少。[①] 建议变更现行贪贿犯罪"二元制"罪名体系，即取消职务侵占罪、挪用资金罪、非国家工作人员受贿罪三个罪名，将其内容统一纳入贪贿犯罪一章中。首先将贪污罪修改为："国家机关工作人员利用职务上的便利，非法占有公共财物，数额较大或者有其他较重情节的，处×××。""前款规定以外的人员，利用职务之便，非法占有本单位财物，数额较大或者有其他较重情节的，处×××。"同时，参照上述规定，对受贿罪、挪用公款罪主体也作出相应的修改。这样不仅使贪贿犯罪立法更加简约，避免不少实务中的争议，而且符合《公约》精神，有助于解决贪贿犯罪的统一管辖问题。

（五） 贪污罪、 受贿罪分别设置法定刑

根据我国刑法理论，贪污罪侵犯的法益是国家工作人员职务行为的廉洁性与公共财产的所有权；而受贿罪侵犯的法益是国家工作人员职务行为的不交易性以及公众对职务行为公正性的信赖。二者侵犯法益的内容并不相同，这就决定了二者在定罪量刑的标准上不宜一刀切。经过多年研究，贪污罪与受贿罪应该单独设置法定刑，在刑法学界已达成共识。[②] 在此笔者不再详加分析。目前需要讨论的是：如果两罪法定刑分立，刑罚应当如何配置？对此，学界存在不同看法。如张智辉教授曾认为："贪污罪是由主动出击而构成的犯罪，受贿罪是由被动接受所构成的犯罪，前者的社会

[①] 张兆松：《贪污贿赂犯罪的罪名：从分立走向统一》，载李少平、朱孝清、卢建平主编：《法治中国与刑法发展》（2015 年全国刑法学术年会文集），中国人民公安大学出版社 2015 年版，第 626—634 页。

[②] 参见刘灿国：《论我国受贿罪立法之完善》，《山东社会科学》2008 年第 10 期；焦占营：《贿赂犯罪法定刑评价模式之研究》，《法学评论》2010 年第 5 期；赵秉志：《贪污受贿犯罪定罪量刑标准问题研究》，《中国法学》2015 年第 1 期；王刚：《我国受贿罪处罚标准立法评析》，《外国法译评》2016 年第 1 期；姜涛：《贪污受贿犯罪之量刑标准的再界定》，《比较法研究》2017 年第 1 期；韩晋萍：《受贿罪刑罚制度研究》，法律出版社 2019 年版，第 58—63 页等。

危害性远远大于后者……受贿罪并没有贪污罪那么大的社会危害性，不应当将其与贪污罪同等处罚。"[①] 赵秉志教授也认为："较之于贪污罪，受贿罪具有略小的社会危害性。"[②] 笔者则认为受贿罪的法定刑宜高于贪污罪。1980 年至 1990 年，贪贿犯罪中主要是贪污案件，如 1988 年检察机关立案侦查贪污案件 16200 件，贿赂案件仅 4800 件。随着财务制度的健全，特别是国家发票管理制度的完善，贪污数量不断减少。2006 年检察机关立案侦查的贿赂案件数首次超过贪污案件，2009 年检察机关立案侦查的贿赂犯罪人数超过贪污犯罪人数。[③] 目前贿赂犯罪已占贪贿犯罪案件近八成。贪污实质上侵犯了公共财产的所有权，涉案数额大体上能体现其社会危害性，这也是"79 刑法"将其纳入侵犯财产罪的立法理由。而受贿是典型的渎职行为，其社会危害性更多的是通过违背职责的程度、谋取利益的性质、权钱（利）交易衍生其他更为严重的后果等来体现。贿赂犯罪一般发生在"一对一"场合，证据比较单一，案件侦破难，犯罪黑数高。"刑罚的确定性越小，其严厉性就应该越大。"[④] 在当下受贿罪法定刑重于贪污罪具有合理性和必要性。贪污罪仍可采用"数额 + 情节"的定罪量刑模式，而受贿罪应采用"情节"模式。

（六）废除贪贿犯罪的死刑，改造无期徒刑

1. 废除贪贿犯罪的死刑。严刑峻法既不是控制犯罪的理想手段，也与人道主义和人权观念背道而驰。根据国际大赦组织 2018 年 4 月发布的 2017 年报告，至 2017 年底，全球已有 106 个国家完全废除了死刑，加上实务上废除死刑的国家，共有 142 个，超过全球三分之二的国家在法律或实务上废除了死刑。贪贿犯罪中有死刑的国家更少了。2019 年 1 月 30 日和 2 月 18 日，意大利米兰上诉法院刑事第五庭分别作出判决，不接受中国主管机关作出的对被引渡又不适用死刑的承诺，拒绝向中国引渡涉嫌贪污罪和洗钱犯罪的 X 某和 Q 某某，原因就在于我国贪贿犯罪立法中有死刑条

---

① 张智辉：《刑法理性论》，北京大学出版社 2006 年版，第 224—225 页。

② 赵秉志：《论中国贪污受贿犯罪死刑的立法控制及其废止——以〈刑法修正案（九）〉为视角》，《现代法学》2016 年第 1 期。

③ 2006 年检察机关立案侦查贪污案件 10337 件 13406 人，贿赂案件 11702 件 12525 人；2009 年检察机关立案侦查贪污案件 8865 件 13294 人，贿赂案件 12897 件 14253 人。

④ ［英］吉米·边沁：《立法理论——刑法典原理》，孙力、陈兴良等译，中国人民公安大学出版社 1993 年版，第 69 页。

款。《中华人民共和国刑法修正案（八）》和《刑九》两次共计废除 22 个死刑罪名，使刑法典中的死刑罪名从 68 个降为 46 个，而且"这两次修正案所废除死刑的罪名几乎都是实践中死刑适用数量极少或者多年来鲜有适用死刑的罪名"。① 2007 年以后我国已无省部级以上官员因贪贿犯罪判处死刑立即执行，2011 年至今我国已无贪贿罪犯执行过死刑。② 《刑九》设置终身监禁，旨在使终身监禁成为死刑替代措施。但《刑九》实施以来，司法实践中既有判处终身监禁的，又有死刑立即执行的。被告人张中生受贿案，虽然其索取、非法收受他人财物特别巨大（受贿 10.4 亿余元，并有 1.3 亿余元的财产不能说明来源），从犯罪数额来看，确实罪该判处死刑（现一审、二审判处死刑立即执行），但与其他贪贿高官相比，不能说张中生是唯一一个犯罪情节特别恶劣、犯罪后果特别严重的，对其只能适用死刑立即执行的贪腐分子。为了真正使终身监禁成为死刑替代措施，建议最高人民法院不核准张中生死刑立即执行，而改判终身监禁。通过这种终身监禁的适用，使死刑在贪贿犯罪中事实上得到废除，并在适当的时候从立法上彻底废除死刑。

2. 修改终身监禁，出台不得"减刑""假释"的无期徒刑。《刑九》规定的适用于贪贿犯罪的终身监禁，不是独立的刑种，而是一种死缓执行方式。而死缓又是死刑的执行方式，终身监禁仍是依附于死刑的。鉴于贪贿犯罪应当废除死刑，附属于死刑的终身监禁立法也应予修改。从逻辑上看，"终身监禁"与"无期徒刑"本是具有相同内涵与外延的概念。《刑九》关于终身监禁的规定，严谨不足，导致该措施的出台"不存在理论创新、制度创新的正当理由"③。建议将刑法第 383 条第 4 款规定修改为："犯第一款罪，有第三项规定情形被判处无期徒刑的，人民法院根据犯罪情节等情况决定其在服刑期间不得减刑、假释。"这种简约的规定，不仅有助于将立法机关严惩重特大贪污受贿罪犯的立法意图清晰明白地表达出来，而且避免了学者、实务界围绕终身监禁而引发的不必要的争议。

---

① 林维：《中国死刑七十年：性质、政策及追问》，《中国法律评论》2019 年第 5 期。

② 2007 年 7 月，国家食品药品监督管理局原局长郑筱萸因受贿罪被执行死刑，郑筱萸是我国最后一个因贪贿被执行死刑的省部级官员。2011 年 11 月，辽宁抚顺市顺城区土地局原局长罗亚平因犯贪污罪、受贿罪、巨额财产来源不明罪被最高人民法院依法核准死刑，罗亚平是我国最后一个被执行死刑的贪贿罪犯。

③ 张继成：《对增设"终身监禁"条款的法逻辑解读》，《政法论坛》2019 年第 3 期。

（七） 完善财产刑和资格刑

1. 完善财产刑。（1）废除没收财产刑。从立法精神看，没收财产应当是比罚金更加严厉的附加刑，没收财产的数额一般要高于罚金。纵观笔者的实证调研，对普通贪贿犯罪法官大都选择判处罚金刑，而省部级高官的贪贿案例中，大约有一半以上的官员被判处没收全部或部分财产。这是一种严惩还是一种"优待"？在适用没收财产时，"不论是没收一部分还是全部，都应当对没收财产名称、数量等在判决中写明，不能笼统地判决没收一部分或者全部"①。但在已公开的省级以上高官判决书中，只有徐建一受贿案附录了财产清单，其余的判决书中只字未提没收财产的具体范围、数量，而后的执行过程公众更是无法得知。罚金刑与没收财产刑的本质和适用对象是相同的，用罚金替代没收财产，丝毫不影响财产刑的执行。为了保证执法的公正性，真正发挥财产刑的威慑力，建议将罚金刑与没收财产刑合并为罚金刑。（2）《刑九》在增设罚金刑时，对非国家工作人员受贿罪、挪用公款罪、巨额财产来源不明罪和隐瞒境外存款罪没有同步增设罚金刑，这是一种立法疏漏，应当及时增补。

2. 完善资格刑。资格刑的设置旨在从根本上剥夺犯罪人的再犯能力。对贪贿犯罪只有少数被判无期徒刑以上的罪犯才能适用资格刑。《刑九》在刑法第 37 条专门增设关于职业禁止的规定，从立法过程来看，职业禁止的规定之所以出台主要是针对贪贿犯罪的。② 但实证表明，除被判处无期徒刑以上的罪犯适用剥夺政治权利外，鲜有法院根据刑法第 37 条之一对贪贿罪犯适用职业禁止，这就意味着《刑九》新增的职业禁止规定在贪贿犯罪中几乎处于虚置状态。笔者建议，在贪贿犯罪一章中应当单设剥夺资格刑的条款，永久禁止行为人担任国有单位领导职务的权利。对大多数行贿者而言，其本身就属于非公体制人员，对其剥夺政治权利并没有实质意义。2006 年以来，全国检察机关以立案侦查并经人民法院生效判决、裁定认定的行贿罪、单位行贿罪等有关贿赂犯罪信息为基础，建立起行贿犯罪档案库，并向社会开放查询（行贿黑名单制度）。有关行业主管部门和业

---

① 郎胜主编：《中华人民共和国刑法释义》，法律出版社 2015 年版，第 60 页。
② 李适时：《关于〈中华人民共和国刑法修正案（九）(草案)〉的说明》，《全国人民代表大会常务委员会公报》2015 年第 5 期。

主单位根据查询结果，往往对有行贿记录的单位和个人作出限制准入、取消投标资格、降低信誉分或资质等级、中止业务关系等处置。这一举措对防控行贿犯罪发挥了震慑作用，但行贿黑名单制度不是一种刑罚制度，建议将其上升为资格刑的内容。

（八）废除特权立法，实现从严治贪

1. 降低贪贿犯罪入罪的数额标准。《解释》大幅度提高贪贿犯罪定罪量刑数额标准，这是完全错误的。理由是："背离中央惩治腐败的基本立场和刑事政策；背离法律面前人人平等的宪法原则和刑法原则；提高数额标准的依据不科学，背离国情民意；违背优秀的中华历史法制传统；违背世界普适的腐败犯罪治理路径的选择；贪贿犯罪'非犯罪化''轻刑化'现象将更为严重。"[1] 贪贿犯罪数额标准的大幅度提高，违背犯罪治理规律，是近年来贪贿犯罪入罪人数大幅度下降和轻刑化现象更加严重的主要原因。贪污罪与盗窃罪都属于侵财类犯罪，世界不少国家对贪污与盗窃的处罚基本上是相同的。如《日本刑法典》第253条"业务侵占罪"规定：侵占在业务上由自己占有的他人财物的，处10年以下惩役。第235条"盗窃"规定：窃取他人财产的，是盗窃罪，处10年以下惩役。贪贿犯罪的入罪标准宜由3万元重新调整到5000元，即通过降低入罪数额标准来提高贪贿犯罪的入罪比例。

2. 废除特别从宽制度。在贪贿犯罪仍然比较严重的形势下，将事后行为引入免刑甚至出罪机制，既影响广大民众对腐败行为的认知，也影响"不敢腐"威慑效应的形成，不利于腐败的防控。刑法第383条第3款（受贿罪）、第390条第2款（行贿罪）、第164条第4款（非国家工作人员行贿罪、对外国公职人员、国际公共组织官员行贿罪），以及第392条第2款（介绍贿赂罪）规定了特别从宽制度。这些规定与刑法总则关于自首、立功、坦白的规定大体一致，但从宽的幅度更大。[2]立法作了特别规定之后，似乎要求司法人员要特别注意贪贿犯罪的从宽处罚情节，这对司法实践影响很大，是贪贿犯罪轻刑化的重要原因之一，建议

---

① 张兆松：《贪贿犯罪定罪量刑数额标准质疑》，《理论月刊》2017年第7期。

② 如非国家工作人员行贿罪、介绍贿赂罪，行为人在被追诉前主动交代行贿、介绍贿赂行为的，可以减轻处罚或者免除处罚，而一般自首则是可以从轻或者减轻处罚。

废除上述规定。实践中即便少数案件确实需要免予刑事处罚，也完全可以根据刑法第 13 条及第 37 条的规定作出决定，而不需要在贪贿犯罪条文中特别作出规定。

结　语

新中国成立 70 年来，特别是改革开放 40 年来，立法机关高度重视并不断完善贪贿犯罪立法，经历了 3 次大修，5 次小修，但仍然没有改变"厉而不严"的立法模式，贪贿犯罪法网不严密的问题至今没有得到实质性的改变，尤其是《刑九》虽然对贪贿犯罪作了比较系统的修改，但从修改内容看，仍然是"严有限、宽失度"。[①] 党的十八大以后，中央确定的我国反腐败斗争的基本方针是"一体推进不敢腐、不能腐、不想腐"。不敢腐旨在体现惩治和威慑，让腐败分子不敢在反腐高压线前越雷池半步。要持续强化不敢腐的震慑，完善贪贿犯罪立法是重要内容之一。党的十九届四中全会通过的《中共中央关于坚持和完善中国特色社会主义制度推进国家治理体系和治理能力现代化若干重大问题的决定》指出，要继续"推进反腐败国家立法"。"在我国，刑法现代化就是'厉而不严'走向'严而不厉'，即刑法结构调整的过程。"[②] 未来完善我国贪贿犯罪立法模式应当是"严而不厉"。如何编织严密的贪贿犯罪法网，尤其是贿赂犯罪法网仍是今后刑事立法的重点和方向。

[①]　张开骏：《刑法修正得失与修正模式完善——基于〈刑法修正案（九）〉的梳理》，《东方法学》2016 年第 5 期。

[②]　储槐植：《刑法现代化本质是刑法结构现代化》，《检察日报》2018 年 4 月 2 日，第 3 版。

第十一章 贪污贿赂犯罪定罪处罚标准研究①

引 言

贪污罪、受贿罪，是我国刑法典中少数明确规定定罪处罚数额标准的罪名之一。根据刑法第 383 条和第 386 条规定，贪污罪、受贿罪的定罪处罚数额标准是：（1）个人贪污受贿数额在 10 万元以上的，处 10 年以上有期徒刑或者无期徒刑，可以并处没收财产；情节特别严重的，处死刑，并处没收财产。（2）个人贪污受贿数额在 5 万元以上不满 10 万元的，处 5 年以上有期徒刑，可以并处没收财产；情节特别严重的，处无期徒刑，并处没收财产。（3）个人贪污受贿数额在 5000 元以上不满 5 万元的，处 1 年以上 7 年以下有期徒刑；情节严重的，处 7 年以上有期徒刑。个人贪污数额在 5000 元以上不满 1 万元，犯罪后有悔改表现、积极退赃的，可以减轻处罚或者免予刑事处罚，由其所在单位或者上级主管机关给予行政处分。（4）个人贪污数额不满 5000 元，情节较重的，处 2 年以下有期徒刑或者拘役；情节较轻的，由其所在单位或者上级主管机关酌情给予行政处分。近年，随着反贪污贿赂犯罪司法实践的进展，贪污受贿罪定罪处罚数额标准的立法缺陷进一步凸现。贪贿立法背离刑法原则，实践偏离立法规定的现象越来越严重，数额标准的修改势在必行。

---

① 本文系最高人民检察院 2015 年课题（课题编号：GJ2015D14）最终研究成果。

一、 贪贿犯罪定罪处罚标准的异化及其不足

（一） 现行贪贿数额标准的异化

1. 立案标准不断提高，贪贿数额5000元以上不满1万元，已基本不予立案侦查。根据《刑法》第383条和第386条规定，贪污、受贿罪的立案标准一般是5000元，大案的标准是5万元，个人贪污数额在5000元以上不满1万元，犯罪后有悔改表现、积极退赃的，可以减轻处罚或者免予刑事处罚。但不少检察机关将大案标准规定为立案标准，5万元以下的贪贿案件不再立案侦查。如江苏省张家港市检察院2008年至2010年共查办贪污贿赂等腐败犯罪案件64件71人，大案率是100%。[①] 杭州市检察机关2012年共立案查处贪污贿赂案件215人，大案率达到100%。[②] 浙江省检察机关2013年依法立案侦查贪污贿赂犯罪1046件1341人，其中大案976件，占93.3%。广州市检察机关2012年立案查办贪污、受贿等职务犯罪案504件545人，其中大要案497件537人，占全部立案总数的98.6%。[③] 广东省2013年查办了32名厅局级干部，受贿涉案金额均超过100万元。[④] 武汉市检察机关2012年查办贪贿案件225件291人，其中贪贿大案222件，处级以上要案77人，大要案占立案总数的98.6%。在已判决的142名贿赂犯罪人员中，犯罪金额在5万元以下的仅1人。[⑤] 这就意味着，在一些经济发达地区对5万元以下的贪贿案件已原则上不予刑事追究，至于贪贿数额在5000元以上不满1万元的则根本不予刑事追究。

2. 贪贿犯罪从宽、从严处罚情节两极化现象严重。从宽、从严处罚情节两极化，是指在量刑情节中从宽、从轻情节被严重扩大适用，而从严、从重情节却被严重忽视。为了保证定罪量刑的公平性，刑法在规定贪贿数额标准的同时，又规定了犯罪情节在定罪量刑中的作用。根据刑法第383

---

① 卢志坚、张剑轩：《张家港反贪这样"上台阶"》，《检察日报》2011年4月20日，第8版。

② 刘波：《杭州："品质检察"造就"五连冠"》，《检察日报》2013年4月25日，第1版。

③ 董柳：《广州检察机关今年立案查办职务犯罪案504件545人，近九成职务犯罪是贿赂犯罪》，《羊城晚报》2012年12月17日，第6版。

④ 何小敏：《广东去年查处32名厅局级干部》，《信息时报》2014年3月8日，第A06版。

⑤ 武汉市人民检察院：《武汉市检察机关惩治和预防职务犯罪综合报告》，《预防职务犯罪研究》2013年第4期。

条和第 386 条规定，个人贪贿数额在 10 万元以上，情节特别严重的，可以判处死刑，并处没收财产；个人贪贿数额在 5 万元以上不满 10 万元，情节特别严重的，处无期徒刑，并处没收财产；个人贪贿数额在 5000 元以上不满 5 万元，情节严重的，处 7 年以上有期徒刑；个人贪污数额不满 5000 元，情节较重的，处 2 年以下有期徒刑或者拘役。但这些情节要素中，自首、立功等从宽、从轻情节被严重滥用，而从严、从重处罚情节则被严重忽视。江苏省高级人民法院曾对贪贿等职务犯罪案件的量刑进行专题调研，在所评查的案件中，因具备自首、立功情节而被减轻处罚的比例高达 49.09%，个别地区超过 70%，不少案件自首、立功情节的认定不符合法律规定。① 某检察机关统计，近年来办理的 119 件贪污贿赂案件中，认定自首的竟有 110 件，占 90% 以上。② 广州市黄埔区人民检察院 2009 年 1 月至 2010 年 9 月起诉并判决贪污贿赂案件 17 件 17 人，其中认定有减轻处罚情节的 15 件 15 人，判处缓刑 14 件 14 人，其中认定自首比例高达 82.3%。③

3. 贪贿数额 10 万元以上的，已基本失去量刑标准。根据立法规定，贪贿数额在 10 万元以上的，处 10 年以上有期徒刑或者无期徒刑，可以并处没收财产；情节特别严重的，处死刑，并处没收财产。由于近年因贪贿被判处死刑立即执行的案例已十分罕见（国家食品药品监督管理局原局长郑筱萸因受贿 649 万余元于 2007 年 7 月 10 日在北京被执行死刑后，至今已没有省部级以上高官因贪贿被判处死刑立即执行）。贪贿数额在 10 万元以上的量刑标准是有期徒刑、无期徒刑、死刑缓期 2 年执行三档。笔者根据公开报道随机选取了 2012 年至 2013 年全国各地判处的三档量刑案例共计 30 个进行分析发现，由于近年腐败分子的贪贿数额不断提高，三档刑罚之间的数额标准已非常模糊，法官自由裁量权之大出乎意料。

据分析，贪污受贿犯罪涉及数额方面的一些特点如下：（1）受贿 10 万元与受贿 100 万元可以没有任何区别（都可以适用起点刑）。（2）受贿 100

---

① 江苏省高级人民法院课题组：《职务犯罪案件量刑平衡机制问题研究——江苏高院关于职务犯罪案件量刑情况的调查报告》，《人民法院报》2010 年 3 月 25 日，第 8 版。

② 孙国祥：《受贿罪量刑中的宽严失据问题——基于 2010 年省部级高官受贿案件的研析》，《法学》2011 年第 8 期，第 140 页。

③ 李小娟：《职务犯罪轻刑化研究——以黄埔区人民检察院办理职务犯罪案件实证分析为视角》，广州市检察理论研究中心：《职务犯罪侦查问题理论研讨会论文集》（2010 年 12 月）。

万元与受贿 200 万元—400 万元区别不大（刑期相差 1—2 年）。（3）受贿 500 万元与受贿 1000 万元乃至 1500 万元可以没有任何区别（只要坦白、认罪都可以判 15 年）。（4）受贿 600 万元—3000 万元只要认罪态度较好（或有自首、立功），退缴全部赃款，都可以判处无期徒刑。（5）受贿 700 万元—7000 万元只要认罪态度较好（或有自首、立功），退缴全部赃款，都可以判处死刑缓期 2 年执行。（6）受贿 500 万元—6000 万元，认罪态度较好（或有自首、立功），退缴全部赃款的，既可以判处有期徒刑 15 年，也可以判处无期徒刑或死刑缓期 2 年执行。

（二） 现行贪贿数额立法的不足

主要表现在：

1. 立案数额越来越高。有的地方在查处腐败犯罪窝案、串案中擅自网开一面。如黑龙江马德、韩桂芝案案发后，有 265 名官员牵涉其中，绥化市 50% 以上的处级干部都有牵连，绥化市就提出"抓大放小"的方针，即受贿、行贿 5 万元以下的干部不予追究。由于违规提高腐败犯罪立案标准，有案不查、小案不立现象较为普遍。

2. 贪贿犯罪轻刑化现象突出。2003 年至 2005 年，全国共有 33519 名渎职犯罪被告人被宣告缓刑，年均缓刑率为 51.5%，明显高于公安机关侦查案件 19.74% 的年均缓刑率。[1] 最高人民检察院在专项检查中发现，2005 年至 2009 年 6 月，全国被判决有罪的职务犯罪被告人中，判处免刑和缓刑的共占 69.7%。被判决有罪的 17671 名渎职侵权被告人中，宣告免予刑事处罚的 9707 名，宣告缓刑的 5390 名，合计占到 85.4%。在矿难渎职犯罪中，免刑和缓刑比例高达 90% 以上。[2]

3. 量刑幅度过大或过小。法定刑各档次的具体量刑幅度过大，各档次之间轻重衔接没有必要的梯度，重合现象严重，导致贪贿数额越大法定刑越轻。如贪贿 5 万元以上，可以判处 5 年以上有期徒刑甚至无期徒刑，而贪贿 500 万元甚至 5000 万元以上，也可能判处无期徒刑，贪贿数额差距为 100、1000 倍，但刑期却可以相同。刑罚没有幅度和递次之分，不仅有违罪责刑相适应原则，而且加剧国家公职人员不断贪腐的犯罪心理。

---

① 王治国：《渎职犯罪轻刑化倾向必须引起重视》，《检察日报》2006 年 7 月 25 日，第 5 版。
② 赵阳：《法律监督"软"变"硬"排除案外干扰》，《法制日报》2010 年 11 月 22 日，第 5 版。

从司法实践看，贪贿犯罪案件大多是纪检监察部门先调查，再移交给检察机关。对这类案件司法实务中大都认定为自首。为了纠正这种扩大自首认定的做法，最高人民法院、最高人民检察院于 2009 年 3 月 19 日颁布的《关于办理职务犯罪案件认定自首、立功等量刑情节若干问题的意见》规定："没有自动投案，在办案机关调查谈话、讯问、采取调查措施或者强制措施期间，犯罪分子如实交代办案机关掌握的线索所针对的事实的，不能认定为自首。"但 2011 年《中华人民共和国刑法修正案（八）》增设"坦白从宽"条款后，一些法院又大量适用刑法第 67 条第 3 款"犯罪嫌疑人虽不具有前两款规定的自首情节，但是如实供述自己罪行的，可以从轻处罚；因其如实供述自己罪行，避免特别严重后果发生的，可以减轻处罚"的规定，将贪贿分子退清赃款视为"避免特别严重后果发生的"情节予以减轻处罚。而一旦适用减轻处罚情节，则必然减至最低刑。如贪贿 10 万元以上的，如果具备减轻处罚情节，大多减为 3 年以下有期徒刑，然后适用缓刑。所以，贪贿数百万元而适用缓刑的不乏个案。而《中华人民共和国刑法修正案（八）》对减轻处罚幅度作出限制后，基本上就减为 5 年有期徒刑。

二、 贪贿犯罪数额立法之完善

（一） 贪贿犯罪定罪 （立案） 起点数额不能提高

近年来，关于提高贪贿犯罪数额标准的呼声不绝于耳。2009 年 11 月，主管全国刑事审判工作的时任最高人民法院副院长张军认为，当前贪污贿赂犯罪仍沿用 1997 年的 5000 元起刑点已不合时宜，建议调整贪污贿赂犯罪起刑点。[①] 第十一届全国人大代表、清华大学法学院教授周光权教授认为，贪贿"数额规定过于确定，回旋余地小，不符合物价上涨的现实。最近十年，物价上涨很快，再以此前的数额标准对贪污、受贿犯罪量刑，很难做到罪刑相适应"。[②] 有的学者甚至认为，现行贪贿犯罪数额标准至少可

---

① 戎明昌：《贪多少钱算贪污罪，5000 元标准应提高》，《南方日报》2009 年 11 月 20 日，第 9 版。

② 周光权：《修改刑法，两个问题不能不考虑》，《检察日报》2010 年 4 月 19 日，第 6 版。

以提高 10 倍。① 上述观点值得商榷，贪贿犯罪定罪（立案）起点数额不能提高。理由是：

1. 违背法律面前人人平等的宪法原则。自 1979 年以来，贪污受贿罪的起刑点一次次地提高：1979 年《刑法》没有具体规定数额，司法解释规定是 1000 元，1988 年《关于惩治贪污罪贿赂罪的补充规定》原则上提高到 2000 元，1997 年刑法修订原则上又提高到 5000 元。这一数额标准已大大高于盗窃罪、诈骗罪等普通刑事犯罪。盗窃罪的定罪数额标准，1984 年是 200—400 元，1992 年是 300—600 元。当时，刑法学界就普遍认为，盗窃罪定罪数额标准高于贪污罪违背公平原理，应当适当降低贪污受贿罪数额标准。② 但 1997 年修订刑法时不仅没有降低贪贿罪数额标准，反而将数额标准提高到 5000 元。有鉴于此，最高人民法院、最高人民检察院在 1998 年将盗窃罪定罪数额提高到 500—2000 元，2013 年又提高到 1000—3000。但盗窃罪的定罪数额标准仍然低于贪贿犯罪。贪贿犯罪是一种腐败犯罪，又是一种涉及财物的经济犯罪，它直接损害国家机关及其工作人员的声誉和威信，其对国家政权的潜在危害是盗窃、诈骗等普通刑事犯罪所不具有的。

近年来查处的贪贿案件中，涉案金额已远超起刑点。根据立法和司法解释规定，贪贿罪的立案标准一般是 5000 元，大案的标准是 5 万元，而不少地方自行确定了内部标准，将大案标准规定为立案标准。如江苏省张家港市检察院 2008 年至 2010 年共查办贪污贿赂等腐败犯罪案件 64 件 71 人，大案率是 100%。③ 杭州市检察机关 2012 年共立案查处贪污贿赂案件 215 人，大案率达到 100%。④ 浙江省检察机关 2013 年依法立案侦查贪污贿赂犯罪 1046 件 1341 人，其中大案 976 件，占 93.3%。这就意味着，5 万元以下的贪贿案件在一些经济发达地区已基本不予刑事追究。大幅度提高贪贿犯罪定罪数额标准必然偏离对贪腐犯罪应当从重从严处罚的刑事政策，违背法律面前人人平等的宪法原则和刑法原则。

2. 背离中央惩治腐败的基本政策。党的十八大报告指出："要始终保持惩治腐败高压态势，坚决查处大案要案，着力解决发生在群众身边的腐

---

① 郭延军：《贪腐犯罪刑罚权须回归宪法控制》，《探索与争鸣》2013 年第 12 期。
② 赵秉志主编：《刑法修改研究综述》，中国人民公安大学出版社 1990 年版，第 331 页。
③ 卢志坚、张剑轩：《张家港反贪这样"上台阶"》，《检察日报》2011 年 4 月 20 日，第 8 版。
④ 刘波：《杭州："品质检察"造就"五连冠"》，《检察日报》2013 年 4 月 25 日，第 1 版。

败问题。不管涉及什么人，不论权力大小、职位高低，只要触犯党纪国法，都要严惩不贷。"习近平一直强调要坚持"老虎""苍蝇"一起打。在十八届中央纪委二次全会上，习近平指出："我们党严肃查处一些党员干部包括高级干部严重违纪问题的坚强决心和鲜明态度，向全党全社会表明，我们所说的不论什么人，不论其职务多高，只要触犯了党纪国法，都要受到严肃追究和严厉惩处，绝不是一句空话。从严治党，惩治这一手决不能放松。要坚持'老虎''苍蝇'一起打，既坚决查处领导干部违纪违法案件，又切实解决发生在群众身边的不正之风和腐败问题。要坚持党纪国法面前没有例外，不管涉及谁，都要一查到底，决不姑息。"强调"老虎""苍蝇"一起打，就是既要注意查处高级领导干部的贪腐行为，又关注及时查办发生在普通百姓身边的基层干部的腐败行为；既要严惩严重腐败犯罪，也不能放纵普通轻微的腐败行为，对腐败现象实行"零容忍"，让广大民众看到中央反腐败的决心和打击的力度。习近平同志在十八届中央纪委三次全会上强调，要坚持以零容忍态度惩治腐败，以猛药去疴、重典治乱的决心，以刮骨疗毒、壮士断腕的勇气，坚决把党风廉政建设和反腐败斗争进行到底。大幅度提高贪贿犯罪数额标准恰恰是背离了中央对反腐倡廉的严格要求。

3. 违背犯罪预防的基本原理。1982 年美国哈佛大学教授威尔逊首次提出"破窗理论"（Broken Windows Theory）：如果一个公共建筑物的一扇窗户损坏了并且没有及时得到修理，很快该建筑物的其他窗户也会被损坏。该理论阐明了这样一个原理：如果不及时制止违反道德的行为，就会给社会传递一个错误信息，即社会还可以接受这种行为，这些行为就会发展成为违反法律的行为；如果社会对轻微违法行为置之不理，则再次显示了社会的容忍，这种行为就会发展成为犯罪行为；如果对犯罪再惩治不力，就会使民众对政府、对司法失去信心，犯罪就会广泛蔓延，难以遏制。该理论引入犯罪学旨在告诉我们：预防犯罪一定要从小抓起。

（二）贪贿犯罪量刑数额标准应当修改

1. 确立"概括数额 + 其他犯罪情节"的立法模式，实现立法定性、司法定量的通例。罪刑法定原则要求刑法的明确性，但明确性并不等于确定性。"法律明确性之要求，非仅指法律文义具体详尽之体例而言，立法者于立法制定时，仍得衡酌法律所规范生活事实之复杂性及适用于个案之妥当性，从立法上适当运用不确定法律概念或概括条款而为相应之规定。"①刑法典中规定一些概括性用语，不违背罪刑法定原则。一般来说，对犯罪行为社会危害性的评价是综合性的，量刑是在对犯罪行为进行综合评价的基础上作出的判断。现行刑法对贪贿犯罪的起刑点以及量刑幅度基本上采用刚性的具体数额标准，其他犯罪情节在量刑上基本没有得到体现。随着我国政治、经济、社会的发展，同样的贪贿数额在不同时期对社会的危害程度存在差别，而现行刑法的数额规定过于僵化，难以及时反映这种差别。单纯的犯罪数额标准也难以准确、全面地反映贪贿犯罪的社会危害性，不利于实现刑罚公正。这种立法模式显然不利于司法机关在全面衡量犯罪的社会危害性程度的基础上准确量刑，从实践看弊多利少。许多犯罪数额相同或相近，但其他犯罪情节相差悬殊的案件，在量刑上不能拉开档次，导致量刑失衡，违反罪责刑相适应原则，严重影响了一些贪贿案件裁判结论的公信力和社会效果。鉴此，笔者建议将刑法中贪贿罪的定罪量刑标准修改为"数额较大或情节较重""数额巨大或者情节严重""数额特别巨大或者情节特别严重"，从而将确定具体的数额认定标准的权力赋予最高人民法院和最高人民检察院，由最高人民法院、最高人民检察院通过司法解释，具体数额标准问题，以适应反腐败的实际需要。

2. 贪贿犯罪量刑数额标准应当适当提高。虽然笔者反对提高贪贿罪的定罪起点标准，但现行的5万元以上、10万元以上的量刑数额标准确实不合理，违背罪责刑的内在逻辑。由于法定刑各档次的具体量刑幅度过大，各档次之间轻重衔接没有必要的梯度，重合现象严重，导致贪贿数额越大法定刑越轻。刑罚没有幅度和递次之分，不仅有违罪责刑相适应原则，而且加剧贪贿分子贪腐的心理。所以，调整贪贿犯罪量刑数额标准是必要的。2013年4月，最高人民法院、最高人民检察院《关于办理盗窃刑事案件适用法律若干问题的解释》已将盗窃罪"数额巨大""数额特别巨大"的标准提高到"3万元至10万元以上""30万元至50万元以上"。贪贿犯罪加重处罚的标准应当作出相应修改。笔者建议，将现行的5万元、10万元量刑数额标准提高到10万元和50万元。

---

① 靳宗立：《罪刑法定原则与法律变更之适用原则》，台湾地区元照出版社2005年版，第102页。

3. 最高人民法院尽快出台贪贿犯罪量刑指南。最高人民法院从 2009 年 6 月 1 日起在全国部分法院开展量刑规范化试点工作。[①] 2010 年 7 月，最高人民法院颁布《人民法院量刑指导意见（试行）》以及《关于规范量刑程序若干问题的意见（试行）》，决定从 10 月 1 日起在全国法院对交通肇事罪、故意伤害罪、强奸罪等 15 个罪名全面试行量刑规范化。2013 年 11 月，最高人民法院颁布《关于实施量刑规范化工作的通知》《关于常见犯罪的量刑指导意见》，决定从 2014 年 1 月 1 日在全国法院全面实施量刑规范化工作。但量刑规范的罪名仍局限于交通肇事罪、故意伤害罪、强奸罪等 15 个罪名，其中不包括贪贿犯罪。[②] 早在 2006 年召开的第五次全国刑事审判工作会议上，最高人民法院就提出要抓紧制定贪污、贿赂、挪用公款犯罪量刑指导意见。[③] 但数年过去，在贪贿犯罪量刑规范化问题上没有取得任何进展。从司法实践看，当前民众最关注、司法实践中最需要量刑规范的是贪贿犯罪。为了限制法官的自由裁量权，保障刑罚适用的公平性和公正性，最高人民法院应当尽快出台贪贿犯罪量刑指南，及时对贪贿犯罪适用死刑、死缓、无期徒刑、有期徒刑（每个量刑档次），以及从轻、减轻的数额幅度及其他量刑情节作出详尽规定。

[①] 袁定波：《量刑规范化试点全面启动：有望破解"同罪不同刑"》，《法制日报》2009 年 6 月 1 日，第 5 版。

[②] 张先明：《最高法院出台指导意见规范常见犯罪量刑》，《人民法院报》2014 年 1 月 1 日，第 1 版。

[③] 鲁生：《同罪同罚：公平正义的必然要求》，《法制日报》2006 年 11 月 14 日，第 5 版。

第十二章 "村官"职务犯罪认定的困境及对策①

一、 问题的提出

案例一：被告人戴某在案发前担任某市某区东钱湖镇大堰村村民委员会主任（兼村经济合作社监委会主任）。2002 年 6 月，为适应东钱湖的开发建设，东钱湖镇人民政府发文，要求将东钱湖规划区内的所有坟墓进行拆迁。由于大堰村村属的丁湾山公墓在规划区以内，东钱湖镇坟墓整治办公室又与大堰村经济合作社签订了一份拆迁坟墓协议书，委托大堰村经济合作社实施对拟迁入丁湾山公墓坟墓的拆迁工作。协议书规定，拆迁由村经济合作社统一规划、集体经营，不得招标承包。大堰村又将该项工作交由戴某负责。2003 年 1 月，戴某利用职务之便，以"干股"的形式，两次收受承包坟墓拆迁工程的戴某乙转交的贿赂款共计 7 万元。同年 2 月，戴某向某市某区东钱湖旅游度假村区纪委交代了自己的犯罪事实，并上交了所得赃款。某区人民检察院以受贿罪对戴某提起公诉，某区人民法院于2003 年 8 月 14 日以受贿罪判处戴某有期徒刑 3 年 6 个月，并处没收财产 1万元。被告人戴某不服，上诉至某市中级人民法院，某市中级人民法院于2003 年 9 月 25 日作出终审判决，认定被告人戴某犯公司、企业人员受贿罪，判处有期徒刑 3 年，缓刑 4 年。

案例二：被告人王某原系某市大堰镇柏坑村农民，因其有一定的建筑专业技术，2004 年 11 月，受某市街道办事处的口头委托，成为一名"村官"，从事街道办事处所属村庄的土地整理工程的质量管理工作（每月工资 2000 元）。从 2005 年至 2007 年，被告人王某利用职务之便，先后非法

① 本文原载《国家检察官学报》2011 年第 4 期。

收受承接土地整理工程承包人邬某、姜某、单某等人的贿赂共计 135300 元。2007 年 10 月 30 日，某市人民检察院指控王某犯有受贿罪。2008 年 2 月 28 日，某市人民法院作出一审判决，认定王某"以国家工作人员论依据不足，但其协助政府管理工程期间，应以非国家工作人员身份论处"。同时认定王某有立功表现，依法可以减轻处罚，遂以王某构成非国家工作人员受贿罪，[①] 判处有期徒刑 3 年，缓刑 5 年。检察机关提起抗诉，二审法院维持原判。

上述两个案例，都涉及"村官"受贿犯罪。两个案件检、法之间存在分歧：第一个案例，检察机关和一审法院认为戴某构成刑法第 385 条之受贿罪，而二审法院则认为构成刑法第 163 条之公司、企业人员受贿罪。第二个案例，检察机关认为王某构成受贿罪，而一审、二审法院则认为构成非国家工作人员受贿罪。

二、 "村官" 职务犯罪认定的困境

笔者认为，上述对"村官"受贿犯罪的认定，检、法之间之所以存在分歧，使司法适用陷入困境，主要源于现行刑法立法、司法解释及立法与司法解释之间的矛盾冲突。主要表现如下。

（一） 刑法立法的缺失

1997 年我国修订刑法典时，将原受贿罪一分为二：刑法第 385 条受贿罪和刑法第 163 条公司、企业人员受贿罪。刑法第 385 条受贿罪的主体是国家工作人员。根据刑法第 93 条规定，国家工作人员具体包括：国家机关中从事公务的人员；在国有公司、企业、事业单位、人民团体中从事公务的人员；国家机关、国有公司、企业、事业单位委派到非国有公司企业、事业单位、社会团体中从事公务的人员以及其他依照法律从事公务的人

---

① 2006 年 6 月 29 日，第十届全国人大常委会第二十二次会议通过《中华人民共和国刑法修正案 （六）》第 7 条，将《刑法》第 163 条修改为："公司、企业或者其他单位的工作人员利用职务上的便利，索取他人财物或者非法收受他人财物，为他人谋取利益，数额较大的，处五年以下有期徒刑或者拘役；数额巨大的，处五年以上有期徒刑，可以并处没收财产。"2007 年 10 月 25 日，《最高人民法院、最高人民检察院关于执行〈中华人民共和国刑法〉确定罪名的补充规定（三)》规定，取消公司、企业人员受贿罪罪名，设立非国家工作人员受贿罪。

员。刑法第163条公司、企业人员受贿罪的主体是公司、企业人员。从刑法立法角度看，对村民委员会（在城市是居民委员会）的工作人员能否视为国家工作人员并不明确。

由于立法上的不明确，导致理论上对村民委员会成员能否视为国家工作人员一直争议不断。一种观点认为，应当从该委员会是否依法从事公务这一国家工作人员的本质特征出发来判断。详言之，如果其从事的仅是本集体组织的事务，如管理村中的集体财产，就不能以国家工作人员论。但是，如果其受行政机关委托，代替行政机关从事一定的行政管理事务，在这种情况下，其实际上是依法受委托在从事公务，对其应视为刑法第93条规定的"其他依照法律从事公务的人员"，应以国家工作人员论。另一种观点认为，村民委员会的工作人员是农村集体组织的管理人员，不属于国家工作人员，不具备刑法第93条所规定的国家工作人员条件，不具备刑法第382条（贪污罪）、第385条规定的条件。[①]

自1979年颁布的刑法实施以来，如何理解国家工作人员范围，虽然刑法学界有争论，但由于当时经济体制的单一性以及立法对国家工作人员范围规定得十分宽泛，加之最高人民法院、最高人民检察院曾先后联合制发几个司法解释，统一了一些理论上的纷争，司法实践中对国家工作人员范围的争议并不多见。最高人民法院、最高人民检察院激烈争论始于1995年2月28日全国人大常委会颁布《关于惩治违反公司法的犯罪的决定》之后。该决定规定：贪污受贿罪的主体只限于国家工作人员。但决定却没有对国家工作人员的范围作出新的界定，从此检、法两院出现分歧。最高人民法院在1995年12月25日颁布的《关于办理违反公司法受贿、侵占、挪用等刑事案件适用法律若干问题的解释》中规定：公司企业中的国家工作人员是指国有公司、企业或者其他公司、企业中行使管理职权，并具有国家工作人员身份的人员。根据最高人民法院的文件，所谓"具有国家工作人员身份"是指具有国家干部身份，即必须根据国家组织人事部门的有关规定，正式列入国家干部编制序列的人员。在1997年修订刑法时，最高人民法院一直要求立法机关将国家工作人员范围限制为"国家机关中依法从

---

① 赵秉志主编：《刑法学各论研究述评（1978—2008）》，北京师范大学出版社2009年版，第594页。

事公务的人员"。① 从立法结果看，最高人民法院的观点没有被采纳。1997年 3 月 6 日，在八届全国人大五次会议上王汉斌副委员长在《关于〈中华人民共和国刑法〉（修订草案）的说明》中指出："关于国家工作人员的范围，有些同志主张应限于国家机关工作人员。考虑到国有公司、企业的管理人员经手管理着国家财产，以权谋私、损公肥私、化公为私的现象比较严重，草案原则上维持刑法规定的国家工作人员的范围。"②

1997 年 10 月 1 日，修订刑法典开始实施。司法实践表明，对国家工作人员范围的认识并没有因刑法的修改而得到统一。如何理解《刑法》第 93 条的争论仍十分激烈，尤其是对村（居）民委员会组成人员能否视为国家工作人员，检、法掌握不一。这种现状直接影响刑事执法的统一性和法律的权威性。有鉴于此，2000 年 4 月 29 日，全国人大常委会颁布的《关于〈中华人民共和国刑法〉第九十三条第二款的解释》（以下简称《解释》）规定："村民委员会等村基层组织人员协助人民政府从事下列行政管理工作时，属于刑法第九十三条第二款规定的'其他依照法律从事公务的人员'：（一）救灾、抢险、防汛、优抚、扶贫、移民、救济款物的管理；（二）社会捐助公益事业款物的管理；（三）国有土地的经营和管理；（四）土地征用补偿费用的管理；（五）代征、代缴税款；（六）有关计划生育、户籍、征兵工作；（七）协助人民政府从事的其他行政管理工作。村民委员会等村基层组织人员从事前款规定的公务，利用职务上的便利，非法占有公共财物、挪用公款、索取他人财物或者非法收受他人财物，构成犯罪的，适用刑法第三百八十二条和第三百八十三条贪污罪、第三百八十四条挪用公款罪、第三百八十五条和第三百八十六条受贿罪的规定。"

《解释》颁布后，村民委员会等村基层组织人员能否视为国家工作人员的问题在一定程度上得到了解决。但从实践看，如何认定是否属于"协助人民政府从事行政管理工作"，"协助人民政府从事行政管理"与"受委托从事行政管理"是什么关系等等，理论和实践上认识还是不统一。如村基层组织人员管理对口帮扶单位捐助款物是否属于协助人民政府从事"社

---

① 高铭暄、赵秉志编：《新中国刑法立法文献资料总览》，中国人民公安大学出版社 1998 年版，第 2444 页。

② 高铭暄、赵秉志编：《新中国刑法立法文献资料总览》，中国人民公安大学出版社 1998 年版，第 1834 页。

会捐助公益事业款物的管理"? 村基层组织人员对土地征用后政府"返还地"的经营管理行为如何定性? 在国家办理土地征用正式手续之前, 用地单位直接与村里协商并将土地款项交付村里, 这类款项是否属于"土地征用补偿费用"? 土地征用补偿费用与村集体资金混在同一账户时, 村基层组织人员利用职务上的便利进行侵吞、挪用或为他人谋取利益, 收受贿赂的, 应如何定性?[①] 这些问题仍然悬而未决, 争议依旧。如上述案例中戴某的行为, 是否属于"协助人民政府从事行政管理工作", 检、法之间就存在认识上的分歧, 导致两家作出不同的认定。

(二) 刑法司法解释的矛盾

从贪污贿赂罪的立法发展看, 贪污罪与受贿罪、挪用公款罪的犯罪主体一直是相同的。1997 年修订刑法时, 在刑法第 382 条第 2 款中专门规定: "受国家机关、国有公司、企业、事业单位、人民团体委托管理、经营国有财产的人员, 利用职务上的便利, 侵吞、窃取、骗取或者以其他手段非法占有国有财物的, 以贪污论。"而在本章其他条款中均未规定受委托人员可以成为犯罪主体。修订刑法实施后, 受委托人员能否成为受贿罪、挪用公款罪的主体成为摆在司法人员面前亟待解决的问题。

有的同志认为, "村委会主任或其他组成人员协助人民政府从事行政管理工作是依法受委托从事公务, 属于'其他依法从事公务的人员'的范围"。笔者认为, 这一观点值得商榷。[②] 1999 年 12 月 17 日, 在第九届全国人大常委会第十三次会议上, 全国人大常委会法制工作委员会向全国人大常委会所作的《关于〈中华人民共和国刑法〉第九十三条第二款的解释 (草案)》的报告中, 是建议全国人大常委会对刑法第 93 条第 2 款作如下解释: 农村村民委员会等村基层组织依法或受政府委托从事村公共事务的管理工作属于依法从事公务, 应以国家工作人员论。如果在从事公务时利用职务上的便利, 非法占有公共财物、挪用公款或者收受贿赂, 应当依照刑法关于国家工作人员贪污罪、挪用公款罪、受贿罪追究刑事责任, 而不

① 邓楚开:《村组织人员职务犯罪认定六大难点》,《检察日报》2009 年 7 月 26 日, 第 3 版。
② 刘建国、刘宪权主编:《刑事司法实务中的疑难问题》, 中国人民公安大学出版社 2006 年版, 第 368 页。

应适用刑法关于侵占罪、挪用资金罪、业务受贿罪的规定。但全国人大常委会最终通过的《解释》，不仅把"从事村公共事务的管理工作"一词删去，而且也把"受政府委托"一词删去，只规定"村委会等村基层组织人员协助人民政府从事下列行政管理工作，属于刑法第 93 条第 2 款规定的'其他依照法律从事公务的人员'"。[①] 这一修改表明，立法机关是否把"受政府委托"从事公务的人员纳入刑法第 93 条第 2 款规定的"其他依照法律从事公务的人员"范围，并不明确。

不仅如此，2000 年 2 月 16 日，最高人民法院《关于对受委托管理、经营国有财产人员挪用国有资金行为如何定罪问题的批复》规定："对于受国家机关、国有公司、企业、事业单位、人民团体委托，管理、经营国有财产的非国家工作人员，利用职务上的便利，挪用国有资金归个人使用构成犯罪的，应当依照刑法第二百七十二条第一款的规定定罪处罚。"即受委托从事公务的人员不构成挪用公款罪的主体。最高人民法院之所以作这样的规定，除明示贪污罪的主体与挪用公款罪的主体不同外，还基于受委托从事公务的人员不能包含"其他依照法律从事公务的人员"。2003 年 11 月 13 日，最高人民法院印发的《全国法院审理经济犯罪案件工作座谈会纪要》第 1 条第 3 项强调："刑法第九十三条第二款规定的'其他依照法律从事公务的人员'应当具有两个特征：一是在特定条件下行使国家管理职能；二是依照法律规定从事公务。具体包括：（1）依法履行职责的各级人民代表大会代表；（2）依法履行审判职责的人民陪审员；（3）协助乡镇人民政府、街道办事处从事行政管理工作的村民委员会、居民委员会等农村和城市基层组织人员；（4）其他由法律授权从事公务的人员。"该规定也没有把受委托人员纳入"依照法律从事公务的人员"的范围。

参照最高人民法院司法解释的精神，受委托从事公务的人员，利用职务之便，收受他人贿赂的，不能构成受贿罪，但可以构成非国家工作人员受贿罪。但这种结论是自相矛盾的。

矛盾之一：刑法第 272 条并没有规定受委托人员可以构成挪用资金罪的主体。既然在挪用公款罪、挪用资金罪中，刑法都没有规定受委托人员可以成为犯罪主体，司法解释凭什么规定受委托人员可以构成挪用资金罪

---

　① 参见《全国人民代表大会常务委员会公报》2000 年第 3 期。

呢？司法解释必须恪守解释权限。在罪刑法定主义原则下，严格解释是刑法解释的基本原则。最高司法机关必须在立法原意的范围内对刑法具体应用中的问题予以明确化、具体化。同一法律用语在不同的司法解释中必须保持相同的解释含义，绝不允许出现超越刑法规定内容的司法解释。在存在立法缺漏的情况下，为了充分实现刑法的社会保护功能，试图超越解释权限对刑法条文进行创造性弥补，只能造成立法权与司法权的混同，妨碍刑法人权保障功能的发挥，最终将破坏刑事法治的建构。最高人民法院司法解释本身存在难以克服的逻辑矛盾。

矛盾之二：根据一般法理逻辑分析，既然受委托人员最多只能构成非国家工作人员受贿罪，而只是协助人民政府从事行政管理的人员为什么反而构成处罚更重的受贿罪呢？[1] 从行政法视角看，受委托组织不是行政主体，它行使一定行政管理职能必须以委托行政机关的名义，且由委托行政机关对其行为承担法律责任，但在内部行政关系上，它是作为与委托行政机关相对的独立一方当事人，即内部行政法律关系的主体，它享有相应的法定权利和负有相应的法定义务。[2] 而"协助人民政府从事行政管理的人员"，只有一般地配合行政机关行使行政管理职能，即便在内部行政关系上，它也不能成为相对独立的一方当事人。从这个角度看，受委托人员如果只能构成非国家工作人员受贿罪，那么"协助人民政府从事行政管理的人员"，最多也只能构成非国家工作人员受贿罪，而不可能是受贿罪。但立法解释恰恰明确规定"协助人民政府从事行政管理"的"村官"可以构成受贿罪。所以，司法解释与立法解释之间存在冲突。

基于以上立法之间、司法解释之间、立法与司法解释之间的矛盾，对上述两案的处理，笔者认为，难以得出是审判机关正确还是检察机关正确的唯一结论。也就是说，在现行的立法、司法解释范围内，其处理结论都有一定的法律依据和法理根据。所以，第二个案件尽管检察机关提出抗诉，但审判机关仍维持原判。

---

[1] 关于受委托与协助的关系，理论与实践中均有争议。有的认为，协助人民政府从事行政管理，就是受人民政府委托从事行政管理；有的则认为，协助人民政府从事行政管理，与受委托从事行政管理不是一回事。笔者认为，从语词内涵上分析，受委托与协助是有区别的。

[2] 姜明安主编：《行政法与行政诉讼法》，北京大学出版社 2007 年版，第 147 页。

三、 城镇一体化进程中， 统一 "村官" 职务犯罪认定标准的路径选择

（一） "村官" 职务犯罪认定标准混乱带来的后果

"村官"职务犯罪认定标准的混乱，给检、法两家的司法适用和反腐败工作带来严重影响。这种不良后果主要表现在：

1. 导致管辖冲突，影响对"村官"腐败案件的查处。司法实践中，基于被称为"村官"的村民委员会等村基层组织成员主体身份的多样性以及其职务行为的复杂性，司法机关对"村官"职务犯罪的定性往往存在争议，从而对以罪名和犯罪主体作为职能管辖分工依据的刑事管辖产生影响，造成管辖冲突，表现在：（1）对"村官"主体身份把握不准引发管辖冲突。如司法实践中常见的土地补偿款问题。根据法律规定，村基层组织对国家征收、征用土地后发给的"土地补偿款、安置补助费和青苗补偿费"三项费用在未分配前的管理活动，属于协助政府从事的行政管理活动；而实践中基层组织往往按规定提留一定的土地征用补偿费，并将其纳入集体账户进行管理，"村官"对这一费用的管理应当属于村基层组织自治行为的"村务"，而非"公务"。当村官对土地征用补偿费的集体账户进行管理时，其职务行为同时指向两个对象：土地征用补偿费和农村集体资金，其在行使这一职务行为时非法占有、挪用款物或非法收受他人财物的，司法机关往往在村官主体身份上产生分歧，从而引发管辖争议。（2）主罪与次罪把握不准引发管辖冲突。检察机关已立案侦查的"村官"职务犯罪，在侦查过程中发现不属于自己管辖的情况，根据"六部委"《关于刑事诉讼法实施中若干问题的规定》第6条"次罪随主罪管辖"的规定，应当将案件移送给有管辖权的机关。但究竟根据什么判断"次罪"和"主罪"，理论和实践中均存在争议。①

2. 管辖冲突，引起执法难题。按照现行规定，贪污贿赂犯罪与非国家工作人员实施的职务侵占罪、挪用资金罪和受贿罪，由检察机关和公安机

---

① 徐清、许建新：《村官职务犯罪职能管辖冲突亟待解决》，《检察日报》2009年8月21日，第3版。

关分别立案侦查。这就要求公安检察机关在立案之前就要对犯罪主体进行界定。但是，在立案之初要对犯罪嫌疑人准确定性是比较困难的，而侦查程序又是有着严格的期限限制，因此，往往就会出现在未完全搞清主体的确切身份的情况下，就对犯罪嫌疑人立案侦查，以获得口供以及其他相应的证据；但侦查后却发现该犯罪嫌疑人是国家工作人员，应当由检察机关来侦查。那么在这种情形下，公安机关已经获得的证据是否应当移交检察机关？移交的有关证据能否经过检察机关的程序性审查而径自作为检察机关获取的证据来对犯罪嫌疑人提起公诉？这样的证据是否是合法、有效的证据？反之亦然。它直接导致了因为侦查主体不当是否影响证据合法性的争论。一种观点认为，在职务犯罪的侦查方面不应当单纯地因为侦查主体的变更而一律否定证据的合法性和真实性，追诉机关的内部分工不应当影响证据的合法性和有效性。[①] 另一种观点认为，管辖错误导致先前的侦查行为是无效的，检察机关（公安机关）应当重新立案侦查。[②] 2006 年 12月 22 日，最高人民检察院颁布的《关于人民检察院立案侦查的案件改变定性后可否直接提起公诉问题的批复》规定：“人民检察院立案侦查刑事案件，应当严格按照刑事诉讼法有关立案侦查管辖的规定进行。人民检察院立案侦查的案件在侦查阶段发现不属于自己管辖或者在审查起诉阶段发现事实不清、证据不足并且不属于自己管辖的，应当及时移送有管辖权的机关办理。人民检察院立案侦查时认为属于自己管辖的案件，到审查起诉阶段发现不属于人民检察院管辖的，如果证据确实、充分，符合起诉条件的，可以直接起诉。”这一规定表明，如果在侦查阶段就发现不属于自己管辖的，应当依法移送；在审查起诉阶段，发现不属于自己管辖的，但案件事实清楚，证据确实充分的，可以直接起诉。这一规定虽然具有一定的合理性，但难以从根本上解决职务犯罪管辖冲突问题。

3. 违背罪责刑相一致原则，放纵犯罪。由于受贿罪和非国家工作人员受贿罪定罪处罚标准不同，处理的后果往往是放纵犯罪。如受贿罪，定罪起点一般是 5000 元（不满 5000 元，情节严重的也可以刑事处罚），受贿数额在 10 万元以上的，应处 10 年以上有期徒刑或者无期徒刑，可以并处没收财产；情节特别严重的，处死刑，并处没收财产；受贿数额在 5 万元

---

① 游伟：《商业贿赂犯罪的侦查管辖与证据效力》，《华东政法学院学报》2006 年第 5 期。

② 王俊民、潘建安：《刑事案件职能管辖冲突及其解决》，《法学》2007 年第 2 期。

以上不满 10 万元的，处 5 年以上有期徒刑，可以并处没收财产；情节特别严重的，处无期徒刑，并处没收财产。而非国家工作人员受贿罪定罪起点是 1.5 万元，数额巨大的（浙江省的标准是 10 万元以上），处 5 年以上有期徒刑，可以并处没收财产，最高刑是有期徒刑 15 年。如上述两案，按非国家工作人员受贿罪定罪处罚，最终都被判处缓刑。对"村官"处罚偏轻，直接影响广大人民群众对反腐败的期望，损害党和政府在基层群众中的威信。

4. 执法标准不统一，损害司法的公信力。面对同样的案件同样的刑法条文，检察机关与审判机关作出完全不同的评判，严重损害了执法的统一性、公正性和权威性。从司法实践看，这种处理结果，作为被告人往往认为是检察机关执法不公，心生怨恨；而作为基层群众，则往往认为是审判机关执法不严，甚至存在权钱交易才导致被告人被轻判，加剧民众对司法腐败的质疑。

（二） 统一 "村官" 职务犯罪认定标准的路径选择

笔者认为，统一"村官"职务犯罪认定标准的路径是：取消现行刑法第 163 条规定，将现行非国家工作人员受贿罪的内容统一纳入刑法第 385 条中。同时，对贪污罪、挪用公款罪、职务侵占罪、挪用资金罪等也作出相应的调整。

我国现行贪污贿赂犯罪罪名是由刑法第 8 章所规定的 13 个罪名和分散在第 3 章、第 5 章中的非国家工作人员受贿罪、职务侵占罪和挪用资金罪 3 个罪名组成。这样分散规定的优点是突出了对国家工作人员贪污贿赂犯罪的打击。但由于对国家工作人员范围的界定不明确，实践中如何正确把握贪污贿赂罪与非国家工作人员受贿罪、职务侵占罪和挪用资金罪的区别，始终没有很好地解决。而贪污受贿罪与非国家工作人员受贿罪、职务侵占罪和挪用资金罪之所以界限不清，关键在于刑法、刑法立法解释把国有公司、企业、事业单位的人员及协助人民政府从事行政管理的基层组织工作人员都纳入国家工作人员的范围。

随着我国社会主义市场经济体制的建立，政企职责分开，将国有企业人员纳入贪污受贿罪主体是不科学的。第一，在高度集中的计划经济体制下，国家既是国有资产的所有者，又是国有资产的经营管理者。国有企业隶属于政府并作为国家的代表，直接组织生产经营。企业活动是行政活动，是代表国家的公务活动。所以，刑法把国有企业工作人员列入国家工作人员有其历史必然性和现实合理性。但在市场经济条件下，随着国有企业转换经营机制和股份制改造的推进，国有企业将建立起产权清晰、权责分明、政企分开、管理科学的现代企业制度，国家与企业之间的关系将发生根本性变化：在政企关系上，由政企合一、政企不分改为政企职责分开；在产权关系上，由国家对企业直接行使所有权和经营权变为确立独立的企业法人财产权；在经营管理方式上，由国家下达计划指标，物资统一调配、劳动力统一安排、产品统购包销、价格统一制定等直接管理方式改为企业自行安排、自主经营等。在市场经济条件下，国有企业作为市场主体已不直接体现国家管理职能，所以，企业工作人员不再是从事国家管理工作人员。第二，按照所有制性质不同，将企业人员分别纳入不同犯罪不符合法治原则。中国30年经济社会发展的实践充分说明，在社会主义市场经济体制下，国有经济、集体经济和民营经济都应当是我党执政的基础。法律面前人人平等是社会主义法制的基本原则。根据这一原则，对同类主体应同罪同罚。市场经济条件下，市场主体虽还有国有企业、集体企业、外资企业、私营企业之分，但作为企业工作人员中处于相同职务时，享有相同的权利，承担相同的义务，他们实施同类犯罪，其社会危害性是相同的，理应受到同等的刑事处罚。如果把不同所有制企业人员的职务侵财犯罪，有的划入贪污罪，有的划入职务侵占罪，并规定悬殊的刑罚，必然有悖法律面前人人平等和罪刑相一致原则。如贪污罪、受贿罪法定最高刑是死刑，而职务侵占罪、非国家工作人员受贿罪最高刑是有期徒刑15年，挪用公款罪的最高刑是无期徒刑，而挪用资金罪的最高刑是有期徒刑10年。两者定罪量刑标准过于悬殊，有违罪责刑相适应原则。同时也不利于非国有企业权益的刑法保护，有悖宪法精神。1999年宪法修正案已规定：非公有制经济是社会主义经济的重要组成部分。2004年又将"平等保护公私财产"入宪。目前刑法的规定已滞后于宪法。另外，当前公有、非公有经济交叉，混合所有制存在并快速发展，也导致司法机关对大量相应案件定性困难，庭审认定事实争议极大，并因此引起大量的上诉和申诉案件，影响社会稳定。

改革开放以来，特别是步入20世纪90年代以后，我国政治体制中的干部人事管理制度改革取得重大进展。1996年，中办、国办印发的《中央机构编制委员会关于事业单位机构改革若干问题的意见》提出了事业单位改革的指导思想和目标是：合理划分党政机关与事业单位职责，行政管理职责原则上交归行政机关，党政机关分离出来的一些辅助性、技术性工作由事业单位承担。2002年，党的十六大报告进一步强调，"按照政事分开原则，改革事业单位管理体制"。2007年，党的十七大要求进一步深化事业单位的分类改革，党的十七届二中全会通过的《关于深化行政管理体制改革的意见》，明确要求："按照政事分开、事企分开和管办分离的原则，对现有事业单位分三类进行改革。主要承担行政职能的，逐步转为行政机构或将行政职能划归行政机构；主要从事生产经营活动的，逐步转为企业。"因此，事业单位除少数依法授权或受委托拥有部分行政管理职能外，不再拥有行政管理职权。所以，将国有事业单位工作人员再纳入国家工作人员范围不妥。2005年4月，立法机关出台了《中华人民共和国公务员法》。随着改革的深入，干部管理的发展趋势是对干部进行分流，按照党政、司法机关、企业事业单位各自的性质、特点实行分类管理。

在贪污贿赂罪一章中，现行立法并未明确受委托从事公务的人员是否属于国家工作人员中的"其他依法从事公务的人员"。从多年来的司法实践看，将受委托从事公务的人员纳入国家工作人员范围，并不具有合理性。如上述王某受贿案。王某受街道办事处的口头委托（委托不同于委派，受国有单位委派从事公务的人员认定为国家工作人员，立法已明确规定），成为一名"村官"，从事公务活动。但王某除每月从街道办领取工资2000元外，其他公务人员的待遇一概没有。如果将其行为认定为受贿罪，并判处10年以上有期徒刑（王某收受他人贿赂135300元，如果没有自首和立功等减轻处罚情节，必须判处10年以上有期徒刑），一般民众都难以接受。据此，法院将其认定为非国家工作人员受贿罪符合民意和常理。

从"村官"职务犯罪角度看，立法解释将协助人民政府从事行政管理的基层组织工作人员纳入国家工作人员范围后，"村官"职务犯罪的认定标准不统一，导致出现一系列不合理现象。如某"村官"收受贿赂中，既有利用协助人民政府从事行政管理的职务之便，又利用从事集体事务管理的职务之便；侵吞、挪用的款物中，既有公共财物，又有本村的集体收益资金。对此应当对其适用不同的法律条款，分别计算数额。

（三）统一"村官"职务犯罪认定标准的具体建议

鉴于以上分析，笔者建议，将刑法第385条修改为："国家机关工作人员利用职务之便，收受他人贿赂，数额较大或者情节严重的，处五年以下有期徒刑、拘役或者管制，并处或者单处罚金或剥夺政治权利；数额巨大或者给国家利益造成重大损失的，处五年以上十年以下有期徒刑，并处罚金或剥夺政治权利；数额特别巨大或者给国家利益造成特别重大损失的，处十年以上有期徒刑或者无期徒刑，并处罚金或剥夺政治权利；数额特别巨大且给国家利益造成特别重大损失的，可以判处死刑，并处没收财产。"

"前款规定以外的人员利用职务之便，收受他人贿赂，数额较大或者情节严重的，处三年以下有期徒刑、拘役或者管制，并处或者单处罚金或剥夺政治权利；数额巨大或者有其他特别严重情节的，处三年以上十年以下有期徒刑，并处罚金或剥夺政治权利；数额特别巨大或者造成特别重大损失的，处十年以上有期徒刑或者无期徒刑，并处罚金或剥夺政治权利。"

根据上述规定，对贪污（职务侵占）罪、挪用公款（挪用资金）罪等也作出相应的修改。

上述修改内容表现在：第一，将贪污、受贿、挪用公款罪等的犯罪主体规定为国家机关工作人员。第二，取消刑法第 163 条、第 271 条、第 272 条规定，将非国家机关工作人员的职务腐败行为统一纳入贪污贿赂罪专章中，但与国家机关工作人员的贪污贿赂行为加以区分。第三，提高非国家机关工作人员职务腐败行为的处罚力度。

笔者认为，作这样的修改，其优越性是：第一，有助于消除目前普遍存在的国家工作人员与非国家工作人员职务犯罪认定标准不一的现象，实现法律适用的统一性，提高司法机关的执法公信力。第二，有助于突出对国家机关工作人员职务犯罪行为的惩处，但又不放纵对非国家机关工作人员职务犯罪的打击。第三，有助于统一侦查管辖，即将所有的贪污贿赂犯罪统一由检察机关行使侦查管辖权。这不仅有利于提升检察机关的反腐败职能，而且有利于公安机关集中优势警力，积极查办金融诈骗、非法集资、逃税等其他经济犯罪案件，同时也方便基层群众对"村官"腐败行为的举报、控告、申诉，保障基层政权的稳定，实现社会和谐。

第十三章 废除贪污受贿罪交叉刑之思考[①]

一、 问题之提出

据正义网报道，原北京理工大学后勤集团饮食中心教工食堂经理郭某，通过伪造财务报表等手段，私吞食堂收入 5.8 万余元，被北京市海淀区人民法院以贪污罪判处有期徒刑 7 年。经审理查明，2008 年 4 月至 2009 年 3 月间，被告人郭某利用其担任后勤集团饮食中心教工食堂经理的职务便利，采用隐瞒不报、故意漏报、伪造财务报表等方式，私自截留食堂现金收入共计人民币 5.8 万余元。法院认为，被告人郭某身为国家工作人员，利用职务上的便利，非法侵吞公共财物共计人民币 5.8 万余元，其行为已构成贪污罪，故作出上述判决。[②]

刑法第 383 条规定："对犯贪污罪的，根据情节严重，分别依照下列规定处罚：（一）个人贪污数额在十万元以上的，处十年以上有期徒刑或者无期徒刑，可以并处没收财产；情节特别严重的，处死刑，并处没收财产。（二）个人贪污数额在五万元以上不满十万元的，处五年以上有期徒刑，可以并处没收财产；情节特别严重的，处无期徒刑，并处没收财产。（三）个人贪污数额在五千元以上不满五万元的，处一年以上七年以下有期徒刑；情节严重的，处七年以上十年以下有期徒刑。个人贪污数额在五千元以上不满一万元，犯罪后有悔改表现、积极退赃的，可以减轻处罚或者免予刑事处罚，由其所在单位或者上级主管机关给予行政处分。（四）个人贪污数额不满五千元，情节较重的，处二年以下有期徒刑或者拘役；

---

① 本文原载《中国刑事法杂志》2010 年第 5 期。

② 高鑫、范静：《北京理工大学教工食堂一经理私吞 5.8 万公款被判 7 年》，参见正义网，2010 年 4 月 9 日访问。

情节较轻的，由其所在单位或者上级主管机关酌情给予行政处分。对多次贪污未经处理的，按照累计贪污数额处罚。"第 386 条规定："对犯受贿罪的，根据受贿所得数额及情节，依照本法第三百八十三条的规定处罚。索贿的从重处罚。"从上述立法规定看，被告人郭某利用职务上的便利，非法侵吞公共财物 5.8 万余元，其量刑幅度是：5 年以上 15 年以下有期徒刑。所以，被告人郭某被判处 7 年有期徒刑并无不当。

但笔者认为，郭某案是一个量刑畸重的案件。之所以说该案量刑畸重，其参照标准有以下几个：第一，与适用同档次法定刑的案件相比。根据刑法规定，个人贪污数额在 5 万元以上不满 10 万元的，处 5 年以上有期徒刑，可以并处没收财产。但实践中对贪污数额不满 10 万元的案件，几乎没有被判处 10 年以上有期徒刑的，即使贪污数额接近 10 万元，也极少有判处 7 年以上有期徒刑的。如被告人徐某于 2004 年至 2009 年期间，利用职务之便，非法收受他人财物价值 90600 元，为他人谋取利益。花山区法院审理认为，由于徐某能够认罪，且积极退赃，酌情予以从轻处罚（该酌定情节郭某案也具备），遂以受贿罪判处徐某有期徒刑 5 年 6 个月。[1] 第二，与第一个档次的法定刑相比。根据刑法规定，个人贪污数额在 10 万元以上的，处 10 年以上有期徒刑或者无期徒刑，可以并处没收财产。但近年来贪污 10 万元判刑 10 年，贪污几十万元甚至几百万元也判刑 10 年或 10 余年的现象较为普遍。第三，从各地推行量刑规范化的实践情况看。近年来，为了切实解决刑事审判中量刑失衡、刑罚不公现象，在最高人民法院倡导下，各地陆续出台一些量刑指导规则（量刑指南、量刑指导意见），从笔者收集到的量刑指导意见看，贪污受贿不满 6 万元的，基准刑一般在 5—6 年之间。如江苏省姜堰市人民法院 2003 年 3 月 7 日通过的规范量刑指导意见第 154 条规定："个人贪污、受贿 5 万元的，基准刑为有期徒刑五年，每增加 1000 元，刑期增加一个月。"[2] 江苏省泰州市中级人民法院 2004 年 4 月 19 日通过的刑事审判量刑指导意见也作了类似的规定。根据上述量刑基准，郭某案只能判处 6 年以下有期徒刑。

笔者认为，之所以根据不同标准会对郭某案作出不同的评判，主要源于贪污受贿罪规定了交叉刑。

---

[1] 思文：《马鞍山市安监局原支队长受贿近 10 万元获刑 5 年半》，参见中国法制新闻网，2010 年 4 月 20 日访问。

[2] 汤建国主编：《量刑均衡方法》，人民法院出版社 2005 年版，第 52 页。

二、 贪污受贿罪交叉刑的表现及原因

在我国刑法典中，交叉刑只存在于贪污受贿罪中。刑法第 383 条第 1 款第 1 项至第 4 项共规定了四个档次的法定刑，各档次之间轻重衔接缺乏严格的梯度，交叉现象比较严重，主要表现在：1. 第一档次的法定刑为 10 年以上有期徒刑、无期徒刑，其对应的数额标准是 10 万元以上，"情节特别严重的"，刑罚调整为死刑。第二档次的法定刑为 5 年以上 15 年以下有期徒刑，其对应的数额标准是 5 万元以上不满 10 万元，"情节特别严重的"，刑罚调整为无期徒刑。第一档次的法定刑和第二档次的法定刑在 10 年以上有期徒刑、无期徒刑部分是交叉重合的。2. 第三档次的法定刑为 1 年以上 7 年以下有期徒刑，其对应的数额标准是 5000 元以上不满 5 万元，"情节严重的"，刑罚调整为 7 年以上 10 年以下有期徒刑。这与第二档次中的 5 年以上 10 年以下有期徒刑部分是交叉重合的。3. 第四档次的法定刑为 2 年以下有期徒刑或者拘役，其对应的数额标准是不满 5000 元。其中 1、2 年有期徒刑部分又与第三档次是交叉重合的。同时，第一档次的法定最低刑为 10 年，第三档次的法定最高刑为 10 年，两者之间完全包容了第二档次所规定的 5 年以上 10 年以下部分。另外，每个档次的法定最高刑又都超过了上一个档次法定最低刑。

不少同志认为，交叉刑的规定体现了对贪污受贿犯罪从重处罚的立法精神。笔者认为，这一结论值得商榷。理由是：第一，如果说交叉刑体现了对贪污受贿犯罪从严处罚精神，那在贪污贿赂罪一章中，为什么其他罪名没有规定交叉刑呢？此外，第九章渎职罪的主体是国家机关工作人员，理当比普通的国家工作人员更应从重处罚，但为什么也没有规定交叉刑呢？第二，根据司法解释规定，我国刑法第 264 条盗窃罪中数额较大的标准，是指盗窃 500 元到 2000 元，而刑法第 383 条规定的贪污罪的定罪标准一般是 5000 元，个人贪污不满 5000 元，情节较轻的，不构成犯罪。贪污罪数额较大、数额巨大、数额特别巨大的标准远远高于盗窃罪，刑法并没有体现对贪污受贿罪要从重处罚。[①] 第三，从反贪污贿赂实践看，如果说

---

① 有学者还根据我国刑法所规定的刑种和 28 种类型的刑度编制了刑量综合指数表，发现盗窃罪被分配了比贪污罪更重的刑罚。参见白建军：《关系犯罪学》，中国人民大学出版社 2005 年版，第 536—542 页。

交叉刑能体现对贪污受贿罪从严处罚的立法精神，那么在司法实践中这种立法精神应当得到体现。

笔者认为，贪污受贿罪交叉刑的规定是立法失误造成的。从立法过程看，我国1952年4月18日颁布的《中华人民共和国惩治贪污条例》和1979年刑法第155条、第185条规定的贪污罪、受贿罪，都没有规定交叉刑。交叉刑的规定最早见于1988年1月21日第六届全国人大常委会通过的《关于惩治贪污罪贿赂罪的补充规定》所规定的贪污受贿罪。1988年在制定《关于惩治贪污罪贿赂罪的补充规定》时，对同一个条文中的量刑交叉问题已引起有的委员和最高人民法院的关注，而不同条文间的量刑交叉问题并没有得到应有的重视，所以《关于惩治贪污罪贿赂罪的补充规定》通过时，同一个条文中的量刑交叉问题得到了纠正，而不同条文间的量刑交叉问题仍然保留。1997年修订刑法时，除提高贪污受贿罪定罪数额标准外，基本上照搬了《关于惩治贪污罪贿赂罪的补充规定》的相关条文。所以，笔者认为，贪污受贿罪交叉刑的规定，是一种立法上的不足。

三、 贪污受贿罪交叉刑的弊端

（一） 违背罪责刑相一致的刑法原则， 导致罪责刑失衡

我国刑法第5条规定："刑罚轻重，应当与犯罪分子所犯罪行和承担的刑事责任相适应。"这就是说，刑罚的有无及程度大小是建立在罪行及刑事责任基础之上的，要重罪重罚，轻罪轻罚，罪刑相称，罚当其罪。罪责刑均衡强调的是罪与刑之间的等价性。交叉刑的规定曾得到了不少学者的肯定，如有的学者认为："随着罪刑单位的细致划分，使各量刑幅度之间互有部分重合、交叉，从而摆脱了单纯以数额划分量刑档次的'一点论'，走向既以数额为基本尺度，又以情节作为调幅的'两点论'的科学的量刑轨道之中，为正确指导贪污罪的处罚提供了良好的法律武器。"[1] 有的认为，我国刑法第383条贪污罪中其犯罪数额是相互衔接的，但在法定刑幅度上却相互重叠，这恰恰是通过法定刑幅度的模糊配置实现真正的罪刑均衡。[2] 笔者认为，由

---

① 陈兴良主编：《刑法新罪评释全书》，中国民主法制出版社1995年版，第755页。
② 刘守芬、方泉：《罪刑均衡的立法实现》，《法学评论》2004年第2期。

于各种具体犯罪情节上的差异，各个档次的法定刑之间有一定的重合衔接，确实具有合理性。但如果交叉重合过大，甚至大跨度的包容，就会造成轻重交织，界限不清。现行贪污罪中交叉刑的设置使这种合理性完全偏离了罪责刑相一致原则。表现在：第一，这种交叉刑导致刑罚畸重。如贪污5000元，如果"情节严重"的，法定最低刑是有期徒刑7年，明显量刑过重。个人贪污数额在5000元以上不满5万元的，处1年以上7年以下有期徒刑。如果"情节严重"的，则将基本刑的最高刑由7年提高到10年，提高幅度仅为3年。那么，有什么理由将最低刑由1年提高到7年？假如一个贪污数额为4.5万元且"情节严重"的罪犯依法可以判处8年（从理论上说，当然也可以判处10年，但实践中顶格判的十分少见），而一个贪污数额为5000元且"情节严重"的罪犯依法可以判处7年（从理论上说，当然也可以判处8年），数额高出4万元，而刑罚只高出1年（甚至刑罚完全相同）。这样的处罚结果表明的是：贪污5000元情节严重与贪污4.5万元情节严重的刑罚后果没有什么差别。第二，这种交叉刑导致量刑不公。法定刑设置上的交叉使犯罪所得少的人在处罚上远远重于犯罪所得多的人。根据罪责刑相一致原则，贪污罪犯罪结果的数额与其所应受到的刑罚量应当成正比，数额越大，量刑就越重，打击力度就越大。但交叉刑的规定，使这种正比关系扭曲。有学者通过刑罚数量函数得出现行犯罪数量与量刑数量的关系是：数额在5万元以上不满10万元的打击力度最大；而贪污数额在10万元以上的（最大的贪污行为）打击力度反而最弱。[1] 如一个人贪污9万元，根据第二个量刑档次，对其判处13年以上有期徒刑是恰当的；而一个人贪污10万元，根据第一个量刑档次，对其判处10年有期徒刑也是恰当的。两者相比，有谁会认为这样的立法具有公平性呢？第三，绝对确定的法定刑的设置，加剧了罪责刑的失衡。刑法第383条第1款第1项和第2项所规定的"情节特别严重"将各自数额中的基本刑提高到绝对无期徒刑和绝对死刑。这就意味着，贪污5万元以上不满10万元，情节特别严重的，必须判处无期徒刑；贪污10万元以上，情节特别严重的，必须判处死刑。依据这一规定，如果某贪污犯贪污数额是9.5万元，且属情节特别严重，就必须判处无期徒刑；如果某贪污犯贪污数额是10万元，也属情节特别严重的，则必须判处死刑。两者数额仅相差5000元，刑罚则有如此悬殊之别，显然罪责刑失衡。

---

[1] 徐留成、王强军编著：《贪污罪专题整理》，中国人民公安大学出版社2009年版，第209页。

（二） 违背刑法平等原则， 损害刑法的权威性和公正性

刑法平等的基本含义是任何人犯罪，不论其性别、种族、民族、家庭出身、社会地位、职务大小、财产多寡、政治派别、宗教信仰等如何，都一律平等地适用刑法，任何人不得有超越刑罚的特权。从刑事司法看，刑法平等既体现为同类主体同等对待，也表现为同类事项同类对待。近年来，检察机关查办的贪污贿赂大案大幅度上升。① 根据刑法规定，贪污受贿罪的立案标准一般是 5000 元。但几年前一些经济较发达省份的检察机关已将贪污受贿罪的立案标准提高到 2 万元—3 万元。立案标准的不断提高，使各地大案的比率不断攀升。2009 年，全国检察机关共立案侦查各类职务犯罪案件 32439 件 41531 人，立案侦查贪污贿赂大案 18191 件，重特大渎职侵权案件 3175 件，两项合计已占 65.9%。2009 年，上海市检察机关立案侦查贪污贿赂案件 315 件 357 人，其中大案 293 件，占立案数的 93%；深圳市检察机关共立案侦查贪污贿赂案件 147 件 176 人，其中，大案 133 件，占立案数的 90%。90% 以上的贪污贿赂案件是 5 万元以上的大案，这就意味着，5 万元以下的贪贿案件在不少地方（特别是东部发达省份）已基本不立案和不予刑事追究。贪污受贿罪量刑标准的无序，导致出现大量同案不同处、同案不同刑、同罪不同责的不正常现象，严重背离刑法平等原则。以往我们更多地关注贪污受贿等职务犯罪与盗窃诈骗等非职务犯罪之间的不平等。事实上即使同样是职务犯罪，由于交叉刑的存在，也会加剧职务犯罪人之间量刑上的不平等。

（三） 破坏贪污受贿罪刑罚结构的梯度性， 影响刑罚的威慑力

尽管我国刑法对有期徒刑没有明文规定等级标准，但理论界一般认为我国刑罚还是有刑格之分。所谓一格，就相当于一个等级。从刑法分则规定的法定最高刑来看，共有 9 种规定，即 1 年、2 年、3 年、5 年、7 年、10 年、15 年、无期徒刑、死刑。这 9 种法定最高刑就形成了 9 个刑罚等级，以适应不同情节的犯罪。在刑法分则的所有罪名中，除贪污受贿罪外，在法定刑配置上，都强调法定刑档次之间的衔接，而唯独贪污受贿罪规定了这种特有的交叉刑，从而破坏了贪污受贿罪法定刑的梯度性和我国刑罚结构的统一性。

加里·贝克尔是现代经济学领域中最有创见的思想家之一，他开创了

---

① 根据最高人民检察院的规定，贪污贿赂案件数额在 5 万元以上是大案。

犯罪经济分析的先河，提出成本—收益理论。从成本—收益的角度分析犯罪行为，只有当犯罪的收益大于犯罪成本的时候，犯罪人才可能从事犯罪的活动。所以，减少和预防犯罪的有效方法就是加大犯罪的成本，即通过增加犯罪成本，威慑或者预防犯罪。犯罪成本是指潜在的犯罪个体在从事某项犯罪活动时所付出的成本代价。它由犯罪的直接成本、犯罪的时间机会成本和犯罪的惩罚成本三部分构成。一般来说，惩罚成本＝惩罚的严厉性×惩罚的确定性×惩罚的及时性。在我国目前对贪污贿赂犯罪惩罚的确定性和及时性得不到有效提高之前，保持惩罚的严厉性更加重要。但贪污受贿罪中交叉刑的规定使得犯罪所得多的人在处罚上远远轻于犯罪所得少的人，数额越大，打击的力度越弱。如贪污5万元以上，可以判处5年以上甚至无期徒刑，而贪污500万元以上甚至上千万元，也可能判处无期徒刑，5万元和500万元，贪污数额差距为100倍，但刑期却可以相同，即使被判处无期徒刑，服刑期限一般也是15年左右。① 贪污受贿数额越大，惩罚成本越小的执法后果，背离了刑罚的目的，严重削弱了刑罚的威慑作用，助长了贪污受贿等腐败案件的高发。

（四） 扩张法官的自由裁量权

近年，量刑规范化已成为学界和实务界关注的热点话题。2008年8月6日，最高人民法院制定下发了《人民法院量刑指导意见（试行）》和《人民法院量刑程序指导意见（试行）》，并从2009年6月1日起指定全国120多家法院开展了对交通肇事、故意伤害、抢劫、盗窃和毒品犯罪5种常见罪名的量刑规范化试点工作。从2009年12月1日起，最高人民法院又决定增加强奸、非法拘禁、诈骗、抢夺、职务侵占、敲诈勒索、妨害公务、聚众斗殴、寻衅滋事和掩饰、隐瞒犯罪所得、犯罪所得收益10个罪名为试点罪名。早在2006年召开的第五次全国刑事审判工作会议上，最高人民法院就提出要抓紧制定贪污、贿赂、挪用公款犯罪量刑指导意见。② 但

① 1997年最高人民法院《关于办理减刑、假释案件具体应用法律若干问题的规定》第6条规定："无期徒刑罪犯在执行期间，如果确有悔改表现，或者有立功表现的，服刑二年以后，可以减刑。减刑幅度为：对确有悔改表现，或者有立功表现的，一般可以减为十八年以上二十年以下有期徒刑；对有重大立功表现的，可以减为十三年以上十八年以下有期徒刑。"可见，无期徒刑的上限是22年，下限是15年。在我国司法实践中，无期徒刑一般服刑15年左右就可以重获自由。
② 鲁生：《同罪同罚：公平正义的必然要求》，《法制日报》2006年11月14日，第5版。

数年过去，始终未见最高人民法院在贪污贿赂犯罪量刑规范化问题上取得实质性进展。按照刑法规定，个人贪污受贿 10 万元以上的处 10 年以上有期徒刑或者无期徒刑，情节特别严重的，处死刑。那么究竟贪污受贿多少可以判处 15 年有期徒刑？多少应当判处无期徒刑？情节严重到什么程度应当适用死缓或死刑？目前均没有明确的司法解释，而只能靠各地审判机关的"自由裁量"。近年来，随着死刑的限制适用，贪污贿赂犯罪判处死刑的标准日益提高，贪污受贿上千万元甚至上亿元也大都是无期徒刑、死缓甚至 15 年有期徒刑。这种量刑幅度导致法官自由裁量权过大，一定程度上使刑法的量刑标准失去了意义。某些法官将自由裁量权作为权力寻租的中介，充当了司法腐败的交换物，必然导致贪污贿赂犯罪轻罪重判、重罪轻判、畸轻畸重等量刑不公正的现象，严重影响了广大人民群众对于反腐败的期待和司法公正的信赖。

四、 完善贪污受贿罪量刑标准的建议

（一） 完善贪污受贿罪交叉刑的规定

贪污受贿罪所规定的交叉刑是一种立法上的失误，实践中弊多利少，建议加以修改和完善。此外，将贪污受贿罪数额直接规定在刑法中，难以兼顾刑法的稳定性与灵活性，在国外也没有成功的案例，更不适合我国的特殊国情，建议取消这种不科学的立法技术。受贿罪是以权谋私、权钱交易型犯罪类型，侵犯的客体不同于贪污罪，犯罪分子在利用职权收受贿赂的同时，往往使公共财产、国家和人民利益遭受重大损失。1979 年刑法第 185 条对受贿罪单独规定了法定刑，即使 1988 年制定的《关于惩治贪污罪贿赂罪的补充规定》，在规定受贿罪依照贪污罪处刑的同时，还另行规定了不同于贪污罪的法定刑。但 1997 年修订刑法时，则将受贿罪完全按照贪污罪处刑，这是不科学的。鉴此，笔者建议，对刑法中贪污受贿罪的刑罚作如下修改：

国家工作人员利用职务之便，贪污公共财物，数额较大，处 3 年以下有期徒刑、拘役或者管制，并处或者单处罚金；数额巨大或者情节严重的，处 3 年以上 10 年以下有期徒刑，并处罚金；数额特别巨大或者情节特别严重的，处 10 年以上有期徒刑、无期徒刑或者死刑，并处没收财产。

国家工作人员利用职务之便，收受他人贿赂，数额较大或者情节严重的，处5年以下有期徒刑、拘役或者管制，并处或者单处罚金或剥夺政治权利；数额巨大或者给国家利益造成重大损失的，处5年以上10年以下有期徒刑，并处罚金或剥夺政治权利；数额特别巨大或者给国家利益造成特别重大损失的，处10年以上有期徒刑或者无期徒刑，并处罚金或剥夺政治权利；数额特别巨大且给国家利益造成特别重大损失的，可以判处死刑，并处没收财产。

刑法修改后，最高人民法院、最高人民检察院应当根据立法精神，综合全国各地社会经济发展状况，对"数额较大"、"数额巨大"和"数额特别巨大"，以及"情节严重""情节特别严重""重大损失""特别重大损失"等标准作出司法解释，使贪污受贿罪的量刑更加公开透明、公正均衡。

（二）尽快出台贪污受贿罪量刑指南

量刑规范化改革的核心价值在于量刑公正、执法统一和罪刑均衡。量刑规范化既可以指导法官正确适用法律，同时也可以规范法官的自由裁量权。由于贪污受贿罪交叉刑的存在，与其他罪名相比，法官拥有更大的自由裁量权，理当早日出台量刑指导意见。2010年4月9日，最高人民法院召开的全国部分法院量刑规范化试点工作情况汇报会上，最高人民法院时任副院长熊选国强调，要坚定信心继续大力推进量刑规范化试点工作，让人民群众尽快感受到量刑规范化改革成果。[①] 笔者建议，在立法修改之前，最高人民法院应尽快出台贪污受贿罪量刑规范，进一步细化、明确贪污受贿犯罪数额、犯罪情节及相应的量刑格，统一量刑情节的认定，使有期徒刑、无期徒刑或死刑的适用标准进一步明确。这样，可以有效地克服现行交叉刑粗疏、弹性过大的弊端，从司法解释层面上合理、有效地限制贪污受贿罪量刑裁量权的任意使用，实现量刑的精密化，从而提升刑事司法的公正性、公信力和权威性。

---

① 陈学勇：《最高法：让群众感受到量刑规范化改革成果》，《人民法院报》2010年4月12日，第1版。

第十四章 《中华人民共和国刑法修正案（九）（草案）》对贪贿犯罪的修改述评[①]

引 言

自1997年刑法典颁布以来，立法机关对《刑法》第8章贪污贿赂罪的修改涉及三个条文：一是《中华人民共和国刑法修正案（六）》增设枉法仲裁罪；二是《中华人民共和国刑法修正案（七）》增设利用影响力受贿罪；三是《中华人民共和国刑法修正案（七）》提高巨额财产来源不明罪的法定刑。随着贪污贿赂犯罪特点的新变化及我国反腐败力度的加大，现行贪贿犯罪的立法规定，越来越不适应反腐败的客观需要，贪贿犯罪的修订势在必行。

2014年10月27日，第十二届全国人大常委会第十一次会议初次审议了《中华人民共和国刑法修正案（九）（草案）》（以下简称《刑法修正案（九）（草案）》）。《刑法修正案（九）（草案）》修改的重点内容之一是：进一步完善反腐败立法规定，加大对腐败犯罪的惩治力度。[②] 这是1997年刑法典颁布后对贪贿犯罪修改范围最大的一次。会后，《刑法修正案（九）（草案）》在中国人大网公布，向社会公开征求意见。[③] 为了使《刑法修正案（九）（草案）》更好地体现中央反腐败精神，保障我国反腐败刑事政策落到实处，本文试就《刑法修正案（九）（草案）》涉及的贪贿犯罪立法规定进行评析，并在此基础上提出立法建议，供立法机关参考。

[①] 本文原载《山东警察学院学报》2015年第2期。

[②] 陈丽平：《点击刑法修正案（九）草案的七大亮点》，《法制日报》2014年10月28日，第3版。

[③] 《刑法修正案（九）（草案）》条文，参见中国人大网，http：//www.npc.gov.cn/npc/xinwen/lf-gz/flca/2014－11/03/chontent_ 1885029.htm。

一、《刑法修正案（九）（草案）》对贪贿犯罪的重大修改

（一）修改贪污罪、受贿罪的定罪量刑标准，删除具体数额规定

现行刑法典对贪贿犯罪的定罪量刑标准规定了具体数额，即 5000 元、5 万元、10 万元三档。《刑法修正案（九）（草案）》第 39 条规定："将刑法第三百八十三条修改为：'对犯贪污罪的，根据情节轻重，分别依照下列规定处罚：（一）贪污数额较大或者有其他较重情节的，处三年以下有期徒刑或者拘役，并处罚金。尚不构成犯罪的，由其所在单位或者上级主管机关给予处分。（二）贪污数额巨大或者有其他严重情节的，处三年以上十年以下有期徒刑，并处罚金或者没收财产。（三）贪污数额特别巨大或者有其他特别严重情节的，处十年以上有期徒刑或者无期徒刑，并处罚金或者没收财产；数额特别巨大，并使国家和人民利益遭受特别重大损失的，处无期徒刑或者死刑，并处没收财产。对多次贪污未经处理的，按照累计贪污数额处罚。犯第一款罪，在提起公诉前如实供述自己罪行、真诚悔罪、积极退赃，避免、减少损害结果的发生，有第（一）项规定情形的，可以从轻、减轻或者免除处罚；有第（二）项、第（三）项规定情形的，可以从轻处罚。'"笔者认为，立法规定贪贿犯罪具体数额标准不科学，《刑法修正案（九）（草案）》删去数额规定是非常必要的。理由是：

1. 贪贿数额在 10 万元以上的，已基本上没有数额量刑标准。根据现行刑法典规定，贪贿数额在 10 万元以上的，处 10 年以上有期徒刑或者无期徒刑，可以并处没收财产；情节特别严重的，处死刑，并处没收财产。笔者根据公开报道随机选取了 2012 年至 2013 年全国各地判处的有期徒刑案例 15 个进行分析发现，贪贿数额在 10 万元以上的，已基本上没有数额量刑标准。

2. 贪贿数额标准各档次之间轻重衔接不合理。现行刑法典对贪贿量刑数额与刑罚量之比，数额标准差距过小，而刑罚幅度差距过大。根据现行刑法典规定，个人贪贿数额在 5000 元以上不满 5 万元的，处 1 年以上有期

徒刑；个人贪贿数额在 5 万元以上不满 10 万元的，处 5 年以上有期徒刑；个人贪贿数额在 10 万元以上的，处 10 年以上有期徒刑。即贪贿数额 10 万元与贪贿数额 5 万元、5000 元，数额差距小而量刑幅度悬殊。如一人受贿 5 万元，无法定减轻处罚情节，必须处 5 年以上有期徒刑；一旦受贿 10 万元，无法定减轻处罚，则应处 10 年以上有期徒刑。[①] 而贪贿数额在 10 万元以上的已基本没有数额量刑标准，这就导致司法实践中出现"受贿数额越小，刑罚处罚越重；受贿数额越大，刑罚处罚越轻"的不合理现象。加之我国现行贪贿犯罪数额标准是 1997 年规定的，由于物价指数的上涨和人民币的逐年贬值，贪贿犯罪数额标准与刑罚量的匹配已严重背离罪责刑相适应原则。

（二） 增设 "对有影响力人员行贿罪"， 严密行贿犯罪法网

《刑法修正案（九）（草案）》第 40 条规定："在刑法第三百八十八条之一后增加一条，作为第三百八十八条之二：'为谋取不正当利益，向国家工作人员的近亲属或者其他与该国家工作人员关系密切的人，或者离职的国家工作人员或者其近亲属以及其他与其关系密切的人行贿的，处二年以下有期徒刑或者拘役，并处罚金；情节严重的，或者使国家利益遭受重大损失的，处二年以上五年以下有期徒刑，并处罚金；情节特别严重的，或者使国家利益遭受特别重大损失的，处五年以上十年以下有期徒刑，并处罚金。'"

（三） 增设财产刑， 加大对贪贿犯罪的财产处罚力度

罚金刑是人民法院判处犯罪分子向国家缴纳一定数额金钱的刑罚方法。现行刑法典在对盗窃、抢劫等财产型犯罪普遍规定了并处或单处罚金刑时，对贪贿犯罪却只规定了 3 处可以适用罚金（单位受贿罪 1 处和单位行贿罪 2 处），而且只能对单位适用，不能适用于单位犯罪中的主管人员和其他直接责任人员。现《刑法修正案（九）（草案）》在原来规定的基础

---

① 如北京理工大学后勤集团饮食中心教工食堂原经理郭某在 2008 年 4 月至 2009 年 3 月间，利用职务便利，采用隐瞒不报、故意漏报、伪造财务报表等方式，私自截留食堂现金收入共计人民币 5.8 万余元，被北京市海淀区人民法院以贪污罪判处有期徒刑 7 年（参见高鑫、范静：《北京理工大学教工食堂一经理私吞 5.8 万公款被判 7 年》，http://news.jcrb.com/2010 年 4 月 9 日）。

上，新增设 11 处罚金刑。不仅对单位犯罪中主管人员和其他直接责任人员可以适用罚金，而且对所有个人贪贿犯罪也都可以适用罚金，从而使财产刑在贪贿犯罪中得到了普遍适用。

（四） 对贪贿犯罪增设资格刑

《刑法修正案（九）（草案）》第 1 条规定："在刑法第三十七条后增加一条，作为第三十七条之一：'因利用职业便利实施犯罪，或者实施违背职业要求的特定义务的犯罪被判处刑罚的，人民法院可以根据犯罪情况和预防再犯罪的需要，禁止其自刑罚执行完毕之日或者假释之日起五年内从事相关职业。被禁止从事相关职业的犯罪分子违反人民法院依照前款规定作出的决定的，由公安机关依法给予处罚；情节严重的，依照本法第三百一十三条的规定定罪处罚。其他法律、行政法规对其从事相关职业另有禁止或者限制性规定的，从其规定。'"贪贿犯罪是利用职务上的便利或者在从事职务活动的过程中实施的。近年来，不断出现贪贿犯罪行为人被判刑后又重新犯罪的案例。[①] 因此，对贪贿犯罪被告人在判处其自由刑、财产刑的同时，判处剥夺其担任特定职务的权利以示警诫，是非常必要的。

（五） 基本废除了贪贿犯罪的交叉刑

现行刑法典在贪贿犯罪中专门规定了交叉刑，刑法第 383 条第 1 款第 1 项至第 4 项所规定的法定刑，均存在刑罚交叉现象：第一档次的法定刑和第二档次的法定刑在 10 年以上有期徒刑、无期徒刑部分交叉重合；第二档次中的 5 年以上 10 年以下有期徒刑部分交叉重合；第四档次法定刑中的 1、2 年有期徒刑部分与第三档次交叉重合。同时，第一档次的法定最低刑是 10 年，第三档次的法定最高刑是 10 年，两者均包含了第二档次所规定的 5 年以上 10 年以下部分。

刑法学界对贪贿犯罪中规定交叉刑大多持肯定态度。"法定刑档次之间互有交错，给司法活动留有的余地更大，更有利于法官根据案件的具体

---

　① 范跃红、仇健：《谁给了他"重操旧业"的机会》，《检察日报》2013 年 5 月 29 日，第 8 版。

情况选择适用……在今后的立法中，应当注意适当增加类似规定。"① "贪污罪、受贿罪特殊的交叉式法定刑规定模式，是中国刑法关于法定刑规定模式的一个特色……在修改刑法时有计划地设置一定数量的交叉式法定刑，改变一些犯罪种类中衔接式法定刑导致不公正处理结果的问题。"② 笔者认为，贪贿犯罪"交叉式"法定刑模式弊多利少。其弊端表现在：违背罪责刑相一致的刑法原则，导致罪责刑失衡；违背刑法平等原则，损害刑法的权威性和公正性；破坏贪污受贿罪刑罚结构的梯度性，影响刑罚的威慑力；扩张法官的自由裁量权。③ 我国交叉刑的立法规定最早见于1988年1月21日第六届全国人大常委会通过的《关于惩治贪污罪贿赂罪的补充规定》。1997年修订刑法时，除提高贪贿犯罪数额标准外，基本上沿用了《关于惩治贪污罪贿赂罪的补充规定》的相关条文。从立法过程看，贪贿犯罪交叉刑的规定，不是出于从严惩治贪贿犯罪的考虑，④ 而是立法草案不严谨、审议不仔细造成的，是一种立法上的失误，理当纠正。当然，《刑法修正案（九）（草案）》并没有彻底废除贪贿犯罪的交叉刑。《刑法修正案（九）（草案）》第39条规定："……（三）贪污数额特别巨大或者有其他特别严重情节的，处十年以上有期徒刑或者无期徒刑，并处罚金或者没收财产；数额特别巨大，并使国家和人民利益遭受特别重大损失的，处无期徒刑或者死刑，并处没收财产。……"这就意味着贪贿犯罪中无期徒刑的适用还有一定的重合。

（六）废除了贪贿犯罪中绝对确定的法定刑

现行刑法典对贪贿犯罪规定了绝对确定的法定刑：个人贪污数额在5万元以上不满10万元，情节特别严重的，处无期徒刑，并处没收财产；个人贪污数额在10万元以上，情节特别严重的，处死刑，并处没收财产。尽管在刑法条文中，并没有用明确的文字对什么是"情节特别严重"作出详细规定，但它仍属于绝对确定的法定刑范畴。在近代刑法发展史中，绝对

① 周光权：《法定刑研究——罪刑均衡的构建与实现》，中国方正出版社2000年版，第187—188页。
② 于阳：《准确理解法定刑幅度的"交叉式"》，《中国社会科学报》2014年8月20日，第A07版。
③ 张兆松：《废除贪污受贿罪交叉刑之思考》，《中国刑事法杂志》2010年第10期。
④ 高铭暄、赵秉志编：《新中国刑法立法文献资料总览》（上），中国人民公安大学出版社1998年版，第604页。

确定的法定刑乃出于保障人权、实行严格的罪刑法定主义的产物，但各国的刑事司法实践表明，绝对地限制法官的自由裁量权反而有悖于罪刑法定主义的人权保障机能。正因为如此，现代各国刑法已普遍采用相对确定的法定刑，而将绝对确定的法定刑予以摒弃。① 根据《刑法修正案（九）（草案）》第 39 条的规定，贪贿犯罪数额特别巨大，并使国家和人民利益遭受特别重大损失的，处无期徒刑或者死刑，并处没收财产。同时删去"个人贪污数额在 5 万元以上不满 10 万元，……情节特别严重的，处无期徒刑，并处没收财产"的规定，即将原贪贿犯罪中绝对确定的法定刑改为相对确定的法定刑。

二、《刑法修正案 （九）（草案）》 对贪贿犯罪 修改的不足及完善

自 20 世纪 80 年代以来，随着腐败逐渐加剧和反腐败斗争形势的日益严峻，中国共产党不断积累经验、反复考量谋划，在经历了思想认识的发展、跃升和强化后，其反腐败的韬略已彰显成熟，迈向了制度治腐之路。② 只有坚定地走运用法治思维和法治方式反腐败之路，才能实现对腐败的标本兼治。治本的关键在于有效设计制度的笼子，法治化反腐败需要系统完备的法治作保障。党的十八届四中全会通过的《中共中央关于全面推进依法治国若干重大问题的决定》强调指出："加快推进反腐败国家立法，完善惩治和预防腐败体系，形成不敢腐、不能腐、不想腐的有效机制，坚决遏制和预防腐败现象。完善惩治贪污贿赂犯罪法律制度。"

尽管《刑法修正案（九）（草案）》对贪贿犯罪作出了重大修改，但修改的力度和广度还远远不适应当前反腐败的客观需要，一些亟待修改、应当修改的贪贿内容没有得到立法机关的重视，这突出表现在以下几个方面。

（一） 关于贪贿犯罪的主体

1997 年以前，我国贪污罪、受贿罪、挪用公款罪的主体是完全相同的。1997 年刑法修订时，刑法第 382 条第 2 款专门规定："受国家机关、

---

① 赵秉志：《刑法改革问题研究》，中国法制出版社 1996 年版，第 216 页。
② 许耀桐：《迈向制度治腐之路》，《社会科学文摘》2014 年第 9 期。

国有公司、企业、事业单位、人民团体委托管理、经营国有财产的人员"，利用职务上的便利，侵吞、窃取、骗取或者以其他手段非法占有国有财物的，以贪污论。而刑法第384条、第385条则无此规定。这一立法规定导致贪污罪与受贿罪、挪用公款罪的主体不一样。受国有单位委托管理、经营国有财产的人员是否可以构成受贿罪、挪用公款罪？对此，最高人民法院2000年2月16日《关于对受委托管理、经营国有财产人员挪用国有资金行为如何定罪问题的批复》规定："对于受国家机关、国有公司、企业、事业单位、人民团体委托，管理、经营国有财产的非国家工作人员，利用职务上的便利，挪用国有资金归个人使用构成犯罪的，应当依照刑法第二百七十二条第一款的规定定罪处罚。"即受委托从事公务的人员不能成为挪用公款罪的主体。这就意味着受委托从事公务的人员不能构成受贿罪、挪用公款罪，而只能构成非国家工作人员受贿罪和挪用资金罪。

从司法实践看，将受托人员纳入贪贿犯罪的主体是非常必要的。理由是：第一，国家工作人员的本质特征在于"从事公务"。"从事公务"是指在国有单位中行使组织、领导、监督、管理职能的活动。受托人员与刑法第93条规定的国家工作人员一样，都具有"从事公务"的根本特征。第二，从现实情况看，由于社会、经济管理活动的日益复杂化、专业化，世界各国都普遍存在国有单位委托符合一定条件的组织或者个人行使职权的现象。随着我国经济管理体制和经营模式的改革，在国有公司、企业、事业单位中有一大批受委托从事管理活动的人员，把这些人员完全排除在贪贿罪主体之外显然是不合理的。第三，全国人大常委会2002年12月28日通过的《关于〈中华人民共和国刑法〉第九章渎职罪主体适用问题的解释》规定："在依照法律、法规规定行使国家行政管理职权的组织中从事公务的人员，或者在受国家机关委托代表国家机关行使职权的组织中从事公务的人员，或者虽未列入国家机关人员编制但在国家机关中从事公务的人员，在代表国家机关行使职权时，有渎职行为，构成犯罪的，依照刑法关于渎职罪的规定追究刑事责任。"这一立法解释肯定了受托人员可以构成刑法第九章渎职罪的主体。最高人民法院、最高人民检察院2012年12月7日《关于办理渎职刑事案件适用法律若干问题的解释（一）》第7条规定："依法或者受委托行使国家行政管理职权的公司、企业、事业单位的工作人员，在行使行政管理职权时滥用职权或者玩忽职守,构成犯罪的,应当依照《全国人民代表大会常务委员会关于〈中华人民共和国刑法〉第九章渎职罪主体适用问题的解释》的规定,适用渎职罪的规定追究刑事责任。"该司法解释也肯定了受托从事国家公务的公司、企业、事业单位的工作人员可以构成渎职罪主体。既然这些人员可以构成渎职罪主体,也应当可以构成贪贿罪主体。但是将受托人纳入受贿罪、挪用公款罪的主体是增加新的犯罪主体,属于对原刑法的补充修改,宜采用刑事立法方式。

在犯罪主体问题中,刑法第 382 条第 3 款还规定:"与前两款所列人员勾结,伙同贪污的,以共犯论处。"而刑法第 384 条、第 385 条则无此规定。这一立法规定存在的问题是:如果说这一规定是一种注意规定,即"对于一般公民与国家工作人员相勾结,伙同贪污的,也应当根据刑法总则的规定,以贪污罪的共犯论处"①。那么这一规定显属多余。如果说这是一种特殊规定,不仅有违共犯原理,而且导致内外勾结伙同挪用公款、受贿的,对非国家工作人员不能按挪用公款罪、受贿罪论处。这显然不利于惩治贪贿犯罪。所以及时删去刑法第 382 条第 3 款规定是立法的最佳选择。

(二) 关于贿赂的范围

关于贿赂的范围,我国自 1979 年刑法到 1988 年的《关于惩治贪污罪贿赂罪的补充规定》,一直到 1997 年刑法典,都把它限定为财物。从贿赂犯罪的实际情况看,随着我国对财物贿赂犯罪的打击,犯罪分子越来越狡猾,贿赂犯罪的手段、方式更加隐蔽,以各种财产性利益以及不便计算的非财产性利益实施贿赂已成为当前腐蚀国家工作人员的一种重要手段,危害严重。为了加大反腐败的力度,最高人民法院、最高人民检察院在总结司法实践经验的基础上,综合考虑我国的腐败现状和司法实务的可操作性,已将贿赂的对象扩大到财产性利益。2007 年 7 月 8 日,《最高人民法院、最高人民检察院关于办理受贿刑事案件适用法律若干问题的意见》对收受请托人提供的干股、向请托人"低买高卖"房屋汽车、不出资而与请托人"合作"开办公司、通过赌博方式收受请托人财物等 10 种新类型,或者过去难以认定为受贿犯罪的行为被明确规定

---

① 张明楷:《刑法分则的解释原理》,中国人民大学出版社 2004 年版,第 277—278 页。

要以受贿论处。最高人民法院、最高人民检察院 2008 年 11 月 20 日《关于办理商业贿赂刑事案件适用法律若干问题的意见》第 7 条明确规定："商业贿赂中的财物，既包括金钱和实物，也包括可以用金钱计算数额的财产性利益，如提供房屋装修、含有金额的会员卡、代币卡（券）、旅游费用等。具体数额以实际支付的资费为准。"

自我国刑法颁布以来，对贿赂的范围，刑法学界就开展了深入的探讨，并形成以下三种观点：（1）财物说。（2）财产性利益说。（3）非财产性利益说。[1] 笔者认为，当前腐败犯罪的现实，要求立法机关必须对贿赂的范围，由现行司法解释所规定的财产性利益扩大到各种利益。理由是：第一，从腐败的现实情况看。目前，腐败已由最基础的权钱交易，发展为权色交易（这里的"色"泛指一切非物质化的东西）、权权交易。这种权色交易、权权交易，一般很难查，而且法律条文上没有对照的惩罚条款。[2] 以各种财产性利益以及不便计算的非财产性利益实施贿赂（"软贿赂""亚腐败"）已成为当前腐蚀国家工作人员的一种重要手段。[3] 与物质贿赂相比，非物质化贿赂的特点在于隐蔽性、温和性、多次性，其危害是"隐蔽性越来越深，潜伏期越来越长，投机性越来越强，对政策法律的规避和肢解越来越大，社会危害性越来越烈"[4]。中国青年报社社会调查中心的调查显示，87.0% 的受访者认为亚腐败对社会危害较大。[5] 行为具有严重的社会危害性是犯罪的本质特征。当某一种行为具有严重的社会危害性时，刑事立法理当作出回应。第二，贿赂犯罪的本质是"权""利"交易，其社会危害性的本质是对国家工作人员职务廉洁性的破坏。国家工作人员以权谋私，无论所谋取的是财物还是其他不正当利益，都构成对国家工作人员职务廉洁性的侵犯。近年来，随着贿赂犯罪手段的多元化和隐蔽化，灰色收入的问题、非物质性利益立法的必要性已得到了有力的提倡。[6] 第

---

① 赵秉志主编：《刑法争议问题研究》，河南人民出版社 1996 年版，第 611—612 页。

② 《新京报》：《李永忠与杨维骏共话反腐》，《新京报·11 周年特刊》2014 年 11 月 13 日，第 216 版。

③ 赵丽、古芳：《职务犯罪日趋隐蔽向"软贿赂"转型》，《法制日报》2011 年 12 月 2 日，第 4 版。

④ 李永忠、董瑛：《警惕腐败新变向》，《南风窗》2011 年第 8 期。

⑤ 王聪聪：《87.0% 受访者直言亚腐败对社会危害大》，《中国青年报》2014 年 11 月 18 日，第 7 版。

⑥ 赵秉志主编：《刑法学各论研究述评（1978—2008）》，北京师范大学出版社 2009 年版，第 638 页。

三，从国外反腐败的立法潮流和国际公约看。随着腐败社会危害的不断加剧，世界各国普遍加大反腐败的力度。其中表现之一就是将其他非财产性利益纳入贿赂的范围。如意大利刑法典、德国刑法典、瑞士刑法典、泰国刑法典、加拿大刑法典、日本刑法典等。① 新加坡的《防止贿赂法》把"合法报酬以外的报酬"视为贿赂，同时对报酬的形式作了具体列举，包括：（1）金钱或任何礼品、贷款、费用、酬金、佣金、有价证券或其他财产或任何形式的财产性利益，不论是动产或不动产；（2）任何职务、就业或契约；（3）任何支持、免除、清还或清算任何贷款、责任或其他负债，不论其是否全部或部分；（4）任何其他服务，优惠或者任何其他形式的好处。《联合国反腐败公约》第 15 条、第 16 条将贿赂界定为"不正当好处"。"不正当好处"＝"财物"＋"财产性利益"＋"非财产性利益"。我国作为已签署《联合国反腐败公约》的国家，有义务"采取必要的立法和其他措施"，使国内法达到《联合国反腐败公约》的基本要求。否则，"将从根本上阻碍我国反腐败司法的推进，将损害中国作为一个负责任的大国的国际形象，也无法彰显我国政府一贯宣称的坚决与腐败作斗争的理念"②。第四，1993 年颁布的《中华人民共和国反不正当竞争法》将贿赂规定为"财物或者其他手段"；1998 年颁布的《中华人民共和国执业医师法》已将贿赂规定为"财物或者其他不正当利益"；1999 年颁布的《中华人民共和国招标投标法》将贿赂界定为"财物或者其他好处"；2002 年颁布的《中华人民共和国政府采购法》则采用"贿赂或者其他不正当利益"的表述。可见，将贿赂标的由"财物"修改为"不正当利益"，有利于刑法与其他部门法的协调一致，共同发挥治理贿赂犯罪的功能。

（三）关于受贿罪中的 "为他人谋取利益" 要件

我国 1979 年刑法未将"为他人谋取利益"作为受贿罪构成要件，1985 年最高人民法院、最高人民检察院《关于当前办理经济犯罪案件中

---

① 如日本还通过刑事判例将贿赂解释为：（1）金融利益；（2）债务；（3）艺妓的表演；（4）性服务；（5）公私职务的有利条件；（6）参与投机事业的机会；（7）帮助介绍职业；（8）金额、履行期尚未确定的谢礼；（9）将来要建立的公司的股票；（10）其他能满足人的需要和欲望的一切利益。

② 陈泽宪主编：《〈联合国反腐败公约〉与中国刑事法制的完善》，中国检察出版社 2010 年版，第 45 页。

具体应用法律的若干问题的解答（试行）》首次将"为他人谋取利益"纳入受贿罪构成要件，《关于惩治贪污罪贿赂罪的补充规定》对"为他人谋取利益"作了限制性解释，规定索贿的不须以"为他人谋取利益"作为构成要件，而收受型受贿罪则要求必须同时具备"为他人谋取利益"要件。[①] 1997年刑法第385条完全沿用《关于惩治贪污罪贿赂罪的补充规定》的内容。将"为他人谋取利益"作为收受型受贿罪构成要件，给惩治受贿犯罪带来极大的影响。有记者曾在中国裁判文书网上检索2014年5月以来的裁判文书，发现共有相关裁判文书563份。其中有71起案件，辩护人对部分或者全部指控以"没有为他人谋利"作为辩护理由。反贪侦查局的检察官坦言，实践中不乏行受贿双方不提具体请托、承诺事项，仅是"心知肚明"的情况。在没有收集到签字、打招呼等方面证据的情况下，基本上无法认定其"为他人谋取利益"。[②]

所以，应当尽快废除受贿罪中的"为他人谋取利益"要件。理由是：第一，受贿罪的本质在于侵犯了职务行为的廉洁性。只要公职人员利用了职务上的便利收受贿赂，就构成收买职务行为的事实，至于"为他人谋取利益"意图有无以及行为实施与否，均不影响其实质。受贿罪的客体决定了其构成要件中不宜包括"为他人谋取利益"的要件。而且现行刑法典中，对"为他人谋取利益"在犯罪构成中的地位也不明确。如果属于客观要件，则行为人收受了贿赂，但尚未为他人谋取利益，或正在为他人谋取利益，但尚未成功，就难以追究其刑事责任；如果将其作为主观要件，则行为人根本不打算为他人谋取利益的行为，又被排除在刑法否定评价之外。第二，把"收钱"和"办事"有意分离开来，是当前一些贿赂犯罪的惯用手段。[③] 大量案例显示，"行为人均非在帮助他人'办事'的前后短时间内收受他人贿赂款，行贿人往往在年节期间或一些特定的时机送礼送钱，且遵循'小额多次'的潜规则，故意将'办事'与'收钱'分开，

① 最高人民法院、最高人民检察院1989年11月6日《关于执行〈关于惩治贪污罪贿赂罪的补充规定〉若干问题的解答》第3条中强调规定："非法收受他人财物，同时具备'为他人谋取利益'的，才能构成受贿罪。"
② 徐霄桐、杜江茜：《专家争议：反贪法律武器要不要更严》，《中国青年报》2014年8月1日，第3版。
③ 范传贵、吴锦江：《"收钱不办事"新型受贿案引发深层讨论》，《法制日报》2012年5月8日，第4版。

制造一种'收钱'与'办事'之间没有必然联系的假象"①。"收钱"和"办事"不在同一时间段进行,无论是在取证、办案、认定等方面都给司法机关造成诸多困难。取消受贿罪中的"为他人谋取利益"要件,检察机关只要证明行为人非法收受他人财物,而不需要拿出足够的证据证明受贿人为请托人谋取利益的事实,这样就减轻了检察机关的证明责任,大大节约司法资源,降低反腐败成本,提高办案效率。第三,《联合国反腐败公约》第15条所规定的"公职人员受贿罪"的客观方面表现为:"公职人员为其本人或其他人员或实体直接或间接索取或接受不正当好处,以作为其执行公务时作为或不作为的条件"的行为。它没有将"为他人谋取利益"作为受贿罪的基本构成要件。世界上绝大多数国家刑法的受贿罪也都没有规定"为他人谋取利益"这一构成要件。2014年9月,北京大学法学院陈兴良教授透露,《刑法修正案(九)(草案)》拟设置"收受礼金罪",以解决向官员进行情感投资的定罪问题。这一罪名是指国家工作人员收受他人财物,无论是否利用职务之便、无论是否为他人谋取了利益,都可以认定为此罪。收受礼金罪并不是受贿罪,量刑比受贿罪轻。②此言一出即引起激烈争论,形成了两种截然相反的观点:赞成者认为收受礼金行为入刑,有助于扎牢反腐篱笆;反对者则认为增设"收受礼金罪"既无必要,又不具有可操作性。③全国人大最终公布的《刑法修正案(九)(草案)》并未规定"收受礼金罪"条款,这表明立法机关并不赞同设立"收受礼金罪"。实际上只要取消受贿罪中的"为他人谋取利益"要件,利用职务之便收受礼金的行为即可纳入受贿罪范围,"收受礼金罪"所存在的问题和障碍都可迎刃而解。

(四) 关于行贿罪中的 "为谋取不正当利益" 的要件

在惩处贿赂犯罪中,我国长期存在着重受贿轻行贿、对行贿行为打击不力的问题。最高人民法院、最高人民检察院1999年3月4日曾联合颁布《关于在办理受贿犯罪大要案的同时要严肃查处严重行贿犯罪分子的通知》。嗣后,最高人民检察院又多次发文或召开电话会议,要求各级人民

---

① 陈增宝:《新型受贿的裁判尺度与社会指引——指导案例号〈潘玉梅、陈宁受贿案〉》,《浙江社会科学》2013年第1期。
② 陈宏光:《"收受礼金罪"是补丁还是漏洞》,《上海法治报》2014年10月13日,第B08版。
③ 郝艳兵:《"收受礼金罪"不是口号立法》,《检察日报》2014年10月13日,第3版。

检察院加大对行贿犯罪的惩治力度，[①]但查处行贿犯罪始终"雷声大、雨点小"。2013 年 10 月 22 日，在第十二届全国人民代表大会常务委员会第五次会议上曹建明检察长指出："2008 至 2012 年查处的受贿、行贿犯罪人数比前五年分别上升 19.5% 和 60.4%。"[②]但行贿犯罪总量仍然偏低。如2008 年以前，江苏省常州两级法院几乎没有受理行贿案件，2009 年到2011 年中审结受贿案件为 70 人、76 人、63 人，但同期审结行贿案件却为3 人、10 人、7 人；从行贿犯罪的量刑情况来看，有期徒刑 3 人、缓刑 11人、免刑 6 人，缓刑免刑比率高达 85%。[③] 2011 年至 2014 年 6 月，广东省韶关法院受理各类·审贿赂犯罪案件 193 件 214 人，其中，介绍贿赂犯罪案件 1 件 1 人，受贿犯罪案件 160 件 175 人，行贿犯罪案件 32 件 38 人。行贿犯罪案件数量占全部贿赂犯罪案件数量的 16.58%，仅为受贿犯罪案件数量的 1/5。[④] 被称为新中国成立以来查处的最大卖官案的黑龙江省绥化市委原书记马某受贿卖官案中，牵扯到的买官者有乡镇书记、镇长、县委书记、县长，以及各市、县、区内局委办各部门的一二把手，共计 265 人。马某每次卖官的价格基本上都高于 10 万元，最"贵"的一次卖官为 50 万元，最低的一次是收受绥化市交警支队支队长方某 1 万美元。但"涉案的265 名干部，除少数'影响恶劣的'，大都得到了从轻处理，严重一些的免职，其次是降级、记过、警告和单独谈话。目前，受处分的市直机关干部

① 2000 年 12 月 21 日，最高人民检察院颁布《关于进一步加大对严重行贿犯罪打击力度的通知》。2010 年 5 月 7 日，最高人民检察院又颁布《关于进一步加大查办严重行贿犯罪力度的通知》。2013 年 4 月 12 日，最高人民检察院专门召开电话会议强调，对行贿与受贿犯罪统筹查处，加大对行贿犯罪的查处力度。要转变办案观念，调整办案思路，注重办案策略和方法，克服和纠正重视查处受贿犯罪、对行贿犯罪执法不严、打击不力的做法和倾向，坚持把查处行贿犯罪与查处受贿犯罪统一起来，做到同等重视、同步查处、严格执法，形成惩治贿赂犯罪高压态势，有效遏制贿赂犯罪的滋生蔓延。2014 年 4 月 25 日，全国检察机关反贪部门重点查办行贿犯罪电视电话会议召开，最高人民检察院要求："各级检察机关进一步加大惩治行贿犯罪力度，严肃查办行贿次数多、行贿人数多的案件，保持惩治行贿受贿犯罪高压态势，坚决遏制腐败现象滋生蔓延势头。"
② 曹建明：《最高人民检察院关于检察机关反贪污贿赂工作情况的报告》，《检察日报》2013 年10 月 25 日，第 2 版。
③ 张建文、周宁平等：《惩治行贿犯罪，净化社会环境——江苏省常州中院关于行贿犯罪的调研报告》，《人民法院报》2012 年 6 月 7 日，第 8 版。
④ 黄秋雄、陈东阳等：《严厉打击行贿犯罪、遏制腐败现象蔓延——广东省韶关市中级人民法院关于行贿犯罪的调研报告》，《人民法院报》2014 年 8 月 28 日，第 8 版。

只有 4 人"①。广东茂名市委原书记罗某系列腐败案，涉案 303 名干部，其中涉及省管干部 24 人、县处级干部 218 人，但立案查处的仅 61 人，移送司法机关仅 20 人。② 在向罗某行贿的 44 名官员中，只有 3 人进入司法程序，而这 3 人之所以被刑事追究，是因为他们还有收受巨额贿赂的问题。这种"高举轻放"的选择性反腐引起社会各界普遍质疑，人们期待茂名官场窝案重启调查。③ 2014 年 8 月，广东省委向中央第八巡视组反馈意见整改情况的通报中，公布了对茂名领导干部系列违纪违法案件中涉嫌行贿买官人员 159 人的组织处理结果：降职 8 人，免职 63 人，调整岗位 71 人，提前退休 1 人，诫勉谈话 16 人。④ 这就意味着 159 个行贿买官者无一被追究刑事责任。广东执纪执法部门无意重启调查茂名"窝案"，特别是追究行贿者的刑事责任，主要还是存在立法上的障碍。尽管最高人民法院、最高人民检察院司法解释已对不正当利益作出扩张解释。⑤ 但无论如何都不能将所有利益扩张解释为不正当利益。从行贿罪构成要件来看，对买官者而言难以认定其是"为谋取不正当利益"。行贿罪的社会危害性并不在于谋取的利益是否正当，而在于其收买行为侵害国家工作人员职务行为的廉洁性。行贿与受贿是一对共生体，行贿不除，受贿难消。只有取消行贿罪的"为谋取不正当利益"的要件，才能保证行贿案件得以严格依法查处。

① 杨章杯：《马某卖官案轻罚：10 万元成了行贿"腐败底线"》，《法制晚报》2005 年 4 月 8 日，第 4 版。

② 赵杨：《省纪委通报近两年查处的一批典型案件，罗某系列腐败案涉案 303 名干部》，《南方日报》2012 年 4 月 14 日，第 A02 版。

③ 周清树：《茂名官场窝案重启调查》，《新京报》2014 年 4 月 21 日，第 A18 版。

④ 刘江、蔡国兆、毛一竹：《鬻官之祸危于疽患——广东茂名腐败窝案警示录》，载新华网，http://news.xinhuanet.com/politics/2014-08/16/c_1112102654.htm。

⑤ 最高人民法院、最高人民检察院 1999 年 3 月 4 日《关于在办理受贿犯罪大要案的同时要严肃查处严重行贿犯罪分子的通知》规定，"谋取不正当利益"是指谋取违反法律、法规、国家政策和国务院各部门规章规定的利益，以及要求国家工作人员或者有关单位提供违反法律、法规、国家政策和国务院各部门规章规定的帮助或者方便条件。最高人民法院、最高人民检察院 2012 年 12 月 26 日《关于办理行贿刑事案件具体应用法律若干问题的解释》第 12 条规定，"行贿犯罪中的'谋取不正当利益'，是指行贿人谋取的利益违反法律、法规、规章、政策规定，或者要求国家工作人员违反法律、法规、规章、政策、行业规范的规定，为自己提供帮助或者方便条件。违背公平、公正原则，在经济、组织人事管理等活动中，谋取竞争优势的，应当认定为'谋取不正当利益'"。

（五） 关于受贿罪的法定刑问题

《刑法修正案（九）（草案）》对受贿罪依照贪污罪处罚的规定没有作出修改。1979 年刑法对受贿罪规定了独立的法定刑，1982 年全国人大常委会《关于严惩严重破坏经济的罪犯的决定》对 1979 年刑法作了修改，规定受贿罪比照贪污罪论处；情节特别严重的，处无期徒刑或者死刑。1988年《关于惩治贪污罪贿赂罪的补充规定》第 5 条规定：对犯受贿罪的，根据受贿所得数额及情节，依照本规定第二条的规定处罚；受贿数额不满 1万元，使国家利益或者集体利益遭受重大损失的，处 10 年以上有期徒刑；受贿数额在 1 万元以上，使国家利益或者集体利益遭受重大损失的，处无期徒刑或者死刑，并处没收财产。索贿的从重处罚。而 1997 年刑法第 386条则完全沿用贪污罪的法定刑："对犯受贿罪的，根据受贿所得数额及情节，依照本法第三百八十三条的规定处罚。索贿的从重处罚。"贪污罪具有渎职和侵犯公共财产所有权的双重属性，而受贿犯罪则是纯粹的渎职犯罪。贪污罪的社会危害性主要体现在数额上，而受贿犯罪的社会危害性集中表现在对国家工作人员职务行为的正当性、公正性和廉洁性的破坏上。中国企业改革与发展研究会副会长周放生在接受新华社记者采访时坦言，国企高管腐败 100 万元，平均要输送 1 亿元的交易额，背后存在的安全、环保、质量问题，给社会、国家带来难以估量的损失。[①] 海南省三亚市河道监察队原队长罗某等 3 名国家工作人员，利用职务之便收受非法砂场的好处费共计 1.4 万元，致国家河砂矿产资源损失达 1949.14 万元，同时非法采砂严重威胁到海南东环高铁的运行安全。但法院最终以受贿罪、滥用职权罪分别只判处 3 名行政执法人员 2 年 6 个月至 1 年 6 个月不等的有期徒刑。[②] 海南高速原总经理陈某，贱卖国有资产，非法多次收受他人财物701.5 万元，将价值 46 亿元的项目 440 万元卖出，为他人谋取利益，但仅被判处有期徒刑 15 年。[③] "在当前的受贿罪定罪量刑中，数额标准权重过

---

① 杨烨：《国家正酝酿出台防止国有资产流失政策，国企改革将设政策"红线"》，《经济参考报》2014 年 11 月 13 日，第 1—2 版。

② 邢东伟、张映忠、韩勇：《河道监察人员受贿致国家损失近 2000 万》，《法制日报》2013 年 12月 12 日，第 8 版。

③ 吴侨发：《海南高速贪腐窝案起底：价值 46 亿元项目 440 万元卖出》，《经济观察报》2014 年3 月 3 日，第 30 版。

高存在不合理性，同时也给受贿罪的准确定罪量刑带来诸多不利影响。"[1] 决定受贿行为社会危害性轻重的情节有很多，特别是因受贿给国家和人民利益遭受重大损失，是对受贿犯量刑必须考虑的重要情节之一，受贿罪简单地按贪污罪处罚，严重背离罪责刑相适应原则，也是导致当前渎职犯罪轻刑化的重要原因之一。受贿罪应当有独立的法定刑，而且处罚要重于贪污罪。

（六） 关于受贿罪中的罪数问题

《关于惩治贪污罪贿赂罪的补充规定》第 5 条第 2 款规定："因受贿而进行违法活动构成其他罪的，依照数罪并罚的规定处罚。" 1997 年修订刑法时删去了这一规定。虽然曾参与刑法典修订的同志认为："现行刑法虽然删去了《关于惩治贪污罪贿赂罪的补充规定》规定的'因受贿而进行违法活动构成其他罪的，依照数罪并罚的规定处罚'，并不是说对这种情况不适用数罪并罚的规定，而是因为刑法总则对数罪并罚已有规定，适用于任何分则所规定的犯罪，没有必要在分则的具体条文后再作规定。"[2] 这种观点值得商榷。第一，刑法总则规定的数罪并罚是典型的数罪，即具备两个以上独立的犯罪构成的数罪，而因受贿而进行违法犯罪构成其他罪的并非典型意义上的数罪。如果分则没有特别规定，直接适用总则数罪并罚，依据不足。第二，刑法第 399 条第 3 款专门规定："司法工作人员贪赃枉法，有前两款行为的，同时又构成本法第三百八十五条规定之罪的，依照处罚较重的规定定罪处罚。"该条明确规定司法工作人员受贿后徇私枉法的按一罪处罚。司法人员收受贿赂而枉法裁判是危害最严重的腐败行为，立法尚且规定按一罪处罚，对其他人员因受贿而进行违法活动构成其他罪的，司法中没有充分理由对之数罪并罚。正由于对受贿且渎职的犯罪行为如何处罚，法律规定不明确，有的按数罪并罚处理，有的则适用"择一重罪处断"原则处理，造成司法实践中适用标准不统一。[3]

---

① 杜竹静：《受贿罪数额权重过高的实证分析》，《中国刑事法杂志》2014 年第 1 期。

② 胡康生、李福成主编：《中华人民共和国刑法释义》，法律出版社 1997 年版，第 522 页。

③ 如 2005 年 4 月至 2011 年 4 月，被告人郑某利用担任山东省临沂市人民防空办公室兰山办事处主任的职务之便，在为他人审批人防手续、减免人防易地建设费的过程中，多次收受他人贿赂的现金及购物卡共计 30.2 万元，并为他人违规减免人防易地建设费 1344 万元。临沂市兰山区人民法院仅以受贿罪判处郑某有期徒刑 10 年（参见余东明、王家梁：《收 3000 元购物卡减免 341 万费用，人防办主任受贿 30 万一审获刑》，《法制日报》2012 年 2 月 20 日，第 8 版）。

当前，受贿且渎职的犯罪已成为职务犯罪的一种常态和新趋势，其社会危害性远远大于单纯的受贿犯罪和渎职犯罪。为了统一定罪标准，最高人民法院1998年4月29日《关于审理挪用公款案件具体应用法律若干问题的解释》规定："因挪用公款索取、收受贿赂构成犯罪的，依照数罪并罚的规定处罚。"2001年，最高人民法院刑事审判第一庭庭长会议《关于被告人受贿后徇私舞弊为服刑罪犯减刑、假释的行为应定一罪还是数罪的研究意见》认为："被告人受贿后徇私舞弊为服刑罪犯减刑、假释的行为，同时符合受贿罪和徇私舞弊减刑、假释罪的犯罪构成，应当认定受贿罪和徇私舞弊减刑、假释罪，实行数罪并罚。"最高人民法院、最高人民检察院2012年12月7日《关于办理渎职刑事案件适用法律若干问题的解释（一）》第3条规定："国家机关工作人员实施渎职犯罪并收受贿赂，同时构成受贿罪的，除刑法另有规定外，以渎职犯罪和受贿罪数罪并罚。"但上述司法解释明显与立法存在冲突。为了更加有力打击受贿且渎职的犯罪行为，避免立法上对司法人员腐败行为网开一面，在受贿罪条文中应当恢复规定"因受贿而进行违法活动构成其他罪的，依照数罪并罚的规定处罚"，同时删去刑法第399条第3款规定。

（七）贪贿犯罪酌定情节法定化和特别自首问题

量刑情节可以分为法定情节与酌定情节。我国刑法总则中所规定的免除、减轻、从轻处罚等法定量刑情节，是适用于所有犯罪的，在所有法定从宽情节中并没有"有悔改表现，积极退赃"规定。司法实践中，"有悔改表现，积极退赃"，只是犯罪后的态度，属于酌定量刑情节，酌定量刑情节只能从轻处罚。而刑法第383条规定，个人贪污数额在5000元以上不满1万元，犯罪后有悔改表现、积极退赃的，可以减轻处罚或者免予刑事处罚。这一量刑规定是对贪贿犯罪的特别规定，只有贪贿犯罪的被告人能享受这一"特权"。在其他犯罪中视为酌定从轻处罚情节的，在贪贿犯罪中却成为法定从轻处罚情节，这表明现行立法对贪贿犯罪网开一面。

刑法第67条第1款规定，对于自首的犯罪分子，可以从轻或者减轻处罚。其中，犯罪较轻的，可以免除处罚。但刑法第390条第2款却规定："行贿人在被追诉前主动交待行贿行为的，可以减轻处罚或者免除处罚。"根据上述规定，一般自首只能从轻或者减轻处罚，犯罪较轻的，才可以免除处罚。而对于行贿人自首的，不管情节轻重，都可以减轻处罚或者免除处罚。司法实践中行贿之所以很少被追究刑事责任，与上述特殊自首制度的规定不无关系。

针对上述立法的缺陷，《刑法修正案（九）（草案）》作出了一定的修改。其中第 39 条第 3 款规定："犯第一款罪，在提起公诉前如实供述自己罪行、真诚悔罪、积极退赃，避免、减少损害结果的发生，有第（一）项规定情形的，可以从轻、减轻或者免除处罚；有第（二）项、第（三）项规定情形的，可以从轻处罚。"第 41 条第 2 款规定："行贿人在被追诉前主动交待行贿行为的，可以从轻或者减轻处罚。其中，犯罪较轻的，检举揭发行为对侦破重大案件起关键作用，或者有其他重大立功表现的，可以免除处罚。"上述修改意见增设了从轻处罚的规定，而且对减轻或者免除处罚的情节作出了严格限制，增加了立法的科学性和合理性。但笔者认为上述规定仍没有完全摆脱"特权"立法的影子。贪贿犯罪中的"特权"立法，背离刑法平等原则，也与严惩腐败精神相悖。笔者建议废除在贪贿犯罪中对如实供述自己罪行、真诚悔罪、积极退赃，避免、减少损害结果发生的，可以从轻、减轻或者免除处罚的规定，使其回归刑法总则中的一般性从轻量刑情节的规定；废除行贿和介绍贿赂犯罪中的特别自首制度，对其适用刑法总则中的一般性自首、立功规定。

（八）关于介绍贿赂罪问题

刑法第 392 条规定的介绍贿赂罪，是贪贿犯罪中非常有争议的罪名。《刑法修正案（九）（草案）》对介绍贿赂罪，除增设罚金刑外未作任何修改。笔者认为，介绍贿赂罪应当废除。理由是：第一，介绍贿赂罪完全可以按行贿罪、受贿罪或利用影响力受贿罪和利用影响力行贿罪的共犯处理。1999 年 9 月 16 日起施行的最高人民检察院《关于人民检察院直接受理立案侦查案件立案标准的规定（试行）》规定，"介绍贿赂"是指在行贿人与受贿人之间沟通关系、撮合条件，使贿赂行为得以实现的行为。而根据刑法共犯理论，行为人明知对方行贿或受贿意图为其实施沟通、撮合等努力，实际上是行贿或受贿的帮助行为，都可以直接按照行贿或受贿的共犯处理。实践中，介绍贿赂者往往实际上都有一定的影响力，行为人利用影响力与"牵线搭桥"是交叉在一起的。《中华人民共和国刑法修正案（七）》已增设利用影响力受贿罪，《中华人民共和国刑法修正案（九）》又将增设利用影响力行贿罪。由此可见，没有介绍贿赂罪不会放纵犯罪。

第二，介绍贿赂罪刑罚过轻。根据刑法第 392 条规定，介绍贿赂，情节严重的，才处 3 年以下有期徒刑或者拘役，并处罚金。对介绍型犯罪，"只有立法者为了重处（或轻处）某种犯罪的共犯行为时，才可能将其规定为独立的犯罪"①。如刑法第 359 条单独设立的介绍卖淫罪，法定刑是 5 年以下有期徒刑、拘役或者管制，并处罚金；情节严重的，是 5 年以上有期徒刑，并处罚金。而对介绍贿赂行为来说，如果认为刑法将其单列是为了加重这种行为的处罚，则显然不符合现行介绍贿赂罪的刑罚规定；而如果认为立法者是为了减轻该种行为的法定刑而作出特别的规定，则不符合我国现行的从严惩治贪贿犯罪的刑事政策。从司法实践看，介绍贿赂犯罪的社会危害性日益严重。如广东茂名窝案的特点之一是：茂名越来越多出现买官卖官"中介"。这些中间人与一把手关系较为密切，他们替买官者完成相关的联络工作，"买官者和卖官者根本不用见面，也减少了风险"②。而现行 3 年以下有期徒刑的刑罚根本不足以严惩这些"卖官掮客"。

此外，刑法第 392 条第 2 款关于"介绍贿赂人在被追诉前主动交待介绍贿赂行为的，可以减轻处罚或者免除处罚"的规定，也有"法外施恩"的嫌疑，影响反腐效果，理当废除。

综上所述，笔者认为，《刑法修正案（九）（草案）》应当对贪贿犯罪作出如下修改和完善：

1. 将刑法第 93 条修改为："本法所称国家工作人员，是指国家机关中从事公务的人员以及受国家机关委托从事公务的人员。国有公司、企业、事业单位、人民团体中从事公务的人员和受国家机关、国有公司、企业、事业单位、人民团体委派或委托从事公务的人员，以及其他依照法律从事公务的人员，以国家工作人员论。"

2. 废除刑法第 382 条第 2 款"受国家机关、国有公司、企业、事业单位、人民团体委托管理、经营国有财产的人员，利用职务上的便利，侵吞、窃取、骗取或者以其他手段非法占有国有财物的，以贪污论"和第 3 款"与前两款所列人员勾结，伙同贪污的，以共犯论处"的规定。

3. 废除刑法第 383 条第 3 项关于"犯罪后有悔改表现、积极退赃的，

---

① 张明楷：《受贿罪的共犯》，《法学研究》2002 年第 1 期。
② 刘德峰、刘志浩：《"窝案"不重查，怎能消除腐败》，《齐鲁晚报》2014 年 5 月 5 日，第 B02 版。

可以减轻处罚或者免予刑事处罚"的规定及《刑法修正案（九）（草案）》第39条第6款关于"犯第1款罪，在提起公诉前如实供述自己罪行、真诚悔罪、积极退赃，避免、减少损害结果的发生，有第（一）项规定情形的，可以从轻、减轻或者免除处罚；有第（二）项、第（三）项规定情形的，可以从轻处罚"的规定。

4. 将刑法第385条第1款修改为："国家工作人员利用职务上的便利，索取或者非法收受他人财物或其他不正当利益的，是受贿罪。"

5. 将刑法第386条修改为："对犯受贿罪的，根据情节轻重，分别依照下列规定处罚：（一）受贿数额较大或者有其他较重情节的，处五年以下有期徒刑或者拘役，并处罚金。（二）受贿数额巨大或者有其他严重情节的，处五年以上十年以下有期徒刑，并处罚金或者没收财产。（三）受贿数额特别巨大或者有其他特别严重情节的，处十年以上有期徒刑或者无期徒刑，并处罚金或者没收财产；受贿数额特别巨大，并使国家和人民利益遭受特别重大损失的，可以判处无期徒刑或者死刑，并处没收财产。索贿的从重处罚。因受贿而进行违法活动构成其他罪的，依照数罪并罚的规定定罪处罚。"同时，删去刑法第399条第3款关于"司法工作人员贪赃枉法，有前两款行为的，同时又构成本法第三百八十五条规定之罪的，依照处罚较重的规定定罪处罚"的规定。

6. 将刑法第389条第1款修改为："为谋取利益，给予国家工作人员以财物或其他不正当利益的，是行贿罪。"

7. 将刑法第390条修改为："对犯行贿罪的，处五年以下有期徒刑或者拘役，并处罚金；因行贿谋取利益，情节严重的，或者使国家和人民利益遭受重大损失的，处五年以上十年以下有期徒刑，并处罚金；情节特别严重的，或者使国家和人民利益遭受特别重大损失的，处十年以上有期徒刑或者无期徒刑，并处罚金或者没收财产。因行贿而进行违法活动构成其他罪的，依照数罪并罚的规定定罪处罚。"同时，废除《刑法修正案（九）（草案）》第41条第2款关于"行贿人在被追诉前主动交待行贿行为的，可以从轻或者减轻处罚。其中，犯罪较轻的，检举揭发行为对侦破重大案件起关键作用，或者有其他重大立功表现的，可以免除处罚"的规定。

8. 废除刑法第392条关于介绍贿赂罪的所有规定。

结　语

党的十八大以来，新一届中央领导集体重拳反腐、铁腕治贪，反腐力度前所未有，既打"老虎"，也打"苍蝇"，反腐成效赢得广大民众一致赞许，反腐败再次成为中国社会的热点问题。制度治腐，重点在于建立健全一套严密的预防和惩治腐败的制度体系。反腐败制度建设是一项系统工程，其中包括了惩治贪贿犯罪刑事法律制度的完善设计。《中共中央关于全面推进依法治国若干重大问题的决定》指出："建设中国特色社会主义法治体系，必须坚持立法先行，发挥立法的引领和推动作用，抓住提高立法质量这个关键。"2014 年 11 月 9 日，APEC《北京反腐败宣言》强调："为营造公平而开放的市场环境而共同努力，鼓励各成员经济体倡议、制定、执行旨在打击贿赂的相关法律法规，并不断根据实际情况将其修改完善。"

反腐败任重道远，《刑法修正案（九）（草案）》已经全国人大常委会初步审议。我们深知在我国反腐败由治标向治本的转型过程中，制定出具有科学性、合理性、严密性、前瞻性和可操作性的贪贿犯罪立法是何等的重要。希望《中华人民共和国刑法修正案（九）》在审议过程中能体现民意，凝聚共识，并顺利出台，从而为推进我国反腐败斗争提供更加锐利的刑法武器。

第十五章　《中华人民共和国刑法修正案（九）》对贪贿犯罪的重大修改和完善[①]

自 1997 年刑法典颁布实施以来，立法机关曾对贪污贿赂犯罪作了一些修改。随着贪贿犯罪特点的新变化及我国反腐败力度的加大，现行贪贿犯罪的立法规定，越来越不适应反腐败的客观需要，贪贿犯罪的修订势在必行。2015 年 8 月 29 日，经第十二届全国人大常委会第十六次会议第三次审议，会议以 153 票赞成、2 票反对、4 票弃权，表决通过了《中华人民共和国刑法修正案（九）》（以下简称《修正案（九）》）。《修正案（九）》已于 11 月 1 日起施行。

《修正案（九）》对贪贿犯罪作出了一系列重大修改，加大了惩处腐败犯罪的力度，进一步完善反腐败的立法规定，严密了腐败犯罪的制度之笼。它是 1997 年刑法典实施以来立法机关对贪贿犯罪修改条文最多、修改幅度最大、修改内容最为丰富的一次。正确理解和把握《修正案（九）》对贪贿犯罪的修改，对于当前惩治腐败犯罪具有重大的理论和现实意义。

一、　贪贿犯罪由单纯的 "数额" 标准修改为 "数额或者情节" 标准

按照 1997 年刑法典的规定，对贪贿犯罪基本上以数额标准定罪量刑，即 10 万元以上、5 万元以上不满 10 万元、5000 元以上不满 5 万元及不满 5000 元四个档次。从实践来看，以数额定罪量刑虽然明确具体、便于司法操作，但存在诸多理论和实践困境，主要表现在：（1）这一标准是 1997 年刑法典中确立的，18 年来未作调整。由于物价指数的上涨和人民币的逐年贬值，18 年前 5000 元、5 万元、10 万元的价值含量已与目前完全不同，贪

　①　本文原载《法治研究》2016 年第 2 期。

贿犯罪数额标准与刑罚量的匹配已严重背离罪责刑相适应原则。[1]（2）罪刑法定原则要求刑法的明确性，但明确性并不等于确定性。"法律明确性之要求，非仅指法律文义具体详尽之体例而言，立法者于立法制定时，仍得衡酌法律所规范生活事实之复杂性及适用于个案之妥当性，从立法上适当运用不确定法律概念或概括条款而为相应之规定。"[2] 刑法典中使用一些概括性用语，不违背罪刑法定原则。一般来说，对犯罪行为社会危害性的评价是综合性的，量刑是在对犯罪行为进行综合评价的基础上作出的判断。随着我国政治、经济、社会的发展，同样的贪贿数额在不同时期对社会的危害程度存在差别。单纯的犯罪数额标准难以准确、全面地反映贪贿犯罪的社会危害性，不利于实现刑罚公正。犯罪数额相同，而其他情节不同的，社会危害性并不一样。（3）实践背离立法规定的现象十分严重。由于立法规定已严重滞后于社会现实，司法实践背离立法规定的现象就难以避免。如2012年，全国检察机关共立案侦查贪贿犯罪案件26247件，其中贪贿5万元以上、挪用公款10万元以上的案件20442件。[3] 这意味着全国检察机关侦查的大案数已占立案总数的77.9%。2009年以来，上海检察机关共立案侦查贪贿案件1635件1958人，大案1552件，占94.9%。[4] 浙江省检察机关2013年依法立案侦查贪贿犯罪1046件，其中大案976件，占93.3%。[5] 2012年至2013年，南京市检察机关反贪立案数已连续两年位居江苏省第一，2013年全年立案150件192人，大案率100%。[6] 杭州市检察机关2012年共立案查处贪贿案件215人，大案率也达到100%。[7] 这就意

---

[1] 1997年刑法确定的贪污罪入罪标准一般为5000元，与当年城镇居民家庭人均可支配收入5160元大体相当。但到2012年城镇居民家庭人均可支配收入增长了将近4.8倍，相对于这一增长指数，贪污罪的入罪标准实际上呈逐年快速下滑的趋势。至2012年，贪污罪入罪标准的变化指数已降至0.21，即2012年贪污罪的入罪标准实际上仅为1050元。如果要保持贪污罪入罪标准的实质上的稳定性，贪污罪入罪标准必须达到23803元（参见胡学相：《贪污罪数额标准的定量模式分析》，《法学》2014年第11期）。

[2] 靳宗立：《罪刑法定原则与法律变更之适用原则》，中国台湾地区元照出版社2005年版，第102页。

[3] 王治国：《加大惩治和预防职务犯罪工作力度积极推进廉洁政治建设》，《检察日报》2013年3月5日，第1版。

[4] 林中明：《上海：人大听取反贪贿报告》，《检察日报》2014年7月28日，第5版。

[5] 浙江省人民检察院检察长陈云龙2014年1月18日在浙江省第十二届人民代表大会第二次会议上《浙江省人民检察院工作报告》。

[6] 崔洁等：《反贪立案数连创新高的秘密》，《检察日报》2014年5月5日，第2版。

[7] 刘波：《杭州："品质检察"造就"五连冠"》，《检察日报》2013年4月25日，第1版。

味着，5 万元以下的贪贿犯罪案件在一些经济发达地区已大多或基本不予追究。腐败大案剧增与有限的司法资源之间的矛盾日益凸显，司法机关面临执法困境：一方面使大量 5 万元以下的小案难以被查处，而使司法机关备受有法不依、执法不严的非议；另一方面客观上也为司法机关的"选择性执法"提供依据，使执法腐败难以避免。

《修正案（九）》第 44 条规定："将刑法第三百八十三条修改为：'对犯贪污罪的，根据情节轻重，分别依照下列规定处罚：（一）贪污数额较大或者有其他较重情节的，处……。（二）贪污数额巨大或者有其他严重情节的，处……。（三）贪污数额特别巨大或者有其他特别严重情节的，处……。'"这一规定使贪贿犯罪定罪量刑标准由单一的"数额"模式修改为"数额或者情节"模式。上述规定表明：（1）贪贿数额仍然是贪贿犯罪定罪量刑的重要标准。有的学者认为，今后贪贿犯罪量刑"不再简单与贪污金额挂钩，还同时兼顾考虑到'其他较重情节''其他严重情节''其他特别严重情节'"。[①] 笔者认为，这种理解不妥。从立法规定看，《修正案（九）》并没有否定数额在贪贿犯罪标准中的重要作用。立法机关仍然强调，贪贿犯罪达到数额较大、数额巨大、数额特别巨大标准的，应当依照不同的量刑标准定罪处罚，而不是说达到了数额标准，同时还要具备其他"较重""严重""特别严重"的情节。数额和情节是选择关系，而不是并列关系。（2）数额不再是贪贿犯罪定罪量刑的唯一标准。《修正案（九）》提升和肯定了数额以外的其他情节在贪贿犯罪定罪量刑标准中的地位。贪贿数额虽然达不到较大、巨大、特别巨大标准，但具有其他较重、严重、特别严重情节的，仍应当以贪污罪、受贿罪定罪处罚。（3）立法不再具体规定数额标准或情节较重、严重、特别严重情节的标准。贪贿犯罪数额或者情节标准，不再由立法机关规定，而是由最高司法机关根据社会经济发展和司法实践的客观需要作出解释或调整。这既便于保持刑法的稳定性和立法的严肃性，也符合司法规律和实践需要。

二、 修改贪贿犯罪量刑幅度

1997 年刑法将贪贿犯罪规定了 10 万元以上、5 万元以上、5000 元以

---

① 程姝雯：《取消具体数额后，法院如何把握尺度？最高法人员：已在研究制定司法解释》，《南方都市报》2015 年 8 月 26 日，第 A17 版。

上及不满 5000 元四个档次，刑期分别是 10 年以上、5 年以上、1 年以上和 2 年以下。这种量刑数额与刑罚量之比不具有科学性和合理性，即贪贿数额标准差距过小，而刑罚幅度差距过大。贪贿数额 10 万元与贪贿数额 5 万元、5000 元，数额差距小而量刑幅度悬殊。如一人受贿 5 万元，无法定减轻处罚情节，必须处 5 年以上有期徒刑。如北京理工大学后勤集团饮食中心教工食堂原经理郭某在 2008 年 4 月至 2009 年 3 月间，利用职务便利，采用隐瞒不报、故意漏报、伪造财务报表等方式，私自截留食堂现金收入共计人民币 5.8 万余元，被北京市海淀区人民法院以贪污罪判处有期徒刑 7 年。[①] 而一旦受贿 10 万元，无法定减轻处罚，也必须处 10 年以上有期徒刑。如中科院空间科学与应用研究中心原副主任许某受贿 10 万元，退清赃款，被判处有期徒刑 10 年。北京市第二中级人民法院刑二庭副庭长杨子良透露："今年以来北京市法院审理贪污受贿案件的情况看，犯罪数额刚到 10 万元的被告人被判处有期徒刑 10 年的案件就有 3 件。"[②] 但一旦贪贿数额 10 万元以上又没有数额标准了。有学者曾对受贿数额 10 万元以上不满 500 万元的 386 名被告人判处的刑罚进行统计发现，有 29.5% 的被告人被判处有期徒刑 10 年以上不满 11 年，有 12.7% 的被告人被判处有期徒刑 11 年以上不满 12 年，也就是说有 40% 的被告人是在有期徒刑 10—12 年之间量刑。受贿数额 500 万元以下的被告人，主刑量刑结果有很大一部分集中在有期徒刑 10—12 年之间，即受贿 10 万元与受贿 500 万元的被告人受到的处罚基本相当。[③] 而近年这一数额标准还在进一步扩大。如近日宣判的四川省委原副书记李春城、国务院国有资产监督管理委员会原主任、党委原副书记蒋洁敏和江西省人大常委会原副主任陈安众受贿金额分别是 3979 万元、1403 万元、810 万元，都是有期徒刑 12 年。贪贿十几万元与贪贿几十万元、几百万元甚至几千万元的被告人，判处同样或相近的刑罚，严重背离罪责刑统一原则，损害刑法的公正性和司法公信力。

有鉴于此，《修正案（九）》第 44 条规定："将刑法第三百八十三条修改为：'对犯贪污罪的，根据情节轻重，分别依照下列规定处罚：'（一）贪污数

① 高鑫、范静：《北京理工大学教工食堂一经理私吞 5.8 万公款被判 7 年》，http：//news. jcrb. com/2010 年 4 月 9 日。

② 赵刚：《刑法再次修正：为什么改和改后会怎样》，《人民法院报》2014 年 11 月 2 日，第 7 版。

③ 王剑波、景景：《受贿罪量刑影响因素问题研究》，《北京师范大学学报（社会科学版）》2014 年第 6 期。

额较大或者有其他较重情节的，处三年以下有期徒刑或者拘役，并处罚金。'（二）贪污数额巨大或者有其他严重情节的，处三年以上十年以下有期徒刑，并处罚金或者没收财产。'（三）贪污数额特别巨大或者有其他特别严重情节的，处十年以上有期徒刑或者无期徒刑，并处罚金或者没收财产；数额特别巨大，并使国家和人民利益遭受特别重大损失的，处无期徒刑或者死刑，并处没收财产。'对多次贪污未经处理的，按照累计贪污数额处罚。……'"

《修正案（九）》对贪贿犯罪的量刑幅度作了如下几个方面的修改：（1）调整量刑幅度的排序。将1997年刑法的由重到轻排列，改为由轻到重排列，使其回归一般刑法条文的排序惯例。（2）删去原来"个人贪污数额在5千元以上不满5万元的，处1年以上7年以下有期徒刑"和"个人贪污数额不满5千元，情节较重的，处2年以下有期徒刑或者拘役"的规定，改为"贪污数额较大或者有其他较重情节的，处3年以下有期徒刑或者拘役，并处罚金"，从而使量刑幅度更加简约和具有可操作性。（3）第二档量刑幅度由原来的5年有期徒刑下调到3年有期徒刑，法定刑幅度更为合理，并为今后最高人民法院、最高人民检察院出台"数额较大"、"数额巨大"和"数额特别巨大"标准时，拉开数额标准幅度提供了科学的刑罚依据。

三、 彻底废除贪贿犯罪的交叉刑

在1997年刑法典分则的所有罪名中，贪污罪和受贿罪是唯一两个专门规定交叉刑的罪名。刑法第383条第1款第1项至第4项所规定的法定刑，均存在刑罚交叉现象：第一档次的法定刑和第二档次的法定刑在10年以上有期徒刑、无期徒刑部分交叉重合；第二档次中的5年以上10年以下有期徒刑部分交叉重合；第四档次法定刑中的1、2年有期徒刑部分与第三档次交叉重合。同时，第一档次法定最低刑是10年，第三档次的法定最高刑是10年，两者均包含了第二档次所规定的5年以上10年以下部分。

我国刑法学界对交叉刑的规定大多持肯定态度。有的认为，法定刑档次之间互有交错，给司法活动留有的余地更大，在今后的立法中，应当注意适当增加类似规定。① "衔接式规定模式对于法官而言，是对不同罪刑阶

---

① 周光权：《法定刑研究——罪刑均衡的构建与实现》，中国方正出版社2000年版，第187—188页。

段的行为裁量完全不同刑罚的命令，法官不能逾越，重罪重刑，轻罪轻刑，且罪的轻重与刑的轻重完全由立法规定而不是由法官裁量，这样便限制了法官的自由裁量权，符合罪刑法定原则的基本要求，而交叉式规定模式在立法上存在着不同罪刑阶段的刑罚的交叉，不同罪刑阶段行为所判处的刑罚并不是非此即彼，而是亦此亦彼，即具有一定模糊性的状态，在交叉的范围内，对行为人裁量何种刑罚，属于法官自由裁量权的范围。"[1]"贪污罪、受贿罪特殊的交叉式法定刑规定模式，是中国刑法关于法定刑规定模式的一个特色"，并建议"在修改刑法时有计划地设置一定数量的交叉式法定刑，改变一些犯罪种类中衔接式法定刑导致不公正处理结果的问题"。[2]

笔者认为，贪贿犯罪"交叉式"法定刑模式弊多利少。其弊端表现在：违背罪责刑相一致的刑法原则，导致罪责刑失衡；违背刑法平等原则，损害刑法的权威性和公正性；破坏贪污受贿罪刑罚结构的梯度性，影响刑罚的威慑力；扩张法官的自由裁量权。[3] 交叉刑的存在使贪贿犯罪的法定刑幅度过大，各档次之间轻重衔接没有必要的梯度，重合现象严重，导致贪贿数额越大法定刑越轻。如贪贿5万元以上，可以判处5年以上有期徒刑甚至无期徒刑，而贪贿500万元甚至5000万元以上，也可能判处无期徒刑，贪贿数额差距为100倍、1000倍，刑期却可以相同。刑罚没有幅度和递次之分，"小贪"不如"大贪"的刑罚后果，不仅有违罪责刑相适应原则，而且进一步加剧国家公职人员疯狂贪腐的犯罪心理。从司法实践看，交叉刑的不合理性已逐渐被司法人员所认识。笔者关注贪贿犯罪量刑已多年，从来没有看到一例因贪贿5万元以上不满10万元，而被法院判处10以上有期徒刑的。贪贿犯罪中交叉刑的运用，事实上已处于一种名存实亡的僵尸状态。

我国交叉刑的立法规定最早见于1988年1月21日第六届全国人大常委会通过的《关于惩治贪污罪贿赂罪的补充规定》。1997年修订刑法时，除提高贪贿犯罪数额标准外，基本上沿用了《关于惩治贪污罪贿赂罪的补

---

① 李洁：《罪与刑立法规定模式》，北京大学出版社2008年版，第212页。
② 于阳：《准确理解法定刑幅度的"交叉式"》，《中国社会科学报》2014年8月20日，第A07版。
③ 张兆松：《"交叉式"法定刑不利于司法公正》，《中国社会科学报》2015年3月9日，第B02版。

充规定》的相关条文。从立法过程看，贪贿犯罪交叉刑的规定，不是出于从严惩治贪贿犯罪的考虑，[①] 而是立法草案不严谨、审议不仔细造成的，是一种立法上的失误。《修正案（九）》废除贪贿犯罪的交叉刑的规定是对原立法失误的纠正。

四、 废除贪贿犯罪中绝对确定的法定刑

根据刑法理论和立法规定，以法定刑的刑种、刑度是否确定以及确定的程度为标准，可以将法定刑分为绝对确定的法定刑、相对确定的法定刑和浮动法定刑。在1997年刑法典中有7个罪名9种情形规定了绝对确定的法定刑。根据刑法第383条、第386条规定，个人贪贿数额在5万元以上不满10万元，情节特别严重的，处无期徒刑，并处没收财产；个人贪贿数额在10万元以上，情节特别严重的，处死刑，并处没收财产。尽管在上述条文中，并没有对"情节特别严重"作出明确的规定，但仍属于绝对确定的法定刑范畴。

如何评价我国刑法关于绝对确定的法定刑，虽然有的同志认为："由于其固有的刑种，单一固定的刑度从根本上防止了执法人员的擅断，维护了法制的统一，这一本质决定了其存在的合理性。"[②] "现代绝对确定的法定刑，仅仅保留了刑罚绝对的含义，即法定刑的刑罚种类和刑罚幅度的惟一性，如果犯罪分子具有自首或者其他的量刑情节，不仅要而且必须按照总则关于量刑制度的规定，予以减轻处罚或者免除处罚……从这个意义上说，理论上对于绝对确定的法定刑的指责，即违背了罪责刑相适应和违背了刑罚个别化的原则，是无法成立的。"[③] 但大部分学者认为，绝对确定的法定刑是法定刑配置模式中最具明确性的一种，但是由于这种法定刑的刑种刑度确定唯一，刚性太强而缺乏灵活性，不具备在特定情况下变通的可能性和选择伸缩的余地，致使法官难以做到量刑适当，不利于贯彻刑罚个别化原则。另外，绝对确定法定刑不能完全适应罪刑相当原则的要求，不

---

① 高铭暄、赵秉志编：《新中国刑法立法文献资料总览》（上），中国人民公安大学出版社1998年版，第604页。

② 李华：《论我国刑法中的绝对确定的法定刑》，《人民司法》1995年第9期。

③ 黄明儒：《论绝对确定的死刑及其替代措施》，《湘潭大学学报（哲学社会科学版）》2006年第3期。

能适应犯罪复杂化的需要，不能适应刑事政策变化的需要。① 在近代刑法发展史中，绝对确定的法定刑乃出于保障人权、实行严格的罪刑法定主义的产物，但各国的刑事司法实践表明，绝对地限制法官的自由裁量权反而有悖于罪刑法定主义的人权保障机能。正因为如此，现代各国刑法已普遍采用相对确定的法定刑，而将绝对确定的法定刑予以摒弃。②

《修正案（九）》第 44 条规定，贪贿"数额特别巨大，并使国家和人民利益遭受特别重大损失的，处无期徒刑或者死刑，并处没收财产"。同时删去"个人贪污数额在 5 万元以上不满 10 万元……情节特别严重的，处无期徒刑，并处没收财产"的规定，即将原贪贿犯罪中绝对确定的法定刑改为相对确定的法定刑。③

五、 进一步扩大贪贿犯罪坦白从宽的适用范围

1997 年刑法第 383 条第 1 款第 3 项规定，"个人贪污数额在五千元以上不满一万元，犯罪后有悔改表现、积极退赃的，可以减轻处罚或者免予刑事处罚"。我国的量刑情节分为法定情节和酌定情节。我国刑法总则中所规定的从轻、减轻、免除处罚等法定量刑情节，是适用于所有犯罪的，在所有法定从宽情节中并没有"有悔改表现，积极退赃"规定。司法实践中，"有悔改表现，积极退赃"，只是犯罪后的态度，属于酌定量刑情节，酌定量刑情节只能从轻处罚，而不能减轻或者免除处罚。上述规定则属于酌定情节法定化。

《修正案（九）》第 44 条第 3 款将上述规定进一步修改为："犯第一款罪，在提起公诉前如实供述自己罪行、真诚悔罪、积极退赃，避免、减少损害结果的发生，有第一项规定情形的，可以从轻、减轻或者免除处罚；有第二项、第三项规定情形的，可以从轻处罚。"参与立法的同志认为，

---

① 汪本立、谢彤：《试论绝对确定法定刑的利弊及其适用》，《法学论坛》1998 年第 5 期；张建军：《论我国法定刑立法的改进与完善——以明确性原则为视角》，《武汉大学学报（哲学社会科学版）》2014 年第 2 期；等等。

② 赵秉志：《刑法改革问题研究》，中国法制出版社 1996 年版，第 216 页。

③ 《修正案（九）》第 14 条规定："将刑法第二百三十九条第二款修改为：'犯前款罪，杀害被绑架人的，或者故意伤害被绑架人，致人重伤、死亡的，处无期徒刑或者死刑，并处没收财产。'"这表明：绑架罪中的绝对确定的法定刑也被废除。

这一规定"对贪污受贿罪从宽处罚的条件作了更为严格的限制"。① 如果仅从适用条件看，确实是比原来规定更严格了。原来只规定"犯罪后有悔改表现、积极退赃的"，可以减轻处罚或者免予刑事处罚，而现在则规定必须同时具备以下三个条件：（1）在提起公诉前如实供述自己罪行。（2）真诚悔罪、积极退赃。（3）避免、减少损害结果的发生。同时还规定，"有第一项规定情形的，可以从轻、减轻或者免除处罚"，而不是"可以减轻处罚或者免予刑事处罚"。

笔者认为，上述修改与原来规定相比进一步扩大了坦白从宽的适用范围。（1）扩大了"从轻、减轻或者免除处罚"适用范围。原来只规定个人贪污数额在五千元以上不满一万元，犯罪后有悔改表现、积极退赃的，可以减轻处罚或者免予刑事处罚，现在则扩大到第383条第1款第1项"贪污数额较大或者有其他较重情节的"所有情形，明显扩大了"可以减轻处罚或者免予刑事处罚"的适用范围。（2）增设了普遍适用"从轻处罚"的规定。即贪贿数额较大或者有其他较重情节的，贪贿数额巨大或者有其他严重情节的，贪贿数额特别巨大或者有其他特别严重情节的，以及贪贿数额特别巨大，并使国家和人民利益遭受特别重大损失的，只要"在提起公诉前如实供述自己罪行、真诚悔罪、积极退赃，避免、减少损害结果的发生"都可以得到从轻处罚。

笔者认为，《修正案（九）》进一步扩大贪贿犯罪坦白从宽的适用范围具有积极意义：（1）立法导向进一步明确。立法鼓励贪贿分子尽早认罪悔罪，积极退赃，避免、减少国家和人民利益遭受损失。（2）有利于贯彻宽严相济的刑事政策。对于犯罪数额不大或者犯罪情节较轻的，尽量减少刑罚的适用，通过社区矫正等方法达到惩罚与教育的目的。同时也有利于改变"坦白从宽、牢底坐穿；抗拒从严、回家过年"的不合理现象。（3）贪贿犯罪特别是受贿犯罪，存在取证难、口供依赖度高的问题，此规定与行贿罪中的特殊自首相结合，有利于化解"囚徒困境"，切实解决检察机关追诉难的问题。（4）对于被告人认罪案件，人民法院可以适用简易程序，这有利于节省司法资源，提高诉讼效益。

---

① 全国人大常委会法制工作委员会刑法室编著：《〈中华人民共和国刑法修正案（九）释解与适用〉》，人民法院出版社2015年版，第217页。

六、 修改行贿罪处罚标准， 加大对行贿犯罪的惩治力度

在惩治贿赂犯罪问题上，我国长期以来存在着"重受贿轻行贿"现象。如 2000 年全国检察机关共查办贿赂案件 9872 件，其中行贿案件仅为 1367 件，只占贿赂案件总数的 13.8%。[①] 这种只惩处受贿不处理行贿的做法，受到社会各界普遍质疑。为此，最高人民法院、最高人民检察院曾于 1999 年 3 月 4 日联合颁布《关于在办理受贿犯罪大要案的同时要严肃查处严重行贿犯罪分子的通知》，最高人民检察院还分别于 2000 年 12 月 21 日、2010 年 5 月 7 日下发《关于进一步加大对严重行贿犯罪打击力度的通知》和《关于进一步加大查办严重行贿犯罪力度的通知》。这些司法文件的颁布为查办行贿犯罪案件发挥了一定的作用。如全国检察机关"2008 年至 2012 年查处的受贿、行贿犯罪人数比前五年分别上升 19.5% 和 60.4%"[②]。但行贿犯罪总量仍然偏低。最高人民法院刑二庭副庭长苗有水法官指出："最近几年，行贿犯罪案件收案数仅为受贿犯罪案件的 24%，行贿犯罪案件的生效判决人数仅为受贿犯罪案件的 26%。"[③] 如 2011 年至 2014 年 6 月，广东省韶关法院受理各类一审贿赂犯罪案件 193 件 214 人，其中行贿犯罪案件 32 件 38 人，仅占全部贿赂犯罪案件数量的 16.58%。[④] 浙江省杭州市原副市长许迈永多次索取、收受 14 名企业负责人贿赂共计 1.45 亿余元，最终被判处执行死刑，而主动向许迈永行贿、数额高达数千万元的多名企业负责人均未被追究刑事责任。广东茂名市委原书记罗某系列腐败案，涉案 303 名干部，其中涉及省管干部 24 人、县处级干部 218 人，整个官场几乎瘫痪，但立案查处的仅 61 人，移送司法机关仅 20 人。[⑤] 在向罗

① 李亮：《胡星"行贿状元"案久拖不决：行贿非罪化、量刑畸轻化倾向严重》，《法制日报》2008 年 1 月 27 日，第 7 版。

② 曹建明：《最高人民检察院关于反贪贿工作情况的报告》，《检察日报》2013 年 10 月 25 日，第 2 版。

③ 苗有水：《为什么提倡"惩办行贿与惩办受贿并重"》，《人民法院报》2015 年 5 月 8 日，第 6 版。

④ 黄秋雄、陈东阳等：《严厉打击行贿犯罪、遏制腐败现象蔓延——广东省韶关市中级人民法院关于行贿犯罪的调研报告》，《人民法院报》2014 年 8 月 28 日，第 8 版。

⑤ 赵杨：《省纪委通报近两年查处的一批典型案件，罗某系列腐败案涉案 303 名干部》，《南方日报》2012 年 4 月 14 日，第 A02 版。

某行贿的 44 名官员中，只有 3 人进入司法程序，而这 3 人之所以被刑事追究，是因为他们还有收受巨额贿赂的问题。此种状况，导致行贿人一再行贿，有恃无恐，结果是社会公正坍塌、公众普遍不满。①

对行贿犯罪之所以打击不力的重要原因之一是：行贿犯罪特别自首制度为放纵行贿犯罪提供了立法依据。1997 年刑法第 390 条第 2 款规定："行贿人在被追诉前主动交待行贿行为的，可以减轻处罚或者免除处罚。"立法上的"免除处罚"规定把一大批行贿罪犯给赦免了。受贿人因贪入狱，而行贿者平安无事。行贿行为直接损害了国家公职人员的廉洁性，而且又获取了腐败收益中的大部分，给国家带来重大损失。据统计，国企高管腐败 100 万元，平均要输送 1 亿元的交易额，背后存在的安全、环保、质量问题，给社会、国家带来难以估量的损失。② 行贿的"无罪化"和"轻刑化"，更危害了法治尊严和社会公平，引发社会舆论的广泛批评。

如何看待行贿罪的特别自首制度，理论界存在很大争议。大部分学者认为，应当取消行贿犯罪的特别自首制度，对其适用刑法总则中的一般性自首、立功规定。③ 但也有学者认为，通过刑法修正案加大处罚行贿行为力度的做法是坚持"立法因果论"的结果，由于这样的立法没有把提高处罚贿赂犯罪的概率作为重要的刑事政策目标，因此其不仅不能发挥刑法威慑贿赂犯罪的一般预防功能，而且会在客观上促使行贿人与受贿人之间订立"攻守同盟"，从而增加查处贿赂犯罪案件的难度，降低处罚贿赂犯罪的概率，并建议"将行贿行为非罪化，这是在实现国家治理能力现代化的背景下进行惩治贿赂犯罪立法的最优选择，也是将来我国制定统一的反腐败立法时必须认真思考的问题"④。而直接在反腐败一线的同志则普遍认为，贿赂犯罪证据一般是"一对一"，这决定行贿人的口供对案件的侦破起着关键的作用。"当前对贿赂案件的侦破，仍然依赖行受贿双方当事人的口供。缺少其中一个方面言词证据，基本上贿赂的犯罪事实就无法认定。"⑤ 一旦对行贿人和受贿人同样治罪，则只能强化他们的利益共同体关

---

① 李少平：《行贿犯罪执法困局及其对策》，《中国法学》2015 年第 1 期。

② 杨烨：《国家正酝酿出台防止国有资产流失政策，国企改革将设政策"红线"》，《经济参考报》2014 年 11 月 13 日，第 1—2 版。

③ 屈学武：《行贿与受贿应同罪同罚》，《检察日报》2013 年 10 月 22 日，第 3 版；刘仁文、黄云波：《行贿犯罪的刑法规制与完善》，《政法论丛》2014 年第 5 期；等等。

④ 姜涛：《废除行贿罪之思考》，《法商研究》2015 年第 3 期。

⑤ 苗勇：《从"向行贿宣战"看理论与实务的距离》，《法制日报》2007 年 9 月 30 日，第 2 版。

系及抗拒交代的决心，贿赂犯罪的查处将举步维艰。所以，在惩治受贿犯罪与行贿犯罪两难选择之间，检察机关只能对行贿分子予以豁免以获取相应的证据。

上述观点都各有一定的依据，如何加大惩处行贿犯罪以回应公众质疑，同时又在打击犯罪和保障侦查工作顺利进行之间保持适当的平衡，给立法机关带来选择上的难题。经权衡利弊得失，《修正案（九）》第45条将《刑法》第390条第2款修改为："行贿人在被追诉前主动交代行贿行为的，可以从轻或者减轻处罚。其中，犯罪较轻的，对侦破重大案件起关键作用的，或者有重大立功表现的，可以减轻或者免除处罚。"上述规定严格了行贿犯罪从宽处罚的条件。（1）原来规定是被追诉前主动交待的都可以减轻和免除处罚，现在则规定一般只能从轻和减轻处罚，而不能免除处罚。（2）对免除处罚规定了更为严格的条件，即"犯罪较轻的，对侦破重大案件起关键作用的，或者有重大立功表现"，才可以免除处罚。这一立法规定，既考虑了民众要求加大对行贿罪处罚力度的要求，又兼顾了检察机关侦查贿赂犯罪的客观需要。

《修正案（九）》虽然对行贿罪的特别自首作了一定的限制，但还是赋予了检察机关相当的自由裁量权，对何谓"犯罪较轻的""对侦破重大案件起关键作用的"仍有灵活解释的空间。从腐败犯罪的标本兼治及长远目标来看，加大对行贿人的查办更有利于整体上打击和遏制贿赂犯罪，而且"惩办行贿与惩办受贿并重"是否会真正影响行贿人对受贿人的举证尚待实践证明。"由北京地区各级检察机关近两年来的做法观之，加大对行贿犯罪的打击力度并未造成受贿犯罪立案困难的局面，反而出现了行、受贿犯罪查处数量的整体增长。"[①] 随着我国财产申报、金融实名等制度的健全，检察机关办案水平的提高，侦查方式逐渐从"由供到证"向"由证到供"的转变，对行贿人口供的依赖度会不断降低。笔者期待"惩办行贿与惩办受贿并重"最终在立法中得到实现。

---

① 罗猛、陈诏：《提升办案水平，加大查办行贿犯罪力度》，《检察日报》2014年11月11日，第7版。

七、 增设对有影响力的人行贿罪， 严密行贿犯罪法网

《联合国反腐败公约》第 18 条规定："各缔约国均应当考虑采取必要的立法和其他措施，将下列故意实施的行为规定为犯罪：（一）直接或间接向公职人员或者其他任何人员许诺给予、提议给予或者实际给予任何不正当好处，以使其滥用本人的实际影响力或者被认为具有的影响力，为该行为的造意人或者其他任何人从缔约国的行政部门或者公共机关获得不正当好处；……"我国《中华人民共和国刑法修正案（七）》已增设利用影响力受贿罪，但没有规定对有影响力的人行贿罪。所以，此类行为无法定罪处罚。如 2009 年深圳市商人徐某等人通过行贿国家工作人员陈某 30 万元、对国家工作人员有影响力的市民张某 70 万元，进而找到水务局相关官员，违规向该市铁岗水库倾倒残渣余土。2010 年，陈某、张某因利用影响力受贿罪分别被追究刑事责任。同年 7 月，深圳市检察院以行贿罪对徐某及其共犯立案侦查，该案后被指定由深圳市福田区检察院公诉，该院以徐某等涉嫌行贿罪向该区法院提起公诉。2011 年 10 月，福田区法院判决认定：徐某行贿陈某构成行贿罪，判处有期徒刑 1 年 4 个月。而徐某行贿张某 70 万元的行为则没有被法院认定为行贿犯罪。2013 年的全国人代会上，全国人大代表、广东省检察院检察长郑红结合一线办案实践，领衔提出《关于增设"对有影响力者行贿罪"》的议案。①

《中华人民共和国刑法修正案（九）（草案）》第一次审议稿中建议在刑法第 388 条之一后再增加一条"向有影响力人员行贿罪"。对此学界存在争议，如有的认为："增设向特定关系人行贿罪，应当慎重考虑。增设这个罪会使刑法的打击面过宽，在实践中在认定'关系密切的人'时也可能出现偏差。同时，即使增设此罪，也不应将其放在利用影响力受贿罪法条之后，而应将其放置在行贿罪法条之后。"②

为了更好地履行国际公约义务，严密行贿犯罪法网，《修正案（九）》

---

① 郑赫南：《郑红代表领衔提出议案，建议——增设"对有影响力者行贿罪"》，《检察日报》2013 年 3 月 6 日，第 10 版。

② 赵秉志、刘志伟、彭新林：《努力完善惩治腐败犯罪立法建设——"我国惩治腐败犯罪的立法完善问题学术座谈会"研讨综述》，《法制日报》2015 年 4 月 8 日，第 9 版。

第 46 条规定："在刑法第三百九十条后增加一条，作为第三百九十条之一：'为谋取不正当利益，向国家工作人员的近亲属或者其他与该国家工作人员关系密切的人，或者向离职的国家工作人员或者其近亲属以及其他与其关系密切的人行贿的，处三年以下有期徒刑或者拘役，并处罚金；情节严重的，或者使国家利益遭受重大损失的，处三年以上七年以下有期徒刑，并处罚金；情节特别严重的，或者使国家利益遭受特别重大损失的，处七年以上十年以下有期徒刑，并处罚金。单位犯前款罪的，对单位判处罚金，并对其直接负责的主管人员和其他直接责任人员，处三年以下有期徒刑或者拘役，并处罚金。'"

认定本罪要注意以下几个问题：（1）犯罪主体。对有影响力的人行贿罪的主体是一般主体，既可以是自然人，也可以是单位。（2）行贿的对象。对有影响力的人行贿罪的犯罪对象不能是在职的国家工作人员，必须是国家工作人员的近亲属或者其他与该国家工作人员关系密切的人，或者是离职的国家工作人员或者其近亲属以及其他与其关系密切的人。（3）主观方面。对有影响力人员行贿罪的主观方面是直接故意，并且要具备"为谋取不正当利益"的主观目的。根据最高人民法院、最高人民检察院 2012 年12 月 26 日颁布的《关于办理行贿刑事案件具体应用法律若干问题的解释》第 12 条规定，"行贿犯罪中的谋取不正当利益"，是指行贿人谋取的违反法律、法规、规章、政策规定，或者要求国家工作人员违反法律、法规、规章、政策、行业规范的规定，为自己提供帮助或者方便条件。违背公平、公正原则，在经济、组织人事管理等活动中，谋取竞争优势的，应当认定为"谋取不正当利益"。（4）法定刑。尽管对有影响力的人行贿罪侵犯的客体仍是职务行为的不可收买性，但行贿的对象毕竟不是在职的国家工作人员，其社会危害性相对要小于直接对国家工作人员行贿的行为。所以，本罪的法定刑要轻于第 390 条普通行贿罪和第 393 条单位行贿罪的法定刑。其中对自然人犯罪根据情节一般、情节严重、情节特别严重或者使国家利益遭受特别重大损失的不同情形设置三档法定刑，最高刑是 10 年有期徒刑。而且不管是自然人犯罪还是单位犯罪抑或单位犯罪中的直接负责的主管人员和其他直接责任人员，都可以适用罚金刑。

八、 增设财产刑， 加大对贪贿犯罪的处罚力度

1997 年刑法对盗窃、抢劫等财产型犯罪普遍规定并处或单处罚金刑，

但对职务犯罪规定财产刑的比较少。刑法第 8 章对贪贿犯罪只规定了 3 处可以适用罚金（单位受贿罪 1 处和单位行贿罪 2 处），而且只能对单位适用，不能适用于单位犯罪中的主管人员和其他直接责任人员。对贪污罪和受贿罪处 1 年至 7 年、7 年至 10 年、2 年以下有期徒刑，以及对处 10 年以下有期徒刑的行贿罪，都没有规定财产刑，导致司法实践中职务犯罪适用财产刑的比例偏低。例如："上海法院 2010 年判处贪贿罪 342 人，其中适用财产刑的比例为 40%；2011 年判处 278 人，适用财产刑的比例为 34.9%；2012 年判处 340 人，适用财产刑的比例为 33.5%。"① 贪贿犯罪属于贪利性犯罪，对其更多地适用财产刑有利于实现刑罚目的，提高刑罚效益。

为了加大对贪贿犯罪的财产刑处罚力度，《修正案（九）》增设了 13 处罚金刑。（1）增设 1 处对非国家工作人员行贿罪的罚金刑。《修正案（九）》第 10 条规定："将刑法第一百六十四条第一款修改为：'为谋取不正当利益，给予公司、企业或者其他单位的工作人员以财物，数额较大的，处三年以下有期徒刑或者拘役，并处罚金；……'"（2）增设 6 处贪污罪、受贿罪的罚金刑。根据《修正案（九）》第 44 条规定，犯贪污罪、受贿罪，数额较大或者有其他较重情节的，处三年以下有期徒刑或者拘役，并处罚金；数额巨大或者有其他严重情节的，处三年以上十年以下有期徒刑，并处罚金或者没收财产；数额特别巨大或者有其他特别严重情节的，处十年以上有期徒刑或者无期徒刑，并处罚金或者没收财产。（3）增设 3 处行贿罪的罚金刑。《修正案（九）》第 45 条规定："将刑法第三百九十条修改为：'对犯行贿罪的，处五年以下有期徒刑或者拘役，并处罚金；因行贿谋取不正当利益，情节严重的，或者使国家利益遭受重大损失的，处五年以上十年以下有期徒刑，并处罚金；情节特别严重的，或者使国家利益遭受特别重大损失的，处十年以上有期徒刑或者无期徒刑，并处罚金或者没收财产。'"（4）增加 1 处对单位行贿罪的罚金刑。《修正案（九）》第 47 条规定："将刑法第三百九十一条第一款修改为：'为谋取不正当利益，给予国家机关、国有公司、企业、事业单位、人民团体以财物的，或者在经济往来中，违反国家规定，给予各种名义的回扣、手续费的，处三年以

---

① 杨金志、仇逸：《应勇代表建议职务犯罪财产刑应全覆盖》，http：//news. jcrb. com/jxsw/201303/t20130313_ 1065913. html。

下有期徒刑或者拘役，并处罚金。'"（5）增设1处介绍贿赂罪的罚金刑。《修正案（九）》第48条规定："将刑法第三百九十二条第一款修改为：'向国家工作人员介绍贿赂，情节严重的，处三年以下有期徒刑或者拘役，并处罚金。'"（6）增设1处单位行贿罪的罚金刑。《修正案（九）》第49条规定："将刑法第三百九十三条修改为：'单位为谋取不正当利益而行贿，或者违反国家规定，给予国家工作人员以回扣、手续费，情节严重的，对单位判处罚金，并对其直接负责的主管人员和其他直接责任人员，处五年以下有期徒刑或者拘役，并处罚金。'"总之，作了如上修改后，对所有贪贿犯罪都可以适用罚金或没收财产，从而使财产刑在贪贿犯罪中得到普遍的适用。

九、 对贪贿犯罪增设死缓期满后适用终身监禁

《修正案（九）》第44条第4款规定："犯第一款罪，有第三项规定情形被判处死刑缓期执行的，人民法院根据犯罪情节等情况可以同时决定在其死刑缓期执行二年期满依法减为无期徒刑后，终身监禁，不得减刑、假释。""终身监禁"首次入刑，意味着因贪贿犯罪被判处死刑缓期执行的人员，有可能不再有减刑、假释的机会，而面临"牢底坐穿"的严厉惩罚，这是我国刑法史上的一个重大突破。

根据2014年1月21日中共中央政法委印发的《关于严格规范减刑、假释、暂予监外执行切实防止司法腐败的意见》的规定，贪贿分子判处死缓，减刑后最少要服刑22年。《修正案（九）》新增的"终身监禁"则进一步加大对贪贿腐败分子的惩罚力度。今后特大贪贿犯罪判处死缓的罪犯，可以分为两类：一类是"普通死缓"，死刑缓期执行2年期满后，可以减刑假释；另一类则是"特别死缓"，死刑缓期执行2年期满后不得减轻假释，终身监禁。这表明因贪贿犯罪被判处死刑缓期执行的腐败分子，虽然有可能"免死"，但由于没有减刑、假释的机会，可能面临"牢底坐穿"的惩罚。

《修正案（九）》对贪贿犯罪规定"终身监禁"措施后，引起了社会各界极大关注。民众普遍认为，部分被判处死缓的贪腐官员，虽然有可能"免死"，从死缓减为无期徒刑，但没有减刑、假释的机会，会终身服刑，有助于解决"怎样让大贪官罪刑相适应""如何避免法院前门判、后门放"

等问题。但在学术界对"终身监禁"则有较多的非议。有的认为:"'终身监禁'的处分措施,与我国刑罚的目的有根本冲突。因为,刑罚的根本目的是惩罚与教育改造相结合,马克思主义关于刑罚的基本理论认为'人是可以改造的'。'终身监禁'则意味着这些人不能改造,从人道性和残酷性来说,不一定比死刑更轻。"① "终身监禁让罪犯看不到希望,有违教育改造的刑罚目的;会导致监狱负担过重,执行上有困难。"② 有的认为,把贪贿犯罪设置终身监禁的立法方式存在疑问:(1)把一个本来已经被法律明确规定的、为所有犯罪人普遍享有的关于减刑假释的优惠申请权,从一部分罪犯身上扣除和取消,有违反宪法规定的平等原则之嫌。(2)即使允许采取局部试点的方式,也本应从罪行最严重的、人身危险性最高的暴力犯罪开始,贪贿显然不属于这一层级。(3)立法者在规定终身监禁的同时,仍然保留贪贿犯罪的死刑立即执行。这种立法,没有看出减少死刑、延长生刑的同步性,反而在"死刑过重"的基础上又增加了"生刑过重"。相当于由原来的一种酷刑,变成两种酷刑并存,而这个并存期间会有多长,尚无日程表。③ 有的认为,"终身监禁"规定并未脱离死刑桎梏;"终身监禁"适用标准尚未明晰;"终身监禁"与追诉时效宗旨相互冲突;"终身监禁"将会增加监狱系统压力。④

上述对"终身监禁"措施的质疑,具有一定的合理性,学者的一些疑虑也不无道理。但笔者认为,"终身监禁"的设置,至少具有两项重大的立法和司法意义。首先,为贪贿犯罪的最终废除死刑提供了过渡性措施。"尽管我国在现阶段保留对贪污、受贿罪的死刑有其必要性和合理性,但从长远来看,最终还是应当废止贪污罪、受贿罪的死刑。"⑤ 这是我国学术界对贪贿犯罪死刑适用的基本看法。《中华人民共和国刑法修正案(九)(草案)》审议期间,相关的民意调查表明,70%以上的民众反对取消"贪

① 乔娜、倪泽中等:《〈刑法修正案(九)司法适用热点问题〉座谈会会议纪要》,http://cycxy-114254. fyfz. cn/ b/867757。

② 王姝:《重特大贪污受贿犯罪可处终身监禁》,《新京报》2015 年 8 月 30 日,第 A04 版。

③ 车浩:《〈刑法修正案(九)〉的法教义学反思——基于〈刑法修正案九〉的分析》,《法学》2015 年第 10 期。

④ 姚建龙、李乾:《贪污受贿终身监禁若干问题研究》,载《"反腐败的刑事法治保障"研讨会(文集)》(2015 年 9 月·北京),第 188—190 页。

⑤ 赵秉志、彭新林:《我国当前惩治高官腐败犯罪的法理思考》,《东方法学》2012 年第 2 期。

腐死刑"。① 从保留死刑到彻底废除死刑需要一个过渡阶段和过渡措施，以便广大民众转变死刑观念，为立法机关最终废除死刑创造条件。全国人大法律委员会指出："有的常委委员和有关部门建议，对重特大贪污受贿犯罪规定终身监禁。法律委员会经同中央政法委等有关部门研究认为，对贪污受贿特别巨大、情节特别严重的犯罪分子，特别是其中应当判处死刑的，根据慎用死刑的刑事政策，结合案件的具体情况，对其判处死刑缓期二年执行依法减为无期徒刑后，采取终身监禁的措施，有利于体现罪行相适应的刑法原则，维护司法公正。"② 所以，终身监禁"从这个意义上说，也可以说是对死刑的一种替代性措施"。③ 这就意味着，今后对贪贿犯罪判处死刑立即执行的将越来越少或几乎没有，而由"终身监禁"替代。其次，为杜绝"前门进，后门出"提供了立法依据。因腐败犯罪被判刑的罪犯的减刑、假释率明显高于普通罪犯。中国在押犯每年有20%至30%获得减刑，而官员获减刑的比例则达到70%，远远高出平均值。④ "贪污受贿这类犯罪，有的犯罪分子利用过去拥有的权力、影响、金钱和社会关系网，通过减刑、保外就医等途径，实际在狱内服刑期较短，严重妨碍了司法公正，社会反映强烈，在一定程度上影响了惩治这类犯罪的法律效果和社会效果。"⑤ 所以，"终身监禁"有利于"防止在司法实践中出现这类罪犯通过减刑等途径服刑期过短的情形，符合宽严相济的刑事政策"。⑥

　　"法律的制定者是人不是神，法律不可能没有缺陷。因此，发现法律的缺陷并不是什么成就，将有缺陷的法条解释得没有缺陷才是智慧。"⑦ 如何全面有效实施法律，目前已成为我国法治建设中的主要矛盾，刑法领域

---

① 余宗明：《近七成受访者：反对取消"贪腐死刑"》，《新京报》2014年11月1日，第A03版；向楠：《民调：73.2%受访者主张对贪污贿赂罪保留死刑》，《中国青年报》2014年11月4日，第7版。

② 2015年8月24日全国人民代表大会法律委员会关于《中华人民共和国刑法修正案（九）（草案）》审议结果的报告。

③ 全国人大常委会法制工作委员会刑法室编著：《〈中华人民共和国刑法修正案（九）释解与适用〉》，人民法院出版社2015年版，第221页。

④ 舒炜：《贪官服刑那些事》，《廉政瞭望》2012年第11期。

⑤ 全国人大常委会法制工作委员会刑法室编著：《〈中华人民共和国刑法修正案（九）释解与适用〉》，人民法院出版社2015年版，第217—218页。

⑥ 2015年8月24日全国人民代表大会法律委员会关于《中华人民共和国刑法修正案（九）（草案）》审议结果的报告。

⑦ 张明楷：《刑法格言的展开》（第三版），北京大学出版社2013年版，第8页。

也是如此。如何克服刑法规定的缺陷使立法制度执法到位，才是我们该认真研究的问题。根据最高人民法院司法解释的规定，即便是 2015 年 10 月 31 日以前实施贪污、受贿行为，罪行极其严重的，也可以适用终身监禁。[①] 笔者期待"终身监禁"司法化，而不是把"终身监禁"仅仅成为纸上的法律或者仅仅成为批评的对象。

十、 删去贪贿犯罪中行政处分内容

根据 1997 年刑法第 383 条第 1 款第 3 项规定，个人贪污数额在 5000 元以上不满 1 万元，犯罪后有悔改表现、积极退赃的，可以减轻处罚或者免予刑事处罚，由其所在单位或者上级主管机关给予行政处分。第 4 项规定："个人贪污数额不满五千元，情节较重的，处二年以下有期徒刑或者拘役；情节较轻的，由其所在单位或者上级主管机关酌情给予行政处分。"上述条款中规定了非刑罚处罚的内容。

刑法是规定犯罪与刑罚的法律，对不宜犯罪化而以行政处罚措施处罚的行为，应当规定在行政处罚法中。上述立法规定不仅明显多余，而且带来以下问题：（1）对个人贪贿数额在 5000 元以上不满 1 万元，犯罪后有悔改表现、积极退赃的，能否不按犯罪论处，而直接由其所在单位或者上级主管机关给予行政处分存在争议。实务中不少类似案件，纪检监察机关不再移送检察机关立案侦查，即便少数案件移送检察机关后，检察机关也不再立案侦查。（2）对个人贪污数额不满 5000 元，"情节较轻的"应如何理解，以及"情节较重"与"情节较轻"的关系，理论界和实务界也存在多种观点。对一些既不具有"从重情节"又不具有"从轻情节"的，是属于"情节较重"还是"情节较轻"仍无法确定。[②] 而上述问题的存在都源于条款中非刑罚处罚内容的多余规定。鉴于上述规定的累赘性，《修正案（九）》完全删去了贪贿条款中关于行政处分的内容，使立法

---

① 最高人民法院 2015 年 10 月 29 日颁布的《〈中华人民共和国刑法修正案（九）〉时间效力问题的解释》第 8 条规定："对于 2015 年 10 月 31 日以前实施贪污、受贿行为，罪行极其严重，根据修正前刑法判处死刑缓期执行不能体现罪刑相适应原则，而根据修正后刑法判处死刑缓期执行同时决定在其死刑缓期执行二年期满依法减为无期徒刑后，终身监禁，不得减刑、假释可以罚当其罪的，适用修正后刑法第三百八十三条第四款的规定。根据修正前刑法判处死刑缓期执行足以罚当其罪的，不适用修正后刑法第三百八十三条第四款的规定。"

② 孟庆华等：《贪污罪的定罪与量刑》，人民法院出版社 2008 年版，第 341—344 页。

规定更为科学。

《修正案（九）》对贪贿犯罪的修改，除了上述归纳的十项以外，其他一些规定对贪贿犯罪治理也具有重要意义，如适用职业禁止规定。《修正案（九）》第 1 条规定："在刑法第三十七条后增加一条，作为第三十七条之一：'因利用职业便利实施犯罪，或者实施违背职业要求的特定义务的犯罪被判处刑罚的，人民法院可以根据犯罪情况和预防再犯罪的需要，禁止其自刑罚执行完毕之日或者假释之日起从事相关职业，期限为三年至五年。被禁止从事相关职业的人违反人民法院依照前款规定作出的决定的，由公安机关依法给予处罚；情节严重的，依照本法第三百一十三条的规定定罪处罚。其他法律、行政法规对其从事相关职业另有禁止或者限制性规定的，从其规定。'"贪贿犯罪是利用职务上的便利或者在从事职务活动过程中实施的。近年来，不断出现贪贿犯罪行为人被判刑后又重新犯罪的案例。[①] 因此，对贪贿犯罪被告人在判处其自由刑、财产刑的同时，在一定期限内判处剥夺其担任特定职务的权利以示警戒，是非常必要的。

《修正案（九）》对贪贿犯罪的重大修改和完善，在相当程度上克服了原贪贿犯罪立法中存在的缺陷和不足，为进一步推进我国反腐败斗争提供了锐利的刑法武器。"立法易、执法难。"如何保障这些刑法规定得到严格执行将是司法机关面临的新课题。同时，我们也不能寄希望于一次刑法的修正就能解决所有贪贿犯罪立法问题。如受贿罪中的"为他人谋取利益"要件和行贿罪中的"为谋取不正当利益"要件的取消及受贿罪法定刑的单独设置等问题，在学界已基本形成共识，但在《修正案（九）》中没有得到肯定和回应。反腐败之路在由治标向治本的转型过程中，如何制定出具有科学性、合理性、系统性、严密性、前瞻性和可操作性的贪贿犯罪立法仍然需要深入研究，反腐败犯罪立法仍然任重而道远。

[①] 范跃红、仇健：《谁给了他"重操旧业"的机会》，《检察日报》2013 年 5 月 29 日，第 8 版。

第十六章　贪贿犯罪终身监禁若干争议问题研究①

《中华人民共和国刑法修正案（九）》（以下简称《修九》）第44条第4款规定："犯第一款罪，有第三项规定情形被判处死刑缓期执行的，人民法院根据犯罪情节等情况可以同时决定在其死刑缓期执行二年期满依法减为无期徒刑后，终身监禁，不得减刑、假释。"该立法条文是在《中华人民共和国刑法修正案（九）（草案）》第三次审议稿中新增的制度，并且在五天以后就获得全国人大常委会的通过。由于立法的仓促性，《修九》颁布后，不少学者对这一立法规定的合法性、合理性和正当性提出了质疑。②

笔者认为，贪贿犯罪终身监禁条款与其他条文一样是经第十二届全国人大常委会第十六次会议，以153票赞成、2票反对、4票弃权的绝对多数票表决通过的，法律一旦通过，它就是人民意志的体现。张明楷教授曾告诫："法律不是嘲笑的对象，而是法学研究的对象；法律不应受裁判，而应是裁判的准则……法律的制定者是人不是神，法律不可能没有缺陷。因此，发现法律的缺陷并不是什么成就，将有缺陷的法条解释得没有缺陷才是智慧。"③ 既然立法已规定了终身监禁制度，学界作过多的苛责于事无补，而应该对它作出合理的解释，并推动该制度得到严格执行。由于学界对终身监禁制度有很多批评，笔者曾对该制度是否得到严格执行表示忧虑。④ 令人欣慰的是：《修九》2015年11月1日施行后至今，已有四名贪贿罪犯被判处终身监禁。随着终身监禁刑的司法化，如何理解和严格执行

---

① 本文原载《山东警察学院学报》2018年第1期。

② 车浩：《〈刑法修正案（九）〉的法教义学反思》，《法学》2015年第10期；刘宪权：《刑事立法应力戒情绪——以〈刑法修正案（九）〉为视角》，《法学评论》2016年第1期；张翔：《刑法体系的合宪性调控——以"李斯特鸿沟"为视角》，《法学研究》2016年第4期；等等。

③ 张明楷：《刑法格言的展开》，北京大学出版社2013年版，第6—8页。

④ 张兆松：《论〈刑法修正案（九）〉对贪污贿赂犯罪的十大重大修改和完善》，《法治研究》2016年第2期。

这一制度，成为当前学界研究的重点。我国著名刑法学家张明楷教授也对如何理解和适用终身监禁刑给予了应有的关注和重视，《现代法学》2017年第3期发表了张教授的《终身监禁的性质与适用》一文（以下简称"张文"），对终身监禁制度进行了较为深入的探讨。但作者对张文关于终身监禁适用中的若干观点持不同意见，特提出与张教授商榷，以期推动终身监禁制度的理论研究和严格依法适用。

一、 被判终身监禁罪犯的减刑问题

（一） 被判终身监禁的贪贿罪犯， 在死缓考验期内能否减刑

关于被判终身监禁的贪贿罪犯，在死缓考验期内确有重大立功表现的，是否可依法减为25年有期徒刑？张文认为，被宣告终身监禁的罪犯，"在死缓执行期间有重大立功表现的，减为25年有期徒刑，丧失终身监禁的前提，即只需要执行25年有期徒刑即可"[1]。

笔者认为，被判终身监禁的贪贿罪犯，在死缓考验期内能否减刑，立法规定与立法目的、立法原意存在一定的矛盾。

根据法解释学原理，字面解释是最基本、最重要的解释方法。离开字面含义，刑法解释就成了无源之水、无本之木。既然立法明确规定，人民法院根据犯罪情节等情况可以同时决定"在其死刑缓期执行二年期满，依法减为无期徒刑后，终身监禁，不得减刑、假释"，那么，如果贪贿罪犯在死缓执行的考验期内具有"重大立功"表现而减为有期徒刑25年的，自然就不能再适用终身监禁。就此而论，张文的观点是能够证成的。

综观张文全文的论述，张文立论之基点在于其文第一部分：终身监禁的性质。在第一部分，张文详细地论证了终身监禁并非中间刑罚、执行方式、死刑替代措施等，而是"不得减刑、假释"的同位语，其意图恰是在于模糊普通死缓与宣告终身监禁的死缓之间的区别，将宣告终身监禁的死缓划归于死缓之下，以便于后文的进一步论证。但在笔者看来，这种模糊化的处理并非对终身监禁的妥当理解，仍存在一定误区。因此，要准确适

---

[1] 张明楷：《终身监禁的性质与适用》，《现代法学》2017年第3期。

用终身监禁，关键在于从性质上明晰死缓与终身监禁之间的区别，将宣告终身监禁的死缓从死缓中"剥离"出来。对于二者之区分，笔者倾向于将其视为死刑的一种执行方式。因此，与其说宣告终身监禁的死缓从属于死缓，毋宁说两者处于并列关系。具体理由如下所述：

首先，可以肯定的是，终身监禁不是在死缓考验期满后作出的，而是在判处死缓当时作出的。根据《修九》第 44 条第 4 款之规定，是否决定终身监禁的标准在于判处死缓之前的犯罪情节等情况，因此两者的适用标准有极大差异。再者终身监禁的法律后果是"不得减刑、假释"，与普通死缓具有明显的不同。在这种情况下，将二者等同视之并不妥当。张文中"现在的死缓包括同时宣告终身监禁的死缓与不同时宣告终身监禁的死缓"① 的论断仍是在死缓的范畴下作出，但死缓的理论范畴已难以囊括"宣告终身监禁的死缓"。其次，张文赞同"终身监禁与限制减刑的法律性质完全相同"，但这一论断所推导出的论断却与现有理论相悖。针对限制减刑的性质而言，刑法学界和司法实务部门已达成共识，均认为死缓限制减刑制度是死刑的一种执行方式。② 由此推之，终身监禁理应同样被视为死刑的一种执行方式。

既然宣告终身监禁的死缓作为死刑的执行方式已与普通死缓泾渭分明，张文就死缓考验期内能够减刑的论断便存在着诸多问题。综观张文在这一部分中所作的论述，其立论之基点当属"终身监禁仍应适用刑法第 50 条第 1 款规定"的论断，为佐证其观点，张文参照适用了限制减刑的相关做法。③ 但笔者认为，这一观点仍有待商榷。首先，终身监禁与限制减刑的性质虽然相同，但其内容却大相径庭。后者仅对减刑加以限制，仍有减刑空间，而前者则完全关闭了减刑通道，因此就减刑这一问题而言不能完全类比适用。其次，限制减刑与终身监禁均是作为与普通死缓并列的执行方式，在处理方式上应当与普通死缓有所区分。分而视之，根据刑法第 78 条第 2 款之规定，不论死缓变更为何种情形（无期徒刑或是二十五年有期徒刑），宣告限制减刑的死缓均有相应的处理方式且均符合其内在要求，

---

① 张明楷：《终身监禁的性质与适用》，《现代法学》2017 年第 3 期，第 80 页。

② 参见方文军：《死刑缓期执行限制减刑制度的司法适用》，《法律适用》2011 年第 8 期；最高人民法院案例指导工作办公室：《指导案例 4 号〈王志才故意杀人案〉的理解与参照》，《人民司法》2012 年第 7 期。

③ 张明楷：《终身监禁的性质与适用》，《现代法学》2017 年第 3 期，第 81 页。

因此限制减刑与刑法第 50 条第 1 款并行不悖，可以全盘适用。但是，宣告终身监禁的死缓却并非如此：对于死缓变更为无期徒刑的，自不待言；但若死缓变更为 25 年有期徒刑，则完全脱离终身监禁的轨道，并没有相对应的处理方式、背离了该制度的内在要求。因此，实际上限制减刑与终身监禁貌合神离，不宜类比适用。简言之，宣告终身监禁的死缓虽然同样适用刑法第 50 条第 1 款，但应当是有保留的适用，排除"如果确有重大立功表现，二年期满以后，减为二十五年有期徒刑"的存在空间。再次，假设宣告终身监禁的死缓能够全盘适用刑法第 50 条第 1 款，其很有可能出现如下情形：被宣告限制减刑的死缓犯与被宣告终身监禁的死缓犯均在死缓考验期间重大立功，分别减刑为 25 年有期徒刑后，前者不能少于 20 年，后者却无此限制，造成了终身监禁反而比限制减刑轻缓的后果，明显不妥当。最后，终身监禁不是在死缓考验期满后作出，而是在判处死缓当时作出的。如果说贪贿罪犯在考验期内因有"重大立功"表现，而允许再减为 25 年有期徒刑，立法就应当明确是否适用终身监禁要在考验期满后视罪犯表现如何再作出决定，且需规定相应的法律后果，立法不会犯这种低级错误。

再者，脱离前述张文的观点，终身监禁是一种死刑替代措施，适用的对象是应当判处死刑立即执行的罪犯，而不是应当判处死缓的罪犯。对判处死刑立即执行的罪犯，只有在执行前有"重大立功"才会出现改判的问题，不可能存在执行后还有"重大立功"的问题。依此推论，法院作出的终身监禁决定生效执行后，也不应有再改判的问题。

最后，终身监禁是党的十八大后中央作出的反腐败重大决策之一。如果允许被判处终身监禁的死缓犯在考验期内因"重大立功"减刑，势必影响反腐败力度和广大民众对中央加大反腐败决策的期待。所以，从立法本意来看，对判处终身监禁的贪贿罪犯，即便在死缓执行期间有"重大立功"表现的，也不能减为 25 年有期徒刑。最高人民法院在最高人民法院、最高人民检察院 2016 年 4 月 18 日颁布《关于办理贪污贿赂刑事案件适用法律若干问题的解释》（以下简称"两高《解释》"）举行的新闻发布会上，最高人民法院刑二庭裴显鼎庭长明确指出："根据《刑法修正案（九）》的规定，终身监禁不适用刑法总则关于死缓二年缓期执行期间有重大立功表现减为二十五年有期徒刑的规定，也不适用于二年缓期执行期满依法减为无期徒刑后再减为有期徒刑的规定，即不受死缓二年缓期执行期间及执行期间届满减为无期徒刑后服刑表现的影响而减为有期徒刑。"①

被判处终身监禁的贪贿罪犯,在死缓考验期内能否减刑?笔者认为,不能减刑的观点更符合立法原意。由于存在较大争议,建议根据中央决策,尽快由立法机关作出立法解释,以便统一认识。

(二) 对判处终身监禁的贪贿罪犯, 在无期徒刑执行期间内能否减刑

《刑法》第 383 条第 4 款规定,判处终身监禁的,不得减刑、假释。加之《中华人民共和国刑法修正案(八)》对《刑法》第 81 条第 2 款已修改为:"对累犯以及因故意杀人、强奸、抢劫、绑架、放火、爆炸、投放危险物质或者有组织的暴力性犯罪被判处十年以上有期徒刑、无期徒刑的犯罪分子,不得假释。"到目前为止尚没有人主张"对判处终身监禁的罪犯,可以假释"的观点。但对终身监禁的罪犯,在无期徒刑执行期间能否减刑,则存在争议。张文认为,在无期徒刑执行期间内可以再次减刑。"在刑法第 383 条规定了终身监禁的情况下,我们应当给罪犯一点希望,亦即,只要他有重大立功表现,就可以再次减刑,不必终身服刑。"②

笔者不同意张文的观点。理由是:

1. 修正后的刑法第 383 条第 4 款规定"终身监禁,不得减刑、假释",就是对第 78 条减刑制度的排除,是第 78 条的例外规定,且是"应当减刑"的例外规定。对张文提出的三大理由,首先,在相关的司法解释也有类似"应当……不得"的表述,③ 在文理方面并不存在疑问;其次,就协调性而言,也无须刻意追求与"不得假释"的协调;最后,在前文主张在死缓考验期间重大立功不能减刑的基础上,服刑期间减刑也并无道理。

2. 从法律后果来看,假设服刑期间重大立功之后便应当减刑,其法律后果便与限制减刑并无二致,甚至较其更为轻缓,在没有相应制度限制的情况下,这一处理结果显然不合理。《修九》所规定的判处终身监禁的罪犯不得减刑,就是刑法第 78 条的例外规定,否则不符合法律解释的内在逻辑。

3. 立法之所以设置终身监禁的缘由之一,就是因为"贪污受贿这类犯

---

① 参见人民法院网: http://www.chinacourt.org/article/detail/2016/04/id/1841401.shtml。
② 张明楷:《终身监禁的性质与适用》,《现代法学》2017 年第 3 期。
③ 例如《人民检察院刑事诉讼规则(试行)》第 307 条第 4 款。

罪，有的犯罪分子利用过去拥有的权力、影响、金钱和社会关系，通过减刑、保外就医等途径，实际在狱内服刑期较短，严重妨碍了司法公正，社会反映强烈，在一定程度上影响了惩治这类犯罪的法律效果和社会效果"。[①]

4. 最高人民法院 2016 年 9 月 19 日《关于办理减刑、假释案件具体应用法律的规定》第 15 条规定："对被判处终身监禁的罪犯，在死刑缓期执行期满依法减为无期徒刑的裁定中，应当明确终身监禁，不得再减刑或者假释。"这一司法解释是符合立法原意的，应当严格遵守执行。

二、 对于终身监禁的罪犯能否暂予监外执行

关于宣告终身监禁的罪犯能否在服刑期间暂予监外执行？张文认为，应当允许暂予监外执行。理由是：其一，刑事诉讼法第 254 条的规定是在《修九》之前作出的，而且被宣告终身监禁的罪犯不能被认为是判处无期徒刑的罪犯。其二，刑事诉讼法第 254 条并没有禁止性规定。其三，"将有严重疾病或者生活不能自理的罪犯关押在监狱，既不符合人道主义精神，也会给监狱增加不必要的负担"[②] 笔者认为，张文的观点难以成立。

首先，从立法精神看，被判终身监禁的罪犯不能暂予监外执行。1979 年刑事诉讼法第 157 条曾规定，被判处无期徒刑的罪犯可以暂予监外执行。1996 年刑事诉讼法第 214 条将暂予监外执行限制在 "对于被判处有期徒刑或者拘役的罪犯"。立法机关之所以作这样的修改，是因为 "个别被判处无期徒刑或者有期徒刑的罪犯监外执行后，畏罪潜逃，有的又犯新罪，甚至对检举人、控告人和办案的司法人员、证人进行报复、威胁。这些情况说明，对那些被判处无期徒刑和较长刑期的有期徒刑具有一定社会危害性的犯罪分子，即使是有严重疾病也不宜适用暂予监外执行"。[③] 可见，根据 1996 年刑事诉讼法的规定，无期徒刑的罪犯是一概不能暂予监外执行的。2012 年全国人大对 1996 年刑事诉讼法进行全面修改，修改后的第 254 条规定："对被判处有期徒刑或者拘役的罪犯，有下列情形之一的，可以暂

① 全国人大常委会法制工作委员会刑法室编著：《〈中华人民共和国刑法修正案（九）〉释解与适用》，人民法院出版社 2015 年版，第 217—218 页。

② 张明楷：《终身监禁的性质与适用》，《现代法学》2017 年第 3 期。

③ 郎胜主编：《关于修改刑事诉讼法的决定释义》，中国法制出版社 1996 年版，第 277—278 页。

予监外执行：（一）有严重疾病需要保外就医的；（二）怀孕或者正在哺乳自己婴儿的妇女；（三）生活不能自理，适用暂予监外执行不致危害社会的。对被判处无期徒刑的罪犯，有前款第二项规定情形的，可以暂予监外执行。"根据这一新的规定，被判处无期徒刑的罪犯原则上仍然不能适用暂予监外执行，除非其具有"怀孕或者正在哺乳自己婴儿的妇女"情形。根据"举轻以明重"的法理，被判处无期徒刑都不得适用暂予监外执行，那被判处死缓后改为终身监禁的罪犯就更不应当适用暂予监外执行。虽然刑事诉讼法第 254 条没有明确的禁止性规定，但其条文本身已昭示被判处无期徒刑以上的罪犯是不能暂予监外执行的。

其次，立法之所以设置终身监禁的主旨之一，是防范贪贿罪犯"前门进后门出"。近年来，刑罚执行领域的乱象，使一批贪贿罪犯"逍遥法外"，也成为 2013 年我国开展刑罚执行专项治理的原因。《修九》设立终身监禁就是为了从源头上封死贪贿罪犯的"逍遥法外"的路子。2013—2014 年中央对刑罚执行进行专项治理后，刑罚执行领域按理已较为规范，尤其是对职务犯罪。但从实践看，刑罚执行问题仍然比较严峻。2015 年全国检察机关监督纠正"减刑、假释、暂予监外执行"不当 2 万余人。[①] 如果终身监禁的罪犯能够暂予监外执行，立法设想的源头治理目的就无法实现。

三、 终身监禁的溯及力

《修九》是全国人大常委会于 2015 年 8 月 29 日通过并于 2015 年 11 月 1 日起施行的，而上述四人的贪贿犯罪行为均发生在 2015 年之前，他们的贪贿行为能否适用其涉案行为之后颁行的终身监禁新法？

对此，张文认为，终身监禁的规定不应具有溯及既往的效力。"由于《修九》修改了贪污、受贿罪的法定刑，提高了死刑的适用标准，但同时增加了终身监禁的规定，所以，应当对白恩培等罪犯适用修正后的法定刑，但不能适用终身监禁，这也可谓'从旧兼从轻'，即在终身监禁适用方面从旧，在死刑适用方面从轻。总之，根据刑法第 12 条的规定，对修正

---

　① 纪欣：《"以权赎身"问题出在哪?》，《法制晚报》2016 年 3 月 14 日，第 A07 版。

前的贪污受贿犯罪不应当适用终身监禁的规定。"①

笔者不同意张文的观点。《修九》终身监禁的规定是否具有溯及力，关键在于比较新旧刑法规定的贪贿犯罪刑罚的轻重。而要比较两者的轻重，首先必须解决好适用终身监禁的对象问题。

根据修正后的刑法第 383 条和第 386 条的规定，贪贿犯罪适用终身监禁的对象是应当判处死刑立即执行的罪犯，还是包括可以判处死刑缓期二年执行的罪犯，有着不同的看法。第一种观点认为，"在对象上，终身监禁只适用于依照现行刑法应当判处死刑立即执行的犯罪分子"②。根据这一观点，终身监禁的适用对象必须是本应判处死刑立即执行的贪污受贿罪犯。第二种观点认为，以《修九》的施行时间为节点，对于《修九》施行之前实施的贪污受贿犯罪，只有原本应当判处死刑立即执行的，才可以适用终身监禁的无期徒刑；对于《修九》施行之后实施的贪污受贿犯罪，只要依法应当判处死刑缓期执行的，就可以适用终身监禁的无期徒刑。③

笔者认为第一种观点是正确的。从立法规定看，修正后的刑法第 383 条第 4 款规定："犯第一款罪，有第三项规定情形被判处死刑缓期执行的，人民法院根据犯罪情节等情况可以同时决定在其死刑缓期执行二年期满依法减为无期徒刑后，终身监禁，不得减刑、假释。"这里的"有第三项规定情形"，即指"数额特别巨大，并使国家和人民利益遭受特别重大损失的，处无期徒刑或者死刑，并处没收财产"。最高人民法院 2015 年 10 月 29 日《关于〈中华人民共和国刑法修正案（九）〉时间效力问题的解释》第 8 条规定："对于 2015 年 10 月 31 日以前实施贪污、受贿行为，罪行极其严重，根据修正前刑法判处死刑缓期执行不能体现罪刑相适应原则，而根据修正后刑法判处死刑缓期执行同时决定在其死刑缓期执行二年期满依法减为无期徒刑后，终身监禁，不得减刑、假释可以罚当其罪的，适用修正后刑法第三百八十三条第四款的规定。根据修正前刑法判处死刑缓期执行足以罚当其罪的，不适用修正后刑法第三百八十三条第四款的规定。"这一司法解释已十分明确，终身监禁只能适用于本该判处死刑立即执行的案件。

---

① 张明楷：《终身监禁的性质与适用》，《现代法学》2017 年第 3 期。

② 赵秉志、袁彬：《中国刑法立法改革的新思维——以〈刑法修正案（九）〉为中心》，《法学》2015 年第 10 期。

③ 黄京平：《以法治原则实施制度化的刑事政策》，《法制日报》2015 年 9 月 9 日，第 10 版。

　　为了进一步把握立法原意，"两高"《解释》第 4 条第 1 款规定："贪污、受贿数额特别巨大，犯罪情节特别严重、社会影响特别恶劣、给国家和人民利益造成特别重大损失的，可以判处死刑。"第 2 款规定："符合前款规定的情形，但具有自首，立功，如实供述自己罪行、真诚悔罪、积极退赃，或者避免、减少损害结果的发生等情节，不是必须立即执行的，可以判处死刑缓期二年执行。"很清楚，这里第 1 款规定的是死刑立即执行的适用条件，而第 2 款规定的是死缓的适用条件。第 3 款又强调"符合第一款规定情形的，根据犯罪情节等情况可以判处死刑缓期二年执行，同时裁判决定在其死刑缓期执行二年期满依法减为无期徒刑后，终身监禁，不得减刑、假释"。上述司法解释的规定，"明确强调了该款的终身监禁不能适用于第 2 款的普通死缓案件，而只能适用于第 1 款本该判处死刑立即执行的案件"①。曾参与制定上述司法解释的同志指出："终身监禁是介于一般死缓与死刑立即执行之间极为严厉的一种刑罚执行措施，其适用同样需要严格控制，主要适用于过去可能需要判处死刑立即执行、现在适用终身监禁同样可以做到罚当其罪的情形，要切实防止适用一般死缓即可做到罪刑相当的案件被不当升格为终身监禁。"②

　　由此可见，根据《修九》的规定，适用终身监禁的贪贿案件必须是那些不论是根据旧法还是根据新法，本来应当判处死刑立即执行的案件。如果原本只能判处死缓，或者根据旧法本应当判处死刑立即执行，但根据新法可以判处死缓的，都不能再适用终身监禁。

　　在明确了《修九》终身监禁的适用对象后，我们再来看贪贿犯罪的刑罚是轻了还是重了。从宏观角度看，尽管在 2014 年 10 月 27 日第十二届全国人民代表大会常务委员会第十一次会议上全国人大常委会法制工作委员会主任李适时所作的《关于〈中华人民共和国刑法修正案（九）（草案）〉的说明》中指出：这次修改，"按照党的十八届三中全会对加强反腐败工作，完善惩治腐败法律规定的要求，加大惩处腐败犯罪力度"。但从立法结果看，"总体上并没有破除贪污受贿立法本来存在的结构性积弊，重新编织的贪污受贿刑事法网以及调整的惩治力度，不但没有提升刑法对贪污

---

① 赵秉志、商浩文：《论死刑改革视野下的终身监禁制度》，《华东政法大学学报》2017 年第 1 期。
② 裴显鼎、苗有水、刘为波、王珅：《〈关于办理贪污贿赂刑事案件适用法律若干问题的解释〉的理解与适用》，《人民司法（应用）》2016 年第 19 期。

赂赂犯罪的规制能力，反而是'名严实宽'，难以满足反腐败刑法供给的需要"①。虽然《修九》对原贪赂犯罪的刑罚作了一些修改，某些方面加大了惩治力度（如增设罚金刑），但总体上对贪赂犯罪刑罚处罚的力度在减弱。尤其在死刑问题上，表现得更加突出。

党的十八大以来，以习近平同志为核心的党中央选择高压态势来加强反腐败工作，加之民意的影响，《修九》对贪赂犯罪保留了死刑。但与1997年刑法规定的死刑相比，现行的死刑条件更加严格。1997年《刑法》第383条第1款第1项规定："个人贪污数额在十万元以上的……情节特别严重的，处死刑，并处没收财产。"而修正后的刑法第383条第1款第3项规定："……数额特别巨大，并使国家和人民利益遭受特别重大损失的，处无期徒刑或者死刑，并处没收财产。"修改后的贪赂犯罪死刑适用，不仅摒弃了原来的绝对死刑的立法例，而且将死刑适用严格限制在"数额特别巨大，并使国家和人民利益遭受特别重大损失"的犯罪情节上，新的规定，不仅死刑适用条件更加严格，而且如上分析，立法机关实质上是把终身监禁作为死刑替代措施的。这就意味着刑法典中对贪赂犯罪虽有死刑的规定，但今后司法实践中事实上将不会有死刑立即执行的案例出现。由此观之，在死刑问题上，《修九》是明显轻于1997年刑法的。

当然，对于贪腐官员来说，终身监禁和死刑立即执行，哪个更严厉？因每个具体的个体对生与死的理解的巨大差异可能会有不同的答案。如张文认为："终身刑与死刑一样，是一种极为残酷的刑罚，严重侵害了人的尊严。"②"从严酷性程度看，终身监禁限制犯罪人的终身自由，严厉性绝不逊于死刑，甚至比死刑更为严酷。"③ 笔者认为，对法律条文的理解要符合常理。"只要坚持以常识、常理、常情来指导我们制定、理解、适用法律，我们的法就能真正成为维护人民利益的法，成为民众因从内心认同而自觉遵守的法。"④

赵秉志教授认为，对终身监禁条款的字面意义可以进行双重解析："一方面若对于原本判处死缓的贪污受贿犯罪如果规定死缓二年期满后减

---

① 孙国祥：《贪污贿赂犯罪刑法修正的得与失》，《东南大学学报（哲学社会科学版）》2016年第3期。
② 张明楷：《终身监禁的性质与适用》，《现代法学》2017年第3期。
③ 陈伟、郑自飞：《终身监禁的价值困境及其出路应对》，《云南警官学院学报》2016年第5期。
④ 陈忠林：《刑法散得集（Ⅱ）》，重庆大学出版社2012年版，第19页。

为无期徒刑，不得再减刑和假释进而予以终身监禁，这在一定程度上是加重了对死缓犯的刑罚严厉性；但从另一方面看，若是对本来罪该判处死刑立即执行的特别严重的贪污受贿犯罪适用死缓并最终转化成终身监禁，又有宽大的精神。"① 上述看法并不妥。如果原本只能判处死缓的贪贿犯罪，《修九》实施后只能适用死缓，并根据死缓期间的表现而作不同的处理，根本不应该判处终身监禁。所以，对《修九》规定的终身监禁条款只能作宽大精神的理解，而不能作刑罚更为严厉的理解。如果说终身监禁更为严厉，也是与一般意义上的死缓比较而言的。

有的学者认为："我国贪污受贿犯罪虽然仍保留有死刑适用，但自2012年后已无死刑执行的案例出现。因此，根据修改前我国刑法有关死刑缓期执行及无期徒刑的规定并从其实际执行情况来看，此次'终身监禁'的规定实质上是对贪污受贿犯罪刑罚严厉程度的提高。故此，依据'从旧兼从轻'原则以及从有利于犯罪人的角度出发，对2015年11月1日前实施但尚未经过处理或者判决尚未确定的行为，'终身监禁'的规定原则上不应具有溯及效力。"② 张文也认为："在《中华人民共和国刑法修正案（九）》颁布之前的相当长时间，对于贪污、受贿罪就基本上没有判处死刑立即执行。"上述观点所表达的是：近几年已没有死刑立即执行的案件，所以死缓本来已是最重的刑罚了，进而得出判处终身监禁当然违背了溯及力原则的结论。司法实践表明：2012年以后，我国确已没有判处过死刑立即执行的案件，但据此不能证明死缓已是最重刑罚的结论。刑罚的轻重只能根据立法规定，而不能以实践中实际判处刑罚的情况得出。张文也认为"'处刑轻重'的比较对象，只能是刑法规定的法定刑以及相关量刑规定。"③ 从案件事实和犯罪情节来看，上述四个终身监禁的案件，不论是根据1997年刑法，还是根据《修九》修订后的刑法，都是应当判处死刑立即执行的案件，而不是只能判处死缓。

所以，修正后的终身监禁有无溯及力？终身监禁的适用是轻了还是重了？关键在于"终身监禁"与什么作比较。在贪贿犯罪中，终身监禁必须与死刑立即执行相比较，而不能与普通的死缓相比较。可见，对发生在

---

① 赵秉志：《论中国贪污受贿犯罪死刑的立法控制及其废止——以〈刑法修正案（九）〉为视角》，《现代法学》2016年第1期。

② 姚建龙、李乾：《贪污受贿犯罪终身监禁若干问题探讨》，《人民检察》2016年第2期。

③ 张明楷：《终身监禁的性质与适用》，《现代法学》2017年第3期。

《修九》之前的贪贿犯罪行为，不再适用死刑立即执行而适用终身监禁，并不违背刑法第 12 条规定。

另外，针对张文提出的"新旧法综合适用"的论断，其合理性与否对终身监禁的溯及适用并无影响。实际上，张文"在终身监禁适用方面从旧，在死刑适用方面从轻"的结论是建立在终身监禁为死缓从属部分的基础上。由此展开，不难理解张文针对终身监禁与死缓在处理方式上的一分为二，在处理结果上的独辟蹊径。但正如前文所述，在笔者看来，并不宜将宣告终身监禁的死缓视为死缓的一种特殊情形，而应将其与死缓并列看待。换言之，宣告终身监禁的死缓内部并无终身监禁与死缓的区分，两者共为一体，不可随意切分。因此，本质上来看，此处并不存在两个对象的综合适用，而只有宣告终身监禁的缓刑一个对象。

综上所述，如果张明楷教授的观点得以成立，那《修九》增设的终身监禁，实质上已不是终身监禁，而是原本我国刑法意义上的无期徒刑。笔者妄想，张教授之所以会提出上述观点，大概还基于以下法理依据：

第一，立法原意是不存在的。张文认为，"刑法一经制定与颁布，就是一种客观存在，与立法原意产生距离，人们应当根据客观存在本身去理解它、解释它，而不是按立法者当初的本意解释它……刑法具有相对的稳定性，但它同时必须适应社会发展的需要，否则便没有生命力。然而，立法原意是制定刑法当时的意图，即使承认它的存在，它也不能随时发生变化，解释者不得永远按立法原意解释法条"。[①] 张明楷教授对立法原意的存在始终持否定观点。笔者认为，从司法实务看，严格依法解释是法律解释的基本准则，法律解释的目标就在于探求法律文本本身的真实含义。在法律文本的用语不明确时，探求立法原意，即立法者在制定法律时的意图和目的，以及立法时赋予刑法条文的原初含义尤其必要。曾长期参与立法的同志认为："立法原意是客观存在的，不是虚构的；是确定的，不是不可把握的，否则，何以有法律的统一理解、遵守和执行。"[②] 2013 年 4 月 23 日，全国人大常委会法制工作委员会关于司法解释集中清理工作情况的报告指出：制定司法解释"应当严格依照立法原意，不得同法律规定相抵触。法律有明确规定的，司法解释必须在法律规定的范围内进行，不得随

---

① 张明楷：《终身监禁的性质与适用》，《现代法学》2017 年第 3 期。
② 乔晓阳主编：《立法法讲话》，中国民主法制出版社 2000 年版，第 174 页。

意对法律规定作扩大或者限缩性解释；只有原则性规定的，必须符合立法原意和法律确定的原则；已经修改的，司法解释应当及时作出调整。司法解释之间应当协调衔接，不得互相矛盾；司法解释的制定程序和形式应当规范"①。2015 年 3 月 15 日，第十二届全国人大三次会议上表决通过的修改后的《中华人民共和国立法法》，在"附则"的第 104 条专门规定："最高人民法院、最高人民检察院作出的属于审判、检察工作中具体应用法律的解释，应当主要针对具体的法律条文，并符合立法的目的、原则和原意。"立法原意在大多情况下，可以通过研究立法背景资料、不同部门法规范之间的关联，以及法律条文本身语义等方法予以探明。所以，不能否定立法原意的存在。全国人大法律委员会 2015 年 8 月 16 日在《关于〈中华人民共和国刑法修正案（九）〉（草案二次审议稿）主要问题的修改情况的汇报》中关于终身监禁问题的说明，对于理解终身监禁的性质、终身监禁的适用对象等立法原意，具有非常重要的意义。何况《修九》实施不到两年，根本不存在张教授所担忧的"追求立法原意必然形成刑法的滞后性，从而影响刑法的生命力"的问题。

第二，解释刑法应当有利于被告人。从终身监禁几个适用问题的探讨来看，张教授是完全立足于从有利于被告人的角度解释刑法。根据张文的观点，终身监禁的刑法规定没有溯及力，被判终身监禁的贪贿罪犯，不仅在死缓考验期内可以减刑，而且在无期徒刑执行期间也可以减刑，甚至在服刑期间还可以暂予监外执行。这一结论显然都是有利于被告人的。解释刑法是否必须有利于被告人？我国刑法学界一直有不同看法。如曲新久教授认为，"当刑法规定出现歧义和模糊的时候，法官原则上应当按照有利于被告人的原则，作出狭义或者广义的理解"。② 邱兴隆教授认为，实体意义上的有利被告，就是讲的刑法本身存在疑问的时候，应该采取有利被告。有利被告作为规制刑事司法的一条原则具有国家责任根据、人权保障根据、立法精神根据、刑罚目的根据和刑事政策根据。③ 对刑法中的有利于被告人原则，张教授曾持否定意见。张教授曾撰文指出："存疑时有利于被告原则只是刑事诉讼法上的证据法则，只适用于对事实存在疑问的情

---

① 张媛：《司法解释集中清理基本完成，两高共废止司法解释 817 件》，《法制日报》2013 年 4 月 25 日，第 3 版。

② 曲新久：《刑法的精神与范畴》，中国政法大学出版社 2000 年版，第 416 页。

③ 邱兴隆：《有利被告论探究：以实体刑法为视角》，《中国法学》2004 年第 6 期。

形，而不适用于对法律疑问之澄清，对法律的严格解释并不意味着法律存在疑问时应当作有利于被告人的解释。"① 但遗憾的是，在《终身监禁的性质与适用》一文中，张教授原来所持的立场和观点不见了，全文所体现的都是有利于被告人的精神。笔者赞同张教授曾经所持的观点，有利于被告原则，是指在刑事诉讼认定案件事实存在模糊之处时，应作出有利于被告人的结论，这是刑事诉讼"无罪推定""疑罪从无"原则的体现。但该原则不是一项普遍适用的刑事司法原则，将该原则扩大适用至刑法领域是错误的。"在刑事司法实践中，对于许许多多有疑难争议的刑法规范的理解，当存在多种解释时，不能简单地选择有利于被告人的解释，而是应当根据刑事立法精神，寻求一个最恰当、合理的解释。"② 张教授之所以在终身监禁问题上，都作有利于被告人的解释，可能与他一直反对在立法中设置终身监禁刑有关。③

由于理论准备的不足和立法的仓促，终身监禁的出台确实给我国刑法领域的刑罚平等、刑罚目的、刑罚执行，以及刑罚结构的系统性、协调性等方面带来新的挑战和问题，终身监禁司法适用中也存在诸多亟待明确的难题和矛盾。今后如何完善和严格依法适用终身监禁制度，乃是理论界和实务界共同面临的重要任务。张明楷教授 2017 年 9 月 5 日在"法学研究方法"的讲座中特别强调："一个学科和理论的发展，一定要有人从弱势着手，推翻以前的强势理论，使弱势理论成为强势理论，如此反复，理论才能不断向前。"有鉴于此，本人特对张教授的观点提出商榷，谨供张教授及学界同人批评指正。

---

① 张明楷：《"存疑时有利于被告"原则的适用界限》，《吉林大学社会科学学报》2002 年第 1 期。

② 张兆松：《"刑法存疑有利于被告人原则"质疑》，《人民检察》2005 年第 11 期。

③ 张明楷：《死刑的废止不需要终身刑替代》，《法学研究》2008 年第 2 期。

第十七章 贪贿高官量刑规范化研究[①]

问题的提出

党的十八大以来，以习近平同志为核心的党中央，以强烈的责任感、使命感和忧患意识，"打虎拍蝇"，铁腕惩腐，反腐败斗争取得重大突破。"翻开二十四史，没有一个时代、没有一个时期反腐力度如此之大；横向看，遍览世界各国，没有哪个国家、没有哪个政党反腐的决心如此之强。"[②] 查处腐败案件的效果，不仅要看立案查办数，更要看最后有多少腐败分子被送上刑事法庭接受审判。刑事审判是惩治贪腐的重要阶段，不仅影响和检验反腐败的成效，而且事关司法公正。特别是省部级以上高官腐败案件的量刑情况更是受到社会各界的广泛关注。为了进一步完善贪贿犯罪立法，第十二届全国人大常委会第十六次会议 2015 年 8 月 29 日通过《中华人民共和国刑法修正案（九）》（以下简称《刑九》）。为了保证《刑九》的严格执行，最高人民法院、最高人民检察院 2016 年 4 月 18 日颁布《关于办理贪污贿赂刑事案件适用法律若干问题的解释》（以下简称《解释》）。《刑九》和《解释》实施以来，贪贿犯罪的量刑发生了哪些重大变化？如何检视立法和司法中存在的问题？如何构建更加科学合理的贪贿犯罪量刑公正均衡机制？亟待理论和实践部门加以研讨总结。

一、 贪贿高官量刑基本情况

党的十八大以来，在党中央统一领导下，"有腐必反，有贪必肃"，

---

① 本文原载《法治研究》2019 年第 1 期。
② 任仲平：《使命，复兴的道路开启新征程——学习党的十九大精神的思考（下）》，《人民日报》2017 年 12 月 6 日，第 1 版。

"'老虎''苍蝇'一起打"，特别是查处省部级以上贪腐高官更是引起中外注目。有学者曾对从1987年到2012年这25年间查处的贪腐高官进行过粗略统计："1987年1月至2012年12月，查处的部级以上官员共计145名，其中包括3名政治局委员、1名副委员长。25年间，平均每年落马5.8个。"[①] "十八大以来，经党中央批准立案审查的省军级以上党员干部及其他中管干部440人。"[②] 2013年至2017年的5年间，检察机关"对周永康、郭伯雄、徐才厚、孙政才、令计划、苏荣等122名原省部级以上干部立案侦查，对周永康、薄熙来、郭伯雄、孙政才、令计划、苏荣等107名原省部级以上干部提起公诉"[③]。各级人民法院"审结贪污贿赂等案件19.5万件26.3万人，其中，被告人原为省部级以上干部101人，厅局级干部810人"。[④]

近5年，省部级以上高官贪贿犯罪案件呈现以下两大特征。

1. 省部级以上高官贪贿案件大幅度上升。根据公开的资料统计，1988年之前，被检察机关查办和法院判刑的省部级以上高官只有2人。[⑤] 20世纪90年代前期，法院每年宣判的高官贪贿案件一般就是1至2起，有的年份甚至没有一起，而从1997年之后高官贪贿案件呈上升趋势，2010年达到最高峰，这一年有12名贪贿高官被判处无期徒刑以上重刑。1988年至2012年的25年间检察机关立案查办的省部级以上高官103人，而2012年至2017年的5年间则达122人（见表1）。[⑥] 1978年至2012年的35年间，审判机关审结的贪贿高官案件，由于没有足够的数据和信息来源，笔者难以精确统计，但至少没有发现检察机关立案侦查的省部级高官被法院判处无罪的案例。以此推断，在这35年间审判机关审结的贪贿高官不会多于105人。而近5年法院审结的贪贿高官已达101人。

① 王红茹、董显苹、黄斌：《2014年反腐，老虎继续打，打虎者也要被监督》，《中国经济周刊》2014年第9期。

② 《十八届中央纪律检查委员会向中国共产党第十九次全国代表大会的工作报告》，《人民日报》2017年10月30日，第1版。

③ 曹建明：《最高人民检察院工作报告》，《人民日报》2018年3月26日，第3版。

④ 周强：《最高人民法院工作报告》，《人民日报》2018年3月26日，第2版。

⑤ 安徽省委常委、秘书长洪清源受贿案和江西省原省长倪献策徇私舞弊案。洪清源于1987年2月11日被合肥市中级人民法院判处有期徒刑10年；倪献策于1987年5月30日被江西省高级人民法院判处有期徒刑2年。

⑥ 数据来源于1988年至2012年《检察年鉴》和历年最高人民检察院工作报告。

表1　1988 年至 2017 年检察机关立案查办的省部级以上高官案件数

年份	检察机关立案数/人
1988—1992	4
1993—1997	15
1998—2002	19
2003—2007	35
2008—2012	30
2013—2017	122

2. 犯罪数额特别巨大。根据清华大学过勇博士对 1978—2002 年高官腐败案件研究报告：在 1992 年之前，贪污、受贿等罪的涉案金额都没有达到 10 万元，而对 1992 年之后的 37 起受贿案件中的 33 起腐败案值进行了统计：受贿金额在百万元以上的共有 8 起，其中 500 万元以上的有 3 起；受贿金额 50 万元至 100 万元的有 7 起；10 万元至 50 万元的有 8 起；低于 10 万元的有 10 起，没有低于 1 万元的。[①] 2008—2012 年人均贪贿数额提高到 1981 余万元，而 2013 年至 2017 年的 5 年间人均贪贿数额更是大幅度地提高到 4323 余万元，而且基本上是逐年上升，由 2013 年的 3021 万元提高到 2017 年的 7525 万元（见表2）。2016—2017 年被判刑的 74 名省部级以上高官，受贿数额不满 1000 万元的 11 人，1000 万元以上不满 5000 万元的 40 人，5000 万元以上不满 1 亿元的 11 人，1 亿元以上的 12 人。

表2　2008—2017 年贪贿高官人均贪贿金额

年份	人均贪贿金额（万元）	年份	人均贪贿金额（万元）
2008	143.5	2013	3021
2009	6771	2014	2972
2010	1052	2015	3017
2011	1317	2016	5083
2012	625.5	2017	7525

[①]　过勇：《中国高官腐败的特点和变化趋势研究（1978—2002）》，载胡鞍钢主编：《国情报告（第六卷）2003 年（上）》，党建读物出版社、社会科学文献出版社 2012 年版，第 195 页、第 202 页。

笔者专门收集了 2013 年至 2017 年各级法院已作出终审判决的 100 例省部级以上高官刑事判决的相关资料（表3），① 对此进行较为系统的量刑问题分析。研究发现，近五年来，省部级以上高官贪贿犯罪量刑具有以下特点。

表3　2013—2017 年人民法院宣判的贪贿高官人数

年份	判决数/人
2013	4
2014	5
2015	17
2016	35
2017	39

1. 主刑适用力度大幅度下降。新中国成立后，"重刑治贪"一直是我国的基本刑事政策。立法规定了十分严厉的刑罚制裁措施，五年以上重刑案件比例高，特别是在省部级高官中适用死刑、无期徒刑的案件占相当比例。有学者曾以党的十六大至 2011 年落马的 72 名省部级官员为样本分析发现：在 72 名腐败官员中，受到司法处罚的有 56 人，其中被判处死刑的4 人，死缓的 24 人，判处无期徒刑 11 人，有期徒刑 17 人，无期徒刑以上刑罚的占 69.6%。② 2010 年共有 12 名省级高官因受贿罪获刑，其中 8 名被判处死刑缓期 2 年执行，4 名被判处无期徒刑。可见对贪贿高官的惩治是严厉的。《刑九》制定之时，立法机关虽然强调这次修法的目的之一是"进一步完善反腐败的制度规定，加大对腐败犯罪的惩处力度"。③ 但从近五年，特别是《刑九》《解释》实施之后的两年多情况看，在贪贿犯罪定

① 这 100 例省部级以上高官不含军队系统的贪贿案件。根据 2018 年《最高人民法院工作报告》，其统计的 101 人中，含有郭伯雄案件。2016 年 7 月 26 日《人民日报》报道，军事法院经审理认为，郭伯雄利用职务便利为他人谋取职务提拔或者调整，单独或者伙同他人非法收受财物，其行为构成受贿罪。郭伯雄受贿数额特别巨大，犯罪情节特别严重，归案后如实供述罪行，真诚认罪悔罪，赃款赃物全部追缴。综合评判全案事实情节，依法对郭伯雄处无期徒刑，剥夺政治权利终身，并处没收个人全部财产，赃款赃物上缴国库，剥夺上将军衔。但具体犯罪数额等量刑情节没有披露，难以对其作为量刑实证分析个案，故不包含郭案。除掉郭案，这 100 例应只包括近 5 年法院审结的所有省部级以上高官贪贿案件。

② 陈简文：《官员腐败一般 9 年后东窗事发》，《深圳晚报》2012 年 10 月 16 日，第 A05 版。

③ 2014 年 10 月 27 日在第十二届全国人民代表大会常务委员会第十一次会议上，全国人大常委会法制工作委员会主任李适时《关于〈中华人民共和国刑法修正案（九）（草案）〉的说明》。

罪量刑数额标准大幅度上升的情况下，贪贿高官刑罚适用的力度则大幅度下降，至今已无一例高官因贪贿犯罪判处死刑立即执行，判处无期徒刑以上刑罚的比例已降至 26%（见表 4）。

表 4 2013—2017 年法院宣判的贪贿高官主刑适用情况

年份＼刑罚	死刑缓期 2 年执行	无期徒刑	15 年以上	10 年以上不满 15 年	5 年以上不满 10 年	不满 5 年	合计人数
2013	1	3					4
2014	1	2	1		1		5
2015		1	8	8		1	18
2016	2	6	5	18	2	1	34
2017	1	9	9	17	2	1	39

2. 财产刑特别是罚金刑的适用得到应有的重视。《刑九》颁布之前，刑法第 8 章对贪贿犯罪只规定了 3 处单位贿赂犯罪可以适用罚金。为了加大对贪贿犯罪的财产刑处罚力度，尤其是罚金刑的适用，《刑九》增设了 13 处罚金刑。2016 年以后，罚金刑的适用比例大幅度上升。2013 年至 2015 年，在 26 名被判刑的高官中有 25 人适用了没收财产，而 2016 年至 2017 年，在 74 名被判刑的高官中，有 37 人适用了罚金，39 人适用了没收财产，5 年间被判处无期徒刑以上刑罚的 26 名贪贿高官均适用没收个人全部财产（参见表 5）。

表 5 2013—2017 年法院宣判的贪贿高官财产刑适用情况①

年份＼附加刑	没收财产		罚金	合计
	没收全部财产	没收部分财产		
2013	4			4
2014	3	1		4
2015	1	16		17
2016	8	15	12	35
2017	10	6	25	41

---

① 2014 年判决的童名谦玩忽职守案没有判处财产刑。2017 年判决的陈雪枫、王珉贪腐两案，既有没收财产刑，又有罚金刑。

3. 一人多罪现象增多。以往贪贿高官基本上是一罪，数罪的现象比较少，罪名集中在受贿罪、贪污罪、巨额财产来源不明罪等三个罪名。而近5年，腐败高官涉及的罪名有：贪污罪，受贿罪，挪用公款罪，行贿罪，单位行贿罪，巨额财产来源不明罪，滥用职权罪，国有公司人员滥用职权罪，玩忽职守罪，骗购外汇罪，破坏选举罪，徇私枉法罪，故意泄露国家秘密罪，非法获取国家秘密罪，故意杀人罪，非法持有枪支、弹药罪，非法储存爆炸物罪，涉案罪名多达17个。数罪并罚的人数占所有宣判贪贿高官人数的36%（见表6）。其中6名被判处死刑立即执行和死刑缓期二年执行的全部数罪并罚，21名判处无期徒刑的贪贿高官中也有9名涉及数罪并罚。

表6 2013—2017 年人民法院宣判的贪贿高官涉罪情况

罪名 / 年份	贪污罪	受贿罪	行贿罪、单位行贿罪	巨额财产来源不明罪	滥用职权罪、玩忽职守罪	故意泄露、非法获取国家秘密罪	其他罪名	其中数罪并罚的人数
2013	1	4			2			2
2014		4		1	1			1
2015		17		3	6	1		8
2016		35	1	5	3	1	1	8
2017	8	38	3	3	4		4	17

二、 贪贿高官量刑问题评析

（一） 贪贿犯罪刑罚轻缓化问题

《刑九》实施之后，贪贿犯罪的刑罚力度大幅度下降。如何认识这一显著变化？不少民众提出质疑。笔者认为，一方面，随着我国刑事政策的调整和刑事司法理念的更新，所有刑事案件的重刑比例已整体下降。[①] 1983年"严打"开始，这一年重刑比例达到了47.39%，1996年第二次

---

① 重刑比是指判处5年以上有期徒刑到死刑的人数占全部犯罪人数的比例。

"严打"时仍达 43.05%，而到 2005 年重刑率已经下降到 17.86%，2016 年更是下降到了 8.01%。① 另一方面，贪贿刑罚力度下降的背后是"重刑治贪"思维得到了一定的纠正。"在改革开放的头十年间，省部级干部落马的只有 2 人。第二个十年，落马的达到 15 人。而 2003 年至 2012 年的最近十年，共有 80 余名省部级以上官员落马，年均 8 人以上。"② 党的十八大以来，检察机关立案侦查和提起公诉的贪贿高官更是大幅度上升，人民法院宣判的贪贿高官人数由前五年的 26 人提高到近五年的 100 多人。贪贿犯罪惩治实践足以证明：严厉的刑罚惩罚不是治理贪贿犯罪的理想之路。贪贿犯罪作为腐败的典型表现，内生于权力的本性。当权力不能关进制度的笼子里，刑罚仅是"治标"之策。重刑化的刑罚立场，是消极治理主义下腐败治理刑法立法之特征，③ 不符合积极治理模式之下的腐败犯罪刑法治理理念，应当予以修正。

2010 年之前，贪贿 600 万元以上，大多被判死缓；2013 年之后，贪贿 1000 万元以上，还会判无期徒刑。④ 而 2015 年以后，则要贪贿 7000 万元以上才能判处无期徒刑以上刑罚。⑤ 2016 年被判处刑罚的 35 名原省部级及以上高官，其中 1000 万元以上不满 5000 万元的 22 人中，刑期都在 11 年至 15 年有期徒刑之间（其中 11 年 1 人，12 年 5 人，12 年 6 个月 4 人，13 年 3 人，13 年 6 个月 1 人，13 年 9 个月 1 人，14 年 1 人，14 年 6 个月 1 人，15 年 5 人），无一人被判处无期徒刑，而这一数额 2014 年之前一般在无期徒刑至死刑之间。如 2010 年判处的 12 名贪贿高官，平均贪贿数额是 937 万元，其中数额最大的是广东政协原主席陈绍基受贿 2959 万元被判处死缓，最少的是最高人民法院原副院长黄松有受贿 390 万元被判处无期徒刑。而 2017 年被判处无期徒刑以上的 9 名贪贿高官，犯罪数额在亿元以上的 7 人，8000 万元以上不满 1 亿元的 2 人。⑥ 从 2016 年至 2017 年判刑情

---

① 胡云腾：《改革开放四十年刑事审判理念变迁》，《人民法院报》2018 年 10 月 10 日，第 5 版。
② 陈良飞：《35 年"打虎"记》，《新民周刊》2013 年第 38 期。
③ 刘艳红等：《中国反腐败立法研究》，中国法制出版社 2017 年版，第 133—135 页。
④ 2013 年至 2014 年间，共有 4 名高官被判处无期徒刑，其中数额在 1000 万元以上不满 2000 万元有 3 人。
⑤ 2015 年至 2017 年间，共有 15 名高官因受贿罪被判处无期徒刑，其中受贿数额在亿元以上的有 9 人，7000 万元至 9000 万元的 6 人。
⑥ 安徽省原副省长杨振超受贿 8084 万元，广东省原副省长刘志庚受贿 9817 万元，被判处无期徒刑。

况看，受贿数额不在 7000 万元以上的，已不能判处无期徒刑以上刑罚；受贿数额不满亿元的已不能判处死缓。

"轻刑化是社会发展的必然要求，因而也是刑法改革的方向。"① "刑法现代化是刑法去重刑化的过程。"② "综观世界各国的反贪污贿赂法，有一个明显的特征就是刑罚规定趋向于轻刑化。"③ 当代世界清廉国家或地区实行的腐败预防策略，都是"严而不厉"，即法网严密而刑罚轻缓。如丹麦、芬兰、新西兰、新加坡、加拿大、德国、澳大利亚及我国的香港、澳门特区的刑罚制度中，既没有无期徒刑，也没有设置终身监禁，更没有死刑。新加坡不仅是亚洲最清廉的国家，而且是世界上最清廉的五个国家之一，但其《预防腐败法》中对腐败犯罪规定的刑罚，一般是 5 年以下监禁，最高刑是 7 年以下监禁。所以，笔者认为，总体而言，贪贿犯罪刑罚轻缓化特点和趋势应当予以肯定，目前亟待解决的是贪贿犯罪量刑不平衡及非贪贿的经济犯罪量刑过重问题。

（二）死刑立即执行的适用问题

新中国成立至今，共有 4 名副部级以上官员因贪贿犯罪被判处死刑立即执行。他们是江西省原副省长胡长清（2000 年）、全国人大常委会原副委员长成克杰（2000 年）、安徽省原副省长王怀忠（2004 年）、国家药监局原局长郑筱萸（2007 年）。2007 年以后就不再有省部级以上干部因贪贿被判处死刑立即执行。④ 党的十八大以后，尽管中央加大了查办腐败的力度，但仍然没有省部级以上高官被判死刑立即执行的宣判案例。2010 年 8 月，《中华人民共和国刑法修正案（八）（草案）》一次性取消 13 种非暴力经济性犯罪的死刑，其中关于是否取消贪贿犯罪死刑曾引起社会各界热议。针对质疑，9 月 28 日，时任全国人大内务司法委员会副主任委员陈斯喜专门解释强调，"全国人大常委会在刑法修正案草案的起草过程中从来

---

① 张智辉：《刑法理性论》，北京大学出版社 2006 年版，第 321 页。

② 储槐植：《刑法现代化本质是刑法结构现代化》，《检察日报》2018 年 4 月 2 日，第 3 版。

③ 李晓明等：《控制腐败法律机制研究》，法律出版社 2010 年版，第 486 页。

④ 郑筱萸之后，仍有贪贿高官被执行死刑，如 2007 年 9 月山东省济南市人大常委会原主任段义和、2017 年 5 月内蒙古自治区政协原副主席赵黎平，被执行死刑。他们虽然也犯有受贿罪，但最终都是因为犯故意杀人罪而被执行死刑的。

没有考虑过取消贪污贿赂犯罪的死刑"。① 在司法实践中，非省部级以上高官被判处死刑立即执行的宣判和执行个案则屡有出现。②

《刑九》不仅保留贪贿犯罪的死刑，而且还增加了终身监禁。《中华人民共和国刑法修正案（九）（草案）》审议时，全国人大法律委员会指出："有的常委委员和有关部门建议对重特大贪污受贿犯罪规定终身监禁。法律委员会经同中央政法委等有关部门研究认为，对贪污受贿数额特别巨大、情节特别严重的犯罪分子，特别是其中本应当判处死刑的，根据慎用死刑的刑事政策，结合案件的具体情况，对其判处死刑缓期二年执行依法减为无期徒刑后，采取终身监禁的措施，有利于体现罪刑相适应的刑法原则，维护司法公正，防止在司法实践中出现这类罪犯通过减刑等途径服刑期过短的情形，符合宽严相济的刑事政策。"③ 终身监禁，"从这个意义上说，也可以说是对死刑的一种替代性措施"。④ 笔者曾认为，这意味着今后对贪贿犯罪应当判处死刑立即执行的，将由"终身监禁"替代。⑤《刑九》施行后两年多来，已有 4 名贪贿罪犯被判处终身监禁。⑥ 其中 2 名是省部级以上高官，这更证实了笔者关于死刑立即执行将由"终身监禁"替代的判断。但山西省吕梁市人民政府原副市长张中生受贿、巨额财产来源不明案的判决使死刑立即执行将由"终身监禁"替代的判断终难证成。

2018 年 3 月 28 日，"山西省临汾市中级人民法院依法对吕梁市原副市

---

① 毛磊：《取消贪污贿赂犯罪死刑？修改刑法从未如此考虑》，http：//npc. people. com. cn/GB/14957/53050/12848310. html.

② 如 2009 年 8 月 7 日首都机场集团公司原董事长李培英因犯受贿罪、贪污罪在山东省济南市被执行死刑；2012 年 10 月 15 日内蒙古乾坤金银精炼股份有限公司原董事长、总经理宋文代因犯贪污罪、挪用公款罪一审被判处死刑立即执行，2013 年 8 月 9 日内蒙古高级人民法院二审维持原判，案件随后进入最高人民法院死刑复核阶段；2014 年 12 月广州市白云农工商联合公司原总经理张新华因犯有贪污罪、受贿罪、非国家工作人员受贿罪一审被判处死刑立即执行；2015 年 2 月 3 日湖南高广投资有限公司原董事长彭曙、总经理胡浩龙因犯受贿罪一审被判处死刑立即执行。

③ 2015 年 8 月 24 日全国人民代表大会法律委员会关于《中华人民共和国刑法修正案（九）（草案）》审议结果的报告。

④ 全国人大常委会法制工作委员会刑法室编著：《〈中华人民共和国刑法修正案（九）〉释解与适用》，人民法院出版社 2015 年版，第 221 页。

⑤ 张兆松：《论〈刑法修正案（九）〉对贪污贿赂犯罪的十大重大修改和完善》，《法治研究》2016 年第 2 期。

⑥ 全国人大环境与资源保护委员会原副主任委员白恩培、国家能源局煤炭司原副司长魏鹏远、黑龙江龙煤矿业控股集团有限责任公司物资供应分公司原副总经理于铁义和天津市政协原副主席、公安局原局长武长顺。

长张中生受贿、巨额财产来源不明案一审公开宣判，对被告人张中生以受贿罪判处死刑，剥夺政治权利终身，并处没收个人全部财产，以巨额财产来源不明罪，判处有期徒刑八年，决定执行死刑，剥夺政治权利终身，并处没收个人全部财产"①。张中生成为《刑九》实施以来仅因贪贿犯罪适用死刑立即执行的第一人。判决后得到了权威学者的肯定。② 但笔者认为，临汾市中级人民法院的一审判决并非不可置疑。临汾市中级人民法院认为："张中生受贿犯罪数额特别巨大，在 18 起受贿犯罪事实中，有两起受贿犯罪数额均在人民币 2 亿元以上，还主动向他人索取贿赂人民币 8868 余元。张中生利用领导干部职权为他人谋取不当利益，严重影响了当地经济健康发展，且案发后尚有赃款人民币 3 亿余元未退缴，犯罪情节特别严重。张中生目无法纪，极其贪婪，在党的十八大后仍不收敛、不收手，给国家和人民利益造成特别重大损失，罪行极其严重，应予依法严惩，法庭遂作出上述判决。"③ 根据《刑九》和《解释》的规定，受贿数额已不再是适用死刑立即执行的唯一标准。张中生受贿犯罪情节特别严重，确实应当判处死刑，但其受贿犯罪行为全部都发生在经济领域，即便对当地经济有影响也仅在吕梁市和中阳县。"2000 年至 2013 年，被告人白恩培先后利用担任青海省委书记、云南省委书记、全国人大环资委副主任委员等职务上的便利以及职权和地位形成的便利条件，为他人在房地产开发、获取矿权、职务晋升等事项上谋取利益，直接或者通过其妻非法收受他人财物，共计折合人民币 2.4 亿余元，还有巨额财产明显超过合法收入，不能说明来源。"④ 被告人白恩培的犯罪行为既有经济领域，又有买官卖官等政治领域。如云南临沧市委原书记李小平、昆明市委原书记高劲松等，为获得提拔都曾向白恩培大肆行贿，"足见白恩培对云南政治生态的破坏程度之深"。⑤ 天津市政协原副主席、公安局原局长武长顺贪污 3.42 亿余元、受

① 参见《张中生受贿、巨额财产来源不明案一审宣判：被告人被判处死刑并处没收个人全部财产》，《人民日报》2018 年 3 月 29 日，第 11 版。
② 周斌、马超：《权威专家解读张中生案一审判决》，《法制日报》2018 年 3 月 29 日，第 3 版。
③ 参见《张中生受贿、巨额财产来源不明案一审宣判：被告人被判处死刑并处没收个人全部财产》，《人民日报》2018 年 3 月 29 日，第 11 版。
④ 王巍、王梦遥：《2.46 亿元创落马官员新高，白恩培被判死缓终身监禁第一人》，《新京报》2016 年 10 月 10 日，第 A12 版。
⑤ 卫张宁：《向白恩培买官的市委书记，又判一个》，http：//news. ifeng. com/a/20180105/5483 1870_ 0. shtml。

贿 8440 万余元（受贿数额全部是卖官收入）、挪用公款 1.01 亿余元归个人使用、单位行贿 1057 万元。此外，"武长顺在担任天津市公安局副局长、局长期间，滥用职权，对他人采取刑侦措施，损害他人合法权益，情节特别严重；徇私枉法，接受他人请托，包庇犯罪嫌疑人，使之未被追究刑事责任"①。单就犯罪数额而言，张中生受贿的数额确实高于白恩培、武长顺，但综合全案各种量刑因素，难以得出张中生案的社会危害性、人身危险性大于白恩培、武长顺案件，其判处死刑立即执行的必要性高于白恩培、武长顺。白恩培、武长顺能被判处终身监禁，张中生何以不能判处终身监禁？

（三）量刑不平衡问题

1. 主刑适用的不平衡。1997 年刑法将 1 万元、5 万元和 10 万元作为贪污罪、受贿罪数额较大、数额巨大和数额特别巨大的标准。随着贪贿犯罪的日益严重，犯罪数额与主刑适用的不平衡问题十分突出。②《刑九》和《解释》的颁布，在一定程度上解决了原来存在的贪贿十几万元与贪贿几十万元、几百万元，甚至几千万元，量刑相近或差距不大的问题。从百名贪贿高官量刑情况看，立法的修改确实缓解了这种量刑不平衡的矛盾，但并没有根本上解决这一问题。如近 3 年，有 5 名高官因受贿罪被判处有期徒刑 11 年，这 5 名罪犯都具有相同的从宽量刑情节，但受贿数额仍有较大差距。③ 有 20 名高官因受贿罪被判处有期徒刑 15 年，除景春华、潘逸阳有重大立功情节外，其他 18 名罪犯都是因为具有相同的从宽量刑情节而获得从轻处罚，但这些高官受贿数额差距悬殊。这一现象在判处无期徒刑、死刑缓刑二年执行的贪贿高官中也同样存在。

2. 财产刑适用的不平衡。《刑九》和《解释》实施以后，财产刑特别是罚金刑的适用得到了应有的重视。但对贪贿高官财产刑的适用仍呈现以下问题：（1）财产刑处罚力度较小。在罚金刑中，最低数额是 20 万元，最高数额是 500 万元；没收部分财产的，最低数额是 13 万元，最高数额是

---

① 参见《天津市政协原副主席、公安局原局长武长顺一审被判死缓》，《检察日报》2017 年 5 月 28 日，第 1 版。

② 郭少峰：《受贿 10 至 500 万量刑差距小》，《新京报》2011 年 3 月 11 日，第 A06 版。

③ 这 5 名罪犯相同的量刑情节是"到案后如实供述犯罪事实，主动交代侦查机关尚未掌握的受贿事实，认罪悔罪，涉案赃款赃物已全部追缴"。

500 万元。即便是最高罚金或没收财产 500 万元的，也不到犯罪数额的 10%。高官贪贿犯罪财产刑处罚力度明显偏小，与普通贪贿案件相比差距悬殊。（2）罚金刑和没收财产刑选择适用标准不明确。根据《刑九》规定，贪污、受贿数额巨大、数额特别巨大，或者有其他严重情节的、有其他特别严重情节的，既可以并处罚金，也可以选择没收财产。2016 年至 2017 年宣判的所有贪贿高官，除 1 件属于犯罪数额巨大外，其他都属于犯罪数额特别巨大，这意味着对这些罪犯既可以选择并处罚金，也可以选择并处没收财产。但何种情节适用罚金？何种情节适用没收财产？立法和司法解释均无明确规定，适用标准不统一。（3）判处没收财产的数额标准不明确。《解释》只相对明确了罚金刑的数额标准，而没有明确没收财产的数额标准，这必然带来审判实践中的任意性。如韩学健受贿 1686 万元，没收财产 100 万元，而杨卫泽受贿 1643 万元，却没收财产 200 万元。

（四）量刑情节的适用问题

1. 数额与情节的关系。《刑九》亮点之一就是贪贿犯罪的定罪量刑标准由原来单纯的"数额"标准（一元标准）修改为"数额＋情节"标准（二元标准）。从立法规定看，贪贿数额已不是认定贪贿犯罪情节是否严重或特别严重的唯一因素。[①] 孙超然博士通过实证研究认为，"金额的标准在作为高官贪污受贿的案件中，其决定力已然失效"。[②] 根据学者过勇、李松锋对 1997 年至 2014 年已经审结的 2796 起贪贿犯罪案件的分析，在普通贪贿案件中"涉案金额对量刑起决定性作用"，但是"当级别达到正厅级以上时，涉案金额对刑事量刑的影响趋于减弱"[③]。贪贿高官涉案数额一般都是特别巨大，相对于原来的 1 万元、5 万元和 10 万元的数额标准和目前的 3 万元、20 万元和 300 万元的起点数额标准来说，确实对其量刑已无影响。但通过对这百名贪贿高官的量刑情况分析，数额仍然是决定贪贿高官量刑轻重的决定性因素（参见表 7）。表 7 所示：犯罪数额越大，所判处的刑罚越重。判处 10 年以上刑罚的，单罪的犯罪数额应在 600 万元以上；判处无

---

① 但是《解释》采用的是"以数额评价为主，其他情节作为定罪或者法定刑升格条件"的规定方法。这一解释是否完全符合立法原意尚需研究。

② 孙超然：《论贪污罪、受贿罪中的"情节"——以高官贪腐案中裁判考量因素的实证分析为切入点》，《政治与法律》2015 年第 10 期。

③ 过勇、李松锋：《贪污受贿案件刑事量刑的实证研究》，《经济社会体制比较》2018 年第 1 期。

期徒刑的，单罪的犯罪数额应在 7000 万元以上；判处死缓的，单罪的犯罪数额应在亿元以上。虽然同一刑度之间，犯罪数额可能差距悬殊（如判处 10 年以上不满 15 年的，犯罪数额在 600 万元至 8000 万元之间；判处无期徒刑的，犯罪数额在 7000 万元至 1.5 亿元之间，数额差距确实很大），但不同刑度之间，数额差距比较小（如判处 5 年以上不满 10 年的最高数额与判处 10 年以上不满 15 年的最低数额相差近百万元；判处 10 年以上不满 15 年的最高数额与判处无期徒刑的最低数额相差约千万元；判处无期徒刑的最高数额与判处死缓的最低数额相差千万元，数额差距不大）。这表明：《刑九》和《解释》实施后，数额决定刑罚轻重的现状没有实质性改变。数额以外的其他情节，虽然对量刑可能会有一定的影响，但总体而言，影响很小。如有 6 名贪贿高官具有索贿情节，但从量刑结果根本体现不出是从重处罚。

表 7　2016—2017 年贪贿高官量刑数额标准①

判处刑罚	贪贿高官人数	犯罪数额（万元）	
		最低数额	最高数额
不满 5 年	3	15	444
5 年以上不满 10 年	4	376	710
10 年以上不满 15 年	35	636	8601
无期徒刑	15	7708	15300
死缓	3	14000	32400

2. 从重、从轻情节适用不平衡。在贪贿犯罪量刑中，我国长期存在着"从宽情节评价过度、从严情节评价不足"的问题，轻刑化现象严重。《刑九》和《解释》实施后，这一问题并没有得到有效解决，贪贿高官量刑更是如此。从贪贿要案查处程序看，以往大多是纪检监察部门先调查，再移交给检察机关（监察体制改革后完全由纪检监察部门调查）。这类案件大都认定为自首，而一旦认定自首，一般就是减轻或者免除处罚。据王林林博士对 200 例贪污、受贿案件的分析，贪污罪和受贿罪自首情节适用率分别为 38% 和 55%，在具有自首情节的 55 例受贿案件中，适用减免刑罚功能的有 52 例，占所有自首情节的 94.55%，其中适用减轻功能的 39 例，

---

① 这里的犯罪数额仅限于单罪数额，不包括数罪的总额，因数罪并罚被判处 15 年以上有期徒刑的，本文不再作分析统计。

占所有自首情节的 70.91%，适用免予处罚功能的 13 例，占比 23.64%。① 这种任意扩大自首、立功认定的做法，违背立法规定，为贪贿犯罪的轻刑化开了方便之门。有鉴于此，最高人民法院、最高人民检察院 2009 年 3 月 12 日《关于办理职务犯罪案件认定自首、立功等量刑情节若干问题的意见》及最高人民法院 2010 年 10 月 22 日《关于处理自首和立功若干具体问题的意见》对职务犯罪自首、立功成立条件作了严格限制。从司法实践看，这种限制效应在百名贪贿高官中得到了一定的体现，自首、立功的比例确实有了大幅度的下降。但新的问题是：2011 年《中华人民共和国刑法修正案（八）》又将"坦白从宽"由原来的酌定从宽情节修改为法定从宽情节，贪贿犯罪中自首、立功的比例确实下降了，但整体上从轻、减轻处罚的比例反而更高了。特别是对于贪贿犯罪中的特别从轻、减轻处罚情节，立法本意是"根据反腐败斗争的实际需要，《刑九》对贪污罪受贿罪从宽处罚的条件作了更为严格的限制，并单独规定一款，对犯贪污受贿罪，如实供述自己罪行、真诚悔罪、积极退赃，避免损害结果发生的，可以从宽处罚。这一规定体现了宽严相济的刑事政策，有利于教育、改造贪污受贿犯罪分子，集中惩处罪行严重的贪污受贿犯罪"②。胡冬阳博士的实证研究证明："从重情节对贿赂犯罪影响较小，与没有从重情节的贿赂犯罪相比差别不明显。"③ 在百名贪贿高官中，除陈柏槐不认罪而被从重处罚外，④ 尚未发现有其他高官因有其他从严情节而被从重处罚的。如第十二届全国政协原副主席苏荣，收受他人贿赂 1.16 亿余元；滥用职权，致使公共财产、国家和人民利益遭受重大损失；8027 万余元的财产不能说明来源。而且苏荣"身为党的高级领导干部，无视党的政治规矩，严重违反组织纪律，大肆卖官鬻爵，带坏了干部队伍，败坏了社会风气；自身严重腐败，并支持、纵容亲属利用其特殊身份擅权干政，谋取巨额非法利益，严

---

① 王林林：《贪污、受贿犯罪后情节适用的规范化研究——基于 200 例贪污、受贿判决文本的实证分析》，《法律适用》2016 年第 9 期。

② 郎胜主编：《中华人民共和国刑法释义》，法律出版社 2015 年版，第 655 页。

③ 胡冬阳：《贿赂犯罪"数额＋情节"模式运行实证研究——以 J 省 2016—2017 年的判决书为研究样本》，《湖北社会科学》2017 年第 10 期。

④ 陈柏槐滥用职权、受贿案，与其他贪贿高官的量刑相比，陈柏槐确实判得重了。但陈柏槐案 2015 年 8 月 31 日终审宣判时，《刑九》尚未实施。根据原立法规定，其受贿 283 万元，被判处有期徒刑 12 年；滥用职权给国家造成经济损失人民币 6.1 亿余元，判处有期徒刑 8 年，合并执行有期徒刑 17 年，很难说已体现从重处罚。

重破坏了党内政治生活，损害了当地政治生态，性质极其严重，影响十分恶劣"。苏荣有如此多的法定和酌定从重处罚情节，最终法院仍以"苏荣到案后如实供述自己的罪行，主动交代办案机关尚未掌握的部分受贿犯罪事实；认罪悔罪，赃款赃物已全部追缴，具有法定、酌定从轻处罚情节，依法可对其从轻处罚"，而对其判处无期徒刑。② 该从轻的从轻了，该从重的却没有从重。

三、 惩治贪贿高官量刑规范化的建议

量刑问题不仅事关当事人的生命、自由和财产，而且让人直接感受司法是否公正。量刑失衡、量刑不公严重损害司法公信力。实现量刑规范化，确保量刑标准统一、公正，是目前我国反腐败和司法改革的重要内容。贪贿案件的量刑问题，既是我国刑事司法的难点，也是广大民众关注的热点，尤其是省部级以上高官腐败案件的量刑更是备受关注，也容易引发争议。为了更好地规范对贪贿高官的量刑，笔者提出以下建议。

（一） 明确终身监禁替代死刑立即执行

1. 立法上保留死刑，司法上使死刑虚置。根据国际大赦组织 2018 年 4 月发布的 2017 年世界各国死刑判决与执行情况观察年度报告，截至 2017 年 12 月 31 日，在全世界近 200 个国家或地区中，一共已有 142 个国家废除死刑，即全球超过三分之二的国家已在法律或实务上废除死刑。我国是世界上唯一对经济犯罪保留死刑的国家，废除贪贿犯罪的死刑符合现代司法理念和世界立法通例。基于当下中国腐败犯罪现实和政治、民意等考量，我国难以马上从立法上直接废除死刑。在《中华人民共和国刑法修正案（八）》已废除 13 个死刑罪名的基础上，《刑九》又一次性取消 9 个死刑罪名，但贪贿犯罪的死刑没有被废除。《刑九》和《解释》实施以来，司法实践中没有出现过省部级以上高官因贪贿被判处死刑立即执行的个案。这意味着 2007 年至今已逾 10 年没有出现高官因贪贿犯罪被判处死刑

---

① 参见《全国政协原副主席苏荣严重违纪违法被开除党籍和公职》，《检察日报》2015 年 2 月 17 日，第 1 版。
② 参见《全国政协原副主席苏荣受贿、滥用职权、巨额财产来源不明案一审宣判》，《人民日报》2017 年 1 月 24 日，第 1 版。

立即执行的案例，最重的也是死刑缓期二年执行。两例贪贿数额特别巨大、情节特别严重的犯罪分子白恩培、武长顺，本应当判处死刑立即执行，最后都适用终身监禁。立法上保留死刑，司法上使死刑虚置，可以为未来立法上彻底废除贪贿犯罪的死刑奠定实践基础。

2. 明确终身监禁替代死刑立即执行。"根据国际上的刑罚实践来看，终身监禁充当着死刑的替代角色。"①《刑九》通过后，本来贪贿犯罪死刑与终身监禁并行仅限于立法规定，但由于全国人大法律委员会关于终身监禁适用的解释说明存在，终身监禁将替代死刑立即执行成为学界多数人的看法，也被视为我国贪贿犯罪废除死刑的过渡措施。从社会舆论看，这种将终身监禁替代死刑立即执行的判决得到了社会各界的积极评价。如果顺势发展，学者们所期待的通过"司法先行、立法缓行"的路径实现贪贿犯罪的死刑最终废除将为期不远。但张中生案件的宣判使这种顺势发展之路受阻。如果张中生被核准死刑，将直接导致贪贿犯罪死刑与终身监禁"双酷刑并行"的局面在司法中得以确立。这种前后矛盾的做法将使我国贪贿犯罪的死刑存废之争进一步复杂化，通过司法实际废除死刑，进而从立法上废除经济性犯罪的死刑进展将受到阻碍，从而进一步加剧我国废除贪贿犯罪死刑的难度。综合全案各种量刑因素，难以得出张中生案的严重社会危害性、人身危险性大于白恩培、武长顺案件，其判处死刑立即执行的必要性高于白恩培、武长顺。有鉴于此，笔者建议山西高级人民法院或最高人民法院将张中生受贿案由原来的死刑立即执行改判为终身监禁，并通过司法解释明确终身监禁替代死刑立即执行。

（二）扩大从重处罚"情节"的适用

受贿犯罪的本质和侵害的法益决定了受贿罪的责任评价体系中情节的作用一般比数额更大。但《刑九》实施以来的实践表明：一是"数额支配情节的罪刑配置关系依然存在，数额在司法适用顺序上优先于情节，情节仍未得到司法机关的足够重视"②。二是"从轻情节评价过度、从重情节评价不足"问题，依然严重存在，尤其是省部级以上高官贪贿案件更是表现

---

① 李卫红：《刑罚体系中的终身监禁》，载郎胜等主编：《时代变迁与刑法现代化（上卷）》，中国人民公安大学出版社 2017 年版，第 338 页。
② 胡冬阳：《贿赂犯罪"数额+情节"模式运行实证研究——以 J 省 2016—2017 年的判决书为研究样本》，《湖北社会科学》2017 年第 10 期。

突出，百名贪贿高官中只有陈柏槐一人体现了从重，其他都是从轻处罚。而之所以存在上述问题，主要原因是"从重处罚"情节不足。《刑九》确立了数额以外的"情节"在贪贿犯罪定罪量刑中的重要作用，《解释》又进一步明确了"其他较重情节"的各种具体表现。但《解释》罗列的这些具体表现，操作性不强，司法适用率很低。

根据《解释》第 1 条规定，具有九种情形之一的，应当认定为具有"其他较重情节"。从反贪贿犯罪实践来看，除第九种情形（为他人谋取职务提拔、调整的）外，其他情形适用率都很低。前五种情形（贪污救灾、抢险、防汛、优抚、扶贫、移民、救济、防疫、社会捐助等特定款物的；曾因贪污、受贿、挪用公款受过党纪、行政处分的；曾因故意犯罪受过刑事追究的；赃款赃物用于非法活动的；拒不交待赃款赃物去向或者拒不配合追缴工作，致使无法追缴的）发生概率本身比较小。第六种情形（造成恶劣影响或者其他严重后果的）原则、抽象，难以判断认定。第七种情形（多次索贿的），不仅要"索贿"，而且要"多次"才能"从重"，大大降低适用概率。第八种情形（为他人谋取不正当利益，致使公共财产、国家和人民利益遭受损失的），往往又与《解释》第 17 条规定相竞合，一般不能再作为"从重"情节适用。所以，《解释》并没有解决《刑九》所规定的"非数额情节"的明确化问题。

要解决贪贿犯罪数额权重过高及量刑中的"从轻情节评价过度、从重情节评价不足"问题，必须扩大"从重情节"的范围。结合我国司法实践，借鉴国外、境外的反腐败立法，应将《解释》列举的情形加以恰当修改，同时增加新的"从重处罚"情形：

1. 多次受贿的。只要每次受贿数额达到法定标准，受贿次数在三次以上的，就认为是"多次受贿"。[①] 笔者曾专门收集了 2012 年以后判刑的 20 个高官贪腐案例统计发现，"平均腐败时间跨度是 14 年，其中腐败跨度在 10 年以上的有 16 人，15 年以上的有 7 人，王敏、申维辰长达 22 年，刘志军长达 25 年，最短也有 7 年"[②]。多次、长期实施贪贿犯罪，充分体现公职人员对国家法律的蔑视和对职务行为公正性、廉洁性的破坏，主观恶性大。

[①] 我国刑法体系中，已有部分犯罪通过立法或司法解释采用了降低入罪门槛或规定了较重法定刑的方式对"多次"行为从严惩治。如"多次抢劫""多次盗窃""多次抢夺"等。

[②] 张兆松：《"边腐边升"现象的犯罪学思考》，《山东警察学院学报》2017 年第 1 期。

2. 索贿的。只要有索贿行为，索贿数额达到法定标准的，就要"从重"，不再要求"多次"。刑法第 386 条本身就规定"索贿的从重处罚"，并无次数限制，《解释》规定"多次索贿"才能从重，本身违反立法旨意。

3. 为他人谋取不正当利益的。该从重情形不要求同时具备"致使公共财产、国家和人民利益遭受损失的"要件；如果具备这一情形的，要按一罪从重处罚，而不是数罪并罚。因受贿致使公共财产、国家和人民利益遭受损失的，应当按一罪从重处罚，还是数罪并罚？学界长期争议较大。为了统一认识，《解释》第 17 条规定，"除刑法另有规定外，以受贿罪和渎职犯罪数罪并罚"。这一司法解释与立法不协调。根据刑法第 399 条第 3 款规定，司法工作人员受贿后徇私枉法的按一罪处罚。司法人员收受贿赂而枉法裁判是社会危害更为严重的腐败行为，立法尚且规定按一罪处罚，对其他公职人员因受贿而进行违法活动构成其他罪的，司法实务中没有理由数罪并罚。再说，"如果某一情节在认定受贿罪时已被作为定罪情节考虑过，就不能再作为认定渎职犯罪危害后果的情节、事实来使用，否则，就违反禁止重复评价的法理"[1]。此其一。其二，《解释》的规定没有实现立法目的。《解释》规定这类牵连犯要数罪并罚，旨在更严厉地惩治贪贿犯罪，但实践效果并非如此。从百名贪贿高官量刑情况看，数罪并罚的人数已占所有宣判人数的 36%。6 名被判处死刑立即执行和死刑缓期二年执行的，全部适用数罪并罚，21 名判处无期徒刑的也有 9 名涉及数罪并罚，其中涉及滥用职权罪和玩忽职守罪的有 16 名。判处无期徒刑以上刑罚的贪贿高官，渎职犯罪的刑罚已完全被贪贿犯罪所吸收，只有极个别被判处有期徒刑的，数罪并罚才有意义。如果不数罪并罚，将渎职犯罪行为作为贪贿犯罪的从重处罚情节，不仅可以实现罪刑相适应，而且更有利于对贪贿高官从重处罚。如李春城受贿 3979 万元，滥用职权致使公共财产损失 5.7582 亿元，法院分别以受贿罪、滥用职权罪判处有期徒刑 12 年、2 年，决定执行 13 年。这一数额标准，如果不数罪并罚而是将滥用职权行为作为受贿罪的从重处罚情节，即便他有自首、立功情节等从轻情节，无疑也是可以判处无期徒刑的。所以，对这类贪贿犯罪按牵连犯的通说，以"一罪从重处罚"更有利于惩治犯罪。

4. 拒不交代赃款赃物去向、拒不配合追缴工作或者没有退清赃款、赃

---

[1] 周光权：《论受贿罪的情节——基于最新司法解释的分析》，《政治与法律》2016 年第 8 期。

物的。《解释》规定的"拒不交待赃款赃物去向或者拒不配合追缴工作，致使无法追缴的"，过分强调主观态度与无法追缴的因果关系，"从重"条件十分苛刻，实践中极为罕见。只要贪贿罪犯拒不交代赃款赃物去向、拒不配合追缴工作或者客观上没有退清赃款、赃物的，就要从重处罚。

5. 司法人员收受贿赂的。司法公正是社会公正的最后一道防线，司法人员收受贿赂，社会危害更加严重。近10年我国已有两名最高人民法院的原副院长因收受巨额贿赂被判处无期徒刑。2018年至少又有16名法院院长被查，多人被指干预司法。[1] 司法腐败损害司法的公正性，较之普通贿赂危害更为严重。《荷兰刑法典》第364条，《希腊刑法典》第237条，《加拿大刑法典》第119条、第120条，《挪威刑法典》第114条等，都规定了独立的司法贿赂罪。《德国刑法典》也将法官和仲裁员的贿赂作为加重情节处理。[2] 司法人员从重处罚理所当然。

6. 食品安全、医疗卫生、安全生产、环境保护等涉及国计民生领域的贿赂犯罪。

（三）进一步完善财产刑

在数额犯中始终存在着"数额越大，刑罚差距越小"的困境，刑罚力度的有限性决定了贪贿犯罪数额越大越难以匹配公平地量刑。如何解决刑罚力度的有限性与犯罪数额增长的无限性之间的矛盾？贪贿犯罪属于贪利性犯罪，贪官之所以贪，是出于贪腐能为自己和家人带来的巨大经济利益。控制贪腐的合理方式是通过刑罚纠正潜在贪官的行为动机，贪得越多，罚得越重，贪腐的风险和成本就越高。对贪贿罪犯更多地适用财产刑，既有利于实现刑罚目的，提高刑罚效益，又有助于克服"数额越大，刑罚差距越小"的异罪同罚难题，使主刑无法体现的异罪异罚通过所附加

---

[1] 王选辉：《今年至少16名法院院长被查，多人被指干预司法》，https：//www.thepaper.cn/newsDetail_ forward。

[2] 《德国刑法典》第331条第1项规定："公务员或对公务负有特别义务的人员，针对履行其职务行为而为自己或他人索要、让他人允诺或收受他人利益的，处3年以下自由刑或罚金刑"，第2项规定："法官或仲裁员，以其经实施或将要实施的裁判行为作为回报，为自己或他人索要、让他人允诺或接受他人利益的，处5年以下自由刑或罚金刑。犯本罪未遂的，亦应处罚。"根据《加拿大刑法典》第119条、第120条规定，司法人员、法官、警察局长、治安官或少年法庭工作人员收受贿赂的，应判处14年以下有期徒刑，其他公职人员则处以5年以下有期徒刑。

的财产刑的不同予以一定程度的补救。

1. 提高财产刑的处罚力度，进一步扩大罚金刑适用范围。《刑九》实施后，明显加大了对贪贿犯罪财产刑的适用。但对省部级以上贪贿高官来说，处罚力度尚有待提高。不论是判处罚金还是没收部分财产，最高数额都是500万元，但这一数额仍不到犯罪金额的10%，贪贿金额不满5000万元，一般罚金都在100万元至200万元之间。刑法第52条规定，"判处罚金，应当根据犯罪情节决定罚金数额"。可见判处罚金的依据是犯罪情节。目前贪贿犯罪罚金数额偏低，重要原因是法院在判罚时更多地考虑犯罪分子的缴纳能力，而不是犯罪情节，这既不符合立法精神，也失却了刑罚的惩罚本意。笔者建议，提高最低罚金数额标准，即由现行的10万元、20万元和50万元，提高到10万元、40万元和200万元。《刑九》扩大了罚金刑的适用范围，但仍有挪用公款罪、巨额财产来源不明罪、隐瞒境外存款罪等3个罪名没有规定罚金刑。2016年至2017年，共有8名省部级高官犯有巨额财产来源不明罪，2名省部级高官犯有挪用公款罪，因立法规定缺失，无法对该罪名适用罚金刑，建议尽快增补这3个罪名的罚金刑。

2. 明确财产刑与自由刑的比例。"根据罪刑法定原则的要求，自由刑与罚金刑之间的比例关系是必不可少的。"[①] 从百名贪贿高官财产刑量刑来看，自由刑与财产刑之间的匹配关系毫无章法可循。判处10年以上15年以下有期徒刑的高官，既有判处罚金的，也有判处没收部分财产的。判处罚金（或没收财产）100万元，对应判处的有期徒刑可以是10年到15年不等；判处罚金（或没收财产）200万元，对应判处的有期徒刑也可以是11年至15年不等。根据立法精神，没收财产是重于罚金的财产刑，没收财产的数额一般来说应当高于罚金。而从百名贪贿高官判处的财产刑看，体现不出两者的差别。国家信访局原副局长许杰受贿610万元，在量刑情节中有"索贿、为相关人员谋取不正当利益"的从重处罚情节，从轻量刑情节仅是"交代办案机关尚未掌握的大部分受贿事实，且认罪悔罪，案发后赃款已全部追缴"，[②] 最后是判处有期徒刑13年，没收财产13万元。为了保证财产刑适用的公平性，财产刑与自由刑的

---

① 李洁：《论罪刑法定的实现》，清华大学出版社2006年版，第276页。

② 参见《国家信访局原副局长许杰受贿610万获刑13年》，https://www.chinacourt.org/article/detail/2015/12/id/1762192.shtml。

比例亟待明确。

3. 创设新型的罚金执行制度。（1）增设罚金易科自由刑规定。罚金数额偏低的主要原因是法官裁量时，过多考虑了罚金的可执行性，以规避"执行难"问题。为了充分体现罚金的惩罚性，我国应当建立罚金易科自由刑制度。"罚金易科是当今世界很多国家和地区为保障罚金刑的有效执行而采取的一种切实有效的方法……意大利、希腊、索马里、土耳其、挪威、新西兰、罗马尼亚、澳大利亚、泰国、阿根廷以及英美等许多国家刑法中都采取罚金易科自由刑制度。"① 新加坡是世界最清廉的国家之一，它之所以治贪卓有成效，原因之一是充分运用经济手段惩治腐败。该国《预防腐败法》所规定的贪贿犯罪的监禁刑最重是 7 年，但它规定要并处罚金。为了保证罚金的执行，其《没收腐败、贩运毒品和其他严重犯罪所得法》（2000 年修订版）第 14 条"适用罚金执行程序"中规定了严厉的罚金易科自由刑制度，从而保证了罚金刑的执行到位。② （2）严格执行罚金延期缴纳制度。根据 2012 年《中华人民共和国刑事诉讼法》规定，被判处罚金的罪犯，如果由于遭遇不能抗拒的灾祸缴纳确实有困难的，可以裁定减少或者免除。2018 年 10 月 26 日通过的新修正的《中华人民共和国刑事诉讼法》增设了罚金延期缴纳的规定。这对于保证罚金的执行，提高罚金的惩罚性，具有重要意义，各级审判机关应当充分把握立法修改的主旨，加大罚金刑的处罚力度。

4. 明确没收财产的数额。对于没收财产刑的存废，我国刑法学界长期有争论。③ 近年越来越多的学者赞同废除财产刑，④ 也有的学者要求废除贪

---

① 高铭暄、赵秉志主编：《刑罚总论比较研究》，北京大学出版社 2008 年版，第 351 页。

② 根据该法第 14 条第 1 项规定：因未能支付第 4 条或者第 5 条规定的款额而被法院判处监禁的刑期应当根据下列情形判处：款额为 2 万新元以下的，处 2 年以下监禁；款额为 2 万新元以上 5 万新元以下的，处 5 年以下监禁；款额为 5 万新元以上 10 万新元以下的，处 7 年以下监禁；款额为 10 万新元以上，处 10 年以下监禁。第 2 项又明确规定：被告人因未能支付该款额而服的刑期，应当在监禁刑执行结束后开始计算（参见《新加坡预防腐败法》，中国方正出版社 2013 年版，第 72—73 页）。

③ 赵秉志主编：《中国刑法学研究会学术研究 30 年》，法律出版社 2014 年版，第 351—352 页。

④ 杨彩霞：《没收财产刑的困境与出路》，《华东政法学院学报》2001 年第 4 期；李洁：《罪与刑立法规定模式》，北京大学出版社 2008 年版，第 126—1135 页；赵秉志：《当代中国刑罚制度改革论纲》，《中国法学》2008 年第 3 期；黄凤：《论 "没收个人全部财产" 刑罚的废止——以追缴犯罪资产的国际合作为视角》，《法商研究》2014 年第 1 期；等等。

贿犯罪的没收财产刑。① 笔者也赞同废除论。② 从立法的科学性、合理性分析，完全可以将罚金刑与没收财产刑合并为罚金刑。但没收财产刑的存废，涉及我国整个刑罚结构的调整和所有个罪财产刑的配置问题，短期内要作出立法修改难度很大，尤其难以先废除贪贿犯罪中的没收财产刑。当前突出的问题是：判处没收个人部分财产的，没收力度过小；判处没收个人全部财产的，没收个人全部财产的数额不明确。如所有判处无期徒刑以上刑罚的贪贿高官都被同时判处没收个人全部财产，但个人全部财产究竟是多少？所有裁判结论中都不明确。这不仅影响司法判决的公信力，而且影响没收财产刑的执行，消解刑罚的威慑力。③ 为了保证没收财产刑适用的公平性、公正性和权威性，必须明确没收财产刑的数额标准。首先，最高人民法院、最高人民检察院应对贪贿犯罪没收部分财产的数额标准作出相对明确的规定。从立法宗旨看，没收财产应当是比罚金更加严厉的附加刑，没收财产的数额应当大于罚金。笔者建议将贪贿犯罪没收财产的最低数额规定为 100 万元和 400 元。其次，在量刑时，即在对贪贿罪犯判处没收财产时，不论是没收全部财产还是部分财产，在裁判文书中必须载明没收财产的具体财物或数额。

（四） 尽快出台贪贿犯罪量刑指导意见， 明确量刑标准

1. 出台贪贿犯罪量刑指导意见。为了纠正贪贿犯罪的"轻刑化"和量刑不平衡现象，早在 2006 年召开的第五次全国刑事审判工作会议上，最高人民法院就提出要抓紧制定贪污、贿赂、挪用公款犯罪量刑指导意见。④ 中共中央《建立健全惩治和预防腐败体系 2008—2012 年工作规划》强调

① 于雪婷：《受贿罪法定刑设置研究》，法律出版社 2013 年版，第 119—120 页；李海良、张瑞红：《论贪污罪、受贿罪没收财产刑的废除及其出路》，《浙江师范大学学报（社会科学版）》2017 年第 2 期。

② 张兆松：《刑事检察理论研究新视野》，中国检察出版社 2005 年版，第 422—423 页。

③ 如薄熙来原秘书、重庆市委原副秘书长、重庆市委办公厅原主任吴文康受贿案。2014 年 11 月，吉林省长春市中级人民法院判决认定：1999 年至 2012 年间，吴文康利用职务上的便利，非法收受他人财物共计折合人民币 2020.3348 万元，以受贿罪判处吴文康无期徒刑，剥夺政治权利终身，并处没收个人全部财产。根据中国裁判文书网 2018 年 7 月发布的吉林省长春市中院《吴文康没收个人全部财产结案通知书》所示，吴文康财产及亲友上缴财产共计 2020.664436 万元，其中 2020.3348 万元作为赃款依法上缴，其余 3296.36 元予以没收。这意味着所谓"并处没收个人全部财产"，仅没收吴文康个人财产 3296.36 元而已。

④ 鲁生：《同罪同罚：公平正义的必然要求》，《法制日报》2006 年 11 月 14 日，第 5 版。

"完善法律统一适用制度，规范司法人员自由裁量权的行使"。量刑规范化是中央确定的重点司法改革项目，也是近10年来最高法着力推进的改革内容。2010年7月，最高人民法院制定相关规定，决定从10月1日起在全国法院对15个罪名全面试行量刑规范化。2014年1月1日全国法院全面实施量刑规范化工作。2017年最高人民法院实施修订后的《关于常见犯罪的量刑指导意见》，并在全国进行第二批试点法院对危险驾驶等8个罪名进行量刑规范改革试点。但所有上述文件均不含有贪贿犯罪案件的量刑规范化的内容。这意味着这么多年过去，虽然量刑规范化取得了重大突破，但贪贿犯罪量刑规范化却没有取得任何进展。由于缺乏统一的量刑参照标准，法官自由裁量权难以得到有效控制。建议最高法尽快出台贪贿犯罪量刑指导意见，最大程度地减少法官量刑中的"恣意性"。

2. 明确重刑适用标准。基于腐败的现状和民意考量，我国立法尚难以马上废除贪贿犯罪的死刑。务实的做法是：立法上保留死刑，司法上使死刑虚置。司法实践不应再考虑死刑立即执行的适用标准问题，但要进一步明确其他重刑适用标准。（1）明确终身监禁、死缓、无期徒刑适用标准。根据《刑九》规定，终身监禁刑只是刑罚的具体执行方式，而不是独立的刑种。但这种执行方式具有特殊性，被判终身监禁的贪贿罪犯，在死缓考验期内不能减刑，在无期徒刑执行期间内也不能减刑，更不能暂予监外执行，专门对其适用标准作出更加明确规定是必要的。在上述标准中首先仍是数额标准，犯罪金额是贪贿犯罪量刑中最重要的考量因素。《解释》仅规定300万元为"数额特别巨大"的标准，《刑九》实施以来省部级以上高官贪贿数额在1000万元以上7000万元以下的，都在15年以下，一半以上在10—13年间，7000万元以下已判不了无期徒刑，判处死缓要在亿元以上。而非省部级以上高官的贪贿案件量刑数额则大大低于这个标准。有的同志认为，应当明确有期徒刑的数额上限，"受贿金额超过2000万元的，无论有何种情节，应该在无期徒刑以上量刑；受贿金额超过5000万元的，基准刑应该定为死刑"[①]。这一建议在现行条件下可能过于绝对、标准过低，恐难执行，但无论如何最高人民法院、最高人民检察院应尽快对终身监禁、死缓、无期徒刑的最低数额标准作出相对确定的规定，以限制法官

---

① 王德凡、何娟：《受贿罪量刑规范化研究——基于41名省部级官员受贿案的分析》，《中国检察官》2017年第5期。

的自由裁量权，保证普通贪贿案件与高官贪贿案件量刑上的平衡。（2）对减轻处罚作出限制解释。几乎所有贪贿高官都有从轻处罚情节，部分案件具有从轻、减轻处罚情节。在贪贿犯罪法定最高刑是无期徒刑或者死刑时，应该如何减轻处罚，现行通常理解是：本应判无期徒刑的，只有判处10年以下，才算减轻处罚；本应判处死刑的，只有判处15年以下有期徒刑，才算减轻处罚。如此理解百名贪贿高官都是从轻处罚，没有一例减轻处罚，从这个角度看确已实现了从严惩治贪贿高官的目的。这种理解和做法符合现行刑法规定，但显然违背常理。笔者建议，最高人民法院、最高人民检察院应对贪贿犯罪的减轻处罚作出限制解释：应当判处死刑的，减轻处罚是指减为无期徒刑；应当判处无期徒刑的，减轻处罚是指减为有期徒刑15年。这种限制解释具有合理性。首先，符合减轻处罚的实质含义。将死刑减为无期徒刑或将无期徒刑减为有期徒刑15年，已经超出了刑格之限度，而且正好是在法定刑之下一格判处。其次，有利于实现量刑公正。如果应当判处死刑或无期徒刑的贪贿罪犯，仅仅因为对他适用减轻处罚而判处15年以下或10年以下有期徒刑，则量刑过于悬殊，失去刑罚的公正性。（3）对特别重大损失标准作出具体规定。为了限制死刑、无期徒刑的适用，《刑九》特别强调，贪贿数额特别巨大，并使国家和人民利益遭受特别重大损失的，才能判处无期徒刑或者死刑。但《解释》并未对"特别重大损失"的具体标准作出规定，建议增补明确。

（五）建立贪贿犯罪量刑案例指导制度

在我国司法案例虽然不具有英美法"遵循先例"的功能，但具有指导意义的案例能发挥明确、细化法律、司法解释的作用。我国案例指导制度中争议最大的是效力问题。[①] 2010年11月26日最高人民法院《关于案例指导工作的规定》第7条规定："最高人民法院发布的指导性案例，各级人民法院审判类似案件时应当参照。"这是最高人民法院首次对参照指导性案例提出明确要求，也表明指导性案例对于司法人员具有事实上的约束力。[②] "在司法实践中，指导性案例的裁判要点既可以作为说理的依据引

---

① 蒋安杰：《指导性案例法律效力的各方观点——对"可以参照"含义的多角度考量》，《法制日报》2011年1月5日，第10版。

② 最高人民检察院2015年12月9日修订的《关于案例指导工作的规定》第3条也规定："人民检察院参照指导性案例办理案件，可以引述相关指导性案例作为释法说理根据。"

用，也可以作为裁判的依据引用。"① 2018 年 10 月修订的《中华人民共和国人民法院组织法》第 18 条第 2 款规定："最高人民法院可以发布指导性案例。"这是《中华人民共和国人民法院组织法》首次确立指导性案例制度。截止到 2018 年 5 月，最高人民法院已连续发布了 17 批共计 92 个指导性案例，其中民事案例 62 个，刑事案例 12 个，行政案例 15 个。但在刑事案例中涉及贪贿犯罪的案例仅 2 个，而且仅涉及定罪问题，没有涉及量刑的。贪贿犯罪法定刑幅度大，法官量刑的裁量空间也大，权力滥用的概率也高。因此，最高人民法院应抓紧调研尽早发布贪贿犯罪量刑指导案例，为各地司法机关提供有效的量刑指导，努力实现"同案同判"，防止司法腐败。

（六） 建立量刑说理制度

刑事裁判文书是人民法院代表国家行使刑事审判权适用法律的标志，是彰显司法公正的最终载体。裁判文书释法说理是世界通例，甚至被视为"最低限度的程序正义"的组成部分。"中国大陆之所以出现很多'同案不同判'以及量刑不均衡的争议，很重要的原因是法官在判决书中缺乏说理。"② "'主刑说理粗略，附加刑基本不说理'是我国刑事裁判说理的一大'特色'。"③ 充分翔实的量刑说理，是让人民群众感受公正正义的有效途径。贪贿犯罪的公正量刑，特别是省部级以上贪贿高官的定罪量刑（这类案件定罪争议不大，重要的是量刑问题），事关国家反腐大业，社会各界十分关注，其量刑的依据、标准对于全国贪贿案件都具有指导参考意义。法官通过"法定刑—基准刑—调整刑—宣告刑"的量刑过程，让广大民众了解被告人最终被判处具体刑罚的裁判理由，让被告人明白自己受到刑罚惩治的具体依据，有助于增强判决书的说服力，提升判决的公信力和权威性。遗憾的是在百名贪贿高官中，仅薄熙来、高劲松、张力军等少数案件的判决书在中国裁判文书网、北大法律信息网及最高人民法院、最高人民检察院公报上披露。④ 在已公开的少数案件判决书或报道中，量刑说

① 胡云腾：《关于参照指导性案例的几个问题》，《人民法院报》2018 年 8 月 1 日，第 5 版。
② 蒋保信：《量刑之困——大陆刑事审判量刑标准规范化之路》，《凤凰周刊》2016 年第 18 期。
③ 彭文华：《量刑说理：现实问题、逻辑进路与技术规制》，《法制与社会发展》2017 年第 1 期。
④ 本研究的基本素材来自新华社、《人民日报》、《法制日报》及《检察日报》等权威报刊的报道。

理过于简单，大多表述为"如实供述罪行，主动交代办案机关未掌握的部分犯罪事实，认罪悔罪，积极退赃，具有法定、酌定从轻处罚情节"。这显然难以满足当事人及公众对刑事裁判的正当性和说理性的要求。如杨鲁豫和聂春玉都不具有从重情节，从宽情节完全相同，杨受贿 2327 万元被判处有期徒刑 14 年，而聂受贿达 4458 万元也就判处有期徒刑 15 年，受贿数额悬殊，量刑仅差一年，依据何在？最高人民法院 2018 年 6 月 1 日《关于加强和规范裁判文书释法说理的指导意见》指出，"社会关注度较高、影响较大的案件"，应当强化释法说理。同时强调："法官行使自由裁量权处理案件时，应当坚持合法、合理、公正和审慎的原则，充分论证运用自由裁量权的依据，并阐明自由裁量所考虑的相关因素。"可见，对于贪贿犯罪案件加强量刑说理，既是广大民众的要求，也是各级法院刑事法官应当履行的职责。

结　语

贪贿犯罪案件，特别是省部级以上高官贪贿案件量刑的公正性、公平性对于惩治腐败、建设清廉国家具有重要的政治意义和法律意义。《刑九》对贪贿犯罪作了重大修改，定罪量刑标准有了明显的进步，《解释》又进一步解决了司法实践中存在的一些争议。但实践证明：贪贿犯罪量刑仍存在诸多亟待解决的理论和实践问题，尤其是量刑不均衡的问题仍然比较突出。党的十九大以来的一年间又有 22 名省部级以上高官因贪腐被纪监委立案查处。[①] 这些案件又将陆续进入审判阶段，如何使这些贪贿高官案件的量刑更符合法治反腐的要求，达到从严惩治腐败的目的，是全国民众普遍关注的问题。据悉，最高人民法院、最高人民检察院正积极调研抓紧制定出台《关于办理贪污贿赂刑事案件适用法律若干问题的解释（二）》，笔者希望本文所阐述的问题及相关建议能引起最高人民法院、最高人民检察院的重视和采纳，以期促进贪贿犯罪的量刑更加公平公正，从而进一步提升反腐败的政治效果、社会效果和法律效果。

---

① 参见《反腐"火力全开""打虎"战绩斐然》，http://fanfu.people.com.cn/n1/2018/1022/c64371-30354028.html。

第十八章　职务犯罪立法的再检讨与完善①
——《中华人民共和国刑法修正案（十一）（草案）》 对职务犯罪的修改评析

　　"法律是治国之重器，良法是善治之前提。"刑法是国家的基本法，是维护国家安全、社会安全和人民安全的"最后一道防线"。为了维护国家安全、社会稳定，保护人民群众生命、财产安全，并及时应对当前国内外形势变化及疫情防控和经济社会发展面临的新情况、新问题，2020 年 6 月 28 日，《中华人民共和国刑法修正案（十一）（草案）》（以下简称《草案》）首次提请十三届全国人大常委会第二十次会议审议。审议后，《草案》在中国人大网公布，征求广大民众的意见。这是我国 1997 年刑法典颁布后第十二次修改刑法。之前我国已分别通过了一个决定和十个刑法修正案。《草案》共计 31 个条文，其中涉及职务犯罪的有 5 个条文。这是 2015 年 9 月《中华人民共和国刑法修正案（九）》（以下简称《刑九》）对职务犯罪作出重大修改后的又一次重要调整。本文试就《草案》对职务犯罪修改的内容作一简析，并就如何进一步完善《草案》对职务犯罪的规定提出建言。

一、　《草案》 对职务犯罪的修订内容

　　职务犯罪不仅侵犯国家对职务行为的管理职能，损害职务行为的廉洁性、公正性，而且会导致国家、人民利益或单位利益遭受重大损失。我国一向重视对职务犯罪立法，1997 年刑法不仅单设贪污贿赂罪、渎职罪、军人违反职责罪专章，而且在破坏社会主义市场经济秩序罪、侵犯财产罪中规定了一系列的职务犯罪罪名。1997 年刑法实施后，立法机关又根据职务

---

　　① 本文原载《法治研究》2020 年第 5 期。

犯罪的现状和惩治职务犯罪的需要，及时修订相关的职务犯罪。除了《中华人民共和国刑法修正案（二）》《中华人民共和国刑法修正案（三）》《中华人民共和国刑法修正案（五）》《中华人民共和国刑法修正案（十）》没有对职务犯罪进行修改外，其他 7 次都对相关职务犯罪进行了修改和补充，充分体现了立法机关对职务犯罪的重视。现公布的《草案》对职务犯罪的修改内容如下。

（一）修改非国家工作人员贪贿犯罪，加大对非公企业的保护力度

自 1995 年 2 月 28 日第八届全国人大常委会第十二次会议通过的《关于惩治违反公司法的犯罪的决定》增设商业侵占罪、商业受贿罪和挪用资金罪之后，我国贪贿犯罪实际上由一元制走向二元制，即国家工作人员构成贪污罪、受贿罪、挪用公款罪，而非国家工作人员则构成职务侵占罪、非国家工作人员受贿罪和挪用资金罪。两者之间不仅犯罪主体不同，而且定罪量刑的数额标准和刑罚标准也存在重大差异，"非公单位职务犯罪要求严、标准高，入罪难；非公单位人员职务犯罪刑罚轻，惩治不力"。[①]"任何人犯罪，在法律面前一律平等，如果针对国有企业、民营企业、私营企业给予不同的刑法保护，则违背了刑法公平正义之理念，不是良善的法。"[②] 笔者也曾多次呼吁要求改变这种立法现状。[③]《刑九》主要是修改了第八章贪污贿赂罪及对《刑法》第 164 条第 1 款增加罚金刑，而对职务侵占罪、挪用资金罪及非国家工作人员受贿罪未作任何修改。这种公私不平等的立法现状非常不利于非公产权的刑法保护。

非公经济是我国社会主义市场经济的重要组成部分。党的十八届四中

---

① 张兆松、周淑婉：《非公有制财产刑事法律保护的缺陷及其完善——以职务犯罪为视角》，《浙江工业大学学报（社会科学版）》2017 年第 2 期。

② 刘艳红：《以科学立法促进刑法话语体系发展》，《学术月刊》2019 年第 4 期。

③ 近年笔者发表涉及该主题的论文有：《论宪法平等原则在刑法中的实现——以职务犯罪为视角的分析》，赵秉志、张军主编：《刑法与宪法之协调发展》（2012 年全国刑法学术年会文集），中国人民公安大学出版社 2012 年版，第 435—442 页；《贪污贿赂犯罪的罪名：从分立走向统一》，李少平、朱孝清、卢建平主编：《法治中国与刑法发展》（2015 年全国刑法学术年会文集），中国人民公安大学出版社 2015 年版，第 626—634 页；《完善非公企业产权刑事保护的思考——以职务侵占罪为视角的分析》，赵秉志、陈泽宪、陈忠林主编：《改革开放新时代刑事法治热点聚焦——中国刑法学研究会文集（2018 年度）》，中国人民公安大学出版社 2018 年版，第 525—531 页；《职务侵占罪"利用职务上的便利"要件再研究——以杨某被控盗窃宣告无罪案为例》，《山东警察学院学报》2019 年第 4 期；等等。

全会明确提出，"健全以公平为核心原则的产权保护制度，加强对各种所有制经济组织和自然人财产权的保护，清理有违公平的法律法规条款"。2016 年 11 月 4 日，中共中央、国务院出台的《关于完善产权保护制度依法保护产权的意见》规定："坚持平等保护。健全以公平为核心原则的产权保护制度，毫不动摇巩固和发展公有制经济，毫不动摇鼓励、支持、引导非公有制经济发展，公有制经济财产权不可侵犯，非公有制经济财产权同样不可侵犯。"《意见》强调要"加大对非公有财产的刑法保护力度"。但 2018 年 9 月一篇《私营经济已完成协助公有经济发展，应逐渐离场》的文章，引起非公经济人士的疑虑。为此，中央于 2018 年 11 月 1 日专门召开民营经济座谈会，在会上习近平总书记重申："我们毫不动摇鼓励、支持、引导非公有制经济发展的方针政策没有变！我们致力于为非公有制经济发展营造良好环境和提供更多机会的方针政策没有变！"① 新华社发表社评，对否定民营经济怪论提出强烈批评。② 随后，在全国两会上，一些人大代表强烈要求修改刑法，对非公有制经济进行平等保护。③ 2020 年 7 月 21 日，习近平总书记又主持召开企业家座谈会强调，"依法平等保护国有、民营、外资等各种所有制企业产权和自主经营权，完善各类市场主体公平竞争的法治环境"。④

为了落实中央决定，回应民众呼声，加强对非公企业产权保护，《草案》对非国家工作人员受贿罪、职务侵占罪和挪用资金罪作出了重大修改。

1. 修改非国家工作人员受贿罪

《草案》第 10 条规定："将刑法第一百六十三条第一款修改为：'公司、企业或者其他单位的工作人员，利用职务上的便利，索取他人财物或者非法收受他人财物，为他人谋取利益，数额较大的，处三年以下有期徒刑或者拘役，并处罚金；数额巨大或者有其他严重情节的，处三年以上十年以下有期徒刑，并处罚金；数额特别巨大或者有其他特别严重情节的，

---

① 习近平：《在民营企业座谈会上的讲话》，《人民日报》2018 年 11 月 2 日。
② 《否定民营经济的怪论为何"有毒"》，《新华社每日电讯》2018 年 11 月 5 日。
③ 李阳：《全国人大代表熊建明：统一贪污罪职务侵占罪定罪量刑标准》，《人民法院报》2019 年 3 月 10 日，第 6 版；闫晶晶：《杨景海代表建议修改刑法相关规定——对非公有制经济进行平等保护》，《检察日报》2020 年 5 月 24 日，第 12 版。
④ 习近平：《在企业家座谈会上的讲话》，《人民日报》2020 年 7 月 22 日，第 2 版。

处十年以上有期徒刑或者无期徒刑，并处罚金。'"与原《刑法》第 163 条相比，修改内容是：（1）提高主刑量刑幅度，加大惩治力度。原来法定刑只有二档，即 5 年以下有期徒刑或者拘役和 5 年以上 15 年以下有期徒刑。现修改为三档：3 年以下有期徒刑或者拘役；3 年以上 10 年以下有期徒刑；10 年以上有期徒刑或者无期徒刑。（2）增设罚金刑，取消没收财产刑。原来只规定非国家工作人员受贿罪，判处 5 年以上有期徒刑的，"可以并处没收财产"，显见财产刑的适用力度不足：第一档法定刑中没有规定财产刑；第二档法定刑中的没收财产也是"可以"适用，而不是应当适用。现《草案》修改为：第一，规定"必罚制"，即三个档次的法定刑，都要附加"并处罚金"。第二，取消没收财产刑。（3）修改本罪的构成要件。我国自古就有受贿罪"计赃论罪"的立法传统。《刑九》以前，贪污罪、受贿罪都以数额作为定罪处罚的核心标准。以数额为中心的评价标准难以全面反映受贿罪的社会危害性。《刑九》对此作出了重大修改，确立了"数额或情节"的定罪量刑标准新模式。但《刑九》未对非国家工作人员受贿罪作出修改，《刑法》第 163 条仍然是"唯数额论"。现《草案》根据法定刑的不同，分别将其定罪处罚标准修改为："数额较大的""数额巨大或者有其他严重情节的""数额特别巨大或者有其他特别严重情节的"。

2. 修改职务侵占罪

《草案》第 18 条规定："将刑法第二百七十一条第一款修改为：'公司、企业或者其他单位的工作人员，利用职务上的便利，将本单位财物非法占为己有，数额较大的，处三年以下有期徒刑或者拘役，并处罚金；数额巨大的，处三年以上十年以下有期徒刑，并处罚金；数额特别巨大的，处十年以上有期徒刑或者无期徒刑，并处罚金。'"与原职务侵占罪相比，修改内容是：（1）提高主刑量刑幅度，加大惩治力度。原来本罪法定刑只有二档，即 5 年以下有期徒刑或者拘役和 5 年以上有期徒刑，现《草案》修改为三档：3 年以下有期徒刑或者拘役；3 年以上 10 年以下有期徒刑；10 年以上有期徒刑或者无期徒刑。（2）增设罚金刑，取消没收财产刑。原来只规定犯职务侵占罪判处 5 年以上有期徒刑的，"可以并处没收财产"。现《草案》规定了"必罚制"，即三个档次的法定刑，都要附加"并处罚金"。同时取消了没收财产刑。

3. 修改挪用资金罪

《草案》第 19 条规定："将刑法第二百七十二条修改为：'公司、企业或者其他单位的工作人员，利用职务上的便利，挪用本单位资金归个人使用或者借贷给他人，数额较大、超过三个月未还的，或者虽未超过三个月，但数额较大、进行营利活动的，或者进行非法活动的，处三年以下有期徒刑或者拘役；挪用本单位资金数额巨大的，处三年以上七年以下有期徒刑；数额特别巨大的，处七年以上有期徒刑。国有公司、企业或者其他国有单位中从事公务的人员和国有公司、企业或者其他国有单位委派到非国有公司、企业以及其他单位从事公务的人员有前款行为的，依照本法第三百八十四条的规定定罪处罚。有第一款行为，在提起公诉前将挪用的资金退还的，可以从轻或者减轻处罚。'"《草案》对原挪用资金罪的修改表现在：（1）提高主刑量刑幅度，加大惩治力度。原来本罪法定刑只有二档，即3年以下有期徒刑或者拘役和3年以上10年以下有期徒刑。现修改为三档：3年以下有期徒刑或者拘役；3年以上7年以下有期徒刑；7年以上有期徒刑。（2）删除挪用资金数额较大"不退还的"应加重处罚的规定。原刑法第272条曾规定，挪用本单位资金"数额较大不退还的，处三年以上十年以下有期徒刑"。即将挪用资金数额较大"不退还的"作为加重处罚情节。现《草案》删去了这一规定。（3）增设特别从宽情节。《草案》第19条第3款规定："有第一款行为，在提起公诉前将挪用的资金退还的，可以从轻或者减轻处罚。"

（二）修改中介组织人员受贿犯罪的定罪处罚标准

原《刑法》第229条规定："承担资产评估、验资、验证、会计、审计、法律服务等职责的中介组织的人员故意提供虚假证明文件，情节严重的，处五年以下有期徒刑或者拘役，并处罚金。前款规定的人员，索取他人财物或者非法收受他人财物，犯前款罪的，处五年以上十年以下有期徒刑，并处罚金。"《草案》第16条除对提供虚假证明文件罪的定罪量刑标准作出重要修改外，还将原《刑法》第229条第2款修改为"前款规定的人员，索取他人财物或者非法收受他人财物，同时构成其他犯罪的，依照处罚较重的规定定罪处罚"。

（三）增设药品监管渎职犯罪，细化食品药品监管渎职犯罪的情形

为了加强对食品安全的监管，《中华人民共和国刑法修正案（八）》第

49 条增设了刑法第 408 条之一的食品监管渎职罪。但对负有药品安全监管职责的国家机关工作人员严重不负责任导致发生重大药品安全事故或者造成其他严重后果的，只能根据刑法第 397 条之滥用职权罪或者玩忽职守罪定罪处罚，而这两个罪名法定刑配置较轻，已不能适应惩治该类犯罪的需要。[①] "为进一步强化食品药品安全，保护人民群众安全，与药品管理法等法律作好衔接"，[②] 《草案》第 28 条规定："将刑法第四百零八条之一第一款修改为：'负有食品药品安全监督管理职责的国家机关工作人员，滥用职权或者玩忽职守，有下列情形之一的，处五年以下有期徒刑或者拘役；造成特别严重后果的，处五年以上十年以下有期徒刑：（一）瞒报、谎报、漏报食品药品安全事件，情节严重的；（二）对发现的严重食品药品安全违法行为未及时查处的；（三）未及时发现监督管理区域内重大食品药品安全隐患的；（四）对不符合条件的申请准予许可，情节严重的；（五）依法应当移交司法机关追究刑事责任不移交的。'"与原食品监管渎职罪相比，条文作了如下修改：（1）增设药品监管渎职罪。即由原来的食品监管渎职罪，修改为食品药品监管渎职罪，将药品监管渎职犯罪纳入特殊渎职罪的范围。（2）细化食品药品监管渎职罪的犯罪构成。原来刑法条文只概括地规定行为人"滥用职权或者玩忽职守，导致发生重大食品安全事故或者造成其他严重后果的"予以定罪处罚。《草案》则将概括规定具体化，明示了五种应当定罪处罚的渎职表现。

二、 对 《草案》 规定的若干职务犯罪修改的评析

（一） 关于非国家工作人员贪贿犯罪中的数额与情节关系

贪贿犯罪中数额与情节的关系，学界基本上达成了共识，即贪贿犯罪，特别是贿赂犯罪不能"唯数额论"。"贪污受贿犯罪尤其是受贿犯罪情节差别很大，情况复杂，若单纯考虑受贿数额，显然无法全面、准确、客

---

① 根据刑法第 397 条规定，犯滥用职权罪或者玩忽职守罪的，"处三年以下有期徒刑或者拘役；情节特别严重的，处三年以上七年以下有期徒刑。"徇私舞弊滥用职权罪的，"处五年以下有期徒刑或者拘役；情节特别严重的，处五年以上十年以下有期徒刑。"
② 全国人大常委会法制工作委员会：《关于〈中华人民共和国刑法修正案（十一）（草案）〉的说明》。

观地反映行为的社会危害程度。"①《刑九》修改了原来贪污、受贿罪"唯数额论"的做法，采纳了"数额或情节"模式。《草案》在非国家工作人员受贿罪中参考了这种立法模式，但仍有两个问题需要探究。

1. 非国家工作人员受贿罪第一个量刑幅度问题。《草案》虽然规定犯非国家工作人员受贿罪，"数额巨大或者有其他严重情节的""数额特别巨大或者有其他特别严重情节的"，应当按照第二个、第三个量刑幅度处罚。但第一个量刑幅度仍然强调"数额较大"的标准，并没有将"其他较重情节"纳入定罪处罚范围。笔者不理解这种区分，立法旨意何在？在贪污、受贿犯罪中，数额是重要的犯罪标准，但行为方式及次数、犯罪对象，以及行为是否违背职责及违背程度等都能反映受贿行为社会危害性的大小，理应成为定罪量刑的标准。司法实践中显然也存在非国家工作人员利用职务之便，收受贿赂数额没有达到较大的标准，但具有"其他较重情节"的情形。何况最高人民法院、最高人民检察院2016年4月18日颁布的《关于办理贪污贿赂刑事案件适用法律若干问题的解释》已对"其他较重情节"作出规定，这些"其他较重情节"在非国家工作人员受贿罪也同样存在。所以，笔者建议《草案》应将第一个量刑幅度中的"数额较大"修改为"数额较大或者有其他较重情节的"，以便与受贿罪及本罪的第二个、第三个量刑幅度相衔接。

2. 职务侵占罪、挪用资金罪的定罪量刑标准问题。《草案》对职务侵占罪的构成要件并没有参考贪污罪中的"数额或情节"模式，而仍然沿用"唯数额"模式。对此，有的同志持否定意见，并"建议参照刑法第383条的规定，对《草案》第18条作出'数额加情节'修改，即数额较大或情节较重，数额巨大或情节严重，数额特别巨大或情节特别严重，因为职务侵占罪，除了数额以外，情节也能体现犯罪的危害性"②。笔者支持现行《草案》的规定。因为贪污罪的社会危害性主要体现在数额上，而受贿罪的社会危害性集中表现在对国家工作人员职务行为的正当性、公正性和廉洁性的破坏上。"犯罪数额在贪污罪和受贿罪的社会危害性评价中的机能不同。贪污罪的社会危害性主要通过犯罪数额集中反映，退缴赃款客观上对贪污犯罪中法益恢复的维度具有重要评价功能，通过退赃行为客观上

---

① 赵秉志：《贪污受贿犯罪定罪量刑标准问题研究》，《中国法学》2015年第1期。

② 胡云腾：《聚焦〈刑法修正案（十一）（草案）〉》，《法制日报》2020年7月22日，第9版。

降低了贪污罪的社会危害性，而受贿罪的社会危害性主要通过职务行为的违法程度以及危害后果决定，退赃情节起到的减刑作用小于贪污罪。"① 从实践看，尽管《刑九》确立了"数额或情节"模式，但在贪污罪中"并未改变'数额为主、情节为辅'的关系"②。可见，从贪贿犯罪立法的科学性而言，贪污罪、职务侵占罪、挪用公款罪、挪用资金罪宜采用数额为主型的定罪量刑模式，而受贿罪、非国家工作人员受贿罪应采用"情节"或者"数额或情节"型模式。由于《刑九》采纳"数额或情节"模式，如果从法条的协调性角度，职务侵占罪也理当规定"数额或情节"型模式。但《刑九》将贪污罪、受贿罪适用同一量刑幅度并不合理，未来应当将贪污罪与受贿罪分别规定法定刑，并设置不同的定罪量刑模式。基于此，笔者对职务侵占罪沿用"唯数额"模式予以肯定。

（二）关于中介组织人员受贿犯罪的修改问题

原刑法第 229 条第 2 款规定："前款规定的人员，索取他人财物或者非法收受他人财物，犯前款罪的，处五年以上十年以下有期徒刑，并处罚金。"1997 年刑法典之所以要对中介组织人员受贿罪单独规定法定刑，是因为"中介机构的性质决定了它所出具的证明文件应当公正，但实际上其却提供了虚假的证明文件，如果利用手中权力进行物质利益交换以后再出具虚假的证明文件，危害性更大。因此，为了确保中介机构的公正性，对于中介机构的人员索取他人财物或者非法收受他人财物而故意提供了虚假的证明文件必须给予严厉打击。出于以上考虑，本款规定的处刑也比第一款规定的要高，最高刑可判至十年有期徒刑，并处罚金"③。但这一立法规定值得商榷。

第一，如何认识该款规定的性质存在争议。对这一规定的性质，学界有牵连关系说、结合关系说、结果加重关系说等不同观点④。张明楷教授认为："如果中介组织人员在提供虚假证明文件的同时，索取他人财物或

---

① 陈俊秀：《贪污罪和受贿罪法定刑并轨制的法治逻辑悖论——基于 2017 年公布的 2097 份刑事判决书的法律表达》，《北京社会科学》2019 年第 4 期。

② 章桦：《贪污罪"数额与情节"关系实证研究——基于全国 18392 例量刑裁判》，《法学》2020 年第 6 期。

③ 郎胜主编：《中华人民共和国刑法释义》，法律出版社 2015 年第 6 版，第 378—379 页。

④ 彭文华：《论刑法第 229 条第 2 款规定之性质》，《新疆公安司法管理干部学院学报》2001 年第 2 期。

者非法收受他人财物数额巨大的，是本罪的情节加重犯与非国家工作人员受贿罪的想象竞合，宜从一重罪处罚。此外，中介组织人员，提供虚假证明文件后，索取、收受他人财物构成犯罪的，因为不符合刑法第229条第2款的规定，宜实行数罪并罚。"① 可见，定罪处罚标准如此明确的立法规定还是有争议，实践中类似案件究竟如何区分一罪与数罪并非易事。

第二，如果说该特别规定的目的是出于从严打击犯罪的需要，才将该行为的法定刑设定为5年以上10年以下有期徒刑。但即使是非国家工作人员受贿罪中的数额巨大的法定刑也是在5年以上有期徒刑，最高可至15年，更别说国家工作人员的受贿罪了。从1997年刑法实施以来的多年实践看，该规定客观上并没有发挥从严打击中介组织人员在提供虚假证明文件中的收受贿赂行为。

第三，1997年刑法第399条第4款专门规定："司法工作人员收受贿赂，有前两款行为的，同时又构成本法第三百八十五条规定之罪的，依照处罚较重的规定定罪处罚。"但类似罪数行为，原刑法第229条第2款却规定不同的定罪量刑标准，显见条文之间缺乏协调性。

现《草案》将第229条第2款修改为"前款规定的人员，索取他人财物或者非法收受他人财物，同时构成其他犯罪的，依照处罚较重的规定定罪处罚"。这一修改具有科学性、合理性，不仅符合刑法罪数原理，而且更有利于从严惩治中介组织人员的受贿犯罪。

（三）关于非国家工作人员贪贿犯罪的死刑设置问题

有的学者认为，为了实现平等保护原则，"在刑法立法方面，就应当将针对国有公司、企业的犯罪规定与针对非国有公司、企业的犯罪规定进行协调，在犯罪构成和量刑规范方面保持一致"②。有的人大代表也曾认为，为了落实宪法对私有财产保护的规定，刑法要"改变按所有制性质确定罪名的做法，对同一类犯罪行为在罪名、定性、内容、处罚、量刑等方面保持一致"。③ 有的法官明确建议，犯职务侵占罪"数额特别巨大，并使公司、企业或者其他单位遭受特别重大损失的，处无期徒刑或者死刑，并

---

① 张明楷：《刑法学（下）》，法律出版社2016年版，第845页。
② 时延安：《非公经济刑法保护应遵循三项原则》，《检察日报》2017年3月11日。
③ 王新友：《郑坚江代表：实现公私财产的刑法平等保护》，《检察日报》2013年3月10日。

处没收财产"。^① 而《草案》提高了非国家工作人员受贿罪、职务侵占罪的法定刑，却没有规定死刑。笔者认为，《草案》虽沿袭了刑法扩张和重刑化发展的思路，但《草案》对非国家工作人员受贿罪、职务侵占罪没有规定死刑是正确的。

第一，我们不能简单把平等理解为毫无差异或把所有的差异理解为都是不平等。贪污罪和受贿罪的主体是国家工作人员，其贪贿犯罪的社会危害性大于非国家工作人员，根据"从严治吏"的要求，从刑事处罚上对两者作出一定的区别是合理的。

第二，1997 年刑法典颁布 20 多年来，刑法修改的重要内容之一，是死刑罪名的减少和刑罚结构的调整，特别是《中华人民共和国刑法修正案（八）》和《刑九》两次修法已废除 22 个死刑罪名，使 1997 年刑法的死刑罪名从 68 个降为 46 个。虽然"死刑的废除不单单是一个法律问题，而是牵涉到国家层面的政治选择与社会层面的大众心理、社会伦理以及公众认同等方方面面的问题"^②。从司法实践看，2007 年至今，我国已无省部级以上官员因贪污、受贿罪判处死刑立即执行。^③《刑九》实施以前被判处死刑立即执行的若干案例，《刑九》实施后最终都被改判，不再适用死刑。目前仅有被告人张中生受贿案，因索取、非法收受他人财物特别巨大（受贿 10.4 亿余元，并有 1.3 亿余元的财产不能说明来源），被一审、二审法院判处死刑立即执行，现正由最高人民法院进行死刑复核。为了真正使终身监禁成为死刑替代措施，也为了使我国死刑废除迈出重要一步，笔者建议最高人民法院不核准张中生死刑立即执行，而改判其终身监禁。通过这种方式使死刑在贪贿犯罪中事实上得到废除，并在时机成熟时从立法规定上完全废除死刑。

"在未来刑法改革的过程中，我国将在立法上更多地采取犯罪化举措，同时配合以刑罚的轻缓化"^④。在贪污、受贿罪已多年没有执行死刑的背景下，对非国家工作人员贪贿犯罪不规定死刑，是明智而理性的选择。

---

① 李华、杨慧文：《建议立法上完善职务侵占罪的法定刑》，《人民法院报》2019 年 7 月 25 日，第 6 版。

② 张志钢：《改革开放 40 年来中国刑法立法检视》，《学术探索》2018 年第 10 期。

③ 2007 年 7 月，国家食品药品监督管理局原局长郑筱萸因受贿罪被执行死刑，郑筱萸是我国截至目前最后一个因贪贿被执行死刑的省部级官员。

④ 卢建平、皮璇婧：《中国刑法犯罪化与非犯罪化的述评与展望——以犯罪化与非犯罪化的概念解构为切入点》，《政治与法律》2020 年第 7 期。

（四） 关于没收财产刑的废除

《草案》在对非国家工作人员受贿罪、职务侵占罪增设罚金刑的同时，删除了原职务侵占罪和非国家工作人员受贿罪中"数额巨大的，处五年以上有期徒刑，可以并处没收财产"的规定，即在这两个罪名中废除了没收财产刑的适用。

笔者赞同这种修改。对于没收财产刑的存废，我国刑法学界长期有争论。[①] 近年来要求废除没收财产刑的呼声渐高，笔者也一直主张废除没收财产刑。[②] 罚金刑与没收财产刑具有同质性，用罚金替代没收财产，丝毫不会影响财产刑的适用力度。从财产刑实际执行情况看，罚金刑的严厉性已超过没收财产刑。首先，没收财产刑的处罚范围相对罚金刑较窄，只限于犯罪人名下的财产。其次，没收财产刑需要保留犯罪人个人及其扶养的家属的必需生活费。而罚金刑则可以包含犯罪人自身当前所拥有甚至是未来可能拥有的财产。《草案》虽然将非国家工作人员受贿罪、职务侵占罪的法定最高刑提高到无期徒刑，但仍用罚金替代原来的没收财产刑，而不是规定"并处罚金或者没收财产""并处没收财产"。这是一种正确的立法选择，也为今后类似的立法修改和最终彻底废除没收财产刑奠定先例和基础。

（五） 关于食品药品监管渎职犯罪的构成要件

有学者认为："立法的明确性应当是评价刑法修正案质量的首要指标。刑法条文的语言表述，不仅仅是个立法技术的问题也是罪刑法定的要求。"[③] 有的学者还建议，这次修改刑法"我们应接受将司法解释条文转化为刑法条文的立法举措"。[④] 立法的明确性是罪刑法定的应有之义，《草案》为了"进一步细化食品药品渎职犯罪情形，增强操作性和适用性"，[⑤] 食品药品渎职罪专门列举了构成犯罪的五种具体的表现。但笔者认为，这种立

---

① 赵秉志主编：《中国刑法学研究会学术研究 30 年》，法律出版社 2014 年版，第 351—352 页。
② 张兆松：《刑事检察理论研究新视野》，中国检察出版社 2005 年版，第 422—423 页。
③ 郭泽强：《从立法技术层面看刑法修正案》，《法学》2011 年第 4 期。
④ 童德华：《司法解释纳入刑法的调整思路——简评〈刑法修正案（十一）〉条目一与条目二》，载《上海法治报》2020 年 7 月 22 日，第 B06 版。
⑤ 全国人大常委会法制工作委员会：《关于〈中华人民共和国刑法修正案（十一）（草案）〉的说明》。

法方式并不可取。

第一，刑事立法中，明确性与模糊性、抽象性并非完全对立。"明确性不等于具体性，刑法必须简短，不得冗长，否则难以起到行为规范作用；刑法规定得越具体漏洞便会越多；刑法过于具体便难以调剂特殊情况；刑法越具体交叉便越多，适用刑法就越难。可见，过于具体反而不明确。"① 法律的稳定性要求立法语言必须具有一定的抽象性，何况《草案》第 28 条还没有规定兜底条款。从实践看，这种过于明确的规定反而不利于对食品药品监管渎职罪的惩治。

第二，"相对于其他社会治理手段而言，刑法具有'二次规范'的性质。在现时代，尤其在当今中国，突出对刑法的'二次规范'地位的强调具有特殊的重要意义"②。渎职犯罪一般应当是结果犯，要具备"情节严重"或"致使公共财产、国家和人民利益遭受重大损失的"，才构成犯罪。我国"渎职罪"一章中共有 37 个罪名，包括原"食品监管渎职罪"在内，有 28 个罪名是以情节严重或导致重大损失为构成要件的。另有 9 个罪名虽无上述要件要求，但均系社会危害较大的故意犯罪（如徇私枉法罪、私放在押人员罪、帮助犯罪分子逃避处罚罪、阻碍解救被拐卖绑架妇女儿童罪等）。《中华人民共和国刑法修正案（八）》所规定的"食品监管渎职罪是结果犯，只有在发生导致发生重大食品安全事故或者造成其他严重后果的情况下才构成犯罪"。③ 但《草案》第 28 条，除第 1 项、第 4 项规定要"情节严重"外，其他三项都没有情节或后果的要求。这固然有利于加大对食药监领域渎职犯罪的打击，但并不具有合理性和正当性。如《草案》第 3 项所规定的"未及时发现监督管理区域内重大食品药品安全隐患"行为，应属过失，并非主观故意，且"安全隐患"也不等同于已产生危害后果。《草案》在无情节严重或导致重大损失的要件要求的情况下，将该行为直接入刑，既有悖渎职类犯罪的立法逻辑，也有违罪责罚相当原则。如果该领域的执法人员履责风险远超其他行政、司法机关，甚至出现过失受到的处罚比其他部门产生严重后果的故意犯罪还重，有失立法的公平性，立法效果也可能适得其反。

---

① 张明楷：《刑法格言的展开》，北京大学出版社 2013 年版，第 58 页。
② 黄云波、黄太云：《论稳健型刑法立法观》，《中国刑事法杂志》2019 年第 3 期。
③ 李文生、李忠诚主编：《危害食品药品安全渎职案件侦查方略》，中国检察出版社 2015 年版，第 216 页。

第三，刑法第 402 条已规定徇私舞弊不移交刑事案件罪，但《草案》第 28 条第 5 项又规定"依法应当移交司法机关追究刑事责任不移交的"以食品药品渎职罪定罪处罚。立法机关可能是基于从严惩处该领域的犯罪，因为目前徇私舞弊不移交刑事案件罪法定刑轻于食品药品渎职罪，而且徇私舞弊不移交刑事案件罪不仅主观方面要求徇私舞弊，而且客观方面要具备"情节严重"，犯罪构成过于严格。问题是，犯罪类型化本是立法的基本逻辑和要求。"类型化强化将赋予刑法典分则体系以'外观之美'即'形式之美'和'内在之美'即'价值之美'，而'外观之美'和'内在之美'又将增强刑法分则的行为规范之效，从而增进刑法公众认同。"[①] 对行政执法人员依法应当移交司法机关追究刑事责任的不移交，情节严重，需要追究渎职罪的已有罪名规定，何以对某一特定行政执法人员的同类行为又要单独作出规定？再说，食品药品监管领域的这种不移交追究刑事责任的行为与公安、安监等重要部门相比，难说社会危害性会更大。如果说原来刑法第 402 条的犯罪构成太严或刑罚太轻（确实存在这一问题），那是需要修改刑法第 402 条的问题，而不是抛开刑法第 402 条另立定罪处罚条款。

基于以上分析，笔者建议将《草案》第 28 条修改为："将刑法第四百零八条之一第一款修改为：'负有食品药品安全监督管理职责的国家机关工作人员，滥用职权或者玩忽职守，情节严重的，处五年以下有期徒刑或者拘役；情节特别严重的，处五年以上十年以下有期徒刑。'"这种规定言简意赅，又符合渎职犯罪的立法惯例。立法修改应当尽可能少地避免对条文的变动，坚持"能解释就不立法修改"的原则，对于"情节严重""情节特别严重"的具体表现，可由最高人民法院、最高人民检察院通过司法解释予以明确。

三、完善《草案》对职务犯罪修改的若干建言

（一）修改非国家工作人员受贿罪中索取型受贿罪的构成要件

根据刑法第 163 条规定，非国家工作人员受贿罪，客观方面表现为利

---

① 马荣春：《刑法典分则体系性的类型化强化》，《法治研究》2020 年第 4 期。

用职务上的便利，"索取他人财物或者非法收受他人财物，为他人谋取利益"的行为。所以，"不管是成立索取型受贿罪还是非法收受型受贿罪均要求具备'为他人谋取利益'的行为"[1]。而刑法第 385 条规定的受贿罪，是国家工作人员利用职务上的便利，"索取他人财物的，或者非法收受他人财物，为他人谋取利益的"行为。在受贿罪认定中，"索取他人财物的，不论是否'为他人谋取利益'，均可构成受贿罪"[2]。索取型受贿罪认定标准不同，是受贿罪和非国家工作人员受贿罪的重要区别之一，也是两者之间罪刑设置不平等的表现。为了更加有效惩治非国家工作人员的索贿行为，建议《草案》将非国家工作人员受贿罪的客观要件修改为："索取他人财物的，或者非法收受他人财物，为他人谋取利益，数额较大的。"

（二）修改行贿罪和对非国家工作人员行贿罪的主刑

1. 修改行贿罪。《刑九》虽然已对第 390 条之行贿罪增设罚金刑，并进一步严格对行贿罪从宽处罚的条件，但未对主刑作出任何修改。党的十八大后，"重受贿轻行贿"的腐败治理模式受到更为广泛的质疑和批评。党的十九大报告强调：反腐败"要坚持无禁区、全覆盖、零容忍，坚持重遏制、强高压、长震慑，坚持受贿行贿一起查，坚决防止党内形成利益集团"。这表明"受贿行贿一起查"，"惩办行贿与惩办受贿并重"的刑事政策已得到了中央的充分肯定。特别是随着《刑九》对贪污罪、受贿罪及《草案》对非国家工作人员受贿罪、职务侵占罪和挪用资金罪的第一档法定刑调整为"三年以下有期徒刑或者拘役"，行贿罪主刑仍规定为"五年以下有期徒刑或者拘役"，显见不合理。建议《草案》对刑法第 390 条第 1 款作如下修改："对犯行贿罪的，处三年以下有期徒刑或者拘役，并处罚金；情节严重的，处三年以上十年以下有期徒刑，并处罚金；情节特别严重的，处十年以上有期徒刑或者无期徒刑，并处罚金。"这样就大体形成行贿、受贿同等惩处的刑罚设置格局。此外，这一法定刑的调整不仅使行

---

[1] 高铭暄、赵秉志主编：《刑法学》（第 5 版），北京大学出版社、高等教育出版社 2011 年版，第 393 页。

[2] 早在 1989 年 11 月 6 日最高人民法院、最高人民检察院《关于执行〈关于惩治贪污罪贿赂罪的补充规定〉若干问题的解答》就规定，认定受贿罪的行为应当掌握：（1）索取他人财物的，不论是否"为他人谋取利益"，均可构成受贿罪。（2）非法收受他人财物，同时具备"为他人谋取利益"的，才能构成受贿罪。为他人谋取的利益是否正当，为他人谋取的利益是否实现，不影响受贿罪的成立。这一观点沿用至今。

贿罪、受贿罪的法定刑更加协调，而且有利于控制行贿罪缓刑的适用。因为《中华人民共和国刑法修正案（八）》对《刑法》第 63 条减轻处罚限制在法定刑的下一个量刑幅度内，情节特别严重的行贿犯罪，即使有法定减轻处罚情节一般也不会有适用缓刑的可能。

2. 修改对非国家工作人员行贿罪的构成要件，提高法定刑。《刑九》增设了第 164 条对非国家工作人员行贿罪的罚金，但对其他内容未作修改。现《草案》已对非国家工作人员受贿罪的构成要件及法定刑作出了修改，即由原来的单一"数额"标准修改为"数额或情节"标准，法定最高刑提高到无期徒刑。所以，对非国家工作人员行贿罪理当同步作出修改。建议将其修改为："为谋取不正当利益，给予公司、企业或者其他单位的工作人员以财物，数额较大或情节较重的，处三年以下有期徒刑或者拘役，并处罚金；数额巨大或者情节严重的，处三年以上十年以下有期徒刑，并处罚金；数额特别巨大或者情节特别严重的，处十年以上有期徒刑。"

（三） 废除挪用资金罪特别从宽情节的设置

《草案》在修改挪用资金罪时，特别规定了第 3 款："有第一款行为，在提起公诉前将挪用的资金退还的，可以从轻或者减轻处罚。"这是"总结实践中依法纠正的企业产权保护案件经验，考虑到民营企业发展和内部治理的实际情况"而增设的。[1] 这一规定既比现行立法中多处"被追诉前主动交待"犯罪行为的，可以从宽处理的规定更宽，也宽于《刑九》修正后的第 383 条第 3 款规定。有的同志甚至建议："将《草案》第十九条第三款修改为，'有第一款行为，在立案前全额退还挪用的资金的，可以减轻或者免除处罚；在提起公诉前将挪用的资金退还的，可以从轻或者减轻处罚。'以加大鼓励行为人主动退还所挪用资金的力度。"[2] 笔者认为，对提起公诉前将赃款、赃物退还的，是否可以成为法定从轻或者减轻甚至免除处罚情节，事关法定情节的重大调整，立法不可不慎。未经充分论证，仅在个别职务犯罪中规定如此宽泛的特别从宽条款，应当缓行，建议删除这一规定。理由是：

---

[1] 全国人大常委会法制工作委员会：《关于〈中华人民共和国刑法修正案（十一）（草案）〉的说明》。

[2] 胡云腾：《聚焦〈刑法修正案（十一）（草案）〉》，《法制日报》2020 年 7 月 22 日，第 9 版。

第一，从宽幅度过大，法理、立法依据不足。提起公诉前将挪用的资金退还，原本就是一种罪后情节，长期以来我国刑法和司法实践都将其视为酌定从宽处罚情节。虽然近年有学者认为，"犯罪人在实施了犯罪行为之后，在被追诉之前，积极主动地恢复被其先前犯罪行为所破坏的法益的行为，是事后自动恢复行为"，并建议在刑法总则第 68 条立功条文之后增设以下条款："行为人在实施犯罪之后，在被追诉之前，主动实施有效恢复被侵害之法益的行为，是事后恢复。完全恢复法益的，可以免除处罚；基本恢复法益的，可以从轻或者减轻处罚。"[1] 虽然现行司法解释中也存在类似的规定，[2] 但这种退赃可以从轻或者减轻处罚的规定尚无明确的立法依据。

第二，不符合立法目的。1997 年刑法曾规定："个人贪污数额在五千元以上不满一万元，犯罪后有悔改表现、积极退赃的，可以减轻处罚或者免予刑事处罚，由其所在单位或者上级主管机关给予行政处分。"对这一特别从宽处罚情节，学界多有批评。所以，"刑法修正案（九）对贪污受贿犯罪从宽处罚的条件作了更为严格的限制"。[3] 修正后的第 383 条第 3 款规定："犯第一款罪，在提起公诉前如实供述自己罪行、真诚悔罪、积极退赃，避免、减少损害结果的发生，有第一项规定情形的，可以从轻、减轻或者免除处罚；有第二项、第三项规定情形的，可以从轻处罚。"如果在挪用资金罪中宽泛性地规定，"在提起公诉前将挪用的资金退还的，可以从轻或者减轻处罚"，将不利于对挪用资金罪的有效惩治。何况这次修法的目的之一是为了加强非公财产的法律保护，加大打击力度，而不是对涉民企犯罪网开一面。

第三，不利于罪名之间的协调。在挪用公款罪中，现行刑法没有设置这种特别从宽条款，如果在挪用资金罪增设这一规定，将导致本罪与挪用公款罪及其他普通财产犯罪（如盗窃、诈骗罪）不相协调。

第四，现行立法中的从轻条款足以使"将挪用的资金退还的"案件得

---

[1] 闫雨：《刑事事后自动恢复制度构建》，《社会科学家》2015 年第 7 期。

[2] 如根据最高人民法院、最高人民检察院 2011 年 3 月 1 日《关于办理诈骗刑事案件具体应用法律若干问题的解释》第 3 条规定，诈骗公私财物虽已达到"数额较大"的标准，但在"一审宣判前全部退赃、退赔的"，且行为人认罪、悔罪的，可以根据刑法第 37 条、刑事诉讼法第 142 条的规定不起诉或者免予刑事处罚。

[3] 郎胜主编：《中华人民共和国刑法释义》，法律出版社 2015 年版，第 655 页。

到从宽处罚。现行刑法第 37 条（免刑）、第 67 条（自首和坦白）和刑事诉讼法第 15 条（认罪认罚从宽）及第 288 条至第 290 条（刑事和解）等规定，均可以让那些"在提起公诉前将挪用的资金退还的"案件，得到从轻处理，不需要另立专门条款。

（四）进一步加强对贪贿犯罪罚金刑的适用，并明确罚金刑处罚标准

1. 对相关贪贿犯罪进一步增设罚金刑。《刑九》在完善惩处腐败犯罪规定内容时，加强罚金刑的适用是主要表现之一。但仍存在缺漏，需要补充。（1）对挪用公款罪、巨额财产来源不明罪、隐瞒境外存款罪增设罚金刑。目前这三个罪名没有规定罚金刑，建议增补适用。（2）《草案》仅对非国家工作人员受贿罪和职务侵占罪增设罚金刑，而对挪用资金罪和挪用特定款物罪没有考虑增加，建议对这两个罪名也规定罚金刑。

2. 明确罚金刑的处罚标准。我国现行刑法中规定有罚金刑的罪名有 205 个，占全部罪名的 43.7%。其中有明示数额或倍比数额规定的只占 1/3。随着罚金刑的增多，司法机关日益重视对罚金的适用，而无限额罚金刑赋予了法官太大的裁量权。最高人民法院、最高人民检察院《关于办理贪污贿赂刑事案件适用法律若干问题的解释》明确规定了罚金的数额标准。[①] 但贪贿犯罪量刑实证分析表明："相对于主刑而言，财产刑自由裁量的空间更大，适用不平衡的现象更为突出。"[②] 为了保障罚金刑适用的可操作性和权威性，建议将司法解释上升为立法规定。

结 语

"法与时转则治。"时隔 5 年，我国又将对职务犯罪作出重要修改。党的十八届四中全会公报指出："法律的权威源自人民内心拥护和真诚信仰。

---

① 《解释》第 19 条规定："对贪污罪、受贿罪判处三年以下有期徒刑或者拘役的，应当并处十万元以上五十万元以下的罚金；判处三年以上十年以下有期徒刑的，应当并处二十万元以上犯罪数额二倍以下的罚金或者没收财产；判处十年以上有期徒刑或者无期徒刑的，应当并处五十万元以上犯罪数额二倍以下的罚金或者没收财产。对刑法规定并处罚金的其他贪污贿赂犯罪，应当在十万元以上犯罪数额二倍以下判处罚金。"

② 张兆松、余水星：《贪贿犯罪量刑公正难题之破解——基于 100 例贪污受贿案件刑事判决文书的实证分析》，《浙江工业大学学报（社会科学版）》2018 年第 3 期。

人民权益要靠法律保障，法律权威要靠人民维护。"在刑事立法中，保障民众参与立法，是实现刑法立法的科学性、民主性和提升刑法的公众认同的重要途径。自《中华人民共和国刑法修正案（七)》颁布以来，刑法修正案草案在人大常委会审议过程中征求民众意见已成为常态，立法的民主性明显提高。特别是《刑九》，不仅公布草案一审稿以征求意见，而且还开创性地在二次审议后将草案二审稿再次予以公布征求意见。《草案》经全国人大常委会初次审议后，7月3日在全国人大网上公开征求修改意见，直至8月16日。截至7月27日的半月间，就有30889人提出52418条意见，是同时征求意见的6部立法草案中提出修改意见最多的。可见民众对刑法修改的关注和重视。愿立法机关认真倾听民众呼声，充分反映民意，使最终出台的《中华人民共和国刑法修正案（十一)》更具正当性、严密性、协调性和科学性。

第十九章　职务犯罪立法的新进展

——论《中华人民共和国刑法修正案（十一）》对职务犯罪的修改和完善①

　　刑法是社会的最后一道防线，是其他法律的保障法、补充法。面对社会转型的加快，新型风险的不断增多，犯罪圈的扩大成为一种不可避免的趋势。"刑法总是对犯罪作出迅速反应，因而敏感地反映着社会的变化。社会的不断发展变化，使得需要保护的法益不断增加，同时也导致许多行为对法益的侵害更为严重。日常生活的浪潮（Wellen）将新的犯罪现象冲刷到了立法者脚前，立法者不可能像金字塔一样保持沉默，更不可能视而不见。只有坚持积极刑法观，才能使刑法适应不断变化的社会生活事实。"② 第十三届全国人大常委会第二十四次会议 2020 年 12 月 26 日通过的《中华人民共和国刑法修正案（十一）》（以下简称《刑十一》）新增条文 13 条，修改条文 34 条，另加一个生效条文。修正案涵盖的范围和领域广泛，内容丰富，主要围绕金融安全、知识产权保护、公共卫生安全、安全生产、食品药品安全、企业产权保护、未成年人犯罪等作了修改和补充。其中涉及职务犯罪条文修改的共有 5 条。"在立法功能主义时代，解释好刑法文本是重中之重，其对于妥当处理当下的具体案件，以及实现未来立法的科学化、合理化都有重大意义。"③ 本文试就《刑十一》涉及的职务犯罪修正条文略陈己见，以求教方家。

---

① 本文原载《山东警察学院学报》2020 年第 6 期。

② 张明楷：《增设新罪的观念——对积极刑法观的支持》，《现代法学》2020 年第 5 期。

③ 周光权：《刑事立法进展与司法展望——〈刑法修正案（十一）〉总置评》，《法学》2021 年第 1 期。

一、 对非国家工作人员贪污贿赂犯罪的修改和完善

自 1995 年 2 月 28 日全国人大常委会通过《关于惩治违反公司法的犯罪的决定》后，我国贪污贿赂犯罪罪名出现了两元制：犯罪主体是国家工作人员的，构成受贿罪、贪污罪和挪用公款罪；犯罪主体是非国家工作人员的，则构成非国家工作人员受贿罪、职务侵占罪和挪用资金罪。两者不仅犯罪构成上有差异，而且刑罚处罚力度悬殊。贪污罪、受贿罪最高刑是死刑，而职务侵占罪和非国家工作人员受贿罪最高刑是 15 年有期徒刑；挪用公款罪最高刑是无期徒刑，而挪用资金罪最高刑是 10 年有期徒刑。这种立法规定虽然体现了对国家工作人员贪贿犯罪从严的一面，但由此带来的公私不平等问题则备受诟病。特别是 2015 年 8 月 29 日《中华人民共和国刑法修正案（九）》（以下简称《刑九》）对贪污罪、受贿罪进行全面修改后，非国家工作人员贪贿犯罪的立法不科学性更加突出。①

目前，加强对非公经济的平等法律保护已成为人们的共识。2016 年 11 月 4 日中共中央、国务院《关于完善产权保护制度依法保护产权的意见》指出："坚持平等保护。健全以公平为核心原则的产权保护制度，毫不动摇巩固和发展公有制经济，毫不动摇鼓励、支持、引导非公有制经济发展，公有制经济财产权不可侵犯，非公有制经济财产权同样不可侵犯。"并强调"加大对非公有财产的刑法保护力度"。2020 年 5 月 11 日中共中央、国务院《关于新时代加快完善社会主义市场经济体制的意见》重申"健全以公平为原则的产权保护制度，全面依法平等保护民营经济产权"

---

① 根据《刑九》规定，贪污罪的三个量刑数额标准，即数额较大、数额巨大、数额特别巨大或者有其他特别严重情节，相应的量刑区间分别为 3 年以下有期徒刑、3 到 10 年有期徒刑、10 年以上有期徒刑、无期徒刑直至死刑。按照最高人民法院、最高人民检察院 2016 年 4 月 18 日《关于办理贪污贿赂刑事案件适用法律若干问题的解释》（以下简称《贪污贿赂解释》）的规定，数额较大、数额巨大、数额特别巨大的数额标准分别为：3 万元至 20 万元、20 万元至 300 万元、300 万元以上。而职务侵占罪中的数额较大、数额巨大的数额起点，按照《贪污贿赂解释》关于贪污罪相对应的数额标准规定的 2 倍、5 倍执行，即分别为 6 万元、100 万元。《刑法》第 271 条对职务侵占罪的量刑区间，数额较大的处 5 年以下有期徒刑，数额巨大的处 5 年以上有期徒刑。如果两个案件，一个是贪污 150 万元，另一个是职务侵占 150 万元。按照上述解释的规定，司法实践中，贪污 150 万元左右的，最多判处 4 至 5 年有期徒刑（低于 4 年的判例十分普遍）。而职务侵占 150 万元，应当判处 5 年以上有期徒刑。从比较中可以看出，在不考虑其他量刑情节，仅依数额标准量刑的情况下，贪污 150 万元比职务侵占 150 万元量刑更轻。这显然有悖立法精神。

"从立法上赋予私有财产和公有财产平等地位并平等保护"。立法机关顺应时代的呼声，《刑十一》意旨之一是"加大惩治民营企业内部发生的侵害民营企业财产的犯罪。进一步提高和调整职务侵占罪、非国家工作人员受贿罪、挪用资金罪的刑罚配置，落实产权平等保护精神"①。《刑十一》对非国家工作人员贪污贿赂犯罪作出了较为全面的修改和完善。

（一）修改非国家工作人员受贿罪

《刑十一》第 10 条将《刑法》第 163 条第 1 款修改为："公司、企业或者其他单位的工作人员，利用职务上的便利，索取他人财物或者非法收受他人财物，为他人谋取利益，数额较大的，处三年以下有期徒刑或者拘役，并处罚金；数额巨大或者有其他严重情节的，处三年以上十年以下有期徒刑，并处罚金；数额特别巨大或者有其他特别严重情节的，处十年以上有期徒刑或者无期徒刑，并处罚金。"

1. 调整法定刑，加大对非国家工作人员受贿罪的打击力度。（1）将非国家工作人员受贿罪的法定刑由两档变更为三档，即数额较大、数额巨大或者有其他严重情节的、数额特别巨大或者有其他特别严重情节的，相应的量刑区间分别为 3 年以下有期徒刑、3 到 10 年有期徒刑、10 年以上有期徒刑或者无期徒刑。（2）最高刑从有期徒刑 15 年提高至无期徒刑。（3）量刑的分界线由 5 年下降至 3 年。修改之前，非国家工作人员受贿罪的法定刑分别为"5 年以下""5 年以上"，而受贿罪的法定刑则是"3 年以下""3 年以上 10 年以下""10 年以上、无期、死刑"。受贿罪虽然法定刑要比非国家工作人员受贿罪重很多，最高可至死刑，但是第一档法定刑却比非国家工作人员受贿罪要轻。修改后，由于本罪最高刑提高到了无期徒刑，使本罪整体量刑幅度变大，惩罚力度加强，有利于实现罪刑相适应，也使非国家工作人员受贿罪与受贿罪的量刑大体相协调。

由于《刑十一》将"数额较大"的量刑标准从 5 年以下修改为 3 年以下，大大提高了适用缓刑的可能，即便是第二量刑档次的"数额巨大或者有其他严重情节的"，如果具有减轻处罚的情节，降到第一量刑档次，也

---

① 全国人大常委会法制工作委员会副主任李宁：《关于〈中华人民共和国刑法修正案（十一）（草案）〉的说明》（2020 年 6 月 28 日在第十三届全国人民代表大会常务委员会第二十次会议上）。

会有适用缓刑的空间。所以本罪的修改更有利于贯彻宽严相济的刑事政策。

2. 废除没收财产刑，加强对罚金刑的适用。原刑法第 163 条不重视财产刑的适用。不仅没有规定罚金刑，而且规定"数额巨大的，处五年以上有期徒刑，可以并处没收财产"。这里强调的是"可以并处"而不是应当并处，审判机关可以根据案件具体情况及犯罪分子的财产状况，决定是否适用没收财产。"可以"型规定带来的后果是："当前司法实践中较为普遍存在的应当判处财产刑而不判处的现象。"① 《刑十一》高度重视对非国家工作人员受贿罪财产刑的适用，这表现在两个方面：（1）加强对罚金刑的适用。现每档量刑都增加了"并处罚金"的规定。罚金成为本罪必须适用的附加刑，而不是"可以"适用罚金。（2）取消"数额巨大"的附加刑"可以并处没收财产"。这是《刑十一》修正案中对财产刑适用的重大调整。《刑九》在修改贪贿犯罪财产刑时，仍然规定贪污、受贿"数额特别巨大，并使国家和人民利益遭受特别重大损失的，处无期徒刑或者死刑，并处没收财产"。而《刑十一》完全废除了没收财产刑的适用。对这一修改，笔者持充分肯定态度。长期以来的司法实践证明：没收财产刑弊多利少，应当予以废除。废除没收财产刑，代之以罚金刑，"这是一种正确的立法选择，也为今后类似的立法修改和最终彻底废除没收财产刑奠定先例和基础"②。

3. 提高"情节"在量刑中的地位。受贿数额是体现受贿行为社会危害性的主要标准，但不是唯一标准。受贿罪单一数额标准虽然满足了司法裁判的可操作性和形式上的公平性，但数额权重过高，不仅难以准确评价受贿罪的社会危害性，而且导致刑罚适用梯度变异，严重影响罪刑均衡关系。为有效解决"数额中心论"的弊端，《刑九》确立了新的"数额或者情节"模式。《刑十一》虽吸收了《刑九》的立法经验，但并没有完全照搬《刑九》模式，而是有所修正。受贿罪定罪量刑标准始终坚持了数额和情节的综合判断原则，而本罪则不同。根据《刑十一》第 10 条规定，第一个量刑幅度仅看数额（数额较大的）标准，即唯数额论。第二个、第三

---

① 李兵：《〈关于适用财产刑若干问题的规定〉的理解与适用》，《人民司法》2001 年第 2 期。

② 张兆松：《职务犯罪立法的再检讨与完善——〈刑法修正案（十一）（草案）〉对职务犯罪的修改评析》，《法治研究》2020 年第 5 期。

个量刑幅度则在"数额巨大""数额特别巨大"的基础上，把"情节"要素，即"有其他严重情节的""有其他特别严重情节的"纳入提升量刑档次的标准。

此外，本罪侵害的法益系非国有公司、企业正常管理秩序和职务行为的廉洁性，而受贿罪保护的法益是国家工作人员职务行为的不可收买性。公职人员的"权钱交易"行为，腐蚀国家政权，动摇国家根基，为广大民众所痛恨。相比较而言，本罪的社会危害性整体上低于受贿罪。现代国家一般都对公职人员的职务犯罪采取加重处罚的刑事政策。可见，"腐败犯罪法定刑保持一致的做法不仅抹杀了公务腐败犯罪和非公务腐败犯罪之间的区别，也违背了联合国反腐败公约的区别对待精神"①。因此，笔者认为，本罪不设置死刑是合适的。

（二）修改中介组织人员受贿犯罪的定罪量刑标准

1997 年《刑法》第 229 条第 1 款、第 2 款规定："承担资产评估、验资、验证、会计、审计、法律服务等职责的中介组织的人员故意提供虚假证明文件，情节严重的，处五年以下有期徒刑或者拘役，并处罚金。前款规定的人员，索取他人财物或者非法收受他人财物，犯前款罪的，处五年以上十年以下有期徒刑，并处罚金。"《刑十一》第 16 条将原《刑法》第 229 条第 2 款修改为"前款规定的人员，索取他人财物或者非法收受他人财物，同时构成其他犯罪的，依照处罚较重的规定定罪处罚"。

提供虚假证明文件罪最早出自全国人大常委会 1995 年 2 月 28 日《关于惩治违反公司法的犯罪的决定》第 6 条，当时该条并没有设置受贿罪处罚条款。1997 年修改刑法典时，立法机关特地增设了中介组织人员受贿罪处罚条款，是因为"中介机构的性质决定了它所出具的证明文件应当公正，但实际上其却提供了虚假的证明文件，如果利用手中权力进行物质利益交换以后再出具虚假的证明文件，危害就更大了。因此为了确保中介机构的公正性，对于中介机构的人员索取他人财物或者非法收受他人财物而故意提供虚假证明文件的行为必须给予严厉打击。出于以上考虑，本款规定处刑也比第一款规定要高，最高刑可判至十年有期徒刑，并处罚金"②。

---

① 李振民：《新时代刑事治理面临的挑战与应对》，《人民检察》2020 年第 23 期。

② 郎胜主编：《中华人民共和国刑法释义》，法律出版社 2015 年版，第 378—379。

但该条款的设置并不具有科学性和可操作性。

根据该条款规定，中介组织人员故意提供虚假证明文件，情节严重，从中又索取他人财物或者非法收受他人财物，要加重法定刑。但是该条款并未明确适用加重处罚是否以行为人构成受贿罪为前提。从字面规定看，它并不要求行为人索取他人财物或者非法收受他人财物必须构成受贿罪。根据"97刑法"及最高人民检察院、公安部2001年4月18日《关于经济犯罪案件追诉标准的规定》的规定，非国家工作人员受贿数额一般在5000元以上的，才构成犯罪。如果中介组织人员故意提供虚假证明文件，情节严重，而受贿数额不满5000元的，却要判处5年以上10年以下有期徒刑，显然刑罚过重，背离常理。如果中介组织人员故意提供虚假证明文件，情节严重，同时受贿数额在10万元以上的，直接按刑法第163条定罪处罚（处5年以上15年以下有期徒刑，可以并处没收财产）更有利于实现立法目的。如果依据第229条第2款规定处罚（处5年以上10年以下有期徒刑，并处罚金）反而放纵了犯罪，并不符合立法机关专门设立该条款的旨意。可见，司法实践中能真正适用该条款的只限于中介组织人员受贿5000元以上不满10万元的案件。但这种限制是否符合立法精神？实践中难以形成统一认识。面对个案，司法机关一般都难以按此特别规定定罪处罚。如中介组织人员故意提供虚假证明文件，情节严重，同时受贿1万元的，能否判处5年以上有期徒刑？这种执法中的难题均源于立法规定的不科学。再说承担资产评估、验资、验证、会计、审计、法律服务等职责的中介组织的人员，也完全可以是国家工作人员。一旦受贿主体是国家工作人员，这种立法中的矛盾更加尖锐。正由于立法的缺陷，该规定实施20多年来，实践中鲜有依此定罪处罚的案例，徒具象征意义。

为了克服立法中的缺陷，《刑十一》将该条修改为"前款规定的人员，索取他人财物或者非法收受他人财物，同时构成其他犯罪的，依照处罚较重的规定定罪处罚"。笔者认为，这一修改是完全正确的。

行为人利用职务便利收受贿赂，为他人谋取利益行为构成其他犯罪的，究竟是应当受贿犯罪与其他犯罪数罪并罚，还是择一重罪处断，刑法理论与实践长期以来一直众说纷纭。有的认为："受贿且渎职（背信）行为应当归属于牵连犯的罪数形态。收受财物的目的行为与违背职责（受托）的手段行为之间形成牵连关系，同时，渎职（背信）犯罪行为能够整体包含于受贿犯罪'为他人谋取利益'要件，故受贿且渎职（背信）构成牵连犯，应当从一重罪处罚。"① 有的认为，"受贿并渎职同时构成受贿罪和渎职犯罪的系牵连犯，如无特别规定，以受贿罪和渎职犯罪数罪并罚"。② 理由是：牵连犯择一重罪处理的理论观点，不具有普遍适用性，刑法和相关司法解释中不乏数罪并罚的规定；成立受贿犯罪不以实际为他人谋取利益、更不以渎职为他人谋取非法利益为条件，受贿与渎职相对独立，实行并罚不存在明显的重复评价问题；择一重罪处理难以满足从严惩治渎职犯罪的实践需要。③ 从目前最高人民法院、最高人民检察院出台的司法解释来看，存在着对此规定不一的现象。如最高人民法院、最高人民检察院 2010 年 11 月 26 日《关于办理国家出资企业中职务犯罪案件具体应用法律若干问题的意见》规定，国有公司、企业工作人员实施刑法分则第三章渎职犯罪并收受贿赂的，择一重罪处理。而最高人民法院、最高人民检察院 2012 年 12 月 7 日《关于办理渎职刑事案件适用法律若干问题的解释（一）》（以下简称《渎职案件解释》）及《贪污贿赂解释》规定，国家工作人员实施渎职犯罪并收受贿赂的，除刑法另外有规定外，应当实行数罪并罚。这种司法解释层面上的不统一，导致司法实务中做法不一，直接影响量刑标准的统一性和平等性。

从刑法修正趋势看，立法机关越来越多地倾向于对牵连犯按一重罪处罚。1988 年全国人大常委会《关于惩治贪污罪贿赂罪的补充规定》曾规定："因受贿而进行违法活动构成其他罪的，依照数罪并罚的规定处罚"。1997 年修改刑法时删去了这一规定，并增设第 399 条第 3 款："司法工作人员贪赃枉法，有前两款行为的，同时又构成本法第三百八十五条规定之罪的，依照处罚较重的规定定罪处罚。"该条明确规定司法工作人员受贿后徇私枉法的按一重罪定罪处罚。司法公正是社会公正的最后一道防线，公平正义是司法的灵魂和生命，司法人员收受贿赂而枉法裁判是危害最严重的腐败行为，立法机关尚且规定按一重罪处罚，对其他人员因受贿而进行违法活动构成其他罪的，司法中没有理由对之数罪并罚。有的认为，从法理上看，"'为他人谋取利益'与'徇私'的构成要件作用，以及受贿

① 刘宪权、谢杰：《贿赂犯罪刑法理论与实务》，上海人民出版社 2012 年版，第 122 页。
② 罗开卷：《贪污贿赂罪实务精解》，法律出版社 2020 年版，第 287 页。
③ 苗有水、刘为波：《〈关于办理渎职刑事案件具体应用法律若干问题的解释（一）〉的理解与适用》，《人民司法》2014 年第 7 期。

罪与渎职罪的评价内容进行分析，两罪并罚不违反禁止重复评价原则"①。对牵连犯按一重罪处断，是学界通识。"司法解释一方面认为，为他人谋取利益包括承诺、实施、实现行为之一，即为他人谋取利益属于受贿罪的客观行为，另一方面又认为，谋利行为构成犯罪的应与受贿罪数罪并罚，这明显属于重复评价。"② 可见，《刑十一》将中介组织人员故意提供虚假证明文件，情节严重，同时收受贿赂的，依照一罪即处罚较重的规定定罪处罚，是科学的。笔者同时建议对类似司法解释，最高人民法院、最高人民检察院应当进行清理，以统一法律适用标准。

（三）修改职务侵占罪

《刑十一》第 29 条规定："将刑法第二百七十一条第一款修改为：'公司、企业或者其他单位的工作人员，利用职务上的便利，将本单位财物非法占为己有，数额较大的，处三年以下有期徒刑或者拘役，并处罚金；数额巨大的，处三年以上十年以下有期徒刑，并处罚金；数额特别巨大的，处十年以上有期徒刑或者无期徒刑，并处罚金。'"修改后的刑法第 271 条与原刑法条文相比，作了如下修改：

1. 调整法定刑，加大对职务侵占罪的打击力度。（1）将职务侵占罪的法定刑由两档变更为三档，即数额较大、数额巨大、数额特别巨大，相应的量刑区间分别为 3 年以下有期徒刑、3 年至 10 年有期徒刑、10 年以上有期徒刑或无期徒刑。（2）最高刑从有期徒刑 15 年提高至无期徒刑。（3）量刑的分界线由 5 年下降至 3 年。这一修改不仅加大对职务侵占罪的打击力度，而且与贪污罪的法定刑大体协调。因为修改之前，虽然贪污罪法定刑要比职务侵占罪重很多，最高可至死刑，但是第一档法定刑却比职务侵占罪要轻，贪污罪为 3 年以下，而职务侵占罪为 5 年以下。

2. 废除没收财产刑，加强对罚金刑的适用。原刑法第 271 条不仅没有规定罚金刑，而且只有在职务侵占"数额巨大的，处五年以上有期徒刑，可以并处没收财产"。《刑十一》则废除了没收财产刑，同时规定所有职务侵占罪，都要并处罚金。

---

① 王升洲：《受贿罪与渎职罪并罚不违反禁止重复评价原则》，《检察日报》2020 年 12 月 15 日，第 7 版。

② 陈洪兵：《贪污贿赂渎职罪解释论与判例研究》，中国政法大学出版社 2015 年版，第 87 页。

笔者注意到：《刑十一》对职务侵占罪的定罪量刑标准，并没有采纳《刑九》的模式。《刑九》对贪污罪、受贿罪的定罪量刑标准采取"数额或者情节"模式，而《刑十一》对非国家工作人员受贿罪大部分借鉴《刑九》模式，而对职务侵占罪则仍然适用"数额"模式。笔者认为，这一规定具有合理性。职务侵占实质上侵犯了单位财产的所有权，涉案数额大体上能体现其社会危害性。而受贿是典型的渎职行为，其社会危害性更多是通过违背职责的程度、谋取利益的性质、权钱（利）交易衍生的其他更为严重的情节和后果等来体现。再说，即使《刑九》确立了"数额或者情节"模式后，《贪污贿赂解释》仍然把"立法规定的'数额或者情节'标准改造为'数额'标准和'数额＋情节'标准，其中，'数额＋情节'标准中的'数额'，较之'数额'标准中的'数额'大体减半"。其原因在于唯情节论难以量化和准确把握，容易导致适用法律不统一。①

（四）修改挪用资金罪

《刑十一》第 30 条规定："将刑法第二百七十二条修改为：'公司、企业或者其他单位的工作人员，利用职务上的便利，挪用本单位资金归个人使用或者借贷给他人，数额较大、超过三个月未还的，或者虽未超过三个月，但数额较大、进行营利活动的，或者进行非法活动的，处三年以下有期徒刑或者拘役；挪用本单位资金数额巨大的，处三年以上七年以下有期徒刑；数额特别巨大的，处七年以上有期徒刑。国有公司、企业或者其他国有单位中从事公务的人员和国有公司、企业或者其他国有单位委派到非国有公司、企业以及其他单位从事公务的人员有前款行为的，依照本法第三百八十四条的规定定罪处罚。有第一款行为，在提起公诉前将挪用的资金退还的，可以从轻或者减轻处罚。其中，犯罪较轻的，可以减轻或者免除处罚。'"

修改后的挪用资金罪与原刑法条文相比，作了如下三方面的修改：

1. 调整量刑幅度，加大对挪用资金罪的打击力度。（1）将挪用资金罪的法定刑由两档变更为三档，即"数额较大"（进行非法活动的没有"数额较大"的限制）、"数额巨大"、"数额特别巨大"，相应的量刑区间分别为 3 年以下有期徒刑、3 年至 7 年有期徒刑、7 年以上有期徒刑。（2）最

---

① 罗开卷：《贪污贿赂罪实务精解》，法律出版社 2020 年版，第 287 页。

高刑从有期徒刑 10 年提高至 15 年。

2. 废除挪用资金"数额较大不退还"加重处罚的规定。原刑法第 272 条规定：挪用本单位资金数额较大不退还的，处 3 年以上 10 年以下有期徒刑。理论和实务普遍认为，这里的"不退还"，是指因客观原因在一审宣判前不能退还。如果行为人主观上根本不想退还，案发后实际上也未退还的，应当以职务侵占罪定罪处罚。该规定存在的突出问题是：与贪污罪和职务侵占罪的刑罚极不协调。根据《贪污贿赂解释》第 6 条、第 11 条规定，挪用资金归个人使用，进行营利活动或者超过 3 个月未还，数额在 10 万元以上（挪用公款罪的 2 倍）未退还的，要判处 3 年以上 10 年以下有期徒刑，而贪污罪犯罪数额在 20 万元以上的，才判处 3 年以上 10 年以下有期徒刑。职务侵占罪犯罪数额在 100 万元以上的才判处 5 年以上有期徒刑，如果《刑十一》实施后，职务侵占罪犯罪数额不变，依此解释规定，犯罪数额在 100 万元以上的只能判处 3 年以上 10 年以下有期徒刑。如此一比，显见挪用资金"数额较大不退还"的刑罚过重。轻罪重罚有违罪责刑相适应原则，《刑十一》废除这一规定是非常必要的。

遗憾的是：《刑十一》在废除挪用资金"数额较大不退还"的加重处罚的规定时，未同时对挪用公款罪的类似规定作出修改。《刑法》第 384 条规定，"挪用公款数额巨大不退还的，处十年以上有期徒刑或者无期徒刑"。最高人民法院 2001 年 9 月 18 日《关于审理挪用公款案件具体应用法律若干问题的解释》还专门强调："携带挪用的公款潜逃的，依照刑法第三百八十二条、第三百八十三条的规定定罪处罚。"该款与挪用资金罪一样存在着与贪污罪、职务侵占罪不相协调的问题。为了克服这种立法上的矛盾，有的学者认为："挪用公款条文中'挪用公款数额巨大不退还的，处十年以上有期徒刑或者无期徒刑'中的'不退还'，是指客观上没有退还，而不管主观上想不想还、客观上有没有退还的能力；挪用公款数额特别巨大不退还的，不管主观上想不想还，都应以贪污罪定罪处罚。"[1] 近日，张明楷教授撰文认为，此类案件"既可能按贪污罪与减去贪污数额的挪用公款罪实行并罚，也可能将贪污公款评价为挪用公款，仅按挪用公款罪处罚，从而实现量刑的合理化，而不能仅将贪污行为作为处罚对象"[2]。

---

① 陈洪兵：《贪污贿赂渎职罪解释论与判例研究》，中国政法大学出版社 2015 年版，第 194 页。

② 张明楷：《挪用公款罪的数额计算》，《政治与法律》2021 第 1 期。

笔者认为，这种做法确有实质合理性，但有悖罪刑法定原则和法律解释的基本立场，实践中也难以被司法人员所接受。"既然法条仅规定了数额较大与数额巨大，那么，即使数额再大，也只能归入数额巨大，而不能在法定数额分类之外增加数额特别巨大的情形。"① 对于立法上的缺陷，应当通过修法加以解决。《刑十一》已对刑法第 272 条的立法缺陷进行了修正，建议立法机关也尽快废除刑法第 384 条"挪用公款数额巨大不退还的，处十年以上有期徒刑或者无期徒刑"的规定，以保持罪与罪之间的内在协调和统一。

3. 增设特别从宽处罚情节，彰显"法益可恢复性"理念。《刑十一》第 30 条第 3 款规定："有第一款行为，在提起公诉前将挪用的资金退还的，可以从轻或者减轻处罚。其中，犯罪较轻的，可以减轻或者免除处罚。"这一规定赋予了退赔退赃减轻处罚的量刑功能，具有重大的立法价值。虽然刑法第 383 条贪污罪中曾有类似规定，② 但根据第 3 款规定，积极退赃，有第 1 项规定情形的，可以从轻、减轻或者免除处罚。而第 1 项情形是最低量刑幅度，实际上并不具有减轻处罚的空间。而有第 2 项、第 3 项规定情形的，只能从轻处罚而不能减轻处罚。所以，在贪污罪中，退赃并没有真正成为减轻处罚情节。

在挪用资金罪中，立法之所以作出这一规定，一方面是"进一步贯彻宽严相济刑事政策，适应国家治理体系和治理能力现代化的要求，把握犯罪产生、发展和预防惩治的规律，注重社会系统治理和综合施策。对社会危害严重的犯罪保持高压态势，对一些社会危害较轻，或者有从轻情节的犯罪，留下从宽处置的余地和空间"。另一方面是因为"总结实践中依法纠正的企业产权保护案件经验，考虑到民营企业发展和内部治理的实际情况，规定挪用资金在被提起公诉前退还的，可以从轻或者减轻处罚"。③ 根

---

① 张明楷：《刑法学（下）》，法律出版社 2016 年版，第 1194 页。

② 《刑法》第 383 条规定："对犯贪污罪的，根据情节轻重，分别依照下列规定处罚：（一）贪污数额较大或者有其他较重情节的，处三年以下有期徒刑或者拘役，并处罚金。（二）贪污数额巨大或者有其他严重情节的，处三年以上十年以下有期徒刑，并处罚金或者没收财产。（三）贪污数额特别巨大或者有其他特别严重情节的，处十年以上有期徒刑或者无期徒刑，并处罚金或者没收财产；数额特别巨大，并使国家和人民利益遭受特别重大损失的，处无期徒刑或者死刑，并处没收财产。对多次贪污未经处理的，按照累计贪污数额处罚。犯第一款罪，在提起公诉前如实供述自己罪行、真诚悔罪、积极退赃，避免、减少损害结果的发生，有第一项规定情形的，可以从轻、减轻或者免除处罚；有第二项、第三项规定情形的，可以从轻处罚。"

③ 全国人大常委会法制工作委员会副主任李宁：《关于〈中华人民共和国刑法修正案（十一）（草案）〉的说明》（2020 年 6 月 28 日在第十三届全国人民代表大会常务委员会第二十次会议上）。

据这一规定，挪用资金犯罪在提起公诉前是否将挪用的资金退还，将对行为人的量刑产生重大影响。2020年6月，十三届全国人大常委会第二十次会议审议的《中华人民共和国刑法修正案（十一）（草案）》一审稿仅规定"有第一款行为，在提起公诉前将挪用的资金退还的，可以从轻或者减轻处罚"。2020年10月，十三届全国人大常委会第二十二次会议审议《中华人民共和国刑法修正案（十一）（草案）》二审稿时，进一步增补"犯罪较轻的，可以减轻或者免除处罚"的规定，从而使挪用资金犯罪在提起公诉前将挪用的资金退还的从宽幅度更大。积极退赃成为法定从宽处罚情节，有利于行为人积极退赃以弥补给被害单位带来的资金损失，也有利于认罪认罚从宽制度的实施。当然，如何把握"犯罪较轻"尚有待通过司法解释予以明确。

二、 增设药品监管渎职犯罪， 明确食品药品监管渎职犯罪的表现形式

第十一届全国人大常委会第十九次会议2011年2月25日通过的《中华人民共和国刑法修正案（八）》（以下简称《刑八》），新增第408条之一"食品监管渎职罪"，即："负有食品安全监督管理职责的国家机关工作人员，滥用职权或者玩忽职守，导致发生重大食品安全事故或者造成其他严重后果的，处五年以下有期徒刑或者拘役；造成特别严重后果的，处五年以上十年以下有期徒刑。徇私舞弊犯前款罪的，从重处罚。"该罪名实施近10年后，《刑十一》又对该条文进行重大修正，进一步加大对食品药品领域渎职犯罪的打击力度。

《刑十一》第45条规定："将刑法第四百零八条之一第一款修改为：'负有食品药品安全监督管理职责的国家机关工作人员，滥用职权或者玩忽职守，有下列情形之一，造成严重后果或者有其他严重情节的，处五年以下有期徒刑或者拘役；造成特别严重后果或者有其他特别严重情节的，处五年以上十年以下有期徒刑：（一）瞒报、谎报食品安全事故、药品安全事件的；（二）对发现的严重食品药品安全违法行为未按规定查处的；（三）在药品和特殊食品审批审评过程中，对不符合条件的申请准予许可的；（四）依法应当移交司法机关追究刑事责任不移交的；（五）有其他滥用职权或者玩忽职守行为的。"与《刑八》相比，对刑法第408条之一作

了以下修改：

1. 扩大犯罪主体，将药品安全监督管理职责的国家机关工作人员纳入本罪范围。原第 408 条之一的犯罪主体是"负有食品安全监督管理职责的国家机关工作人员"，为适应新一轮机构改革中食品药品统一纳入市场监督管理的现实情况，以及对人民群众食品药品统一保护的现实需求，将本罪的犯罪主体扩大到"负有食品药品安全监督管理职责的国家机关工作人员"。

2. 加大对药品安全监管渎职犯罪的处罚力度。《刑十一》修正之前，对药品安全监督管理工作人员的渎职行为，一般只能按刑法第 397 条规定的滥用职权罪、玩忽职守罪定罪处罚，其法定刑是 3 年以下有期徒刑或者拘役；情节特别严重的，是 3 年以上 7 年以下有期徒刑。如果有徇私舞弊情节的，处 5 年以下有期徒刑或者拘役；情节特别严重的，处 5 年以上 10 年以下有期徒刑。修正后的药品安全监管渎职行为，造成严重后果或者有其他严重情节的，处 5 年以下有期徒刑或者拘役；造成特别严重后果或者有其他特别严重情节的，处 5 年以上 10 年以下有期徒刑，如果具有徇私舞弊犯罪情节的，要从重处罚，明显加大了刑罚处罚力度。

3. 进一步明确本罪的客观要件，犯罪方式具体化。原《刑八》规定，本罪客观方面表现为"滥用职权或者玩忽职守，导致发生重大食品安全事故或者造成其他严重后果的"，《刑十一》对此作出以下修改：

第一，进一步明确犯罪构成要件。《刑十一》对本罪的具体行为方式进行了细化，明确了构成本罪的五种表现形式，即：瞒报、谎报食品安全事故、药品安全事件的；对发现的严重食品药品安全违法行为未按规定查处的；在药品和特殊食品审批审评过程中，对不符合条件的申请准予许可的；依法应当移交司法机关追究刑事责任不移交的；有其他滥用职权或者玩忽职守行为的。"具体性不等于明确性，具体描述必然增加解释对象，进而增加了不确定性与不明确性。此外，具体性常常会形成处罚漏洞，不能实现法益保护目的。"① 具体性规定符合刑事立法的明确性原则，也有利于刑事执法。同时，为了弥补具体性规定带来的处罚漏洞问题，《刑十一》专门规定了兜底条款，从而严密法网，实现了对"食品药品安全监管"的全方位保护。

---

① 张明楷：《增设新罪的原则——对〈刑法修正案十一（草案）〉的修改意见》，《政法论丛》2020 年第 6 期。

第二，将本罪由单一的实害犯向实害犯或情节犯转化。实害犯是以实际的法益侵害结果的发生作为犯罪成立条件的犯罪，情节犯是指以情节严重、情节恶劣为犯罪成立要件的犯罪。《刑八》中对该罪只规定了"导致发生重大食品安全事故或者造成其他严重后果的"，才构成犯罪。如果没有"发生重大食品安全事故或者造成其他严重后果的"，则不构成犯罪。为了加大对食药监领域渎职犯罪的打击，《刑十一》将本罪修改为"造成严重后果或者有其他严重情节的""造成特别严重后果或者有其他特别严重情节的"作为构成犯罪和升格法定刑的条件。"'情节严重'中的情节，不是指特定的某一方面的情节，而是包括任何一个方面的情节，只要某一方面情节严重，其行为的社会危害性就达到了应受刑罚处罚的程度，应当认定为犯罪。"① 根据这一规定，构成食品药品监管渎职罪可区分为实害犯和情节犯两类：对前者要求"造成严重后果的"，才构成犯罪；对后者只要求"有其他严重情节的"，就构成犯罪，并不要求必须发生重大食品药品安全事故或造成严重后果。

三、 新职务犯罪立法司法化应注意的几个问题

（一） 关于职务犯罪新规的溯及力和追诉时效问题

《刑十一》大幅度修改了非国家工作人员贪贿犯罪和药品监管渎职犯罪的法定刑，这必然给这些犯罪的追诉时效带来重大影响。这主要表现在以下两个方面：

1. 由于量刑档次的降低，可能导致正在进行的诉讼程序中的案件已超过追诉时效。如修改前非国家工作人员受贿罪和职务侵占罪"数额较大的，处五年以下有期徒刑或者拘役"。刑法第 87 条规定，法定最高刑不满五年有期徒刑的，经过五年；法定最高刑为五年以上有期徒刑不满十年的，经过十年。即按照修正前的刑法，"数额较大"的追诉时效是十年。但按照《刑十一》规定，"数额较大的，处三年以下有期徒刑或者拘役"，则追诉时效为五年。这样就可能出现目前正在诉讼之中的案件已过追诉时效的问题。最高人民法院 2017 年 2 月 13 日《关于被告人林少钦受贿请示

---

① 张明楷：《刑法分则的解释原理》，中国人民大学出版社 2004 年版，第 224 页。

一案的答复》指出："追诉时效是依照法律规定对犯罪分子追究刑事责任的期限，在追诉时效期限内，司法机关应当依法追究犯罪分子刑事责任。对于法院正在审理的贪污贿赂案件，应当依据司法机关立案侦查时的法律规定认定追诉时效。依据立案侦查时的法律规定未过时效，且已经进入诉讼程序的案件，在新的法律规定生效后应当继续审理。"据此，公安机关立案侦查时，没有超过追诉时效，且已经进入诉讼程序的案件，在新的法律规定生效后应当继续审理；公安机关立案侦查时，已超过追诉时效，且已经进入诉讼程序的案件，应当分别作出撤案、不起诉决定或裁定终止审理。

2. 由于量刑档次的提高，可能导致原来已经超过追诉时效的案件未过追诉时效。刑法第 87 条规定，法定最高刑为十年以上有期徒刑的，经过十五年；法定最高刑为无期徒刑的，经过二十年。修改后非国家工作人员受贿罪和职务侵占罪的最高量刑档次由十五年有期徒刑提高到无期徒刑后，本来这两个罪名的最长追诉时效是十五年，但《刑十一》之后，"数额特别巨大"或者"有其他特别严重情节的"，追诉时效为 20 年。这样就可能出现行为人的受贿行为或职务侵占行为在《刑十一》实施之前已经超过追诉时效，但在《刑十一》实施之后未超过追诉时效的问题。对此，应当根据"从旧兼从轻"的原则适用旧法，即应当认定为已经超过追诉时效，公安机关不得再立案侦查。当然，行为人受贿或职务侵占行为有连续或者继续状态的，从犯罪行为终了之日起计算。

3. 对于降低第一个量刑档次的起点刑，同时又增加附加刑的案件如何处理？《刑十一》在修改非国家工作人员受贿罪和职务侵占罪的刑罚时，一方面降低了第一个量刑档次的起点刑（由 5 年调整到 3 年），同时又增加了附加刑（罚金），此种情形如何适用"从旧兼从轻"原则？理论和实践中存在争议。有的认为，这种情形主刑应适用新法处 3 年以下有期徒刑或者拘役，又依据旧法不应附加适用罚金刑。有的认为，新旧法不能拆分，要么统一适用新法，要么统一适用旧法，适用新法处 3 年以下有期徒刑或者拘役的，必须同时判处罚金。笔者同意第二种观点。比较法定刑的轻重，主要标准在于主刑的轻重，在两个主刑存在轻重之分的情况下，有无附加刑不影响法定刑轻重的判断。"从法定刑的性质来看，在同时规定有主刑和附加刑的情况下，二者是一个有机整体。适用某一法律条文，必须做到完整适用，而不能割裂开来。如果主刑用新法，附加刑用旧法，新法旧法同时适用，则违背了从旧兼从轻原则，造成法律适用上的混乱。"①《刑十一》施行后，对于"数额较大"的情形，应当认为新法为轻，旧法为重，应整体适用新法，"处三年以下有期徒刑或者拘役，并处罚金"，而不应理解为主刑应适用新法处 3 年以下有期徒刑或者拘役，又依据旧法认为不应附加适用罚金刑。

（二）遵循立法精神，及时出台司法解释

1. 及时出台非国家工作人员贪贿犯罪的司法解释。《刑九》实施后，最高人民法院、最高人民检察院出台的《贪污贿赂解释》对非国家工作人员受贿罪、职务侵占罪和挪用资金罪的定罪量刑标准一并作出了规定，即非国家工作人员受贿罪、职务侵占罪中的"数额较大""数额巨大"的数额起点，按照受贿罪、贪污罪相对应的数额标准规定的 2 倍、5 倍执行；挪用资金罪中的"数额较大"、"数额巨大"，以及"进行非法活动"情形的数额起点，按照挪用公款罪"数额较大"、"情节严重"，以及"进行非法活动"的数额标准规定的 2 倍执行。《刑十一》之所以要对非国家工作人员贪贿犯罪作出修改，旨在加强对非公经济的平等保护。而之前公有制经济与非公有制经济保护不平等，除表现在两者法定刑不同以外，还在于两者定罪量刑数额标准过于悬殊。《刑十一》已对非国家工作人员贪贿犯罪作出了重大修改，如法定刑由两档变更为三档，非国家工作人员受贿罪、职务侵占罪的起点刑也由原来的 5 年以下有期徒刑改为 3 年以下有期徒刑。为了实现两者的平等保护，非国家工作人员贪贿犯罪的数额标准应当与贪贿犯罪相同。即非国家工作人员受贿罪、职务侵占罪"数额较大""数额巨大"的标准应由现行的 6 万元、100 万元调整为 3 万元和 20 万元，同时将两罪"数额特别巨大"的标准规定为 300 万元。挪用资金罪"数额较大"以及"进行非法活动"的数额标准也由现行的10 万元、6 万元调整为 5 万元和 3 万元，"数额巨大"的标准也要同步修改。此外，最高人民法院、最高人民检察院还应参照《贪污贿赂解释》对非国家工作人员受贿罪中的"其他严重情节""其他特别严重情节"作出列举式规定。

---

① 参见《周爱武、周晓贪污案——贪污特定款物的司法认定以及新旧法选择适用罚金刑的判处》，《刑事审判参考》2017 年总第 106 期。

2. 细化食品药品监管渎职犯罪界限。修改后的《刑法》第 408 条之一明文规定"造成严重后果或者有其他严重情节的",构成食品药品监管渎职罪。如何掌握"造成严重后果"和"有其他严重情节的"界限,尚需通过司法解释予以明确。在新的司法解释出台之前,笔者认为可以参考最高人民法院、最高人民检察院 2013 年 5 月 2 日《关于办理危害食品安全刑事案件适用法律若干问题的解释》(以下简称《食品安全案件解释》)中对刑法第 143 条规定的"对人体健康造成严重危害""其他严重情节"所作的解释和最高人民法院、最高人民检察院 2014 年 11 月 3 日《关于办理危害药品安全刑事案件适用法律若干问题的解释》中对刑法第 141 条规定的"对人体健康造成严重危害""其他严重情节"所作的解释,以及《渎职案件解释》中滥用职权罪、玩忽守罪的立案标准来加以把握。

(三) 严格司法, 加强对职务犯罪的打击

1. 注意区分食品药品监管渎职罪与徇私舞弊不移交刑事案件罪的界限。刑法第 402 条已专门设立了徇私舞弊不移交刑事案件罪,《刑十一》又将"依法应当移交司法机关追究刑事责任不移交的"单独作为食品药品监管渎职罪的行为方式之一加以规定。《刑十一》实施后,对于负有食品药品安全监督管理职责的国家机关工作人员实施的依法应当移交司法机关追究刑事责任不移交,造成严重后果或者有其他严重情节的,应当一律按食品药品监管渎职罪定罪处罚,而不再认定为徇私舞弊不移交刑事案件罪。理由是:(1) 刑法第 408 条之一第 4 项规定与刑法第 402 条之间存在法条竞合关系,前者是一般法条,后者是特殊法条,特殊法条应优先适用。(2) 刑法第 402 条规定的徇私舞弊不移交刑事案件罪,主观方面要求必须是"徇私舞弊",而刑法第 408 条之一第 4 项规定并不要求主观方面必须是"徇私舞弊"。如果具有"徇私舞弊"情节的,根据该条第 2 款规定要"从重处罚"。"'徇私舞弊',是指徇个人私情、私利的行为。这种行为从个人利益出发,置国家和社会公众的利益于不顾,主观恶性要比单纯监管失职犯罪严重,因此,本款规定,徇私舞弊犯第一款罪的,在第一款规定的法定量刑幅度内从重处罚。"[1] (3) 犯徇私舞弊不移交刑事案件罪

---

① 黄太云:《〈刑法修正案(八)〉解读(二)》,《人民检察》2011 年第 7 期。

的，处 3 年以下有期徒刑或者拘役；造成严重后果的，处 3 年以上 7 年以下有期徒刑。而负有食品药品安全监督管理职责的国家机关工作人员，依法应当移交司法机关追究刑事责任不移交的，造成严重后果或者有其他严重情节的，处 5 年以下有期徒刑或者拘役；造成特别严重后果或者有其他特别严重情节的，处 5 年以上 10 年以下有期徒刑。后者法定刑更重，处罚力度更大。笔者曾主张既然刑法已规定徇私舞弊不移交刑事案件罪，就没有必要在食品药品监管渎职罪对此再作出重复规定。[1] 有的学者也认为，应当"取消'依法应当移交司法机关追究刑事责任不移交的'规定"。[2] 从《刑十一》的规定看，立法机关之所以单独立法，显然是为了更好地纠正食品药品监管领域存在的"以行代刑""以罚代刑"现象，并加大对该类渎职行为的打击，从而实现"加强保护人民群众生命财产安全，特别是有关安全生产、食品药品、环境、公共卫生等涉及公共、民生领域的基本安全、重大安全"的旨意。[3]

同时要注意：对于 2021 年 3 月 1 日《刑十一》施行之前的负有食品药品安全监督管理职责的国家机关工作人员实施的"徇私舞弊，对依法应当移交司法机关追究刑事责任的不移交，情节严重的"行为，是按《刑法》第 402 条规定的徇私舞弊不移交刑事案件罪还是按食品药品监管渎职罪定罪处罚要区分不同情形依法处理：

第一种情形，是食品安全监督管理职责的国家机关工作人员。根据《食品安全案件解释》第 16 条规定，负有食品安全监督管理职责的国家机关工作人员，滥用职权或者玩忽职守，导致发生重大食品安全事故或者造成其他严重后果，同时构成食品监管渎职罪和徇私舞弊不移交刑事案件罪，依照处罚较重的规定定罪处罚；负有食品安全监督管理职责的国家机关工作人员滥用职权或者玩忽职守，不构成食品监管渎职罪，但构成徇私舞弊不移交刑事案件罪，依照徇私舞弊不移交刑事案件罪定罪处罚。

第二种情形，是药品安全监督管理职责的国家机关工作人员。因《刑

① 张兆松：《职务犯罪立法的再检讨与完善——〈刑法修正案（十一）（草案）〉对职务犯罪的修改评析》，《法治研究》2020 年第 5 期。
② 刘仁文、王林林：《进一步完善食品药品监管渎职罪相关规定建议》，《人民法院报》2020 年12 月 10 日，第 6 版。
③ 全国人大常委会法制工作委员会副主任李宁：《关于〈中华人民共和国刑法修正案（十一）（草案）〉的说明》（2020 年 6 月 28 日在第十三届全国人民代表大会常务委员会第二十次会议上）。

十一》之前并无独立的药品监管渎职罪，如果该主体构成犯罪，也只能按普通的滥用职权罪、玩忽职守罪处理。对药监管理人员"徇私舞弊，对依法应当移交司法机关追究刑事责任的不移交，情节严重的"行为，只能按徇私舞弊不移交刑事案件罪定罪处罚。

2. 注意区分药品监管渎职罪与滥用职权罪、玩忽职守罪的界限。《刑十一》新增了药品监管渎职罪，但我们不能据此认为，基于罪刑法定原则，对于之前的药品监管渎职行为都不能追究刑事责任。《刑十一》之前，虽然刑法没有专门设立药品监管渎职罪，但是有普通渎职犯罪的规定。对药监管理人员实施的滥用职权罪、玩忽职守行为，"致使公共财产、国家和人民利益遭受重大损失的"，完全可以按刑法第397条定罪处罚，《渎职案件解释》的相关规定可以适用于药品监管渎职罪的认定。而《刑十一》实施后，则按照特殊法优于普通法、重法优于轻法的原则，一律以《刑法》第408条之一的食品药品监管渎职罪定罪处罚。

结　语

"徒法不足以自行。""法律文本一旦公布，便具有相应的规范效力和权威性，所有社会成员（包括执法者和立法者）都必须无条件地遵守。"[①]"一旦立法通过之后，对于司法者而言，重要的不是批评立法，而是解释法律，尽可能将某些看起来似乎不那么合理的条文解释得更为符合当下的实际需要。"[②]刑法修正案通过后，司法实践中如何正确理解、适用修正后的法律，实现严格司法，从而将修正案中的立法文本，转变成民众眼中的司法正义，尚需广大法律人共同努力。特别是对非公经济的刑法保护，立法已作出了修改。产权保护制度是社会主义市场经济的基石。平等保护，是要求司法机关坚持各类市场主体诉讼地位的平等、法律适用的平等以及法律责任的平等，而不是"法外开恩"。[③]《刑十一》的颁布，意味着长期以来理论界和司法实践界的呼声得到了立法层面的呼应。但立法规定是否得到全面落实仍依赖于司法机关严格执法。公正司法是最好的营商环境，

---

① 夏正林：《论法律文本及其公布》，《政治与法律》2021年第1期。

② 周光权：《刑事立法进展与司法展望——〈刑法修正案（十一）〉总置评》，《法学》2021年第1期。

③ 郭洪平：《保护民企是否要"法外开恩"》，《方圆》2020年第14期。

践行平等保护理念、依法保障非公企业的合法权益需要通过具体的办案来体现。据悉，目前法院已积压了一些非国家工作人员贪贿犯罪的案件，一些地方法院正在和最高人民法院积极沟通，希望早日出台司法解释，并建议将这些犯罪的数额标准按照国家工作人员的 2 倍执行。笔者认为，如果《刑十一》实施后，非国家工作人员贪贿犯罪"数额较大""数额巨大""数额特别巨大"的标准，仍按照国家工作人员贪贿犯罪数额标准的 2 倍乃至多倍执行，那么这种规定就是越权的司法解释。"越权刑法解释尤其是越权刑法司法解释是类推制度废止后罪刑法定主义的最大敌人。"[1] 最高人民法院、最高人民检察院应尽快修改原来过于悬殊的定罪量刑数额标准，使两者的数额标准大体平衡。只有立法、司法双管齐下，平等保护才不是一句空话。

---

[1] 赵秉志：《我国刑事司法领域若干重大现实问题探讨》，《南都学坛（人文社会科学学报）》2009 年第 2 期。

第二十章　论挪用资金罪的修改完善和司法适用

——以《中华人民共和国刑法修正案（十一）》为视角①

引　言

我国贪污贿赂犯罪根据犯罪主体的不同分为两大类：犯罪主体是国家工作人员的，构成贪污罪、挪用公款罪和受贿罪；犯罪主体是非国家工作人员的，则构成职务侵占罪、挪用资金罪和非国家工作人员受贿罪。这两类犯罪不仅犯罪构成上有差别，刑罚设置也悬殊，非国家工作人员贪污贿赂犯罪处罚力度明显过小。这种公私不平等的立法现状不利于保护民营企业的健康发展，也有悖宪法规定的平等原则。2020 年 12 月 26 日第十三届全国人大常委会第二十四次会议通过的《中华人民共和国刑法修正案（十一）》（以下简称《刑十一》）"加大惩治民营企业内部发生的侵害民营企业财产的犯罪。进一步提高和调整职务侵占罪、非国家工作人员受贿罪、挪用资金罪的刑罚配置，落实产权平等保护精神"，② 对非国家工作人员贪污贿赂犯罪作出了较为全面的修改和完善。而在本次修改的这三个罪名中，挪用资金罪增删的内容最多。本文试就挪用资金罪的修改内容及如何准确适用修改后的挪用资金罪加以探讨，以促进严格司法。

---

① 　本文原载《河南警察学院学报》2021 年第 3 期。
② 　全国人大常委会法制工作委员会副主任李宁：《关于〈中华人民共和国刑法修正案（十一）（草案）〉的说明》（2020 年 6 月 28 日在第十三届全国人民代表大会常务委员会第二十次会议上）。

一、 挪用资金罪的修改和完善评析

步入 20 世纪 90 年代后，特别是邓小平南方谈话后，非公有制公司、企业发展迅猛，相对应的非公企业腐败犯罪也日益严重，而当时我国刑法只规定了贪污罪、挪用公款罪和受贿罪（笔者称之为"一元制"），其中贪污罪和挪用公款罪的主体限于"国家工作人员、集体经济组织工作人员或者其他经手、管理公共财物的人员"，受贿罪的主体限于"国家工作人员、集体经济组织工作人员或者其他从事公务的人员"。上述罪名显然无法对非公公司、企业中的侵占、挪用和受贿行为予以定罪处罚。"有些同志认为，随着社会主义市场经济的发展，商事活动日益频繁，商事犯罪逐渐增多，建议在制定公司法的同时，制定刑法关于惩治公司犯罪的补充规定。"[1] 随后，全国人大常委会 1995 年 2 月 28 日通过《关于惩治违反公司法的犯罪的决定》，增设侵占罪（1997 年后改为职务侵占罪）、挪用资金罪和商业受贿罪（1997 年后改为非国家工作人员受贿罪）。其中第 11 条规定："公司董事、监事或者职工利用职务上的便利，挪用本单位资金归个人使用或者借贷给他人，数额较大、超过三个月未还的，或者虽未超过三个月，但数额较大、进行营利活动的，或者进行非法活动的，处三年以下有期徒刑或者拘役。挪用本单位资金数额较大不退还的，依照本决定第十条规定的侵占罪论处。"同时，第 12 条规定："国家工作人员犯本决定第九条、第十条、第十一条规定之罪的，依照《关于惩治贪污罪贿赂罪的补充规定》的规定处罚。"这一立法模式又被"97 刑法"所采纳。从此贪污贿赂犯罪呈现"二元制"，即国家工作人员构成贪污罪、挪用公款罪和受贿罪，非国家工作人员则构成职务侵占罪、挪用资金罪和非国家工作人员受贿罪。根据"97 刑法"规定，挪用资金罪和挪用公款罪，不仅犯罪构成表述上有差异，[2] 关键是刑罚差距大（见表一）。

---

① 全国人大常委会法制工作委员会副主任卞耀武：《关于对〈中华人民共和国公司法（草案）的意见的汇报〉》（1993 年 6 月 22 日在第八届全国人民代表大会常务委员会第二次会议上）。

② 全国人民代表大会常务委员会 2002 年 4 月 28 日《关于〈中华人民共和国刑法〉第三百八十四条第一款的解释》将挪用公款"归个人使用"的含义解释为三种情形（将公款供本人、亲友或者其他自然人使用的；以个人名义将公款供其他单位使用的；个人决定以单位名义将公款供其他单位使用，谋取个人利益的）之后，挪用公款罪与挪用资金罪在"归个人使用"还是"归个人使用或者借贷给他人"上已没有实质上的差异。

表一 挪用资金罪和挪作公款罪的区别

挪用资金罪（第 272 条）	挪用公款罪（第 384 条）
公司、企业或者其他单位的工作人员，利用职务上的便利，挪用本单位资金归个人使用或者借贷给他人，数额较大、超过 3 个月未还的，或者虽未超过 3 个月，但数额较大、进行营利活动的，或者进行非法活动的，处 3 年以下有期徒刑或者拘役；挪用本单位资金数额巨大的，或者数额较大不退还的，处 3 年以上 10 年以下有期徒刑。 国有公司、企业或者其他国有单位中从事公务的人员和国有公司、企业或者其他国有单位委派到非国有公司、企业以及其他单位从事公务的人员有前款行为的，依照本法第三百八十四条的规定定罪处罚。	国家工作人员利用职务上的便利，挪用公款归个人使用，进行非法活动的，或者挪用公款数额较大、进行营利活动的，或者挪用公款数额较大、超过 3 个月未还的，是挪用公款罪，处 5 年以下有期徒刑或者拘役；情节严重的，处 5 年以上有期徒刑。挪用公款数额巨大不退还的，处 10 年以上有期徒刑或者无期徒刑。 挪用用于救灾、抢险、防汛、优抚、扶贫、移民、救济款物归个人使用的，从重处罚。

挪用公款罪和挪用资金罪在刑罚制度上的差异，不利于非公企业产权的保护。2016 年 11 月 4 日中共中央、国务院《关于完善产权保护制度依法保护产权的意见》指出，"坚持平等保护。健全以公平为核心原则的产权保护制度，毫不动摇巩固和发展公有制经济，毫不动摇鼓励、支持、引导非公有制经济发展，公有制经济财产权不可侵犯，非公有制经济财产权同样不可侵犯"。并强调"加大对非公有财产的刑法保护力度"。为了落实中央平等保护精神，《刑十一》对挪用资金罪作出了重大修改（见表二）。

表二：修改前后的挪用资金罪立法规定

修改前的挪用资金罪	修改后的挪用资金罪
公司、企业或者其他单位的工作人员，利用职务上的便利，挪用本单位资金归个人使用或者借贷给他人，数额较大、超过 3 个月未还的，或者虽未超过 3 个月，但数额较大、进行营利活动的，或者进行非法活动的，处 3 年以下有期徒刑或者拘役；挪用本单位资金数额巨大的，或者数额较大不退还的，处 3 年以上 10 年以下有期徒刑。 国有公司、企业或者其他国有单位中从事公务的人员和国有公司、企业或者其他国有单位委派到非国有公司、企业以及其他单位从事公务的人员有前款行为的，依照本法第三百八十四条的规定定罪处罚。	公司、企业或者其他单位的工作人员，利用职务上的便利，挪用本单位资金归个人使用或者借贷给他人，数额较大、超过 3 个月未还的，或者虽未超过 3 个月，但数额较大、进行营利活动的，或者进行非法活动的，处 3 年以下有期徒刑或者拘役；挪用本单位资金数额巨大的，处 3 年以上 7 年以下有期徒刑；数额特别巨大的，处 7 年以上有期徒刑。 国有公司、企业或者其他国有单位中从事公务的人员和国有公司、企业或者其他国有单位委派到非国有公司、企业以及其他单位从事公务的人员有前款行为的，依照本法第三百八十四条的规定定罪处罚。 有第一款行为，在提起公诉前将挪用的资金退还的，可以从轻或者减轻处罚。其中，犯罪较轻的，可以减轻或者免除处罚。

修改后的挪用资金罪与原条文相比，修改了第一款，增设了第三款：

1. 增加量刑幅度，提高法定刑，加大刑罚打击力度

《刑十一》将挪用资金罪的法定刑由原来的两档变更为三档："数额较大"（或者进行非法活动的）、"数额巨大"、"数额特别巨大"，相应的量刑幅度分别是 3 年以下有期徒刑、3 年以上 7 年以下有期徒刑、7 年以上有期徒刑。最高刑从原来的有期徒刑 10 年提高至 15 年，修改后的挪用资金罪已与普通的挪用公款罪刑罚持平。[①] 这一修改，不仅加大了对非公单位挪用资金行为的惩治力度，而且量刑幅度由原来的两档变为三档，使本来达到"数额巨大"标准之后，不管数额多大，量刑差距过小的不合理现象得到克服，实现了"数额巨大"和"数额特别巨大"之间量刑差异的合理化。

有的同志曾建议将"挪用资金罪的法定最高刑可提高到十五年有期徒刑或者无期徒刑"，[②] 或参照挪用公款罪的法定刑，增设"挪用本单位资金数额巨大不退还的，处 10 年以上有期徒刑或者无期徒刑"。[③] 这些观点最终都没有被立法所采纳。笔者赞同《刑十一》的修改意见，将挪用资金罪的法定最高刑提高到无期徒刑并不科学。首先，个罪法定刑的修改要有协调性。"刑事立法必须遵循协调性原则。"[④] 职务侵占罪的最高刑是无期徒刑，挪用资金罪的社会危害性轻于职务侵占罪，两者设置完全相同的最高刑并不合理。其次，普通挪用公款罪的法定刑是 15 年有期徒刑，只有挪用公款数额巨大不退还的，才处 10 年以上有期徒刑或者无期徒刑。如果挪用资金罪的法定刑高于挪用公款罪会出现新的不平衡。最后，民营企业与国有企业涉产权犯罪侵害客体不同。平等保护不是同等保护。国家工作人员的身份事关民众与国家之间的信赖关系，职务廉洁性是对公职人员的基本要求，也是国家所要保护的重要法益。而刑法对民营企业的法益保护是单一的。根据行为人的身份特征，设置不同的入罪标准及法定刑具有正当

---

① 在挪用公款罪中，除"挪用公款数额巨大不退还的，处 10 年以上有期徒刑或者无期徒刑"外，最高刑也是 15 年有期徒刑。

② 迟景华：《有必要提高挪用资金罪的法定刑》，《检察日报》2008 年 1 月 21 日，第 3 版。

③ 祁若冰、单华东：《刑法平等保护公私财产的理性思考——以职务型侵财犯罪为视角》，《法律适用》2010 年第 10 期。

④ 张明楷：《增设新罪的原则——对〈刑法修正案十一（草案）〉的修改意见》，《政法论丛》2020 年第 6 期。

性。如果挪用资金罪和挪用公款罪的量刑档次和法定刑完全相同，就模糊了国家工作人员与非国家工作人员的界限，反而不合理。

2. 废除挪用资金"数额较大不退还"加重处罚的规定

原刑法第 272 条规定："挪用本单位资金数额较大不退还的，处 3 年以上 10 年以下有期徒刑。"从立法沿革看，挪用公款（包括挪用资金）"不退还的"加重处罚，具有立法渊源，大体可分为三个阶段：

第一阶段（1979 年至 1988 年）：挪用视同贪污阶段。1979 年刑法除第 126 条规定了挪用特定款物罪外，并未规定挪用公款罪。对于挪用公款行为，最高人民法院、最高人民检察院 1985 年 7 月 18 日《关于当前办理经济犯罪案件中具体应用法律的若干问题的解答（试行）》规定："司法实践中，国家工作人员、集体经济组织工作人员和其他经手、管理公共财物的人员，挪用公款归个人使用，超过六个月不还的，或者挪用公款进行非法活动的，以贪污论处。"即将挪用视同贪污。

第二阶段（1988 年至 1997 年）：挪用不退还的视同贪污、侵占阶段。第六届全国人民代表大会常务委员会 1988 年 1 月 21 日颁布的《关于惩治贪污罪贿赂罪的补充规定》第 3 条增设挪用公款罪，该条规定，"挪用公款数额较大不退还的，以贪污论处"。1995 年《关于惩治违反公司法的犯罪的决定》也强调，"挪用本单位资金数额较大不退还的，依照本决定第十条规定的侵占罪论处"。在这一阶段，对挪用公款、挪用资金不退还的，仍然视同贪污或侵占。

第三阶段（1997 年至 2020 年）：不退还的加重处罚阶段。鉴于挪用公款不退还的"以贪污论处"（包括挪用资金不退还的"以侵占论处"）的不合理性，[①] "97 刑法"第 272 条和第 384 条分别规定："挪用本单位资金数额巨大的，或者数额较大不退还的，处三年以上十年以下有期徒刑"，"挪用公款数额巨大不退还的，处十年以上有期徒刑或者无期徒刑"。即挪用款项不退还的，不再按贪污罪或职务侵占罪定罪处罚，但仍然要加重刑罚，即升格法定刑。

从上述三阶段，即从挪用视为贪污至挪用不退还的视为贪污、职务侵占，直到不再将挪用不退还的视为贪污、职务侵占而是作为挪用的加重处

---

① 参见张兆松：《挪用公款不退还，以贪污论处质疑》，《检察研究》1992 年第 1 期；唐伯荣：《"挪用公款不退还以贪污论处"质疑》，《法学研究》1995 年第 3 期。

罚情节。四十年来，我国挪用资金（公款）罪的立法不断趋于科学，但是1997 年以来立法机关将挪用不退还的作为挪用资金（公款）罪升格法定刑的情节仍然值得商榷。理由是：

第一，违背主客观相一致的刑法原则。为了明确"不退还"的含义，最高人民法院、最高人民检察院 1989 年 11 月 6 日《关于执行〈关于惩治贪污罪贿赂罪的补充规定〉若干问题的解答》曾规定："《补充规定》第三条规定，'挪用公款数额较大不退还的，以贪污论处'。退还是指挪用人或其家属在司法机关立案后将挪用款交还。不退还，既包括主观上不想还的，也包括客观上不能还的。不退还，使被挪用的这部分公款遭到不可弥补的损失，这种行为应'以贪污论处'，定为贪污罪。"即只要客观上不能还的，就应当按贪污定罪处罚。理论和实务一般认为："'客观上不能还'是指虽然挪用人主观上想归还被挪用的公款，但因挥霍、破产、被骗等原因，直至侦查终结前，挪用人已无能力退还。"① "不退还"，是指客观上没有退还，而不管主观上想不想还、客观上有没有退还的能力。② 上述解释、理解和做法违背主客观相一致的刑法原则。"我国刑法坚持主客观要件相统一的犯罪构成理论。犯罪主观方面与犯罪客观方面，同样都是犯罪构成不可缺少的方面。我国刑法既反对不讲社会危害行为，仅仅根据'反动思想'即定罪的'主观归罪'；同时也反对不讲主观罪过，仅仅根据危害后果即定罪的'客观归罪'。"③ 行为人只有挪用的故意，而无非法占有的故意，客观上不能还是因意志以外的原因造成的，不管是按贪污（或职务侵占罪）论处，还是作为加重法定刑的条件，都是"客观归罪"的表现。

第二，违背罪责刑相一致原则。我国刑法第 5 条规定的罪责刑相一致原则，要求重罪重罚，轻罪轻罚，罪刑相称，罚当其罪。在确定罪重罪轻和刑事责任的大小时，不仅要看行为的社会危害性，而且要考虑行为人的主观恶性和人身危险性。"没有责任就没有刑罚。""行为人的责任限定了刑罚的有无与程度。亦即，如果没有责任，就不得科处刑罚；如果具有责任，也只能在责任的限度内科处刑罚。"④ 根据责任主义的刑法原理，"只有当行为人对符合法定刑升格条件的客观事实具有责任时，才能适用升格

---

① 卢小楠：《略析挪用公款罪向贪污罪转化的两个条件》，《法学家》1993 年第 1 期。
② 陈洪兵：《贪污贿赂渎职罪解释论与判例研究》，中国政法大学出版社 2015 年版，第 194 页。
③ 高铭暄主编：《中国刑法学》，中国人民大学出版社 1989 年版，第 123 页。
④ 张明楷：《刑法的基本立场》，商务印书馆 2019 年版，第 290 页。

第二十章 论挪用资金罪的修改完善和司法适用

375

的法定刑"①。只要挪用款项不退还的，就一律加重处罚，而不论其有无责任及责任大小，明显与责任主义相悖。

第三，与职务侵占罪、挪用公款罪的刑罚不协调。根据最高人民法院、最高人民检察院 2016 年 4 月 18 日《关于办理贪污贿赂刑事案件适用法律若干问题的解释》（以下简称《贪污贿赂解释》）第 6 条、第 11 条规定，挪用资金归个人使用，进行营利活动或者超过 3 个月未还，数额在 10 万元以上（挪用公款罪的 2 倍）未退还的，应当判处 3 年以上 10 年以下有期徒刑，而职务侵占罪犯罪数额在 6 万元以上不满 100 万元的，处 5 年以下有期徒刑或者拘役；100 万元以上的才判处 5 年以上有期徒刑。2017 年 4 月 1 日起实施的《最高人民法院关于常见犯罪的量刑指导意见》规定："1. 构成职务侵占罪的，可以根据下列不同情形在相应的幅度内确定量刑起点：（1）达到数额较大起点的，可以在 2 年以下有期徒刑、拘役幅度内确定量刑起点。（2）达到数额巨大起点的，可以在 5 年至 6 年有期徒刑幅度内确定量刑起点。2. 在量刑起点的基础上，可以根据职务侵占数额等其他影响犯罪构成的犯罪事实增加刑罚量，确定基准刑。"以此量刑标准执行，挪用资金数额在 10 万元以上未退还的，在大多数情况下，比职务侵占罪的刑罚要重得多。此外，根据《贪污贿赂解释》规定，"挪用公款数额在 200 万元以上的"，才处 5 年以上有期徒刑，而挪用资金数额在 10 万元以上未退还的，就要判处 3 年以上 10 年以下有期徒刑，这显然是不合理的。

第四，司法实践中，对如何认定"不退还"认识不统一。最高人民法院、最高人民检察院《关于执行〈关于惩治贪污罪贿赂罪的补充规定〉若干问题的解答》规定："挪用公款案发后，侦查终结前退还的，以挪用公款罪认定处罚。"最高人民法院 1995 年 12 月 25 日《关于办理违反公司法受贿、侵占、挪用等刑事案件适用法律若干问题的解释》第 3 条第 3 款规定："挪用本单位资金案发后，人民检察院起诉前不退还的，依照《决定》第十条的规定定罪处罚。"最高人民法院 1998 年 4 月 6 日《关于审理挪用公款案件具体应用法律若干问题的解释》第 5 条规定："'挪用公款数额巨大不退还的'，是指挪用公款数额巨大，因客观原因在一审宣判前不能退还的。"由于司法解释几经变化，认识不统一，导致检法在认定"不退还"

---

① 张明楷：《刑法学（下）》，法律出版社 2016 年版，第 68 页。

问题上常常有争议，自由裁量权大，个案之间量刑悬殊。

总之，立法将挪用资金"数额较大不退还"，作为法定刑升格条件，存在着不符合犯罪构成要件、量刑起点过高、量刑偏重、执法不统一等问题。挪用款项退还与否，虽然在危害结果上有差异（不退还的应当从重处罚），但以此来区分此罪与彼罪或升格法定刑并不科学，《刑十一》将其废除是非常必要的，也是我国刑事立法科学化的表现。

3. 增设特别从宽处罚情节，彰显"法益可恢复性"理念

《刑十一》第 30 条第 3 款规定："有第一款行为，在提起公诉前将挪用的资金退还的，可以从轻或者减轻处罚。其中，犯罪较轻的，可以减轻或者免除处罚。"这一规定赋予了退赔退赃从轻、减轻甚至免除处罚的量刑功能，具有重大的立法价值。在《中华人民共和国刑法修正案（十一）（草案）》讨论中，笔者曾主张"废除挪用资金罪特别从宽情节的设置"。①现在看来，本人的意见有些偏颇。2020 年 6 月，十三届全国人大常委会第二十次会议审议的《中华人民共和国刑法修正案（十一）（草案）》一审稿仅规定"有第一款行为，在提起公诉前将挪用的资金退还的，可以从轻或者减轻处罚"。草案在全国公开征求意见后，十三届全国人大常委会第二十二次会议 2020 年 10 月审议《中华人民共和国刑法修正案（十一）（草案）》二审稿时，进一步增补"犯罪较轻的，可以减轻或者免除处罚"的规定，进一步扩大挪用资金犯罪从宽幅度。根据上述规定，挪用资金犯罪在提起公诉前是否将挪用的资金退还，将对行为人的量刑产生重大影响。

退赃，是指犯罪分子在作案后的一定期限内退还赃款赃物的行为。作为量刑情节，它在经济犯罪和侵犯财产犯罪中普遍存在。长期以来，在我国刑法适用中，退赃、退赔只是酌定从宽量刑情节，即只能从轻处罚，而不能单独作为减轻处罚情节。对于涉及财产的犯罪，只要犯罪既遂，即使行为人积极退赃、退赔，如果没有其他法定减轻处罚情节，也只能从轻处

---

① 张兆松：《职务犯罪立法的再检讨与完善——〈刑法修正案（十一）（草案）〉对职务犯罪的修改评析》，《法治研究》2020 年第 5 期。

罚而不能减轻处罚。① 这种量刑状况势必影响犯罪嫌疑人、被告人及其亲属退赔、退赃的积极性，最终导致被害人的经济损失难以挽回。退赃属于罪后情节，虽不能直接体现犯罪行为的社会危害性大小，但罪后表现可以反映出行为人的人身危险性及教育改造的难易程度，积极退赃表明了犯罪人的悔罪态度。正是由于退赃在量刑情节中具有重要的参考价值，不少国家将其作为量刑的法定情节加以规定。②

经济犯罪、财产犯罪的侵犯法益中，核心内容就是合法财产权益受到侵害。行为人在犯罪后退赃退赔使犯罪行为造成的侵害在一定程度上得到恢复。挪用资金罪属于"法益可恢复性犯罪"。"所谓法益可恢复性犯罪是指，按照犯罪构成要件的规范评价已经停止于既遂形态的犯罪行为，行为人通过自主有效的行为控制得以消除法益危害的实际危险或者自主恢复被其先前犯罪行为侵害之法益的犯罪。"③ 积极退赃由酌定从宽量刑情节上升为法定从宽处罚情节，有利于行为人积极退赃以弥补给被害单位带来的资金损失，也有利于认罪认罚从宽制度的实施。2018 年我国刑事诉讼法再次修正，增设认罪认罚从宽制度。"刑法必须及时与认罪认罚从宽制度相衔接，为程序改革提供实体法支撑，防止量刑时面对'下不了手'的难办案件突破实体法的量刑限制，同时使参与协商的被追诉人内心有底数。"④ 退赃从宽的规定为挪用资金案件的认罪认罚提供了充分的实体法依据。

《刑十一》通过后引起了社会各界的热议。尽管立法机关的同志认为，"我国刑事立法一向重视并坚持宽严相济。修正案增加罪名，加重了较多犯罪的刑罚，似乎更加重视'严'的一面，而实际上修正案的诸多规定是

---

① 如 1998 年 8 月 15 日最高人民法院、最高人民检察院《关于贪污、受贿、投机倒把等犯罪分子必须在限期内自首坦白的通告》第 2 条规定，凡投案自首，积极退赃的，或者有检举立功表现的，一律从宽处理；被采取强制措施后坦白全部罪行，积极退赃，或者有检举立功表现的，酌情予以从宽处理。2000 年 12 月 13 日最高人民法院《关于刑事附带民事诉讼范围问题的规定》第 5 条规定，犯罪分子非法占有、处置被害人财产而使其遭受物质损失的，人民法院应当予以追缴或责令退赔，被追缴、退赔的情况，人民法院可以作为量刑的情节予以考虑。

② 如《瑞士联邦刑法典》第 64 条规定的"行为人真诚悔悟，尤其是赔偿或指望其赔偿的损失"，法官可对其从轻处罚。《意大利刑法》第 62 条第 6 项规定"在审判前，通过赔偿损失或者在可能情况下通过返还，完全弥补了损害的；或者，在审判前并且在第 56 条最后一款规定的情况之外，采取措施自动地和有效地消除或者减轻犯罪的损害或危险后果的"，应予减轻处罚。

③ 庄绪龙：《"法益可恢复性犯罪"概念之提倡》，《中外法学》2017 年第 4 期。

④ 周光权：《论刑法与认罪认罚从宽制度的衔接》，《清华法学》2019 年第 3 期。

考虑了'宽'的一面的"。① 但学者普遍认为，"纵观《刑法修正案（十一）》在犯罪实体领域和刑事制裁领域的犯罪化与重刑化"，② "本次修正案在整体上遵循了从严从重的立法思路，体现了我国严密法网、从重治理的刑事立法趋向"。③ 但笔者注意到：就挪用资金罪而言，虽然立法机关修改的主旨是提高法定刑，但却充分注意到了宽严相济刑事政策的运用。《刑十一》不仅删去原挪用资金罪中"数额较大不退还"加重处罚的规定，而且专门规定了特别从宽处罚情节。《刑十一》有两个条文规定了退赃、退赔的可以从宽处罚，④ 但挪用资金罪从宽幅度最大。

二、 修改后的挪用资金罪的司法适用

第十三届全国人民代表大会宪法和法律委员会副主任委员、清华大学法学院周光权教授认为："本次刑法修改对于未来司法实践将产生重大影响，司法者不负有批评立法的使命，而应当以务实的态度面对立法活跃的态势，强化建构性刑法解释。"⑤ 此语当然也适用于挪用资金罪。据上海市高级人民法院刑庭罗开卷副庭长 2021 年 1 月 8 日在华东政法大学科研智库承办的 "《中华人民共和国刑法修正案（十一）》立法评析与司法适用"研讨会上透露，"目前一些法院积压了一些职务侵占、非公受贿还有挪用资金罪的一些案例和案件，我们正在和最高法院积极沟通"。《刑十一》对挪用资金罪作出重大修改之后，如何准确理解和严格适用修改后的立法是理

---

① 张义健：《〈刑法修正案（十一）〉的主要规定及对刑事立法的发展》，《中国法律评论》2021年第 1 期。
② 刘艳红：《积极预防性刑法观的中国实践发展——以〈刑法修正案（十一）〉为视角的分析》，《比较法研究》2021 年第 1 期。
③ 刘宪权、陆一敏：《〈刑法修正案（十一）〉的解读与反思》，《苏州大学学报（哲学社会科学版）》2021 年第 1 期。
④ 除挪用资金罪外，《刑十一》在非法吸收公众存款罪中也作了类似的规定。《刑十一》第 12 条规定："将刑法第一百七十六条修改为：'非法吸收公众存款或者变相吸收公众存款，扰乱金融秩序的，处三年以下有期徒刑或者拘役，并处或者单处罚金；数额巨大或者有其他严重情节的，处三年以上十年以下有期徒刑，并处罚金；数额特别巨大或者有其他特别严重情节的，处十年以上有期徒刑，并处罚金。单位犯前款罪的，对单位判处罚金，并对其直接负责的主管人员和其他直接责任人员，依照前款的规定处罚。有前两款行为，在提起公诉前积极退赃退赔，减少损害结果发生的，可以从轻或者减轻处罚。'"但两罪相比，挪用资金罪从宽幅度更大。
⑤ 周光权：《刑事立法进展与司法展望——〈刑法修正案（十一）〉总置评》，《法学》2021 年第 1 期。

论和实务界共同应该关注的问题。

（一） 及时修改挪用资金罪的数额标准

当前亟待解决的首先是挪用资金罪的数额标准问题。根据《贪污贿赂解释》第 11 条规定，挪用资金罪中的"数额较大""数额巨大"以及"进行非法活动"情形的数额起点，按照挪用公款罪"数额较大""情节严重"以及"进行非法活动"的数额标准规定的 2 倍执行。依此规定，挪用资金归个人使用，进行非法活动，"数额较大"和"数额巨大"的标准分别是 6 万元和 600 万元；挪用资金归个人使用，进行营利活动或者超过三个月未还，"数额较大"和"数额巨大"的标准分别是 10 万元和 1000 万元。

《刑十一》实施后，是否要修改以及如何修改挪用资金罪的数额标准，目前有不同看法：一种观点认为，应当保持现行挪用资金罪的定罪量刑数额标准。理由是："我国对企业进行国有企业和非国有企业二元划分的立法模式依然未改变，鉴于国有企业内部的贪污贿赂犯罪在侵害企业权益的同时，还具备违背公务人员职务行为廉洁性的特殊危害。因此，非国家工作人员受贿罪、职务侵占罪和挪用资金罪在各档法定刑的适用标准上，依然要高于受贿罪、贪污罪和挪用公款罪，所以，现有两类罪名的适当认定数额倍数差异应当予以保留。"[1] 有的认为："平等保护是指刑事司法层面的平等保护，而非立法上的起刑点相同、刑罚相同等平等保护。"[2] 但笔者不同意上述观点。

随着《刑十一》的实施，笔者认为：（1）最高人民法院、最高人民检察院应当下调挪用资金罪的定罪量刑数额标准。（2）挪用资金罪应当单独设立定罪量刑数额标准，而不是按照挪用公款罪的倍数来确定。理由是：第一，纵观对非公财产保护不力的批评，除职务侵占罪、挪用资金罪和非国家工作人员受贿罪的法定刑轻于贪污罪、挪用公款罪和受贿罪外，还有一个重要原因是前者的定罪量刑数额标准远高于后者。如果仅仅是立法提高了法定刑，但定罪量刑数额标准还是维持原来那种过高的规定，产权平

---

① 韩轶：《企业权益刑法保护的立法更新和司法适用》，《中国法律评论》2021 年第 1 期。

② 王延祥：《民营企业涉产权犯罪平等保护的理解与适用》，《上海法治报》2021 年 3 月 10 日，第 B07 版。

等、加大惩治侵害民营企业财产犯罪的立法旨意仍然没有得到实现。第二、修改后的挪用资金罪，与挪用公款罪在法定刑和量刑标准上均发生了重大变化（见表三），已完全不具备对应规定数额标准的条件。防范职务犯罪，既要严惩，更要严查。但就犯罪预防效果而言，严查的效果要大于严惩。而要做到严查，就不能制定过高的犯罪起点数额。

表三　挪用资金罪与挪用公款罪量刑标准比较

罪名及刑罚 量刑档次	挪用资金罪（第272条）		挪用公款罪（第384条）	
	量刑标准	法定刑	量刑标准	法定刑
第一档	数额较大、超过3个月未还的，或者虽未超过3个月，但数额较大、进行营利活动的，或者进行非法活动的	3年以下有期徒刑或者拘役	进行非法活动的，或者挪用公款数额较大、进行营利活动的，或者挪用公款数额较大、超过3个月未还的	5年以下有期徒刑或者拘役
第二档	数额巨大的	处3年以上7年以下有期徒刑	情节严重的	5年以上有期徒刑
第三档	数额特别巨大的	7年以上有期徒刑	挪用公款数额巨大不退还的	10年以上有期徒刑或者无期徒刑

有鉴于此，笔者认为，最高人民法院、最高人民检察院对挪用资金罪应当独立设置定罪量刑数额标准，建议规定：挪用资金归个人使用，进行非法活动，"数额较大""数额巨大""数额特别巨大"的标准分别是3万元、20万元和300万元；挪用资金归个人使用，进行营利活动或者超过三个月未还，"数额较大""数额巨大""数额特别巨大"的标准分别是6万元、40万元和600万元。同时建议将职务侵占罪和非国家工作人员受贿罪的定罪量刑数额标准由现在的6万元（数额较大）、100万元（数额巨大）下调到3万元（数额较大）、20万元（数额巨大）和300万元（数额特别巨大），从而使挪用资金罪与职务侵占罪、非国家工作人员受贿罪的定罪量刑数额标准相协调。

（二）修改后挪用资金罪的溯及力和追诉时效问题

《刑十一》提高挪用资金罪的法定刑，废除挪用资金"数额较大不退还"加重处罚的规定，这必然给挪用资金罪的溯及力和追诉时效带来重大影响。

1. 关于修改后挪用资金罪的溯及力

修改后挪用资金罪的溯及力，应当根据刑法第12条规定，坚持从旧兼从轻原则。具体而言：

（1）由于《刑十一》提高挪用资金罪的法定刑，总体来看，旧法有利于行为人。如根据新法，挪用资金"数额特别巨大的，处七年以上有期徒刑"，而根据旧法只能"处三年以上十年以下有期徒刑"。所以，对于2021年3月1日之前实施的挪用资金"数额特别巨大"的行为，应当根据旧法执行。

（2）虽然新法提高了法定刑，但量刑档次由二档变更为三档，其中第二档是"挪用本单位资金数额巨大的，处三年以上七年以下有期徒刑"。而旧法法定刑只有二档，其中第二档是"挪用本单位资金数额巨大的"，"处三年以上十年以下有期徒刑"。新、旧法相比，新法轻、旧法重，应当适用旧法。

（3）新法废除了挪用资金"数额较大不退还的，处三年以上十年以下有期徒刑"的规定。这就意味着挪用资金数额较大不退还的，只能"处三年以下有期徒刑或者拘役"，新法对行为人有利。新法实施后对挪用资金数额较大不退还的行为，应按新法处理。

2. 关于修改后挪用资金罪的追诉时效

我国学界对于挪用公款（资金）罪的追诉时效存在争议。一种观点认为，挪用公款（资金）罪是继续犯。刑法第89条规定：追诉期限从犯罪之日起计算；犯罪行为有连续或者继续状态的，从犯罪行为终了之日起计算。挪用公款罪的追诉时效应从犯罪行为实施完毕之日（即"归还"公款、资金之日）起计算。① 但笔者不同意这一观点。如此理解将使追诉时效在大部分挪用公款（资金）罪案中失去法律意义（因为大部分挪用公

---

① 卢建平、叶希善、叶良芳编著：《挪用公款罪专题整理》，中国人民公安大学出版社2007年版，第54页。

款、挪用资金案件都是在案发前未归还的）。继续犯是指犯罪行为在一定时间处于继续状态的犯罪（如非法拘禁罪）。行为对法益的持续不断的侵害是继续犯的本质特征。挪用资金罪不是继续犯而是即成犯。即成犯是与继续犯相对应的一种犯罪，指实施某种犯罪行为或发生一定结果的犯罪，在犯罪既遂时，犯罪状态同时终了，不存在行为对法益的持续侵害，仅存在侵害法益的不法状态的持续，故其追诉期限从犯罪之日起计算（如职务侵占罪）。挪用资金罪的犯罪本质体现在对资金的"挪移"上，资金"挪移"完成（既遂）即实行终了，行为人不可能对已"挪移"的资金再次进行"挪移"，即不存在行为对法益的持续侵害，而仅仅是行为人将已"挪移"的资金继续使用的不法状态的持续。所以，挪用资金罪的追诉时效应从犯罪之日起计算，而不应当从资金"归还"之日起计算。具体而言：

（1）挪用资金罪追诉时效的计算应当根据挪用的不同情况区别对待：对于挪用资金归个人使用或者借贷给他人，数额较大、进行营利活动的，或者进行非法活动的，应当从资金被挪移的行为完成之日起计算追诉时效；挪用资金归个人使用或者借贷给他人，数额较大、超过3个月未还的，应当从超过3个月之日起计算追诉时效。

（2）由于《刑十一》废除了挪用资金"数额较大不退还的，处三年以上十年以下有期徒刑"的规定，可能导致正在进行的诉讼程序中的案件已超过追诉时效。《刑法》第87条规定，法定最高刑不满5年有期徒刑的，经过5年；法定最高刑为5年以上有期徒刑不满10年的，经过10年；法定最高刑为10年以上有期徒刑的，经过15年。按照修正前的刑法，"数额较大不退还"的追诉时效是15年。但按照《刑十一》规定，"数额较大的，处三年以下有期徒刑或者拘役"，则追诉时效只有5年。这样就可能出现目前正在诉讼之中的案件已过追诉时效。据此，公安机关立案侦查时，没有超过追诉时效，且已经进入诉讼程序的案件，在新的法律规定生效后应当继续审理；公安机关立案侦查时，已超过追诉时效，且已经进入诉讼程序的案件，应当分别作出撤案、不起诉决定或裁定终止审理。

（3）虽然《刑十一》提高了挪用资金罪的法定刑，但由于量刑档次由二档变更为三档，反而导致原来没有超过追诉时效的案件超过了起诉时效。如根据旧法，"挪用本单位资金数额巨大的"（处3年以上10年以下有期徒刑）追诉时效是 15 年；而根据新法，"挪用本单位资金数额巨大的"（处 3 年以上 7 年以下有期徒刑）最长追诉时效是 10 年。对此，应当根据"从旧兼从轻"的原则适用新法，即根据新法认定已经超过追诉时效，公安机关不得再立案侦查；已立案侦查的，应当分别作出撤案、不起诉决定或裁定终止审理。

（三）　如何理解修改后挪用资金罪从宽处罚的规定

1. 挪用资金案件，只要提起公诉前退还的，都可以得到从宽处罚

虽然刑法第 383 条贪污罪中也曾经有过类似规定，[①] 但根据第 383 条第 3 款规定，积极退赃，有第 1 项规定情形的，可以从轻、减轻或者免除处罚。而第 1 项情形是最低量刑幅度，实际上并不具有减轻处罚的空间。而有第 2 项、第 3 项规定情形的，只能从轻处罚而不能减轻处罚。所以，在贪污罪中退赃并没有真正成为减轻处罚情节。与贪污罪、职务侵占罪、挪用公款罪等职务犯罪相比，挪用资金罪退赃从宽幅度最大。不论是挪用资金"数额较大""数额巨大""数额特别巨大"，也不管是归个人使用，超过 3 个月未还的，或者进行营利活动、非法活动的，只要在提起公诉前将挪用的资金退还的，都可以得到法定的从宽处罚。这为司法机关对挪用资金的行为人从宽处理提供了足够的自由裁量空间。

2. "提起公诉前"将挪用的资金退还的，是适用从宽的前提条件

挪用资金（公款）何时退还可以得到从宽处罚，立法或司法解释曾作出过侦查终结前、人民检察院起诉前、一审宣判前等不同规定。在实务界有的甚至认为："从司法认定的角度，犯罪分子作案后直至案件审理终结（包括二审）前均应视为退赃的有效期。"《刑十一》则明确规定"提起公诉前"将挪用的资金退还的，可以从轻或者减轻处罚。笔者认为，这一规

---

① 《刑法》第 383 条规定："对犯贪污罪的，根据情节轻重，分别依照下列规定处罚：（一）贪污数额较大或者有其他较重情节的，处三年以下有期徒刑或者拘役，并处罚金。（二）贪污数额巨大或者有其他严重情节的，处三年以上十年以下有期徒刑，并处罚金或者没收财产。（三）贪污数额特别巨大或者有其他特别严重情节的，处十年以上有期徒刑或者无期徒刑，并处罚金或者没收财产；数额特别巨大，并使国家和人民利益遭受特别重大损失的，处无期徒刑或者死刑，并处没收财产。对多次贪污未经处理的，按照累计贪污数额处罚。犯第一款罪，在提起公诉前如实供述自己罪行、真诚悔罪、积极退赃，避免、减少损害结果的发生，有第一项规定情形的，可以从轻、减轻或者免除处罚；有第二项、第三项规定情形的，可以从轻处罚。"

定具有科学性和合理性，符合认罪认罚条件下检察机关的主导地位。

在刑事诉讼中检察机关承担和发挥着主导作用。[①]"适用认罪认罚从宽制度的前提是认罪认罚，落脚点则是从宽处理，而从宽的核心在于量刑。在认罪认罚案件中，被告人既要认罪又要认罚，才能获得从宽处理。而认罚主要体现在同意检察机关的量刑建议。"[②] 刑事诉讼法第 201 条第 1 款规定，"对于认罪认罚案件，人民法院依法作出判决时，一般应当采纳人民检察院指控的罪名和量刑建议"。两年多来的司法实践证明："检察机关在认罪认罚从宽制度中承担主导责任，不仅是诉讼的承上启下的枢纽和监督者，而且是罪案处理的实质影响者乃至决定者。检察机关的主导责任，既体现在程序方面，也体现在实体方面。"[③] 所以，将退还的时间限定在"提起公诉前"是正确的。以此作为对行为人从宽处罚的依据，并据此与犯罪嫌疑人通过协商签署具结书，提出精准量刑建议，甚至作出不起诉的决定等，就有了扎实的事实基础。当然，如果挪用人在"提起公诉前"未退还，而在审判阶段退还的，仍然可以作为酌定量刑情节对被告人从宽处罚。

结　语

《刑十一》提高了挪用资金罪的法定刑，废除挪用资金"数额较大不退还"的加重处罚的规定。特别是新设立的退赔、退赃可以减轻处罚的规定，对今后的刑事立法具有深远的影响。笔者认为，不仅"职务犯罪行为人事后积极退赃退赔的情形，可以将其视为部分法益恢复犯罪"，[④] 而且一些涉及财产型犯罪，也可以纳入"法益可恢复性犯罪"，只要行为人退赔、退赃的都可以得到从宽处罚。建议在刑法分则中对更多的罪名作出类似的规定，以扩大退赔、退赃可以减轻处罚的罪名范围，或者考虑在刑法总则中对特定的案件类型、退赔退赃时间等条件作出统一规定，凡符合条件的均可以从轻、减轻或者免除处罚。

2015 年《中华人民共和国刑法修正案（九）》对贪污罪、受贿罪作了

---

①　张军：《关于检察工作的若干问题》，《人民检察》2019 年第 13 期。

②　陈国庆：《量刑建议的若干问题》，《中国刑事法杂志》2019 年第 5 期

③　于潇：《认罪认罚从宽：中国之治的制度创新》，《检察日报》2021 年 1 月 19 日，第 1 版。

④　庄绪龙：《职务犯罪退赃退赔事后表现对量刑的影响》，《人民司法》2017 年第 34 期。

重大修改，但未对挪用公款罪加以修改。这次《刑十一》又对挪用资金罪作出了重大修改，仍未对挪用公款罪进行同步修改。挪用公款罪与挪用资金罪、贪污罪的不平衡现象越来越严重，建议立法机关也尽快启动对挪用公款罪的修改，特别是要废除"挪用公款数额巨大不退还的，处十年以上有期徒刑或者无期徒刑"的规定，以保持罪与罪之间的内在协调统一。

刑事司法研究系列·第二卷

刑事检察理论与实务研究（下）

XINGSHIJIANCHALILUN
YU SHIWUYANJIU (XIA)

本书获浙江工业大学研究生教材建设项目资助（项目编号 20200106）

张兆松　著

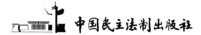中国民主法制出版社

本书目录

第一章 论检察权监督制约机制
构建之路径选择[①]

引　言

检察权是国家为确保法律统一正确实施而赋予检察机关的一项独立而专门的权力。检察权具有集侦、控、诉讼监督权力于一身的多种职能的特点。我国的政治体制和国家权力架构，决定了检察权存在的合法性、合理性和正当性。检察机关是国家的法律监督机关，检察机关在行使检察权过程中应当受到强有力的监督和制约。监督者必须受监督，不论谁是监督者，不论赋予监督者多大的权力，始终存在着由谁来监督"监督者"的问题。加强对检察权的监督制约，是深化检察改革的重点之一。它既是党中央的明确要求、人民群众的热切期待，也是推进检察工作科学发展的客观需要。因此，深入研究如何构建既符合我国国情和政治体制，又符合权力运行规律的检察权监督制约机制，积极探寻检察权监督制约机制的正确路径，对于建构具有中国特色的权力监督制约机制，推进司法体制改革具有重要的理论和现实意义。

一、　检察权监督制约机制改革及其成效

（一）　检察权监督制约机制改革的沿革

1978 年检察机关恢复重建。步入 20 世纪 80 年代，检察机关的工作重心是全力"严打"经济犯罪，在这一阶段，虽然检察权的监督制约问题没

[①]　本文原载孙谦主编：《检察论丛》第 16 卷，法律出版社 2011 年版，第 168—206 页。

有得到足够的重视，但最高人民检察院制定和颁布的《人民检察院刑事检察工作试行细则》（1980年7月21日）、《人民检察院直接受理侦查的刑事案件办案程序（试行）》（1986年3月24日）、《最高人民检察院一厅办理批捕案件的质量标准（试行规定）》（1988年4月8日）、《最高人民检察院一厅办理起诉案件的质量标准（试行规定）》（1988年4月8日）、《最高人民检察院一厅办理免诉案件的质量标准（试行规定）》（1988年4月8日）、《关于制定和颁布〈检察人员纪律（试行）的决定〉》（1989年11月25日）①、《人民检察院举报工作若干规定（试行）》（1988年12月26日）等，都涉及对检察权的监督制约问题。尤其值得一提的是：1988年11月12日，最高人民检察院制定的《一九八九年检察工作计划要点》指出："把自行侦查的经济、法纪案件由一个业务部门'一竿子插到底'的制度，改为分权制，即侦查、预审与决定逮捕、起诉分开，分别由两个部门掌握，地、市以上还应分别由两位副检察长掌握。有争议案件要提到检察委员会审议，实行民主集中制，少数服从多数，建立健全自我制约、自我监督机制。"② 这表明，在80年代末，检察侦查权的监督制约问题已开始引起最高人民检察院的注意。

1. 90年代检察权监督制约机制的初步探索

（1）步入20世纪90年代，针对自侦案件及免予起诉权中存在的问题，③ 最高人民检察院开始重视对检察权监督制约机制的建立，先后颁布了《关于人民检察院直接受理侦查的贪污、贿赂、"侵权"、渎职等犯罪案件不使用收容审查的通知》（1990年3月21日）、《人民检察院侦查贪污贿赂犯罪案件工作细则（试行）》（1991年4月8日）、《关于保护公民举报权利的规定》（1991年5月6日）、《关于贪污受贿案件免予起诉工作的规定》（1991年12月26日）、《关于检察机关接受人民代表大会及其常务委

---

① 该《决定》规定检察人员"八要八不准"纪律。即"一、要热爱人民，不准骄横霸道；二、要服从指挥，不准各行其是；三、要忠于职责，不准滥用职权；四、要秉公执法，不准徇私舞弊；五、要调查取证，不准刑讯逼供；六、要廉洁奉公，不准贪赃枉法；七、要提高警惕，不准泄露机密；八、要接受监督，不准文过饰非。"

② 参见《最高人民检察院公报》1989年第1期。

③ 1990年9月27日，最高人民检察院时任张思卿副检察长在部署开展执法执纪情况大检查工作电话会议上指出："今年上半年全国检察机关自侦案件的免诉率比去年同期上升，普遍偏高，有11个省、区、市在60%以上，有3个省在70%以上。……这反映出不少检察院对免诉问题重视不够，把关不严，失之过宽。"（参见《最高人民检察院公报》1990年第4期，第21页）

员会监督若干问题的规定》（1993 年 6 月 21 日）、《检察官纪律处分暂行规定》（1995 年 9 月 21 日）、《关于要案线索备案、初查的规定》（1995 年 10 月 6 日）等。在这一阶段，自侦案件的逮捕、起诉（包括免予起诉）实行内部制约首次得到了制度上的肯定。①

（2）1996 年 3 月 17 日，第八届全国人民代表大会第四次会议通过了《关于修改〈中华人民共和国刑事诉讼法〉的决定》，刑事诉讼法的修改对检察权的监督制约提出了新的课题。最高人民检察院以此为契机，先后制定和颁布《人民检察院刑事赔偿工作暂行规定》（1997 年 11 月 18 日）、《关于进一步加强同全国人民代表大会代表联系接受监督的通知》（1998 年 5 月 30 日）、《对违法办案、渎职失职若干行为的纪律处分办法》（1998 年 6 月 8 日）、《人民检察院错案责任追究条例（试行）》（1998 年 6 月 26 日）、《关于完善人民检察院侦查工作内部制约机制的若干规定》（1998 年 10 月 22 日）、《人民检察院刑事诉讼规则》（1998 年 12 月 16 日）、《关于检察机关反贪污贿赂工作若干问题的决定》（1999 年 11 月 8 日）等。在这一阶段，错案追究责任制，侦、捕、诉实行内部制约，检务公开等监督制约措施受到社会各界的关注。

2. 步入 21 世纪后，检察权监督制约机制的改革和探索

（1）2000 年至 2005 年检察权监督制约机制的改革

步入 21 世纪后，随着对检察权的质疑和加强对检察权监督制约的呼声，② 最高人民检察院加快了规范制约检察权的建章立制步伐。2000 年 1 月 10 日，最高人民检察院第九届检察委员会第五十二次会议通过《检察改革三年实施意见》。该《实施意见》首次把"改革检察机关内、外部监督制约机制，保证公正、廉洁和高效"纳入三年内要实现的六项改革目标之中。在这期间，最高人民检察院制定和颁布了《人民检察院监察工作条

---

① 《人民检察院侦查贪污贿赂犯罪案件工作细则（试行）》第 42 条规定："逮捕人犯，应当由反贪污贿赂部门填写《逮捕人犯意见书》，连同案卷证据材料，一并送交刑事检察部门审查，报经检察长批准，重大案件应经检察委员会讨论决定。"第 128 条规定："提出提起公诉或者免予起诉意见的，应当分别填写《案件移送登记表》，连同《侦查终结报告》以及其他案卷材料，一并移送刑事检察部门审查。"

② 陈卫东、郝银钟：《侦检一体化模式研究——兼论我国刑事司法体制改革的必要性》，《法学研究》1999 年第 1 期；郝银钟：《检察权质疑》，《中国人民大学学报》1999 年第 3 期；夏邦：《中国检察体制应予取消》，《法学》1999 年第 7 期；陈瑞华：《司法权的性质——以刑事司法为范例的分析》，《法学研究》2000 年第 5 期；陈卫东：《我国检察权的反思与重构——以公诉权为核心的分析》，《法学研究》2002 年第 2 期；等等。

例》（2000 年 5 月 25 日）、《检察人员任职回避和公务回避暂行办法》（2000 年 7 月 17 日）、《人民检察院刑事赔偿工作规定》（2001 年 1 月 10日）、《人民检察院扣押、冻结款物管理规定》（2001 年 4 月 29 日）、《检察机关办理案件必须严格执行的六条规定》（2001 年 5 月 22 日）、《检察机关党风廉政建设责任制实施办法》（2002 年 7 月 19 日）、《人民检察院控告、申诉首办责任制实施办法（试行）》（2003 年 7 月 1 日）、《关于人民检察院保障律师在刑事诉讼中依法执业的规定》（2003 年 12 月 30 日）、《关于在检察工作中防止和纠正超期羁押的若干规定》（2003 年 11 月 24日）、《检察人员纪律处分条例（试行）》（2004 年 6 月 1 日）、《关于实行人民监督员制度的规定（试行）》（2004 年 9 月 2 日）。在这一阶段，检察权的监督制约问题得到应有的重视，制度建设明显加快，特别是人民监督员制度的试行，为检察权的监督制约提供了新的途径。

（2）2005 年以后，检察权监督制约机制的新发展

加强检察权监督制约机制的构建始终是检察改革的重要内容之一。2005 年 9 月 12 日，最高人民检察院颁布的《关于进一步深化检察改革的三年实施意见》又明确提出，今后三年检察改革的主要任务之一是"完善检察机关接受监督和内部制约的制度，保障检察权的正确行使。要进一步完善人民监督员制度；建立省级以下人民检察院直接受理立案侦查案件的备案、批准制度；建立以纠正违法办案、保证案件质量为中心的检务督察制度；健全和规范执法责任制与责任追究制度，重点明确执法领导责任制和执法人员责任制，明确岗位职责，合理确认执法责任；全面实行当事人权利义务告知制度，进一步完善律师会见犯罪嫌疑人以及在侦查、审查逮捕、审查起诉过程中听取当事人及其委托的人意见的程序，实行犯罪嫌疑人约见检察官控告违法行为的制度；进一步深化检务公开"。为了落实上述改革精神，最高人民检察院制定和颁布了《关于省级以下人民检察院对直接受理侦查案件作撤销案件、不起诉决定报上一级人民检察院批准的决定（试行）》（2005 年 9 月 23 日）、《人民检察院直接受理侦查案件立案、逮捕实行备案审查的规定（试行）》（2005 年 9 月 23 日）、《人民检察院讯问职务犯罪嫌疑人实行全程同步录音录像的规定（试行）》（2005 年 11 月1 日）、《关于人民监督员监督"五种情形"的实施规则（试行）》（2005 年 11 月 23 日）、《关于进一步加强律师执业权利保障工作的通知》（2006年 2 月 23 日）、《人民检察院扣押、冻结款物管理工作规定》（2006 年 3 月

27 日)、《关于进一步深化人民检察院"检务公开"的意见》（2006 年 6 月 26 日）、《关于加强上级人民检察院对下级人民检察院工作领导的意见》（2007 年 8 月 14 日）、《检察人员执法过错责任追究条例》（2007 年 9 月 26 日）、《最高人民检察院检务督察工作暂行规定》（2007 年 10 月 8 日）等。

2007 年 10 月，党的十七大报告指出："完善制约和监督机制，保证人民赋予的权力始终用来为人民谋利益。确保权力正确行使，必须让权力在阳光下运行。要坚持用制度管权、管事、管人，建立健全决策权、执行权、监督权既相互制约又相互协调的权力结构和运行机制。"2007 年 10 月 26 日，在第十届全国人大常委会第三十次会议上，最高人民检察院贾春旺检察长专门作了《关于完善检察机关监督机制促进公正执法情况的报告》。

2008 年底，中共中央政治局原则同意中央政法委《关于深化司法体制和工作机制改革若干问题的意见》（中发〔2008〕19 号），这标志着新一轮司法体制改革拉开序幕。2009 年 2 月，最高人民检察院下发《关于贯彻落实〈中央政法委员会关于深化司法体制和工作机制改革若干问题的意见〉的实施意见——关于深化检察改革 2009—2012 年工作规划》。该改革规划提出五个方面深化检察改革的任务，其中第 2 项任务就是"改革和完善人民检察院接受监督制约制度，规范执法行为，保障检察权依法、公正行使"。为此，最高人民检察院制定和颁布《关于省级以下人民检察院立案侦查的案件由上一级人民检察院审查决定逮捕的规定（试行）》（2009 年 9 月 2 日）、《中华人民共和国检察官职业道德基本准则（试行）》（2009 年 9 月 3 日）、《关于完善抗诉工作与职务犯罪侦查工作内部监督制约机制的规定》（2009 年 9 月 11 日）、《人民检察院扣押、冻结涉案款物工作规定》（2010 年 5 月 9 日）、《检察官职业行为基本规范（试行）》（2010 年 10 月 9 日）、《关于实行人民监督员制度的规定》（2010 年 10 月 29 日）、《关于加强对职务犯罪案件第一审判决法律监督的若干规定（试行）》（2010 年 11 月 19 日）、《人民检察院国家赔偿工作规定》（2010 年 11 月 22 日）、《〈最高人民检察院检务督察工作暂行规定〉实施办法》（2011 年 1 月 7 日）等涉及检察权监督制约内容的司法文件。

在这一阶段，省级以下人民检察院对直接受理侦查案件作撤销案件、不起诉决定报上一级人民检察院批准，讯问职务犯罪嫌疑人实行全程同步录音录像，省级以下人民检察院立案侦查的案件由上一级人民检察院审查决定逮捕等监督制约措施受到社会各界的普遍关注。

（二）　检察权监督制约机制改革的成效

目前，检察机关已经初步形成了以《中华人民共和国刑事诉讼法》（以下简称《刑事诉讼法》）、《中华人民共和国人民检察院组织法》、《中华人民共和国律师法》、《中华人民共和国国家赔偿法》和《中华人民共和国检察官法》等法律为基础的，以检察解释、检察规范性文件为主要架构的检察权监督制约机制的规则体系。检察机关行使检察权在接受内部和外部监督制约的机制方面得到进一步增强和完善，也取得了较为明显的成效。[①] 这些成效最突出地表现在以下几个方面：

1. 全面推行职务犯罪审查逮捕程序改革。为了解决同一检察机关同时行使职务犯罪侦查、逮捕、起诉权而造成的权力集中、监督弱化问题，继上一轮司法改革检察机关建立了查办职务犯罪案件"双报批、双报备"制度（即省级以下检察院对职务犯罪案件立案、逮捕必须报上一级检察院备案审查，撤案、不起诉必须报上一级检察院批准）之后，最高人民检察院又于 2009 年 6 月作出规定，省级以下（不含省级）人民检察院立案侦查的案件，需要逮捕犯罪嫌疑人的，报请上一级人民检察院审查决定。2009年 9 月至 2010 年 6 月，全国已实施改革地区的省级、分州市级检察机关共受理下级检察院提请逮捕职务犯罪案件 11199 件 12762 人，决定逮捕 11610人，决定不予逮捕 1037 人，其中无逮捕必要不捕 509 人。纠正侦查活动违法 190 件，已纠正 177 件。建议立案 633 件，侦查部门接到建议后立案 589件。改革实施后，全国职务犯罪案件不捕率接近 8%，与 2008 年不捕率3.9% 相比，上升 4 个百分点。[②] 如浙江省在逮捕权上提一级改革中，各级反贪部门共报请审查逮捕贪污贿赂案件 923 件 995 人，决定逮捕的为 836件 902 人，逮捕率为 90.6%。[③] 不捕率有较大幅度的提高。这说明职务犯罪案件审查逮捕上提一级，较好地克服了侦查、逮捕在同一院内操作、制约效果不明显的问题。2011 年全国检察机关将全部实施职务犯罪案件审查

---

① 2007 年 10 月 26 日，在第十届全国人大常委会第三十次会议上，最高人民检察院时任贾春旺检察长指出："检察机关初步建立起内部监督与外部监督相结合、纵向监督与横向监督相结合、对执法活动监督与对执法人员活动相结合的监督体系。"

② 徐日丹：《职务犯罪案件审查逮捕上提一级改革初见成效》，《检察日报》2010 年 8 月 26 日，第 1 版。

③ 张友宝、欧阳乐：《职务犯罪案件审查决定逮捕权上提一级制度实施情况盘点——以侦查办案为视角》，《浙江检察》2011 年第 3 期。

逮捕程序上提一级改革。

2. 建立和推行讯问职务犯罪嫌疑人全程同步录音录像制度。为规范职务犯罪侦查行为，防止刑讯逼供，增强检察人员依法、文明办案意识和人权保护观念，最高人民检察院在检察机关建立并推行了讯问职务犯罪嫌疑人全程同步录音录像制度。要求在讯问职务犯罪嫌疑人时，必须对讯问全过程进行不间断的录音录像。为保证这项制度真正发挥作用，最高人民检察院制定了相关规范性文件，规定录音录像时必须对讯问起止时间和现场的环境、设备等情况进行记录，讯问活动与录音录像工作必须由侦查部门和检察技术部门分别承担，以全面、真实地录制讯问活动的全过程。这一制度的推行，强化了对检察机关侦查讯问活动的监督，有效防止了刑讯逼供、指供诱供等违法情形的发生，对于增强检察人员依法文明办案意识，保障当事人的合法权益，提高职务犯罪侦查水平，更好地固定证据，排除对办案的干扰，发挥了积极作用。实行这一制度后，涉及检察人员办案不文明、不规范的投诉有所减少。

3. 建立和推行人民监督员制度。人民监督员制度是检察机关创立的旨在加强对检察机关自身查办职务犯罪工作的外部监督的一项重要改革举措。自 2003 年启动试点以来，全国共有 3137 个检察院开展了试点工作，占全国各级检察院总数的 86.5%。共选任人民监督员 21962 名，监督职务犯罪嫌疑人不服逮捕决定、拟撤案、拟不起诉等"三类案件"31457 件，对检察机关查办职务犯罪应当立案而不立案或者不应当立案而立案，超期羁押，违法搜查、扣押、冻结，应当给予刑事赔偿而不依法予以确认或者不执行刑事赔偿决定，检察人员在办案中有徇私舞弊、贪赃枉法、刑讯逼供、暴力取证等违法违纪情况的"五种情形"提出监督意见 783 件。[①] 在总结试点经验、深入开展调研论证的基础上，最高人民检察院于 2010 年 10 月下发《关于实行人民监督员制度的规定》，决定在全国检察机关全面推行人民监督员制度，同时将人民监督员的选任方式改革为由上级检察院统一选任，将人民监督员的监督范围扩大到检察机关查办职务犯罪案件工作中具有终局性决定权的主要环节。实行人民监督员制度，不仅增强了办案的透明度，也促使检察人员转变执法观念，更加注重依法办案和文明办案。

---

① 最高人民检察院司法体制改革领导小组办公室：《深入推进司法改革，健全社会主义检察制度》，《检察日报》2010 年 1 月 20 日，第 3 版。

检察机关监督制约机制的建立和完善，有力地促进了检察机关执法水平和办案质量的提高。2003年至2007年，全国检察机关共立案侦查贪污贿赂、渎职侵权犯罪案件179696件209487人。除正在侦查、审查起诉和审判尚未终结的以外，在上述涉案人员中，已被判决有罪的达到116627人，比前5年上升了30.7%，2007年有罪判决数与立案数的比率比2003年提高了29.9个百分点。全国检察机关共有6539个集体和11819名个人受到省级以上表彰，涌现出王书田、蒋汉生、白云、白洁等一批清廉为民、秉公执法的先进典型。对检察人员的控告、举报从2003年的5651人次下降到2007年的3524人次，下降37.6%。因违纪违法被查处的检察人员从2003年的424人下降到2007年的207人，下降51.2%。其中检察官利用检察权贪赃枉法、徇私舞弊的，从2003年的277人下降到2007年的92人，下降66.8%。[1] 另据统计，2003年至2009年，全国检察机关职务犯罪案件起诉率由80.8%上升到91.6%；不诉率和撤案率分别由19.2%和5.7%下降到8.5%和2.8%，检察机关查办职务犯罪案件的整体水平明显提高。[2]

二、 现行检察权监督制约机制存在的主要问题

不容否认，通过一系列的检察改革，检察权监督制约机制得到了进一步的强化，但仍然存在不少问题，这主要表现在：

（一） 重权力监督， 轻权力制约

"监督关系中，监督者和被监督者是不平等的，监督者的地位通常要高于被监督者……一般来说，权力监督用于上对下的不同主体之间。"[3] "权力制约不是单向的，而是互向的，多向的。而权力监督则是单向的，是权力的所有者、委托者对权力的受托者的一种控制，后者对前者没有反向的牵制权、控制权。"[4] 从近年检察权监督制约机制改革的情况来看，重点始终放在监督方面，如省级以下人民检察院对直接受理侦查案件作撤销

---

[1] 参见最高人民检察院时任贾春旺检察长2008年3月10日在第十一届全国人大第一次会议上所作的《最高人民检察院工作报告》。

[2] 郭洪平：《人民监督员制度：让检察权运行更加规范》，《检察日报》2011年2月23日，第3版。

[3] 蒋德海：《权力监督与权力制约不应混同》，《检察日报》2008年4月4日，第3版。

[4] 侯少文：《监督的含义及其与制约的区别》，《中国党政干部论坛》2003年第9期。

案件、不起诉决定报上一级人民检察院批准、职务犯罪逮捕权上提一级改革等。在刑事诉讼中，我国宪法和刑事诉讼法都明确规定公、检、法分工负责、互相配合、互相制约原则，但在实践中三机关"配合有余、制约不足"的问题始终没有得到应有的重视和改善。比如检察机关对自侦案件享有完全的强制措施决定权，不受公安机关（虽然拘留、逮捕的执行权归公安机关，但这种执行权不对拘留、逮捕的决定权形成任何实质性的制约作用）和人民法院的制约。检察机关对公诉案件进行审查决定是否起诉时，其裁量权虽然受到公安机关的制约（公安机关可以提起复议、复核），但最终的决定权仍掌握在检察机关，法院对此也没有任何制约手段。"整个欧陆德国法系的检察官制中，理论上最为圆融，实务上也最具成效的监督机制，既非上级监督，亦非国会责任，而是法院审查制。"① 而在我国，法院对检察机关的制约比较弱。在庭前程序中，法官无权介入检察机关的侦查活动和审查起诉活动，也不存在任何司法审查机制和程序裁判活动，即使检察机关实行非法的追诉活动，犯罪嫌疑人也无法向法院获得相应的司法救济。对于检察机关提起的公诉案件，法院没有进行实质性审查的权力，只要起诉符合法律规定的形式要件，法院都必须开庭审理。在审判过程中，检察机关变更、追加、撤回公诉的权力几乎不受法院的制约。案件审结后，只要检察机关认为法院的生效裁判在认定事实和适用法律上确有错误，都可以通过抗诉启动审判监督程序。

（二）重权力监督，轻权利监督

我国权力监督的主要缺陷之一是"监督维度单一，自上而下的监督较强，平行制约和自下而上监督较弱"②。这种缺陷在检察权监督中表现得更加突出。如近年来检察机关不断强化上级检察院对下级检察院的监督，主要措施是实行一系列报批制度。如规定省级以下人民检察院对职务犯罪案件撤案、不起诉必须报上一级检察院批准；省级以下（不含省级）检察院立案侦查的案件，需要逮捕犯罪嫌疑人的，应当报请上一级检察院审查决定；人民检察院办理刑事赔偿确认案件拟作不予确认决定，报

---

① 林钰雄：《检察官论》，法律出版社 2008 年版，第 117 页。
② 王传利：《给腐败号脉——新中国腐败频度与控制强度相关性研究》，群众出版社 2004 年版，第 375 页。

上一级人民检察院批准等。上下级之间如果在权力配置上不平衡，上级机关获得了更多的权力，而给下级留下了更多的责任，不仅违反"责权利"相结合的问责原则，而且这种主要依靠审批式的权力监督也不符合司法的亲历性原理。

从监督的实际运行情况看，对检察权的监督存在着忽视"权利监督"以及"权利监督"缺失的问题。刑事诉讼法虽然规定犯罪嫌疑人、被告人在诉讼中享有广泛的诉讼权利，但在辩护律师权利受到极大限制的前提下，犯罪嫌疑人、被告人对检察机关行使侦查权、逮捕权、公诉权的程序参与非常有限，难以起到监督作用。为了保障律师执业权利，最高人民检察院曾在 2003 年 12 月 30 日、2006 年 2 月 23 日分别制定《关于人民检察院保障律师在刑事诉讼中依法执业的规定》和《关于进一步加强律师执业权利保障工作的通知》。但"会见难、阅卷难、调查取证难"犹如三座大山长期困扰着律师界。为解决律师执业中存在的"三难"等问题，2007 年 10 月 28 日，十届全国人大常委会第三十次会议修改《中华人民共和国律师法》。修订后的律师法进一步完善了律师的具体执业权利，特别是进一步完善了关于律师会见权、阅卷权和调查取证权的规定。2008 年 6 月 1 日，修订后的《中华人民共和国律师法》正式实施。但从实践来看，不仅原来的老"三难"问题没有得到破解，其他辩护难问题也日渐凸显。如除了老"三难"之外，还出现了其他新"七难"，即取保候审难、证人出庭难、二审开庭难、无罪辩护难、死刑复核难、废除刑法第 306 条难、想证明非法取证难。[①] 如何充分保障律师的辩护权，使之对检察权形成有力的监督仍然任重而道远。又如：我国现行《刑事诉讼法》虽然肯定了公诉案件中被害人当事人的地位，但只规定其享有申请抗诉权，而且《刑事诉讼法》及司法解释对被害人如何行使该权利均无具体规定，导致被害人难以有效行使抗诉请求权。由于被害人的权利缺少实施保障，支持抗诉的比率一直很低。某市检察机关 1998 年至 2007 年 10 年期间没有一件因被害人不服一审判决而请求检察机关提出抗诉的案件。[②]

（三）重程序外监督，轻程序内监督

从外部监督层面看，可以包括程序外的监督和程序内的监督。前者包

---

① 孙继斌：《刑事辩护"三难"为何变"十难"》，《法治周末》2011 年 1 月 20 日，第 20 版。
② 余德峰、王建荣：《刑事抗诉运行机制实证分析》，《中国刑事法杂志》2009 年第 11 期。

括党的领导，人大及其常委会的监督，新闻媒体监督，以及人民监督员的监督；后者则包括诉讼内的公安机关、人民法院及当事人、律师对检察权的监督制约。从近年检察机关出台的监督制度看，重点强化程序外的监督，而忽视了程序内的监督。程序外的监督由于缺乏必要的程序保证，影响监督效果甚至偏离监督方向。如人民监督员制度是检察机关着力推进的创新监督制度之一，但由于缺乏立法规定，在具体制度层面上存在不少问题，如监督缺乏中立性、监督范围的有限性和监督结果的非强制性等，这些问题的存在直接影响了这种监督形式的实际效果。又如，强调党对检察机关的领导，但"实践中，有些地方党委随意扩大案件请示范围，模糊了坚持党的领导和检察机关独立办案的合理界限，有些地方不同程度地存在着查办党政干部由党委个案批示、案件请求汇报以及上级领导召集公、检、法领导参加的案件协调等惯例和制度"[①]。近年出现的杜培武、聂树斌、佘祥林、赵作海等冤案最终都是政法委协调定案的。同时，由于大量行政式审批制度的存在，也弱化了程序内的监督。如由于不少案件下级检察院的处理决定事实上是上级检察院作出的，当事人希冀通过上级检察院的复议、复核或申诉程序来改变下级检察院的决定几乎不可能。

（四）重机构设置，轻机构的独立性

检察机关内部监督制约机制主要有：一是以各级人民检察院党组书记为核心的检察院党组对检察机关的领导和监督；二是各业务部门间的流程性监督，如控告申诉部门、职务犯罪侦查部门、侦查监督部门、公诉部门之间存在制约监督关系；三是各级检察院检察委员会对执法办案活动的监督；四是检察机关内设的纪检组和监察机构。2005 年 9 月，最高人民检察院明确提出要建立检务督察工作制度的要求。2007 年 10 月，最高人民检察院印发了《最高人民检察院检务督察工作暂行规定》的通知，在全国检察机关推行检务督察制度。目前，全国 32 个省级院均成立了督察机构，其中黑龙江、山东、湖南等省经编办批准成立单独列编的检务督察处（室），吉林、云南、宁夏、广西等省级检察院单设了检务督察工作机构。410 个地市级检察院有 378 个院成立了督察机构。全国省市两级检察院已配备专

---

① 张雪樵、王晓霞：《职务犯罪侦查权的优化配置》，载刘佑生、石少侠主编：《科学发展与法律监督》，中国检察出版社 2010 年版，第 418 页。

职督察人员 521 名，兼职督察人员 3784 名，初步建立了一支专兼结合、相对稳定的检务督察队伍。^① 这样检察机关的内部监督机构就有党的纪律检查、监察和检务督察，这三个机构从不同侧面分别行使着三种不同的职权。党的纪律检查机构依据《中国共产党章程》和党内法规开展工作，监察机构主要依据《人民检察院监察工作条例》开展工作，检务督察机构主要依据《最高人民检察院检务督察工作暂行规定》开展工作。其后果是造成监督机构重叠，要么造成重复监督，要么监督工作相互推诿，不能落实。在我国权力监督体系中，被监督的主体恰恰是监督机构的领导和决策主体。让自己领导决定下的监督机构监督自己，不可能实施真正有效的监督。"这么多年来，尽管地方各级'一把手'越来越成为腐败的高危岗位，尽管地方各级'一把手'中越来越频发严重腐败案件，但是，很少是由同级纪检监察机关检举揭发出来的！"^② 这种现象在检察机关同样存在。

三、 检察权监督制约机制模式的应然选择

（一） 以权力制约权力

国家权力虽然是一个有机的整体，但在行使国家权力时，必须由一系列国家机关分工执掌国家权力的不同部分。对于我国来说，实行的是人民民主专政的国体，因此并不采取三权分立的政治原则。从政体上看，基本的国家权力组织形式为实行民主集中制的人民代表大会制度。由于人民代表大会毕竟无法一一行使国家的各项具体职能，于是，人民代表大会之下设立了一些具体的国家机关，分别行使国家的各项基本权力，执行特定的国家职能。在我国的政治体制中，国家权力在功能上基本可划分为立法权、行政权、审判权、检察权、军事权。党的十七大报告提出建立健全决策权、执行权、监督权既相互制约又相互协调的权力结构和运行机制，是对改革开放以来党在探索权力制约和监督机制方面的重要经验和实践成果的总结，是对权力结构和运行机制认识的进一步深化。

党的十六大和十七大报告都强调，要深化司法体制改革，优化司法职

---

① 刘卉：《构筑检务督察平台，促进公正廉洁执法》，《检察日报》2010 年 3 月 9 日，第 3 版。
② 李永忠：《反腐困境何以破局》，《人民论坛》2011 年第 21 期。

权配置。就检察权而言，在实现以权力制约权力，必须保证纵向合理分权和横向合理分权的有机结合。纵向合理分权主要是合理界定上级检察机关与下级检察机关之间的权力分工，横向合理分权主要是合理界定检察机关与公安机关、审判机关的权力分工，特别是检察权（侦控权）与审判权（裁判权）的合理配置。

以权力制约权力，作为权力制约的模式，具有较强的实用性和可操作性，世界各国的权力制约机制都已证明这一模式的可行性和现实性。但该模式关注权力与权力之间的关系，缺乏对公民权利、公共利益的足够重视，同时因存在"官官相护"等因素导致权力机关因制约不力而侵害公民权利的现象。以权力制约权力的主要途径是通过分立的国家权力形成相互制约，而国家权力都是强制性的。由于缺少非强制性的因素在不同权力之间充当"弹性"，导致制约的"刚性化"。这种"刚性化""往往在僵持中浪费着资源、时间、人力等，不必要的内耗导致效率低下"[1]。

（二）以权利监督权力

权力与权利，相辅相成。权力来源于权利，是权利的让渡，是保障和实现权利的工具，权力必须保障和维护权利；权利是权力的基础，权力是权利授权的权力，权力是因权利而设定的权力，权利必须要对权力进行制约和监督。公民权利是构成公共权力的基础。在间接民主的条件下，人民当家作主并不意味着人民实际管理国家和社会事务，而在于人民对管理国家和社会事务的公共权力的控制，这种控制是通过行使公民权利实现的。

我国宪法第 41 条第 1 款规定："中华人民共和国公民对于任何国家机关和国家工作人员，有提出批评和建议的权利；对于任何国家机关和国家工作人员的违法失职行为，有向有关国家机关提出申诉、控告或者检举的权利，但是不得捏造或者歪曲事实进行诬告陷害。"第 3 款规定："由于国家机关和国家工作人员侵犯公民权利而受到损失的人，有依照法律规定取得赔偿的权利。"上述条款中包含了公民的六项具体权利，即批评权、建议权、申诉权、控告权、检举权以及国家赔偿请求权。我国宪法学者将这

---

① 郭道久：《"以社会制约权力"——民主的一种解析视角》，天津人民出版社 2005 年版，第 100—101 页。

六项具体权利概括为一个新型的概念，即"监督权"。①

"权利监督"与"权力监督"的区别主要在于：一是行为主体的性质不同。"权利监督"是公民的"个人行为"，而"权力监督"是国家机关的"组织行为"。二是所依靠和凭借的手段和力量不同。"权利监督"所依靠和凭借的是分散的个人享有的"权利"，而"权力监督"所依靠和凭借的则是有组织的"权力"。三是所具有的功能和作用不同。作为个人行为的"权利监督"对于被监督对象的违规行为仅仅具有"在口头上加以责备"的功能和作用，其本身并没有"在行动上加以纠正"的功能和作用，因而它是一种"软监督"；而作为组织行为的"权力监督"，对于被监督对象的违规行为，不仅具有"在口头上责备"的功能和作用，而且更重要的是还具有"在行动上加以纠正"的功能和作用，因而它是一种"硬监督"。就监督功能和作用来说，对任何被监督对象的违规行为，最终只有依靠"权力监督"，才能从行动上加以纠正，使违规行为及时中止或改变，以致给予适当的处罚，包括通过免职、撤职等手段收回授权。而"权利监督"本身发挥得再充分、再有力，也只能限于对违规者的口头责备，包括批评、揭发、检举、控告等，作为向违规者的授权机关或专门监督机关的一种"诉求"。这种"诉求"本身并不能纠正对象的违规行为，至多只能造成一种压力，引起有关权力机关的关注和重视。"权利监督"最终必须也只能通过"权力监督"功能的充分发挥，才能起到应有的作用。这就表明，要从根本上强化监督，只有"权利监督"和"权力监督"各自充分发挥其功能和作用，并有机地结合起来才能实现。

从权利来源看，权利监督体现在宪法规范中，是公民的基本权利。权利监督是顺应民意的体现，更是民主执政的题中之义。国家工作人员均来自每个家庭和人民群众，人民群众对权力行使者的品德操守、精神状态、工作状况、执政形象、社会活动等言行有深刻的了解，发挥权利监督的作用，会使掌权者感到自己一言一行时刻被群众敏锐的眼睛注视着，使其修为政之德、思贪欲之害、行为民之事。从监督内容看，权利监督不仅可以对公权力行使的合法性、正当性进行监督，而且可以对权力行使者效率低下、平庸懒散、作风粗暴及有损身份形象等行为提出批评，对制度漏洞提

---

① 韩大元、林来梵、郑贤君：《宪法学专题研究》（第二版），中国人民大学出版社 2008 年版，第 465 页、469 页。

出建议，促使权力行使者完善制度。从监督效果看，在权力可能被滥用、怠用或制度存在疏漏的情形下，权利监督会为职能部门提供第一手信息，为权力监督、反腐倡廉、制度建设提供线索、建议、民情，在建立有权必有责、用权受监督、违法要追究的监督机制中发挥事前防范、事中监督、事后纠错、警示惩戒作用。[①]

如果说人大监督、司法监督与纪检监督是通过"权力监督权力"的话，那么，保障人民群众的权利、动员人民群众行使监督权，指向的就是"以权利监督权力"。最高人民检察院统计显示，检察机关查办职务犯罪案件的线索80%来自群众举报。这从一个侧面说明了人民群众监督的有效性，以及更加重视并保障人民群众监督的必要性。但同时说明对检察权也一样需要广大民众用雪亮的眼睛来监督。

（三）以社会制约权力

以社会制约权力就是通过来自社会领域的组织、力量等社会性因素，对作为特殊的公共权力的国家权力构成制约，以此推进民主的发展和完善。即通过社会权利的行使，形成对国家权力的制约。所谓社会权力（利）就是社会主体以其所拥有的社会资源对社会和国家的支配力。[②] 在这里，郭道晖教授使用了"社会权力"一词。在西方学界，"权力"与"权利"二者并不存在严格的区分而是经常互用的。如美国法学家庞德曾提出权利有六种意义：一是利益，二是利益加上保障他人的法律工具，三是狭义上的法律权利，四是权力，五是自由权，六是特权。[③] 其中权力被描述为权利的一种含义。再者，西方学界在运用权力（power）一词时，也不将之仅用于表征国家权力。从这个角度看，使用"社会权力"一词并无不当。但在国内，我国学界一般认为权利来源于英文中的 right，它是包括个人和各种社会组织在内的社会个体行使的各种自利性权益，权力来源于英文 power，表征由国家机关行使的各种支配性力量。所以，根据学界对"权力"和"权利"界限的通说，使用"社会权利"一语可能更为妥当。

马克思的市民社会理论、人民民主理论和"通过人民自己实现人民管

---

① 付文亮：《权利监督与权力监督》，《法制日报》2006 年 2 月 23 日，第 10 版。
② 郭道晖：《社会权力与公民社会》，译林出版社 2009 年版，第 54 页。
③ ［美］庞德：《通过法律的社会控制：法律的任务》，沈宗灵等译，商务印书馆 1984 年版，第 44 页。

理制"理论是当代中国"以社会制约权力"的理论基础。① 马克思认为是市民社会产生了政治国家而不是政治国家产生了市民社会,因此,政治国家存在的合理性基础就在于它是服务于市民社会的重要手段。托克维尔曾指出:一个强大的、活跃的和警觉的公民社会,是制约国家权力、防范政治腐败的有力屏障。"以社会权力制衡国家权力"就是社会权力支持、监督国家权力依法、正当、有序运作。其作用有三:一是分权——将本应属于社会主体的权力,从被国家"吞食"的国家权力中分离出来,归为社会自主、自治权力。二是参权——通过公民和社会组织集中和反映不同社会群体的意见与要求,直接参与国家行政、司法以及立法活动的决策过程,为国家的治理工作提供社情、民情的依据,贡献来自人民群众和各行各业专家的智力资源与物资和精神支持,并促进政务活动的公开性和透明度。三是监权——通过运用为社会所掌握或影响的舆论媒体,通过社会组织的游说,对政府机构施加压力,通过公民集体行使公权利,形成社会权力,去监督国家权力,既支持政府为民谋利益的举措,又遏制、抗衡、扭转政府的不法、侵权行为。② "在'社会权利说'产生之后,就可以有效地克服'公民权利'价值概念的逻辑缺陷,使得'国家权力'的合法性始终受到'社会权利'和'公民权利'的双重制约。由于'社会权利'将'主权者'予以社会化,因此,纵然是代表或议员通过公民行使选举权产生之后,这些'国家权力'的行使者仍然必须受到全体社会成员的监督,'国家权力'真正的所有者还在于社会主体。"③

虽然"在国家与社会的关系上必须警惕两种倾向:一是无视国家的基础是社会,盲目崇拜国家权力,国家权力向社会过度扩张,甚至国家取代和吞并社会的集权或极权主义模式;二是片面强调社会决定国家,过分凸显国家的消极意义,鼓动社会对国家的盲目抵制和对抗,这最终会导致无政府主义、社会失序和政治动荡。发展中国家公民社会建构的目标模式只能是公民社会与政治国家的良性互动,即超越政治国家与市民社会的二元对立,建立两者间相互制约又彼此合作、相互独立又彼此依赖的有机统一

---

① 郭道久:《"以社会制约权力"——民主的一种解析视角》,天津人民出版社2005年版,第203页。

② 郭道晖:《社会权力与公民社会》,译林出版社2009年版,第69页。

③ 莫纪宏:《现代宪法的逻辑基础》,法律出版社2001年版,第357页。

关系"①。我国政治生活的现实决定了我们主要是要防范第一种倾向，其原因在于："在当今中国的民主建设中，'以社会制约权力'以及与之相适应参与——治理型民主，仍然处于萌芽或初始阶段，并没有成为普遍现象。"②

以社会制约权力也是推进社会管理创新的重要内容之一。社会管理创新的关键是法治。法治的核心精神是规范公共权力运行以保障公民权利的实现。社会管理既关系公众，也需要公众参与。提高公众参与社会管理的自觉性，创新公众参与社会管理的机制，是加强和创新社会管理不容忽视的问题。检察体制机制改革就是要充分尊重广大民众的知情权、参与权、表达权和监督权，认真倾听民众呼声，推进司法民主，着力于解决检察实践中影响司法公正的突出问题。

人民监督员制度是最高人民检察院在现行法制框架内推行的旨在强化外部监督机制的一项检察改革举措，是社会制约权力的具体表现。2003 年9 月，最高人民检察院通过《关于实行人民监督员制度的规定（试行）》，开展了人民监督员制度试点。2010 年 10 月，最高人民检察院通过了《关于实行人民监督员制度的规定》，在检察机关全面推行人民监督员制度。从监督主体看，人民监督员由机关、团体、企事业单位和基层组织民主推荐、征得本人同意并经考察后确认产生，具有广泛的代表性。人民监督员的监督意见，是检察机关决策的参考，但不具有直接的法律效力，属于社会监督的范畴。

（四）以道德制约权力

以道德制约权力就是通过各种途径，把外在的价值准则内化为权力运用者自身的价值需求和道德自律，使其保持高尚的权力道德理念和情操，树立正确的权力意识，自觉规避滥用权力的行为，增强自身抗腐防变的动力资源，自觉约束自己的权力行为，以防范权力的异变。我国自孔孟以来的儒家代表人物，几乎都对道德在权力制约方面的功能给予了高度的期望。以道德制约权力关注的不是权力与权力之间的关系，而是人与权力之

---

① 伍俊斌：《论公民社会与政治国家的共存共强》，《黑龙江社会科学》2010 年第 1 期。

② 郭道久：《"以社会制约权力"——民主的一种解析视角》，天津人民出版社 2005 年版，第478 页。

间的关系，它认为能够有效制约权力的不是另一种权力，而是掌权者自己的道德修养。权力的正确运用，依于掌权者内心的"道德律"。只要掌权者的思想修养达到了一定的高度，就能够把权力有效地约束在正常的轨道上。以道德制约权力，一是通过对掌权者的道德指引，规范和制约权力，即道德他律；二是通过掌权者自身道德修炼，实现其自身道德对自己权力行为的约束，即道德自律。

建立以道德制约权力的机制，就是要把监督与教育结合起来，不断深化反腐倡廉教育，加强理想信念、廉洁从政、党纪国法教育和权力观、地位观、利益观教育，引导各级领导干部讲党性、重品行、作表率，切实做到权为民所用、情为民所系、利为民所谋。通过宣传教育，将廉洁从政各项规定内化为党员干部特别是领导干部的道德信念和行为准则，提高自我监督和自我约束能力，从而自觉地以内心的道德力量抵制外在的不良诱惑，行使好手中的权力。

检察官职业道德，就是由反映检察工作特点和要求，体现检察官职业品质和荣誉的理想信念、价值追求、道德情操、道德原则和道德规则等组成的职业道德体系。它既是对检察人员在职业活动中行为的要求，又是检察职业身份对社会所负的道德责任与义务。为了全面提高检察队伍的职业道德素养，2009 年 9 月，最高人民检察院第十一届检察委员会第十八次会议通过《中华人民共和国检察官职业道德基本准则（试行）》，提出了检察官职业道德的基本要求是：忠诚、公正、清廉、文明。从 2010 年 4 月到 2011 年 1 月，全国检察机关集中 10 个月时间深入开展"恪守检察职业道德、促进公正廉洁执法"主题实践活动。这是检察机关大力加强检察队伍思想政治建设、纪律作风建设和职业道德建设，不断提升检察机关社会形象和执法公信力，为检察机关正确履行法律监督职能奠定坚实的思想政治和职业道德基础的一项重要举措。

但是，道德本身是不具有强制力的，是靠人们内心信念和社会舆论去遵守的。因此，只能说道德对制约权力有影响，而不能将其视为制约权力的重要因素。检察官职业道德也只有倡导性的行为目标、行为模式、情感倾向、价值观念等规定，而没有制裁措施的规定。这是由道德的一般特征所决定的。因此，不应当对如何强化职业道德规范的硬性约束寄予过大的希望，更不要试图把所有的职业道德规范都转化为纪律或者法律规范。

四、 强化检察权监督制约机制的基本途径

有的学者认为："对司法公正的外部监督是很困难的，内部监督更有效。所以，应把各种各样的监督设置撤掉，变成法律人共同体的自我监督机制，这是一个最节约成本的方法，要在司法体系的内部，通过制度性的、技术性的安排稳妥地解决司法裁量权的任意性问题。"[1] "内部监督比外部监督更具有针对性、及时性、更容易被接受。"[2] 笔者认为，上述观点值得商榷。司法权的良性运作制度，不仅取决于司法体制性保障，而且还需要有效的司法监督制度，而有效的司法监督制度应是强有力的外部监督制度，而不是依赖于内部监督。"严格意义上的司法监督指的是外在监督制度。"[3] "再好的刀，也砍不着自己的刀把；再好的外科医生，也难以给自己动大手术。只有对当前普遍存在的监督者与被监督者混为一体的现象，积极稳妥地进行改革，使同体监督转变为异体监督，才能形成有效的监督制衡力和科学的权力结构。"[4]

要实现对检察权的有效监督制约，必须调整改革思路，在坚持现行有效内部监督制度的基础上，进一步加大外部监督制约的力度。未来中国检察权监督制约改革的科学走向应当是：权力监督与权力制约并重、权力监督与权利监督并重、程序外监督与程序内监督并重，同时更加注重监督机构的独立性。

（一） 强化人大对检察权的监督

近年来，尽管人大对检察权的监督有所加强，但总体而言，人大监督仍不尽如人意。长期以来，人大及其常委会对检察权的监督地位、监督功能发挥得不够。为了切实解决人大监督权不想用、不敢用、不会用、不好用的问题，不断提升人大对检察权的实际监督水平，应从以下几个方面完善人大监督制度：

---

[1] 马国川：《季卫东：司法改革第三波》，《经济观察报》2009 年 11 月 13 日。

[2] 关仕新：《"双向制约"能否增进内部监督实效》，《检察日报》2010 年 8 月 15 日，第 3 版。

[3] 曾宪义：《司法公正与司法效率的保障制度研究》，《法律适用（国家法官学院学报）》2002 年第 1 期。

[4] 参见《人民日报》2010 年 4 月 6 日刊发的时任中国纪检监察学院副院长李永忠的专访文章。

1. 不断完善监督立法，进一步推进人大监督权的法制化

人大监督权的有效行使，离不开法律规范的进一步完善。我国宪法特别是《中华人民共和国各级人民代表大会常务委员会监督法》（以下简称《监督法》）对人大常委会的监督作了专门规定，但从总体上看，这些监督权的具体落实还缺乏明确的、可操作性的规定。因此，如何规范人大监督行为需要严密的制度设计。

（1）修订宪法，解决法律冲突。我国 1982 年宪法第 73 条规定："全国人民代表大会代表在全国人民代表大会开会期间，全国人民代表大会常务委员会组成人员在常务委员会开会期间，有权依照法律规定的程序提出对国务院或者国务院各部、各委员会的质询案。受质询的机关必须负责答复。"这表明，1982 年宪法明确质询对象仅限于国务院及各部委。1987 年《中华人民共和国全国人民代表大会常务委员会议事规则》（以下简称《全国人大常委会议事规则》）将最高人民法院、最高人民检察院纳入常委会质询的范围内，1992 年《中华人民共和国全国人民代表大会和地方各级人民代表大会代表法》颁布，全国人大代表质询的对象从"国务院及其各部门"延伸到了最高人民法院、最高人民检察院。《中华人民共和国地方各级人民代表大会和地方各级人民政府组织法》第 28 条、《监督法》第 35 条都规定县级以上人大代表、常委会组成人员可以提出对最高人民法院、最高人民检察院的质询案。因此，有必要修订宪法中有关质询对象范围的规定，将质询范围扩大到最高人民法院、最高人民检察院，使宪法和有关法律对质询制度的规定协调一致。

（2）明确质询权行使的范围。从我国《监督法》第 35 条规定看，除了对提出质询案的主体、提起质询案的人数以及必须以书面形式提出质询案外，其他方面并无特别的限制。但由于《监督法》对质询权行使的范围没有具体规定，导致在实践中被人为地提高质询案的条件。检察工作中的重大失误和检察工作人员失职、渎职、徇私枉法问题，常委会在执法检查或者调研中发现的突出问题和人民群众反映强烈的其他司法腐败等问题，都可以成为人大常委会质询的范围。

（3）明确特定问题范围，扩大提议组织特定问题调查委员会的主体。鉴于对特定问题的范围过于原则的缺陷，建议通过概括加列举的方式，对特定问题的范围作出较为具体的规定。同时，扩大提议组织特定问题调查委员会的主体，如将《监督法》第 40 条第 2 款规定的"五分之一以上常

务委员会组成人员书面联名，可以向本级人民代表大会常务委员会提议组织关于特定问题的调查委员会"，修改为"十分之一以上常务委员会组成人员书面联名，可以向本级人民代表大会常务委员会提议组织关于特定问题的调查委员会"。同时增加规定：人大代表或者国家机关、社会团体、企业事业单位以及公民，认为应当组成特定问题调查委员会的，可以向县级以上人大常委会书面提出建议，由常委会工作机构进行研究，必要时，送有关专门委员会进行审查、提出意见。

（4）增设被监督者的法律责任。有监督、有责任，就要有责任追究。《监督法》没有规定被监督者的法律责任是该法的主要缺陷之一。地方权力机关在制定《监督法》实施细则时，应当注意增加被监督者的法律责任的内容。①

2. 建立专门的人大监督机构和人大监督员制度

人大的职权包括立法权、决定权、任免权、监督权。从国家政治的角度讲，这四权可概括成两方面的权力：一是代表人民行使议决权，包括立法权、决定权、任免权，这体现了国家权力的性质和来源；二是监督权，这体现了人民对国家权力的规范和制约。人大及其常委会监督权的实现，离不开立法权、决定权和任免权的行使；而其他三权的实现则常常以行使监督权作为前提和条件。2011 年 3 月 10 日，在十一届全国人大四次会议上，全国人大常委会时任委员长吴邦国在《全国人民代表大会常务委员会工作报告》中指出："一个立足中国国情和实际、适应改革开放和社会主义现代化建设需要、集中体现党和人民意志的，以宪法为统帅，以宪法相关法、民法商法等多个法律部门的法律为主干，由法律、行政法规、地方性法规等多个层次的法律规范构成的中国特色社会主义法律体系已经形成。"随着我国法律体系的基本形成，国家权力机关的工作重点将由立法为主转向以监督为主。人大监督是一项法律性、政策性很强的工作，尤其是对司法权的监督。人大监督改革的基本思路是使监督专门化、专业化。②设立专门的监督机构和监督人员，并通过立法给予它适当的地位、权力、职责范围，这样既能统一规范人大监督的目的，同时又可以避免名义上是

① 2010 年 3 月颁布的《四川省〈中华人民共和国各级人民代表大会常务委员会监督法〉实施办法》专门设立了"责任追究"专章，弥补了监督法在这方面的缺陷，这一做法值得肯定。

② 蔡定剑主编：《监督与司法公正——研究与案例报告》，法律出版社 2005 年版，第 70 页。

人大常委会集体监督，而实际上又不能监督到位的矛盾现状。把人大监督通过监督机构的法定化、制度化，把监督的启动权赋予真正懂法律、精监督的专业人员来进行，并授予一定的司法性调查权和处理权，是解决我国长期以来人大监督不力的重要途径之一。

3. 进一步细化人大监督程序

没有程序，就没有真正的法治可言；没有具体程序的保障，任何监督制度都不可能落实。根据《英、法、美、德、意、日六国议会议事规则》一书中所载的议事规则粗略统计：《英国平民院议事规则》21 章 146 条约4.5 万字；《英国贵族院议事规则》18 章 84 条约 1.2 万字；《法国国民议院议事规则》41 章 164 条约 4 万字；《法国参议院议事规则》19 章 110 条约 3 万字；《美国众议院议事规则》28 章 119 条约 8 万字；《美国参议院议事规则》43 条约 3.5 万字；《德国联邦议院议事规则》12 章 128 条约 2.5万字；《意大利代表议院议事规则》36 章 154 条约 3.2 万字；《日本众议院议事规则》21 章 258 条约 2 万字。这些规则，涉及议事主体，议事原则，议事方式、方法、步骤、时限以及议事过程、议事结果，还包括纪律、惩戒等内容。而我国现行的监督程序条款过于简单、粗疏。《中华人民共和国全国人民代表大会议事规则》只有 54 条 6000 多字。经 2009 年 4 月 24日十一届全国人大常委会第八次会议修改的《全国人大常委会议事规则》则只有 36 条 3000 多字。又如《监督法》中，委员长会议和主任会议的地位至关重要，提出质询案、组织特定问题调查委员会、提出撤职案等，都需要委员长会议或主任会议提出，或需要其审议等。这就要求委员长会议或主任会议有明确的议事规则和程序。只有规定严密的程序，才能使各级人大常委会充分行使监督权，同时又能有效防范监督权的滥用。

（二） 加强审判机关对检察权的制约

1. 检察机关自侦案件的批捕权划归法院

2003 年 7 月，最高人民检察院在完善人民法院对检察机关职务犯罪侦查工作的制约中指出："建议将职务犯罪案件的逮捕权改由人民法院行使。检察机关在侦查过程中需要逮捕犯罪嫌疑人的，报请同级人民法院审查批准，具体程序可参照现行法律关于公安机关对犯罪嫌疑人报请检察机关批准逮捕的规定执行。人民法院对职务犯罪案件，要实行批捕和审判分离，以避免审判时先入为主。"但该建议最终没有被法院所接受。在新一轮的司法改革中，最高人民法院在提交中央的司改报告中，同样提出了由法院行使职务犯罪批捕权的建议。同时，报告还给出了另外一个方案，即现在被采纳的，在检察系统上提一级行使。这轮司法改革之初，中央考虑过由法院行使职务犯罪案件的批捕权，但在综合考虑现有法院体制和改革成本之后，放弃了这一设想。[①] 逮捕权上提一级改革是优化检察职权配置、强化对检察机关自身执法监督制约的重要举措，对于加强上级检察机关对下级检察机关办理职务犯罪案件的监督，保证办案质量，保障人权，增强检察机关办案公正性和执法公信力，具有十分重要的意义。

当然，就目前而言，根据我国的政治制度和司法制度，批捕权由检察院行使，比由法院行使具有更多的合理性。对此，时任最高人民检察院副检察长朱孝清作了全面深刻的阐述，[②] 笔者深表赞同。但从应然即长远角度看，检察机关自侦案件的批捕权还是应当划归审判机关行使比较合适。理由是：（1）由法院行使自侦案件的批捕权符合刑事诉讼的基本理念和要求。刑事诉讼的基本职能分为控诉、辩护和审判三种。控审分离、控辩平等和审判中立，互相联系，它构成控辩审三者之间最科学最合理的关系，它是现代刑事诉讼的基本理念和要求，是实现司法公正的基本保证。批捕权是一种具有裁断性的权力，与检察机关的追诉职能存在内在的冲突。检察机关是职务犯罪的侦查主体，如果再享有职务犯罪的批捕权，就必然打破刑事诉讼的平等性，使检察机关在逮捕问题上陷入自控自审。如果将自侦案件的批捕权交给法院来行使，而法院与查办职务犯罪案件没有直接利害关系，就能够保证法官以超脱的第三者身份，理性地审查案件事实和证据，确保控辩双方得到平等的对待。（2）由法院行使自侦案件的批捕权有利于实现权力制约。在自侦案件中检察机关既是控诉机关，又是批捕机关，显然有悖权力制约原理。"侦查机关与犯罪嫌疑人之间的关系，实际上不过是政府与个人之间法律上与现实中的关系在刑事程序中的延伸和具体体现。对于政府的强制侦查权力的适当行使，决不能寄希望于一个个具体的侦查官员的'善意'或者道德操守，而必须'以法限权，以权限权'。"[③] 对于检察机关自侦案件中的逮捕，虽在检察机关内部建立了监督制约机

① 赵蕾：《职务犯罪批捕权改革内情》，《南方周末》2009 年 9 月 9 日，第 A04 版。
② 朱孝清：《中国检察制度的几个问题》，《中国法学》2007 年第 2 期。
③ 孙长永：《侦查程序与人权——比较法考察》，中国方正出版社 2000 年版，第 9 页。

制，但这种监督制约的作用仍然有局限性。"上级检察院很可能因为长期形成的追诉意识，或者因为与下级检察院千丝万缕的联系，依然站在追诉者的角度审查案件，不能从根本上使得立案侦查的检察院成为与被追诉者完全对等的一方。"① 所以，重新配置自侦案件的批捕权，是解决自侦案件权力制约的关键。自侦案件的批捕权由法院行使，就使法院与检察机关之间形成相互制约的法律关系，实现"任何人不能做自己案件的法官"的权力制约机制。（3）由法院行使自侦案件的批捕权更有利于实现程序正义和诉讼目的。法官在刑事诉讼中对控辩双方保持中立态度，这种态度更有利于公正地把握批捕权的运作，既可以有效地防止将无辜的公民纳入刑事诉讼中来，又可以最大限度地防止检察机关滥用国家权力的现象发生。在实际操作中，法院由于其中立性而更倾向于严格把握逮捕条件，从而更有利于实现控制犯罪与保护人权的双重诉讼使命。

2. 加强对检察机关刑事撤诉权的制约

刑事撤回公诉是指人民检察院在案件提起公诉后、人民法院作出判决前，因出现一定法定事由，决定对提起公诉的全部或者部分被告人撤回处理的诉讼活动。撤回公诉一直是我国刑事司法实践中存在的处理公诉案件的方式之一。但由于缺乏对撤诉权的有效制约，导致检察机关滥用撤诉权的现象较为严重。北京市人民检察院公诉处曾对 2006 年全市报请备案审查的 38 件 51 人撤回起诉案件进行复查，发现不符合撤回起诉条件而撤诉的案件有 11 件 19 人，占撤诉总数的 29%，近三分之一。② 最高人民检察院公诉厅在对 2003 年 1 月至 2005 年 6 月期间全国公诉案件撤回起诉情况进行调研后坦承："全国检察机关公诉部门在行使撤回起诉权时存在很多问题。"③ 有鉴于此，笔者建议：（1）取消法院的撤诉建议权。在诉讼过程中，法院拥有撤诉建议权是与其法律地位不相符的。司法实践中，目前大部分案件仍是法院认为案件可能判决无罪并建议检察机关撤诉的。通常的做法是法院出具建议撤回起诉的函，检察机关复函同意撤回起诉，而法院

---

① 向泽选：《检察规律引领下的检察职权优化配置》，《政法论坛》2011 年第 2 期。
② 苗生明主编：《宽严相济刑事政策司法化与公诉裁量权的适用》，法律出版社 2008 年版，第 204 页。
③ 参见 2007 年 2 月 2 日最高人民检察院《关于印发〈关于公诉案件撤回起诉若干问题的指导意见〉的通知》（〔2007〕高检诉发 18 号）。

一般不做出准许检察机关撤诉的裁定。① 这种做法，不仅违背立法精神，而且与现行的司法解释相矛盾，必须坚决杜绝。（2）撤诉须经法院许可。根据最高人民法院1998年6月29日颁布的《关于执行〈中华人民共和国刑事诉讼法〉若干问题的解释》（以下简称《解释》）规定，人民检察院要求撤回起诉的，人民法院应当审查人民检察院撤回起诉的理由，并作出是否准许的裁定。但实际情况是：凡是检察院提出撤诉的，法院没有不同意的。最高人民法院颁布的《法院刑事诉讼文书样式（试行）》也只有"准许撤诉裁定书"，而没有"不准许撤诉裁定书"。对于已经进入庭审程序的案件，法院在收到公诉机关的撤诉决定书后，应当对撤诉意见在法定期限内进行审查。审查的主要内容包括：撤诉的时间是否在合议庭或审判委员会作出一审判决（决定）之前；撤诉的理由是否符合法律规定；撤诉的法律文书是否齐备；提起主体是否合法；被告人、被害人对撤诉的意见等。人民法院应当在3天内审查完毕，如认为符合撤诉条件的，应当作出准许撤诉的裁定；如认为不符合撤诉条件的，应在规定的时间内作出不准许撤诉的裁定。（3）废除延期审理后法院有权决定"按人民检察院撤诉处理"规定。根据《解释》第157条规定，法庭宣布延期审理后，人民检察院在补充侦查的期限内没有提请人民法院恢复法庭审理的，人民法院应当决定按人民检察院撤诉处理。该规定有违立法精神，应当取消。公诉权是一项具有专属性的法定职权，公诉案件一旦进入审判阶段后，法院就应当履行审判职责，主持诉讼进程，居中裁判。法院有权对检察机关的撤诉活动进行制约，检察机关没有主动提出撤诉的，延期审理期间届满，法院应当主动恢复法庭审理，而无权决定对公诉案件按撤诉处理。

3. 加强对检察机关刑事抗诉权的制约

刑事抗诉是指检察机关在刑事诉讼中认为法院的判决、裁定确有错误时，提请审判机关重新审理并予以纠正的诉讼行为，它是检察机关对法院刑事审判活动实施法律监督的重要手段。但在抗诉实践中，抗诉案件质量不高，滥用抗诉权的问题不同程度地存在。如浙江省衢州市检察机关从1998年至2004年间，共提起抗诉案件39件，其中市院支持抗诉34件，撤回抗诉5件，法院维持原判的29件，改判10件，改判率只有29%，有

---

① 于书峰：《刑事案件撤回起诉实务研究》，孙谦主编：《检察论丛》第10卷，法律出版社2005年版，第348—349页。

两年改判率为零。① 2003 年至 2008 年的六年，北京市人民检察院第二分院对法院无罪判决案件抗诉成功率始终为零。② 为了加强人民法院对抗诉权的制约，笔者建议：（1）进一步明确抗诉案件的条件。根据我国刑事诉讼法第 181 条的规定，人民检察院提起抗诉的条件是"认为"一审判决"确有错误"，同时对于确有错误的裁判，人民检察院"应当"提起抗诉。这一规定过于抽象模糊，在实践中不易把握。而且不论法院裁判的错误严重程度如何，都要求检察机关提出抗诉，既不符合实际，也增加讼累。而且"长期的司法实践表明，刑事抗诉不能不考虑必要性，把确有错误和确有抗诉必要两个条件结合起来，符合刑事抗诉工作的规律和特点"③。（2）严格限制对被告人不利的抗诉。禁止双重危险是现代刑事诉讼的基本原则。根据这一原则，一旦法院作出生效判决，就不得对被告人再次起诉、审判和处罚。所以，西方国家都对启动对被告人不利的再审设置了更为严格的条件。而我国刑事诉讼法对有利于被告人和不利于被告人的再审规定了完全相同的条件。司法实践中检察机关提起的几乎都是不利于被告人的抗诉。④ 对于不利于被告人的生效判决，检察机关可以随时提起抗诉，明显与国际刑事司法最低标准相悖。为维护程序的安定性，切实保护被告人的权利，只有在以下两种情况下，才可启动对被告人不利的再审：第一，应当被判处 10 年以上刑罚的被告人被判处无罪的，或者被判处无期徒刑、死刑的被告人被判处的刑罚低于 10 年的；第二，被告人及其辩护人、亲友贿赂、威胁、引诱、欺骗办案人员或证人、鉴定人、被害人等造成错判的。⑤（3）限制再审抗诉的期限。2006 年 12 月 28 日，最高人民检察院制定的《关于在检察工作中贯彻宽严相济刑事司法政策的若干意见》第 10 条规定："……对于第一审宣判后人民检察院在法定期限内未提出抗诉，或者判决、裁定发生法律效力后六个月内未提出抗诉的案件，没有发现新的事实或者证

---

① 吴国勤、舒燕华：《衢州市检察机关刑事抗诉工作分析及对策思考》，《浙江检察》2006 年第 1 期。

② 李亮：《6 年无罪案件抗诉未实现零的突破——北京市检察院第二分院抗诉样本调查》，《法制日报》2009 年 4 月 11 日，第 3 版。

③ 余德峰、王建荣：《刑事抗诉运行机制实证分析》，《中国刑事法杂志》2009 年第 11 期。

④ 如珠海市两级检察机关 2003 年至 2007 年 5 年内共提起抗诉案件 30 件，但没有一起抗诉案件是对轻罪重判的情况提起的抗诉。参见魏良荣：《刑事抗诉效果的实证分析——以珠海市检察机关 2003—2007 年刑事抗诉案件为视点》，《中国刑事法杂志》2009 年第 6 期。

⑤ 陈光中主编：《中华人民共和国刑事诉讼法再修改专家建议稿与论证》，中国法制出版社 2006 年版，第 642 页。

据的，一般也不得为加重被告人刑罚而依照审判监督程序提出抗诉。"这一规定有利于保护被告人的合法权益，维护法的安定性，值得立法采纳。

（三） 加强当事人及其律师对检察权的监督

1. 确立自白任意性规则

根据联合国《公民权利和政治权利国际公约》第 14 条第 3 款规定，受刑事追诉的人不得强迫作不利于自己的证言或强迫承认有罪。我国政府已于 1998 年 10 月 5 日签署了该公约。不得强迫自证其罪是一项人类共有的普遍的基本人权，在立法中加以确认和保障是国家的责任。关于是否应在我国刑事诉讼法中确立不受强迫自证其罪原则在我国争议多年，而争议的焦点在于是否应当赋予犯罪嫌疑人、被告人沉默权。"肯定说"认为，我国应建立沉默权制度，理由是：（1） 与国际接轨的需要。（2） 遏制刑讯逼供等非法行为的需要。（3） 有助于查明事实真相。（4） 有助于促进刑事侦查能力的提高。（5） 符合中国现实国情。（6） 与我国港澳台地区有关法律、法规相协调的需要。（7） 这是我国刑事诉讼模式转变的必然要求。[①]"否定说"认为，目前我国还不存在建立沉默权制度的条件，主要理由是：（1） 沉默权制度侧重于保护罪犯的人权，是对有罪者的保护，而不利于保障广大公众的权利。（2） 在我国本来就效率不高的司法运行体制下，再赋予犯罪嫌疑人、被告人沉默权，将导致我国司法效率的丧失，而无效率的制度本身也是不公正的制度。（3） 如实供述的义务与刑讯逼供案件并没有内在的必然的联系，刑讯逼供产生的原因是多方面的，沉默权并不能抑制刑讯逼供案件的发生。（4） 我国不具备建立沉默权的本来配套制度和条件。（5） 沉默权与不可自我归罪原则之间并无必然的联系。[②] 笔者认为，在刑事诉讼中，犯罪嫌疑人、被告人享有陈述的自由，不仅是无罪推定原则和不被强迫自证其罪原则的必然要求，而且是保障被追诉者的人权、防止刑讯逼供等非法取证行为的有效手段。为了遏制刑讯逼供等强迫被追诉者提供有罪供述的现象，保障犯罪嫌疑人、被告人的人权，减少翻供现象，我国应确立自白任意性规则：（1） 赋予犯罪嫌疑人不受强迫自证其罪的权利。明确规定犯罪嫌疑人在讯问过程中享有陈述的自由，司法人员不

---

① 陈卫东主编：《模范刑事诉讼法典》，中国人民大学出版社 2005 年版，第 344 页。
② 宋英辉主编：《刑事诉讼法学研究述评》，北京师范大学出版社 2009 年版，第 104 页。

得采用各种肉体或者精神的强制性手段强迫犯罪嫌疑人提供有罪供述。（2）取消我国刑事诉讼法关于犯罪嫌疑人、被告人如实回答的义务。"如实供述义务"否定了自白的任意性规则，违背了人的趋利避害和自我保护的本能，缺乏理性的根基，增加了被追诉人遭受刑讯逼供的风险，削弱了刑事诉讼的对抗性。（3）对非法取证手段具体化，明确规定对犯罪嫌疑人实施或者唆使、同意、默许他人实施下列行为之一的，所取得的供述证据不具有任意性：采用残忍、不人道的或者有辱人格的方式的；使用暴力或以暴力相威胁的；采用长时间疲劳、饥饿等精神或肉体上的折磨的；违法羁押的；无正当理由而进行夜间讯问或连续讯问的；足以影响自由意志的其他方式的等。（4）如果司法人员违背了不被强迫自证其罪原则，或者犯罪嫌疑人、被告人的供述是非自愿的，那么犯罪嫌疑人、被告人的供述不得作为指控犯罪的根据和定罪量刑的根据。[①]

2. 推进审查批捕程序的诉讼化改造

在审查批捕程序中，应当建立起控（侦查部门，包括公安机关的侦查部门和检察机关的自侦部门）、辩（犯罪嫌疑人及其律师）、审（检察机关的侦查监督部门）三方组合的诉讼格局，以确保行使审查逮捕权的检察官保持中立，依法独立、公正行使这项司法审查权。改革逮捕制度，必须建立抗辩式的审查批捕模式，要能够让逮捕决定者更好地判断是否具有逮捕的必要性。要让逮捕的决定者获取更多的、更全面的信息，有来自犯罪嫌疑人、被害人及其律师的信息来判断是否有必要羁押，可否采取取保候审、监视居住等非羁押性措施，做到兼听则明、居中裁决，从而在羁押与采取非羁押性的替代措施之间作出正确的决定。同时，赋予被捕人申请复议、复核的权利。我国应明确规定犯罪嫌疑人及其辩护人对检察机关采取的逮捕决定不服时，有权向作出决定的机关申请复议一次，检察机关应当及时（可考虑在其接到复议申请的5日以内）作出复议决定并书面答复申请人；如对复议决定仍不服，有权向作出决定机关的上一级检察机关提请复核，上一级检察机关应当立即复核，并及时作出是否变更的决定。

---

① 2010 年 6 月 13 日，最高人民法院、最高人民检察院、公安部、国家安全部和司法部联合发布的《关于办理刑事案件排除非法证据若干问题的规定》（2010 年 7 月 1 日起施行）对此已作了较为明确的规定。

3. 加强对被害人的权利保护

被害人所具有的申请检察机关抗诉的权利是对检察机关公诉权的一种监督。为了更好地保护被害人的申请抗诉权，我们建议：（1）明确规定检察机关的告知义务。首先，审查起诉环节告知。检察机关在审查起诉环节听取被害人及其委托人意见时就要当面告知抗诉请求权，如不能直接听取意见的，应以书面形式告知。其次，审判环节告知。人民法院在开庭审理前，应将人民检察院的起诉书副本至迟在开庭10日前送达被害人。在送达被害人起诉书副本的同时书面告知其申请抗诉请求权。（2）扩大申请抗诉权的主体范围。在1996年刑事诉讼法第182条"法定代理人"后加上"或近亲属"，明确无法定代理人的被害人的抗诉请求权由被害人近亲属行使。（3）扩大申请抗诉权的行使范围。根据我国刑事诉讼法规定，检察机关既可以对确有错误的判决提出抗诉，也可以对确有错误的裁定提出抗诉。因此，也应当允许被害人对裁定确有错误而不服时，可以向检察机关申请抗诉。（4）明确申请抗诉的形式和内容。被害人及其代理人既可以以书面形式提出抗诉申请，也可以以口头形式提出抗诉申请。以口头形式提出抗诉申请的，检察机关应当记录在案。（5）明确判决书送达被害人的时间。由于现行法律对判决书的送达时间规定得不明确，司法实践中被害人往往不能及时收到判决书，或收到判决书的时间迟于检察机关，导致被害人无法在抗诉期内及时行使申请抗诉权。所以立法应当对判决书送达被害人的时间予以明确规定，使被害人能有充分的时间行使抗诉请求权。（6）赋予被害人向上一级检察机关的复议权和申诉权。在下一级检察机关不支持被害人抗诉请求时，上级检察机关经审查认为应当支持抗诉请求的，应当指令下一级检察机关提出抗诉。同时，赋予被害人申请抗诉的申诉权，即对不抗诉决定不服的被害人及其法定代理人、近亲属有权在5日之内向上一级检察院申诉。

4. 建立权利救济机制

"无救济则无权利。"目前，我国诉讼当事人及其律师执业权利实际上整体面临着缺乏司法救济的困境。立法虽然肯定了当事人及律师的诸多权利，但是立法并没有为权利受侵害后提供具体的救济机制。在基本的权利救济机制都没有建立的情况下，继续扩大犯罪嫌疑人、被告人及律师辩护权利的外延和范围，最多只起到在法律上列举更多"权利条款"的效果，而不会给犯罪嫌疑人、被告人及律师带来辩护环境和辩护效果的实质性改善。① 所以，我们不仅要关注立法上为人们设定了多少权利，更应当关注实践中国家为这些权利的实现提供了哪些救济途径。有鉴于此，在刑事诉讼法修改时，应当从法律后果以及权利救济途径等方面加以完善，以保障犯罪嫌疑人、被告人及辩护律师权利的行使。法律后果包括程序性后果和实体性后果两方面内容。前者是指对案件程序的影响，比如是否导致程序无效等；后者是指对案件实体的影响，如证据能否作为定案的根据等。

（四）进一步推进人民监督员制度

1. 加快人民监督员制度立法

现行的人民监督员制度是由最高人民检察院出台内部规定建立起来的，目前还没有明确的法律依据。人民监督员制度作为一项检察改革措施，虽然经过中央批准，在最高人民检察院的统一部署和直接领导下进行，但由于没有直接的法律依据，影响了人民监督员的权威性和公信度。2004 年至 2010 年的全国"两会"在审议最高人民检察院工作报告时，人大代表和政协委员对人民监督员制度给予高度关注和充分肯定，共提出关于人民监督员制度立法的议案 20 项、提案 4 项和建议 8 项，要求将人民监督员制度纳入国家法律规范。② 比较现实的立法路径是争取在刑事诉讼法中首先规定人民监督员制度，其次在人民检察院组织法中对此作出肯定，等条件成熟、社会各界对人民监督员制度形成共识后再制定系统的"人民监督员法"。

2. 完善人民监督员的选任和管理

（1）人民监督员的选任条件。人民监督员不是专家监督，更不是法律专家监督。人民监督员的选任应在精英化和平民化之间走"中间路线"，应以广泛的代表性作为选任人民监督员的重点，让各方面的代表都能参加到人民监督员的队伍中来，更好地体现出监督的社会性和"平民化"。（2）人民监督员的选任方式。最高人民检察院在向中央提交深化改革的报告中，同时有上级院选任和外部选任两种选任模式的改革，中央最终同意以更为成熟的上级院选任方式为主，同时每个省份可以选择一到两个地方进行在检察

---

① 陈瑞华：《认真对待辩护权利的救济问题》，《法制日报》2011 年 8 月 10 日，第 10 版。
② 郭洪平：《人民监督员制度：让检察权运行更加规范》，《检察日报》2011 年 2 月 23 日，第 3 版。

体制外部选任的试点。① 人民监督员制度是作为完善检察机关外部监督的一项创新举措而设置的。这就要求实现人民监督员选任机制的外部化。人民监督员的选任必须最大限度地独立于检察机关，才能确保该项制度的监督效果和社会公信力。日本检察审查会审查员的选任是由当地的选举管理委员会和检察审查员事务局通过抽签决定的，一般是由检察审查员事务局根据《检察审查会法》规定的程序从具有众议院议员选举权的国民中选定11 人组成日本检察审查会。这一做法可资借鉴。（3）人民监督员的管理。人民监督员的社会监督属性决定了人民监督员不宜由管理机构来对其实施集中统一管理。从美国的大陪审团制度和日本的检察审查会制度来看，大陪审团由法院组织产生，检察审查会由专门的机构选定，都独立于检察院而存在。即使确实需要类似人民监督员办公室这种机构，那它也只能是人民监督员履行职务的协调、服务机构，而不是管理机构，而且这种机构宜设在政法委或司法行政机构，而不能设在人民检察院。

3. 扩大人民监督员的监督范围

目前，纳入人民监督员监督的案件范围是职务犯罪案件，对于非检察机关直接受理侦查案件不适用。对这一范围的界定，学界和实践中存在扩大论、缩小论和适合论之争。笔者认为，人民监督员的监督范围宜进一步扩大。检察机关自 2003 年 9 月启动人民监督员制度试点工作以来，7 年来人民监督员共监督"三类案件"32304 件，这意味着每个检察院接受人民监督员监督的案件年平均数不到 1.5 件。之所以形成这种局面，主要是监督范围过窄。而且自侦案件的撤案、不起诉、逮捕均须上级人民检察院批准。经过上级人民检察院批准的案件，再由下级人民检察院的人民监督员进行监督，其监督效果必然受影响。由于监督范围过小，人民监督员制度的优越性并没有得到很好的体现。因此，笔者认为，在取得经验和实效的基础上，最高人民检察院应当修改相关规定，将人民监督员监督案件范围扩大到普通案件上，以体现司法平等和程序公正的要求，进一步强化外部力量对检察机关自由裁量权的监督。

4. 赋予人民监督员表决意见的强制效力

如果人民监督员表决意见最终决定权仍然在检察机关，则监督实效难

---

① 赵阳：《检察权受监督范围从三类案件五种情形调整为七个方面》，《法制日报》2011 年 2 月15 日，第 5 版。

以保证，并会直接影响人民监督员的监督积极性。2004 年，日本对《检察审查会法》进行了重大修改。修改后的法律规定，在检察审查会作出了适于起诉的决议后，如果检察官对于该决议所涉及的案件再次作出不起诉处分时，或者自始于起诉决议的决议书副本送达之日起 3 个月内，未收到检察官作出的关于案件处分的通知时，即开启第二阶段的审查。当检察审查会对检察官的不起诉处分进行了二次审查后，仍然认为适于起诉时，应当作出起诉决议，即起诉决议具有法律拘束力。这种做法值得我们借鉴。在多数人民监督员不同意检察机关的起诉、不起诉、撤案决定时，直接启动上级检察机关的复核程序。在上级检察机关维持下级检察机关的决定时，人民监督员再行启动第二次审查，当三分之二以上的多数人民监督员仍不同意检察机关的意见时，该监督意见对检察机关应有直接约束力，检察机关必须执行监督意见。

（五） 加强监督机构的整合， 保证监督机构的独立性

"现代政治学已经证明，监督指向实质上与权力指向相一致……监督机构必须保持相对独立，监督主体的地位应当高于监督客体或者至少与监督客体平等，这是实施有效监督最基本的前提条件。"[1] 监察权的独立，就是要让监督监察部门在法律规定的范围内享有充分的权力，不受任何干扰地对权力部门实行有效的监督。我们建议，检察机关应当将纪检、监察部门及检务督察部门合而为一。为了保证内部监察的有效性，监察系统应当实行自上而下的垂直领导体制。这种垂直领导体制便于检察机关的监察部门大胆开展检务督察，克服现有监督框架下同级之间不好监督、监督不力，以及上级又监督不到位的情况，有利于检令畅通，提升执法公信力，树立检察机关严格、公正执法的良好形象。

---

[1] 吴丕、袁刚、孙广厦：《权力监督学》，北京大学出版社 2007 年版，第 257 页。

第二章　论检察机关领导体制的改革①

检察机关领导体制是否科学、合理直接关系检察机关的性质、地位及检察权能否有效行使等重大问题。因此，根据我国检察机关的地位以及政治制度和司法制度的特点来构建具有中国特色的检察机关领导体制，是新一轮司法改革的重要内容，也是《中华人民共和国人民检察院组织法》修改中必须着力解决的核心问题之一。笔者试对此略陈管见。

一、 现行检察机关领导体制分析

（一） 我国检察机关领导体制的立法演变

从1949年9月27日《中华人民共和国中央人民政府组织法》的颁布到1982年宪法的生效，我国检察机关的领导体制经过了五次大的调整：

1. 1949年12月20日《中央人民政府最高人民检察署试行组织条例》第2条规定，全国各级检察署均独立行使职权，不受地方机关干涉，只服从最高人民检察署之指挥。可见新中国成立之初，我国检察机关实行的是垂直领导体制。

2. 1951年9月3日《各级地方人民检察署组织通则》第6条规定："（一）各级地方人民检察署受上级人民检察署的领导。（二）各级地方人民检察署（包括最高人民检察署分署）为同级人民政府的组成部分，同时受同级人民政府委员会之领导，与同级司法、公安、监察及其他有关机关密切联系，进行工作。……"这一规定将原来的垂直领导体制改为双重领导体制。

3. 1954年9月21日《中华人民共和国人民检察院组织法》（以下简称

① 本文系2014年全国检察理论年会入选论文，缩写版发表于《人民检察》2014年第13期。

《人民检察院组织法》）第 6 条规定："地方各级人民检察院独立行使职权，不受地方国家机关干涉。地方各级人民检察院和专门人民检察院在上级人民检察院的领导下，并且一律在最高人民检察院的统一领导下，进行工作。"该规定又恢复了检察机关的垂直领导体制。1954 年宪法实施后，政法系统从保证党在对敌斗争中的统一领导出发，强调决不能因为有了法律程序就放松公检法系统办案的党内审批制度。这项特定情况下解决特定问题的领导制度由此长期延续下来。① 所以，法律所规定的垂直领导体制并没有得到实现。

4. 1978 年《中华人民共和国宪法》第 43 条第 2 款规定："最高人民检察院监督地方各级人民检察院和专门人民检察院的检察工作，上级人民检察院监督下级人民检察院的检察工作。"这种监督领导体制不符合检察工作的规律。"1978 年宪法将检察机关上下级关系改为监督关系，这样规定改变了上级检察机关对下级检察机关的领导体制，不利于维护国家法制的统一。"②

5. 1979 年 7 月 1 日《中华人民共和国人民检察院组织法》第 10 条规定："最高人民检察院对全国人民代表大会和全国人民代表大会常务委员会负责并报告工作。地方各级人民检察院对本级人民代表大会和本级人民代表大会常务委员会负责并报告工作。最高人民检察院领导地方各级人民检察院和专门人民检察院的工作，上级人民检察院领导下级人民检察院的工作。"1982 年宪法第 132 条规定："最高人民检察院是最高检察机关。最高人民检察院领导地方各级人民检察院和专门人民检察院的工作，上级人民检察院领导下级人民检察院的工作。"第 133 条规定："最高人民检察院对全国人民代表大会和全国人民代表大会常务委员会负责。地方各级人民检察院对产生它的国家权力机关和上级人民检察院负责。"上述规定一直沿用至今。

（二）现行检察机关是 "双重领导、一重监督" 体制

如何理解我国现行检察机关的领导体制，理论界主要有以下几种观点：

---

① 陈丽凤：《中国共产党领导体制的历史考察》，上海人民出版社 2008 年版，第 182 页。
② 《王汉斌访谈录之五：恢复和重建国家机构迫切需要有法可依（下）》，《法制日报》2010 年 12 月 18 日，第 3 版。

第一种是"双重领导"体制的观点。该观点认为，目前我国检察机关在领导体制上实行的是"双重领导"，但对"双重"的含义存在着不同的认识。一种意见认为，检察机关的双重领导体制，就是地方各级人民检察院一方面受当地党委领导，另一方面受上级检察机关的领导。另一种意见认为，检察机关的双重领导体制，就是地方各级人民检察院一方面受上级检察机关的领导，另一方面受同级国家权力机关（人大及其常委会）的领导。① 最高人民检察院在关于《中华人民共和国人民检察院组织法修正草案》（1979年）的说明中，就检察机关的领导体制指出："修正草案规定，检察机关在国家体制上实行双重领导的原则，即地方各级人民检察院受本级人民代表大会和它的常务委员会的领导，同时受上级人民检察院的领导。"② 这种观点现已成为主流观点。有的学者强调："关于检察机关的领导体制问题，我们需要牢记两点：第一，要坚持党的领导，这是国家领导体制之外的领导，无论何时都不能动摇；第二，要坚持上级检察机关对下级检察机关、国家权力机关对检察机关的双重领导，无论何时都不能相混淆。"③

第二种是"一重领导、一重监督"体制的观点。有的同志认为，我国检察机关现行领导体制是"一重领导、一重监督"的体制，或称为"领导与监督并行"的体制，即地方各级人民检察院受上级人民检察院的领导，同时受国家权力机关监督。有的同志认为，从我国现行宪法、法律规定和现实要求看，我国检察机关是实行以垂直领导为核心，以同级人大监督为保证的领导体制。④

第三种是"垂直领导"体制的观点。持这种观点的同志认为，我国现行的检察领导体制就是最高人民检察院领导地方各级人民检察院和专门人民检察院的工作；上级人民检察院领导下级人民检察院的工作。其主要理由是：第一，我国现行宪法第137条规定："最高人民检察院是最高检察机关。最高人民检察院领导地方各级人民检察院和专门人民检察院的工作，上级人民检察院领导下级人民检察院的工作。"这一规定的核心内容就是确认检察机关上下级的垂直领导关系。宪法虽然也规定了国家权力机

---

① 孙谦主编：《检察理论研究综述（1989~1999）》，中国检察出版社2000年版，第52—53页。
② 孙谦主编：《检察理论研究综述（1989~1999）》，中国检察出版社2000年版，第53页。
③ 卞建林主编：《共和国六十年法学论争实录·诉讼法卷》，厦门大学出版社2009年版，第79页。
④ 孙谦主编：《检察理论研究综述（1989~1999）》，中国检察出版社2000年版，第53页。

关对检察机关的监督权，但领导关系与监督关系属于不同范畴的概念，不应并列而提，"一重领导、一重监督"的提法，内容是符合法律规定和实际的，但把监督关系作为领导体制的"一重"是不科学的。第二，检察机关必须坚持党的领导，但党的领导是路线、方针、政策的领导，不属于国家领导体制范畴，不能把党的领导作为检察机关领导体制的"一重"。第三，从检察机关的工作实践看，实行垂直领导，有利于检察机关依法独立行使检察职权，可以更好地发挥法律监督作用。实际工作中，上级检察机关对下级检察机关的领导还较薄弱，就是因为宪法关于垂直领导的规定还没有得到很好落实，应当通过改革加以解决。①

第四种是"多重领导并存"体制的观点。这种观点认为，我国现行的检察机关领导体制是"多重领导并存"的体制：一是党的领导，二是人大及其常委会的领导，三是最高人民检察院和上级人民检察院的领导。②

从上述观点看，主要集中在两个问题上：如何看待党对检察机关的领导？如何界定检察机关与人大及其常委会的关系？笔者认为，现行检察机关的领导体制是"双重领导、一重监督"的领导体制。双重领导是受同级党委的领导和上级人民检察院的领导，一重监督是指受同级人大及其常委会的监督。这种界定符合我国客观实际和宪法法律的规定。

首先，把党的领导排除在现行检察机关领导体制之外是不符合客观实际的。我们必须明确，"虽然从法律形式上看，党委领导与上级检察机关的领导具有法律上非明示与明示的区别，同时还有领导性质上的区别（是业务领导还是政治领导及组织领导）。然而，由于同级党委所具有的人权、财权等权力，它以特定方式实施的政治领导、思想领导和组织领导，对检察机关和检察工作产生重要影响"③。费正清先生指出："实施过程中的实际机构模式往往比宪法条款更为重要……党的领导是更为具体的，是实实在在的……"④ 检视检察机关的领导体制，仅从国家体制的角度来分析是不够的，必须立足于中国共产党的领导及党在国家权力结构中具有至上的权威来分析。在中国国情下，检察机关的权力需要在党的领导下实现。从我国

---

① 孙谦主编：《检察理论研究综述（1989～1999）》，中国检察出版社2000年版，第54页。
② 朱孝清、张智辉主编：《检察学》，中国检察出版社2010年版，第265页。
③ 龙宗智：《检察制度教程》，法律出版社2002年版，第146页。
④ ［美］费正清、罗德里克·麦克法夸尔主编：《剑桥中华人民共和国史（1949～1965）》，上海人民出版社1990年版，第113页。

政治体制的实际运作情况看，地方检察机关接受当地党委的领导具有实质意义。而且这种实质上的领导关系完全符合宪法关于"中国共产党是中国社会主义事业的领导核心"和《中国共产党章程》关于"地方各级党委领导本地区范围内的工作"的规定。[1]

如何调整和理顺执政党与国家的关系，是党建和国家理论中的重大课题。邓小平同志在 1986 年 9 月至 11 月关于政治体制改革问题的一系列讲话中指出：重要的是政治体制改革不适应经济体制改革的要求，不搞政治体制改革，经济体制改革难以贯彻。党政要分开，这涉及政治体制改革，这个问题需要提上议事日程。这是政治体制改革的关键，要放在第一位。根据邓小平的指示精神，1987 年召开的党的十三大报告提出了实行党政分开的若干具体设想（包括撤销中央政法委）。但"十三届四中全会后，党中央对我国政治体制改革和'党政分开'的实践进行了深刻反思，认为党政分开的表述过于简单。从此，在中国共产党的正式文件和公开言论中，再也没有简单地提'党政分开'，而是以'总揽全局、协调各方取而代之'。"[2] 特别是党的十六届四中全会提出"科学执政、民主执政、依法执政"的命题之后，把改革之初以党政分开为核心的党政关系改革大大推进和深化了。目前，各级党委在检察机关设立党组，通过党组实施对检察机关的领导和控制，党组受同级党委领导，对党负责，同时又在检察机关中发挥政治核心作用。

其次，将检察机关与人大及其常委会的关系界定为监督关系更为恰当。在现行宪法体制下，人民检察院与人民代表大会的关系表现在：人民代表大会产生人民检察院，人民检察院的职权来自人民代表大会的授予，人民检察院对人民代表大会负责并报告工作，人民代表大会监督人民检察

---

① 1954 年 6 月 12 日，中共中央批转的《第二届全国检察工作会议决议》及高克林《关于过去检察工作的总结和今后检察工作方针任务的报告》中指出，在宪法颁布后，检察机关将实行垂直领导，但是这里所说的垂直领导和双重领导，都是指国家组织系统中的领导关系而说的，决不能把这误解为地方党委对本级检察署的工作可以放弃领导，更不是说，各级检察署的党组和党员，可以不服从本级党委的领导，或者检察署的党组也将实行垂直领导。相反，今后各级党委对本级检察署党组的领导，不但不能削弱，而且必须加强。检察署的党组和所有党员必须严格服从党委的领导，检察署党组必须加强和改善向党委的请示报告工作，使检察工作除了受上级检察机关的领导外，同时又受本级党委的严密领导和监督。参见马昕编：《〈检察业务概论〉资料选编》，辽宁人民出版社 1989 年版，第 46 页。

② 杨绍华：《科学执政、民主执政、依法执政——中国共产党执政方式问题研究》，人民出版社 2008 年版，第 107 页。

院。将国家权力机关与检察机关的关系界定为领导关系是有一定根据的。但是，"应当看到，监督与领导在宪法和法律上是不同的概念，有着不同的内涵和外延。一般说来，领导关系中可以包含监督的内容，但监督关系并不能体现领导的内涵。检察机关由人民代表大会产生，对它负责，受它监督，不等于说检察机关由人民代表大会领导"①。在政体上，我国实行在国家权力机关之下的"一府两院"制，国家权力机关虽然有权规定国家机关的设置，有权决定"一府两院"的人事任免，但在组织系统上，人民政府、人民检察院、人民法院以及军队，都相对独立于国家权力机关，它们之间不存在行政上的隶属关系。国家权力机关把检察权赋予检察机关，是国家职能划分的具体体现。宪法和法律规定人民检察院依法独立行使职权，同级国家权力机关对检察机关的监督权并不包括对具体事务、具体案件的决断权。在工作关系上，国家权力机关不参加检察机关的工作部署、计划安排、工作指导，不解决办案和其他工作中的具体问题，也就是不实施领导职责。尤其是 2006 年 8 月 27 日十届全国人大常委会第二十三次会议审议通过了《中华人民共和国各级人民代表大会常务委员会监督法》，人大常委会的这种监督性体现得更加充分。全国人大常委会原委员、全国人大法律委员会原主任委员杨景宇指出："依据宪法制定的监督法规定，县级以上各级人大常委会，作为同级人大的常设机关，它所进行的监督概括起来有两种，一是法律监督，二是工作监督。所谓法律监督，就是：不论下一级人大及其常委会，还是同级政府，如果他们在法定权限内制定的法规、规章和作出的决议、决定或发布的决定、命令是违法的或不当的，县级以上各级人大常委会通过备案审查，有权力、有责任予以撤销，以维护社会主义法制的统一和尊严。所谓工作监督，主要是通过听取和审议'一府两院'的专项工作报告、执法检查等形式，确保宪法和法律得到正确实施，确保行政权、审判权、检察权得到正确行使，确保公民、法人和其他组织的合法权益得到尊重和维护。也就是说，人大及其常委会行使国家权力的特点决定，它只作决定而并不执行。谁执行？政府执行，政府是国家权力机关的执行机关。法院、检察院是司法机关，依法独立行使审判

① 詹复亮：《改革和完善检察机关领导体制》，载孙谦主编：《检察论丛》（第 11 卷），法律出版社 2006 年版，第 123 页。

权、检察权，但要接受人大及其常委会的监督。"① 所以，"在实践中，人大监督（而非领导）的原则已经成为检察工作和审判工作的基本原则，这种监督关系，已成为人大与检、法关系上不争之定性"②。

二、 垂直领导是检察机关领导体制改革的基本方向

（一） 关于检察机关领导体制改革的不同意见

关于改革检察机关的领导体制，目前理论和实务界有以下几种观点：

第一种观点主张实行"垂直领导"。在这种观点中又有"完全垂直制"和"部分垂直制"之分。持"完全垂直制"的同志认为，我国检察机关应当实行单一的领导体制。如有的学者认为："在建设法治国家的背景下，检察机关的领导体制应与时俱进，适时作出调整。调整的思路是：（1）上下级检察机关实行垂直领导，下级检察院服从上级检察院的领导；（2）检察长、检委会委员、检察官由中央政府任命；（3）检察系统财政独立，检察机关经费独立运算，由中央政府统一供给。"③ 持"部分垂直制"的同志认为，我国可以在省级以下实行垂直领导体制。有的同志建议："省、地（市）、县（区）三级检察机关内的党组之间改为逐级垂直的领导关系。必须时，可以在省、地（市）两级检察院实行党委制，省级检察院仍受最高人民检察院和省级党委的双重领导。地、县两级地方党委与同级检察院党组的关系由领导变为监督。"④

第二种观点主张实行双重领导体制。这种观点认为，我国检察机关现行的领导体制，即地方各级人民检察院既受上级检察院领导，同时受同级党政机关领导的双重领导体制，符合我国国情，经过正反两个方面的实践经验证实是正确的检察领导体制，应当坚持下去。⑤

第三种观点主张双重领导，但以纵向领导为主。持这种观点的同志认

---

① 杨景宇主编：《监督法辅导讲座》，中国民主法制出版社 2006 年版，第 14—15 页。
② 龙宗智：《检察制度教程》，法律出版社 2002 年版，第 146 页。
③ 韩大元主编：《中国检察制度宪法基础研究》，中国检察出版社 2007 年版，第 369 页。
④ 曹志瑜：《关于我国检察机关领导体制的反思与改革》，载孙谦主编：《检察论丛》（第 9 卷），法律出版社 2004 年版，第 43 页。
⑤ 孙谦主编：《检察理论研究综述（1989～1999）》，中国检察出版社 2000 年版，第 61—62 页。

为：在我国实行垂直领导有许多困难，没有地方的支持和帮助，检察机关实行法律监督是很困难的；另一方面，如果没有纵向的领导，检察机关就不能实行强有力的法律监督，维护法制的统一。所以，必须采取双重领导。在处理不同矛盾时，利用不同的领导关系。多年来实行的地方领导为主、上级检察院领导为辅的体制，弊端很多，应改为实行纵向领导为主、地方领导为辅的体制。①

（二）垂直领导是检察机关领导体制改革的基本方向

1. 符合宪法规定。宪法第 137 条规定："最高人民检察院是最高检察机关。最高人民检察院领导地方各级人民检察院和专门人民检察院的工作，上级人民检察院领导下级人民检察院的工作。"第 138 条规定："最高人民检察院对全国人民代表大会和全国人民代表大会常务委员会负责。地方各级人民检察院对产生它的国家权力机关和上级人民检察院负责。"上述规定明确了检察机关上下级之间是领导关系。这种领导关系的安排，对于保障检察机关切实履行法律职能，维护国家法制统一具有重要意义。从检察体制的实际运作情况看，恰恰是检察机关之间的领导关系没有充分实现。依法治国的核心是依宪治国，检察机关实现垂直领导就是为了保障宪法规定落到实处。

2. 符合司法改革的精神。自 20 世纪 80 年代开始的司法职业化改革，到 2004 年中央成立司法体制改革领导小组主导新一轮改革，再到 2008 年党中央转发《中央政法委员会关于深化司法体制和工作机制改革若干问题的意见》确定的 4 个方面共 60 项改革任务，中国的司法改革从未止步，但制约司法公正最关键的人事和财政体制等问题，一直未取得实质性进展，司法地方化、行政化问题严重制约着司法公信力的提升。司法改革的关键在于司法体制的改革，司法体制改革的目的在于确保司法机关能够依法独立公正行使司法权，而在依法、独立、公正这三者之间，独立又是关键中的关键。党的十八大报告提出，要"进一步深化司法体制改革，坚持和完善中国特色社会主义司法制度，确保审判机关、检察机关依法独立公正行使审判权、检察权"。司法权是宪法赋予司法机关对一切争议和纠纷依法进行终局裁判的专门权力，任何其他单位和个人不得行使这一权力。如果

---

　　① 孙谦主编：《检察理论研究综述（1989～1999）》，中国检察出版社 2000 年版，第 62—63 页。

检察院的人财物受制于地方，当具体个案中地方利益与国家利益、公民个人权益发生冲突时，检察机关依法独立公正行使检察权就难以实现。根据宪法规定，人民检察院是国家的法律监督机关，而不是从属于地方权力、服务于地方利益的司法机关。这一点与行政机关具有不同的属性。只有这样，才能确保检察机关不受地方利益的影响和掣肘，从而实现检察权的独立行使，确保检察公正和检察权威，保障国家法制的统一性。

3. 符合党的领导的要求。检察机关作为人民民主专政的国家机关，必须置于党的绝对领导之下。检察机关实行垂直领导，依法独立公正行使检察权，是否与坚持党的领导相矛盾？答案是否定的。在建设社会主义法治国家的背景下，"党大"还是"法大"本来不是问题。彭真曾指出："我们的法律是党和国家的方针、政策的定型化。法律是党领导制定的……法律一经通过、颁布，每个公民都要服从。党员服从法律，就是服从党的领导，就是服从全国人民。党领导人民制定法律，也领导人民遵守法律。"[①] 习近平总书记2014年1月7日在中央政法工作会议上强调："党既领导人民制定宪法法律，也领导人民执行宪法法律，做到党领导立法、保证执法、带头守法。政法工作要自觉维护党的政策和国家法律的权威性，确保党的政策和国家法律得到统一正确实施。要正确处理坚持党的领导和确保司法机关依法独立公正行使职权的关系。各级党组织和领导干部要支持政法系统各单位依照宪法法律独立负责、协调一致开展工作。""依法执政"是法治的应有之义，是指中国共产党对整个国家、社会事务的领导，必须遵守和遵循宪法和法律，党必须在宪法和法律范围内活动，党的执政行为必须受宪法和法律的拘束。从宪法和法律的层面来看，宪法和法律是党的路线方针政策的条文化、规范化和法律化，坚持宪法和法律至上就是坚持党的领导，依法独立行使检察权就是依照党的主张履行检察职责。检察工作中严格执法，就是自觉维护党的政策和国家法律的权威性，就是从根本上坚持党的领导。再说，各级检察院本身都设有党组，检察人员大多也是中共党员。党的坚强领导，通过各级检察院党组及广大共产党员的政治忠诚和在严格执法方面的模范带头作用，完全能够保证检察独立与坚持党的领导的统一性和一致性。

4. 符合检察一体化的客观需要。检察一体化的基本含义是：各级检察

---

① 《彭真文选（1941—1990年）》，人民出版社1991年版，第389页。

机关基于上下级领导关系，构成有机统一整体，检察官在上命下从的关系中根据上级检察官的指示命令执行职务，按照这一原则，检察权的行使必须保持整体的统一，所有检察机关被视为一个命运共同体。虽然各国检察机关在领导体制上各具特色，但是基本上都实行检察一体化。上命下从的领导关系是检察一体的核心。① "检察一体化反映了检察权运作的内在规律，是运用检察权时必须遵循的基本原理，是构建检察机关领导体制的理论和实践基点。"② 最高人民检察院2007年8月14日印发的《关于加强上级人民检察院对下级人民检察院工作领导的意见》规定："健全上级检察院对下级检察院的领导体制，加大领导力度，形成上下一体、政令畅通、指挥有力的领导体制……逐步形成全国各级检察机关之间互相支持、互相配合、互相协调的检察工作一体化机制。"垂直领导体制的构建可以保障检察一体化的有效实现。

三、 检察机关垂直领导体制改革的路径及立法确认

（一） 垂直领导体制改革应当分阶段推进

第一阶段是省级以下实行垂直领导体制；第二阶段是实行完全的垂直领导体制。之所以作这种路径安排是因为：

1. 符合中央司法体制改革的总体安排。如何实现司法权的独立公正行使？党的十八届三中全会通过的《中共中央关于全面深化改革若干重大问题的决定》明确指出："改革司法管理体制，推动省以下地方法院、检察院人财物统一管理，探索建立与行政区划适当分离的司法管辖制度，保证国家法律统一正确实施。"实行地方司法机关的人财物统一管理，就是为了改变目前地方司法机关的人财物受制于同级地方，导致司法权地方化问题。司法权力是一种国家权力，而不是地方自治性质的权力。时任中央政法委书记孟建柱解释说："我国是单一制国家，司法职权是中央事权。考虑到我国将长期处于社会主义初级阶段的基本国情，将司法机关的人财物完全由中央统一管理，尚有一定困难。应该本着循序渐进的原则，逐步改

革司法管理体制，先将省以下地方人民法院、人民检察院人财物由省一级统一管理。"① 这表明了以下几层意思：（1）司法权是统一的国家权力，司法机关的人财物应当由中央统一管理。（2）根据我国国情，目前完全由中央统一管理，尚有难度。（3）司法体制改革应当坚持循序渐进原则，先将省以下地方人民法院、人民检察院人财物统一管理。（4）等条件成熟时，再由中央统一管理。

2. 符合"相对合理主义"的改革思路，阻力较小。龙宗智教授认为，"目前情况下，具有现实合理性的方式才是制度改造的适当方式，因此，法治推进和司法改革只能采取一种渐进的、逐步改良的方式，反映在改革思想上，即为'相对合理主义'。所谓'相对合理主义'，是指在一个不尽如人意的法治环境中，在多方面条件的制约下，我们无论是制度改革还是程序操作，都只能追求一种相对合理，不能企求尽善尽美"。② "中国司法改革的方向必须是规范法治，但其节奏和路径必须是渐进、稳健和理性的，是与政治和社会发展相适应的，如此才能更好地发挥司法与法治在转型社会中维系秩序与凝聚共识的积极作用。"③ 对于检察机关领导体制的改革必须坚持积极稳妥、依法有序、整体协调、循序渐进、科学推进的原则。时任中央政法委书记孟建柱特别强调："深化司法体制改革涉及司法权力调整和司法资源配置，事关重大，必须依法有序推进。在落实各项改革措施过程中，既要在实践中积极探索，又要按照中央统一部署稳步实施。重大改革都要于法有据，需要修改法律的，在完善法律制度后再全面推开。"④

（二） 检察机关垂直领导体制的立法确认

人民检察院组织法（修正）曾于 2003 年 12 月被纳入十届全国人大常委会立法规划，但最终未被提交审议。2013 年 10 月 30 日十二届全国人大常委会立法规划公布。立法规划将立法项目分为三类：第一类是指条件比较成熟、本届任期内拟提请审议的立法项目；第二类是指需要抓紧工作、条件成熟时提请审议的立法项目；第三类是具有一定的立法必要性和可行

① 孟建柱：《深化司法体制改革》，《人民日报》2013 年 11 月 25 日，第 6 版。
② 龙宗智：《相对合理主义》，中国政法大学出版社 1999 年版，第 17—18 页。
③ 田飞龙：《司法改革的中国困局及其反思》，《财经》2013 年第 32 期。
④ 孟建柱：《深化司法体制改革》，《人民日报》2013 年 11 月 25 日，第 6 版。

性，但涉及问题较为复杂、立法条件尚不完全具备、需要有关方面继续研究论证的立法项目。《人民检察院组织法》的修改被列入第一类项目，本届常委会任期内有望提请审议通过。笔者期待在领导体制问题上，《人民检察院组织法》作出如下修改：

1. 细化人民检察院领导体制。建议在总则中，除保留"最高人民检察院领导地方各级人民检察院和专门人民检察院的工作，上级人民检察院领导下级人民检察院的工作"外，另行明确规定："地方各级检察院和专门检察院向最高人民检察院报告工作，下级检察院向上级检察院报告工作；最高人民检察院可以改变或撤销地方各级检察院和专门检察院的决定，上级检察院可以改变或撤销下级检察院的决定；最高人民检察院的决定，地方各级检察院和专门检察院应当执行，上级检察院的决定，下级检察院应当执行。"

2. 全面修改关于检察人员任免的规定，明确赋予上级检察机关的人事管理权。在检察官的任免方面，各级检察长、副检察长、检察委员会委员必须从相应等级的资深检察官中选出，由上级检察院检察长提名，层报相应的省级或者全国人大任命。上级检察机关对下级检察机关的检察官有人事调动权、惩戒处分权，检察官流动性进一步增强。

3. 修改《人民检察院组织法》第3条第2款规定。1986年《人民检察院组织法》第3条第2款明确规定："各级人民检察院设立检察委员会。检察委员会实行民主集中制，在检察长的主持下，讨论决定重大案件和其他重大问题。如果检察长在重大问题上不同意多数人的决定，可以报请本级人民代表大会常务委员会决定。"法条中所规定的"重大问题"是否包括重大案件，全国人大常委会法工委曾作出过解释，明确规定"重大问题"应当包括重大案件的处理。而2008年2月29日修订的《人民检察院检察委员会组织条例》及2009年10月13日颁布的《人民检察院检察委员会议事和工作规则》则规定，地方各级人民检察院检察长在讨论重大案件时不同意多数检察委员会委员意见的，可以报请上一级人民检察院决定；在讨论重大问题或事项时不同意多数检察委员会委员意见的，可以报请上一级人民检察院或者本级人民代表大会常务委员会决定。在报请本级人民代表大会常务委员会决定的同时，应当抄报上一级人民检察院。该规定旨在强化上级检察院对重大疑难案件的决定权。但这一解释与《人民检察院组织法》的规定相悖。而《人民检察院组织法》的规定违背"检察一体"原则，也与人大监督权存在内在冲突，理当废除。

第三章　检察机关组织运行机制研究①

检察组织运行机制是推动或者影响检察组织运行的各种因素及相互作用的模式或机理。党的十八届四中全会通过的《决定》指出："必须完善司法管理体制和司法权力运行机制，规范司法行为，加强对司法活动的监督，努力让人民群众在每一个司法案件中感受到公平正义。""明确司法机关内部各层级权限，健全内部监督制约机制。司法机关内部人员不得违反规定干预其他人员正在办理的案件，建立司法机关内部人员过问案件的记录制度和责任追究制度。完善主审法官、合议庭、主任检察官、主办侦查员办案责任制，落实谁办案谁负责。"最高人民检察院《关于深化检察改革的意见（2013—2017 年工作规划）》指出："以落实和强化检察官执法责任为重点，完善主任检察官办案责任制，科学界定主任检察官、副检察长、检察长和检察委员会在执法办案中的职责权限。建立健全检察机关执法办案组织，完善检察机关执法办案责任体系。改革和完善执法办案指导决策机制，规范案件请示汇报制度，明确各层级的办案责任。""明确检察机关内部各层级权限，健全内部监督制约机制。"2013 年 12 月，最高人民检察院发布《检察官办案责任制改革试点方案》。2015 年 9 月 25 日，最高人民检察院出台的《关于完善人民检察院司法责任制的若干意见》（以下简称《若干意见》）规定："完善人民检察院司法责任制的目标是：健全司法办案组织，科学界定内部司法办案权限，完善司法办案责任体系，构建公正高效的检察权运行机制和公平合理的司法责任认定、追究机制，做到谁办案谁负责、谁决定谁负责。"2017 年 3 月 28 日，最高人民检察院又颁布了《关于完善检察官权力清单的指导意见》（以下简称《指导意见》），通过

---

① 本文系 2014 年国家社科基金重点项目《依法独立行使审判权检察权保障机制研究》（主持人：谭世贵，项目编号 14ZD014）的子课题《依法独立行使检察权的特殊保障机制研究》的阶段性研究成果，原载《宁波大学学报（人文社会科学版）》2016 年第 3 期。

检察官权力清单明确检察院内部各司法办案主体的职责权限，做实检察官权力，从而使与之相应的司法责任落到实处。由此，进一步加强对检察组织运行机制的研究，对于推进检察体制改革，提升检察官的主体地位和检察机关的公信力，实现检察官办案责任制，具有重要的理论意义和实践意义。

一、 传统检察组织运行机制的形成和特点

（一） 传统检察组织运行机制的形成

新中国成立后，1949 年 12 月 20 日，《中央人民政府最高人民检察署试行组织条例》颁行，成为新中国关于检察制度的第一个比较系统的法律文件，规定了检察机关的职权、领导体制等重要内容。1954 年，我国颁行第一部宪法和人民检察院组织法，检察制度有了新的发展变化，其中将"检察委员会议"改为"检察委员会"，明确建立民主集中基础上的合议制，检察委员会接受检察长的领导。由此，检察委员会成为中国特色检察制度的一项重要内容。

早在 1950 年 8 月 6 日，时任最高人民检察署副检察长李六如在全国司法会议的报告中讲到我国检察机关与苏联检察机关的不同时就指出："他们的检察长是独任制，而新中国的人民检察署是有检察委员会的。"① 1954年 9 月 15 日，刘少奇在《关于中华人民共和国宪法草案的报告》中指出："人民检察院除了设检察长、副检察长和检察员以外，并且设立检察委员会……在人民检察院，设立这样的合议组织，可以保证集体地讨论问题，使人民检察院能够更加适当地进行工作。我们认为，在检察机关采取这种制度是比较适合于我国目前的实际状况的。"1949 年 12 月发布的《最高人民检察署试行组织条例》第 7 条规定，最高人民检察署委员会议"以检察长为主席。如检察委员会议意见不一致时，取决于检察长"。同样，1951年 9 月发布的《各级地方人民检察署组织通则》也有上述的规定。因此，当时在检察委员会议决策的过程中，检察长的地位比较特殊。只要"检察委员会议意见不一致"也不论是多数意见还是少数意见，都"取决于检察长"。这种状况到 1954 年有了改善。同年 9 月 21 日通过的《人民检察院组

---

① 闵钐编：《中国检察史资料选编》，中国检察出版社 2008 年版，第 507 页。

织法》第 2 条第 3 款规定："各级人民检察院设检察委员会。检察委员会在检察长领导下，处理有关检察工作的重大问题。"以前关于"检察委员会议意见不一致时，取决于检察长"以及"检察委员会议以检察长为主席"的规定均被取消。

最高人民检察院 1954 年 11 月 23 日起草的《中华人民共和国最高人民检察院组织条例（草稿）》第 9 条规定："本院所有抗议、提请、提起刑事案件、逮捕、搜查、扣押、起诉等重大事项，均须先由各主管单位负责人提出意见，报请检察长批准。"1963 年 8 月 26 日，最高人民检察院制定的《关于审查批捕、审查起诉、出庭公诉工作的试行规定（修改稿）》第 2 条规定："各级人民检察院的审查批捕、审查起诉、出庭公诉工作，必须在党委领导下……坚持'专人审查、集体讨论、检察长决定'的办案制度。集体讨论的方法：县、区人民检察院一般应由检察长召集办案人员或者召开检察委员会集体讨论；市以上人民检察院，一般案件可由办案单位集体讨论，重大复杂和有争论或检察长认为需要检察委员会讨论的案件，应由检察委员会讨论。"

"文化大革命"期间，检察机关受到极大的冲击。1975 年 1 月，我国通过的第二部宪法第 25 条第 2 款明确规定："检察机关的职权由各级公安机关行使。"由此，检察制度从法律上被取消。1976 年"文化大革命"结束，人民检察制度的发展进入了崭新的阶段。1978 年通过的第三部宪法第 43 条对检察机关的职权和领导关系作了原则性的规定，人民检察制度由此得以重建和恢复。1979 年 7 月颁布的第二部《人民检察院组织法》，明确检察机关是国家的法律监督机关，确定检察机关实行双重领导体制，将检察长领导检察委员会工作改为检察长主持检察委员会工作，并规定检察委员会实行少数服从多数的民主集中制。

（二）传统检察组织运行机制的特点

归纳起来，我国传统检察组织运行机制具有以下几个特点：

1. 检察组织独立行使检察权

1982 年宪法第 131 条规定："人民检察院依照法律规定独立行使检察权，不受行政机关、社会团体和个人的干涉。"《人民检察院组织法》《刑事诉讼法》也作了相同的规定。根据上述法律规定，依法独立行使检察权，是指人民检察院依照法律规定独立行使检察权，不受行政机关、社会团体和个人的干涉。"我国检察机关实行民主集中制原则和检察一体原则，检察官是人民检察院内部执行一定检察职能的人员，从属于人民检察院，在检察长的统一领导下开展工作，在法律上不具有独立地位。"① 在我国现行检察制度中，检察权的独立行使，主要是就检察机关而言，检察机关行使权力时，具有法律制度上的独立性。这种整体性独立，是通过检察长负责制和检察委员会制度来保证的。在现行体制中，检察官受检察长领导，检察活动应服从检察委员会的决定。虽然检察官也是检察权行使的主体，但在法律制度上还没有确立检察官在检察机关内部的独立性。

2. 检察组织内部领导体制的混合性

检察长和检察委员会是我国检察机关的领导机构。从世界范围看，各国检察机关内部领导体制均实行检察长负责制，由检察长统一领导检察机关的工作。在这一前提之下，又分为两种类型：一是单一首长制；二是检察长负责与集体领导相结合的领导体制。② 单一首长制，即检察长负责制，其特点是由总检察长或检察长统一负责检察机关的工作，以总检察长或检察长的名义作出决定。即使有集体讨论重大问题的制度，但集体意见只对检察长起咨询作用，对于一切重大问题，检察长拥有最后的决定权。这种体制被多数国家采用，其优点是权力集中、权责明晰、行动迅速、效率较高；弊端是容易导致独断专行。另一种内部领导体制是检察长负责与集体领导相结合的混合体制。这种体制的特点是检察机关由检察长领导，但对检察工作中的重大事项，可交由检察机关的集体领导机构讨论并作出决定。检察长如不同意集体领导的多数意见，通常不按民主集中制少数服从多数的原则处理，而是交由向其负责而在组织上处于上位的监督机关或领导机关决定。这种体制有利于发挥集体智慧，防止检察长独断专行，但有时可能影响工作效率。我国检察机关实行的内部领导体制属于后一种类型。1978 年检察机关恢复重建后，1979 年 7 月 1 日通过的《人民检察院组织法》第 3 条规定，检察长统一领导检察院的工作。同时又规定："各级人民检察院设立检察委员会。检察委员会实行民主集中制，在检察长的主持下，讨论决定重大案件和其他重大问题。如果检察长在重大问题上不同意多数人的决定，可以报请本级人民代表大会常务委员会决定。"由此可

---

① 孙谦主编：《中国检察制度论纲》，人民出版社 2004 年版，第 200 页。
② 龙宗智：《检察制度教程》，法律出版社 2002 年版，第 161 页。

见，检察委员会制度是对一长制的限制。

3. 检察组织运行方式的审批制

1978 年检察机关恢复重建以来，检察组织的内部运行架构一直体现层阶性的审批制，即实行"三级办案制"：检察人员承办，部门负责人审核，检察长或者检察委员会决定。最高人民检察院 1980 年 7 月 21 日发布的《人民检察院刑事检察工作试行细则》第 44 条规定："各级人民检察院办理批捕、起诉案件，应当实行'专人审查，集体讨论，检察长决定'的制度。对于重大疑难案件，应提交检察委员会讨论决定。" 1996 年《刑事诉讼法》修订后，最高人民检察院 1999 年 1 月 18 日颁布的《人民检察院刑事诉讼规则》第 4 条规定："人民检察院办理刑事案件，由检察人员承办，办案部门负责人审核，检察长或者检察委员会决定。""三级办案制"充分体现了指令权的决定作用，以及承办检察官的独立性和决定权的不足。[①]鉴于这种层阶性办案审批制度的不合理性，20 世纪 90 年代末检察机关启动了"主诉检察官办案责任制"改革。最高人民检察院 2000 年 1 月制定的《关于在审查起诉部门全面推行主诉检察官办案责任制的工作方案》指出："实行主诉检察官办案责任制，是在法律规定的范围内，改革与完善检察机关审查起诉部门办案机制，建立责任明确、高效廉洁、符合诉讼规律的办案责任制。……"最高人民检察院 2005 年 6 月印发的《关于进一步加强公诉工作强化法律监督的意见》还强调，要进一步推行主诉检察官办案责任制。但由于配套制度的缺失，司法实践中这一改革举措基本名存实亡，[②]"三级审批制"仍然是检察组织运行的基本模式。2012 年《刑事诉讼法》修订后，最高人民检察院 2012 年 11 月 22 日颁布的《人民检察院刑事诉讼规则（试行）》第 4 条又重申："人民检察院办理刑事案件，由检察人员承办，办案部门负责人审核，检察长或者检察委员会决定。"最高人民检察院 2013 年 2 月 1 日通过的《检察机关执法工作基本规范》第 19 条进一步明确规定，人民检察院办理案件，由检察人员承办，办案部门负责人审核，检察长或者检察委员会决定。在 2013 年推行检察官办案责任制改革前，检察机关在司法办案中普遍实行"检察官—部门负责人—检察长（检察委员会）"三级审批制办案模式。

① 龙宗智：《检察官客观义务论》，法律出版社 2014 年版，第 359 页。
② 谢小剑：《检察制度的中国图景》，中国政法大学出版社 2014 年版，第 189 页。

4. 检察组织审查方式的行政性

司法权具有独立性、被动性（消极性）、裁决的终局性（权威性）、运行方式的交涉性等特点。"终局性"是指司法机关作出的决定有决断效力，无新的事实与理由就不得再申请裁决；"交涉性"是指裁决必须在当事人参与诉讼过程并充分举证、辩论说明其主张和理由的前提下才能作出判断的一种权力运行方式。① 检察权兼具司法和行政的双重属性。检察机关的批捕（包括羁押必要性审查）、起诉（不起诉）等都具有一定的司法性。但长期以来检察机关都是以行政化方式行使这些职权的。如 2012 年《刑事诉讼法》实施之前，检察机关的审查批捕程序就完全是一种行政化的审批程序，其主要特点是审查方式的书面化。最高人民检察院 1999 年颁布的《人民检察院刑事诉讼规则》第 92 条规定："审查逮捕部门办理审查逮捕的案件，应当指定办案人员进行审查。办案人员应当审阅案卷材料，制作阅卷笔录，提出批准或者决定逮捕、不批准或者不予逮捕的意见。……"检察机关批准或决定逮捕案件，审查批捕人员唯一需要做的是审阅侦查机关的案卷材料，犯罪嫌疑人、辩护律师以及被害人都不能介入审查批捕程序，审查批捕检察官地位不中立，追诉色彩浓厚。在检察实务界甚至对检察机关审查逮捕阶段能否讯问犯罪嫌疑人都存有争议。②

二、 传统检察组织运行机制存在的问题

从长期的检察实践看，传统检察组织运行机制主要存在以下几方面的问题：

（一） 检察官没有决定权

长期以来，我国对检察一体化的认识存在偏差，只强调检察权的集中统一行使，却忽视了检察官独立行使权力的必要性，检察机关内部检察业务管理采取的是单纯的行政管理方式，检察权由检察长和检察委员会集中、统一行使，而承办案件的检察官，没有决定权可言。司法的本质在于

---

① 刘瑞华：《司法权的基本特征》，《现代法学》2003 年第 3 期。

② 陈米华：《审查逮捕阶段"每案必讯"合理性质疑》，《浙江检察》2006 年第 1 期；张建忠、方洁：《检察机关在审查批捕环节有权讯问犯罪嫌疑人》，《人民检察》2007 年第 15 期。

亲历性和判断性。现行检察权的运行模式完全限制了亲历性的存在空间，"审定分离"使决定者不是案件的亲历者，他（们）只是听取汇报或者阅看审查报告作出决定。最高人民检察院调研后坦承："承办案件的人员对案件的处理完全没有决定权，影响其严肃认真查办案件的积极性。"① 特别是在公诉活动中，出庭检察官"只是检察院和检察长意志的代理人，不能也不敢表达个人的法律判断和诉讼意愿，公诉活动中的检察官客观义务也常常因此而落空"。②

（二）检察责任的模糊性

检察组织内部领导体制的混合性和"三级办案制"，即层阶性权力运行模式，其层层审批把关是为了保证办案质量，防止办案检察官滥用职权，但这种"审者不定，定者不审"的做法，导致检察责任模糊。"在一定程度上弱化办案检察官的责任心，淡化其责任意识，不利于调动办案检察官的积极性和创造性，不利于强化对办案检察官的管理。"③ 根据1983年《人民检察院组织法》的规定，检察长统一领导检察院的工作。检察长是本级检察机关的行政负责人，对下属检察官发布指令、命令，并对案件的办理负责。但1983年《人民检察院组织法》又设立了检察委员会制度，并规定检察委员会实行民主集中制，在检察长主持下，讨论决定重大案件和其他重大问题。所以检察委员会所作的决定具有最高效力，无论是检察长还是一般检察官，都要服从检察委员会的决定。而通过集体决策形成的决定，法律责任就难以确定。我们通过实证研究发现，有的冤假错案，案件承办人审查后大都提出了不捕、不诉或无罪的意见，但最终没有被采纳。如浙江张氏叔侄强奸案，审查批捕承办人是时任杭州市人民检察院批捕处副处长夏涛，他认真审查了公安机关移送的案件卷宗材料后，发现诸多疑问，客观性证据不足，仅凭犯罪嫌疑人一纸口供难以定案，提出了"不批准逮捕"的意见，但最终市检察院还是作出了批捕决定。④ 尽管最高人民检察院于1998年7月17日、2007年9月26日分别颁布了《人民检察

① 张智辉主编：《检察权优化配置研究》，中国检察出版社2013年版，第97页。
② 龙宗智：《检察官客观义务论》，法律出版社2014年版，第249页。
③ 向泽选：《检察权运行机制与检察权配置》，载王守安主编：《检察理论研究成果荟萃》第二辑，中国法制出版社2013年版，第30页。
④ 陈东升：《请记住这些有良知的法律人》，《法制日报》2013年7月3日，第4版。

院错案责任追究条例（试行）》和《检察人员执法过错责任追究条例》，但实践中真正被追责的检察官屈指可数。

（三） 检察职权行使的非司法化

行政与司法的主要区别在于：行政是以管理为本质，它是一种行政管理者与行政相对人的两方结构；而司法是以判断为本质，它是解决当事人之间的争议与裁判者居中裁决形成的三方组合。行政程序中一般不涉及意见交涉，而是行政单向命令，强制主导；而在司法程序中，控辩双方展开交涉、抗辩，令判断者兼听则明，作出理性选择和判断。[①] "检察机关是有司法权的司法机关，却始终采用行政性办案方式而欠缺司法特征。"[②] 比如在我国，逮捕是一种最严厉的强制措施，逮捕即意味着长期羁押。在域外不论是英美法系还是大陆法系，长期羁押的审批都被认为是司法机关（特别是法院）基本程序的权力，都应当采用司法审查的方式作出。我国检察机关批准或决定逮捕一般只是进行书面审查，并不是必须听取嫌疑人及其辩护律师的意见，也不用听取被害人的意见。这种书面化、审批化、信息来源单一化的行政化的审批程序，其后果必然是程序神秘化和控辩失衡化。审查批捕程序尚且如此，其他检察权的行使，如公诉权、不起诉权、控告申诉检察权等更不存在"侦、辩、检"的三方组合。

三、 完善检察组织运行机制的路径选择

（一） 全面实行主任检察官制度

1. 检察官独立行使权力是当代检察制度的发展趋势

当代检察制度的发展趋势是：进一步限制行政首长的指令权，确保检察官独立行使权力。如20世纪以来，法国和德国通过检察改革，严格限制司法部部长对检察官办理案件的指令权。"总体上看，检察官职务独立是第一位的，是原则，检察一体是第二位的，甚至只是补充或例外。"[③] 《联

---

① 孙笑侠：《司法权的本质是判断权——司法权与行政权的十大区别》，《法学》1998年第8期。

② 龙宗智：《检察官客观义务论》，法律出版社2014年版，第342页。

③ 魏武：《法德检察制度》，中国检察出版社2008年版，第190页。

合国关于检察官作用的准则》要求："各国应确保检察官得以在没有任何恐吓、阻障、侵扰，不正当干预或不合理地承担民事、刑事或其他责任的情况下履行其专业职责。"国际检察官联合会《关于检察官的职业责任标准和基本义务与权利》（1999 年）第 2 条第 1 款至第 3 款对检察官的独立性作了如下规定："在承认检察官自由裁量权的国家里，检察自由裁量权应当独立地行使，不受政治干涉。如果检察机关以外的机关享有对检察官下达一般的或具体的指令权，那么，这种指令应当是透明的，与法律机构一致的，并需符合既定的保障检察独立现实与理念的准则。检察机关以外的任何机关指令启动诉讼程序或终止合法启动的诉讼程序的权利均应当按照类似的方式行使。"日本、韩国等采大陆法系检察制度的国家，在检察机关的办案组织形式上都强调检察官独立行使权力。例如，日本法务省刑事局所编的具有权威性的《日本检察讲义》称："检察官是独任制机关，本身具有独立的性质。这对保障检察权的行使及绝对公正，不受其他势力操纵，以及检察官的职位行为必须直接产生确定的效力，都是必不可少的。检察官的这种准司法性质，从职务的内容看是理所当然的。"[1] 而在韩国，根据法律之规定，韩国检察机关实行的是检察官独任制原则，也就是说，检察官对于自己负责的案件独立侦查、独立判断并作出决定，也要自行承担责任。

2. 确立检察官主体地位

我国新一轮司法改革的主要任务之一是："建立主审法官、合议庭办案责任制，探索建立突出检察官主体地位的办案责任制，让审理者裁判、由裁判者负责，做到有权必有责、用权受监督、失职要问责、违法要追究。"[2] 根据中央深化司法体制改革的部署，2013 年 12 月，最高人民检察院发布《检察官办案责任制改革试点方案》（以下简称《试点方案》），决定在北京、河北、上海、湖北、广东、重庆、四川 7 个省（市）17 个工作基础较好的市、县检察院试点开展主任检察官办案责任制改革。[3]《试点方案》规定："除法律规定必须由检察长或检委会行使的职权外，其他案件处理决定可以由主任检察官负责的办案组独立作出。"主任检察官制度的实施，必然会使部门负责人和检察长产生权力失落感。要落实主任检察官

① ［日］法务省刑事局编：《日本检察讲义》，杨磊等译，中国检察出版社 1990 年版，第 18 页。
② 孟建柱：《深化司法体制改革》，《人民日报》2013 年 11 月 25 日，第 6 版。
③ 徐盈雁：《试点检察官办案责任制改革，实现检察官权责利相统一》，《检察日报》2014 年 3 月 1 日，第 1 版。

的办案主体地位，核心是检察长和检察委员会放权。这项改革能否成功主要取决于检察机关能够在多大程度上放权，主任检察官能够在多大范围内以自己的名义独立处理案件。如改革后，上海市检察机关检察长或检察委员会行使的职权，由原来的 50 余项减为 10 余项，减少了 2/3 以上，而由检察官独立作出决定的案件，则由原来的 68% 上升到 82%；贵州省第一批 4 个试点检察院，检察官有权对 92.7% 的审查批捕案件和 93.58% 的审查起诉案件独立作出处理决定。[①] 深圳市检察院根据相关法律法规和检察权运行规律，将 678 项检察职权逐项进行分级授权，主任检察官拥有 359 项职权，其中有 34 项来自检察长"放权"，[②] 从而为检察官独立迈出了可喜的一步。2018 年 10 月 26 日，十三届全国人大常委会第六次会议审议修订的《中华人民共和国人民检察院组织法》第 28 条规定："人民检察院办理案件，根据案件情况可以由一名检察官独任办理，也可以由两名以上检察官组成办案组办理。由检察官办案组办理的，检察长应当指定一名检察官担任主办检察官，组织、指挥办案组办理案件。"第 29 条规定："检察官在检察长领导下开展工作，重大办案事项由检察长决定。检察长可以将部分职权委托检察官行使，可以授权检察官签发法律文书。"最高人民检察院《2018—2022 年检察改革工作规划》再次强调："深化司法体制综合配套改革，全面落实司法责任制，健全与司法责任制相适应的检察权运行监督制约机制，突出检察官在司法办案中的主体地位，形成与'谁办案谁负责、谁决定谁负责'要求适应的检察权运行体系。"

为了打破权力利益格局，防止主任检察官制度名实不符，在各地试点的基础上，必须出台统一的主任检察官权力清单，真正实现由检察院独立走向检察官独立。截至 2016 年 12 月，32 个省级人民检察院都制定了辖区内三级人民检察院检察官权力清单，并报最高人民检察院备案。[③] 在此基础上，最高人民检察院于 2017 年 3 月 28 日出台《关于完善检察官权力清单的指导意见》（以下简称《指导意见》）。检察官权力清单是完善司法责任制的基础，通过检察官权力清单明确检察院内部各司法办案主体的职责

---

① 周斌：《检察精英初现向办案一线流动趋势》，《法制日报》2016 年 7 月 19 日，第 3 版。
② 李亚坤：《深圳检察机关 200 多处长科长"没了"》，《南方都市报》2015 年 5 月 20 日，第 A05 版。
③ 最高人民检察院司法体制改革领导小组办公室：《〈关于完善检察官权力清单的指导意见〉的理解与适用（下）》，《检察日报》2017 年 5 月 25 日，第 3 版。

权限，做实检察官权力，从而使与之相应的司法责任能落到实处。为充分调动检察官的办案积极性，突出检察官的主体地位，明晰权力和责任，落实谁办案谁负责、谁决定谁负责的改革目标，《指导意见》第 8 条第 1 款提出："检察官应当在检察官权力清单确定的职权范围内独立作出决定。……"当然，检察官的独立地位尚需立法肯定。"目前制定检察官权力清单的办法具有过渡性。待司法责任制改革取得较为成熟的经验后，关于检察委员会、检察长、检察官在司法办案中的职责权限，最终要通过修改法律和人民检察院诉讼（监督）规则予以明确，从法律上突出检察官的主体地位，明确其相关职权。"①

3. 处理好检察一体与检察官独立的关系

广义的检察一体化有两层基本含义：对外是指检察独立，即检察机关依法独立行使检察权，不受法定机关、事项及程序以外的干涉；对内是指业务一体，即检察机关上命下从，作为命运共同体统一行使检察权。狭义的检察一体化仅指业务一体。"司法责任制改革以克服司法行政化，强化检察官办案职权为主要的改革逻辑，而检察一体化通过'上命下从'建立检察院内部的行政化体制，两者存在一定的冲突。"② 这种冲突机制的化解必须注意："检察官独立即检察官依法独立行使检察权，是现代司法的一般原则，符合司法规律，有利于保证司法公正。我们要建立的检察一体制不应是排斥或否定检察官独立的单纯的一体化机制，而是要既有利于发挥检察官独立办案的作用，保证高效和公正地行使检察权，又有利于检察职能的统一有效履行的检察一体制。"③ "检察一体和检察官独立是一种体用关系，即检察独立是'体'，是根本和目的；检察一体化是'用'，是保障和手段，检察一体是为检察独立服务的……如果在我们的改革中，检察一体最终淹没了检察独立，那么主任检察官的制度运行很难实现司法化办案模式的转变，很可能是我们只搭了个架子，但并没有填充进去实质性的内容，甚至又面临走回行政化老路的风险。"④

"检察官依法独立行使检察权，是落实检察机关司法责任制的前提。

---

① 最高人民检察院司法体制改革领导小组办公室：《〈关于完善检察官权力清单的指导意见〉的理解与适用（下）》，《检察日报》2017 年 5 月 25 日，第 3 版。
② 谢小剑：《司法责任制改革中检察一体化的完善》，《中国刑事法杂志》2017 年第 5 期。
③ 谢鹏程：《论检察官独立与检察一体》，《法学杂志》2003 年第 3 期。
④ 张栋：《主任检察官制度改革应理顺"一体化"与"独立性"之关系》，《法学》2014 年第5 期。

当前司法改革的基本目标是实现'权责统一'，而'权责统一'首先要求将权力放给一线办案人员。"① 主任检察官制度的实施，必然会使部门负责人和检察长产生权力失落感。要落实主任检察官的办案主体地位，核心是检察长放权。这项改革能否成功主要取决于检察机关能够在多大程度上放权，主任检察官能够在多大范围内以自己的名义独立处理案件。所以，在确定主任检察官权限问题上，各级检察长要转变司法理念，树立正确的权力观，要敢于放权、舍得放权。《指导意见》第 6 条规定："检察官承办案件的办案事项决定权由检察长（副检察长）行使的，检察官提出处理意见供检察长（副检察长）参考，由检察长（副检察长）作出决定并负责。检察官职权范围内决定事项，由独任检察官或主任检察官依职权作出决定，检察长（副检察长）不再审批，但检察长（副检察长）可依照《关于完善人民检察院司法责任制的若干意见》第 10 条规定行使审核权。"《关于完善人民检察院司法责任制的若干意见》（以下简称《若干意见》）第 10 条规定："检察长（分管副检察长）有权对独任检察官、检察官办案组承办的案件进行审核。检察长（分管副检察长）不同意检察官处理意见，可以要求检察官复核或提请检察委员会讨论决定，也可以直接作出决定。要求复核的意见、决定应当以书面形式作出，归入案件卷宗。"《指导意见》第 7 条第 2 款同时规定："对检察官职权范围内决定的某类案件的办案事项，检察长（副检察长）可以书面指令等形式要求检察官在签发法律文书前送请审核。对检察官职权范围内决定的具体案件，检察长（副检察长）也可以要求检察官在签发法律文书前送请审核。"中共中央办公厅、国务院办公厅印发的《保护司法人员依法履行法定职责规定》（2016 年 7 月 21 日起施行）第 12 条规定："案件办理及相关审批、管理、指导、监督工作实行全程留痕。法官、检察官依照司法责任制，对履行审判、检察职责中认定的事实证据、发表的意见、作出的决定负责。上级机关、单位负责人、审判委员会或者检察委员会等依职权改变法官、检察官决定的，法官、检察官对后果不承担责任。……"由此可见，检察指令的书面化有助于防止检察长不当干预检察官独立行使职权。修改后的《人民检察院组织法》第 47 条规定："任何单位或者个人不得要求检察官从事超出法定职责

---

① 崔永东、杨海强：《论检察人员司法责任制体系的构建——兼与李建勇教授商榷》，《探索与争鸣》2016 年第 12 期。

范围的事务。对于领导干部等干预司法活动、插手具体案件处理，或者人民检察院内部人员过问案件情况的，办案人员应当全面如实记录并报告；有违法违纪情形的，由有关机关根据情节轻重追究行为人的责任。"

（二） 改革审批制， 实现检察责任的明确化

2013 年 8 月中央政法委下发的《关于切实防止冤假错案的规定》明确提出，建立健全合议庭、独任法官、检察官、人民警察权责一致的办案责任制，法官、检察官、人民警察在职责范围内对办案质量终身负责，同时还要求明确冤假错案标准、纠错启动主体和程序。为了遵循司法规律，破除冤假错案无人担责的客观现实，党的十八届三中全会通过的《中共中央关于全面深化改革若干重大问题的决定》提出了"让审理者裁判、由裁判者负责"的司法改革要求。党的十八届四中全会通过的《中共中央关于全面推进依法治国若干重大问题的决定》进一步强调："完善主审法官、合议庭、主任检察官、主办侦查员办案责任制，落实谁办案谁负责。"而"制定科学合理的司法责任追究制度，是确保办案质量、提高司法公信力的必然选择"①。最高人民检察院《关于深化检察改革的意见（2013—2017年工作规划)》指出："深化检察官办案责任制改革。以落实和强化检察官执法责任为重点，完善主任检察官办案责任制，科学界定主任检察官、副检察长、检察长和检察委员会在执法办案中的职责权限。建立健全检察机关执法办案组织，完善检察机关执法办案责任体系。"最高人民检察院《2018—2022 年检察改革工作规划》指出："完善司法责任认定和追究机制。落实《关于完善人民检察院司法责任制的若干意见》有关规定，构建科学合理的司法责任认定和追究制度，研究出台错案责任追究办法。建立健全检察官惩戒制度，明确惩戒的条件和程序。"构建严格的检察责任必须打破现行层阶制和"三级审批制"。《若干意见》在健全司法办案组织及运行机制、界定检察人员职责权限的基础上，明确了检察官司法责任的范围、类型、认定和追究程序等主要问题。② 实行主任检察官制度后，案件不用层层审批，一方面解决了办案检察官没有决定权的尴尬，另一方面也

---

① 孟建柱：《坚定不移推动司法责任制改革全面开展》，《长安》2016 年第 10 期。
② 戴佳：《最高人民检察院出台意见完善人民检察院司法责任制》，《检察日报》2015 年 8 月 29日，第 1 版。

必然会出现检察官权力过大，其权力如何监督制约的问题。其中主任检察官对所办案件的质量终身负责和实行错案责任倒查问责制是两项切实可行的做法，具有震慑力。《若干意见》规定："检察人员应当对其履行检察职责的行为承担司法责任，在职责范围内对办案质量终身负责。司法责任包括故意违反法律法规责任、重大过失责任和监督管理责任。"但是，"司法办案工作中虽有错案发生，但检察人员履行职责中尽到必要注意义务，没有故意或重大过失的，不承担司法责任。"

2016 年 10 月 12 日，最高人民法院、最高人民检察院联合颁布的《关于建立法官检察官惩戒制度的意见（试行）》（以下简称《意见》）明确规定由省一级法官检察官惩戒委员会负责对法官检察官是否承担司法责任提出建议，这有利于提高惩戒决定的权威性和公信力。《意见》第 10 条规定："法官、检察官违反审判、检察职责的行为属实，惩戒委员会认为构成故意或者因重大过失导致案件错误并造成严重后果的，人民法院、人民检察院应当依照有关规定作出惩戒决定，并给予相应处理。"《意见》第 7 条规定："惩戒委员会审议惩戒事项时，有关人民法院、人民检察院应当向惩戒委员会提供当事法官、检察官涉嫌违反审判、检察职责的事实和证据，并就其违法审判、检察行为和主观过错进行举证。当事法官、检察官有权进行陈述、举证、辩解。"这些实体标准和程序规定的出台实施，将使具有科学性、可行性和可操作性的检察官追责制度能够真正得到落实。

（三）克服行政化，大力推进检察官办案方式的司法化

以行政性的办案方式履行检察职能，不符合检察规律。"检察权运行及办案方式的适度司法化，应当说已成为各国刑事司法制度尤其是大陆法系国家司法制度普遍接受的法观念和法制度。"① 基于检察机关对逮捕的审查应属于司法审查的本质特点，通过诉讼程序无疑是实现司法审查的基本途径。诉讼的构成必须具备控方（原告）、承控方（被告）、听讼方（审理）三个基本条件，检察机关只有在听取诉讼双方的意见后，才能对逮捕的合法性作出判断和决定。2012 年修正后的《刑事诉讼法》第 86 条增加了讯问犯罪嫌疑人、询问诉讼参与人、听取辩护律师意见的程序要求，初步打破了审查逮捕程序的行政性和封闭性，但严格意义上的听讼程序尚未

---

① 龙宗智：《检察官客观义务论》，法律出版社 2014 年版，第 361 页。

形成。改革审查批捕程序当务之急就是要建立抗辩式的审查批捕模式，要让逮捕的决定者获取更多的、更全面的来自犯罪嫌疑人、被害人及其律师的信息来判断是否有必要羁押，可否采取取保候审、监视居住等非羁押性措施，做到兼听则明、居中裁决。近年上海、浙江、湖北等地的一些检察机关探索试行批捕听证制度，取得明显效果。[①] 随着 2012 年《刑事诉讼法》的实施，更多的检察权表现出司法性，不起诉决定权以及《刑事诉讼法》第 47 条、第 115 条新增的检察机关对违反诉讼程序的司法审查权，都具有终局裁判的特点。2018 年《刑事诉讼法》的修正，确立了认罪认罚从宽制度，这是一项重大的司法制度变革，进一步强化了检察机关的职能。2019 年 3 月，最高人民检察院时任检察长张军在十三届全国人大二次会议上作最高人民检察院工作报告时，要求检察机关在办理认罪认罚从宽案件中充分发挥主导作用。检察机关对认罪认罚案件自由裁量权的扩大，要求公诉权实质化、公诉方式合作化。[②] 最高人民检察院于 2015 年 1 月 6 日印发的《关于全面推进检务公开工作的意见》要求："对存在较大争议或在当地有较大社会影响的拟作不起诉案件、刑事申诉案件，实行公开审查。对于在案件事实、适用法律方面存在较大争议或有较大社会影响的审查逮捕、羁押必要性审查、刑事和解等案件，提起抗诉的案件以及不支持监督申请的案件探讨公开审查。"2015 年 5 月 15 日，在上海检察机关召开羁押必要性公开审查工作现场推进会上，公开审查被作为开展羁押必要性审查的基本方式之一，在全市检察机关全面推行。[③] 对于具有终局性、中立性和交涉性等较强司法属性的检察事项，检察机关都应当通过司法化的运作方式作出决定，以保证检察决定的公开性、权威性和公信力。特别是认罪认罚案件，审查起诉时，检察机关要就案件的拟处理意见听取犯罪嫌疑人、辩护人或者值班律师的意见，并在辩护人或者值班律师在场的情况下签署认罪认罚具结书。同时要注意听取被害人及其诉讼代理人的意见。由

---

① 林中明：《积极探索改进审查逮捕方式，上海上半年对 32 名嫌犯实行公开听审》，《检察日报》2013 年 7 月 19 日，第 1 版；范跃红、徐楠：《捕不捕，听大家怎么说》，《检察日报》2014 年 3 月 30 日，第 1 版；郭清君等：《湖北黄石下陆区：推行审查逮捕案件公开听证》，《检察日报》2014 年 12 月 11 日，第 2 版；等等。

② 朱孝清：《认罪认罚从宽制度对检察机关和检察制度的影响》，《检察日报》2019 年 5 月 28 日，第 3 版。

③ 余东明、孟伟阳：《上海检察全面推行公开审查羁押必要性》，《法制日报》2015 年 5 月 16 日，第 5 版。

于立法要求法院在作出判决时，一般应当采纳检察机关指控的罪名和量刑建议，这必然要求检察机关指控的罪名和量刑建议精准化。

（四）改革检察委员会制度

检察委员会是检察机关内部的最高议事机构和最高决策机构。1999 年 4 月，首轮检察改革启动后，最高人民检察院就将检察委员会工作改革列为六项检察改革的措施之一。为了推进检察委员会改革，最高人民检察院分别制定了《最高人民检察院检察委员会议案标准（试行）》（1999 年 12 月 30 日）、《最高人民检察院检察委员会议事规则》（2003 年第 2 次修订）、《人民检察院检察委员会议事和工作规则》（2009 年 10 月 13 日）等规范性文件。在近年来的司法改革研讨中，有学者主张取消我国的检察委员会制度，理由是：检察委员会制度是特定历史阶段的产物；检察委员会制度不符合诉讼效率原则；检察委员会制度所具有的行政性和封闭性有碍司法公正的实现和司法权威的树立；检察委员会制度无法落实错案追究责任；检察委员会制度与我国实行的主诉检察官办案责任制改革背道而驰等。[①] 从实践层面看，存在着立法规定的程序规则较为落后、上会案件定性较为模糊、承办人汇报议题自主性较大、会议制度不完善、审查职能不突出、司法责任制背景下的检察委员会责任不明晰等不足。[②] 但主流观点认为，在司法责任制改革中，检察委员会作为行使检察业务决策权的检察组织，其最高办案组织的法律地位应当予以确定，并要合理区分检察官、检察长和检察委员会的办案职权与责任。[③] 修改后的《人民检察院组织法》第 30 条至第 34 条对检察委员会的设置、组成、职能、议事程序、决定效力和办案责任等作出规定。这表明检察委员会制度仍然得到了现行立法的充分肯定。

随着主任检察官办案责任制的推行，主任检察官办案能否采用合议制存有争议。一种观点认为，由于不同部门的性质差异，主任检察官办案组的办案方式也不尽相同。如民事行政检察、控告申诉检察等部门行使的是典型的法律监督权，此部门主任检察官应实行全合议制，对重要监督事

---

① 转引自邓思清：《论我国检察委员会制度改革》，《法学》第 2010 年第 1 期。
② 尹立栋等：《检委会规范化工作流程指引研究》，《浙江检察》2018 年第 1 期。
③ 万春：《检察法制建设新的里程碑——参与〈人民检察院组织法〉修订研究工作的体会》，《国家检察官学院学报》2019 年第 1 期。

项，按组内检察官少数服从多数原则，形成决定意见。① 另一种观点则认为："检察机关的办案模式与工作方式只能采用独任制，而不能采用合议制，盖因合议制与检察一体原则及检察长的内部指令权在运作原理上是相冲突的，若在检察权的运行机制中强行植入合议制，导向的可能并非检察机关'办案组织和办案方式的司法化'，而是'检察官法官化'，并可能由此造成整个检察权运行机制的功能紊乱、运转失灵。"② 笔者赞同第二种观点。检察权兼具司法和行政的双重属性。"没有检察官独立的检察一体制是一种纯粹的行政体制，没有检察一体的检察官独立是一种纯粹的司法体制，都不符合工作的特点和要求。"③ 检察权的独立不同于审判权的独立，检察官在执行职务时，需要接受上级的指示，因此，其行为只具有一定程度上的独立性，即相对独立性。④ 这就决定了主任检察官办案组不能采用法院合议庭所适用的少数服从多数原则对案件作出决定。但是，主任检察官办案不采用合议制，并不意味着检察官办案不需要集体讨论研究。我们处在一个剧变的时代，社会转型加快，科学技术日新月异，新型犯罪日益增多，疑难复杂案件大量出现，即便是一名优秀的主任检察官也一定会有知识上的短板。这就需要发挥集体的智慧，集思广益，通过主任检察官联席会议等组织形式，对疑难案件在证据采信、事实认定及法律适用方面，进行深入研讨，进而为主任检察官作出决定提供参考意见。所以，笔者赞同以下检察委员会的改革思路：从我国实际情况出发，并借鉴其他国家的有益经验，建议将现行检察委员会的"决策、咨议、监督"三大功能逐渐调整为"指导、咨议、监督"新的三大功能。即改个案决策为个案咨议，同时强化业务指导和案件质量监督功能。⑤ 这样，一方面检察委员会可以为主任检察官办理疑难复杂案件提供智力上的支持，进而为更好地实现主任检察官办案责任制提供保障；另一方面把检察委员会改造成一个咨询、建议机构，取消其拥有的案件决定权，可以提高主任检察官的办案积极性和主动性，也有利于明确责任。

---

① 邹开红等：《部分试点检察院主任检察官的职权配置》，《国家检察官学院学报》2014 年第 6 期。

② 万毅：《检察改革"三忌"》，《政法论坛》2015 年第 1 期。

③ 谢鹏程：《论检察官独立与检察一体》，《法学杂志》2003 年第 3 期。

④ 龙宗智：《论依法独立行使检察权》，《中国刑事法杂志》2002 年第 1 期。

⑤ 刘昌强：《检察委员会制度研究》，中国检察出版社 2013 年版，第 254 页。

第四章 主任检察官制度研究①

引 言

新一轮司法改革的主要任务之一是："建立主审法官、合议庭办案责任制，探索建立突出检察官主体地位的办案责任制，让审理者裁判、由裁判者负责，做到有权必有责、用权受监督、失职要问责、违法要追究。"②根据中共中央深化司法体制改革的部署，2013 年 12 月，最高人民检察院发布《检察官办案责任制改革试点方案》（以下简称《试点方案》），决定在北京、河北、上海、湖北、广东、重庆、四川 7 个省（市）17 个工作基础较好的市、县检察院试点开展主任检察官办案责任制改革。2014 年 3 月，最高人民检察院又下发《检察官办案责任制改革试点实施工作指导意见》。一年多来，主任检察官制度受到学界和实务界的高度关注，对该制度涉及的一些理论和实践问题作了较为深入的研究和探讨，但不少亟待解决的问题仍存在较大分歧。本文试就目前争议较大的若干基本问题略陈管见，以求教于大家，以便形成共识，以期推动检察改革和主任检察官制度的完善。

一、 主任检察官制度的合法性

关于主任检察官制度的合法性问题，一种观点认为，主任检察官制度具有合法性。如有的认为，主任（办）检察官制度没有突破现行法律规

---

① 本文系 2014 年国家社科基金重点项目《依法独立行使审判权检察权保障机制研究》（主持人：谭世贵，项目编号 14ZD014）的子课题《依法独立行使检察权的特殊保障机制研究》的阶段性研究成果，原载《法治研究》2015 年第 5 期。

② 孟建柱：《深化司法体制改革》，《人民日报》2013 年 11 月 25 日，第 6 版。

定。理由是：（1）检察官享有案件决定权不违背职权法定原则。虽然现行法律只规定了检察机关的职权范围，没有明确检察官的具体权限，但主办检察官办案责任制是检察机关在现行法律框架下调整内部权力结构的尝试，并不涉及扩张检察权或限制私权。（2）检察官是依法行使国家检察权的检察人员，享有相应职权和工作条件。通过检察长授权，赋予主办检察官一定的办案决定权，正是落实检察官法要求的具体体现。[①] 另一种观点认为，我国宪法确认的行使检察权的主体是人民检察院而不是检察官，检察官的主体地位仍然有待法律予以明确。目前的检察官办案责任制改革，"毕竟缺乏直接的法律依据，不在法制轨道上运行，因而非长久之计"。[②]

笔者赞同第二种观点。有的学者认为，我国检察权的运行机制，实际上是一种"双轨制"，即检察长负责制与检察官独任制并行。"凡是法律规定由'人民检察院'行使的职权，检察官实际上都有权行使……我国检察改革的基本走向不应当是'授权'，而应当是'还权'，即在明确检察官独任制的基础上，将定案权'还'给'承办检察官'，由此实现办案权与定案权的统一，由检察官自主、独立地行使办案权和定案权。"[③]

习近平总书记 2014 年 2 月 28 日在主持召开中央全面深化改革领导小组第二次会议上指出："凡属重大改革都要于法有据。在整个改革过程中，都要高度重视运用法治思维和法治方式，发挥法治的引领和推动作用，加强对相关立法工作的协调，确保在法治轨道上推进改革。"有鉴于此，对需要通过突破现行法律规定的改革试点，完全应当采取人大立法授权改革试点的方式，避免出现"违法改革"。十二届全国人大常委会第九次会议审议通过《关于授权在部分地区开展刑事案件速裁程序试点工作的决定》，开创了在司法领域通过立法授权推进改革的先河。笔者认为，主任检察官制度改革是突破现行立法规定的改革试点，也应当通过立法授权的方式确认改革试点，以确保改革试点于法有据。

但是，肯定主任检察官制度欠缺法律依据，并不影响大胆进行该制度的尝试。习近平总书记强调指出："改革要于法有据，但也不能因为现行法律规定就不敢越雷池一步，那是无法推进改革的，正所谓'苟利于民不

---

① 郑青：《湖北省主办检察官办案责任制探索》，《国家检察官学院学报》2014 年第 2 期。

② 谢鹏程：《检察官办案责任制改革的三个问题》，《国家检察官学院学报》2014 年第 6 期。

③ 万毅：《检察改革"三忌"》，《政法论坛》2015 年第 1 期。

必法古，苟周于事不必循旧'。需要推进的改革，将来可以先修改法律规定再推进。"① 改革实质上就是对现行法律中不适应时代变化的地方作出修改。改革开放以来，中国的改革一直沿用确定试点——改革成功——修改法律的模式进行。事实证明，这一模式是可行的。15 年前，最高人民检察院在首轮司法改革中曾明确提出建立主诉、主办检察官办案责任制。② 但这项改革没有取得预期效果。有的同志认为，主办检察官制度之所以不能得到实行，主要是因为没有法律依据。"根据法律规定，逮捕与否由检察长决定，这是检察长的法定权力也是法定职责，不能自行让渡，因此批捕权没有依法下放，最后的结论是主办检察官制度在侦查监督部门不能适用。"③ 笔者不完全同意这一观点。前轮主办检察官制度改革之所以不理想，主要还在于改革缺乏系统性、协调性及主办检察官的责权利问题没有很好解决造成的。而当前的司法改革形势已和 15 年前完全不同。"司法权是中央事权，司法体制改革事关全局，政治性、政策性很强，必须在中央统一领导下，加强顶层设计，自上而下有序推进，确保司法体制改革的方向、思路、目标符合中央精神。"④ 党的十八届三中全会通过的《中共中央关于全面深化改革若干重大问题的决定》要求，让审理者裁判、由裁判者负责，探索建立突出法官、检察官主体地位的办案责任制。2014 年 6 月 6 日，中央全面深化改革领导小组第三次会议审议通过的《关于司法体制改革试点若干问题的框架意见》将司法责任制作为改革试点的重点内容之一，以完善主审法官责任制、合议庭办案责任制和检察官办案责任制为抓手，突出法官、检察官办案的主体地位，明确法官、检察官办案的权力和责任，对所办案件终身负责，严格错案责任追究，形成权责明晰、权责统一、管理有序的司法权力运行机制。⑤ 党的十八届四中全会审议通过的《中共中央关于全面推进依法治国若干重大问题的决定》又明确将完善主任检察官办案责任制，落实谁办案谁负责作为一项检察改革的重要任务。

---

① 习近平：《加快建设社会主义法治国家》，《求是》2015 年第 1 期。

② 最高人民检察院 2000 年 2 月 15 日印发的《检察改革三年实施意见》指出："健全、落实检察业务工作中的主诉、主办检察官办案责任制，依法明确主诉、主办检察官承办案件的程序和职权。"

③ 万春：《主任检察官办案责任制三人谈》，《国家检察官学院学报》2014 年第 6 期。

④ 孟建柱：《完善司法管理体制和司法权力运行机制》，《人民日报》2014 年 11 月 7 日，第 6 版。

⑤ 王治国：《积极稳妥推进司法体制改革试点工作——访中央司法体制改革领导小组办公室负责人》，《检察日报》2014 年 6 月 16 日，第 1 版。

这表明最高人民检察院试点的主任检察官制度已得到中央的高度肯定。在中央政法委的统一领导、协调下，影响主任检察官制度实施的各种藩篱和障碍都会得到克服。

主任检察官制度要全面推进，保持其生命力，必须得到立法确认。《人民检察院组织法》的修改已列入十二届全国人大常委会立法规划第一类项目，本届常委会任期内有望提请审议通过，全国人大内务司法委员会于 2014 年已启动修改准备工作，《中华人民共和国检察官法》也将适时列入全国人大常委会立法工作计划。[①] 主任检察官制度应当在上述立法中予以明确规定，从而为检察官独立行使检察权提供法律依据。

二、 主任检察官的定位

（一） 主任检察官办案组应成为一级办案组织

关于主任检察官办案组是否是一级办案组织，有以下两种观点：一种观点认为，主任检察官制度是将主任检察官办案组作为基本办案组织，结合不同部门和检察业务工作实际情况、办案需要，选拔出数名办案能力强的资深检察官担任主任检察官，并为每名主任检察官配备一定数量的检察官、书记员担任助手，组成主任检察官办案组。[②] 当前主任检察官制度改革的重点和难点就是要彻底改变现有的行政管理模式以及与之相对应的三级审批办案方式，构建以主任检察官办案组为基础办案单元的检察办案组织。[③] 上述观点明确提出建立主任检察官制度并将之作为检察机关内部的基本办案组织。另一种观点认为，主任检察官办案组并非一级办案组织。理由是：第一，在我国检察实务中长期以来实行的承办人制度，实际上就是独任制检察官运作的具体形式。基于此，检察机关实际上是有基本办案组织的，这就是独任制检察官（承办人）。第二，将主任检察官定位为一级办案组织，缺乏比较法上的依据。[④]

---

① 郑赫南：《检察院组织法修改准备工作已启动》，《检察日报》2014 年 11 月 2 日，第 1 版。
② 赵阳、李恩树：《检察改革推动检察权回归司法规律》，《法制日报》2013 年 11 月 16 日，第 5 版。
③ 陈旭：《建立主任检察官制度的构想》，《法学》2014 年第 2 期。
④ 万毅：《主任检察官制度改革质评》，《甘肃社会科学》2014 年第 4 期。

笔者认为："将主任检察官办案组作为检察机关基本办案组织应当是符合我国国情和实际的合理选择。"① 办案组织是司法机关最基本的"组织单元"，是具体行使检察权的主体。实践中，检察机关的基本办案组织是由科、处、局等内设机构来替代的，具有明显的行政化特点，不利于司法运作的公开透明和司法公信力的确立。长期以来，我国实行的是三级审批办案方式，独任制检察官制度始终没有建构起来。把我国目前运行的行政化审批制归纳为独任制检察官（承办人）是缺乏法理和事实依据的。最高人民检察院的《试点方案》强调提出，主任检察官制度改革的主要目标和内容之一是建立办案组织，整合内设机构，探索设立相应的主任检察官办公室。可见，主任检察官办案组是一级办案组织的观点得到了最高人民检察院的认可。据统计：最高人民检察院在全国试点开展主任检察官办案责任制改革一年来，17 个试点单位已全部实际运行主任检察官办案责任制，共核定主任检察官员额 655 名，实际配备主任检察官 460 名，并根据各院职责岗位、队伍现状等不同，按照 1∶2 至 1∶8 的不同比例组建了基本办案组织。② 目前，现行法律体系中，法院的独任制和合议制办案组织得到了立法的肯定，但在检察机关除了检察委员会作为最高业务决策机构的办案组织立法予以明确外，各级检察机关的基本办案组织尚无立法的明确规定。在未来检察立法中，笔者建议明确将主任检察官办案组作为基本办案组织予以肯定。

（二） 主任检察官办案不应采用合议制

主任检察官办案能否采用合议制，目前有两种观点：一种观点认为，由于不同部门的性质差异，主任检察官办案组的办案方式也不尽相同。如民事行政检察、控告申诉等部门行使的是典型的法律监督权，此部门主任检察官应实行合议制，对重要监督事项，按组内检察官少数服从多数原则，形成决定意见。③ 另一种观点则认为："检察机关的办案模式与工作方式只能采用独任制，而不能采用合议制，盖因合议制与检察一体原则及检

---

① 金鑫：《论主任检察官的定位、选配与管理》，《人民检察》2014 年第 9 期。
② 李娜：《17 个检察院试点主任检察官办案责任制改革》，《法制日报》2015 年 1 月 20 日，第 1 版。
③ 邹开红等：《部分试点检察院主任检察官的职权配置》，《国家检察官学院学报》2014 年第 6 期。

察长的内部指令权在运作原理上是相冲突的，若在检察权的运行机制中强行植入合议制，导向的可能并非检察机关'办案组织和办案方式的司法化'，而是'检察官法官化'，并可能由此造成整个检察权运行机制的功能紊乱、运转失灵。"①

笔者赞同第二种观点。检察权兼具司法和行政的双重属性。"没有检察官独立的检察一体制是一种纯粹的行政体制，没有检察一体的检察官独立是一种纯粹的司法体制，都不符合工作的特点和要求。"② 检察权的独立不同于审判权的独立行使。检察机关的内部独立是有限的，不充分的。检察官在执行职务时，需要接受上级的指示，因此，其行为只具有一定程度上的独立性，即相对独立性。③ 这就决定了主任检察官办案组不能采用法院合议庭所适用的少数服从多数原则对案件作出决定。

当然，主任检察官办案不采用合议制，并不意味着检察官办案不需要集体讨论研究。我们处在一个剧变的时代，社会转型加快，科学技术日新月异，新型犯罪日益增多，疑难复杂案件大量出现，即便是一名优秀的主任检察官也一定会有知识上的短板。这就需要发挥集体的智慧，集思广益，通过主任检察官联席会议等组织形式，对疑难案件在证据采信、事实认定及法律适用方面，进行广泛研讨，从而为主任检察官定案提供参考意见。不仅如此，笔者还特别赞同以下观点：从我国实际情况出发，并借鉴其他国家的有益经验，建议将现行检察委员会的"决策、咨议、监督"三大功能逐渐调整为"指导、咨议、监督"新的三大功能。即改个案决策为个案咨议，同时强化业务指导和案件质量监督功能。④ 这样一方面检察委员会可以为主任检察官办理疑难复杂案件提供智力上的支持，将会为更好地实现主任检察官办案责任制提供保障；另一方面，把检察委员会改造成一个咨询、建议机构，取消其拥有的案件决定权，可以提高主任检察官的办案积极性和主动性，也有利于明确责任。

---

① 万毅：《检察改革"三忌"》，《政法论坛》2015 年第 1 期。
② 谢鹏程：《论检察官独立与检察一体》，《法学杂志》2003 年第 3 期。
③ 龙宗智：《论依法独立行使检察权》，《中国刑事法杂志》2002 年第 1 期。
④ 刘昌强：《检察委员会制度研究》，中国检察出版社 2013 年版，第 254 页。

三、 主任检察官的职权范围

（一） 主任检察官的权限

如何科学界定主任检察官、副检察长、检察长和检察委员会在执法办案中的职责权限，是主任检察官制度的核心问题之一。最高人民检察院的《试点方案》只是原则性地规定："除法律规定必须由检察长或检委会行使的职权外，其他案件处理决定可以由主任检察官负责的办案组独立作出。"但究竟主任检察官可以行使哪些具体的权力，《试点方案》并不明确。

从试点情况看，主任检察官享有的权限各地仍有很大差异。如北京市昌平区检察院施行主任检察官后，在侦查监督部门，分管副检察长仍保留对社会关注、拟作附条件逮捕、复议、监督撤案、对严重侦查违法行为的书面纠正、捕后拟变更强制措施或撤捕、对重新计算侦查羁押期限的审查等职权。而朝阳区检察院则对提请逮捕的案件提出批准逮捕、不批准逮捕、附条件逮捕的意见；决定追捕漏犯；要求侦查机关（或部门）说明立案或不立案理由；决定报请延长侦查羁押期限；决定排除非法证据等，都由主任检察官决定。① 山东临沂市兰山区检察院主任检察官不得自行决定下列案件：附条件逮捕的；不（予）批捕的；书面纠正违法的；决定对在押人员变更强制措施的；监督公安机关撤案的；在本地区有重大影响的案件；人大代表、政协委员涉嫌犯罪的；决定撤回起诉的；决定不起诉的；决定提交检察委员会提请抗诉的；上级交办、督办的等。② 重庆市渝中区检察院厘定了《检察官职权》，详细列明了 247 项权力清单。近三年来，该院刑检部门 19 名检察官共依法独立作出批捕决定 4592 人和起诉决定6413 人，分别占批捕人数的 96.7% 和起诉人数的 93.5%。2014 年，又将部分不批捕权和不起诉权下放至检察官行使。③ 北京市昌平区检察院主任

---

① 邹开红等：《部分试点检察院主任检察官的职权配置》，《国家检察官学院学报》2014 年第6 期。

② 邹开红等：《部分试点检察院主任检察官的职权配置》，《国家检察官学院学报》2014 年第6 期。

③ 参见第十届国家高级检察官论坛：《聚焦主任检察官办案责任制（一）》，http：//live. jcrb. com/html/2014/983. htm。

检察官自行决定率已占全部案件的 95% 左右。① 合理确定主任检察官的权限，目前存在的突出问题仍然是授权不够的问题。如不少试点单位对检察长和检察委员会保留了重大疑难复杂案件的决定权和具有程序终局性效力的权力，"如对不捕、不诉、撤诉、撤案等事项由检察长或检委会决定，对逮捕、起诉则基本放权给主任检察官决定"②。

习近平总书记强调指出："法治领域改革涉及的主要是公检法司等国家政权机关和强力部门，社会关注度高，改革难度大，更需要自我革新的胸襟。如果心中只有自己的'一亩三分地'，拘泥于部门权限和利益，甚至在一些具体问题上讨价还价，必然是磕磕绊绊、难有作为。改革哪有不触动现有职能、权限、利益的？需要触动的就要敢于触动，各方面都要服从大局。"③ 主任检察官制度的实施，必然会使部门负责人和检察长产生权力失落感。要落实主任检察官的办案主体地位，核心是检察长放权。这项改革能否成功主要取决于检察机关能够在多大程度上放权，主任检察官能够在多大范围内以自己的名义独立处理案件。所以，在确定主任检察官权限问题上，各级检察长要转变司法理念，树立正确的权力观，要敢于放权、舍得放权。为了打破权力利益格局，防止主任检察官制度名实不符，笔者认为，在各地试点的基础上，必须要由立法或最高人民检察院统一出台主任检察官权力清单，真正实现由检察官独立行使检察权。

（二）主任检察官不应行使案件审批权

对主任检察官应否再行使案件审批权，有两种观点：一种观点认为："为了发挥办案工作的团队性，办案组应当以主任检察官为核心。在办案组内部，主任检察官应发挥领衔、定断等职能，享有对案件的调度权、决定权、指导权，并对其职责范围内的处理决定承担全部责任。"④ 主任检察官是办案组织的负责人，办案组织中的检察官和其他辅助人员必须接受主任检察官的领导。在案件办理方面，主任检察官对自己及下属承办的部分

---

① 徐盈雁：《谁办案谁决定谁负责——检察机关试点开展检察官办案责任制改革一年回眸》，《检察日报》2014 年 12 月 22 日，第 2 版。
② 邹开红等：《部分试点检察院主任检察官的职权配置》，《国家检察官学院学报》2014 年第 6 期。
③ 习近平：《加快建设社会主义法治国家》，《求是》2015 年第 1 期。
④ 高保京：《北京市检一分院主任检察官办案责任制及其运行》，《国家检察官学院学报》2014 年第 2 期。

案件具有决定权。① 如上海市闵行区检察院对一般的（低风险）案件由主任检察官办理并决定，或者由具有检察官资格的承办人员办理，并出具审查意见，由主任检察官审批。如果主任检察官不同意承办检察官的意见，可以更改决定，但是需要书面说明理由并签字。因为在主任检察官办案模式下，主任检察官并不是亲力亲为办案组内的每一起案件，但是他对组内的每一起案件最终都负有责任，他要行使必要的领导指挥权力。② 另一种观点认为，主任检察官不应行使定案权。理由是：在主任检察官与组内其他检察官（承办人）的权责关系设定上，让承办人行使办案权，却又让主任检察官行使定案权，人为地造成了办案权和定案权的分离，变相剥夺了承办检察官的定案权，不符合司法规律。③

笔者认为，第二种观点是可取的。"去行政化"是新一轮司法改革的重点，也是试行主任检察官制度的主要原因。如果在主任检察官办案责任制中，又实行主任检察官审批制，无疑又走上"三级审批制"的老路。这种做法完全背离改革初衷，应予否定。否定主任检察官不再有案件审批权不意味着主任检察官可以放弃自己的职责。从各地试点情况看，主任检察官组成办案组，成员里有检察员、助理检察员和书记员。检察员和助理检察员都可以独立办案，对他们所办的案件主任检察官可行使审核、指导之职，可以组织主任检察官会议进行商议讨论，也可以独立提出自己的意见。但这些都不能影响办案检察官对案件作出独立的判断。

如何处理好检察独立和检察一体的矛盾一直是行使检察权中的难题。而我国台湾地区的解决之道可以给我们启示。在我国台湾地区，检察体系内部上、下级检察官之间的关系适用检察一体原则予以处理。我国台湾地区"法院组织法"第 64 条规定："检察总长、检察长得亲自处理所指挥监督之检察官之事务，并得将该事务移转于其所指挥监督之其他检察官处理之。"根据这一条规定，上级检察首长既可以将下级检察官的事务收取后由自己亲自处理，亦可以将下级检察官的事务收取后移交由其他检察官处理，此即检察首长的职务收取权和移转权。当承办案件的检察官对案件的定性与主任检察官之间存在不同意见时，制度上并不是一味强调承办检察

---

① 王守安：《完善主任检察官办案责任制》，《检察日报》2014 年 12 月 19 日，第 3 版。

② 潘祖全：《主任检察官制度的实践探索》，《人民检察》2013 年第 10 期。

③ 万毅：《主任检察官制度改革质评》，《甘肃社会科学》2014 年第 4 期。

官对主任检察官的服从，而是赋予主任检察官异议权，即主任检察官有权将分歧意见提交检察长，由检察长核定；若检察长亦不同意承办检察官的意见，也并非直接行使指令权，强行要求承办检察官服从检察长的决定，而是沟通、劝告、说服。① "除非有重大及坚定事由，由检察长实施职务承继、职务移转，将案件收回自己办理或转给另一位检察官办理，原则上还是应当尊重检察官的认定及意见。"② 这种做法非常值得大陆检察机关借鉴和学习。在试点单位中，浦东新区检察院的做法值得肯定，即办案组内检察官所办案件由主任检察官审核。主任检察官同意或不同意承办检察官意见，都须通过书面明示的审核方式加以确定。审核意见与承办检察官意见发生分歧时，主任检察官不能直接改变承办检察官的决定；承办检察官接受主任检察官审核意见的，则视为承办检察官的意见，由承办检察官承担办案责任；承办检察官不接受主任检察官审核意见的，主任检察官无异议，可按承办检察官意见决定，主任检察官承担相应的审核责任；审核意见和承办意见不能统一的，主任检察官认为确需改变承办检察官决定的，须通过主任检察官办案组合议或者主任检察官联席会议讨论后，报检察长或检察委员会讨论决定，并归入案件材料。③

四、 主任检察官的追责问题

如果把检察权独立界定为检察院独立，而忽视检察官独立，就必然导致检察责任独立难以确立。既然检察独立所讲的是检察院独立，就意味着检察责任也只能由检察院承担，是一种集体责任，从而检察责任独立就无法具体落实到每位检察官身上。事实上每一个冤假错案的背后，都有一大批制造冤假错案的公检法人员。追责是必须的，只有严格追责才能阻止更多的冤案发生，保障司法公正。中央政法委 2013 年 8 月《关于切实防止冤假错案的规定》明确提出，建立健全合议庭、独任法官、检察官、人民警察权责一致的办案责任制，法官、检察官、人民警察在职责范围内对办案质量终身负责。同时还要求明确冤假错案标准、纠错启动主体和程序。实

① 裴索：《日本国检察制度》，商务印书馆 2003 年版，第 29 页。
② 施庆堂、林丽莹：《台湾地区的主任检察官制度》，《国家检察官学院学报》2014 年第6期。
③ 邹开红等：《部分试点检察院主任检察官的职权配置》，《国家检察官学院学报》2014 年第6 期。

行主任检察官制度后，案件不用层层审批，一方面解决了办案检察官没有决定权的尴尬，另一方面也必然会出现检察官权力过大，其权力如何监督制约的问题。其中对主任检察官所办案件的质量终身负责和错案责任倒查问责制是一项切实可行的做法，具有震慑力。但要保证责任追究真正落实，笔者认为以下几个问题还须明确：

（一） 追责的范围

强调错案责任的终身追究，就必然涉及追责的范围和错案认定的标准问题。司法人员因为年龄、学历、素养、阅历、家庭背景、社会地位和价值观的不同，会对同一案件产生不同的认知。这是认识相对性的表现。但认识的相对性不能完全否定认识的统一性。解决好错案认定标准的科学化、合理化问题，就要解决好认识的相对性与统一性的难题。有的同志认为："在办案过程中的认识问题不应作为追究司法人员责任的理由，因为事实与法律的评价者、裁判者必然拥有一定的自由裁量权，只要其根据法律和案件证据确信被追诉人有罪就是依法履行职责的表现，对此不应追究其责任。"[1] "要追究司法者的责任，应限于两种情况，一是故意为之，二是显有疏失，除此以外，属于认识领域的问题，不可因判断有异而加以惩罚，以免损害司法上独立人格之培养。"[2] 上述观点从理论上讲并无不妥。但回到现实，我们看到目前在责任追究上存在的突出问题是：追责少，追责不到位。《新京报》记者曾盘点了近年10起曾引起关注的冤案，发现除赵作海案、浙江叔侄案、萧山5青年抢劫杀人案等3起冤案已经进行追责外，其他案件均未明确启动追责程序。[3] 而根据浙江省高级人民法院院长的说法，在浙江的两个案件中，没有发现是故意制造冤案，只能在组织内部按照党纪政纪来问责。[4] 据悉，现在一些地方的错案责任追究条例或办法早已"备而不用"了。[5] 仅仅强调认识的相对性，而否定认识的统一性，

---

① 卞建林、张璐：《结合实践深入研究刑诉法难点问题》，《检察日报》2015年1月6日，第3版。

② 张建伟：《法官错案责任的抚今追昔》，《人民法院报》2014年1月24日，第5版。

③ 贾世煜、张婷、邢世伟：《冤案追责：10起案件3起已处理》，《新京报》2014年12月18日，第A18版。

④ 宋识径：《浙"叔侄冤案"责任人已按党纪政纪问责》，《新京报》2014年4月10日，第A20版。

⑤ 曾献文：《错案责任追究制度同样面临科学发展》，《检察日报》2009年1月21日，第3版。

那几乎所有的冤假错案，都难以追究责任。① 认定主观过错，既要避免客观归罪，防止错案范围的无限扩大，又要防止办案人员以认识分歧、业务不熟等理由推脱责任。

最高人民检察院 2007 年 7 月 5 日颁布的《检察人员执法过错责任追究条例》，以个人是否存在违反司法行为来决定是否实施责任追究的做法值得肯定。但该《条例》将执法过错界定为"检察人员在执法办案活动中故意违反法律和有关规定，或者工作严重不负责任，导致案件实体错误、程序违法以及其他严重后果或者恶劣影响的行为"，回避了对重大过失违法行为能否追究责任的问题。最高人民法院 1998 年 9 月 4 日颁布的《人民法院审判人员违法审判责任追究办法（试行）》第 2 条则规定："人民法院审判人员在审判、执行工作中，故意违反与审判工作有关的法律、法规，或者因过失违反与审判工作有关的法律、法规造成严重后果的，应当承担违法审判责任。"笔者认为，在目前的司法环境和改革背景下，司法追责范围不能太窄，既包含故意违法行为，也包括过失违法行为，符合我国现阶段对司法责任追究的现实需求。因此，该标准应当成为我国司法责任追究制度的统一性标准。

（二）追责的主体

目前，司法责任追究的主体都是各级司法机关。这种事后"自我纠错"基本局限在体系内部，缺乏独立调查力量的制衡。这让当事人对相关责任人或部门的追究困难重重。追究主体的错位是错案责任难以追究的主要原因之一。在主任检察官制度试点改革中，各试点单位都把明确追责主体纳入改革的视野。如深圳市区两级检察院作为广东省检察体制改革的试点单位，专门成立检察官惩戒委员会，对执法办案活动中违反法律和有关规定，工作严重不负责任，导致案件实体错误、程序违法以及其他严重后果或者恶劣影响的行为，依规依法追究相关人员的纪律或法律责任。目前，市检察院已草拟、修订了《主任检察官选任暂行办法》《检察官管理暂行办法》《检察官考核暂行办法》《检察官惩戒暂行办法》等，为改革

---

① 如最高人民法院 1998 年 9 月 7 日颁布的《人民法院审判纪律处分办法（试行）》第 4 条规定："有下列情形之一的，不应当给予纪律处分：（一）因法律、法规没有规定或者法律、法规规定不明确，在认识上产生偏差的；（二）法律、法规虽有规定，但在适用法律时对法律、法规在理解和认识上产生偏差的；（三）在案件事实和证据的认定上产生认识上的偏差的。"

提供制度保障。① 但从目前试点的情况看，追责的主体大多仍限定在系统内部。笔者认为，追责主体与办案主体应当分离。近期方案是：追责主体上提一级，即由办理错案的上级检察机关的纪检监察部门负责对案件承办人追责；远期方案是：在人大常委会内务司法委员会里设立司法官（法官、检察官）惩戒委员会。即由法院、检察院和党委、人大、政协、纪委及有关权威的法律专家等组成司法官惩戒委员会，负责处理违纪违法司法官之责任追究。

（三） 追责的程序

要防范责任倒查被虚置，就必须形成公开透明的程序机制。"错案追究过程必须在执行错案追究程序公正、追究程序公开、保证充分申辩权利三个原则下进行程序制度设计，切勿在追究法官错案的同时制造新的错案。"② 2005 年，湖北京山佘祥林冤案震动全国，由湖北省纪委牵头、湖北省检察院参与组成了佘祥林案纠错调查组，对当年涉案的人员进行调查。京山县公安局 110 巡警大队副大队长潘余均是当年佘祥林专案组成员之一，在专案组中名字排在最后。在审查期间，潘余均上吊自缢，经办冤案的民警自缢身亡，又再次给人以震撼。2013 年 3 月，"浙江叔侄冤案"平反后，浙江省政法委立即启动了追责程序，年底就对相关人员进行了问责，但因处理结果不公开，至今还有人在媒体呼吁"'浙江叔侄冤案'追责不能遥遥无期"。③ 问责程序和处理结果的不公开，责任倒查制就失去了最重要的警示功能，因为其他办案人员不能从中感受到问责的力度，也难以对其具体办案行为形成倒逼的规范性效果。有的问责对象恰恰是现任的领导干部，如果不能以严格的信息公开和程序透明做保障，就难保不会出现官官相护。笔者认为，追责程序要克服目前的行政化运作特点，司法官惩戒委员会应当以公开听证（涉及国家秘密和隐私的除外）的方式对追责案件进行审查，并保证司法人员、涉案当事人和有关人员在听证会上享有辩解、控告或者提供证据的机会或权利。

---

① 刘芳、孟广军：《深圳检察改革正式启动》，《中国青年报》2014 年 12 月 23 日，第 3 版。

② 丁文生：《错案追究制的困境与反思》，《广西民族大学学报（哲学社会科学版）》2013 年第 3 期。

③ 印荣生：《"浙江叔侄冤案"追责不能遥遥无期》，《新京报》2014 年 12 月 21 日，第 A02 版。

结　语

　　孟建柱同志 2014 年 7 月 15 日在司法体制改革试点工作座谈会上指出：
"当前，司法体制改革已经进入深水区，面临的大多是难啃的'硬骨头'。
特别是完善司法责任制等 4 项改革，涉及深层次的体制调整，难度很
大。"① 最高人民检察院 2015 年 2 月 15 日印发的《关于深化检察改革的意
见（2013—2017 年工作规划)》（2015 年修订版）指出："深化检察官办案
责任制改革。以落实和强化检察官执法责任为重点，完善主任检察官办
案责任制，科学界定主任检察官、副检察长、检察长和检察委员会在执法办
案中的职责权限。建立健全检察机关执法办案组织，完善检察机关执法办
案责任体系。"笔者相信，只要认真吸取以往改革失败的经验教训，统一
认识，消除分歧，勇于实践，在中央的统一领导和最高人民检察院的强力
推进下，科学、合理的主任检察官办案责任制改革是一定能构建起来的。

---

① 孟建柱：《扎实推进司法体制改革试点工作　努力提高新形势下政法工作能力和水平》，《法制
　　日报》2014 年 10 月 10 日，第 2 版。

第五章　论构建国家监察权检察监督制约机制的法理基础[①]

引　言

根据 2016 年 11 月中共中央办公厅印发的《关于在北京市、山西省、浙江省开展国家监察体制改革试点方案》（以下简称《方案》），第十二届全国人大常委会第二十五次会议于 2016 年 12 月 25 日通过了《关于在北京市、山西省、浙江省开展国家监察体制改革试点工作的决定》（以下简称《决定》）。《决定》规定："在北京市、山西省、浙江省及所辖县、市、市辖区设立监察委员会，行使监察职权。将试点地区人民政府的监察厅（局）、预防腐败局及人民检察院查处贪污贿赂、失职渎职以及预防职务犯罪等部门的相关职能整合至监察委员会。"2017 年 1 月中央确定的三个监察体制改革试点地区监察委员会主任全部产生，我国的监察体制改革迈出实质性的一步。《决定》规定，监察委员会"履行监督、调查、处置职责，监督检查公职人员依法履职、秉公用权、廉洁从政以及道德操守情况，调查涉嫌贪污贿赂、滥用职权、玩忽职守、权力寻租、利益输送、徇私舞弊以及浪费国家资财等职务违法和职务犯罪行为并作出处置决定，对涉嫌职务犯罪的，移送检察机关依法提起公诉"。监察委员会实质上是集党纪处分、行政监察、刑事侦查于一体的反腐败监督执法机关。"历史上和当今世界任何国家，都没有权力如此巨大而又集中的监察机关。"[②] 国家监察体制改革的难点之一就是如何监督和制约国家监察机关。[③] 要保障国家监察

---

① 本文原载钱小平主编：《创新与发展：监察委员会制度改革研究》，东南大学出版社 2018 年版，第 215—223 页。

② 童之伟：《对监察委员会自身的监督制约何以强化》，《法学评论》2017 年第 1 期。

③ 马怀德：《国家监察体制改革的重要意义和主要任务》，《国家行政学院学报》2016 年第 6 期。

权的正当、合法、有效行使，必须加强对国家监察权及国家监察委员会的有效监督制约，其中最重要的是要加强检察权，对监察权即检察机关对监察委员会的监督制约。

一、 国家监察权检察监督制约机制的理论基础

国家监察机关是国家专门的反腐败机关，理应受到各方面的监督制约。有效的监督是依法治国、建设社会主义法治国家的内在要求和重要保障，没有监督就没有法治。当代中国法律监督的实质是：以人民民主为基础，以社会主义法治为原则，以权力合理划分与相互制约为核心，依法对各种行使公共权力的行为和其他法律活动进行监督、察看、约束、控制、检查和督促的法律机制。[1]

（一） 国家监察权的来源、 性质、 特点、 行使要求检察监督制约

监察权的来源要求监督制约。合法性和有效性是国家权力最为重要的本质规定性。国家权力的合法性并不仅仅指国家权力的产生和行使合乎法律规定，而是指国家权力必须得到公民的认同。[2] 根据马克思主义理论，社会主义国家的政治权力是人民给予的。人民是国家权力的最终来源。我国宪法规定，中华人民共和国的一切权力属于人民。人民是国家的主人。权力来自人民，它一旦与人民相分离，就具有了一种脱离人民的倾向和离心力。要确保权力忠实于作为基础的人民，就必须有对于权力的必要控制，防止权力远离人民或背叛人民。而人民对权力进行控制的意志，只有通过法律才能得以表达。法律作为人民整体意志的表现形式，对权力及其行使进行规范，防止权力成为没有约束的权力。同时，人民还可以运用法律所预设的模式来检测权力运行的状况，并适时校正权力的运行状态。[3]监察权是国家的重要权力之一，它来源于人民。按照改革方案，监察委员会由人民代表大会产生，应当受到人民的监督。

监察权的性质要求监督制约。监察权具有国家权力的一般属性，即权

---

① 陈光中主编：《中国司法制度的基础理论专题研究》，北京大学出版社 2005 年版，第 18 页。
② 孙关宏、胡雨春主编：《政治学》，复旦大学出版社 2012 年第 2 版，第 37 页。
③ 卓泽渊：《法治国家论》，法律出版社 2008 年版，第 120 页。

力的相对性、支配性。权力的相对性意味着不同的权力拥有者具有不同的权力，不同机构之间具有相对独立的性质，权力机构之间不能混同其权力。权力的支配性首先表现为权力是一种支配力量，它可以要求人们作出某种行为。包括允许人们做什么和禁止人们做什么。其次，表现为权力具有强制性，权力都是以相应的服从存在作为条件的。权力的支配性使得权力具有了相对人不得不服从的性质，也使得权力具有滥用的可能性。①

监察权的特点要求监督制约。《方案》和《决定》这两个政治和法律文件已经显示出监察委员会将具有的两个突出特点：地位高、权力厚重。② 在我国监察权的配置中，监察机关是行使国家监察职能的专责机关，不仅是对公职人员进行监督检查的专门机关，而且还是专门的反腐败机关。《决定》规定："监察委员会可以采取谈话、讯问、询问、查询、冻结、调取、查封、扣押、搜查、勘验检查、鉴定、留置等措施。"根据《方案》精神，监察委员会与党的纪检委合署办公，统一掌握反腐败资源，权力高度集中。"合署办公后，监察委员会的权力至少是现有的纪检委权力加行政监察权，再加检察院反贪局的贪腐等职务犯罪侦查权之总和。"③ 在法理上，原"双规"虽不具有司法效力，只是一种党内纪律的约束措施，但实际上具有司法功能，即纪检机关可以利用"双规"手段对违法乱纪者进行一定的人身限制和权利限制。一旦缺乏监督制约，办案人员滥用"双规"，造成被调查对象非正常死亡的，④ 社会影响恶劣，极大地消解反腐败的社会效果。监察委员会成立后，"将比较彻底地把'双规'等缺乏宪法法律根据的反腐肃贪措施消弭在法治建设的背景中"，⑤ 十八届中央纪委七次全会审议通过的《中国共产党纪律检查机关监督执纪工作规则（试行）》也不再提"双规"。马怀德教授认为，"'双规'已被不同形式的审查措施、调查措施所取代"。⑥ 其中"留置措施"是一种调查措施，和传统意义上的

---

① 卓泽渊：《法治国家论》，法律出版社 2008 年版，第 120—122 页。

② 童之伟：《对监察委员会自身的监督制约何以强化》，《法学评论》2017 年第 1 期。

③ 童之伟：《对监察委员会自身的监督制约何以强化》，《法学评论》2017 年第 1 期。

④ 如 2013 年 4 月 9 日被"双规"的温州市工业投资集团有限公司党委委员、总工程师於某在被当地纪委带走 38 天后死亡；2013 年 4 月 23 日河南省三门峡市中级人民法院副院长兼执行局局长贾某在纪委"双规"10 天后死亡；湖北黄梅地震局局长钱某被"双规"两个月后于 2013 年 6 月 19 日送医不治死亡。

⑤ 童之伟：《将监察体制改革全程纳入法治轨道之方略》，《法学》2016 年第 12 期。

⑥ 程姝雯、王秀中：《纪委办案"调查"改称"审查"》，《南方都市报》2017 年 1 月 21 日，第 A03 版。

"双规""双指"有本质的区别。① 2017年3月5日全国两会期间，中共中央政治局时任常委、中央纪委书记王岐山指出："通过制定国家监察法，赋予监察委员会必要的调查权限，使党的主张成为国家意志。留置是调查权的手段，要将其在国家监察法中确立。"② 笔者认为，"留置"实质上剥夺了审查对象的人身自由，具有强制措施的属性，如果不对这种措施加强外部监督，原"双规"的弊端就难以消解。

（二） 检察权对监察权的监督制约旨在确立 "以权力制约权力"模式

中外权力监督历史证明："以权力制约权力"是最有效的权力监督制约模式。这一模式的基本思想就是对国家权力进行横向的分解，使统一的国家权力由不同的分支机构来行使，并在国家权力的不同分支之间，建立起相互牵制的关系。它的主要目标是，国家权力的任何分支机构都不可能随心所欲地行使权力，都会受到其他权力机构的牵制。③ 权力制约的核心是分权。分权就是依其职能对国家权力进行划分和分配，其实质是优化权力结构与权力配置，使权力关系明晰化、规范化。现代分权理论的实质在于国家职能的分工与相互牵制，以防止权力的滥用，它的哲理基础是以制度来抑制权力主体的自利行为。④ 分权的目的是通过权力的合理分解，使权力之间形成一个相互监督、相互制约的结构，以权力制约权力，保持权力的均衡。在各权力系统之间均衡分配职能，既互相独立，又互相制衡，保持一种权力均衡态势，防止权力倾斜。

国家权力虽然是一个有机的整体，但在行使国家权力时，必须由一系列国家机关分工执掌国家权力的不同部分。对于我国来说，由于我国实行的是人民民主专政的国体，一切国家权力集中属于人民，因此并不采取三权分立的政治原则。从政体上看，基本的国家权力组织形式为实行民主集中制的人民代表大会制度。由于人民代表大会毕竟无法一一行使国家的各项具体职能，于是，人民代表大会之下设立了一些具体的国家机关，分别行使国家的各项基本权力，执行特定的国家职能。在我国的政治体制中，

① 马怀德：《国家监察体制改革的重要意义和主要任务》，《国家行政学院学报》2016年第6期。
② 李洁、陈斯：《构建党统一领导的反腐败体制》，《法制晚报》2017年3月6日，第A03版。
③ 喻中：《权力制约的中国语境》，山东人民出版社2007年版，第2页。
④ 周永坤：《规范权力——权力的法理研究》，法律出版社2006年版，第345页。

国家权力在功能上基本可划分为立法权、行政权、监察权、审判权、检察权、军事权等。党的十七大、十八大报告提出建立健全决策权、执行权、监督权既相互制约又相互协调的权力结构和运行机制，是对改革开放以来我们党在探索权力制约和监督机制方面的重要经验和实践成果的总结，是对权力结构和运行机制认识的进一步深化。

以权力制约权力，作为权力监督制约的有效模式，具有较强的实用性和可操作性，世界各国的权力制约机制都已证明这一模式的可行性和现实性。就国家监察权而言，想实现以权力制约权力，必须保证纵向合理分权和横向合理分权的有机结合。纵向合理分权主要是合理界定上级监察机关与下级监察机关之间的权力分工；横向合理分权主要是合理界定监察机关与检察机关、审判机关之间的权力分工。《决定》规定监察委员会"对涉嫌职务犯罪的，移送检察机关依法提起公诉"。为了保证检察机关对职务犯罪公诉权的实现，监察机关与检察机关必须通力合作，积极构建配合、监督、制约于一体的监检关系，以充分发挥刑事公诉在指控腐败犯罪中的主导作用。

二、 国家监察权检察监督制约机制的实践基础

（一）纪检监察人员腐败现象的存在要求强化检察监督

英国历史学家阿克顿勋爵说过一句名言："权力导致腐败，绝对权力导致绝对腐败。"目前已查办的纪检、监察人员的腐败案件充分说明，监察机关的腐败具有不可避免性。如湖南郴州市委原副书记、市纪委原书记曾锦春，掌控当地纪检系统 11 年，借"双规"等名义，收受、索取他人贿赂 3123 余万元，还尚有折合人民币共计 952.72 万元的巨额财产不能说明来源合法，因受贿罪、巨额财产来源不明罪被判处死刑立即执行。中共浙江省委纪委原书记王华元利用担任中共广东省纪委书记、省委副书记兼省纪委书记，中共浙江省纪委书记的职务便利，为他人在企业经营、职务升迁、案件处理、逃避抓捕等事项上谋取利益，收受他人款物共计折合人民币 771 万余元，另对其家庭财产、支出超出合法收入的折合人民币 894 万余元的部分不能说明来源，因受贿、巨额财产来源不明罪被判处死刑，缓期二年执行。党的十八大后，纪检监察系统狠治"灯下黑"，查办的内

部腐败案件更是触目惊心。广东省政协原主席朱明国，在 2006 年到 2011 年期间担任广东省纪委书记，他先后利用担任重庆市公安局局长，中共广东省委副书记、纪委书记、政法委书记等职务上的便利，收受他人贿赂 1.4 余亿元，另对折合人民币 9104 余万元的财产不能说明来源，2016 年 11 月朱明国被判处死缓。山西省人大常委会原副主任金道铭曾长期在中央纪委工作，在担任山西省纪委书记、省委副书记等职务时，利用手中的权力，为他人谋取利益，非法收受他人财物共计折合人民币 1.2 亿余元，2016 年 10 月被判处无期徒刑。中央纪委法规室原副局级纪检员、监察专员曹立新，利用职务之便，收受他人贿赂 8526 余万元，2017 年 1 月被判处有期徒刑 15 年。中央纪委第四纪检监察室原主任魏健，利用职务上的便利或职权和地位形成的便利条件，为他人在案件受理、职务调整等方面提供帮助，非法收受他人财物共计折合人民币 5415 余万元，2017 年 1 月被判处有期徒刑 15 年。这些典型案例说明，不管什么样的权力，只要失去控制和约束，都可能用于谋取私利。

（二） 纪检监察同体监督效果的有限性要求强化检察监督

监察权力的特殊性使纪检监察干部更容易成为一些腐败分子的"围猎"目标，纪监干部并没有天生的免疫力。"以反腐败的名义搞腐败，在反腐的过程中大肆腐败"这一现象在党的十八大后得到了高层的关注，并加大了对纪检监察人员的惩治力度。2014 年 3 月，中央纪委成立了纪检监察干部监督室，加强对中央纪委监察部机关、各省区市、中央和国家机关纪检监察干部的执纪监督。"党的十八大以来，中央纪委机关谈话函询 218 人、组织调整 21 人、立案查处 17 人，全国纪检监察系统共谈话函询 5800 人次、组织处理 2500 人、处分 7900 人。"[①] 但我们必须清醒地认识到最有效的监督是异体监督和外部监督。"对古今中外的监督案例进行研究可以发现，这么多年来几乎没有一个党政主要领导的腐败问题，是由同级纪委监督检举揭发出来的。这一客观现实说明了一个简单的道理，再锋利的刀刃，也砍不了自己的刀把。由此，必须寻找'异体监督'。"[②] 监察体制改

---

① 王岐山：《在中国共产党第十八届中央纪律检查委员会第七次全体会议上的工作报告》，《人民日报》2017 年 1 月 20 日，第 4 版。

② 李永忠：《三省试水为深化反腐探索路径》，《检察日报》2016 年 11 月 29 日，第 8 版。

革的目标本来就是要建立异体监督机制。检察机关曾因拥有自侦案件的侦查权、逮捕权、公诉权而备受社会各界"监督者如何受监督"的质疑。为了回应质疑，检察机关曾先后建立侦捕诉分离、逮捕权上提一级及实行同步录音录像等内部监督机制，但这些制度的建立，并没有从根本上解决自侦案件的监督制约问题。"正是检察机关对自侦案件侦查所采取的内部监督模式，不仅导致监督乏力，无法预防和纠正违法侦查行为，也有可能造成司法腐败、放纵犯罪、侵犯人权等问题的发生。"① 同理，监察机关拥有职务犯罪侦查权后将面临同样的监督难题，如果仅立足于自我监督，不仅监督效果有限，而且缺乏应有的公信力。

（三） 公检法监督制约的实践教训要求强化检察监督

根据我国宪法和刑事诉讼法的规定，公检法三机关实行"分工负责、互相配合、互相制约"原则。但新中国成立以来公安机关的政治地位一直高于检法两家。2003 年以后，② 各地公安厅（局）长由同级党委政法委书记兼任，渐成普遍现象。2010 年 4 月，中央有关部门发出通知，要求省级政法委书记不兼任公安厅（局）长，该通知下发时，全国有 14 个省级政法委书记兼任公安厅（局）长。③ 此后，公安局局长兼任政法委书记现象逐渐减少。"我国长期以来形成的以侦查为中心的三机关关系，导致原本是定罪量刑最终环节的审判阶段虚置化，案件审理的实质化功能蜕变为走过场，流于形式，侦查一旦出错，便一错到底。"④ 刑事司法的教训值得借鉴，这种对公安检察监督乏力的现实不应当在国家的监察权中重现。

---

① 汪海燕：《刑事诉讼法律移植研究》，中国政法大学出版社 2015 年版，第 272 页。

② 2003 年 11 月 18 日《中共中央关于进一步加强和改进公安工作的决定》指出："各级党委可根据实际情况和干部任职条件，在领导班子职数范围内，有条件的地方逐步实行由同级党委常委或政府副职兼任省、市、县三级公安机关主要领导。"

③ 钱昊平等：《政法委书记与公安局长的合合分分》，http：//www. infzm. com/content/64506。

④ 陈卫东：《以审判为中心：解读、实现与展望》，《当代法学》2016 年第 4 期。

三、 国家监察权检察监督制约机制的党法、 国法基础

（一） 加强对监察权的监督制约是新一届中央领导集体的重要思想

2013 年 1 月 22 日，习近平总书记在十八届中央纪委第二次全会上指出：“要加强对权力运行的制约和监督，把权力关进制度的笼子里，形成不敢腐的惩戒机制、不能腐的防范机制、不易腐的保障机制。”2014 年 1 月 14 日，习近平在十八届中央纪委三次全会上强调：“各项改革举措要体现惩治和预防腐败要求，同防范腐败同步考虑、同步部署、同步实施，堵塞一切可能出现的腐败漏洞，保障改革健康顺利推进。”2016 年 1 月，习近平总书记在十八届中央纪委六次全会上又指出，“要完善监督制度，做好监督体系顶层设计，既加强党的自我监督，又加强对国家机器的监督”。2014 年初，中共中央总书记习近平强调，要纪委解决好“灯下黑”的问题，“你们是查人家的，谁查你们，这个问题要探索解决”。党的十八大之后，时任中央纪委书记王岐山反复强调，“信任不能代替监督”。2016 年 11 月，作为中央深化国家监察体制改革试点工作领导小组组长的王岐山在北京、山西、浙江就开展国家监察体制改革试点工作调研时指出：“深化国家监察体制改革目的正是完善党和国家的自我监督”“监察委员会履行监督、调查、处置职责，与执法、司法机关有机衔接、相互制衡，实现依规治党和依法治国有机统一。”① 所谓“相互制衡”就是指监察机关与检察机关、审判机关之间要互相制约，实现权力的平衡。

（二） 加强对监察权的监督是党法对检察机关的要求

党内法规是中国特色社会主义法治体系的有机组成部分，党的十八届四中全会审议通过的《中共中央关于全面推进依法治国若干重大问题的决定》指出：“党内法规既是管党治党的重要依据，也是建设社会主义法治

---

① 姜洁：《实现对公职人员监察全覆盖，完善党和国家的自我监督》，《人民日报》2016 年 11 月 26 日，第 1 版。

国家的有力保障""依法执政，既要求党依据宪法法律治国理政，也要求党依据党内法规管党治党。""党规也是法，党规是社会主义法治规范的一种重要形态。"① 强化对权力监督制约是党法的重要内容。党的十八大报告指出："健全权力运行制约和监督体系。坚持用制度管权管事管人，保障人民知情权、参与权、表达权、监督权，是权力正确运行的重要保证。要确保决策权、执行权、监督权既相互制约又相互协调，确保国家机关按照法定权限和程序行使权力。"党的十八届三中全会审议通过的《中共中央关于全面深化改革若干重大问题的决定》指出："强化权力运行制约和监督体系。坚持用制度管权管事管人，让人民监督权力，让权力在阳光下运行，是把权力关进制度笼子的根本之策。必须构建决策科学、执行坚决、监督有力的权力运行体系，健全惩治和预防腐败体系，建设廉洁政治，努力实现干部清正、政府清廉、政治清明。"党的十八届六中全会通过的《中国共产党党内监督条例》第 37 条第 1 款规定："各级党委应当支持和保证同级人大、政府、监察机关、司法机关等对国家机关及公职人员依法进行监督。……"

（三） 加强对监察权的监督是法律对检察机关的要求

我国宪法第 134 条规定："中华人民共和国人民检察院是国家的法律监督机关。"这一规定以根本大法的形式确认了检察机关作为国家法律监督机关的宪法地位，赋予检察机关法律监督权。在我国政治体制中，检察权是一种独立的国家权力，既是司法权，又是法律监督权。法律监督主要是指检察权的功能，独立性主要是指检察权的组织形式及其与其他国家权力的关系，而司法性则主要指检察权具体运作的方式。在我国设置的监督机制中，除了检察机关的法律监督之外，还有党内监督、人大监督、民主监督、舆论监督和民众监督等（包括新设立的监察监督）。这些不同主体、不同类型的监督构成了我国权力运作的监督机制。在这个监督体系中，检察机关的法律监督具有国家性、专门性、特定性、规范性、有效性等特征。② 正是基于检察机关法律监督的特征，改革开放以来，我国不断通过

① 宋功德：《党规之治》，法律出版社 2015 年版，第 65 页。
② 张兆松主编：《检察学教程》，浙江大学出版社 2009 年版，第 75—76 页。

立法强化检察监督。① 为了落实宪法规定精神,党的十八届四中全会通过的《中共中央关于全面推进依法治国若干重大问题的决定》指出,"完善检察机关行使监督权的法律制度""完善对涉及公民人身、财产权益的行政强制措施实行司法监督制度""检察机关在履行职责中发现行政机关违法行使职权或者不行使职权的行为,应该督促其纠正。""完善对限制人身自由司法措施和侦查手段的司法监督,加强对刑讯逼供和非法取证的源头预防,健全冤假错案有效防范、及时纠正机制。"因此,加强对国家监察权的监督是检察机关法律监督的应有之义,也是检察机关不可推卸的职责。《方案》强调指出,要"强化对监察委员会自身的监督制约"。《决定》规定:"监察委员会对本级人民代表大会及其常务委员会和上一级监察委员会负责,并接受监督。"这充分表明,在试点方案中中央已高度重视如何解决监察委员会自身监督的问题。笔者认为,这里"自身监督",并不意味着只有靠纪检监察机关的内部监督,而不需要外部监督,特别是检察监督。

结　语

"一旦掌握集中监察权的监察委员会,既无外部宪制分权机关制约,又无内部分权制衡,监察委员会很可能成为掌握极大权力的新生既得利益群体和宪制之下'最强者':正义和是非标准将直接沦为其意志的体现,最终沦为新的腐败滋生地。"② 监督的权力不能代替权力的监督。那种认为"纪检系统通过自我监督的制度实践,给出了把任何一种重要的权力关进制度笼子的生动样本"的判断,③ 显然是偏颇的。只有加强对监察权的监督制约,才能保证国家监察权的健康运行。"通过监督制约,把位高权重的各级监察委员会的活动约束在宪法、法律的范围内,是设立国家监察机关这一事关全局的重大政治体制改革获得成功的必要条件。"④ 检察机关是

---

① 如 2012 年修改后的刑事诉讼法对检察机关诉讼监督工作新增了 12 个方面的内容,其中侦查监督 4 项,审判监督 3 项,监所监督 2 项,既有侦查监督又有审判监督的 2 项,既有审判监督又有非刑罚执行监督的 1 项。

② 秦前红:《困境、改革与出路:从"三驾马车"到国家监察——我国监察体系的宪制思考》,《中国法律评论》2017 年第 1 期。

③ 赵义:《把纪委的权力关进制度的笼子》,《南风窗》2017 年第 6 期。

④ 童之伟:《对监察委员会自身的监督制约何以强化》,《法学评论》2017 年第 1 期。

国家法律监督机关，在监察体制试点过程中，检察机关应当未雨绸缪，将如何加强对监察委员会的监督制约纳入检察工作议程。① 通过积极有效的计划安排、制度论证，力争在《中华人民共和国监察法》中把检察权对监察权的监督制约机制，用法律的形式固定下来，② 从而在国家政治体制中形成一种新型的国家机关权力配置结构，即在国家监察机关与检察机关之间形成分工负责、互相配合、互相制约的新机制。

---

① 北京市检察院检察长敬大力在全国检察长会议上表示，北京市各级检察院拟统一设立职务犯罪检察部，专门与监察委员会进行办案衔接，负责对监察委员会调查案件进行立案审查，衔接完善刑事诉讼程序（参见李张光：《北京成立监察委背后的"首善标准"》，《民主与法制时报》2017年2月19日，第7版）。

② 笔者建议在未来的监察法中设置专门条文规定："监察人员执行职务，依法接受人民检察院的监督"，"公民或者组织对监察人员的违法、违纪行为，有权向监察机关或者人民检察院检举、控告"。

第六章 论宽严相济刑事政策的程序保障
——以 2012 年《中华人民共和国刑事诉讼法》修正为视角①

一、宽严相济：刑事诉讼立法政策的应有之义

2004 年 12 月，中共中央政治局时任常委、中央政法委书记罗干在全国政法工作会议上提出："正确运用宽严相济的刑事政策，对严重危害社会治安的犯罪活动严厉打击，绝不手软，同时要坚持惩办与宽大相结合，才能取得更好的法律和社会效果。" 2005 年 12 月，罗干同志在全国政法工作会议上的讲话中再次提出要注重宽严相济的刑事政策。2006 年 3 月 11 日，第十届全国人民代表大会第四次会议上，最高人民法院时任院长肖扬、最高人民检察院时任检察长贾春旺在工作报告中，都强调了宽严相济的刑事政策。2006 年 10 月召开的党的十六届六中全会通过的《中共中央关于构建社会主义和谐社会若干重大问题的决定》明确要求"实施宽严相济的刑事司法政策"。至此，"宽严相济"刑事政策正式成为当代中国最为重要的刑事政策。② 宽严相济刑事政策要求对刑事案件以及刑事被告人的处理，"该宽则宽，该严则严，有宽有严，宽严适度"③。

（一）宽严相济既是刑事司法政策，也是刑事立法政策

有的同志认为，宽严相济刑事政策是一项刑事司法政策而不是刑事立法政策。至今为止，中央文件的正式提法，比如说《中共中央关于构建社会主义和谐社会若干重大问题的决定》，只说它是刑事司法政策，并没有

---

① 本文原载《山东警察学院学报》2013 年第 3 期。
② 卢建平主编：《中国刑事政策研究综述》，中国检察出版社 2009 年版，第 280 页。
③ 高铭暄：《宽严相济刑事政策与酌定量刑情节的适用》，《法学杂志》2007 年第 1 期。

说它是基本刑事政策。"将宽严相济确认为我国新时期的刑事司法政策，它表明了我国新时期刑事司法政策的新发展，必将推动我国司法理念、司法机制乃至司法体制的革故鼎新，促使全社会认识犯罪更加深刻，对待犯罪更加理性，预防犯罪更加合理，惩治犯罪更加有效。"① 对宽严相济刑事政策的定位，笔者赞同最高人民法院时任副院长张军的观点："宽严相济不仅仅是刑事司法政策，而是一个基本的刑事政策：立法、司法、法律和刑罚的执行均要遵循这一政策。"② 马克昌教授曾指出："如果一个政策只是一个司法政策，而不是一个立法政策，那又如何司法？立法上根本没体现宽严相济，司法又怎能离开立法判案呢？这是一个根本问题。中央文件上虽然说是司法政策，但它是针对司法领域而言的，并没有把它作为整个地位来界定。所以不能因为它说了是司法政策，我们就一定认为它只能是个司法政策，否则，很多问题都没办法解决，包括对减刑假释要不要贯彻宽严相济。"③ 这一论点言之有理。

（二）宽严相济既是刑事立法政策，也是刑事诉讼立法政策

"刑事诉讼是将观念中的刑法、纸上的刑法，变为或者说外化为现实中的、个案中的刑法的运动过程。"④ 刑事实体法的适用，必须通过相应的程序来实现，刑事程序的合理设置与严格实施，是实现我国"宽严相济"刑事政策的重要保障。西方学者对刑事政策则多持一种更为宽泛的解释立场，将刑事诉讼法方面的刑事政策纳入关注的视野。比如，日本著名刑事法学者大谷实认为，刑事政策的概念有三种观点：一是最广义的刑事政策说，认为刑事政策是指国家有关犯罪的所有的对策；二是最狭义的刑事政策说，认为刑事政策是指对犯罪人及具有犯罪危险性的人所采取的强制措施；三是中间说，这也是他本人的观点。该说认为，刑事政策是指国家和地方公共团体通过预防犯罪，维持社会秩序的稳定、安宁所采取的一切措施。根据中间说，除刑罚层面的措施以外，在刑事诉讼阶段所采取的措施

---

① 江必新：《宽严相济——新时期我国刑事司法政策之理性抉择》，《人民司法》2007 年第21 期。
② 陈宝成：《最高法院副院长谈宽严相济》，《法制日报》2009 年5 月6 日，第2 版。
③ 马克昌：《论宽严相济刑事政策的定位》，《中国法学》2007 年第4 期。
④ 汪建成：《刑法与刑事诉讼法关系新解》，载陈光中、江伟主编：《诉讼法论丛》第3 卷，法律出版社1998 年版，第38 页。

如不起诉等，也是刑事政策的重要内容。① "中国的大多数学者和实际工作者往往倾向于对刑事政策作狭义的理解，即将刑事政策视为惩罚犯罪、保护人民的刑法政策或策略。这种狭隘的刑事政策观不仅妨碍我国与国家学术界的交流和对话，阻碍了我国刑事政策学研究的发展和兴旺，而且也不利于我国科学、合理的刑事政策的制定与施行。"② 将宽严相济刑事政策纳入刑事诉讼立法视野，是时代的要求，也是全面推进宽严相济刑事政策的客观需要。

（三） 刑事诉讼立法的滞后严重影响了宽严相济刑事政策的实现

1997 年刑法全面修改后，截至 2011 年，立法机关已通过单行刑法 1 个，刑法修正案 8 个，而刑事诉讼法则未作任何修改。如我国刑事司法实践中一直存在着逮捕羁押普遍化问题。1993 年至 1997 年五年间，全国检察机关共批准逮捕各类刑事犯罪嫌疑人 2893771 人，提起公诉 2807861 人，逮捕率为 100.03%。③ 1998 年至 2002 年五年间，全国检察机关共批准逮捕各类刑事犯罪嫌疑人 3601357 人，提起公诉 3666142 人，④ 逮捕率为 98.23%。2003 年至 2007 年，共批准逮捕各类刑事犯罪嫌疑人 4232616 人，提起公诉 4692655 人，逮捕率为 90.19%。⑤ 近年，检察机关虽然强调要实行宽严相济刑事政策，最高人民检察院 2006 年 12 月 28 日还制定了《关于在检察工作中贯彻宽严相济刑事司法政策的若干意见》，但逮捕羁押率过高问题始终没有得到解决，对于公安机关提请批捕的案件，检察机关批捕率一直保持在 85% 以上，⑥ 不少检察机关批捕率一直保持在 90% 以上。与此同时，"一捕到底""一押到底"的现象非常普遍，捕后变更强制措施的

---

① ［日］大谷实：《刑事政策学》，黎宏译，中国人民大学出版社 2009 年版，第 3 页。
② 卢建平、郭理蓉：《中国刑事政策纲要 （上）》，http：//www. criminallawbnu. cn/criminal/Info/ showpage. asp? showhead = &ProgramID = 10&pkID = 9268。
③ 张思卿：《最高人民检察院工作报告》，《中华人民共和国最高人民检察院公报》1998 年第 2 期。
④ 韩杼滨：《最高人民检察院工作报告》，《中华人民共和国最高人民检察院公报》2003 年第 2 期。
⑤ 贾春旺：《最高人民检察院工作报告》，《中华人民共和国最高人民检察院公报》2008 年第 2 期。
⑥ 2011 年全国检察机关共批准逮捕各类刑事犯罪嫌疑人 908756 人，不批准逮捕 151095 人，批捕率为 85.7%。

比例非常低。[①] 2003 年至 2007 年，全国检察机关共提起公诉 4692655 人，而相对不起诉 73529 人，不起诉案件只占全部公诉案件的 1.57%。[②] 上述问题的存在，是与刑事诉讼立法的严重滞后分不开的。如近年一些地方的检察机关试行附条件不起诉，但由于无立法规定，这种试点受到普遍质疑，并影响试点工作的开展。浙江省宁波市北仑区人民检察院于 2010 年 5 月出台了《附条件不起诉实施细则（试行）》，并开展附条件不起诉试点工作。从 2010 年 5 月至 2012 年 4 月，北仑区人民检察院作附条件不起诉处理的案件共有 18 件 22 人，而对附条件不起诉制度合法性的质疑给检察机关增添了相当大的压力。[③] 从 2011 年 7 月之后，该院除了交通肇事案外，再也没有适用附条件不起诉的案例。

二、 宽： 新《中华人民共和国刑事诉讼法》的重大进展

2012 年 3 月 14 日，第十一届全国人民代表大会第五次会议通过的《关于修改〈中华人民共和国刑事诉讼法〉的决定》对 1996 年刑事诉讼法作了重大修改。修改后的《中华人民共和国刑事诉讼法》（以下简称"新《刑事诉讼法》"）较好地体现了宽严相济刑事政策，主要表现在：

（一） 大力推进非羁押措施的适用

宽严相济刑事政策要求在强制措施的适用上实行比例原则。比例原则的基本内涵是要求国家立法、行政和司法等机关在实现其法定职能过程中，如果出于国家、社会利益而不得不对公民个人权利加以限制的话，要尽可能选择对公民个人权利损害最小的方式，并且其行为可能对公民个人权利造成的损害不得大于该行为可能保护的国家、社会利益。易言之，比例原则要求国

---

① 如宁波市各基层检察院 2009 年至 2010 年逮捕案件，捕后公安机关改变强制措施的分别只有 143 人、144 人，分别只占总批准逮捕人数（7786 人和 7910 人）的 1.83% 和 1.82%（参见张利兆、姚宇、俞永梅：《"事先知情权"的立法化——基于对捕后公安机关变更强制措施监督情况的调研分析》，《浙江检察》2012 年第 6 期）。

② 贾春旺：《最高人民检察院工作报告》，《中华人民共和国最高人民检察院公报》2008 年第 2 期。

③ 孔令泉、张建勇：《"行善代刑"引来情与法之争》，《民主与法制时报》2010 年 7 月 5 日，第 A01—02 版。

家在保护公民权利与保护国家、社会利益之间保持一种合理的比例和平衡关系。① 未决羁押使犯罪嫌疑人、被告人与家庭、社会生活隔离，造成其难以抚平的心理创伤，给其家人带来痛苦和伤害。犯罪嫌疑人、被告人一旦被羁押，就很容易被贴上犯罪标签，对其名誉、信用等人格权影响很大，增加其回归社会的难度。在审前阶段执行宽严相济刑事政策，实现"以宽济严"，就是大幅度降低羁押率。② 只有大幅度地降低审前羁押率，才能为扩大非监禁刑的适用打下基础。降低羁押率，扩大审前释放，是对犯罪嫌疑人诉讼主体地位的肯定，有利于减轻他们的心理压力和抵触情绪，鼓励他们改过自新，使其尽早回归社会。为了减少羁押措施的适用，新《刑事诉讼法》采取了以下举措：

1. 进一步明确取保候审的适用条件，扩大适用范围。新《刑事诉讼法》第 65 条第 1 款规定："人民法院、人民检察院和公安机关对于有下列情形之一的犯罪嫌疑人、被告人，可以取保候审：（一）可能判处管制、拘役或者独立适用附加刑的；（二）可能判处有期徒刑以上刑罚，采取取保候审不致发生社会危险性的；（三）患有严重疾病、生活不能自理，怀孕或者正在哺乳自己婴儿的妇女，采取取保候审不致发生社会危险性的；（四）羁押期限届满，案件尚未办结，需要采取取保候审的。"即新增了两类取保候审的对象：一类是"患有严重疾病、生活不能自理，怀孕或者正在哺乳自己婴儿的妇女，采取取保候审不致发生社会危险性的"，充分体现了人道主义和人文关怀；二是"羁押期限届满，案件尚未办结，需要采取取保候审措施的"，这就表明取保候审可以作为羁押的替代措施。

2. 进一步明确逮捕条件，增加可操作性。新《刑事诉讼法》第 79 条第 1 款规定："对有证据证明有犯罪事实，可能判处徒刑以上刑罚的犯罪嫌疑人、被告人，采取取保候审尚不足以防止发生下列社会危险性的，应当予以逮捕：（一）可能实施新的犯罪的；（二）有危害国家安全、公共安全或者社会秩序的现实危险的；（三）可能毁灭、伪造证据，干扰证人作证或者串供的；（四）可能对被害人、举报人、控告人实施打击报复的；（五）企图自杀或者逃跑的。"这一规定删除了原"有逮捕必要的"的含糊字眼，并将"社会危险性"的判断标准具体化，使逮捕条件更具可操作性。

① 杨雄：《宽严相济刑事政策与刑事强制措施运作模式的转变》，《法学论坛》2007 年第 3 期。

② 刘仁文：《宽严相济的刑事政策研究》，《当代法学》2008 年第 1 期。

3. 增设羁押必要性审查制度。新《刑事诉讼法》第 93 条规定："犯罪嫌疑人、被告人被逮捕后，人民检察院仍应当对羁押的必要性进行审查。对不需要继续羁押的，应当建议予以释放或者变更强制措施。有关机关应当在十日以内将处理情况通知人民检察院。"建立和完善羁押必要性审查制度，旨在保障犯罪嫌疑人、被告人的合法权益，降低羁押率，缓解看守所的羁押压力，节约司法成本，有效地防止超期羁押和"一押到底"的现象。这表明：新《刑事诉讼法》建立起了两阶段审查机制，即逮捕必要性审查和捕后羁押必要性审查。这一开创性的规定是我国"尊重和保障人权"的重要体现，也是进一步强化检察监督的重要举措，是对我国现行逮捕羁押制度的一项重大改革。

（2）完善不起诉制度

1996 年刑事诉讼法第 140 条第 2 款至第 4 款规定，人民检察院审查案件，对于需要补充侦查的，可以退回公安机关补充侦查，也可以自行侦查。对于补充侦查的案件，应当在一个月以内补充侦查完毕。补充侦查以二次为限。对于补充侦查的案件，人民检察院仍然认为证据不足，不符合起诉条件的，"可以"作出不起诉的决定。这一规定，从字面上看，"'可以不'是与其对应的'可以'的一种形式"，可以不起诉，不排斥可以起诉，检察机关有权根据案件的具体情况作出起诉或者不起诉的决定。[①] "可以"，就是一种任意性规范，检察机关在适用这种不起诉时，拥有一定的裁量权，检察机关视具体案情，既可以起诉，也可以不起诉。[②] 刑事司法实践中，一些疑难复杂案件往往需要补充侦查，对于补充侦查后仍然事实不清、证据不足的案件检察机关还可以起诉。但这一立法规定违背了无罪推定原则。无罪推定要求证明被告人有罪的责任由控方承担，控方履行证明责任必须达到证明标准的要求，疑案应作有利于被告人的解释。既然案件事实不清、证据不足，检察机关就应当作出不起诉，而不是既可以起诉，也可以不起诉。

2011 年全国人大常委会两次审议刑事诉讼法修正案草案时，都未对1996 年刑事诉讼法第 140 条第 2 款至第 4 款规定作修改，直到 2012 年 3 月十一届全国人大在审议刑事诉讼法修正案草案时，"有的代表提出，对于这类案件，人民检察院就'应当'作出不起诉的决定，不宜规定'可以'

---

① 甄贞主编：《刑事诉讼法学研究综述》，法律出版社 2002 年版，第 371 页。

② 刘生荣、蔺剑、张寒玉：《刑事不起诉的理论与司法实务》，中国检察出版社 1998 年版，第 88 页。

不起诉。法律委员会经研究，建议将上述规定修改为：'对于二次补充侦查的案件，人民检察院仍然认为证据不足，不符合起诉条件的，应当作出不起诉的决定'"①。这一修改，对于保障犯罪嫌疑人合法权益、贯彻"疑罪从无"的基本原则具有重大意义。②

（三） 扩大简易程序适用范围

1996 年刑事诉讼法增设了简易审判程序，对事实清楚、证据充分的轻微刑事案件进行快速处理。该制度实行以来，既及时惩罚了犯罪，又提高了诉讼效率，减少了当事人的诉讼负担。随着社会转型时期到来，社会矛盾凸显，刑事案件大量增加，与司法资源有限性之间的矛盾更加突出。为适应司法实际需要，2003 年最高人民法院、最高人民检察院、司法部联合制定了《关于适用简易程序审理公诉案件的若干意见》，对适用简易程序审理公诉案件程序作了一些调整。但由于原刑事诉讼法简易程序的适用范围过窄，不能充分发挥程序分流的作用，无法适应诉讼实践的需要，学界和实务界一致认为应当进一步扩大简易程序的适用范围。

新《刑事诉讼法》第 208 条规定："基层人民法院管辖的案件，符合下列条件的，可以适用简易程序审判：（一）案件事实清楚、证据充分的；（二）被告人承认自己所犯罪行，对指控的犯罪事实没有异议的；（三）被告人对适用简易程序没有异议的。人民检察院在提起公诉的时候，可以建议人民法院适用简易程序。"根据这一规定，对适用简易程序的案件范围和条件作了如下修改：（1）将适用简易程序的案件范围从现行的"可能判处 3 年有期徒刑以下刑罚"的案件扩大到"基层人民法院管辖的案件"。这意味着适用简易程序的范围已扩大到可能判处 25 年有期徒刑以下刑罚的案件。（2）将被告人认罪作为适用简易程序的前提条件。《关于适用简易程序审理公诉案件的若干意见》第 9 条规定，人民法院对于自愿认罪的被告人，酌情予以从轻处罚。《中华人民共和国刑法修正案（八）》第 8 条在刑法第 67 条中增加规定："犯罪嫌疑人虽不具有前两款规定的自首情节，

① 参见《全国人大代表普遍认为：刑事诉讼法修正案草案已经成熟，建议进一步修改完善后提请大会表决》，http://www.npc.gov.cn/npc/dbdhhy/11_ 5/2012 – 03/11/content_ 1709562. htm。

② 王亦君：《十一届全国人大五次会议通过刑诉法修改决定，两个"可以"变"应当"彰显法律严肃性》，《中国青年报》2012 年 3 月 15 日，第 4 版。

但是如实供述自己罪行的，可以从轻处罚；因其如实供述自己罪行，避免特别严重后果发生的，可以减轻处罚。"《中华人民共和国刑法修正案（八）》将"坦白从宽"的刑事司法政策法律化。而将被告人认罪作为适用简易程序的前提条件，使得"坦白从宽"原则在程序上也得到了体现。（3）增加了被告人对适用简易程序的选择权。如果被告人不同意适用简易程序，就只能适用普通程序。被告人作为诉讼一方当事人，应当有权对选择何种程序审判表达自己的意愿。这是正当法律程序的要求，也是诉讼效益理论的要求。（4）将现行"检察机关建议或者同意"作为法院适用简易程序的前提条件，修改为检察机关向法院的建议权。简易程序的扩大适用，能够使占案件总量绝大多数的简单的刑事案件得到快速及时审理，必将大大提高审判效率，缓解目前"案多人少"的矛盾，从而使人民法院能将更多精力和资源投入重大、疑难、复杂案件的审理上，从而实现公正与效率的统一。

（四） 建立刑事和解制度

刑事和解，是指在刑事诉讼程序运行过程中，在加害人认罪和被害人自愿的基础上，经过加害人和被害人直接交谈、协商，最后由加害人道歉、赔偿，双方达成和解协议，国家专门机关便不再对加害人追究刑事责任或者依据和解结果对其从轻或者免除处罚的一种案件处理方式。在构建和谐社会和贯彻宽严相济刑事政策的背景下，各地司法机关对一些轻微的犯罪案件，通过加害人向被害人悔罪、赔礼道歉、赔偿等方式取得被害人谅解后，国家专门机关不再追究加害人刑事责任或者对其从宽处理，旨在最大限度地化解矛盾，修复社会关系，取得了较好的法律效果与社会效果。但由于无立法规定，对适用刑事和解也存在较大争议。① 新《刑事诉讼法》增设的当事人和解的公诉案件诉讼程序，对刑事和解的适用条件、范围以及和解协议的形成、和解协议的法律效果等问题作出了明确规定。

1. 适用刑事和解的条件。根据新《刑事诉讼法》第277条的规定，适用刑事和解必须同时符合以下三个条件：（1）犯罪嫌疑人、被告人必须真

---

① 但未丽：《刑事和解制度如何避免"以钱赎刑"》，《检察日报》2008年11月3日，第3版；刘承熙、吴宏耀等：《刑事和解的正当性追问》，《法制日报》2009年7月13日，第3版。

诚悔罪。（2）犯罪嫌疑人、被告人通过赔偿损失、赔礼道歉等方式获得被害人的谅解。（3）被害人自愿和解。

2. 适用刑事和解的案件范围。根据新《刑事诉讼法》第 277 条规定，刑事和解程序适用于两类案件：（1）因民间纠纷引起的，涉嫌侵犯公民人身权利、民主权利或者侵犯财产犯罪，可能判处 3 年有期徒刑以下刑罚的案件。"因民间纠纷引起"，既包括因婚姻家庭、邻里纠纷等民间矛盾激化引发的案件，也包括因口角、泄愤等偶发性矛盾引发的案件。"可能判处 3 年有期徒刑以下刑罚"，是指宣告刑，而不是法定刑。（2）除渎职犯罪以外的可能判处 7 年有期徒刑以下刑罚的过失犯罪案件。

3. 在公检法机关主持下制作刑事和解协议。公诉案件是国家追诉的犯罪案件，在侦查、起诉、审判等各个诉讼阶段，由有关机关代表国家追诉犯罪。双方当事人无论是自行和解还是在有关机关主持下和解，都不能自行达成协议，任意处分权利和影响对案件的处理。公安机关、人民检察院、人民法院在听取当事人和有关人员意见的基础上，对和解进行审查。主要是审查当事人双方是否自愿和解、有无被胁迫的情况，以及和解的内容和形式是否合法合理等，并由有关机关主持制作和解协议，督促当事人双方严格按协议执行。

4. 刑事和解的法律后果。根据新《刑事诉讼法》第 279 条规定，对于达成和解协议的案件，公安机关可以向人民检察院提出从宽处理的建议，人民检察院可以向人民法院提出从宽处罚的建议；对于犯罪情节轻微，不需要判处刑罚的，可以作出不起诉的决定。人民法院可以依法对被告人从宽处罚。

新《刑事诉讼法》增设的当事人和解的公诉案件诉讼程序，不仅有利于最大限度化解社会矛盾，更好贯彻宽严相济刑事政策，充分维护被害方合法权益，促进社会和谐稳定，而且也有利于防止出现"以罚代刑""花钱买刑"等损害司法公正的问题。

（五）建立未成年人犯罪从宽特别诉讼程序

我国一贯重视对未成年人的保护，新《刑事诉讼法》专设"未成年人刑事案件诉讼程序"，针对未成年人犯罪案件的特点，对办理未成年人刑事案件的方针、原则、各个诉讼环节的特别程序作出了规定。为了更好地贯彻教育、感化、挽救的方针，坚持教育为主、惩罚为辅的原则，新《刑事诉讼法》对未成年人从宽的特别程序作了如下规定：

1. 对犯罪嫌疑人、被告人严格限制适用逮捕措施。从司法实践看，未成年人审前羁押率仍然偏高。以少年司法制度相对较为发达的上海市为例，2007 年至 2009 年，平均诉前逮捕率接近 75%。[①] 特别是很多犯罪的未成年人都是外地人，从而导致了未成年人犯罪嫌疑人适用取保候审率也比较低。如 2008 年至 2010 年，宁波市鄞州区未成年犯罪嫌疑人共计 501 人，其中被取保候审的为 41 人，适用取保候审率为 8.18%，占取保候审总人数的 3.31%，而成年犯罪嫌疑人适用取保候审率为 18.14%，占取保候审总人数的 96.69%。未成年犯罪嫌疑人适用取保候审率与成年犯罪嫌疑人相比不仅没有提高，反而低了很多。新《刑事诉讼法》第 269 条第 1 款规定："对未成年犯罪嫌疑人、被告人应当严格限制适用逮捕措施。人民检察院审查批准逮捕和人民法院决定逮捕，应当讯问未成年犯罪嫌疑人、被告人，听取辩护律师的意见。"逮捕是我国刑事强制措施中最为严厉的措施，也是较长时间剥夺人身自由的措施，对于未成年人适用应当特别慎重。新《刑事诉讼法》的规定为降低未成年人羁押率提供了法律依据。

2. 附条件不起诉制度。对轻微刑事犯罪实行非犯罪化、非刑罚化处理是当前国际上的一种司法趋势。附条件不起诉是非犯罪化、非监禁化的一个有效载体。根据新《刑事诉讼法》第 271 条的规定，对于未成年人涉嫌刑法分则第 4 章、第 5 章、第 6 章规定的犯罪，即涉嫌侵犯公民人身权利、民主权利，侵犯财产以及妨害社会管理秩序的犯罪，可能判处 1 年有期徒刑以下刑罚，符合起诉条件，但有悔罪表现的，人民检察院可以作出附条件不起诉的决定。这一规定充分体现了对未成年人犯罪适用非刑罚化的处理原则。

3. 未成年人犯罪记录封存制度。犯罪记录封存制度，是指曾经受过法院有罪宣告或被判有罪的人在具备法定条件时，国家封存其犯罪记录，使其在规范上的不利益状态消失，恢复正常法律地位的一种刑事制度。犯罪记录封存制度符合国际少年司法制度的少年最佳利益原则。根据《联合国保护被剥夺自由少年规则》第 19 条规定，释放时，少年的记录应封存，并在适当时候加以销毁。根据《中华人民共和国刑法修正案（八）》第 19 条规定，犯罪的时候不满 18 周岁被判处 5 年有期徒刑以下刑罚的人，在入伍、就业的时候，免除如实向有关单位报告自己曾受过刑事处罚的义务。

---

① 姚建龙：《未成年人审前羁押制度检讨与改进建议》，《中国刑事法杂志》2011 年第 4 期。

根据新《刑事诉讼法》第275条规定，犯罪的时候不满18周岁，被判处5年有期徒刑以下刑罚的，应当对相关犯罪记录予以封存。犯罪记录被封存的，不得向任何单位和个人提供，但司法机关为办案需要或者有关单位根据法律法规规定进行查询的除外。依法进行查询的单位，应当对被封存的犯罪记录的情况予以保密。"犯罪记录封存制度有利于弱化未成年人犯罪标签心理，帮助他们顺利回归社会。"调查显示，犯罪记录封存后，未成年人罪犯的自卑感明显减弱，对生活满意度上升，重新犯罪意向下降。[①]

（六）增加社区矫正规定

社区矫正是与监禁矫正相对的行刑方式，指将符合社区矫正条件的罪犯置于社区内，由专门的国家机关在相关社会团体和民间组织以及社会志愿者的协助下，在判决、裁定或决定确定的期限内，矫正其犯罪心理和行为恶习，并促进其顺利回归社会的非监禁刑罚执行活动。社区矫正作为一项将犯罪人置于社区进行社会化改造的重要措施，对于贯彻落实宽严相济刑事政策，促进社会矛盾有效化解，降低罪犯的重新犯罪率及缓解监狱压力，都有重要的意义。经中央批准，社区矫正试点工作从2003年开始，2005年扩大试点，2009年在全国全面试行，社区矫正工作发展迅速，覆盖面稳步扩大，社区矫正人员数量不断增长。截至2011年12月底，全国31个省（区、市）和新疆生产建设兵团已全部开展社区矫正工作；各地累计接收社区矫正人员88万余人，累计解除矫正48.2万人，现有社区矫正人员40万人，社区矫正人员的重新犯罪率一直控制在0.2%左右。[②] 2011年2月，《中华人民共和国刑法修正案（八）》将社区矫正写入刑法，明确规定对管制、缓刑和假释的罪犯依法实行社区矫正。新《刑事诉讼法》第258条规定："对被判处管制、宣告缓刑、假释或者暂予监外执行的罪犯，依法实行社区矫正，由社区矫正机构负责执行。"这一规定再次确认了社区矫正执行方式的法律地位，明确了矫正对象和负责机关，它为各级司法机关更多地适用非监禁刑，充分发挥社区矫正的积极作用提供了充分的法律依据。

---

① 卢杰：《未成年人前科消灭遇职业准入障碍，北师大课题组建议调整公务员法等法律放宽限制》，《法制日报》2012年6月1日，第5版。

② 赵阳、李恩树：《依法规范实施社区矫正　加强和创新特殊人群管理——司法部副部长郝赤勇就〈社区矫正实施办法〉答记者问》，《法制日报》2012年2月15日，第2版。

三、严：新《刑事诉讼法》的再完善

（一）严格刑事强制措施

1. 适当延长拘传时间。拘传是指公安机关、人民检察院和人民法院对未羁押的犯罪嫌疑人、被告人，依法强制其到案接受讯问的一种强制方法。1996 年《刑事诉讼法》规定："传唤、拘传持续的时间最长不得超过十二小时。""调研中，公安机关反映，拘传 12 小时期限过短。许多刑事案件无法在 12 小时之内对犯罪嫌疑人讯问完毕，如果拘传后需要转刑事拘留，又来不及办手续，因此一旦采取拘传措施，势必超时违法。"[①] 职务犯罪的特点决定了职务犯罪特别是贿赂犯罪的认定在相当程度上依赖言词证据，侦查经验表明，绝大多数职务犯罪嫌疑人只有在其与外界隔绝一段时间之后，才会交代犯罪事实。犯罪心理学的研究表明，犯罪嫌疑人从被讯问到交代犯罪事实，一般要经过抵触—试探—动摇—交代四个心理阶段。从一个阶段过渡到另一个阶段，都需要一定的时间，有时还会出现反复，因而要使犯罪嫌疑人走完这四个心理变化周期，往往需要若干天的时间。只有在他与外界被隔绝一段时间，当他不知道外面情况的变化，如有关人员是否已经交代、赃款赃物等证据是否已经被查获，并对种种情况进行综合分析，认为侦查机关已经掌握了其相当的犯罪证据，如果不交代就会陷入被动、交代才能赢得主动的情况下，才会在趋利避害心理的驱使下交代犯罪事实。职务犯罪侦查的特殊性表明，职务犯罪的侦查需要有一种能够有效控制职务犯罪嫌疑人一定时间，以防止其与外界进行信息交流，从而为突破案件创造必要条件的强制措施。[②] 从实践看，近年来贪污贿赂等职务犯罪嫌疑人的作案手段越来越隐蔽，规避法律的水平越来越高，在 12 小时内交代罪行的为数极少。实践表明，"12 小时现象"至今仍然是检察机关侦查工作中需要进一步研究解决的一大难点。可见，控制犯罪嫌疑人的拘传措施及其时限的规定，脱离了我国社会的现状和反腐败斗争的实际。为解决实践中遇到的难题，此次新《刑事诉讼法》作出了延长拘传时间的

---

① 黄太云：《刑事诉讼法修改释义》，《人民检察》2012 年第 8 期。

② 朱孝清：《诉讼法修改中若干问题的意见》，《人民检察》2005 年第 21 期。

规定，即："传唤、拘传持续的时间不得超过 12 小时；案情特别重大、复杂，需要采取拘留、逮捕措施的，传唤、拘传持续的时间不得超过 24 小时。"这一规定表明：在案情特别重大、复杂，需要采取拘留、逮捕措施的情况下，拘传时间可以延长到 24 小时。

2. 完善监视居住。有学者建议刑事诉讼法再修改时应当取消监视居住制度，主要理由是：第一，监视居住与取保候审的适用范围和条件完全一样，很容易导致选择随意，取保候审完全可以取代监视居住的功能，并且不能体现出强制措施之间的层次性、递进性。第二，监视居住存在无法解决的固有缺陷，在司法实践中难以操作，很容易导致变相拘禁、变相羁押或放任，甚至容易侵犯其他人的权利。第三，监视居住的成本高昂，不符合诉讼经济原则。第四，监视居住所赖以存在的社会历史背景已经发生根本性的变化。第五，世界各国缺少相应的立法例。第六，监视居住的适用率低，存在的实践价值不大。第七，公安机关资源紧张，无力承担大量的监视居住的任务。① 笔者反对取消论。监视居住是查处某些刑事案件时保障侦查机关有效取证的重要措施。收集证据需要一定的时间。有的重大复杂案件已经对犯罪嫌疑人采取了拘留措施，但由于拘留的期限较短，在此期限内侦查机关未能收集到符合逮捕条件的证据，但被拘留人又有重大犯罪嫌疑需要进一步查证，而对其取保候审又不足以防止发生社会危险性，在此情况下，采取监视居住措施既可以防止犯罪嫌疑人被取保候审后妨害证据，也为侦查机关收集证据赢得了时间。②

新《刑事诉讼法》第 72 条第 1 款、第 2 款规定："人民法院、人民检察院和公安机关对符合逮捕条件，有下列情形之一的犯罪嫌疑人、被告人，可以监视居住：（一）患有严重疾病、生活不能自理的；（二）怀孕或者正在哺乳自己婴儿的妇女；（三）系生活不能自理的人的唯一扶养人；（四）因为案件的特殊情况或者办理案件的需要，采取监视居住措施更为适宜的；（五）羁押期限届满，案件尚未办结，需要采取监视居住措施的。""对符合取保候审条件，但犯罪嫌疑人、被告人不能提出保证人，也不交纳保证金的，可以监视居住。"第 73 条第 1 款规定："监视居住应当在犯罪嫌疑

---

① 宋英辉主编：《刑事诉讼法学研究述评（1978—2008）》，北京师范大学出版社 2009 年版，第 208—209 页。

② 张兆松：《职务犯罪侦查权研究》，浙江大学出版社 2011 年版，第 211—212 页。

人、被告人的住处执行；无固定住处的，可以在指定的居所执行。对于涉嫌危害国家安全犯罪、恐怖活动犯罪、特别重大贿赂犯罪，在住处执行可能有碍侦查的，经上一级人民检察院或者公安机关批准，也可以在指定的居所执行。但是，不得在羁押场所、专门的办案场所执行。"上述规定在社会上引起了很大的反响，许多人担心有关司法机关会借此扩大范围导致秘密羁押，导致对公民权利的侵犯。笔者认为，三种案件都是极为特殊的案件，涉及危害国家安全、公共安全和特别严重的腐败犯罪案件，对这些人权利的限制，符合宽严相济刑事政策的要求，也是对最广大人民群众权利的维护。

3. 适当延长检察院自侦案件的拘留期限。当前我国职务犯罪的基本特点表现在：大案要案突出，涉案金额越来越大，职务犯罪总量增加；职务犯罪领域扩大化，行业职务犯罪突出；权钱交易公开化；职务犯罪手段日趋智能化、隐蔽化；窝案、串案、案中案明显增多；职务犯罪从境内向境外发展，职务犯罪案件涉外化趋势明显；职务犯罪黑数大。[1] "严而又厉"仍然是我国现阶段职务犯罪的基本刑事政策。[2] 目前省级以下（不含省级）人民检察院办理职务犯罪案件需要逮捕犯罪嫌疑人的，由上一级人民检察院审查批准，以加强对检察机关立案侦查案件的监督。"上提一级"改革使职务犯罪案件的审查逮捕程序更加严格，逮捕标准把握上也更加规范，但异地报送案件材料、讯问犯罪嫌疑人、送达法律文书等，使办案期限不足的矛盾更加突出。新《刑事诉讼法》第165条将检察机关自侦案件对被拘留人审查批捕的时间由现行的14日延长到17日。

4. 新增"应当逮捕"的适用情形。新《刑事诉讼法》第79条第2款增加了三种"应当逮捕"的适用情形：（1）有证据证明有犯罪事实，可能判处10年有期徒刑以上刑罚的；（2）有证据证明有犯罪事实，可能判处徒刑以上刑罚，曾经故意犯罪的；（3）有证据证明有犯罪事实，可能判处徒刑以上刑罚，身份不明的。

（二）增设特殊侦查措施

特殊侦查措施，是指只适用于某些特殊类型侦查案件、不同于普通措

---

① 张兆松：《职务犯罪侦查权研究》，浙江大学出版社2011年版，第30—43页。

② 张兆松：《论职务犯罪刑事政策司法化的实现》，《内蒙古社会科学（汉文版）》2012年第3期。

施而具有高度的秘密性、技术性的侦查措施。我国新《刑事诉讼法》在第二编第二章增设了"技术侦查措施"一节，对特殊侦查措施作了明确规定。① 随着社会的发展和科学技术的进步，刑事犯罪情况发生了很大变化，犯罪形态的智能化倾向越来越明显，犯罪手段也越来越隐蔽。在侦破许多重特大疑难案件过程中，技术侦查、秘密侦查措施在侦查活动中发挥着越来越大的作用。

1. 技术侦查。所谓技术侦查，是指公安机关、人民检察院根据侦查犯罪的需要，在经过严格的批准手续后，运用技术设备收集证据或查获犯罪分子的一种特殊侦查措施。根据侦查实践，技术侦查措施包括监听、监视、密取、网络监控、截取电子邮件、秘密拍照、秘密录像、电子通讯定位等。这些侦查措施必须依赖高科技设备或手段才能进行，因而具有高度的技术性。根据《刑事诉讼法》第148条第1款、第2款规定："公安机关在立案后，对于危害国家安全犯罪、恐怖活动犯罪、黑社会性质的组织犯罪、重大毒品犯罪或者其他严重危害社会的犯罪案件，根据侦查犯罪的需要，经过严格的批准手续，可以采取技术侦查措施。""人民检察院在立案后，对于重大的贪污、贿赂犯罪案件以及利用职权实施的严重侵犯公民人身权利的重大犯罪案件，根据侦查犯罪的需要，经过严格的批准手续，可以采取技术侦查措施，按照规定交有关机关执行。"除上述案件外，实践中还有一些犯罪证据已经查明应该逮捕，或者已被检察院批准逮捕、法院决定逮捕但本人在逃的犯罪嫌疑人、被告人，早日将其捉拿归案不仅有利于对他们绳之以法，而且也可使社会公众免受犯罪威胁。因此第148条第3款规定："追捕被通缉或者批准、决定逮捕的在逃的犯罪嫌疑人、被告人，经过批准，可以采取追捕所必需的技术侦查措施。"

2. 秘密侦查。所谓秘密侦查，是指公安机关基于侦查的必要性，经过公安机关负责人决定，指派有关人员隐瞒身份进行的侦查活动，主要有卧底侦查、化装侦查和诱惑侦查三种形式。卧底侦查，是指侦查人员隐藏真

---

① 新《刑事诉讼法》第二编第二章第八节使用"技术侦查措施"一词不妥。根据具体条文的规定，第八节所指的"技术侦查"包括了技术侦查、秘密侦查和控制下交付三种特殊侦查措施。技术侦查的特点在于其技术性，它是现代高科技的产物，具有较高的技术含量；秘密侦查的特点在于其秘密性，其侦查行为的过程和信息不能为侦查对象所知悉。尽管有的秘密侦查也需要技术手段，但也有不需要技术措施支持的秘密侦查；技术侦查也具有秘密性，但其功能和作用主要还是体现在技术性上。所以，技术侦查一词难以涵盖秘密侦查和控制下交付。鉴此，我们认为，使用"特殊侦查措施"的概念更为妥当。

实身份，虚构另一种身份进入犯罪组织当中，成为其成员，暗中搜集情报或犯罪证据。通常卧底侦查人员需要较长时间隐藏身份，与侦查对象进行多次接触，并且往往需要在一定程度上参与犯罪，扮演犯罪者的角色。化装侦查，是指侦查人员以便装或异装进行侦查，目的是隐去真实身份，诱使对方上钩，以获取情报或犯罪证据。化装侦查人员一般不长期隐藏身份，侦查活动具有临时性，而且化装侦查人员一般也不参与犯罪。诱惑侦查（又称"诱饵侦查""侦查陷阱"），是指侦查人员设下圈套诱使犯罪嫌疑人实施犯罪行为，然后将其抓获。根据《刑事诉讼法》第 151 条第 1 款规定，采取秘密侦查措施只能是基于查明刑事案件案情的需要，而不能用于查明案情以外的目的。而且只有在没有其他更好的替代性措施的情况下，才能采取秘密侦查措施；如果使用其他侦查措施可以实现同样的目的，则不应采取秘密侦查措施。

3. 控制下交付。所谓"控制下交付"，是指侦查人员在发现与违禁品有关的犯罪线索或者查获违禁品后，将违禁品置于侦查机关的严密监控下将其放行，以此发现犯罪组织者和其他犯罪嫌疑人的一项特殊侦查手段。控制下交付是《联合国禁毒公约》《联合国打击跨国有组织犯罪公约》《联合国反腐败公约》规定的一种特殊侦查措施，在毒品犯罪案件中使用较多，有的还涉及跨境控制下交付。根据《刑事诉讼法》第 151 条第 2 款规定，控制下交付只适用于涉及给付毒品等违禁品或者财物的犯罪活动。

（三） 律师会见权的限制

新《刑事诉讼法》强化了对犯罪嫌疑人、被告人权利的保障，完善了辩护制度，尤其是着力解决律师会见难、阅卷难、调查取证难的问题。特别是律师会见权虽然重要，但纵观各国的法律规定，并不是在所有阶段对任何性质的案件都可以不加限制的行使。尤其是在近年来反恐形势越来越严峻的情况下，不少国家都呈现出对律师会见限制趋严的趋势。从维护国家安全、公共安全和惩治腐败的需要考虑，对辩护人会见犯罪嫌疑人需要经过许可的三类特殊案件进行了明确规定，即："危害国家安全犯罪、恐怖活动犯罪、特别重大贿赂犯罪案件，在侦查期间辩护律师会见在押的犯罪嫌疑人，应当经侦查机关许可。""特别重大贿赂犯罪"通常是指具有涉案数额较大，有重大社会影响，涉及国家重大利益等犯罪情节的贿赂犯罪。但是，在查处贿赂犯罪中，犯罪嫌疑人口供、证人证言往往具有相当重要的作用，一旦犯罪嫌疑人与证人串供、翻供，案件侦破工作就极易陷入僵局。当然应当注意，律师会见上述三类案件的在押犯罪嫌疑人须经许可时间仅限于侦查期间，而且不是不让会见，只是需要经过许可才能会见。

（四）犯罪嫌疑人、被告人逃匿、死亡案件违法所得的没收程序

近年来，贪官外逃成为反腐败斗争中一个值得注意的新动向。有的腐败分子利用资本跨地域、跨行业、跨国境流动的机会，与境外不法分子勾结，共同犯罪；有的腐败分子利用国家间法律的差异，国内犯罪，国外洗钱；有的以境外商人为合作对象，在为对象牟利后，在境外"交易"，赃款赃物滞存境外，一有风吹草动即随时出逃，犯罪分子潜逃境外现象明显增多。为了逃避法律惩罚，一些犯罪分子秘密地将赃款转移到境外，提前做好外逃准备，在作案后或事发前潜逃境外。北京大学廉政建设研究中心的统计数据显示，过去 10 年逃往北美和欧洲等地的中国腐败官员达 1 万多人，携带款项达 6500 亿元人民币以上。① 贪官外逃，不仅造成国有资产大量流失，而且严重损害国家形象，受到社会广泛关注。同时，贪污贿赂犯罪嫌疑人、被告人死亡，也是执法司法中经常遇到的情况。现行刑事诉讼法未对腐败犯罪违法所得财产没收问题作出规定。根据一般程序设计，财产没收必须依附于定罪刑事判决作出。一旦犯罪嫌疑人、被告人逃匿、死亡，由于我国未建立刑事缺席审判制度，定罪判决不能作出，财产没收程序也就无法启动，这显然不利于有效打击腐败，追回涉案资产。《联合国打击跨国有组织犯罪公约》《联合国反腐败公约》等国际公约都以专章的形式规定了犯罪资产追回和返还机制，并成为国际反腐败合作的重要内容。例如，《联合国反腐败公约》第 54 条就明确规定，各缔约国应考虑采取必要的措施，以便在因为犯罪人死亡、潜逃或者缺席而无法对其起诉的情形或者其他有关情形下，能够不经刑事定罪而没收这类财产。

在这样的背景下，新《刑事诉讼法》在第五编第三章专门规定犯罪嫌

---

① 王新友：《十一届全国人大代表林繁呼吁——打击外逃贪官，需要创设缺席审判制度》，《检察日报》2009 年 3 月 10 日，第 5 版。

疑人、被告人逃匿、死亡案件违法所得的没收程序，可以视为对实践中问题的回应和对国际反腐败经验的借鉴。根据新《刑事诉讼法》的规定，对贪污贿赂犯罪等重大犯罪案件，犯罪嫌疑人、被告人逃匿，在通缉一年后不能到案，或者死亡的，依照刑法规定应当追缴其违法所得及其他涉案财产的，检察机关可以向人民法院提出违法所得没收程序。这既较好地落实了《联合国反腐败公约》等国际公约的相关规定，又有助于有效解决实践中面临的现实问题。

四、 宽严相济刑事诉讼立法政策的实现

（一） 转变观念， 树立现代刑事司法理念

从司法层面看，要使宽严相济刑事政策得到不折不扣的实施，必须大力推进刑事司法观念的转变和更新，在思想上确立现代刑事司法观念并使之成为行动的指南。《刑事诉讼法》的修改不仅有力地推进了我国刑事诉讼制度的科学化、民主化、法治化，而且进一步促进了现代刑事司法理念的更新，这主要表现在以下几个方面：

1. 尊重和保障人权的理念。维护和尊重人权是现代社会的一项基本价值观念，也是人类文明进步的表现，更是维护人的尊严和生存的需要。人权是法治的真谛和核心价值。尊重和保障人权，是我国宪法的基本原则，也是刑事诉讼的基本价值。"基于人权入宪规定，国家成为'尊重和保障人权'的义务主体，保障人权不仅是国家权力的道义基础，而且成为所有国家机关和政府官员必须履行的强制性宪法义务。"[①] 新《刑事诉讼法》已将"尊重和保障人权"写入《刑事诉讼法》总则第 2 条。司法人员要牢固树立惩罚犯罪与保障人权并重的观念，在充分尊重和保障人权的基础上，依法行使司法权，正确处理各类刑事案件，保障宽严相济刑事政策在整个刑事诉讼中得到实现。

2. 无罪推定理念。在我国刑事司法实践中，传统的价值观念依旧影响甚深。贯彻实施新《刑事诉讼法》，就要求刑事司法人员确立无罪推定理念，彻底抛弃"有罪推定"思想，并将保证无罪的人不受刑事追究成为刑

---

① 郭道晖：《人权六十年：从否定到回归》，《炎黄春秋》2011 年第 4 期。

事诉讼的基本价值目标。

3. 平等理念。"平等是一项原则，一种信仰，一个观念，这是关于社会和人类问题的并在今天人类思想上已经形成的唯一真实、正确、合理的原则。"① 平等既是一项宪法原则，也是一项基本权利。"在我国，追求平等、公平主要表现为多数人反对少数人拥有特权，多数人向少数人要求平等，但我们可能忽略了另外一个方面，即市民的特权，市民相对非市民往往拥有特权，他们之间是不平等的。由于在一个城市中市民是多数，非市民的外地人是少数，因此这是多数人对少数人的特权，尤其突出地表现为城市市民对进城农民的特权。"② 职务犯罪取保率高、量刑轻，更多地体现宽；而外来人员取保难、量刑重，更多地体现严，都是与平等理念背道而驰的。

（二） 遵循立法宗旨， 细化立法规定

法律的生命在于实施，立法的价值只有通过严格的司法活动才能最终实现。为了确保司法解释或者规范性文件符合立法本意，应当注意以下几点：

1. 《刑事诉讼法》司法解释草案应当公开。司法解释是具有法律效力的解释，因此，凡属司法解释，必须通过一定的形式和渠道，一律公开。这是法制民主化的要求，是司法民主的重要体现，也是现代法治国家的一个重要标志。《最高人民法院关于司法解释工作的规定》第 25 条第 1 款、第 2 款规定："司法解释以最高人民法院公告形式发布。司法解释应当在《最高人民法院公报》和《人民法院报》刊登。"但仅有司法解释的公开是远远不够的。为了保证司法解释的合法性、合理性，最高人民法院、最高人民检察院首先应当公开司法解释草案。"到目前为止，侦、检、法部门的刑诉释法均呈现不同程度的闭门立法倾向。上海律协刑事业务研究委员会据以研讨的最高法草案文本，竟源自网上曝光的非官方发布文本。"③ 这次新《刑事诉讼法》修改的重大进步之一是刑事诉讼法（草案）的公开征求意见。2011 年 8 月 24 日，修正案草案一审稿提请第十一届全国人大常委会第二十二次会议进行初次审议。8 月 30 日，中国人大网全文公布了

---

① ［法］皮埃尔·勒鲁：《论平等》，商务印书馆 1988 年版，第 68 页。

② 马岭：《宪法中的平等权》，载张庆福、韩大元主编：《中国宪法年刊》（2006 年），法律出版社 2008 年版。

③ 《南方都市报》社论：《刑诉释法兹事体大，亟待超越本位局限》，《南方都市报》2012 年 8 月 25 日，第 A02 版。

草案一审稿，并向社会公开征集意见，截至 2011 年 9 月 30 日，网上共收到 80953 条意见。立法草案可以公开，司法解释草案岂能不公开？司法解释草案的不公开在相当程度上消解了立法公开的价值和意义。

2. 大力推进法学专家参与司法解释的论证。理论的价值在于实践，让法学家参与司法解释的研究和论证，可以减少司法解释的失误。近年一些司法解释出台前，最高人民法院、最高人民检察院都召开专家论证会，听取专家意见，这是推进司法解释科学化、民主化的积极举措。

3. 严格刑事诉讼法解释的备案审查。为了维护国家法制统一，2005 年 12 月 16 日十届全国人大常委会第四十次委员长会议通过的《司法解释备案审查工作程序》规定，最高人民法院、最高人民检察院制定的司法解释，应当自公布之日起 30 日内报送全国人大常委会备案。国务院等国家机关和社会团体、企业事业组织以及公民认为司法解释同宪法或者法律相抵触，均可向全国人大常委会书面提出审查要求或审查建议。此外，《司法解释备案审查工作程序》还就有关司法解释的报送和接收、审查工作的分工负责、被动审查和主动审查、同宪法或者法律相抵触的司法解释的纠正程序等作出了具体规定。2007 年 1 月 1 日开始施行的《监督法》第五章专门规定了"规范性文件的备案审查"。其中第 31 条首先明确规定："最高人民法院、最高人民检察院作出的属于审判、检察工作中具体应用法律的解释，应当自公布之日起三十日内报全国人民代表大会常务委员会备案。"第 32 条、第 33 条则进一步规定了认为司法解释同法律规定相抵触而提出审查要求或者审查建议的主体、工作机构，以及审查后认为司法解释与法律规定相抵触的工作程序等内容。《监督法》对于最高人民法院、最高人民检察院司法解释的备案审查不是形式审查，而是实质审查；不是软性监督，而是刚性监督。司法解释不仅要接受来自国家机关和社会团体、企业事业组织的审视，更要接受来自广大公民的审视的目光，司法解释处于无所不在的"监督"之下。经过全国人民代表大会法律委员会和有关专门委员会的审查，最高人民法院、最高人民检察院司法解释可能出现以下几种结果：第一，司法解释符合法律规定，则正常施行；第二，经审查认为司法解释同法律规定相抵触，制定机关应当予以修改或者废止；第三，在上述前提下，制定机关不予修改或者废止的，全国人民代表大会法律委员会和有关专门委员会可以提出要求制定机关予以修改、废止的议案，或者提出由全国人民代表大会常务委员会作出法律解释的议案，由委员长会议决定提请常务委员会审议。

4. 填补刑事诉讼法立法解释的空白。改革开放的前二十年，全国人大常委会除了在制定某些法律的草案说明中对一些法律规定作过解释外，从未制定过专门的刑事立法解释，也从未撤销过一件不恰当的刑事司法解释。进入新世纪后，刑法立法解释开始得到应有的重视。[①] 但刑事诉讼法立法解释始终没有纳入立法机关的视野。1996 年修改的刑事诉讼法颁布后，最高人民法院、最高人民检察院的司法解释，与公安部的相关规定，出现不少相互矛盾的情形。1998 年 1 月 19 日，最高人民法院、最高人民检察院、公安部、国家安全部、司法部、全国人大常委会法工委联合颁布了《关于刑事诉讼法实施中若干问题的规定》，明确界定了各部门之间的管辖权等有争议的问题，并且强调："最高人民法院、最高人民检察院、公安部、国家安全部制订的关于刑事诉讼法执行问题的解释或者规定中与本规定不一致的，以本规定为准。"但这一规定的主体不是全国人大常委会，所以它不是立法解释。鉴于目前司法解释与立法解释界限不清的问题，立法机关应当进一步明确立法解释与司法解释的界限。刑事立法解释的范围宜限于最高人民法院和最高人民检察院有原则性分歧的问题，其他法律解释问题应由最高司法机关解决。有鉴于此，对于最高人民法院、最高人民检察院刑事诉讼法司法解释中有原则分歧的，应当通过立法解释加以解决。

（三） 建构科学的办案考核机制

"宽严相济的刑事政策包含宽与严两个方面。现在我们提倡宽严相济，

---

① 如 2000 年 4 月 29 日，第九届全国人大常委会第十五次会议通过了《关于〈中华人民共和国刑法〉第九十三条第二款的解释》，这是第一个专门的刑事立法解释，嗣后全国人大常委会又陆续颁布多个刑法立法解释：2001 年 8 月 31 日通过了《关于〈中华人民共和国刑法〉第二百二十八条、第三百四十二条、第四百一十条的解释》；2002 年 4 月 28 日通过了《关于〈中华人民共和国刑法〉第二百九十四条第一款的解释》；2002 年 4 月 28 日通过的《关于〈中华人民共和国刑法〉第三百八十四条第一款的解释》；2002 年 8 月 29 日通过了《关于〈中华人民共和国刑法〉第三百一十三条的解释》；2002 年 12 月 28 日通过了《关于〈中华人民共和国刑法〉第九章渎职罪主体适用问题的解释》；2004 年 12 月 29 日通过了《关于〈中华人民共和国刑法〉有关信用卡规定的解释》；2005 年 12 月 29 日通过了《关于〈中华人民共和国刑法〉有关出口退税、抵扣税款的其他发票规定的解释》和《关于〈中华人民共和国刑法〉有关文物的规定适用于具有科学价值的古脊椎动物化石、古人类化石的解释》。

当然更多的是强调刑法宽缓的一面。"① "在宽严相济政策语境下，则首先考虑的则是出罪化、轻刑化和非监禁化的必要性，即宽是基础、是前提。只有当于行为性质、危害程度及行为主观恶性和人身危险性诸方面考虑，均不应轻缓处理时，才会考虑犯罪化和施以较严厉的处罚，因而体现了更加强调人权保障的价值趋向。"② 但从实践看，刑事司法人员重打击犯罪轻人权保障、重实体轻程序等错误观念依然如故，在面对宽缓要求时无所适从或视而不见，宁严勿宽、宁重勿轻的倾向仍然较为严重。

根据我国司法部预防犯罪研究所统计的数字，2000 年缓刑和假释两项处置占全部刑事处置的比率，加拿大为 79.76%，澳大利亚为 77.48%，美国为 70.25%，韩国为 45.90%，俄罗斯为 44.48%。③ 2005 年德国刑罚执行统计数据显示，被判处罚金和监禁刑的犯罪人占总人口的 0.8%，其中 81% 被判处罚金，19% 被判处监禁；判处监禁的犯罪人中，70% 被判处缓刑，8% 被判处 2 年以上监禁。④ 而我国的情况是：在侦查、起诉阶段逮捕羁押率高，不起诉比例低；在审判阶段适用非监禁刑低（2006 年至 2010 年全国各级法院判处的罪犯中，非监禁刑适用比例不足 30%，参见附表）；在刑罚执行阶段，1995 年至 2000 年，我国假释率分别为 2.3%、2.68%、2.93%、2.07%、2.13% 和 2.25%，而 2001 年的假释率甚至在 2% 以下，为 1.43%。⑤

附表：2006—2010 年全国法院生效判决中判处缓刑、管制

及单处附加刑案件统计　　　　单位：人

年份 类别	2006	2007	2008	2009	2010
判处缓刑	206541	227959	249111	250635	265230
判处管制	16166	15882	18065	16833	16171

① 陈兴良：《宽严相济：构建和谐社会的刑事法律回应》，《检察日报》2007 年 4 月 25 日，第 3 版。

② 张远煌：《论宽严相济政策的关系特征》，载卢建平主编：《刑事政策评论》2006 年第 1 卷，中国方正出版社 2007 年版。

③ 张小虎：《宽严相济政策与轻轻重重政策的特征比较》，《河南财经政法大学学报》2012 年第 1 期。

④ 谢望原、翁凯一：《当代刑事政策的新探讨——第二届刑事政策国际论坛综述》，《法制日报》2008 年 12 月 14 日，第 11 版。

⑤ 冯涛、李荣辰：《走出我国假释率超低之困境》，《河南社会科学》2009 年第 1 期。

年份 类别	2006	2007	2008	2009	2010
单处附加刑	22054	24675	27447	23554	22430
合计	244761	268516	294623	291022	303831
占当年生效判决 被告人的比例	27.48%	28.78%	29.21%	29.16%	30.16%

目前，司法机关内部考核奖惩制度日趋细化，保证宽严相济刑事政策的良性运行势必要依赖于建立科学合理的考核奖惩制度。多年来，我国宽严相济刑事政策中"宽"的一面难以得到较好的实现，与司法机关不科学的办案考核机制有直接关系。经济学理论认为，人是一种经济理性的动物，一个人在作出决策时，总会选择他认为最好的路径，即选择成本低、风险小而收益大的行为。从现行考核内容看，各级司法机关普遍重视对"严"的奖励，如检察机关对追捕、追诉予以加分、记功，而对不捕、不诉的，不仅没有奖励，反而要扣分。[①] 犯罪嫌疑人不捕后被取保候审，一旦出现毁灭伪造证据、威胁证人、被害人、串供、逃跑或重新犯罪等情形，相关办案人员不仅面对指责，还要被追究责任。所以从检察实务看，不捕、不诉对办案人员来说成本高、风险大而收益极小；反之，逮捕、起诉则成本低、风险小、收益大。为避免出现错不捕、不诉，检察人员总是会尽量选择采取逮捕和起诉。为了保证新《刑事诉讼法》中羁押必要性审查、附条件不起诉、刑事和解等制度的落实，司法机关必须重构考核奖惩机制，对于体现从宽的司法行为要与从严的司法行为一样获得肯定和奖励。同时，要建立风险责任免责制度。这样可以消除办案人员怕承担风险而不敢适用不捕、不诉等从宽措施。只要办案人员在审查时尽到应有的审查义务和注意义务，是依照法定条件和法定程序决定的，就应视为已履行了自己的职责。除非办案人员有滥用职权、徇私舞弊、贪赃枉法等行为需要依法查处外，即使发生不良的法律后果也应免除办案人员的责任。

[①] 如最高人民检察院 2009 年 12 月 31 日审议通过，2010 年起试行的《最高人民检察院考核评价各省、自治区、直辖市检察业务工作项目及计分细则（试行）》规定："纠正漏捕犯罪嫌疑人，每一人计 1 分；纠正漏捕后起诉的，每一人计 1 分；作出有罪判决的，每一人计 2 分"。而"批准或决定逮捕后不起诉率，每个百分点计 -1 分"。

第七章　论宽缓化刑事政策实现的困境及其路径选择①
——以检察机关实施新刑事诉讼法为视角的分析

　　宽严相济刑事政策是当代中国的基本刑事政策。它既是刑事立法政策，也是刑事司法政策；既是刑法司法政策，也是刑事诉讼司法政策。2006 年 12 月 28 日最高人民检察院《关于在检察工作中贯彻宽严相济刑事司法政策的若干意见》指出："检察机关贯彻宽严相济的刑事司法政策，就是要根据社会治安形势和犯罪分子的不同情况，在依法履行法律监督职能中实行区别对待，注重宽与严的有机统一，该严则严，当宽则宽，宽严互补，宽严有度，对严重犯罪依法从严打击，对轻微犯罪依法从宽处理，对严重犯罪中的从宽情节和轻微犯罪中的从严情节也要依法分别予以宽严体现，对犯罪的实体处理和适用诉讼程序都要体现宽严相济的精神。"2012 年 3 月 14 日第十一届全国人民代表大会第五次会议通过的《关于修改〈中华人民共和国刑事诉讼法〉的决定》对 1996 年刑事诉讼法作了重大修改。修改后的刑事诉讼法较好地体现了宽严相济刑事政策。② 刑事诉讼法实施近一年来，各级检察机关在贯彻宽严相济刑事政策方面取得了一些进展，但也存在着种种不尽如人意的地方，尤其是宽严相济中"宽缓化"的一面实现得不够。本文试揭示检察机关在刑诉法实施过程中影响"宽缓化"实现的表现，剖析制度背后的原因，并探寻如何扎实推进"宽缓化"实现的路径。

---

①　本文原载严励主编：《刑事政策论坛》第四辑，中国法制出版社 2016 年版。

②　张兆松：《论宽严相济刑事政策的程序保障——以 2012 年〈刑事诉讼法〉修订为视角》，《山东警察学院学报》2013 年第 3 期。

一、 "宽缓化" 刑事政策实现的困境

（一） 影响 "宽缓化" 刑事政策实现的表现

1. 逮捕羁押率过高，羁押必要性审查执行不到位

有效地降低逮捕羁押率是刑事诉讼法修改所追求的重要目标之一。修改后的刑事诉讼法细化了逮捕条件，并新增羁押必要性审查制度，立法旨意在于要求公安司法机关从总体上降低逮捕羁押数量，从而实现无罪推定和人权保障的目的。但刑事诉讼法实施后逮捕羁押率并无明显降低。2013年1月至7月，全国检察机关侦监部门共向公安机关和检察机关自侦部门提出羁押必要性审查建议1805件2301人，其中被采纳1626件2078人。[①] 2013年1月至10月，全国检察机关监所检察部门对不需要继续羁押的人员向办案机关提出予以释放或者变更强制措施的书面建议6928人，已采纳6674人。[②] 北京市石景山区检察院2013年1月至6月，侦查监督部门审查逮捕137件167人，其中批准逮捕105件119人。开展捕后羁押必要性审查4件5人，分别只占审查逮捕案件的3.8%和4.2%。[③] 山东省东营市检察院2013年1月至10月，共启动捕后羁押必要性审查30件30人，列全省第一位，但也仅占批捕总人数的3.49%。[④] 2013年，全国检察机关"加强羁押必要性审查，对不需要继续羁押的23894名犯罪嫌疑人建议释放或者变更强制措施"，[⑤] 但也仅占批捕总人数的2.71%（2013年全国检察机关批准逮捕各类刑事犯罪嫌疑人879817人）。不少检察院自刑事诉讼法生效实施至今，还未有过一起启动羁押必要性审查的案件。

2. 附条件不起诉案件偏少，制度形同虚设

新刑事诉讼法在总结近年来检察机关附条件不起诉探索实践经验的基础上，增加了未成年人附条件不起诉制度的规定。对在附条件不起诉考验

---

① 赵阳：《审查逮捕从封闭运行到公开透明》，《法制日报》2013年11月4日，第5版。

② 赵阳：《6674人不需羁押被释或变措施》，《法制日报》2013年11月22日，第5版。

③ 关振海：《捕后羁押必要性审查的基层实践》，《国家检察官学院学报》2013年第6期。

④ 单宝丽：《山东东营检察院创新捕后羁押必要性审查机制》，http：//www. jcrb. com/procurator-ate/jckx/201311/ t20131122_ 1255524. html。

⑤ 曹建明：《最高人民检察院工作报告》，《人民日报》2014年3月18日，第2版。

期限内实施新的犯罪或者发现决定附条件不起诉以前还有其他犯罪需要追诉的，违反治安管理规定或者考察机关有关附条件不起诉的监督管理规定，情节严重的犯罪嫌疑人，检察院应当撤销附条件不起诉的决定，提起公诉。对在考验期限内没有上述情形，考验期满的，检察院应当作出不起诉的决定。附条件不起诉体现了国家对涉罪未成年人贯彻"教育、感化、挽救"的方针和"教育为主、惩罚为辅"的原则。但刑事诉讼法实施近一年来，各地办理的附条件不起诉案件偏少，制度功能基本上没有得到发挥。2013 年上半年北京市检察机关共 16 个区县院、2 个分院，适用附条件不起诉 18 件 26 人，占上半年北京市未成年犯罪嫌疑人审查起诉总人数的 4% 左右，而 26 名未成年犯罪嫌疑人，外地籍未成年人仅占 20%。一些基层院由于种种原因至今尚未做出一件附条件不起诉。① "即便是未成年人刑事工作走在全国前列的上海市闵行区人民检察院，2013 年以来，也只对 4 名未成年犯罪嫌疑人作了附条件不起诉，占未成年人刑事案件的 3.8%。"② 浙江省衢州市检察机关 2013 年受理未成人年犯罪审查起诉案件 125 件 136 人，全市检察机关中仅柯城区检察院适用了附条件不起诉案件，仅 2 件 2 人。就全国而言，新刑事诉讼法实施近一年了，大部分检察机关没有一起未成年犯罪嫌疑人附条件不起诉的案件。

总之，近一年的检察实践证明，宽严相济刑事政策中"宽缓化"的一面，尚未有效实现制度设计的预期目标。

（二） 影响 "宽缓化" 刑事政策实现的原因

1. 办案人员执法理念落后

自宽严相济刑事政策出台后，中央高层开展了社会主义法治理念教育，最高人民检察院出台了《关于在检察工作中贯彻宽严相济刑事司法政策的若干意见》。2012 年，刑事诉讼法修改秉承社会主义法治理念，既立足我国基本国情，又注意吸收借鉴世界各国法治文明成果，对 1996 年刑事诉讼法作了大幅度的修改和完善，充分体现了诉讼民主、诉讼文明等现代法治思想。2012 年 7 月 17 日，在全国检察长座谈会上，时任检察长曹建

---

① 程晓璐：《附条件不起诉制度的适用》，《国家检察官学院学报》2013 年第 6 期。
② 李丽：《新刑诉法实施十个月，未成年人刑事司法保护在探索中前行》，《中国青年报》2013 年 11 月 4 日，第 3 版。

明强调：贯彻实施修改后的刑事诉讼法，检察机关面临的挑战很多。首先是执法理念的挑战。检察机关要做到"六个并重"：一要始终坚持惩治犯罪与保障人权并重；二要始终坚持程序公正与实体公正并重；三要始终坚持全面客观收集审查证据与坚决依法排除非法证据并重；四要始终坚持司法公正与司法效率并重；五要始终坚持强化法律监督与强化自身监督并重；六要始终坚持严格公正廉洁执法与理性平和文明规范执法并重。[①] 但陈旧的司法观念、司法习惯仍影响着检察执法活动。

2. 立法规定不明确，一些制度可操作性差

尽管新刑事诉讼法在某些制度的可操作性方面有了长足的进步（如进一步明确了逮捕的条件，细化了"社会危险性"的情形），但总体而言仍然是原则性规范多，具体性规范少。一些原来被学界普遍看好的制度，由于缺乏可操作性，制度的作用没有得到发挥。如刑事诉讼法第269条第1款规定："对未成年犯罪嫌疑人、被告人应当严格限制适用逮捕措施。人民检察院审查批准逮捕和人民法院决定逮捕，应当讯问未成年犯罪嫌疑人、被告人，听取辩护律师的意见。"但应当如何严格限制适用逮捕措施，立法并未规定具体内容。刑事诉讼法第93条规定："犯罪嫌疑人、被告人被逮捕后，人民检察院仍应当对羁押的必要性进行审查。对不需要继续羁押的，应当建议予以释放或者变更强制措施。有关机关应当在十日以内将处理情况通知人民检察院。"这是新《刑事诉讼法》增设的羁押必要性审查制度。但由于立法规定比较原则，对诸如羁押必要性审查程序的启动、审查的主体、审查的间隔时间、审查的标准、必要性证明责任、审查的模式、审查的期限以及权利救济等问题，仍需要通过相关司法解释予以解决。由于司法解释不明确或规定得不合理，羁押必要性审查制度没有起到降低羁押率的效果。附条件不起诉也存在类似问题。

3. 审查程序不科学，辩护律师作用有限

逮捕是刑事诉讼中最为严厉的强制措施，理当实行更为严格的审批程序；既然它是一种诉讼行为，就应当实行诉讼模式。而目前检察机关的审查批捕是一种单方化、行政化、非公开化的审批程序。公安机关将批捕案件移送检察院之后，审查逮捕部门指定办案人员进行审查。审查批捕人员

---

① 曹建明：《牢固树立"五个意识"着力转变和更新执法理念，努力做到"六个并重"确保刑诉法全面正确实施》，《检察日报》2012年7月23日，第1版。

通过阅卷，提出审查意见，然后分别层报科（处）长和分管检察长（或副检察长）批准。这种办案模式，必然带来"程序神秘化、控辩失衡化、责任分散化"①。在这一审批程序中，办案人员只能根据公安机关移送的案卷材料作出判断。而公安机关移送批捕的案卷中，往往都是对犯罪嫌疑人不利的材料，而辩护律师又不能介入批捕程序，检察办案人员便难以充分了解对未成年犯罪嫌疑人有利的事实和情节。逮捕率偏高便是这种行政化审批程序的必然结果。附条件不起诉也存在类似问题。

4. 外来人员犯罪比例高，羁押替代性措施少

羁押替代性措施，是指以代替羁押措施的适用，保障刑事诉讼顺利进行的各种非羁押性方法的总称。羁押在法定期限内剥夺了犯罪嫌疑人、被告人人身自由，而羁押替代性措施是以各种限制人身自由的非羁押性方法来代替对人身自由的剥夺，在保证犯罪嫌疑人、被告人不再实施新的侵害社会的行为和影响诉讼正常进行的条件下，为其人身自由权利的实施预留了空间。这种替代性措施既保障了犯罪嫌疑人的个体利益，又实现了对犯罪的控制，效果良好。但我国现行制度中缺少这种有效的羁押替代性措施。浙江省外来人员犯罪占比普遍在60%—80%不等，直接造成取保候审等非羁押性措施成本高、风险大、评估困难。实践中，外来人员定罪不捕比率明显低于本地户籍人员。外来人员犯罪占比多少与该地区审前羁押率高低成正比。浙江省的审前羁押率高于全国平均羁押率约20%，就是因为作为经济发达地区，浙江的外来人员数量居全国前列。近年来，慈溪市人民检察院批捕率一直超过90%，这与其外来人员犯罪占比始终超过80%有直接关系。要想降低审前羁押率，必须扩大适用取保候审。② 但恰恰在取保问题上面临困境。外来未成年人大多是初中以下文化程度，文化知识贫乏，谋生技能欠缺，往往难以在经济发达地区找到适合自己的工作和发展的空间。因为父母的原因和家庭经济情况，许多外来人员没有上学。由于没有监护人的管教，这些未成年人很快成为社会闲散人员。随着社会的发展，贫富差距越来越大，问题和矛盾越来越多，社会管理难度加大，未成年

---

① 张兆松：《审查批捕方式的反思与重构》，《河南政法管理干部学院学报》2010 年第 1 期。

② 在国外，审前保释是犯罪嫌疑人、被告人的权利，保释率很高。如美国联邦司法系统，自 2001 年至 2007 年，保释率分别为：44.6%、44.7%、41.8%、39.2%、38.2%、37.3%、35.6%。参见张吉喜：《如何客观评估"逮捕必要性"——基于 3825 件刑事案件的实证研究》，《人民检察》2012 年第 7 期。

人难以抗拒不良诱惑，容易走向犯罪道路。侦查机关提请批捕逮捕的未成年犯罪嫌疑人中，有90%左右系外地人，这就给取保带来困难。（1）由于外来人口流动性大，难于监控，不能保证在传讯时及时到案。（2）对外来未成年人实施社区矫正有一定的难度。许多未成年人居住环境不好，没有固定的居所，司法机关找不到相关社区人员进行矫正工作。（3）外来未成年犯罪嫌疑人法定代理人，或在老家，或忙于务工，家庭的管教往往落空，不能保证给未成年人提供良好的监护条件。（4）外来未成年犯罪嫌疑人的家庭经济条件相对较差，要让其提供足额的保证金比较困难。这些都给未成年人适用取保候审带来诸多风险。

5. 案多人少矛盾十分突出，制度执行难度大

宽缓化的实现需要办案人员付出更多的时间和精力，意味着工作量将大幅增加。刑事诉讼法实施后，检察机关案多人少任务重的矛盾更加突出，人员紧缺的问题在一定程度上制约了新规定、新职能和新要求的落实。浙江省三级院侦查监督部门人员共约700人（含处科长、内勤），按去年全年受理提请批准、决定逮捕案件57209件87290人（列全国第二），人年均办案81.7件。浙江省慈溪市人民检察院近年来每年办理的审查逮捕案件均在2000件3000人左右，而该院常年稳定的办案人员只有7—8人，每个承办人年均办案在250件以上，人数在400人左右（见表1）。嘉兴市两级院共有侦监干警42人，2012年共受理提请批准、决定逮捕案件4776件7671人，人年均办案113.7件。新刑事诉讼法实施后，案件数、办案人员没有明显变化（见表2）。在差不多两个有效工作日办理一件案件的情况下，包括审查材料、排队提审、制作审查报告、审核审批、文书制作和送达等工作，办案人员只能当成流水作业，"快餐式"地完成审查批捕任务。又如附条件不起诉，法定考察期最少是6个月，检察机关需要在考察前、考察后进行汇报，形成诸多法律文书；其间还要跟踪、考察、监督嫌疑人，这些都需要检察官投入大量的精力，资源消耗大，"效率不高"。①

① 李丽：《新刑诉法实施十个月，未成年人刑事司法保护在探索中前行》，《中国青年报》2013年11月4日，第3版。

表 1　慈溪市人民检察院 2007—2012 年批捕情况

年份	受案人数	批捕人数	无罪不捕人数	存疑不捕人数	无逮捕必要不捕人数	批捕率
2007	3014	2850	42	51	40	94.56%
2008	2924	2895	7	23	29	99.01%
2009	2593	2517	20	37	19	97.07%
2010	2600	2536	9	37	18	97.54%
2011	2706	2632	6	39	23	97.27%
2012	2953	2750	8	123	54	93.13%

表 2　2013 年 1—6 月嘉兴市基层检察院侦监部门办案情况①

单位	上半年受理件数	上半年受理人数	在岗办案人数	人均办案件数	人均办案嫌疑人人数	平均每人每案办理时间（工作日）
南湖	326	581	4	81	145	1.2
秀洲	198	339	5	40	68	2.5
嘉善	314	478	6	52	80	1.9
平湖	339	482	5	68	96	1.5
海盐	202	292	5	40	58	2.5
海宁	357	569	6	59	95	1.7
桐乡	505	748	6	84	124	1.2

6. 考核机制不合理，宽缓处理成本高、风险大、收益小

目前，对公安侦查机关的治安考核、平安考核一般以破案率、打击数为主要考核指标，案件质量以公安机关作出的决定是否被检察机关采纳为主要标准，即公安侦查机关报捕、移送起诉以是否被检察机关逮捕、提起公诉为主要标准。检察机关在考评指标设置理念上存在着十分强烈的追诉片面性倾向。② "各地检察机关普遍将捕后撤案率、不起诉率、无罪判决率

---

① 朱兴祥：《羁押必要性审查制度的现实论——基于审前羁押率、不捕率及捕后轻刑率的分析》，浙江省法学会诉讼法学研究会 2013 年年会论文集。

② 崔伟、杨建民等：《检察业务考评体系研究》，张智辉主编：《检察理论课题成果荟萃》（第一辑），中国法制出版社 2011 年版，第 388 页。

作为否定性指标。"① 在这种办案思路影响下，后续程序中往往迁就迎合前一程序作出的决定。

步入 21 世纪后，检察机关陆续建立起内部考核奖惩制度，但现行的考核机制基本着眼于目标和结果评价，在实行目标量化管理过程中，关注的是结案率、人均办案数、办案期限等可量化的数据，而很少关注整个办案过程的质量。数字几乎已经成为检察机关评价承办人工作业绩的唯一指标。在批捕过程中，追捕可以加分记功，而不捕不仅没有显见的收益，反而面临巨大的风险。长期以来，检察机关对不捕案件实行更为严格的监督审查制度，如有的地方对不捕案件实行"三报备"制度，即对不予批捕的案件，要向院案管中心、监察科、控申科三科室报送审查意见书，案管中心对不捕案件进行实体审查，监察科对承办人的廉洁自律情况进行监督，控申科对不捕结果引发涉检上访的可能性进行评估。② 2010 年，浙江东阳市人民检察院制定了相关规定，明确对不捕案件要贯彻"证据、程序、说理、引导、帮教"五个环节，努力提升不捕案件质量。③ 上级检察机关始终把不捕作为内部检查监督的重点，唯恐放纵犯罪。根据最高人民检察院制定的《人民检察院审查逮捕质量标准（试行）》的规定，对有逮捕必要的犯罪嫌疑人不批准逮捕，致使犯罪嫌疑人实施新的犯罪或者严重影响刑事诉讼正常进行的，属于"错不捕案件"，应追究办案人员的错案责任。所以，只要对外来未成年犯罪嫌疑人作出定罪不捕的决定，办案人员就要面临错案追究责任的风险。因为对逮捕必要性的分析和判断是建立在办理案件当时的情况基础之上的，谁也无法预料在整个刑事诉讼过程中被取保候审的犯罪嫌疑人是否会逃避追诉或重新犯罪。因此，自作出定罪不捕决定之日起，承办人员就处于这种不确定的风险之中。

---

① 陆军、侯亚辉等：《检察机关刑事考核评价制度研究》，王守安主编：《检察理论课题成果荟萃》（第二辑），中国法制出版社 2013 年版，第 433 页。

② 李和平、丽锋、长虹：《坚持不捕案件"三报备"制度》，《检察日报》2010 年 3 月 22 日，第 2 版。

③ 范跃红、洪美玲：《浙江东阳：不捕案件要过"五道关"》，《检察日报》2011 年 7 月 27 日，第 8 版。

二、 推进 "宽缓化" 刑事政策实现的路径选择

(一) 弘扬法治精神, 进一步转变和更新执法理念

理念是行动的指南, 是指导实践的思想基础。理念决定人的行为。任何司法活动都受特定司法观的统领与支配, 任何有目的、有意义的司法活动的背后都有着起引导作用的司法目的、司法理念和法律意识。2012 年 9 月, 最高人民检察院时任检察长曹建明强调: "进一步建立健全社会主义法治理念教育长效机制, 引导广大检察人员不断深化对科学发展观和社会主义法治理念的理解与把握, 认真查找和解决执法为民、服务大局意识不强等问题, 切实摒弃不符合社会主义法治理念要求的陈旧观念和执法陋习, 使社会主义法治理念能够始终指导检察机关各项执法活动, 并真正转化为广大检察人员的实际行动。"[1] 检察机关贯彻落实新 《刑事诉讼法》, 不仅要全面了解掌握修改的内容, 更要深刻领会这些修改内容所蕴含的法治思想, 牢固树立与新刑事诉讼法价值取向相适应的执法观念。人权保障是人类社会的普适价值。2012 年刑事诉讼法修改将 "尊重和保障人权" 写入刑事诉讼法的基本任务, 这是自 2004 年载入宪法以来首次写入基本法律。为充分体现尊重和保障人权的理念, 刑事诉讼法对相关内容作了修改, 增设了一系列人权保障的新制度, 如羁押必要性审查、附条件不起诉等。检察人员要牢固树立惩罚犯罪与保障人权并重的观念, 在充分尊重和保障人权的基础上, 依法严格行使逮捕权、公诉权。

当然, 刑事司法观念的更新是一个艰难的过程, 不可能一蹴而就。由于观念形成于特定的文化传统和历史背景, 同时又受到诸多社会现实因素的影响和制约, 它一旦形成就不是一朝一夕所能转变的。所以, 观念的转变和更新是一个需要长期积累的渐进过程。"严打" 刑事政策, 在我国执行了三十年, 要改变检察人员的 "严打" 思维也不是容易的事。同时, 刑事司法观念更新的主体和内容不仅涉及检察机关及其他司法机关, 还涉及党政领导机关及普通民众。当前, 我国仍处于刑事犯罪高发期, 社会治安

---

① 曹建明:《深入推进执法规范化建设, 保障检察权依法正确行使》,《检察日报》2012 年 9 月 16 日, 第 1 版。

状况仍然相对复杂、严峻，受传统文化的影响，通过严惩刑事犯罪以获取安全感，是当下较为普遍的社会预期。一些地方的领导机关对公检法司工作的评价机制与检察理念更新相悖。以浙江省为例，数年来，案件数量一直居于全国省域中第二位，居高不下，且发案率连续多年呈上升态势，社会大众对司法机关的执法力度仍有许多不满，打击犯罪成为政法机关的主要任务和广大民众的期盼。所以，转变刑事司法理念也是一项社会工程。

（二）细化相关规定，增强法律的可操作性

1. 进一步明确不捕条件。新刑事诉讼法虽然进一步明确了逮捕的条件，细化了"社会危险性"的情形，[①] 但所有的排除标准都是模糊的"可能"性标准，司法实践中要绝对排除犯罪嫌疑人实施上述 5 种行为的可能仍然比较困难，对其认定完全借助于检察人员的主观判断，出于风险责任的考虑，这种"可以型"情节不具有实质意义。为了解决实践难题，江西省检察院将 5 种社会危险性细化为 22 种情形，使侦查机关收集相关证据材料和论证工作更具可操作性，在一定程度上解决了相关认识分歧。这种实践探索是有意义的。笔者认为，司法解释中还要规定"应当型"不捕情节，如未成年犯罪嫌疑人具有下列情形之一，情节较轻的，应当不捕：（1）初次犯罪的；（2）过失犯罪的；（3）犯罪预备、中止、未遂的；（4）有自首或者立功表现的；（5）犯罪后如实交代罪行，真诚悔罪，积极退赃，或获得被害人谅解的；（6）系从犯、胁从犯的；（7）属于已满 14 周岁不满 16 周岁的未成年人或者系在校学生的等。"应当型"情节的规定，限制了办案人员对不捕决定的自由裁量权，有利于不捕案件的增多。

2. 细化羁押必要审查制度。刑事诉讼法第 93 条增设了羁押必要性审查制度，这意味着我国羁押制度建立起了两阶段审查机制，即逮捕必要性审查和捕后羁押必要性审查。这一开创性的规定，是我国"尊重和保障人权"的重要体现，是对我国现行逮捕羁押制度的一项重大改革，也为我国降低羁押率提供了有力的法律武器。但由于法律对捕后羁押必要性规定得

---

① 2012 年刑事诉讼法第 79 条第 1 款规定："对有证据证明有犯罪事实，可能判处徒刑以上刑罚的犯罪嫌疑人、被告人，采取取保候审尚不足以防止发生下列社会危险性的，应当予以逮捕：（一）可能实施新的犯罪的；（二）有危害国家安全、公共安全或者社会秩序的现实危险的；（三）可能毁灭、伪造证据，干扰证人作证或者串供的；（四）可能对被害人、举报人、控告人实施打击报复的；（五）企图自杀或者逃跑的。"

比较原则，制度执行不理想。需要各地检察机关在司法实践中积极探索制度的实现路径。近年，北京、河南、江苏、山东、湖北等多地检察机关，单独或会同公安机关制定了关于捕后羁押必要性审查制度的相关规范性文件，这对于推动制度的落实是有现实意义的。最高人民检察院应当在各地探索的基础上，单独制定羁押必要性审查问题的司法解释，从审查主体、启动缘由、启动时间、审查的标准、审查的方式、审查结果的效力、救济措施和责任追究机制等方面作细化规定。

3. 提高附条件不起诉适用的比例。从刑事诉讼法的规定看，相对不起诉与附条件不起诉适用的条件是清楚的。两者均是依据法律已构成犯罪，但相对不起诉是不需要判处刑罚或者免除刑罚的犯罪，附条件不起诉是可能判处一年有期徒刑以下刑罚。但是在检察实务中，如何评判"可能判处1年有期徒刑以下刑罚的宣告刑的犯罪"和"犯罪情节轻微"，并没有明确的标准。它只能由检察人员根据犯罪情节和犯罪嫌疑人的人身危险性等诸多因素进行综合考量才能得出合适的结论。那么，在针对犯罪情节轻微的未成年犯罪嫌疑人时，两者就会出现重合，在适用上产生矛盾。有的同志认为："在司法实践中，当附条件不起诉与酌定不起诉在适用发生竞合时，适用附条件不起诉更为恰当。"[①] 笔者不同意这一观点。在针对犯罪情节轻微的未成年犯罪嫌疑人时，相对不起诉应具有适用上的优先性。从立法规定看，适用附条件不起诉案件的未成年犯罪嫌疑人的罪责应当比适用相对不起诉的未成年犯罪嫌疑人的罪责更加严重一些。根据最高人民检察院 2012 年 10 月 22 日颁布的《关于进一步加强未成年人刑事检察工作的决定》第 21 条规定，对于既可相对不起诉也可附条件不起诉的，优先适用相对不起诉。从立法精神而言，附条件不起诉是适用于那些符合起诉条件的案件。不少同志认为，附条件不起诉之所以用得少，是因为它与相对不起诉的条件难以区别。笔者认为，问题的关键不是两者条件难以区别，而是附条件不起诉办案成本高，检察人员不愿适用附条件不起诉。如浙江省衢州市检察机关 2013 年受理未成年人犯罪案件 125 件 136 人，适用相对不起诉 7 件，附条件不起诉案件 2 件，相对不起诉比率和附条件不起诉比率只占 5.14% 和 1.47%。附条件不起诉案件偏少，并不是因为相对不起诉用

---

① 李成林：《附条件不起诉与酌定不起诉发生竞合如何选择适用》，http：//www.jcrb.com/procu-ratorate/theories/ practice/201304/t20130403_ 1081593. html。

得多。在检察实践中，实现对未成年人犯罪的"宽缓化"，不是要减少相对不起诉的适用率，而是要大力推进附条件不起诉的适用。从案件情况看，衢州市检察机关受理的 125 件未成年人犯罪案件中，有相当一部分案件是完全可以适用附条件不起诉的。

（三） 进一步推进案件审查方式的诉讼化改造

1. 明确审查批捕阶段必须讯问犯罪嫌疑人。实务界对检察机关审查逮捕阶段能否讯问犯罪嫌疑人一直存有争议。[①] 刑事诉讼法修改后，最高人民检察院 2012 年 11 月 22 日颁布的《人民检察院刑事诉讼规则（试行）》（现已失效，以下简称《检察规则》）第 305 条第 1 款规定："侦查监督部门办理审查逮捕案件，可以讯问犯罪嫌疑人；有下列情形之一的，应当讯问犯罪嫌疑人：（一）对是否符合逮捕条件有疑问的；（二）犯罪嫌疑人要求向检察人员当面陈述的；（三）侦查活动可能有重大违法行为的；（四）案情重大疑难复杂的；（五）犯罪嫌疑人系未成年人的；（六）犯罪嫌疑人是盲、聋、哑人或者是尚未完全丧失辨认或者控制自己行为能力的精神病人的。"这表明，审查逮捕工作中讯问犯罪嫌疑人仍不是强制性要求。赋予犯罪嫌疑人申辩权有利于改变审查结构上的单向性，有利于形成犯罪嫌疑人与检察机关之间的诉讼制衡关系，从而增强对犯罪嫌疑人的人权保护。检察机关在审查批准逮捕阶段讯问犯罪嫌疑人，一是为了核实证据；二是为了听取犯罪嫌疑人的申辩意见，并进而审查犯罪嫌疑人是否具有社会危险性，采取取保候审、监视居住是否可以防止发生社会危险性；三是为了审查侦查机关在侦查过程中是否存在刑讯逼供、诱供等违法行为。浙江省人民检察院 2013 年 12 月 1 日印发的《关于审查逮捕阶段全面讯问犯罪嫌疑人的意见》，要求全省检察机关 2014 年 1 月 1 日起在审查逮捕阶段对被羁押的犯罪嫌疑人全部进行讯问，这无疑是明智之举，值得其他地方借鉴。

2. 探索公开审查案件的方式。"审查批准逮捕或决定逮捕，是审查决定嫌疑人审判前和审判中羁押的国家行为。由于长期羁押严重妨碍公民的人身自由权这一基本宪法权利，属于重大的程序性国家行为，因此不能由

---

① 陈米华：《审查逮捕阶段"每案必讯"合理性质疑》，《浙江检察》2006 年第 1 期；张建忠、方洁：《检察机关在审查批捕环节有权讯问犯罪嫌疑人》，《人民检察》2007 年第 15 期。

政府以其社会管理权限便宜行事、简单决定，而应当以司法的方式，即由独立的审查主体，听取羁押行为的利益方和不利益方双方意见后作出决定。"① 公开审查批捕案件已被列为全国检察机关进一步推进侦查监督工作改革的一项重要内容。从 2012 年起，上海市检察机关提出检察权司法化，其中一项重要内容就是审查逮捕方式由封闭运行向公开开放转变。2012 年 1 月至 8 月，上海检察机关共对 39 起案件 56 名犯罪嫌疑人的"社会危险性"进行了公开听审，依法批捕 28 人，不批准逮捕 28 人；其中，相对不捕 24 人，绝对不捕 3 人，存疑不捕 1 人。②

3. 充分发挥辩护律师的作用。"据统计，今年 1 月至 5 月，全国检察机关审查逮捕阶段共听取辩护律师意见 2530 件。"③ 这表明辩护律师介入批捕程序的比例不高。审查逮捕阶段听取辩护律师意见，既保证律师合法权利的行使，也有助于检察机关把好批捕关，避免冤案错案的发生。刑事诉讼法第 86 条规定，检察院审查批准逮捕，可以询问证人等诉讼参与人，听取辩护律师的意见；辩护律师提出要求的，应当听取辩护律师的意见。《检察规则》也作出了相关规定，但是缺少操作性规定，导致律师在审查批准逮捕阶段作用不明显。2013 年初，山东费县人民检察院根据修改后刑事诉讼法的相关规定，结合办案实际，就审查批捕阶段听取律师意见的案件范围、听取律师意见的程序、律师提出意见的方式等作出了规范，并对检察人员听取、采纳律师意见的实体和程序作出了明确规定，要求案件承办人在制作审查逮捕意见书时，对律师意见的听取及采纳情况作详细的书面记录，进一步保障律师的权利，维护犯罪嫌疑人的合法权益。截至目前，该院在审查逮捕阶段已对 22 件 25 人听取了律师意见，并对其中 11 件 13 人作出了不捕决定。④

（四）完善羁押替代措施，探索取保候审、监视居住新路径

《联合国少年司法最低限度标准规则》第 13.2 条规定，审前拘留"如

---

① 龙宗智：《检察机关办案方式的适度司法化改革》，《法学研究》第 2013 年第 1 期。
② 赵阳：《审查逮捕从封闭运行到公开透明》，《法制日报》2013 年 11 月 4 日，第 5 版。
③ 徐日丹、祝连勇：《侦查监督环节如何防范冤假错案》，《检察日报》2013 年 6 月 23 日，第 3 版。
④ 卢金增等：《采纳律师意见依法不捕 13 人——山东费县：细化审查批捕阶段听取律师意见相关规定》，《检察日报》2013 年 12 月 19 日，第 2 版。

有可能，应采取其他替代办法，诸如密切监视、加强看管或安置在一个家庭或一个教育机关或环境内"。在审查批捕实践中，未成年人之所以羁押率高，在相当程度上是与目前缺乏具有可操作性的羁押替代措施不无关系。要有效降低审前羁押率，必须建立或完善适合于未成年人的审前羁押替代性措施。

1. 扩大对"固定住所"的理解。要让更多的外来未成年人享有取保候审的权利，就要破除陈旧观念，扩大"固定住所"的内涵。目前，我国人户分离的现象已经非常普遍。据统计，2011 年，人户分离人口达 2.71 亿，比上年增加 977 万人；其中，流动人口（人户分离人口中不包括市辖区内人户分离的人口）为 2.30 亿，比上年增加 828 万人。[①] 在 2006 年底，慈溪市经正式登记的外来人员已达 70 万人，是当地常住人口的 70%。[②] 近年来，上海、广东等地相继开始对外来务工人员实行居住证制度，逐步确立外来人员享有与本地居民同等待遇的政策措施，宁波这方面的改革也是走在全国前列的。2007 年 11 月 7 日，宁波市人民检察院经过反复研究讨论出台了《关于办理外来人员犯罪案件中贯彻宽严相济刑事司法政策的实施意见》（征求意见稿）。制定该文件是为了使宁波能走在全国前列，早日实现外来人员享有"同城待遇"，但由于各种矛盾，尤其是公安机关不支持及制度不配套等原因，这一改革举措不了了之，没有收到应有的效果。目前司法机关对"固定住所"都理解为户籍所在地。这种传统的解释已不适应司法实践的要求。除外来犯罪人员中属盲流、流窜作案这部分人外，对于外来人员中在本地已具有一定社会关系，有临时或正常工作，有临时、固定住所（包括租住、借住等）等条件的，都应视为有"固定住所"，从而可以适用取保候审措施。

2. 建立新型的涉罪未成年人管护中心。近几年来，一些地方如上海、江苏无锡和常州、福建省晋江等地，先后以民营企业、学校、老年活动中心、妇女爱心院等为基础，建立起专门为涉案未成年人取保候审服务的

① 参见《统计局发布 2011 年我国人口总量及结构变化情况》，http：//www. gov. cn/gzdt/2012 - 01/18/content_ 2047892. htm。
② 2011 年度，宁波市登记流入人口总数近 430 万人，外来人口与户籍人口之比高达 75：100，省外流入占总数的 88.52%。宁波成为浙江外来人口第一大市。这些人口主要来自安徽、四川、贵州、江西、河南，这五个省占流动人口总数的 62.19%（参见沈莉萍：《我市登记流入人口已近 430 万》，《宁波晚报》2012 年 3 月 29 日，第 A4 版）。

"管护基地"。这些基地的基本功能就是为本地不符合取保候审条件的外来涉案未成年人提供住宿、工作和生活条件，并承担担保人职责。① 笔者建议，各地（县、市、区）都要建立一个乃至若干个由政法委牵头，公安、司法、教育、社保、民政、社区、共青团、妇联及企业等部门参与的"管护中心"。该中心实行生活、教育、劳动为一体，成为新时期的"工读学校"，未被羁押的未成年人在这个中心享有人身自由，接受职业教育和心理疏导，并参加恰当的劳动。

3. 扩大指定居所监视居住的适用。旧刑事诉讼法将取保候审与监视居住规定了同样的适用条件，实践中监视居住要么不适用，一旦适用又成了事实上的羁押。理论和实务界对于监视居住措施一直存在废除论和保留论两种观点。2012 年刑事诉讼法修改时，立法机关指出："考虑到监视居住的特点和实际执行情况，修改后的刑事诉讼法将监视居住定位于逮捕的替代措施，并规定了与取保候审不同的适用条件。"② 可见，最终立法机关不仅采纳了保留论，而且进一步扩大指定居所监视居住的适用范围。可见，这次刑事诉讼法修改，对监视居住的适用范围、条件、场所及被监视居住人的义务等方面进行了全面的调整，事实上对监视居住强制措施进行了重新界定。根据刑事诉讼法第 72 条规定，对符合取保候审条件的犯罪嫌疑人、被告，如果不能提出保证人，又不能交纳保证金的，可以适用监视居住。在外来未成年犯罪嫌疑人中，符合这种情况的比较多，按照以往做法，只能逮捕羁押，现在则可以监视居住。

监视居住的执行场所是执行程序中的核心问题。立法仅规定监视居住应当在住处或指定的居所执行，并明确"不得在羁押场所、专门的办案场所执行"，但并未对指定居所进行界定。如何理解"指定居所"争议很大。最高人民检察院《检察规则》第 110 条规定："指定的居所应当符合下列条件：具备正常的生活、休息条件；便于监视、管理；能够保证办案安全。采取指定居所监视居住的，不得在看守所、拘留所、监狱等羁押、监管场所以及留置室、讯问室等专门的办案场所、办公区域执行。"2012 年《公安机关办理刑事案件程序规定》第 108 条第 2 款、第 3 款强调："指定

---

① 卢杰：《管护基地有效降低未成年人羁押率》，《法制日报》2012 年 6 月 11 日，第 5 版。

② 全国人民代表大会常务委员会王兆国副委员长 2012 年 3 月 8 日在第十一届全国人民代表大会第五次会议上所作的《关于〈中华人民共和国刑事诉讼法（修正案草案）〉的说明》。

的居所应当符合下列条件：（一）具备正常的生活、休息条件；（二）便于监视、管理；（三）保证安全。公安机关不得在羁押场所、专门的办案场所或者办公场所执行监视居住。"上述两个规定都是界定了指定的居所应具备的条件，并未明确列举指定居所监视居住的执行场所。而最高人民法院2012年《关于适用〈中华人民共和国刑事诉讼法〉的解释》则认为："关于对指定的居所的要求和限制、场所的选定、费用的承担等问题，有的属于办案机关内部操作事项，不便在解释中规定，有的情况复杂，难以规定，可由办案机关在实践中把握。"① 笔者建议将指定监视居住地点固定化。不少同志担心，指定居所固定化，指定居所监视居住就会成为变相的羁押。这种担心是不必要的。首先，明确指定居所的功能定位。指定的居所不是羁押的场所，尽管它限制犯罪嫌疑人、被告人的自由，但它是其生活、休息的地方。其次，指定的居所不是讯问犯罪嫌疑人的场所。有的同志认为，讯问可以在指定的居所进行。"监视居住状态下讯问活动的规范重点应是指定居所的监视居住。讯问活动通常在监视居住的执行场所进行。"② 指定居所一旦可以成为侦查讯问的处所，指定居所就成了专门的办案场所。为了防止将指定居所成为专门的办案场所甚至羁押场所，应当明确禁止公安司法机关在指定的居所讯问犯罪嫌疑人、被告人。再次，如果指定的居所必须是临时的、多变的，即只能是个体化、分散式的监管。同时，这种不固定的方法，公安机关缺乏或难以安装针对个案中的特定个人的警戒设备。为监视一个个分散化的犯罪嫌疑人、被告人，公安机关不得不投入更多的人力、物力和财力。而固定化的居所，可集中、重复使用。由于实行统一的管理制度，公安机关可以投入较少的警力、警戒设备等，可以实现对较多被监视居住人的监控，这可以大大节约司法资源。有鉴于此，笔者认为，宜统一由市（地）一级公安机关在全市范围内统一建造或确定符合法律要求的指定居所。公安机关、检察机关及人民法院所办理的各类刑事案件中符合指定居所监视居住条件的犯罪嫌疑人、被告人，都只能在这一指定居所执行。这样既方便公安机关对指定居所监视居住的执行，也有利于检察机关对指定居所监视居住的监督，防止公安司法机关对

---

① 江必新主编：《最高人民法院关于适用〈中华人民共和国刑事诉讼法〉的解释的理解与适用》，中国法制出版社2013年版，第141页。

② 李建明：《适用监视居住措施的合法性与公正性》，《法学论坛》2012年第3期。

指定居所的滥用，确保犯罪嫌疑人、被告人的合法权利不受非法侵害。

（五） 整合办案力量， 化解案多人少的矛盾

由于案多人少矛盾突出，东西部地区形成鲜明对比。如2007年，郑州市检察院就探索实行了取保直诉备案审查机制。随后，围绕轻微刑事案件非羁押诉讼工作，郑州市检察院相继推出刑事和解、风险评估、内部监督制约、捕后变更强制措施备案审查、捕后撤案备案审查、侦查机关提请逮捕未成年人必要性说明制度等10项配套工作机制，形成非羁押诉讼的体系。5年多来，郑州市检察机关共对2万多名犯罪嫌疑人适用了非羁押诉讼，非羁押诉讼率由2007年的6%上升到2011年的43%。为了推进非羁押诉讼工作开展，河南省检察院将非羁押诉讼工作作为2011年和2012年向社会公开承诺办好的十件实事之一。[①] 但上述制度在案多人少的浙江省检察机关难以推行。新一轮的司法改革即将展开，如何优化执法资源应是司法改革的主题之一。所以，在检察院内部如何精简整合内设机构，压缩非办案人员职数，保证执法一线需求，是检察改革必须考虑的内容。比如在未来检察体制改革中，是否可以以省为范围，根据执法数量，实行检察机关纵向、横向的编制调整。案多人少矛盾不解决，一些"宽缓化"的好制度是不可能真正得到落实的。

为解决案多人少的矛盾，各地应当积极探索新的办案机制。如浙江省衢州市柯城区检察院联合该区司法局等单位联合出台文件，在办理未成年人附条件不起诉案件中将社会考察与帮教工作等事务转移给司法行政部门。其具体操作程序如下：第一，社会调查。检察院审查案件后，认为未成年犯罪嫌疑人符合附条件不起诉条件的，向司法局发委托调查函，同时附送案件相关情况材料。司法局根据委托函及材料，指定犯罪嫌疑人所在地的司法所，对犯罪嫌疑人进行社会调查。司法所接到调查通知后，通过走访家庭、学校、社区等有关组织和人员就该未成年人的个性特点、成长经历、家庭情况、社会活动、平时表现等方面进行全面调查，并在7个工作日内向司法局提交社会调查报告，由司法局将调查报告反馈给检察院。第二，帮教。检察机关作出不起诉决定后，设立三年的帮教回访期，由司

[①] 高传伟、吕峰、许强：《河南：积极推行非羁押诉讼化解矛盾促进和谐》，《检察日报》2012年7月2日，第2版。

法所根据犯罪嫌疑人的生理、心理特点和犯罪情况，落实帮教人员，建立帮教小组，制定帮教计划，确定帮教期限、措施。帮教小组成员一般由检察院案件承办人、司法所工作人员、犯罪嫌疑人所在地的社会工作者、社区村组干部等组成，必要时可以邀请律师、心理咨询师、教师等社会力量参与，案件承办人在其中主要承担对帮教的指导、监督工作。将附条件不起诉前的社会考察与决定不起诉后的帮教事务转移给司法行政部门，不但大大减轻了检察人员的工作负担，提高了考察与帮教行为的专业性，而且符合诉讼规律，有助于形成部门之间互相配合、互相制约的权力制约监督机制。

（六）完善考核制度，构建合理、科学的激励机制

"经济人是古典和现代经济学理论分析的一个共同假设前提。他们根据自己的偏好和最利于自己的方式进行活动，他们是理性的、追求个人利益最大化的经济人。其一切行为都表现为趋利避害，谋求自身利益最大化……当执法者严格执法或者努力提高工作效率与执法利润时，他（她）会自然而然地去考虑通过自身的努力所生产的利润是否与自身利益的挂钩（如晋升、工资提高等）。如果不挂钩，执法人员就会失去追求更高的执法效率和执法利润的动力。"[1] 目前，检察机关内部缺乏对承办人办案过程中保障人权、化解纠纷、贯彻宽严相济刑事政策方面的绩效考核。在这种考核制度下，承办人积极履行刑事和解，帮助被害人、犯罪嫌疑人达成和解，进行社会调查，联系帮教单位等，都无法得到内部考核及上级机关的充分肯定。对承办人而言，适用不批捕、不起诉，收益值低，而成本值和风险系数高；适用批捕、起诉，却是收益值高，成本值和风险值低。面临利益选择，办案人员都不会自觉主动地选择适用不捕、不诉。要降低不捕率，提高不诉率，必须着力改变现实的考核指标项目，降低办案人的责任风险。

1. 建立严格的案件质量评价标准。那种"破案批捕起诉定罪率均达100%"的宣传是违背诉讼规律的。[2] 如果公安机关考核批捕率必然与犯罪嫌疑人羁押必要性的要求相冲突。2013 年 8 月，中央政法委和公安部先后

---

① 陈宗波、阳芳、蒋团标：《法律的经济解释》，广西师范大学出版社 2004 年版，第 359—360 页。

② 黄继辉、严鲲鹏：《破案批捕起诉定罪率均达 100%》，《法制日报》2010 年 3 月 28 日，第 2 版。

下发《关于印发〈关于切实防止冤假错案的规定〉的通知》（中政委〔2013〕27号）和《关于进一步加强和改进刑事执法办案工作切实防止发生冤假错案的通知》（公通字〔2013〕19号），提出建立健全科学合理、符合司法规律的办案绩效考评制度，不能片面追求破案率、批捕率、起诉率、定罪率等指标。2013年11月，河南省公安厅出台《关于进一步加强和改进刑事执法工作切实防止冤假错案的十项措施》，十项措施出台后，河南省公安部门将不再以"破案率""批捕数""起诉数""退查率"等指标搞排名通报。[1] "以办案的终局环节评价案件的质效最为客观公正，也最有说服力。这种'以结果论英雄'的案件质量评价标准，以结果倒置式的思路外部考量检察执法办案的成败得失，是最严格的检察案件质量评价标准。"[2] 目前，检察机关对捕后判处轻刑的没有纳入批捕质量评价范围，这客观上为"有罪即捕"提供了制度空间，也使逮捕条件中的"社会危险条件"和羁押必要性审查形同虚设。以办案的终局环节评价案件的质效是合理科学的。

2. 对不捕、不诉（包括附条件不起诉）案件设置单独的奖励分值。不捕、不诉案件不仅工作量数倍于批捕、起诉案件，而且有利于保障人权，体现了宽严相济刑事政策"宽"的一面。对不捕、不诉的，不仅在计算工作量时要加倍，而且在记功表彰方面也要单立项目，以鼓励办案人员少捕、少诉。

3. 建立不捕、不诉风险免责制度。只要办案人员在审查案件时尽到审慎义务，并依照法定条件和法定程序决定不捕、不诉的，就视为合法履行职责。除有徇私舞弊、贪赃枉法等违法渎职行为需要依法查处外，即使被取保人有逃避诉讼或重新犯罪的，也应免除办案人员的法律责任。

---

① 《防止冤假错案，河南警方废除"破案率"》，《新京报》2013年11月15日，第A30版。

② 王祺国：《关于转变检察执法办案方式的若干思考》，《人民检察》2012年第13期。

第八章　检察侦查管辖权70年①

问题的提出

2016年11月7日，中共中央办公厅印发《关于在北京市、山西省、浙江省开展国家监察体制改革试点方案》，揭开监察体制改革的序幕。基于近一年的试点经验，2017年10月18日，党的十九大报告明确要"深化国家监察体制改革，将试点工作在全国推开"，11月4日，全国人大常委会通过的《关于在全国各地推开国家监察体制改革试点工作的决定》规定，在试点期间暂时调整或者暂时停止适用刑事诉讼法关于检察机关对直接受理的案件进行侦查的有关规定。本来检察侦查管辖权一直被视为检察权的核心内容，查办和预防职务犯罪是检察机关最重要的，也是最繁重的工作之一。这一重大改革方案的出台，"意味着原先具有法律监督属性的一部分监督职务犯罪的职能将移转至监察委员会"，检察机关是否仍为宪法上的唯一的法律监督机关值得反思。② 随着反贪、反渎及职务犯罪预防部门的转隶，检察机关面临重建四十年来最大的挑战和考验。经过近一年试点，原本试点中已完全取消的检察侦查管辖权得以部分保留。2018年10月26日，第十三届全国人民代表大会常务委员会第六次会议审议通过了《关于修改〈中华人民共和国刑事诉讼法〉的决定》。根据修改后的《刑事诉讼法》第19条第2款规定，人民检察院在对诉讼活动实行法律监督中发现的司法工作人员利用职权实施的非法拘禁、刑讯逼供、非法搜查等侵犯公民权利、损害司法公正的犯罪，可以由人民检察院立案侦查。这是1996年《刑事诉讼法》对检察机关侦查管辖权作出重要调整后的又一次重

---

① 本文原载《河南警察学院学报》2019年第5期。

② 秦前红、叶海波等：《国家监督制度改革研究》，法律出版社2018年版，第225—227页。

大修正，进一步限制了检察机关的侦查管辖权。回顾与思考检察侦查管辖权 40 年的变迁，对于深刻认识检察机关的性质、职能，精准把握检察工作重点和未来检察发展方向，无疑具有重要的理论和现实意义。

一、 检察机关侦查管辖权 70 年之回顾

我国的检察侦查管辖权在新中国成立以来的法制建设进程中，经历了多次重大变化，但一直是检察权的重要组成部分。

（一） 1949—1978 年： 检察侦查管辖权的确立

1949 年 12 月 21 日，中央人民政府颁布的《中央人民政府最高人民检察署试行组织条例》规定，检察机关"对刑事案件实行侦查，提起公诉"。当时公安机关和检察机关之间，没有实行侦查权限的划分。1951 年 9 月，《中央人民政府最高人民检察署暂行组织条例》和《各级地方人民检察署组织通则》中将原"对刑事案件实行侦查，提起公诉"之权，改为检察机关"对反革命及其他刑事案件，实行检察，提起公诉"。将侦查权更改为检察权，似乎含有将更多、更具体的侦查活动划归公安机关执行的含义。但即使如此，也不能说检察权中未包括侦查权。[1] 从实践看，在这期间，检察机关仍然行使侦查权。如 1951 年 11 月、1952 年 2 月，中共中央发出开展"三反""五反"运动指示后，各级检察机关积极投入运动中去。原天津地委书记刘青山、专员张子善重大贪污案发后，河北省人民检察署，在中共河北省委和省人民政府领导下，组成了以孙光瑞检察长为组长，有关部门负责人为成员的联合检查组，并设立由检察长领导的侦讯办公室，对刘青山、张子善一案全面进行侦查讯问。1952 年 2 月，刘青山、张子善被判处死刑，立即执行。[2]

1954 年 9 月 20 日，我国颁布了新中国第一部宪法，确立了人民代表大会下"一府两院"的国家体制，明确了检察机关在国家机构中的地位及其领导体制。同时颁布的第一部《人民检察院组织法》第 4 条第 2 项规

---

① 张培田、张华：《近现代中国审判检察制度的演变》，中国政法大学出版社 2004 年版，第307 页。

② 李士英主编：《当代中国的检察制度》，中国社会科学出版社 1988 年版，第 48—51 页。

定，检察机关"对于刑事案件进行侦查，提起公诉，支持公诉"。虽然立法明确了检察机关享有侦查权，但检察侦查管辖的范围并不明确。期间最高人民检察院1956年2月10日《1956年至1957年检察工作规划》曾提出："积极开展刑事案件的侦查工作，要求在两年之内把应由检察机关自行负责侦查的侦查工作全部担负起来。计划在1956年侦查重要刑事案件15万件，1957年全部担负起应由检察机关自行负责侦查的40万件左右刑事案件的侦查工作任务。"[1] 显见最高人民检察院是大大扩张了自身的刑事侦查权。根据最高人民检察院检察长张鼎丞1957年7月1日在第一届全国人大第四次会议上所作的《关于1956年以来检察工作情况的报告》，1956年以来，"各级人民检察院进行了职务犯罪案件、经济犯罪案件和侵犯人权犯罪案件的侦查工作。根据1956年的不完全统计，检察机关侦查的刑事案件中贪污公共财产的案件占百分之四十一，妨害社会经济秩序的案件占百分之十点八，侵犯人身权利的案件占百分之三十七点六，其他案件占百分之十点六"[2]。这种扩张侦查管辖权的做法并不符合检察实践。所以，最高人民检察院1957年12月20日《关于1957年检察工作情况和1958年检察工作意见》指出："关于刑事案件的侦查工作，根据中央法律委员会的指示，正在同中央几个有关机关进行研究，在中央未作出决定之前，各地可暂按照现在的情况进行工作。"[3]

1958年8月15日，第四次全国检察工作会议通过的《检察机关的今后任务》指出："今后检察机关自行侦查，主要是搞贪污、渎职犯罪案件和党委交办的其他案件。"[4] 该文件已把检察机关侦查管辖的范围主要限制在职务犯罪。最高人民法院、最高人民检察院、公安部于1962年11月30日发布的《关于公、检、法三机关受理普通刑事案件的职责范围的试行规定》明确规定："属于国家机关工作人员、基层干部和企业的职工中贪污、侵吞公共财产、侵犯人身权利等严重行为已经构成犯罪需要依法处理的，由检察机关受理，提起公诉，法院审理判决。"这就意味着，检察机关的侦查权从这个时期起开始局限于对国家机关工作人员、基层干部和企业职工实施的部分犯罪进行侦查。1962年12月2日，最高人民检察院和公安

---

① 闵钐编：《中国检察史资料选编》，中国检察出版社2008年版，第536页。

② 闵钐编：《中国检察史资料选编》，中国检察出版社2008年版，第552页。

③ 闵钐编：《中国检察史资料选编》，中国检察出版社2008年版，第580页。

④ 闵钐编：《中国检察史资料选编》，中国检察出版社2008年版，第596页。

部联合发布的《关于办理刑事案件的联合通知》规定："由检察机关受理的案件中，属于重大复杂、需要侦查破案的，应由公安机关进行侦查。"[1]这表明公安机关也行使职务犯罪侦查权。自1966年开始的"文化大革命"十年，检察机构被撤销，检察侦查管辖权被取消。

（二）1979—1997年：检察侦查管辖权不断扩张

1978年开始，我国进入了改革开放、民主法制建设的新时期。1979年颁布的《人民检察院组织法》，根据新时期我国法制建设的客观实际和检察制度恢复重建后的发展方向，规定了我国检察机关的基本职权。该法第5条第2项规定："对于直接受理的刑事案件，进行侦查。"同日通过的《刑事诉讼法》第13条第2款规定："贪污罪、侵犯公民民主权利罪、渎职罪以及人民检察院认为需要自己直接受理的其他案件，由人民检察院立案侦查和决定是否提起公诉。"最高人民法院、最高人民检察院与公安部1979年12月15日发布的《关于执行刑事诉讼法规定的案件管辖范围的通知》规定，检察机关直接管辖22类案件。[2] 最高人民法院、最高人民检察院与公安部1983年7月26日发布的《关于重婚案件管辖问题的通知》，又将"对于被害人不控告，而由人民群众、社会团体或有关单位提出控告的重婚案件"，明确由检察机关立案管辖。是年，最高人民法院、最高人民检察院与公安部将原检察机关管辖的盗伐、滥伐森林案件改由公安机关管辖。1988年1月21日，全国人大常委会通过《关于惩治贪污罪贿赂罪的补充规定》，挪用公款案、巨额财产来源不明案、隐瞒不报境外存款案由人民检察院立案侦查。1995年2月28日，全国人大常委会通过《关于惩治违反公司法的犯罪的决定》，商业贿赂罪、职务侵占罪和挪用资金罪因原属贪污贿赂犯罪范围，仍由检察机关行使管辖权。

在这期间，为了更好地行使侦查管辖权，检察机关不断对内设侦查机构进行调整。检察机关重建之时，最高人民检察院设有经济检察厅、法纪

---

[1] 闵钐编：《中国检察史资料选编》，中国检察出版社2008年版，第424页。

[2] 贪污案；刑讯逼供案；诬告陷害案；破坏选举案；非法拘禁案；非法管制、搜查案；报复陷害案；非法剥夺宗教信仰自由案；伪证陷害、隐匿罪证案；侵犯通信自由案；行贿、受贿案；泄露国家机密案；玩忽职守案；重大责任事故案；枉法追诉、包庇、裁判案；体罚虐待人犯案；私放罪犯案；偷税、抗税案；挪用救灾、抢险等款物案；假冒商标案；盗伐、滥伐森林案；人民检察院认为需要自己直接受理的其他案件。

检察厅。1985 年各级检察机关为适应涉税犯罪案件的侦查需要，陆续建立税务检察部门。1989 年将经济检察厅更名为贪污贿赂检察厅，1995 年又更名为反贪污贿赂总局。

随着检察侦查管辖范围的不断扩大，检察机关开始把刑事侦查作为检察工作的重点。"从 1988 年第四季度开始，最高人民检察院把惩治贪污贿赂犯罪作为检察工作的重点，确定为打击经济犯罪的第一位工作。"① 不论是最高人民检察院还是地方各级人民检察院，每年在向人代会报告工作时，都把直接立案侦查工作的情况作为检察工作的重要内容。随着检察机关侦查管辖范围的不断扩大以及各级检察机关对侦查工作的日益重视，检察机关立案侦查的案件数量不断上升：1978—1982 年是 47000 件，1983—1987 年是 190000 件，1988—1992 年是 391646 件，1993—1997 年是 387353 件。②

（三）1997—2017 年： 检察侦查管辖权受到限缩

1993 年《刑事诉讼法》修改提上议事日程。此时，在侦查管辖问题上，"存在的问题主要是，检察机关自行侦查案件范围过宽"。原因是：贪污罪和渎职罪，犯罪主体是国家工作人员，但侵犯公民民主权利罪范围比较宽，尤其是对于"人民检察院认为需要自己直接受理的其他案件"，由于规定得比较原则，在理解上任意性大，更容易造成扩大解释。1980 年刑法施行后，全国人大常委会又通过了 20 多个修改刑法的决定或补充规定，在这些决定和补充规定中，又增加了一些新的犯罪。对这些新罪名的管辖分工在法律文件中均未作规定。在这种情况下，人民检察院作为法律监督机关，根据"认为需要自己直接受理的其他案件"进行管辖。③ "在如何修改和完善人民检察院直接立案侦查案件范围的问题上，目前刑事诉讼法学界建议不少，方案也不尽相同，但有一个共识，都认为检察机关直接立案侦查案件范围不应超出国家工作人员职务犯罪这个界限。"④ 所以，1996

① 刘复之检察长在 1993 年 3 月 22 日第八届全国人民代表大会第一次会议上所作的《最高人民检察院工作报告》。
② 数据来源于历年最高人民检察院工作报告。
③ 郎胜主编：《关于修改刑事诉讼法的决定释义》，中国法制出版社 1996 年版，第 34 页。
④ 陈光中、严端主编：《中华人民共和国刑事诉讼法修改建议稿与论证》，中国方正出版社 1995 年版，第 130—131 页。

年 3 月 7 日第八届全国人大第四次会议通过的《关于修改〈中华人民共和国刑事诉讼法〉的决定》，对检察机关的侦查管辖权作出了重大修改。修改后的《刑事诉讼法》第 18 条第 2 款规定："贪污贿赂犯罪，国家工作人员的渎职犯罪，国家机关工作人员利用职权实施的非法拘禁、刑讯逼供、报复陷害、非法搜查的侵犯公民人身权利的犯罪以及侵犯公民民主权利的犯罪，由人民检察院立案侦查。对于国家机关工作人员利用职权实施的其他重大的犯罪案件，需要由人民检察院直接受理的时候，经省级以上人民检察院决定，可以由人民检察院立案侦查。"

1997 年 3 月 14 日新修订的刑法单设第 8 章贪污贿赂罪和第 9 章渎职罪。"六部委" 1998 年 1 月 19 日《关于刑事诉讼法实施中若干问题的规定》将检察机关侦查管辖的范围限制在第 8 章、第 9 章的罪名中。[①] 其他非国家工作人员受贿案、对非国家工作人员行贿案、职务侵占案、挪用资金案、挪用特定款物案以及非国家机关工作人员或其他单位工作人员的渎职犯罪案件则全部划归公安机关管辖。此外，对检察机关的机动侦查管辖权也严格限制在：犯罪主体是国家机关工作人员；犯罪行为必须是利用职权实施的；从严重性上看，犯罪必须是重大的；从程序上看，必须经省级以上人民检察院决定。

由于侦查管辖范围的缩小，尽管各级检察机关"认真履行对职务犯罪案件的侦查职责，不断加大办案力度"，2000 年将法纪检察厅更名为渎职侵权检察厅，2005 年更名为反渎职侵权局；2000 年又成立了职务犯罪预防厅。但由于侦查管辖范围的限制，检察机关立案侦查的数量已不能与 1997 年之前相比较。1998—2002 年的 5 年间，全国检察机关立案侦查贪污贿赂、渎职等职务犯罪案件下降到 207103 件（比前五年下降了 46.5%），2003—2007 年及 2008—2012 年更是下降到 179696 件（又比前五年分别下降 13.2%）和 165787 件。

2012 年我国第二次对《刑事诉讼法》进行大修。这次修改虽然未对检察院侦查管辖范围作出任何调整，但进一步强化了检察机关其他侦查权力，如检察机关有权适用指定居所的监视居住（对特别重大贿赂犯罪案

---

① 贪污贿赂罪（12 个罪名）和国家机关工作人员渎职犯罪（34 个罪名）及国家机关工作人员利用职权实施的下列侵犯公民人身权利和民主权利的犯罪案件：非法拘禁案（第 238 条）；非法搜查案（第 245 条）；刑讯逼供案（第 247 条）；暴力取证案（第 247 条）；虐待被监管人案（第 248 条）；报复陷害案（第 254 条）；破坏选举案（第 256 条）等 7 个罪名。

件），有权采取技术侦查措施（对重大的贪污、贿赂犯罪案件以及利用职权实施的严重侵犯公民人身权利的重大犯罪案件）等。党的十八大之后，随着中央反腐力度的加大，2015 年最高人民检察院进一步调整内设机构，整合组建了新的"反贪污贿赂总局"。

（四）2018 年至今：检察侦查管辖权暂停行使和进一步限缩

1. 检察侦查管辖权暂停行使。为坚持和加强党对反腐败工作的集中统一领导，党的十八届六中全会决定深化国家监察体制改革，建立集中统一、权威高效的监察体系。2016 年 11 月 7 日，中办印发《关于在北京市、山西省、浙江省开展国家监察体制改革试点方案》，揭开监察体制改革的序幕。根据《试点方案》，北京市、山西省、浙江省的检察机关的侦查管辖权暂停行使。基于近一年的试点经验，2017 年 10 月 29 日，中办印发《关于在全国各地推开国家监察体制改革试点方案》，部署在全国范围内深化国家监察体制改革的探索实践。11 月 4 日，全国人大常委会通过《关于在全国各地推开国家监察体制改革试点工作的决定》，据此，试点工作在全国各地推开。《决定》规定：人民检察院查处贪污贿赂、失职渎职以及预防职务犯罪等部门的相关职能整合至监察委员会；调整或者暂时停止适用《刑事诉讼法》第 3 条、第 18 条、第 148 条以及第 2 编第 2 章第 11 节关于检察机关对直接受理的案件进行侦查的有关规定，《人民检察院组织法》第 5 条第 2 项，《中华人民共和国检察官法》第 6 条第 3 项。这样检察侦查管辖权被暂停行使。"2018 年 2 月底，全国四级检察机关反贪、反渎和预防部门职能、机构及 44151 名检察干警全部按时完成转隶。"[①]

2. 检察侦查管辖权恢复和进一步限缩。2018 年 3 月，十三届全国人大一次会议审议通过了宪法修正案和监察法。《中华人民共和国监察法》（简称《监察法》）第 4 条规定："监察委员会依照法律规定独立行使监察权，不受行政机关、社会团体和个人的干涉。监察机关办理职务违法和职务犯罪案件，应当与审判机关、检察机关、执法部门互相配合，互相制约。监察机关在工作中需要协助的，有关机关和单位应当根据监察机关的要求依法予以协助。"《监察法》明确职务犯罪案件由监察机关办理。为了保障国

---

① 郑赫南：《"重塑性"变革是如何出炉的——最高检机关内设机构改革侧记》，《检察日报》2019 年 1 月 15 日，第 2 版。

家监察体制改革顺利进行，如何完善监察与刑事诉讼的衔接机制，成为刑事诉讼立法的当务之急。2018 年 4 月，《中华人民共和国刑事诉讼法（修正草案）》首次提交全国人大常委会审议。在《中华人民共和国刑事诉讼法（修正草案）》审议修订期间，检察机关侦查管辖权的调整引起学界的高度关注。① 2018 年 10 月 26 日，十三届全国人大常委会第六次会议通过《关于修改〈中华人民共和国刑事诉讼法〉的决定》。修改后的《刑事诉讼法》第 19 条第 2 款规定："人民检察院在对诉讼活动实行法律监督中发现的司法工作人员利用职权实施的非法拘禁、刑讯逼供、非法搜查等侵犯公民权利、损害司法公正的犯罪，可以由人民检察院立案侦查。对于公安机关管辖的国家机关工作人员利用职权实施的重大犯罪案件，需要由人民检察院直接受理的时候，经省级以上人民检察院决定，可以由人民检察院立案侦查。"这一立法规定，既否定了检察机关"那种针对国家公职人员的立案侦查权，作为一种'刚性监督手段'，则永远不复存在了"的观点，② 也没有肯定"重新构建的检察侦查权只限于对特殊案件的侦查，并且局限于与法律实施直接相关的犯罪案件，从而有可能使检察机关成为名副其实的法律监督机关"。③ 从最终修正条文看，检察机关暂停行使一年多的侦查管辖权得以恢复和保留，但与原刑事诉讼法规定相比，侦查管辖的范围已大大缩小。随后，最高人民检察院于 2018 年 11 月 24 日颁布《关于人民检察院立案侦查司法工作人员相关职务犯罪案件若干问题的规定》（以下简称《规定》），明确人民检察院在对诉讼活动实行法律监督中，发现司法工作人员涉嫌利用职权实施的 14 种侵犯公民权利、损害司法公正的犯罪案件，可以立案侦查。④

---

① 薛应军：《学者建议完善刑诉法草案》，《民主与法制时报》2018 年 5 月 20 日，第 6 版。
② 陈瑞华：《论检察机关的法律职能》，《政法论坛》2018 年第 1 期。
③ 张智辉：《检察侦查权的回顾、反思与重构》，《国家检察官学院学报》2018 年第 3 期。
④ 14 种罪名为：1. 非法拘禁罪（刑法第 238 条）（非司法工作人员除外）；2. 非法搜查罪（刑法第 245 条）（非司法工作人员除外）；3. 刑讯逼供罪（刑法第 247 条）；4. 暴力取证罪（刑法第 247 条）；5. 虐待被监管人罪（刑法第 248 条）；6. 滥用职权罪（刑法第 397 条）（非司法工作人员滥用职权侵犯公民权利、损害司法公正的情形除外）；7. 玩忽职守罪（刑法第 397 条）（非司法工作人员玩忽职守侵犯公民权利、损害司法公正的情形除外）；8. 徇私枉法罪（刑法第 399 条第 1 款）；9. 民事、行政枉法裁判罪（刑法第 399 条第 2 款）；10. 执行判决、裁定失职罪（刑法第 399 条第 3 款）；11. 执行判决、裁定滥用职权罪（刑法第 399 条第 3 款）；12. 私放在押人员罪（刑法第 400 条第 1 款）；13. 失职致使在押人员脱逃罪（刑法第 400 条第 2 款）；14. 徇私舞弊减刑、假释、暂予监外执行罪（刑法第 401 条）。

二、 检察机关侦查管辖权 40 年变迁之反思

回望 70 年，特别是改革开放以来的 40 年，检察机关的侦查管辖权不断调整和变迁，它应给我们带来哪些思考呢？

思考之一：检察权包括检察侦查管辖权的变迁，符合检察发展规律。

纵观中外司法制度史，各国的公安（警察）机关、审判机关的性质、职能比较明确，相对统一，而检察机关、检察制度则差异很大。仅从国家权力配置的结构类型看，检察权就存在着平面化的权力结构模式（美国为代表）、半平面化的权力结构模式（英国和法国为代表）和层级化的权力结构模式（苏联、东欧和我国）。① 即使世界上较早建立检察制度，迈入法治国家的英国，也是经历了几个世纪的发展，才逐步确立、臻于完善，而掌控刑事公诉的检察机关直到 1986 年才产生并开始运作，由此强化了检察机关在刑事诉讼中的地位和作用，并最终形成了不同于英美法系其他国家，更不同于大陆法系国家的检察制度。② 在我国检察制度中，历史上，检察院曾"三起三落"，1960 年一度把检察机关合并入公安机关，"文化大革命"时期则被撤销乃至 1975 年宪法中确认了检察机关取消这一事实。③ 10 年前，孙谦同志曾指出："过去的 60 年，尤其是过去的 30 年中，'监督'二字在检察理论上引起的争议可以说是检察理论研究中'永恒的主题'。监督与检察的关系、监督与公诉的关系、监督与司法（审判）的关系、监督与侦查的关系，等等，各种学说纷呈，大量的词语交织、缠绕，剪不断，理还乱。"④ 所以，万毅教授将检察机关视为至今仍是"一个尚未完成的机关"。⑤ 检察机关至今仍未完全定型，背后的制度逻辑需要检察机关和广大学者深思和探寻。正是基于检察权、检察机关的未定型，其侦查管辖权的不断变化和调整仍是检察制度改革的必然逻辑。40 年改革开放给我们的启示是："变"是不变的规律，检察制度更是如此。

---

① 王戬：《不同权力结构模式下的检察权研究》，法律出版社 2011 年版，第 26—40 页。

② 樊崇义、吴宏耀、种松志主编：《域外检察制度研究》，中国人民公安大学出版社 2008 年版，第 4—5 页。

③ 姚岳绒：《监察体制改革中检察院宪法地位之审视》，《中国政法大学学报》2018 年第 1 期。

④ 孙谦主编：《人民检察制度的历史变迁》，中国检察出版社 2009 年版，第 338 页。

⑤ 具体参见万毅教授所著的《一个尚未完成的机关——底限正义视野下的检察制度》（中国检察出版社 2008 年版）一书。

思考之二：检察侦查管辖权的调整事关反腐大业，旨在构建一个集中统一、权威高效的反腐败体制。

自从 1988 年检察机关将查办腐败犯罪案件作为检察工作的重点之后，30 多年来，检察机关依法查办职务犯罪案件，有力推进了党风廉政建设和反腐败斗争。在这一时期，检察机关走在反腐败的最前列，是查处腐败犯罪的排头兵、主力军。但随着腐败犯罪的日益严重，以检察为中心的反腐败体制客观存在着诸多弊端，主要表现在：（1）检察机关所查办的案件只是构成犯罪的行为，而无权对大量违规违纪行为进行查办。（2）刑事诉讼法对时限有严格界定，而借助纪委"双规"，又导致执纪执法手段混用，以致形成纪委办案成为常态，纪检、司法边界不清。（3）效率低下，由于大量案件经纪委再转反贪部门，严重影响办案效率。（4）检察机关集侦查、逮捕、公诉、监督于一身，有违侦、诉、审相互制约，各负其责的基本法治原则。（5）反腐力量上，检察办案力量严重不足。（6）职务犯罪侦查部门只是检察院的内设机构，其权威性依然无法与反腐败的职责使命相匹配。[①] 在国家监察委员会成立前，我国反腐败机构为四家：党内的纪检部门，行政机关的监察部门、预防腐败部门，检察机关的反贪局、反渎局、预防局，公安机关的经侦部门。在这种"多元主体"的体制下，反腐机构职能重叠、效率低下。由检察机关为主承担反腐败的重任，不符合我国检察机关的定位和职责要求，而且无法有效解决"监督者如何受监督"的难题。从国外、境外职务犯罪侦查权的配置来看，大体可分为三种模式：第一种是由警察行使侦查权；第二种是由检察官直接行使职务犯罪侦查权；第三种则是由专门机构行使职务犯罪侦查权。一个国家和地区选择何种模式，往往是由多种因素决定的，法律文化传统、诉讼模式、职务犯罪的特点、腐败的严重程度、侦查资源优势、侦查能力结构、公众的信任程度等均是影响性因素。通过比较法考察可以看出，"职务犯罪侦查权大体经历了由警察机构行使到由检察机关行使再到由专门机构行使的演进过程"[②]。在传统的刑事司法体制之外另设专门机构行使职务犯罪侦查权，有利于加强执法的独立性和有效性。《监察法》确立了一种集党纪调查权、

---

① 吴建雄：《国家监察体制改革背景下司法反腐的职能变迁与机制再造》，《中南大学学报（社会科学版）》2018 年第 2 期。

② 熊秋红：《监察体制改革中职务犯罪侦查权比较研究》，《环球法律评论》2017 年第 2 期。

政务调查权与刑事调查权于一身的单轨调查体制，适应了新时代反腐败的要求，标志着我国集中统一、权威高效的反腐败体制的初步形成。

思考之三：检察侦查管辖权的调整，更好地体现了我国独特的政治体制和制度优势。

我国具有独特的政治体制和制度优势。党政军民学，东西南北中，党是领导一切的。中国共产党的领导地位，是在领导中国人民进行革命、建设、改革的长期实践中形成的，是人民的选择、历史的选择。2018 年 3 月 11 日，第十三届全国人大一次会议通过的宪法修正案明确规定："中国共产党领导是中国特色社会主义最本质的特征。"根据中央精神和全国人大常委会的决定，监察委员会是具有中国特色的反腐败机构。早在 1993 年 1 月，根据中共中央、国务院的决定，中央纪委、监察部开始合署办公，实行一套工作机构，履行党的纪律检查和行政监察两项职能的体制。之后，全国各地的纪委和监察部门也陆续合署办公。合署办公的好处是力量集中、效率提升。党的十八大后，纪律检查工作领导体制进入深化改革的新阶段。2015 年 1 月，习近平总书记在十八届中央纪委五次全会上发表重要讲话，明确要求修改行政监察法。2016 年 1 月，习近平总书记在十八届中央纪委六次全会上强调，要坚持党对党风廉政建设和反腐败工作的统一领导，扩大监察范围，整合监察力量，健全国家监察组织架构，形成全面覆盖国家机关及其公务员的国家监察体系。2016 年 6 月至 10 月，中央全面深化改革领导小组、中央政治局多次开会研究监察体制的问题。从本质上来看，监察权的设立服务于反腐败工作的整体要求。国家监察是对行使公权力的公职人员最直接最有效的监督，本质上属于党和国家的自我监督。我国 80% 的公务员、95% 以上的领导干部是共产党员，党内监督和国家监察既具有高度内在一致性，又具有高度互补性。监察委员会是与党的纪检机关合署办公的，监察权实际上是由纪检机关与监察机关共同行使的。这种制度优势显然是检察权所无法实现的。

思考之四：法律监督权与职务犯罪侦查权的关系需要重新认识。

长期以来，我国主流检察理论认为："检察机关侦查权在性质上属于法律监督权，是法律监督权不可分割的重要组成部分。"[①] "在我国的政治体制下，职务犯罪侦查权由检察机关行使，符合我国的体制，也符合检察

① 孙谦主编：《检察理论研究综述（1999~2009）》，中国检察出版社 2009 年版，第 242—243 页。

机关法律监督的性质，或者从根本上说，职务犯罪侦查是法律监督的重要组成部分。"① "职务犯罪侦查权与法律监督性质具有内在的逻辑联系，符合检察职权的本质属性。"② 这就意味着，职务犯罪侦查权越扩张，检察法律监督权越得到强化。正是在这种主流观点的影响下，检察侦查管辖范围不断扩张，检察侦查权不断强化。但这一观点是值得商榷的。早在 1996 年《刑事诉讼法》修改之际，就有学者认为："人民检察院是国家法律监督机关，刑事侦查本身不是法律监督权的组成部分，而是作为实施法律监督的一种保障手段存在的。"③ 1996 年，立法机关修改《刑事诉讼法》时认为："人民检察院直接受理的案件在这些年当中越来越多。由于办理这些案件需要投入大量人力，宪法和法律赋予人民检察院的法律监督的职能的发挥相对地受到一定的影响。"④ 可见，当时立法机关对检察机关不断扩张侦查管辖权，从而影响其诉讼监督职能的发挥是有认识的，也是 1996 年《刑事诉讼法》修改时立法机关要缩减检察机关侦查管辖范围的重要理由。检察职能分为诉讼职能和诉讼监督职能。职务犯罪侦查属于诉讼职能，而不是诉讼监督职能。强化检察机关侦查权，固然强化了检察诉讼职能，但必然影响其诉讼监督职能的发挥。而 2018 年进一步缩小检察机关侦查管辖范围，并将其限制于"在对诉讼活动实行法律监督中"，立法意图进一步明确，即检察机关侦查管辖权的保留和限制，旨在保障检察机关诉讼监督权的实现，而不是为了检察机关诉讼职能的实现。

思考之五：检察侦查管辖权的行使，必须服从于诉讼监督。

检察机关是国家的法律监督机关。随着监察体制改革的推进，职务犯罪侦查职能转隶，检察机关面临重大挑战。在《人民检察院组织法》研究修改过程中，一些同志提出检察机关作为国家法律监督机关的定位是否改变。⑤ 修正后的宪法第 134 条仍然确认："中华人民共和国人民检察院是国家的法律监督机关。"2018 年 10 月 26 日修订的《人民检察院组织法》第

---

① 孙谦：《关于中国特色社会主义检察制度的几个问题》，《检察日报》2012 年 4 月 23 日，第 3 版。

② 朱孝清、张智辉主编：《检察学》，中国检察出版社 2010 年版，第 352 页。

③ 陈光中、严端主编：《中华人民共和国刑事诉讼法修改建议稿与论证》，中国方正出版社 1995 年版，第 130 页。

④ 郎胜主编：《关于修改刑事诉讼法的决定释义》，中国法制出版社 1996 年版，第 34 页。

⑤ 万春：《检察法制建设新的里程碑——参与〈人民检察院组织法〉修订研究工作的体会》，《国家检察官学院学报》2019 年第 1 期。

2 条第 1 款再次肯定："人民检察院是国家的法律监督机关。"这是新形势下党的主张和人民意志的共同体现，也为检察制度未来的发展提供了最高遵循。尊崇宪法、树立宪法权威，就应尊崇和维护宪法对检察机关的定位。坚定中国特色社会主义的道路自信、理论自信、制度自信和文化自信，就应当坚定对宪法再次确认检察机关是"国家的法律监督机关"这一制度定位的自信，不应有丝毫的怀疑和动摇。当然，检察机关诉讼监督权的行使需要侦查权为后盾。"国家监察体制改革后，检察监督失去了职务犯罪侦查权的支撑，这会导致诉讼监督进一步软化和弱化，致使具有中国特色的检察制度面临严峻挑战。"① 这一担忧不无道理。也正是基于强化检察诉讼监督的考虑，2018 年《刑事诉讼法》再修改时，对原试点时全部暂停检察机关行使侦查管辖权的做法作出了重大修改，最终保留了检察机关的部分侦查管辖权。但这种侦查管辖权的保留，立法旨意不是为了强化检察机关的侦查权，而是为了强化检察机关的诉讼监督权。

思考之六：检察侦查管辖权的行使，必须注意权力的保障性和补充性。

笔者认为，修正后的检察侦查管辖权具有以下特点：（1）检察侦查管辖权具有保障性。所谓"保障性"是指检察机关的侦查权是为了保障诉讼监督权的实现。上述案件必须具备以下特点：一是这类案件是"人民检察院对诉讼活动实行法律监督"时才能行使管辖权；二是犯罪主体必须是司法工作人员；三是犯罪手段表现为利用职权，包括违法行使职权、滥用职权和不依法行使职权；四是从犯罪客体来看，此类犯罪为侵犯公民权利、损害司法公正的犯罪。根据最高人民检察院规定，人民检察院在对诉讼活动实行法律监督中，发现司法工作人员涉嫌利用职权实施的 14 种侵犯公民权利、损害司法公正的犯罪案件，有权立案侦查。这 14 个罪名涵盖了诉讼活动的全部阶段，如暴力取证、刑讯逼供通常发生于侦查阶段，徇私枉法可以发生在立案、侦查、起诉、审判等各个阶段，而执行判决、裁定失职则发生在执行阶段。根据最高人民检察院时任检察长张军 2019 年 3 月 12 日在第十三届全国人民代表大会第二次会议上所作的《最高人民检察院工作报告》披露，刑事诉讼法修改后，已有 20 个省区市检察机关，对司法工作人员利用职权实施的侵犯公民权利、损害司法公正的犯罪案件立案侦

① 朱孝清：《国家监察体制改革后检察制度的巩固与发展》，《法学研究》2018 年第 4 期。

查 71 人。这些案件的查办，有力地推动了检察机关诉讼监督的开展，符合立法精神。（2）检察侦查管辖权具有补充性。所谓"补充性"，是指检察机关保留的这部分侦查管辖权对于监察机关职务犯罪管辖权而言，只起补充与辅助的作用。《监察法》确立了监察委员会对公职人员职务违法犯罪调查处置"全覆盖"的基本原则，而修改后的《刑事诉讼法》则保留了检察机关对司法机关工作人员部分职务犯罪的侦查权，这必然存在检察机关和监察委员会对此部分犯罪的管辖权竞合问题。有的学者认为，对于互涉案件，"从保障犯罪嫌疑人或者被调查人的权利出发，特别是在刑事诉讼程序与监察办案程序中人权保障的充分程度以及是否能够聘请律师的视角出发，这类案件由检察机关立案侦查更为适宜"[①]。这一观点不符合立法旨意。当出现这种管辖权竞合时，应坚持监察机关管辖为主、检察机关管辖为辅的原则。《监察法》第 34 条第 1 款规定："人民法院、人民检察院、公安机关、审计机关等国家机关在工作中发现公职人员涉嫌贪污贿赂、失职渎职等职务违法或者职务犯罪的问题线索，应当移送监察机关，由监察机关依法调查处置。"《规定》中强调："人民检察院立案侦查本规定所列犯罪时，发现犯罪嫌疑人同时涉嫌监察委员会管辖的职务犯罪线索的，应当及时与同级监察委员会沟通，一般应当由监察委员会为主调查，人民检察院予以协助。经沟通，认为全案由监察委员会管辖更为适宜的，人民检察院应当撤销案件，将案件和相应职务犯罪线索一并移送监察委员会；认为由监察委员会和人民检察院分别管辖更为适宜的，人民检察院应当将监察委员会管辖的相应职务犯罪线索移送监察委员会，对依法由人民检察院管辖的犯罪案件继续侦查。"同时，《刑事诉讼法》第 19 条第 2 款规定使用的是"可以由人民检察院立案侦查"的表述。这表明检察院对此部分职务犯罪立案侦查具有可选择性和灵活性，而不是必须由检察机关管辖。在某些情况下，检察机关仍可以将这类案件交给监察委员会进行调查。此外，司法工作人员如果在办案过程中涉及行贿、受贿仍然要由监察委员会管辖。

---

① 郭华：《我国检察机关侦查权调整及其互涉案件程序的探讨》，《法治研究》2019 年第 1 期。

结　语

随着监察体制改革的全面推进，我国反腐败体制机制发生了重大转型。党的十九大后，"我国反腐败职权运行实际形成了以党纪反腐为先导、监察反腐为主责、司法反腐为保障的基本格局"①。检察侦查管辖权的限缩和调整，无疑给检察机关带来了重大挑战。"转隶就是转机。"最高人民检察院时任检察长张军强调指出："法律监督是统摄各项检察职能的'纲'。在新时代，各级检察机关要牢牢把握检察机关的宪法定位，从维护宪法法律权威的高度，把宪法法律赋予的法律监督职能做实、做强、做优，努力让人民群众在每一个司法案件中感受到公平正义。"② 修改后的《刑事诉讼法》将检察侦查管辖权定位于为检察诉讼监督提供后盾和保障。而这种保障性调整能否完全实现立法目的，检察机关如何克服适用层面上的"不敢适用"和"过度适用"倾向，③ 尚有待于检察实践的证明，并给检察理论研究提供了新的课题。

---

① 吴建雄、王友武：《监察与司法衔接的价值基础、核心要素与规则构建》，《国家行政学院学报》2018 年第 4 期。

② 张军：《强化新时代法律监督维护宪法法律权威》，《学习时报》2019 年 1 月 2 日，第 1 版。

③ 李奋飞：《检察机关的"新"自侦权研究》，《中国刑事法杂志》2019 年第 1 期。

第九章　辩护律师会见权 40 年：变迁、问题和展望①

问题的提出

　　会见权是刑事诉讼中律师辩护权的重要内容，保障律师会见权不仅是律师有效辩护的基石，更是一个国家法治文明的体现。我国 1979 年《刑事诉讼法》正式确立律师会见权，但立法规定存在诸多缺陷。随后 1996 年《刑事诉讼法》对律师会见权作出了完善规定。特别是 2012 年《刑事诉讼法》对律师会见权作出了重大修改。2018 年修正的新《刑事诉讼法》又使律师会见权面临着新的挑战。回顾我国律师会见权 40 年来的变革，深刻认识我国律师会见权存在的问题，对把握律师会见权未来的完善发展方向具有重大的理论意义和实践价值。

一、 律师会见权 40 年之变迁

（一） 1979 年 《刑事诉讼法》 初步确立律师会见权

　　20 世纪 50 年代，我国 1954 年宪法以及《人民法院组织法》中正式确立了我国的刑事诉讼辩护制度。但之后 1957 年的 "反右派" 使刚刚初建的刑事辩护制度遭受重创，导致我国在很长一段时间内无刑事辩护，更不必言律师会见权。直至党的十一届三中全会以后，相继通过的《中华人民共和国刑事诉讼法》、《中华人民共和国刑法》和《中华人民共和国律师暂行条例》，为我国律师制度提供了法律依据以及强有力的支持。但是纵观

　　① 本文原载《山东警察学院学报》2020 年第 1 期。

这几部法律，只是原则性地规定了几项律师权利，权利内容不够完整，也缺乏实际可操作性。1979 年《刑事诉讼法》第 29 条规定："辩护律师可以查阅本案材料，了解案情，可以同在押的被告人会见和通信；其他的辩护人经过人民法院许可，也可以了解案情，同在押的被告人会见和通信。"这是我国基本法中首次规定律师会见权。但该法第 110 条第 2 项关于人民法院决定对被告人开庭审判后，应当"将人民检察院的起诉书副本至迟在开庭 7 日以前送达被告人，并且告知被告人可以委托辩护人"的规定，形成了当时辩护律师只能在审判阶段介入诉讼，审前程序中律师无权介入的局面。这意味着犯罪嫌疑人急需律师帮助的侦查程序，律师不能与犯罪嫌疑人会见，也无法及时提供法律帮助，这非常不利于保障犯罪嫌疑人的合法权益。所以，"近些年来，这一规定正受到日益广泛的批评，要求将律师参与诉讼的时间提前是法学界、司法实务界的一致呼声"①。

（二） 1996 年 《刑事诉讼法》 律师会见权正式确立

1996 年我国对《刑事诉讼法》进行了第一次大修改。邓小平南方谈话之后，刑事诉讼法的修改提上议事日程。此时修改律师介入刑事诉讼的时间已形成共识，分歧在于是侦查阶段介入还是审查起诉阶段介入以及介入的程度。② 最终修改后的《刑事诉讼法》第 36 条第 1 款规定："辩护律师自人民检察院对案件审查起诉之日起，可以查阅、摘抄、复制本案的诉讼文书、技术性鉴定材料，可以同在押的犯罪嫌疑人会见和通信。"第 96 条规定："犯罪嫌疑人在被侦查机关第一次讯问后或者采取强制措施之日起，……受委托的律师有权向侦查机关了解犯罪嫌疑人涉嫌的罪名，可以会见在押的犯罪嫌疑人，向犯罪嫌疑人了解有关案件情况。律师会见在押的犯罪嫌疑人，侦查机关根据案件情况和需要可以派员在场。涉及国家秘密的案件，律师会见在押的犯罪嫌疑人，应当经侦查机关批准。"这意味着律师不仅在审查起诉阶段，而且在侦查阶段都可以会见犯罪嫌疑人，律师介入刑事诉讼的时间大大提前。修改后的《刑事诉讼法》标志着侦查阶段律师会见权的正式确立。

① 王洪祥：《完善律师辩护立法的几点建议》，载中国法学会诉讼法研究会编：《刑事诉讼法的修改与完善》，中国政法大学出版社 1992 年版，第 127 页。

② 陈光中、严端主编：《中华人民共和国刑事诉讼法修改建议稿与论证》，中国方正出版社 1995 年版，第 146—150 页。

尽管立法作出了规定，但律师会见权在实践中却难以得到充分行使。原因在于条文中规定了两个"可以"。参与立法的同志认为："律师可以会见在押的犯罪嫌疑人，而不是有权会见，即律师会见也需要侦查机关根据案件情况和需要批准以后，律师才能会见犯罪嫌疑人。"① 侦查机关的"会见批准权"和"会见在场权"，对律师会见权构成了最大威胁，要么不批准，即使许可律师会见了，也会限制律师会见的次数、时间及会见谈论的内容。法律规定是"可以派员"，变成了"当然派员""案案派员"。侦查机关以派员在场的方式监督律师行使会见权，给犯罪嫌疑人造成了很大的心理压力，即使有剥夺其合法权益的情况存在，也不敢向律师畅言，这使律师会见的法律规定变得意义不大，所以有律师将这种被人看管的会见称之为"戴着枷锁的会见"。"2006 年，北京市律师协会权益保障委员会组织对当前律师在北京会见在押当事人的情况进行了专题调研。调研报告指出，在侦查和审查起诉阶段，律师会见在押当事人普遍存在各种阻力。90% 受调查的律师表示，需要多次申请才能获得批准，而且往往不能在 48 小时内见到当事人。"② 修正后的刑事诉讼法，"在实施过程中，首先暴露出来的是侦查机关普遍拒绝律师的提前介入，律师会见难的问题特别突出，办案机关找出法律规定以外的种种理由不给律师安排会见"③。

（三）2008 年《中华人民共和国律师法》修改，律师会见权积极"破冰"

1996 年我国第一部《中华人民共和国律师法》（以下简称《律师法》）以及 2001 年修改的《律师法》都没有任何关于律师会见权的规定。为了解决律师执业中长期存在的"会见难、阅卷难、取证难"等问题，④ 2007 年 10 月 28 日十届全国人大常委会审议通过了修订后的《中华人民共和国律师法》。该法第 33 条规定："犯罪嫌疑人被侦查机关第一次讯问或者采取强制措施之日起，受委托的律师凭律师执业证书、律师事务所证明和委托书或者法律援助公函，有权会见犯罪嫌疑人、被告人并了解有关案件情况。律师会见犯罪嫌疑人、被告人，不被监听。"短短的条文包含着律师

---

① 郎胜主编：《关于修改刑事诉讼法的决定释义》，中国法制出版社 1996 年版，第 135 页。

② 李慎波、李梦娟：《律师会见难困局待解》，《民主与法制时报》2007 年 4 月 16 日，第 A05 版。

③ 陈卫东主编：《刑事诉讼法实施问题调研报告》，中国方正出版社 2001 年版，第 52 页。

④ 朱雨晨：《新律师法发力破解刑辩"三难"问题》，《法制日报》2007 年 11 月 11 日，第 8 版。

会见权的重大立法进步：一是明确了会见的时间。二是规定了会见的程序。三是强调了会见的内容。四是保障了会见不被监听。从条文内容上看，新《律师法》确实有利于保障律师的会见权，使辩护律师能及时了解相关案情，从而有效地提供法律帮助，保障犯罪嫌疑人、被告人合法权益，促使案件公正处理。

2008年新《律师法》实施后，立即就面临执法困境。因为新《律师法》颁布之后，《刑事诉讼法》还没有及时修改，所以两法冲突直接影响《律师法》的执行。如何解决这一问题，学界提出了多种解决办法：推动全国人民代表大会修改刑事诉讼法，尽快推出刑事诉讼法修正案；由全国人大常委会为新律师法出台制定相关立法解释；仿照1996年新刑事诉讼法修订时对适用第48条的有关规定，由六部委联合发文，出具相关解释；根据立法法第55条的规定，由司法部向全国人大常委会法工委提出书面询问，由全国人大常委会法工委以询问答复的形式解决新律师法执行中的问题。① 在中央层面没有解决这一冲突的情况下，一些地方立法和实践方面，走在律师会见权改革的前列。如在新《律师法》的影响之下，2008年珠海市政法委协调召开的珠海市公、检、法、司及律协等相关部门负责人共同参加的协调会议，将律师"无障碍"会见的原则，以会议纪要的形式确定下来。《律师法》的规定及一些地方律师会见的实践为2012年律师会见权的确立提供了宝贵的立法和实践基础。

（四）2012年《刑事诉讼法》律师会见权获得重大突破

2007年《律师法》修改之后，因为1996年《刑事诉讼法》未作修改，两者之间的法条冲突一直影响着律师会见权在司法实践中的畅行。陈卫东教授曾经尖锐地指出："如果法律效力处于上位的刑事诉讼法仍保持原状，那么新律师法的一些规定将无法实现。"② 虽然《律师法》的规定未能得到执行，却成为加快刑事诉讼法修订的重要理由。学者们不断呼吁，"刑诉法修改时应全面吸收律师法关于律师会见的规定，切实解决律师在刑事诉讼中凭'三证'会见的难题"。③ "在刑事诉讼法修改过程中，有关

---

① 陈虹伟：《法律界人士提出四种办法解决新律师法、刑诉法冲突难题》，《法制日报》2008年8月3日，第4版。

② 王丽丽：《新律师法给刑诉法修改划了时间底线》，《检察日报》2007年12月17日，第3版。

③ 李贵方：《辩护权视角的刑事诉讼法再修改》，《国家检察官学院学报》2011年第2期。

会见权的内容能否与律师法衔接并得到落实，是所有刑辩律师最为关注的问题。"① 2012 年修正后的《刑事诉讼法》对辩护制度的修改，大量吸收了 2007 年《律师法》中涉及执业权利的内容，特别是对第 37 条律师会见权作出了重大修改。② 不仅规定只有三类案件在侦查期间辩护律师会见须经侦查机关许可，而且律师会见的内容除了了解案情、提供法律咨询，还特别增加规定从案件移送审查起诉之日起，律师可以核实相关的证据。除此之外，第 47 条还规定了对侵犯律师会见权的救济程序。

2012 年《刑事诉讼法》修改以后，为了进一步保障律师会见权等辩护权利，相关部门又出台了多个规范性文件。如 2013 年六部委《关于刑事诉讼法实施中若干问题的规定》，2014 年最高人民检察院《关于依法保障律师执业权利的规定》，2015 年两院三部《关于依法保障律师执业权利的规定》，2015 年最高人民法院《关于依法切实保障律师诉讼权利的规定》等，对律师会见权作出更加具有可操作性的规定。律师会见难长期被列为刑事辩护"三难"之一。2012 年《刑事诉讼法》修改后，这一情况得到改观。新《刑事诉讼法》实施后，"2013 年 1 月，全国看守所安排辩护律师会见总计 118156 人次，同比上升 11.9%，2 月全国会见 100440 人次。全国看守所这两个月未发生一起因看守所原因致使律师不能在法律规定时限内会见的情况"③。"过去的会见难现在已经根本不存在了。刑事诉讼法修改后，公安部非常重视解决律师会见难问题。目前，全国看守所都按照刑事诉讼法的规定，保障辩护律师的会见权。"④ 专家实证研究表明：新《刑事诉讼法》实施以来律师辩护权保障水平有了明显改善，"会见难"问

---

① 周斌：《刑辩律师最关注落实会见权，建议辩护人履职受阻救济途径更给力些》，《法制日报》2011 年 9 月 2 日，第 5 版。

② 2012 年《刑事诉讼法》第 37 条规定："辩护律师可以同在押的犯罪嫌疑人、被告人会见和通信。其他辩护人经人民法院、人民检察院许可，也可以同在押的犯罪嫌疑人、被告人会见和通信。辩护律师持律师执业证书、律师事务所证明和委托书或者法律援助公函要求会见在押的犯罪嫌疑人、被告人的，看守所应当及时安排会见，至迟不得超过四十八小时。危害国家安全犯罪、恐怖活动犯罪、特别重大贿赂犯罪案件，在侦查期间辩护律师会见在押的犯罪嫌疑人，应当经侦查机关许可。上述案件，侦查机关应当事先通知看守所。辩护律师会见在押的犯罪嫌疑人、被告人，可以了解案件有关情况，提供法律咨询等；自案件移送审查起诉之日起，可以向犯罪嫌疑人、被告人核实有关证据。辩护律师会见犯罪嫌疑人、被告人时不被监听。"

③ 杜萌、张昊：《记者体验刑诉法修改后"律师会见"》，《法制日报》2013 年 3 月 26 日，第 4 版。

④ 刘子阳：《律师看守所会见难已经消失》，《法制日报》2014 年 8 月 7 日，第 5 版。

题基本上得到解决。①

（五）2018 年《刑事诉讼法》律师会见权面临新的挑战

2016 年我国启动反腐败体制改革。2016 年 12 月，全国人大常委会决定在北京市、山西省、浙江省开展国家监察体制改革试点工作。2017 年 11 月又决定在全国范围推行国家监察体制改革试点。2018 年 3 月《中华人民共和国宪法（修正案）》和《中华人民共和国监察法》表决通过。为了保障监察体制改革的全面推进，需要完善监察法与刑事诉讼的衔接机制。2018 年 10 月 26 日全国人大常委会通过《关于修改〈中华人民共和国刑事诉讼法〉的决定》。修改后的《刑事诉讼法》第 39 条第 3 款规定："危害国家安全犯罪、恐怖活动犯罪案件，在侦查期间辩护律师会见在押的犯罪嫌疑人，应当经侦查机关许可。上述案件，侦查机关应当事先通知看守所。"显然，此次修改取消了原刑事诉讼法"特别重大贿赂犯罪案件"的会见内容。因为在监察体制改革下，检察机关原先的职务犯罪侦查权移交给监察机关，由监察机关进行调查。而监察机关的调查权、留置权等权力并不属于刑事诉讼法，这导致律师目前是无法介入被监察机关调查的案件的，除非案件调查结束后移交给检察机关进入刑事诉讼程序。目前中央纪委国家监委出台了《国家监察委员会管辖规定（试行）》，详细列举了国家监察委员会管辖的六大类 88 个职务犯罪案件罪名，这意味着，不仅仅是被删除的特别重大贿赂犯罪案件，这 88 个职务犯罪在监察机关的调查期间，律师都不能会见，这给律师会见权带来了新的挑战。

二、律师会见权存在的问题

律师会见权历经 40 年的变革，从立法和司法实务看，大体上呈现着越来越好的趋势。但律师权利保障中会见权问题仍然比较突出。中华全国律师协会维权中心的数据显示，2018 年全国律师协会维权中心及各地方律师协会共接收维权案件 642 件，其中涉及会见权受到侵害的 283 件，占总件数的 44.08%。"律师会见难再次'卷土重来'，这一趋势在去年下半年更

---

① 韩旭：《新〈刑事诉讼法〉实施以来律师辩护难问题实证研究——以 S 省为例的分析》，《法学论坛》2015 年第 3 期。

加明显。"[1] 2019 年 7 月 26 日，全国律协召开新闻发布会通报 2019 年 5 月份律师协会维权惩戒典型案例，在 8 起维权案例中有 4 起涉及律师会见权。[2]

当前律师会见权面临的主要问题和挑战有以下几个方面。

（一）《监察法》下职务犯罪调查律师不能会见

2012 年《刑事诉讼法》对律师会见权的规定作出了重大修改和突破。但实践中"在涉及所谓'特别重大贿赂案件'问题上，一些地方的检察机关出现了扩大解释甚至任意解释的倾向，这导致律师在大多数受贿案件中无法成功地会见在押嫌疑人"[3]。2018 年修改的《刑事诉讼法》取消了原第 37 条第 3 款"特别重大贿赂犯罪案件"的会见内容。由于监察机关在职务犯罪调查期间不允许律师介入，职务犯罪案件律师会见面临诸多亟待解决的问题。一方面，留置期间律师不能介入，很有可能出现为了尽快侦破案件而导致刑讯逼供或者其他侵害被调查人合法权利的情形存在。另一方面，在司法实践中即使监察机关已经将案件移送到检察院，律师会见仍有重重阻碍。根据法律的规定，监察机关将案件移送到检察院之后进入了刑事诉讼程序，律师是有会见权的，但是实践中"部分监察委办理的案件，在移送审查起诉之后，律师会见仍得不到保障"[4]。而且还会出现检察机关以案件还需要退回监察机关补充调查为由，"认为退查期间，又是留置'调查'期间，不允许会见"的情形，这些都使律师会见权面临新的挑战。

（二）办案机关随意扩大许可范围，制造借口侵犯律师会见权

根据《刑事诉讼法》第 39 条规定，只有危害国家安全犯罪、恐怖活动犯罪案件，辩护律师会见需要侦查机关许可。目前办案机关拒绝律师会见的事由有不断扩大趋势，主要表现有：直接因涉"黑"涉"恶"；任意扩大法定"两类"案件范围；因会见手续不完备，变相增加需要提供的材

① 何强：《全国政协委员吕红兵：律师会见难"回潮"，应修法解决》，http：//www. bjnews. com. cn/news/2019/03/02/552213. html，2019 年 7 月 20 日访问。

② 《全国律协发布 2019 年 5 月份律师协会维权惩戒典型案例》，http：//www. acla. org. cn/article/page/detailById/25577，2019 年 7 月 20 日访问。

③ 陈瑞华：《刑事辩护的理念》，北京大学出版社 2017 年版，第 247 页。

④ 毛洪涛：《新"会见难"究竟难在哪?》，《中国律师》2018 年第 11 期。

料的；因督办、批示案件须上级领导批复的；因联合办案或监察机关办案的；因案件正在由办案机关提审中的；因无法正常预约、看守所限定会见时间、网上预约难等原因或以未预约会见为由拒绝会见；干脆不告知犯罪嫌疑人关押地点的。如湖南肖某江、肖某清、宋某三位律师于 2018 年 12 至 2019 年 2 月期间，分别多次前往湖南省某市看守所和两个县看守所会见涉嫌非法采矿罪的犯罪嫌疑人马某民、佘某和胡某军时，看守所均以办案单位有禁见函为由拒绝律师会见。最后经常德律协与常德市公安局沟通协调，三位律师才成功会见了犯罪嫌疑人。[①] 除此之外，还有无任何事由不准会见的。

（三） 会见权的内容不明确， 会见中律师执业风险大

2012 年《刑事诉讼法》新增"案件移送审查起诉之日起，可以向犯罪嫌疑人、被告人核实有关证据"。但如何理解律师会见时可以核实有关证据的规定？目前存在争议。一种观点认为："除了可以将有罪的实物证据告诉犯罪嫌疑人、被告人之外，其他证据都不能告诉。"[②] "辩护律师核实证据时只能向犯罪嫌疑人、被告人核实涉及犯罪嫌疑人、被告人的物证、书证等客观性证据，但不能核实除犯罪嫌疑人、被告人供述或辩解以外的言词证据。"[③] 这种观点得到实务部门的支持。如浙江省高级人民法院、省检察院、公安厅、司法厅 2014 年联合下发的《关于刑事诉讼中充分保障律师执业权利的若干规定》明确规定，辩护律师会见在押的犯罪嫌疑人、被告人"除核对犯罪嫌疑人、被告人口供以及辨认等情形外"不得"将从办案机关复制的案卷材料给犯罪嫌疑人、被告人阅看"。另一种观点认为，辩护律师在会见过程中出示案件证据供犯罪嫌疑人、被告人阅看，是犯罪嫌疑人、被告人行使自行辩护权的前提和基础，也是律师履行辩护职责的应有之义。这一观点被律师界和大部分学者所肯定。[④] 此外，在会见中，因法律明确不得监听，律师会见犯罪嫌疑人、被告人处于一个相对

① 《全国律协发布 2019 年 3 月份律师协会维权惩戒典型案例》，http：//www. acla. org. cn/article/page/detailById/25242，2019 年 7 月 20 日访问。
② 朱孝清：《刑事诉讼法实施中的若干问题研究》，《中国法学》2014 年第 3 期。
③ 孙谦：《关于修改后刑事诉讼法执行情况的若干思考》，《国家检察官学院学报》2015 年第 3 期。
④ 孔令勇：《论辩护律师与被告人审前全面核实证据的正当性》，《浙江工商大学学报》2016 年第 4 期。

私密的空间，一旦在司法实践中出现翻供、串供等问题，律师就很容易被怀疑诱供而面临职业风险。《刑法》第 306 条规定被称为"悬在律师头上的达摩克利斯之剑"。"据全国律协的有关调查显示，1997 年至 2007 年的10 年间，已经掌握的因刑法第 306 条被追诉的律师多达 140 多人，但该调查尚有很多遗漏，实际数字更高，而最终被判定有罪的只有 32 起（其中大部分仍在申诉中）。"① "在执业过程中，被指控涉嫌了刑事犯罪的律师们妨害作证的罪行大多是出现在会见环节的。"② 这极大地限制了律师会见权的行使，使得律师在会见时束手束脚，导致很多律师不愿意接刑事案件，会见的实质性意义大大降低。

（四） 看守所硬件设施不足， 律师会见服务严重滞后

一方面，在刑事辩护全覆盖制度下，越来越多的律师参与刑事案件，客观上给看守所的设施服务提出了挑战；另一方面，自中央开展扫黑除恶专项斗争以来，公安机关在短时间内迅速查办了一大批涉黑恶案件，专项行动的开展使得犯罪嫌疑人增加，也给看守所提供足够的律师会见室造成了压力。这些都造成了律师会见场所、设施的需求量与看守所实际供给量的不平衡，客观上造成无法及时安排律师会见等困难。除此之外，一些看守所的管理也存在问题，如有些律师会见室并不是工作日全时段开放，有些看守所并没有形成高效的网上预约机制，还是需要现场排队，这些都客观上造成新的律师会见难。

（五） 立法上缺乏救济程序和可操作性

目前律师的会见权受到侵害时，根据《刑事诉讼法》第 49 条的规定："有权向同级或者上一级人民检察院申诉或者控告。人民检察院对申诉或者控告应当及时进行审查，情况属实的，通知有关机关予以纠正。"可见《刑事诉讼法》赋予了律师申诉、控告的权利。有关机关侵害了律师会见权，其后果也只是检察机关"通知"其纠正。由此可以看出，一方面我国对于律师权利受到侵害后相应的救济途径的法律还比较缺失，即使有规定

---

① 黄广明、赵佳月、徐琳玲：《专家称刑法 306 条助长报复刑辩律师》，《南方人物周刊》2011年 9 月 5 日。

② 李琼、冯文鹏：《论辩护律师会见权的保障》，《法制博览》2018 年第 24 期。

也规定得较原则性，在实践中缺乏可操作性。对于阻碍律师行使权利的办案机关，其阻碍的后果较轻，没有其他强制性的制裁措施，"很多法律规范就司法机关和司法人员要保障律师行使辩护权作出了规定，但对司法人员违反该职责应受何种制裁或者有何种法律后果，规定少之又少"。[①] 另一方面律师权利救济途径较单一，特别是对于律师提出申诉控告以后，对检察机关的处理结果不满意就未有再次获得救济的机会，且在有的案子中"律师提出申诉、控告，要么回复较及时但毫无实际效果，要么是一直未有回复，这些情形严重影响了律师提出申诉、控告活动的积极性"。[②] 这也导致在实践中一些机关以"无理事由"拒绝律师会见频频出现。

三、 律师会见权保障之展望

纵观我国律师会见权40年的"风风雨雨"，总体趋势上是一种良性的发展。2018年《刑事诉讼法》修正，律师会见权尚有不足，实践中律师会见权依旧存在着诸多的问题。为了进一步保障律师会见权的实现，笔者提出以下建议。

（一） 明确规定职务犯罪调查案件的律师辩护权

关于辩护律师能否介入职务犯罪调查是《监察法》制定时，讨论最为热烈的话题之一。一种观点认为，辩护律师不能介入。"草案没有规定律师可以介入，就意味着将律师介入放到了司法机关接手案件之后（批捕以后或审查起诉阶段）。这样的规定是有考虑找个平衡点的。如果说律师介入既能保护被调查人权利，又不妨碍调查，那可以考虑介入。但实际上，律师介入对调查很有可能会产生一定的影响。为了确保对违法犯罪的调查行为顺利进行，没有规定在监察机关办案阶段律师可以介入。"[③] 另一种观点认为，辩护律师应当介入。如著名的刑事诉讼法学者陈光中教

① 李娜：《中央政法机关密集发声保障律师执业权利，刑辩律师建议谁妨碍律师履职就罚谁》，《法制日报》2015年2月9日，第5版。
② 董坤、段炎里：《当前检察环节律师权利的保障现状与新现问题研究——以阅卷权、会见权和检察救济权切入》，《河北法学》2017年第6期。
③ 谭畅、郑可书、阚纯裕：《宪法、行政法、刑诉法三角度解读监察法草案》，《南方周末》2017年11月23日，第5版。

授认为，允许被调查人在被留置后聘请律师，以确保他具备必要的防御能力。这是程序公正和人权保障的基本要求。律师介入总体而言"利大于弊"，可以保障被调查人的人权，防止调查过程中出现事实认定偏差乃至错误。① 肯定说得到了大多数人的赞同。最终立法机关采纳了否定说。2018 年 3 月 14 日，第十三届全国人大会议期间，浙江省监察委员会主任刘建超接受《南方周末》记者采访时所阐述的观点充分体现了当时立法机关考量律师能否介入的因素：第一，律师介入根据的是刑事诉讼法的规定，是刑事诉讼法对司法机关的约束。监察机关不是司法机关，不受刑事诉讼法的制约，它行使职责的依据是监察法。第二，涉嫌职务违法和职务犯罪的案件与一般刑事案件不同。一般刑事案件强调物证、人证，职务犯罪案件主要涉及行贿、受贿，多数依靠言词证据，这类案件的突破最怕串供，最怕隐匿证据甚至销毁证据。律师介入会使调查工作变得非常复杂，会影响调查进程，我们要排除这方面的干扰。第三，监委调查的所有结果，最后是要在法庭上得到印证的。进入起诉、审判阶段，律师都是介入的，那时律师对留置、调查过程是有权过问的。② 从现行法规范角度看，检察机关要对监委初选监督确实法律依据不足。但从法治和长远角度看，第二种观点显然是不能成立的。"调查期间允许律师介入可能对调查造成一定程度的干扰，但是可以切实保障被调查人人权，有效提升办案质量，尤其是使得调查结果更为准确，防止出现事实认定偏差乃至错误，因而律师介入总体而言利大于弊。"③ 为了加强监察权的监督和人权的保障，应当允许辩护律师及时会见职务犯罪被调查人。同时在立法未作修改之前，要特别保障职务犯罪案件一旦进入刑事诉讼程序，律师就有会见权，办案机关不能再以种种无法律明确规定的借口阻碍律师会见。

（二） 进一步明确律师会见权的内容

正是因为"2012 年《刑事诉讼法》修改，有关辩护律师核实证据的内容、范围和方式等均不明确，随着《中华人民共和国刑法修正案（九）》

---

① 陈光中、邵俊：《我国监察体制改革若干问题思考》，《中国法学》2017 年第 4 期。
② 谭畅、郑可书：《专访浙江省监察委员会主任刘建超》，《南方周末》2018 年 3 月 15 日，第 5 版。
③ 陈光中、邵俊：《我国监察体制改革若干问题思考》，《中国法学》2017 年第 4 期。

的实施，律师核实证据还将面临'泄露案件信息'的执业风险"①。刑法第306 条规定极大地限制了律师在执业过程中行使权利，在会见时，虽不被监听，但仍存在很大的执业风险，一定程度上使得律师不愿办刑案，或者在会见过程中尽量少询问实质性问题。在实践中，确实有律师违背律师职业道德引诱犯罪嫌疑人、被告人翻供的，但是不能因为少数人的行为而使律师的会见权打折扣。基于辩护权的性质，笔者赞同如下意见："为维护被告人的辩护角色，确保被告人有效行使辩护权，未来的刑事诉讼立法应当确立被告人的庭前阅卷权。具体说来，自审查起诉之日起，律师会见在押犯罪嫌疑人、被告人时，可以将其认为有疑问的任何证据材料，交由后者查阅，与后者进行当面核实，并与后者协商质证的方案和辩护思路。"②在立法未作出明确规定之前，笔者建议通过循序渐进的方法解决控辩双方在这一问题上的分歧。首先，由最高司法机关联合作出司法解释，明确在审判阶段律师可以将任何证据材料交由被告人查阅（特殊保密的除外）。因为公诉机关已将案件起诉到法院，公诉机关已认定案件事实清楚，证据确实充分。此时原则上案件的所有证据都应当向当事人公开，而律师将相关案卷材料给被告人阅看，自然不涉及律师伪证罪的问题。其次，在前者的基础上，经过实践检验，如果效果良好，既有利于保障被告人的辩护权，防范冤假错案的发生，又不严重影响对犯罪的打击，再将被告人查阅案卷的时间提前到审查起诉阶段。

（三） 继续改善看守所硬件设施与服务水平

一方面，针对看守所律师会见场所、设施的需求量与实际供给量的不平衡的问题，各地看守所应当积极通过改扩建的方式增加会见室等基础措施，保障律师会见权及时实现。如广东省就通过"盘活现有讯问室、家属会见室资源，将空闲的讯问室临时调整作为会见室，减少律师等待时间"。③ 而有条件的看守所也可以建立远程会见视频系统，减少会见室不足的压力。另一方面，看守所也要提高服务水平，完善律师预约会见制度。在北京，北京看守所为了保障律师能够顺利会见，新增了律师会见系统，

---

① 韩旭：《辩护律师核实证据问题研究》，《法学家》2016 年第 2 期。
② 陈瑞华：《刑事诉讼的前沿问题》（下册），中国人民大学出版社 2016 年版，第 892 页。
③ 筱臻、刘香艳：《保障律师会见权 促进司法公正》，《人民之声》2018 年第 11 期。

能够实现律师预约、信息核实、等候叫号、安检、销号等一体化功能。即使有关机关需要提审，如果是律师先到，也应在律师会见完之后提审。除此之外，为了避免律师会见被干扰，北京看守所新增了多个独立的隔断会见室，并且会见室内没有音频监听。此番改革也收到了实效，"北京市公安局监所管理总队统计数字显示，1 月 1 日新《刑事诉讼法》实施以来，全北京市的看守所已安排律师会见 10500 余人次，同比上升 35%"①。各地看守所也应拓宽会见预约的渠道，充分利用网站、微信、App 等渠道方便律师的预约。除此之外，应建立科学的会见机制，会见资源不足的，可以适当推行周末会见；预约人数过多，会见时间不够的，可以通过对需要会见时间的长短、会见时间段进行划分，合理安排会见室和会见时间。

（四） 充分发挥检察监督对律师会见权的保障作用

检察机关是国家的法律监督机关。2012 年《刑事诉讼法》修改，改善和强化检察机关对刑事诉讼活动的法律监督是《刑事诉讼法》修改的重要内容，从 12 个方面新增了检察机关诉讼监督工作的规定和任务。监察体制改革后，检察机关的法律监督地位没有动摇，而且由于检察机关原有的贪污贿赂案件的侦查权移交给监察机关之后，检察机关如何在新的领域拓宽法律监督权成为新的课题。2018 年 10 月修订的《人民检察院组织法》新增第 21 条第 1 款规定，即："人民检察院行使本法第二十条规定的法律监督职权，可以进行调查核实，并依法提出抗诉、纠正意见、检察建议。有关单位应当予以配合，并及时将采纳纠正意见、检察建议的情况书面回复人民检察院。"这一规定有助于提升检察建议的刚性，使《刑事诉讼法》第 49 条的规定有了执行后盾。目前，"会见难仍是律师控告申诉的首要问题"。② 为切实尊重和保障人权，依法维护律师执业权利，促进司法公正公信，最高人民检察院决定自 2019 年 7 月至 2020 年 1 月，在全国检察机关开展保障律师执业权利专项监督活动。"这次专项监督活动将保障律师的会见、通信权，阅卷权，调查取证权，人身权利，以及其他妨碍律师依法

---

① 《北京看守所新增律师会见系统不监听双方谈话》，http：//www.chinanews.com/fz/2013/03 - 18/4654096.shtml，2020 年 1 月 20 日访问。

② 徐向春：《尊重保障律师执业权利 彰显现代司法文明》，《检察日报》2019 年 7 月 25 日，第 3 版。

履行辩护、代理职责的情形等五个方面的执业权利作为监督重点。"[1] 同时，在检察监督过程中，对拒不接受监督的应当承担法律责任。因为"被监督对象拒不配合调查或者拒不回复，在性质上属于妨碍公务行为，故而，可以妨碍公务为由追究相关人员的行政或者刑事责任。若被监督对象本身属于国家公权力机关及其公务人员，则相关人员拒不配合或拒不回复的行为，还可能构成渎职，从而可以依据公务员惩戒制度予以惩戒"[2]。

（五）重视阻碍律师行使会见权的制裁性立法

现行《刑事诉讼法》尽管确立了律师的无障碍会见权，但对无正当理由拒绝律师会见的，没有确立任何明确的制裁措施。司法实务中，对于律师违法会见，司法机关提出建议的，律师协会往往会及时作出惩戒决定。而对司法机关违法阻碍律师行使会见权的，除协调给予会见外，没有任何制裁措施。如2019年5月全国律协通报8起维权案例的第二例是上海汤律师前往福建省莆田市某公安局申请会见涉嫌"套路贷"诈骗的犯罪嫌疑人时，被以"案件涉黑、需侦办部门同意"为由限制会见。福建省律师协会收到上海市律师协会的请求协助函后立即批转莆田市律师协会，要求及时介入并协助维权；同时迅速将情况向福建省司法厅律公处和厅办公室作了汇报。经由福建省司法厅办公室与福建省公安厅扫黑除恶办对接协调，汤律师成功会见了犯罪嫌疑人。而对明显违法的限制会见行为未见任何处罚措施，这无疑是对违法行为的鼓励和纵容。我国已确立了非法证据排除规则，这一制度的实质是确立了法院对侦查行为的合法性进行司法审查。如果能够借鉴这一制度将这种程序性制裁机制扩大到律师会见权上，必将大大推动律师会见权的保障。笔者建议，在立法上应该增加办案机关阻碍律师会见权，自阻碍之日起侦查机关获取的讯问笔录应当作为非法证据排除。

结　语

"刑辩律师兴，则国家兴。"律师会见权经过40年的不断变革完善，

---

[1] 戴佳：《检察机关以保障律师五方面执业权利为重点开展专项监督》，《检察日报》2019年7月15日，第1版。

[2] 万毅：《〈人民检察院组织法〉第21条之法理分析》，《国家检察官学院学报》2019年第1期。

总体上呈现着越来越好的发展趋势。但 2018 年《刑事诉讼法》修改给律师会见权带来了一定的冲击。如何衔接好《监察法》和《刑事诉讼法》律师的会见权，还有待于实践的证明与总结及立法的完善。尤其是对认罪认罚从宽制度的推进，律师会见权更加重要。历经 40 年变革的律师会见权仍处于急剧的变革与完善之中。我们期待律师会见权在推进"依法治国"的征程中真正得到实现。

第十章 羁押必要性审查制度研究[①]

2012 年《刑事诉讼法》第 93 条规定："犯罪嫌疑人、被告人被逮捕后，人民检察院仍应当对羁押的必要性进行审查。对不需要继续羁押的，应当建议予以释放或者变更强制措施。有关机关应当在十日以内将处理情况通知人民检察院。"这标志着我国羁押必要性审查制度的设立。这表明：《刑事诉讼法》对逮捕羁押建立起了两阶段审查机制，即逮捕必要性审查和捕后羁押必要性审查。这一开创性的规定是我国"尊重和保障人权"的重要体现，也是进一步强化检察监督的重要举措，是对我国现行逮捕羁押制度的一项重大改革。长期以来，我国刑事司法实践中一直存在着逮捕羁押普遍化问题。在司法实践中，"构罪即捕"的观点十分流行，逮捕必要性条件基本上没有发挥限制逮捕的作用。与此同时，"一捕到底""一押到底"的现象非常普遍，捕后变更强制措施的比例很低。

我国实行的是逮捕与羁押合一制度，使得对刑事羁押的事后审查的重要性变得更加突出。新《刑事诉讼法》创设的羁押必要性审查制度，为我国刑事羁押的事后审查降低羁押率提供了法律武器和路径。但是，"法律的规定相对比较原则，没有对诸如以何种形式进行审查、审查间隔多长时间等具体的操作性问题作出细致的规定，尚需要人民检察院和有关司法机关在实践中按照《刑事诉讼法》的规定，进一步总结经验，不断完善"[②]。2012 年《人民检察院刑事诉讼规则（试行）》（以下简称《检察规则》）对羁押必要性审查作了初步规制。嗣后，最高人民检察院 2016 年 1 月 13 日《人民检察院办理羁押必要性审查案件规定（试行）》（以下简称《羁押规定》）及 2016 年 7 月 8 日最高人民检察院刑事执行检

---

① 本文主干内容以《论羁押必要性审查制度的十大问题》为题，载于《中国刑事法杂志》2012 年第 9 期。

② 全国人大常委会法制工作委员会刑法室：《〈关于修改中华人民共和国刑事诉讼法的决定〉条文说明、立法理由及相关规定》，北京大学出版社 2012 年版，第 125 页。

察厅《关于贯彻执行〈人民检察院办理羁押必要性审查案件规定（试行）〉的指导意见》（以下简称《羁押指导意见》）对羁押必要性审查问题作出了进一步的规定。

第一节　建立羁押必要性审查制度的意义

大陆法系国家普遍确立了对审前羁押的定期审查制度，定期审查羁押的理由和必要性是否依旧存在。英美等国的法律也规定，保释可产生于刑事诉讼的各个阶段。羁押必要性审查的本质就是限制羁押的适用。羁押必要性审查制度，对于有效保障犯罪嫌疑人的正当权益，促进社会和谐，改变"一捕到底""一押到底"的不合理现象具有重要的现实意义。

一、　有利于保障犯罪嫌疑人、　被告人的合法权益

人权保障是人类社会的普适价值，是否尊重和保障人权已经成为当代国际社会评判一个国家民主法治的重要标杆。2004 年"国家尊重和保障人权"载入宪法，成为我国宪法的一项重要原则。《刑事诉讼法》素有"小宪法"之称，宪法精神始终是刑事诉讼法典的灵魂。新《刑事诉讼法》将"尊重和保障人权"作为《刑事诉讼法》的任务之一，写入总则第 2 条，实现了我国从"人权入宪"到"人权入法"的突破，大大地提升了"保障人权"在刑事诉讼中的地位，保证了宪法原则的贯彻落实。"尊重和保障人权"不仅仅是一个宣示性的口号，它作为《刑事诉讼法》的基本原则，必须有具体的制度加以体现，羁押必要性审查就是重要内容之一。这一制度旨在保障公民的基本权利和自由，防止司法权对公民基本权利的不当侵害。根据无罪推定原则，任何人在法院依法判决有罪之前，其人身自由权应当得到法律的保障。而逮捕羁押是直接剥夺一个在法律上仍处于无罪地位的公民的人身自由。因此，法治国家的立法对强制措施的采用大都规定了严格的条件和程序，实行羁押例外原则。根据《公民权利和政治权利国际公约》规定，等待审判的人受监禁不应作为一般原则，但可规定释放时应保证在司法程序的任何阶段出席审判，并在必要时报到听候执行判决。世界刑法学协会第十五届代表大会于 1994 年通过的《关于刑事诉讼

法中人权问题的决议》规定:"在预审阶段,无罪推定原则要求在与一切强制措施有关活动中使用比例原则。根据这一原则,必须使政府干预刑事被告人基本权利的严重程度与强制措施的代替性措施的目的存在合理关系。这一点应推动立法者把规定审前羁押措施置于首位,审前羁押在任何情况下都应视为例外情况。"羁押必要性审查制度确立,不仅体现了我国对犯罪嫌疑人、被告人人权的尊重与保护,而且符合国际通行的人权保障基本要求。

二、 有利于强化检察机关的诉讼监督

刑事诉讼监督是检察机关在刑事诉讼中依法对侦查机关、人民法院和刑罚执行机关的诉讼活动和刑罚执行活动是否合法所进行的专门监督。检察监督原则是 1996 年《刑事诉讼法》新增的基本原则之一。近年来,检察机关始终把强化诉讼监督作为重点工作之一。但是,从近年来的司法实践看,正是由于检察机关法律监督职能的不完善,检察机关对刑事诉讼的法律监督并未充分地发挥作用,有些司法权力还没有受到有效的监督与制约,特别是人民群众反映强烈的一些直接关系到人民群众人身和财产安全的强制措施未得到有效监督。"迄今为止,除了审查批准逮捕活动以外,检察机关似乎还没有找到制约公安机关侦查权的有效途径。"[1] 特别是现行法律规定对于审查逮捕之后至移送起诉之前阶段的侦查活动监督,基本处于空白或真空状态。捕后羁押必要性审查制度的建立,为强化检察机关对羁押活动的监督提供了有效的具体的方法和途径。

三、 有利于实现宽严相济的刑事政策

未决羁押使犯罪嫌疑人、被告人与家庭、社会生活隔离,造成其难以抚平的心理创伤,给其家人带来痛苦和伤害。犯罪嫌疑人、被告人一旦被羁押,就很容易被贴上犯罪标签,对其名誉、信用等人格权影响很大,增加其回归社会的难度。宽严相济刑事政策是我国的基本刑事政策。这一政策的核心是区别对待,其主要内容是:根据维护社会稳定的需要和犯罪的具体情况,依法准确惩罚犯罪,做到该严则严,当宽则宽,宽严互补,宽

---

① 陈瑞华:《诉讼监督制度改革的若干思路》,《国家检察官学院学报》2009 年第 3 期。

严有度，效果良好，以打击和孤立极少数，教育和挽救大多数，最大限度地减少社会对立面和不和谐因素。在审前阶段执行宽严相济刑事政策，实现"以宽济严"，就是大幅度降低羁押率。① 只有大幅度地降低审前羁押率，才能为扩大非监禁刑的适用创造条件。最高人民检察院 2006 年 12 月 28 日通过的《关于在检察工作中贯彻宽严相济刑事司法政策的若干意见》第 7 条规定："严格把握'有逮捕必要'的逮捕条件，慎重适用逮捕措施。逮捕是最严厉的刑事强制措施，能用其他强制措施的尽量使用其他强制措施……对于不采取强制措施或者采取其他强制措施不致于妨害诉讼顺利进行的，应当不予批捕。对于可捕可不捕的坚决不捕。"降低羁押率，扩大审前释放，是对犯罪嫌疑人诉讼主体地位的肯定，有利于减轻他们的心理压力和抵触情绪，鼓励他们改过自新，使其尽早回归社会。

四、 有利于解决超期羁押的顽疾

超期羁押问题一直困扰我国立法和司法机关，位列刑事司法实践三大顽症之首。为了治理超期羁押，在 1987 年至 2001 年间，最高人民法院、最高人民检察院、公安部等有关部门发布的有关通知和文件多达 20 多件。2003 年，最高人民法院、最高人民检察院、公安部在全国人大常委会的监督下开展了新中国成立以来规模最大的专项清理"超期羁押"活动。然而，多年的清理活动一直没能走出边清边超、前清后超、不清更超的怪圈。在 2003 年之前，全国每年超期羁押达到上万人。自检察机关开展专项活动后，全国超期羁押人数大幅下降。2010 年检察机关依法纠正超期羁押 525 人次，2011 年依法纠正超期羁押 242 人次。这表明超期羁押问题仍没有得到较好的解决。捕后羁押必要性审查为治理超期羁押提供了有效的常规路径。

五、 有利于节省司法资源

随着社会经济的发展，刑事犯罪案件大幅上升，新类型案件层出不穷，犯罪的手段也在不断地向智能化、隐蔽化、复杂化发展，查明以及指

---

① 刘仁文：《宽严相济的刑事政策研究》，《当代法学》2008 年第 1 期。

控犯罪的难度也越来越大，这导致被羁押人员众多，诉讼周期冗长。对众多被羁押人员的长期羁押看管，要求有大量的人力、物力和财力的付出。据统计，全国用于公检法司等的支出由 1978 年的约 2.16 亿元上升到 2003 年的 1301.33 亿元，按可比价格计算，年均增长率达到 22.9%（比同期国内生产总值年均增长 9.0%、国家财政支出年均增长 7.7%、全国刑事犯罪案件年均增长 8.8% 的增长速度都高出许多）。[①] 其中包括羁押成本的大幅度上升，2000 年代初关押一个犯罪嫌疑人的年费约 7000 元，目前则提高到约 2 万元。高羁押率挤占了有限的司法资源，造成司法资源的浪费，增加了诉讼成本。

六、 有利于减少国家赔偿

1995 年 1 月起实施的《中华人民共和国国家赔偿法》（以下简称《国家赔偿法》）实行的是违法归责原则，即对没有犯罪事实或者没有事实证明有犯罪重大嫌疑的人错误拘留的，对没有犯罪事实的人错误逮捕的才属于刑事赔偿的范围。犯罪嫌疑人因暂时符合刑拘或逮捕条件而被羁押，但随着诉讼的推进，办案机关认为证据不足，又作出撤销案件、不起诉决定或作出无罪判决的，不能得到刑事赔偿。这种立法规定不仅有失公正，而且也增加了赔偿认定的难度。2010 年 4 月 29 日，第十一届全国人民代表大会常务委员会第十四次会议修正的《国家赔偿法》，对于人身羁押赔偿采用了结果归责原则。根据第 17 条规定，只要逮捕后发生了撤案、不起诉或者判决宣告无罪的情形，除有免责情形的以外，国家就应当承担赔偿责任。修正后的《国家赔偿法》自 2010 年 12 月 1 日正式实施以来，全国各地赔偿案大幅上升。如深圳市检察机关自《国家赔偿法》正式实施一年多来，新受理国家赔偿申请 46 件中，除对 34 件作出给予赔偿的决定外，对 5 件作出了不予赔偿的决定，另有 7 件终止审查或正在办理中，赔偿率为 73.9%。而 2010 年深圳市检察机关共受理 49 件赔偿申请，赔偿率仅为 44.9%。捕后再进行羁押必要性审查，减少羁押措施，就可以较大程度地减少国家财政赔偿费用的支出。

---

① 胡联合：《转型与犯罪：中国转型期犯罪问题实证研究》，中共中央党校出版社 2006 年版，第 55 页。

第二节 羁押必要性审查规则的适用

一、 羁押必要性审查的对象

一个刑事案件大多要经过立案、侦查、审查起诉、审判等诉讼环节，对已被逮捕的犯罪嫌疑人，在捕后的每个诉讼环节，都可能存在不需要继续羁押的情形。因此，羁押必要性审查涉及侦查、审查起诉和审判（包括一审、二审和审判监督程序）的每个诉讼环节。

（一） 审判阶段是否需要进行羁押必要性审查

有的同志认为，2012 年《刑事诉讼法》第 93 条规定的是审前羁押必要性审查，案件进入审判阶段，检察机关就不需要也不应该进行羁押必要性审查。如有的认为："如果案件已经处于审判阶段，将羁押必要性的审查权赋予人民法院更为适宜。"[1] 笔者认为，这一观点是错误的。

首先，将审前羁押限制在侦查、起诉阶段不妥。有的学者认为"审前羁押"在我国刑事诉讼中是指审判前公安机关和人民检察院对犯罪嫌疑人、被告人拘留、逮捕后进行的羁押。[2] 对于审前羁押的称谓及内涵的界定，各国均有不同。在大陆法系一般称为"未决羁押"，在英美法系通称为"审前羁押"，在德国则被称为"待审羁押"。我国《刑事诉讼法》未对审前羁押单独作出规定，只是将审前羁押作为拘留、逮捕的必然结果和延续状态。自案件进入审查起诉阶段以后，我国《刑事诉讼法》就没有将羁押期限与审理期限加以明确区分，一般都将审理期限视为羁押期限。所以，将我国的审前羁押界定为"犯罪嫌疑人、被告人在法院作出生效判决前被剥夺人身自由的状态，它应当包括侦查阶段、审查起诉阶段以及审判阶段的羁押"是正确的。

---

[1] 姚莉、邵劭：《论捕后羁押必要性审查——以新〈刑事诉讼法〉第 93 条为出发点》，《法律科学》2013 年第 5 期。

[2] 徐静村主编：《刑事诉讼前沿研究》（第 5 卷），中国检察出版社 2006 年版，第 201 页。

其次，长期以来，在司法实践中，一旦案件进入法院审理阶段，羁押决定权就完全由人民法院行使，人民检察院无从监督。特别是新《刑事诉讼法》大幅度地延长一审、二审的审理期限，人民法院延长办案期限事实上会造成延长羁押期限，而这一阶段的羁押必要性审查一直是监督盲区。加强对审判阶段羁押必要性审查更具有现实意义。如曾引起社会各界广泛关注的河南"死刑保证书"案，[①] 如果检察机关对审判阶段的羁押必要性进行审查，该案严重超期羁押现象也许就可以避免。

《羁押规定》第 11 条规定："刑事执行检察部门对本院批准逮捕和同级人民法院决定逮捕的犯罪嫌疑人、被告人，应当依职权对羁押必要性进行初审。"这表明，检察机关对法院决定逮捕的案件有羁押必要性审查的权力。当然，法院审理期限的延长是由上一级人民法院甚至是最高人民法院批准的，法院能否依据检察机关的建议改变上级法院、最高人民法院延长审理期限的决定，这将是执法中的难题，需要在实践中探索解决。

（二）羁押必要性审查是否适用于检察机关自身正在办理的案件

从新《刑事诉讼法》第 93 条规定的旨意看，它是作为监督条款赋予检察机关对公安机关、审判机关办理的案件行使羁押必要性审查。本条文中的"有关机关"也只能是公安机关和审判机关，而不能是检察机关。在审查起诉阶段，公诉部门自然要进行羁押必要性审查，但审查的法律依据不是第 93 条规定，而是第 94 条、第 95 条规定。根据第 94 条和第 95 条规定，人民检察院如果发现对犯罪嫌疑人采取强制措施不当的，应当及时撤销或者变更。犯罪嫌疑人及其法定代理人、近亲属或者辩护人有权申请变更强制措施。人民检察院收到申请后，应当在 3 日以内作出决定；不同意变更强制措施的，应当告知申请人，并说明不同意的理由。所以，在这一阶段，如果检察机关认为犯罪嫌疑人没有继续羁押必要的，不"应当建议予以释放或者变更强制措施"，而应当直接作出变更强制措施的决定。就此而言，第 93 条所规定的羁押必要性审查实际上只涉及侦查阶段和审判阶段。在侦查阶段，检察机关应当对犯罪嫌疑人被公安机关逮捕后的羁押进

① 李钧德：《"死刑保证书"保证了什么——河南新版"赵作海案"考问维稳之惑》，《半月谈（内部版）》2012 年第 6 期。

行必要性审查。对不需要继续羁押的，应当建议公安机关予以释放或者变更强制措施。

《羁押规定》第 26 条规定："对于检察机关正在侦查或者审查起诉的案件，刑事执行检察部门进行羁押必要性审查的，参照本规定办理。"这也表明：所有逮捕后的案件都应当接受羁押必要性审查。这一规定似乎肯定了对于检察机关正在办理的案件也可以根据 2012 年《刑事诉讼法》第 93 条规定进行羁押必要性审查。笔者认为，为了加强对检察机关自身的监督，由职能部门对自己办理案件进行羁押必要性审查是必要的，也是有现实意义的。但对自己办理案件进行羁押必要性审查的依据不是《刑事诉讼法》第 93 条，而是第 94 条、第 95 条规定。

二、 羁押必要性审查程序的启动

关于羁押必要性审查程序应当如何启动？目前主要有以下观点：第一种观点认为，羁押必要性审查只能由检察机关依职权主动审查，而不能由相关人员申请启动。第二种观点认为，检察机关依职权定期进行羁押必要性的审查工作，必然造成工作量急剧增加，推进起来难度较大，因此，由在押人员提出羁押必要性审查的申请从而启动审查的方式较为可行。第三种观点认为，羁押必要性审查程序的启动，检察机关既可以依职权主动审查，也可以由犯罪嫌疑人、被告人及其辩护律师申请进行被动审查。笔者认为，检察机关启动羁押必要性审查可以根据不同情形区分为依职权的主动审查和依申请的被动审查。凡依申请被动审查的，犯罪嫌疑人、被告人及其近亲属、辩护律师的申请并不必然启动羁押必要性审查程序。

（一） 检察机关依职权审查

凡具有以下情形之一的，检察机关应当主动启动羁押必要性审查：第一，检察机关在办理公安机关申请延长羁押期限时，应同时进行羁押必要性审查。2012 年《刑事诉讼法》第 154 条规定："对犯罪嫌疑人逮捕后的侦查羁押期限不得超过二个月。案情复杂、期限届满不能终结的案件，可以经上一级人民检察院批准延长一个月。"第 156 条规定："下列案件在本法第 154 条规定的期限届满不能侦查终结的，经省、自治区、直辖市人民检察院批准或者决定，可以延长二个月……"检察机关在审查公安机关延押申请时，应当同时进行羁押必要性审查。如果发现不需要继续羁押的，除对延押申请不予批准外，还应当建议予以释放或者变更强制措施。第二，公安机关重新计算羁押期限时。《刑事诉讼法》第 158 条第 1 款规定："在侦查期间，发现犯罪嫌疑人另有重要罪行的，自发现之日起依照本法第一百五十四条的规定重新计算侦查羁押期限。"为了加强对公安机关重新计算羁押期限的监督，防止出现不必要的羁押，检察机关对于公安机关重新计算羁押期限的，在收到公安机关的备案后，应当进行羁押必要性审查。第三，检察机关在发现存在不需要继续羁押情形时。如监所检察部门在履行监所检察职能时，发现犯罪嫌疑人、被告人不应当继续羁押的，其中包括根据最高人民检察院 2012 年 2 月制定的《关于上级人民检察院监所检察部门开展巡视检察工作的意见》要求，地（市）级以上检察院监所检察部门对辖区内由下级检察院检察的看守所监管活动是否合法进行检察时，发现应当启动羁押必要性审查的，等等。《检察规则》第 616 条规定："犯罪嫌疑人、被告人被逮捕后，人民检察院仍应当对羁押的必要性进行审查。人民检察院发现或者根据犯罪嫌疑人、被告人及其法定代理人、近亲属或者辩护人的申请，经审查认为不需要继续羁押的，应当建议有关机关予以释放或者变更强制措施。"这表明，依职权启动得到了最高人民检察院的肯定。"从刑事诉讼法修正案运行的三年多实践来看，特别是前两年，开展羁押必要性审查工作主要是依据职权主动启动程序。"[①] 但遗憾的是《羁押规定》仅仅在第 10 条规定"刑事执行检察部门应当通过检察机关统一业务应用系统等途径及时查询本院批准或者决定、变更、撤销逮捕措施的情况"，而没有对检察机关依职权主动审查作出具体规定。

（二） 检察机关依申请审查

犯罪嫌疑人、被告人及其近亲属、辩护律师申请检察机关进行羁押必要性审查，检察机关可以启动审查程序。之所以强调对于羁押必要性审查的申请，检察机关是"可以"，而不是"应当"启动审查程序，主要基于以下理由：第一，从相关条文看，2012 年《刑事诉讼法》第 95 条规定："犯罪嫌疑人、被告人及其法定代理人、近亲属或者辩护人有权申请变更

---

① 郭冰：《羁押必要性审查制度研究》，中国检察出版社 2016 年版，第 75 页。

强制措施。人民法院、人民检察院和公安机关收到申请后，应当在三日以内作出决定；不同意变更强制措施的，应当告知申请人，并说明不同意的理由。"这一条文明确规定了犯罪嫌疑人、被告人享有变更强制措施申请权及其司法机关的程序保障义务。所以，犯罪嫌疑人、被告人及其法定代理人、近亲属或者辩护人认为羁押理由已经不存在时，首先应该直接向办案机关提出变更强制措施的申请，而不是直接向检察机关申请羁押必要性审查，即便是检察机关的自侦案件也要先向反贪、反渎部门提出变更强制措施的申请。当犯罪嫌疑人、被告人没有履行前置程序径直向检察机关申请羁押必要性审查的，羁押必要性审查部门不应当启动审查程序。只有在相关机关、部门不同意变更强制措施，犯罪嫌疑人、被告人又向检察机关申请羁押必要性审查时，检察机关才可能启动审查程序。第二，这是由羁押必要性审查程序的性质决定的。规定由检察机关对逮捕的必要性继续进行审查，是为了加强检察机关对逮捕这种限制人身自由的强制措施的监督。监督的性质决定了这种程序只能是犯罪嫌疑人、被告人在羁押问题上进行权利救济的最后手段。第三，从司法实践看，第93条的规定必然会使申请羁押必要性审查案件大量增多。如果一旦犯罪嫌疑人、被告人提出申请，检察机关就必须启动审查程序，必然徒增检察机关办案压力。在当前案多人少矛盾十分突出的情况下，检察机关客观上难以做到所有申请的案件都审查。所以，对于犯罪嫌疑人、被告人申请羁押必要性审查的，检察机关应享有程序启动的自由裁量权。

三、 羁押必要性审查的主体

羁押必要性审查程序确立以来，对羁押必要性审查主体的选择成为争议最大问题之一。

第一种观点认为，根据检察机关内部职权分工，侦查监督部门主要履行审查批捕的职能。在批准逮捕之后对羁押的必要性进行审查，实质上是批捕职能的延伸和继续。因此，由检察机关审查逮捕的部门从事对羁押必要性的审查，是顺理成章的职责延伸。当前大量羁押主要是由于逮捕后而致，因此羁押必要性审查主体仍然为检察机关的批捕部门。

第二种观点认为，公诉部门应当承担起羁押必要性审查义务。

第三种观点认为，2012年《刑事诉讼法》第93条捕后羁押必要性审查工作涵盖了捕后侦查、起诉、审判阶段的诉讼活动全过程。只有监所部门可以全过程、不留空白地开展羁押必要性审查工作。实践经验表明，选择监所部门作为第93条羁押必要性审查主体，是在现有职权体系中落实第93条的唯一可行方案。这一观点也得到了最高人民检察院监所检察厅的肯定和支持。

第四种观点认为，可以由相关部门联合进行羁押必要性审查。如侦查终结前的羁押必要性审查，可由侦查监督部门会同监所检察部门承担。笔者曾建议由侦查监督部门统一行使羁押必要性审查权力，主要理由是：对已经逮捕的案件，由于办案人员原先审查过案件，对案情、证据及犯罪嫌疑人个人情况都有所了解，在进行羁押必要性审查时，只要重点审查案情、证据是否发生了变化，犯罪嫌疑人的社会危险性是否还存在，等等。这就意味着侦查监督部门只要对新增证据材料进行审查即可完成羁押必要性的判断。

第五种观点认为，宜建立一种"一主两辅"型审查模式，即以监所检察部门为主，侦查监督和公诉部门辅助配合的审查方式，既保障羁押必要性审查的中立性、独立性，又可提升审查的效率和质量。

由于争议比较大，一开始最高人民检察院考虑和权衡各种意见，确立了侦查监督部门和公诉部门主导，监所检察配合的羁押必要性审查模式（分段审查）。《检察规则》第617条规定："侦查阶段的羁押必要性审查由侦查监督部门负责；审判阶段的羁押必要性审查由公诉部门负责。监所检察部门在监所检察工作中发现不需要继续羁押的，可以提出释放犯罪嫌疑人、被告人或者变更强制措施的建议。"但实践证明这种审查模式实施效果并不理想。一些地方开始尝试统一由监所检察部门办理。如上海于2014年5月正式明确羁押必要性审查由监所部门统一办理。

《羁押规定》第3条规定："羁押必要性审查案件由办案机关对应的同级人民检察院刑事执行检察部门统一办理，侦查监督、公诉、侦查、案件管理、检察技术等部门予以配合。"这就确立了由刑事执行检察部门统一归口办理羁押必要性审查的模式（归口审查）。最高人民检察院之所以统一由刑事执行检察部门统一行使羁押必要性审查权力，主要原因是刑事执行检察部门具有的诉讼监督性、中立性和便利性。"应当说，分段审查模式并未在原有的羁押审查体制上走得更远，其中立性和有效性都存在一定疑问。归口审查模式致力于构建一种相对中立的、全程的羁押必要性审查模式，其能否为羁押率的降低描绘一幅美好前景？对此的回答是：值得期待，但也有诸多局限。至少，两种方案是利弊并存的。"① 统一由刑罚执行部门实施羁押必要性审查效果如何尚待实践检验。

四、 羁押必要性审查的启动时间和审查时限

（一） 羁押必要性审查的启动时间

检察机关什么时候可以启动羁押必要性审查程序？目前，不少同志把羁押必要性审查称之为"羁押必要性定期审查"。何谓"定期"审查？是半个月？还是1个月？有的同志认为，根据诉讼规律和诉讼期限，为了兼顾人权保障和司法资源的平衡，考虑到逮捕后，侦查机关具有2个月的侦查羁押期限，在逮捕后满1个月进行羁押必要性审查比较适宜。在进行第一次羁押必要性审查后，每隔1至2个月再审查一次；对法院决定逮捕的，检察机关在法院决定逮捕时就应进行审查，此后应每隔1个月再进行一次审查。有的认为：犯罪嫌疑人被逮捕2个月后，检察机关应进行羁押必要性审查。有的认为，"将羁押必要性审查间隔时间定为3个月，应是较为科学、合理的一种设定"。也有的认为，在被羁押方未提出羁押必要性审查申请的前提下，承担审查职责的检察机关每隔1个月应对羁押的必要性审查一次；对于被羁押人及其法定代理人、近亲属、辩护人提出羁押必要性审查申请的，可借鉴两大法系主要法治国家的做法，采取"即时审查主义"原则。有的认为，"羁押必要性审查工作是一个动态的过程，需要分阶段多次甚至随时进行"。笔者认为，这些意见都值得商榷。

近年不少学者主张，应当将未决羁押制度从拘留、逮捕等强制措施中分离出来，把逮捕定位于羁押的前置程序，继而设置独立的羁押程序，以控制羁押的适用。也有学者乐观地认为，此次《刑事诉讼法》修改所确立的逮捕后羁押的必要性审查极有可能改变当前"逮捕与羁押不分"的状况。但在我国羁押仍然不是一种独立的强制措施，羁押仅仅是逮捕和拘留的附随后果。羁押必要性审查是《中华人民共和国刑事诉讼法（修正草

---

① 林喜芬：《分段审查抑或归口审查：羁押必要性审查的改革逻辑》，《法学研究》2015年第5期。

案）（二次审议稿）》中才增设的制度。2011 年 12 月，十一届全国人大常委会第二十四次会议第二次审议刑事诉讼法修正案草案时，贺一诚委员就建议，为了增强该条款的可操作性，最好规定检察机关应当在多长的一个具体期限内，定期对羁押的必要性和前提进行审查。但立法机关最终并未采纳这一意见。可见，用"定期"来限制羁押必要性审查是没有根据的。再说，现在案多人少的矛盾比较突出，定期审查这么多的案件事实上也做不到。所以，在审查周期问题上，检察机关不宜统一规定一个具体特定的时间来启动审查程序。

否定"定期"审查，并不意味着在审查周期上就具有随意性。从域外来看，有类似的规定。如《德国刑事诉讼法》第 117 条第 5 款规定："待审羁押已经执行了三个月，被指控人在这期间既未申请羁押复查也未对羁押提出抗告的，应当依职权进行羁押复查，但被指控人如果有辩护人时除外。"我国澳门地区的《刑事诉讼法》第 197 条第 1 款规定："在执行羁押期间，法官依职权每三个月一次复查羁押前提是否存在，并决定羁押需维持或应予代替或废止。"为了规范羁押必要性审查的启动，保障犯罪嫌疑人、被告人的合法权益，在审查周期上，可以区分以下两种不同情形：第一种情形是定期审查，即存在以下情形时，检察机关就要同时启动羁押必要性审查。这包括：（1）在侦查阶段，公安机关根据《刑事诉讼法》第154 条、第 156 条、第 157 条、第 158 条规定，报请延长羁押期限或重新计算羁押期限时；（2）在审判阶段，一审、二审法院根据《刑事诉讼法》第 202 条、第 232 条规定，报请延长审理期限时。第二种情形是随时审查。不管是在侦查阶段还是在审判阶段，只要犯罪嫌疑人、被告人及其法定代理人、近亲属或者辩护人申请要求变更羁押措施的，检察机关可以随时启动审查程序。《羁押规定》没有对羁押必要性审查的时间作出规定。但《羁押指导意见》第 8 条规定："犯罪嫌疑人、被告人被逮捕后，羁押地的派驻看守所检察室应当在五个工作日以内进行羁押必要性审查权利告知。没有设立派驻看守所检察室的，由巡回检察人员或派驻专职检察人员进行权利告知。"这一规定有利于犯罪嫌疑人、被告人及时行使申请羁押必要性审查的权利。一旦犯罪嫌疑人、被告人及其法定代理人、近亲属或者辩护人申请进行羁押必要性审查，经初审，对于犯罪嫌疑人、被告人可能无继续羁押必要的，就应当立案审查。

（二） 羁押必要性审查的时限

关于羁押必要性审查的时限，《刑事诉讼法》和《检察规则》均未作出规定，理论和实务中有争议，有的认为以 7 天较为宜，也有提出 10 天、15 天或者 20 天的。审查时限的规定，既不能太长，也不能太短。太长，不利于人权保障；太短，会导致因审查不严而失去严肃性。《羁押规定》第 20 条规定："办理羁押必要性审查案件，应当在立案后十个工作日以内决定是否提出释放或者变更强制措施的建议。案件复杂的，可以延长五个工作日。"这一时限规定是合适的。

五、 羁押必要性审查的标准

由于《刑事诉讼法》对于羁押必要性的标准没有作出规定，有的同志担忧，对于什么是"不需要羁押"的情况也没有规定，完全依赖办案机关的自由裁量做出判断则有可能使该条款成为一纸空文。为了使羁押必要性审查制度真正发挥减少羁押的作用，增强审查工作的可操作性，明确捕后羁押必要性审查标准是必要的。

有的认为："羁押必要性审查的基本判断标准应是法定逮捕条件，换句话说，逮捕的条件也就是羁押的条件。"[1] 也有的认为，羁押必要性审查，"首先，需要对原逮捕强制措施正当性进行复查。如果原逮捕措施不是明显不当，并且没有新的事实和证据的，原则上应当维持原逮捕措施"[2]。笔者认为，羁押必要性审查不是对原逮捕决定的复查，也不是为了纠正原错误的逮捕决定，而是在原逮捕羁押的基础上试就是否有继续羁押的必要进行审查。基于此，原逮捕条件不能完全适用于羁押必要性审查。如逮捕的证据条件（有证据证明有犯罪事实）就不能继续适用于羁押必要性审查。但由于我国不存在独立的羁押制度，羁押是附随逮捕的法律后果。因此，逮捕理由即逮捕必要性的规定，仍然可以适用于羁押，逮捕的理由即羁押的理由。对此，《羁押规定》和《羁押指导意见》作出了较为细化的规定。

---

[1] 万春、刘辰：《羁押必要性审查制度的思考》，《人民检察》2012 年第 16 期。

[2] 刘晴：《逮捕羁押复查机制的程序设计》，《检察日报》2012 年 6 月 15 日，第 3 版。

《羁押指导意见》第15条规定："犯罪嫌疑人、被告人具有下列情形之一的，经初审后一般不予立案，但是犯罪嫌疑人、被告人患有严重疾病或者具有其他特殊法定情形不适宜继续羁押的除外：（一）涉嫌危害国家安全犯罪、恐怖活动犯罪、黑社会性质的组织犯罪、重大毒品犯罪或者其他严重危害社会的犯罪的；（二）涉嫌故意杀人、故意伤害致人重伤或死亡、强奸、抢劫、绑架、贩卖毒品、放火、爆炸、投放危险物质等严重破坏社会秩序犯罪或者有组织的暴力性犯罪的；（三）涉嫌重大贪污、贿赂犯罪，或者利用职权实施的严重侵犯公民人身权利的犯罪的；（四）系累犯或曾因危害国家安全犯罪、恐怖活动犯罪、黑社会性质的组织犯罪、重大毒品犯罪或者其他严重危害社会的犯罪被判处刑罚的；（五）可能判处十年有期徒刑以上刑罚的；（六）案件事实尚未查清，证据尚未固定或者犯罪嫌疑人、被告人有其他犯罪事实尚未查清、需要进一步查证属实的；（七）同案犯罪嫌疑人、被告人不在案，有串供可能的；（八）比较复杂的共同犯罪案件，有串供可能的；（九）系被通缉到案或者因违反取保候审、监视居住规定而被逮捕的；（十）侦查监督部门作出批准逮捕或者批准延长侦查羁押期限决定不满一个月的；（十一）其他不宜立案进行羁押必要性审查的情形。"具备上述情形的，即有继续羁押的必要。

　　《羁押规定》第17条规定："经羁押必要性审查，发现犯罪嫌疑人、被告人具有下列情形之一的，应当向办案机关提出释放或者变更强制措施的建议：（一）案件证据发生重大变化，没有证据证明有犯罪事实或者犯罪行为系犯罪嫌疑人、被告人所为的；（二）案件事实或者情节发生变化，犯罪嫌疑人、被告人可能被判处拘役、管制、独立适用附加刑、免予刑事处罚或者判决无罪的；（三）继续羁押犯罪嫌疑人、被告人，羁押期限将超过依法可能判处的刑期的；（四）案件事实基本查清，证据已经收集固定，符合取保候审或者监视居住条件的。"第18条规定："经羁押必要性审查，发现犯罪嫌疑人、被告人具有下列情形之一，且具有悔罪表现，不予羁押不致发生社会危险性的，可以向办案机关提出释放或者变更强制措施的建议：（一）预备犯或者中止犯；（二）共同犯罪中的从犯或者胁从犯；（三）过失犯罪的；（四）防卫过当或者避险过当的；（五）主观恶性较小的初犯；（六）系未成年人或者年满七十五周岁的人；（七）与被害方依法自愿达成和解协议，且已经履行或者提供担保的；（八）患有严重疾病、生活不能自理的；（九）系怀孕或者正在哺乳自己婴儿的妇女；（十）

系生活不能自理的人的唯一扶养人；（十一）可能被判处一年以下有期徒刑或者宣告缓刑的；（十二）其他不需要继续羁押犯罪嫌疑人、被告人的情形。"具备上述情形的，即无继续羁押必要。

在羁押必要性审查标准的把握上，必须注意将羁押理由与存在羁押理由的事实、涉嫌犯罪的事实和存在羁押理由的事实加以区分。我国长期以来存在"构罪即捕"现象，原因之一是将逮捕理由与逮捕理由的事实及犯罪事实混为一谈，简单地将犯罪事实等同于逮捕理由的事实，进而又把逮捕理由的事实等同于逮捕理由，实践中缺乏逮捕必要性证明机制，只要行为人构成犯罪，就有社会危险性，就有逮捕必要。羁押理由从本质上看属于一种主观范畴，对于犯罪嫌疑人、被告人实施新的犯罪、毁灭、伪造、隐匿证据、干扰作证、对被害人、举报人、控告人实施打击报复、自杀、逃跑等都只是一种"可能性"的判断。对于这种主观判断，必须建立在一定的客观事实基础上。没有这种社会危险性的客观事实存在，不能认定存在羁押理由。

六、 羁押必要性的评估机制

羁押必要性审查的实效依赖于科学的羁押必要性评估机制的构建。对羁押必要性进行审查评估有定性和量化两种方法。定性评估指在综合分析案件的各种情况后，运用自由裁量权作出是否继续羁押的决定。定性评估是一种传统的评估方法，简便灵活，但完全依赖于人的主观判断，存在很大的不确定性，且准确性较差。

近年来，最高人民检察院在全国20多个地方检察机关开展逮捕后羁押必要性审查试点，大多数试点检察院采取量化评估的办法继续对羁押必要性进行审查，实践效果较好。表格量化模式就是由案件承办人制作《犯罪嫌疑人（被告人）羁押必要性评估表》，对在押的犯罪嫌疑人（被告人）是否存在继续羁押的必要性进行量化分析，即根据事先规定的标准，对与羁押必要性相关的因素逐一分析打分，将分数合计后与事先确定的维持羁押分数比较，高于该分数则维持羁押，否则决定或建议解除羁押。如A犯抢劫罪（评分80分），根据案情综合判断，可能判处5年有期徒刑（评分40分），有自首情节（评分 –40分）和重大立功情节（评分 –60分），合计分数20分，允许维持羁押分数为30分，合计分数低于维持羁押分数，说明没有羁押必要，此案应当决定或建议解除羁押。

量化评估的审查方法主要有四个方面的优势：一是表格量化模式为判断羁押必要性提供客观定量的标准，有利于审查人员准确把握审查要点，避免对应当解除羁押的犯罪嫌疑人（被告人）维持羁押。二是表格量化模式提供了一种客观定量的结论，使审查人员无须过多担忧来自案外的压力。三是公开的量化过程和量化结果，增加了透明度，有效降低了审查的随意性，从而可以增强羁押必要性说理的说服力。《羁押规定》第 16 条规定："评估犯罪嫌疑人、被告人有无继续羁押必要性可以采取量化方式，设置加分项目、减分项目、否决项目等具体标准。犯罪嫌疑人、被告人的得分情况可以作为综合评估的参考。"《羁押指导意见》第 23 条规定："加分项目可以包括：（一）具有《人民检察院刑事诉讼规则（试行）》第六百一十九条规定的情形的；（二）具有本指导意见第二十六条、第二十七条规定的情形的；（三）积极退赃、退赔的；（四）被害人有过错的；（五）系在校学生犯罪的；（六）在本市有固定住所、工作单位的；（七）能够提供适格保证人或者缴纳足额保证金的；（八）具备监视居住条件的；（九）其他应当加分的情形。"第 24 条规定："减分项目可以包括：（一）犯罪嫌疑人、被告人不认罪或者供述不稳定，反复翻供的；（二）矛盾尚未化解的；（三）犯罪嫌疑人、被告人在本市没有固定住所、固定工作，无力维持正常生活的；（四）办案机关明确反对变更强制措施，认为有继续羁押的必要且具有合法、合理的理由的；（五）犯罪嫌疑人、被告人所在单位、所居住社区明确反对变更强制措施，认为有继续羁押的必要且具有合法、合理的理由的；（六）其他应当减分的情形。"第 25 条规定："否决项目可以包括：（一）具有《中华人民共和国刑事诉讼法》第七十九条规定的情形的；（二）具有本指导意见第十五条规定的情形的；（三）具有重大社会影响，不宜进行羁押必要性审查的；（四）提供的申请材料故意造假的；（五）其他应当否决的情形。"可见量化方式得到了最高人民检察院的肯定。

表格量化模式的优点本身隐含着内在的不足之处。量化分值的确定难以有一个绝对科学的标准。对于个案而言，羁押事实是千差万别的，更何况还要对不同的事实进行量化的分值评判。而且针对同一犯罪嫌疑人，依据同样的材料，或者案情相似的不同犯罪嫌疑人，不同的办案人员给出的分值很有可能差别很大以至于得出不同的审查结果。是否完全按表格量化的分值来评定羁押必要性尚待实践证明。

七、 无羁押必要性的证明责任

羁押必要性属于程序性事实，在我国诉讼法学界，关于程序法事实能否成为证明对象曾存在肯定说、否定说和折中说三种观点。但经过多年来的讨论，程序法事实应当作为证明对象已成为通说。但由于现行法律和司法解释没有明确将程序性事实列入"法定"证明对象的范围，导致司法实践中，司法人员在就程序性事项作出决定时往往不受司法证明规则的规范。正是由于我国在立法上没有对逮捕必要性的证据依据问题作出明确规定，导致公安机关轻视、忽视对逮捕必要性相关证据的收集，也令检察机关对逮捕必要性条件的审查陷入无米之炊的尴尬境地，直接影响了逮捕必要性条件的有效适用。在逮捕标准的掌握上检察人员仅仅关注"有证据证明有犯罪事实"这一要件，刑罚要件和社会危险性要件都不再需要有证据证明，"构罪即捕"导致逮捕必要性条件被"虚置"，进而造成高羁押率。

为了使羁押必要性标准实至名归，应当明确由公安机关、检察机关承担羁押必要性的证明责任。理由是：（1）这是无罪推定的应有之义。根据无罪推定原则，任何人在法院依法判决有罪之前，其人身自由权应当得到法律的保障。而逮捕羁押是直接剥夺一个在法律上仍处于无罪地位的公民的人身自由。因此，法治国家的立法对强制措施的采用大都规定了严格的条件和程序，实行羁押例外原则。即便需要羁押也必须要符合"社会危险性要件"，即要有足够的事实足以认定其可能存在毁灭、伪造证据或者串供等妨碍刑事诉讼的情形。（2）从域外羁押制度看，"根据西方各国的法制经验，适用未决羁押措施除了要有重大的犯罪嫌疑这一条件以外，还必须具备两个特别的理由：一是为提供程序上的保障所必要，二是为防止发生新的危害社会行为所必需"。[①] 在西方国家，法官审查羁押必要性的情形下，羁押的申请主体（往往是检察官）承担该证明责任。（3）近年，我国一些地方开始探索建立逮捕必要性证明制度，即公安机关在提请逮捕时，不仅要有逮捕必要的主张，而且要有不逮捕即有社会危险性的证明材料。实践证明这种探索效果良好。如 2007 年 5 月 17 日，

---

① 陈瑞华：《比较刑事诉讼法》，中国人民大学出版社 2010 年版，第 295 页。

南京市建邺区检察院和南京市公安局建邺分局会签了《关于办理逮捕案件中增加逮捕必要性证明的规定》，建立逮捕必要性证明机制。随后，南京市检察院和公安局在 2007 年 11 月联合签署了《关于办理逮捕案件适用"逮捕必要性"条件的实施意见》，市区两级检察和公安机关全面推行逮捕必要性证明机制。近年来，南京市检察机关不捕案件以每年 35% 以上的比例递增。

总之，由公安机关、检察机关承担羁押必要性的证明责任具有充分的法理和实践基础。当然，为了更好地保护犯罪嫌疑人、被告人的合法权益，提高诉讼效率，犯罪嫌疑人、被告人及其法定代理人、近亲属或者辩护人申请羁押必要性审查时，应当提供犯罪嫌疑人、被告人没有羁押必要性的相关线索或者材料，以便检察机关能及时启动羁押必要性审查程序。《羁押规定》第 7 条规定："犯罪嫌疑人、被告人及其法定代理人、近亲属、辩护人申请进行羁押必要性审查的，应当说明不需要继续羁押的理由。有相关证明材料的，应当一并提供。"这一规定是合理的。

八、 羁押必要性审查的方式

我国审查逮捕程序一直存在着书面化、审批化、信息来源单一化的行政式的审批程序，其后果必然是程序神秘化、控辩失衡化、责任分散化。[①]为了克服这种行政化单方审查模式的弊端，不少学者建议建立听证式审查模式。新《刑事诉讼法》增加审查逮捕时讯问犯罪嫌疑人的规定，同时赋予证人、辩护律师等参与审查逮捕程序的权利，这在一定程度上克服了批捕程序的行政化，强化了司法审查的色彩。那么，羁押必要性审查，应当采取听证式模式，还是采取行政化模式？

笔者一直是主张对逮捕羁押实行诉讼化改造的。公开审查，实际上是一种以听证为主要特征的司法审查程序。羁押必要性审查实行听证式审查模式，有利于强化控辩对抗，保证诉讼当事人的参与性。现在的主要矛盾是：随着逮捕必要性审查和捕后羁押必要性审查的双重审查制度的实施，检察机关的工作量将大大增加。如苏州市吴中区检察院刑事执行检察科，总共只有 2 名检察干警，而该院每年批准逮捕的犯罪嫌疑人多达千余人。

---

① 张兆松：《审查批捕方式的反思与重构》，《河南政法管理干部学院学报》2010 年第 1 期。

办案量庞大，如何高效审查？如果所有案件都要采用听证式的审查模式，检察机关恐难承受。

《羁押规定》第 13 条规定："人民检察院进行羁押必要性审查，可以采取以下方式：（一）审查犯罪嫌疑人、被告人不需要继续羁押的理由和证明材料；（二）听取犯罪嫌疑人、被告人及其法定代理人、辩护人的意见；（三）听取被害人及其法定代理人、诉讼代理人的意见，了解是否达成和解协议；（四）听取现阶段办案机关的意见；（五）听取侦查监督部门或者公诉部门的意见；（六）调查核实犯罪嫌疑人、被告人的身体状况；（七）其他方式。"可见公开听证方式并没有得到最高人民检察院的认可。

九、 羁押必要性审查中的权利救济

为了加强在羁押必要性审查中对犯罪嫌疑人、被告人的权利保护，应当建立以下制度：

1. 建立告知制度。新《刑事诉讼法》对羁押必要性审查启动的主体作了明确规定，除了人民检察院主动为之外，还赋予犯罪嫌疑人、被告人及其法定代理人、近亲属、辩护人申请启动的权利。"调研发现，在押人员对该项制度的了解程度不够，导致法律赋予其申请启动的权利形同虚设。调研的 4 家看守所中，在押人员对该项制度不了解的最高达 87.85%，了解并用过的最高不足 5.82%。"[1] 告知义务是司法机关的重要义务之一。《羁押指导意见》第 8 条规定："犯罪嫌疑人、被告人被逮捕后，羁押地的派驻看守所检察室应当在五个工作日以内进行羁押必要性审查权利告知。没有设立派驻看守所检察室的，由巡回检察人员或派驻专职检察人员进行权利告知。"《羁押规定》第 24 条规定："对于依申请立案审查的案件，人民检察院办结后，应当将提出建议和办案机关处理情况，或者有继续羁押必要的审查意见和理由及时书面告知申请人。"笔者认为，告知权利的确认，是《羁押规定》和《羁押指导意见》的最大亮点之一，对于保障犯罪嫌疑人、被告人权利起了基础性作用。

---

[1] 徐隽：《新刑事诉讼法实施一年来，看守所的变化有多大》，《人民日报》2014 年 3 月 19 日，第 18 版。

2. 建立羁押必要性说理制度。联合国《公民权利和政治权利国际公约》规定，"对被逮捕和羁押的人必须告知逮捕、羁押的理由以及不利于他的任何控告"。最高人民检察院 2011 年 8 月 9 日、2017 年 7 月 20 日分别印发的《关于加强检察法律文书说理工作的意见（试行）》和《关于加强检察法律文书说理工作的意见》，要求各级人民检察院提高认识，积极推进检察法律文书说理工作。无论是继续羁押还是解除羁押，检察机关都应当以书面形式将理由和依据向当事人进行必要的说理和解释，以获取诉讼当事人的信赖和尊重，提高检察公信力。

3. 赋予犯罪嫌疑人、被告人及其法定代理人、近亲属或者辩护人申诉的权利。有权利必有救济。一旦检察机关在经过必要性审查后作出继续羁押的决定，而犯罪嫌疑人、被告人及其法定代理人、近亲属或者辩护人对这一决定有异议的，应当赋予其对继续羁押决定提起申诉的权利。

十、 无羁押必要检察建议的效力

根据新《刑事诉讼法》第 93 条规定，人民检察院在对羁押必要性进行审查后，如果认为不需要继续羁押的，应当"建议"而不是"决定"予以释放或者变更强制措施；有关机关应当将处理情况"通知"人民检察院，而不是经人民检察院"批准"。对这一规定不少同志持有异议。如有的认为，2012 年修改后的《刑事诉讼法》第 93 条规定，有关机关应当在 10 日以内将处理情况通知人民检察院。但该条文没有规定监督对象的具体义务以及不履行义务时应承担的法律后果，使得检察机关的监督缺乏法律刚性保障。有的同志认为，由于"通知"并不等同于"经过审查批准"，新的捕后羁押必要性审查制度如何兼顾对"不应当继续羁押而继续羁押"和对"应当继续羁押而不继续羁押"的双重监督，不妥善处理这一矛盾，有可能造成该制度在实质上被剥离检察机关的监督视野。有的还建议，对于羁押必要性的审查，人民检察院作出决定后，应当具有法律效力，有关部门必须执行。有的认为，未来《刑事诉讼法》修改时，有必要在侦查阶段的羁押必要性审查制度中赋予检察机关解除羁押的实体决定权，能够充分体现检察机关对侦查活动的司法控制，以达到保障人权。笔者认为，上述异议意见值得商榷。

多年来，在探讨如何完善检察机关法律监督手段时，一些同志认为，

"检察机关没有处罚权是现行法律监督制度立法的结构性缺陷"之一。① 为了强化检察监督，应赋予检察机关直接处分权、惩戒权。笔者不同意这种观点。检察权的主要特征之一，是监督权与处分权的分离。法律监督权在本质上不是一种实体处分的权力。检察机关对诉讼活动的法律监督基本上是一种建议和启动程序权。对诉讼中的违法情况提出监督意见，只是启动相应的法律程序，建议有关机关纠正违法，不具有终局或实体处理的效力。诉讼中的违法情况是否得以纠正，最终还是要由其他机关决定。特别是在刑事审判中，如何处理好制约与监督的关系一直困扰着理论界和实务部门。作为国家法律监督机关，检察机关要保持一种中立、客观的状态，这样才能对违法行为进行及时、有效的纠正；作为国家的专属公诉机关，检察机关要扮演一个积极追诉者的角色。这就如同足球比赛，检察官既是裁判员又是运动员，无法确保结果公正。正是基于这种矛盾，有的学者主张："重塑我国刑事诉讼结构，应当充分体现公诉权与监督权的这种非兼容性，使检察机关的法律监督权最终从刑事诉讼结构中彻底分离出去。"② 笔者也赞同逐渐淡化检察机关的审判监督职能。③ 法律监督权在本质上不是一种实体处分的权力。"检察机关对诉讼活动的法律监督基本上是一种建议和启动程序权。对诉讼中的违法情况提出监督意见，只是启动相应的法律程序，建议有关机关纠正违法，不具有终局或实体处理的效力。诉讼中的违法情况是否得以纠正，最终还是要由其他机关决定。"④

加强对司法权的监督制约，完善刑事诉讼中的检察监督措施，成为新《刑事诉讼法》的一大亮点。但监督权不意味着检察机关可以包办代替有关机关行使权力。一旦赋予检察机关直接决定或处罚权，那么"监督者如何受监督"的难题会更加突出。所以，在羁押必要性审查中，对于不需要继续羁押的，立法机关只赋予检察机关"建议"有关机关予以释放或者变更强制措施的权力，这充分体现了立法机关将羁押必要性审查作为检察监督措施的特点。规定为"建议"而非强制性要求，主要是从监督角度考虑的。人民检察院在审查中发现被羁押人没有必要继续羁押的，提出建议，

---

① 李桂茂、邹建章、张国吉：《我国法律监督制度的改革与完善——论"监督法律关系"》，《中国社会科学》1997 年第2 期。

② 郝银钟：《刑事公诉权原理》，人民法院出版社2004 年版，第180 页。

③ 张兆松：《论检察机关刑事审判监督角色的转换》，《学习与探索》2011 年第6 期。

④ 张智辉：《检察权研究》，中国检察出版社2007 年版，第75 页。

由有关机关就羁押必要性进行全面审查，既考虑了监督的性质、特点，不代替其他有关机关作决定，又体现了对于解除、变更措施的慎重。再说，2012 年《刑事诉讼法》第 93 条设置的是诉讼监督型羁押必要性审查制度，这一规定与以《刑事诉讼法》第 94 条、第 95 条为依据的诉讼职能型羁押必要性审查不同，二者最本质的区别体现在：因为性质的不同而导致的处理结果各异。诉讼监督型羁押必要性审查，检察机关作为审查的主体对公安机关和人民法院只有"予以释放或者变更强制措施"的建议权，因此，不具有强制执行效力；而诉讼职能型羁押必要性审查，变更或者撤销逮捕措施是公安司法机关的职权，公安司法机关具有确定性和执行力。

有的同志认为，检察机关如果认为没有继续羁押必要，则应当向正在办理案件的机关或者部门发出检察建议，建议释放或者变更强制措施；如果建议不被接受，必要时检察机关可以撤销原逮捕决定，通知办案机关执行。也有的认为，检察机关经过审查认为继续羁押必要而提出建议的，办案单位是否采纳，完全由办案单位自行决定。笔者认为上述做法不符合立法精神。如果有关机关不接受检察机关释放或者变更强制措施的建议，处理情况又不符合法律规定的，检察机关可以向其发出《纠正违法通知书》，督促有关机关自行纠正违法行为，而不是撤销原逮捕决定或任由办案单位自行决定。

尽管人民检察院只是提出"建议"，而不是强制性的决定。但检察机关的建议仍然是具有法律效力的监督意见，有关机关不能自由裁量"可听可不听"。而必须对建议意见及所根据的事实、证据等进行研究和考虑，对羁押必要性进行再审查，并及时作出正确的决定。为了加强检察建议的效力，新《刑事诉讼法》第 93 条还明确了通知的时限，即有关机关应当在"10 日"以内将处理情况通知人民检察院，从而使检察机关的监督措施更具有可操作性。《检察规则》第 621 条第 1 款规定："人民检察院向有关办案机关提出对犯罪嫌疑人、被告人予以释放或者变更强制措施的建议的，应当要求有关办案机关在十日以内将处理情况通知本院。有关办案机关没有采纳人民检察院建议的，应当要求其说明理由和依据。"《羁押规定》第 22 条规定："人民检察院应当跟踪办案机关对释放或者变更强制措施建议的处理情况。办案机关未在十日以内回复处理情况的，可以报经检察长或者分管副检察长批准，以本院名义向其发出纠正违法通知书，要求其及时回复。"可见最高人民检察院已注意到检察建议的执行问题，并提供了解决的办法。

第三节　羁押必要性审查制度存在的问题

一、羁押必要性审查案件数量少，效果不明显

羁押必要性审查制度自 2013 年正式实施以来，全国检察机关进行羁押必要性审查的案件数量过少，没有达到立法者预期的效果。就全国经羁押必要性审查后变更的数量而言，不足 4%（见表 1）。地方各级检察院情况大体相同。如近 3 年，浙江省 Q 市检察机关不论是羁押必要性审查人数，还是审查后的变更数都不高（见表 2）。浙江省慈溪市检察院 2012 年至 2015 年期间批准逮捕 8977 人，经羁押必要性审查提出建议 36 件 36 人，释放或变更强制措施只有 20 件 20 人，变更率只有 0.2%。有的地方基本没有开展羁押必要性审查工作。同时羁押必要性审查在治理超期羁押中也没有发挥作用。如2013 年全国检察机关监督纠正超期羁押 432 人次，这与 2008 年至 2012 年的年均 379 人次相比，不减反增；而根据检察机关内部统计数据显示，2014 年上半年，全国检察机关发现超期羁押近 200 人次，其中新发生的超期羁押占到近90%，有近三分之二的省份发生了超期羁押。这些都同样证明了羁押必要性审查制度实施以来，我国超期羁押的问题并没有得到有效解决。

表 1　全国检察机关 2013—2015 年羁押必要性审查情况

年份	批准逮捕各类 犯罪嫌疑人（人）	提出释放或者变更强制 措施建议（人）	同期逮捕 总人数占比
2013	879817	23894	2.7%
2014	879615	33495	3.8%
2015	873148	29211	3.3%

表 2　浙江省 Q 市检察机关 2013—2015 年羁押必要性审查情况

年份	批捕人数	羁押必要性 审查人数	提出变更 羁押措施人数	变更人数占同期 逮捕总人数比例
2013	1742	10	4	0.2%
2014	1789	65	57	3.2%
2015	1728	58	49	2.8%

二、 羁押必要性审查质量有待提高

目前，羁押必要性审查不仅数量偏少，而且质量也有待提高。如上海市检察机关经羁押必要性审查后认为需要继续羁押的 522 人中，截至 2014 年 5 月，已有处理结果的 320 人，其中被法院判处 3 年以下有期徒刑并适用缓刑以及拘役、管制、免予刑事处罚的 204 人，达 63.8%，存在"该放未放"的情况。另外，羁押必要性审查后，检察机关只能提出"建议"变更的意见，如果建议本身质量不高，公安、法院采纳的可能性就小。如 2013 年上海市检察机关建议公安、法院释放或变更强制措施的犯罪嫌疑人、被告人共 238 人，其中意见未被采纳的 36 人，未回复的 15 人，占建议人数总数的 21.4%，这其中肯定有"建议"质量不高的问题。

三、 审查主体的合理性有待探索

羁押必要性审查是检察机关的权力而不是检察院内部某个部门的权力。羁押必要性审查主体由原来的分段审查改为由刑事执行检察部门统一审查。但这是否为最佳选择尚须研究。将羁押必要性审查的任务交给原本对案情毫不熟悉的刑事执行检察部门去行使，其最大的弊端就是因信息掌握的不全面，无法准确了解情况，导致监督无效，仅仅凭犯罪嫌疑人、被告人在看守所的良好表现是难以作出变更强制措施决定的。刑事执行检察部门如果要承担起羁押必要性审查重任，其前提必须是办案人员熟悉案情，全面审阅案卷材料，讯问犯罪嫌疑人，调查了解相关情况，而这些工作的完成都需要人力、物力和时间来保障。新《刑事诉讼法》实施后，刑事执行检察部门的任务已十分繁重。在这种情况下，要让刑事执行检察部门也像侦查监督、公诉部门一样全面审阅案卷材料是难以做到的。

四、 羁押必要性审查考核机制不合理

在当前的考核体系下，公安机关拘留后的逮捕率，逮捕后的起诉率、

有罪判决率是衡量公安机关、检察机关工作业绩的重要指标。公安机关以批捕人数作为考核目标，其结果就是加强打击力度，追求"构罪即捕、一捕到底"。就检察机关来说，追捕率、捕后起诉率、诉后有罪判决率是考核检察机关工作人员业绩的重要指标，一旦改变在押人员的羁押状态，作出的不捕、不诉决定，就会影响原作出逮捕决定的侦查监督部门的绩效考核。根据这种考核体系，"一捕到底"是保证起诉率、有罪判决率最稳妥的办法。捕后对犯罪嫌疑人予以释放或者变更强制措施易遭打击不力的质疑和有人情因素介入的嫌疑。同时，我国当下的非羁押强制措施对于诉讼的保障乏力也无形中增加了办案人员的执法风险。① 对犯罪嫌疑人、被告人变更强制措施后，难以绝对保证犯罪嫌疑人、被告人不出现外逃、自杀或再次危害社会的风险，一旦出现这种情况，办案人员面临极大的责任风险。"对够罪的犯罪嫌疑人一捕了之是最为安全的办法"，这种想法导致审查人员对羁押必要性审查工作缺乏动力，也成为阻碍羁押必要性审查制度实施的重要原因。

第四节　羁押必要性审查制度的完善

立法机关认为，"在犯罪嫌疑人、被告人被逮捕后，由人民检察院继续对羁押的必要性进行审查，是本次修改刑事诉讼法新设置的制度。因此，法律的规定相对比较原则，没有对诸如以何种形式进行审查、审查间隔多长时间等具体的操作性问题作出细致的规定，尚需由人民检察院和有关司法机关在实践中按照《刑事诉讼法》的规定，进一步总结经验，不断完善"。② 有鉴于此，笔者提出以下建议。

一、 进一步提高对羁押必要性审查重要性的认识

建立和完善羁押必要性审查制度，旨在保障犯罪嫌疑人、被告人的合法权益，降低羁押率，缓解看守所的羁押压力，节约司法成本，有效地防

---

① 张云鹏：《捕后羁押必要性审查制度的完善路径》，《法学》2015 年第 1 期。

② 郎胜主编：《中华人民共和国刑事诉讼法释义》，法律出版社 2014 年版，第 222 页。

止超期羁押和"一押到底"的现象。各级检察机关和全体检察人员要深刻领会立法精神，牢固树立正确执法理念，恪守检察官客观公正义务，正确处理打击犯罪与保障人权、程序公正和实体公正，支持配合与监督制约等关系。同时，要清醒地认识到保障刑事诉讼顺利进行和保障人权具有一定的冲突，检察机关必须把人权保障放在重要的位置上。

二、 扩大羁押必要性审查的对象

有的同志认为，捕后羁押必要性审查对象应为轻微刑事案件犯罪嫌疑人，主要是主观恶性小、犯罪情节轻微、初犯、偶犯、过失犯罪、未成年人犯罪，且有自首、认罪态度好等法定、酌定从轻情节，同时可能判处五年以下有期徒刑，具有取保候审或监视居住条件，对其改变强制措施也不至再危害社会的犯罪嫌疑人、被告人。这种观点在实践中比较普遍，《羁押规定》也对羁押必要性审查对象作了比较多的限制，直接影响羁押必要性审查的启动和认定。笔者认为，不论是依据职权主动启动还是依据申请启动，原则上都不应受羁押对象的限制，程序启动之后，经过审查不符合羁押必要性的都应当建议变更强制措施。

三、 建立健全羁押必要性审查配套工作机制

检察机关羁押必要性审查，对外涉及和公安、法院的关系，对内涉及侦监、公诉、案管和刑事执行检察部门之间的关系。要充分发挥羁押必要性审查制度的作用，实现其功能价值，必须建立健全羁押必要性审查配套工作机制。一是建立内部联动机制。本院案件管理部门、侦查部门、侦查监督部门、公诉部门建立协调配合机制，构建信息共享平台，就批捕案件的有关材料及捕后出现影响定罪量刑情节的有关证据材料进行备案，方便监所检察部门在第一时间了解有关案件事实、证据情况。二是建立外部联动机制。公检法相关部门通过会签文件的形式，对各自职责、审查流程、审查标准等予以明确，为羁押必要性审查提供具体的制度依据。

四、 建立以侦监部门为主， 其他部门配合的审查主体格局

如前所述，审查起诉阶段的羁押必要性审查不是新《刑事诉讼法》第93条所规定的内容，第93条所规定的羁押必要性审查只涉及侦查阶段和审判阶段。我们所要解决的是侦查阶段和审判阶段的羁押必要性审查应由何内设部门承担的问题。笔者主张，应由侦查监督部门统一行使羁押必要性审查权力。理由是：

第一，由侦监部门审查有利于发挥专业优势。侦监部门承担对犯罪嫌疑人审查逮捕的职责，对案件情况和犯罪嫌疑人是否符合逮捕条件，以及逮捕必要性掌握比较全面，而羁押必要性条件与逮捕必要性条件并无太大差异，由其对捕后继续羁押必要性进行审查，可以充分利用此前办案工作信息基础，最大化地节约办案人力和时间，有利于提高审查工作的质量和效率。一个完整意义上的法律监督过程，包括监督信息的获取（以审查是否存在违法行为）、提出检察建议或启动纠错程序和制裁（包括违法者被追究了相应的责任）。监督的前提是要求对被监督的事项有充分了解，要求监督者对被监督者办理案件情况充分知情。单独设立的诉讼监督部门没有参与诉讼，无法全面了解案件情况，从而导致无从监督。诉讼监督职能只有由参与诉讼的机关承担，才能节约司法资源，提高监督效果。羁押必要性审查是新《刑事诉讼法》增设的诉讼监督方式。而羁押必要性审查由侦查监督部门负责，能够充分满足监督的要求。在侦查阶段，审查逮捕、侦查监督及延长羁押期限的办理等都是由侦查监督部门负责的。对已经逮捕的案件，由于办案人员已经审查过案件，对案情、证据及犯罪嫌疑人个人情况都有所了解，在进行羁押必要性审查时，只要重点审查案情、证据是否发生了变化，犯罪嫌疑人的社会危险性是否存在，等等。这意味着侦查监督部门只要对新增证据材料进行审查即可完成羁押必要性的判断。

第二，有利于提高审查实效。侦监部门负有延长侦查羁押期限的审批权，归口侦监部门统一审查，更有助于发挥其职能优势，实现羁押必要性审查与延长羁押期限审查的有效衔接，有利于增强羁押必要性审查工作的效力。有的学者之所以反对由侦查监督部门统一行使羁押必要性审查权力，理由在于："检察机关的侦监部门是一个独立于办案部门的对批准逮

捕进行审查的部门，但其客观中立性只是在审查逮捕这个阶段具备，当逮捕决定作出以后，这个客观中立性就不存在"，而监所检察部门只负责大墙内的人权保护和监管秩序，不参与诉讼活动，没有部门利益冲突。这一观点有一定的合理性，但失之偏颇。鉴于检察机关在刑事诉讼中同时行使诉讼职权和诉讼监督职权存在的弊端，理论界不少同志主张将两权分离，设立独立的诉讼监督部门，或在检察机关内部，将现有的监所检察部门改造为一个统一的刑事诉讼监督部门，并相应调整各业务部门的职能配置，使刑事诉讼监督与控诉职能适度分离。个别地方也曾出现两权分离的尝试。但这些主张之所以不具有可操作性，难以在实践中推广，最大的障碍是诉讼监督部门的知情权难以保证。有的学者担心，由侦查监督部门负责羁押必要性审查，会导致自身利益受损而缺乏动力。实际上这种担心是不必要的。一方面，通过羁押必要性审查后变更强制措施的，不是对原逮捕决定的否定，不存在原侦监部门办错案的问题。另一方面，即使存在这种现象，也可以通过转变执法观念，完善羁押必要性审查启动程序（如刑事执行检察部门提出变更羁押措施建议的，侦查监督部门必须启动羁押必要性审查程序），加强犯罪嫌疑人、被告人权利保障，科学设定逮捕质量考核机制等途径来保障羁押必要性审查制度落到实处。

不仅如此，审判阶段的羁押必要性审查也宜由侦查监督部门行使。在审查起诉阶段，公诉部门根据新《刑事诉讼法》第 94 条、第 95 条规定，在审查起诉的同时也进行了羁押必要性审查。案件到了审判阶段，仍由公诉部门继续进行羁押必要性审查，利弊共存：利在于办案人员熟悉案情，有助于提高审查效率；弊在于公诉部门强烈的追诉心理难以在审查中保持客观中立的立场，从而直接影响审查效果。如果由侦查监督部门进行审查，既因侦监部门的审查人员熟悉案情可以保障审查效率，又因为其不是公诉人员而能保持客观中立性，同时在一定程度上还可以弥补审查起诉阶段因公诉部门羁押必要性审查不到位所带来的不良后果。

五、 大力推进羁押必要性审查的诉讼化

目前，羁押必要性审查有公开听证和听取意见两种方式。实践中，通过公开听证方式审查的案件太少了。如 2013 年和 2014 年，浙江省检察机关共审查 1781 件案件，只有 4 件案件采取公开听证方式审查，其中侦查监

督部门 2 件，监所检察部门 2 件。从目前实践看，听证式审查模式的实现有一定的难度。但在实践中尝试探索建立羁押必要性公开听证程序必然是未来审查的基本方向。在必要的情况下，羁押的主体（侦查阶段的侦查机关、审查起诉阶段的检察院、审判阶段的法院）有义务参与到该程序之中，采取听证式的审查模式，双方可以针对羁押必要性相关的理由和证据、事实进行辩论。特别是对于有重大社会影响、有争议的案件，进行羁押必要性公开审查，邀请与案件没有利害关系的人大代表、政协委员、人民监督员、特约检察员等参加，将有助于扩大民众的参与和监督，增强羁押必要性审查工作的透明度，而且多方参与能进一步增强审查意见的全面性和客观性，提高羁押必要性审查的司法公信力。如 2014 年上海市检察院出台《上海检察机关关于羁押必要性公开审查的工作规则（试行）》，探索引入公开审查程序，规定对于案情重大复杂或存在明显争议，以及被害人有强烈诉求的案件，必须召集办案部门，案件当事人及其辩护人、法定代理人，被害人，以及其他有关单位、人员共同到场，公开听取各方对犯罪嫌疑人、被告人是否需要继续羁押的意见和理由并对公开审查全程录音录像。目前，该项探索已经作为开展羁押必要性审查的基本方式之一，在全市检察机关全面推行。据统计，2014 年至今，上海检察机关共对 50 人进行了羁押必要性公开审查，其中有 29 人被办案机关变更强制措施解除羁押。

六、 建立健全激励考评和免责机制

1. 建立羁押必要性审查考核制度。改变目前考核中强调适用羁押措施的价值取向，扭转其突出羁押诉讼保障功能的做法，转为突出审前羁押的人权保障功能。各级检察机关要将开展羁押必要性审查工作的情况作为检察机关的一项重要业务考核指标，对下级检察院考评的重要内容，对于羁押必要性审查人数、提出释放或变更强制措施的建议人数和办案机关（部门）采纳建议人数等成绩突出的，予以加分或奖励，从而激发基层的办案积极性。

2. 建立羁押必要性审查豁免机制。即检察人员依法办理羁押必要性审查和评估工作，只要不存在执法过错，即使犯罪嫌疑人、被告人被释放或者变更强制措施后，实施了新的犯罪或者其他妨害刑事诉讼的行为，任何部门和人员都不得以此为由对相关检察人员追究执法办案过错责任。

第十一章 侦查羁押制度的实践困境和完善路径①

一、 我国侦查羁押制度的现状和特点

侦查羁押是指在侦查阶段剥夺犯罪嫌疑人人身自由的状态。我国刑事诉讼法第 124 条至 128 条对侦查羁押期限作了明文规定。刑事诉讼法第 124 规定：“对犯罪嫌疑人逮捕后的侦查羁押期限不得超过二个月。案情复杂、期限届满不能终结的案件，可以经上一级人民检察院批准延长一个月。”第 126 条规定：“下列案件在本法第一百二十四条规定的期限届满不能侦查终结的，经省、自治区、直辖市人民检察院批准或者决定，可以延长二个月：（一）交通十分不便的边远地区的重大复杂案件；（二）重大的犯罪集团案件；（三）流窜作案的重大复杂案件；（四）犯罪涉及面广，取证困难的重大复杂案件。”第 127 条规定：“对犯罪嫌疑人可能判处十年有期徒刑以上刑罚，依照本法第一百二十六条规定延长期限届满，仍不能侦查终结的，经省、自治区、直辖市人民检察院批准或者决定，可以再延长二个月。”第 125 条规定：“因为特殊原因，在较长时间内不宜交付审判的特别重大复杂的案件，由最高人民检察院报请全国人民代表大会常务委员会批准延期审理。”第 128 条第 1 款规定：“在侦查期间，发现犯罪嫌疑人另有重要罪行的，自发现之日起依照本法第一百二十四条的规定重新计算侦查羁押期限。”这些规定大体上规范了羁押和延长羁押的期限及理由。

（一）我国侦查羁押制度的特点

根据现行刑事诉讼法的规定，我国侦查羁押制度有以下特点：

---

① 本文原载《西南政法大学学报》2011 年第 4 期。

1. 逮捕与羁押一体化。在我国现行的法律制度中，限制人身自由的强制措施中拘留和逮捕直接与羁押相连，其性质和产生的法律后果就是羁押。拘留和逮捕一旦执行就是实现羁押，人身自由权即被剥夺，只是拘留与逮捕的适用范围和羁押时间长短不同而已。在我国逮捕既是指一种剥夺嫌疑人、被告人人身自由的法定行为，即实施逮捕，又是指嫌疑人、被告人人身自由被剥夺的持续状态，即在特定场所的羁押。在我国未决羁押没有作为一项独立的强制措施设置，也没有独立的羁押程序，而是把羁押作为逮捕的当然状态。逮捕是羁押的前提，羁押是逮捕的后续，是逮捕的必然结果。作为一个完整的刑事羁押期限，既包括侦查阶段的羁押期限，又包括审查起诉和法院审理阶段的羁押期限。我国实行逮捕与羁押一体制，嫌疑人一经逮捕即意味着长时间羁押，检察机关在羁押期间并不进行合法性审查。被告人所承受的羁押期间一般要等到法院的判决出来之后才能结束。

2. 办案期限等同于羁押期限。根据我国刑事诉讼法的规定，在检察机关审查起诉、法院审判期间，只有办案期限的规定，并无对犯罪嫌疑人、被告人羁押期限的规定。在诉讼阶段，已被逮捕的犯罪嫌疑人、被告人处于当然的长期羁押状态。在侦查终结后，刑事羁押期限便由审查起诉、法院对案件审理的期间决定。对于审查起诉，刑事诉讼法规定最长不得超过1个半月，这1个半月也就是审查起诉阶段的羁押期限，遇有补充侦查的情形，且如果补充侦查次数被用尽的话，犯罪嫌疑人就得至少多受2个月的羁押。在一审过程中，刑事羁押期限与一审期间相吻合，一般为1个半月，最长可以达到3个半月。由此可见，在一审判决作出前，犯罪嫌疑人或被告处于刑事羁押的状态就可达到十五六个月之久。如此长的羁押期限与刑事羁押的谦抑原则明显相违。

3. 逮捕后羁押场所的同一性。在西方法治国家，犯罪嫌疑人被逮捕后一般都羁押在警察控制下的拘留所中，而经法官审查作出羁押决定后，嫌疑人则被羁押在其他非侦查机构控制的场所，比如监狱或看护中心（the care of a local authority）。我国刑事诉讼中的拘留是由侦查机关自行决定和执行的暂时的或是先行的羁押（initiallydetain），逮捕则是由检察机关批准或决定及法院决定的较长时间的更严格的羁押（detention）。根据我国司法实践中的做法，不论是拘留还是逮捕，犯罪嫌疑人都被羁押在由公安机关控制下的看守所或拘留所中。

（二） 侦查羁押制度存在的主要问题

1. 羁押期限过长。在我国，由于刑事拘留也是引发犯罪嫌疑人受到刑事羁押的一种法定方式，因此羁押期限应从拘留之日起计算。对于拘留，刑事诉讼法第 69 条规定，公安机关要在拘留后的 3 日内提请检察机关审查批准逮捕，在特殊情况下，提请审查批准的时间可以延长 1—4 日，对于流窜作案、多次作案、结伙作案的重大嫌疑分子，提请审查批准的时间可以延长至 30 日。而检察机关在接到公安机关提请审查批准逮捕的申请后，应在 7 日内作出是否批准逮捕的决定。由于法律的这一规定，加上公安机关在实践中刑事拘留往往采用最长的羁押期限，因而犯罪嫌疑人一旦被拘留，便意味着他在正式被逮捕之前羁押可以长达 37 日。从逮捕后的侦查羁押期限来看，一般羁押期限不得超过 2 个月，可按照《刑事诉讼法》第 124 条、第 126 条、第 127 条的规定，特殊羁押期限可达 7 个月，更不用说根据第 125 条的规定，经全国人大常务委员会的决定，其羁押期限可能会陷入期限不明的状况。另外，在侦查期间出现了《刑事诉讼法》第 128 条的情形，可以重新计算侦查羁押期限。

2. 延长羁押期限理由的含糊不清，易生歧义。我国刑事诉讼法规定，逮捕后的羁押期限一般不得超过 2 个月。这已经是世界上最长的逮捕后羁押期限了，但我国刑事诉讼法还规定侦查机关在多种情况下可以延长羁押期限，并可以重新计算。例如，对于"案情复杂、期限届满不能终结的案件"，可以经批准延长 1 个月；对于"交通十分不便的边远地区的重大复杂案件、重大的犯罪集团案件、流窜作案的重大复杂案件、犯罪涉及面广、取证困难的重大复杂案件"，经批准可再延长 2 个月；而对于"犯罪嫌疑人可能判处十年有期徒刑以上刑罚"的，只要案件不能侦查终结，就可以再延长 2 个月。上述规定已经使逮捕后的羁押期限延长至 7 个月。刑事诉讼法第 128 条又作了如下规定："在侦查期间，发现犯罪嫌疑人另有重要罪行的"，自发现之日起重新计算侦查羁押期限；"犯罪嫌疑人不讲真实姓名、住址，身份不明的，羁押期限自查清其身份之日起计算""因为特殊原因，在较长时间内也不宜交付审判的特别重大复杂的案件"，可由最高人民检察院报请全国人大常委会批准延长羁押期限，而不受法定羁押期限的限制。上述规定中何为"案情复杂""重大复杂案件""犯罪涉及面广""取证困难""另有重要罪行""发现之日"等多处不明确的延长羁押期限的理由，使得检察机关审查是否批准延长羁押期限时缺乏可操作性，侦查机关延长羁押期限的要求一般均能得到满足，检察机关批准延期基本上是办一下手续而已，对羁押期限的监督制约徒具空文。

3. 延长羁押期限规定的矛盾性。这种矛盾性突出表现在两个方面。第一，根据刑事诉讼法第 128 条的规定，在侦查期间，发现犯罪嫌疑人另有重要罪行的，自发现之日起重新计算侦查羁押期限，而不需要经任何机关批准。根据 1998 年 1 月最高人民法院、最高人民检察院、公安部、国家安全部、司法部、全国人大常委会法制工作委员会颁布的《关于刑事诉讼法实施中若干问题的规定》，对于需要重新计算羁押期限的，由公安机关决定。那么检察机关重新计算羁押期限也不需要经上级检察机关批准。这意味着延长羁押期限需要经上级检察机关批准，而重新计算羁押期限则不需要批准。第二，根据刑事诉讼法第 124 条规定，需要延长羁押期限 1 个月的，应当报请上一级检察机关批准。据此，省级检察院批准或决定逮捕的案件，延长 1 个月羁押期限，须报最高人民检察院批准。但根据刑事诉讼法第 126 条、第 127 条的规定，分别再次延长 2 个月羁押期限，却可以由省级检察院自行决定。上述两种情况的存在，明显不利于羁押程序中的权力制约。

4. 延长羁押审批程序的行政化。现行的延长羁押审批程序完全是一种审批机关的单方职权行为，是一种行政化审批程序。这种行政化审批程序的缺陷表现在：（1）审查方式的书面化。1999 年 1 月 18 日最高人民检察院颁布的《人民检察院刑事诉讼规则》（以下简称《规则》）第 226 条规定："人民检察院审查批准或者决定延长侦查羁押期限，由审查逮捕部门办理。受理案件的人民检察院审查逮捕部门对延长侦查羁押期限的意见审查后，应当提出是否同意延长侦查羁押期限的意见，报检察长决定后，将侦查机关延长侦查羁押期限的理由和本院的审查意见层报有决定权的人民检察院审查决定。有决定权的人民检察院应当在侦查羁押期限届满前作出。"检察机关批准或决定延长羁押的案件，都是书面审查。（2）决定程序的不公开化。在决定羁押期限是否延长时，只要公安机关向检察机关提交延长羁押期限的意见书，写明案情和延长羁押期限的具体理由，就可以由检察机关通过书面审查的方式作出是否同意的决定。整个审批程序都是不公开的，甚至批准延长后，也不通知犯罪嫌疑人或被告人。（3）审查决定的审批化。目前，检察机关内部对延长羁押的审批实行的是办案人承办、部门负责人审核、检察长决定的审批程序，这完全是一种内部行政式的审批程序，而不是诉讼程序。（4）犯罪嫌疑人、辩护律师不能介入延长羁押审批程序。检察机关在审批过程中，既不提审犯罪嫌疑人，也不通知辩护人参与审批程序。

5. 羁押场所的非独立性。目前我国的未决羁押完全是由公安机关控制下的看守所执行的。看守所与刑侦、经侦、预审等刑事侦查部门是平行的职能部门，共同设置于同一级公安机关内部，并接受相同负责人的领导。看守所与刑事侦查部门的关系越紧密，被羁押者的权利和自由就越会面临侵犯的危险。几乎审判前阶段可能发生的所有侵犯人权的行为，都与羁押场所设置的不当有着千丝万缕的联系。[①] 2009 年 2 月轰动全国的"躲猫猫"事件，充分暴露了羁押场所存在的问题。尽管该案发生后，公安部和最高人民检察院于 4 月 20 日至 9 月 30 日开展了全国看守所监管执法专项检查活动。但 2010 年初又先后发生"喝开水死""摔跤死""做梦死"等涉案人员非正常死亡事件，引起社会的强烈关注。3 月 26 日时任国务委员、公安部部长孟建柱指出："最近，一些地方接连发生非正常死亡事件，严重损害了公安机关执法公信力。"随后，公安部颁布了《关于进一步加强和改进公安监管工作的意见》，并决定从 2010 年 3 月 20 日至 10 月 31 日在全国公安机关开展贯彻落实《意见》情况专项督察工作。看守所顽疾长期难治的重要原因之一是羁押场所的非独立性。

由于羁押程序的虚置化，导致在刑事诉讼中超期羁押现象严重。超期羁押，是指犯罪嫌疑人、被告人在被羁押的状态下，办案机关违反刑事诉讼法关于侦查羁押期限和审查起诉、审理期限的规定，对犯罪嫌疑人、被告人超出法定期限予以羁押的行为。超期羁押严重侵害了犯罪嫌疑人、被告人的合法权益，妨碍了司法公正的实现，是司法实践和人民群众反映较为突出的问题。2003 年，最高人民检察院、最高人民法院和公安部联合在全国范围内开展了历史上规模最大的清理超期羁押行动。自 2003 年 5 月起，全国检察机关从自身做起，对检察环节出现的超期羁押进行全面纠正，到当年 7 月底实现无超期羁押。同时人民检察院认真履行法律监督职责，督促侦查和审判机关开展清理工作。经过逐年有效治理，到 2007 年，

---

① 陈瑞华：《问题与主义之间——刑事诉讼基本问题研究》，中国人民大学出版社 2003 年版，第 222—223 页。

侦查、起诉、审判各环节新发生的超期羁押从 2003 年的 24921 人次降到 2007 年的 85 人次，从而使全国刑事案件超期羁押人数大幅度锐减，使超期羁押得到一定的治理，较好地维护了犯罪嫌疑人和被告人的合法权益。但不容忽视的是，尽管目前显性的超期羁押现象已不多见，但隐性的超期羁押现象仍严重存在。隐性超期羁押是指办案机关和办案人员有意规避法律和有关规定，对犯罪嫌疑人、被告人的羁押在表面上未突破规定时限的上限，但羁押延期审批不合理、操作程序不规范，或者羁押期限规定模糊，以合法形式掩盖非法实质的现象。隐性超期羁押，由于表面上符合诉讼期限规定，有意规避法律，导致被羁押人难以按照通常的司法途径得到救济，隐性超期羁押的危害性可能远大于显性超期羁押。[①] 所以超期羁押问题的治理，仍然任重而道远。

二、 完善侦查羁押制度的思考

逮捕羁押并非刑事诉讼的必经程序，只是为防止出现逃跑、串供或者毁灭罪证等妨碍刑事诉讼的情况及发生其他社会危险性而设置的一种例外性的强制措施。从我国目前的法律规定与司法实践看，一旦被适用逮捕，就意味着在较长时间内被羁押，其严厉程度丝毫不亚于短期自由刑。因而羁押制度的完善更彰显了刑事诉讼程序中打击犯罪与保障人权相统一的价值追求，国家权力与公民权利相博弈的现实要求。完善我国的侦查羁押制度应从以下几个方面入手。

（一） 适当缩减侦查羁押的一般期限

有的学者通过实证研究，得出结论："侦查机关真正地审讯犯罪嫌疑人，主要是在刑事拘留、决定逮捕之前，在其决定逮捕、采取逮捕措施以及在起诉之前，及至移送检察机关，基本不讯问，即便讯问也是很少的，效果也是补充性的。这就表明，中国的侦查人员在绝大多数情况下的有效工作是在侦查的前期，也就是真正羁押过程是在前面有效的短期羁押期

---

① 秦蜻：《隐性超期羁押实证考察与理论反思》，载高维俭主编：《宽严相济刑事政策研究之检察视角—理念、实证与实践》，中国人民公安大学出版社 2008 年版，第 149 页。

间，后面有长达两三个月的羁押期间对侦查犯罪是没有必要的。"① 有的通过实证调查，进一步得出普通案件必要的期间耗费累计约 40 日，逮捕期间被浪费约 30 日的结论（根据刑事诉讼法规定，刑事拘留期限通常为 1 至 3 日，检察机关审查逮捕期限为 7 日，逮捕后的侦查羁押期限通常为 2 个月。这样，一般情况下，侦查羁押期限为 70 日）。② 刑拘前（主要是到案阶段）与侦查羁押阶段（刑拘、逮捕阶段）的查证保障功能基本相当，而后者的此一功能主要体现在刑拘阶段，逮捕阶段的查证保障功能很弱。尽管逮捕阶段查证保障功能微弱，立法却配置了长达 2 个月之久的期限。可见，逮捕期限的配置很不合理。鉴此，笔者建议，逮捕后的侦查羁押期限可以设计为 1 个月，如果案件疑难复杂，不能及时侦查终结的，经同级人民检察院批准可延长 1 个月。

（二） 明确规定捕后最长羁押期限

在我国司法实践中，由于逮捕的必要性没有受到严格的、持续性的审查和关注，无论犯罪嫌疑人、被告人被指控犯有什么样的罪行，也无论将来可能被判处什么样的刑罚，在捕后的羁押期限上没有任何法定的区别对待，一个可能被判处 6 个月有期徒刑的被告人与一个可能被判处死刑的被告人，在审前所受的羁押期限可能完全一致。为改变这种不合理的做法，我国应该针对不同的犯罪规定不同的羁押期限。例如：可能判处 3 年以下有期徒刑、拘役的犯罪嫌疑人其总的羁押期限应该限制在 3 个月内，可能判处 3 年以上 10 年以下有期徒刑的犯罪嫌疑人其总的羁押期限应该限制在 6 个月内，可能判处 10 年以上有期徒刑的犯罪嫌疑人其总的羁押期限应限制在 1 年以内，可能判处无期徒刑和死刑的犯罪嫌疑人其总的羁押期限应限制在 1 年半。同时，将羁押期限和办案期限分开设置，即在规定各个诉讼环节的办案期限的同时，建立审查起诉、审判期间对犯罪嫌疑人、被告人继续羁押的审查程序。检察机关或一审、二审法院在受理案件后，应当对在押的犯罪嫌疑人、被告人是否仍然具有社会危险性而需要继续羁押，进行审查，如无继续羁押的必要或羁押期限已超过最长羁押期限的，应当及时变更强制措施，解除羁押，从而保证期限的控制既能够适应不同复杂

① 陈卫东主编：《羁押制度与人权保障》，中国检察出版社 2005 年版，第 358—359 页。

② 左卫民等：《中国刑事诉讼运行机制实证研究》，法律出版社 2007 年版，第 125、117 页。

程度案件办理的需要，又能够切实地维护被羁押公民的人权。

（三） 完善延长羁押期限的理由

根据羁押的性质和目的，对犯罪嫌疑人继续羁押，应当以保证刑事诉讼的顺利进行，防止发生新的社会危险性为条件。但是，我国目前刑事诉讼法所规定的关于延长羁押期限的理由规定，都是着眼于侦查机关的工作能力和工作效率，对于犯罪嫌疑人是否有新的社会危险性，终止羁押是否会妨碍刑事诉讼的顺利进行基本没有考虑。这是与羁押的目的和人权保障相冲突的。因此，修改延长羁押期限的理由，必须把犯罪嫌疑人具有社会危险性，不继续羁押难以保证刑事诉讼的顺利进行作为延长羁押期限的必要条件。

（四） 修改延长羁押期限的决定权

有的同志认为，当前，报请延长羁押期限的程序，环节过多，效率不高，而且延长侦查羁押期限案件绝大部分是发生在基层，而县区级基层检察院没有批准延长侦查羁押期限权，建议赋予县区级基层检察院对第一次提请批准延长侦查羁押期限的批准权。[①] 笔者认为，赋予县区级基层检察院延长侦查羁押期限的批准权，不利于权力的监督制约，我国现行的延长羁押期限的决定权的设置总体上是合理的。同时，为了克服省级检察院批准或决定逮捕的案件，延长 1 个月羁押期限，须报最高人民检察院批准，而再次延长 2 个月却可以由省级检察院自行决定的矛盾，建议增设规定，"省、自治区、直辖市人民检察院和最高人民检察院立案侦查的案件，在本法规定的期限届满不能侦查终结，需要延长羁押期限的，由最高人民检察院批准或决定"。

（五） 明确规定在退回补充侦查阶段不能延长侦查羁押期限

根据刑事诉讼法规定，在审查起诉阶段检察院可以退回公安机关补充侦查，在此期间，若期限届满不能侦结，能否延长侦查羁押期限？实践中存在不同观点和做法。笔者认为，在退回补充侦查阶段不能适用延长侦查羁押期限。理由是：根据刑事诉讼法第 140 条规定，人民检察院审查案件，

---

　① 　林贻影：《批准延长侦查羁押期限制度的法律思考》，《人民检察》2010 年第 2 期。

对于需要补充侦查的，可以退回公安机关补充侦查，也可以自行侦查。对于补充侦查的案件，应当在 1 个月以内补充侦查完毕。相关延长侦查羁押期限条文被规定在刑事诉讼法第 2 章（侦查）中，这说明只能在立案侦查阶段适用延长侦查羁押期限。而相关退回补充侦查条文则被规定在刑事诉讼法第 3 章（提起公诉）中，退回补充侦查属于审查起诉阶段，不是立案侦查阶段，因此不能适用相关延长羁押规定。同时，刑事诉讼法明文规定退回补充侦查以一个月为限，故不得适用相关延长侦查羁押期限规定从而变相超期羁押。

（六） 明确规定重新计算羁押期限的法定情形和批准机关

1. 明确规定重新计算羁押期限的法定情形。对于"另有重要罪行"应该以新发现的罪行可能受到的刑罚轻重为标准，将其界定为可能判处三年以上徒刑的犯罪；对于同一案件事实，以一罪名对其进行立案侦查，经过侦查发现应认定为另一罪名的，因为其案件事实并未发生变化，仅仅是罪名认定的变化不能视为另有罪行，不能重新计算羁押期限；对于侦查期间的理解应该限于立案至侦查终结这一段时间，但不宜包括补充侦查期间，因为补充侦查应该是在原有侦查的基础上，对部分事实和情况进行的补充性侦查，是对个别证据的完善，而不是对全案证据的重新收集，因而不能重新计算羁押期限；根据我国刑事诉讼法第 128 条的规定，在侦查期间发现犯罪嫌疑人另有重要罪行的，重新计算羁押期限应依照该法第 124 条的规定。因此，符合重新计算羁押期限法定条件的，重新计算的羁押期限不得超过三个月，不应再适用第 126 条、第 127 条的规定在重新计算羁押期限后再予以延长。

2. 明确规定重新计算羁押期限的批准机关。针对在侦查期间，发现犯罪嫌疑人另有重要罪行的，自发现之日起重新计算侦查羁押期限，而不需要经任何机关批准的不合理规定，笔者建议：（1）修改 1998 年《最高人民法院、最高人民检察院、公安部、国家安全部、司法部、全国人大常委会法制工作委员会关于刑事诉讼法实施中若干问题的规定》第 32 条，取消公安机关重新计算羁押期限的自主决定权，需要重新计算的，必须由公安机关向人民检察院说明理由并提交意见书，由人民检察院进行审查后批准决定。（2）必须明确规定，检察机关在侦查期间，发现犯罪嫌疑人另有重要罪行的，需要重新计算侦查羁押期限，必须经上级检察机关批准。同时修改刑事诉讼法第 126 条、第 127 条的规定，分别规定再次延长羁押期限必须经上级检察机关批准。

3. 修改改变管辖后重新计算羁押期限的规定。《刑事诉讼法》第 138 条规定，人民检察院审查起诉的案件，改变管辖的，从改变后的人民检察院收到案件之日起计算审查起诉期限。第 168 条规定，人民法院改变管辖的案件，从改变后的人民法院收到案件之日起计算审理期限。上述规定使羁押期限再次延长，不利于保障犯罪嫌疑人、被告人的人身权利。无论是受理起诉还是审判，办案单位必须在较短的时间内（可以规定为 7 天内）判断是否属于本院管辖，以避免那种审查期限即将届满，或者有关延长羁押期限条款适用之后又把改变管辖作为延长羁押期限的做法。

（七） 实行羁押审批程序的诉讼化改造

为了改革现行羁押审批程序的行政化模式，可借鉴国外的做法，设立延长羁押期限的听审程序。如在按《刑事诉讼法》第 126 条、第 127 条决定延长羁押期限时，由上级检察机关组织有侦辩双方参加的言词听审程序，仔细审查延长羁押期限的理由，在听取双方意见后由上级检察机关作出决定。这样就能保证犯罪嫌疑人、辩护律师充分地介入审批程序，陈述自己的观点。人民检察院批准延长羁押期限的，应把延长的期限和理由告知犯罪嫌疑人，犯罪嫌疑人对延长羁押期限决定不服的，还可以向上一级人民检察院申请复议或申请人民监督员启动监督程序。

（八） 建立羁押复查制度

为了纠正当前普遍存在的"一捕到底""一押到底"的现象，笔者建议，在诉讼过程中，办案机关应当根据具体情况对是否具有继续羁押必要进行复查，以便在不具备羁押必要时及时将其释放。

羁押复查程序可以包含以下内容：

1. 羁押复查的启动方式。一种是被羁押人申请复查。犯罪嫌疑人及其律师可以就捕后案件变化的具体情况，向批准逮捕的检察机关提出变更强制措施的请求，另一种是由检察机关或人民法院根据职权进行审查。当前在案件移送审查起诉或提起公诉后，犯罪嫌疑人或被告人被逮捕的案件，检察机关和人民法院并不主动审查对犯罪嫌疑人或被告人的逮捕是否符合逮捕条件，这样不利于对被逮捕人的权利的保护。案件从一个阶段进入下一阶段时，应当由受理案件的机关对被逮捕人的情况进行审查。

2. 羁押复查的时限。对于被羁押人申请复查的，有权机关应当在 7 日内作出是否同意的决定。对于依职权审查，审查机关应当在羁押期限届满前作出决定。

3. 羁押复查的程序。对于被羁押人申请复查的，审查机关应当审查申请的理由和材料，并听取相关人员（包括侦查人员、公诉人及被害人）的意见。依职权审查的，审查机关应当听取相关人员（包括侦查人员、公诉人、被害人及犯罪嫌疑人）的意见。

4. 羁押复查的决定。申请复查的，审查机关审查后，认为申请理由成立，应当作出撤销逮捕、解除逮捕或将逮捕变更为取保候审的决定，并通知本案的侦查机关或公诉机关和羁押场所；认为申请理由不成立的，驳回申请。依职权审查的，在审查后，认为应当撤销、解除羁押或将羁押变更为取保候审、监视居住的，应当作出决定，并通知本案的侦查机关或公诉机关和羁押场所。

（九） 实行羁押场所和办案机关分离制度

逮捕后犯罪嫌疑人一般都被羁押在由公安机关控制下的看守所或拘留所中。"假如在整个刑事诉讼过程中，尤其是在审判前的侦查阶段，嫌疑人、被告人始终被羁押在警察控制的看守所或拘留所中，那么，不论羁押的决定是由哪个机构作出的，他们都很难摆脱成为侦查的工具或刑事追诉的手段等命运。"[1] 羁押场所的管理权交给司法行政机关处理，设置被羁押人身体健康检查程序，以发现被羁押公民可能受到的伤害。羁押场所的控制权涉及被羁押人掌握在谁人手中的问题，进而关系到羁押过程中人权保障问题。几乎所有西方国家都对羁押场所的设置作出了明确的法律限制，一般情况下，在司法官员就羁押问题举行司法审查之前，嫌疑人羁押在警察控制的拘留所里，而在法官经过审查作出羁押决定之后，犯罪嫌疑人通常被羁押在监狱或其他不由警察、检察官控制的监禁场所里，这样，逮捕与羁押实现真正分离。这种制度设计，对于防止和减少侦查官员对嫌疑人的刑讯逼供，确保嫌疑人充分地行使权利，都是极为有效的制度保障。我

---

[1] 陈瑞华：《问题与主义之间——刑事诉讼基本问题》，中国人民大学出版社 2003 年版，第 221—222 页。

国司法行政机关不直接参与刑事案件的侦查、起诉、审判活动，由其管理看守所有助于程序公正的实现。羁押场所与办案机关分离后，应明确规定，对于羁押即将到期的，由看守所通知有关办案机关；期限届满仍不释放或改变强制措施的，看守所有权立即释放嫌疑人、被告人。

（十）建立羁押场所独立巡视制度

羁押场所独立巡视制度是指国家机关组织来自社会公众的代表对羁押场所进行定期或不定期的独立巡视，巡视人员通过巡视羁押场所的羁押条件、查验羁押记录、与被羁押人进行单独访谈，以确认被羁押人是否受到了人道待遇、羁押是否符合法定条件与程序、被羁押人的法定权利是否得到了有效保护。据有关资料介绍，在 1977 年欧洲一些专家开始讨论独立巡视制度，其创意来自国际红十字会对战因的巡视工作机制。1987 年，《欧洲预防酷刑公约》确立了羁押场所独立巡视制度，英国《2002 年警察改革法令》使羁押独立巡视制度最终上升为法律。法国 2000 年 6 月 15 日出台的第 2000—516 号 "关于保障无罪推定原则和被害人权利的法律" 明确规定，将拘留置于议会和检察官的监督之下。国民议会议员和参议员可以随时访问拘留所，并且可以访问监狱、先行羁押中心，以及外国人留置等待区。[①] 基于有必要建立羁押场所巡视制度的理念，2008 年 3 月，在当地有关部门的支持下，辽源市人民检察院、辽源市公安局与中国人民大学一同组成项目组推进了羁押场所巡视制度在当地的实施，巡视的对象与地点确定为辽源市公安局看守所。20 名巡视员从当地人大代表、政协委员中选出。2008 年 11 月 16 日 "中欧遏制刑讯逼供合作项目结项暨辽源羁押巡视制度试点总结研讨会" 在吉林省辽源市召开，与会中外法律学者和实务界专家认为，辽源试行的羁押巡视模式开辟了公众监督司法的一条崭新之路。"羁押巡视制度扩大了社会对司法的监督途径，将体制内监督与体制外监督结合了起来，有助于遏制刑讯逼供，保障被羁押者合法权益，是对检察监督的一种有益补充。"[②] 羁押场所巡视制度作为推进羁押场所公开化、透明化的一项有效制度，对于当前完善我国羁押场所制度具有针对性和现实意义。

---

① 何家弘主编：《刑事司法大趋势——以欧盟刑事司法一体化为视角》，中国检察出版社 2005 年版，第 273—274 页。

② 王新友：《羁押巡视：辽源探索监督司法新路径》，《检察日报》2008 年 12 月 1 日，第 5 版。

第十二章　刑事公诉方式再思考[①]

《刑事诉讼法》第 150 条规定："人民法院对提起公诉的案件进行审查后，对于起诉书中有明确指控的犯罪事实并且附有证据目录、证人名单和主要证据复印件或者照片的，应当决定开庭审判。"这一规定较原《刑事诉讼法》有了较大的改革，审查的性质由原来的实体性审查变为程序性审查为主。其立法目的旨在促使法官在庭审中保持中立和超然的态度，改变刑事诉讼中的"先定后审"现象，使审判工作的重心放到庭审当中，通过法庭调查和法庭辩论，通过控诉方有罪指控和辩护方辩护权的充分行使，增强庭审中控辩双方的对抗力度，确保审判活动的公正。但这一起诉方式的重大改革，即由"全案移送主义"到"主要证据复印件主义"，并没有实现预期的立法目的。

一、 现行刑事公诉方式的缺陷

（一） 庭审法官的审前预断不能被排除

由于"主要证据复印件"是检察人员经过挑选，认为能够证明被告人有罪的部分案卷材料，对犯罪嫌疑人有利的"无罪证据"或者"从轻、减轻、免除处罚的证据"，往往没有移送，法官通过阅读"主要证据复印件"，完全可能形成"先入为主"的片面印象，因而无法确保法官在庭审中保持中立、超然的态度。实际上，在法院开庭审理的过程中，法官往往也是让辩护人反驳"主要证据"，如果辩护人能够反驳"主要证据"，法官就判无罪；如果辩护人不能反驳"主要证据"，法官就判有罪，对次要证据极少重视。所以，"较之原有方式，目前这种阅览主要证据的做法似乎

① 本文原载彭东主编：《公诉理论与实践》，法律出版社 2011 年版，第 384—394 页。

更容易造成法官庭前判断的扭曲"[1]。

（二） 限制了辩护律师庭前查阅案卷的范围， 影响了律师辩护的效果

由于检察官强烈的追诉特点，在复印件移送主义的公诉方式中，"主要证据"往往变异为"有罪的主要证据"，这不仅未能消除法官预断，而且限制了辩护方对指控信息的全面了解。《刑事诉讼法》第 36 条规定："辩护律师自人民检察院对案件审查起诉之日起，可以查阅、摘抄、复制本案的诉讼文书、技术性鉴定资料……辩护律师自人民法院受理案件之日起，可以查阅、摘抄、复制本案所指控的犯罪事实的材料。"根据该条的规定，我国律师在审查起诉阶段和审判阶段都享有阅卷权。然而，在"主要证据复印件主义"公诉方式的影响下，辩护律师在庭审阶段只能查阅检察院移送给法院的证据材料，而这些证据材料基本上都是对被告人不利的证据。1996 年修改《刑事诉讼法》的主要目的之一在于增加律师的辩护权。由于受"主要证据复印件主义"的影响，律师庭前证据的先悉权因此而名存实亡。曾经为修法而欢呼的律师界，在实践中却发出了无奈的感叹——新法反而使辩护更难了。

（三） 法官只有在审理程序启动之后才能看到具体的案卷， 立法如此规定的目的在于排除法官预断， 但这一目的能否实现令人怀疑

司法实践中，检察人员往往在开庭后就把全部案卷直接留给法院。在辩护力量非常薄弱的情况下，如果说这就能排除预断，那么这恰恰只能增加法官的预断，加深法官对主要指控证据的印象。最高人民法院、最高人民检察院、公安部、国家安全部、司法部、全国人大常委会法制工作委员会 1998 年 1 月 19 日颁布的《关于刑事诉讼法实施中若干问题的规定》第 42 条规定："人民检察院对于在法庭上出示、宣读、播放的证据材料应当当庭移交人民法院，确实无法当庭移交的，应当在休庭后三日内移交。对于在法庭上出示、宣读、播放未到庭证人的证言的，如果该证人提供过不同的证言，人民检察院应当将该证人的全部证言在休庭后三日内移交。"

---

[1]　龙宗智：《刑事庭审制度研究》，中国政法大学出版社 2001 年版，第 151 页。

根据这一规定，立法允许人民检察院在法庭审理结束后移交证据材料，甚至包括未经法庭质证和辩论的证据材料。由于现在绝大部分案件都是定期宣判，从而导致合议庭实质上的"庭后阅卷"，致使法庭审判过程重新流于形式。

（四） 为检察官在庭审过程中制造 "突袭裁判" 留下了空间，使被告人陷入极为不利的诉讼境地

"主要证据复印件主义"所导致的"主要证据"变异为"有罪的主要证据"的情形，还极有可能带来庭审的"突袭裁判"。"突袭裁判"是指刑事诉讼中一方当事人握有某一关键性证据，而另一方一无所知，在庭审过程中掌握证据的一方当事人出人意外地出示这一证据而使对方当事人不知所措，试图达到出奇制胜的目的。这种"突袭裁判"的做法有违程序公正，不仅容易使被告人陷入不利的境地，而且也不利于查明案件的事实真相，有碍审判公正的实现，致使刑事诉讼所追求的效率价值目标受到损害。

二、 刑事公诉方式再选择

面对"主要证据复印件主义"的严重缺陷，起诉方式如何改革存在以下争论：第一种观点是建议恢复检察机关起诉时向法院移送全部案卷的模式，以利于更好地查明事实，实现司法公正。[①] 第二种观点是实行起诉书一本主义。陈瑞华教授认为，我国刑事诉讼构造要从目前的"流水作业"走向"以司法裁判为中心"，步骤之一是实行彻底的"起诉书一本主义"，禁止检察机关在提起公诉时将任何足以令裁判者产生预断的证据材料移送给法院，同时禁止检察机关以任何形式、在任何阶段将案卷材料移送法院，以保证裁判者完全根据控辩双方当庭提出的证据作出裁判。[②] 从目前一些关于刑事诉讼法修改的专家建议稿中，这种观点已经成为学界主流的

---

① 陈国庆：《论检察机关刑事诉讼职能的完善》，《法学家》2007 年第 4 期。
② 陈瑞华：《刑事诉讼的前沿问题》，中国人民大学出版社 2000 年版，第 249 页。

观点。① 第三种观点是折中主义的观点。该观点认为，应当同时保留主要证据移送制度和全卷移送制度两种程序，按照案件的不同分类来相应处理。②

笔者认为，在我国现有的刑事法治环境下，应当改革现行复印件主义案卷移送方式，实行卷宗移送主义，同时改革相关制度，增强控辩的对抗性。

（一）我国目前不宜实行 "起诉书一本主义"

所谓"起诉书一本主义"，是指检察官在提起公诉时，只能依法向有管辖权的法院提交具有法定格式的起诉书，表明控诉方的诉讼主张，而不得同时移送有可能使法官对案件产生预断的其他文书和控诉证据，也不得引用这些文书和证据的内容。笔者认为，我国目前之所以不宜实行"起诉状一本主义"，理由是：

第一，从"起诉书一本主义"所产生的制度背景来看，其与预防法官庭前预断并无必然联系。英美法系（以美国为例）采用"起诉书一本主义"与防止法官庭前预断并无必然联系。因为在美国刑事审判程序中，关于被告人是否有罪的事实认定并非由法官作出，而是属于小陪审团的职权，而后者在庭前并不能接触到关于案件的相关证据和材料。至于法官是否获得与案件有关的信息，则并不影响对被告人的定罪。再说，为了提高庭审的效率，实现集中审理原则，起诉状一本主义必须配备配套充分的庭审准备程序。而庭审准备程序大多是案件经过预审正式进入审判程序之后，由法官来组织。这就意味着法官事实上在正式开庭之前已经开始接触案件信息。这种接触的途径除了有内生于当事人主义诉讼模式的证据开示程序之外，还有各种为了提高诉讼效率与分流案件的一些庭审会议、答辩程序、庭前听证程序等。由于有关案件的一些实质性信息都将在这些程序中出示，从而法官难免不受影响。又如，日本实行起诉状一本主义，检察官在起诉时只移送起诉书一本，受排除预断的限制以及起诉方式的影响，

---

① 陈卫东主编：《模范刑事诉讼法法典》，中国人民大学出版社 2005 年版，第 41—46 页；徐静村主编：《中国刑事诉讼法（第二修正案）学者拟制稿及立理由》，法律出版社 2005 年版，第 213—214 页；陈光中主编：《中华人民共和国刑事诉讼法再修改专家建议稿与论证》，中国法制出版社 2006 年版，第 531—533 页。

② 蒋啸：《案卷移送：保障诉讼价值下实现本土化》，《检察日报》2006 年 4 月 13 日，第 3 版。

法官在第一次开庭之前实际上无法对案件进行实质性的准备活动，单凭当事人双方进行的准备效果很不理想。为了弥补这种形式准备程序的不利，日本的准备程序具有后移的特征。2004 年《关于修改刑事诉讼法等部分条文的法律》在《刑事诉讼法》第 2 编第 3 章第 1 节之后增加第 1 节之 2，即"争点及证据整理程序"。这个程序是指在受理案件的法官的主导下，对当事人双方（被告人和检察官）的争点和证明的方法进行整理，然后制定详细的审理计划。以通过整理争点、制定审理计划。虽然争点及证据整理程序只适用于两类案件：一是适用陪审员制度的案件；二是法院认为对持续、有计划且迅速进行充分的公审审理有必要的案件。但是，这个程序要求职业法官庭前接触案卷材料，这就与起诉状一本主义的立法本意形成了矛盾。也表明，在日本庭审法官也是不能排除预断的。由此可见，即便实行严格的起诉状一本主义，但由于存在各种保障庭审程序效率的庭前准备机制，因此实质上已经在很大程度上削弱了起诉状一本主义排除法官预断的效果。不管是在起诉状一本主义，还是案卷移送主义之下，庭审法官都有可能形成预断，两者差异的只是程度与来源。法官庭前接触案件信息，甚至是形成预断，并不必然意味着刑事司法的不公正，刑事司法公正与否不取决于案卷是否移送，而更多地决定于庭审本身是否实质化。

第二，"起诉书一本主义"与我国的政治体制相矛盾。"起诉书一本主义"必须实行"全面当事人主义化"。而在我国现行政治体制下，检察机关不可能成为普通的当事人。我国的根本政治制度是人民代表大会制度。人民代表大会制与"三权分立"的政治制度的根本区别在于国家权力统一由人民代表大会行使。在人民代表大会下，设立国家的行政机关、审判机关和检察机关，分别行使部分国家权力。这些行政机关、审判机关和检察机关，都由人民代表大会产生，向人民代表大会负责。在这种国家权力结构中，检察机关作为与行政机关和审判机关平行的国家机关，在政治制度中具有独立的法律地位。人民检察院是国家的法律监督机关，通过履行检察职能保障国家法律的统一正确实施，维护公平正义。正是基于检察机关享有的法律监督权，在诉讼中可能难以与辩护人保持完全平等的地位，所以我国刑事诉讼法才没有将检察机关确立为一方当事人，而是要求其保持客观公正的立场。这种法律设置，可以避免检察机关为追求胜诉而置犯罪嫌疑人和被告人于不顾的当事人化倾向。

第三，我国的诉讼制度不适合选择"起诉书一本主义"。实行"起诉书一本主义"，由于法官庭前无法接触案卷材料，那么庭审过程中只能由控辩双方平等对抗、裁判者居中听审，案件事实由控辩双方主导而呈现。这种庭审方式构建的前提一是实现繁简分流，大量的案件通过简易程序处理；二是具有高素质的法官、辩护律师对被告人的协助以及证人（鉴定人）的高度参与。不管是英美法系国家，还是大陆法系国家，在设置普通程序的同时，都要设置相应的简易程序，如刑事处罚令程序、简易审判程序、辩诉交易程序等，以最大限度地实现繁简分流，有效地配置司法资源。由于"起诉书一本主义"建立在当事人主义诉讼模式的基础上，与属于大陆法系传统的我国在法律文化、民众意识乃至职业阶层发展上存在很大差异，盲目移植不仅将耗费巨大的成本，而且未必有助于问题的解决。

（二） 我国目前只宜实行 "案卷移送主义"

笔者认为，我们在选择刑事公诉方式的时候，既不能简单地照搬他人的经验，也不能不切实际地创新。立足司法实践，全面思考和衡量，以一种务实的态度认真对待刑事公诉方式的改革。有鉴于此，笔者认为，我国目前只宜实行"案卷移送主义"，理由如下：

第一，从我国刑事诉讼模式改革情况看，实行案卷移送制度，符合我国刑事审判方式改革的总体方向。随着近现代刑事诉讼的发展，两种诉讼模式已经出现了互相融合的趋势，二者互相取长补短，以兼收控制犯罪与保障人权之功效，各国的审判模式逐渐体现出混合式诉讼模式的特征。我国的刑事审判方式的改革也不例外。"制度以及制度的有效性总是同条件或语境相联系的，因此在一个地方有效的制度在另一个地方并不必定有效，反之亦然。"[①] 刑事诉讼模式的定位最关键是要适合本国的国情，既不能照搬英美的对抗式，也不能照抄日本、意大利的改革经验，而是从中国的实际出发，吸收外国的长处，形成适合于中国的刑事诉讼模式。自从1996 年修正刑事诉讼法以来，就比较注重吸收英美法系的当事人主义的合理因素，以图构建混合式的抗辩制审判方式。在混合式的审判模式中，由于中国的文化传统中个人主义、自由主义、对抗式的基础不甚牢固，当事人本身呈现证据以发现案件事实的能力不是很强，所以我们不能站在完全相信当事人本身有能力呈现一切对自己有利的证据，并且无辜者自然可胜

---

　① 苏力：《道路通向城市——转型中国的法治》，法律出版社 2004 年版，第 190 页。

出的理念之下。而应该在一定程度上依然信任法官，赋予法官指挥审判和一定条件下的调查核实证据的权力，以作为抗辩式的补充。这种职权主义特征的保留，以法官庭前对案情有一定程度的了解为必要，构成了案卷移送主义存在的理论前提。

第二，"案卷移送主义"有利于保障实体公正。在我国，1996年刑事诉讼法修改之前的所有案件以及目前适用刑事简易程序的案件所适用的公诉方式均为卷宗移送方式。在缺乏有效的证据交换的条件下，就辩方而言卷宗全案移送的情形下较复印件移送更能通过阅卷掌握案件整体情况，有利于开展辩护。从对实体公正的保障作用看，卷宗移送主义更符合认识规律。人们对客观事物包括对案件事实的认识，都有一个由表及里、由浅入深、去伪存真的过程。对事物的认识也不是一成不变的，而是随着获取该事物的信息的增加，以及思维的演绎而发展变化。法官对案件的庭前认识，经过庭审过程，兼听控辩双方的质证、辩论，完全有修正错误认识的时间基础和信息基础。如果在公诉方提交案件卷宗和证据后，开庭审理前，同样允许被控方提交辩护证据材料，不仅有助于扩大法官的认识基础，而且有利于提升程序公正性。因此，卷宗移送主义有利于保障实体公正。

第三，"案卷移送主义"有利于提高诉讼效率，保障审理集中性。为了提高诉讼效率，进行充分的庭前准备是十分必要的。这种准备不仅包括审判前的程序性准备，而且包括让庭审法官提前知悉案情、整理争议焦点。对于多被告人、多罪名的复杂大案、团伙犯罪案件、黑社会性质的犯罪案件、聚众扰乱社会秩序的案件、数额巨大、案情复杂的经济犯罪案件等，其案卷材料十几本、几十本、甚至几百本，涉及的人名、地名、证人等数量非常大。如果庭审法官事先不仔细、全面地阅卷，那么在开庭审理时别说查明案情，甚至可能连基本的人名、地名和案情都无法记清，如何审案？从我国的司法实际情况看，法官也有必要对案件作一定的实体性审查。

第四，有利于保障辩护人的阅卷权，实现控辩平等。案卷移送主义往往与律师阅卷权相互配套，法官虽然能在庭前接触案卷，但是辩护人同时也享有毫无限制的阅卷权。这种阅卷权使得辩护人能够事先了解检察官起诉的证据，从而有助于被告人防御权的行使。诉讼制度是以具有完全能力的理性人为基准而建立起来的。随着市场经济的不断发展和整个社会的分工趋于细密，法律的专业性变得越来越强，不同的当事人的诉讼能力差别较大，在利用法律保护自身合法权益时也往往实际处于不平等的地位。如果法官机械地按照法律条文的规定，消极地主持庭审和进行裁判，自由放任当事人在法庭上竞技，诉讼所追求的发现案件真实和实现正义的目标就显然难以实现，法官也难以作出公正的裁判结果。修订后的《律师法》第34条规定："受委托的律师自案件审查起诉之日起，有权查阅、摘抄和复制与案件有关的诉讼文书及案卷材料。受委托的律师自案件被人民法院受理之日起，有权查阅、摘抄和复制与案件有关的所有材料。"这是法律赋予律师案件知情权的一个重要突破。这一规定基本上使公诉人和辩护人在审查起诉阶段有了同等的阅卷权，对于辩护律师及时掌握控诉证据，及时与犯罪嫌疑人核对涉案事实，有针对性地收集辩护证据，提供了充分的时间和条件。上述律师权利如果真正得以实现，将为控辩平等迈出重要一步。

第五，"案卷移送主义"是与我国的"案卷笔录中心主义"相适应的。中国刑事审判中实际存在着一种案卷笔录中心主义的裁判模式。刑事法官普遍通过阅读检察机关移送的案卷笔录来展开庭前准备活动，对于证人证言、被害人陈述、被告人供述等言词证据，普遍通过宣读案卷笔录的方式进行法庭调查，法院在判决中甚至普遍援引侦查人员所制作的案卷笔录，并将其作为判决的基础。中国刑事案卷制度的未来，"尽管审判的地位将被加强，但是其主持进行的所有诉讼活动，实际上最终都必须以侦查所获得的案卷材料为基础，没有侦查的案卷材料，所谓直接原则几乎无法适用，因为法官讯问/询问的内容，法官自主调查的问题意识，实际上在相当大程度上都产生于经阅读案卷而把握的案情。正是在这个意义上，侦查阶段的重要性将被维持，同时案卷形成的早期性、案卷的证据性特点也将继续存在"[1]。笔者认为，只要"案卷笔录中心主义"不改变，起诉书一本主义就没有任何意义。在"案卷笔录中心主义"的条件下，"卷宗移送主义"在一定程度上还可以克服"案卷笔录中心主义"所存在的缺陷和不足。

---

[1]　左卫民：《中国刑事案卷制度研究——以证据案卷为重心》，《法学研究》2007年第6期。

第十三章　检察机关撤回起诉制度研究[①]

检察机关撤回起诉，是指在刑事诉讼中检察机关撤回已经向人民法院提起的公诉案件的诉讼活动。撤回公诉一直是我国刑事司法实践中存在的处理公诉案件的方式之一。但由于立法缺失，司法解释简约，导致撤诉实践各行其是，侵犯当事人合法权益的现象大量存在，直接影响刑事司法的权威性、公正性。本文试就我国刑事公诉撤回制度的现状进行分析，指出存在的缺陷，并在此基础上，借鉴国外立法，对如何完善刑事公诉撤诉制度进行理性思考和制度设计，以供立法机关修改刑事诉讼法和高级人民法院、高级人民检察院制定司法解释时参考。

第一节　我国刑事公诉撤诉制度的现状

一、　我国现行刑事公诉撤诉制度的沿革

1979 年颁布的刑事诉讼法第 108 条规定："人民法院对提起公诉的案件进行审查后，对于犯罪事实清楚，证据充分的应当决定开庭审判；对于犯罪事实不清、证据不足的，可以退回人民检察院补充侦查；对于不需要判刑的，可以要求人民检察院撤回起诉。"这一立法规定表明：（1）法院享有要求人民检察院撤诉的权利。（2）撤诉的理由宽泛。凡是"不需要判刑的"，人民法院都有权要求人民检察院撤诉。"不需要判刑的"，既可以

---

① 本文系 2011 年最高人民检察院检察理论研究课题（课题编号：GJ2011D15）的最终研究成果，全文刊载于王守安主编《检察理论研究成果荟萃》（第二辑），中国法制出版社 2013 年版，第 366—397 页。

是不构成犯罪，也可以是构成犯罪，但情节轻微，可以免予刑事处罚的案件。但根据该立法规定的精神，人民法院对于犯罪事实不清、证据不足的，可以退回人民检察院补充侦查，不能要求撤诉。（3）撤诉的时间限定在"人民法院对提起公诉的案件进行审查后"。1979年刑事诉讼法对法院庭前审查规定的是实质性审查，对于犯罪事实清楚，证据确实充分的才决定开庭审判。所以对撤诉的案件，只能在法院受案审查之后开庭审理之前这一阶段进行。

1996年修改后的刑事诉讼法，废除了1979年刑事诉讼法第108条的规定，其中包括撤回起诉制度。之所以废除撤诉制度，主要是修改刑事诉讼法后，我国的刑事诉讼结构发生了较大变化，比较多地吸收了当事人主义诉讼模式的一些做法，法院的庭前审查程序由原来的实质性审查改为程序性审查，体现强职权主义诉讼特征的法院有权要求人民检察院撤诉的权利随之被取消。但修改后的刑事诉讼法在废除法院享有要求人民检察院撤诉权利的同时，未对检察机关撤诉问题作出任何规定。但不规定并不等于问题的解决。刑事诉讼法实施后，如何解决检察机关的撤诉问题成为检法两家不能回避的问题。最高人民法院1996年12月20日下发的《关于执行〈中华人民共和国刑事诉讼法〉若干问题的解释（试行）》第169条规定："在开庭审理过程中，人民检察院要求撤回起诉的，人民法院可以准许。"最高人民检察院1997年1月15日颁布的《人民检察院实施〈中华人民共和国刑事诉讼法〉规则（试行）》第305条规定："在人民法院作出判决前，人民检察院……发现不存在犯罪事实，犯罪事实并非被告人所为，或者不应当追究被告人刑事责任的，可以要求撤回起诉。"上述解释试行后，两家又分别对之作了修改。最高人民法院1998年6月29日颁布的《关于执行〈中华人民共和国刑事诉讼法〉若干问题的解释》第177条规定："在宣告判决前，人民检察院要求撤回起诉的，人民法院应当审查人民检察院撤回起诉的理由，并作出是否准许的裁定。"最高人民检察院1999年1月18日颁布实施的《人民检察院刑事诉讼规则》第351条规定："在人民法院宣告判决前，人民检察院……发现不存在犯罪事实，犯罪事实并非被告人所为，或者不应当追究被告人刑事责任的，可以要求撤回起诉。"2007年2月2日，最高人民检察院印发《关于公诉案件撤回起诉若干问题的指导意见》（以下简称《公诉指导意见》），并强调："各级检察机关公诉部门要高度重视撤回起诉工作，进一步规范工作程序，加强监督检查，确保依法行使撤诉权。"

　　2012 年刑事诉讼法修改后，高级人民法院、高级人民检察院司法解释又对撤诉问题作了规定。最高人民检察院 2012 年 11 月 22 日颁布的《人民检察院刑事诉讼规则（试行）》（以下简称《检察规则》）第 459 条规定："在人民法院宣告判决前，人民检察院发现具有下列情形之一的，可以撤回起诉：（一）不存在犯罪事实的；（二）犯罪事实并非被告人所为的；（三）情节显著轻微、危害不大，不认为是犯罪的；（四）证据不足或证据发生变化，不符合起诉条件的；（五）被告人因未达到刑事责任年龄，不负刑事责任的；（六）法律、司法解释发生变化导致不应当追究被告人刑事责任的；（七）其他不应当追究被告人刑事责任的。对于撤回起诉的案件，人民检察院应当在撤回起诉后 30 日以内作出不起诉决定。需要重新侦查的，应当在作出不起诉决定后将案卷材料退回公安机关，建议公安机关重新侦查并书面说明理由。对于撤回起诉的案件，没有新的事实或者新的证据，人民检察院不得再行起诉。新的事实是指原起诉书中未指控的犯罪事实。该犯罪事实触犯的罪名既可以是原指控罪名的同一罪名，也可以是其他罪名。新的证据是指撤回起诉后收集、调取的足以证明原指控犯罪事实的证据。"

　　最高人民法院 2012 年 12 月 20 日颁布的《关于适用〈中华人民共和国刑事诉讼法〉的解释》（以下简称《高法解释》）第 242 条规定："宣告判决前，人民检察院要求撤回起诉的，人民法院应当审查撤回起诉的理由，作出是否准许的裁定。"第 181 条第 5 项规定："依照本解释第 242 条规定裁定准许撤诉的案件，没有新的事实、证据，重新起诉的，应当退回人民检察院。"第 223 条规定："审判期间，公诉人发现案件需要补充侦查，建议延期审理的，合议庭应当同意，但建议延期审理不得超过两次。人民检察院将补充收集的证据移送人民法院的，人民法院应当通知辩护人、诉讼代理人查阅、摘抄、复制。补充侦查期限届满后，经法庭通知，人民检察院未将案件移送人民法院，且未说明原因的，人民法院可以决定按人民检察院撤诉处理。"

二、 我国现行刑事公诉撤诉制度的缺陷

　　考察我国现行刑事公诉撤诉制度，就可以发现当前刑事公诉撤诉制度的缺陷表现在以下几个方面：

1. 立法规定缺失。现行的撤诉制度是由高级人民法院、高级人民检察院司法解释加以规定的，刑事诉讼法未就撤诉制度作出任何规定。在国家基本法未对撤诉问题作出规定的情况下，高级人民法院、高级人民检察院通过司法解释对此作出授权性规定，有违程序法定原则。程序法定原则是指国家刑事司法机关的职权及其追究犯罪的程序，都只能由立法机关所制定的法律加以规定，司法机关进行刑事诉讼活动必须严格依照法律规定的职权和程序进行。在大陆法系国家，程序法定原则与罪刑法定原则，共同构成了刑事司法领域的法定原则的完整内容。在英美法系国家，程序法定原则具体表现为"正当程序"原则。程序法定原则不仅为多数国家所规定，而且得到了国际社会的认可，成为国际刑事司法程序的一项重要内容。正由于立法对撤诉制度缺乏规定，不少学者对我国撤诉制度的合法性持否定态度。[①] 而撤诉实践中各种问题的存在，都源于立法无规定。

2. 撤诉的法律效力不明确。关于撤诉的法律效力，目前无任何司法解释加以规定。学界主要有两种观点：一种观点认为，撤诉从法律性质上应该是诉讼终止的一种法律形式，是对案件作出程序终止的重要形态。撤诉即产生终止诉讼程序的效力。公诉一旦撤回，诉讼程序即归于结束，检察机关不再对被告人进行刑事追诉。"撤回起诉也具有与不起诉一样的终结案件诉讼程序的效力，撤回起诉意味着被告人在法律上是无罪的，并且案件就此结束，人民检察院撤回起诉的法律文书与人民法院就撤回起诉作出准予撤诉的裁定书，共同发挥终结诉讼程序的作用。"[②] 这种观点得到大多数学者的肯定。另一种观点认为，撤回起诉的法律后果是中止正在进行的审判程序，但并非终止。笔者认为，根据现行司法解释的规定，检察机关撤回起诉既不属诉讼终止，也不是诉讼中止，而是效力未定的诉讼行为。撤诉后，检察机关要根据不同的案件情况，从实体上和程序上对案件作出最终的处理，撤诉的法律效力是从撤诉后的处理结果来体现的。但从程序正义的角度看，将撤诉视为效力未定的诉讼行为显然也不利于保护被告人的合法权益。

3. 撤诉的事由不明确。撤诉必须具备一定的理由和条件，撤诉的法定理由体现了对检察机关撤诉权的限制。1997年《检察规则》将撤诉的理由限定为三种情形：（1）不存在犯罪事实；（2）犯罪事实并非被告人所为；

---

① 谢佑平、万毅：《刑事诉讼法原则：程序正义的基石》，法律出版社2002年版，第116—117页。
② 张建伟：《论公诉之撤回及其效力》，《国家检察官学院学报》2012年第4期。

（3）不应当追究被告人刑事责任。而最高人民检察院在规定撤诉理由的同时，却又在其颁布的法律文书样本《撤回起诉决定书》（填充式）中，将撤诉的理由固定为"本案事实、证据有变化"，而不是《检察规则》所列举的三种情形。"本案事实、证据有变化"似乎成了撤诉的第四种理由。实证研究表明，撤诉案件绝大部分是证据不足的案件。[①] 这说明《检察规则》规定缺乏合理性、针对性和现实性。《公诉指导意见》第3条规定："对于提起公诉的案件，发现下列情形之一的，人民检察院可以撤回起诉：（一）不存在犯罪事实的；（二）犯罪事实并非被告人所为的；（三）情节显著轻微、危害不大，不认为是犯罪的；（四）证据不足或证据发生变化，不符合起诉条件的；（五）被告人因未达到刑事责任年龄，不负刑事责任的；（六）被告人是精神病人，在不能辨认或者不能控制自己行为的时候造成危害结果，经法定程序鉴定确认，不负刑事责任的；（七）法律、司法解释发生变化导致不应当追究被告人刑事责任的；（八）其他不应当追究被告人刑事责任的。"2012年《检察规则》第459条基本沿袭《公诉指导意见》的事由规定。"在实践中，检察机关撤回公诉的事由相当广泛，往往超出了《高检规则》规定的范围。"[②]

4. 撤诉的时间规定不合理。撤诉只能在一定的、合理的期限内行使。《检察规则》明确规定，在人民法院宣告判决前，可以要求撤回起诉。但笔者认为，在法院判决宣告之前一概允许检察机关撤诉，弊多利少。如果规定检察机关在法院判决宣告之前均可撤诉，那意味着在合议庭或审判委员会作出无罪判决之后，检察院仍可撤诉。"作出判决"与"宣告判决"是两个不同的概念和时间段。在我国的审判实践中，绝大部分案件不是当庭宣判而是定期宣判的。合议庭评议后作出判决或审判委员会作出决定到法庭宣告判决要经过一定的期间。尤其是对事实不清、证据不足或涉及罪与非罪的案件，法院极少当庭宣判。这就给公诉机关行使撤诉权创造了时机和条件。如果在这期间允许检察院撤诉，必将使此前进行的程序归于无效，导致诉讼资源浪费，而且损害法院判决的确定力、权威性，破坏法的安定性。

---

① 广州市各检察院2000年至2002年11月，全市撤诉案件共302件，无罪案件24件。在接受调查的125个案件中（其中撤诉案件117件，无罪案件8件）属于证据不足的案件有72件，占57.6%。参见广州市人民检察院课题组：《关于撤诉案件和无罪判决案件的调查报告》，《中国刑事法杂志》2003年第5期。

② 周长军：《撤回公诉的理论阐释与制度重构》，《法学》2016年第3期。

5. 撤诉后如何处理、处理的条件及处理的期限不明确。1979 年刑事诉讼法实施期间，最高人民检察院的司法解释对撤诉后的处理作了明确规定。但 1996 年刑事诉讼法实施后的司法解释却未对此加以规定，导致撤诉的案件出现各种不同的处理结果。有的撤诉后，长期把案件"挂"起来；有的认为，撤案后案件又进入审查起诉阶段，进而重新计算审查起诉期限。从实践看，撤诉后常见的处理结果大体上有以下几种：（1）撤案。（2）补充侦查。（3）不起诉。（4）其他处理。如因管辖权问题撤诉后，应移送有管辖权的司法机关处理。但由于对各种处理结果的条件没有规定，导致处理结果较为混乱。① 此外，对于撤诉后的处理没有特定的时限要求，一些案件撤诉后往往久拖不决。有鉴于此，2012 年刑事诉讼法实施后，《检察规则》强调："对于撤回起诉的案件，人民检察院应当在撤回起诉后 30 日以内作出不起诉决定。需要重新侦查的，应当在作出不起诉决定后将案卷材料退回公安机关，建议公安机关重新侦查并书面说明理由。"从实践看，这一新的规定执行得并不理想。

6. 对撤诉的制约不力。（1）审判机关对撤诉的制约不力。在刑事诉讼中，检法两家分工负责、互相配合、互相制约。但长期以来，检、法两家配合有余，制约不足，过高的撤诉率和过低的无罪率形成鲜明的对比。要求撤诉是公诉机关的一项请求权而非决定权，请求撤诉并不意味着必然撤诉。《高法解释》第 177 条规定："在宣告判决前，人民检察院要求撤回起诉的，人民法院应当审查人民检察院撤回起诉的理由，并作出是否准许的裁定。"也就是说，撤诉必须经法院审查，只有符合法定撤诉条件的，才准许其撤诉。但由于《高法解释》未规定撤诉条件，加之实践中不少法院为了追求结案率，同时考虑检、法两家的关系，对公诉机关的撤诉请求往往不认真审查，一律准许其撤诉，鲜见不准撤诉的情形。此外，准许撤诉的程序不规范。有的是法院经办人或审判长的意见，有的是经合议庭合议，有的是经审判委员会讨论决定。形式上有的是书面通知，有的是口头通知，没有统一的做法。（2）检察机关内部对撤诉缺乏有力制约。《检察

---

① 据浙江省金华市检察院统计，2001—2002 年间，全市提起公诉后撤回起诉的案件共有 77 件 129 人。撤回起诉后全部由公安机关撤回。见郑布英、卢岩修：《完善我国刑事公诉撤诉制度的一些思考》，《浙江社会科学》2004 年第 6 期。笔者认为，这种处理方法值得商榷。检察机关撤诉后，又将所有案件退回公安机关处理，不仅延长诉讼期限，增加诉讼成本，而且不利于保护被告人的合法权益。

规则》第 353 条规定："变更、追加或者撤回起诉应当报经检察长或者检察委员会决定，并以书面方式在人民法院宣告判决前向人民法院提出。"但与起诉相比，撤诉随意性大，程序不规范。如广州市检察院曾对 2000 年至 2002 年 11 月作撤诉和无罪判决的 125 个案件（其中撤诉案件 117 件，无罪案件 8 件）进行调查发现：这些案件经起诉部门集体讨论的 42 件，未经集体讨论的（包括小组范围讨论）83 件；经检察委员会讨论的 30 件，未经检察委员会讨论的 95 件。这反映出这些案件中多数是经办人个人决定的。① 公诉案件审结后，审查机关要将起诉书、不起诉书等法律文书报上级检察院备案审查。但对撤诉没有这一要求，对撤诉案件上级检察院无法进行监督。此外，在考评办案质量时，大部分检察机关仅仅以起诉率、无罪率来衡量办案质量，而忽视撤诉率。

7. 被告人、被害人的诉讼权利得不到有效保护。从撤诉的价值分析，撤诉制度是起诉便宜主义的体现，不仅有助于公诉权的行使，提高诉讼效益，而且更有利于保护被告人的合法权益。但实际情况是，撤诉成了检察机关单方的诉讼行为，在撤诉过程中被告人、被害人没有任何"话语权"。由于法律没有规定，撤诉后对被告人应否释放、何时释放，致使被告人被持续关押，辩护人和近亲属要求解除或者变更强制措施的权利得不到法律保障。撤诉后，检察机关即便变更强制措施，取保候审后，案件也不了了之。如果被告人确属无辜，在经过逮捕、起诉、审判之后，简单地裁定准许撤诉，使被告人无法获得一个权威有罪、无罪的法律裁决，甚至还可能使被告人丧失提起国家刑事赔偿的依据，从而严重侵犯被告人的人权。在理论上，对准许公诉机关撤诉的刑事裁定，被告人是否享有上诉权仍有分歧。有的认为，对人民法院准许公诉机关撤诉的裁定，被告人一律不享有上诉权。这种观点被最高人民法院研究室 2001 年给黑龙江省高级人民法院的个案请示的答复所肯定。这样在撤诉问题上，被告人连最后的救济途径都被剥夺了。此外，在撤诉过程中，被害人的诉讼权利如何保护没有任何规定。

8. 撤诉后重新起诉条件不严格，导致再行起诉普遍。（1）重新起诉条件不严格。《检察规则》规定："撤回起诉后，没有新的事实或者新的证据不得再行起诉。"《高法解释》规定："人民法院准许人民检察院撤诉的案

① 广州市人民检察院课题组：《关于撤诉案件和无罪判决案件的调查报告》，《中国刑事法杂志》2003 年第 5 期。

件，没有新的事实、证据，人民检察院重新起诉不予受理。"但对如何理解"新的证据"，当前认识不一，大多作了比较宽泛的理解。即"新的证据"既包括撤诉后经补充侦查新发现的证据、原起诉认定事实的证据，也包括新发现的事实的证据。这样的"新的证据"较易获取，所以再行起诉比较普遍。（2）再起诉的次数没有限制。同一案件撤诉的次数没有限制，导致有的案件多次撤诉又多次起诉，使被告人长期处于刑事追究中。在实践中，有些案件仅仅是由于被撤诉的被告人有申诉或者信访行为，给检察机关或者办案人员造成了不利影响，就被基于同一事实再次起诉。

9. 延期审理后法院决定撤诉有违立法精神。《高法解释》第223条规定："审判期间，公诉人发现案件需要补充侦查，建议延期审理的，合议庭应当同意，但建议延期审理不得超过两次。人民检察院将补充收集的证据移送人民法院的，人民法院应当通知辩护人、诉讼代理人查阅、摘抄、复制。补充侦查期限届满后，经法庭通知，人民检察院未将案件移送人民法院，且未说明原因的，人民法院可以决定按人民检察院撤诉处理。"在立法已彻底废除人民法院"对于不需要判刑的，可以要求人民检察院撤回起诉"规定的情况下，最高人民法院仍作出对于人民检察院在延期审理后未提出撤诉要求的案件有权决定按撤诉处理的规定，属于越权的司法解释。

10. 对有效判决未撤销的案件撤诉，损害判决的权威性。近年已发生多起错误的生效判决，在判决未撤销之前，检察机关将案件撤回，法院同意撤诉，从而终止诉讼的情形。如2005年4月，贵州省六盘水市人王元松因故意杀人罪，被六盘水市中级人民法院判处无期徒刑，剥夺政治权利终身。入狱服刑的王元松不断申诉，要求重审。2010年，贵州省高级人民法院再审此案后仍维持原判。2011年10月，在逃七年的真凶徐丙权落网。2014年7月，贵州省高级人民法院以原判认定王元松犯故意杀人罪的事实不清，证据不足为由，撤销了此前的终审和再审裁定，将此案发回六盘水中级人民法院重审。2014年10月，六盘水市中级人民法院重审。在重审期间，六盘水市检察院向六盘水中级人民法院以"王元松故意杀人的事实不清，证据不确实、不充分"为由申请撤诉，六盘水中级人民法院准许撤诉，之后检察院对王元松一案作出不起诉决定。① 河南的"胥敬祥冤案"

---

① 刘洋：《一纸证词定"杀人犯"，十年牢狱后检方撤诉》，《南方都市报》2014年12月10日，第A18版。

"天价过路费案"也都存在法院重审期间检察机关撤诉的做法。这种做法损害法院判决的权威性。

第二节　域外刑事公诉撤诉制度之比较

当今任何一个国家的刑事程序法的修改和制定，都不能不吸收其他国家和地区的有益经验和做法。检察机关的撤回起诉权，为许多国家和地区的刑事诉讼法所规定。但由于不同国家和地区立法传统和立法技术的不同，关于刑事公诉撤诉程序的制度设计也有不同的做法。这些规定和做法有不少值得我国学习和借鉴。这主要表现在以下几个方面。

一、　撤诉的立法模式

撤回公诉是以起诉裁量主义为理论基础的。英美法系实行当事人主义原则，在诉讼中尊重当事人的程序处分权，赋予检察机关较大的撤回起诉权。在英国，"总检察长作为政府在刑事诉讼领域中的首席法律代表，他所行使的特权中突出的一条是有撤回起诉的权力，从而有效地终止诉讼程序"[1]。根据英国《1985 年犯罪起诉法》规定："总检察长如果认为某项追诉不当，可以签发终止追诉令，停止诉讼的进行。""在治安法院被皇家检控署终止的案件数目相当大：在 1998/9 年度占所有结案数的百分之十二。"[2] 在美国，《美国联邦刑事诉讼规则》第 48 条 a 项规定："总检察长或联邦检察官经法庭许可可以撤销大陪审团起诉书、检察官起诉书或控告书，终止起诉。" 在州级司法区域，一些州保留了普通法中撤诉的权力，允许检察官在审判前的任何时候撤诉。

大陆法系国家的刑事诉讼普遍实行起诉法定主义原则，检察官一旦起诉一般不允许变更。但对某些特殊案件也允许变更，对撤诉并不完全禁止。法国《刑事诉讼法典》没有对撤诉问题作出规定。所以，一般认为，

---

① ［英］李约翰·丁·爱德华兹：《英国总检察长：政治与公共权利的代表》，中国检察出版社 1991 年版，第 523 页。

② ［英］约翰·斯普莱克：《英国诉讼程序》，中国人民大学出版社 2006 年版，第 82—83 页。

在法国公诉之后，检察机关不得撤回起诉，也不能剥夺法院的管辖权；如果检察机关认为提起追诉是错误的并且放弃其提出的控告，法院仍不会因此停止管辖。①《葡萄牙宪法》第 32 条规定："不得从既有法律确认其管辖权的法院撤回诉讼。"《德国刑事诉讼法》第 156 条明确规定："审判程序开始后，对公诉不能撤回。"这表明在德国检察机关起诉后至审判程序正式开始之前是可以撤回起诉的。此外，《德国刑事诉讼法》在第 153 条 D 第 2 项对出于政治原因不追诉规定为"业已起诉时，在前款规定所述条件下，联邦检察官可以在程序的任何一个阶段撤回起诉，停止程序"。《俄罗斯联邦刑事诉讼法》第 246 条第 7 款规定："如果在法庭审理过程中国家公诉人确信，已经提交的证据不支持对受审人提出的指控，则他应该放弃指控并向法庭叙述放弃的理由。"日本实行以当事人主义为主，职权主义为辅的混合式诉讼模式，其公诉制度是以起诉便宜主义为原则的，检察官享有较充分的撤诉权。《日本刑事诉讼法》第 257 条规定："公诉，可以在第一审判决前撤回。"韩国《刑事诉讼法》第 255 条第 1 项规定："第一审判决之前，可以撤销公诉。"我国台湾地区的"刑事诉讼法"（2002 年修正）第 269 条规定："检察官于第一审辩论终结前，发现有应不起诉或以不起诉为适当之情形者，得撤回起诉。"

二、 撤诉的理由

在美国，撤回起诉可分危险附着前的撤回起诉和危险附着后的撤回起诉。② 在危险附着之前，检察官撤回起诉一般情况下并不会对被告人的利益造成损害，所以撤回起诉的条件较为宽松。但美国的成文法和判例仍然

---

① ［法］卡斯东·斯特法尼等：《法国刑事诉讼法精义》，罗结珍译，中国政法大学出版社 1999 年版，第 132 页。

② 陈瑞华教授认为，在美国法中，"撤销起诉"是法院基于控辩双方的动议，针对某一指控所作的终止审理的裁定。在美国，有以下违法情形的可以撤销起诉：（1）检察方的起诉违反了联邦宪法第五修正案有关"禁止双重危险"的规定的；（2）警察讯问过程中剥夺了嫌疑人获得律师帮助的权利，且给被告人造成了或可能会造成不利影响的；（3）警察如果在逮捕嫌疑人过程中使用了严重违反法律程序的方法的；（4）被告人最初没有实施犯罪行为的主观意图，但在执法官员的引诱下产生了犯罪的意图并实施了犯罪行为的；（5）如果被告人因长时间的审前羁押而使其辩护活动可能受到严重影响的（参见陈瑞华：《问题与主义之间》，中国人民大学出版社 2003 年版，第 60—63 页）。但有的学者把美国的"撤销起诉"视作"撤回起诉"（参见余经林：《论撤回公诉》，《法学评论》2007 年第 1 期），这是对美国"撤回起诉"制度的一种误解。

规定，检察官在危险附着前撤回起诉受到以下限制：（1）检察官撤回起诉须经法院同意。（2）检察官撤回起诉必须基于善意。法院审查撤回起诉动议的理由是否基于善意。检察官在提出撤回起诉动议时，必须说明理由，并且需要展示支持其动议的基本事实，而非简单的结论性的意见，否则法院不会同意检察官的动议。法院对检察官撤回起诉意图是善意还是恶意的一个重要的考量，是检察官撤回起诉不得明显违反公共利益。在检察官撤回起诉的动议违反公共利益时，法院不仅有权否决撤回起诉，甚至有权指派律师代替检察官进行诉讼。

在日本，撤诉的理由比较宽泛。"在起诉后，如果判明存在不起诉事由时，可以撤回公诉，这种做法符合起诉裁量主义。"[1]"撤销公诉不问理由如何，从理论上看，即使公诉中证据不充分时，也可以撤销公诉。"[2]此外，"起诉书对被告人记载有误的时候，以及被告人行踪不明难以发现的时候，有时撤销起诉是适当的"[3]。在德国，根据《德国刑事诉讼法》第203条规定，其中间程序中起诉审查的证明标准为是否被告人"有足够的犯罪行为嫌疑"。因此，德国中间程序审查的核心是案件中被告人是否有足够的实施犯罪行为的嫌疑。如果达到这一标准，则应当裁定开始审判程序；反之，则应当拒绝开始审判程序。所谓"有足够的犯罪行为嫌疑"，"亦即其极有可能会被判有罪时，则法院有义务开启审判程序"[4]。这表明在中间程序中，如果阅卷法官认为被告人没有足够的犯罪行为嫌疑，则法院会裁定拒绝开始审判，这实质上意味着公诉被要求撤回。在俄罗斯，根据《俄罗斯联邦刑事诉讼法》规定："在任何情况下，犯罪嫌疑人或刑事被告人和犯罪有牵连、有罪过、参加实施犯罪没有证据或没有得到证明，以及有证据证明他和犯罪无牵连，无罪，没有参加实施犯罪——由于无罪推定原则，这表示企图追究该具体人（犯罪嫌疑人或刑事被告人）的刑事责任是非法的和没有根据的。"[5]所以，《俄罗斯联邦刑事诉讼法》第246条第7项规定："如果在法庭审理过程中国家公诉人确信，已经提交的证

---

① ［日］田口守一：《刑事诉讼法》，张凌、于秀峰译，中国政法大学出版社2010年版，第125页。

② 裴索：《日本国检察制度》，商务印书馆2003年版，第194页。

③ ［日］松尾浩也：《日本刑事诉讼法》（上卷），中国人民大学出版社2005年版，第287页。

④ ［德］克劳思·罗科信：《刑事诉讼法》，吴丽琪译，法律出版社2003年版，第379页。

⑤ ［俄］К.Ф.古岑科主编：《俄罗斯刑事诉讼教程》，黄道秀、王志华、崔熳、丛凤玲译，中国人民公安大学出版社2007年版，第370页。

据不支持对受审人提出的指控，则他应该放弃指控并向法庭叙述放弃的理由。"

我国台湾地区的"刑事诉讼法"第 269 条规定："检察官于第一审辩论终结前，发现有应不起诉或以不起诉为适当之情形者，得撤回起诉。"一般认为，"应不起诉"主要指第 252 条之绝对不起诉；"以不起诉为适当"则指第 253 条至第 254 条之相对不起诉。[①] 根据第 252 条规定，案件有下列情形之一者，应为不起诉之处分：（1）曾经判决确定者。（2）时效已完成者。（3）曾经大赦者。（4）犯罪后之法律已废止其刑罚者。（5）告诉或请求乃论之罪，其告诉或请求已经撤回或已逾告诉期间者。（6）被告死亡者。（7）法院对于被告无审判权者。（8）行为不罚者。（9）法律应免除其刑者。（10）犯罪嫌疑不足者。第 253 条规定："第 376 条所规定之案件，检察官参酌刑法第 57 条所列事项，认为以不起诉为适当者，得为不起诉之处分。"第 254 条规定："被告犯数罪时，其一罪已受重刑之确定判决，检察官认为他罪虽行起诉，于应执行之刑无重大关系者，得为不起诉之处分。"

三、 撤诉的时间

在普通法上，检察官在陪审团组成之前，有不被限制随时撤回起诉的权力。在美国，对撤诉时间并没有严格限制，但由于被告人受宪法规定的"禁止双重危险"的保护，检察官撤回起诉后重新起诉受到宪法原则的制约。危险何时产生成为被告人何时受到该原则保护的关键时点，也成为检察官撤回起诉需要重点考虑的因素。美国联邦最高法院通过判例指出，应以"事实裁判者是否已审判被告"为基准。在法官充当事实裁判者的情况下，第一位证人已宣誓即等于审判的开始，危险即已附着，被告人开始受"禁止双重危险"的保护；在陪审团充当事实裁判者的情况下，在陪审团已组成且宣誓之后，危险即已附着，被告开始受"禁止双重危险"的保护。[②]《德国刑事诉讼法》第 156 条明确规定："审判程序开始后，对公诉不能撤回。"所以，"检察机关在法院尚未为审判程序开启之裁定前，依刑

---

① 林钰雄：《刑事诉讼法》（下册），中国人民大学出版社 2005 年版，第 112 页。

② 吴常青：《美国刑事诉讼中撤回起诉及其借鉴意义》，《中国刑事法杂志》2010 年第 4 期。

事诉讼法第 156 条尚得将该起诉撤回"①。《日本刑事诉讼法》第 257 条规定:"公诉,可以在第一审判决前撤回。"这就意味着在一审判决前检察机关都可以撤诉。根据《俄罗斯联邦刑事诉讼法》第 246 条第 7 项规定,结合第 8 项关于"国家公诉人直到法庭退入评议室作出判决之前均可用以下方式减轻指控……"的规定,在法庭作出判决之前,公诉人也可以撤销指控。韩国《刑事诉讼法》第 255 条第 1 项规定:"第一审判决之前,可以撤销公诉。"我国历史上,1928 年《刑事诉讼法》第 264 条第 1 款曾规定:"起诉于第一审审判开始前,得撤回之。"对此,应当如何理解,陈瑾昆先生在 1931 年 10 月 1 日朝阳学院出版的《刑事诉讼法通义》第 3 版中指出:"至审判开始之时期,究应如何解决,第二百七十条虽定明系在书记官朗读案由之时,余意此时以解为狭义为宜,只须在检察官陈述案件要旨之前,尚得为之(参照二七七)。"② 1935 年《刑事诉讼法》第 248 条将该条修改为:"检察官于第一审辩论终结前……得撤回起诉。"此后台湾地区的"刑事诉讼法"对撤诉的时间再没有作过修改,一直沿袭至今。

四、 撤诉的效力

《美国联邦刑事诉讼规则》第 48 条规定:"总检察长或联邦检察官经法庭许可可以撤销大陪审团起诉书、检察官起诉书或者控告书,终止诉讼。"检察官撤销起诉书,即终止诉讼。在日本,所谓诉讼条件,就是诉讼程序有效成立并持续下去的条件。从开始提起公诉经实体审理,再到实体判决这一诉讼程序的所有阶段,都必须具备诉讼条件。欠缺诉讼条件时,可以通过形式裁判结束诉讼程序。③ 根据《日本刑事诉讼法》第 339 条第 1 款第 3 项规定,撤回公诉的即属于缺乏诉讼条件,法院应当以裁定宣告公诉不受理。这种裁定,"虽然是形式判决,但也具有既判力。因此,这种判决确定后不能再起诉"④。在俄罗斯,"国家公诉人根据现行《俄罗斯联邦刑事诉讼法典》(第 246 条第 7 款)完全或部分放弃指控,法院据以无条件地终止

---

① [德]克劳思·罗科信:《刑事诉讼法》,吴丽琪译,法律出版社 2003 年版,第 365 页。
② 陈瑾昆:《刑事诉讼法通义》,法律出版社 2007 年版,第 251 页。
③ [日]田口守一:《刑事诉讼法》(第 5 版),张凌、于秀峰译,中国政法大学出版社 2010 年版,第 140 页。
④ 裘索:《日本国检察制度》,商务印书馆 2003 年版,第 198 页。

刑事案件，或者完全或对相应部分终止刑事追究"①。我国现行台湾地区的"刑事诉讼法"第 270 条强调："撤回起诉与不起诉处分有同一之效力，以其撤回书视为不起诉处分书，准用第 255 条至第 260 条之规定。"

五、 撤诉后重新起诉的条件

在美国，根据禁止双重危险条款，禁止任何撤回起诉之后的重新审判。如果检察官基于同一行为以同样的罪名重新起诉，则该起诉应被告人动议或法院主动，以侵犯被告人禁止双重危险的权利而予以驳回。但这一原则存在诸多的例外。如经被告人同意的撤回起诉，等同于被告人放弃禁止双重危险的保护，检察官重新起诉不受禁止双重危险的限制。又如，检察官的重新起诉属于判例法创设的禁止双重危险的例外情形，则不被认为违反禁止双重危险的规定。一般认为，禁止双重危险的例外包括：（1）犯罪未完成的例外。在检察官第一次起诉时，较重的犯罪尚未完成，检察官可以在严重犯罪完成时，再就较严重的犯罪起诉，或者称之为新事实的发生。（2）谨慎调查的例外。检察机关已尽谨慎调查的义务，但仍不能发现较严重的犯罪事实时，可以就较严重的犯罪再次起诉。（3）诈骗的例外。如果被告人在原审过程中有贿赂、恐吓等不当行为，致使法官违法判决、检察官不尽全力进行追诉、或证人作伪证，那么再次起诉不受禁止双重危险的限制。② 英国《皇家检察官起诉规则》第 10 条第 2 款 C 项规定："由于缺乏证据而对案件停止起诉，而后来又发现了更重要的证据的"，可以重新起诉。《日本刑事诉讼法》第 340 条规定："因撤回公诉而作出的公诉不受理的裁定已经确定时，以在撤回公诉后对犯罪事实重新发现重要证据时为限，可以就同一案件再提起公诉。"韩国《刑事诉讼法》第 329 条规定："根据公诉的撤销确定了驳回公诉决定时，限于撤销公诉后，对其犯罪事实发现其他重要证据的情况，可以再提起公诉。"我国历史上，1928年《刑事诉讼法》第 264 条第 2 款曾规定："起诉经撤回后，不得再行起诉。"陈瑾昆先生认为："起诉一经撤回，其结果即丧失起诉权。故刑事诉

---

① ［俄］K. Ф. 古岑科主编：《俄罗斯刑事诉讼教程》，黄道秀、王志华、崔嫚、丛凤玲译，中国人民公安大学出版社 2007 年版，第 437 页。

② 吴常青：《美国刑事诉讼中撤回起诉及其借鉴意义》，《中国刑事法杂志》2010 年第 4 期。

讼法第 264 条第 2 项定明不得再行起诉。故撤回起诉与不起诉,效力不同。后者告诉人尚得声请再议,检察官亦得继续侦查,如发现新事实、新证据者,仍得起诉;前者则于诉讼上别无不服方法,起诉权即间接因以消灭,以后就同一案件,不得再行侦查或起诉。"[1] 上述规定过于绝对化。所以,1935 年的《刑事诉讼法》对此作出重大修改。根据该法第 239 条、第 242 条、第 249 条及第 413 条之规定,对于撤诉的参照不起诉处分规定,有如下情形之一,对于同一案件可以再行起诉:(一)发现新事实或新证据者。(二)具有如下再审事由者:原决定所凭之证物已证明其为伪造或变造者;原决定所凭之证言、鉴定或通译已证明其为虚伪者;原决定所凭之法院裁判已经确定裁判变更者;参与侦查或起诉之检察官,因该案件犯职务上之罪已经证明者。此后我国台湾地区多次修法基本维持上述规定不变。根据现行我国台湾地区"刑事诉讼法"第 260 条规定,不起诉处分已确定或缓起诉处分期满未经撤销者,非有下列情形之一,不得对于同一案件再行起诉:(一)发现新事实或新证据者。(二)有第 420 条第 1 项第 1 款(原判决所凭之证物已证明其为伪造或变造者)、第 2 款(原判决所凭之证言、鉴定或通译已证明其为虚伪者)、第 4 款(原判决所凭之通常法院或特别法院之裁判已经确定裁判变更者)或第 5 款(参与原判决或前审判决或判决前所行调查之法官,或参与侦查或起诉之检察官,因该案件犯职务上之罪已经证明者,或因该案件违法失职已受惩戒处分,足以影响原判决者)所定得为再审原因之情形者。

六、 撤诉程序中权力制约和权利保护

1. 撤诉程序中的权力制约

在诉讼程序中对检察官撤诉权力的制约主要来自法院。根据《美国联邦刑事诉讼规则》规定,总检察长或联邦检察官撤销检察官的起诉书须经法庭许可。韩国《刑事诉讼法》第 298 条第 1 项规定:"检事经法院许可,对起诉书记载的诉因及适用法条,可以追加、撤回或变更。"

2. 撤诉程序中的权利保护。

从域外撤诉程序规定看,都非常重视对当事人的权利保护。在美国,根据《美国联邦刑事诉讼规则》第 48 条规定:

---

[1] 陈瑾昆:《刑事诉讼法通义》,法律出版社 2007 年版,第 251 页。

"总检察长或联邦检察官经法庭许可可以撤销大陪审团起诉书、检察官起诉书或者控告书，终止诉讼。在审判期间，未经被告人同意，不可以撤销。""在一些州，如果检察官拒绝提起指控，被害人可以上诉法院要求对这个决定进行审查。"① 在英国，根据《1985 年犯罪起诉法》第 23 条规定，在皇家检控署对犯罪进行诉讼时，他们可以给治安法院的助理发出通知说他们不想继续控诉（第 23 条第 3 项）。皇家检控署必须在通知中写明终止的原因（第 23 条第 5 项）。但是，必须向被指控人送达一份终止通知的副本，并且他可以坚持控方继续诉讼（第 23 条第 7 项）。绝大多数被指控者接到终止通知时都会喜不自胜，但极偶尔地也有人想要出庭，以向公众宣称对他的指控是完全无端的，或者通过获得一份正式判决来排除任何新的起诉可能性（一旦某人被宣告无罪，他就不能因同一罪名而再次被起诉）。② 此外，"当王室检察院在正在进行的诉讼中考虑撤回或明显降低指控，应当征求被害人的意见"。③《日本刑事诉讼法》第 260 条规定："检察官对经告诉、告发或者请求的案件，在作出提起公诉或者不提起公诉的处分时，应当迅速将其意旨通知告诉人、告发人或者请求人。在撤回公诉或者将案件移送其他检察厅的检察官时，亦同。"根据《日本刑事诉讼法》第 339 条、422 条、425 条、426 条规定，对于撤回公诉的裁定，可以提起即时抗告，即时抗告的提起期间为 3 日。在即时抗告的提起期间及已有即时抗告的申请时，停止裁判的执行。抗告有理由时，应当以裁定撤销原裁定，在必要时，应当重新作出裁判。韩国《刑事诉讼法》第 258 条第 1 项规定："检事对于告诉或告发的案件，在作出提起或不提起公诉的处分、撤销公诉或进行第 256 条移送时，应当从其处分之日起 7 日以内，将情况通知告诉人或告发人。"《刑事诉讼规则》第 142 条第 2 项规定："第 1 项的变更起诉书许可申请书，应当附加相应于被告人人数的副本。"第 3 项规定："法院应当立即将第 2 项的副本送达给被告人或辩护人。"《俄罗斯联邦刑事诉讼法》第 239 条第 1 款规定："……在检察长依照本法典第 246 条第 7 款规定的程序放弃指控时，法官应作出终止刑事案件的裁决。"第 4

① ［美］爱伦·豪切斯泰勒·斯黛丽、南希·弗兰克：《美国刑事法院诉讼程序》，中国人民大学出版社 2002 年版，第 202 页。

② ［英］约翰·斯普莱克：《英国诉讼程序》，中国人民大学出版社 2006 年版，第 82—83 页。

③ 麦高伟、杰弗里·威尔逊：《英国刑事司法程序》，姚永吉等译，法律出版社 2003 年版，第 150 页。

款规定："终止刑事案件的裁决副本应在作出之后的 5 日内送交检察长，并发给被终止刑事追究的人和被害人。"

我国台湾地区"刑事诉讼法"第 270 条规定："撤回起诉与不起诉处分有同一之效力，以其撤回书视为不起诉处分书，准用第 255 条至第 260 条之规定。"根据上述规定，前项撤回书，应以正本送达于告诉人、告发人、被告人及辩护人。前项送达，自书记官接受处分书原本之日起，不得逾 5 日（第 255 条）。告诉人接受撤回书后，得于 7 日内以书状叙述不服之理由，经原检察官向直接上级法院检察署检察长或检察总长声请再议（第 256 条第 1 项）。死刑、无期徒刑或最轻本刑 3 年以上有期徒刑之案件，因犯罪嫌疑不足，经检察官撤回起诉后，如无得声请再议之人时，原检察官应依职权径送直接上级法院检察署检察长或检察总长再议，并通知告发人（第 256 条第 3 项）。再议之声请，原检察官认为有理由者，应撤销其撤回书，除前条情形外，应继续侦查或起诉（第 257 条）。上级法院检察署检察长或检察总长认为再议无理由者，应驳回之；认为有理由者，第 256 条之一之情形应撤销原处分，第 256 条之情形应分别为下列处分：（一）侦查未完备者，得亲自或命令他检察官再行侦查，或命令原法院检察署检察官续行侦查。（二）侦查已完备者，命令原法院检察署检察官起诉（第 258 条）。告诉人不服前条之驳回处分者，得于接受处分书后 10 日内委任律师提出理由状，向该管第一审法院声请交付审判（第 258—1条）。声请交付审判之裁定，法院应以合议行之。法院认为交付审判之声请不合法或无理由者，应驳回之；认为有理由者，应为交付审判之裁定，并将正本送达于声请人、检察官及被告。法院为前项裁定前，得为必要之调查。法院为交付审判之裁定时，视为案件已提起公诉。被告对于第二项交付审判之裁定，得提起抗告；驳回之裁定，不得抗告（第 258—3 条）。撤回起诉后，羁押之被告视为撤销羁押，检察官应将被告释放，并应实时通知法院；扣押物应即发还（第 259 条）。"

第三节　我国刑事公诉撤诉制度之完善

为了保障程序公正，维护当事人的合法权益，最大程度地实现诉讼价值，应当尽快对当前撤诉制度加以修改完善。完善我国的刑事公诉撤诉制度，要以制约权力、保障人权为基点，以实现撤诉价值为目标，认真总结多年来的撤诉实践经验，充分吸收借鉴国外及我国台湾地区关于撤诉的共通性规定，重构我国的刑事公诉撤诉制度。具体思路如下。

一、 立法应当明确赋予检察机关撤诉权

由于修改后的刑事诉讼法取消了检察机关撤诉权的规定，不少学者认为，修改后的刑事诉讼法取消了检察机关的撤诉权，表明立法机关不打算赋予检察机关撤诉权。撤诉权不是公诉权的权能，而是滥用的诉权。《高法解释》和《检察规则》在法无明文规定的情况下赋予检察机关撤诉权是违宪的。根据我国目前的检察体制也不应赋予检察机关撤诉权。[1]这一观点笔者难以苟同。1979 年刑事诉讼法规定的撤诉制度是法院强职权主义的体现。因为，它并没有直接规定检察机关的撤诉权，而是规定法院有权要求检察机关撤诉，这显然有违控、审分离原则。所以，刑事诉讼法修改时将其废除是正确的，但这并不表明检察机关不应该拥有撤诉权（当然在废除的同时，没有规定检察机关拥有主动的撤诉权是一个缺陷）。

笔者认为，在现代刑事司法中，绝大多数国家确立了撤诉制度，刑事诉讼法赋予检察机关撤诉权具有正当性、合理性。（1）这是控、审分离原则的体现，有助于防范司法专横。控、审分离原则是国际通行的刑事诉讼原则，这一原则要求检察机关行使起诉权，法院行使审判权，二者不得合而为一，其具体表现为不告不理和诉审同一。不告不理是指检察机关的起诉是法院审判的发动机，没有起诉，便不能启动审判程序；诉审同一是指法院的审判必须在检察机关起诉的范围内进行，法院不得随意变更诉因和被诉对象。控、审分离原则对于保证司法的中立性和被动性，防止司法专横具有重要意义。完整意义上的公诉权，包括提起公诉、支持公诉和变更公诉等诸项权力。撤回公诉属于变更公诉的重要内容之一，既然检察官有权提起公诉，那么，在提起公诉后，法院作出判决前，如果发现被告人不应或不必追究刑事责任的，有权撤回公诉。检察官一旦撤回公诉，案件审理就失去了控诉基础，审判活动即行终止。（2）这是起诉便宜主义的体

---

① 王友明、杨新京：《公诉案件撤回起诉质疑》，《国家检察官学院学报》2003 年第 3 期。

现，有助于体现公诉权的主动性。传统的诉讼理论曾否定公诉权的裁量性，主张实行起诉法定主义，认为检察机关作为国家的公诉机关，只要案件有足够的犯罪事实，检察院一律应当提起公诉，而不能自行斟酌处理。起诉法定主义是有罪必罚的绝对刑罚报应论思想在刑事诉讼中的体现。刑事司法实践表明，对犯罪一概起诉并不能达到预防犯罪的目的。本世纪初以来，随着目的刑论和教育刑论的兴起，各国陆续开始承认公诉权的裁量性而实行起诉便宜主义。检察官即便在具备所有提起公诉条件的场合，也不一定必须提起公诉。法律规定"根据犯人的性格、年龄以及境遇、犯罪的轻重以及情节和犯罪后的情况，没有必要追诉的时候，可以不提起公诉"（日本《刑事诉讼法》第248条），这就是起诉便宜主义。① 现代公诉理论认为，公诉作为一种追诉权，天生具有主动性的特征，它不但主动纠举犯罪，提起控诉启动审判程序；而且在发现指控有错漏的情况下，可以主动予以补正。② （3）这是检察机关"客观义务"的体现，有助于维护检察机关的公信力。"客观义务是指检察官为了发现真实情况，不应站在当事人的立场上，而应站在客观的立场上进行活动。"③ 检察官的客观义务有三方面的含义：检察官应当追求实质真实；在追诉犯罪的同时要兼顾维护被追诉人的诉讼权利；通过客观公正的评价案件事实追求法律公正地实施。④ 为了实现检察官的客观义务，立法机关设置了严格的审查起诉程序，要求检察机关对准备提起的控诉谨慎审查，以保证追诉的公正性。但是由于各种主客观因素的影响，检察机关经审查后提起公诉案件仍然会存在错漏。在这种情况下，基于客观义务，检察机关必须对指控中的错漏加以改正，以纠正自己的错误，从而维护自身公信力权威。（4）这是依法保障人权的体现，有利于维护被告人的合法权益。刑事诉讼的目的是惩罚犯罪与保障人权。惩罚犯罪与保障人权的关系是对立统一的，两者应当并重。司法机关在迅速公正地惩罚犯罪，实现国家刑罚权的同时，要严格遵守正当法律程序，确保公民的人权不受非法侵犯。在刑事诉讼中，一旦案件经提起公诉进入审判阶段后，被告人作为被指控的对象面临种种不利因素。不仅在时间、精力、身心、经济等方面承受诸多压力，而且将面临可能被定

---

① ［日］松尾浩也：《日本刑事诉讼法》（上卷），中国人民大学出版社2005年版，第176页。
② 谢佑平、万毅：《刑事公诉变更制度论纲》，《国家检察官学院学报》2002年第1期。
③ ［日］松本一朗：《检察官的客观义务》，《法学译丛》1980年第2期。
④ 程雷：《检察官的客观义务比较研究》，《国家检察官学院学报》2005年第4期。

罪处罚的风险。如果检察机关在审判过程中认为被告人不应或不必追究刑事责任的，及时撤诉，停止追诉，就可以使被告人尽快摆脱不利境地，尽可能地减少在审判过程中给被告人带来的损害。（5）这是诉讼效益原则的体现，有利于节约司法资源。诉讼效益原则是指国家专门机关进行刑事诉讼，要在确保诉讼公正的前提下，尽可能采用较少的人力、财力和物力耗费来完成刑事诉讼的任务。检察机关通过撤诉，对错误的起诉及时补救，确保不应当进行的诉讼程序及时归于终结，减少因审判工作的继续开展所必需的人力、财力和物力的投入，从而节约司法资源，使司法机关有更多的司法资源办理其他刑事案件。

总之，笔者认为，赋予检察机关撤诉权具有正当性、合理性。当前撤诉中存在的问题，主要是由于立法不完善造成的。我们完全可以通过严密的制度设计，以及严格地执行相关制度来积极发挥撤诉的制度价值。

二、 明确规定撤诉的理由和方式

对于撤诉理由的认识和把握，学界中有以下不同看法。一种观点认为，撤诉的理由就是不起诉的理由。凡是可以作绝对不起诉、相对不起诉和存疑不起诉的均可以作撤诉处理。[1] 第二种观点认为，检察机关撤回起诉的理由是具有绝对不起诉或者证据不足不起诉情形。如果被告人的行为已构成犯罪，但是依法不需要判处刑罚或者可以免除刑罚，虽然本可以决定不起诉，但既然已经提起公诉就没有必要再撤回，应当由人民法院依法审判。即如果属于相对不起诉，则不适用撤回起诉。[2] 第三种观点认为，对符合绝对不起诉的情形，应当准许检察官撤回起诉，对属于相对不起诉和证据不足不起诉情形的，则都不能采用撤回起诉。[3] 将证据不足或者证据发生变化的情形作为撤回公诉的事由，是我国实践中常见但也是争议最大的现象。反对者认为检察机关会以此作为避免不利裁判的工具，损害被告人的合法权益。[4]

笔者认为，撤诉理由的界定，直接影响撤诉范围的大小。所以在撤诉理

① 林劲松：《论撤回公诉》，《国家检察官学院学报》2003 年第 1 期。
② 龙宗智：《刑事庭审制度研究》，中国政法大学出版社 2001 年版，第 339 页。
③ 肖良平：《论我国公诉案件撤诉制度的完善》，《求索》2005 年第 9 期。
④ 张小玲：《论我国撤回公诉的功能定位》，《中国刑事法杂志》2015 年第 1 期。

由的划定上，主要应从起诉便宜主义原则出发，确保公诉权的充分行使，体现撤诉的立法价值取向。对符合绝对不起诉条件的，被告人原本不应追究刑事责任，起诉本身就是错误，理当可以撤诉。符合相对不起诉条件的，撤诉后作相对不起诉处理，与让法院作定罪免刑相比，一个是有罪认定，一个是无罪认定，撤诉更有利于保护被告人的合法权益。从实践看，对事实不清、证据不足的案件，撤诉后，检察机关及时作存疑不起诉，尽快结束诉讼程序，有助于保障人权。对撤诉理由的规定，应反映客观实际，避免立法、司法解释与实践脱节。基于此，笔者认为，凡具有以下情形之一的，检察机关都可以撤诉：（1）具有《刑事诉讼法》第15条规定的情形之一的：情节显著轻微、危害不大，不认为是犯罪的；犯罪已过追诉时效期限的；经特赦令免除刑罚的；依照刑法告诉才处理的犯罪，没有告诉或者撤回告诉的；犯罪嫌疑人、被告人死亡的；其他法律规定免予追究刑事责任的。（2）不存在犯罪事实或犯罪事实并非被告人所为的。这两种情形不能被《刑事诉讼法》第15条所包含，也是现行司法解释所肯定的。（3）因犯罪事实不清、证据不足，难以认定被告人有罪的。（4）被告人因未达到刑事责任年龄或不具有刑事责任能力，不负刑事责任的。（5）法律、司法解释发生变化导致不应当追究被告人刑事责任的。（6）被告人的行为已构成犯罪，但是依法不需要判处刑罚或者可以免除刑罚的。（7）其他不应当追究被告人刑事责任的。

关于撤诉方式，笔者认为，撤诉必须以记载理由的书面方式进行。不管是检察院的撤回起诉决定书，还是法院的准许检察机关撤诉的裁定书，都应当以书面方式进行。以口头形式进行撤诉活动，既不严肃，也不利于保护当事人的合法权益。

三、 明确规定撤诉的时间

检察机关在什么时间？在哪个阶段享有撤诉权，目前分歧较大。第一种观点认为，检察机关在法院判决宣告之前均可撤诉。这种观点因具有司法解释依据，是目前适用最多的一种做法。因为从诉讼理论上看，在判决宣告以前撤诉，这时法院虽然已对案件进行审理，甚至进行了合议，但毕竟未对案件的整体情况进行裁判，此时撤诉，检察机关行使撤诉权尚未侵犯法院的审判权。第二种观点认为，检察机关只能在法院开庭审理前提出，开庭审理之后无权撤诉。① 第三种观点认为，撤诉的时间应限定在一审法庭辩论结束之前。② 第四种观点认为，撤回公诉的时间应限定在"被告人最后陈述以前"。③ 第五种观点认为，应当将检察机关撤回起诉的时间限定在一审合议庭合议以前。④

笔者认为，撤诉的时间宜限定在合议庭或审判委员会作出一审判决（决定）之前。理由是：

首先，有利于加强审判权对公诉权的制约。在刑事诉讼中，检法两家分工负责、互相配合、互相制约。但长期以来，检法两家配合有余，制约不足，过高的撤诉率和过低的无罪率形成鲜明的对比。如果规定检察机关在法院判决宣告之前均可撤诉，那意味着在合议庭或审判委员会作出无罪判决之后，检察院仍可撤诉。"作出判决"与"宣告判决"是两个不同的概念和时间段。在我国的审判实践中，绝大部分案件不是当庭宣判而是定期宣判的。合议庭评议后作出判决或审判委员会作出决定到法庭宣告判决要经过一定的期间。尤其是对事实不清、证据不足或涉及罪与非罪的案件，法院极少能当庭宣判。如果在这期间允许检察院撤诉，必将使此前进行的程序归于无效，导致诉讼资源浪费，而且损害法院判决的确定力、权威性、破坏法的安定性。反之，一旦法院已作出判决，不管判决是否宣布，均不许撤诉，从而体现审判权对公诉权的有效制约，防止撤诉权的滥用，避免撤诉成为某些办案单位"下台阶"的路径。

其次，有助于兼顾诉讼诸价值目标的实现。现代诉讼的价值包括实体公正、程序公正和诉讼效益。司法机关应当坚持三种价值的统一。当三者有矛盾和冲突时，应坚持价值衡平原则，兼顾三者的关系。我国刑事诉讼法规定，审判程序分为庭前审查程序和开庭审理程序。开庭审理程序大致又可分为开庭、法庭调查、法庭辩论、被告人最后陈述、评议和宣判五个阶段。在被告人最后陈述后，审判长宣布休庭，庭审活动宣告结束。经过一系列的庭审活动，被告人的犯罪事实是否清楚，证据是否确实、充分，控辩审三方均已做到心中有数。进入评议时，合议庭应当根据已经查明的事实、证据和有关法律规定，并在充分考虑控辩双方意见的基础上进行评

---

① 陈卫东主编：《模范刑事诉讼法典》，中国人民大学出版社 2005 年版，第 429 页。
② 周长军：《撤回公诉的理论阐释与制度重构——基于实证调研的展开》，《法学》2016 年第 3 期。
③ 林劲松：《论撤回公诉》，《国家检察官学院学报》2003 年第 1 期。
④ 顾静薇：《论撤回起诉的规范化》，《中国刑事法杂志》2010 年第 11 期。

议，从而确定被告人是否有罪，应否追究刑事责任，有无从重、从轻、减轻或者免除处罚的情节。此时作为公诉方也应当对庭审活动进行总结，对案件的结局加以预测、判断。一旦出现撤诉事由的，应当及时向合议庭提出撤诉申请。只要合议庭或审判委员会尚未对案件作出决定，没有对被告人的实体问题作出裁判，检察机关撤诉就谈不上公诉权干涉审判权。如果将撤诉时间限制在开庭审理前，虽说有助于提高诉讼效益，减少司法资源的浪费，但由于案件尚未进入庭审，从实践看，是否存在撤诉条件往往难以判定，如此限定将使撤诉制度的价值大打折扣。至于将撤诉时间限制在法庭辩论结束之前，还是被告人最后陈述以前，并没有实质性意义。而一旦合议庭或审判委员会作出判决之后，还允许检察院撤诉，则必然侵犯审判权，有悖程序公正。再者，从诉讼经济角度看，既然法院已作出判决，只需定期宣判一下，案件即告审结，何须再让检察院撤诉呢？

最后，有利于保护被告人的合法权益。撤诉的意义之一在于更好地保护被告人的合法权益。如果撤诉恶化被告人的诉讼地位，损害被告人的利益，这种撤诉应予否定。在合议庭或审判委员会作出无罪判决之后，仍允许检察院撤诉，不仅使被告人无法获得一个权威的法律裁决，早日从被追诉状态中解脱出来，而且有可能导致被告人得不到刑事赔偿。

四、 明确规定撤诉的效力及重新起诉的条件

（一） 规定撤诉的效力

根据我国现行的撤诉制度，撤诉既不属诉讼终止，也不是诉讼中止，而是效力未定的诉讼行为。撤诉后，检察机关对案件的处理结果大体上有以下几种：撤案、补充侦查、不起诉。还有作其他处理的，如因管辖权问题撤诉后，移送有管辖权的司法机关处理。但必须看到，这种将撤诉视为效力未定的诉讼行为，容易为一些办案单位将撤诉作为"下台阶""挂案"甚至变相超期羁押提供方便，不利于保障被告人的合法权益。有鉴于此，有的学者建议，对撤诉后案件的处理程序及时限作出立法规定。笔者认为，与其在立法中规定撤诉后案件的处理程序及时限，还不如直接规定撤诉效力。从撤诉的结果看，作撤案处理与作不起诉处理，法律效力并无不同。如果作补充侦查处理，又使被告人陷于新一轮的被追诉状态，不利于

维护被告人的合法权益。少数案件确实需要收集新的证据或发现新的犯罪事实的，完全可以通过规定重新起诉的条件来解决，而无须规定补充侦查制度。为了更有效地保护被告人的合法权益，防止撤诉权的滥用，我国立法应当明确规定：撤诉与不起诉具有同等法律效力。即撤诉与不起诉的法律效力相同。检察机关提请撤回起诉，法院作出准予撤诉的裁定后，对于在押的被告人应当立即释放；对于被告人采取强制措施的，应当立即解除；对于扣押、冻结被告人的财物的，应当解除扣押、冻结。撤诉后，检察机关不需再制作不起诉决定书。

（二）　提高重新起诉的条件

现行司法解释规定，撤诉后如果有新的事实或者新的证据可以再行起诉。对此，不少学者持否定观点，理由是：这一规定有违禁止重复追究原则，属于重复追诉。①

禁止重复追究原则，是指对被追究者的行为，一旦作出有罪或无罪的确定判决，便不得再次对同一行为予以刑事追究。大陆法系国家将这一原则称为"一事不再理"，侧重于强调生效判决的"既判力"，以维持法的安定性，维护司法程序的权威性；英美法系国家则称之为"禁止双重危险"，侧重于强调任何人不得因同一行为而遭受两次不利的处境，以防止滥用追究犯罪的权力，保障公民个人的基本人权。但是必须看到，禁止重复追究原则不是绝对的。在实体真实和程序正义的价值平衡中，许多国家选择了折中主义的方式。如德国就允许一事不再理原则存在例外，即允许在一定情况下作不利于被告人的重新追究和审判；英国最初实行的是绝对的一事不再理原则，但在2003年的刑事司法改革中允许有例外。"禁止双重危险"原则在美国经过了二百多年的历史，已被美国法院通过判例修改得"面目全非"。随着犯罪的猖獗和社会治安状况的恶化，越来越多的美国人认为应当寻求个人利益与社会利益的平衡，对"双重危险"条款的适用范围进行限制。日本《宪法》第39条规定："对于同一犯罪，不得重复追究刑事责任。"但《日本刑事诉讼法》第340条规定：在撤回公诉后对犯罪事实重新发现重要证据时，可以就同一案件再提起公诉。在现代刑事诉讼

---

① 　陈瑞华：《问题与主义之间——刑事诉讼基本问题研究》，中国人民大学出版社2003年版，第176页。

中，鉴于利益的多元化，为确保刑事诉讼的整体合理性，实现系统价值的最大化，刑事诉讼不能只关注或过分关注被告人的利益保护，它还必须要对社会公共利益和被害人的利益负责。这就决定了刑事诉讼必须要在各种利益之间实现一种适当的平衡。一方面要看到："禁止双重危险"规则总体上的合理性，另一方面又要注意这一规则的相对性，在坚持这一一般规则的同时，又要注意允许存在适当的例外。①

笔者认为，《检察规则》第 459 条关于撤回起诉后，有新的事实或者新的证据可以再行起诉的规定有一定合理性。但《检察规则》将"新的事实或者新的证据"作为再行起诉的条件，显然限制条件过低，导致撤诉实践中再行起诉比较普遍，不利于保护被告人的权益。有鉴于此，立法中应当提高再行起诉的条件，将"发现新的重要事实或重要证据"作为再行起诉的条件，从而保证再行起诉的慎重行使。"新的重要事实"是指足以影响定罪的新的案件事实。如原来因为没有查清被告人的刑事责任年龄而撤诉，在查清被告人的刑事责任年龄后，可以重新起诉。有了新的重要事实，就一定要求有新的重要证据；有了新的重要证据，不一定要求有新的重要事实。撤诉后发现"新的重要事实"，当然可以重新起诉。"新的重要证据"既包括撤诉后经补充侦查新发现的重要证据，也包括新发现的事实的重要证据。如果撤诉后仅仅取得新的次要证据，不足以消除原来据以撤诉的情形的，就不应当重新起诉。这样就可以防止司法实践中因"新证据"较易获取，而再行起诉普遍的做法。

五、 强化撤诉的监督制约机制

根据现代权力制衡理论，为了防止权力滥用必须以权力制约权力。为了防止撤诉权的滥用，必须对撤诉权进行制约。制约的方式可以有两种：内部制约和外部制约。

1. 内部制约即强化检察机关内部监督。《检察规则》第 461 条规定，"变更、追加、补充或者撤回起诉应当报经检察长或者检察委员会决定"。可见撤回起诉应当报经检察长或检察委员会决定。

---

① 张毅：《刑事诉讼中的禁止双重危险规则论》，中国人民公安大学出版社 2004 年版，第 314—315 页。

2. 外部制约即强化审判机关的制约。最高人民法院 2017 年 2 月 17 日颁布的《关于全面推进以审判为中心的刑事诉讼制度改革的实施意见》第 8 条规定："人民法院在庭前会议中听取控辩双方对案件事实证据的意见后，对明显事实不清、证据不足的案件，可以建议人民检察院补充侦查或者撤回起诉。对人民法院在庭前会议中建议撤回起诉的案件，人民检察院不同意的，人民法院开庭审理后，没有新的事实和理由，一般不准许撤回起诉。"这一规定有利于对检察院的撤回起诉加以限制，但限制的范围过窄，制约力度仍然不足。根据《高法解释》第 242 条规定：人民检察院要求撤回起诉的，人民法院应当审查人民检察院撤回起诉的理由，并作出是否准许的裁定。但现在的实际情况是：凡是检察院提出撤诉的，法院没有不同意的，甚至最高人民法院颁布的《法院刑事诉讼文书样式（试行）》也只有"准许撤诉裁定书"，而没有"不准许撤诉裁定书"。笔者认为，法院应加强对检察机关撤诉的审查，不能一味准许，而应视案件具体情况裁定。对于尚未进入开庭审理程序的案件，检察机关撤诉的，应当裁定准许。对于已经进入庭审程序的案件，法院在收到公诉机关的撤诉决定书，应从撤诉的原因、时间以及被告人、被害人对撤诉的意见等方面进行审查，如认为符合撤诉条件的，应当在规定的时间内作出准许撤诉的裁定；如认为不符合撤诉条件的，应在规定的时间内作出不准许撤诉的裁定。

六、 废除延期审理后法院有权决定撤诉的规定

《高法解释》第 223 条规定，"审判期间，公诉人发现案件需要补充侦查，建议延期审理的，合议庭应当同意，但建议延期审理不得超过两次。人民检察院将补充收集的证据移送人民法院的，人民法院应当通知辩护人、诉讼代理人查阅、摘抄、复制。补充侦查期限届满后，经法庭通知，人民检察院未将案件移送人民法院，且未说明原因的，人民法院可以决定按人民检察院撤诉处理"。该规定有违立法精神，应当取消。理由是：（1）不符合公诉权的性质。公诉权在本质上是一种诉讼请求权。这就决定了它必须用诉讼的形式予以规范，它必须与应诉权相互作用、相互依存。诉权的行使必须受到司法审查。同时公诉权是一项具有专属性的法定职权，即公诉权既是权力又是职责，它的职能在于维护国家和社会公共利益，"公权力的不可放弃性"决定了公诉权必须积极行使、严格依法行使。这是公诉权与其诉

权（民事诉权）的不同之处。公诉机关业已起诉的案件，在没有撤诉的情况下，法院主动决定其撤诉，是与公诉权的性质不相容的。（2）有悖立法精神。1996 年、2012 年修改后的刑事诉讼法，废除了 1979 年刑事诉讼法第 108 条所规定的撤回起诉制度。之所以废除这一规定，主要是因为修改后的刑事诉讼法，比较多地吸收了当事人主义诉讼模式的一些做法，而法院有权要求人民检察院撤诉的规定体现的是强职权主义诉讼特征，背离控审分离原则。在立法已废除该做法的情况下，最高人民法院还作出"应当决定按人民检察院撤诉处理"的规定，是不符合立法主旨的。刑事公诉案件一旦进入审判阶段，法院就应当履行审判职责，主持诉讼进程，居中裁判。法院有权对检察机关的撤诉活动进行监督制约，检察机关没有主动提出撤诉的，延期审理期间届满，法院应当主动恢复法庭审理，而无权决定对公诉案件按撤诉处理。（3）不利于保护被告人的合法权益。根据《高法解释》规定，在庭审过程中，公诉人发现案件需要补充侦查，提出延期审理建议的，合议庭应当同意，建议延期审理的次数最多可以有两次。补充侦查完毕移送人民法院后，人民法院重新计算审理期限。在这期间，如果被告人被羁押的，羁押期限又可以延长。既然检察院没有提出恢复法庭审理，可见案件仍然事实不清、证据不足。这种情况法院应当主动恢复法庭审理，宣告被告人无罪，给被告人一个权威的法律裁决。

七、 明确规定已判决的案件禁止撤回起诉

目前司法实践中，有的案件二审法院发回重审后，在重审宣告判决（一般是无罪判决）前，检察机关撤回起诉，甚至通过审判监督程序重审的案件，在重审期间，检察机关撤回起诉。根据现行司法解释的规定，这种做法并无不当。但笔者认为，这种做法不妥。因为"违反程序规范，违背诉讼法理，同时带来已启动的再审程序难以推进并难以作出裁判的实践难题"。[①] 为了维护法律的严肃性和被告人的合法权益，笔者建议，撤诉的时间只能限定在一审判决之前。案件已由人民法院作出一审判决或生效判决，这意味着人民法院对案件已经作出了实质性裁判，因而应当继续审

---

① 龙宗智：《生效判决犹在，公诉焉能撤回——评"天价过路费案"之公诉撤回》，《法学》2011 年第 3 期。

理，并作出最终裁判。如果允许撤诉，不仅浪费司法资源，损害审判的权威性，而且不利于维护被告人的合法权益。党的十八届四中全会通过的《中共中央关于全面推进依法治国若干重大问题的决定》提出，推进以审判为中心的诉讼制度改革，确保侦查、审查起诉的案件事实证据经得起法律的检验。坚持以审判为中心，有利于加强司法领域的人权保障，有利于提高刑事诉讼的整体水平，有利于各司法机关既相互配合又相互制约、共同维护刑事司法公正。

八、 加强对当事人的权利保护

1. 赋予当事人知情权。检察院申请撤诉的，法院在审查撤诉理由时，应当征求被告人、被害人对撤诉的意见，对被告人、被害人不同意撤诉的，应审慎作出同意撤诉的裁定。裁定准许检察机关撤诉的，人民法院应当及时将裁定书送达被告人、被害人。人民检察院撤诉后，应当及时将撤诉决定书送达被告人、被害人，并告知相关诉讼权利。

2. 赋予被告人对撤诉裁定享有上诉权，对撤诉决定享有申诉权。检察机关撤诉可以使被告人避免被法院定罪处罚的风险，所以一般来说，撤诉符合被告人的利益，被告人不会对撤诉有异议。但是，对于确属无辜、没有任何违法犯罪行为而被错误起诉的被告人来说，有时他希望通过公开、公正的审判，通过法院的最终无罪判决来证明自身的清白，而不愿撤诉。对此，应当赋予被告人对撤诉裁定享有上诉权。为了保障被告人对撤诉裁定的上诉权，对检察机关撤回起诉的请求，法院应当一律作出是否准许的书面裁定。同时，检察机关撤诉后，被告人对撤诉决定不服的，可以自收到撤诉书后向人民检察院申诉，人民检察院应当作出复查决定，通知被告人。

3. 赋予被害人对撤诉决定享有申诉权。检察机关撤诉往往与被害人的诉讼利益产生冲突。被害人作为当事人有权参加诉讼、支持公诉，在指控犯罪方面，被害人与公诉人的利益是一致的，但一旦检察机关要求撤诉，双方就可能出现矛盾。这时法官作为中立的第三者，应在衡量、协调各方利益的基础上，充分考虑被害人的意见作出裁定。撤诉后，被害人对撤诉决定不服的，可以自收到撤诉书后向人民检察院申诉，人民检察院应当将复查决定告知被害人。

第十四章　论检察机关刑事审判监督的角色转换[①]

我国《刑事诉讼法》第 7 条规定："人民法院、人民检察院和公安机关进行刑事诉讼，应当分工负责，互相配合，互相制约，以保证准确有效地执行法律。"同时又在第 8 条规定："人民检察院依法对刑事诉讼实行法律监督。"在刑事诉讼中，检察机关既是公诉机关，又是审判监督机关，而这种角色定位是相互冲突与矛盾的。如何化解这种角色矛盾关系，直接影响检察机关未来发展方向，也是当前刑事司法体制改革必须关注的重要问题之一。

一、　刑事诉讼中审判监督与制约的含义

（一）　监督与制约的含义

从政治学视角看，权力监督是指为了保障国家权力的正常运行，监督主体依据法律规定，对监督客体所进行的检查、监察、督促或惩戒活动；权力制约是指同一层次的国家权力之间在分权或分立的基础上，彼此约束、限制、牵制，以保障国家权力正常运行的活动。

在监督理论中，通说认为，监督权的内部构造和运行机制表现出两个最显著的特征，即其上下性和单向性。在权力位阶中，被监督者必定处于下位，相互之间的法律地位是非平等的；监督行为是针对被监督行为的违法性而实施的法律行为，监督者可以监督被监督者，而被监督者却不具有相对应的监督权力，即被监督者只有无条件地接受这种监督的法定义务。在任何情形下，监督者的权威性都是不容置疑的。特别是对法律监督，认

---

① 本文原载《学习与探索》2011 年第 6 期。

为它是一种单向的、绝对的国家行为，具有国家性、权威性、专门性、上下性、服从性和超然性等特点。一般来说，权力监督用于上对下的不同主体之间。[1]"权力制约不是单向的，而是互向的，多向的。而权力监督则是单向的，是权力的所有者、委托者对权力的受托者的一种控制，后者对前者没有反向的牵制权、控制权。"[2]

（二）审判监督与制约的区别

刑事诉讼中的审判监督，是指检察机关对人民法院审判活动是否合法进行的检查和督促，并对违法行为予以纠正的行为。《刑事诉讼法》第169条规定："人民检察院发现人民法院审理案件违反法律规定的诉讼程序，有权向人民法院提出纠正意见。"刑事诉讼中的权力制约是指人民检察院、人民法院通过行使法定的诉讼权力而相互影响、限制、约束和控制，以保证权力合法行使的一种诉讼机制。两者的主要区别是：

1. 存在的前提不同。互相制约是由于检察机关承担一定的诉讼任务所产生。侦查、控诉、审判由于分工不同，职能的内涵各异，互相衔接，交互发生作用而产生互相制约的诉讼机制，这种互相制约以一方的存在作为另一方存在的前提。而诉讼监督职能是由于宪法和法律规定检察机关是法律监督机关，对诉讼活动是否合法的监督是检察机关法律监督的一种形式和诉讼中的具体体现。正因为如此，在刑事诉讼中，只有检察机关才是监督主体，而并非互相制约的各方都互为监督主体。

2. 表现形式不同。制约主要表现为一个程序结束向另一个程序转换时两个诉讼程序的主体间的相互关系，它的指向主要是诉讼的结果。而诉讼监督则不同，它存在于诉讼活动的始终，不仅包括对诉讼结果的监督，而且也包括对诉讼过程的监督。

3. 行为走向不同。制约是双向的，但监督是单向的。对诉讼活动的监督是以提出纠正意见作出监督指令的形式进行，被监督部门应当执行。对诉讼活动的制约是诉讼主体间以复议、复核、退回程序等方式进行。

4. 运作结果不同。互相制约关系随着诉讼程序的推移而自行得以解决。对刑事诉讼中违法行为的监督，是以违法行为得到纠正而得以解决。

---

[1] 蒋德海：《权力监督与权力制约不应混同》，《检察日报》2008年4月4日，第3版。
[2] 侯少文：《监督的含义及其与制约的区别》，《中国党政干部论坛》2003年第9期。

特别是涉及检察监督问题，通说认为：“检察机关的法律监督是一种专门权，是一种单向的法律监督权。所谓专门权，是说检察机关所有的这种国家法律监督职权只为检察机关所独有，别的任何机关、组织都没有这种权力。检察机关法律监督的这种专门性，决定了检察机关的法律监督必然是单向的，即只能由检察机关对有关国家机关、国家工作人员和公民实行这种国家法律监督，而其他任何机关和公民都不能反过来对检察机关实行这种法律监督。”[①] “诉讼制约是一种双向行为，互相制约，而诉讼监督是一种单向行为，是检察机关的单方督察。”[②]

二、 检察机关审判监督权与制约权存在的矛盾

（一） 从监督与制约的关系看

监督历来是只有监督者监督被监督者，而没有被监督者反过来监督监督者。可见，监督应当是纠纷当事人以外的第三者的监督，而不能是当事人自身的监督。我国宪法规定的“分工负责，互相配合，互相制约”原则是一个完整的逻辑和规范体系，“分工负责”体现的是它们的宪法地位，表明地位的独立性和权力的有限性；“互相配合”体现的是工作程序上的衔接关系；“互相制约”是三机关相互关系的核心价值要求。[③]

（二） 从法律规定看， 审判监督权存在内在矛盾

检察机关审判监督的法律依据是《刑事诉讼法》第 169 条。六部委《关于刑事诉讼法实施中若干问题的规定》第 43 条规定：“人民检察院对违反法定程序的庭审活动提出纠正意见，应当由人民检察院在庭审后提出。”《最高人民法院关于执行〈中华人民共和国刑事诉讼法〉若干问题的解释》第 185 条对《刑事诉讼法》第 169 条作了如下解释：“人民检察院认为人民法院审理案件过程中有违反法律规定的情况，在庭审后提出书面纠正意见的，人民法院认为正确的，应当采纳。”上述规定的矛盾表现在：

---

① 孙谦主编：《检察理论研究综述（1979～1989）》（第 2 版），中国检察出版社 2000 年版，第 67 页。
② 张书铭：《诉讼制约与诉讼监督的关系》，《检察日报》2011 年 8 月 3 日，第 3 版。
③ 韩大元：《实现社会管理法治化的路径》，《法制日报》2011 年 8 月 24 日，第 12 版。

（1）检察机关的庭审监督权由原来的"同步监督"变为"事后监督"。这种修改虽然缓解了庭审中监督权与制约权的矛盾，但庭后监督的事后性决定了这种监督无法及时和有效地制止、纠正法院的违法审判活动。这不仅使控方作为一方当事人的基本权利不能及时得到保护，而且也不符合诉讼效率原则，不利于实现公正审判的诉讼目的。（2）有效监督是检察机关诉讼监督的重要原则之一。诉讼监督的有效性表现在监督对象按照法定程序和方式接受监督，并依法定程序改正和消除已经发生的违法行为及其违法后果。① 监督意味着被监督者只能无条件地接受这种监督的法定义务。但从现行审判监督的方式上看，检察机关只是提出纠正意见，是否纠正以及如何纠正完全取决于被监督者对纠正意见的认识和态度。人民法院认为正确的，应当采纳；认为不正确的，就不应当采纳。从实践看，即便检察机关的监督意见是正确的，如果人民法院拒不接受检察机关的纠正意见，检察机关也是无计可施的。② 所以，检察机关的这种纠正方式并不符合监督的实质要求。

（三）从权力运作看，制约权与监督权存在矛盾

在刑事诉讼中，我国检察权可以划分为制约性检察权和监督性检察权，检察机关可以采取制约和监督两种不同的手段对人民法院的审判权力进行影响、约束、限制或控制，以保障审判权合法正当行使。但这种制约权与监督权是存在内在矛盾的。这突出表现在：检察机关在刑事审判中作为起诉的一方，既与被指控者相对立，提请法院就其所提出的指控进行审判，同时又对法院的审判进行与辩护方完全不同的监督，变成了诉讼中的一方，既是诉讼的参与者，又是诉讼的监督者。履行控诉职能的公诉人同时对刑事庭审活动实施监督存在着逻辑和运作机理上的严重冲突。（1）从刑事诉讼构造看，检察官一方面作为公诉人，与被告方处于平等的地位，另一方面作为审判活动的监督者，无疑又在法律上取得了超越当事人的地位，这就难免改变控辩平衡的格局；对于法官而言，检察官既代表国家追诉犯罪，又代表国家监督法院的审判活动，难免使法官为防止检察机关的监督而在庭审

---

① 孙谦、童建明：《论诉讼监督与程序公正》，《人民检察》2010 年第 22 期。
② 有的学者就把这种现象称之为"乞丐式监督"。参见张建伟：《从权力行使型到权力抑制型——刑事程序构造的重新设定》，《政法论坛》2004 年第 3 期。

中产生偏袒控方的心理，这无形中破坏了法官的中立性。（2）从诉讼角色看，检察机关作为追诉者，要主动、积极地进行追诉活动；而作为监督者，则需要尽量保持其超然性和中立性以求社会公正。（3）从诉讼心理看，在审判过程中，检察官作为追诉者在心理上有主动、积极的倾向性，而作为监督者则应保持中立，超然于控、辩、审三方之上，二者心理上的矛盾难以协调。① 所以，刑事公诉人直接承担刑事庭审活动的监督职能，与法律监督的理念相悖，削弱了诉讼程序的科学性和公正性，这种做法，既存在理论上的困惑，又会弱化监督的效果，还可能产生检察机关"既当运动员又当裁判员"的假象而授人以柄。②

三、 取消检察机关的审判监督权

针对检察机关审判监督权与制约权的矛盾，一些学者提出了破解之道。有的学者主张将两项职能分别交由检察机关的不同部门来行使。③ 有的学者认为，为便于履行监督职能的检察官依法履行监督职能，应当在法庭上专设检察官的监督席位，并将其与公诉人加以区分。④ 还有的学者认为，在目前宪法与刑事诉讼法未修改的情况下，不再延展与充实检察机关的审判监督功能，使其实际被虚置，以防止对诉讼合理性的损害。⑤

对人民检察院的内部机构进行调整，设立一专门履行法律监督职能的机构的方案，不仅在机构的设置上是否具有可行性值得怀疑，即便这种机构能够设立，这一机构的独立性和权威性仍不能保证。因为这种方案从表面上看已由不同的机构部门分别行使公诉职能和诉讼监督职能，两种权力的主体已经分离开来，但在检察机关内部最终都是在检察长的直接领导下独立行使职权，以往的那种角色冲突问题并没有得到根本解决。而虚置审判监督权仍是权宜之计，不能从根本上解决两者的矛盾，而且存在有法不依、执法不严之嫌。笔者认为，解决检察机关审判监督权与制约权矛盾的

① 朱孝清：《检察机关集追诉与监督于一身的利弊选择》，《检察日报》2011 年 1 月 21 日，第 3 版。
② 向泽选：《刑事审判监督机制论》，《政法论坛》2008 年第 1 期。
③ 杨玉俊、胡春健：《刑事审判监督制度之完善》，《华东政法学院学报》2005 年第 5 期。
④ 向泽选：《刑事审判监督机制论》，《政法论坛》2008 年第 1 期。
⑤ 龙宗智：《相对合理主义视角下的检察机关审判监督问题》，《四川大学学报（哲学社会科学版）》2004 年第 2 期。

途径只能是强化检察机关的公诉职能，淡化甚至取消检察机关的审判监督职能才能实现，即检察机关的角色由监督者的角色转换为制约者的角色。同时赋予审判机关同等的监督检察机关的职能，最终实现检、法两个国家机关司法权力的有效制衡。

笔者认为，之所以要淡化甚至取消检察机关的审判监督职能，理由是：

（一）这是由刑事诉讼结构决定的

现代刑事诉讼有三大诉讼职能，即控诉、辩护和审判。这种控诉与辩护形成对立的双方，控辩双方均衡地、平等地对抗，最终形成裁判。"我国现代化的刑事司法体制改革必须紧紧围绕作为审判程序的主导者法院和法官来进行，即在外部体制上，确立以法院为中心的关系格局；在内部体制上，重点打造以法官为中心的组织体系。与之相适应，刑事诉讼结构也必须完成现代化的变革，即在纵向构造上，打造以审判为中心的诉讼模式；在横向构造上，构建以法官居于控辩之间且居于控辩之上的庭审模式。最终，我国的刑事诉讼必将走向审判中心主义。"[①] 在审判程序中，当事人、律师、公诉人和其他诉讼参与人都可以通过法律规定的方式，从自己担任的诉讼角色的角度对法官的裁判行为进行监督。公诉权本质上是一种裁判请求权，即公诉机关请求法院就案件作出实体判决的权利。公诉权本质上是程序性权力。但现行制度过分强调了检察机关作为诉讼外的监督者的身份，而忽视了其作为刑事诉讼一方当事人在审判监督方面的作用。检察官对法官审判活动的监督，只能通过检察官实行公诉的法庭活动以及抗诉权、再审申请权的行使来实现。

（二）这是实现控辩平等的需要

控辩平等原则是普遍意义上的平等理想在刑事诉讼领域的反映。现代刑事诉讼构造中的控辩平等，实质是要实现个人（被告人）与国家（检察机关）的平等。[②] 没有控辩平等就不可能有一个合理的诉讼构造。而根据我国现行法律规定，在控、辩、审三方的关系中，作为控方的检察机关不

---

① 樊崇义、张中：《论刑事司法体制改革与诉讼结构之调整》，《环球法律评论》2006 年第 5 期。

② 谢佑平、万毅：《刑事诉讼法原则：程序正义的基石》，法律出版社 2002 年版，第 218 页。

628

仅对审判者享有监督权，对辩方同样具有监督权。这不仅使裁判者更倾向于听取控方意见，对辩方意见则很难予以平等关注，审判的中立性和公正性无从保障，而且面对处于自己上位的控方，辩方从心理和能力上均受到更多束缚，难以展开有效的防御，实现控辩双方的平等对话。[1] 在审判程序中，检察机关的主要职能是代表国家支持公诉，公诉人的地位是刑事审判程序中的一方当事人，取消检察机关的审判监督职能后，原本检察机关以法律监督者的身份行使的权力完全可以转换为以一方诉讼当事人的身份行使诉讼权利。这种转换不仅克服了事后监督的弊端，而且有助于真正实现控辩平等。

（三） 这是维护审判权威的客观需要

在诉讼中，既要实现司法公正，又要维护审判权威。"法治的权威性很大程度上体现于司法的权威性，而司法的权威性又主要产生并体现于司法审判活动的独立性。"[2] "在司法权威状态下，人们对司法裁判的信服和遵从，很大程度上是基于对法官的敬重、信任和服从，因此，司法权威在相当程度上表现为法官的权威。"[3] 优化刑事司法职权配置，必须改变检察机关或公安机关过于强大的"超职权主义"做法。法院是国家审判机关，在保障人权、维护法制统一方面具有不可替代的地位。构建符合政治理念的"法检公"关系，强化法院的宪法地位，强化审判权对公诉权的制约，具有现实的必要性和紧迫性。

（四） 这是权力监督的应有之义

长期以来，在检察理论中流行这样一种观点：在刑事诉讼中，检察机关可以对人民法院的审判活动实行监督；反之，人民法院就没有权力和责任对人民检察院实行监督。[4] 根据现行审判监督的要求，公诉机关对于审判机关的违法行为，可以在事后向其发出《纠正违法通知书》，而审判机关对于公诉机关的违法行为，则无权向其送达《纠正违法通知书》。笔者不同意这一观点。"监督者也要受监督"，这是权力监督的基本原理。按照

---

① 冀祥德：《控辩平等论》，法律出版社 2008 年版，第 190 页。

② 顾培东：《中国法治的自主型进路》，《法学研究》2010 年第 1 期。

③ 贺日开：《司法权威：司法体制改革的目标、重点及起点》，《江海学刊》2006 年第 6 期。

④ 王桂五主编：《中华人民共和国检察制度研究》（第 2 版），中国检察出版社 2008 年版，第 107 页。

法律规定，检察机关对于人民法院审判活动中的违法行为当然可以监督。但这并不意味着人民法院对检察机关的公诉活动中的违法行为就无权监督。最高人民法院、最高人民检察院 2011 年 3 月 10 日印发《关于对民事审判活动与行政诉讼实行法律监督的若干意见（试行）》第 15 条规定："人民法院发现检察监督行为违反法律或者检察纪律的，可以向人民检察院提出书面建议，人民检察院应当在一个月内将处理结果书面回复人民法院；人民法院对于人民检察院的回复意见有异议的，可以通过上一级人民法院向上一级人民检察院提出。上一级人民检察院认为人民法院建议正确的，应当要求下级人民检察院及时纠正。"这一规定表明，人民法院对于检察监督行为同样具有对等的监督权。人民法院的书面建议与人民检察院的纠正违法通知书具有同等的效力。虽然该规定只适用于检察机关在民事审判活动与行政诉讼实行法律监督的过程中，但对刑事审判监督仍有同样的参考意义。既然检、法之间可以互相监督，那么完全可以将这种监督关系纳入互相制约的范围，从而实现检、法两种司法权力的有效制衡。

也许有的同志会认为，取消审判监督权实际上就否定了检察机关的法律监督地位。笔者认为，这种担心是不必要的。第一，根据检察理论的通说，公诉权的显著特征在于其具有法律监督的性质。公诉权本身就是法律监督权的一个组成部分。[①] 一方面取消检察机关审判监督权，而另一方面又强化其公诉权，这种此消彼长的权力配置模式，从总体上不会影响检察机关法律监督权的行使。检察机关某一项监督职能的取消更不足以改变检察机关的性质。第二，取消检察机关的审判监督权，实质上取消的是检察机关行政化、非诉讼化的监督模式，而代之以正当化、诉讼化的程序模式，即将现行的事后监督、书面监督改造成为事先、事中以言词方式进行的诉讼制约模式。这种制约模式不仅可以克服传统审判监督乏力的境况，而且由于这种诉讼化的行为使其具有程序效力，从而能更好地对审判机关起到监督作用。具体而言，对法官的程序违法行为公诉人可以实施当庭监督，这种监督应当是一种程序行为监督，它指向的对象是法官的程序违法行为；检察官认为法官的判决在程序或实体上违法或不当的，可以提起抗诉，这是对法官审判活动的一种监督；在判决生效之后，检察官如果认为有认定事实或法律适用错误的事由时，也可以提起再审，以此动摇生效判

---

① 张智辉：《检察权研究》，中国检察出版社 2007 年版，第 45 页。

决的效力，这也是监督法官审判活动的一种方式。但这种监督方式是公诉人作为诉讼一方当事人应当享有的诉讼权利，而不是作为超脱的监督者身份享有的权利。公诉人所享有的这种权利，对方当事人也享有。

四、 强化检察机关制约审判权的路径选择

（一） 建议取消人民法院的再审提起权

根据刑事诉讼法规定，人民法院和人民检察院都是提起再审程序的主体，从司法实践看再审程序大多由人民法院提起。笔者认为，赋予人民法院提起再审程序的主体地位缺乏法理基础。控审分离是现代刑事诉讼的基本原则。所谓"控审分离"，是指除少数轻微刑事案件由被害人直接起诉外，控诉只能由检察院提起，法院不得主动开启审判程序；法院的审判对象必须与检察院起诉指控的对象保持同一性，检察院未起诉指控被告人和罪行，法院不得径行审理。[1] "在任何一个现代法治国家，有关再审的申请都应当由检察机构和原审被告人向法院直接提出，而法院则在再审过程中充当权威的裁判者。在任何情况下，法院都不能在控辩双方未曾提出再审申请的情况下，自行就某一生效判决或裁定发动再审程序。"[2] 允许法院主动提起有利于被告的再审虽有利于保障人权，但实质上还是人民法院自控自审、控审合一，与人民法院在审判活动中消极仲裁者的地位不相符合。

（二） 严格限制审判机关发回重审的范围和次数

现行刑事诉讼法第 189 条、第 191 条所规定的发回重审的理由不明确，缺乏可操作性，使得司法实践中二审法院发回重审带有很大的随意性；同时上述两个条文没有规定发回重审的次数限制，这导致了实践中发回重审不受次数的限制。由于我国目前对被告人的羁押期限依附于办案期限，发回重审制度使得被告人的羁押期限无限延长，严重侵害被告人的合法权益。笔者建议，取消"证据不足"这一发回重审的理由，对于事实不清、

---

[1] 谢佑平、万毅：《刑事诉讼法原则：程序正义的基石》，法律出版社 2002 年版，第 157 页。
[2] 陈瑞华：《刑事诉讼的前沿问题》，中国人民大学出版社 2000 年版，第 495 页。

证据不足或量刑畸重的抗诉案件，二审法院应当直接改判。同时规定抗诉后，发回重审以一次为限。① 而对检察机关按照审判监督程序提出的抗诉，人民法院再审后，一律不得发回重审。

（三） 加强对刑事撤诉权的制约

刑事撤回公诉是指人民检察院在案件提起公诉后、人民法院作出判决前，因出现一定法定事由，决定对提起公诉的全部或者部分被告人撤回处理的诉讼活动。撤回公诉一直是我国刑事司法实践中存在的处理公诉案件的方式之一。但由于缺乏对撤诉权的有效制约，导致检、法滥用撤诉权的现象较为严重。（1）取消法院的撤诉建议权。在诉讼过程中，法院拥有撤诉建议权是与其法律地位不相符的。司法实践中，目前大部分案件仍是法院认为案件可能判决无罪并建议检察机关撤诉的。通常的做法是法院出具建议撤回起诉的函，检察机关复函同意撤回起诉，而法院一般不作出准许检察机关撤诉的裁定。这种做法，不仅违背立法精神，而且与现行的司法解释相矛盾，必须坚决杜绝、纠正。（2）废除延期审理后，法院有权决定"按人民检察院撤诉处理"规定。根据最高人民法院《关于执行〈中华人民共和国刑事诉讼法〉若干问题的解释》第 157 条规定，法庭宣布延期审理后，人民检察院在补充侦查的期限内没有提请人民法院恢复法庭审理的，人民法院应当决定按人民检察院撤诉处理。该规定有违立法精神，应当取消。公诉权是一项具有专属性的法定职权，公诉机关业已起诉的案件，在检察机关没有撤诉的情况下，法院主动决定其撤诉，是与公诉权的性质不相容的。刑事公诉案件一旦进入审判阶段后，法院就应当履行审判职责，主持诉讼进程，居中裁判。法院有权对检察机关的撤诉活动进行制约，检察机关没有主动提出撤诉的，延期审理期间届满，法院应当主动恢复法庭审理，而无权决定对公诉案件按撤诉处理。

---

① 对这一观点，最高人民法院已有所肯定。2010 年 12 月 28 日，最高人民法院印发的《关于规范上下级人民法院审判业务关系的若干意见》第 6 条规定："第一审人民法院已经查清事实的案件，第二审人民法院原则上不得以事实不清、证据不足为由发回重审。第二审人民法院作出发回重审裁定时，应当在裁定书中详细阐明发回重审的理由及法律依据。"第 7 条规定："第二审人民法院因原审判决事实不清、证据不足将案件发回重审的，原则上只能发回重审一次。"

（四） 改革减刑、假释程序

1994 年监狱法曾规定检察机关对于人民法院刑罚执行过程中的不当裁定的抗诉权，修正后的刑事诉讼法第 222 条则规定，检察机关对于人民法院的不当裁定只能提出"书面纠正意见"。这明显弱化了检察机关对刑罚执行过程中的制约职能。笔者认为，正在讨论修改的刑事诉讼法应当恢复监狱法关于检察机关对于人民法院刑罚执行过程中的不当裁定的抗诉权。同时，取消刑罚执行机关（监狱、公安机关）对减刑、假释的直接申报权，减刑、假释的申报权改由检察机关行使，刑罚执行机关只享有减刑、假释的建议权。即服刑罪犯需要减刑、假释的，由刑罚执行机关制作减刑、假释建议书，连同案卷材料、证据一并移送人民检察院（刑罚执行监督机关）审查。人民检察院对于刑罚执行机关建议减刑、假释的案件进行审查后，认为符合减刑、假释条件的，制作减刑、假释意见书报人民法院审核裁定，从而在刑罚执行阶段建立起有效的检、法互相制约机制。

（五） 赋予检察机关程序内的抗告权

从国外刑事诉讼制度看，大多数国家都赋予控辩双方针对法官在审判中违法行为有提出异议的权利（力）。日本、德国等国家采取的是抗告形式。在日本，抗告是不服法院的决定或者命令而提出的申请，包括一般抗告和特别抗告。一般抗告中有即时抗告和通常抗告两种。（1）即时抗告。在法律有特别规定的情况下，对法院的决定可以提出即时抗告（第 419 条）。提出的期限为 3 日（第 422 条）。在即时抗告期间内提出即时抗告的，裁判停止执行（第 419 条）。抗告有理由的，用决定撤销原决定，必要时再次裁判。（2）通常抗告。对法院作出的决定可以提出通常抗告。但是，在下列情况下不能提出通常抗告：法律有特别规定的（第 419 条但书）；对判决以前作出的涉及法院的管辖或者诉讼程序的决定，不能抗告（第 420 条第 1 款）。但是，对逮捕、保释、扣押、退还扣押物、鉴定扣留的决定，可以抗告。一般抗告没有停止裁判执行的效力，但是在原审法院用决定作出抗告裁判以前，可以停止执行。特别抗告是对于法律上不能提出不服申诉的决定或命令，只能以刑事诉讼法第 405 条规定的事由为理由，向最高人民法院提出的抗告。特别抗告提出的期限为 5 日。德国刑事诉讼法第 304 条至第 311 条也对抗告程序作出了规定。"抗告制度的价值在于，使控辩双方对于审判活动提出异议的权利，上升为一种诉讼职能，并通过中立的第三方予以裁决。"① 这种抗告制度值得我国借鉴。如果把现行检察机关"纠正违法意见"转换成抗告职能，不仅消解"纠正意见"的行政化色彩，克服了现行审判监督职能游离于公诉职能之外的弊端，而且由上级法院对抗告作出裁判，增强了审判监督的公正性和权威性。

---

① 徐军：《检察监督与公诉职能关系论》，中国人民公安大学出版社 2010 年版，第 229 页。

第十五章　新《人民检察院刑事诉讼规则》评析[①]

一、《人民检察院刑事诉讼规则》的修改历程及背景

2019 年 12 月 2 日，最高人民检察院第十三届检察委员会第二十八次会议通过《人民检察院刑事诉讼规则》（以下简称最高检《规则》），并于 2019 年 12 月 30 日颁布实施。新最高检《规则》对司法责任制、捕诉一体案件办理、监检办案程序衔接、认罪认罚从宽、案件繁简分流等均作出了较大修改。

（一）最高检《规则》的雏形

检察机关是国家法律监督机关，也是唯一的国家公诉机关。虽然新中国成立后检察制度几经变迁，但刑事检察一直是检察机关的重要职责，也是检察机关的核心业务，最高人民检察院十分重视刑事检察司法解释的制定。改革开放前三十年中，检察机关的基本业务是刑事检察，当时最高检也重视司法文件的制定，如 1963 年 8 月 26 日最高检制定《关于审查逮捕、审查起诉、出庭公诉工作的试行规定（修改稿）》等。[②] 但由于缺少刑事诉讼法渊源，其合法性、正当性不无疑问。1979 年 7 月 1 日，第五届全国人民代表大会第二次会议通过《刑事诉讼法》。这是新中国成立后颁布的第一部《刑事诉讼法》，共计 164 条，从 1980 年 1 月 1 日开始实施。《刑事诉讼法》的颁布为最高检制定刑事检察司法解释奠定了基础。1980 年 7 月 21 日，最高检颁布《人民检察院刑事检察工作试行细则》（以下简称《试

---

① 本文系 2020 年 9 月作者给浙江省检察系统培训班授课的文字稿。
② 闵钐编：《中国检察史资料选编》，中国检察出版社 2008 年版，第 488—495 页。

行细则》）。该《试行细则》共 6 章，50 条，分别对审查批捕、审查起诉、出席法庭支持公诉、对侦查活动和审判活动的监督及办案制度等内容作出了规定。如确立了"三级审批制"。《试行细则》第 44 条规定："各级人民检察院办理批捕、起诉案件，应当实行'专人审查，集体讨论，检察长决定'的制度。对于重大疑难案件，应提交检察委员会讨论决定。"① 由于当时我国刚刚开启法治之路，《试行细则》的规定还带有时代特征，② 但仍为今后刑事诉讼规则的构建提供了可供参考的范本。《试行细则》试行十年后，最高检于 1991 年 12 月 10 日颁布新的《人民检察院刑事检察工作细则（试行）》。条文内容由 6 章增加到 11 章，条文由 50 条增加到 109 条。虽然当时《刑事诉讼法》未曾修改，但相关内容已有重大变化，体现了解释与时俱进的品格。如刑事检察工作原则的规定就比原来更为科学。③

（二） 最高检 《规则》 的出台及第一次修改

1979 年《刑事诉讼法》执行了十六年后，1996 年 3 月 17 日，第八届全国人民代表大会第四次会议通过《关于修改〈中华人民共和国刑事诉讼法〉的决定》（以下简称《决定》）。我国之所以要修改《刑事诉讼法》，是因为"1979 年制定的刑事诉讼法实施至今，我国的政治、经济形势发生了深刻的变化，特别是党的十四大提出建立社会主义市场经济体制的目标后，在我国的经济体制由计划经济向市场经济转变的过程中，出现了许多新的情况和问题"，反映到刑事司法领域主要是刑事案件的情况发生了变化、执法条件发生了变化。《决定》对原《刑事诉讼法》作了一系列的重要修改和补充。④《决定》共有 110 条，修改后的《刑事诉讼法》共有 225

---

① 梁国庆主编：《新中国司法解释大全》，中国检察出版社 1990 年版，第 74—81 页。

② 如《试行细则》第 4 条规定："刑事检察工作必须遵守下列原则：（一）以事实为根据，以法律为准绳，对于一切公民在适用法律上一律平等；（二）依靠群众，实事求是，调查研究，重证据而不轻信口供，严禁逼供信；（三）严格区分和正确处理两类不同性质的矛盾，分清罪与非罪的界限；（四）在党委和上级检察机关领导下同公安机关、人民法院实行分工负责，互相配合，互相制约。（五）坚持有法必依，执法必严，违法必究，独立行使检察权。"

③ 《试行细则》第 4 条规定："刑事检察工作必须遵守下列原则：（一）以事实为根据，以法律为准绳，对于一切公民在适用法律上一律平等；（二）依靠群众，实事求是，调查研究，重证据而不轻信口供，严禁逼供信；（三）严格区分和正确处理两类不同性质的矛盾，分清罪与非罪的界限；（四）在常委和上级检察机关领导下同公安机关、人民法院实行分工负责，互相配合，互相制约。（五）坚持有法必依，执法必严，违法必究，独立行使检察权。"

④ 郎胜主编：《关于修改刑事诉讼法的决定释义》，中国法制出版社 1996 年版，前言第 1—3 页。

条，从 1997 年 1 月 1 日生效执行。为了保障新的《刑事诉讼法》的执行，最高检第八届检察委员会第六十九次会议 1997 年 1 月 15 日通过《人民检察院刑事诉讼规则（试行）》。该司法解释 11 章计 414 条，内容涵盖刑事检察的所有领域。① 该《规则》试行近 2 年后，最高检第九届检察委员会第二十一次会议 1998 年 12 月 16 日通过《人民检察院刑事诉讼规则》（第 1 次修订）。新修订的最高检《规则》共 468 条，自 1999 年 1 月 18 日起施行。该司法解释施行后，除少量条款调整过以外，② 十多年未作大的修改，直至 2012 年新修订的《刑事诉讼法》生效。

（三）最高检《规则》第 2 次修订

2012 年 3 月 14 日，第十一届全国人民代表大会第五次会议通过《关于修改〈中华人民共和国刑事诉讼法〉的决定》。1996 年《刑事诉讼法》修改 16 年来，"我国经济社会快速发展，在刑事犯罪方面也出现了一些新的情况。我国现在正处在社会转型期和矛盾凸显期，刑事案件居高不下，严重暴力犯罪案件增多，犯罪的种类和手段出现新的变化，这些都对我国社会管理和社会稳定提出了严峻挑战，在惩罚犯罪工作中面临许多新的情况，存在一些迫切需要解决的问题。同时，随着国家民主法制建设的推进和人民群众法制观念的增强，对维护司法公正和保护人权提出了更高的要求，迫切需要通过完善刑事诉讼程序，进一步保障司法机关准确及时惩治犯罪，保护公民诉讼权利和其他合法权利"③。这次《刑事诉讼法》再修改的指导思想是：坚持从我国基本国情出发，循序渐进地推进我国刑事诉讼制度的完善；坚持统筹处理好惩罚犯罪与保障人权的关系；坚持着力解决在惩治犯罪与维护司法公正方面存在的突出问题。④ 此次《刑事诉讼法》修改幅度很大：增、删、改共计 149 条，其中增加 66 条，修改 82 条，合并 1 条。修改比例超过总条文的 50%，修正后的条文总数已达 290 条，并

---

① 如 1980 年和 1991 年的《细则》没有规定自侦案件的办理程序。自侦案件办理程序均另行规定（如 1983 年 3 月 1 日最高检制定的《关于人民检察院直接受理自行侦查刑事案件的办理程序（暂行规定）》等）。

② 如最高人民检察院 1999 年 9 月 21 日《关于修改〈人民检察院刑事诉讼规则〉第四百零五条和第四百零七条的规定》对《人民检察院刑事诉讼规则》第 405 条和第 407 条的修改。

③ 黄太云：《刑事诉讼法修改释义》，《人民检察》2012 年第 8 期。

④ 全国人民代表大会常务委员会副委员长王兆国：《关于〈中华人民共和国刑事诉讼法（修正案草案）〉的说明》（2012 年 3 月 8 日在第十一届全国人民代表大会第五次会议上）

且增加了新的编、章、节，是一次名副其实的"大修"。2012 年 10 月 16 日，最高检第十一届检察委员会第八十次会议通过《人民检察院刑事诉讼规则（试行）》，这是最高检《规则》的第 2 次修订，全文有 708 条，自 2013 年 1 月 1 日起与新《刑事诉讼法》同步施行。

（四）最高检《规则》的第 3 次修订

1. 新最高检《规则》的修订背景

（1）新《刑事诉讼法》颁布。2018 年 10 月 26 日，第十三届全国人民代表大会常务委员会第六次会议通过《关于修改〈中华人民共和国刑事诉讼法〉的决定》。这是立法机关第三次对《刑事诉讼法》加以修正。立法机关之所以要修改《刑事诉讼法》，是因为"党的十八大以来，以习近平同志为核心的党中央协调推进'四个全面'战略布局，在深化国家监察体制改革、反腐败追逃追赃、深化司法体制改革等方面作出了一系列重大决策部署，取得了重大成果和进展。从刑事诉讼制度来看，应当及时调整跟进。一是为保障国家监察体制改革顺利进行，需要完善监察与刑事诉讼的衔接机制；二是为加强境外追逃工作力度和手段，需要建立刑事缺席审判制度；三是总结认罪认罚从宽制度、速裁程序试点工作经验，需要将可复制、可推广的行之有效的做法上升为法律规范，在全国范围内实行"①。《决定》共计 308 条，修改的主要内容为：完善与《监察法》的衔接机制，调整人民检察院侦查职权；建立刑事缺席审判制度；完善刑事案件认罪认罚从宽制度和增加速裁程序。这是最高检《规则》修订的主要原因。

（2）2018 年人民检察院组织法和 2019 年检察官法的修订。2018 年 10 月 26 日，第十三届全国人民代表大会常务委员会第六次会议通过了修订的《中华人民共和国人民检察院组织法》。这是 1979 年人民检察院组织法颁布以来作出的第一次重大修改。1979 年，第五届全国人大常委会第二次会议通过人民检察院组织法之后，1983 年和 1986 年分别就个别条款进行了修改。但是，随着我国经济社会快速发展，民主法治建设不断进步，司法体制改革深入推进，人民检察院的机构设置、职责权限、运行方式等均发生了诸多变化和调整。为了适应新时代检察工作面临的新情况、新任务和

---

① 全国人大常委会法制工作委员会主任沈春耀：《关于〈中华人民共和国刑事诉讼法（修正草案）〉的说明》（2018 年 4 月 25 日在第十三届全国人民代表大会常务委员会第二次会议上）。

新要求，进一步完善中国特色社会主义检察制度，全国人大常委会对人民检察院组织法进行了全面修改。这部新的人民检察院组织法，将原组织法的 3 章 28 条扩充为 6 章 53 条，体例、内容均有较大变化，体现了多年来司法体制改革的重要成果，总结了近 40 年检察工作发展的经验，为继续坚持、巩固和发展中国特色社会主义检察制度提供了明确法律依据。2019 年 4 月 23 日，第十三届全国人民代表大会常务委员会第十次会议通过了修订的《中华人民共和国检察官法》。该法 1995 年 2 月 28 日第八届全国人民代表大会常务委员会第十二次会议通过，2001 年 6 月 30 日、2017 年 9 月 1 日作了个别修改。"这次全面修订法官法、检察官法，主要是通过立法来确认和巩固司法体制改革的成果，将司法责任制、司法人员的分类管理和员额制管理等一系列的措施上升为法律。"① 最高检《规则》需要反映这两部法律的基本精神。

2. 最高检《规则》修订的原则及主要内容

最高检《规则》修订坚持以下原则：一是坚持法治思维，遵循立法精神。二是充分体现司法体制改革成果。三是坚持问题导向、回应实践需求。四是坚持突出重点，力求详略得当。此次刑事诉讼规则修改，最高检十分重视，专门设置了规则修改领导小组和工作小组。修改稿不仅在最高人民检察院反复研究，还广泛征求了中央有关单位、下级检察院以及专家学者的意见。最高检《规则》是《刑事诉讼法》颁布后中央级司法机关最早出台的系统性司法文件。②

最高检《规则》修改的主要内容：修订后的最高检《规则》共 17 章 684 条，相比 2012 年最高检《规则》减少了 24 条。减少的条文主要是由于《刑事诉讼法》对检察机关的侦查职权作出调整，人民检察院直接受理侦查案件范围限缩，对侦查部分条文作了适当精简。最高检《规则》将司法责任制改革、以审判为中心的刑事诉讼制度改革、认罪认罚从宽制度改革、检察机关内设机构改革、监检衔接、捕诉一体等改革成果予以固化。③

---

① 戴佳：《建设一支忠诚干净担当的高素质专业化司法官队伍》，《检察日报》2019 年 4 月 24 日，第 4 版。

② 公安部 2020 年 7 月 20 日通过《关于修改〈公安机关办理刑事案件程序规定〉的决定》（自 2020 年 9 月 1 日起施行）。最高人民法院 2021 年 1 月 26 日颁布《关于适用〈中华人民共和国刑事诉讼法〉的解释》（自 2021 年 3 月 1 日起施行）。

③ 戴佳：《最高检发布修订后的〈人民检察院刑事诉讼规则〉》，《检察日报》2019 年 12 月 31 日，第 2 版。

二、 新最高检 《规则》 的理解与适用

（一） 确保监、 检办案程序无缝衔接， 提高反腐合力

《监察法》第 4 条规定，监察机关办理职务违法和职务犯罪案件，应当与检察机关等互相配合、互相制约。2018 年 4 月，国家监察委员会和最高人民检察院联合制定下发了《国家监察委员会与最高人民检察院办理职务犯罪案件工作衔接办法》。修改后的《刑事诉讼法》对监察机关与检察机关的办案程序衔接也作了原则规定。最高检《规则》依照相关法律规定，结合监察体制改革的实践经验，经充分征求国家监委意见，进一步明确监察机关调查与检察机关审查起诉程序衔接机制。

1. 对监察机关移送案件的证据问题作出规定

2010 年"二院三部"联合发布的《关于办理死刑案件审查判断证据若干问题的规定》和《关于办理刑事案件排除非法证据若干问题的规定》，充分吸收了近年来理论界对非法证据排除规则的优秀研究成果，进一步确立、细化了刑事程序中的非法证据排除规则。[①] 上述规定中的绝大部分又被 2012 年修正的《刑事诉讼法》所吸收，"二院三部"2017 年 6 月 20 日又联合发布《关于办理刑事案件严格排除非法证据若干问题的规定》，使非法证据排除规则进一步细化。国外的非法证据排除主要是在法官主持的听审程序中实现的，公诉机关在非法证据排除的听审中只是充当被动应诉者的角色。由于我国的检察机关在刑事诉讼中不仅承担着公诉任务，还承担职务犯罪等案件的侦查职能与法律监督职能，因此我国的检察机关在非法证据排除规定的实施中具有独特的作用。[②] 有鉴于此，最高检《规则》对非法证据排除规则的适用予以高度重视。

《监察法》第 33 条规定："监察机关依照本法规定收集的物证、书证、证人证言、被调查人供述和辩解、视听资料、电子数据等证据材料，在刑事诉讼中可以作为证据使用。监察机关在收集、固定、审查、运用证据时，应当与刑事审判关于证据的要求和标准一致。以非法方法收集的证

---

① 杜萌：《两个规定强化证据规则剑指冤假错案》，《法制日报》2010 年 6 月 30 日，第 4 版。

② 杨宇冠、孙军：《检察机关如何审查排除非法证据》，《检察日报》2010 年 9 月 20 日，第 3 版。

据应当依法予以排除，不得作为案件处置的依据。"根据最高检《规则》第 73 条至第 76 条规定，人民检察院可以对监察机关收集证据的合法性进行审查，审查起诉阶段可以要求监察机关对证据收集的合法性作出说明，可以同监察机关协商沟通调取有关录音录像；庭审调查证据合法性时，可以提请法庭通知调查人员出庭说明情况等。

2. 对管辖问题作出规定

（1）关于指定管辖。由于监察管辖是按照管理权限，而刑事诉讼管辖是按照犯罪地或者犯罪嫌疑人居住地，因此实践中监察机关调查的案件，异地起诉、审判的情况较为常见（如省部级官员的职务犯罪案件已基本实现异地管辖）。① 为了使这些案件能够顺利起诉，最高检《规则》第 329 条规定："监察机关移送起诉的案件，需要依照《刑事诉讼法》的规定指定审判管辖的，人民检察院应当在监察机关移送起诉 20 日前协商同级人民法院办理指定管辖有关事宜。"

（2）关于职能管辖错位的处理。最高检《规则》第 357 条规定："人民检察院立案侦查时认为属于直接受理侦查的案件，在审查起诉阶段发现属于监察机关管辖的，应当及时商监察机关办理。属于公安机关管辖，案件事实清楚，证据确实、充分，符合起诉条件的，可以直接起诉；事实不清、证据不足的，应当及时移送有管辖权的机关办理。在审查起诉阶段，发现公安机关移送起诉的案件属于监察机关管辖，或者监察机关移送起诉的案件属于公安机关管辖，但案件事实清楚，证据确实、充分，符合起诉条件的，经征求监察机关、公安机关意见后，没有不同意见的，可以直接起诉；提出不同意见，或者事实不清、证据不足的，应当将案件退回移送案件的机关并说明理由，建议其移送有管辖权的机关办理。"

根据上述规定，检察机关审查起诉处理管辖错位的基本精神是：其一，将移送案件事实、证据情况作为处理的重要依据。如果案件事实清楚，证据确实、充分，符合起诉条件，可直接起诉；如果移送的案件事实

---

① 浙江省高级人民法院、浙江省人民检察院联合于 2009 年 8 月制定《关于以法院工作人员为被告人的刑事案件实行异地审理的通知》。该通知规定，以本省各中级法院和基层法院工作人员为被告人的刑事案件，依法应当由中院审理的一审刑事案件，由省高院指定被告人工作地以外的其他中级法院审理；以基层法院内设机构副职以上工作人员和中院工作人员为被告人的案件，一律由省高院指定被告人工作地以外的其他地区中级法院管辖，由该中院再指定辖区内基层法院审理；以基层法院其他工作人员为被告人的案件，一般由中级法院指定本辖区被告人工作地以外的基层法院审理，必要时也可由省高院指定其他地区法院管辖。

不清、证据不足，移送或建议移送有管辖权的机关办理。其二，征求意见是必要举措。公安、监察之间的管辖错位，应征求公安、监察机关的意见，再结合案件事实和证据进行处理。其三，对监察和公安有区别。检察机关自侦案件，如应由监察管辖，则应商监察机关处理；如应由公安管辖，则直接根据案件事实、证据情况作出处理。龙宗智教授认为，第一，如果将征求意见作为前置程序，可能会出现负面效应：一是可能冲击程序的刚性。二是可能妨碍司法权的独立性。第二，以事实证据标准作为确定管辖错位案件不同处置程序，不符合法理，也不利于司法实践。具体理由是：首先，以证据确实、充分的事实标准即案件实体性标准，一定程度上取代程序违法性判断和程序处置标准，损害了程序的独立性及刑事诉讼的法制原则。其次，以证据事实标准作为程序处理标准，忽略了管辖错位的不同情况，因此既不利于维护法制，也不利于实现诉讼效率。建议今后修改最高检《规则》时，以是否故意违反管辖规定，作为管辖错位的程序处置标准，同时可斟酌删去或修改征求意见以及显示程序不平等的规定。而在修改之前，执行第257条时，建议注意笔者主张的上述关于"善意管辖"与"恶意管辖"判断法理，慎重适用现行规定。①

笔者认为，以是否故意违反管辖规定，作为管辖错位的程序处置标准，虽然法理依据比较充分，但实践中存在执行难的问题。侦查（调查）主体不当是否影响证据合法性，学界有不同看法。一种观点认为，管辖错误导致先前的侦查行为是无效的，检察机关（公安机关）应当重新立案侦查。如有的认为："当人民法院经审查，发现人民检察院提起公诉的案件，存在公安机关受理了属于人民检察院管辖的刑事案件，或者人民检察院直接受理了属于公安机关管辖的刑事案件，应当将案件退回公诉机关。"② 另一种观点认为，在职务犯罪的侦查方面不应当单纯地因为侦查主体的变更而一律否定证据的合法性和真实性，追诉机关的内部分工不应当影响证据的合法性和有效性。③ 2006年12月22日，最高人民检察院颁布的《关于人民检察院立案侦查的案件改变定性后可否直接提起公诉问题的批复》规定："人民检察院立案侦查刑事案件，应当严格按照《刑事诉讼法》有关

---

① 龙宗智：《新〈人民检察院刑事诉讼规则〉若干问题评析》，《法学杂志》2020年第5期。

② 王俊民、潘建安：《刑事案件职能管辖冲突及其解决》，《法学》2007年第2期。

③ 游伟：《商业贿赂犯罪的侦查管辖与证据效力》，《华东政法学院学报》2006年第5期。

立案侦查管辖的规定进行。人民检察院立案侦查的案件在侦查阶段发现不属于自己管辖或者在审查起诉阶段发现事实不清、证据不足并且不属于自己管辖的，应当及时移送有管辖权的机关办理。人民检察院立案侦查时认为属于自己管辖的案件，到审查起诉阶段发现不属于人民检察院管辖的，如果证据确实、充分，符合起诉条件的，可以直接起诉。"这一规定表明，如果在侦查阶段就发现不属于自己管辖的，应当依法移送；在审查起诉阶段，发现不属于自己管辖的，可以直接起诉。这一规定被 2012 年最高检《规则》第 392 条所吸收，但新最高检《规则》第 357 条对此作了修改。虽然这一修改的背景是基于监察体制改革和监察管辖优先原则作出的，但规定本身存在龙教授担心的问题。笔者认为，管辖错位问题的解决方法，2012 年最高检《规则》的规定具有合理性和可操作性，既符合检察机关的性质和职责，也有助于提高办案效率。在审查起诉阶段，检察机关发现案件事实清楚、证据确实充分，但管辖错位的，没有必要再商请监察机关或公安机关，而应当直接作出起诉或者不起诉的决定。

3. 细化留置措施与刑事强制措施的衔接

《刑事诉讼法》第 170 条第 2 款规定："对于监察机关移送起诉的已采取留置措施的案件，人民检察院应当对犯罪嫌疑人先行拘留，留置措施自动解除。人民检察院应当在拘留后的十日以内作出是否逮捕、取保候审或者监视居住的决定。在特殊情况下，决定的时间可以延长一日至四日。人民检察院决定采取强制措施的期间不计入审查起诉期限。"依据上述规定，最高检《规则》区分两种情况：一是对已采取留置措施的案件，应当在受理案件后，及时对犯罪嫌疑人作出拘留决定，交公安机关执行。执行拘留后，留置措施自动解除。二是对未采取留置措施的案件，根据案件情况，可以决定是否采取逮捕、取保候审或者监视居住措施。尽管最高检《规则》的规定具有合法性，但应当注意到：监察留置与刑事拘留存在着适用条件的差异。拘留本是一种到案措施，而留置更偏向于传统的"双规"措施。对于同一职务违法犯罪案件，监察机关认为需要留置，但检察机关对于是否需要留置以及后续的先行拘留可能会存有异议，"可见留置与先行拘留之间的衔接并不顺畅"。①

①　虞浔：《职务犯罪案件中监检衔接的主要障碍及其疏解》，《政治与法律》2021 年第 2 期。

4. 细化派员介入调查、退回补充调查、自行补充侦查的规定

国家监察体制改革以来，各级监察委员会立案调查职务犯罪案件并陆续移送检察机关审查起诉。同时，各地监察委员会商请检察机关提前介入其办案活动也不断增加，提前介入工作已经成为检察机关一项新的工作实践。检察机关提前介入监察委员会调查工作的主要任务是："对证据收集、事实认定、案件定性等提出意见和建议，规范调查取证工作，完善案件证据体系，并对是否需要采取强制措施进行审查，确保准确适用法律。"①2018 年 4 月以来，国家监察委员会和最高检逐步建立和完善了最高检提前介入国家监察委员会调查工作的工作机制，也为各地开展这项工作提供了参照。为规范检察院提前介入监察委员会办理职务犯罪案件工作，加强与监察委员会在办案过程中互相配合、互相制约，提高职务犯罪案件办理质量和效率，充分发挥检察职能，推进监察体制改革，2019 年 2 月，最高检制定下发了《人民检察院提前介入监察委员会办理职务犯罪案件工作规定》，对检察机关提前介入监察委员会办案问题进行了较为详细的规定。此次修订后的最高检《规则》中，对监察委员会办理案件的提前介入工作只进行了原则性规定，即第 256 条第 2 款规定："经监察机关商请，人民检察院可以派员介入监察机关办理的职务犯罪案件。"

关于检察机关提前介入监察委员会办理职务犯罪案件工作，需要重点把握以下几个问题：提前介入的主体、提前介入的案件范围、提前介入的工作时间、提前介入的方式方法、提前介入意见的反馈及提前介入与审查起诉工作的衔接等。② 有学者认为，从实践看，"检察机关提前介入机制本质上是由监察机关主导、检察机关参与的重大案件决策咨询机制"，并建议增设刑事诉讼特别立案程序，以替代目前的提前介入制度。③ 笔者认为，目前检察机关在提前介入职务犯罪案件上存在的问题主要还是缘于提前介入的法律地位不明确。检察机关应当以制约者和监督者的身份提前介入职务犯罪案件。

此外，最高检《规则》还对补充调查提纲制作要求、自行补充侦查的适用情形等作了明确规定。最高检《规则》第 343 条规定："人民检察院对

---

① 郭竹梅：《完善程序机制，做好提前介入工作》，《检察日报》2020 年 2 月 16 日，第 3 版。

② 陈国庆：《监察委员会调查与检察机关审查起诉的衔接》，《国家检察官学院学报》2019 年第 1 期；郭竹梅：《完善程序机制，做好提前介入工作》，《检察日报》2020 年 2 月 16 日，第 3 版。

③ 封利强：《检察机关提前介入监察调查之检讨——兼论完善监检衔接机制的另一种思路》，《浙江社会科学》2020 年第 9 期。

于监察机关移送起诉的案件，认为需要补充调查的，应当退回监察机关补充调查。必要时，可以自行补充侦查。需要退回补充调查的案件，人民检察院应当出具补充调查决定书、补充调查提纲，写明补充调查的事项、理由、调查方向、需补充收集的证据及其证明作用等，连同案卷材料一并送交监察机关。人民检察院决定退回补充调查的案件，犯罪嫌疑人已被采取强制措施的，应当将退回补充调查情况书面通知强制措施执行机关。监察机关需要讯问的，人民检察院应当予以配合。"第 344 条规定："对于监察机关移送起诉的案件，具有下列情形之一的，人民检察院可以自行补充侦查：（一）证人证言、犯罪嫌疑人供述和辩解、被害人陈述的内容主要情节一致，个别情节不一致的；（二）物证、书证等证据材料需要补充鉴定的；（三）其他由人民检察院查证更为便利、更有效率、更有利于查清案件事实的情形。自行补充侦查完毕后，应当将相关证据材料入卷，同时抄送监察机关。人民检察院自行补充侦查的，可以商请监察机关提供协助。"

（二） 完善认罪认罚从宽制度和速裁程序

完善刑事诉讼中的认罪认罚从宽制度，是党的十八届四中全会作出的重大改革部署。2014 年 6 月，十二届全国人大常委会第九次会议通过决定，授权最高人民法院、最高人民检察院在北京等 18 个地区开展刑事案件速裁程序试点工作。2016 年 7 月，中央全面深化改革领导小组第二十六次会议审议通过《关于认罪认罚从宽制度改革试点方案》。2016 年 9 月，十二届全国人大常委会第二十二次会议通过决定，授权最高人民法院、最高人民检察院在前述地区开展刑事案件认罪认罚从宽制度试点工作，速裁程序试点纳入其中继续试行。同年 11 月，"两院三部"联合印发《关于在部分地区开展刑事案件认罪认罚从宽制度试点工作的办法》，正式启动试点工作。试点结束后，2018 年《刑事诉讼法》全面确立了认罪认罚从宽制度。根据修改后的《刑事诉讼法》，"两高三部"又于 2019 年 10 月 24 日颁布《关于适用认罪认罚从宽制度的指导意见》（以下简称《认罪认罚指导意见》）。

认罪认罚从宽制度是在立法和司法领域推进国家治理体系和治理能力现代化的重大举措，是确保及时惩罚犯罪，加强人权司法保障，推动案件繁简分流，优化司法资源配置，提升诉讼效率的重要方式。最高检《规则》对认罪认罚从宽制度和速裁程序作了具体规定。在第十章"审查逮捕和审查起诉"增加"认罪认罚从宽案件办理"一节（第二节），集中规定审查逮捕、审查起诉环节涉及认罪认罚从宽的内容，包括及时安排值班律师为犯罪嫌疑人提供法律帮助、犯罪嫌疑人应当在辩护人或者值班律师在场的情况下签署认罪认罚具结书、人民检察院提出的量刑建议一般应当为确定刑等内容。在第十一章"出席法庭"专设一节"速裁程序"，明确速裁程序的适用范围以及程序如何简化等内容。这些规定对于鼓励犯罪嫌疑人认罪认罚、减少社会对抗、节约司法资源、实现刑事诉讼公正和效率的统一具有重要意义。

1. 明确认罪认罚从宽适用于所有刑事案件，认罪认罚的可以不捕或变更强制措施

（1）认罪认罚从宽制度适用于所有刑事案件。关于认罪认罚从宽制度的适用范围，目前大体有三种观点：一种观点认为，不应有适用范围限制。第二种观点认为，原则上适用于所有案件，但应当有例外限制。第三种观点认为，应当结合刑法各章节的区分有选择地适用，无论是轻罪案件还是重罪案件，都应当根据认罪认罚从宽制度的特点决定适用的案件类型。① 由于学界有争议，"在实践中出现了不同地方、不同法院对认罪认罚从宽制度适用阶段和案件范围把握不够统一的问题，有的地方适用广度力度相对较大，有的地方则相对较为保守。而从制度层面看，根据法检职能分工的要求，认罪认罚从宽程序的启动需要由检察机关主导，法院一般只能起到借力发力的推动作用，也即绝大多数案件是否适用认罪认罚从宽制度主要取决于检察机关的作为力度"②。现最高检《规则》第 11 条明确规定："犯罪嫌疑人、被告人自愿如实供述自己的罪行，承认指控的犯罪事实，愿意接受处罚的，可以依法从宽处理。认罪认罚从宽制度适用于所有刑事案件。人民检察院办理刑事案件的各个诉讼环节，都应当做好认罪认罚的相关工作。"

（2）认罪认罚的可以不捕。根据最高检《规则》第 140 条第 5 项规定，犯罪嫌疑人涉嫌的罪行较轻，且没有其他重大犯罪嫌疑，具有认罪认罚情形的，检察机关"可以作出不批准逮捕或者不予逮捕的决定"。

（3）捕后认罪认罚的，应及时进行羁押必要性审查。羁押必要性审查制度是 2012 年《刑事诉讼法》新增的旨在减少刑事羁押率的重大举措。③ 最高检《规则》第 270 条规定："批准或者决定逮捕，应当将犯罪嫌疑人

---

① 李占州：《司法实践中的认罪认罚从宽制度》，《学习时报》2019 年 12 月 4 日，第 A2 版。

② 骆锦勇：《严格适用认罪认罚从宽制度》，《人民法院报》2019 年 11 月 19 日，第 2 版。

③ 张兆松：《论羁押必要性审查制度的十大问题》，《中国刑法杂志》2012 年第 9 期。

涉嫌犯罪的性质、情节、认罪认罚等情况，作为是否可能发生社会危险性的考虑因素。已经逮捕的犯罪嫌疑人认罪认罚的，人民检察院应当及时对羁押必要性进行审查。经审查，认为没有继续羁押必要的，应当予以释放或者变更强制措施。"

2. 切实维护认罪认罚案件犯罪嫌疑人获得有效法律帮助的权利，强化司法人权保障

检察官法第 5 条规定，"检察官履行职责，应当秉持客观公正立场"。检察机关既要追诉犯罪，也要保障无罪的人不受刑事追究。在认罪认罚案件中，"律师的参与旨在平衡相对弱势的被追诉人与国家公权力机关之间的关系，通过告知被追诉人有关认罪认罚从宽制度的法律规定，从而帮助他们作出对自己最有利的选择，同时对国家公权力机关的行为进行监督，保证在认罪认罚案件中被追诉人的合法权益免受侵害"[①]。值班律师制度，既是保障犯罪嫌疑人辩护权实现的重要途径，也是保障认罪认罚自愿性的重要手段。但是，"从北京、天津等 18 个地方开展刑事案件认罪认罚从宽制度试点实践看，法律帮助权功能虚化现象较为明显"[②]。而值班律师定位不明是 2018 年刑事诉讼立法的一大不足。[③] "法律将值班律师定位为法律帮助者与权利保障人，但在实践中其往往蜕变为认罪认罚从宽程序合法性

---

① 周新：《值班律师参与认罪认罚案件的职能定位》，《法学论坛》2019 年第 4 期。
② 王中义、甘权仕：《认罪认罚案件中法律帮助权实质化问题研究》，《法律适用》2018 年第 3 期。
③ 2018 年 4 月，《中华人民共和国刑事诉讼法（修正草案）》一审稿第 4 条曾规定："法律援助机构可以在人民法院、人民检察院、看守所派驻值班律师。犯罪嫌疑人、被告人没有委托辩护人，法律援助机构没有指派律师为其提供辩护的，由值班律师为犯罪嫌疑人、被告人提供法律咨询，程序选择建议、代理申诉、控告，申请变更强制措施，对案件处理提出意见等辩护。"2018 年 10 月，宪法和法律委员会在审议《中华人民共和国刑事诉讼法（修正草案）》时认为："草案第四条中规定，值班律师的职责是为犯罪嫌疑人、被告人提供法律咨询，程序选择建议，代理申诉、控告，申请变更强制措施，对案件处理提出意见等辩护。有的常委委员、地方、部门和社会公众提出，值班律师的职责与辩护人不同，主要应是为没有辩护人的犯罪嫌疑人、被告人提供法律帮助，这样定位符合认罪认罚从宽制度改革试点方案以及有关部门关于开展值班律师工作的意见要求，试点情况表明也较为可行。宪法和法律委员会经研究，建议将值班律师提供'辩护'修改为提供'法律帮助'并删去'代理申诉、控告'的内容，同时在相关条文中对人民检察院审查起诉案件听取值班律师意见、犯罪嫌疑人签署认罪认罚具结书时值班律师在场作出规定。"《中华人民共和国刑事诉讼法（修正草案）》（第二次审议稿）把第 4 条修改为"法律援助机构可以在人民法院、人民检察院、看守所派驻值班律师。犯罪嫌疑人、被告人没有委托辩护人，法律援助机构没有指派律师为其提供辩护的，由值班律师为犯罪嫌疑人、被告人提供法律咨询，程序选择建议、申请变更强制措施、对案件处理提出意见等法律帮助。"（参见全国人民代表大会宪法和法律委员会关于《中华人民共和国刑事诉讼法（修正草案）》修改情况的汇报）。

的见证人与背书者；法律要求值班律师发挥程序选择建议、对案件处理提出意见等重要作用，却没有赋予其必要的诉讼权利予以支撑；同时，值班律师的职责与收益、风险等严重悖离。"① 最高检《规则》一定程度上弥补了因立法对值班律师定位不明确带来的问题。

最高检《规则》第 267 条规定："人民检察院办理犯罪嫌疑人认罪认罚案件，应当保障犯罪嫌疑人获得有效法律帮助，确保其了解认罪认罚的性质和法律后果，自愿认罪认罚。人民检察院受理案件后，应当向犯罪嫌疑人了解其委托辩护人的情况。犯罪嫌疑人自愿认罪认罚、没有辩护人的，在审查逮捕阶段，人民检察院应当要求公安机关通知值班律师为其提供法律帮助；在审查起诉阶段，人民检察院应当通知值班律师为其提供法律帮助。符合通知辩护条件的，应当依法通知法律援助机构指派律师为其提供辩护。"

最高检《规则》第 268 条规定："人民检察院应当商法律援助机构设立法律援助工作站派驻值班律师或者及时安排值班律师，为犯罪嫌疑人提供法律咨询、程序选择建议、申请变更强制措施、对案件处理提出意见等法律帮助。人民检察院应当告知犯罪嫌疑人有权约见值班律师，并为其约见值班律师提供便利。"

最高检《规则》第 269 条规定："犯罪嫌疑人认罪认罚的，人民检察院应当告知其享有的诉讼权利和认罪认罚的法律规定，听取犯罪嫌疑人、辩护人或者值班律师、被害人及其诉讼代理人对下列事项的意见，并记录在案：（一）涉嫌的犯罪事实、罪名及适用的法律规定；（二）从轻、减轻或者免除处罚等从宽处罚的建议；（三）认罪认罚后案件审理适用的程序；（四）其他需要听取意见的事项。依照前款规定听取值班律师意见的，应当提前为值班律师了解案件有关情况提供必要的便利。自人民检察院对案件审查起诉之日起，值班律师可以查阅案卷材料，了解案情。人民检察院应当为值班律师查阅案卷材料提供便利。"

3. 明确审查起诉阶段认罪认罚案件重点审查的内容是认罪认罚的自愿性

"认罪认罚的本质在于两个字：'自愿'。因此，认罪认罚从宽制度适

---

① 汪海燕：《三重悖离：认罪认罚从宽程序中值班律师制度的困境》，《法学杂志》2019 年第 12 期。

用的效果如何，关键在于自愿性的审查判断。"①虽然认罪认罚中"自愿性"十分重要，但是"认罪认罚从宽试点实践中，出现了权利告知、听取意见形式化，犯罪嫌疑人、被告人知悉案件证据情况的渠道较窄，控辩双方量刑协商时信息不对称，供述自愿性、真实性的审查判断机制和规则不健全等问题，这些均给案件质量带来隐患"②。为了保障认罪认罚的自愿性，最高检《规则》第 271 条规定："审查起诉阶段，对于在侦查阶段认罪认罚的案件，人民检察院应当重点审查以下内容：（一）犯罪嫌疑人是否自愿认罪认罚，有无因受到暴力、威胁、引诱而违背意愿认罪认罚；（二）犯罪嫌疑人认罪认罚时的认知能力和精神状态是否正常；（三）犯罪嫌疑人是否理解认罪认罚的性质和可能导致的法律后果；（四）公安机关是否告知犯罪嫌疑人享有的诉讼权利，如实供述自己罪行可以从宽处理和认罪认罚的法律规定，并听取意见；（五）起诉意见书中是否写明犯罪嫌疑人认罪认罚情况；（六）犯罪嫌疑人是否真诚悔罪，是否向被害人赔礼道歉。经审查，犯罪嫌疑人违背意愿认罪认罚的，人民检察院可以重新开展认罪认罚工作。存在刑讯逼供等非法取证行为的，依照法律规定处理。"

4. 进一步明确和规范量刑建议权

（1）量刑建议由"可以"行使向"应当"行使发展，即量刑建议权从单纯的权利属性转变为兼具权利与义务双重性质。2012 年，最高检《规则》第 400 条曾规定："对提起公诉的案件提出量刑建议的，可以制作量刑建议书，与起诉书一并移送人民法院。量刑建议书的主要内容应当包括被告人所犯罪行的法定刑、量刑情节、人民检察院建议人民法院对被告人处以刑罚的种类、刑罚幅度、可以适用的刑罚执行方式以及提出量刑建议的依据和理由等。"最高检《规则》第 274 条则规定："认罪认罚案件，人民检察院向人民法院提起公诉的，应当提出量刑建议，在起诉书中写明被告人认罪认罚情况，并移送认罪认罚具结书等材料。量刑建议可以另行制作文书，也可以在起诉书中写明。"量刑建议由"可以型"走向"应当型"，是检察机关量刑建议权的重大转变。

（2）明确量刑建议的模式，即从幅度刑向确定刑转变。2012 年，最高

---

① 邱春艳：《把"救心""传道"的好制度落得更好——张军就认罪认罚从宽制度实践中的热点难点问题回应社会关切》，《检察日报》2021 年 2 月 22 日，第 2 版。

② 陈国庆：《刑事诉讼法修改与刑事检察工作的新发展》，《国家检察官学院学报》2019 年第 1 期。

检制定的试行《规则》曾提倡幅度刑，理由是："司法实践中，绝对确定的量刑建议往往引起法官的反感，且如果法官量刑和检察机关建议经常出现差距，则不但会挫伤检察机关提出量刑建议的积极性，也会影响量刑建议的严肃性和权威性，因此，具体确定的建议不宜作为一般的建议方式，而应当以具有一定幅度的建议为主要方式。"① 《规则》第 275 条则规定："犯罪嫌疑人认罪认罚的，人民检察院应当就主刑、附加刑、是否适用缓刑等提出量刑建议。量刑建议一般应当为确定刑。对新类型、不常见犯罪案件，量刑情节复杂的重罪案件等，也可以提出幅度刑量刑建议。"精准刑量刑建议对检察官们提出了更高的要求，也增大了检察官的工作量和责任。2020 年，"检察机关共提出量刑建议 1177124 人，其中确定刑量刑建议 865565 人，占提出总数的 73.5%，同比增加 36.7 个百分点；对检察机关提出的量刑建议，法院采纳 1116681 人，占同期提出量刑建议数的 94.9%，同比增加 10 个百分点"②。我们必须清醒地看到：我国开展的量刑建议精准化改革面临诸多争议与难题。③

（3）量刑建议的作出应当听取辩方意见。《认罪认罚指导意见》第 33 条规定："量刑建议的提出。犯罪嫌疑人认罪认罚的，人民检察院应当就主刑、附加刑、是否适用缓刑等提出量刑建议。人民检察院提出量刑建议前，应当充分听取犯罪嫌疑人、辩护人或者值班律师的意见，尽量协商一致。"即检察机关提出量刑建议前，必须听取辩方意见。当前对认罪认罚从宽制度是否已确立控辩协商程序存在不同看法。不少同志认为，新的《刑事诉讼法》已确立控辩协商机制。"认罪认罚从宽程序进法典，标志着我国刑事诉讼类型的历史性转型，即由权力型诉讼转入协商性诉讼。"④ "自 2014 年司法体制改革启动时开始，直至 2018 年《刑事诉讼法》修改完成，一种具有中国特色的控辩协商制度在法律上逐步得到建立。"⑤ "刑事诉讼法修改后，认罪认罚从宽制度实现了从'试点'到'立法'的转

---

① 孙谦主编：《〈人民检察院刑事诉讼规则（试行）〉理解与适用》，中国检察出版社 2012 年版，第 317 页。

② 《2020 年全国检察机关主要办案数据》，《检察日报》2021 年 3 月 9 日，第 6 版。

③ 赵恒：《量刑建议精准化的理论透视》，《法制与社会发展》2020 年第 2 期。

④ 樊崇义：《理性认识"认罪认罚从宽"》，《检察日报》2019 年 2 月 16 日，第 3 版。

⑤ 陈瑞华：《刑事诉讼的公力合作模式——量刑协商制度在中国的兴起》，《法学论坛》2019 年第 4 期。

变，为控辩协商提供了法律依据。"① "2018 年的刑事诉讼法虽未直接出现‘控辩协商’这一词语，但包含了控辩协商的意涵，还规定了协商的程序。"② 但也有的学者认为，控辩协商是认罪认罚从宽制度适用的一个误区，理由是：控辩协商没有法律依据、控辩协商没有动力支撑和控辩协商没有法律空间。③ 笔者认为，虽然少数地方司法机关制定的认罪认罚从宽细则中有协商内容，④ 但现行制度中既没有控辩协商的法律依据，也没有控辩协商的制度环境（包括诉讼结构、控辩法律地位等）。"我国刑事诉讼的基本价值取向在于通过高效率的侦查、起诉和审判活动，有效控制犯罪、维持社会秩序的稳定。为此，我国从立法上赋予了侦查、公诉机关相对于被追诉人的绝对优势地位，理性的被追诉人除了认罪认罚争取从宽处理以外，基本上没有任何其他选择。"⑤《认罪认罚指导意见》第 33 条规定，"犯罪嫌疑人认罪认罚的，人民检察院应当就主刑、附加刑、是否适用缓刑等提出量刑建议。人民检察院提出量刑建议前，应当充分听取犯罪嫌疑人、辩护人或者值班律师的意见，尽量协商一致。"它强调的也是"尽量协商一致"，而不是必须协商一致。司法实务中能真正做到控辩协商的个案太少了。当然在认罪认罚案件中，量刑建议的作出已经打破了以往控方独自垄断的局面，辩方有了更多参与和表达意见的机会。从未来认罪认罚案件程序的发展方向看，量刑建议应是控辩双方协商交流、凝聚共识的结果。

（4）量刑建议的调整理由。《刑事诉讼法》第 201 条规定："对于认罪认罚案件，人民法院依法作出判决时，一般应当采纳人民检察院指控的罪名和量刑建议，但有下列情形的除外：（一）被告人的行为不构成犯罪或者不应当追究其刑事责任的；（二）被告人违背意愿认罪认罚的；（三）被

① 吴思远：《我国控辩协商模式的困境及转型——由"确认核准模式"转向"商谈审查模式"》，《中国刑事法杂志》2020 年第 1 期。

② 朱孝清：《认罪认罚从宽制度中的几个争议问题》，《法治研究》2021 年第 2 期。

③ 张智辉：《认罪认罚从宽制度适用的几个误区》，《法治研究》2021 年第 1 期。

④ 如浙江省高级人民法院、浙江省人民检察院、浙江省公安厅、浙江省司法厅 2020 年 12 月 23 日联合制定的《浙江省刑事案件适用认罪认罚从宽制度实施细则》第 48 条规定："在提出量刑建议前，人民检察院应当与犯罪嫌疑人、被告人及其辩护人或值班律师进行平等的量刑协商，释明量刑的依据和理由，充分听取犯罪嫌疑人、被告人及其辩护人的意见，犯罪嫌疑人、被告人没有辩护人的，应当听取值班律师的意见，记录在案并附卷。人民检察院未采纳辩护人、值班律师意见的，应当说明理由，并及时反馈。"

⑤ 孙长永：《认罪认罚从宽制度实施中的五个矛盾及其化解》，《政治与法律》2021 年第 1 期。

告人否认指控的犯罪事实的；（四）起诉指控的罪名与审理认定的罪名不一致的；（五）其他可能影响公正审判的情形。人民法院经审理认为量刑建议明显不当，或者被告人、辩护人对量刑建议提出异议的，人民检察院可以调整量刑建议。人民检察院不调整量刑建议或者调整量刑建议后仍然明显不当的，人民法院应当依法作出判决。"最高检《规则》第 418 条规定："人民检察院向人民法院提出量刑建议的，公诉人应当在发表公诉意见时提出。对认罪认罚案件，人民法院经审理认为人民检察院的量刑建议明显不当向人民检察院提出的，或者被告人、辩护人对量刑建议提出异议的，人民检察院可以调整量刑建议。"2020 年初，被告人余某涉嫌交通肇事罪一案在网上引起热议，并引起理论界和实务界广泛讨论。如何审查判断"量刑建议明显不当"将是未来检、审冲突的主要领域。不论是《认罪认罚指导意见》，还是最高检《规则》，都未对"量刑建议明显不当"提出较为具体的判断标准。特别是最高人民法院在制定《刑事诉讼法》司法解释过程中，"有意见提出，'量刑建议明显不当'的规定过于抽象，建议细化"①。但 2021 年 1 月 26 日颁布的《关于适用〈中华人民共和国刑事诉讼法〉的解释》（以下简称最高法《解释》））仍然未对此作出较为明确的规定。

自 2018 年 10 月认罪认罚从宽制度上升为法律后，刑事诉讼中检法冲突加剧。冲突的根源是，随着认罪认罚从宽制度的入法和推行，检察机关在制度的运行中提出的量刑建议发生了新变化，导致检法两家对量刑建议的形式和效力产生了分歧。我们必须注意："在认罪认罚程序一路高歌猛进的过程中，更应对量刑的复杂性保持警醒。"（周光权）2020 年 5 月 11 日，最高检颁布《人民检察院办理认罪认罚案件监督管理办法》。该办法共 25 条，全方位、多角度、有针对性地对检察官办理认罪认罚案件的权力运行机制、监督管理措施等作出明确规定，进一步扎紧了依法规范适用认罪认罚从宽制度的"篱笆"。

5. 明确认罪认罚案件中被害人的作用。最高检《规则》第 276 条规定："办理认罪认罚案件，人民检察院应当将犯罪嫌疑人是否与被害方达成和解或者调解协议，或者赔偿被害方损失，取得被害方谅解，或者自愿

---

① 姜启波、周加海等：《〈关于适用〈中华人民共和国刑事诉讼法〉的解释〉的理解与适用（上）》，《人民司法》2021 年第 7 期。

承担公益损害修复、赔偿责任，作为提出量刑建议的重要考虑因素。犯罪嫌疑人自愿认罪并且愿意积极赔偿损失，但由于被害方赔偿请求明显不合理，未能达成和解或者调解协议的，一般不影响对犯罪嫌疑人从宽处理。对于符合当事人和解程序适用条件的公诉案件，犯罪嫌疑人认罪认罚的，人民检察院应当积极促使当事人自愿达成和解。和解协议书和被害方出具的谅解意见应当随案移送。被害方符合司法救助条件的，人民检察院应当积极协调办理。"2012 年修改的《刑事诉讼法》确立了刑事和解制度。该制度的实施对于化解社会矛盾，减少当事人上访、闹访，维护社会和谐稳定，节约司法资源，都取得了较好的法律效果与社会效果。但在和解程序中，因被害人处于决定谅解与否的主动地位，往往索要高额赔偿，加害人为求得谅解所支付的赔偿数额，常会出现高出许多倍的现象。"如果以被害人的态度为绝对标准，会产生同类案件处罚结果不确定、不均衡的问题，违背统一、正确适用法律的原则。"① 所以，《规则》强调："犯罪嫌疑人自愿认罪并且愿意积极赔偿损失，但由于被害方赔偿请求明显不合理，未能达成和解或者调解协议的，一般不影响对犯罪嫌疑人从宽处理。"

6. 明确认罪认罚案件的不起诉处理

不起诉权是公诉权的重要组成部分，对于保障无罪的人不受刑事追究、实现宽严相济刑事政策、节约司法资源等方面都发挥着重要作用。但在我国刑事司法实践中，酌定不起诉的适用率向来很低。② 尤其是认罪认罚从宽制度实施后，如何对认罪认罚案件适用相对不起诉存在一定的争议。鉴此，《认罪认罚指导意见》第 30 条关于"不起诉的适用"规定："完善起诉裁量权，充分发挥不起诉的审前分流和过滤作用，逐步扩大相对不起诉在认罪认罚案件中的适用。对认罪认罚后没有争议，不需要判处刑罚的轻微刑事案件，人民检察院可以依法作出不起诉决定。人民检察院应当加强对案件量刑的预判，对其中可能判处免刑的轻微刑事案件，可以依法作出不起诉决定。"最高检《规则》第 278 条规定："犯罪嫌疑人认罪认罚，人民检察院依照刑事诉讼法第 177 条第 2 款作出不起诉决定后，犯罪嫌疑人反悔的，人民检察院应当进行审查，并区分下列情形依法作出处理：（一）发现犯罪嫌疑人没有犯罪事实，或者符合《刑事诉讼法》第 16 条规定的情形之一的，

---

① 方工：《积极应对刑事和解程序面临的挑战》，《检察日报》2012 年 9 月 7 日，第 2 版。

② 郭烁：《酌定不起诉制度的再考查》，《中国法学》2018 年第 3 期。

应当撤销原不起诉决定，依照《刑事诉讼法》第 177 条第 1 款的规定重新作出不起诉决定；（二）犯罪嫌疑人犯罪情节轻微，依照刑法不需要判处刑罚或者免除刑罚的，可以维持原不起诉决定；（三）排除认罪认罚因素后，符合起诉条件的，应当根据案件具体情况撤销原不起诉决定，依法提起公诉。"上述规定为认罪认罚案件相对不起诉的适用提供了标准。

7. 明确速裁程序的适用范围、内容

（1）明确速裁程序的适用范围。最高检《规则》第 437 条规定："人民检察院对基层人民法院管辖的案件，符合下列条件的，在提起公诉时，可以建议人民法院适用速裁程序审理：（一）可能判处三年有期徒刑以下刑罚；（二）案件事实清楚，证据确实、充分；（三）被告人认罪认罚、同意适用速裁程序。"

（2）明确程序的简化内容。《规则》第 440 条规定："人民检察院建议人民法院适用速裁程序的案件，起诉书内容可以适当简化，重点写明指控的事实和适用的法律。"第 442 条规定："公诉人出席速裁程序法庭时，可以简要宣读起诉书指控的犯罪事实、证据、适用法律及量刑建议，一般不再讯问被告人。"

（四）确认捕诉一体办案机制，进一步完善审查逮捕、审查起诉制度

1. 捕诉一体办案机制改革引发的争议

自 1978 年检察机关复建至今，批捕权与公诉权之间的关系经历了由合到分，再到分和并立，又重启合一的一波三折。根据国际经验，现代国家普遍实行逮捕、羁押司法审查，由法官聆讯后作出决定。我国近年来推行的"捕诉一体"办案机制，是检察系统对内设机构进行的一项改革。尽管"捕诉合一"的改革早有尝试，但从 2018 年职务犯罪侦查权从检察院分离之后，检察机关加快了"捕诉合一"内部机制改革的步伐，并引起了学术界和实务界的激烈争论。

有的学者认为："'捕诉合一'的核心问题在于，由缺乏必要的独立性和中立性的检察官行使批准逮捕（即审前羁押）的权力，既不符合刑事诉讼制度的发展规律，也违反了《公民权利和政治权利国际公约》《欧洲人权公约》等国际性、区域性人权公约的相关规定。捕诉合一的改革不仅完全否定了近二十年来检察机关相对中立地行使逮捕权的积极成果，也严重

背离了刑事正当程序的基本精神和国际公约确认的刑事司法准则。当务之急是及时终止'捕诉一体'的所谓'改革'，以免为国家批准《公民权利和政治权利国际公约》制造新的障碍。在此基础上，还应积极创造条件，争取早日从法律上废止'捕诉合一'的制度，以便为国家批准国际公约扫清检察环节的制度障碍。"① 有的认为："捕诉职能的分合是在实践中探索的一项改革，不能简单地反对和歌颂，而应是实事求是地对待问题。"也有的认为："当下的'捕诉合一'或'捕诉分离'都仅为检察机关内部于技术层面的运行机制调整，并未涉及诉讼制度层面的相关内容。'捕诉合一'与'捕诉分离'之争，其核心并不在于批捕权究竟由谁行使，关键在于此一权能应当以怎样的方式展开……立足于检察权调整以及以审判为中心的诉讼制度改革的现实语境，为最大程度地强化捕诉合一的正当性基础，审查逮捕程序需要在现有逮捕诉讼化改革的基础上继续推进，构建出有中国特色的'审查机构中立、独立、辩方充分参与、审查结果可救济'逮捕审查机制。"②

笔者认为，捕诉是分还是合都有一定道理，关键是看效果。实践是检验改革举措是否正确的唯一标准。"捕诉合一"后，"案件的证据质量、侦查监督力度是否有提高？羁押率提高了还是降低了？在保证公正的前提下，司法效率如何？司法队伍专业化有没有加强？律师执业权利保障是不是更到位？"③ 实践表明：2018 年以来，随着"认罪认罚从宽"制度的落实，降低审前羁押率成效明显。2000 年审前羁押率达 96.8%，而 2019 年，审前羁押率下降到 65.91%，2020 年更是降至 53%。2020 年，检察机关对依法可不批捕和犯罪情节轻微、不需要判处刑罚的，不批捕 8.8 万人、不起诉 20.2 万人；捕后认罪认罚可不继续羁押的，建议释放或变更强制措施 2.5 万人。2020 年全国检察机关共批准逮捕各类犯罪嫌疑人 77 万余人，这一数据为 20 年来新低。前溯 3 年，检察机关每年批捕嫌疑人均超过百万人。④ 这表明捕诉一体后，逮捕羁押率不仅没有提高，反而还大幅度下降。虽然近年逮捕羁押率下降的原因是多方面的，但至少原来学者所担忧的问

① 孙长永：《"捕诉合一"的域外实践及其启示》，《环球法律评论》2019 年第 5 期。
② 步洋洋：《除魅与重构："捕诉合一"的辩证思考》，《东方法学》2018 年第 6 期。
③ 闫晶晶：《"捕诉合一"之问：让实践说话》，《检察日报》2018 年 8 月 27 日，第 3 版。
④ 王丽娜：《最高检力推少捕慎诉，轻罪者有望免受"牢狱之苦"》，http://yuanchuang.caijing.com.cn/2021/0313/4745921.shtml，2021 年 3 月 15 日访问。

题没有出现。"实行'捕诉一体'后，2019 年前三个季度，检察机关提前介入侦查同比上升 47.7%，审查起诉提前介入同比上升 144.5%。"《规则》实施后，"捕诉一体"办案机制改革成效进一步凸显："2020 年 1 月至 9 月，全国检察机关纠正漏捕 13807 人、漏诉 19085 人。"① 可见，捕诉一体办案机制是值得肯定的。

2. 最高检《规则》确立捕诉一体的办案原则

《规则》第 8 条规定："对同一刑事案件的审查逮捕、审查起诉、出庭支持公诉和立案监督、侦查监督、审判监督等工作，由同一检察官或者检察官办案组负责，但是审查逮捕、审查起诉由不同人民检察院管辖，或者依照法律、有关规定应当另行指派检察官或者检察官办案组办理的除外。"据此，除因案件改变管辖、检察官回避或者公安机关对不批准逮捕或者不起诉决定要求复议等情形，应当另行指派检察官或者检察官办案组进行审查外，同一刑事案件均由同一办案组织负责审查逮捕、审查起诉等工作。《规则》将 2012 年《规则（试行）》第十章"审查逮捕"与第十一章"审查起诉"合并为第十章"审查逮捕与审查起诉"。增加了第一节"一般规定"，整合两个"审查"环节的共性要求，对全面审查原则，听取辩护人、值班律师意见，诉讼权利告知，调取录音录像，提前介入侦查、调查，非法证据排除等内容集中作出规定，使《规则》的章节设置更趋合理。②

3. 完善案件审查方式

长期以来，"检察工作一直面临一个很大的矛盾：司法机关性质与办案方式行政化的矛盾"③。逮捕是刑事诉讼中最为严厉的强制措施，而检察机关的审查逮捕完全是一种行政化的审批方式。笔者早就提出："规范审查批捕行为，当务之急就是要建立健全审查逮捕权的监督制约机制，推进审查批捕方式的诉讼化改造，形成控（侦查部门，包括公安机关的侦查部门和检察机关的自侦部门）、辩（犯罪嫌疑人及其律师）、审（检察机关的侦查监督部门）三方组合的诉讼格局，以确保行使审查逮捕权的检察官保持中立，依法独立、公正行使这项司法审查权。"④ 2012 年《刑事诉讼法》

---

① 姜洪：《检察改革：进一步解放检察"生产力"》，《检察日报》2021 年 1 月 14 日，第 4 版。
② 高翼飞：《完善捕诉一体办案机制优化检察资源配置》，《检察日报》2020 年 1 月 21 日，第 3 版。
③ 龙宗智：《检察机关办案方式需要改革》，《检察日报》2012 年 12 月 4 日，第 3 版。
④ 张兆松：《审查批捕方式的反思与重构》，《河南政法管理干部学院学报》2010 年第 1 期。

修正后，各地积极探索审查批捕方式的司法化。如上海市于 2013 年制定《关于开展逮捕必要性听审工作的指导意见》，建立检察机关居中听审、公安机关和辩护律师参与对审的三角形司法审查结构。2013 年上半年，"有 128 件审查逮捕案件专门听取辩护律师意见，对 32 名犯罪嫌疑人的审查逮捕实行公开听审"。① 最高检《2018—2022 年检察改革工作规划》明确指出要"建立有重大影响案件审查逮捕听证制度"。与此同时，四川省乐山市、浙江省慈溪市等地检察机关积极开展"诉前会议"制度。"所谓'诉前会议'，是指检察机关在对刑事案件审查起诉过程中在决定提起公诉之前，针对证据合法性、全面性等特定事项，召集侦查人员、当事人以及辩护人、诉讼代理人平等地进行交流沟通、解惑释疑，就相关问题的认识和处理达成意见的一种审查起诉机制。"② 有鉴于此，《规则》第 281 条规定："对有重大影响的案件，可以采取当面听取侦查人员、犯罪嫌疑人及其辩护人等意见的方式进行公开审查。"审查逮捕、审查起诉由行政化审批模式向诉讼化模式的转变，既是刑事诉讼程序正当性、公正性的要求，也符合检察规律和司法改革的方向。最高检 2020 年 9 月 14 日《人民检察院审查案件听证工作规定》第 4 条规定："人民检察院办理羁押必要性审查案件、拟不起诉案件、刑事申诉案件、民事诉讼监督案件、行政诉讼监督案件、公益诉讼案件等，在事实认定、法律适用、案件处理等方面存在较大争议，或者有重大社会影响，需要当面听取当事人和其他相关人员意见的，经检察长批准，可以召开听证会。人民检察院办理审查逮捕案件，需要核实评估犯罪嫌疑人是否具有社会危险性、是否具有社会帮教条件的，可以召开听证会。"检察听证一方面有利于检察机关主动接受社会监督和舆论监督，以"看得见""听得到"的法治形式，真正赢得人民群众对检察工作的理解和支持。另一方面，听证能够充分保障当事人的知情权和参与权，消弭当事人、利害关系人及社会公众对司法办案的疑虑，解开当事人心结，真正实现案结事了。③

4. 完善继续侦查、补充侦查引导和说理机制

2015 年 2 月，最高检发布修订后的《关于深化检察改革的意见

---

① 林中明：《上海上半年对 32 名嫌犯实行公开听审》，《检察日报》2013 年 7 月 19 日，第 1 版。

② 王祺国：《以审判为中心构建"诉前会议"制度》，《检察日报》2015 年 4 月 29 日，第 3 版。

③ 徐日丹：《以看得见、听得到的法治形式实现"案结事了人和政"》，《检察日报》2020 年 10 月 21 日，第 2 版。

第十五章　新《人民检察院刑事诉讼规则》评析

（2013—2017年工作规划）》，提出探索建立重大、疑难案件侦查机关听取检察机关意见和建议的制度，建立对公安派出所刑事侦查活动监督机制。2015年以来，最高人民检察院选择山西等10省市进行试点，1064个基层检察院、8370个公安派出所参与了试点工作。2019年2月，最高检发布《2018—2022年检察改革工作规划》强调："推动建立公安机关办理重大、复杂、疑难案件听取检察机关意见和建议制度。明确退回补充侦查的条件，建立人民检察院退回补充侦查引导和说理机制，明确补充侦查方向标准和要求；加强自行补充侦查工作，完善自行补充侦查工作机制；建立补充侦查反馈机制，对自行补充侦查的案件，及时向侦查机关反馈侦查工作中存在的问题，强化对侦查机关的引导和监督作用。"《规则》第257条规定："对于批准逮捕后要求公安机关继续侦查、不批准逮捕后要求公安机关补充侦查或者审查起诉阶段退回公安机关补充侦查的案件，人民检察院应当分别制作继续侦查提纲或者补充侦查提纲，写明需要继续侦查或者补充侦查的事项、理由、侦查方向、需补充收集的证据及其证明作用等，送交公安机关。""作为指控、证明刑事犯罪的主导者，检察机关不仅仅是刑事司法诉讼链条中的重要一环，更是国家法律监督机关，有监督与办案的双重纠错、防错职责。"①"正是基于对侦查活动监督的需要，《刑事诉讼法》即规定了检察官在程序中的主导责任。主导责任是将检察监督落到实处的具体体现，越是强调检察监督的实效性，越要强化检察官的主导责任。"②对继续侦查、补充侦查提纲提出具体化、实质化要求，旨在提高继续侦查、补充侦查的有效性，便于侦查人员及时补充收集指控犯罪所必需的证据。

此外，《规则》还对管辖③、保障律师执业权利、逮捕社会危险性的认定条件及二审检察机关变更、补充抗诉理由等问题作出新的规定。

（五）落实司法责任制，加强对检察官的监督制约

党的十八届三中全会后，中央启动以司法责任制为核心的新一轮司法

---

① 邱春艳：《中国检察的"时代之问"——习近平法治思想引领下的检察理念更新》，《检察日报》2021年1月6日，第2版。
② 韩旭：《刑事诉讼中检察官主导责任的理论考察》，《人民检察》2020年第5期。
③ 2012年《规则（试行）》"管辖"一章，都是关于检察机关直接受理案件的侦查管辖，而修订后的最高检《规则》"管辖"一章不再限于侦查管辖，也包括了审查逮捕管辖和审查起诉管辖的内容。

改革。检察责任制的核心是打破长期以来实施的"三级审批制"，^① 加强检察官的主体地位，贯彻"谁办案谁负责、谁决定谁负责"的司法责任制。为了保障这一改革举措落实到位，最高检分别于 2015 年 9 月 25 日和 2017 年 3 月 28 日先后颁布《关于完善人民检察院司法责任制的若干意见》（以下简称《若干意见》）和《关于完善检察官权力清单的指导意见》。

司法责任制改革是本轮司法体制改革的"牛鼻子"。在检察权运行新模式中，如何落实"谁办案谁负责，谁决定谁负责"的基本原则，如何做到对检察官既要依法放权，又要加强监督，确保办案质量和效率，是此次《规则》修订的重要内容之一。《规则》就检察长、业务机构负责人对检察官办案的监督、管理职责作了具体规定，体现了对检察官放权与监督管理的有机统一。本次《规则》修改，从总体上看，贯彻司法责任制改革的精神，延续了几年来改革的内容。对检察官适度放权，减少需要由检察长决定或者批准的事项，保留 60 项应当由检察长决定和 6 项应当由检委会决定的重大办案事项。《规则》明确并强化了业务机构负责人的作用。

1. 体现检察体制的特点，突出检察长的领导作用

检察机关的职权配置和权力运行模式不同于公安机关和审判机关。"首先，检察机关强调'检察一体'，检察机关上下级之间、检察长和其他检察人员之间是领导与被领导的关系；其次，检察权兼具司法属性和行政属性，尤其是其中的侦查权，行政色彩较为强烈；再次，检察机关的权力原则上归属于检察长，检察官在办案中的决定权来自检察长的授权。因此，检察机关的司法责任制改革，在突出检察官办案主体地位的同时，必须更加强调对检察官的监督制约，两者不可偏废。"^②

① 1978 年检察机关恢复重建以来，检察组织的内部运行架构一直体现层阶性的审批制，即实行"三级办案制"：检察人员承办，部门负责人审核，检察长或者检察委员会决定。最高检 1980 年 7 月 21 日发布的《人民检察院刑事检察工作试行细则》第 44 条规定："各级人民检察院办理批捕、起诉案件，应当实行'专人审查，集体讨论，检察长决定'的制度。对于重大疑难案件，应提交检察委员会讨论决定。"1996 年《刑事诉讼法》修改后，最高检 1999 年 1 月 18 日颁布的《人民检察院刑事诉讼规则》第 4 条规定："人民检察院办理刑事案件，由检察人员承办，办案部门负责人审核，检察长或者检察委员会决定。"2012 年《刑事诉讼法》修改后，最高检 2012 年 11 月 22 日颁布的《人民检察院刑事诉讼规则（试行）》第 4 条又重申："人民检察院办理刑事案件，由检察人员承办，办案部门负责人审核，检察长或者检察委员会决定。"

② 高景峰：《落实司法责任制，实现放权与监督有机统一》，《检察日报》2020 年 1 月 9 日，第 3 版。

《规则》第 4 条规定："人民检察院办理刑事案件，由检察官、检察长、检察委员会在各自职权范围内对办案事项作出决定，并依照规定承担相应司法责任。检察官在检察长领导下开展工作。重大办案事项，由检察长决定。检察长可以根据案件情况，提交检察委员会讨论决定。其他办案事项，检察长可以自行决定，也可以委托检察官决定。本规则对应当由检察长或者检察委员会决定的重大办案事项有明确规定的，依照本规则的规定。本规则没有明确规定的，省级人民检察院可以制定有关规定，报最高人民检察院批准。以人民检察院名义制发的法律文书，由检察长签发；属于检察官职权范围内决定事项的，检察长可以授权检察官签发。重大、疑难、复杂或者有社会影响的案件，应当向检察长报告。"第 7 条规定："检察长不同意检察官处理意见的，可以要求检察官复核，也可以直接作出决定，或者提请检察委员会讨论决定。检察官执行检察长决定时，认为决定错误的，应当书面提出意见。检察长不改变原决定的，检察官应当执行。"

《规则》在其他条文中对上述由检察长决定的"重大办案事项"逐一作了明确规定，主要包括六个方面：第一类是决定回避的事项；第二类是人民检察院办理直接受理侦查案件，除勘验、检查、调取证据以外的大部分事项；第三类是改变案件走向的事项，包括因不构成犯罪、具有依法不应当追究刑事责任情形、证据不足而不批准逮捕、不起诉、撤回起诉等；第四类是特别程序案件的相关事项；第五类是向有关机关发出纠正违法通知书，提出检察建议、检察意见的事项；第六类是在审查逮捕时纠正漏捕，审查起诉、抗诉阶段适用强制措施的事项。[1] 同时，《规则》第 4 条第 3 款还规定："本规则对应当由检察长或者检察委员会决定的重大办案事项有明确规定的，依照本规则的规定。本规则没有明确规定的，省级人民检察院可以制定有关规定，报最高人民检察院批准。"

2. 明确并强化业务机构负责人的作用

《规则》第 6 条规定："人民检察院根据检察工作需要设置业务机构，在刑事诉讼中按照分工履行职责。业务机构负责人对本部门的办案活动进行监督管理。需要报请检察长决定的事项和需要向检察长报告的案件，应当先由业务机构负责人审核。业务机构负责人可以主持召开检察官联席会

---

[1] 童建明、万春主编：《〈人民检察院刑事诉讼规则〉条文释义》，中国检察出版社 2020 年版，第 6 页。

议进行讨论，也可以直接报请检察长决定或者向检察长报告。"

2015 年的改革文件是将审核权赋予检察长，而业务部门负责人职责中不再具有个案审核权和办案活动监督管理权。《若干意见》第 19 条规定："业务部门负责人除作为检察官承办案件外，还应当履行以下职责：（一）组织研究涉及本部门业务的法律政策问题；（二）组织对下级人民检察院相关业务部门办案工作的指导；（三）召集检察官联席会议，对重大、疑难、复杂案件进行讨论，为承办案件的检察官或检察官办案组提供参考意见；（四）负责本部门司法行政管理工作；（五）应当由业务部门负责人履行的其他职责。"第 10 条规定："检察长（分管副检察长）有权对独任检察官、检察官办案组承办的案件进行审核。"可见，2015 年的改革文件是将审核权赋予检察长，而业务部门负责人职责中不再具有个案审核权和办案活动监督管理权。2018 年 10 月，全国人大常委会修改通过《人民检察院组织法》，该法第 18 条对检察院内设业务机构作了规定："人民检察院根据检察工作需要，设必要的业务机构。检察官员额较少的设区的市级人民检察院和基层人民检察院，可以设综合业务机构。"然而，法律并未对业务机构及其负责人职责权限作出规定。同时该法贯彻了司法责任制改革的精神，第 8 条明确规定："人民检察院实行司法责任制，建立健全权责统一的司法权力运行机制。"该法第 3 章是关于检察机关"办案组织"的规定。法律规定了独任检察官、检察官办案组、检察长、检察委员会在办案中的职责与权限，并未规定业务部门及其负责人在"办案组织"中的地位与作用。该章第 33 条规定："检察官可以就重大案件和其他重大问题，提请检察长决定。检察长可以根据案件情况，提交检察委员会讨论决定。"这一报告决定机制中，并无部门负责人审核环节。第 34 条规定："人民检察院实行检察官办案责任制。检察官对其职权范围内就案件作出的决定负责。检察长、检察委员会对案件作出决定的，承担相应责任。"

司法责任制改革后，对于业务机构负责人对本部门检察官的办案活动是否还有审核的职责、其权力界限如何把握等问题，各地认识不统一。有的地方的业务机构负责人主要履行行政管理的职责，对于案件处理基本不过问；也有的地方仍然在一定程度上坚持原有的"三级审批"模式。在《规则》修订过程中，对于这一问题进行了深入研究。经过充分讨论，《规则》明确，根据检察长的授权，业务机构负责人对本部门的办案活动有监督管理的职责。

《规则》第 6 条在办案机制方面,"实际上实现了两点突破:一是恢复了业务部门负责人的个案审核权。规定凡需报请检察长知晓或决定的事项与案件,须首先报经部门负责人审核。结合该规则第 4 条第 4 款关于'重大、疑难、复杂或者有社会影响的案件,(检察官)应当向检察长报告'的规定,可以确认,业务部门负责人对于'重大、疑难、复杂或者有社会影响的案件',均已恢复个案审核权。二是确认了业务部门负责人对本部门办案活动具有普遍的监督管理权。因为规则第 6 条规定业务部门负责人的职责是对本部门的办案活动进行'监督管理',而且未设具体限制"。"可以认为,《刑诉规则》第 6 条的规定使司法责任制改革在某种程度上回到了原点:检察官承办案件,部门负责人审核,检察长决定重大办案事项。只是将某些较小的办案事项授权检察官决定。这种情况实际上与改革之前即长期实行的'三级审批制'差别不大。"①

笔者认为,部门负责人审核权的制度性确认,折射了我国国家治理体制中行政权的强大,以及以司法官个人负责为特征的司法责任制在设置和运行上的困难。司法责任制毕竟是符合司法规律、保障司法公正和效率的必要制度设置。让"审理者裁判,裁判者负责"的司法权运行机制及责任机制,肯定检察官的主体地位,限制其行政上级的指挥监督权,亦符合检察规律。因此应当防止改革走"回头路"。而这种走"回头路"的现象在法、检两院确已存在,而且不可小视。否则,可能使已经获得的改革成果丧失或部分丧失。最高检研究室万春主任认为,业务部门负责人的"这种监督权主要体现在,对于需要报请检察长决定的事项和需要向检察长报告的案件,应当先由业务机构负责人审核,检察官不能直接向检察长报请或者报告。但是,业务机构负责人的审核不是审批,更不同于检察长的决定权。业务部门负责人对于报请其审核的事项或者案件,可以提出意见和建议,可以要求检察官补充相关材料,可以主持召开检察官联席会议对案件进行讨论,为承办案件的检察官提供参考意见,然后依法报请检察长决定。但是不能直接改变或者变相要求检察官改变意见"②。

---

① 龙宗智:《新〈人民检察院刑事诉讼规则〉若干问题评析》,《法学杂志》2020 年第 5 期。
② 高景峰:《落实司法责任制,实现放权与监督有机统一》,《检察日报》2020 年 1 月 9 日,第 3 版。

结　语

　　最高检《规则》颁布后，各级检察机关将以落实修订后《规则》为抓手，进一步推动刑事检察工作科学发展，提升检察履职能力，努力让人民群众在每一个司法案件中感受到公平正义。尤其需要注意的是，最高法《解释》与最高检《规则》在某些问题上规定得并不一致，如检察机关提起公诉后是否有借阅卷宗的权利？最高检《规则》第 397 条规定："人民检察院向人民法院移送全部案卷材料后，在法庭审理过程中，公诉人需要出示、宣读、播放有关证据的，可以申请法庭出示、宣读、播放。人民检察院基于出庭准备和庭审举证工作的需要，可以取回有关案卷材料和证据。"而最高法《解释》第 248 条规定："已经移送人民法院的案卷和证据材料，控辩双方需要出示的，可以向法庭提出申请，法庭可以准许。案卷和证据材料应当在质证后当庭归还。需要播放录音录像或者需要将证据材料交由法庭、公诉人或者诉讼参与人查看的，法庭可以指令值庭法警或者相关人员予以协助。"由此可见，《规则》明确了提起公诉后基于庭审准备，可以取回相关案卷材料。但根据最高法《解释》的规定，"实践中，控辩双方只能申请当庭借用。对于控辩双方提出取回已移送人民法院的案卷和证据材料的，法庭应当不予准许"①。对于高级人民法院、高级人民检察院司法解释中的矛盾，建议通过立法解释或制定联合解释的方法予以解决。②

---

① 姜启波、周加海等：《〈关于适用〈中华人民共和国刑事诉讼法〉的解释〉的理解与适用（上）》，《人民司法》2021 年第 7 期。

② 如最高人民法院、最高人民检察院、公安部、国家安全部、司法部、全国人大常委会法制工作委员会 2012 年 12 月 26 日联合制定的《关于实施刑事诉讼法若干问题的规定》。

第十六章　刑罚交付执行检察监督研究[①]

　　刑罚交付执行是指负有交付执行职责的机关根据法定程序向负有执行职责的机关交付执行对象，执行机关依法接收被执行对象的司法活动；刑罚交付执行检察监督是指人民检察院对刑事执行主体交付执行生效的刑事判决、裁定、决定的活动是否合法实施监督。2010 年至 2015 年 8 月，全国检察机关共监督纠正刑罚交付执行违法情形 15354 件。[②] 2016 年 5 月，最高检会同最高人民法院、公安部、司法部集中清理判处实刑罪犯未执行刑罚专项活动，检察机关又核查出未执行刑罚罪犯 11379 人，督促纠正 6381 人，其中收监执行 5062 人。这表明刑罚交付执行中存在着较为突出的执法不规范问题，要求检察机关进一步加强刑罚交付执行监督。正视刑罚交付执行检察监督中存在的问题，着力研究解决之策，对于完善检察监督制度，提高刑罚执行公信力，实现刑罚目的，都具有重要的现实意义。

一、　刑罚交付执行检察监督面临的挑战

（一）　财产刑适用的普遍性和执行率偏低的矛盾

　　我国 1979 年刑法典，规定罚金刑的罪名仅 20 个，罚金刑条文只占刑法分则条文的 19%。1997 年刑法典扩大了罚金刑的适用，之后的刑法修正都重视罚金刑的适用。特别是《中华人民共和国刑法修正案（九）》，为了加大对贪贿犯罪的财产刑处罚力度，增设了 13 处罚金刑，从而使财产刑在贪贿犯罪中得到普遍的适用。目前，刑法分则已有近 400 个罪名可适用财

[①] 本文原载《人民检察》2017 年第 16 期。

[②] 参见曹建明：《最高人民检察院关于刑罚执行监督工作情况的报告》，《检察日报》2015 年 11 月 6 日，第 2 版。

产刑。为了加大财产刑执行力度，最高人民法院分别于 2010 年 2 月、2014 年 9 月出台《关于财产刑执行问题的若干规定》《关于刑事裁判涉财产部分执行的若干规定》。但是，财产刑空判的现象仍然十分严重。上海崇明区人民法院 2011 年至 2013 年全区判决财产刑共有 1180 人，其中全部执行的 47 人，占 4%；部分执行的为 21 人，占 1.8%；未执行的为 1112 人，所占比例高达 94.2%。[①] 温州瑞安市人民法院从 2013 年至 2015 年 6 月，刑事审判部门共向立案部门移送财产刑执行案件 4414 人，总金额 1.979 亿元，但财产刑执行率仅 10%。天津市 24 个法院（含一个高级法院、2 个中级法院）中的 8 个法院 2010 年至 2015 年立案执行罚金刑为零。[②] 法院执行部门的同志坦承罚金刑执行难的主要原因之一是："罚金刑执行是由法院依职权主动进行的，执行是否依法启动，执行的进度是否合适，执行的效果如何，没有像民事执行中的申请执行人那样对该过程进行监督，也没有对该项工作进行监督的其他机构。"[③]

（二）非自由刑适用的扩大与非自由刑执行机制的不协调之间的矛盾

改革开放以来，随着人权保障和刑罚效益理念的深入人心，我国非自由刑适用率不断提高。特别是步入 21 世纪后，各级审判机关积极贯彻宽严相济刑事政策，加大对非监禁刑的适用，重刑比例不断下降。2009 年至 2013 年，全国法院每年判处缓刑人员分别达 25.1 万人、26.5 万人、30.9 万人、35.5 万人、35.7 万人，逐年增长比例分别为 5.82%、16.6%、14.9% 和 0.3%。[④] 2015 年判处 5 年以上有期徒刑至死刑的罪犯，只占生效人数的 9.37%，判处缓刑、拘役、管制及单处附加刑 556259 人，占 45.12%。[⑤] 即判处非监禁刑的被告人占当年生效判决被告人的比例，已由 2003 年的不足 20%，提高到 2015 年 40% 以上，上升了 1 倍多。与此同时，

---

① 封琪：《财产刑执行制度的实证研究——以崇明县人民法院财产刑执行情况为样本》，载卞建林主编：《法治中国视野下的刑事程序建设》，中国人民公安大学出版社 2015 年版，第 381 页。
② 刘贵祥、宋朝武主编：《强制执行的理论与制度创新》，中国政法大学出版社 2017 年版，第 443 页。
③ 王启江著：《罚金刑执行研究》，法律出版社 2012 年版，第 26 页。
④ 参见周斌：《我国法院判处非监禁刑逐年递增》，《法制日报》2014 年 5 月 28 日，第 5 版。
⑤ 参见最高人民法院研究室：《2015 年全国法院各类案件审判执行情况》，《人民司法（应用）》2016 年第 10 期。

由于逮捕条件、程序的细化以及羁押必要性审查制度的确立，审前羁押的比例在不断下降。全国检察机关批捕数与起诉数之比，已由1997年之前的超过100%，下降到2015年的62.77%。上述变化带来的法律后果如下。

1. 增加交付执行难度。首先，由于审前羁押比例下降，审前非羁押的被告人判处实刑的比例增多。特别是《中华人民共和国刑法修正案（八）》新增危险驾驶罪后，醉驾案件各地法院普遍采取了整体从严的做法，该罪名已近刑案总数的10%，北京在判决醉驾的案件中，实刑率达99%。① 但该罪名仅设置了拘役刑，审前不能适用逮捕措施，判决后就增加了法院交付执行的难度。如浙江省衢州柯城区检察院在2014年10月对审前未羁押判实刑未交付执行案件的专项调研中就发现，自2012年至2014年10月该区就有29名被判处实刑罪犯没有收监执行，且都是判处拘役的"醉驾"案件。其次，近年，外来人员犯罪比例不断提高，如浙江慈溪市2009年至2015年外来未成年人犯罪比例已达93.06%，轻刑比例又占80%以上，而我国对社区矫正实行的是居住地管辖制度，由于"人户分离"、居住地不稳定（外出打工）的罪犯较多，难以确定其居住地，法院决定暂予监外执行后社区矫正无法落实到位。

2. 非监禁刑行刑机制不严密，影响行刑效果。非监禁刑比例的提高，有利于行刑的社会化，提高刑罚效益。我国2003年试点社区矫正制度，2005年扩大试点、2009年全面试行、2014年全面推进，实践不足15年。目前，全国只有60%多的县（市、区）建立了社区矫正中心，全国从事社区矫正工作的社会工作者、社会志愿者只有83036人、672003人，② 而且面临立法不足、管理体制混乱、工作职能不统一、经费短缺、社区基础不成熟、专职人员太少、社会力量参与不足、管理方法滞后等诸多问题。③ 社区矫正的效果远远没有达到制度预期和国家扩大非监禁刑的目的。

---

① 参见邢世伟：《最高法酝酿醉驾入刑司法解释》，《新京报》2012年5月23日，第A03版。
② 参见魏哲哲：《全国社区服刑人员突破70万人，矫正期间重新犯罪率处于0.2%低水平》，《人民日报》2017年1月16日，第11版。
③ 参见王弘宁、刘佩：《论中国社区矫正制度的深化与完善》，《社会科学战线》2015年第5期；王志远、杜磊：《我国基层社区矫正：问题、根源与本质回归》，《甘肃社会科学》2016年第6期；吴宗宪：《我国社区矫正基层执法机构的问题及改革建议》，《甘肃社会科学》2016年第6期；等等。

二、 刑罚交付执行检察监督的困境

上述刑罚执行中面临的各种矛盾，要求检察机关通过强化刑罚执行监督，督促刑罚执行机关依法执行刑罚，以提高刑罚执行的公信力。但检察机关对刑罚的交付执行监督面临"心有余而力不足"的困境，主要表现如下。

（一） 监督对象不明确

目前，检察机关刑罚交付执行监督一般仅限于对生命刑、监禁刑和非监禁刑交付执行的监督，对于人民法院判处的罚金、没收财产刑的交付执行，尚没有完全纳入刑事执行检察监督的视野。即便是对自由刑执行的监督，检察监督的重点也是放在交付以后刑罚执行情况上，只是在2016年5月集中清理判处实刑罪犯未执行刑罚专项活动以后，一些检察院才开始把交付执行情况纳入检察监督的范围。

（二） 监督手段受限

现行刑罚交付执行监督面临严重的手段不足的问题，即知情权、参与权和调查权缺失的局面。知情权是实现刑罚交付执行监督的前提。检察机关不了解交付执行情况，监督就无从谈起。《刑事诉讼法》第253条第1款规定："罪犯被交付执行刑罚的时候，应当由交付执行的人民法院在判决生效后十日以内将有关的法律文书送达公安机关、监狱或者其他执行机关。"可见立法并没有规定法院要将《交付执行通知书》送达检察机关，法院也就没有送达的义务。如对财产刑的执行情况，检察机关一般不了解。在开展财产刑交付执行监督专项活动中，检察机关到法院索取财产刑执行情况资料，有的法院就以法律没有明文规定为由，不予配合提供或者仅仅提供一个大概的数据。财产刑执行情况都不掌握，监督无从谈起，检察机关对暂予监外执行就没有参与权。根据最高人民法院《关于适用〈中华人民共和国刑事诉讼法〉的解释》第432条规定，被判处无期徒刑、有期徒刑或者拘役的罪犯，人民法院决定暂予监外执行的，只须将暂予监外执行决定书抄送罪犯居住地的县级人民检察院，检察机关无权参与暂予监外执行的决定。检察调查权也存在类似问题。

（三） 监督程序缺失

目前，刑事交付执行程序呈现的是书面化、审批化、信息来源单一化的行政化的审批程序。如根据最高人民法院、最高人民检察院、公安部、司法部、国家卫生计生委 2014 年 10 月 24 日制定的《暂予监外执行规定》规定，对符合暂予监外执行条件的，被告人及其辩护人有权向人民法院提出暂予监外执行的申请，看守所可以将有关情况通报人民法院。人民法院应当在执行刑罚的有关法律文书依法送达前，作出是否暂予监外执行的决定。这意味着，刑罚交付执行前需要暂予监外执行的，完全由法院一家作出决定。虽然《暂予监外执行规定》第 18 条第 4 款规定："人民法院在作出暂予监外执行决定前，应当征求人民检察院的意见。"但法院如何征求检察院的意见，检察院如何提出意见，检察意见的效力等都不明确，这种征求意见，不仅起不到监督的效果，反而为少数法官徇私枉法、滥用暂予监外执行措施提供口实。

（四） 监督效力不足

《刑事诉讼法》第 265 条规定："人民检察院对执行机关执行刑罚的活动是否合法实行监督。如果发现有违法的情况，应当通知执行机关纠正。"《暂予监外执行规定》第 29 条规定："人民检察院发现暂予监外执行的决定或者批准机关、监狱、看守所、社区矫正机构有违法情形的，应当依法提出纠正意见。"2016 年 8 月，最高人民法院、最高人民检察院、公安部、司法部《关于进一步加强社区矫正工作衔接配合管理的意见》第 9 条规定："人民检察院应当加强对社区矫正交付接收中有关机关履职情况的监督，发现有下列情形之一的，依法提出纠正意见。"上述规定的最大不足是：对检察监督意见的后果以及救济渠道没有作出规定，导致检察权力监督意见等同于普通民众的权利监督。

（五） 监督缺乏最后保障性

职务犯罪侦查权是检察监督的后盾和最后保障。1996 年《刑事诉讼法》修改后，1998 年 6 月，最高人民检察院将监所部门立案管辖的案件范围限制在虐待被监管人案、私放在押人员案、失职致使在押人员脱逃案、徇私舞弊减刑、假释、暂予监外执行案上。这种内部职能分工不利于开展监所检察工作。所以，最高人民检察院于 2004 年 9 月调整了人民检察院直接受理案件的侦查分工，将原由反贪部门和渎检部门负责的监管场所发生的职务犯罪案件重新划归监所部门负责侦查。2012 年《刑事诉讼法》修改后，最高人民检察院重审"监所检察部门负责查办刑罚执行和监管活动中发生的贪污贿赂、渎职侵权职务犯罪案件"。最高人民检察院 2015 年 12 月 4 日《关于全面加强和规范刑事执行检察工作的决定》强调："要把查办职务犯罪作为强化监督效果的最有力手段，贯穿于刑事执行监督全过程。" 2010 年以来，全国检察机关在刑罚执行领域共查办职务犯罪 2169 人，其中县处级以上干部 163 人。① 随着我国监察体制改革的推进，检察机关将不再享有职务犯罪侦查权，这将直接影响刑罚执行监督部门的权威性和威慑力。

之所以会形成上述困境，原因主要有：

1. 认识不到位，形成共识难。长期以来，我国刑事司法中存在着"重审判轻执行"现象，立法、司法及理论界对刑罚执行问题普遍不重视。刑罚执行涉及公安、法院、司法等多部门，一些交付执行中的问题，因涉及部门利益，不同机关会对有关立法规定作出不同的解释。如《刑事诉讼法》第 254 条第 5 款规定："在交付执行前，暂予监外执行由交付执行的人民法院决定；在交付执行后，暂予监外执行由监狱或者看守所提出书面意见，报省级以上监狱管理机关或者设区的市一级以上公安机关批准。"但如何理解"交付执行前""交付执行后"存在争议。② 2014 年 4 月 24 日，第十二届全国人大常委会第八次会议专门作出了《关于〈中华人民共和国刑事诉讼法〉第二百五十四条第五款、第二百五十七条第二款的解释》。但立法解释的出台并没有解决法院、看守所和监狱对这一问题的争议。法院认为，它只负责向看守所送达执行通知书等法律文书，符合要求的法律文书送达看守所后，法院即完成了交付执行工作，罪犯即处于"交付执行后"。看守所和监狱认为，交付执行是一个动态过程，包括文书送达、罪犯待送监狱和罪犯送监狱三个环节。法院将有关交付执行的法律文书送达看守所后，交付执行工作尚未完成，此时罪犯出现严重疾病、生活

① 参见曹建明：《最高人民检察院关于刑罚执行监督工作情况的报告》，《检察日报》2015 年 11 月 6 日，第 2 版。
② 参见吴成杰、张镇安：《罪犯交付执行法律适用问题研究——以裁判生效前未被羁押情形为切入点》，《法律适用》2014 年第 10 期。

不能自理等情形，属于《刑事诉讼法》规定的"交付执行前"，应由人民法院决定暂予监外执行。由于认识不统一，刑罚执行监督机关也难以打破交付执行的"僵局"。

2. 立法缺失，监督依据不足。2012 年，《刑事诉讼法》虽然增设了刑罚执行监督的条文，但总体而言仍然原则、抽象、模糊。依法监督是检察监督的基本原则，职责明晰原则是检察权配置的一般原则。① 现行《刑事诉讼法》第 8 条、第 265 条规定不能为检察机关依法监督提供充分的立法依据。现行刑罚交付执行检察监督规范主要是司法解释、司法性文件，其中主要是最高人民检察院制定的司法解释和规范性文件，而在二元司法解释体制下，检察解释的效力只能及于检察机关，对审判机关并无约束力，若要取得统一的拘束力，仍需要联合解释。如《人民检察院刑事诉讼规则（试行）》第 658 条对财产刑的执行监督作出了规定，但因《刑事诉讼法》并没有具体条文规定检察机关有权对法院的财产刑执行具有监督权，不少法院认为检察机关对财产刑的监督"于法无据"，检察机关对财产刑的执行监督就难以有效开展。

三、 刑罚交付执行检察监督困境之破解

刑事诉讼分为侦、诉、审、执四个流程，刑罚执行是刑事诉讼活动的重要内容。只有刑罚得以执行，刑事侦查、起诉、审判活动的意义才能落到实处。作为连接刑事裁判和刑罚执行的纽带，刑罚交付执行是刑事裁判得以执行、罪犯得到惩处的关键环节。只有将罪犯交付到位，刑罚才能得以执行，罪犯才能受到应有的惩戒，预防犯罪的刑罚的目的才得以实现。刑罚交付不能实现，整个刑事诉讼活动将失去存在的价值。20 世纪 80 年代以来，我国曾对刑罚执行活动进行过 20 多次的专项治理，但刑罚执行不规范的问题依然比较严重。2013 年最高人民检察院与公安部、司法部共同开展罪犯交付执行与留所服刑专项清理活动，2014 年最高人民检察院组织开展罪犯判决前未羁押、判实刑后又未执行刑罚的专项核查。2016 年又开展清理判处实刑罪犯未执行刑罚专项活动。2014 年起，我国中南地区某市每年

---

① 谢鹏程：《论检察权配置的原理》，载王守安主编：《检察理论研究成果荟萃》（第 2 辑），中国法制出版社 2013 年版，第 14 页。

都对未执行罪犯开展专项检察。通过检察监督发现，2014 年 52 名罪犯未被交付执行，2015 年 65 名罪犯未被交付执行，2016 年第一季度又有 35 名罪犯未被交付执行，未交付执行罪犯人数呈逐年上增趋势。这足以表明此类专项治理模式不是有效的解决之道。特别是监察体制改革对职务犯罪侦查权作出重大调整之后，"检察机关的职能机构及工作重心面临调整和转变"。[①] 为了充分发挥检察机关刑罚执行监督职能，打通实现国家刑罚权的"最后一公里"，必须构建具有权威性、实效性和常态化、规范化的检察监督机制。

（一）完善立法，明确监督的法律依据

1. 加快刑事执行立法。不少国家制定了刑事执行法典，如俄罗斯联邦于 1997 年颁布了《俄罗斯联邦刑事执行法典》，丹麦 2000 年颁布了《刑事执行法典》。我国 1994 年制定了监狱法，但该法调整对象过窄，而且已多年未曾全面修改（2012 年仅对与刑事诉讼法相矛盾的地方作了修改）。有鉴于此，笔者建议，我国应当加快制定刑事执行法典步伐，在法典中增设具体的刑罚执行监督条款。但由于刑事执行法典的制定尚未纳入立法规划，该法典难以在短期内出台。而根据《全国人大常委会 2017 年立法工作计划》，今年立法机关将初次审议人民检察院组织法（修改）和社区矫正法。检察机关应该把握时机，积极提出立法建议，力争在检察监督的手段、效力及社区矫正监督等方面取得立法上的突破。[②]

2. 联合制定司法解释。基于现行立法的规定，由全国人大常委会法工委牵头，会同最高人民检察院、最高人民法院、公安部、司法部联合制定《关于刑罚执行中若干问题的规定》。在这个司法解释中对刑罚交付执行若干突出问题作出细化的、具有可操作性的规定，使交付执行检察监督有据可依。

（二）完善监督手段，构建同步监督机制

1. 确保检察机关的知情权。知情权是法律监督权的基础性权能，是检察机关开展法律监督工作的前提条件和对违法行为的性质、危害程度进行判断和处理的基础。只有确立刑罚执行机关的告知义务，才能确保检察机

---

① 参见胡勇：《监察体制改革背景下检察机关的再定位与职能调整》，《法治研究》2017 年第 3 期。

② 国务院法制办公室 2016 年 12 月 1 日公布的《中华人民共和国社区矫正法（征求意见稿）》中，没有规定检察监督的一般条款和纠正违法的特别条款。

关掌握刑罚执行情况，实现对刑罚执行全过程的有效监督。目前，亟须改变财产刑交付执行完全由法院自行掌控的现状。法院应把财产刑判决所确定的判决金额、缴纳时间、移送时间、立案时间、执行期限、执行结果、减免情况等统一移送检察机关备案，以便于检察机关实时跟踪监督，保障财产刑执行到位。

2. 加强检察机关对刑罚变更的参与权。暂予监外执行有两种情况：一种是判决交付前，由人民法院直接裁定暂予监外执行；另一种情况是判决交付后，由刑罚执行机关决定暂予监外执行。不论哪种情况，都应当增设检察机关对暂予监外执行的参与权，即罪犯交付刑罚执行之前，发现应当暂予监外执行的，由检察机关提出暂予监外执行建议书报请人民法院审核裁定；交付执行后，发现应当暂予监外执行的，应将决定书及案卷材料移送人民检察院审查，检察机关提出异议的，决定或批准机关要重新审查，如不采纳检察意见的，应当说明理由。

3. 明确检察机关的违法行为调查权。最高人民法院、最高人民检察院、公安部、国家安全部、司法部 2010 年 7 月 26 日印发的《关于对司法工作人员在诉讼活动中的渎职行为加强法律监督的若干规定（试行）》明确规定检察机关对司法工作人员在诉讼活动中的渎职行为有权进行调查。但该规定效力较低，难以保证检察机关调查权的有效行使。[①] "动员千遍，不如问责一次。"[②] 某省 2013 年至 2016 年 6 月经刑事执行检察部门查处后受到党政纪处分的相关人员共 145 人，其中党纪处分 28 人，政纪处分 117 人。通过对违纪案件的查处，提高了刑事执行检察的公信力。[③] 这充分体现了检察违法调查权的重要性。当前突出问题是：检察调查权的行使各地很不平衡，有的地方查处违纪、违法的案件数量偏少。原因之一是立法对检察调查权的规定不明确。2012 年修正的民事诉讼法第 210 条已对检察调查权作出了肯定性规定，但同年修正的《刑事诉讼法》则没有规定。笔者认为，检察机关职务犯罪侦查权移交给国家监察委员会后，检察机关是否享有对监督对象违法行为的调查取证权就更为重要。只有确立检察调查

---

① 张智辉主编：《检察权优化配置研究》，中国检察出版社 2014 年版，第 318 页。

② 王岐山同志 2015 年 1 月 12 日在中国共产党第十八届中央纪律检查委员会第五次全体会议上的工作报告。

③ 蒋元清：《加大力度查处违纪案件促进刑事执行工作更加依法规范》，《浙江省法学会诉讼法学研究会 2016 的年会论文集》，第 193 页。

权，检察监督的最后保障才不会动摇。

（三） 改革交付执行程序， 对暂予监外执行决定实行诉讼化改造

改革刑罚交付执行的行政化审批程序，打破交付执行程序的封闭性，推进审批程序的公开化。2010 年以后，法院逐渐对减刑、假释程序进行诉讼化改造，最高人民法院 2014 年 4 月 23 日颁布的《关于减刑、假释案件审理程序的规定》进一步明确六类减刑、假释案件必须开庭审理。实践证明：这种诉讼化改革提升司法公信力，有效地防范减刑、假释领域的司法腐败。而暂予监外执行是刑罚变更执行的一种，应当适用与减刑、假释同样的程序，统一由人民法院审理并作出决定。开庭审理的，法院要召集当事人、社区矫正机构、居民代表、医疗专家等相关人员，针对罪犯的病情和社会危险性发表意见，人民法院根据查明的事实、证据，依法作出是否暂予监外执行的决定。

（四） 加强监督刚性， 明确检察监督的法律效力

强制性是国家权力的最本质特征。有的同志认为："对于检察机关认为暂予监外执行不当的，提出书面纠正意见后不被采纳的，有权撤销监外执行的决定，交由执行机关执行。"[①] 笔者不同意这一观点。检察机关法律监督的特征之一在于监督权与处分权的分离。检察权是一种程序性的司法请求权，而非处分权。如果赋予检察机关直接处分权，那么"监督者如何受监督"的难题将更加突出。但是检察监督权虽然是一种程序性权力，但并不意味着没有法律效力。不管是《纠正违法行为通知书》，还是《检察建议书》，都是检察机关在行使诉讼监督过程提出的具有法律意义的文书，理当具有法律上的约束力。特别是检察建议，"要成为检察机关的一项权力，关键也在于检察机关提出检察建议时能否对有关机关或单位产生必须实施或不得实施某种行为的效力"。[②] 因此，立法应当明确规定，检察监督意见一经发出，被监督的执行机关必须在规定的时间内予以整改并将纠正结果及时回复检察机关；如果认为检察监督意见不能成立的，应当在一定

---

① 刘伟发等：《试论检察处分权的确立及配置——以检察职能的完善为视角》，《第十五届全国检察理论研究年会论文集》（2014 年 5 月·福建），第 108 页。
② 张智辉：《检察权研究》，中国检察出版社 2007 年版，第 204 页。

期限内向检察机关书面说明理由。同时明确规定，被监督者拒不采纳检察监督意见所应承担的法律责任。

（五）建设刑罚执行信息系统，为监督提供科技支撑

信息化和大数据是构建刑罚交付执行监督机制的重要支撑。随着互联网和云计算技术的迅猛发展，我们步入了大数据时代。大数据时代昭示着人类社会的重大变革，推动信息技术在司法领域的融合运用向纵深发展。各级检察机关要顺应信息化时代的发展趋势，打破不同地区、不同部门之间的信息壁垒，积极推动实现信息交流、信息资源关联整合和共享应用，将分散在法院、看守所、监狱、未成年人管教所、社区矫正机关等信息系统中涉及罪犯执行的各种信息整合起来，全面推进检察大数据共享交换平台建设，逐步建成全覆盖、开放型、智能化的刑罚执行应用服务体系，以切实发挥信息技术的支撑、推动和引领作用。

结语：刑罚执行检察监督模式的转型

"构建我国专属的指挥型检察监督机制是强化和完善我国刑罚执行检察监督权的最佳。"① 笔者深以为是，要真正解决我国刑罚执行中存在的各种顽疾，必须突破传统的检察监督模式，构建一种新型的"检察指挥执行"的刑罚执行体制。"大陆法系国家普遍采用'检察官指挥执行'的刑罚执行体制，即检察官在刑罚执行程序中居于主导地位，负有执行指挥权，司法警察、监狱等机构则处于从属地位，是检察官的辅助机构。"② 《日本刑事诉讼法》第472条（指挥执行）规定："裁判的执行，由与作出该项裁判的法院相对应的检察厅的检察官指挥。"《德国刑事诉讼法》第451条（执行机关）规定："刑罚的执行，由作为执行机关的检察院依据书记处书记员发放的、附有可执行性证书和经过核实的判决主文副本付诸实施。"《韩国刑事诉讼法》第460条（执行的指挥）规定："裁判的执行，由作出该裁判的法院对应的检察厅检事指挥。"这种刑罚执行体制值得我国吸收借鉴。

---

① 参见曹玉江：《刑罚交付执行中检察职能的反思与重构》，《中国检察官》2015年第17期。

② 参见万毅：《论检察监督模式之转型》，《法学论坛》2010年第1期。

第十七章　腐败犯罪刑罚执行政策研究[①]

刑罚执行，是指国家刑罚执行机关依照法定职权和法定程序，将人民法院已经发生法律效力的判决、裁定所确定的内容付诸实施，以及解决实施过程中执行变更等特定问题的诉讼活动。执行是刑事诉讼的最后一个程序，也是使刑罚权得以实现的关键程序。刑事执行制度是对犯罪人实施刑罚惩罚的实际体现，是将罪犯改造成为守法公民的前提条件，是实现国家刑罚目的的基本措施。[②] 近年来，腐败犯罪刑罚执行面临诸多挑战，认真研究腐败犯罪分子刑罚执行中存在的问题，提出完善建议，对于严格执行腐败犯罪刑事政策，提升腐败犯罪惩治效果，实现刑罚目的无不具有重大意义。

一、 从宽： 腐败犯罪刑罚执行政策的异化

（一） 腐败犯罪宽大化刑罚执行政策的表现

宽严相济刑事政策要求对刑事案件以及刑事被告人的处理，该宽则宽，该严则严，有宽有严，宽严适度。"宽严相济"刑事政策是当代中国基本的刑事政策，也是我国基本的刑罚执行政策。但长期以来，在腐败犯罪刑罚执行政策的实施过程中，却一直存在"宽大"有余，"从严"不足的问题。

腐败犯罪宽大化刑罚执行政策，具体表现在"三多"上，即减刑多、假释多和暂予监外执行多。

新华社曾报道，近10年来被查处的副部级以上高官超过100人，被判

---

①　本文原载严励主编《刑事政策论坛》（第五辑），中国法制出版社 2016 年版，第 110—122 页。

②　韩玉胜主编：《刑事执行制度研究》，中国人民大学出版社 2007 年版，第 3—5 页。

死缓的占 11%，无期徒刑者占 8%，有期徒刑 10 年以上者占 21%，有期徒刑 10 年及 10 年以下者占 15%，且贪官的假释、减刑比例占到这类罪犯总数的 70%。① 因腐败犯罪被判刑的罪犯的减刑、假释率明显高于普通罪犯。中国在押犯每年至少有 20% 至 30% 获得减刑，而官员获减刑的比例则达到 70%，远远高出平均值。② 如北京市门头沟区检察院承担的北京市检察院重点调研课题《刑罚变更执行检察监督机制研究》课题组，曾对 2007 年至 2009 年的江苏省、重庆市、黑龙江省某监狱的减刑、假释情况进行统计发现，职务犯罪罪犯的减刑假释适用率明显高于普通犯罪的减刑、假释适用率，尤其是假释适用率明显高于其他犯罪。③

又如，浙江省 H 市 2011 年至 2013 年的平均减刑率分别为 23%、27% 和 25%，而同期职务犯罪、破坏金融管理秩序和金融诈骗犯罪、组织黑社会性质组织犯罪等三类罪犯（其中职务犯罪案件 335 件，占三类罪犯减刑、假释案件的 72.5%）分别为 48%、51% 和 47%，分别高于同期平均减刑率 25、24 和 22 个百分点。2011 年至 2013 年，H 市的平均假释率为 7.33%，其中三类罪犯的平均假释率为 28.37%，三类罪犯的平均假释率是 H 市平均假释率的 4.48 倍。④

我国暂予监外执行制度的决定机关，根据罪犯所处诉讼阶段的不同分别由法院、监狱及公安机关分别决定是否适用，特别是监狱、公安机关作为决定机关，其内部系隶属关系，上下级间缺乏必要的监督制约，加之审批程序不规范等，自审自批现象时有发生，甚至出现违法、违规批准等司法腐败情况。

所以，最高人民检察院监所检察厅厅长袁其国坦言，当前检察机关发现减刑、假释、暂予监外执行存在一些突出问题及薄弱环节，突出表现在职务犯罪、金融犯罪、涉黑犯罪等"三类罪犯"上，他们较之普通罪犯减刑间隔时间短、减刑幅度大，假释和暂予监外执行比例高，有的罪犯采取

---

① 舒炜：《惩处贪官需要"接地气"》，《廉政瞭望》2012 年第 11 期。

② 舒炜：《贪官服刑那些事》，《廉政瞭望》2012 年第 11 期。

③ 北京市门头沟区检察院课题组：《刑罚变更执行检察监督机制研究——以职务犯罪罪犯刑罚执行变更为视角》，《中国检察官》2014 年第 23 期。

④ 陈雷：《当前司法中减刑、假释的严重问题及检察监督对策——以浙江省 H 市"三类罪犯"为例》，《广东行政学院学报》2015 年第 2 期。

假计分、假立功、假鉴定等手段违法获取减刑、假释、暂予监外执行。[①]

（二）腐败犯罪宽大化刑罚执行政策的原因

1. 立法规定缺失，司法解释滞后。（1）没有统一的刑事执行法典。刑事执行的主要法律依据是监狱法和散见于刑法、《刑事诉讼法》及诸多行政法律法规中的规定。刑事执行立法在规模上、规格上、内容上与刑法、《刑事诉讼法》不协调、不衔接。（2）从行刑效率的角度看，现有的刑事执行法律调整的范围有限，调整的力度不足，规范的程度不够。（3）法律规定粗糙、模糊，缺乏可操作性等。[②] 由于法律规定缺失，司法解释缺乏立法依据，在行刑领域司法解释严重滞后。如《刑事诉讼法》第 254 条规定了保外就医的适用对象"被判处有期徒刑或拘役、有严重疾病需要保外就医的罪犯可以暂予监外执行"。对于本条中规定的"严重疾病"的判定，在 2014 年 12 月之前，各地监狱、看守所办理保外就医依据的是 1990 年司法部、最高人民检察院、公安部联合颁布实施的《罪犯保外就医执行办法》附则《罪犯保外就医疾病伤残范围》规定的可以办理保外就医的 30 种疾病名录。但是从 1990 年至今，无论是疾病的种类，还是疾病的医疗技术，都发生了很大变化。《罪犯保外就医疾病伤残范围》已经明显不适应现在的监狱罪犯保外就医工作。此外，该办法第 30 种情况规定的"其他需要保外就医的疾病"较为宽泛，随意性大，实际工作中不好操作。[③]

2. 执法标准不统一，地区之间差异大。在立法缺失、司法解释又滞后的情况下，为了保证行刑的公正性，各地司法机关都制定了一些在本辖区适用的规范性文件，以统一执法标准。如浙江省司法机关先后制定了《浙江省办理减刑、假释案件实施细则》、《浙江省法院审理减刑假释案件工作座谈会纪要》及《浙江省罪犯考核奖惩办法》等。如黑龙江省高级人民法院制定了《关于依法决定罪犯暂予监外执行若干问题的意见（试行）》《关于从严掌握减刑、假释、暂予监外执行和刑事复查案件的通知》，黑龙

---

① 邢世伟、赵欢：《最高检：六类减刑假释一律核实》，《新京报》2014 年 8 月 27 日，第 A06 版。

② 中国政法大学刑事司法研究中心：《刑事执行法制建设理论研讨会综述》，《政法论坛》2002 年第 1 期。

③ 魏东、吴尚赟：《保外就医的问题检讨与改进完善——"监狱行刑制度改革理论研讨会"研讨成果综述》，《犯罪与改造研究》2014 年第 9 期。

江省高级人民法院、黑龙江省人民检察院、黑龙江省公安厅、黑龙江省司法厅制定了《关于办理罪犯减刑、假释、保外就医、暂予监外执行案件有关问题的规定》，黑龙江省高级人民法院、黑龙江省卫生厅制定了《关于罪犯因病需要假释、暂予监外执行、取保候审必须到指定医院进行医疗鉴定有关问题的通知》等。但由于标准不统一，各地在掌握减刑、假释条件上仍存在很大差异，直接损害行刑的公正性。如以山东青岛监狱和聊城监狱为例，2005 年至 2007 年，青岛监狱减刑率分别为 17.5%、16.1%、17.7%，假释率分别为 18.1%、20.3%、17.6%。而在押犯人数大致相同的聊城监狱，2005 年至 2007 年的减刑适用率分别为 24.2%、36.1%、30.1%，假释适用率仅为 3.2%、0.5%、0.2%。①

　　3. 刑罚变更执行的模式不科学。（1）变更执行主体不合理。《刑事诉讼法》第 254 条第 4 款规定："在交付执行前，暂予监外执行由交付执行的人民法院决定；在交付执行后，暂予监外执行由监狱或者看守所提出书面意见，报省级以上监狱管理机关或者设区的市一级以上公安机关批准。"第 262 条第 2 款规定："被判处管制、拘役、有期徒刑或者无期徒刑的罪犯，在执行期间确有悔改或者立功表现，应当依法予以减刑、假释的时候，由执行机关提出建议书，报请人民法院审核裁定，并将建议书副本抄送人民检察院。人民检察院可以向人民法院提出书面意见。"刑罚执行机关集计分考核标准的制定者、考核者、减刑假释的提请建议者于一身，对减刑假释具有程序启动权、控制权，其独享的对减刑假释能够起决定作用的计分考核、奖惩很难受到外界监督。②（2）减刑、假释程序行政化。"现行减刑、假释程序的一个重要特色就在于程序构造的行政化：减刑、假释由监狱等执行机关提出书面意见，由监狱管理机关审核同意后，报请人民法院审核裁定。人民法院一般不再开庭审理，而是根据相关书面材料作出裁定。"③ 在最高人民法院的《关于减刑、假释案件审理程序的规定》、中央政法委《关于严格规范减刑、假释、暂予监外执行切实防止司法腐败的意见》出台之前，法院对减刑、假释案件只进行书面审理和形式审查。（3）法院人

---

① 山东省高级人民法院课题组：《完善减刑假释制度，有效预防犯罪——山东高院关于完善减刑假释制度的调研报告》，《人民法院报》2011 年 3 月 24 日，第 8 版。

② 李嗣胤：《减刑假释工作也应坚持"以审判为中心"》《检察日报》2015 年 10 月 11 日，第 3 版。

③ 万毅：《刑事执行制度之检讨与改造》，《甘肃政法学院学报》2005 年第 6 期。

少案多，审查不严。以张海案件所发生的韶关中级人民法院为例，韶关地方有五大监狱，中级人民法院每年受理的减刑、假释案件近 1.2 万件，但相关审判人员仅有 5 名，年人均办案超过 2000 件。"这样的办案量，要真正做到案件审理和开展必要的调查，很难。"①

4. 检察监督不力，效果不理想。人民检察院对减刑、假释、暂予监外执行的监督是事后监督，而且这种监督只能通过检察建议（意见）的方式来行使。这就决定了我国目前刑罚执行监督存在难以克服的缺陷，主要表现在：（1）有悖权力制约原则。任何权力必须受到制约，不受制约的权力必然产生腐败。在行刑阶段，权力配置显见失衡。突出表现在：减刑、假释的建议权和决定权集中在监狱（或公安机关）和法院，检察院只有在裁定送达后才有权进行审查，这意味着检察机关无权介入减刑、假释的申报和审批过程。暂予监外执行（保外就医）的决定由监狱、公安机关、人民法院分别行使，检察机关难以介入。（2）监督流于形式。根据现行监督机制，检察机关只能事后对减刑、假释进行监督。裁定不当的，在收到裁定书副本后 20 日以内，向人民法院提出书面纠正意见。这意味着检察监督主要限于对裁定书的审查。由于检察机关无法介入减刑、假释的申报和审批过程，执行机关也不移送有关案卷材料。审查监督就成为无源之水、无本之木。承担监督任务的检察人员只能审查已生效的不足百字的裁定书，而无法进行实质审查。同时，法律并未对裁定书副本送达检察院的时限作出规定，因此在实际运作中不及时将文书送达检察机关的情况非常普遍。据调查，某市中级人民法院在作出对减刑、假释的裁定后，时隔数月才送裁定书副本，有时甚至将上千份裁定书副本同时送达。在这种情况下，检察机关要在法定的时间内完成审查并对不当裁定提出书面纠正意见，根本不可能。如浙江十里丰监狱关押罪犯近万人，每年申报减刑、假释 2—3 次，每次减刑、假释人数达 400 人，每次裁定后裁定书一次送达。而驻十里丰检察室一共只有 4 人，他们根本不能在 20 天内对几百份裁定书进行认真仔细审查。近年一些检察机关在执行机关的配合下尝试"事前监督"，即执行机关在报请减刑、假释之前邀请检察人员参与合议。这种监督方式虽比仅仅事后审查裁定书有利于发挥监督作用。但参与合议时，也主要是听取

① 徐霄桐、高培蕾：《法院减刑假释新规半年："一律开庭"难在哪儿?》，《中国青年报》2014 年 10 月 20 日，第 3 版。

执行机关的汇报、审查报请材料是否齐全，考核分数是否达标等内容。因此这仍然是一种形式审查。而且由于检察机关在审报表上签过"同意呈报"的意见，即使以后发现报请、裁定不当，也影响对裁定的纠正。

腐败犯罪宽大化刑罚执行政策背离了宽严相济刑事政策。违法减刑、假释、暂予监外执行，不仅直接影响罪犯矫正改造的效果，而且严重违背法律面前一律平等的原则，损害社会公平正义。

二、 从严： 腐败犯罪刑罚执行政策的回归

（一） 腐败犯罪刑罚执行政策的司法调整： 2014 年刑罚执行专项治理

1. 从严刑罚执行政策的出台及其内容

2014 年春节前，销声匿迹数年的原广东健力宝集团董事长、总裁张海再次成为各大新闻媒体热点。2007 年一审被判 15 年有期徒刑的张海，通过贿赂监狱管理人员、伪造立功材料等手段，先后获得一次改判、两次减刑，缩短刑期 9 年 1 个月 28 天，2011 年 1 月出狱，随即逃往海外。事后，检察机关对与张海违法减刑系列案有关的共 24 人进行了立案调查。这是一起典型的刑罚执行环节的司法腐败案件。该案件的披露，引起中央高层的极大关注。

针对在减刑、假释、暂予监外执行过程中存在的徇私舞弊、权钱交易等腐败行为，2014 年 1 月 21 日，中共中央政法委印发《关于严格规范减刑、假释、暂予监外执行切实防止司法腐败的意见》（中政委〔2014〕5号）。鉴于以权"赎身"、花钱"买刑"的案例多发生在职务犯罪、破坏金融管理秩序和金融诈骗犯罪、组织（领导、参加、包庇、纵容）黑社会性质犯罪的罪犯身上。因此，指导意见在全面规范的同时，突出强调了对职务犯罪、金融类犯罪以及涉黑犯罪等三类犯罪的规范要求。按照刑法的规定，"确有悔改"和"立功"表现是获得减刑、假释的关键条件。指导意见对此作出更详细、更严格的规定，明确要求对"确有悔改"的认定除了必须具备的一般条件外，还应当考察其是否通过主动退赃、积极协助追缴赃款赃物、主动赔偿损失等措施，积极消除犯罪行为的社会影响。对于以"技术革新"和"其他贡献"为由的立功表现，意见要求必须是罪犯独

立完成，并且经过省级或者国家主管部门确认的发明专利，不包括实用新型专利和外观设计专利。减刑快、间隔短是所有违规减刑案例的共同特征。此次指导意见要求必须从严把握减刑的起始时间、间隔时间和幅度。此外，对于适用保外就医的罪犯，指导意见除要求从严把握疾病范围和条件外，还明确规定不积极配合治疗的，或者适用保外就医可能有社会危险的，一律不得保外就医。①

中央政法委"五号文件"拉开了对违法违规减刑、假释、暂予监外执行问题专项治理的序幕。

（1）2014 年 4 月 23 日，最高人民法院颁布《关于减刑、假释案件审理程序的规定》，明确审理减刑、假释案件应当全面考量罪犯执行期间表现、犯罪具体情节、再犯罪危险性等情况，进一步明确六类减刑、假释案件必须开庭审理。针对目前减刑、假释案件书面审理时实质审查不够的问题，该《规定》第 14 条、第 15 条专门对书面审理进行规定：一是规定合议庭人员可以就被报请减刑、假释罪犯是否符合减刑、假释条件进行调查核实或者听取有关方面意见；二是强调书面审理的减刑案件可以提讯被报请减刑罪犯，书面审理假释案件，应当提讯被报请假释罪犯。

（2）2014 年 6 月 23 日，最高人民检察院印发《关于对职务犯罪罪犯减刑、假释、暂予监外执行案件实行备案审查的规定》。该《规定》根据现行法律规定和刑事政策精神，要求建立检察机关对职务犯罪罪犯减刑、假释、暂予监外执行案件的备案审查制度，对备案审查案件范围、备案审查材料内容、发现违法问题后的处理以及年度报告等提出了明确要求。该《规定》明确规定，对原厅局级以上职务犯罪罪犯减刑、假释、暂予监外执行的案件，人民检察院应当在收到减刑、假释裁定书或者暂予监外执行决定书后十日以内，逐案层报最高人民检察院备案审查；对原县处级职务犯罪罪犯减刑、假释、暂予监外执行的案件，人民检察院应当在收到减刑、假释裁定书或者暂予监外执行决定书后十日以内，逐案层报省级检察院备案审查。

（3）2014 年 7 月 21 日，最高人民检察院通过《人民检察院办理减刑、假释案件规定》。该《规定》要求，检察机关对六类减刑、假释案件将一

---

① 彭波：《中央政法委出台指导意见严格规范减刑假释，严惩以权花钱"赎身"》，《人民日报》
2014 年 2 月 25 日，第 2 版。

律进行调查核实。该《规定》指出，法院开庭审理减刑、假释案件的，检察院应当指派检察人员出席法庭，发表检察意见，并对法庭审理活动是否合法进行监督。出席法庭的检察人员不得少于二人，其中至少一人具有检察官职务。对执行机关提请减刑、假释有异议的案件，应当收集相关证据，可以建议法院通知相关证人出庭作证。庭审过程中，检察人员可以出示证据，申请证人出庭作证，要求执行机关代表出示证据或者作出说明，向被提请减刑、假释的罪犯及证人提问并发表意见。

（4）2014 年 10 月 10 日，司法部部务会议修订通过《监狱提请减刑假释工作程序规定》。该《规定》明确监狱对有期徒刑和被减刑为有期徒刑的罪犯提请减刑、假释，实行"五审核"和"一公示"："五审核"即分监区或者未设分监区的监区人民警察集体研究、监区长办公会议审核、监狱刑罚执行部门审查、监狱减刑假释评审委员会评审、监狱长办公会议决定。"一公示"是指在监狱评审委员会评审之后将提请减刑、假释名单及意见在监狱内公示 5 个工作日。经过上述程序之后提请罪犯服刑所在地的中级人民法院裁定。《规定》在总则明确了监狱提请减刑、假释严格实行办案责任制。此外，《规定》对职务犯罪罪犯的备查审查作了指向性规定，要求监狱办理职务犯罪罪犯减刑、假释案件，应当按照有关规定报请备案审查。

（5）2014 年 10 月 24 日，最高人民法院、最高人民检察院、公安部、司法部、国家卫生计生委联合印发《暂予监外执行规定》。该《规定》明确对被判处有期徒刑、拘役或者已经减为有期徒刑的罪犯，在符合一定情形时可以暂予监外执行。《规定》强调，对需要保外就医或者属于生活不能自理，但适用暂予监外执行可能有社会危险性，或者自伤自残，或者不配合治疗的罪犯，不得暂予监外执行。对患有高血压、糖尿病、心脏病等严重疾病，但经诊断短期内没有生命危险的，不得暂予监外执行。在严格暂予监外执行的审批程序方面，《规定》将有关程序细化为提出（申请）、审查提请（包括病情诊断、检查和鉴别）和审批三个环节，对每个环节的具体操作流程、相关法律文书送达、转递的要求及办理时限都作出了明确规定。为了加强对保外就医罪犯的监督管理，根据《刑事诉讼法》立法精神及中央要求，《规定》建立了保证人制度，突出了保外就医制度"保"的要求，明确了保证人的提出、保证人的条件和应当履行的义务等。此外，《规定》以从严适用暂予监外执行为原则，对《保外就医严重疾病范围》进行了全面修订，进一步明确了疾病的种类和程度，规定了详细的医学判定标准，为严格依法规范办理保外就医提供了依据，操作性更强。

2. 从严刑罚执行政策的效果

2014年1月至12月，全国法院共办理减刑、假释案件612272件，同比下降6.65%，其中减刑案件575018件，同比下降5.26%；假释案件37254件，同比下降23.81%。各级法院从严控制职务犯罪、黑社会性质组织犯罪和金融犯罪等"三类罪犯"的减刑、假释，2014年全国法院受理"三类罪犯"减刑案件15436件，其中，改变执行机关报请减刑幅度案件5203件，占受理案件数的34%，同比上升了15个百分点；裁定不予减刑案件741件，占受理案件数的4.8%，同比上升3个百分点；受理"三类罪犯"假释案件1845件，裁定不予假释198件，占受理案件数的10.73%，同比上升5个百分点。① 2014年，河南省法院共对"三类罪犯"裁定不予减刑55件，其中职务犯罪33件、金融犯罪4件、涉黑犯罪18件；裁定不予假释12件，均为职务犯罪；决定收监执行45人，其中职务犯罪罪犯40人，金融犯罪罪犯5人。全省法院对"三类罪犯"的减刑比例较其他罪犯低9.3%，平均减刑幅度较所有罪犯低0.67个月。②

2014年，全国检察机关开展减刑、假释、暂予监外执行专项检察。针对群众反映强烈的一些"有权人""有钱人"犯罪后"以权赎身""提钱出狱"等问题，以职务犯罪、金融犯罪、涉黑犯罪为重点，对正在监管场所服刑的，逐人审查；正在保外就医的，逐人见面、重新体检。监督纠正"减假暂"不当23827人，同比上升42.6%；监督有关部门对2244名暂予监外执行罪犯依法收监执行，其中原厅级以上干部121人；查办违法"减假暂"背后的职务犯罪252人。③ 2014年，广东省检察院在全省开展减刑、假释、暂予监外执行专项检察，最终对138名不符合暂予监外执行条件的罪犯收监执行刑罚，其中，群众举报的"非三类罪犯"4人，涉黑犯罪罪犯1人，金融犯罪罪犯7人，职务犯罪罪犯126人（原厅局级干部12人，

① 罗书臻：《最高人民法院通报"减假暂"工作情况，减刑和假释案件同比分别下降5.26%和23.81%》，《人民法院报》2015年2月14日，第1版。

② 赵强：《河南省高院通报全省职务犯罪执行情况33件犯罪案未减刑》，《河南商报》2015年1月23日，第A06版。

③ 曹建明：《最高人民检察院工作报告——2015年3月12日在第十二届全国人民代表大会第三次会议上》，《人民日报》2015年3月21日，第3版。

县处级干部 26 人）。深圳市原副市长王炬因受贿、滥用职权罪被判刑 20 年，但仅服刑 2 年就被保外就医，已连续保外就医 8 年的他去年被重新收监。而 12 名原厅局级干部罪犯均因为去年新出台的中央政法委"五号文件"对"三类罪犯"规定更严而收监，并未存在徇私舞弊、权钱交易等腐败行为。广东检察机关还立案查处违法减刑、假释、暂予监外执行背后的职务犯罪 16 件 16 人。[1] 权威数据显示，2014 年全国超过 800 名"逍遥狱外"者被重新收监。[2]

（二）腐败犯罪刑罚执行政策的立法调整：终身监禁的设立

2015 年 8 月 29 日，第十二届全国人民代表大会常务委员会第十六次会议以 153 票赞成、2 票反对、4 票弃权，表决通过了《中华人民共和国刑法修正案（九）》（以下简称《刑法修正案（九）》）。《刑法修正案（九）》第 44 条第 4 款规定："犯第一款罪，有第三项规定情形被判处死刑缓期执行的，人民法院根据犯罪情节等情况可以同时决定在其死刑缓期执行二年期满依法减为无期徒刑后，终身监禁，不得减刑、假释。"根据这一款规定，腐败分子贪污受贿数额特别巨大，并使国家和人民利益遭受特别重大损失，而被法院判处死刑缓期执行的，法院根据犯罪情节等情况可以同时决定在其死刑缓期执行二年期满依法减为无期徒刑后，终身监禁，不得减刑、假释。这是我国刑事立法中首次出现"终身监禁"的规定，是我国刑罚执行史上的重大突破。

根据中政委 5 号文件规定，贪贿分子判处死缓，减刑后最少要服刑 22 年，《刑法修正案（九）》新增的"终身监禁"则进一步加大对贪贿腐败分子的惩罚力度。这就意味着今后特大贪贿犯罪判处死缓的罪犯，可以分为两类：一类是"普通死缓"，死刑缓期执行二年期满后，可以减刑假释；另一类则是"特别死缓"，死刑缓期执行二年期满后不得减轻假释，终身监禁。这表明因贪贿犯罪被判处死刑缓期执行的腐败分子，虽然有可能"免死"，但由于没有减刑、假释的机会，可能面临"牢底坐穿"。这一规定更体现了中央反腐败的决心。

---

[1] 霍瑶：《广东 138 名罪犯被重新收监，其中职务犯罪罪犯 126 人，包括厅局级官员 12 人》，《南方都市报》2015 年 1 月 9 日第，A12 版。

[2] 傅勇涛：《800 多逍遥狱外者被重新收监，中国向高墙内腐败说不》，http：//news. xinhuanet. com － /2015 － 01/12/ c_ 1113964641. htm。

有的学者认为，"如果草案表决通过，终身监禁将成为我国刑法中一种新的刑罚措施"。① 笔者认为，"终身监禁"不是新的刑罚措施，而仅仅是新的刑罚执行措施。全国人民代表大会法律委员会《关于〈中华人民共和国刑法修正案（九）（草案）〉审议结果的报告》指出："有的常委委员和有关部门建议对重特大贪污受贿犯罪规定终身监禁。法律委员会经同中央政法委等有关部门研究认为，对贪污受贿数额特别巨大、情节特别严重的犯罪分子，特别是其中本应当判处死刑的，根据慎用死刑的刑事政策，结合案件的具体情况，对其判处死刑缓期二年执行依法减为无期徒刑后，采取终身监禁的措施，有利于体现罪刑相适应的刑法原则，维护司法公正，防止在司法实践中出现这类罪犯通过减刑等途径服刑期过短的情形，符合宽严相济的刑事政策。据此，建议在刑法第三百八十三条中增加一款规定，对犯贪污、受贿罪，被判处死刑缓期执行的，法院根据犯罪情节等情况可以同时决定在其死刑缓期执行二年期满依法减为无期徒刑后，终身监禁，不得减刑、假释。""终身监禁"旨在防止腐败分子利用减刑、假释程序逃避刑罚。

（三） 新的减刑、 假释司法解释出台

根据中政委5号文件规定，被判处有期徒刑的，2年后方可开始减刑，且一次减刑不得超过1年，两次减刑应间隔1年至1年6个月以上；被判处无期徒刑以及被判处死刑缓期执行减为无期徒刑的，3年后方可减刑，一次减刑不得超过1年，两次减刑应当间隔2年以上。依此推算，一名被判处无期徒刑的罪犯即使按照规定予以最高额度的减刑（实践中一般不可能这样），其最短刑期将由原来的13年增加4年，至17年，死刑缓期执行罪犯的最短刑期则增加了5年，最低也不会少于22年。上述规定与最高人民法院2012年1月17日颁布的《关于办理减刑、假释案件具体应用法律若干问题的规定》不一致，最高人民法院的解释有必要修改。有鉴于此，最高人民法院2016年9月19日颁布了新的《关于办理减刑、假释案件具体应用法律的规定》（以下简称《规定》）。《规定》是对2012年《规定》的修改完善。本次修改，在2012年《规定》29个条文的基础上，修改条

① 邹伟、罗沙等：《"巨贪"将把牢底坐穿？——聚焦刑法修正案（九）草案对重特大贪污犯罪增设"终身监禁"》http：//news.xinhuanet.com/legal/2015－08/25/c_1116370280.htm。

文 17 条，合并条文 2 条，删除（程序性）条文 6 条，新增条文 20 条，保留不变 3 条，总条文达 42 条。主要修改内容有：①

1. 为澄清司法实践中对减刑、假释性质的认识偏差并纠正一些不正确做法，《规定》在第 1 条中即规定"减刑、假释是激励罪犯改造的刑罚制度"。罪犯只有积极改造，表现优异者，才能获得减刑、假释。适用减刑、假释，必须贯彻宽严相济刑事政策，最大限度地发挥刑罚的功能和实现刑罚的目的。

2. 根据《规定》，对职务犯罪、黑社会性质组织犯罪、金融犯罪以及严重危害国家安全犯罪、恐怖活动犯罪、严重暴力性犯罪等依法应当从严控制减刑、假释的罪犯，新增减刑起始时间、间隔时间、减刑幅度从严的规定。对部分罪行较轻、符合规定条件的罪犯可以依法从宽适用假释，对既符合减刑条件又符合假释条件的罪犯可以优先适用假释。

3. 《规定》细化了《刑法修正案（九）》有关减刑、假释的新规定。新增对决定终身监禁的贪污、受贿罪犯不得再减刑、假释的规定。对死缓考验期内故意犯罪但尚未达到情节恶劣，不执行死刑的罪犯，在明确死缓执行期间重新计算的同时，新增了"减为无期徒刑后，五年内不予减刑"的从严规定。

4. 针对实践中一些罪犯减刑过快过多，实际执行刑期偏短，特别是对一些重刑犯的刑罚执行存在生刑过轻、死刑过重等问题，《规定》通过科学测算，对有期徒刑罪犯、无期徒刑罪犯、死刑缓期执行罪犯、死刑缓期执行限制减刑罪犯，在减刑起始时间、间隔时间、减刑幅度上均做了相应调整，以便有效地发挥刑罚的功能。

5. 对于司法实践中一些具有普遍性的难点问题，例如罪犯又犯新罪以及原判死缓、无期徒刑罪犯发现漏罪后，已经实际执行刑期、减去刑期的处理；减刑、假释裁定在再审案件中的效力认定；罪犯履行财产性判项情况与减刑、假释关联等，这次都作了明确详细的规定，便于实际操作。

---

① 乔文心：《最高人民法院出台关于减刑、假释案件的司法解释》，《人民法院报》2016 年 11 月 16 日，第 1 版。

三、 完善腐败犯罪刑罚执行政策的若干思考

（一） 加快推进刑罚执行立法， 提升刑罚执行法治化水平

2004 年 5 月至 2005 年 2 月，最高人民检察院、公安部、司法部在全国范围内开展了为期 9 个月的减刑、假释、保外就医专项检查活动。截至 2004 年 12 月底，全国检察机关共清理减刑、假释、保外就医案件 1209247 件。经过清查，发现违反有关规定超幅度减刑、违反减刑间隔期、违反保外就医病残标准、法律文书档案不完备、不规范等问题，检察机关提出纠正意见 20472 件，有关部门已经纠正 17431 件。[①] 但十年过去，刑罚执行中的各种问题依然存在。

2014 年刑罚执行的专项治理，尽管力度加大，也出台了一些文件规范，但刑罚执行立法缺失问题没有得到根本解决。如 2010 年至 2015 年 8 月，全国检察机关共监督纠正刑罚交付执行违法情形 15354 件。[②] 2016 年 5 月，最高人民检察院会同最高人民法院、公安部、司法部集中开展清理判处实刑罪犯未执行刑罚专项活动，检察机关又核查出未执行刑罚罪犯 11379 人，督促纠正 6381 人，其中收监执行 5062 人。2016 年 4 月广东省检察院联合其他政法部门开展判处实刑罪犯未执行刑罚集中清理活动，其间全省共核查出审前未羁押、判处实刑未执行刑罚的罪犯 532 人，其中被判处死缓 1 人，无期徒刑 2 人，10 年以上有期徒刑 33 人，不满 10 年有期徒刑 318 人，拘役 178 人，除查明死亡 22 人外，已清理纠正 356 人。核查出被撤销假释、撤销缓刑、暂予监外执行条件消失尚未收监执行且逃匿或者下落不明 282 人，已收监执行 137 人。[③] 这表明这种专项治理模式不是解决问题的根本办法。

习近平总书记 2014 年 2 月 28 日在主持召开中央全面深化改革领导小

---

① 贾春旺：《最高人民检察院工作报告——2005 年 3 月 9 日在第十届全国人民代表大会第三次会议上》，《最高人民检察院公报》2005 年第 3 期。

② 曹建明：《最高人民检察院关于刑罚执行监督工作情况的报告》，《检察日报》2015 年 11 月 6 日，第 2 版。

③ 章程：《广东检察机关在去年集中清理活动中核查出 800 多犯人刑罚执行 "有问题"》，《广州日报》2017 年 6 月 9 日，第 5 版。

组第二次会议上指出："凡属重大改革都要于法有据。在整个改革过程中，都要高度重视运用法治思维和法治方式，发挥法治的引领和推动作用，加强对相关立法工作的协调，确保在法治轨道上推进改革。"党的十八届四中全会通过的《中共中央关于全面推进依法治国若干重大问题的决定》明确指出："必须坚持立法先行，发挥立法的引领和推动作用。""实现立法和改革决策相衔接，做到重大改革于法有据、立法主动适应改革和经济社会发展需要。""建设法治国家，消除人治恶习，就要去除'文件治国'思想。"[①] 时任中共中央政治局常委、中央纪委书记王岐山 2015 年 5 月 8 日至 10 日在浙江省调研时强调，"党纪"与"国法"不是一个概念，不能混同。[②] "党对改革的领导，不是先于法律的领导，而是先行立法的领导，事先要寻求改革的法律根据，也就是说，党的领导必须纳入法治的轨道，遵循着法治的轨迹前进。"[③] 中政委 5 号文件是党内政策性文件，不是法律规范，不能为司法机关提供直接的办案依据。减刑、假释条件的修改及程序的改进等，在现行制度的框架内是无法解决的，必须通过修改立法才能实现。鉴此，笔者建议尽快启动制定我国刑事执行法典的工作，对刑罚执行中的基本问题和程序作出比较细化的立法规定。目前，不少国家制定了刑事执行法典，如俄罗斯联邦于 1997 年颁布了《俄罗斯联邦刑事执行法典》，丹麦 2000 年颁布了《刑事执行法典》。我国 1994 年制定了监狱法，但该法调整对象过窄，而且已多年未曾全面修改（2012 年仅对与刑事诉讼法相矛盾的地方作了修改）。有鉴于此，笔者建议，我国应当加快制定刑事执行法典步伐，在法典中增设具体的刑罚执行监督条款。

（二）统一执法标准，保障刑罚执行的规范化

立法修改需要一个漫长的过程，特别是《刑事诉讼法》2012 年修改时间不长，在近几年内立法机关不可能再启动修法程序。所以，在现行立法框架内，及时出台司法解释是一种现实的、具有可行性的选择。基于现行立法的规定，由全国人大常委会法工委牵头，会同最高人民检察院、最高

---

① 刘志浩：《清华大学法学院院长：法治社会必须摒弃"文件治国"》，《齐鲁晚报》2015 年 5 月 11 日，第 A07 版。

② 姜洁：《王岐山在浙江省调研时强调，唤醒党章党规意识，推进制度创新》，《人民日报》2015 年 5 月 11 日，第 1 版。

③ 许耀桐：《论党和法治的十大关系》，《科学社会主义》2015 年第 1 期。

人民法院、公安部、司法部联合制定《关于刑罚执行中若干问题的规定》。在这个联合制发的司法解释中对减刑、假释、暂予监外执行的条件及程序作出比较细化的、具有可操作性的规定。

（三）改革刑罚变更执行的模式，实现减刑、假释程序的诉讼化

目前，世界上存在的两种刑罚变更执行的模式：一是法院裁决模式，主要国家是俄罗斯、意大利等；二是行政裁决模式，即由专门的委员会处理，如美国、加拿大、英国、日本等。[①] 根据我国司法机关的性质和刑罚执行机关的现状，笔者建议取消刑罚执行机关（监狱、公安机关）对减刑、假释的直接申报权，减刑、假释的申报权改由检察机关行使，刑罚执行机关只享有减刑、假释的建议权。即服刑罪犯需要减刑、假释的，由刑罚执行机关制作减刑、假释建议书，连同案卷材料、证据一并移送人民检察院（刑罚执行监督机关）审查。人民检察院对于刑罚执行机关建议减刑、假释的案件进行审查后，认为符合减刑、假释条件的，制作减刑、假释意见书报人民法院审核裁定。该程序的改进要通过修改现行《刑事诉讼法》才能实现。在立法未作修改之前，建议通过司法解释确认检察机关对减刑、假释的事先参与合议制度。

目前，暂予监外执行有两种情况：一种是法院判决生效后交付刑罚执行前，因罪犯有严重疾病需要保外就医的或者罪犯是怀孕或者正在哺乳自己婴儿的妇女，由人民法院直接裁定暂予监外执行；另一种情况是罪犯在刑罚执行期间因符合《刑事诉讼法》第254条之规定，由刑罚执行机关决定暂予监外执行。这两种情况都需要加以改革。对于第一种情况，应增设检察机关对暂予监外执行的建议权，即罪犯交付刑罚执行之前，发现应当暂予监外执行的，由检察机关提出暂予监外执行建议书报请人民法院审核裁定。对于第二种情况，即刑罚执行机关决定暂予监外执行的，应将决定书及案卷材料移送人民检察院审查，检察机关提出异议的，决定或批准机关要重新审查，如不采纳检察意见的，应当说明理由。

早在2009年7月最高人民法院在全国部分法院减刑、假释工作座谈会上就要求，所有职务犯罪减刑、假释一律实行公开听证制度，尤其是原为

[①] 葛琳、庞振东：《监禁刑执行变更程序的模式选择》，《人民检察》2005年第19期。

县处级以上领导干部罪犯减刑、假释案件，对重大、有影响的减刑、假释案件则实行陪审制度或接受人民监督员监督的制度。[①] 此后，少数法院作了试行，如2011年4月14日广东高级人民法院公布的《关于在全省法院进一步推进司法公开的意见》第43条规定："职务犯罪案件，尤其是罪犯原为县处级以上领导干部的减刑、假释案件，一般应当开庭审理。"但由于没有有效的制度保障，这一要求基本没有实现。2014年4月23日，最高人民法院颁布《关于减刑、假释案件审理程序的规定》规定，"被报请减刑、假释罪犯系职务犯罪罪犯，组织（领导、参加、包庇、纵容）黑社会性质组织犯罪罪犯，破坏金融管理秩序和金融诈骗犯罪罪犯及其他在社会上有重大影响或社会关注度高的"的减刑、假释案件，应当开庭审理。从此，"减假暂"案件办理程序更加规范，公开透明度显著提高，实质性审查明显加强，减刑、假释程序的诉讼化初步得到确立。但要真正实现减刑、假释程序的诉讼化，不仅要进一步明确减刑、假释的程序规则，而且要切实加强减刑假释庭的建设，配好、配强审判人员。如浙江省有监狱的中级人民法院共6个，其中杭州、宁波、湖州，衢州中级人民法院专门设立了减刑假释庭。金华中级人民法院的减刑假释庭已经批准，即将成立。[②]

（四）强化检察监督

1. 完善监督手段，构建同步监督机制。（1）确保检察机关的知情权。知情权是法律监督权的基础性权能，是检察机关开展法律监督工作的前提条件和对违法行为的性质、危害程度进行判断和处理的基础。只有确立刑罚执行机关的告知义务，才能确保检察机关掌握刑罚执行情况，实现对刑罚执行全过程的有效监督。（2）明确检察机关的违法行为调查权。最高人民法院、最高人民检察院、公安部、国家安全部、司法部2010年7月26日印发的《关于对司法工作人员在诉讼活动中的渎职行为加强法律监督的若干规定（试行）》明确规定，检察机关对司法工作人员在诉讼活动中的渎职行为有权进行调查。但该《规定》效力较低，难以保证检察机关调查

[①] 袁定波：《最高法院要求所有职务犯罪减刑假释一律实行公开听证》，《法制日报》2009年7月14日，第5版。

[②] 徐霄桐、高培蕾：《法院减刑假释新规半年："一律开庭"难在哪儿？》，《中国青年报》2014年10月20日，第3版。

权的有效行使。① "动员千遍，不如问责一次。"② 某省 2013 年至 2016 年 6 月经刑事执行检察部门查处后受到党政纪处分的相关人员共 145 人，其中党纪处分 28 人，政纪处分 117 人。通过对违纪案件的查处，提高了刑事执行检察的公信力。③ 这充分体现了检察违法调查权的重要性。当前突出问题是：检察调查权的行使各地很不平衡，有的地方查处违纪、违法的案件数量偏少。原因之一是立法对检察调查权的规定不明确。2012 年修正的民事诉讼法第 210 条已对检察调查权作出了肯定性规定，但同年修正的刑事诉讼法则没有规定。笔者认为，检察机关职务犯罪侦查权移交给国家监察委员会后，检察机关是否享有对监督对象违法行为的调查取证权就更为重要。只有确立检察调查权，检察监督的最后保障才不会动摇。

2. 加强监督刚性，明确检察监督的法律效力。强制性是国家权力的最本质特征。有的同志认为："对于检察机关认为暂予监外执行不当的，提出书面纠正意见后不被采纳的，有权撤销监外执行的决定，交由执行机关执行。"④ 笔者不同意这一观点。检察机关法律监督的特征之一在于监督权与处分权的分离。检察权是一种程序性的司法请求权，而非处分权。如果赋予检察机关直接处分权，那么"监督者如何受监督"的难题将更加突出。但是检察监督权虽然是一种程序性权力，但并不意味着没有法律效力。不管是《纠正违法行为通知书》，还是《检察建议书》，都是检察机关在行使诉讼监督过程提出的具有法律意义的文书，理当具有法律上的约束力。特别是检察建议，"要成为检察机关的一项权力，关键也在于检察机关提出检察建议时能否对有关机关或单位产生必须实施或不得实施某种行为的效力"。⑤ 因此，立法应当明确规定，检察监督意见一经发出，被监督的执行机关必须在规定的时间内予以整改并将纠正结果及时回复检察机关；如果认为检察监督意见不能成立的，应当在一定期限内向检察机关书面说明理由。同时明确规定，被监督者拒不采纳检察监督意见所应承担的

① 张智辉主编：《检察权优化配置研究》，中国检察出版社 2014 年版，第 318 页。
② 王岐山同志 2015 年 1 月 12 日在中国共产党第十八届中央纪律检查委员会五次全体会议上的工作报告。
③ 蒋元清：《加大力度查处违纪案件促进刑事执行工作更加依法规范》，《浙江省法学会诉讼法学研究会 2016 的年会论文集》，第 193 页。
④ 刘伟发等：《试论检察处分权的确立及配置——以检察职能的完善为视角》，《第十五届全国检察理论研究年会论文集》（2014 年 5 月·福建），第 108 页。
⑤ 张智辉：《检察权研究》，中国检察出版社 2007 年版，第 204 页。

法律责任。

3. 建设刑罚执行信息系统，为监督提供科技支撑。信息化和大数据是构建刑罚交付执行监督机制的重要支撑。随着互联网和云计算技术的迅猛发展，我们步入了大数据时代。在大数据时代，"信息即权力，数据即力量，数据信息的分布决定着国家的治理结构"。① 大数据昭示着人类社会的重大变革，推动信息技术在司法领域的融合运用向纵深发展。各级检察机关要顺应信息化时代的发展趋势，打破不同地区、不同部门之间的信息壁垒，积极推动实现信息交流、信息资源关联整合和共享应用，将分散在法院、看守所、监狱、未成年人管教所、社区矫正机关等信息系统中涉及罪犯执行的各种信息整合起来，全面推进检察大数据共享交换平台建设，逐步建成全覆盖、开放型、智能化的刑罚执行应用服务体系，以切实发挥信息技术的支撑、推动和引领作用。

当然，要真正解决我国刑罚执行中存在的各种顽疾，必须突破传统的检察监督模式，构建一种新型的"检察指挥执行"的刑罚执行体制。"构建我国专属的指挥型检察监督机制是强化和完善我国刑罚执行检察监督权的最佳。"② "大陆法系国家普遍采用'检察官指挥执行'的刑罚执行体制，即检察官在刑罚执行程序中居于主导地位，负有执行指挥权，司法警察、监狱等机构则处于从属地位，是检察官的辅助机构。"③《日本刑事诉讼法》第 472 条（指挥执行）规定："裁判的执行，由与作出该项裁判的法院相对应的检察厅的检察官指挥。"《德国刑事诉讼法》第 451 条（执行机关）规定："刑罚的执行，由作为执行机关的检察院依据书记处书记员发放的、附有可执行性证书和经过核实的判决主文副本付诸实施。"韩国《刑事诉讼法》第 460 条（执行的指挥）规定："裁判的执行，由作出该裁判的法院对应的检察厅检事指挥。"我国台湾地区"刑事诉讼法"第 457 条规定："执行裁判由为裁判法院之检察官指挥之。"这种刑罚执行体制值得我国吸收借鉴。

（五）期待"终身监禁"司法化

《刑法修正案（九）》对贪贿犯罪规定"终身监禁"措施后，引起了

---

① 王向民：《大数据时代的国家治理转型》，《探索与争鸣》2014 年第 10 期。
② 曹玉江：《刑罚交付执行中检察职能的反思与重构》，《中国检察官》2015 年第 17 期。
③ 万毅：《论检察监督模式之转型》，《法学论坛》2010 年第 1 期。

社会各界极大关注。我国学术界对"终身监禁"有诸多意见。有的认为："终身监禁让罪犯看不到希望，有违教育改造的刑罚目的；会导致监狱负担过重，执行上有困难。"[1] 有的认为："终身监禁"规定并未脱离死刑桎梏；"终身监禁"适用标准尚未明晰；"终身监禁"与追诉时效宗旨相互冲突；"终身监禁"将会增加监狱系统压力。[2]也有的认为："虽说贪贿犯罪死缓'终身监禁'不失为解决罪刑失衡的一个方法，也能够解决一些刑罚执行过轻的问题，但它的弊端也十分明显，主要是影响了刑法的整体性与系统性。"[3]

笔者认为，上述对"终身监禁"措施的质疑，具有相当的合理性，学者的疑虑也不无道理。但我们一定要注意，"法律的制定者是人不是神，法律不可能没有缺陷。因此，发现法律的缺陷并不是什么成就，将有缺陷的法条解释得没有缺陷才是智慧"。[4] 如何全面有效实施法律，目前已成为我国法治建设的主要矛盾，刑法领域也是如此。如何把可能有缺陷的刑法制度执法到位，才是我们该认真研究的问题。所以，笔者期待"终身监禁"司法化，而不是让"终身监禁"仅仅成为纸上的法律。[5]

---

① 王姝：《重特大贪污受贿犯罪可处终身监禁》，《新京报》2015 年 8 月 30 日，第 A04 版。
② 姚建龙、李乾：《贪污受贿犯罪终身监禁若干问题探讨》，《人民检察》2016 年第 2 期。
③ 百里溪：《与其贪贿死缓"终身监禁"，不如改变刑期设置》，http://bailixi.fyfz.cn/b/864474。
④ 张明楷：《刑法格言的展开》（第 3 版），北京大学出版社 2014 年版，第 8 页。
⑤ 2016 年已有 3 例被判终身监禁案例：全国人大环境与资源保护委员会原副主任委员白恩培、国家能源局煤炭司原副司长魏鹏远、黑龙江龙煤矿业集团股份有限公司物资供应分公司原副总经理于铁义相继因受贿罪被判处死缓并终身监禁。

第十八章　人民监督员制度研究①

人民监督员制度，原是指为了加强对人民检察院查办职务犯罪案件工作的监督，提高执法水平和办案质量，由职权机关组织推举选任的人民监督员，按照一定规范与程序，对检察机关管辖的职务犯罪案件行使自由裁量权进行监督，确保检察机关依法公正履行检察职责，维护社会公平正义的一种新型社会监督制度。实行人民监督员制度，是在司法体制改革中推进检察改革的一项重要探索。随着我国监察体制改革的推进，人民监督员制度的改革面临新的问题。

一、 人民监督员制度的出台和发展

（一） 人民监督员制度的出台

党的十六大确定推进司法体制改革的任务后，最高人民检察院通过慎重的调查研究和反复分析论证，认为检察改革的着眼点要从人民群众反映最突出、要求最强烈的问题入手，从制约司法公正的环节入手。检察机关作为国家的法律监督机关，多年来始终把查办职务犯罪摆在重要位置，每年都要查办几万件案件，为强化法律监督，促进党风廉政建设作出了贡献，成为我们党和国家反腐败斗争格局中的一支重要力量，受到了各级党委、人大、政府的肯定和人民群众的称赞。但不可否认，职务犯罪查办中也存在不容忽视的问题，特别是一些地方侦查水平和办案质量不高，有的甚至滥用职权、以案谋私。面对查办职务犯罪中存在的问题和外界的质疑，2003 年 8 月 29 日，时任最高人民检察院检察长贾春旺在"人民监督

---

① 本文初稿参见张兆松：《中国检察权监督制约机制研究》，清华大学出版社 2014 年版，第 223—260 页。

员试点工作会议"上指出："对检察机关直接侦查的案件实行人民监督员制度，目的就是要在检察环节建立起有效的外部监督机制，从制度上保证各项检察权特别是职务犯罪侦查权的正确行使。"这次会议标志着人民监督员制度的诞生。①

2003 年 9 月 2 日，最高人民检察院通过《关于实行人民监督员制度的规定（试行）》，开展了人民监督员制度试点。2003 年 10 月 22 日，最高人民检察院宣布：经过充分研究论证，报经党中央同意并报全国人大常委会，决定在四川、湖北、福建等 10 个省、自治区、直辖市检察机关进行人民监督员制度试点工作。2004 年 7 月 5 日，最高人民检察院对《关于实行人民监督员制度的规定（试行）》进行了修改，同时还发布《关于适用〈最高检关于实行人民监督员制度的规定（试行）〉若干问题的意见》和《关于进一步扩大人民监督员制度试点工作的方案》的通知。2005 年 11 月 23 日，最高人民检察院又通过《关于人民监督员监督"五种情形"的实施规则（试行）》。据统计：2003 年至 2010 年的七年间，全国已有 3137 个检察院进行了试点，占各级检察院总数的 86.5%，先后选任人民监督员 3 万多人次。人民监督员共监督"三类案件"32304 件，其中不同意检察机关拟处理意见的 1635 件，检察机关采纳 899 件；对"五种情形"提出监督意见 1000 余件，绝大部分已经办结并向人民监督员反馈。②

2010 年 9 月 14 日，中央政法委第十五次全体会议暨司法体制改革第七次专题汇报会在北京召开，会议同意检察机关从 10 月起全面推行人民监督员制度。2010 年 10 月 26 日，最高人民检察院通过了修改后的《关于实行人民监督员制度的规定》（以下简称"2010 年《规定》"）。2012 年《刑事诉讼法》修改后，最高人民检察院制定颁布的《人民检察院刑事诉讼规则》第 706 条规定："人民检察院办理直接立案侦查的案件接受人民监督的监督，具体程序依照有关规定办理。"作为一项重大司法改革成果，人民监督员制度相继载入《中共中央关于构建社会主义和谐社会若干重大问题的决定》等相关重要历史文献；被写入《2004 年中国人权事业的进展》、2005 年《中国的民主政治建设》、2008 年《中国的法治建设》、《2009 中国法治建设年度报告》、《国家人权行动计划（2009—2010 年）》、2010 年《中国的反腐败和廉

① 王治国：《检察工作的"阳光工程"》，《检察日报》2005 年 10 月 17 日，第 1 版。
② 徐盈雁：《高检院部署全面推行人民监督员制度》，《检察日报》2010 年 10 月 29 日，第 1 版。

政建设》等重要文献。

（二）人民监督员制度的发展

党的十八届三中全会通过的《中共中央关于全面深化改革若干重大问题的决定》提出："广泛实行人民监督员制度，拓宽人民群众有序参与司法渠道。"为了切实解决现行人民监督员制度存在的问题，2014年9月5日，最高人民检察院印发《人民监督员监督范围和监督程序改革试点工作方案》，确定自2014年10月至2015年6月，在人民监督员选任管理方式改革试点地区的检察机关，同步开展人民监督员监督范围和监督程序改革试点工作。9月10日，最高人民检察院、司法部印发《关于人民监督员选任管理方式改革试点工作的意见》，确认在北京、吉林等10个省、自治区、直辖市开展由司法行政机关选任管理人民监督员的改革试点工作。

2015年2月27日，中央全面深化改革领导小组第十次会议通过了《深化人民监督员制度改革方案》，会议强调："要认真总结人民监督员监督范围、监督程序试点和人民监督员选任管理方式改革试点经验做法，在人民监督员选任方式、监督范围、监督程序、知情权保障等方面深化改革。"① 最高人民检察院、司法部2015年3月7日出台《深化人民监督员制度改革方案》（以下简称《改革方案》），2015年12月21日，最高人民检察院通过《关于人民监督员监督工作的规定》（以下简称"2016年《规定》"），2016年7月5日，最高人民检察院、司法部联合印发《人民监督员选任管理办法》（以下简称《办法》），人民监督员制度进入新的发展阶段。

这一轮人民监督员制度改革的进展主要表现在：1. 改革选任管理方式。在制度试点阶段和扩大试点工作阶段，人民监督员是由检察机关主导产生的，这就难以从根本上解决检察机关"自己选人监督自己"的问题。根据《改革方案》，人民监督员将由司法行政机关负责选任管理。2. 扩大监督范围。2016年《规定》列举了11种监督情形，与2010年《规定》相比，新增了4种情形，即：采取指定居所监视居住强制措施违法的，阻碍当事人及其辩护人、诉讼代理人依法行使诉讼权利的，应当退还取保候审保证金而不退还的，犯罪嫌疑人不服逮捕决定的。3. 完善人民监督员监督程序。人民监

① 《人民日报》2015年2月28日，第1版。

督员的监督程序从以下方面进行了设计：一是扩大启动主体，降低启动监督程序的门槛，增强启动的可能性和便利性。二是完善监督评议的具体流程，增强评议效果。三是增设了复议程序，倒逼检察机关办案部门审慎对待此前的审查处理和监督评议。四是保障人民监督员的知情权。[1]

二、 监察体制改革背景下人民监督员制度的再选择

（一） 监察体制改革背景下人民监督员制度存废的争议

随着国家监察体制改革的推进，宪法修正案和监察法的通过，检察机关查处贪污贿赂、渎职侵权以及预防职务犯罪等相关职能整合至监察委员会。如此一来，人民监督员制度成为学界关注的问题。

对此，有以下几种观点。一种观点认为："由于检察机关职能调整以及监察委员会自身监督的需要，人民监督员制度具有进一步改革和完善的必要，担负起对监察委员会的社会监督责任。这种转型是可行的，也符合经济效率原则。"[2] 即将人民监督员由对检察机关的监督改为对监委的监督。第二种观点认为，"人民监督员制度的设置初衷是监督检察机关自己侦查的职务犯罪案件，但其职务犯罪侦查权转隶国家监察委员会，监督的对象已经不存在"。所以，"人民监督员制度应当回归其应有功能，只对检察机关公诉权进行监督，防止不当不起诉和不当起诉"[3]。即保留人民监督员对检察机关的监督，但监督的对象由原来的职务犯罪侦查权转变为公诉权。第三种观点认为，"人民监督员制度作为颇具中国特色的外部监督形式和人民民主方式，应当予以保留，应顺应改革的大趋势作出调整完善，进一步实现法治化发展"。改良后，"人民监督员的监督范围将以监察委员会的监察行为为主，并要顾及检察机关的部分行为"。[4] 笔者认为，人民监督员制度改革的方向应是实现对检察权监督的全覆盖。理由是：

① 彭波：《让人民监督员更有代表性——最高检、司法部有关部门负责人答记者问》，《人民日报》2016 年 7 月 14 日，第 9 版。
② 尹维达：《监察体制改革背景下的人民监督员制度转型》，《南海法学》2017 年第 5 期。
③ 高一飞：《国家监察体制改革背景下人民监督员制度的出路》，《中州学刊》2018 年第 2 期。
④ 秦前红：《实现监察体制改革与人民监督员制度改革的衔接》，《法制日报》2017 年 9 月 27 日，第 9 版。

第一，完善人民监督员制度是中央司法改革的重大举措，不应轻易否定。深化人民监督员制度改革，是党的十八届三中、四中全会提出的一项重要改革举措。中央全面深化改革领导小组第十次会议强调：深化人民监督员制度改革，"目的是进一步拓宽人民群众有序参与司法渠道，健全确保检察权依法独立公正行使的外部监督制约机制，对保障人民群众对检察工作的知情权、参与权、表达权、监督权具有重要意义"。这种有益于国家权力监督制约的改革不能也不应半途而废。

第二，人民监督员制度的试点，本来就是为了解决"谁来监督监督者"的问题。检察机关的职务犯罪侦查权转移给了监委后，检察机关的宪法地位没有变化，仍然是国家法律监督机关。"监督者如何受监督"的难题并没有完全解决，检察机关的逮捕权、公诉权和诉讼监督权等，还需要强化外部监督，以防止检察权的滥用。

第三，从试点实践看，2013 年 10 月 22 日，时任最高人民检察院检察长曹建明在第十二届全国人民代表大会常务委员会第五次会议上所作的《关于反贪污贿赂工作情况的报告》透露，2008 年 1 月至 2013 年 8 月，全国检察机关共立案侦查贪污贿赂犯罪案件 151350 件 198781 人，但只将 13265 件贪污贿赂犯罪案件提交人民监督员监督。[①] 2014 年深化改革以来，人民监督员只监督案件 9241 件。[②] 而提交监督后，人民监督员提出了很多监督意见，这些意见是否被采纳等更是未知数。从司法实际情况看，监督效果并不明显。如何改革现行人民监督员制度，真正实现对检察权的民众监督，才是目前必须正视的问题。

第四，加强对国家监委职务违法和职务犯罪调查权的监督，确实是十分必要的，但对监委的监督要引入人民监督员制度为时尚早，也需中央通盘考虑。国家监察体制改革刚刚起步，2018 年 3 月 20 日，第十三届全国人民代表大会第一次会议通过的监察法，尚且对监察调查期间的律师介入及检察监督问题没有规定，更难以将人民监督员制度纳入对监委的监督范围。现行制度框架内，目前亟待对监委的监督制约，更有效的、更有力的是其他国家权力的监督制约，如检察权、审判权对监察权的监督制约，而不是公民权利对监察权的监督。

---

① 参见《检察日报》2013 年 10 月 25 日，第 2 版。
② 参见《人民日报》2018 年 3 月 26 日，第 3 版。

（二） 监察体制改革背景下人民监督员制度的再选择

2018 年 10 月 26 日，第十三届全国人民代表大会常务委员会第六次会议修订通过的《人民检察院组织法》第 27 条规定："人民监督员依照规定对人民检察院的办案活动实行监督。"这一规定从立法层面对人民监督员制度作出了肯定，并为新时代人民监督员制度的定位提供了法律依据。在学者的争论声中，2019 年 6 月 28 日，最高人民检察院第十三届检察委员会第二十次会议通过《人民检察院办案活动接受人民监督员监督的规定》（以下简称《规定》）。之所以要对人民监督员制度作出重大调整，是因为"国家监察体制改革以来，检察机关职务犯罪侦查职能发生重大调整，检察机关内设机构系统性、整体性、重塑性改革已经落地，'捕诉一体'的刑事检察工作机制全面确立，'四大检察'法律监督总体布局初步形成，2016 年出台的《最高人民检察院关于人民监督员监督工作的规定》已不适应司法实践需要"[1]。与 2016 年《规定》相比，《规定》修改的内容主要体现在以下几个方面：一是《规定》的立足点有了新变化。二是拓宽了监督范围。三是丰富了监督方式。四是细化人民检察院对人民监督员监督意见的处理。五是从实际出发对参加监督的人民监督员层级、人数要求作了灵活规定。

四、 日本检察审查会制度及其对我国人民监督员制度的借鉴意义

（一） 日本检察审查会制度概述

1948 年 7 月 12 日，日本《检察审查会法》颁布实施，检察审查会制度正式确立。日本确立的检察审查会制度，是为了防止检察官滥用检察权，由检察审查会代表国民，对检察官决定不起诉的案件是否正确进行审查的一项司法制度。

---

[1] 徐盈雁：《人民监督员制度：优化检察监督的重要方式，规范检察权行使的重要保障——最高检案件管理办公室负责人就〈人民检察院办案活动接受人民监督员监督的规定〉答记者问》，《检察日报》2019 年 9 月 3 日，第 3 版。

1. 检察审查员的选任。检察审查会审查员的选任由当地的选举管理委员会和检察审查员事务局通过抽签决定，一般由检察审查员事务局根据《检察审查会法》规定的程序从具有众议院议员选举权的国民中选定 11 人组成日本检察审查会，另确定 11 名候补成员以备更替。《检察审查会法》同时规定了担任审查员的资格，即除符合众议员选举权资格外，还规定下列人员不得担任审查员：小学未毕业者，但具有小学同等学力以上者，不受此限；破产后未复权者；被判过徒刑或者禁锢一年以上者；裁判官、检察官、律师、都道府县知事、市乡村长、法院职员、检察院职员、警察、军人等。日本检察审查会审查员一届任期为 6 个月，于每年 3 月、6 月、9 月、12 月的 15 日召开会议，必要时由会长临时召集。同时设置检察审查员事务局负责检察审查员的遴选和审查会议的承办，其经费保障由政府财政列支。

2. 检察审查会的职责和权力。日本检察审查会是根据《检察审查会法》设立的独立性机构，由 11 名检察审查员组成，不受检察机关管辖。检察审查会作为法院预算的一部分向国家申请经费。设有地方法院或者设有地方法院支部的地方，均设立检察审查会。检察审查会独立行使下列两项职权：一是对检察官的不起诉决定是否妥当进行审查。在实践中，为了对日本刑事诉讼中的"起诉便宜主义"原则实行平衡，防止检察官自由裁量权的滥用，检察审查会监督程序一般基于不起诉案件中的被害人的申诉而被动提起。在特殊情况下，检察审查会也可以依自身判断主动对不起诉案件自行提起监督程序。二是对于如何改善检察事务进行建议和劝告。即检察审查会还拥有对检察机关工作提出批评和建议的权力。

3. 检察审查会会议的审查程序。检察审查会会议是检察审查员行使职权的主要形式，每次开会前，首先由 11 名检察审查员进行宣誓，并在宣誓书上签名盖章，然后进行互选产生检察审查会会长。检察审查会的审查程序是：（1）受理受害人等的申诉。（2）召开检察审查会进行审查，必要时可讯问证人、照会公务机关等。（3）表决审查结果。检察审查会审查后，可作出三种决议：应当起诉、不应当不起诉和应当不起诉。会议的结果由半数以上同意时通过，但是得出"应当起诉"的决议时，必须有 8 名以上检察审查员的同意。（4）送达及公示。检察审查会要将审查结果制成议决书，载明议决的内容和理由，同时将议决书副本送达对作出不起诉处分的检察官有监督指挥权的检事正（地方检察厅的最高责任人）和检察官资格审查委员会。作出决议后 7 日内应在该检察审查会事务局的公告板上公示要点；如果是因有人提出申请而启动审查程序，必须将与申请有关的案件内容通知申请人。（5）地方检察厅检事正参照检察审查会议决结果，决定是否将案件提起公诉。

4. 检察审查会决议的效力。2004 年之前，检察审查会的决议对检察官只具有建议作用，没有法律上的拘束力，是否参考审查会的决议，完全取决于检察官自身的判断。据统计，2000 年由日本全国的检察审查会做出的应当起诉及不起诉不当的决议共计 108 件，而通过检察官的再侦查，最终提起公诉的为 37 件，仅占其中的 34%。这样的结果，引起了国民的强烈不满。分析检察审查会制度不力的原因"最根本的还在于由于检察审查会的决议不具备法律约束力，故该制度本身缺乏对检察官做出不起诉决定监督作用"[1]。基于此，2001 年《日本司法制度改革审议会意见书》对改革提出了意见，2004 年日本第 62 号法律——《修改刑诉法等部分条文的法律》（2009 年 5 月开始实施）对检察审查会制度进行了重大修改。修改后的法律规定，在检察审查会作出适于起诉的决议，并向检察长送达了决议书的副本时，检察官应当迅速参考该决议，作出对该决议所涉及的案件起诉或不起诉的处分。如果检察官对于该决议所涉及的案件再次作出不起诉处分时，或者自适于起诉决议的决议书副本送达之日起 3 个月内，未收到检察官作出的关于案件处分的通知时，即开启第二阶段的审查。第二阶段的审查必须委托律师为审查辅助员，依照有关法律的专门知识进行审查。当检察审查会对检察官的不起诉处分进行了二次审查后，仍然认为适于起诉时，应当作出起诉决议。审查会作出起诉决议应预先给予检察官出席检察审查会会议陈述意见的机会。起诉决议具有法律拘束力。经二次审查作出起诉决议时，检察审查会必须制作记载着所认定的犯罪事实的决议书，并将其副本送达地方法院。法院应从律师中指定提起公诉及维持公诉的人员。经此次修改，检察审查会制度更趋科学和合理，而且打破了日本在起诉方面的国家垄断主义的传统，使日本刑事诉讼体现了以国家追诉为主、兼采民众追诉的原则。[2]

---

① 裘索：《日本国检察制度》，商务印书馆 2003 年版，第 52 页。
② 宋英辉：《日本刑事诉讼制度最新改革评析》，《河北法学》2007 年第 1 期。

（二） 检察审查会制度与人民监督员制度的比较

日本实行的检察审查会制度，是与人民监督员制度最为相近、最具有借鉴意义的一项制度。总的来看，日本检察审查会制度和人民监督员制度具有极大的相似性，都是对检察官自由衡量权的外部监督，充分体现了司法民主的理念。但是，二者又具有一些差异点，具体表现在：

第一，两者选任制度不同。日本检察审查员的选举由市或区的选举管理委员会和检察审查员事务局通过抽签实施，担任检察审查员的资格较宽，人数也较多，并有大量候补者，但检察审查员任期较短，仅为6个月。而我国的人民监督员，根据《办法》的规定，由司法行政机关发布人民监督员选任公告，接受公民自荐报名，商请有关单位和组织推荐人员报名参加人民监督员选任。而且司法行政机关应当采取到所在单位、社区实地走访了解、听取群众代表和基层组织意见、组织进行面谈等多种形式，考察确定人民监督员人选，并进行公示。最后由司法行政机关作出人民监督员选任决定、颁发证书。人民监督员的任期为5年，连任不得超过两个任期。

第二，监督组织的独立程度不同。日本检察审查会是一种独立性机构，不隶属于检察机关，经费也是相对独立的。在我国，原来规定人民监督员因履行职责所支出的交通、住宿、就餐、通信等费用，应当由人民检察院给予补助。《办法》实施后，则由司法行政机关将人民监督员选任管理及履职相关工作经费申报纳入同级财政经费预算，人民监督员因参加监督评议工作而支出的交通、就餐等费用，由司法行政机关按相关规定予以补助。

第三，两者职能不同。检察审查会的主要职能是对检察官决定不起诉的案件实行监督，其制度设置的目标在于限制检察官的"不起诉"自由裁量权，所以监督范围为所有的"不起诉"案件，通过审查员会议作出"同意不起诉"或者"应当起诉"的决议。另外，对于如何改善检察事务，可以进行建议和劝告。人民监督员的主要职能是对检察机关直接受理侦查的职务犯罪案件进行监督，制度设置的目标在于限制检察机关在查办职务犯罪案件时自由裁量权的滥用。

第四，两者监督程序不同。从二者程序的启动方式来看，检察审查会监督程序的启动依赖于受害人的检举、控告，在特定情况下，检察审查会还可以自行启动监督程序。而目前人民监督员监督程序的启动则以检察机关的提起为前提。

第五，两者监督效力不同。2004 年修法以后，日本检察审查会的决议就具备了法律约束力，即当检察审查会对检察官的不起诉处分进行了二次审查后，仍然认为适于起诉时，应当作出起诉决议。该起诉决议具有法律拘束力。这就意味着检察审查会连续二次作出的应当起诉的决议具有法律效力，在此情况下，无论检察官的意见与否，都必须对案件提起公诉，交付审判。而人民监督员的评议和表决意见，检察机关虽然要认真研究，但最终是由检察机关根据案件事实和法律规定依法作出决定。这表明：人民监督员意见本身并不具有法律约束力。

五、 进一步完善人民监督员监督制度的思考

人民监督员制度在一定程度上体现了宪法的权威，扩大了公民行使监督权的范围，丰富了公民参与政治的途径，具有权利监督和人权保障的价值。"民众参与刑事司法是直接民主的代表性形式。正是这种直接性，使得民众参与对于司法民主的象征性意义是不可替代的，同时，民众参与从实质上提升了司法的民主性和正当性。"[①] 最高人民检察院实行的人民监督员制度，让公民在有序的政治参与中以看得见的方式直接监督和亲身感受检察机关执法办案的过程，不仅深化了检务公开，而且能在检察执法中体察民情、集中民智、反映民意，有效地促进了检察机关办案的法律效果与政治效果、社会效果的有机统一。人民监督员制度的确立，对于促使检察机关纠正执法中存在的突出问题，促进检察队伍执法观念和执法方式的转变，强化检察权的监督制约是有积极意义的。这一轮人民监督员制度改革虽然在选任管理方式、扩大监督范围、完善人民监督员监督程序等方面出台了一系列新的规定，但为了保证人民监督员充分发挥监督作用，人民监督员制度仍有进一步完善之必要。

（一） 进一步完善人民监督员的选任和管理

1. 人民监督员的选任条件

理论界及实务界针对人民监督员任职条件出现以下不同的观点：第一

---

① 胡铭：《刑事司法民主论》，中国人民大学出版社 2007 年版，第 153 页。

种观点认为，人民监督员任职条件大众化。这种观点认为，人民监督员的任职条件应坚持大众化标准，注重人民监督员的群众性。[①] 第二种观点认为，人民监督员任职条件精英化。这种观点认为，人民监督员应具有法学本科以上学历，以此提高人民监督员选任门槛。[②] 有的甚至提出人民监督员的资格条件可以参照人大代表资格条件和检察官资格条件提出。[③] 第三种观点是"折中说"，该观点认为："人民监督员的遴选应当在突出专业性的前提下，适当考虑一定的代表性。"[④]

《办法》第8条规定："拥护中华人民共和国宪法、品行良好、公道正派、身体健康的年满23周岁的中国公民，可以担任人民监督员。人民监督员应当具有高中以上文化学历"，并强调："人民监督员人选中具有公务员或者事业单位在编工作人员身份的人员，一般不超过选任名额的50%"。《改革方案》已肯定人民监督员"接受公民自荐报名"。所以，"下一步如何完善群众自荐的选任方式，将成为检察机关以及学术界共同研究努力的问题"[⑤]。《办法》第11条规定："司法行政机关应当采取到所在单位、社区实地走访了解、听取群众代表和基层组织意见、组织进行面谈等多种形式，考察确定人民监督员人选，并进行公示。"《办法》也没有对人大代表、政协委员等能否担任人民监督员作出明文规定。

笔者认为，应让更多的普通民众担任人民监督员。人民监督员不是专家监督，更不是法律专家监督。人民监督员的选任应在精英化和平民化之间走"中间路线"，应以广泛的代表性作为选任人民监督员的重点，让各方面的代表都能参加到人民监督员的队伍中来，更好地体现出监督的社会性和"平民化"。设立人民监督员制度的目的是为了克服职业司法官职业思维习惯的缺点，将非职业司法官的社会普通民众对犯罪及刑罚的认识带入司法活动中。在参与监督过程中，人民监督员虽然也可以对某一法律规定作出自己的解释，但更重要的是利用他们对案件事实的不同理解，从经验的层面提出对案件的看法。实行人民监督员制度的本质在"人民监督"

---

① 姚晓东、李晓龙：《人民监督员任职条件之辩——兼论建立人民监督员数据库的可行性》，《方圆法治》2009年第5期。
② 彭辅顺、陈忠：《人民监督员制度之检讨与改进》，《河北法学》2010年第2期。
③ 浙江省温州市人民检察院课题组：《人民监督员制度研究》，载孙谦主编：《检察论丛》第11卷，法律出版社2006年版，第402页。
④ 韩大元主编：《中国检察制度宪法基础研究》，中国检察出版社2007年版，第427页。
⑤ 卞建林、褚宁：《人民监督员制度的运行与完善》，《国家检察官学院学报》2014年第1期。

而非法律专家咨询。启动人民监督员监督程序，不是举办一次法律咨询会，其根本意义在检察机关主动接受社会监督和听取意见，检察机关就办案中的有关问题向人民作出说明和解释。司法民主是为解决对司法权的监督制约而提出的。目前，我国司法改革的路径之一，就是要破除司法的过度神秘化、扩大司法的民主参与、强调司法对民意的尊重，以及强化司法人员的亲民意识，以此缩短司法与民众之间的距离。"通过人民群众参与司法，建立司法人员与社会公众的互动，将公民朴素的社会正义感和公平感与司法人员的职业判断相结合，可以体现司法权对社会生活经验的尊重，消除公众对于司法活动的距离感，使裁判更易于得到当事人和社会公众的认同。"[1]

2. 人民监督员的选任和管理

目前，对人民监督员的选任方式，有以下几种观点：一是由本级人大常委会或内务司法委员会负责；二是由司法行政机关负责；三是由政协机关负责；四是由本级人大常委会或司法行政机关或政协机关为主，上一级检察院参与；五是由上一级人民检察院负责。2006年，经过最高人民检察院同意，四川省广安市及其所属五个区市县获准进行体制外试点。广安模式的核心是人民监督员由人大选任、管理，广安市人大常委会为此制定了《广安市人民监督员职务确认及解除办法（试行）》等四个制度实施办法。[2] 根据《改革方案》要求，人民监督员的选任和管理则由司法行政机关负责。

人民监督员制度是作为完善检察机关外部监督的一项创新举措而设置的，这就要求实现人民监督员选任机制的外部化。人民监督员的选任必须最大限度的独立于检察机关，才能确保该项制度的监督效果和社会公信力，切实发挥对检察机关依法行使权力的外部监督效能。陈卫东教授认为，人民监督员制度改革的方向是成立专门的独立选任委员会，在建制方面不能对检察机关产生任何依附，无论是人事上还是财事上，委员会的工作范畴也不应只局限于选任环节，而必须实现对人民监督员工作的全覆盖。只有这样，才能排除检察机关以及其他公权力的干扰，保证公民权能够实质参与到检察工作中来，而不是走过场，才能使人民监督员制度获得

---

① 姜伟：《保障人民群众参与司法》，《光明日报》2014年11月27日，第1版。
② 申欣旺：《人民监督员"突围"》，《南风窗》2010年第22期。

群众的信任。① 笔者赞同这一观点。

日本检察审查会审查员的选任是由当地的选举管理委员会和检察审查员事务局通过抽签决定的，一般是由检察审查员事务局根据《检察审查会法》规定的程序从具有众议院议员选举权的国民中选定 11 人组成日本检察审查会。这一做法值得借鉴。2009 年 4 月，湖南省检察院进行广泛调研和充分论证后，确定在株洲市开展人民监督员制度试点改革。湖南省株洲市成立由市委政法委牵头协调、有关部门参加的人民监督员工作委员会，下设人民监督员选任委员会，选任委员会专门负责株洲市人民监督员的选任与解除工作。经组织推荐和公民个人自荐，市人民监督员选任委员会投票选举，并经媒体公示，从 500 余名候选人中选任了 82 名人民监督员，普通群众代表占 70% 以上。② 这种做法已类似于日本。《办法》已明确人民监督员由司法行政机关负责选任管理，为人民监督员选任和管理机制的外部化迈出了可喜的一步。当然，我们要看到，"司法行政机关进行选任是一种纵向的进步，但只是权宜之计，未来人民监督员选任主体的选择仍然应当由独立的市民社会视野下的选任委员会实施，这样一来避免了政治序位上不统一造成的监督尴尬，二来也真正顺应了外部监督的非公权力性质"③。

（二）扩大监督范围

虽然公诉权是检察权的核心内容，但检察机关的逮捕权、诉讼监督权等同样重要。笔者认为，要真正发挥人民监督员的作用，必须把检察权的全部内容纳入人民监督员监督的范围，监督范围应覆盖检察机关办理的各类案件。公安机关立案侦查的案件，如果检察机关作出不捕、不诉、撤回起诉、改变事实定性等诉讼行为，容易出现监督真空以及司法不公，最终的决定是否"合理合法"，都需要人民监督员等外部力量加以监督。特别是重大疑难复杂、社会公众关心或者公安、检察院之间，抑或辩护律师与检察院之间，以及检察院与审判机关之间分歧较大的普通刑事案件，人民监督员都可以介入监督，从而真正实现体制司法的民主性。近年，一些地方已经积极开展探索人民监督员对普通刑事案件的监督。如四川省成都市

---

① 陈卫东：《人民监督员制度的困境与出路》，《政法论坛》2012 年第 4 期。
② 刘金林：《人民监督员制度：强化外部监督的有效探索》，《检察日报》2010 年 2 月 28 日，第 3 版。
③ 裴娜、俞启泳：《人民监督员选任制度反思与完善》，《中国刑事法杂志》2015 年第 2 期。

青白江区人民检察院探索将普通刑事案件中其他办案单位难以监督制约的环节置于人民监督员的重点监督之下，有效提高了执法司法公信力，监督实效不断增强。[①]

（三） 赋予监督意见的强制效力

《规定》第19条规定："人民检察院应当认真研究人民监督员的评议和表决意见，根据案件事实和法律规定，依法作出决定。"第26条规定："人民检察院作出的复议决定为最终决定。复议决定与人民监督员的表决意见仍不一致的，负责复议的人民检察院应当向提出复议的人民监督员说明理由。"这表明：人民监督员所拥有的监督效力是有限的，作为监督者的人民监督员的表决结果，需要由作为被监督者的检察长、检察委员会进行审查。人民监督员的监督意见是否被采纳最终是由检察院决定的，被监督者并未受到强制性约束。监督效力的非刚性使这种监督的作用再打折扣，监督权就仅仅成为一种批评权或建议权，于是就出现"被监督者审查监督者"的现象。如果人民监督员表决意见最终决定权仍然在检察机关，则监督实效难以保证，并会直接影响人民监督员的监督积极性。

有的同志认为："如果人民监督员的监督结果对检察机关具有刚性的约束力，这将导致人民监督员会干预检察权的独立行使，而且其自身也因分享了检察权而具有权力的性质，成为需要被监督的对象。"我国目前是将人民监督员制度定位于"外部监督"和"权利监督"，所以监督意见只具有参考性而非强制性是符合制度定位的。但是，从未来发展看，人民监督员制度宜从"权利监督"走向"权力监督"。这符合司法民主化的发展趋势。2004年日本对《检察审查会法》进行了重大修改，修改后的法律规定，在检察审查会作出了适于起诉的决议后，如果检察官对于该决议所涉及的案件再次作出不起诉处分时，或者自始于起诉决议的决议书副本送达之日起3个月内，未收到检察官作出的关于案件处分的通知时，即开启第二阶段的审查。当检察审查会对检察官的不起诉处分进行了二次审查后，仍然认为适于起诉时，应当作出起诉决议，即起诉决议具有法律拘束力。这种做法值得我们借鉴。未来在人民监督员监督意见的效力问题上可作如下设计：在多数人民监督员不同意检察机关的起诉、不起诉、撤案决定

---

① 蒋皓：《强身扩权人民监督员敢"管"监督者》，《法制日报》2015年1月22日，第5版。

时，直接启动上级检察机关的复核程序。在上级检察机关维持下级检察机关的决定时，人民监督员再行启动第二次审查，当三分之二以上的多数人民监督员仍不同意检察机关的意见时，该监督意见对检察机关应有直接约束力，检察机关必须执行监督意见。

（四） 推进人民监督员制度立法

"有效的法律监督必须是法律上的、法律规定的，监督主体的监督行动应能启动法律程序以对监督对象施加影响。"① 人民监督员制度不是检察院的"内部"制度，更不是各地方的制度，应当由全国人大统一进行立法，使其规范化、制度化。截至 2011 年全国两会，共有 30 多项关于人民监督员制度立法的议案、提案和建议，要求将人民监督员制度纳入国家法律规范，进一步巩固公民参与的制度创新和司法改革优良成果。②

关于人民监督员制度的立法有三种方案：一是将人民监督员制度纳入《人民检察院组织法》。即在《人民检察院组织法》中对人民监督员制度作出原则规定。二是将人民监督员制度纳入《刑事诉讼法》。三是制定人民监督员制度的单行法律。③ 理论界大体也赞同这三种立法路径。全国人大代表、清华大学法学院周光权教授认为："目前，制定单独的'人民监督员法'的时机可能还不太成熟。比较折中的办法是：由全国人民代表大会常务委员会制定专门的'关于完善人民监督员制度的决定'。"④ 笔者认为，从立法角度看，首先宜由全国人大常委会在《人民检察院组织法》中加以规定。

人民监督员制度立法不能简单照搬人民陪审员制度立法。我国人民陪审员制度历史较长。在 2004 年 8 月第十届全国人民代表大会常务委员会第十一次会议通过《关于完善人民陪审员制度的决定》之前，我国的《人民法院组织法》《刑事诉讼法》都已规定人民陪审员制度。而人民监督员制度则是新生事物，一些问题的争议还很大。如果要制定"关于完善人民监

---

① 周永坤：《法理学》（第 2 版），法律出版社 2004 年版，第 479 页。

② 李丽：《人民监督员制度仍未摆脱"自己选人监督自己"困境》，《中国青年报》2012 年 3 月 9 日，第 6 版。

③ 徐盈雁：《人民监督员立法：数百代表提出三种方案》，《检察日报》2007 年 5 月 14 日，第 5 版。

④ 周光权：《对人民监督员制度应及时立法》，《检察日报》2009 年 3 月 6 日，第 3 版。

督员制度的决定"或"人民监督员法"，那么必须对立法的宗旨、基本原则、监督性质、人民监督员的权利义务、组织机构、管理模式、监督程序、监督效力等基本问题作出规定。在这些问题没有达到共识前，不宜制定较为详细的法律。同时也要考虑立法的可能性，现行的三大诉讼法都没有规定人民监督员制度。从立法机关看，"待条件成熟时，修改人民检察院组织法将列入全国人大常委会立法工作计划；关于制定人民监督员法、制定预防职务犯罪法，目前条件尚不成熟，暂不考虑"①。这表明，立法机关还是考虑先修改《人民检察院组织法》。《人民检察院组织法》的修改被列入第一类立法项目，2017年已审议过一次。提交审议的《人民检察院组织法（草案）》规定，"人民监督员依照法律规定对人民检察院办理的刑事案件实行监督"。这意味着人民监督员这一改革实践成果将纳入组织法的修改。笔者认为，这一方案是可行的。十三届全国人大一次会议记者会上，全国人大相关负责人指出："本次大会通过监察法后，全国人大常委会将继续审议人民检察院组织法修订草案，《刑事诉讼法》等有关法律也将相应修改。"② 所以，比较现实的立法路径是争取在《人民检察院组织法》中对人民监督员制度作出肯定性规定，等条件成熟、社会各界对人民监督员制度形成共识后再制定比较全面的"关于完善人民监督员制度的决定"或"人民监督员法"。

---

① 王丽丽：《条件成熟时将修改人民检察院组织法，人民监督员及预防职务犯罪立法暂不考虑》，《检察日报》2009年11月1日，第1版。
② 《人民日报》2018年3月13日，第4版。

第十九章 检察文化初探①

一、检察文化的概念及特征

（一）检察文化的概念

目前，检察文化的概念有广狭之分。广义说认为："检察文化是检察机关和检察人员在履行法律监督职能中形成的价值观念、思维模式、行为准则以及与之相关联的物质表现的总和。"② "检察文化主要是指检察机关在检察事业建设和发展过程中衍生的，对检察人员产生积极影响的精神成果和物质成果的总和。"③ 检察文化既包括制度、理念、信仰等具有意识形态特征的要素，也包括器物、仪式、符号等具有物质载体特征的要素，前者是核心，后者是映射。④ 狭义说认为，检察文化是检察官在行使法律监督职责过程中形成的价值观念、思维模式、道德准则、精神风范等一系列抽象的精神成果。⑤ 它是一个在社会中存在的、与检察相关的价值观念、制度规范、程序规则和行为方式的总和。⑥

检察文化的概念的广狭之分源于文化概念的广狭之争。最早从科学的角度给"文化"下定义的是英国的"人类学之父"泰勒。1871 年他在《原始文化》一书中对文化作了系统的阐释，他把"文化"界定为"包括全部知识、信仰、艺术、道德、法律、习俗以及作为社会成员的人所掌握

---

① 本文原载谭世贵等：《依法独立行使审判权检察权保障机制研究》，中国人民大学出版社 2022 年版，第 302—3016 页。

② 魏启敏：《检察文化建设研究》，《中国刑事法杂志》2010 年第 7 期。

③ 魏昕、徐卫刚：《我国法治视野下的检察文化研究》，《湖南社会科学》2013 年第 2 期。

④ 赵志建：《检察文化的概念需要科学界定》，《检察风云》2005 年第 20 期。

⑤ 柏荣等：《基层建设与检察文化》，中国检察出版社 2005 年版，第 355 页。

⑥ 徐苏林：《检察文化的界定、结构与功能"》，《北京政法职业学院学报》2008 年第 1 期。

和接受的任何其他的才能和习惯的复合体"。① 泰勒强调了"文化"在精神层面的含义，是狭义的文化概念。另一种观点认为："广义地说，文化是一种人类活动，是人类所取得的一切成果的结晶。"② 文化在一般的意义上是指人所创造的物质的和精神的一切成果。③ 如美国著名人类学家莱文·怀特曾指出，文化是依赖符号使用而产生的现象综合，任何一种文化都包括三方面要素：一是心理要素，即文化的精神层面，包括思维方式、思想意识、价值观念等；二是行为要素，即文化的行为层面，包括静态的制度规范和动态的行为方式；三是物质要素，即文化的物质层面，包括生产工具、生活用具及其他物质产品。④ 中国语言系统的"文化"一开始就专注于精神和人文的领域，泰勒强调"文化"在精神层面的含义，也与中国语言系统的"文化"有相通之处。⑤ 鉴此，笔者赞同在狭义上来理解"文化"及"检察文化"的概念，即"检察文化是检察机关和检察人员在检察工作中创造、发展和传承的，体现检察工作职业规定性的检察观念、检察伦理和检察形象等的精神成果"⑥。

（二）检察文化的特征

1. 职业性。职业是人们在社会生活中所从事的以获得物质报酬作为自己主要生活来源并能满足自己精神需求的、在社会分工中具有专门技能的工作。职业既是社会大众谋生的基本手段，也是实现人生价值的基本途径。检察工作既是国家的公务活动，也是检察官的职业。这种职业的特殊性表现在：（1）职业行为的特殊性。检察职业是行使国家检察权的职业活动。检察权是指为了实现检察职能，国家法律赋予检察机关的各项职权的总称。检察权作为国家权力体系中的一种权力，除了具有一般国家权力的特征外，还具有专门性、程序性、多层次性等自身权力的特征。⑦（2）职

---

① ［英］爱德华·泰勒：《原始文化——神话、哲学、宗教、语言、艺术和习俗发展之研究》，上海文艺出版社1992年版，第1页。
② 李平主编：《中国文化概论》，安徽大学出版社2015年版，第3页。
③ 邴正：《马克思主义文化哲学》，吉林人民出版社2007年版，第41页。
④ ［美］莱文·怀特：《文化科学：人和文明的研究》，曹锦清等译，浙江人民出版社1988年版，第133页。
⑤ 李建中主编：《中国文化概论》，武汉大学出版社2014年版，第2页。
⑥ 谢鹏程：《检察文化的概念重构》，《国家检察官学院学报》2013年第3期。
⑦ 朱孝清、张智辉主编：《检察学》，中国检察出版社2010年版，第320页。

业主体的特殊性。检察权是一项专业性很强的权力，需要由具备法律专业知识、受过专门训练的主体来行使。检察官法规定了严格的检察官的任职条件和资格。新一轮检察改革的重要内容之一，就是实行员额制，检察人员分类管理，建立单独的检察官职务序列，检察官不得兼任检察辅助人员和司法行政人员职务序列的职务，实现检察官队伍精英化。

2. 政治性。中国特色检察文化从属于社会主义文化，其本质特征是由社会主义国体和政体决定的。其政治性表现在：（1）坚持党的领导。坚持中国共产党的领导是我国的宪法原则，一切国家权力包括检察权的行使必须在党的领导下进行。党的十八届四中全会指出："党的领导是中国特色社会主义最本质的特征，是社会主义法治最根本的保证。"党的领导，既是中国政治制度和司法制度的特色，也是依法独立行使检察权的基本前提和根本保证。中国共产党作为执政党，不仅在国家政治生活中起着领导核心的作用，而且在国家法治建设中也肩负领导责任。党领导人民制定宪法和法律，还领导人民自觉遵守法律，保障法律实施。因此，检察机关必须自觉服从党的绝对领导，党的领导是检察制度健康发展的根本政治保证。党对检察机关的领导主要体现在政治领导、思想领导和组织领导。（2）体现我国的政体属性。我国的根本政治制度是人民代表大会制度。在人民代表大会下，设立国家的行政机关、审判机关和检察机关，分别行使部分国家权力。检察机关是一个隶属于国家权力机关的国家机关，其法律地位永远不能凌驾于人民代表大会之上。检察机关必须向人民代表大会负责，接受人民代表大会的监督。人民代表大会及其常委会对检察机关的工作具有监督权是一项重要的宪法原则。全国各级检察机关和全体检察人员要树立接受人大监督的意识，自觉地把自己的工作置于人大的监督之下。

3. 先进性。文化的先进性，是指该种文化能顺应时代、社会发展潮流，遵循和体现社会历史发展规律，代表最广大人民群众的根本利益，并对社会和人类进步产生积极意义。检察文化具有科学性、政治性、人民性、继承性、开放性和创新性。对于中国特色社会主义检察文化来说，"在价值层面上，其先进性体现为它是符合社会发展规律，推动经济发展和社会全面进步，代表最广大人民群众根本利益的文化；在历史层面上，其先进性体现为它是中国特色社会主义经济和民主政治的反映，是先进的世界观、价值观，是民族的灵魂，是综合国力的重要组成部分，具有功能和内容的先进性"①。检察文化的先进性主要体现在检察观念的先进性、检察伦理的先进性和检察形象的先进性等方面。

4. 传承性。任何优秀文化，既要有效继承传统的优秀文化，也要充分借鉴世界优秀文化。中国检察文化是我国政治制度、法律传统和法律文化的体现，是历史文化传承和发展的产物。新中国在开始建立检察制度时，中共中央和中央人民政府就决定把列宁关于法律监督的理论作为指导思想，并把苏联检察制度的模式直接作为新中国检察制度的蓝本。改革开放以后，西方检察制度和检察文化，特别是检察权的制约监督、检察官客观义务和检察人员的专门化等日渐影响我国检察制度和检察文化的发展。

5. 法律监督性。我国宪法第 129 条规定："中华人民共和国人民检察院是国家的法律监督机关。"这个规定，以根本大法的形式确认了检察机关作为国家的法律监督机关的宪法地位，赋予检察机关法律监督权。法律监督是指检察机关为了维护国家法制的统一和法律的正确实施，根据法律的授权，运用法律规定的手段对法律实施情况进行检查督促并能产生法定效力的专门工作。法律监督的国家性、专门性、特定性、规范性和有效性的特点，决定了法律监督在依法治国中担负着特别重要的使命，它的功能是任何其他形式的监督所无法替代的。中国检察机关法律监督的职能决定了中国检察文化的基本属性。"中国检察文化的核心价值，在于培育和提高与法律监督职能活动密切联系、符合检察职业特点要求的执法思想、职业道德准则、道德情操和道德品质，树立'理性、平和、文明、规范'的执法理念，培养'忠诚、公正、清廉、文明'的检察官职业道德。"②

二、 检察文化的基本功能

在检察实践过程中，检察机关应当通过推进理念文化、精神文化、制度文化、行为文化以及某种物化的形式，逐步建立执法为民、公正高效、文明廉洁的检察文化，营造浓厚的文化氛围，创造深厚的文化底蕴，并发挥"随风潜入夜，润物细无声"的文化功效，着力保障检察权的依法独立行使。

---

① 张耕主编：《检察文化初论》，中国检察出版社 2014 年版，第 35—36 页。
② 张国臣：《中国检察文化发展暨管理模式研究》，河南大学出版社 2013 年版，第 30 页。

（一） 价值引领功能

价值观是人生观、世界观的核心内容。检察文化的价值引领功能，是指检察文化所包含的价值观，引导、统领检察机关的整体行为和检察人员的个体行为沿着正确的方向发展。"检察文化，决定着检察人员的价值目标取向，是检察人员价值体系的内在塑造机制。先进的检察文化，通过思想引领、价值导向、道德规范等途径，一方面培育和确立着符合中国特色社会主义理论体系、符合社会主义核心价值体系、体现社会主义法治理念和检察工作规律的检察人员的共同价值体系，促进检察人员奋发向上的精神力量和团结一致的精神纽带的形成；另一方面，又潜移默化地促进着这一共同价值体系在检察人员内心的认知与认同，使之转化为检察人员的群体意识，实现在政治信仰、时代精神、正义理想、执法理念、客观义务、道德追求等方面的思想共识，并进而成为凝聚团队履行职责使命的无形力量。"① 党的十八大首次提出了社会主义核心价值观的理念，提出了富强、民主、文明、和谐，自由、平等、公正、法治，爱国、敬业、诚信、友善24 字的具体内容。社会主义核心价值观体现了社会主义本质的根本价值取向。当代中国的检察文化，必然以中国特色的社会主义核心价值体系为指导。马克思主义指导思想，中国特色社会主义共同理想，以爱国主义为核心的民族精神和以改革创新为核心的时代精神及社会主义的荣辱观，构成了社会主义核心价值体系的基本内容。"忠诚、为民、公正、廉洁"的政法干警核心价值观，是社会主义核心价值体系在政法领域的具体体现。

（二） 行为规范功能

从一般意义上的文化功能而言，文化为人们的行为提供方向和可供选择的模式。这种行为模式一旦形成就会约束人们的行为。检察文化的这一特征，决定了其具有行为规范功能，它使检察人员的行为被限定在法律、法规、检察规章及职业共同体道德规范等允许的范围内。检察工作是检察人员实施的、具有目的性、规范性的能动行为。检察文化的主要功能表现为规范检察人员的执法实践活动。规范执法要求检察人员严格依照法律规定和执法办案制度、规范、标准开展执法办案工作。近年来，最高人民检

---

① 徐汉明：《检察文化建设：理念更新与实践创新》，《法学评论》2011 年第 3 期。

察院根据法律规定和时代要求，制定了大量的检察规范化文件。如 2010 年 10 月 9 日，最高人民检察院颁布的《检察官职业行为基本规范（试行）》对检察官的职业信仰、履职行为、职业纪律、职业作风、职业礼仪及职务外行为作出具体规定。2013 年 2 月 1 日，最高人民检察院通过的《检察机关执法工作基本规范（2013 年版）》共有 12 编 77 章 1707 条，进一步拓展了检察机关的业务内容，细化了执法办案的操作流程，使各项检察业务工作规范更加系统、完整，在适用上更具可操作性。强化检察文化对检察人员的行为引领、规范执法行为，就是要抓好这些规范化文件的贯彻落实，确保检察官的执法行为始终严格依照法定权限和程序行使权力，真正做到守法律、重程序，坚持以事实为依据、以法律为准绳，事实认定符合客观真相、办案结果符合实体公正、办案过程符合程序公正。

（三）队伍凝聚功能

凝聚是指当一种价值观被群体共同认可后，就会成为一种黏合剂，使人们的认识、期望、信念等各方面得以整合、协调，将群体成员团结在一起，从而产生巨大的向心力和凝聚力，产生深刻的认同感，使群体成员乐于参与群体事务，发挥各自潜能，为共同的目标作出贡献。[1] 检察文化的凝聚功能，首先，表现在检察文化对检察机关之间以及检察机关内设组织机构之间的制度结构及其运行机制既协调配合又有序控制、制约所产生的正效应的功能作用。检察文化通过一定的规范、制度等，促使检察机关构成一个协调运转、规范有序的结构及其功能体系。[2] 检察机关在行使检察权过程中形成一个整体统筹、上下一体、指挥灵敏、协作配合，统一行使检察权的运作机制。同一个检察院各个部门统筹兼顾，同一个部门各个检察官之间相互配合，形成合力。其次，体现在所有检察人员因同一文化渊源、在同一文化氛围的背景下，形成相同的价值观念、思维模式、精神理念、道德准则、共同情感等，从而产生强大的凝聚力量，彼此帮助、支持、提醒和监督，为共同理想、共同目标的实现而保持思想上、组织上、行动上的一致性。[3] 检察文化具有启迪思想、净化灵魂、陶冶情操、凝聚

---

[1] 张耕主编：《检察文化初论》，中国检察出版社 2014 年版，第 190 页。

[2] 徐汉明、金鑫等：《当代中国检察文化研究》，知识产权出版社 2012 年版，第 102 页。

[3] 张耕主编：《检察文化初论》，中国检察出版社 2014 年版，第 190 页。

力量、鼓舞士气的功能。通过检察文化潜移默化的熏陶，以崇高的人格力量满足检察人员的精神需要，使其从内心深处产生健康向上，努力为检察事业奋力拼搏、奉献自我的精神，进而促使其投身到崇高的检察实践中去。

（四） 形象塑造功能

检察形象是社会公众对检察机关和检察人员总体表现与客观效应所作的相对稳定与公认的主观评价和反映，是检察职业规定性的综合性体现。检察形象具有主观性与客观性相统一、稳定性与动态性相统一、整体性与个体性相统一的特征。① 检察文化的形象塑造功能是通过不断提升检察公信力和扩大检察机关的影响力来体现的。检察机关及其检察人员在检察实践中，通过追求公平、正义、秩序等价值理念，努力实现社会主义法制的统一性和权威性，并在这一过程中树立检察机关和检察人员作为社会主义法制事业的建设者、捍卫者和公平正义守护者的良好形象。提高检察公信力的过程，也是让先进检察文化的价值理念、思维方式、工作作风、执法方式等传达给社会公众的过程，从而不断扩大检察机关的社会知名度和影响力。

三、 检察文化的基本内容

检察文化建设是社会主义法治文化建设的重要组成部分。党的十八届四中全会提出，要建设社会主义法治文化，使全体人民都成为社会主义法治的忠实崇尚者、自觉遵守者、坚定捍卫者。检察机关作为国家的法律监督机关，应该进一步加强检察文化建设，把"依法治国、执法为民、公平正义、服务大局"等价值理念，内化为个人信念，外化为自觉行动。

（一） 检察理念

在哲学上，理念被归结为存在于人的思维中的价值思考。我国改革开放30多年的历史，就是一个观念突破、理念变革的历史。法治国家的构建是一个漫长的过程，它需要法治理念的支撑。任何司法活动都受特定司法

---

① 张耕主编：《检察文化初论》，中国检察出版社2014年版，第119—120页。

观念、理念的支配与影响，有目的、有意义的司法行为背后都有着起引导作用的司法目的、司法理念和法律意识发挥作用。检察理念是对检察活动内在规律的一种总结和理性认识，是在检察工作实践中形成的、贯穿于整个检察活动并且指导整个检察实践的理论观念。[①] 检察理念包含以下两个层次的内容：

1. 社会主义法治理念。社会主义法治理念，是中国特色社会主义理论体系的重要组成部分，是社会主义法治的灵魂和精髓，也是立法、执法、司法、守法和法律服务的根本指导思想。其基本内涵是：依法治国、执法为民、公平正义、服务大局、党的领导等五个方面。依法治国是社会主义法治的核心内容，执法为民是社会主义法治的本质要求，公平正义是社会主义法治的价值追求，服务大局是社会主义法治的重要使命，党的领导是社会主义法治的根本保证。这五个方面相辅相成，体现了党的领导、人民当家作主和依法治国的有机统一。检察机关和检察人员必须全面准确理解社会主义法治理念的本质要求和深刻内涵，自觉坚持用社会主义法治理念指导检察实践。

2. 检察执法理念。检察执法理念是检察机关及其人员对于检察执法活动的本质、规律及内在属性的理性认识和总体把握。2011 年 7 月，在第十三次全国检察工作会议上，最高人民检察院提出，检察机关必须牢固树立"六观"，即忠诚、为民、公正、廉洁的核心价值观；推动科学发展、促进社会和谐的大局观；理性、平和、文明、规范的执法观；办案数量、质量、效率、效果、安全相统一的业绩观；监督者更要自觉接受监督的权力观；统筹兼顾、全面协调可持续的发展观。2012 年，立法机关在坚持社会主义法治理念，既立足我国基本国情，又吸收借鉴世界各国法治文明成果的基础上，对现行《刑事诉讼法》作了大幅度的修改完善，充分体现了诉讼民主、诉讼文明等现代法治思想及以人为本的价值取向。为了保障《刑事诉讼法》的严格执行，最高人民检察院强调，检察机关要着力转变和更新执法理念，牢固树立"五个意识"，即人权意识、程序意识、证据意识、时效意识、监督意识；努力做到"六个并重"，即惩治犯罪与保障人权并重、程序公正与实体公正并重、全面客观收集审查证据与坚决依法排除非法证据并重、司法公正与司法效率并重、强化法律监督与强化自身监督并

---

① 张国臣：《中国检察文化发展暨管理模式研究》，河南大学出版社 2013 年版，第 80 页。

重、严格公正廉洁执法与理性平和文明规范执法并重。检察机关和检察人员就是要打破"重打击、轻保护""重实体、轻程序""重配合、轻监督"的传统滞后思维定式,切实将这些执法新理念转化为具体的检察执法行动。

(二) 检察伦理

1. 忠诚。忠于党、忠于国家、忠于人民、忠于宪法和法律,牢固树立依法治国、执法为民、公平正义、服务大局、党的领导的社会主义法治理念,做中国特色社会主义事业的建设者、捍卫者和社会公平正义的守护者。尊崇宪法和法律,严格执行宪法和法律的规定,自觉维护宪法和法律的统一、尊严和权威。坚持立检为公、执法为民的宗旨,维护最广大人民的根本利益,保障民生,服务群众,亲民、为民、利民、便民。

2. 公正。公平正义被公认为人类社会最高的价值准则,是人类社会共同的期待与追求。公正是司法的灵魂,也是司法的价值追求。司法机关承担着保障人权、维护社会稳定和国家法律秩序的功能,是实现社会公平正义的最后一道防线。所以,检察人员要树立忠于职守、秉公办案的观念,坚守惩恶扬善、伸张正义的良知,保持客观公正、维护人权的立场,养成正直善良、谦抑平和的品格,培育刚正不阿、严谨细致的作风。树立证据意识,依法客观全面地收集、审查证据,不伪造、隐瞒、毁损证据,不先入为主、主观臆断,严格把好事实关、证据关。树立程序意识,坚持程序公正与实体公正并重,严格遵循法定程序,维护程序正义。树立人权保护意识,尊重诉讼当事人、参与人及其他有关人员的人格,保障和维护其合法权益。

3. 清廉。以社会主义核心价值观为根本的职业价值取向,遵纪守法,严格自律,并教育近亲属或者其他关系密切的人员模范执行有关廉政规定,秉持清正廉洁的情操。清正是指清明正派,公正无私。廉洁是指清廉如水,洁白无瑕。在中华民族传统美德中,清正廉洁历来是做人的美德之一。廉洁是检察人员的执业本色,每个检察人员在执法活动中,要不为情所扰,不为物所惑,不为色所诱,一身正气,两袖清风。明代《官箴》云:"吏不畏吾严而畏吾廉,民不服吾能而服吾公;廉则吏不敢欺,公则民不敢慢,公生明,廉生威。"这无疑道出了廉洁奉公的真谛。

4. 文明。文明执法是社会主义道德规范对检察工作的基本要求,是社会主义政治文明和进步的表现，是检察机关执法为民的本质要求和外在体现。检察官要弘扬人文精神，体现人文关怀。做到执法理念文明，执法行为文明，执法作风文明，执法语言文明。在执法活动中应采取文明方式，尊重当事人的人格尊严，限制或剥夺人身自由应依法进行，不能采取野蛮粗暴手段。具体到执法实践中，要保持文明热情的工作态度，使用文明规范的工作语言，坚持文明规范的工作方式。在刑事诉讼中，取证时不能采取刑讯逼供，嫌疑人、被告人在羁押和接受讯问时应受到人道待遇。遵守各项检察礼仪规范，注重职业礼仪约束，仪表庄重、举止大方、态度公允、用语文明，保持良好的职业操守和风范，维护检察官的良好形象。

（三）检察形象

1. 提高检察公信力。检察公信力是检察机关和检察人员通过履行法律监督职责获取社会公众信任的信用和能力以及社会公众对检察机关和检察人员履行法律监督职责的信任程度，它是检察机关与社会公众的互动过程及其结果的体现。首先，严格公正执法。公正是司法的永恒追求。党的十八届四中全会《决定》指出："公正是法治的生命线。司法公正对社会公正具有重要引领作用，司法不公对社会公正具有致命破坏作用。"践行法治的关键就是要把纸面上的法律转变为实践中的法律。"天下之事，不难于立法，而难于法之必行。"① 检察机关对案件事实的认定和法律问题的裁决，都应当严格遵守法律规定和法定程序，切实防范冤假错案，确保办案质量经得起法律和历史的检验，"努力让人民群众在每一个司法案件中感受到公平正义"。其次，提升检察职业道德。检察职业道德，是由反映检察工作特点和要求，体现检察官职业品质和荣誉的理想信念、价值追求、道德情操、道德原则和道德规则等组成的职业道德体系。在建设检察官职业道德的过程中，既重视检察官群体的职业道德教育工作，更要重视加强检察官自身职业道德修养即自我教育、自我陶冶、自我完善的自觉性，通过丰富检察官职业道德知识、强化检察官职业道德意识、自觉塑造检察官职业道德品质等手段不断提升检察职业道德水平，努力营造"忠诚、公正、清廉、文明"的氛围，以检察职业道德提升执法公信力。再次，强化

---

① 习近平：《关于〈中共中央关于全面推进依法治国若干重大问题的决定〉的说明》，《人民日报》2014 年 10 月 29 日，第 2 版。

监督。"正人必先正己，监督者必须接受监督。"不断强化对自身的监督制约，是确保检察机关法律监督职能正确行使的必然要求。检察机关要牢固树立监督者更要接受监督的观念，用比监督别人更严的要求来监督自己。通过进一步健全内外部监督制约机制，努力构建内部与外部、横向与纵向及业务部门之间的监督制约体系，不断增强自身监督的刚性和实效，促进严格、公正、文明、廉洁执法。

2. 推进检务公开。公开是最大的防腐剂。检察工作具有很强的专业性，进一步加大检务公开力度，构建开放、动态、透明、便民的检务公开机制，是让社会各界了解、理解、支持检察工作，提高检察形象的有效途径。1998 年 10 月，最高人民检察院制定《关于在全国检察机关实行"检务公开"的决定》，2006 年，最高人民检察院制定进一步深化检务公开的意见，2013 年 10 月又部署在 10 个省市部分检察院开展深化检务公开试点，积极推进从选择性公开向该公开的全部公开、从职能职责公开向以案件信息公开为主转变。2014 年 9 月颁布《人民检察院信息公开工作规定（试行）》，开通人民检察院案件信息公开网，正式运行全国检察机关统一的案件信息公开系统。2015 年 1 月 6 日印发《关于全面推进检务公开工作的意见》。"正义不仅应得到实现，而且要以人们看得见的方式实现。"检务公开的核心是诉讼公开，对于具有终局性、中立性和交涉性等较强司法属性的检察权，检察机关都应当通过司法化的运作方式作出决定，以保证检察决定的公开性、权威性和公信力。

3. 提升检察传播力。检察传播力，是指检察机关的职能、形象以及检察人员的行为、素质等在传播或宣传过程中所产生的推介力和影响力，它是构建强大检察软实力的有效路径。[①] 检察职能贯穿刑事诉讼的全过程，拥有对民事、行政诉讼的监督权力，这其中所展现的生动司法实践和涌现的优秀典型人物，都为检察文艺创作提供了广阔空间和丰富素材。如电视剧《人民检察官》生动形象地展示了党的十八大以来人民检察官凭着对法律的信仰、对国家的忠诚、对人民的热爱，勠力反贪、反腐、反渎的故事。在中央电视台播出后广受好评。该剧艺术上做到了引人入胜，动人心

---

① 李乐平、刘继春：《检察软实力研究》，法律出版社 2014 年版，第 281 页。

弦，发人深省，催人奋进，令人赞佩。① 检察机关要立足并服务于检察实践，以优秀检察官为原型，以检察机关办理的真实案例为基础，进行深度挖掘、提炼和创作，使检察文学、检察文艺充分展现、塑造公平正义的检察形象。

三、 推进检察文化保障机制的若干思考

（一） 坚守职业良知， 夯实检察文化的根基

良知是作为理性的人基于基本的道德理念在社会生活中所体现的善良意志、对公平和正义的善良体认心理。如果说，道德是一种对人的行为静态的约束伦理规范的话；那么，良知则是人们对这种道德伦理规范的内心体认以及在这种体认下于外部行为中的自觉践行。② 良知体现为被现实社会普遍认可并被自己所认同的行为规范和价值标准。康德说："世上有两样东西最使我敬畏，那就是头上的星空和心中的道德律。"康德所谓的"心中的道德律"就是良知、良心之意。良知、良心之所以令人敬畏，就因为它是我们内心的最高道德法庭。检察官的良知是源于检察官的内心深处，触及灵魂，是内化的道德律和价值观。古人云："徒法不足以自行。"随着法治的进步，检察人员不仅需要具备高超娴熟的司法技能，更需要自觉坚守职业良知。近年，冤假错案的频频发生，大多并不是办案人员业务水平低所致，而是其丧失职业良知，罔顾法律，践踏人权所造成的。习近平总书记曾一针见血地指出："司法不公，一个重要原因是少数干警缺乏应有的职业良知。许多案件，不需要多少法律专业知识，凭良知就能明断是非，但一些案件的处理就偏偏弄得是非界限很不清楚。"

坚守司法良知更成为检察官的职业天条和安身立命之根本。对于缺乏法律信仰和职业良知的人而言，越精通法律就越危险，因为他们越容易通过操纵和利用法律实现自利的目的。我国台湾地区"检察官伦理规范"第2条规定："检察官为法治国之守护人及公益代表人，应恪守宪法、依据法

---

① 王兴东：《且看"英雄打虎记"——电视剧〈人民检察官〉观后》，《人民日报》2016 年 10 月 7 日，第 8 版。

② 丁德昌：《法官良知：司法公正的原动力》，《法学论坛》2015 年第 3 期。

律，本于良知，公正、客观、超然、独立、勤慎执行职务。"司法人员，操守第一。严禁任何人、以任何借口、在任何案件中践踏司法良知。检察官的执法活动不是简单地照搬法律条文，同时也是检察官的主观活动，检察官良知的高低往往直接决定案件的走向。检察官的良知是检察官灵魂深处发出的公平和正义的声音。只有秉承司法良知，不断在具体案情、社情民意与民众疾苦中不断反省，检察官才能真正体悟到良知的力量，树立起对法律、对人民、对真善美的敬畏之心，树立起秉持良知、坚守底线的职业伦理观念，自觉实现严格依法办案、文明办案、检察为民的社会价值。

（二）正确处理好借鉴与吸收的关系，推进检察文化的创新

全球化时代，是一个法治文化多元化的时代。任何法治文化都具有强烈的历史性和民族性，中国特色法治文化包括检察文化只有根植于中国优秀文化土壤。在当代中国法律文化建设中，"如何全面实现古代法律文化与现代法律文化、传统法律文化与苏联法律文化以及西方法律文化的和谐统一，是一个庞大而复杂的系统工程①。"这种检察文化，"既不可能完全是本土性的，也不可能是纯粹外来的，而是一种跨文化或'杂交文化'。这种跨文化或'杂交文化'要求我们既不能对传统文化妄自菲薄，也不能在诉讼构建中唯西方化"②。

我国传统法律文化的基本精神是：天人合一、家族本位、德主刑辅、礼法之治、皇权至上。西方法律文化的基本精神是：自由、平等、人权、法治、分权制衡。"作为法律人，我们仰望星空，璀璨的群星是人类文明史上的智慧之光，但我们必须同时俯视大地，清醒于我们自身的历史和现实。"所以，必须确立传统法律文化的根基地位。苏联法律文化特别是检察文化对我国的影响是巨大的。我国坚持的是中国特色的社会主义检察制度。"要想使社会主义焕发生机与活力，要坚持走中国特色社会主义道路，必须'去苏联化'，抛弃这一模式……中国正处于从苏联模式向中国特色社会主义模式转变过程中，我们的成功取决于抛弃苏联模式的彻底程度，取决于我们对社会主义的创新。"③

① 王立民主编：《法文化与构建社会主义和谐社会》，北京大学出版社2009年版，第238页。
② 汪海燕：《刑事诉讼法律移植研究》，中国政法大学出版社2015年版，第57页。
③ 李凤林：《苏联社会主义模式失败的思考》，《百年潮》2011年第6期。

清除传统法律文化和苏联法律文化的消极因素，在汲取其中优秀的、富有生命力的成分基础上，大胆借鉴当代先进法律文化成果，是法治文化特别是检察文化面临的重大课题。"传统文化不是一成不变的，而是在不断完善化，删除糟粕，发展精华，适应时代的步伐。"[1] 传统法律文化中以"仁"为核心的"民本"思想，与现代法治所提倡的"人本"思想具有共通性。礼法结合使中国传统法律被称为等级法、特权法和伦理法，而平等是法律的基础，一切主张等级特权的观念都是现代法治所应当抛弃的。包青天作为古代优秀司法官的象征，其清正廉洁、刚正不阿依然是今日司法应当坚守的精神，但其先入为主、刑讯逼供、法外用刑等做法，已为现代法治所不容。当代检察官应以人权保障、正当程序等现代法治理念塑造检魂，以独立、客观的现代检察品格塑造自己的检察人格，将检察权威建立在司法公正的基础上。检察文化创新，就是根据检察权的运行规律和检察官的职业特点，传承传统文化的精髓，借鉴当代先进法律文化成果，不断彰显检察文化的法治性、先进性、时代性，培育具有中国特色的检察文化，不断增强检察文化对检察官的吸引力、凝聚力和感召力，不断增强社会公众对检察文化的认同。

（三） 检察文化建设要以人为本， 突出检察人员的主体地位

以人为本是一种价值取向，强调尊重人、解放人、依靠人和为了人。以人为本，就是始终把人放在首位，根据不同的岗位、职责，制定不同的人性化管理措施和激励手段，以发挥人的潜能，提高工作绩效。检察文化的精髓就是重视人的价值，发挥人的作用。检察文化建设坚持以人为本原则，要"充分发挥检察人员在文化建设中的主体作用，坚持检察文化建设为了检察人员、检察文化建设依靠检察人员、检察文化发展由检察人员共享，促进检察人员的全面发展，培育有着坚定理想信念、强大精神力量、良好道德规范，高素质、专业化、廉洁性的检察队伍"[2]。检察文化以检察人员的自由和全面发展为重要目标，以检察人员主动性、积极性的调动和创造精神的激发为重要特征。[3]

---

[1] 周有光：《朝闻道集》，世界图书出版公司 2010 年版，第 94 页。
[2] 张耕主编：《检察文化初论》，中国检察出版社 2014 年版，第 299 页。
[3] 徐汉明：《检察文化建设的价值功能与发展路径》，《检察日报》2011 年 10 月 18 日，第 3 版。

突出检察人员的主体地位，必须大力开展争先创优活动，推进检察榜样文化建设。榜样具有道德性、先进性、群众性和时代性的特征。检察榜样文化，是系统总结检察工作中涌现的先进集体或先进人物的典型事迹、经验、先进精神和高尚品德而形成的激励全体检察官奋发向上的先进思想文化。① 榜样的力量是无穷的。近年，检察机关涌现了一大批忠诚为民、严格执法、秉公办案的优秀检察官，如河南省检察院检察官蒋汉生、新疆石河子市检察院原检察官张飚等。在最高人民检察院开展的以检察职业道德为主要内容的"争创人民满意的检察院、争当人民满意的检察官"活动中，一批优秀的基层检察院和检察官成为先进典型。检察机关要充分发挥榜样的旗帜示范作用，使检察榜样文化孕育出更多的模范检察院和检察官，使检察队伍的职业道德素质提高到一个新水平。

与此同时，要推进检察体制改革，构建检察责任文化。为了遵循司法规律，破除长期以来冤假错案无人担责的客观现实，党的十八届四中全会通过的《中共中央关于全面推进依法治国若干重大问题的决定》强调："完善主审法官、合议庭、主任检察官、主办侦查员办案责任制，落实谁办案谁负责。"2015 年 9 月 25 日，最高人民检察院出台的《关于完善人民检察院司法责任制的若干意见》在健全司法办案组织及运行机制、界定检察人员职责权限的基础上，明确了检察官司法责任的范围、类型、认定和追究程序等主要问题，以保证检察责任追究真正落实。2016 年 10 月 12 日，最高人民法院、最高人民检察院联合颁布的《关于建立法官检察官惩戒制度的意见（试行）》规定，在省一级设立法官、检察官惩戒委员会，负责审查认定法官、检察官违反审判、检察职责的行为并提出相应的意见，惩戒委员会认为构成故意或者因重大过失导致案件错误并造成严重后果的，人民法院、人民检察院应当依照有关规定作出惩戒决定，并给予相应处理。通过组建专门的惩戒委员会，建立法官、检察官惩戒制度，将有助于推进法官、检察官办案责任制的真正"落地"，有助于推动形成"让审判者裁判，由裁判者负责"的司法权力运行机制。同时，由于惩戒委员会的组成人员吸纳了人大代表、政协委员、法学专家、律师代表以及法官、检察官等各方面的代表，更好地体现惩戒的中立性和公正性，也有助于依法充分保障当事法官、检察官受到公平对待，提升惩戒的社会效果。

---

　① 张国臣：《中国检察文化发展暨管理模式研究》，河南大学出版社 2013 年版，第 198 页。

附录一　张兆松科研成果（论文类）索引

1. 《盗伐、滥伐林木罪刑法条款亟待修改》，《浙江法学》1989 年第 3 期。

2. 《完善审查批捕制度的立法思考》，《法学与实践》1990 年第 6 期。

3. 《关于完善审查批捕制度的立法意见》，《法学》1991 年第 3 期。

4. 《反贪污贿赂是检察机关的重要任务》，载上海《法学》编辑部等编：《当代中国廉政法制》，复旦大学出版社 1990 年版。

5. 《检察机关提前介入有关问题探讨》，《浙江检察》1991 年第 2 期。

6. 《拐卖人口罪的刑法条款亟待修改》，《法学天地》1991 年第 3 期。

7. 《试论"扫黄"涉及的刑事案件的定罪与处罚——兼析〈决定〉公布后如何适用"两高"〈规定〉》《法律科学（西北政法大学学报）》1991 年第 4 期。

8. 《试析少年奸淫幼女罪的论定》，《政法丛刊》1991 年第 4 期。

9. 《挪用公款不退还，以贪污论处质疑》，《检察研究》1992 年第 1 期。

10. 《职务犯罪中的共犯问题之我见——兼与周红梅同志商榷》，《法律科学（西北政法大学学报）》1992 年第 2 期

11. 《完善共同贪污贿赂犯罪处罚原则的立法思考》，《检察研究》1992 年第 6 期。

12. 《浅析〈补充规定〉的法律适用问题》，《浙江检察》1992 年第 6 期。

13. 《流窜犯的认定与处理》，《政法学报》1992 年第 4 期。

14. 《析一般盗窃共犯刑事责任的承担》，《政法丛刊》1992 年第 2 期。

15. 《关于戴罪立功问题的若干思考》，《国家检察官学院学报》1993 年第 1 期。

16. 《受贿罪中利用第三人职务之便问题探讨》，《法律科学（西北政法大学学报）》1993 年第 2 期。

17. 《法人犯罪刑事诉讼若干问题探究》，《检察理论研究》1993 年第 3 期。

18. 《适用刑事司法解释若干问题探析》，《法商研究》1993 年第 4 期。

19. 《认定挪用公款罪中若干有争议问题再探讨》，《法学天地》1994 年第 1 期。

20. 《刑事立案制度若干问题研究》，《检察理论研究》1994 年第 3 期。

21. 《单位受贿犯罪研究》，《法律科学（西北政法大学学报)》1994 年第 5 期。

22. 《论市场经济条件下贪污罪的立法选择》，《国家检察官学院学报》1994 年第 3 期。

23. 《侵占罪初探》，《浙江检察》1994 年第 3 期。

24. 《伪造、倒卖、盗窃发票犯罪的刑法适用》，《法学天地》1995 年第 2 期。

25. 《抗税罪若干疑难问题探究》，《法学》1995 年第 3 期。

26. 《商业贿赂罪初探》，《中外法学》1995 年第 2 期（中国人民大学复印资料《法学》1995 年第 7 期转载）。

27. 《论法人犯罪主体的若干问题》，《法学与实践》1995 年第 6 期。

28. 《假冒注册商标犯罪若干问题再探讨》，《法学天地》1995 年第 4 期。

29. 《挪用公司资金罪初探》，《浙江检察》1995 年第 4 期。

30. 《侵占罪若干问题研究》，《法学天地》1996 年第 1 期。

31. 《司法解释的冲突及解决途径》，《人民检察》1996 年第 8 期。

32. 《市场经济条件下完善贪污罪立法规定的若干思考》，《法商研究》1996 年第 2 期。

33. 《贪污罪新探》，《人民检察》1996 年第 10 期。

34. 《析设立侵占罪后贪污罪构成的新变化》，《法学天地》1996 年第 5 期。

35. 《跨世纪贪污贿赂罪预防与控制的战略思考》，《政法学刊》1996 年第 4 期。

36. 《论相对不起诉的适用》，《检察理论研究》1996 年第 6 期。

37.《贪污罪主体的重构》,《国家检察官学院学报》1997 年第 1 期。

38.《非法发放贷款犯罪基本问题研究》,《法学天地》1997 年第 2 期。

39.《检察解释与审判解释的冲突的解决》,《法学》1997 年第 5 期(中国人民大学复印资料《诉讼法学·司法制度》1997 年第 9 期全文转载)

40.《贪污贿赂犯罪预防与控制的战略思考》,《浙江社会科学》1997 年第 4 期。

41.《贪污贿赂犯罪立法的重大进展》,《法律与社会》1997 年第 4 期。

42.《论律师提前介入刑事侦查的若干问题》,《中央政法管理干部学院学报》1997 年第 6 期。

43.《论集体私分国有资产罪》,《中国刑事法杂志》1997 年第 6 期。

44.《滥用职权罪主观要件研讨》,《政法论丛》1998 年第 5 期。

45.《论国家工作人员范围》,《人民检察》1998 年第 8 期。

46.《论斡旋受贿罪若干争议问题》,《人民检察》1998 年第 12 期(中国人民大学复印资料《刑事法学》1999 年第 11 期全文转载)。

47.《论用账外客户资金非法拆借发放贷款罪》,《人民检察》1999 年第 4 期。

48.《论交通肇事逃逸致人死亡的定罪问题》,《人民检察》1999 年第 5 期(中国人民大学复印资料《刑事法学》1999 年第 7 期全文转载)

49.《论骗购外汇、逃汇和非法买卖外汇犯罪的刑法适用》,《浙江检察》1999 年第 3 期。

50.《论特别防卫权的若干问题》,《人民检察》1999 年第 10 期。

51.《论国有单位工作人员玩忽职守、滥用职权罪》,《浙江检察》2000 年第 3 期。

52.《论挪用资金罪中的"他人"之含义——兼谈挪用公款罪的立法完善》,《检察实践》2000 年第 4 期。

53.《论司法实务中适用罪刑法定原则的若干问题》,《浙江工商大学学报》2000 年第 2 期。

54.《挪用公款罪若干疑难问题探讨》,《浙江检察》2000 年第 6 期。

55.《论受委托从事公务人员的刑法地位》,《人民检察》2001 年第 7 期。

56.《存疑案件赔偿问题之我见》,《人民检察》2001 年第 5 期。

57.《司法解释仍具有法律效力》,《浙江法制报》2001 年 4 月 10 日。

58.《金融诈骗罪主观故意新论》,《人民检察》2002 年第 4 期。

59.《论罪刑法定原则下扩张司法解释的合理性》,《华东政法学报学院》2002 年第 6 期。

60.《论为亲友非法牟利罪的若干问题》,《人民检察》2003 年第 1 期。

61.《关于错捕与刑事赔偿关系的理性思考》,《人民检察》2003 年第 9 期。

62.《从市场经济角度审视刑法的修订与完善》,载张智辉主编:《中国检察》第 2 卷,中国检察出版社 2003 年版。

63.《强化检察机关法律监督的制度设计》,载张智辉主编:《中国检察》第 6 卷,北京大学出版社 2004 版(获最高人民检察院 2003 年"强化法律监督、维护公平正义"征文二等奖)。

64.《奸淫幼女案件应适用刑事推定》,《中国科学学报》2004 年第 9 期。

65.《刑事疑案赔偿问题之检察解释质疑》,《法治论丛(上海大学法学院上海市政法管理干部学院学报)》2004 年第 6 期。

66.《刑事检察解释存在的问题及对策》,《宁波大学学报(人文社科版)》2005 年第 1 期。

67.《不公正的司法解释》,《中国律师》2005 年第 7 期。

68.《"刑法存疑有利于被告人原则"质疑》,《人民检察》2005 年第 8 期。

69.《重构刑罚执行监督机制的思考》,载陈光中主编:《诉讼法理论与实践》,中国方正出版社 2005 年版。

70.《论撤回公诉中的若干争议问题》,《中国刑事法杂志》2006 年第 4 期。

71.《论受委托从事公务人员的刑法地位》,《宁波大学学报(人文科学版)》2006 年第 4 期。

72.《质疑两个有严重缺陷的刑法司法解释》,载赵秉志主编:《刑法评论》2006 年第 3 卷,法律出版社 2006 年版。

73.《滥用职权罪立案标准第 7 项不应再适用》,《民主与法制时报》2006 年 10 月 23 日。

74.《重构刑罚执行监督机制设想》,《检察日报》2006 年 11 月 3 日。

75.《渎职罪立案标准溯及力问题探析》,《人民检察》2007 年第 1 期。

76.《论"其他依照法律从事公务的人员"的刑法地位》,《福建政法管理干部学院学报》2007年第1期。

77.《完善我国刑事公诉撤回制度的思考》,《人民检察》2007年第2期

78.《受国家机关委派从事公务的人员应以国家机关工作人员论》,《人民检察》2007年第13期。

79.《重构我国刑事公诉撤回制度的思考》,《宁波大学学报(人文科学版)》2007年第6期。

80.《论骗取金融机构信罪的若干问题》,载李洁、张军、贾宇主编:《和谐社会的刑法现实问题》(中国刑法学年会2007度文集),中国人民公安大学出版社2007年版。

81.《刑法解释司法草案公开:民主恰恰体现在过程》,《检察日报》2008年1月4日。

82.《论我国监狱法律援助制度的价值》,《法制与经济》2008年第11期。

83.《刑罚执行监督的立法完善》,载戴玉忠、万春主编:《刑事诉讼法再修改与检察监督制度的立法完善》,中国检察出版社2008年版。

84.《辩护律师在刑罚执行中的地位、职责与作用》,载严军兴、侯坤主编:《我国刑事辩护制度的问题与完善》,中国方正出版社2008年版。

85.《刑事法律援助中的辩护律师》,载严军兴、侯坤主编:《我国辩护律师制度的问题与完善》,中国方正出版社2008年版。

86.《工程重大安全事故罪的立法重构》,载郎胜、刘宪权、李希慧主编:《刑法实践热点问题探索》(中国刑法学年会文集2008年度·下卷),中国人民公安大学出版社2008年版。

87.《论检察机关职务犯罪侦查权制约机制的重构》,《法治研究》2008年第12期。

88.《完善刑事公诉撤诉权监督制约机制的构建》,《时代法学》2009年第2期。

89.《质疑附条件逮捕》,《宁波大学学报(人文科学版)》2009年第3期。

90.《论影响力交易罪的三个争议问题》,载赵秉志、陈忠林、齐文远主编:《新中国刑法60年巡礼:聚焦〈刑法修正案(七)〉》(中国刑法学年会文集2009年度·下卷),中国人民公安大学出版社2009年版。

91.《论检察机关逮捕权制约机制的重构》,《上海政法学院学报:法治论丛》2009 年第 5 期。

92.《附条件逮捕制度批判》,《现代法学》2009 年第 5 期。

93.《审查批捕方式的反思与重构》,《河南省政法管理干部学院学报》2010 年第 1 期。

94.《讯问犯罪嫌疑人同步录音录像制度的困境及对策》,《四川警察学院学报》2010 年第 3 期。

95.《检察机关侦查管辖的缺陷与立法完善》,《中国司法》2010 年第 10 期。

96.《论我国刑法中交叉刑的废除》,载陈泽宪、贾宇、曲新久主编:《刑法理论与实务热点聚焦》(2010 年度中国刑法学年会文集),中国人民公安大学出版社 2010 年版,此文 2011 年 10 月获中国法学会"马克昌杯"全国优秀刑法论文 (2006—2011) 二等奖。

97.《废除贪污受贿罪交叉刑之思考》,《中国刑事法杂志》2010 年第 10 期(中国人民大学复印资料《刑事法学》2011 年第 1 期全文转载)

98.《强化人大对司法权监督的思考》,《法治研究》2010 年第 11 期。

99.《完善审判检察监督路径之思考》,《中国司法》2011 年第 6 期。

100.《"村官"受贿犯罪认定的困境及立法对策》,《国家检察官学院学报》2011 年第 4 期(《高等学校文科学术文摘》2011 年第 5 期"学术卡片"摘编)。

101.《论职务犯罪初查权监督制约机制的完善》,《宁波大学学报(人文科学版)》2011 年第 5 期。

102.《刑事公诉方式选择之我见》,载彭东主编:《公诉理论与实践》,法律出版社 2011 年版。

103.《减轻处罚制度探究—以〈刑法修正案(八)〉为视角》,载朱孝清、莫洪宪、黄京平主编:《社会管理创新与刑法变革》(2011 年度中国刑法学年会文集),中国人民公安大学出版社 2011 年版。

104.《论检察机关刑事审判监督角色的转换》,《学习与探索》2011 年第 6 期。

105.《对人大代表采取强制措施之许可权若干问题辨析》,《浙江检察》2011 年第 10 期。

106.《论检察权监督制约机制构建之路径选择》,载孙谦主编:《检察论丛》第 16 卷，法律出版社 2011 年版。

107.《论中国检察权制约机制的重构》，《法治研究》2012 年第 1 期。

108.《职务犯罪刑事政策司法化的障碍及其克服》，载严励主编：《刑事政策论坛》（第二期），中国法制出版社 2012 年版。

109.《论职务犯罪刑事政策司法化的实现》，《内蒙古社会科学》2012 年第 3 期。

110.《社会管理创新视野下非羁押措施适用的实证分析》，《人民检察》2012 年第 12 期。

111.《论羁押必要性审查制度的十大问题》，《中国刑事法杂志》2012 年第 9 期。

112.《非公有制经济刑事保护的缺陷及其完善》，《预防职务犯罪研究》2012 年第 2 期。

113.《职务犯罪轻刑化立法对策论》，《上海学政法院学报：法治论丛》2013 年第 2 期。

114.《论宽严相济刑事政策的程序保障——以 2012 年〈刑事诉讼法〉修改为视角》，《山东警察学院学报》2013 年第 3 期。

115.《指定居所监视居住检察监督的程序构建》，《人民检察》2013 年第 11 期。

116.《近年腐败犯罪司法解释述评》，载陈泽宪、李少平、黄京平主编：《当代中国的社会转型与刑法调整——全国刑法学术年会文集（2013）》（下卷），中国人民公安大学出版社 2013 年版。

117.《检察机关撤回起诉制度研究》，载王守安主编：《检察理论课题成果荟萃》（第二辑），中国法制出版社 2013 年版。

118.《晚近腐败犯罪立法、司法解释之回顾与展望》，《贵州警官职业学院学报》2014 年第 1 期。

119.《论指定监视居住居所适用中的若干争议问题》，《法治研究》》2014 年第 1 期。

120.《也论贪贿犯罪数额标准的修改——兼与郭延军同志商榷》，《探索与争鸣》2014 年第 3 期。

121.《再论贪污受贿罪定罪处罚数额标准的立法完善》，载赵秉志、张军、郎胜主编：《现代刑法学的使命——全国刑法学术年会文集（2014年度）》（下卷），中国人民公安大学出版社 2014 年版。

122.《再论减轻处罚的幅度——以职务犯罪为视角的分析》,《浙江检察》2014 年第 9 期

123.《再论检察机关领导体制的改革》,《人民检察》2014 年第 13 期。

124.《论当代中国检察改革的"去苏化"》,《领导者》2015 年第 1 期。

125.《"交叉式"法定刑不利于司法公正》,《中国社会科学报》2015 年 3 月 9 日第 B02 版。

126.《〈刑法修正案(九)(草案)〉对贪贿犯罪的修改述评》,《山东警察学院学报》2015 年第 2 期。

127.《主任检察官制度若干基本问题研究》,《法治研究》2015 年第 5 期。

128.《贪污贿赂犯罪的罪名:从分立走向统一》,载李少平、朱孝清、卢建平主编:《法治中国与刑法发展》(全国刑法学术年会文集(2015 年度)),中国人民公安大学出版社 2015 年版。

129.《"边腐边升"现象的犯罪学思考》,载张凌、陈辐宽、严励主编:《犯罪防控与法治中国建设——中国犯罪学学会年会论文集(2015 年)》,中国检察出版社 2015 年版。

130.《贪贿犯罪定罪处罚标准:困境及其破解》,载北大法律信息网组编:《北大法律信息网文粹(2014—2015),北京大学出版社 2015 版。

131.《论〈刑法修正案(九)〉对贪污贿赂犯罪的十大重大修改和完善》,《法治研究》2016 年第 2 期。

132.《"前腐后继"现象的犯罪学思考》,《山东警察学院学报》2016 年第 2 期。

133.《检察权运行机制的障碍及完善路径》,《宁波大学学报(人文科学版)》2016 年第 3 期。

134.《职务犯罪案件异地管辖之完善》,《浙江工业大学学报(社会科学版)》2016 年第 3 期。

135.《贪污贿赂犯罪定罪量刑标准的完善》,载刘仁文主编:《反腐败的刑事法治保障》,社会科学文献出版社 2016 年版。

136.《腐败犯罪刑罚执行政策的异化及其破解》,载严励主编《刑事政策论坛》(第五辑),中国法制出版社 2016 年版。

137.《"边腐边升"现象的犯罪学思考》,《山东警察学院学报》2017 年第 1 期。

138. 《非公有制财产刑事法律保护的缺陷及其完善——以职务犯罪为视角》，《浙江工业大学学报（社会科学版）》2017 年第 2 期。

139. 《论当代中国"法治反腐"的路经选择》，载钱小平主编：《法治反腐的路经、模式与机制研究》，东南大学出版社 2017 年版。

140. 《贪污贿赂犯罪二元定罪量刑标准的情节适用问题——基于贪污贿赂犯罪司法解释的分析》，《天津法学》2017 年第 2 期。

141. 《贪贿犯罪定罪量刑数额标准质疑》，《理论月刊》2017 年第 7 期。

142. 《刑罚交付执行面临的监督困境及破解》，《人民检察》2017 年第 16 期。

143. 《二十年来我国腐败犯罪刑法立法的基本走向及展望》，载郎胜、朱孝清、梁根林主编：《时代变迁与刑法现代化（上卷）》（全国刑法学术年会文集（2017 年度）），中国人民公安大学出版社 2017 年版。

144. 《实然与应然——我国腐败犯罪预防策略省思》，载赵秉志主编：《刑法论丛》2017 年第 3 卷，法律出版社 2018 年版。

145. 《贪贿犯罪终身监禁若干争议问题研究——与张明楷教授商榷》，《山东警察学院学报》2018 年第 1 期。

146. 《论构建国家监察权检察监督制约机制的法理基础》，载钱小平主编：《创新与发展：监察委员会制度改革研究》，东南大学出版社 2018 年版。

147. 《贪贿犯罪量刑公正难题之破解——基于 100 例贪污受贿案件刑事判决文本的实证分析》，《浙江工业大学学报（社会科学版）》2018 年第 3 期。

148. 《完善非公企业产权刑事保护的思考——以职务侵占罪为视角的分析》，载赵秉志、陈泽宪、陈忠林主编：《改革开放新时代刑事法治热点聚焦——中国刑法学研究会全国刑法学术年会文集（2018 年度）》，中国人民公安大学出版社 2018 年版。

149. 《贪贿高官量刑规范化研究——基于 2013—2017 年省部级以上高官刑事判决的分析》，《法治研究》2019 年第 2 期。

150. 《论我国贪贿犯罪预防政策的调整：从刑罚的严厉性走向刑罚的确定性》，载严励、岳平主编：《犯罪学论坛》（第五卷），中国法制出版社 2018 年版。

151.《广大民众参与腐败犯罪防控之思考》，载严励主编：《刑事政策论坛（第六辑）》，中国法制出版社 2018 年版。

152.《检察侦查管辖权七十年：回顾与反思》，《河南警察学院学报》2019 年第 5 期。

153.《职务侵占罪"利用职务上的便利"要件再研究——以杨某被控盗窃宣告无罪案为例》，《山东警察学院学报》2019 年第 4 期。

154.《党的十八大以来我国惩治腐败犯罪检视：成就、问题及前瞻》，《廉政学研究》2019 年第 2 辑。

155.《律师会见权 40 年：变迁、问题和展望》，《山东警察学院学报》2020 年第 1 期。

156.《新中国贪污贿赂犯罪立法 70 年：历程、反思与前瞻》，《法治研究》2020 年第 2 期

157.《当前我国惩治腐败犯罪面临的挑战和应对》，《河南警察学院学报》2020 年第 5 期。

158.《职务犯罪立法的再检讨与完善——〈刑法修正案（十一）（草案）〉对职务犯罪的修改评析》，《法治研究》2020 年第 5 期。

159.《认罪认罚从宽视野下贪污贿赂犯罪量刑"两极化"现象之反思》，《山东警察学院学报》2021 年第 2 期。

160.《论挪用资金罪的修改完善和司法适用——以〈刑法修正案（十一）〉为视角》，《河南警察学院学报》2021 年第 4 期。

161.《行贿罪量刑规范化研究——以 191 份判决书为样本的分析》，载北大法律信息网组织编写：《北大法宝文粹》，北京大学出版社 2021 版。

162.《非公企业产权刑法保护之完善——论〈刑法修正案（十一）〉对挪用资金罪的修改》，载赵秉志、贾宇、黄京平主编：《刑法修正案（十一）的理论与实务问题研究——中国刑法学研究会全国刑法学术年会文集（2021 年度）》，中国人民公安大学出版社 2021 年版。

163.《认罪认罚量刑建议调整程序司法解释的冲突及破解》，《山东警察学院学报》2021 年第 4 期。

164.《论非国家工作人员贪污贿赂定罪数额标准的重大修改——新〈立案追诉标准（二）〉评析》，《山东警察学院学报》2022 年第 3 期。

165.《贪污贿赂犯罪认罪认罚：困境及其破解》，《河南警察学院学报》2022 年第 5 期。

166. 《职务犯罪调查同步录音录像的功能异化及其矫正》，载钱小平主编：《监检衔接机制的系统完善》，东南大学出版社 2022 年版，第 179—190 页。

167. 《风险社会下网络金融犯罪治理的若干思考——基于 P2P 平台爆雷案件的分析》，载严励主编：《刑事政策论坛》第七辑，中国法制出版社 2022 年版，第 92—105 页。

168. 《减刑、假释案件实质化审理视阈下刑罚执行监督面临的挑战及其应对》，《浙江工业大学学报（社会科学版）》2023 年第 2 期。

169. 《建党百年来反腐败犯罪立法：历程、经验及完善对策》，《廉政文化研究》2023 年第 3 期。

附录二 教授的三重人生：检察官、教授、刑辩律师①

——记婺城籍法学专家张兆松教授

陈丽媛　邵发明

一、 艰难的高中求学经历

张兆松教授 1962 出生在婺城区塔石乡下淤村一个家境贫寒的农家。塔石与丽水的遂昌、衢州的龙游毗邻，四周高山峻岭，是著名的金华"西藏"。

"文革"期间，他在自己所在村读完小学，1975 年进入塔石初中。在小学阶段，由于先后授业的廖德尧老师和方天白老师，对学生比较严格。尽管当时受到各种运动的影响，也听过"白卷英雄"张铁生和"反潮流战士"黄帅的故事，但还是学到了一些基本知识，还养成了喜欢看书的习惯。进入初一，舒开忠老师成为班主任同时教语文，期间他的语文成绩又有了提高。由于成绩好，加之在家里是老大，平时农活就干得不错。整个小学、初中阶段深得老师的喜爱，一直是班里的班长。由于成绩好，加之家里成分又好（佃中农），毕业后上高中本来应该没有问题。但是 1977 年即将毕业之际，家里遭遇不幸——父亲卧床生病了，下面还有弟弟、妹妹在读小学，家里的重担落在母亲一人身上。毕业后回家务农是当时唯一的选择。

他清晰地记得：那是一个下着蒙蒙细雨的上午，他和其他社员正在山上挖地，快到中午时，教初中的袁银富老师和最要好的唐云同学赶到山脚下，叫他赶紧到公社去参加考试。原来那时"四人帮"已倒台，升高中要

---

① 本文原载《金华日报》2019 年 9 月 7 日，第 A04 版。

统一考试了，上午开考后，他们发现平时成绩优秀的张兆松没有来考试，就专门跑了5里山路来叫他。母亲看到老师、同学专门来叫，就让他去参加下午的考试。当时唐云爸爸唐土根老师是金华汤溪区"九峰农中"的语文老师，考虑到农中学费便宜，又半学半农，可以减轻家里负担，他就决定到九峰农中读高中。入学时，由于父亲生病干不了农活，奶奶反对他再上高中，她说："村子里初中毕业都没几个，你父亲都这样了，你还要去上高中？"但在母亲的支持下，"在一个阴沉沉的雨天，母亲背着一大捆上百斤的毛竹到塔石（净工分），我挑着担子（日常用品）跟在母亲后面，到塔石与唐云同学会合，一起搭乘到城里的拖拉机（当时到汤溪就叫到城里）来到九峰农中报到。"兆松教授如此回忆道。

当时的九峰农中，学校坐落在九峰山背，且带有半学半农性质，但当时有不少优秀老师，如郑平老师、李仲先老师、唐土根老师、范树声老师等。郑平教语文兼班主任，期间他的语文成绩又有了很大进步。由于成绩好，农活又会干，很快就当了班长。这一年国家恢复高考。为了准备高考，1978年中，汤溪区组织了一次全区统一考试，1978年下半年，他考入汤溪中学。一个学期后，他进入文科班与往届的同学一起复习迎考。

在九峰农中、汤溪中学的求学岁月是最艰难的。那几年，父亲卧床生病，在那个年代，生产队全靠净工分生存，母亲尽管干得一手好农活，比一般的男劳力还出色，但只能得五分工分（男的十分），年底时不仅没有一分钱的分红，还会倒欠生产队工分。一家生活的重担落在母亲身上，她起早摸黑地干活；弟弟初中没有毕业就缀学务农，妹妹小学一毕业，就成为母亲的帮手。他们为的是儿子、哥哥能安心读书。他家离汤溪镇有50多华里，来回100多里，四年间没有乘过公交车，全部走路来回。在九峰农中时，学校两周合并放假二天半，有时走了50多里回到家，还要拿起柴刀到六七里外的山上砍柴，将砍下的木柴背到塔石出售，赚取0.6—0.8元的收入，到家已完全天黑了。由于偏科严重，毕业那年没有考上大学，复习一年还是没有考上。那时的压力不仅仅是生活上的，村里人的嘲讽和怀疑的目光，给他和全家带来巨大的精神压力。"老子生病，儿子还要读书？""我们这种小地方，怎么可能出状元？"（当时村子里把"考大学"叫"考状元"）。母亲叫算命先生给他算算命，算命先生说："最多只能考上中专"。面对种种压力，母亲和他没有犹豫和退缩。那年的正月初二，当人们还沉浸在拜年的节日气氛中，他则挑着够吃半个月的大米、梅干菜等，冒着风雪走到汤溪，开始了紧张的复习迎考。此时，他明白数学太差不行，那一年复习他把主要精力都放在数学上，1981 年高考，他的数学成绩正好合格，并如愿考上了上海的华东政法学院，成为婺城区汤溪籍第一个就读法律专业的大学生，从此开启了他从事法律事业的航程。

随着他考上大学，卧床长达近 5 年的父亲的病也莫名其妙地好起来了，加之改革开放，农村实行家庭联产承包责任制，家里的经济条件很快得到了改善。

二、 从检 16 年，成为衢州市"十佳检察官"和浙江省"杰出法学青年"

1985 年 7 月，张兆松以优异的成绩从华东政法学院法律系刑法专业毕业。那年正遇上金华地区撤地建市，他就被分配到衢州市人民检察院，成为该院第一个具有法律本科学历的检察官。由于具有扎实的理论功底，加之婺城人特有的勤勉、肯干，短短几年，他就成为单位的业务骨干和办案能手。他最大的特点是善于总结实践经验，在从事刑事司法的同时，及时把实践上升为理论。毕业后第 3 年，他就开始在相关的法学杂志上发表理论文章，1990 年后即在《法学》《法律科学》等知名的法学刊物上发表学术论文。与此同时，他还在业余时间为当时的电大检察班讲授法学课程。由于理论和实践的紧密结合，他很快成为衢州检察系统的业务专家，各地一旦发生疑难复杂案件都会主动向他咨询请教。如 1990 年代初，市院直接查办市里交办的某制药厂厂长张某贪腐案件，张某被立案后近 2 个月侦查毫无进展，案件陷入困境。院领导请他介入后，他审查全部案卷材料，认为应以挪用公款罪作为侦查突破口，并提出侦查方案，案件很快获得突破，最终张某以挪用公款罪判处重刑。1996 年衢州市检察机关评选首届"十佳检察官"，在 21 名优秀检察官候选人中，他以得票数位列第二名当选为首届"十佳检察官"。1997 年衢州市检察院进行人事改革实行中层领导竞聘上岗，他得到全院干警的信任和支持，由一名普通检察官直接聘任为审查批捕处处长，是全院中层正职中年龄最小的。一年后又被市人大任命为检察委员会委员。1999 年又被评为衢州市劳动模范。在批捕处长岗位上，他认真梳理分析每一项证据、每一个情节，务求把每个案件都办成经得起历史检验的铁案。1998 年公安机关办理了当地首例律师伪证案，犯罪嫌疑人张某移送到市院审查批捕，经他审查后认为，张某虽有违规行为，但不构成犯罪。因案情重大敏感，检委会讨论时绝大多数委员不同意无罪意见，根据少数服从多数的原则，张某被逮捕。一年后二审法院作出终审判决：张某宣告无罪。从检 16 年，经他亲身办理或指导的案件上千件，无一冤错，切实维护了社会公平正义和法治尊严。2001 年，因在法学研究及法学教育和法律实务中取得优异成绩，他被浙江省法学会授予"浙江优秀中青年法学专家"称号。

三、 从教 7 年， 成为高校的刑法学教授

2001 年，正当他仕途一片看好之时，张兆松毅然决定调离工作多年的检察机关到宁波大学从事法学研究和教学工作。那时主动调离检察机关到高校从教的现象极少，在全省检察系统他是第一个。由于学历低，又没有教龄，学校人事部门对他说，"你讲师都不能评，只能从助教开始"。一个市级检察院的处长、一级检察官开始了从助教开始的教学生涯。走向教学科研岗位后，他如鱼得水，教学科研潜能进一步发挥。由于具有扎实的理论功底和实践工作经验，授课内容丰富生动，深受学生欢迎。2006 年法学院学生会举行首届网络评选"学生最喜欢的老师"活动，他以最高票当选为"学生最喜欢的老师"。同年又被评为宁波市、浙江省"三育人先进个人"。以后每年都被评为最受学生欢迎的老师，直至 2012 年调入浙江工业大学法学院。

在认真教学的同时，关注学术前沿，服务司法实践，成为他的科研目标。2005 年他的首部专著《刑事检察理论研究新视野》出版，当年即获得省哲学社会科学优秀成果奖，并成为浙江省检察院刑检干警培训用书。至今他已发表学术论文 150 多篇，出版专著、教材 9 部，承担各类课题 20 多项（其中两次主持国家社科基金项目），成为宁波大学法学院和浙江工业大学法学院老师中发表论文最多、出版专著最多、承担国家社科基金项目最多的"三多"老师。出色的教学科研成果，使他在 2003 年破格晋升副教授，并于 2008 年成为浙江省仅有的几名刑法学教授之一。2007 年中国检察学会成立，他成为浙江省学术界唯一的专家代表入选学会理事。调入浙江工业大学法学院后，他成为工大唯一的硕士点诉讼法学的学科带头人，2018 年工大获批法学一级硕士点后，他又成为法学学科带头人。

在多年的刑事法理论研究中，张兆松一直坚持理论与实践相结合，充分运用批判的武器，叩问刑事法治建设中的短板和不合理的地方，为国家立法和司法实践贡献专家方案。如我国刑法典对贪污贿赂犯罪规定了交叉刑（即各档次刑罚之间有交叉），学界一直认为这一立法方式科学合理，应予推广适用。而他通过严密论证证明这种立法方式完全是立法失误造成的，并撰写《废除贪污受贿罪交叉刑之思考》一文在权威杂志上发表，指出这种立法规定违背罪责刑相一致的刑法原则，导致罪责刑失衡；违背刑法平等原则，损害刑法的权威性和公正性；破坏刑罚结构的梯度性，影响刑罚的威慑力；易于扩张法官的自由裁量权。因此，应当及时废除这种立法模式。2015 年我国立法机关再次修改贪贿犯罪，废除了这种不科学的立法模式。2006 年最高检通过司法解释出台附条件逮捕制度。制度一出台，他就尖锐地指出：附条件逮捕制度作为一项重大的审查逮捕改革举措出台，不具有合法性、合理性和正当性，并先后发表多篇论文不断呼吁废除这一制度。在全国人大督促下，2017 年最高检正式发文废除了实施十年多的附条件逮捕制度。

四、 做好刑辩律师， 实现人权保障， 是他不懈的追求

离开检察机关后，刑事辩护成为张兆松教授关注司法实务，维护公平正义的重要窗口。蒙冤是人生灾难中最大的不幸和痛苦，罪与非罪、轻罪与重罪事关一个公民的清白和公平正义的实现，承载着当事人及其家人的无限期盼。所以，敬畏法律、俯首良知，成为他的座右铭。对刑事辩护，他对自己的要求是：每一个案件都要做得让委托人满意。近年来，他利用自己丰富的司法实践经验和理论功底，成功办理了数十起刑事辩护案件，使委托人免受牢狱之灾，或者得到从轻、减轻处罚，充分维护了犯罪嫌疑人、被告人的合法权益，受到当事人的赞誉。几年前，他任教的一个学生匆匆来找他，要求老师为他被指控玩忽职守罪的父亲提供辩护。原来这位学生的父亲任职乡镇林管站站长多年，一直勤奋任职，年年是先进。这次因当地发生了严重的盗伐林木事件，他作为审批监管部门的领导因监管不到位而涉罪，当地还把该案作为全市检察机关观摩的公诉案件。接受委托后，除阅卷、会见被告人外，他爬山越岭，亲自查看现场，询问知情村

民。在调查中发现被告人之所以没有监督到位，最主要原因是在这期间该镇因引进重点工业项目导致拆迁任务必须限期完成，动员大会上镇书记明确要求所有乡镇干部把拆迁当作头等大事限期完成，其他工作停一停。开庭观摩时，他出示了这一有力证据，最后检察机关只好撤诉，还了被告人应有的清白。又如他高中同学的亲戚曹某因故意伤害罪被当地检察机关起诉至中级法院，同学告诉他案件第二天就要开庭，无论如何老同学要过来帮帮忙。他当即放下其他工作从外地赶到法院所在地，在曹某委托的律师认为本案事实清楚，证据确实充分，没有什么可以辩护的情况下，他当即审阅案卷材料，当晚就写出了可以进行有效辩护的意见，并要求被告人委托的律师依此思路展开辩护：公诉机关定性不当，本案不是故意伤害罪而是过失致人死亡罪；被害人有重大过错；被告人构成自首；事后积极施救，认罪悔罪。大概某些案外因素的影响，这些辩护意见没有被一审法院采纳，对被告人仍以故意伤害罪判处无期徒刑。判后因司法实务中确实存在着改判难的问题，被告人家属征求他的意见是否上诉？他坚决支持被告人上诉，并帮其撰写了四点上诉意见。被告人上诉后，省高级人民法院作出终审改判，以过失致人死亡罪判决被告人有期徒刑 5 年，所有上诉意见均被采纳。

张兆松教授已在刑事领域勤奋耕耘 35 年，再过两年就要从教学科研岗位上退休。他表示，今后在研究之余，应该把更多的精力投入刑事辩护，特别是法律援助辩护。冤假错案严重影响司法权威和公信力，司法为民不是一句抽象的空话，它只有通过具体的个案公正才能实现。法施于人，虽小必慎。作为刑辩律师一定要仗义执言、勇于担当，"为权利而斗争"，尽其所能帮助有冤屈的普通百姓早日还其清白，让正义不再迟到。

（本文作者：陈丽媛，《金华日报》记者；
邵发明，金华九峰职业学校副校长）

后　记

对我而言，这五卷文集，既是对过去四十年来思考刑事司法的一个总结，也是对过去探索的一种告别。

文集的第一、第二卷，即《刑事检察理论与实务研究》（上、下），主要是 2012 年至 2022 年 10 年间发表的 39 篇论文。文集的第三、第四卷，即《刑事司法思辨录》（上、下）是 1990 年至 2010 年 20 年间发表的 80 篇论文。第三卷主要是 1990 年至 2000 年 10 年间发表的论文，其中收录了我读大学期间撰写的 2 篇论文（一篇是本科毕业论文）。1985 年参加工作后，经过几年的检察工作，积累一定的司法经验之后，从 1988 年开始，我尝试对刑事司法进行研究。1990 年代，我每年撰写 15 篇左右的文章，至 2001 年调离检察机关时，我大约写了 150 多篇文章，其中发表了 60 多篇，文集收录的 54 篇论文就是在这期间的成果。第四卷主要是 2001 年至 2010 年我在宁波大学法学院期间的研究成果。文集的第五卷是我承担的国家社科基金项目《贪污贿赂犯罪量刑规范化研究》（16BFX078）的最终研究成果。

在此，我特别感谢在这四十多年里给予我鼓励、启发、帮助、支持的所有师友。同时，我也要特别感谢我的家人，为我的成长及学术研究做出的牺牲和支持。特别是我母亲，她一字不识，却勤劳坚忍、申明大义。我是家中长子，我读中学时，弟妹年幼，父亲又长年患病在床，一家重担全落在母亲身上。在十分艰难的条件下，她忍辱负重坚持让我读完高中，并使我成为村里第一个大学生。今天，我之所以能过上安逸、充实的日子，全得益于母亲的辛勤付出。从母亲身上，我学到人生面对苦难时，所应该有的坚韧、勤勉和乐观精神。

当然，最应该感谢的是这个时代！我国的改革开放政策，使我这个家境贫寒的农民儿子，在高中毕业后能参加高考，并有机会成为一名检察官、律师和大学教授。这在四十年前是无法想象的。在这个伟大的时代，国家富强，广大民众迈入小康社会，自己也能过上安定、舒适和喜欢的读书、写作生活。

还要感谢陈丽媛、邵发明两位老乡。前几年因缘与《金华日报》记者陈丽媛相识，在交流中她对我的经历颇感兴趣。事后她写了《法学专家张兆松：我以恒心致初心》一文（发表在《金华日报》2019 年 9 月 7 日第A04 版）。我的高中母校、现金华九峰职业学校（我读书时叫"九峰农中"）副校长邵发明老师看了此文后，希望能在母校再刊用。经他增补一些内容后，在前文基础上又形成《张兆松教授的三重人生：检察官、教授、刑辩律师——记婺城籍法学专家张兆松教授》一文，在母校的公众号推出。这篇文章大体上反映了我四十多年来的求学、工作、研究经历，有一定的个人史料价值，故附录于文末。

感谢浙江工业大学法学院毛筱媛书记、吕鑫院长为作品的出版所给予的鼓励和支持。

感谢我指导的研究生余水星、赵越、葛梦军、吴宇澄、蒋敏等同学在文字校对等方面所做的工作。

最后，要感谢的是中国民主法制出版社的责任编辑逄卫光先生。2020年我决定选编出版一套最能反映我的学术成果的文集。与他联系后，他不厌其烦，从选题、书名及出版费用等方面，为我出谋划策，并保证了文集的出版质量和如期出版。

本作品的出版获浙江工业大学研究生教材建设项目资助（项目编号分别是 20200106 和 20210113、20210112）和浙江省刑法学重点学科、浙江工业大学法学院出版基金在经费上的支持。

张兆松

2023 年 8 月 5 日于杭州良渚蓝郡华庭

后
记